GEDICHT UND GESELLSCHAFT 2015

FRANKFURTER BIBLIOTHEK

Gründungsherausgeberin Giordana Brentano

Erste Abteilung
Jahrbuch für das neue Gedicht

35.

Gedicht und Gesellschaft 2015

Herausgegeben von
Klaus-F. Schmidt-Mâcon † und
Susanne Mann

Mit einem Vorwort von
Markus von Hänsel-Hohenhausen

Bearbeitet von
Christina Spannuth

BRENTANO-GESELLSCHAFT FRANKFURT/M. MBH
2015

Gedicht und Gesellschaft 2015

Jahrbuch für das neue Gedicht

Herausgegeben von
Klaus-F. Schmidt-Mâcon † und
Susanne Mann

Mit einem Vorwort von
Markus von Hänsel-Hohenhausen

Bearbeitet von
Christina Spannuth

BRENTANO-GESELLSCHAFT FRANKFURT/M. MBH
2015

Hinweise zur alphabetischen Ordnung
Die Gedichte sind nach Autorennamen geordnet.
Umlaute gelten dabei als nicht geschrieben.
Sie sind in der alphabetischen Folge
nicht berücksichtigt.

Wegen der strengen alphabetischen Abfolge der Gedichte
mussten Spalten und Seiten auch im Vers umbrochen werden.
Die Redaktion bittet um Verständnis.

Beilagenhinweis:
Die Ausschreibung für die
Frankfurter Bibliothek 2016
liegt dem Band bei.

Empfehlung im Internet:
www.autoren-tv.de
www.literaturmarkt.info

Der August von Goethe Literaturverlag
publiziert neue Autoren.
Manuskriptzusendungen sind erbeten an:
lektorate@frankfurter-verlagsgruppe.de

www.august-von-goethe-literaturverlag.de
www.frankfurter-verlagsgruppe.de

©2014 Brentano-Gesellschaft Frankfurt/M. mbH
Großer Hirschgraben 15, D-60311 Frankfurt a. M.
Tel. 069-13377-177, Fax 069-13377-175
ISBN 978-3-933800-45-9
ISSN 1613-8386

Inhalt

Vorwort
Die Weise unseres Lebens..8

Frei wählbares Thema..9

Das Geheimnis..611

Der Weg..747

Die Weise unseres Lebens
Vorwort

In diesen Wochen erlebe ich das Schicksal der Anna Lina Juliane Klein und ihrer Familie mit, die 1947 aus Thüringen floh. Die Tochter, damals ein kleines Kind, schreibt in diesen Tagen diese Geschichte auf, um sie der 97jährigen Mutter in Verehrung, Dankbarkeit und Liebe noch in die Hände zu legen.

„Die Flucht", eins der großen Themen, die die Menschheit zu allen Zeiten bedrückt und großes Leid gebracht haben, wird in der Niederschrift wieder wirklich. In einer Nacht steht buchstäblich alles in Frage. Tod, Vergewaltigung, Untergang, alles ist als Gefahr plötzlich in höchstem Maße konkret und muß über Stunden durchlebt, ausgehalten und durchgestanden werden. Aber ist es nicht so, daß wir erst in einer solchen Lage erfahren, wer wir sind? Wir, die wir uns ein Leben lang ein Rätsel sind?

Es ist wichtig, daß die Schriftstellerin Ingrid R. Donath, und mit ihr viele andere, das, was unaufhaltsam verklingt, niederschreibt. In den wenigen Momenten einer Biographie, in denen die Zeit still zu stehen scheint, *verdichtet* sich das Leben. So sind gerade die Augenblicke des Abschieds dem Schreiben zugänglich. Was die Mitte unseres Lebens ist, Höhepunkt, Wende, wird im Niederschreiben *dicht*, zu einem Bild. Wenn Wahrheit Dichtung wird, kann sich Dichtung zu höherer Wahrheit aufschwingen.

Das Lied unseres Lebens, das wir alle Tage unhörbar singen, wird in der Notation ganz bewußt. Sinn und Bedeutung sind seine Kadenz. Gottes Weise summt, sagt ein Dichter, aber wir hören sie erst, wenn sie verstummt

Bevor alles vorüber ist, haben viele aufgezeichnet, was sie bewegt. Nicht nur das Eigentliche, sondern auch das Heitere, Freche und Dahingesagte im vorliegenden neuen Jahrgang der Frankfurter Bibliothek gehört zu eben diesem unserem kulturellen Kapital, das wir durch Aufzeichnung zusammentragen. Seine Mitteilung versichert uns darüber, daß wir nicht nur das ewige, rätselhafte Werden haben, sondern, für den Moment, die Tiefe unserer Existenz – das Sein.

Markus von Hänsel-Hohenhausen
London, den 5. November 2014

Das „Inmir"

Ohne Ziel geh ich durch die Dunkelheit.
Alles in mir um Hilfe schreit.

Ich laufe ohne eine Pause
und komme dennoch nicht voran.

Als ich den Kopf nach hinten drehe,
steht hinter mir ein Mann.

Ich renn' so schnell, wie ich nur kann,
doch immer folgt mir dieser Mann.

„Wer bist Du", höre ich mich schrein',
dann wach ich auf und bin allein!

A.LaRé

Welt in Eichen

Wo sind all die Eichen, Eichhörnchen,
Kohlmeisen, Hirschkäfer, dergleichen,
der Gleichklang und mehr?

Wir klettern hinauf und erreichen
den knorrigsten Ast
mit grüngelben Kätzchen im Haar.
Es duftet nach Frühling –
wir nisten uns ein. So lasst uns berichten:
Wir zwitschern Geschichten; wir pfeifen
ein Lied. Schon bald schlüpfen Streiche –
wir lachen vergnügt.
Wir fangen Schmuckwanzen; wir reichen
uns Käfer –
wir lassen sie wieder frei. Wir zeichnen
uns Wünsche auf ledrige Blätter:
ein Haus, ein Garten, kein Krieg.
Wir hängen kopfüber als wären wir
Eicheln –
die Zeit baumelt mit.

Brigitta Abderhalden * 1956

Wolf am Kamin

Die Elemente der Erde hatte ich neu
    kennengelernt.
Feuer und Eis an einem Ort, hatte ich mir
    nie vorgestellt.
Wie kommt die Eiseskälte zum Kamin?
Hören und sehen bringen's dir in den Sinn.
Damit das Feuer hell brennt,
braucht es den Wind,
der sich anhört,
als wehte er über vereiste Weiten, die weit
    oben, im Norden, sind.
Ich sitze am Feuer, die Flammen spiegeln
    sich in meinen Augen,
sehe das Lodern und sehe den Winter, will
    den Eiswind einsaugen.
Ich spüre, wie ich auf dem Schlitten sitze.
Zur gleichen Zeit genieße ich des Feuers
    Hitze.
Im Ruß der Flammen habe ich den Wolf im
    Winter gesehen.
Es ist ein Wechsel der Gefühle, ein Moment
    zum Vergehen.

Die Sonne glitzert in den Eiskristallen,
schließ deine Augen, hab auch du an
    diesem Bild Gefallen!
Der Wind beugt die, im Reif stehenden
    Pflanzen.
Dieser Anblick lädt ein, im Winter zu
    tanzen.

Britta Abicht * 1966

Schöne Natur

Ein Magnolienbaum,
er steht in Nachbars Garten,
sein Blühen im Frühjahr können wir kaum
    erwarten.
Er ist auch als Tulpenbaum bekannt
in der Stadt und auf dem Land.
Die zarten Blüten, die er hat, sind zahlreich
    vertreten,

ein wenig weiß, ein wenig zartlila, so sieht
   er aus
fast wie ein Traum – der Tulpenbaum
im Garten neben Nachbars Haus.

Ingrid Achtermeier

Rastlose Großstadt

Manchmal seh' ich
raus aus dem Fenster
runter zur Straße
dorthin wo es abgeht
steh' schon mittendrin
aus sicherer Entfernung
die Menschen hassen sich gegenseitig
es regnet ihnen sanft auf die Köpfe
die Waffen sind immer entsichert
garantiert immer geladen;
und ich bekomme Appetit auf ein
   Sandwich.

Erik Adamek * 1981

Sei getröstet, Liebste

Es trifft dich ein ganz eigner Schmerz,
gräbt tief ein sich in dein Herz,
der Kummer ist unendlich groß
und lässt fortan dich nicht mehr los.

Nie mehr der Mutter Stimme hören,
nie mehr mit Ihr telefonieren,
nie mehr mit Ihr zusammen sein
und doch kehrt langsam Trost auch ein.

Sie hatte ein ehrenwertes, langes Leben,
hat euch Kindern viel gegeben
und ihr wart immer für Sie da,
auf dem Sterbebett ganz nah
und weils ein Abschied war voll Würde,
wird doch erträglich diese Bürde.

Im Himmel erfreut Sie sich an dem Bild,
wie nah Ihr ihre Kinder sind.

ADL

Leere

Und das Leben zieht davon ...
Weg in die Leere,
und ich weiß nicht
wie inmitten des Weges.

Nebel zieht auf,
ohne Sicht,
Nach-Sicht.
Der Mensch,
es ist kalt.

Der Morgen läßt frieren in den Tag,
bis dann, irgendwann
die Sonne lacht
und mich mit Wärme füllt.

Bis morgen
die Leere mich drängt,
in Leere zu verweilen
und suchen, suchen
nach dem Sinn des Lebens.

Regina Adu * 1957

Mein Stein

Nachdenklich allein, sitz ich an meinem
   Schreibtisch,
fragend sah mich an der weise Stein.
Faustgroß, schneeweiß, vielleicht im Bilde,
dass er keine Kanten hat, nur rundlich ist.
Manchmal stups ich mit dem Finger ihn,
er guckt mich freudestrahlend an und
   lacht.
Kann der Stein Gedanken lesen? Ob er
   einmal spricht?
Sieh da, ganz plötzlich, fing der Stein zu
   reden an.
„Hallo Du! Ich wünsch mir einen Namen.
Kannst dich noch erinnern, ich lag im Laub
   versteckt inmitten
unter andern.

Ich spür noch diesen Augenblick, zu Füßen
　bin ich dir gelegen, du
　hast mich gleicht entdeckt.
Hör noch heute deine Worte: der gefällt
　mir, den nehme ich mit.
Damals, ich hab dich schelmisch angelacht,
als ich schwungvoll hochgehoben, in deinen
　Händen lag."
„Dein Wunsch, meine Stein, ich weiß jetzt,
Meinstein, nenn ich dich."

Alexander Aeljosha-Romanov

Lebe das Leben ...

Lebe das Leben, das dir zugedacht,
es ist ein Geben und Nehmen –
bei Tag und auch in der Nacht.

Lebe das Leben bis zum Ende deiner Zeit.
Ist der Fluss schmal? Oder ist er breit?
Leben ist Fließen – und bis zur Mündung
kann es sehr nah sein, aber auch weit.

Danke dem Leben – danke für das Heut'!

afu　* 1946

Game over

Diesen Käfig
wählte ich, kenne ihn,
heißt Routine.
Schließ du ihn
und alle Gitterstäbe fallen.

Der Käfig aus Zeit,
nur in Gedanken,
Freiheit ist spontan.

Starke Menschen geben,
nicht unverdient,
blicken hinter Fassaden.

Stört ihre Wege,
eure Fassaden
nichts als Staub.

Ahltje　* 1985

Ewigkeit

Bedeutung, Nichtigkeit;
Sünden und Frömmigkeit.
Entscheiden muss ich mich nicht
denn meine subjektive Sicht
wird ersetzt durch Ewigkeit,
die mich bewusst
in Grenzen halten lässt meine Lust
und doch nicht verhehlt,
dass mir der Trieb nicht fehlt.
Auf dass Gott meine Sünden verzeihe
da ich ihm mein Leben weihe.

Shahida Ahmad　* 1998

Warum das Spiel mit der Materie

Ein Körper aus Fleisch und Blut, das ist
　schon einmal gewiss.
Ein Knochenskelett, Muskeln, Sehnen und
　schließlich die Organe.
Ein Gehirn zum Grübeln und als
　Steuerzentrale der körperlichen
　Funktionen.
Nervenbahnen, Adern und Venen will ich
　lieber auch nicht vergessen.
Das bin ich schon einmal, eine organische
　Maschine, ein Mensch.
Doch was macht mich letztlich aus?
　Nur die Ansammlung von Zellen,
　Knochen und Organen?
Ist das schon alles? Aber nein, da wäre ja
　auch noch der Geist, die Seele.
Gehört sie zur Grundausstattung oder ist
　sie frei?
Tatsache ist, ich bestehe aus sich beständig
　wandelnder Materie.

Doch was treibt mich an? Was macht mich
aus?
Beruht mein Denken, mein Handeln nur
auf meiner Gehirnfunktion, oder ist
da noch weitaus mehr?
Liebe, Freude, Glück, Wut, Angst,
Träume, alles nur Hormon – und
Gehirngesteuert,
oder ist da noch weitaus mehr?
Ja, da ist sie wieder, die Frage. Was bin ich?
Was macht mich aus?
Materie allein kann es wohl nicht sein, doch
da wäre ja noch der Geist, die Seele.
Irgendwo hier drinnen steckt sie wohl, die
Seele.
Ob zwischen Rippen, Lunge, Herz, wer
weiß das schon.
Doch wie geriet ich hier nur rein, zwischen
all den Knochen, Sehnen und
Organen?
Warum nur das Spiel mit der Materie? Ich
weiß es nicht.

Andrea Ahrens

Freund meines Herzens

Freund meines Herzens
will ich Dich nennen.
Mann meines Lebens
wirst Du nie werden.

Freund Deines Herzens
möchte ich Dir sein
und Dich begleiten
mit meinen Wünschen.

Finden Deine Spuren in
meinem Leben auch
keinen Widerhall
in den Deinen,

wird Dein Bild doch in
meinem Herzen
sein und bleiben.

Manuela Ahrens

Verlorene Kindheit

Unter gegangene Welt in einer Nacht,
  Bilder der Kindheit die niemals
  werden vergehen.
Verlorene Heimat. Klappernde Störche auf
  dem Dach.
Weite Wälder, tief blaue Seen.
Grüne Weiden, goldwogende Kornfelder.
Blauer Himmel endlos lang, lässt die
  Träume wandern.
Wälder tief und schön, wo der Elch noch
  auf dem Wege steht.

Apfelernte, in die Pilze gehen.
  Vogelschwärme auf dem Acker, bis
  der Herbstwind sie verweht.
Dann der erste Schnee.
Schlittenfahren, Schlittschuhlaufen,
  Weihnachtsbaum, Mandelkern,
  Kerzenglanz und Tannenduft,
Meter hoher Schnee.
Bilder der Sehnsucht, die niemals werden
  vergehen.

Untergegangene Kindheit einer Nacht.
  Bilder der verlorenen Kindheit, die
  niemals wollen
vergehen.
Im endlos langen Weg, durch dunkle
  Wälder und über Eis, ins weiße
  Nirgendswo.
Kinderträume sind vorbei.
Nur noch Kälte, Hunger, Leid und Tod.

Waltraud Johanna Ahrens

Die Zeit der Zeichen

Zeichen kann man überall sehen,
alles ist miteinander verbunden,
und doch für den rationalen Verstand
scheinbar zusammenhanglos.

Nur das gute Herz lebt seit jeher
in tiefer Verbundenheit mit dem Ursprung
allen Seins. Und deshalb spürt es diesen.
Es sucht ihn.

In sich trägt es die Ur-Ahnung dessen,
dass es da noch viel mehr gibt,
als das, was wir die Wahrheit nennen.

Es stellt die richtigen Fragen.
Es weiß, dass es nichts weiß
und doch weiß es Alles.

Die Zeiten der Zeichen
sind die Zeichen DER Zeit.

Leyla Ahzaoui   * 1988

Die Waffen

Bewaffnet gut aussehen
mit Gold gestreiften Tiger Muster.
Kugeln wie die Zähne eines Löwen.
Schnell wie der Blitz.

Doch nur zum Töten geeignet
und verabscheut von uns.
Zum Erpressen gedachte
und benutz von menschlichen Tieren

sieht den Blitz, der einschlägt und tötet
wenn ihr die Natur meint
da irrt ihr euch gewiss.
Zu schlachten getragene Waffen meine ich

Die man Verbrennen sollte.
Die man aufgeben sollte.
Die man nicht benutzen sollte.

Kemal Akdeniz   * 1998

Der letzte Tanz

Lass uns einen letzten Tanz noch wagen,
jetzt, wo uns nichts mehr übrig bleibt zu
    sagen.
Ein letztes Mal über dem glänzenden
    Parkett noch schweben
und uns in geheimnisvolle Traumwelten
    erheben.

Lass mich noch einmal meinen Kopf an
    deine Schulter lehnen,
du weißt ja gar nicht, wie ich mich danach
    bald werde sehnen.
Lass mich in deinen Armen ein Stück
    Glückseligkeit erhaschen,
bevor es an der Zeit ist, dich schon wieder
    zu verlassen.

Lass uns für einen Augenblick das Hier und
    Jetzt vergessen
und immerfort nach den Sternen greifen,
    wie besessen.
Nur noch kurz versuchen, den Zauber
    dieser Liebe zu verstehen,
bevor wir wie zwei Blüten im kahlen
    Winterlicht vergehen.

Ach, bitte, lass mich hören, wie schön die
    Sprache deines Herzens klingt,
mit welcher Zärtlichkeit es jetzt so vor sich
    hin pocht, jauchzt und singt.
Lass mich deine honigsüßen Lippen kurz
    noch fühlen
und mit aller Innigkeit dieses
    Porzellangesicht berühren.

Ja, lass uns einen letzten Tanz noch wagen,
ohne nach irgendeinem Sinn zu fragen.
Ein letztes Mal verliebt uns anzulachen,
bevor das Sonnenlicht mich aus diesem
    Traume lässt erwachen.

Antigone Akgün   * 1992

Das Prasseln von Regentropfen an der
    Fensterscheibe,
das Züngeln des Windes durch die alten
    Holzlatten,
Nostalgie strömt in mir auf,
bricht an meinen Rippen,
wie tosende Wellen an einem Klippenhang,
möchte mit dir in Erinnerungen schwelgen,
doch stetig ertönt dieser Klang, von
    sehnsüchtigen, erbarmungslosen
    Wellen

Alaska   * 1996

Wir spazieren
durch die schwach erleuchteten Straßen
nachdem der blasse Mond mich ans Fenster
    lockte
und du mich aus der Dunkelheit ansahst.
Seit heute, für immer, deine Stimme so nah,
    dein Körper so fern.

Ich schleiche
durchs leere Haus
eine schlaflose Nacht,
das Knarren der Dielen der einzige Klang.
Das Feuer ist aus, das Fenster zu, die
    Schritte zu leise, die Stille so laut.

Du
bist nicht
was mir nimmt
was ich
bin

Und ich sehe meinen Arm
    nicht mehr,
Und ich bewege mein Bein,
    nicht mehr,
Und ich fühle mein Herz ... (nicht mehr).

Alaska   * 1997

Gott schauen

Blicke, wenn du kannst, des heiligen,
    helllichten Tages
Nicht zum Boden hinab, sondern zum
    Himmel hinauf!

Yassin Al-Bayyati   * 1988

Ruhe

Glitzerndes Funkeln auf dem Spiegel des
    Meeres
Sonnenstrahlen tummeln sich fröhlich im
    Licht
Springen spielend in die kristallklaren
    Wellen
und verebben dann sanft als zierliche
    Gischt

Leiser Wind zieht über das endlose Meer
und schiebt sanft das Blau vor sich her
Warmer Hauch ist zu spüren, nicht mehr!
und erfüllt alles mit tiefem endlosen
    Frieden

Christine Albrecht   * 1953

Konzept ein Leben

Blöde Gesellschaftsspiele abschaffen.
Liebe produzieren, verschenken,
    verschleudern.
Faust in den Bildschirm- schöne Splitter,
    neue Berührung
Neu laufen lernen! Den Zahn der Zeit
    ziehen!
Bis auf die brennende Haut spüren, was du
    spürst.
Nicht schneller als ein Roboter sein.
Auf den „kleinen Prinzen" hören.
Die Erde für die Füße wiederfinden.
Die müd' gewordnen Hände wieder
    brauchen wofür sie geschaffen sind.

Keine verletzten Seelen mehr retten, die
   sich selbst nicht retten wollen.
Eine Mauer von Stolz nicht mehr mit
   Würde verwechseln!
Sich an neues Leben binden. Verbundner
   sein als je zuvor!
Mich nicht mehr suchen!
Weinen, lachen, weinen, lachen, weinen,
   lachen.
Vor Glück ins Gewitter springen und die
   Konsequenzen nicht absehen.
Am Boden liegen! Wieder aufstehen!
Noch glücklicher sein!
Das Recht auf meinen eigenen Tod
   bewahren.
Frieden in der Meereswiege finden. Mich
   auflösen.
An neuen Ufern stranden und alles noch
   mal genauso machen!

Mona Albrecht

Unerwidertes

Ich höre betäubende Glocken deines
   Herzens,
das Du mit versteinerter Seele ummauerst,
und meine voll brennenden Speer-Gefühle
versuchen die Tiefe von Dir zu erreichen.

Ich werfe die Speere, angezündet mit Liebe,
Die dein vereistes Ego zerschmelzen.
Doch du bist echt stolz, mich schmerzhaft
   zu verraten,
verteidigst Dich selbst mit Falschheit
   Deines Wesens.

Ich glaub' an mich, an die Mächte der Liebe
Und alles was will – mich nur Dir ganz zu
   eigen geben.
Doch die Mauer wächst, und dein Herz sich
   versteinert,
alle meine Versuche wehrst Du widervoll
   ab.

Du hast deine Seele an alle verkauft,
versinkend in Lüge, mit der Du Dich
   verwirrest.
Und Kälte deins Herzens verbreitest Du
   weiter,
missbrauchend spielst du mit allen, die in
   Dich sich verlieben.

Und Alles von Mir, das ich mit den Speeren
   verschenke,
vernichtet mich selbst – das weiß ich – nur
   Dir zuliebe.
Ich hab' keine Angst, mich in Dir zu
   verlieren,
ich werfe sie weiter, nur zu Dir, mit ...
   Liebe.

Evgeny Alexeev * 1980

An deiner Seite

Gefühle, gehüllt in Melodien der Lippen
Fließen von deinem Mund
In mein Herz
Und lassen es atmen

Der Duft von Hoffnung
Umgibt uns
Und Zeugen sind nur
die Felder von blühendem Lavendel,
schwingend im Wiegenlied
des letzten Sommerwindes
Getragen von Liebe sind diese Tage

Marina Alfertshofer

Vergossene Trauer

Trauert ruhig um den Verflossnen,
Tränen nicht umsonst vergossen.
Nehmt die Zeit die ihr nun braucht,
bis der größte Schmerz verraucht.
Dann erinnert euch daran,
was ein Mensch doch geben kann.

Der Verlorene euch gab,
Liebe, Licht; an manchem Tag.
Wünscht sich wohl für euer Leben
Freude, Glück; auf allen Wegen.
Darum seht wieder nach vorn!
Findet Kraft! besiegt den Dorn,
der nun steckt in eurem Herz.
Lasst ihn gehen! Verlasst den Schmerz!
Erinnert euch an schöne Zeiten!
Tragt sie mit! Geht sie beschreiten!
Lasst euch leiten vom schönsten Tag,
den er euch im Leben gab.
Gibt von Oben er dann Acht,
dann mit Freude, weil ihr lacht.

Erich Alfred

Spiegelbild

Ein feiner Riss zieht sich mitten durch mein
    Spiegelbild.
Von dem Gefühl der Neugier getrieben,
fange ich an wie wild an dem schmalen
    Spalt herumzuziehen,
bis ein winziges Stück aus dem Spiegel
    bricht.
In meiner Hand liegend, reflektiert es das
    Sonnenlicht,
doch spiegeln kann ich mich darin nicht!
Das Blut rinnt in dünnen Linien über
    meine Finger.
Mein Spiegelbild lacht mich aus!
Unter seinem Gelächter bricht ein zweites
    Stück heraus.
Es lacht und lacht –
ein Drittes und Viertes fällt.
Lauter und Lauter –
bis der Spiegel endgültig ins sich
    zusammenbricht.
Nun lacht es nicht mehr – mein
    Spiegelbild!
In einem Meer aus Scherben stehend,
in einem Meer aus strahlendem Licht,
wird mir mit einem Mal gewahr -
einen Spiegel, den brauch ich nicht!

Acid Alice * 1986

Gefangene der Zeit

Ein Segelschiff am fernen Horizont
Es gleitet über ein Meer aus Tränen
Am hohen Himmel steht der Mond
Lässt seinen trügerischen Schein gewähren

Es sind Gefangene der Zeit
Und einer Welt die sie sich schufen.
Verloren treiben sie – dem Tod geweiht
Das Meer steigt an doch es hat keine Ufer

In rasender Geschwindigkeit
Wollten sie Raum und Zeit bezwingen.
Um jetzt und hier und für die Ewigkeit
Zu Macht und Glanz hinaufzuschwingen

Denn boten all die Wissenschaften
Nicht grenzenlose Möglichkeiten?
Und waren die Gesetze der Natur
Nicht primitiv und hindernd nur?

Doch lässt sich keine Welt gestalten
Entgegen den Naturgewalten
In Freiheit und Entfesselung geboren
Als Gefangene der Zeit verloren

Anemone Alischer * 1971

... gehen mir nicht nur die Augen auf

Auf unserer Bogenbrücke eine Frau und
ein Mann: sechzig plus, schätz ich.
An den Streben unter dem Geländer
die Schlösser der Liebenden.
Nahe daran schlendern die beiden vorbei –
Hand in Hand, bleiben ab und zu stehen,
    lesen
die Inschriften auf den Schlössern,
die eingravierten, eingekörnten, mit
    Ölfarbe aufgemalten ...
Schließlich unser blaues Schloss: Schön,
hör ich die Frau sagen, hm,
den Mann, der dazu nickt.

Beim Weitergehen fängt sie an zu singen:
Wenn ich ein Vöglein wär ... Er
stimmt ein: ... flög ich zu dir ...

Ich denk an dich und
unser erstes Osterfest –
und wieder
gehen mir
nicht nur
die Augen auf[1]

1) nach Lukas-Evangelium, 24, 31

Manfred Allner * 1941

Der See

Ich sitz am tiefendunklen See des Lebens
Und trink, gedankenschwer, die Tränen
  der Tage
Im Stillen zweifelnd, ob ich's wirklich wage
Den Grund zu sehen, der Ziel ist allen
  Strebens

Jetzt stürz ich guten Mutes in das Nass
Sofort umgibt mich strahlend hell das Licht
Des neuen Tags; ich lache, glaub es nicht,
Der Grund ist silbern, schön und
  marmorblass

Ich öffne meine Lippen nur ganz sacht
Genieß die Sonne, spüre ihre Macht
Erfüll mein Herz mit Tagen und ich sinke

Verwundert spür ich Falterschwänze
  schlagen
Von Fischen, die mich durch die Strömung
  tragen
Ich kenn sie, lache glücklich und ertrinke

Luca Alonso Zywczok * 1994

Nacht ...

Mit Sternen versetzter Himmel scheint
  über mir,
Und am anderen Ende der Welt leuchten
  dieselben über dir.

In voller Größe der Mond, hell, den
  Himmel besteigt,
Und in meinem Herz die Ehrfurcht es
  zerreißt.

In einem Schal aus Dunkelheit gewoben,
Tanz ich über Straßen –
Verborgen in der Finsternis, versteck ich
  mich in kleine Gassen.

Im matten Licht der Nacht werd ich
  herrlich erstrahlen,
Wenn du bei mir bist in diesen heiligen
  Hallen.

Wir leben beide in dieser chaotischen Welt,
Und doch umgeben vom selben magischen
  Himmelszelt.

Alsha * 1997

Die farblose Welt !!!

Blut getränkte Wirklichkeit,
gibt es in der Welt keine Friedsamkeit?
Böses überwiegt immer mehr dem Guten,
man fühlt sich immer mehr geschlagen von
  tausend Ruten.
Kein Tag länger kann man diese schwarz
  /weiß Welt ertragen ,
Verzweiflung, Wut, Trauer und
  Hoffnungslosigkeit zerstört das Gute
  seit jenen Tagen.

Das Leben hat so viele Fassetten,
doch lebt jeder an seinen eigenen Ketten.
All die Seelen haben dem Bösen die Hand
  gereicht,

17

und der Welt ihre erschreckende Macht
    gezeigt.
Habgier, Neid, Hass und Gewalt,
tauchen die Welt in einer Dunkelheit die
    sich überall hin verteilt.

Die Welt hat so viele schöne Farben,
doch sieht die Menschheit nur die alten
    Narben.
Ein Menschenleben geht schnell zu Ende,
doch spricht die Welt noch weitere Bände.
Davon das die Menschheit sich weiterhin
    keine Freude und Liebe schenken
und die Welt weiterhin mit den
    schlimmsten Grausamkeiten
    beschenken.

Amaloule * 1986

Maulbrüter

Wir waren alle einmal Fisch.
Wir sitzen oft an einem Tisch,
wo wir Ideen suchen.
Der Tisch ist rund. Der Kopf ist rund.
Die Lieder brüten wir im Mund,
um sie dann zu ausspucken!

Alexander Amelkin * 1961

eines schmetterlings gleich

am wasser eine burg
vor der burg ein baum
der baum blickt in die ferne hin
und sehnt sich nach seinesgleichen
am anderen ufer des sees

mein herz schweift auch mit
weit hin über der alpen spitz
– eines schmetterlings gleich –
bis es sich auf
löst in die weiten fernen des horizonts

und am seil ein horusfalke
hinkt und springt
und über die wolken gleitet ein zeppelin
nur die hoffnung hängt am seidenen faden ...

der raum der dich umfasst löst sich
    allmählich
auf im flattern und mit ihm auch wir
bis ich ihn umfasse ...

und es flattert – eines schmetterlings gleich –
im mutterleibe deines morgens eine sonne
würde sie mich auch anlächeln ...

Abbas Amin * 1970

Draußen weint ein Kind

Drinnen lädt, gedeckt der Tisch, zum
    Essen,
von feinsten Köstlichkeiten, wurde nichts
    vergessen
denn jeder soll den Bauch sich füllen,
und seinen ach, so großen Hunger stillen.

Und draußen weint ein Kind

Unterm bunt geschmückten Baum,
    Geschenke liegen
denn keiner soll, davon zu wenig kriegen
Spielzeug, Schmuck und andere Gaben
Ein jeder soll genug von Haben

Und draußen weint ein Kind

Durchs Fenster sieht es fröhlich die Familie
    feiern,
die singend steht am Weihnachtsbaum,
für viele Kinder, dessen Augen rot vor
    weinen,
bleibt es steht's ein unerfüllter Traum.

Und draußen weint ein Kind
Draußen weint ein Kind vor Hunger,
draußen weint ein Kind vor Schmerz,

draußen weinen viele ohne Hoffnung,
weinen an gebrochenem Herz.

Johannes Amm * 1952

Für die Liebe

Weißt du, dass ich an dich denke,
wenn die Wolken so am Himmel ziehn?
So sehr, als wenn ein Stern mich lenke,
der hell erstrahlt und kraftvoll scheint.

Ich denk an dich, wenn die Sonne lacht,
wenn es regnet oder auch schneit,
wenn der Mond über die Sterne wacht.
Denk an dich zu jeder Zeit.

Weißt du, dass ich dich sehr liebe?
So wie der Wind die Erde küsst.
Als wenn ein Lichtstrahl durchs Dunkle triebe,
wenn kein Licht im Herzen ist.

Ich liebe dich wie Rosenduft,
wie die Bäume im Walde,
wie das Sirren in der Morgenluft,
wie die Blumen auf der Weide.

In deiner Näh' möcht ich verweilen,
täglich in deine Augen seh'n.
Möchte alles mit dir teilen
und mit dir durch das Leben geh'n.

Dorothee Amtenbrink

Traum
Ich stehe vor dir denke an diesen satz ,
doch ich bin zu schwach,
zu matt .
Bevor ich rede tust du es ,du blutest
dein herz ist wund doch die worte kommen
dir aus dem mund.
Wir schließen einen Bund, den Bund der
   liebe.
den nur so sind unsere Herzen gesund

amy.ni * 2001

Das Halten von Gedichten

Ich habe gelernt
Ein Gedicht
Zu halten
Ein ungreifbarer Brauch
Es braucht viel
Nicht zu wissen
Am meisten braucht es
Nicht zu wissen
Obs ein Vogel ist
Der in der Ferne fliegt
Oder eine Fliege
Auf dem Fenster
Krabbelt

Ain Andara

Ich will

Ich will mich auf Rosen betten,
vom Duft verführt die Dornen spür'n.
Ungeduld legt mich in Ketten.
Die Zeit beginnt, mich zu erfrier'n.

Mit dem Feuer tanzend will ich
der Funkenglut ins Auge seh'n.
Wildheit nimmt die Schatten mit sich,
lässt leicht mich über Wolken geh'n.

Es gibt tausend feine Arten
wie ich die Träume leben kann.
Rosen bringen mich zum Warten ...
zünden das Feuer in mir an.

Ich will mich auf Rosen betten,
vom Duft verführt die Dornen spür'n,
tanzend mit dem Feuer retten,
dass Wolkenträume nicht erfrier'n.

Maja G. Anders * 1965

Cor

Binde mein flüchtendes Herz
bei vollem Bewußtsein
an das Deine
Die Folgen erwartend

Kühle mein heißfließendes Blut
zu manchen Zeiten herunter
Senke die Herzfrequenz
und streife wortlos die Nulllinie
angesichts der Fremdheit Deiner Präsenz

Überlasse meinen erstarrten Leib
dem Schock Deiner Berührung
Finde mich ergießend in ein Leben zurück

May Anders * 1963

Ich spüre Dich

Vergeblich wandert Jahr um Jahr vorbei,
und immer ahn ich als Erscheinung Dich.

Der Horizont flammt auf, wird unerträglich
    klar,
mich sehnend, liebend, schweigend warte
    ich.

Der Horizont flammt auf und kündet Dein
    Erscheinen,
doch mir wird angst: Du änderst Dein
    Gesicht.

Ich kann in mir nicht den Verdacht
    verneinen,
Du trügest die gewohnten Züge nicht.

O abgrundtief, verzweifelt werd ich fallen,
Denn ich bewältigte die Träume nicht.

Wie klar der Horizont ist und wie nah die
    Strahlen,
Doch mir wird angst: Du änderst Dein
    Gesicht.

Roswitha Anders * 1949

Das Bild

Mir war, als hätt' ich dich gesehen
doch du warst fort, warst lang nicht da
da kam dein Bild, so im Vorübergehen
und war so wirklich und so nah
als wärst du neben mir gegangen
dein Blick, er nahm mich ganz gefangen

Das Bild verflog
wie Rauch vergeht
ein Hauch von einem Wind verweht
nach irgendwo und irgendwann
...
Und doch war eben es geschehen
mir war, als hätt' ich dich gesehen

Johann Andreas * 1944

Halt
mir die Kleinigkeit
gar nicht mal schwer
Zeit für mehr Einigkeit
hab den Kummer geleert

Halt
mir die Liebe
selbst zu mir
näher denn nie
mehr vergess'
mich für wir

Halt
durch den Glauben
der das Gute entfacht
Glück dem Guten
dem das Herz lieblich lacht

Sophia Angelov * 1992

Social Media, der grüne Punkt

Der grüne Punkt neben deinem Gesicht
lässt mich den Atem anhalten oder auch nicht.

Ist er da, warte ich auf ein Zeichen
Ist er fort beginne ich zu verzweifeln

Kein einziges Wort entrinnt meinen Fingern
um zu zeigen, dass ich stärker bin als du.
Meine Seele beginnt zu wimmern.

Wie er mich verhöhnt der grüne Punkt.
Selbst wenn er da ist bleibst du stumm.

Luisa Angenlahr   * 1994

Neu-zeit

Ich mache mir Sorgen
um die Welt
Wir müssen Frieden leben
konsequent
und nicht aufgeben

Herrschafts- nicht Zügellosigkeit

Henning Anhoeck

Gelebt

Wenn
der finale Blick aufs Leben
nur noch Sekunden in der Zukunft liegt,
die Last der Tage auf den Schultern so
    schwer wiegt,
dass die Hand erhoben ist zum Abschied
– dann soll mein Herz flüstern:

Ich habe gelebt und Leben geprägt.
Ermutigt, weiter zu sehen,
in eine Zukunft zu gehen, die besser ist,
als das Heute.

Ich habe gesungen,
aus vollem Herzen,
in falschen Tönen gegen den Wind geschrien,
wo mich keiner hörte,
nur die moosigen Ohren
des Meeres.

Gelacht, sodass die Tränen
mit den Tropfen des Himmels
    verschwammen
und geweint, ohne zu vergessen,
dass es immer Hoffnung gibt.

Anila   * 1994

Ganz entbrannt und lichterloh
an tiefen Stellen farbenfroh
meterhohes Flammenspiel
hat und kennt nur ein Ziel
muss verschlingen
kann's nicht lassen
kann nicht rasten
muss es fassen
treibt und treibt
schiebt und schiebt
zieht alles mit sich was es liebt

Ann

Liebe

Auf der Suche nach dir,
laufend durch den Sommergarten
die Blumen spielen verrückt,
Blüten irren umher ein Spielhaus aus
    Karten
kindlich fühl ich mich an diesen Tagen
Die Zeit vergeht du aus Kindertagen, ganz
    weit weg
Dein Lächeln unverändert, liegend im
    Kinderparadies
deine Hände ganz warm, doch so kalt
fühl ich mich heute in deinen Armen
Eine Sommer liebe, die in den Jahren
sich verfremdet
Deine Wege entfernen sich der Liebe
Es gab viele Diebe die einst mein roten
Diamant stehlen wollten
all die Intrige der Frauen meiner Liebe
Warst du die einzige wahre Liebe der
    Intrige

Nihad Anter   * 1988

Es war einmal Heimat

Die alten Häuser stehen gemeinsam
Wie auf Pfählen verankert an ihrem Ort
Gassen so leer, so einsam
Brauchtum, Lieder, Sprache, alles fort

Gähnende Leere hängt in den Baumkronen
Fremde dehnt ihre Arme aus
Überall Fremde neben Fremden wohnen
Dort, Richtung Sonnenaufgang, einst mein
    Elternhaus

Überall in den Gassen, Hof, Haus und
    Garten
Scheint die Fremde aller Fremden zu sein
Lange stehe ich da. Welch Warten
Alles dahin. Mit meiner Erinnerung blieb
    ich allein

Erinnerungen, welch gelebte Stunden
Umarmt, geprägt von heimatlicher
    Einzigartigkeit
Diese Leere, diese Öde, diese Stille, diese
    Wunden
Wo einst Sternengold heimatlicher
    Geborgenheit

Elisabeth Anton * 1949

Warum

Warum?
Hässlich ist die Welt
wie ein Schlachtfeld
die Liebe ist zu Asche vernichtet,
leuchtet nur kurz und schnell auf,
die Menschheit hat auf das Glück
    verzichtet,
das Glück und die Liebe sind zum
    Verkauf.

Wo und wann soll das enden?
Die Erde zersprengen?

Oder sich wenden,
den Hass verdrängen ...

Anzi

Ein Schmetterling schwebt durch die Luft,
zeigt uns den schönen Frühling.
Schwebt über Wiese, Feld und Tal,
mit sanftem Flügelschlag.
Lässt eitel er die Farben schillern,
die ihm gegeben sind.
Flieg, kleiner Schmetterling,
solange du noch kannst!
Erfreue dich am Wind und an der Sonne
    wärme,
das Leben ist so kurz!
Kommt schließlich dann die Dunkelheit,
werden die Tage kürzer,
verzweifle nicht,
wir können es nicht ändern!
Nach jedem Winter kommt ein neuer
    Frühling.
Bringt uns das Licht zurück,
bringt neue Liebe,
neues Glück.

Charlotte Apelt * 1998

Liebe im Schnee

In uns einsinkende Schritte
Uns in die weiße Ruhe
Leicht und unumwunden führten;
Auf unbekannten Spuren
Nicht erahnter Gegenwart
Lautlos tanzend sich gepaart
Hatten unsere Seelen
Gleich all den sachten Eisblumen
Zu Flocken sich vereinten
Jenes Unbefleckten wegen,
Das uns mit dem scheuen Reh
Gnädig empfing in der Liebe.

Marie Apostin

Tränen

Tränen der Freude
Tränen des Lachens
Tränen der Erleichterung
Kullern sacht über deine Wangen
Tropfen für Tropfen

Tränen der Verzweiflung
Tränen der Enttäuschung
Tränen des Schmerzes
Schießen dir aus den Augen
Rinnsal für Rinnsal

Doch!
Das tiefste Leid ist Tränenlos

                    Beate Appel

So ist das Leben

Ich habe einen kleinen Traum,
vom Platz in dieser Welt.
Ein Ort, der meine Seele hält,
doch diese Heimat gibt es kaum.

Ich bin gebunden an die Pflicht,
ich bin gebunden an das Leben.
Kann nur im Kopf von Freiheit träumen
und blicke durch's Fenster in das Licht.

Aber ich weiß, wenn ich sein will,
wo ich frei bin,
muss ich im Schatten bleiben.
Und mit Gedanken mir,
die Freiheit schaffen.

                    Aquarimosa   * 1991

Die Sicht

Du und Ich, sind wie Tag und Nacht,
aber sind wir wirklich so widersprüchlich?
Ich nehme uns in Betracht.
Ich bin hell und du bist dunkel,
ich strahle und du besitzt Funkel,
man blickt uns an, von unten nach oben,
mal versteht man uns und mal nicht,
mal liebt man uns und mal nicht.
Widersprüchlich? Ja! Auf den ersten Blick.
Doch versucht mal den zweiten Blick,
dann ergibt sich der Tag und die Nacht
      zum Himmel,
die Rose und die Tulpe zu Blumen,
die Liebe und der Hass zum Gefühl,
die Farbe schwarz und weiß zum Mensch.
Versteht ihr ihn und mich?
Mal versteht man uns und mal nicht,
mal liebt man uns und mal nicht,
mal integriert, diskriminiert man uns und
      mal nicht.
Vielleicht ändert sich ja jetzt die Sicht?

                    Funda Aras   * 1990

Ein dichtes Gedicht für dich mein Licht

Du bist so nah und doch so fern.
Ich sehe dich, wie einen fernen Stern.
Dein Licht erreicht mich trotz der Ferne,
doch es fehlt mir deine Wärme.

Manchmal frage ich mich ist es wahr,
oder bilde ich es mir nur ein.
Manchmal weiß ich du bist da,
oder warst es zumindest gerade.
Von Kälte, Wärme hin und her gerissen,
bleibt nur Ohnmacht die verweilt
und ich frag mich bin ich bereit,
mich damit abzufinden,
oder lebe ich gen Illusion.

Ich werde noch wenig Zeit erschinden,
bis es ist an der Zeit.
Bald ist es soweit
und wir nach Funchal verschwinden.

                    Oualid Arbib   * 1984

Der lädierte Vogelbeerbaum

Ist unser Baum die Vogelbeere,
nicht Traum und Inbild schönster Pracht?
wenn nur sein Schattenwurf nicht wäre,
der unser Haus so finster macht.

Was hilft's, man darf nicht lange klagen,
mit Goethes Hilferuf: mehr Licht!
geht es der Schönheit an den Kragen,
es splittert, kracht, das Herze bricht.

Der arme Stumpf schaut nicht mehr heiter,
nur voller Vorwurf in die Welt,
wie geht's, geht's überhaupt noch weiter?
Ob er sich solche Fragen stellt?

Sein Inbild weiß, wie zu beginnen,
kennt Ziel und Heilungsweg genau
wie alte Pracht neu zu gewinnen,
der Baum ist schlauer noch als schlau.

Und schau den Baum nach drei vier Jahren,
nichts zeigt mehr an, was er verlor,
wir sind nicht weiter, als wir waren:
der Frechling schattet wie zuvor.

Henning Arends

Kein Geheimnis

Was viele wissen tut nicht gut,
es sorgt für mancherlei Eklat
und unbegrenzte Plauderwut
besonders: geht es um den Staat.

Die Einen wissen's ganz genau
und andre sind im Zweifel.
Ein jeder ist in allem schlau
und die Moral zum Teufel.

Drum hüte jeder seine Zunge
und Wissen stets wie einen Schatz.
Es tut nicht gut für Alte, Junge,
prägt sich SKANDAL in jedem Satz.

Das führt auf Dauer ad absurdum,
löst auf die Zwischenmenschlichkeit.
Es fördert Dilettantentum,
Missgunst, Geldgier, jeden Streit.

Der Bürger achte auf sich selber,
bevor er meint, perfekt zu sein.
Der Staat sei ihm dabei ein Helfer
und hoffentlich mehr Sein als Schein.

Listina Arguso * 1959

Morgen

Die Nacht zerfällt im Morgenlicht,
der sich durch Baum und Nebel bricht.
Die letzten Träume ziehen dahin,
entfliehen ihrem Lebenssinn

Und wie das Laub im Windetanz,
durchdringt den zarten Sonnenglanz,
so trennt sich Wunsch und Wirklichkeit
bei funkelnder Begebenheit.

Erwacht des Schleiers Agonie
der klaren Vogelmelodie
und nehmen Tau und Blumenduft,
im Glitzerschein der Morgenluft,

die Wärme und Geborgenheit
der strahlend schönen Helligkeit,
dann wünsch ich mir den Traum zurück,
wenn nur für einen Augenblick.

Arkyon * 1989

Es ist nicht gut allein zu sein

Ein Sonnenstrahl wärmt die Wange
Kinderlachen aus der Ferne
Vögel singen triumphierend
Rosen blühen

Es wird keiner mehr kommen
der Kaffee wird kalt
der Kuchen bleibt stehen
keine Stimme lässt aufhorchen

Die Wärme nicht ins Innere
der Gesang nicht ans Ohr
die Freude verhallt
der Duft verflüchtigt

Stehe auf, gehe vor
Finde um zu teilen
Spreche um zu reden
denn Worte wärmen tief

Hartmut Arndt

Ein Klappstuhl, ein Straßenmusikant

In einer schmalen Seitengasse irgendwo,
ein Klappstuhl Straßenmusikant auf die
   dürren Kacheln aus Gewohnheit legt
einen leeren Schacht Zylinder, verschlingt
   die Dunkelheit.

Ein Musiker, der seine Augen schließt und
   die Harmonien sieht.

Den Himmel will er dicht verknotet,
   schmal wie seine Gasse haben
Ein Fetzen Horizont fixiert an weißen
   Wäscheleinen, dem entlang
er täglich nach den spröden Sternen greifen
   kann.

Sein Publikum soll begeistert wirken und
   im Takte tänzelnd seinen Rausch
drogenwispernd auf die breiten Kacheln
   zeichnen.
Nur hier in seiner Gasse verlieben sich die
   zarten Saiten
in die raue Stimme seiner Fingerschläge.

Bald geht er weg und schläft.

Er entflammt den Streifen Himmel, bis
   seine Fingerkuppen Peitschenhiebe
   trommeln,
Luft zerreißt, Flimmern, Kacheln kreischen,
Trommeln Melodien hetzen, jagen,
   seine Lider scharfe Reste Licht
   hinunterwürgen,
der Musikant Fetzen Harmonien knüpft
   bevor die schmale Gasse platzt
ihm alles entweicht.

Ein Klappstuhl, Straßenmusikant, der die
   Augen schließt
und die Dissonanz nicht sieht.

Aus dem Schacht Zylinder blicken dicht
   gedrängte Münzen wartend in die
   schmalen Sterne.

Anton Artes   * 1996

Traum

Ich träumte von dir,
in der vergangenen Nacht
und dein Lächeln
brachte mir die Sterne.

Ich spürte deinen Atem
auf meiner heißen Haut
und dein Herz
schlug an meiner Brust.

Ich fühlte Liebe,
die sich mir entwand,
um in dich zu fließen
und mich dir zu schenken.

Judith Arweiler   * 1994

Ein Fräulein stand im Morgendunst;
Ihr Gesicht fehlerfrei.
Ich blickte auf ihr Kleid;
Da rief sie mich herbei.
Gekonnt erwarb sie meine Gunst
Durch Wortewerferei,
Doch schon nach kurzer Zeit,
Brach sie mein Herz entzwei.

Bekümmert zog es mich zur Kunst;
Zur Kunst der Schreiberei.
Ich wünscht ich wär befreit
Von Herzensbrecherei.

Micha Aselwimmer

Bewegte Bilder

Du reißt mich aus meinem Leben, aus
    meiner Mitte,
Beraubst mich aller Balance,
Taumelnd jeder meiner Schritte,
Ich suche nach Halt, bleibe haltlos
Mein geduldloses Zittern lässt mir keine
    Chance

Bewegte Bilder trage ich in mir,
Dutzende Farben strahlen mich an,
Keine Augen könnten schöner sprechen,
Überwältigt gestehe ich mir, dass ich mich
    in dir verlier'

Die Überraschung lässt mich leben,
Erwacht aus tausend düsteren Gedanken,
Kurze Momente, warmes Herz,
    rhythmisches Schlagen,
Doch meine Gedichte bleiben trist,
Schmerz und Hoffnung schlagen sich im
    Kampf, ruhelos, schwanken,
Berührt, benommen, erfüllt von dir,
An all den einsamen Tagen

Bewegte Bilder, sinnerfüllt und
    millionenschwer,
Eine Stimme umgibt den Raum mit tiefer
    Wärme,

Kein Gemälde so ansehnlich beschwingt,
Lass mich dich fühlen, nur einmal so sehr

Mary Ashley * 1986

Schau in die Tiefe

Schau genau.
Siehst du nicht die Träne der Leidenschaft.

Eine Leidenschaft die Du begraben hast.

Du, Du moderne Welt.

Doch weine jetzt nicht um mich.

Denn ich werde um Dich trauern und um
    die, die Du mit in
    den Abgrund ziehst.

Metin Aslan * 1978

Alpeneindrücke

In den Alpen war ich nie.
Träumte ich davon? – Und wie!
Endlich wurde das real:
ich sah den Blomberg erstes Mal.
Mit der Seilbahn schnell nach oben,
Dort ist ja die Luft zu loben,
Hohe Fichten wie die Riesen
stehen um die Alpenwiesen.
Wege locken in den Wald,
und ich gehe dorthin bald.
Schwer zu atmen ist's bergauf,
und bergab pass bitte auf.
Die Natur weckt Poesie
und entwickelt Fantasie.
Wie ein Vogel will ich fliegen
oder noch im Gras mal liegen.
Frischer Wind weht ins Gesicht,
motiviert mich zum Gedicht.
Sauerklee, Vergissmeinnicht
bringen meiner Seele Licht.

Tatjana Assabina * 1958

s.o.s

Der Himmel hat uns ganz sicher vergessen
die Liebe hat uns zu Feinden gemacht man
  kann unser
Leid an gar nichts mehr messen
und niemand hilft uns durch die dunkle
  Nacht

Hör mein Sos
mein Herz ist in Not
hör mein Sos
oder bist du längst tot
und wir sind alleine hier

Wie Puppen sind wir ein Werkzeug der
  Großen
das Ende ist nah und unendlich weit
als Kind hab ich mal die Liebe genossen
jetzt muss ich bezahl'n für jeden Stück
  Zärtlichkeit

Adrian Atlaski * 1987

Herbst

Heute bin ich ein wenig OKTOBER ...

Mir ist herbstlich zumute
Leergefegt, zerstreut
Vom Baum geschüttelt
Am Boden
Rostig die Farben
Bunt ohne Glanz
Vergänglich

Heute eben ...

Barbara Auer-Trunz * 1953

Lebens-Kunst im multimedialen Zeitalter

Geschrieben in den Tagen,
Als sich Gedenkfeiern zum Ausbruch
Des Ersten Weltkriegs vor 100 Jahren
Mit aktuellen Fußball-WM-Fragen
„Für Millionen" multimedial und global im
  Wechsel den Rang abjagen!
Dabei kontrolliert die Kommunikation
  „Smart-Phone" an jedem Ort.
Es identifiziert und klassifiziert jede Person
  sofort:
Als sachlich Interessierten oder
  pessimistischen Spielverderber!

Lebens-Kunst in solcher Zeit
Beruht auf einer ganz besonders tiefen
  Naturverbundenheit,
Denn Individualismus erfordert viel Mut
  und geradezu
Winterlichen Selbstrückzug.
Die Gunst dieser geheimnisvollen
  Zeitlosigkeit ist
Innere Freiheit!
Gelegenheit, um mit Verstandeskräften
Seele und Lebenswillen zu harmonisieren
Für Gemütsruhe.

Aurelia * 1956

Einsam und allein sitz ich da.
Niemand ist mir nah.
Träume, alles nur Schäume.
Grau ist alles hier.
Den Glauben ich verlier.
Jeder sein Recht,
jeder den Anderen Verletzt.
Nicht nur Worte wie ein Schwert,
auch der Ton als Schildes Wert.
Zweifel mich in Ketten sperren
Angst, bin doch nichts wert?
Will wagen neue Taten
Neue Worte finden
und nicht verzagen.
Doch einsam sitz ich hier.
Träume ich verlier,
denn niemand steht zu mir.

Sabine Aurich * 1988

Love Prisoner

Ich streife durch die Nacht im Mondes
  Schein,
zähle bedächtig die Sterne, die fallen.
Trage in mir nur einen Wunsch an sie,
doch erfüllen werden sie ihn mir nie.

Dein Gesicht auf allen Wegen,
ich verstecke meine Tränen.
Tausend Stiche in mein Herz,
die Sehnsucht ein bitter-süßer Schmerz.

Hab es jahrelang versucht,
zu ersticken jene Glut,
doch kann nicht aufhören, an dich zu
  denken,
die Liebe zu dir nicht verdrängen.

Deine Hände, deine Stimme und dein
  Duft,
ich brauche dich, wie die Atemluft.
Und auch wenn du mich nie lieben kannst,
gehört dir mein Herz doch ganz.

Du bist mein Traum, du bist mein Licht,
aber ich weiß, ein Happy End gibt es nicht.
Wie immer das Schicksal sich dreht, was
  auch passiert:
du bleibst für immer ein Teil von mir.

Zola Ausora   * 1993

Es

Was heißt Es überhaupt, wenn Es etwas
  anderes ist?
Wenn Es etwas anders ist, gibt Es nichts.
Wenn Es nichts gibt, ist Es egoistisch.
Wenn Es egoistisch ist, lebt nichts mehr.
Wenn nichts mehr lebt, lebt Es.

Dabei ist Es die 3. Person Singular und ein
  wichtiger Bestandteil der deutschen
  Grammatik.

Tom Aust   * 2000

Lieblicher Regen

Lieblicher Regen
Voll Hoffnung und Gold
Mein Kind ist verwegen
Es tanzet und trollt

Es streckt seine Hände
Aus in die Lüfte
So fängt es behände
Die Regendüfte

Es hüpft um ein Blümchen
Selig und frech
Gegossen vom Regen
Gewachsen für mich

Olivia Auth   * 1999

Der Kokon

Die selbst produzierten Geister der
  Vergangenheit, hüllen den Menschen
  in ein Kokon aus Misstrauen, Angst und
  Befangenheit.

Während er versucht mit aller Kraft seines
  Willens, die Schale die ihn vom Leben
  distanziert zu zerbrechen,

scheint ihn seine Gefangenheit von Tag zu
  Tag zu schwächen.

Das Wesen nimmt all seine Kraft, um
  den von Natur aus gegebenen
  Schutzmechanismus zu überwinden.

Bestreitet den schweren Kampf, um raus in
  das Licht des Lebens zu finden.

Und spürt er die Wärme, gegeben von dem
  starken Licht,
so fliegt er, er fliegt in übers Land, über
  Wasser in das Leben hinein,

die Tristesse der Dunkelheit, die ihn einst
  umhüllte, da will er nicht mehr sein.

Kristine Babakhanian   * 1992

Melancholia

Wie mein eigener Schatten
schleicht sie hinter mir her,
beobachtend aus der Ferne,
dem schwarz gefärbten Meer.

Langsam nimmt sie Form an,
hievt sich aus der Nacht empor,
ihre dunklen Augen stechen
wie der spitze Pfeil von Amor.

Als hätten Alpträume nicht
einst meine Seele gewarnt,
doch nun die Schwermut mich
mit tiefen Blicken umgarnt.

Ich starre ihr direkt entgegen,
doch die Gestalt verschwindet,
sitzt nun in jedem Atemzug,
den meine Welt arg empfindet.

Ist das Herz einmal geweitet
in Dimensionen an Einsamkeit,
eine Regression nimmer möglich
in die Enge der Zufriedenheit.

Lena Bachleitner * 1995

Ich steh am Geländer und betrachte
den Fluss.
Das war gestern,
Als mir die Straßenbahn wegfuhr.
Ich ging zu Fuß.

Das war gestern.
Ein paar Wochen zuvor – :
Wir stehn am Geländer.
Wir hauchen uns Worte ins Ohr.

Ingeborg Backhaus * 1950

Engelein

Wenn ich gehe, ich vergess Dich nie.
Wenn die weite Wanderschaft beginnt,
find ich Dich, und deine Farben sind meine
schönste Wandermelodie.

Mittags Mühe. Einen Graf entlang.
Aber immer weiter, immer fort.
Gott verzeih mir manches wüste Wort,
  fehlt mir schon
der Atem zum Gesang.

Abends Wein, der einem Müden stillt.
Und da weiß ich es mit einem mal:
In der kleinen Kirche, hoch im Tal,
steht aus Lindenholz ein Engelsbild.

Goldene Flügel, golden Kleid und Schuh.
Engelein in der Kirche unterm Berg.
Der Herr Pfarrer meint: ein Meisterwerk
Doch ich ... küss Dich heimlich und sag
  „Du"

Christian Prinz von Baden-Durlach * 1970

Es stürmt der Wind und unten braust der See
Der Mond bescheint die Wellen grau
Im Dorf sind nur ein Mann und eine Frau
Dort drüben eine Insel, wie eine kleine Fee.

Bäume schwingen, um das Wort zu sagen,
die schon durch die stillen Gassen schwebt,
und wir gehen in der Nacht und schweigen
mit dem Schatz, der in unserer Seele lebt.

Mirko Baglione * 1983

Der Engel ohne Flügel

Der Engel ohne Flügel
aus dem Paradies Gottes verbannt,
denn er wusste nicht was Durst war

bis er ihn nicht in Leidenschaft
das erste Mal gestillt hat.

Der Engel ohne Flügel
den Menschen hat er nichts zu geben.
Er fürchtet nicht vor Zähnen wie vor Lippen
denn die Zähne beißen für ein Moment,
die Lippen fürs ganze Leben.

Der Engel ohne Flügel
gefallen als Opfer vom Betrug.
Man sagt das Lippen heilen doch warum
verbreitet sich das Gift in seinem Blut?
Es bleibt ein vergeblicher Wunsch:
Ein letzter Flug!

Esma Bahar   * 1991

Der Mensch von Welt

Es wird, ach weiß Gott, kritisiert, oftmals
    gar recht philosophiert.
Der Mensch ist ein gar eigenes Wesen,
ist er doch als einziges belesen.
Kann sprechen, sich rächen.
Er ist „von Welt", meint er stets stolz,
doch die Behauptung fällt,
wenn man Fragen stellt,
denn so hat manch einer sein Dörflein nie
    verlassen,
lungerte stets in den selben Gassen.
Körper und Geist remanieren,
stets in den eigenen Revieren.
Das Fremde wird gar fleißig kritisiert,
nur eines wird nicht realisiert:
Ein wahrer Mensch von Welt,
ist wie der Hund, der nicht bellt.
Denn Hunde die bellen beißen nicht, und
    Menschen die bellen begeistern nicht.
Der wahre Mensch von Welt,
glaubt nicht, dass er die Weisheit hält.
denn die wohl weltlichste Erkenntnis,
ist die der eigenen Unkenntnis.

Valerie Baldinger   * 1997

Die Arbeit

Wie wir Sauerstoff brauchen, um zu leben,
so Arbeit, die uns Erfüllung kann geben.
Folgt aber der Tätigkeit keine Ruhezeit,
wird sich Krankheit machen breit.

Welche Batterie kann nur geben?
Das wäre ein recht kurzes Leben!
Ein Mensch, der sich kaum aufladen kann,
wird Schaden nehmen irgendwann.

Irgendwann? Mit jedem langen Tag,
denn die Arbeit wird zur Plag!
Ein Mensch, der über andern steht,
dem Gewinndenken über alles geht,

wird eines Tages zu spüren bekommen,
dass seine Gesundheit abhanden
    gekommen.
Eines Tages? Jeden Tag ein wenig mehr,
denn Gewinndenken macht innerlich leer!

Das Erdenleben ist kurz, auch das längste.
Ist denn nicht das das Allerbängste,
das Leben nicht wirklich gelebt zu haben?
Ein liebevolles hält gesund Herz und
    Magen.

Franz Ballon   * 1957

Saatgut

Es ist des Menschen schmerzender Sinn
nicht zu merken, vor lauter Sucht den
    Gewinn

Sie hören
ohne zuzuhören
Doch sie könnten
auf ihre Aufmerksamkeit schwören.
Sie sehen
ohne zu schauen
Und merken nicht
wie sie ihr Leben verbauen.

Die abgestumpfte Menschheit ist es nicht
die nach dem Spitzer schreit.
Denken nicht nach über ihr Handeln
sehen nicht des Lebens Wandeln.
Denn die Worte
werden ihnen in die Wiege gelegt.
Und keiner fragt nach der Sorte
die man erntet, wenn man sät.

Laura Baltz　* 1990

Hoffnung

Es ist egal
Wie sehr es wehtut
Wie sehr es uns verletzt
Wie sehr wir hoffen
Beten
Flehen
Der Schmerz möge vergehen

Spring nur – Ich fang dich auf
Bau dein Leben wieder auf

Lern zu fliegen
Einfach fort
Vergiss die Trauer
Träum dich weg
Bis du aufwachst
Die Augen aufmachst
Und wachgeküsst
Endlich befreit
Ein neues Licht dein Herz ergreift

Janine Balzer　* 1994

Sternschnuppenzeit

Hurra, bis 24.8. ist wieder
　　Sternschnuppenzeit,
auch als Perseiden oder Laurentiustränen
　　bekannt
Dem nächtlichen Himmel schenke ich nun
　　mehr Aufmerksamkeit
sehe ich eine Schnüppchen, still meine
　　Wünsche genannt!

Laurentius war als Erzdiakon von Rom
　　bekannt
und wurde später zum Heiligen ernannt.
Er wurde aufgefordert den Kirchenschatz in
　　3 Tagen zurück zu geben,
doch er schenkte damit Kranken, Waisen,
anderen Bedürftigen ein neues Leben.

Die meisten Sternschnuppen wird man in
　　der Nacht zum 13.8. sehen,
vielleicht werden dann viele gute Wünsche
　　in Erfüllung gehen.
Stehst du am Fenster mit deinem Herzilein,
Kann es vielleicht eine Liebe für immer sein.

Rosita Bannier　* 1963

Ein Moment

Ich sehe leere Augen,
Ein starrer Blick,
Ein langen Moment Stille,
Neben mir ein Staubkorn fliegt,
In meinem Kopf ein schönes Lied,
Blumen und Lachen; schöne Dinge machen,
Ich sehe leere Augen,
Als er abdrückt und schießt

Celina Banse　* 1997

Meine Sprache

Meine Sprache finden,
ich suche nach ihr
wie nach wilden Früchten
in einem verwunschenen Garten.

Ihren Klang schon im Ohr,
aber noch kein Wort auf der Zunge,
werde ich dennoch eines Tages darüber reden,
in meiner Sprache.

Langsam wächst sie,
gelassen wird sie das Sichtbare dem
　　Unsichtbaren opfern,

Schatten mit Licht füllen,
aufscheinen lassen das Unbekannte.

Zupackend wird sie sein,
schonend und liebevoll,
niemandem wird sie weh tun,
nur mir.

Peta Banti

Für C.

Deine Hand, die meine hält,
mit fünf Fingern und Haut und Leben,
die stets für mich bereit gestellt.
Was würd' ich dafür geben!

Die Hand, die meine fest umschließt,
die warm ist, stark, bedingungslos,
durch die nur reines Blut durchfließt
und mich beschützt vor Leid und Not.

Die Hand, die sichrer Hafen ist,
wo Blitz und Donner mich nicht trifft,
wo graue Wolken vorüberziehen,
und Licht und Glück mir nicht entfliehen,
wo mein schweres Herz sich leichter fühlt,
durch Deine Hand, die mich berührt.

Deine Hand, die meine hält,
mit fünf Fingern und Haut und Leben.
Was würd' ich dafür geben ...

Annina Barandun

Morgen

Morgen wird es besser sein
Jetzt nur noch Nikotin und Wein
Im dunklen Zimmer ganz allein
Lass es gut sein, lass es gut sein

Ich verlor den Verstand
Habe dich in meine Seele gebrannt

Nach zwei Tagen warst du fort
Mein Herz, ein dunkler Ort

Noch ein Schluck, noch ein Zug
Ich bin auf dem Entzug
Von dem Chaos, von dir
Bleib bei mir, oh bleib bei mir

Es tut mir leid, es ist vorbei
Das war der letzte Schrei
Zimmer, Nikotin und Wein
Ich bin allein, ich bin allein

Ich will Fotos von Wänden abreißen
Mein altes Leben einfach wegschmeißen
Aus dem Alltag heraus
Es ist aus, es ist aus

Tatiana Baranova * 1989

Verzehren von Leib und Seele

Bedauern, entsetzlicher Schmerz, Dolche
    zieren den Körper,
aus den Wunden das Mitgefühl flutet.
Der ständig umher kreisende Adler,
    nur darauf wartend die Augen auszustechen
verwirrt die Seele wandelnd, den Ausweg
    suchend.
Ahnungslosigkeit sich in den betreffenden
    Gesichtern abzeichnet
der opfernde Körper,
schutzlos der gierigen Hyänen Meute
    vorgeworfen,
wie verkommenes Aas.
Windend und kämpfend sich der Meute
    entreißend,
die Weltenseele sich in den geschwächten
    Tempel wieder einfindet.
Tiefste Traurigkeit, unfähig Hass zu
    empfinden
Verständnis hervor eilend,
sich ausbreitend, wie Netze der
    Gefangenschaft.

Mühseliger Aufbau der Schutzmauer,
wissend des Feindes Zerstörungswut
Machtlos und entblößt sich ihm hingebend ...
Solange, bis es mit dem Wahnsinn endet!

Bardia Bardo   * 1987

Mutti – warum hasst Du mich!?

Werden Kinder aus Liebe gemacht?
Nein – Nicht oft – das habe ich mir nicht
   ausgedacht
Kinder sind Geschenke, die man hüten
   muss,
nicht quälen, beleidigen aus eigenem
   Verdruß.
Doch glaubt man einem misshandelten
   Kind? Ha-ha!
Was alles hinter verschlossenen Türen
   geschah?
Mütter sind oft die schlimmsten Täter!
Verschleiern erfolgreich ihre Brutalität
   nicht nur vor Vätern.
Man hat niemals eine Chance als Kind,
die heimlichen Tränen trocknet nur der
   Wind.
Ob zu DDR Zeiten oder Heute,
überfordertes Sozialamt – zu wenig Leute.
Leute schauen weg, obwohl sie's sehn,
Niemand sieht Kinderaugen um Hilfe
   fleh'n!
Nur Befehle, sofort erledigen – wenn nicht
   – Batsch!
Einsperren – grundlos mit allem schlagen
   – Flatsch!
Blut einfach weggewischt – eben an die
   Wand gerannt!
Zu spät auf Röntgenbild und Obduktion
   erkannt.
Ist man stark – hat sich befreit – gibt diese
   Mutter keine Ruh!
Spielt sie erfolgreich das Opfer und ALLE
   hören ihr wieder zu!

Andrea Baresel   * 1959

Poesie des Lebens

Als Kind geformt,
Als Mädchen gequält,
Als Frau ausgenutzt,
Ausgenutzt aus Liebe, die keine war.

Flucht in die Einsamkeit,
In die Poesie, die ich im Leben nicht fand.
Wie ein Lied der Nachtigall,
Das mit der Zeit verstummt.

Doch dann kamst du,
Mit deiner Freundschaft, deiner Zuversicht.
Hast gegeben ohne zu nehmen,
Doch an Liebe zu denken war uns nicht im
Sinn.

Durch deine Freundschaft fand ich Poesie.
Poesie, die ich plötzlich fühlte.
Das Blatt wandte sich, denn heute sage ich:
Ich liebe Dich.

Katrin Bär-Fleermann   * 1966

Durchbruch

Nur Moment
groß ganz da
nur fühlen
dich mich hier

kaum auszuhalten
kein Entrinnen
schon zieht die Trauer
in die Hoffnung ein

doch da
deine Hände
berühren
nah da eins

plötzlich weggehoben
aus der Welt
alles anders

versinken
loslassen
dasein

Stephanie Barre

Wer ich bin

Ich bin wer ich JETZT bin,
ich bin der ich GESTERN war,
ich bin die Summe aus dem was ich
    HEUTE gewinn,
ich bin was ich MORGEN stelle dar.

Ich bin mein Ruf und mein Schein,
meine Geheimnisse und Abgründe,
wachse aus dem worum ich wein',
für alles an mir gibt es Gründe.

Ich bin jede Tat und alles was ich sag',
jedes Gefühl und jede Maske die ich trag.

ICH BIN EIN PUZZLE, DAS ERGEBNIS
AUS ALLEDEM.

Anna Bartling

Das Leben

Was bedeutet Leben für dich
Was bedeutet Leben für mich
Spaß haben, Gesund sein, Geborgenheit
das immer und nicht zu bestimmter Zeit

Familie, Freunde, Kollegen, Menschen halt
und alles in Frieden und nicht mit Gewalt
für einander da sein, zu einander stehen
und doch auch mal eigene Wege gehen

Eigene Erfahrungen sammeln, lernen und
    spielen
und nicht nach anderen schielen
Bedürfnisse und Träume sich erfüllen
seinen Wunsch nach Leben stillen

Es ist dein Leben, du trägst die
    Verantwortung
gibt es auch die ein oder andere Änderung
läuft einiges auch nicht nach Wunsch und
    Plan
gib niemals auf, es ist dein Leben, denk
    daran.

Gabriele Bartoschek   * 1964

Einkauf

Hier auf Erden,
zweineunzehn sehn mich an, ob wir
    zusammen kommen werden,
gespannt darauf, ob wir bald etwas
    miteinander hätten.
Warum denk ich dann gegenwärtig nur an
    Betten,
an sie, die mir nicht fehlt
und die mich immer nur gequält?

Regale sind doch keine Frauen,
ich freute mich auf meine Ruhe hier,
egal ob voll ob leer, ich wollte einfach
    schauen
viel sehen, aber doch nicht was von Dir.

Allein im Neonlicht mit Euch und nicht
    mit ihr,
schweigend beim Einkauf in der feinen
    Galerie.
ganz sanft geschoben von der Masse
in Richtung Kasse.

Das ist doch schön und voller Phantasie,
als freier Mann in einem freien Land.
Mit ihr hab ich das nie gekannt.
Sie war auch selten leise.
Ganz anders diese Kaffeepreise.

Günther Bartsch

Eine Schneeflocke im Sommer

Was mag das kleine weiße Ding nur sein?
Das da wandert so allein.
So allein bei hellstem Sonnenschein,
dabei wollt's doch nur ein bisschen freier
    sein.
Frei von all der Kälte, zog es in die weite
    Welt,
an einen Ort, wo es ihm weitaus mehr
    gefällt.
Was war es nur, was es zu dieser Reis'
    bewegt?
Es war der Wind, der es hinfort gefegt.
Endlich angekommen im Sommer,
war das kleine weiße Ding nicht frommer.
Erst noch voller Stolz,
kurze Zeit darauf die Schneeflocke im
    Sommer schmolz.

Marco Bartsch * 1989

Menschen

Menschen kommen,
Menschen gehen,
wollen sehen,
kennen nichts.

Menschen suchen,
Menschen hoffen,
sind weltoffen,
finden nichts.

Menschen wissen,
Menschen glauben,
rauben Glauben,
wissen nichts.

Menschen lieben,
Menschen leiden,
wollen meiden,
schaffen nichts.

Melina Baschista * 1996

Ich habe diesen großen Schmerz,
weil du einfach brichst mein Herz.
Wie ein Glas zerspringt es in tausend
    Scherben
und ich wünscht mir manchmal, ich würde
    sterben.
Ich verfluche diesen einen Tag,
als ich dich das erste Mal traf.
Seitdem muss ich Nächte lang weinen,
will einfach in die Dunkelheit schreien.
Doch das schlimmste leider ist,
dass du mir so verdammt wichtig bist.
Ich will mit dir und ohne dich,
doch mich entscheiden kann ich nicht.
Gibst mir Hass und gibst mir Glück,
Ich will drehn die Zeit zurück.
Bist meine Hoffnung und Tod zugleich,
dich zu lieben ist echt nicht leicht.
Wenn du nicht wärst in meinen Leben,
würde es den Schmerz nicht geben!

Ariane Basler

Der Stadt ist es egal

Der Stadt ist es egal, ob ich hier oder
    woanders bin
wie eine graue Katze schnurrt sie vor sich
    hin
und ich sitze oben in meinem Himmelhaus
von hier aus sieht der Regen ganz
    gemütlich aus

Der Stadt ist es egal, wo du jetzt sitzt und
    trinkst
wo Du um ihre Ecken hinkst
und ob du ihre Lieder singst
ich schaue in die anderen Häuser rein
und lerne Stück für Stück wieder allein zu
    sein

Das Herz der Stadt
Es pulst und schlägt
die ganze Zeit

Die Stadt schwitzt
Glanz und Schäbigkeit

Nicht, dass sie gefühllos sei
Doch wir zwei sind ihr einerlei
und während wir in der Vergangenheit
    verschwinden
lerne ich, mich damit abzufinden.

Lisa Bassenge   * 1974

Eisprinzessin

Tanzt zu Boden, dreht sich im Kreise,
In spitze gekleidet und weiße Seide,
Schweben durch Lüfte, vom Winde
    getragen,
Jeder gern möchte nach Herkunft sie
    fragen,
Ein schüchternes Lächeln, frostiger Lippen,
Es bringt Herz um Herz zu seinem
    Entzücken,
Mal tanzt sie wild, mal still wie die Nacht,
Bedeckt jede Spur die je gemacht,
Ein wehmüt'ges lachen entspringt ihren
    Lippen,
Möchte doch so gerne weiter entzücken.
Doch siecht sie dahin, bei sonniger Hitze,
Nun tanzt sie nicht mehr auf höchster
    Spitze,
Sie sinkt zu Boden, dem Tode geweiht,
Ein letztes lachen, wer hätte gedacht,
Das sie uns besucht, noch in dieser Nacht.

Carlotta Basten

In meinem Kopf
Reißen sich die Wölfe
Ihre spitzen, scharfen
Zähne
Fressen meinen Geist
Sie sind so scharf
Das es schmerzt

Scharf wie Messerklingen
So fühlen sich meine Gedanken an

Höchste Konzentration
Oder
Wahnsinn

Dominika Bašuroska   * 1970

Winter zu Frühling

An der Sonnes honiggelben Harz
vom Winde in ein Tuch gebettet
finden meine Sinne wohlgefalln,
doch sind sie immer noch,
durch des Winters Eis gekettet.

Der Farbenvielfalt buntes Spektrum
    schwarz
nur aus der Ferne, dumpf die Klänge der
    Natur durch dichte Wälder schalln.

Maximilian Bath   * 1990

Verbrechen in Weiß

Es ist so kalt
wenn die Wolke vorüberzieht
ist wieder Platz für die Sonne.
Dann schnappt mich der Schein,
schleift mich hinfort.
Ich begreife, wer ich bin.
Aber sag, wo will ich hin?
Was bringt dein Sein?
Stiehlst mir jedes Wort.
Es ist so kalt
wenn die Luft sich bewegt
weiß ich um dein Leben.
Dann entführt mich der Wind,
reißt mich hinaus.
Ich begreife, was es heißt,
wenn mein Geist
und der deine eins sind.
Gehen wir also nach Haus.

Bathoreliza   * 1995

Mo

Du hättest
Mit der schwärzesten Spinne gekämpft,
Mit der allerstärksten Ratte,
Hast jeden Baum erklommen.
Am Morgen standst Du auf der Matte.

Wir haben Dich aufgenommen,
Weil Du so unbekümmert warst,
Freude am Leben,
Hier und jetzt.
Nie bist Du mit dem Strom geschwommen.

Auf weißen Pfoten
Gingst Du still und leise,
Wir vergessen Dich nie.
Gute Reise!
Mo und Blessy

Bertram Batterewitz

Lenin am Müggelsee

Als man ihn begrub in Teilen irgendwo
    am Ufer
dünkte ihnen: Er sollte ruhen da für alle
    Zeit.
doch schnell wie die Jahre gingen,
tut ihnen dieser Frevel offensichtlich Leid.

Sie haben von dem Denkmal nur den Kopf
    gefunden
den Rumpf, die Füße – dafür ist kein Geld.
Man müßte ja sehr lange suchen
wo man ihn so eilig mal verscharrt hat auf
    dem Feld.

Sie wissen nun, Lenin kann man nicht so
    einfach töten
wie Marx nicht, Engels nicht und Luther,
sind sie doch die uns den Weg mal wiesen
so wichtig wie auf unserem Brot uns ist die
    Butter.

Kann ja sein, sie erahnten nicht den
    Fortschritt
wie wir einander uns jetzt schnell
    vernetzen.
Wie auch, sollten sie erahnen die neue
    Macht der Medien
die uns aufeinander hetzen?

Man wird die Teile Lenins also nicht mehr
    finden:
er wird begraben bleiben am schönen
    Müggelsee
und wenn die Boote mit den Segeln treiben
vom Wind getrieben, blüht irgendwo der
    Klee.

Siegfried Baudach

Brise Liebe

In Sommerhitze Herztrauer tragen.
Gedanken wie Gefühle tummeln sich wie
    Mauersegler.
Ändern kontinuierlich Höhe – Tiefe
    – Weite.
Illusionen wie Luftballons gen Himmel
    loslassen.
Ohne Wiederkehr.

Erste leichte Befreiung spürbar.
Fortschritte erreichen im akzeptierenden
    Loslassprozess.
Eine Tür verschließt – eine andere
öffnet seine Erfüllungspforte.
Richte Deine Wahrnehmung auf positive
    Potenziale –
damit LIEBE Dich freudig finden kann.

Schöpfungsquelle segensreich zum WIR
    vereinend fließt
– in aller glückseligen Realisation des
    JETZT!
Öffne begrüßend Dein Herz condorweit.
Empfange tiefe wahre Lebensqualität.
Breite Deine Flügelherzen aus.

Beate Loraine Bauer   * 1963

Des Mondes Farben

Roter Mond am leuchtenden Gestirnezelt,
scheinst mir heute Nacht zu glühen und
    zum Umarmen nah.
Behütest gütig den Schlaf von Mensch,
    Tier, Pflanz' und Welt,
doch ich lieg noch wach, da ich dein
    sonniges Erröten sah.

Gelber Mond im funkelnden
    Sternengarten,
ziehst heute gar nicht weiter, bleibst
    verträumt im Osten stehen.
Willst geduldig sehnend auf die unnahbare
    Geliebte warten,
doch sie badet noch im kühlenden Meer,
um wieder strahlend aufzugehen.

Weißer Mond am glitzernden
    Himmelsfirmament,
vergießt dein Luna-Silber in alle Seelen und
    Herzen auf Erden.
Hoffst vergeblich, dass jeder Erdenmensch
    den Zauber der Natur erkennt,
dass alle friedvoll und dem Leben dankbar
    werden.

Gerd Bauer

Alle kennen ihn?

Keiner weiß was er versteckt
dort unter diesem leeren Blick?
Gefüllt von Sorgen, Trauer, Sehnsucht,
der Alkohol hilft auch ein Stück.

Keiner weiß, was er vermisst
hier draußen in der bunten Welt?
Voll Hektik, Stress und lauter Menschen,
was hat ihn hier her bestellt?

Gott nur weiß, ob er verbrochen
was die anderen stetig sagen?

Und wenn was dran ist, dann weiß niemand,
woher er nahm, sich das zu wagen.

Menschen reden über Menschen.
Doch wer denkt dabei daran,
was ein Mensch nur leisten kann,
wenn er denn muss?

Eines ja das weiß er selbst
genauer als wir alle hier:
Wie hart es ist immer da draußen,
ohne Freund als der mit Bier?

Julia Bauer   * 1984

Liebe und Spalten

in der Straße ist sie mir ganz fremd
nur dort, ein Riß in meinem Hemd,

aber der ist ja nur außen,
den kann ich ja abbrausen,
magisch ziehe ich drei Kreise
zerteil mich in diese Seelenbrandschneise,

bei einer weiteren Spur von Trauer,
behandle ich die mit diesem Hauer,
bei einem weiteren Weh von Nach-dem
    Glück,
spring ich im Viereck alle Wege zurück,
auf meiner Seele brennt dabei ein Schrei,
meine Zunge behänge ich mit Blei,
meine Augen brech ich an ihrer Tränen
    Rand
versiegle still das Schweigen mit einem
    hübschen Band,
immer wieder knalle ich meinen Kopf an
    die Wand

Wolfgang Friedhelm Bauer   * 1964

Illusion

Wer bist Du Dämonin
verlockend, betörend
voll Hunger Dein Kuss.
Ich ringe mit Dir
Deiner sengenden Glut
machtvollen Werbens.
Falle, schwebe
spür den Schmerz meines Herzens
im Sog Deines Nebels
erliege, stürze hinein
in das Feld Deiner Lügen.
Oh dunkle Dämonin, Illusion
nur wenn ich mich selbst belüge
kannst du mich betrügen.

Brigitta Manuela Baumann * 1960

Selbstliebe

In der Stille
deines Herzens
spürst du deine
Lebendigkeit
und eine innige
Liebe,
einzigartig in
Gottes Welt –

die tiefe Liebe zu dir selbst.

Ingrid Baumgart-Fütterer * 1954

Leute

dichtgedrängt wie das Vieh schiebt es an
  mir vorbei
ferngewandtes Gesicht niemals begegnest
  du
Augen Blicke und weiter
laufen Fremdlinge allesamt
in der Masse bewegt werden sie alle eins
angetrieben wovon? gierig gewaltvertraut
menschentierisches Wesen
ängstlich zittert mein Herz will fort

dennoch sind wir verwandt finde mich oft
  in dir
schlägst mich in deinen Bann Spiegelbild
  zeichnest mich
ungefiedertes Zweibein
gerne flög ich aus dir heraus

Martin Baumgartner

Engelsgesang

Hörst du die Stimmen des Lichtes in dir?
  Hörst du den goldenen Klang?
Reichen dir Liebe als Elixier, Freude im
  Überschwang.

Löse dich endlich von deiner Schuld, lass
  die Vergangenheit ruhn.
Hast dem Leben Genüge getan, ist jetzt
  nichts mehr zu tun.
Weiche nun nicht mehr nach hinten
  zurück, vor dir wird alles zum Licht.
Gehst du nach vorne ins Leben hinein,
  bekommt deine Heilung Gewicht.

Finde den Ton, sing deinen Gesang. Die
  Engel machen es vor.
Hör auf dein Herz, die Stille darin. Wird zu
  deinem Jubelchor.

Reiche die Hände, vertraue nun Gott,
  wandelt dich hin zu dem Ziel.
Freiheit des Einen erkennst du in dir: Leben
  ist immer ein Spiel.
Sing nun dein Lied im Klang dieser Welt,
  so wie du wirklich gemeint.
Engel, die jubeln im Chor mit dir dann,
  bist mit der Liebe vereint.

Gudrun Christiane Baumhakl * 1957

Es ruht die Ruhe auf der Unruhe,
Majestätisch und schön,
Dünn und zart,
Hell und klar,
So liegt sie da.

Sie bewegt sich kein Stück.
Das Rumoren unterdrückt.

Es kugelt die Kugel in der Kugel herum,
Unkontrolliert und ungelenkt,
Golden und warm,
Bewegt und stabil,
sie kennt nicht ihr Ziel.

Sie bewegt sich Stück für Stück.
Aus dem Leben entrückt.

Lana Fee Baums * 1995

Leises Flüstern des
Windes erzählt von ferner
Welt: haucht Sehnsucht ein.

Lina Bayer

Mein Frühling

Gräser, ganz die feinen,
wiegen zärtlich sich im Wind.
Libelle, glitzernd bläulich,
tänzelt still im Lebensglück.
All die lieben Frühlingsblüten
neigen sich zum Lichte hin.
Still bin ich und lausche
zu den frohen Sommerträumen hin.

Anne Beck

Freie Wahl

Die freie Wahl
gibt oft die Qual.
Sie ist so unnahbar fatal
gibt jedoch Unabhängigkeit auf einmal.

Ist es für mich freiwählbar.
Wird es dann unfehlbar?

Nein es wird was Grandioses
wenn du fehl wählst bestimmst du was
    Loses.
wählst du richtig so entsteht was Famoses.

So ist das Resümee der Wahl
zum Erfolg gehört die Qual.

Iva - Petra Beck * 1980

Stillleben in Schwarz

Ich fühle mich einsam.
Immer wenn die Sonne scheint,
dann bin ich einsam das Dunkel
kein Funkel, kein Lichtwurf, der mit mir
    Fangen spielt
Denn ich bin ja schon gefangen.
Auch im Sonnenschein.
Ich sehe glühende Wangen
will nach ihnen greifen,
doch ich bin zu befangen
von der Schattenwelt.
Ich bin ja nur ein Schatten.
Ein Abbild, eine Malerei in Schwarz
kann nicht reden, nichts berühren
nur still beobachten.
Das wahre Ich ist schon weit fort.
Wo ich bin, bin ich konserviert,
geschützt von allem Übel
ganz in Weiß
ein Regenbogen ungebrochen.

Vanessa Beck * 1996

Drei Tropfen Blut auf kühlem Schnee
Das war die Vergangenheit
Umringt ist sie nun von grünem Klee
Liegt dort erstarrt in alle Ewigkeit

Trotz ihrer Kälte in der sie ruht
Ihre Schönheit nie vergeht
Birgt in sich eine wärmende Glut
In ihrem Dasein die Hoffnung steht

Jahre vergingen in eisiger Stille
Ungebrochen ihr starker Wille
Da erwärmte sich ihr kristallenes Herz
Ein Kuss aus Liebe schenkte ihr Leben
Hat ihr die Zukunft wiedergegeben

Was sagt uns dieses lang ersehnte Glück
Liebe kehrt auf ewig in diese Welt zurück

Jasmine Becker

Der Liebe Ruh'

Wenn wir zwischen Raum geraten,
Menschvergess'nes Unprodukt,
Lebensecken ohne Daten,
Orientierung ungedruckt;

Wenn die Leere in Konturen
Schatten löst ins tiefe Nichts,
Jungfernfahrten ohne Spuren,
Navigieren, ohne Licht;

Somit jedes „Jetzt" als Orte
Wieder tief im Herzen zuckt,
Weil statt willkürlicher Worte
Leben spuckt.

Dann,

Durch zwecklos klare Stille,

räumt sich Liebe ein.

Jörg Becker

Alle Zeiten dieser Welt,
haben uns so tief berührt
Wie die Worte auf dem Weg,
hat sie uns hierher geführt
Flüsternd hörten wir die Stimmen
Lauschten dem sanften Wind
Der uns in Erinnerung bring
Wo wir waren. Wer wir sind.
Und heute hören wir sein raunen
Herzen leuchten. Versetzen uns in staunen.
Alle Zeiten dieser Welt, haben mal ein
    Ende
Der Wind streicht sacht und flüstert nur:
Alles liegt in der Tiefe einer Hand geborgen
Gehüllt in das wärmste Licht des Morgen
Als wären wir an einem Feld aus Gold
    gelangt
Haben wir unser Licht in den Himmel
    gebannt

Stimmen flüstern aus der Ferne
„Herzen sind leuchtende Sterne"

Juliane Becker

Sag mir was die Träume sind.
Sag mir was das Leben ist, und was der
    Tod.
Sag mir was die Träume sind, sind sie das
    Üben unserer Seele,
Zu verlassen unseren Körper, das Gefährt
    hier auf Erden,
um wieder grenzenlos zu sein?
Indigofarbenes Licht?
Sag mir was die Träume sind, vielleicht sind
    sie ja Phantasie?
Ja und was sag mir ist Phantasie?
Illusion? Ich lache! Ja und meine Seele
    auch.
Sag mir was die Träume sind. Sind sie eine
    Reise unserer Seele?
Zu anderen Welten, Sternen, Dimensionen.
Sind sie unerfüllbare Wünsche oder sind sie
    ein eintauchen unserer
Seele in ein anderes Lebens das wir führen?

Irgendwo im endlosen Sein.
Im ruhenden Moment bewusst erlebt.
Dieses Leben hier ist vielleicht nur einer
    von Millionen Träumen?
Sag mir was die Träume sind.
Sag mir was das Leben ist und was der Tod.
Vielleicht ein anderer Traum.

Uta Becker

Erinnerungen bleiben
gewidmet Michaela

Das Leben ist weg,
Der Körper verloren,
Kein Bissen mehr schmeckt,
Das Wasser vergoren.

Dort ein lebloser Leib,
Die Augen geschlossen,
Geschehen ist schlimmes Leid,
Keine Träne vergossen.

Die Kinder sie schlafen,
Mutter ist tot,
Die vielen Ärzte versagen,
Nacht wird rot.

Die Seele entschwindet sofort,
Die Kinder weinen,
An einem besseren Ort,
Wird sie erscheinen.

Dort oben im Licht,
Wird sie wachen,
In des Kinder's Gesicht,
Sie wieder lachen.

Beckhaus   * 1990

Das Meer

Die Wellen, sie schäumen und stellen sich auf,
als wollte die höchste gewinnen.

Doch immer im ständigen, gleichförmigen
    Lauf,
geh'n sie an Land und verrinnen.

Die Tage des Lebens, sie gleichen dem
    Meer,
mal brausen sie auf und mal fallen sie
    schwer.
Dass flüchtig sie sind wird niemals
    verneint,
wie Wasser verbunden und ewig vereint.

Die Tiefe und Weite des Meeres
    vernommen,
sind Wogen geglättet und Wellen
    verronnen.
Der Horizont öffnet den Blick in die Ferne,
verbunden sind Wasser, das Land und die
    Sterne.

Mareike Beckmann   * 1976

Mit Kirche, Nonnen, Jugendkreise
Wurde meine Kindheit sacht und leise
Festgemauert in Gedankengebilde
Wie die Bauwerke vom großen Meister
Balthasar Neumann, so heißt er

Auch an Riemenschneiders Schnitzereien
Sollte das Kind sich täglich erfreuen
Madonnen, Heiligenbilder,
    Altarkostbarkeiten
Von pausbackigen Englein umwoben
Gott, im Himmel, sollte man stets loben

Vom tief sitzenden Gedankengut zu lösen
Erklärte man mit absolutem Bösen
Hat Entwurzelung mit sich gebracht
Sich freizumachen, unsichtbare Mauern
    einzureißen
Wird ein Leben lang als schwierig sich
    erweisen

Wirklich frei wird man davon niemals werden
Täglich wird man manipuliert auf Erden

Von Kirche, Politik und anderen Kulturen
Gedankenfreiheit ist vermischt mit diesen
    Spuren
... was ist man wirklich selbst?

Erika Beha   * 1946

Horizont

Leuchtendes Gelb erscheint im Schwarzen.
Weiße Nebelschwaden umschweifen sanft
    glühende Laternenstrahlen.
Schlagend, wölbend, wälzen sich mächtige
    Wellen.
Kühler Wind umhüllt die Leere.
Umgeben von Stille spüre ich ein Rauschen.
Im Fernen nähern sich mir Poseidons
    Diener.
Zärtlich berühren sie mich und wiegen
    mich in den Schlaf.
Ich spüre wie Himmel und Wasser
    überlappen.
Ich höre wie Höhe und Tiefe spielen.
Ich fühle wie blau in schwarz übergeht.
Ich fühle wie das Gelb schwindet
und allmählich das Weiß erlischt.

Betuol Behbahani   * 1992

Geh deinen Weg

Geh deinen Weg.
Geh deinen Weg zu jeder Stund.
Geh deinen Weg zu jeder Zeit aufs Neu.
Ist er auch manchmal hart,
bleib dir stets treu.

Setz deinen Fuß ganz weit nach vorn.
Und wenn du gehst auf Wegen und auf
    Straßen,
schau nicht zurück.
Schau nur nach vorn mit deinem Blick.

Setz deinen Fuß ganz tief und fest,
damit sich richtig gehen lässt.
Setz deinen Fuß ganz sicher, auf braune
    Mutter Erde.
Denn auch in hundert Jahren man deine
    Spuren finden werde.

Jana Behm   * 1963

Frühmorgens

Frühmorgens strahlt die Erde
ihren Tagesausblick aus.
Es scheint heiß zu werden
und ich verlass das Haus.

Ich fahre mit dem Fahrrad
vorbei an der Industrie,
wo bald schon die Hitze wabert
über Schiene und Chemie.

An der Böschung wächst
so manches, zähe Kraut.
Oft mehr schlecht als recht.
Doch manche Blume auch.

Zwischen all den Steinen
möcht ich manchmal weinen:
In dieser Ödnis liegt,
noch was, dass sich bewegt.

Wie schwer ist diese Straße,
die ich tagtäglich fahre.
Doch dort vorn in dem Betrieb,
arbeitet jemand, der mich liebt.

Ramona Behme   * 1971

Lebensreise

Der Zug rast schnell, es saust das Land
immer weiter, ein rasendes Band,
immer weiter schwinden die Türme
wie vom Nebel zerrissene Stürme.

Versuche zu folgen der eilenden Welt,
– kaufte Karten für teures Geld –
alles schwindet ferner, weiter
entgleitet meiner Lebensleiter.

Claudia Behn

Ich

Ich stehe hier
und fühle mich,
ich stehe hier
und denk an MICH

Und trotzdem die Frage –
Wer bin ich?
Was möchte ich?
Was ist mein Lebenssinn?

Ich stehe hier
und frage mich,
was bewirke ich,
was geht von mir aus ?

Ich höre die Glocken läuten,
sie machen aufmerksam
auf eine Zeit,
die schon ein Ende hat
aber auch einen neuen Anfang.

Inge Behn

Psalm

Der Allmächtige erhöre mich
in meiner tiefsten Seele,
in meinem Sehnen nach Weisheit
und unserer Liebe voll Gnade.

Der Ewige schenkt die Sterne,
er prüft unsere Herzen,
herrscht über Himmel und Erdreich,
sendet die Sonne in das Leben.

Seine Erleuchtung ist golden,
hell wie der runde Mond,
sei gepriesen wie die Schöpfung,
wehe Frieden in unsere Welt.

Urte Behnsen   * 1957

Magdalena

Weihrauch strömt aus Deinen süßen Augen
dunkel fällt mein Blick
und Duftes bunter Schrei fällt zurück
auf meines Lebens Geschick ...
Dornrosen blühen auf meiner Haut –
mein rauschendes Blut fällt wie Sonnenglut
und ruht.
Da kommt die schwarze Nacht
und die Kälte schleicht
durch die Gassen so sacht,
das sie mir die Sinne bleicht.
Und neben dem lächelnden Mond
zwinkern lustig die Sterne mir zu
und in allem wohnest
nur Du!

Daniel „Kleks" Behrens   * 1969

3 Sekunden

jedes Bild drei Sekunden wert
ich lösch alle, die ich hab, Vergänglichkeit,
    so wie wir
dinge, die wichtig erschien, plötzlich
    transparent
was bleibt, vielleicht mein Gift, vielleicht
    meine Medizin
meine Rettung vielleicht bloß ein Stift,
    mein Ritalin

jetzt trag ich 'nen Filter über der Brust und
    das Wichtigste im Herz
Socken aus, Emotionen raus, Tanzgeschrei
Meeresrausch wird zum Rausch, jetzt bin
    ich high

Pigmentsprengungen im Minutentakt, erde
schleicht um Zehen
die ganze Welt sollte ohne Schuhe gehen,
bisschen auf der Natur stehen, in ihr
aufleben
lila Dämpfe, einmal drehen, dann
inhalieren

bisschen Explosionen importieren, Arme in
die Breite leiten
all die Leuchtkugeln in den Venen zu einer
vereinen
strahlen die an Schultern abprallen, streifen
und zu Sternen zerfallen
blicke fixieren, rotieren, Farben haben
Düfte und ich darf mal probieren
jede schmeckt anders, Akzente mal
gewandert

Westwinde streuen Highlights, jeder
Winkel ein Stück Heimat
meine Hände ein Magnet, Reize
überkommen mich
wenn Segel sich öffnen vor den Augen
ist Fantasie nichts gegen diese Sicht

Jeremy Beideler * 1990

Verwandlung

Ham 'ne Bude gebaut
uns zu rauchen getraut,
gereckt und gestreckt
Eindruck erweckt.

An Ecken gestanden
und uns verstanden.
Auf die Wiese gelegt
und nichts überlegt.

Sind übern See geschwommen
älter angekommen.
Ham das Leben genossen
auch Tränen vergossen.

Lebt ein Hauch von uns fort,
warn wir am richtigen Ort.

Karin Beier * 1950

Die leere Seite

Ich blättere durch Gedankenwelten
Fühle altes Leben stark erbeben –
Konflikte ohne Alltagshelden –
alt und doch mein aktuelles Leben.

Und mitten drin die leere Seite,
klaffend weiß im Dämmerlicht
spricht von künstlerischer Weite –
wartend auf eine neue Sicht.

Suche Worte, schreib' sie auf,
verfange mich im strengen Wahn
Gedanken nehmen ihren Lauf –
auf der alt bekannten einen Bahn.

Wollte Ehrgeiz – neues finden –
Doch wie, durch alte Fragen?
Gedanken bleiben, Worte winden.
Zu früh, um neues zu wagen?

Frauke Beiersdorf * 1996

Einsicht

Ein großer Greis mit
mit grauen Haaren, öffnet seinen Mund.
Wo früher einmal Zähne waren,
taut sich Eis im weisen Schlund.

Der große Greis mit
grauem Barte, jongliert mit seinem Kinn.
Was immer er in Frost verwahrte,
wünscht sich zart zur Sonne hin.

Doch der Greis nach
langem Leben, legt die Zunge dicht.

Einen Krokus hätte er zu geben,
allein im Winter blüht er nicht.

Paul Beilke * 1985

Weg

Ein fesselloser Wind schnitzt
Lächelnd Furchenin die Haut,
Zufallsspiel kämmt mir wirres Haar
struppiger Gedanken.
Schwerer Anstieg auf dem Berg.
Verloren ist die wirre Scham
vor offenem Vertrauen.
Du gehst auf festen Straßen,
die steinern zwingen deinen Weg.
Der Gang ist fragenlos in Deiner Stadt,
bilderleer und grau und kalt.
Der Schrei von endlos lauten Schritten
ist vergessen wie verhallt.
Stumm mein Weg auf wilder Weide.
Mein Wort zieht schweigend scheue Spur
    bergan.
Kann nicht zurück woher ich komme.
Wohin ich geh ist Nebelland.
Der Berg wird bezeugen unser Leben
Und nicht die Stadt, die sich selbst verwesende
die uns bleibt besinnungslos und unbekannt.

Mark Bein * 1964

Vater Rhein

Still im Licht
Scheinbar ganz leise
Dein Glanz trägt
Manch Schiff auf die Reise

Unüberhörbar im Finstern
Man ahnt es schon
Wütet das Wasser hinab
Den reißenden Strom

Klaus Beisenbusch * 1963

Auf einem Boot sitzt ein Paar.
Liebst du mich? – Nein.

Sie legen das Boot an, Lagerfeuer lodert.

Und du? – Es geht.

Stille.

So saßen, aßen schliefen sie für eine Weile
Dann gingen sie – und trennten sich:
Für Immer.

Marina Beitsch * 1993

Der Seele Häutung

Seele endbar schmerzend sehr, derzeitig
    Sein zu tragen,
Abschied solch Qual, Ziel deren trauerhaft
    Klagen.

Leben gehe distanzvoll an ihr vorbei,
    unkehrend je rück,
wärst gegenwärtiger Welt verloren, erst
    findbares Glück.

Rührend von Seeles Herz her dieses
    ausgesprochen,
Wahrung ihres Willen Gefühl
    ungebrochen.

Mahnend auch, Böse manchesmal auf uns
    schreckend,
ändernd oft Gut, bis Gegenteil dessen in
    ihm steckend.

Schmerzen lassen lahmen mich, Leere
    lediglich starren,
separiert unallein meine Augen aus einsam
    harren.

Betrachtend durch meine Tränen vieles klar
    erst sehend,
einiges dabei verlassend, fern mir still
    stehend.

Da bisher nur Wunde unhelfend Worte zur Seele eilend,
wahre Heilung geschehe zeitig ihr weilend.

Neues Feuer dafür dem in lichtlos Sein hell sich ersann,
Stein dem Herzen fort, der Seele Häutung gebar sodann.

Noch immer der menschlichen Gestalt nicht verronnen,
anderes Leben fühlend, Fortsetzung begonnen.

Gepeinigt Seele suchend noch träglich Sein zu erfahren,
hoffend dass vor ihr, es nicht wird sich bewahren.

Andreas Beitz * 1971

Frühlingsabend im Seenland

Im späten Licht, wie wohlig schlafend,
der Hügel an den See sich schmiegt.
Ein letzter Schwarm von Enten quakend
übers silbrig glänzend Wasser zieht.

Die Daunenwolke, zart am Rand mit Gold bemalt,
steht überm Pier, wo still noch Menschen rasten.
Rhododendron im späten Leuchten purpurn strahlt,
Gedanken ruhen aus, befreit von Alltagslasten.

Lichtstrahlen schräg die Bäume streicheln,
ihr Spiegelbild steht Kopf im ruhigen See.
Wellen ein einsam Boot umschmeicheln,
ein Kunstwerk der Natur, wie Poesie ich seh'.

Der Kuckuck ruft aus dem Versteck.
Drei Lämmchen ruh'n, wo Butterblumen blüh'n.

Ein Vogelpaar umkreist sich nochmals neckend keck,
schnell hoppeln noch zwei Hasen übers Grün.

Mein Geist und Herz sich wohlig in dem Abend sonnen,
Augen und Sinne staunend, unbemerkt verführt.
Vor Freude über diese Fülle mir die Tränen kommen,
und meine Seele lächelt glücklich, tief berührt.

Liane Belas

Starre Blicke

Ich sehe dich schweigend an.
Ich weiß nicht, ob ich weiter machen kann.
Spüre ein schmerzvolles Stechen.
Schreckliche Qual, als würden Knochen brechen.
Mein aus Stein bestehendes Herz fängt an zu weinen ...
VERDAMMT! Der Schmerz soll nicht durchscheinen!

Eine durchsichtige Maske trage ich,
Niemand sieht mich.
Siehst mich an und lächelst mir zu,
Es scheint, als behalte ich die nötige Ruh ...
Im Gegensatz zu allen anderen wirke ich eiskalt.
Jedoch stehe ich noch immer in deiner Gewalt.
Ich möchte ganz schnell weg!
Meine durchsichtige Maske ist mein Versteck ...

Doch eigentlich bin ich nur bedrückt ...
Wegen dir werde ich noch verrückt!
Doch ich scheine gelassen.
Mit dir hat mich die Freude verlassen ...

Ich BIN verrückt und scheine klar ...
Trotz allem sind die Blicke, die ich dir
   schenke starr

Jenn Rose Bell

Komm!

Geh mit mir ein Stück.
Gehen wir an den Anfang, an den
   Anbeginn, als die Zeit noch nicht
   zählte,
keine Uhr tickte, keine Gleise unser Leben
   „schiente".

Die Sonne – das Licht – der Samenkorn.
Wir fliegen in lauen Winden durch das
   Land, durchstreifen Wiesen, Wälder,
   Hügel, Berge.
Wir bringen die Welt in Bewegung – setzen
   Wellen auf Seen, Flüsse und Meere.

Die Unendlichkeit ist unser Zuhause.
Soweit wir denken können und darüber
   hinaus.
Wir bestehen ewiglich – in aller Zeit.

Manchmal gehen wir verloren – scheinbar –
aber ganz tief im Herzen Aller sind wir
   verankert.

Wie der Samenkorn treiben wir immer
   wieder Wurzeln, Triebe aus,
und die, die uns wahrhaftig sehen, pflegen
   uns und geben uns weiter.

Allgegenwärtig und doch verleumdet,
   scheinbar vergessen
freuen wir uns hier im JETZT zu sein.

Wer wir sind?

Die Alles umfassende Liebe

Bella S.   * 1963

Mond

Der Mond ist aufgegangen.
Er wird es wieder tun.
Wir Menschen sind gefangen
Von seinem Bilde und - ruhen.
Wir träumen mit Schmerzen,
Die entschlüsseln unsere Herzen.
Und leisten Gesellschaft im Bunde
Ihm und aller Rastlosen Runde.

Christoph Benning   * 1963

Daumen hoch!

Geschichte wiederholt sich immer.
Nur die Technik –
die wird schlimmer.

Manuela Bercioux   * 1981

ReblAus

'Ne Reblaus, putzig, frisch und munter,
Frisst sich den Weinberg rauf und runter.
Das macht den Winzer gar nicht froh
Und ihr geht's auch mal so, mal so.

Denkt wohl, sie muss rebellisch sein,
Kommt mal allein und mal zu zwei'n
Und mal sogar im ganzen Heer,
Da hilft nicht mal der Reblausspeer.

Zerfleddert eifrig Wurzelwerk
Im ganzen, schönen Weinesberg.
Hätt' sie nur einmal Halt gemacht,
Ein kleines bisschen nachgedacht,

Wär' ihr ein Licht im Kopp erschien',
Wie lecker Flüssigreben sind. Sie hätt'
Nicht gar so viel zerschreddert und
Sich vielleicht mit Ruhm bekleckert:

Wer schießt schon so 'nen Bock,
Frisst trocknen Wurzelstock,
Wenn er für seinen Lebensdurst
Sich laben kann am Traubenmost.

Arite Ingrid Berg * 1964

Im Dunkel der Nacht

Im Dunkel der Nacht erscheint ein Licht.
Es zeigt dir den Weg.
Wohin es geht, das weiß ich nicht.

Dem Weg zu folgen ergibt einen Sinn.
Er ist voller Leuchten.
Er führt zu einem Singen und Klingen hin.

Doch die Zweifel der Nacht kehren zurück.
Sie greifen nach dir.
Sie vernebeln den Geist, Stück für Stück.

Der Weg ist nun kaum noch zu sehen.
Bin ich hier richtig?
Ich muss in eine andere Richtung gehen.

Ich hab' mich verlaufen, was tue ich hier?
Alles ist dunkel.
Das Gehen, selbst Stehen fällt mir so schwer.

Im Dunkel der Nacht erscheint ein Licht ...

Ingrid Berg

Wenn das Universum sich auftut

Wenn das Universum sich öffnet mit all
     seiner Macht,
werde ruhig, psth, ganz leise, hab Acht,
     hab Acht.

Wenn das Universum sich meldet,
dann höre ganz genau zu,
lausche nach innen, Stille bist du

Wenn das Universum bei DIR ist und eins
     ist mit DIR,
bleibe beim DU, psth leise, ganz leise, dann
     sind es WIR

Wenn das Universum Bilder schickt auf
     seltsamsten WEGEN,
dann nimm es ruhig an, es ist wohl ein
     SEGEN

Gehören mir die Träume ganz allein?
Oder gehst du mit in den Tempel bei
     Sonnenschein?

Gehören uns all die Träume, wenn Gott
     nach uns schaut?
Oder waren es Schäume von Gott
     anvertraut?

Sehe, fühle, rieche, schmecke den Genuss
     aller Genüsse mit mir
dann sind WIR EINS, dann sind es WIR

Michelle Bergé * 1966

Erkenntnis

Niemals würde ich erlauben
Mir erlauben dir zu sagen
Das nicht richtig sei dein Leben
Weil du lebest nicht wie „ Ich"
Und somit dein „Eigenes" Leben
Nicht für gut empfunden wird

Denn das Leben
Welches du lebest
Sei für dich das „Richtige",
Solange es bringe – Freund und Glück –

Selbst wenn es sich handle um das
     „Kleinste"
So soll es dennoch sein genüge
Da das Empfinden sei das Gleiche
Und lasse sich nicht differenzieren
Aufgrund der Großheit einer Tat

Sabine Berisha

Das gebrochene Herz und das
Versprechen der Ewigen Liebe

Sie nahm mir das Licht,
doch von ihrem Gesicht,
war ich recht erpicht.

Eine Beziehung mit ihr in Aussicht,
war sie eines Abends dicht
und spricht:

„Wenn das hier bricht,
bringe ich dich vor Gericht,
und spreche von dir als einen Wicht."

Sie würde mir alles wünschen,
Den Tod, die Hölle, Gicht,
Hauptsache nicht wieder ein Herz, das
    sticht,
weil ich es nicht mehr richt'.

Matthias Berkmann-Schäfer

Arbeit 2014

Arbeit, manchmal Last und Frohn,
zeitweis begleitet von musisch Ton,
uns Sinn und Bares reichlich gebend?
Sicher Herz und Verstand belebend.

Sehend auch viel Hast und Eile
bei denen ohne Zeit für Weile.
Ewige Jagd nach Lohn und Brot,
ungesund, nicht lindernd Not.

Wohlgenießend bei Speis und Trank,
die Welt betrachtend auf der Bank:
Von Schnaps und Bier Gesichter rot
schlagen Langeweile und Leben tot.

Marta Bern

Zeichen der Jahreszeiten

Honigfarbene Blätter
krallen
an müden Zweigen,
Windwogen zerren mit verspieltem Ernst
an längst versprochener Beute,
sehschlitzige Menschenaugen mustern
stirngerafft den Himmel,
dessen Grauköpfigkeit der
    Zugvogelfärbung
längst entwachsen ist
und
klamm-kalte Fingerkuppen auf der Suche
nach warmen Taschenhöhlen,
während Hundenasen prüfend
im Nordostwind stehn.
Dann endlich
braun-loses Blattwerk unter dick besohlten
    Schuhen,
die schneereifen, dürren Baumäste als
Zeituhren für schlafende Wetterfrösche.
Traumblüten wachsen an beschlagenem
    Glas,
die Luft klärt sich zu einem Wintertag.

Brigitte Bernard-Younes

Meer des Lebens

Im Meer des Lebens segeln wir
mal ruhiger, mal geschwinder.
Unter großen und kleinen,
schönen und alten Booten
trägt jedes seine Last.

Doch alle Segel brauchen den Wind,
der sie führt und auch treiben lässt
und so findet ein jedes Schiff
hin zu seinem Ziel.

Im Meer des Lebens segeln wir
ab und zu ganz allein,
bis der Wind sich dreht
und uns treiben lässt.

Und gesellt sich ein anderes Segel
zu unserem Segel dazu –
finden wir unseren neuen Kurs
hin zum gemeinsamen Ziel.

Regina Berner

Erblühende Liebe

Zart und fein die Sonne erwacht.
Die warmen Strahlen das Herz umwohlen,
war es zuvor doch schwarz-dunkle Nacht.
Lasset sie hoch am Himmel stehen,
die Stahlen der Liebe – soll jeder sie sehen!

Elke Bernert * 1979

Wunderbare Baumgeister

Folge dem Gang
entlang der Allee
durchquere Raum und Zeit

Das ganze Jahr über
ein buntes Farbenspiel der Natur

hörbar
nur das Rauschen der Blätter
das Zwitschern der Vögel

Stille
kein Geräusch von Straßenlärm
kein Stimmengewirr der Arbeitswelt

spürbar
nur die Kraft
der wunderbaren Baumgeister

Anita g Maria Bernhart * 1978

Gepriesen sei der Herr

Gepriesen sei der Herr
in allen unseren Werken!
Gepriesen sei der Herr
in allen unseren Stärken!
Gepriesen sei der Herr,
der auch im Nächsten wohnt
und nicht allein im Himmel thront!
Gepriesen sei der Herr
im Wunder der Natur –
sie zeigt uns seiner Liebe Spur!
Gepriesen sei der Herr
im Himmel und auf Erden –
Ihm soll ein ewiger Lobpreis werden!

Christa Bernlochner

eine träne

macht sich
auf den weg nach
unten sie quillt und
fühlt immerzu presst sich
geschmeidig tropft leise klamm-
heimlich in die tiefe salzig warm
seufzt sie vermischt sich mit erde
versickert schwindet ward nie mehr
gesehen und doch war sie da in
jenem moment und wirkt wie versteinert
und ewig ein zeichen sie wollte etwas
geben und möchte was sein zu sich selbst
finden reinigen oder glänzen im sonnen-
schein sie hat es geschafft hier ist ihr platz
auf dieser welt vielleicht entsprang sie der
freude und leid lag ihr fern und
oben schwillt schon ihre schwester
und die hat sie gern eine träne
macht sich auf den weg nach
unten sie quillt und fühlt

Sandra Berster * 1975

Netze

Netze gibt es überall! –
Netze braucht man für den Fall! –
Netze haben Spinnen und Fischer eben –
Netze brauchen sie zum Überleben! –
Netze gibt es hier und dort –
Netze gibt es auch beim Sport! –
Netze gibt es nicht alleine nur im Leben,
Netzhaut, Netzstecker, Netzanschlüsse,
Netzkante und Netzwerke soll es geben! –
Netze dienen lebenslang immer wieder
    auch zum Fang –
Netzstrümpfe gibt es sogar an manchem
    Frauenbein –
Fängt man damit Männer ein?

Hans Berwing

Der schwedische Junge

Das Wellenmeer und Er
leben vom blauen Blut.
Wir beide lieben die Frauen
haben uns bewusst
kennengelernt, es innerlich zelebriert!
Wünsche immer, der Wunsch ist
immer dabei, somit er und sie!
Solange wir uns anschauen,
brauchen wir keinen Spiegel,
denn wir haben, was wir wollen!
Unsere Körperhaut wie am Tag der Sonne.
Ich erlebe Schönheiten, wo die Sonne
scheint und streichelt
und der Regen
fließt und seinen Weg findet!

Enis Besikcioglu * 1982

Traum der Vergangenheit

Träumte heute Nacht von dir
Davon dass du bist bei mir
Doch als ich erwachte,
warst du nicht hier!

Traurig dachte
war nur ein Traum, nur Fantasie
Da ich dich werde wieder sehen – nie
Erinnerung ist das was bleibt..
Erinnerung an unsere schöne Zeit ...
Erinnerung an unser Meer ...
Erinnerung als ich dich liebte sehr ...

Ich liebte dich ...
Doch du nie mich!

Ich lief dir hinterher ...
Du liefst weg vor mir
Liebte dich sehr
Doch es gab niemals ein wir!

Rebecca Bettenhausen

Auf dem See mit der Liebe

Sie wollten die Fahrt
Über den See wagen
Die Liebe wollten sie
In Sicherheit bringen

Die See war rau
Der Wind blies wild
Dennoch stiegen sie in ihr Boot
Sie verließen die gemeinsam
Mit Liebe gebaute Heimat

Für die Liebe war es
Zu bedrohlich geworden
Jedem von ihnen war klar
Ohne der sich selbstverständlich
Sicherfühlenden Liebe wollten
Sie nicht bleiben

Josefine Bhuiya * 1958

Watte ist hart

Schneeweiß und weich umhüllt von Watte,
das ist etwas, was ich neulich hatte.

Schlummrig, wummrig um mich herum,
ich fragte mich, weshalb und warum?
Wo kommt das zeug den überhaupt her,
es engte mich ein und wurde ganz schwer.
Da bohrte ich ein Loch in diese Hülle rein,
darin wollte ich ungerne, noch länger sein.

Dann sah ich Andere mit Watte um sich,
doch Keiner von Jenen, sah mich.
Sie schwebten weiter, einfach fort,
keine Ahnung wohin und an welchen Ort.

Ich aber will wissen, wo mein Weg führt hin,
auch wenn in Stacheldraht, ich stecke drin.
Schneeweiß und weich umhüllt von Watte,
ist Etwas, was nichts angenehmes hatte.

K. Bialas * 1970

Abschied

Abschied nehmen macht allein
und ist doch Zusammensein.
Die Welt liegt im Dornröschenschlaf,
was sie nur für Minuten darf,
und dann erlischt auch dieser Schein.
Abschied nehmen macht allein.

Viele Wege führen ins Glück,
wenn auch nur für ein kurzes Stück.
Das Herz der Welt steht niemals still,
ganz gleich, wie sehr man's halten will,
und niemals kehrt dies Herz zurück.
Viele Wege führen ins Glück.

Abschied nehmen macht allein
und ist doch zusammen sein.
Ohne Abschied geht es nicht,
auch wenn man's anders sich verspricht.
Das Herz wird groß und wieder klein.
Abschied nehmen macht allein.

Daniel Bianchini

Litfasssäule
im Gedenken an Ernst Litfaß

Schon als Kind hast du mich tief beglückt.
Du warst so bunt und voller Bilder.
Gar allzu oft war ich von dir entzückt,
und meine Seele wurde immer milder.

Du bist schon über 150 Jahre alt
und hast dich gut gehalten.
Sogar der ganze Blätterwald
ließ dich bis heute nicht veralten.

Selbst das noch recht junge Internet,
es kann und wird dich nicht verdrängen.
Du bist und bleibst mein Kabinett,
und meine Augen bleiben weiter an dir
    hängen.

Alfred Bick * 1944

Prinzessin Diana

Diana eine unvergessene Prinzessin,
auch im Tod noch immer ist.
Sie ähnelte Mutter Teresa sehr,
das Letzte gab sie gerne her.
Kümmerte sich um arme Kinder,
ging hin, was sie bewegte und sah,
tröstete und half, wo die Not am größten
    war.
Ihr Leben stellte sie sich etwas anders vor,

das Schicksal trug sie mit viel Bravour.
Ihre Kinder erzog sie gut,
gab ihnen Kraft und Mut.
Heut geben sie Mamas Vermächtnis weiter,
Mutter Diana, wäre Stolz auf sie Beide.
Prinzessin Diana und Mutter Teresa, vereint
    im Tod,

ruhen und lassen uns nicht los.
Die guten Erinnerungen bleiben in aller
    Welt bestehen,
der Wunsch war nach einen friedvollen
    Leben zu streben.

Prinz William schenkte ihr ein Enkel
>George,
wie gern hätte sie ihr Enkelkind auf den
>Arm genommen,
nun betet, bewacht und liebt ihn von oben.

Waltraud Bieber * 1941

Thi

Thi, Du zauberhaftes Wesen –
Spiegel meiner Seele Du.
Nur durch Dich kann ich genesen,
Nur bei Dir komm' ich zur Ruh'.

Du bist alles was ich habe,
Du bist, die mein Herz berührt.
Thi – nie hörst Du eine Klage,
wenn Dich etwas von mir führt.

Thi – Du meine große Liebe
bist noch sanfter als ein Reh.
Nie empfing ich von Dir Hiebe;
Und grad das tut mir so weh.

Thi hat viele kleine Schwächen,
Doch just deshalb lieb' ich sie.
Nie wird sie das Herz mir brechen;
Sie ist gut – sie weiß nicht wie.

Thi – nie könnt' ich Dich entbehren,
Will auf immer Dein nur sein.
Kannst nicht länger Dich verwehren:
Zieh' doch endlich bei mir ein!

Ferdinand Paul Bigos

Tasten

Welch ein Geiz
und eine Gier
machst aus Stofffetzen
Papier,

die Linien kriegst
nicht so hin
gerade Schreiben, braucht
doch ein bisschen Hirn.
Jede Wissenschaft lebt
davon
die entstehenden Lücken
zu schließen.
Lebewesen und Gegenstände
wirst du von der „Form"
erkennen
und deine getrübten Augen
leuchten funkelnd im Regen.

Spyridon Bikas * 1973

Mitten im rauschenden Tosen
Fasse ich klaren Gedanken.
Wo bist du, Seele meine,
Meine Seele verwandte?

Bedacht tropft das Gold in die Risse
Fließt durch die Mitte ins Herz.
Unsagbar schwer zu fassen
Ist der innere Wert.

Zeile für Zeile schmiede
Ich Flügel aus glühender Quelle
An dich, meine innige, innige
wesensverwandte Seele.
Auf dass wir uns finden.

Elena Bilchinski * 1984

Nachts

Nachts entdampft durch einen Gulli
was zuvor entschwunden schien.
Irgendwer in dickem Pulli
beugt sich langsam über ihn.

Aus der Tiefe der Gedärme
unter seiner Heimatstadt

atmet es gebrauchte Wärme,
die man ihm entzogen hat.

Endlich auf die Knie sinkend,
andachtsvoll auf allen Vieren,
zieht es ihn, hinabzutieren,
in das Dunkel, tief und stinkend.

Was ihm tags noch fern gelegen
und er nie erwogen hätte,
stieg ihm in der Nacht entgegen,
und es sog ihn aus dem Bette.

Eingesunken und auf Knien,
wie zur eigenen Genesung,
inhaliert er die Verwesung,
hat dem Leben er verziehn.

Björn Binder

Ich hab gehofft, dass es dich nicht gibt
Bin deshalb mehr als einmal ausgeflippt
Ich wollte dich nicht kennen
Und auch die Sache nicht beim Namen
    nennen
Ich war verzweifelt, nicht bereit
Zudem alleine statt zu zweit
Doch es sah aus als hätt ich Glück
Und bekäm doch mein Leben zurück
Aber die ganze Zeit warst du bei mir
Und trotzdem wusst ich nichts von dir

Nun werd ich dich niemals kennen
Lass stattdessen eine Kerze brennen
Ich hoff so sehr, dass du sie siehst
Und vor allem, dass du mir vergibst
War es meine Schuld? Es tut mir Leid
Denn machmal werden Wünsche
    Wirklichkeit
Jetzt trägt dich hoch und höher der Wind
Und für immer bleibst du nun mein
    Sternenkind

Bine   * 1993

Er war Soldat

Und kam zurück aus einer andren Welt,
Und niemand lebte dort für ihn, für ihn
    war alles tot.
Die Weisungen bekam er aus ihm völlig
    fremder Stadt
Von einer Frau im Halbtagsjob, die vor dem
    Bildschirm saß,
Und ihn in seiner Sprache dirigierte,
Dass er Ausschau hielt nach einem Etwas.

Einmal nur in dieser langen Zeit,
Und nur dies eine Mal sah er ein
    lichtdurchflutetes
Und übergroßes, menschenüberragendes
    und
Rosafarbenes Gebilde, das pulsierte als ein
Herz, das nach Umhüllung suchte, und er
    meldete es gleich.
Sonst lag er auf der Lauer bis man ihn
    zurück nach Hause rief,
Und ihn betraf das alles nicht und ging ihn
    auch nichts an.
Fast liebevoll erinnerte er sich dann daran,
Dass er zuhause heimlich an der Rettung
    wilder
Tiere teilgenommen hatte und an dem
    Versuch,
Verirrte Meerbewohner neu zu orientieren.
Das war ihm sehr nah gegangen, das ging
    ihn viel an.

Harald Birgfeld   * 1938

Liebeszauber

Dir zu begegnen ist
als hätt der Himmel die Erde geküsst
wie in den Schimmer einer Mondnacht
    gehüllt
jeder Atemzug sinnerfüllt
sich mit samtenen Lippen berühren
dabei vollkommene Glückseligkeit spüren.

Ein starker Mann – eine anschmiegsame
  Frau
im Duft der Weiblichkeit versinken
von Männlichkeit umschlungen
sich fühlen wie wolkenloses Himmelblau
noch nie war Sehnsucht so wunderbar.

Jeder Tag ist aus Sonne gemacht
beseelt von dir letzte Nacht
der Verstand macht Pause
das Herz ist klar
so werden Träume wahr!

Nach Hause gekommen mit strahlendem
  Gesicht
beschützt und unendlich dankbar –
einfach Stille – schön dass es dich gibt!

Birgit

Heimatlos

Die großen Augen hilfos, leer
sind von der Farbe her wie Meer.
Die Lippen zittern, Tränen rolln.
Doch fehlen die, die trösten solln.

Angst ist in ihrem klein Gesicht.
Und weit und breit kein Mensch in Sicht.
Sie schließt die Augen, holt tief Luft
und sucht nach dem vertrauten Duft.

Dem Duft nach Heimat, nach Zuhaus.
Sie wollt nur weg hier, einfach raus.
Der Duft ist weg, es riecht nach neu.
Sie atmet ein, erfüllt mit Reu.

„Das ist nicht wahr, das ist nicht echt!"
Doch ist es einfach ungerecht.
Du beugst dich vor, zum Mädchen hin,
es zu berühren, war dein Sinn.

Sie hebt die Hand zu einem Gruß,
die kleine Hand ist voller Ruß.

„Kein Wunder, wenn sie sitzt im Dreck",
denkst du, drehst dich vom Spiegel weg.

Franziska Birk   * 1996

Die Sonne

Ich mag die Sonne.
Sie wandert den Himmel auf und ab.

Ich mag die Sonne.
Sie verstrahlt Wonne.

Ich mag die Sonne.
Ist sie immer da?

Ich mag die Sonne.
Sie bringt Wärme.

Ich mag die Sonne.
Sie bringt Schutz.

Ich mag die Sonne.
Sie vertreibt den dunklen Schmutz.

Ich mag die Sonne.
Sie kennt Mond und Stern.

Ich mag die Sonne.
Ich hab sie einfach gern.

Eva Birzer   * 2002

Vater ...

Wär so gern mal im Leben dein Held
  gewesen.
Dann wär unsre schwere Misere vielleicht
  genesen.
Vielleicht hätts besser geklappt, ohne
  Konfrontation,
mit dem gesunden Verhältnis zwischen
  Vater und Sohn?!

Hätt sofort und sehr gerne dir gerettet dein Leben,
und dadurch hätt sich's womöglich von alleine ergeben,
dass du mich ansiehst und annimmst als deinen Sohn.
Alles Weitre hingegen ergibt sich dann schon ...

Es gab Zeiten, da hätte ich sonst was gegeben, für 'ne
Gelegenheit, Möglichkeit, Situation, in der du aufrichtig,
inniglich und nicht verlegen, nur einmal gesagt hättest: „Bin stolz auf dich Sohn!"

Doch leider war's nicht und ist's nicht und wird's nie passieren ...
Zu viel 'hätte' und 'wäre' und Konjunktiv...
Und obgleich wir zur Zeit sogar kommunizieren, bin kein Phantast ich, kein Träumer,
nein ich bin nicht naiv!

Denn eins bin ich zweifelsohne ganz sicherlich ...
Nur ein Kind aus erster Ehe, das du ließest im Stich!
Und vielleicht siehst du in mir nur IHR Angesicht?!
Sind es die Züge der Mutter?
Sag warum liebst du mich nicht?

Maik Eduart Bittermann * 1967

Zerbrochene Herzen

Sie sind noch so jung
und doch schon so verletzt,
vom ganzen Leben abgehetzt.
Sie wollten nur die Liebe spüren
und die Herzen der Menschen verführen.

Sie ließen sich auf jedes ein,
wollten nicht mehr alleine sein.
Sie gaben sich den Gefühlen hin,
jedoch erkannten sie mit der Zeit keinen tieferen Sinn.

Sie wollten nur das Glück erleben,
doch lernten sie mit der Zeit nur,
sich selber aufzugeben,
sie lernten, einfach nur davon zu träumen
und die Wirklichkeit zu versäumen.

Sie fanden nie mehr zurück,
auf der Suche nach dem Glück
und so wurden sie zu zerbrochenen Herzen ihrer Zeit,
weil die Menschheit noch nicht bereit war für Zärtlichkeit!

July Black * 1988

Der mechanische Mensch

Niemals steht er still,
Niemand hält ihn auf
Im täglichen Gewühl
Nimmt es seinen Lauf

Jeden Tag das gleiche Spiel
Doch es wird ihm nie zu viel
Er bemerkt es gar nicht mehr
Dass er gelebt hat ist zu lange her

Die Seele stirbt, der Geist verschwindet
Und alles, was man jetzt noch findet
Ist grau in grau und Ton in Ton

Wenn der Mensch nicht lebt, so stirbt er schon
Drum legt er nun sein Haupte nieder
Schließt die Augen und erwacht nicht wieder

BlackRoseLucy

Sturm durchwühlt die Zimmer

Oh weh! Es berstet, bricht in mir.
Sturm durchwühlt die Zimmer.

Noch feststehend Objekt,
Bricht tosend auseinander.

Es ist kein Schlaf, wo ich liege.
Es ist kein Leben mehr in mir.

Klagend starrt mein Auge nur,
fleht glänzend Sonnen entgegen.

Wo blieb der Mut, die Dauer.
Wo blieb dereinst ein Ich.

Was waren meine vielen Selbst
denn mehr, als Schatten vieler andrer.

Aus verborgnen Ecken stach,
was flüsternd zu mir sprach.

Oh weh!
Weißer Himmel birgt kein Blau
und Sturm durchwühlt die Zimmer.

Roger Blancan   * 1990

Rebell

Ein Tag wie dieser
wird nimmer mehr mieser
mit diesen Grundschulbiestern.

Doch ein Sonnenstrahl
so hell
erstrahlt das Fell
des Rebells.

Versucht sich zu entreißen
der ewigen List,
doch sein Herz bricht
verlassen kann er sie nicht.

Denn sie brauchen ihn
ohne sind sie Mienen
die zu unkontrollierten Explosionen dienen.

Ein beständiger Kreislauf
den niemand hier bricht,
ein Teenager-Leben
das häufig erlischt.

Katharina Blanz   * 1995

Erdenschmerz

Millionen Jahre sind vollbracht
was hat man nur aus Dir gemacht?

Was hast du alles schon gesehen
du hältst es aus und lässt's geschehen.

Ob Eiszeit oder heiß wie Glut
tust so, als wär noch alles gut.

Dann kam das Tier, auch Mensch genannt
zu Mord und Tod war er imstand.

Das geht seit einer Ewigkeit
zum Kompromiss er nicht bereit.

Die Bestie Mensch, die gibt's noch immer
macht durch ihr Dasein alles schlimmer.

Doch irgendwann, die Welt hält an
dann sind auch wir mit Sterben dran.

Dann wird's keinen Mensch mehr geben
so kann die Erde endlich leben.

Ulrike Blaschke   * 1960

Für Andreas

Es geht alles seinen Gang
Von der Wiege bis zur Bahre

Nichts steht still, alles bewegt sich
Erde, Uhrwerk, Räder drehn sich
Manche treffen und verstehn sich,
Wenige ein Leben lang

Viele sind nie umgekehrt
Manche reiten durch die Jahre
Von den andren abgeschnitten;
Glaubend, die sie dabei Tritten
Als sie auf die Spitze ritten
Seien keiner Achtung wert

Was entflieht bleibt unerkannt
Was nie Ruhe hält verkümmert
Doch die der man sich erinnert
Sind nicht rasch emporgezimmert;
Jene denen man erinnert
Sind noch nie vorbeigerannt

Paddy v. Blasenstein * 1979

Abschied von einem Freund

Kleiner samtiger Freund
Warst immer für mich da
Mein treuer Begleiter
Für so viele Jahre

Gingst auf kleinen Pfoten
Doch mit großem Herzen
Hattest keine Worte, doch
Spendetest du stets Trost

Große schwarze Augen
Die Spiegel deiner Seele
Fest mit der meinen verknüpft
Deine Liebe werd' ich nie vergessen

Kleiner samtiger Freund
Warst immer für mich da
Nun bist du fort
Und nur Erinnerung bleibt

Franziska Blessin * 1988

Verbotene Worte

Ich halte an dir fest
du siehst mich nur als gute Freundin und
    das verletzt
keiner sieht den Sinn darin
warum ich immer noch bei dir bin
Ich kann es dir nicht sagen
Nur diese drei Worte, das kann ich einfach
    nicht wagen!
alles zu riskieren?
das ich dich vielleicht verlier?
Verbotene Worte sind es für mich
und zwar: Ich liebe dich!

Lou Blood * 1999

Winter

Sobald am Fenster die Kristalle blühn,
die schwarzen Vögel ihre Kreise ziehn,
beginnt der neue Tag nur schwer zu
    wachsen.
Die Nacht ruht lang und welkt dahin.

Sobald der Sonne Puls erlahmt,
die roten Rosen sterben an der Mutterbrust,
beginnt die kalte Erde schon sich
    festzuhalten.
Die Luft zieht klar und starr dahin.

Sobald der Himmel seine Pforten öffnet,
die weißen Sterne fallen sanft herab,
beginnt der alte Tag erneut sich zu
    entfalten.
Die Welt ruht still und leis dahin.

EVA BLUM * 1947

Morgentau und Abendschein

Als Adam weinte,
wischte Gott die Tränen

mit einem Blatt,
und ließ jene
zur ersten Eiszeit,
im Schein der Morgensonne,
tauen.

Als Eva lächelte,
bestrich Gott den Himmel
in schönsten Erdfarben,
und ließe jene
zur ersten Regenzeit,
im Schein der Abendsonne,
strahlen.

Nando Bluschke * 1986

Donau
für Daniel

In einer dunklen Nacht,
hast du mich zum Lachen gebracht,
du hast so viel mit mir an der Donau
    gemacht,
hab nie groß über dich nachgedacht.

Hand in Hand liefen wir an der Donau
    entlang,
als das Gefühl der Verliebtheit in uns
    eindrang,
wir waren wie das Reisen der Strömung so
    wild,
waren es aufregende Gefühle anfangs jetzt
    sind sie mild.

Das schimmern des Wassers der Donau war
    faszinierend,
so war das Gefühl für uns neu und
    erfrischend,
dieser Ort hat uns tief zusammen geführt,
hat uns eine tiefe verbundene Liebe geschürt.

Die Donau bedeutet für uns Strom des
    Lebens,
wir irrten steht's umher vergebens,
haben uns an der Donau wieder gefunden,
sind immer tief und fest aus Liebe
    aneinander gebunden.

Lenya Blutmond * 1988

Weiterer NachtAbend

Gefangen zwischen weißen Wänden,
selbstgewählter Einsamkeit,
tippen weiche bleiche Hände,
Zeichen der Erhabenheit,
von gesehen Idealen,
von gefühlter Träumerei,
abseits aller hellen Pfade
in fahl verschloss'nes Allerlei.

Aus diesem Brei des dunklen vielen
Zieh'n Gedankenfäden her,
durch das Fenster, über Giebel,
dunkel schreit'ner Dunstgestalten,
nie gesehen Möglichkeiten,
schwindenden Unendlichkeiten,
die in unerfüllten Zeiten,
schimmern wie der blaue Dunst,
aus der Pfeife eines Fremden,
auf dem Weg ins Lichtermeer,
einer Stadt in jener Senke.

Traumgebor'nes Nimmermeer.

Michael Boch * 1995

Herbstliche Erlösung

Herbstvergilbtes Laub am Baum
tönt im Schimmerlicht der Farben,
und betört, die dich umwarben.
Über dir der Himmelsraum.

Gleißend fast im Mittagslicht
glüht geädert deine Form
und vergibt sich keiner Norm.
Weist von sich gestrenge Pflicht.

Bald verbleichst du ungeschaut
und still im abendlichen Rot.
Und mit letztem, leisen Laut
erlöst du dich in Nacht und Tod.

      Ferdinand Ernst Böckl * 1960

Schaukelpferd

Im Zimmer steht ein Schaukelpferd
was immer aus der Haut raus fährt
wenn jemand an den Zügeln zerrt.

Dann bäumt es sich auch durchaus auf
vom Schweife bis zum Halteknauf,
so nahm wohl manch Unheil seinen Lauf.

Denn wenn Kind um Kind zu Boden fällt
sich dabei Arm und Beinchen prellt,
weil kein Mensch zeigt wie man sich hält,

lässt sich Spaß und Spiel zu Nichte machen.
Denn wenn Elle und auch Speiche krachen,
sieht man nur des Pferdes Lachen.

      Max de Boer * 1989

Unklar?!

Auf dem Fensterglas der Regen,
doch von der Wange dann die Tränen.
Herbstblues oder Impression?

Ein Satz unterbrochen
und dann widersprochen!
Streitigkeit oder nur Diskussion?

Hämatom am Arm
Umarmung wirkt warm!
Zufall oder doch Aggression?

Der Freund sehr müde
alarmierende Schübe.
Rückzug oder Depression?

      Frank Böhm * 1971

Der erste Blick

Auf den ersten Blick mag es blöd gelaufen
 sein, das steht außer Frage.
Alles ist gut, sag aber ich.
Nicht nur für dich, vielmehr auch für mich.

Auf den zweiten Blick du wirst es sehen,
auch wenn du kannst noch nicht verstehen.
Versteh dass es schon gut so ist,
dass es doch nicht „gut" gelaufen ist.

Auf den dritten Blick wird langsam klar,
dass es genau so richtig war, wie es geschah.
Es geschah zum Besten für dich und für
 mich.
Mach die Augen auf und schau ruhig hin,
vielleicht kannst du es jetzt sehen, mit
 mehr Sinn.

Auf den vierten Blick sag „danke dir",
wer sonst hätte mir gezeigt was ich so lange
 hielt versteckt vor mir.
Das Verstecken hat nun sein Ende hier,
zumindest, wenn es um das Eine geht.

Einen Wunsch den hab ich nun.
Mag es einmal wieder „blöd gelaufen" sein,
 für dich.
Sag dir „alles ist gut"
nicht nur für dich, vielmehr auch für mich.

      Isabella Böhm * 1985

Ein guter Mensch sein

Mit aller Kraft versuchst du ein
wirklich guter Mensch zu sein,
doch es folgen harte Zeiten
harte Tage, die dich leiten.

Ein guter Mensch ist was hier fehlt,
wenn täglich unsre Welt sich quält.
Ein guter Mensch, der was bewegt,
damit die Welt sich schlafen legt.

Das Leben ist kein faires Spiel,
denn oft genug nimmt es zu viel,
doch gib nicht auf und geh voran,
weil auch die Welt sich ändern kann.

Schau du kannst so viel erreichen,
dass die Reichen bald erbleichen,
denn ich sage dir es gleich:
Wärst du nicht arm, wär'n sie nicht reich.

Lange Rede kurzer Sinn,
wo dreht sich die Welt nur hin?
Nichts von dem wird je geschätzt,
doch die Hoffnung stirbt zuletzt!

Yvonne Bohrer * 1988

Die Seele so klar

Die Seele so klar
Wie weißer Wein
Das Herz so fein
Wie wunderbar

Die Stimme weich
Wie Engelsschwingen
Beginnt sie zu singen
Von schöner Anmut reich

Wenn ich lausche ihrer Pracht
All der Schmerz wie weggewischt
Wenn der Singsang dann erlischt
Dunkelheit kommt über die Nacht

Die zweite Seele ich begehre
In all ihrer Schönheit
Ohne sie ich mich verwehre
Verwandle Nacht in Dunkelheit

Das Schwelen so klar
Wie heißer Wein
Der Schmerz so fein
Wie sonderbar

Falk Boitz * 1994

Das Flüstern einer Sommernacht

Das Flüstern eines Kindes
In dieser stillen Nacht
Das leise Summ'n des Windes
Das mich so schlaflos macht

Der Mond glänzt matt
In diesen leer'n Raum
Und seine Strahlen streicheln
Der Bettdecke den Saum

Das milchig weiße Licht
Wie angenehm es wärmt
Und durch die Stille bricht
Der Schlaf nun doch zu mir

Lucia Bonazzi * 1997

Prototyp der Liebe

Im Abteil der präparierten Primate im
    British Museum
Sah ich Dich im einzeln beleuchteten Glas-
    Mausoleum:
Lucy, die erste moderne Humanoiden-Frau,
Und verliebte mich in dein Blick und das
    kräftige Maul.

Mein Instinkt sagt mir: wir wären ein
    großartiges Paar.
Laut Partnervermittlung 98%
    übereinstimmende DNA.
Die 2% Rückstand, die hole ich im Alltag
    nach.
Dein gebärfreudiges Becken macht mich so
    schwach.

Ich bin eine faule aber kultivierte Person.
Nähebedürftig, mit Intellekt und Intuition.
Ich stehe auf gutes Essen und abstrakte
    Gespräche.
Für schöne Frauen hab ich auch eine
    Schwäche.

Man sagt über Dich Du seist noch wild,
Für mich rettest Du aber das Frauenbild.
Wir könnten ein neues Beziehungskonzept schaffen,
Beispiellosen Prototyp im Beziehungsleben der Affen.

Schon traurig, wir haben uns so knapp verpasst.
Ich empfinde nach die Sehnsucht die Du in den Augen hast.
Leb wohl, Lucy. Es trennt uns eine Million Jahre der Evolution.

Petyo Boneff

Veränderung

Es tut mir in der Seele weh, wenn ich die Leut' von heute seh,
faul, falsch und oft verlogen, sind Treu' und Freundschaft schnell verflogen.
Es wird geschmeichelt und gehandelt, bis man reicher weiter wandelt,
man sehe hier man sehe dort, ist jede Ehrlichkeit denn fort?
Bin ich erfüllt von Hass und Neid? Nein ich bin die Menschheit leid,
Sie schleimen hier, sie schmeicheln da, mein Gewissen kommt nicht klar.
Wo sind Gewissen und Vernunft? Verschollen bald in naher Kunft?
Was kann man wirken, was man lassen, um nicht weiter Mensch zu hassen.
Man zeige Zuneigung und Liebe, denkt mal nicht nur an die Triebe,
sieht die Frau als holdes Wesen, nicht am Herd und mit nem Besen,
sieht den Mann als gut Beschützer, nicht nur als ein Bar Verschmützer.
Sind sie ehrlich achso blind? Das sieht normweise jedes Kind.
Seid's nicht über, seids nicht Leid? Was ihr für Antimenschen seid.

Wenn ihr wollt in Kunft was ändern, zieht am Strang und allen Bändern.
Das Band der Liebe, oft versteckt, hat oft Veränderung geweckt.
Seid freundlich, nett und hilfsbereit, dann ihr gute Menschen seid.
Legte es den anderen in den Mund, zu verbreiten diese Kund ...

Bones   * 1993

Durch die Gräser

Durch die Gräser
Geht das Wehen einer alten hellen Macht
in mir wogt
das Werden Wandeln dieser trauten neuen Nacht
Voller Mond schirmt
was wir wirken, wachsen jenen Kratern aus
Es entstehen hohe Säulen
Templum, Äther: unser Haus

Halt ruft die Wurzel
ohne ein Wort
finde ich dich in ihr
gebunden an diesen köstlichen Ort

Julia Bonk   * 1986

Geborgenheit in deinem Arm

Regen klopft
an mein Fenster

Der Engel
an meiner Seite
zaubert mir
einen schönen Traum

Mitten in der Nacht
bin ich
in Liebe aufgewacht

Und Morgen
ist auch noch
ein Tag

Jürgen Bonk * 1963

Ein Wort

Ein Wort, nenn mir ein Wort
das die Welt verändern wird
Eins, verständlich an jedem Ort
und bei dem sich keiner irrt
Ein Wort, das zu Tränen rührt
und Vergebung teilt
bei dem man Ehrfurcht verspürt
und bei dem jede Wunde verheilt
Das Wort, ich suche es schon lang
damit endlich Friede herrschen kann.

Caroline de Boor * 1996

Lobbyist der Dummheit

Ich bin ein Lobbyist der Dummheit
Und dafür werd' ich gut bezahlt
Beim Volk mag ich die Stummheit
mit Blödheit untermalt

Wer zweifelt, hat verloren
Wer hinterfragt, ist sehr suspekt
Drum lasse jetzt das Bohren
und zolle mir Respekt

Ich bin ein Lobbyist der Dummheit
Und dafür werd' ich gut bezahlt
Beim Volk mag ich die Stummheit
mit Blödheit untermalt

Du bist nicht dumm, meinst du kokett
Schön, dann also im Duett:
Ich bin ein Lobbyist der Dummheit
Und dafür werd' ich gut bezahlt
Beim Volk mag ich die Stummheit
mit Blödheit untermalt

B. Borkowski * 1963

Der Stern

Am Himmel strahlte ein Stern ganz hell
Für alle anderen war er aber viel zu grell
Niemand traute sich ihn anzusehen
So ließ der Stern die Zeit vergehen
„Es wird sich noch jemand trauen",
    dachte er
Somit war das Herz voller Hoffnung und
    niemals leer
Am dunkelsten Abend der dunkelsten
    Nacht
Kam das Schicksal an die Macht
Der hellste Stern war nicht mehr allein
Ein ebenso schöner Stern war nun sein
Zu zweit erhellten sie auch die dunkelste
    Nacht
Das war vom Schicksal auch so gedacht
Nichts ist unmöglich, wenn man daran
    glaubt
Hoffnung zu verlieren ist nicht erlaubt
Haben sich zwei Sterne einmal gefunden
Bleiben sie auf ewig miteinander verbunden

Katrin Borowikow

Verlustlosigkeit

Ich habe nichts und auch nichts zu
    verlieren.
Was ich hatte ist vergraben unter Steinen.

Einst unter Mühen auf einen kleinen
    Brunnen gehievt
und in seiner Gesamtheit hinuntergestoßen.
Den Brunnen bis zum Rand mit Steinen
    befüllt,
mit schweren, kleinen, spitzen, runden.

Nie wieder hingesehen.

Sophia Borowka * 1986

Das Zelt der Liebe

Oh schön gedacht unter dem Zelt der Liebe
Das Auge des Träumers Klarheit verliert,
Im Nebel das Umfeld die Härte der Welt
Vergessen die Sorgen,
Alles scheint zu Verblassen.

Welch Trug so mancher in der Liebe lebt.
Ein Geschenk für kurze Zeit,
das schützende Dach, das schöne Zelt
fällt zusammen ganz sacht.

Zur Besinnungslosigkeit keine Gedanken,
des Erwachens bis nackt die Wahrheit
im Morgengrauen vor dir steht,
und sich die Gefühle rationalisieren.

Endlose Wellen der Selbsteinschätzung,
die Liebe oh schön gedacht.
Dein sicheres Sein im Sturm verloren
unter dem Dach der Liebe.

Hel Borowski

Glaube

Ich bin der Glaube
Ich bin die Wissenschaft
Ich glaube
Ich bin glaubhaft

Ich bin die Wahrheit
Ich bin die Lüge
Ich schenke Klarheit
auch wenn ich betrüge

Ich bin die Wirklichkeit
Ich bin die Illusion
Ich bringe Leid
und Absolution

Ich bin der Tag
Ich bin die Nacht

Ich mache stark
bis Hoffnung entfacht

Ich bin die Friedenstaube
Ich bin des Schattens Licht
Ich bin das, was ich glaube
Ich bin Alles – Ich bin Nichts.

Michelle Bosbach * 1993

Was noch zu tun ist

Ein Lied muss ich noch lernen,
vielleicht nur einen Reim,
damit ich mich auch wappne,
fürs letzte Stündelein.

Am späten Tagesende,
wenn Michel um mich freit,
könnt' ich den Vers dann sprechen,
und wär für ihn bereit.

Ein Zweifel bleibt mir leider noch,
hält mich vom Lernen ab.
Ob solcher Art Gedanken,
erst aufbeschwör'n, das Grab?

Es ist das ewge Fatum,
der Wind beugt jeden Halm.
Und wenn ich's recht bedenke,
lern' ich wohl einen Psalm!

Andreas Bösche * 1978

Steine

Des Homo Sapiens wirres Haupt
ist trügerisch gar konstruiert.
Hat in sich ein Sieb gebaut
das ständig Herzen selektiert.

Tausend kleine, fremde Leben
fallen täglich bodenlos.

Bleiben nicht im Netze kleben
sind nur wie ein Sandkorn groß.

Doch wer und was uns wichtig
findet in ihm sicheren Halt.
Ist nie zu klein und nichtig,
fällt nur keinen einz'gen Spalt.

Ich hoff ich kann ein Kiesel sein,
für dich mein Freund, für dich.
Vielleicht sogar ein großer Stein.
Komm schon Sieb, komm halte mich.

Julia Bose * 1988

Liebeslied

Als wäre es selbstverständlich,
so hieltst du meine Hand.
Ein einziges Mal, mon amour,
in diesem Leben.

Als wäre es selbstverständlich,
kamst du zu meiner Tür.
Ein einziges Mal, mon amour,
sahst du mich an.

Als wäre es selbstverständlich,
zerbrach an dir meine Welt.
Ein einziges Mal, mon amour,
stand die Zeit still.

Renate Bösel

Schwarze Fichten-Vergangenheit

Fichten (so hoch!) zieh'n an meinem Fenster
    vorbei.
Zitternde Striche malen sie gegen das Licht.
Dahinter der Himmel, grau? blau? – Man
    weiß es nicht.
Im Zug irgendwo helles
    Kleinkindergeschrei.

Fetzen der letzten Jahre durch Nadeln
    entstellt –
Ein Film in Schwarz-Weiß, der vor dem
    Fenster mitrennt –
Schemen, Schatten, Gesichter, die man
    kaum noch erkennt –
Irgendwo weiter vorn ein junger Hund,
    der bellt.

Fichten (so hoch!) zieh'n an meinem Fenster
    vorbei.
Doch mit einem Mal durchbricht sie
    sanfteres Licht.
Dunkle Balken versperren nun nicht mehr
    die Sicht.

Schwarze Fichten-Vergangenheit, bist du
    vorbei?
Der Himmel zeigt siegreich sein blassblaues
    Gesicht.
Ob das nicht eine rosige Zukunft
    verspricht?

Stefanie Boßhammer * 1990

Zwiebelhäutchen

Zwiebelhaut,
dünn und essigätzend staut
sich beißender Geruch darunter.
Weinend gehst du darin unter,
bunter Tränenschauer,
liegt kauernd sauer auf der Lauer,
deine Iris zu befallen,
sich zwingend an ihr festzukrallen
und dir Wasser rauszudrücken.
Tränen des Leids und vor Entzücken.
Zwiebelhäutchen seiden dünn,
Wasser rinn'
hindurch.
Semipermeable Emotionenvariable.
Ich träne stumm und ohne Sinn,
weil ich ein seltendünnes, eigenbrennend
Zwiebelhäutchen bin.

Melanie Bottke * 1986

Wanderer

Wandere zwischen den Welten
von Stehen und Gehen
von Stummsein und Wortschwall.

Wähle die Wege.
Steig aus
Starre und totem Punkt.

Wage das Wunderbare
Inmitten von Nebel und Stillstand.
Wisse
Was ist.

Gisela Bougé * 1960

Traum

Und meine Seele ist verwaist
sie sucht in langen dunklen Stunden
den den sie lange schon vermisst
doch niemals hat sie ihn gefunden

Und meine arme Seele friert
sie irrt allein durch viele Räume
verzweifelt sucht sie überall
doch bleiben nur die wirren Träume

Und meine Seele schreit vor Schmerz
die Schatten kommen aus den Ecken
und kriechen leise durch die Nacht
um mich gewaltig zu erschrecken

Und meine Seele fliegt davon
weit in die Wolken hoch hinauf
sie sucht und sucht dort ohne Ende
und findet nichts und gibt nicht auf

So wandert sie durch viele Jahre
und lässt mich einsam hier zurück
mir bleibt also nur tiefe Trauer
um ein verschwundnes großes Glück.

Marlene Bouska

von krypton ist mein name

von krypton ist mein Name, weit bin ich
    hergereist

war sicher aufgenommen, im Schosse der
    Unendlichkeit,
der Duft von zarten Küssen, gepaart mit
    heftig Lüsternheit,
trug fort mich, sicher wissend, von klarer
    Zeit der Zeit

schnell flog ich weit und weiter, die Flügel
    ausgestreckt, ach
trag mich schnell und schneller, zum
    Uhrwerk – dieser
Zeit im Jetzt

von krypton ist mein Name, ja diesen gabst
    du mir

wie mich die Flügel trugen, hin hin und
    hin zu dir,
Sehnsucht nur nach dem Einen, heißt er
    Einmaligkeit?

umschlingen, schmelzen, fest sich binden –
blind wissen – eins zu sein, blind wissen
    – eins zu sein

bin süchtig, aufgestanden, im hier, im jetzt,
    im hier,
mich messen an der Einen, eifern nach dem
was ihr gehört, nein – ich hab meinen
    Namen

von krypton ist mein Name, den gabst du
    hin, nur mir!

Anrje Braasch * 1961

Uferlos

Das Weiteste aller Zeiten,
der Strom des Lebens,

der Grund allen Bestrebens,
für den muss man bereit sein.

Das spritzige Nass,
Tauche ein, tauch' wieder auf.
Wo ist der Ursprung meiner Quelle?

Stürz' in den Bach,
hinab in den See,
dort bei den Ufern,
erblicke ich Licht.

Ich finde meinen Weg,
gestrandet als Welle.

Michael Brachner   * 1988

Die Welt steht still

Von Nebelschwaden umhüllt
Ein Baum, dessen knorrige Aste in den
Himmel ragen
und unzählige Geschichten erzählen
    könnten
doch er schweigt
der Wind scheint ihm seine Stimme zu
    schenken
er trägt ein einsames Blatt mit sich
einst lebendiger Teil des Baums
nun tot und blaß
die Welt steht still
Vergangenheit und Zukunft scheinen
    ausgelöscht
kein Laut regt sich
selbst das Lied des Windes ist verstummt
der Weg führt ins Nichts
Es gibt keine Erlösung

Stefanie Brändle   * 1977

Beschwörung

Gib diesem Tag ein gutes Wort
dass schon vorweg er sich setzen mag
und nichts vergibt und übereilt.

Dass in ihm Ruhe und Gelassenheit
den Ton erzeugen,
der jeden Sturm zum Stillstand bringt.

Lasse ihn nicht ahnungslos
vor Unerhörtem stehen,
dass er verwirrt und ohne Halt
der Nacht entgegenfalle.

Pflanze ihm in jugendlicher Stunde
schon die Weisheit eines Greisen
und lass' ihn Dich erahnen ...

B.M. Brands   * 1969

das herzklammern endet nicht
es zerrt an meinem gewirr
und knotet sich ein
in lebensmüde augen
die nur sehen was es nicht gibt

das herzreißen endet nicht
es zittert in meinen gewebten haaren
und hört nicht auf zu zerren und zu kratzen
in gehirnwindungen
die sich selber nie verstanden

das herzflattern endet nicht
es fliegt in meinem bauch umher
und wirbelt gedankenstaub
in die trockene kehle
die worte nicht zu formen vermag

das schaben in mir endet nicht
ich gebe nach und kann nicht weinen
ich habe mich in meinem herz verlaufen.

Lisa Braun   * 1994

Das Sehnen nach Freiheit

Ein Käfig ganz aus Gold gemacht
Erdrückt dein bebend kleines Herz
Der Vogel still am Fenster wacht
Tautropfen-süßer Schmerz

Das gar prächtige Federkleid
Im Lichte Schimmer sich erhebt
Wässrige Augen voller Neid
Der Mund vor Trauer bebt

Ein kleiner Spalt vom Licht getränkt
Vor Freude pocht es wild in dir
Doch mit Fesseln der Angst versenkt
Der Mut sich zu lösen vom wir

Sehnsucht liegt in deinen Augen
Morgen und Heute zu verein
Du kannst nicht an Morgen glauben
Ohne in dem Heute zu sein

So breite deine Flügel aus
Und fang an endlich zu fliegen
Schwebe aus dem Käfig heraus
Hör bloß auf dich zu verbiegen

Rebecca Braun * 1996

Jugendphilosophie

Ich brenne nicht für Feuerbach,
Ich feuer' mich mit Asbach ab.

Ich geb' auch nichts auf Kant,
Ich gebe mir die Kante.
Mein Leben ist so göttlich,
Wie die Komödie von Dante.

Und für meinen Weltethos,
Brauch ich nicht Hans Küng.
Den find ich bei McDonald's,
Oder bei Burger King.

Auch auf den alten Freud,
Geb' ich keinen Deut.
Ich schaue auf mein Über-Ich,
Und ich übergebe mich.

Julian Braunwarth * 1995

Kein Entkommen

Ich saß versunken und duckte mich im
   erdenbraunen Laub.
Mitten im gebuckel fahlen Lichte
   blassgold die Haare weh'n.
Ich schürfte Hoffnung in den schwärzesten
   Schächten
und fand dort einen Grund, um endlich
   fortzugeh'n.

Ich wurde selbst am Tag mit Träumen fest
   umwickelt
und nächtens nackt ins fetzige Kalt
   getaucht,
das klirrend erbebte und brach. Scharfe
   Strenge nun regiert.
Das letzte Fünkchen Wärme ist
   geschwunden - ausgehaucht.

Und ich floh schnell auf erdverwebten
   Wegen
und gelangte so zum sagenreichen
   Zaubersee.
Ein kümmerliches Ärmchen reckte aus dem
   Wasser,
von dürftig-dürren Wesen – weh.

Mein Gesicht tauchte tief wie in Tränen.
Eine Haarsträhne trank und ringelte sich
   hin zum Grund;
verflocht mit grüner Alge und zog durchs
   blaue Nass.
Nicht wissend, dass der jagende Fischmund

mir folgt und mit erstarrten Augen nach
   mir gräbt,
die ein alter Zauber sucht. Und krallt.
Und mein ganzer Glaube schwindet
   schleichend.
Und all sein Kuss war jämmerlich und kalt.

Monika Bräutigam

Wünsche

Ich wünsche mir mit dir, die Welt neu zu vermessen,
will lernen sie auch mit deinen Augen zu seh'n.
Damit wir gleiches Ziel im Blick und auch im Herzen
gemeinsam auf unseren Wegen geh'n.

Ich wünsche mir von mir, mich auch durch dich neu zu entdecken.
Will lernen was wahrhaft mein Leben bereichert und ziert.
Damit die Schönheit auch wenn sie so oft berührt,
ihren Zauber und Reiz auf dem Weg nicht verliert.

Trink' mit mir darauf, dass wir uns an nichts gewöhnen.
Bleib' hier, erzähle mir, von dir und all dem Schönen,
wie du in deiner Welt gelebt und geliebt hast, und wie du glücklich warst.

Ich wünsche mir von uns, dass wir durch uns nie Kälte leiden,
wir bei Mutlosigkeit auf unsere Quelle vertrau'n,
dass aus alle dem, was wir gemeinsam fanden,
der Weg sich erschließt, um nach vorne zu schau'n.

Ich weiß genau wie du, dass ein Leben kein anderes füllt,
doch weiß ich auch, wenn wir uns nah sind,
dass nie trunk'ne Sprachlosigkeit uns verhüllt.

Du weißt genau wie ich, uns steht eine Reise bevor,
auf der stürmische Wetter uns tiefer spüren lassen als jemals zuvor.

Frank Breburda * 1957

Allein

Die Nacht kommt nun herein,
die Stille wirkt so fremd,
die Welt ist nur ein ruhiger Schein:
Sag Welt hast du dich selbst gehemmt?

Die Menschen in den Häusern
haben aufgehört zu streiten
und sehen sich in ihren Träumen
auf wilden, weißen Pferden reiten

Das Liebespaar schläft eng umschlungen,
das letzte zarte Wort verklang,
die Rose ist nun aufgesprung'
wie ein Orkan der in sie drang

Allein – liege ich in einem Zimmer

Torsten Breitkopf * 1970

Die Maus

Die Maus rennt durchs Getreidefeld
der Blick des Adlers auf sie fällt
Die Maus braucht Körner für den Winter
Dort! eine Ehre, Körner dahinter
Die Maus sie sieht den Adler kreisen
sie flüchtet nicht, will Mut beweisen
Muss mit dem Korn die kleinen nähren
der Adler schwebt in seinen Sphären
Sie hat's geschafft, zum Bau sie tobt
der Adler kommt, die Maus ist tot

Clemens Brendel * 1993

Ich gehe in meinen Straßenschuhen
den Weg entlang.
Ich komme zum Stadtrand, da steht
eine alte Kuh.
Sie hat lila Flecken und ein Horn, und
sie ist glücklich
weil sie besitzt

alle Schokolade der Welt
und die Ruhe,
die ich schon mein
Leben lang suche.

Maria Brenken * 1994

Vision

Du hast Dich auf den Weg gemacht ...
Vor Augen siehst ... ganz klar ein Bild ...
Du liebst es ... glaubst ... es gut
    durchdacht ...
Und es für alle Zeiten hielt!

Die Euphorie ... hat Dich beflügelt ...
Von Musen ... fühlst Du Dich geküsst ...
Ein toll Idee ... fein ausgeklügelt ...
Ein Andrer ... dies ... nie besser wüsst!

Doch aufgepasst ... stets wachsam sei ...
Der Grat ist schmal ... auf dem Du
    schreitest ...
Wenn Neues kommt ... Dir in den Sinn ...
Das eine Grenz ... nicht überschreitest!

Zwischen Wunsch und Wirklichkeit ...
    Vision und Utopie ...
Verirrt sich oft ... gar manch Genie ...
Der Grat ist schmal ... es zeigt die Zeit ...
Vom großen Ruhm ... zur Lächerlichkeit!

Peter S. Brimmers * 1945

Widerstand

Dagegen
stemme ich mich,
ich bäume mich auf in Gedanken
mit der Masse der Quersteller.
Im Protest ganz wach,
ganz da, ganz Bürgerin,
im Kopf, in Gedanken dabei.

Im Körper noch schwach,
stelle ich mich auch innen
quer gegen die Krankheit,
die mich mürbe macht.

Ich kämpfe für meine Freiheit,
in mir und um mich herum.
für eine Gesundheit,
die mich umschließt
aber auch die Gesellschaft,
in der ich lebe.

Ich stelle mich quer,
damit ich leben kann.

brittalta * 1982

Lust und Tugend

Die Lust und die Tugend
Sie kämpfen so hart
Ein jeder will Sieg sich erringen
Und pflanzen ein Pflänzchen
Gar lieblich und zart
Allein es will Ob'hand gewinnen.

Die Lust und die Tugend
Sie wissen es wohl
Den andern hernieder zu zwingen
Doch ach sie sind grausam
Ihr Zweck ihn's befohl'
Ein jeder will lieblicher singen.

Ja Lust du, und Tugend
Ach kämpfet allein!
Und hört auf uns Kummer zu bringen
Doch dürfen sie's nicht
Und lassen's nicht sein
Um mich so beharrlich sie ringen.

Christoph Brodhun * 1988

zwischen
leben und tod
wartet
der schmerzvolle abnabelungsprozess
geduldig
auf unsere eigens
zugeschnittene todesstunde
sobald
diese sich
im hier und jetzt
vollzogen hat
ist unsere fleischlose seele
augenblicklich erlöst
von aller qual
und erdenlast –

erst jetzt
kann sie sich
wirklich
grenzenlos entfalten ...

Anna Bröking

Veredlung

Des Menschen Leben einem Rohstoff
    gleicht,
der oft behandelt einen Wert erreicht.
Nicht zu messen mit der Währung Geld,
ein perfides Ansinnen völlig entstellt.

Sich selbst zu suchen ist Aufgabe
    schlechthin,
loszulassen mit entschiedenen Schritten hin
in eine Zukunft auf eigenen Wegen,
entschlossen zu handeln mit oder ohne
    Segen.

Viele Wege enden im Chaos, im Abenteuer.
erst im Nachhinein erscheinen sie nicht
    geheuer.
Doch ein Zurück und nochmals Gehen
ist aussichtslos, bleibt unbesehen.

Die Erfahrung veredelt den Stoff ganz
    gemein.
Jeder Schritt füllt den inneren Schrein,
erhöht mit Bedacht den inneren Frieden,
der Mensch, als Mensch dann geblieben.

Manfred Brösicke   * 1945

Während sanfte Töne klangen

Während sanfte Töne klangen
Fielen sanfte Tränen schwer,
Fielen Lasten, Koffer, Taschen
Fielen Sonne, Wind und Meer.

Während sanfte Töne klangen
Brachen Glück und Liebe auch,
Brachen Vasen, Töpfe, Schüsseln
Brachen Böen, Wellen, Rauch.

Während sanfte Töne klangen
Krachten Einbildung und Stolz
Krachten Ehen, Bünde, Freunde
Krachten Blitze, Wälder, Holz.

Während sanfte Töne klangen
Starben Hoffnung, Pein und Schmerz
Starben Tiere, Menschen, Pflanzen
Starben Seele, Leib und Herz.

Anna-Lena Brück   * 1997

Business As Usual

Donnertosen im Gewimmel,
Hektik spritzt sich mir ins Mark,
Schaulauf der Statistiken,
ab jetzt in den Metro-Sarg.

Wälder werden nicht gesehen,
das Brett vorm Kopf ist neue Mode,
bis in den Abgrund muss ich gehen,
ich arbeite, like, langweile mich zu Tode.

Tief erfüllt mit Spott und Schwärze,
hassverzerrt und antriebsloslos,
bläst auch auf die hellste Kerze
der bürgerliche Atemstoß.

Benjamin Brückner   * 1987

Verlust

Zögernder Blick in die Ferne,
Tränen zögern nicht mehr,
Licht einer Straßenlaterne
zittert im Tränenmeer.

Verhallende letzte Schritte,
bedrückende Konfrontation,
Wunsch nach harmonischer Mitte
mündet in Isolation.

Weit und kalt stehen Sterne,
doch auch sie seh' ich schon nicht mehr –
nur noch das Licht der Laterne
zittert im Tränenmeer.

Horst A. Bruder   * 1949

Suche

Ich habe gesucht nach dem hellen Licht,
    doch gefunden hab ich es nicht.
Ich habe gesucht nach dem dunklen Sein,
    doch auch hier fand ich nur Schein.
Ich habe nach Gott und den Engeln
    geschrien, gebetet – geweint, ein
    Zeichen zu sehen.
Doch niemand, kein Gott, kein Engel,
    erhörte mein flehen.

Ich habe auch den Teufel gerufen, ihn
    gefordert im Kampf sich zu messen.
Ich wollte verlieren, doch er hat mich
    vergessen.
Die Magie soll es mir bringen, will hören
    wie die Engel singen.

Will die Schmerzensschreie aus der
    Hölle hören, will so die Qualen des
    Nichtseins zerstören.

Ob böse bis zum bitteren Ende oder gut bis
    zum strahlenden Beginn.
Ich suche, suche den Sinn.
Sollen Dämonen mein Blut vergießen und
    Engel meine Wunden küssen.
Sollen Gott und der Teufel mir den Kampf
    erklären, nur sollen sie meine Stimme
    hören.
Sie sollen endlich erhören mein rufen,
    damit ich kann beide auf ewig
    verfluchen.

Vera Brügger   * 1968

Das Geschehen

Das, was kommt, kannst Du nicht
    aufhalten.
Es gibt kein Entrinnen den Naturgewalten.
Du hast keinen Einfluss was der andere Tag
    dir schenkt.
Es kommt so oft anders als man denkt.

Du kannst planen und glauben, alles liegt
    fest,
aber du weißt nicht, ob man das so lässt.
Der Mensch braucht das Planen, er ist
    Meister darin,
aber hat das alles einen Sinn?

Es geht zwar nicht ohne, aber es kommt
    anders als du gedacht.
Die Welt hat die Macht.
Du weißt nicht was kommt und das ist gut,
wenn du es wüsstest fehlt dir manchmal
    der Mut,

Zu schauen auf den nächsten Morgen,
er bringt dir Glück oder er bringt wieder
    Sorgen.

Es kommt wie es kommt, es wird immer
    so sein.
Nichts wird sich ändern, stell dich darauf
    ein.

Gisela Brühl

Fernweh

Lieber Fremde
Nimm meine Hand
Damit ich uns sende
Ins unbekannte Land

Wie schön wird es sein
Ob groß oder klein
Mit all den Gefahren
Den Mut zu bewahren

Bin doch nicht bange
Es dauert nicht lange
Sondern ewige Zeit
Erst dann sind wir befreit

Ich kenn' dich nicht
Doch werd' ich dich kennen
Wenn das Land in Sicht
Wir den Himmel erkennen

Wir müssen jetzt fahren
Wohin sollen wir geh'n
Es wird sich alles klaren
Und wir werden nichts versteh'n

Ymke Brummel

Blick nach oben

Liegend auf der Wiese des Lieblingsparks.
Baumschatten.
Eine weiße Spur schlängelt sich durch den
    Himmel.

Fliegen oder verwurzelt bleiben?
Wie hoch ist die Absturzgefahr?
Kann ich mich überhaupt verpflanzen?

Tim Brun   * 1989

Meine Liebe zu Dir

Alles in mir dreht sich um Dich und eins
    weiß ich tausendprozentig
Ich liebe Dich.
Du brauchst mich, so wie ich Dich.
Denn Du bist mein wundervoller
    einmaliger Schatz und hast in meinem
Herzen ganz alleine nur immer Platz.
Ich träume mit offenen Augen von Dir wo
    immer ich auch bin.
Denn Du bist mein ganzes Leben was kann
    es denn noch schöneres
für mich geben.
Auf Deine Liebe kann ich immer bauen und
    Dir ganz und gar blind vertrauen.
Unsere große Liebe ist das Fundament der
    ganzen Welt und ich wünsch mir
von ganzem Herzen dass sie für immer und
    ewig hält.

Tanja Brüning   * 1965

Ewigkeit

Wie denke ich an die Ewigkeit,
endlich von all dem Leid befreit.
Erlöst von einem Leben voller Qualen,
nur Herrlichkeit und göttliches Strahlen.

Freie Seele, schweben, purer Geist,
wann bin ich wohl bereit?
Ich versuche allen zu vergeben,
ein friedliches Miteinander zu erstreben.

Suche Wahrheit, Klarheit, Veränderung,
selbst mit Feinden die Verständigung.

Wem nützt schon all das gieren, hassen,
neiden,
es erschafft doch nur immer neues Leiden.

Geld und Urteil, Schuld und Macht,
es ist doch alles nur von Menschen erdacht.
All die Mauern, das ewige bekriegen,
es sollte enden, für den Frieden.

So denk ich an die Ewigkeit
Und mache mich bereit.
Lange kann es nicht mehr dauern,
lächle ich, ohne jedes Bedauern.

Florian Brunner * 1979

Wege gehen

Wege gehen
Einfach gehen
Der Weg ist so schön.
Ich möchte sein, gehen und leben.
Ich möchte stehen, mich selbst halten,
Meinen Weg mit Freude gehen,
Das Wasser rauschen hören,
Den Wind fühlen,
Einen Baum umarmen, seine Kraft spüren.
Der Weg liegt vor mir im Sonnenlicht,
Er ist so schön.
Die Schatten verblassen
Mit jedem Schritt.
Seerosen
Blühen.
Libellen
Umtanzen mich.
Wege gehen.

Stefan Brunner * 1973

Sicht des Kindes auf die Welt

So viel Großes wird erwartet, in meiner
kleinen Welt
So viel Tat und Pflicht und Wahnsinn
und all' dies nur für Geld
Warum ist die Welt so fordernd?
Warum ist sie so laut?
Schlimm, dass nur die Gier sie leitet
und niemand mehr vertraut

Lisa Bruntsch

Engel der Alten

Eine kalte, fahle, zitternde Hand – hält die
Meine,
ein Anblick zum Weinen .
Der Atem schwach, der Körper müde und
kaputt,
ein kleines Gebet geht an Gott .
Keinen Lebensmut mehr – alles fällt nur
noch schwer.

Falten über Falten säumen ihr Gesicht – ein
Gesicht was ein ganzes Leben spricht.
Die Augen haben enormen Glanz – sie
lehrten uns stets Freude, Glauben und
Toleranz.

Die Stimme ist erloschen, die Ohren taub
– keiner der Familie hat je nach ihr
geschaut ...
Tag ein und Tag aus viel im Bett gelegen
– für mich war sie stets ein großer
Segen.

Einst haben wir gelacht – täglich unsere
Späße und Ausflüge gemacht.
Ihre kleinsten Wünsche wurden erfüllt
– nur der Wunsch,
die Familie hier zu haben – blieb' leider
unerfüllt!

Nun sitze ich hier und begleite sie auf ihre
letzte Reise,
sie hatte davor keine Angst – sie war stets
Weise.
Einfach da sein, die Hand zu halten – zu
Warten auf das Unbekannte,
darin war ich ihr Experte.

Ein Windzug erlischt die brennende Kerze,
ich weiß – sie hatte keine Schmerzen.
Nun ist sie frei, frei für ein neues Leben –
für viele Tage ohne einen Abend!

Melanie Bryks   * 1980

Lachendes Klavier hinter der Tür

Durch die Glastür erblickend
Zwei lustige Fratzen
Bewegend mit Tatzen
Auf schwarz-weißen Tasten
Tapsend und springend
Machen sie das Zimmer klingend
Dabei die Türe schwingend
Doch nicht Luft durchdringend
Miao und Tralala
Das ist wunderbar
Regelrechter Erspechter
Großes Gelächter

Nadja Buchelt   * 1986

Schlaf

Die Welt ringsum bekannt zu machen,
beide Ufer sehen im weiten Meer allein,
das Schiff, aufgerichtet im Sturm,
Sinneskraft, die noch übrig bleibt,
zu nützen, der Dämmerung folgend,
die alte Stadt verlassen,
fensterlose Fassaden, verlöschte Feuer,
Sterne leuchten, während sich das Wasser
überm Haupte schloss.

Tages Anbruch, keine Helle,
Finsternis von allen Seiten,
süße Frucht auf vielen Zweigen
gewährt dem Hunger Frieden heut',
bei jedem Schritt zum Flug die Federn
    wachsen,
ein Engpfad und ein Steilpfad,

keine Sonne, die ins Antlitz leuchtet,
kommt der große Schlaf,
kommt jung und still daher.

Guenter Bucher

Heute war gestern

Zu oft sich gesehen
Nicht erkannt
Jeden Tag aneinander vorbei gerannt
Bleib steh'n

Zu oft etwas gesagt
Verstummt
Worte sind in Nichtigkeit vermummt
Wie aufgespart

Zu oft in Sicht
Fast verbissen
Würd' ich dich vermissen?
Wie geht's mir ohne Dich

Beatrice Buchholz   * 1990

Keine Angst, keine Erinnerung, keine
    Schuld beschattet den Moment
der erotischen Selbstverschwendung an das
    Leben.

Erzähl den Menschen vom stillen Glück –
sie glauben dir nicht oder werden es mit
    schwarzen Tüchern verhüllen.
Die „strafende Gerechtigkeit" wird ihnen
    zum Maß des Mittelmaßes.
Was anders ist und wichtig, wird verborgen
    und geächtet.

Die Angst vor Göttin Nyx
soll das fürchterliche Chaos verhindern.
Ende der Erkenntnis.
Gedanken werden wie fremde Gäste nicht
    zu Tisch gebeten;

denn sie könnten bleiben ...
Augen voll Dunkelheit sehen nicht die alles
    erhellende Sonne des Bekennens.

Das Gewohnte wird zur Nacht in der man
    zwar bunte Träume webt,
um sich bei Licht darin zu verfangen.
Nicht, was alle tun, denken oder lassen ist
    Richtschnur
sondern das Erwachen aus dem Dunkel.
Die Unergründlichkeit möglicher
    Wirkungen lebendigen Lebens
liegt im ängstlichen Bewusstseinsvermögen.
Dann bin ich tot. Ohne Spur.
Und alles ist als wäre ich nicht gewesen
    oder nur ein bisschen.

Knud Eike Buchmann

Momentaufnahme

Früh am Morgen,
der Wecker – mein heimlicher Feind
wieder zerklingelt er meinen Traum
Vorhang auf
Kaffeeduft
Duschen, der Countdown läuft
Anziehen, auch wenn die Bettdecke ruft.
Rasant – die Zeit rollt davon,
versonnen blicke ich in den Tag hinaus.
Nun aber schnell!
Kindergeschrei
Maschinenlärm
Hartes Metall, hart muss ich sein
Frau bleiben nur unter Männern
Stärke
Menschlichkeit
Feierabend ist Kinderzeit
Es war einmal, fängt meine Geschichte an
Stille
zufrieden sein.

Marion Buchwald   * 1966

Zahnheilkunst

Löblich ist die Zahnheilkunde
und einträglich noch dazu.
Der Zahnarzt ist in aller Munde,
erst nach dem Inlay gibt er Ruh.

Mit dem Bohrer steht voll Inbrunst
er vor jedem hohlen Zahn,
und reißt mit der Zange Lücken,
die er dann neu schließen kann.

Werktags muss er schon beizeiten
immer bohren, bohren, bohren,
Kronen setzen, Kiefer weiten
und Brücken bau'n bis an die Ohren.

Aus off'nen Mündern kommt entgegen
ihm so mancher üble Dunst,
zum Aufhör'n kann's ihn nicht bewegen,
weil: Lohnend ist die Zahnheilkunst.

Denn Immobilien im Osten,
die er einst erworben hat,
auf Jahre werden sie noch kosten,
das ist der Fluch törichter Tat.

Pitt Büerken   * 1945

Momentaufnahme

Ein Wesen gar zu lang gehegt,
erstreckt sich tief im Schlafgeflecht.
Obwohl es wohl und prall gepflegt,
denkt es doch nicht für sich gerecht.

Nein Angst ist kaum sein Souvenir,
auch ist es nicht derweil zu sehn
und doch so schwellt es auch in Dir,
kaum kommt es schon, so will es gehn.

So denn es dort sein Plätzchen sucht,
behaglich sich ins Moose legt,
so dann es auch schon schreit und flucht
und Dir ein Wollen angeregt.

Doch zieht es weiter ohne Ruh'
es war kurz schön nun ist es fort.
In der Sekund' als Du Ihn sahst,
war Er vergangen, Du bleibst dort.

Birgitt Bugeja   * 1964

Kraftsame

Von innen aufrecht mit außen
Jungbrunnen Schönheit Frucht,
Durchstrahlt dein irdisch gereift Gesicht.

Wesentlich Kern umsichtiger Einsicht;
Tausendfache Erkenntnis Gedanken
Integer webend Edelmut mit Kern Kraft.

Freilassend Erkenntnis Hand
Freund schafft Licht
Einladend, lebendig liebe
würdig Austausch Gestalt.

Geistesgegenwärtig
Univers präsent und Irdisch Geschenk,
Aussichtsreich schönheitswahr,
Facettenreich wundersam Klang.

Kein Vorstellungslaut,
kein Gefühl und Impuls hindert
hier im mietfrei Wachen.

Wie liebst Tiefen sensibel Austausch du?

Heidrun Cornelia Bühler   * 1961

Liebesfilm

Eine Frau steht auf dem Balkon.
(Wer ist diese Frau?)

Sie sieht in die Ferne,
ihr wird schwindelig.
Da tritt ein Mann zu ihr,
er ist groß und hat sehr schöne Hände ...
Er hält sie fest, sanft und galant,
sie traut sich bis an Geländer ...
Sie sieht ihn an – er weiß, was sie will.
Zusammen gehen sie hinein,
er küsst sie – oder sie ihn?
Zusammen sinken sie auf ein großes Bett ...
(Kamera aus)

Ein Sonnenstrahl fällt durch die Balkontür,
ich sehe ihn neben mir liegen.
Wie schön er ist, wie schön ist dieser
    Morgen ...
Ich weiß jetzt, wer die Frau auf dem Balkon
    war.

Isabelle Buisine   * 1965

Das Bewusstsein

Das Bewusstsein,

es meint alles zu sehen, was man sieht.
Alles zu spüren, was man fühlt.
Alles zu merken, was man erlebt.
Doch meint aber zu vergessen, was zu
    sehen wir nicht mochten,
was zu spüren wir nicht wollten,
und was zu merken wir nicht konnte.

Doch glaubt ES Allwissend zu sein, da
    hatte ES sich getäuscht.
ES vergisst nämlich eins, da gibt es auch,
    was man nennt das Unbewusstsein.

Elvira Buljubasic   * 1989

Der Vogelchor

Wärmt der erste Sonnenschein,
stimmen Vögel ihre Lieder ein.
Blätter in des Baumes Krone
sich im Winde wiegen,
ein beschwingtes Medley ist zu hören.

Die Vögel singen ihre Melodien,
die weite Kreise ziehn.
Wenn ihr Gesang sie dann geschwächt,
kehrt Ruhe ein ins Baumgeäst.

Der nächste Morgen beginnt
wie tags zuvor,
dann hört man die Vögel wieder,
wenn sie singen ihre Lieder.

Für unsere Sinne wundervoll,
ihr Gesang in Dur und Moll.

Johann Bumann

Gefallene Engel

Die Angst vor dem Stürzen
Die Angst vor dem Ende
gebrochene Flügel
eine Träne spricht Bände.

Und fliegst du hoch
und fliegst du gut
und kannst du nicht fliegen
versuch es, hab Mut.

Du lebst in der Höhe
und wohnst doch auf dem Boden
und bist du schon lang
bist du schon mal geflogen.

Wer oben ist,
der droht auch zu fallen,
an gebrochene Flügel
kannst du dich nicht krallen.

Doch wenn du dich traust
dann kommst du gut nach oben,
doch beim kleinsten Misstraun
gehst du schmerzlich zu Boden.

Catharina Bünker * 1999

Sommer

Wolkenbilder segeln wie Boote dahin
Freiheit in meinem Geiste
Gelassen ich bin
Mein Herz strebt dir entgegen
Du SommerSonnenGold –
AzurBlauTraum –
Glücksklee rankt am Hoffnungsbaum
Farbenbuntleicht gleiten meine Gefühle
Auf den Flügeln des Sommers dahin
Ich danke dem Leben, dass ich bin
Der Wind weht meine Stimmung hinüber
ins AbendGoldGlühn
Dort, darf ich verweilen
gebe mich ganz und gar
dem Leben hin
Ich bin

Ingrid Burg * 1952

Weit entfernt singt Ewigkeit...

Der Bach übt Sprünge
über Stock und Stein.
Der Sommer hat
ein Feuerwerk entzündet
aus gleißend hellen Nächten
springt die Zeit.
Wir sammeln ein das Bunte
das über uns entleert
von Händen die so sanft
gestreut.
Weit entfernt singt Ewigkeit
nimmt uns vorab
der Dinge Traurigkeit
und hütet unser Lächeln
in der Flüchtigkeit der Zeit.

Edith Maria Bürger * 1946

Die Gabe

Das tust du mir
Sie lächelt in sich hinein.
Sie lächelt und lächelt ein Lächeln
Das sank immer tiefer
Bis es sank auf einen satten samtenen Berg
    von Glück.

Sie gab ihm ein
Er nahms
Es lebt auf seiner Hand kurz
Er legt es sich aufs Haar

Aus seinen Augen werden Vögel
Aus seinen Händen werden Wolken
Seine Glieder wilder Wein
Aus Sinnen wird das Sein.

Rebecca Burgmann   * 1968

Femme fatale

Du gibst mir Liebe, gibst mir Schmerz,
erfüllst und brichst mein krankes Herz!
Überschwang, plötzlich Distanz,
verwirrst, zerreißt mich voll und ganz!
Gibst mir Wärme, zeigst mir Kühle –
belebst und tötest die Gefühle!
Berührst, verlässt mich, wie's gefällt,
doch ohne dich – was wär' die Welt?
Deine roten Lippen locken,
bringen meinen Puls zum Stocken!
Sie rufen süß wie Nachtigallen,
bis sie in Einsamkeit verhallen.
„Längst schon bist du mir verfallen!"
hör' ich's in meinem Kopfe schallen.
„Du wirst mir niemals widersteh'n!
Willst du mich nicht wiederseh'n?" –
Meine Liebste und Verehrte,
meine Sehnsucht und Begehrte!
Du bist die, nach der ich such',
meine Göttin und mein Fluch!

Steffen Burk

Lauf Leben Lauf

zur falschen zeit
ins leben geworfen
den kinderschuh verloren
den vater ins leere gesehnt
über nacht in den westen
den goldenen
zum beruf gekommen
zur liebeszeit zu kindern
das gute wort verkocht
das denken in die schürze geknüllt
zur richtigen zeit
in den brunnen gesprungen
und aufgewacht
und verse geschüttelt
mein EIGEN-ICH
vom baum gerüttelt
den fliegenden teppich gewebt
und endlich und endlich
un ... endlich gelebt

Adelheid Burkardt

mein Leben

mein leben was ist das?
Ist es laut oder leise?
ist es pech oder glück?
manchmal wünsch ich mir eine andere
zeit zurück.
doch was ist das was ich da sah?
es ist ein vogel wo er wohl war?
wie ein könig der lüfte flog er daher
und ich dachte ach, wenn ich nur so wär.
frei zu sein wie ein vogel das wär
mein traum
und so stand ich noch lange vor dem baum
und beobachtete die vögel im wind.
wie ein träumendes nachdenkliches kind.

Kirsten Burkert

Ein Dachboden

Alles auf Anfang. Heute und für die
  Ewigkeit. Die Ewigkeit ist heute.
Auf einem Dachboden. So groß wie das
  Deck eines Schiffes,
so heilig wie der Kreuzgang einer Kirche.
Ein so besonderer Ort, wie er einem nicht
  oft im Leben begegnet.
Verblüffung und Staunen übertreffen sich
  gegenseitig.
Das Leben schmecken. Riechen. Danach
  lechzen und schreien.
Vor Verzweiflung, vor überschäumendem
  Glück.
Die Sekunden festhalten. Kostbarer ist
  jeder einzelne Moment,
als ein anderes Leben in der Ewigkeit des
  Seins.

Eine neue, eine fremde Seele.
Eine Überraschung, die alles überwiegt und
  mit Glück aufwiegt,
was die letzten Wochen vom Schicksal
  zerrüttet und verschüttet wurde.
Das Leben, es beginnt von vorn.

Energie, unbändige Energie. Entfesselt und
  freigelassen.
Der Geist ist berauscht, die Seele verliebt.
  Verstrickungen und Wirrungen.
Das Leben. Pur und reizvoll. Neu und
  ungebrochen.
Pure Leidenschaft. Glück und ein Zustand
  von dem ich keine Ahnung hatte,
dass es ihn überhaupt gibt. Mehr kann man
  nicht lieben.

Martina Bürklein-Berndt

Zwischen uns

Die Spiele
die wir miteinander spielen
Die Blicke
die zwischen uns wandeln
Alles
was ausgesprochen
in der Luft hängt
Und alles
Was still zwischen unseren Herzen pendelt
Jeder noch so kleine Fleck
Unseres Bandes
Das zwischen uns gespannt ist
Leuchtet in der Stille
Unserer Herzen.

Eva Burmeister * 1997

Nacht

Am Tag herrscht Gedränge
ein jeder nur Teil einer Menge
doch dann sind wir allein
Inmitten der Stille.

Leuchtreklamen durchbrechen
das Dunkel
als letztes Zeichen eines
gelebten Tages.

Doch nur wenn der Mond scheint
und niemand uns blendet
herrscht endlich
Ruhe.

Wir verstehen
was wir denken und fühlen
was wir sind
und sein wollen
so ehrlich.

Laura Burmeister * 1997

Pause

Ich bin eine Pause,
auch schnell weg sause,
Menschen brauchen mich,

weil sie Zeit brauchen für sich,
alle brauchen von der Arbeit Ruh',
deine Freunde hören dir zu,
sie sind bei dir,
dies ist der Sinn von mir,
neue Kräfte werden geladen,
der Stress entladen,
Erholung tut gut,
auch gebe ich euch Mut.

Katharina Busch * 1990

Böse Zunge behaupten

Gott schuf den Menschen nach sechs Tagen
Die Krone der Schöpfung der Welt ward
    beschert
Jetzt kommen von überall her die Klagen:
Sein Segen hat nur die Dummheit
    vermehrt!

Doch einer trat an, aus juristischen
    Gründen,
Dem Herrgott all seine Schuld zu erlassen.
Er wollte schon bald sein Urteil verkünden
Und aus diesem Grunde ein Büchlein
    verfassen.

Sein Name war Darwin, ja, der mit den
    Affen
Der schließlich doch den Beweis erbrachte:
Gott hat mit den Menschen nichts zu
    schaffen
Worauf eine Diskussion entfachte.

Wo komm' ich her? Wo soll ich hin?
Sind wir denn nur aus der Retorte?
Die Kirchensteuer macht nur Sinn
Für ein paar tröstende Worte.

Der Mensch, auf sich allein gestellt,
Bleibt Stolz auf seinen freien Willen
Jetzt hat er sogar Gott verprellt
Und das um seinetwillen!

Mathias Busch * 1979

Der Apfelbaum

meiner Kindheit
schenkt uns immer noch
seine Gaben
gibt seinen Ort nicht auf
und
den Vergangenen
seinen Schatten.

Silke K. Busch

Zweifel im April

Kann ich wissen, wann die Liebe nicht
    mehr reicht,
wenn der Alltag düster um sich greift.
Wenn die kalten Wolken unsre Blicke
    trüben
und ich nicht weiß, ob wir uns lieben.

Kann ich wissen, wann die Zeit Tribute
    fordert,
das ungebundne Band sich lockert.
Wenn der Wind uns auseinander fliegen
    lässt
und du mich bald vergisst.

Kann ich wissen, wann ich nach den
    Träumen leben soll
und wann die Träume fordern Ihren Zoll.
Wenn die Nacht doch schon vorüber ist
und du mich manchmal doch vermisst.

Kann ich wissen, was ich will,
wenn du mir sagst, du seist neutral.

Ich weiß nur, ich will nicht mehr.
Doch lieb ich dich dafür zu sehr.

Laura Buschbeck * 1991

Endzeitlose

Wenn ich Dich atmen fühle,
am anderen Ende der Stadt,
dort, wo der Mond die Nacht
regiert, dem Fluss das wellen
lehrt und der Wind den Blättern
diese Melodie entlockt, die
der Saat alles Seins jeden
Augenblick ein Willkommen
zu lächelt, dort, wo keine
Glocke zum Gebet ruft, es
in allem ist, so da, so nah
und kein Raum mehr im
Takt existiert, nur Dein Puls,
der aller Zeit voraus das Jetzt
bestimmt, dann weiß ich,
Du bist.

Kurt Buschmann * 1955

Der dunkle Schatten
Gewidmet meinem Sohn Carl Friedrich Buske

Mein ungeliebter Begleiter
Dich zu beschreiben fällt mir schwer
Dich abzuschütteln gar unmöglich
Du raubst mir den Schlaf
saugst meine Lebenskraft auf
Deine Anwesenheit birgt Chaos in sich
Du tötest meine Gefühle ab
meine Seele schreit doch keiner hört den
    stillen Schrei
Du und ich kämpfen stets den Kampf des
    Lebens allein
Hart, unbarmherzig und ohne Gnade
Du, der unendliche Schmerz, dunkler
    Schatten
Mein Hass auf dich kann dir nichts
    anheben
Aber du kannst nicht gewinnen
Weil ich in der Sonne stehe und du eben
    nur ein dunkler Schatten bist.

Detlef Buske * 1960

Noir

Mondschein, Kerzenlicht,
es ist die Nacht die zu mir spricht,
schreit' voran und fürcht' mich nicht,
was der Tag dir auch verspricht,
ich werd' halten wenn er's bricht.

Mondschein, Kerzenlicht,
es ist die Nacht die zu mir spricht,
schreit' voran und fürcht' dich nicht,
ich verberge dein Gesicht,
deine Tränen sieht man nicht.

Mondschein, Kerzenlicht,
es ist die Nacht die zu mir spricht,
schreit' voran und halte nicht,
bis sich Tag mit Nacht vermischt,
Mondschein, Kerzenlicht.

El\' Butt * 1983

Auge um Auge, so heißt es
Und Zahn um Zahn, jeder weiß es
Doch alsbald wird dieses Spiel zur Gier
Zahnlose Blinde, das sind wir!

Jan Buttler * 1989

Rumpelstilzchen sitzt am anderen Ende des
    Regenbogens,
lacht und lacht und isst ein Goldstück nach
    dem anderen.
Lässt keine mehr über für all die Träumer,
    die da kommen.

Christine Butz * 1982

Noch einmal

Deutsche Grammatik

Es sitzt, es saß, es soß
in den Augen.

Es kriecht, krach, kroch
aus den Winkeln.
Es fließt, es flaß, es floß
hinunter die Wangen.

Es holperte, stolperte, tolperte
über die Lippen.
So dass das arme Tröpfchen
bricht, brach, broch.
Und sich vergießt, vergaß, vergoß
auf dem kalten Stein.

Caesar * 1988

Das Etwas

Unsinnwissen,
rausgerissen,
aus dem Etwas,
das mich steuert.

Es packt mich,
reißt mich,
treibt mich hin,
denn im Etwas macht es Sinn.

Doch das Warten ist die Plage,
keine Antwort auf die Frage;
scheinbar endlos lässt das Etwas mich,
zweifeln bis der Tag anbricht,
an dem wie immer, wie auch einst,
alles ganz egal erscheint.

So hat das Wippen,
Brust an Rücken,
nun gestoppt.

Doch quälend wird die Hoffnung bleiben,
und sich das Etwas wieder zeigen.

Deniz Caglar * 1985

Diene der Liebe

Tief beugt sich Gottes Liebe
zu allen Menschen herab,
will Heiden und Sünder erlösen,
sie bewahren vorm ewigen Grab.

Feinste Lichtstrahlen seiner Liebe
durchdringen selbst den verborgensten
    Ritz,
decken auf menschliche Schwäche und
    Lüge,
entfliehen kannst Du ihnen nicht.

Alles Silber und Gold dieser Erde
nur ein Windhauch – vergänglicher Schein!
Das Kostbarste ist die Liebe,
deshalb diene ich nur ihr allein.

Das menschliche Fleisch, oh welch
    schwache Hülle,
sie zerfällt und sinkt ins Grab,
darum rette deine unsterbliche Seele
und beuge dich mit all deiner Liebe
tief zu deinem Nächsten herab.

Schenke dich voller Erbarmen den Armen,
so bist Du stets bereit, zu Gott
    zurückzukehren,
ganz gleich zu welcher Zeit – Diene der
    Liebe!

Manuela-Maria Campbell * 1960

Dem Recht
gerecht
aus Unrecht –
Erwächst
aus Unrecht
Recht

Und laut Verfassung
diente es dem Schutze –

Doch wo ist hier der Schutze,
in Zeiten, in denen aus Unrecht,
das Recht im offensichtlich
eigenem Unrecht
verkeimt

Wo Unrecht recht ist,
rächt sich irgendwann
das Gerechte
am Gerichte

Candela * 1988

Istanbul

Istanbul. Ich schreibe einzig Dich
kursiv. Anders als die anderen. Wer –
Ich bin mir dessen bewusst,
dass wir noch andauern. Du und ich.

Die Strophen. Du hast sie
geflüstert in mein Ohr. Wo –
ich flüsterte sie zurück
in die Verbindung von schwarzem und
    Marmarameer.

Aus Worten wurden Kiesel.
So blieben sie liegen.

Dort im Bosporus tauchte ich bis zu mir
    vor.
Verteilte die Kiesel zwischen uns
Asien und Europa. Wohin –
Ich höre noch immer diese Strophen.

Ich ging zurück. Wirklich oder nicht.
Du wolltest dort bleiben. Warum –
Du kannst nicht anders. Deine Natur: du
    verbindest.
Die Kiesel sie sind es einzig, die uns noch
    verraten.

Günes Cankurt * 1984

Das Unverzichtbare - Leben

Das Leben war nie leicht für mich
Und trotzdem leb ich gern.
Es ist wie eine Melodie
Mal hoch, mal tief, oft fern.
Sehr leise, wenn der Schmerz nur pocht,
crescendo, wenn er wühlt.
Und überfordert ist das Herz,
wenn es nur Trauer fühlt.

Doch scheint die Sonne frühlingshaft,
dann singe ich voll Glühen.
Bei warmem Regen steigt der Saft,
alles beginnt zu blühen.
Der Vögel Sang, der Sterne Klang,
das Pflanzenfarbenrauschen
lässt mich verstummen. Stundenlang
kann ich dem Leben lauschen.

Warum bestraft die Erde sich
mit Menschen, die sie schänden?
Sie hofft auf Änderung wie ich.
Wann wird das Blatt sich wenden?

Gerel Caow * 1943

Geld regiert die Welt

Die Armen sind arm, weil es die Reichen
    gibt.
Die Reichen sind reich, weil es die Armen
    gibt.
Reichlich arm, ärmlich reich.
Geben die Armen reichlich von ihrer
    Armut
Geben die Reichen ärmlich von ihrem
    Reichtum
So hätten die Armen noch reichlich Armut
Die Reichen reichlich Reichtum

Caramel

Carlotta

Im Dunkeln tastend
ziellos konfuse Suche
tauche ich am Grund
strebe nach dem Grund
des tiefen, tiefen Ozeans
dieses Spiel ja endet nie
so glaubte ich
verträumt im Schlummer
doch nun ein Licht
mein Antlitz erwecket
in seinen Bann
bin ich gezogen
verhext, gar voller Tatendrang
die Hoffnung auf die Stirn geschrieben
schwimme ich
empor zur Sonne
die gar so ehrlich scheint.

Carlotta * 1994

Atemzug

Herz ist weit, Herz ist nah,
Augen trüb, Augen klar.
Sonnenstrahl küsst die Haut,
flüstert einem, bis man ihr vertraut.
Regen perlt herab an dir,
Regen perlt hinab an mir.
Februar, April, März und Mai,
ziehen an mir vorbei.
Septemberwind verstreut das Lachen,
Oktoberluft lässt fliegen Drachen.
Eiskristalle lassen sich nieder auf mein Haar,
lässt uns aufwachen, sehen Träume wahr.
Herz gefriert im stillen, doch –
lässt mich ewig warten noch.
Bis Juli kommt und es beginnt,
die Zeit wo jeder für sich gewinnt.
Beginnt von vorn,
Chancen werden neu gebaut ...
Herz ist weit, Herz ist nah,
Sonnenstrahl küsst die Haut.

Lilly Carlotta * 1997

Teufelskreis

Dich so zu sehen wie du versuchst
  weiterzugehen
doch Erinnerungen lassen dich immer
  wieder bleiben stehen

Vergleiche die du ziehst, vieles was du dabei
  übersiehst
Du kannst nichts dafür, ich will dir keine
  Vorwürfe machen
Menschen machen manchmal unüberlegt
  irgendwelche blöden Sachen

Die man anschließend sofort bereut
Wenn das eintritt was man vorher hat
  gescheut

Sinneswandel ... du denkst jetzt nur an dich
Lässt andere dabei im Stich

Du denkst du bist gestärkt, hast gelernt zu
  halten die Balance
Doch im Endeffekt bist du gefangen in
  einer Trance

Caro2805 * 1992

Brüder Grimm

Ihr seid die Könige
Der Märchen
Ihr habt Träume
Für alle Menschen

Alle Eure Wörter
Sind Gold auf alle Händen
Alle Eure Geschichten
Gehören zur einem Tempel

Welcher Dichter
Würdet Ihr wählen
Während des Schlafens
Aller Götter?

Ihr zeigt mir
Den Weg
Zum Schloss
Der Wunder

Alle Musikanten
Warten auf Euch
Als Helden
Für alle Zeiten

Teresa Rita Cavaco Howe   * 1973

Nachruf

Sie wollte ständig zu Besuch.
Den Nachbarn war's dann bald genug.
Man habe selber viel zu tun.
Und müsse man nicht auch mal ruh'n?

Dies hörte sie, tagein, tagaus.
Sie schämte sich, und weinte aus
Verzweiflung und aus Einsamkeit.

Ihr Mann war ständig nicht bereit,
zu führen eine Zweisamkeit,
die aus Gesprächen auch besteht.
Die Tränen oft vom Wind verweht.

Gut gekannt, hat man geglaubt.
Man irrte sich, der Umgangslaut war
    altbekannt,
doch nicht vertraut mit ihren Sorgen.

Klagen laut, als man verlor die Seele dann.
Erinnerungen, dann und wann;
kramt man hervor, und hört sich an,
wie gut sie doch gewesen sei.

Ob eine Stunde, einerlei.
Wenn sie denn lebte: gern auch zwei.

Ebru Celik   * 1981

Regenreise

An einem Strand ohne Namen
kam der Regen an.
Keuchend trug er meinen Koffer,
in dem nichts als Leere war,
fiel schwer auf nassen Sand.
Hallte mit dumpfer Qual
wider im hier ohne da,
regnete hinein,
spülend die Wellen.
Alles Ich verschwamm
dass nichts übrig bliebe
vom Tag.
Im Frieden leuchtete die Glut
einer Zigarette,
Silhouette im Grau.
Schritt näher.
Trug aus verlorener Zeit
mir heran
die Liebe
und einen grünen Schal.

Claudia Cewille   * 1965

du

ich hab millionen von laster
und die meisten bist du

die zigarette am morgen
ist dein atem im nacken
der kaffee dazu
der kuss auf meiner stirn

schuhe kaufen
ist dich auszuziehen
der passende schmuck
dein körper an meinem

abends weggehen
ist dich zu spüren
alkohol
das warme zucken

pizza im bett
ist pizza im bett
mit dir

Aylin Chaaban   * 1994

Schlussverkauf

Dichtgedrängt durch Scheiben blickend
des Morgens am Gedräng erstickend
wie Katz die ihre Beut fixiert
bereit, gewappnet, konzentriert.
Den Platz umklammert ohne Freud
zu keinem Kompromiss bereit.

Schon voll der Schrank
das ganze Haus,
die Sucht bringt ihre Düfte aus.
Das Neue gibt dem Geist den „Kick"
haucht ihm ein kurzes dünnes Glück.

Da endlich gehen die Tore auf,
man rempelt sich im schnellen Lauf,
alles alles reduziert,
jeder jeder wird verführt.

Charlotta

dreckspatz

tot liegt
das glück
am rücken
vor den
spiegelscherben

und ein
gebrochner flügel
zeigt aufrecht

gegen himmel

dort oben

---

bei den schwalben
wollte jener
vogel sein

das klebeband
wird für
den spiegel
reichen

chinansky   * 1988

Gedachtes

Die Worte verdichten,
auf Schnörkel verzichten.
Die Sätze stauchen,
in Inhalte tauchen
Belangloses vermeiden,
damit die Augen nicht leiden!
Doch bleibt es immer relativ,
was für den Einen gerade ist für den
    Anderen schief.

Stepho Chinex   * 1957

Der Wunschtraum

Ich sah in der Ferne einen Flügel stehen!
Und dich mit leichten Schritten zu ihm
    gehen.
Du setzest dich nun an das große Klavier.
Dann erklingen die ersten Töne eins, zwei,
    drei und vier!
Es klingt romantisch wunderschön!
Ach könnte ich auch so spielen gehen!
Ich wiederhole nun Ton für Ton.
Oh ja ich verstehe schon!
Anders erreiche ich dich derzeit kaum.
Was ich mir wahrhaftig von Herzen
    wünsche ist noch ein Traum!

Sirka Chmar   * 1986

Liebe meines Lebens

Den hellsten Stern am Himmel
den hab ich nur Dir geschickt ...

Das schönste Bild im Raum
das hab ich nur für Dich gemalt ...

Die klangvollste Melodie
die hab ich nur für Dich komponiert ...

Das spannendste Buch
das hab ich nur für Dich geschrieben ...

Und was hast Du für mich?
Was schenkst Du mir?

Mein Herz und mich dazu
denn die Liebe meines Lebens
das bist Du ...
das bist nur Du ...

Christa Karin   * 1951

Die Pflanze

Ich hege und pflege dich,
beschütze dich und gieße dich
wie eine kleine Pflanze.

Verborgen – versteckt vom Rest der
Welt habe ich mein Glashaus über
dich gebreitet.

In ruhigen Stunden besuche ich dich
und spreche mit dir leise, fast flüsternd,
damit uns ja niemand hört.

Träume mit dir und fliege mit dir
ins „was-wäre-gewesen-wenn-Land"
nur kurz und heimlich, damit uns ja
niemand ertappt.

Wir malen uns den Himmel blau und
polieren uns den Mond auf Hochglanz,
langsam, still und nur wir zwei allein.

wir beide – ich und ich.

chriStina   * 1969

Vergänglichkeit

Welkende Blätter. Schwindendes Licht.
Wechsel der Zeiten. Erinnerungen an Dich.

An das was war. An das was ist.
Was wird sein, wenn Du gegangen bist?

Ist Liebe stärker als der Tod? Ist sie die
    Rettung in der Not?
Der Wegweiser, Leuchtturm, wenn rauer
    Sturm
Die Meere erzürnt, die Flutwellen türmt ...

Sind wir wie Staubkörner im Wind, ohne
    Einfluss auf das, was die Zukunft uns
    bringt?
An einem Tag sind wir zu zweit, am
    nächsten gehüllt in Einsamkeit ...
Auf ewig gefangen und gelenkt, vom
    Schicksal ergriffen und bedrängt.

Aus Dunkel wird Hell, aus Tag wird Nacht
Ein ewiger Wandel angefacht
Durch den Wechsel der Zeiten
Der Neuen der Alten
Der Guten der Schlechten
Der Fairen und der Ungerechten

Wir sind im Kreislauf der Unendlichkeit:
Vergehen
Vergangen
Vergänglichkeit

Christine   * 1996

Briefing von Marcin P.

Haben Sie Herr Polizist von der
	Mehrdeutigkeit gehört
hat es Sie was bei der Kompliziertheit des
	Lebens gestört
ich verabredete mich doch mit keiner
	Prostituierten
keine Frau wurde von mir befruchtet als
	Behinderten

der älteste Weltberuf gehört zum Übersetzer
können Sie die Lebensbetrachtung
	begreifen vom Schwätzer
Andrzej bestellte mir eine SMS von einer
	Gefallenen
aber ich kam unter die Räder nicht vom
	Lebensrennen

Andrzej machte das aufs Geratewohl
er vergaß aber dafür droht 3 Jahre
	Haftstrafe und die Worte sind nicht
	hohl
Haben Sie Herr Polizist Ihre Gattin
denn zum Lebensopfer erklärte mich meine
	Patin

Haben Sie Herr Polizist Ihre Kinder
ich frage wohl nicht verräterisch denn ich
	bin ein Sünder
wenn ja dann sollten Sie sich lieber des
	Kindes erfreuen
aber denken Sie früher nach bevor Sie
	was unternehmen, damit Sie nichts
	bereuen

Cinas26 * 1981

Der Sommer nach dem Winter

Im Sog der Geschichte von Wellen
	begraben.
Aus manchem Unmut heraus den falschen
	Weg eingeschlagen.

Warnungen im Wind treiben lassen.
Von der Sonne verwöhnt den Magen gestillt,
der Geist wurde träge der Körper bequem.

Vom Wind auf der Haut des nachts nicht
	geruht,
die Welt zu verändern, zuwenig an Mut.
Trotzdem frohen Mutes das sich etwas
	bewegt,
denn es gibt genug andere Menschen,
zumindest wäre es gut.

Im Sturm der Gezeiten auf festen Wegen.
Die Blätter zeigen schon wieder den
	Herbst.
Wieviele Winter bleiben mir noch?

Abseits zu stehen ist manchmal die falsche
	Seite,
doch wer kennt schon den richtigen Weg.
Vielleicht der nächste Sommer nach dem
	Winter.

Mario Ciomek * 1947

Rote Rose

Rote Rose voller Pracht,
liebend stets entgegenlacht:
Blühe, blühe roter Stern,
Liebe hat doch jeder gern.

Rote Rose voller Dorn',
oft geprägt von Hass und Zorn:
Wirf die blutend' Dornen ab.
Lege diesen Schmerz hinab.

Rote Rose voller Duft:
Erfrisch die trübe Tagesluft.
Glänzend Felder, jede Blum',
ersetzen kann dich nicht der Ruhm.

Rote Rose, unbekannt:
Bin ich denn mit dir verwandt?

Im Dorngebüsch, dort weit-hinab:
Lege deine Dornen ab.

Classictiffythea * 1994

Herbst

Die Blätter fallen bunt und fröhlich,
die Kinder spielen vergnügt und selig.
Der Boden ist ganz bedeckt,
wieviel Freude das erweckt.

Lange Spaziergänge über Stock und Stein,
kann es nicht immer so sein?
Lasst uns das Leben genießen,
so wie die bunten Blätter sprießen.

Anja Clavey

Worte aus Buchstaben

Aus Buchstaben entstanden,
sich gegenseitig zuwandten.
Geschwungene Bogen,
wie im Winde gewogen.
Ein Zischen,
wie ein Wischen,
ein Summen,
mehr ein Brummen.
Mit Tinte geschrieben,
einfach zum Lieben.
Gedruckt auf Papier,
glänzend wie Saphir.
Vom Feuer zerstört,
die Schreie nicht gehört.
Mit leckenden Flammen,
ums Überleben rangen.
Das Papier getötet,
die Flammen gerötet.
Kleiner werden auch sie,
vergessen jedoch nie.

Janine Clement * 1997

Sonnenwunder

Kraft der Sonne
ein wahres Wunder
zeigt das Leben
mit samt dem Flunder

Der Keim erblüht
mit einstigem Gemüt
Mensch und Tier
stillt üppige Gier

Oh Sonne oh Sonne
wahrhaftige Wonne
erleuchte die Erde
bis niemand mehr sterbe.

Coco * 1988

Strand

Barfüßig gehst du
durch den Sand
Der Wind bauscht
das weiße Kleid
Macht zum Fanal
dein Haar
Salz ist
auf deinen Lippen

Roger Coerschulie

Das schwarze Meer in Augen

Eine Träne gekennzeichnet von Schmerz,
fließt sie leise aus dem zerbrochenem Herz.

Mit sich bringend viele mehr,
bilden sie ein schwarzes Meer.

Die Seele in dessen am Ringen,
muss sie sich am Leben zwingen.

Die Tränen sie fließen ohne Rast,
wird die Zeit zur reinen Hast.

Das Herz es hört nicht auf zu leiden,
fängt es an die Hoffnung zu meiden.

Die Zeiten zeigen keine Gnaden,
als wollen sie sich an dessen Qualen laben.

Dieser hoffnungslose Kampf längst
    besiegelt,
sieht man in den Augen schwarz gespiegelt.

Cogeck   * 1992

Kommunikation

Ein Netz für alle und für jedes
es wird geredet und wir talken.
Man tauscht sich aus!

Wie geht es denn, was machst Du so,
ach ja, wie schön, das tut mir leid.
Hast Du denn schon gehört,
dass der mit der und auch die
gegenüber weiß es schon.

Smalltalk wohin man hört!
Das Handy surrt, der Bildschirm flackert
und auch die Email wartet schon.
Das Foto von gestern ist doch schon alt,
ich schicke Dir gleich das Neue.

In all der Wörter-Flut frag ich mich nun,
was wollte man mir sagen?
Wo ist der Sinn, damit ich weiß worum es
    geht?

Zuviel der Worte, sie irritieren nur –
und können das Gefühl zerstören.
So bleibt das Wesentliche ungesagt.

Dorothee Colditz   * 1944

Durch die Zeit

Kleines Kindlein
auf dem Schoß
von Mama und Papa
wechselnd hin, wechselnd her
wohlbehütet jahrein, jahraus
durch Kita und Schule
lernend gezogen
auf dem Pfad der Liebe
groß und stark
stürmisch Wellen geritten
und meisterlich im Tatendrang
des Werte schaffens
für Familie, Haus und Garten
bis zur Ausruh-Wende
des eigenen Ichs,
das versucht, die Uhr
zurück zu drehen,
doch die Zeiger
rücken immer weiter
unaufhaltsam vorwärts.

Eve Coleé

Wir sind umbrandet von virtuellen Wellen
kleine Fische im Zwischennetz
Treibholz im Mainstream
Makellose Profile filtern die Mängel
Jedes Like ein Steinchen im Pool
der Selbstwert gesteigert durch
    konzentrische Kreise

Wir laden uns hoch, teilen uns täglich
alle Teil des Einheitsbreis
schreiten wir wie ferngesteuert
durch digitale Portale, über unzählige
    Plattformen
rastlos der Anonymität entgegen

vornehme Blässe gewährleistet durch kaltes
    Monitorlicht
das Blinzeln verlernt, die Blumen schon
    lange verdorrt

der eigene Suizid auf Video gebannt -
maximaler Unterhaltungswert

Alexandru Coltoiu * 1993

Die Forelle

Auf der Wiese, dicht am rauschenden Bach
    sitzend und schauend ganz genau,
wie die Wirbel und Strudel, den Bach
    darstellt, in seiner Pracht.

Ich höre das Rauschen, ich rieche seinen
    klaren Duft, fortgetragen durch die
Luft.

Ach, was ist das? Ein silbergrauer Strich, im
    Bach sich schnell und elegant bewegt.

Träume ich, oder ist es wahr oder sehe ich
    noch klar, dass dies eine Forelle war?

Ja, natürlich, ich sehe wieder den
    silbergrauen, punktierten Fisch.

Nun ist mir klar, dass dies eine Forelle
    war. Behände die Forelle im Wasser
schwimmt, viel
    schneller als mein Auge die Bewegung
wahrnimmt.

Sie schießt aus dem Wasser, wahrlich wie
    ein Akrobat und selbst die schnelle
    Fliege weiß
keinen Rat.

Sie landet zielsicher in des Räubers Maul,
    so schnell du glaubst es kaum, und
    blitzschnell ist
die Forelle wieder in ihrem Element.

Sie jagt nicht nur Fliegen, o nein, ihren
    scharfen Zähnen entkommt weder,
    das Rotauge,
Rotfeder noch der kleine Döbel.

Ach, was wäre der Bach nur ohne Fisch,
    die Forelle gibt dem Bach den
    vollkommenen
Glanz. Sie ist der König, in diesem Bereich.
Damit ist kein Bach eintönig, denn die
    Forelle ist sein König.

Ludwig Conrad

Schlaflos unter den Sternen

Deine Stimme war die Nacht,
doch anthrazit mit Sternen – unendlich tief,
sie hat mich zum Weinen gebracht,
keine Antwort, wenn ich nach dir rief.

Gebrochene Geheimnisse,
die du mir zugeflüstert hast,
gelungene Versäumnisse,
als hätte ich das Leben verpasst.

Kein einziges Versprechen,
ein Schrei in der Dunkelheit,
Herzen, die zerbrechen,
der Tag – das größte Leid.

Die Sonne nicht ertragen,
in deiner Kälte verbrennen,
Niemand zu erwarten,
in die Finsternis zu rennen.

Schlaflos unter den Sternen,
die Melodie fast verschwunden,
sehne mich nach dem Fernen,
doch bleiben nur bleiche Wunden.

Tessa-Jean Cook * 1995

Nichts

Ich sah nach oben und sah dich,
ich sah nach unten und sah dich,
ich sah nach rechts und sah dich,
ich sah nach links und sah dich.

Ich sah dich an,
du sahst mich an.
Du sahst nach oben und sahst mich,
du sahst nach unten und sahst mich,
du sahst nach rechts und sahst mich,
du sahst nach links und sahst mich.
Wir sahen uns an,
um uns war nichts.
Alles in uns war zeitlos,
um uns alles grenzenlos.
Nichts war oben,
nichts war unten,
nichts war rechts,
nichts war links.
Nur wir Beide,
waren mitten drin.

Flor Costner * 1957

Die Sanduhr

Gespannt sehen wir zu
wie die Zeit verrinnt.
Wie die obere Hälfte verliert
und die untere gewinnt.
Wie Korn nach Korn
durch die Taille schwindet
wie jedes Korn
die anderen findet.
Der Boden füllt sich
voll mit Sand
Katze stößt
die Sanduhr vom Rand
Klirr!
Da liegt in tausend Stücken
unser Versuch
uns an der Zeit zu beglücken.

Sussanna-Leanne Cowens * 1996

Des Kannibales letztes Mahl

Bittere Tränen, Blut haftet an den Zähnen.
Das Gekreisch vom Opfer wird vernommen.
Es liegt da am Boden und wirkt
    benommen.
Man hört das Lachen einer Person,
es hat einen hellen, aber entsetzlichen Ton.

Er reibt sich mit dem Blut seines Opfers
    ein. An seiner Hand einen spitzen
    Stein.
Er geht auf der Jagd nach dem nächsten
    Opfer nun,
wie ein Fuchs auf der Jagd nach einem
    Huhn.
Ein Neandertaler scheint er zu sein,
doch in dieser Zeit hat er sein Heim.

Mit dem nächsten Opfer im Gepäck,
    schleicht er wieder in das Versteck.
Dort filetiert er sein Opfer wie ein Fisch,
stellt eine Pfanne am Herd und deckt den
    Tisch.
Er schneidet dem Opfer raus das Herz.
Doch das Opfer hat noch Schmerz.

Da es noch schwer verletzt zu sein scheint,
weil das Opfer bittere Tränen weint.
Nimmt der Täter ein Feuerzeug in seiner
    Hand,
zündet es an und hat sich selbst verbrannt.
Am Ende war das Opfer, samt Täter tot.
    Und der Boden färbte sich Blutrot.

Sarah Crecelius * 1998

Grenzenlos

Europa!
Bunt und stark wie deine Völker
alt und jung bist du zugleich

Keine Grenzen
kein Hass und kein Krieg
das ist unser Ziel
Europa lebt in uns
der Frieden unser Sieg

Europa ohne Grenzen
dein Weg dorthin war weit
wir öffnen unsre Türen
und sind für dich bereit

reicht euch die Hände
reicht mir eure Hand
gemeinsam sind wir stark
ein schillernd buntes Band
singt mit mir
tanzt mit mir
lebt mit mir

Grenzenlos

                Celestine Cronhardt   * 2000

Gegen das Vergessen

will Gedanken – Momente fangen
auf Papier – dort – bleiben sollen sie
Jahre überdauern – zeugen von der Zeit
die war – Zeit – so einzigartig und
    vergänglich

viele Stunden schon hat heut der
    Sommertag

will mich an ihn erinnern ...

an das zarte Eis in meiner Hand
an der Vögel Abendlieder
an den Klee der seine Blätter leise schließt
an des Brünnleins murmeln aus der Ferne
an die Fledermaus die zur Nacht erwacht
an den zarten Abendwind der durch meine
    Haare streicht
an das Grün des Baumes, dass das Rot der
    Kirschen schluckt

Dunkelheit schleicht sich heran
heimlich küsst die Nacht den Tag zum
    Schlaf
weckt Mond und Sterne auf

will nicht vergessen – will erinnern ...

Träume gehen wie Blüten auf

                Ellen Cronhardt   * 1961

Der Kuss

Ich sehne mich so nach einem Kuss,
nach einem Kuss von deinem Munde,
ja, Tag und Nacht, zu jeder Stunde,
ist dein Kuss der Ewigkeit Genuss.

O welche Wonne, welch ein Segen
in deinen Anblick tief versinken,
deine Blicke wie Nektar trinken,
auf deinen Mund den meinen legen.

Drum lass mich, Liebste, dich genießen,
heiße Feuer in dir erwecken,
mit meinen Küssen dich bedecken.

Lass uns wieder im Kuss zerfließen,
über Raum und Zeit selig schweben,
liebestrunken in Küssen sterben.

                Ante Gune Culina   * 1949

Vorgaukeln

Eine Frau, so unbekannt,
mit kleiner Funktion für das Land,
macht ihren Job dennoch entspannt,
hat kein Geld in ihrer Hand,
weil sie statt Glück nur Pflichten fand.

Ein Mann, wichtig in der Funktion,
ein Sinnbild für die Nation,
kriegt einen viel zu hohen Lohn,
für des Landes Spott und Hohn,
und jeden negativen Ton.

Beide setzen ihre Funktion in den Teich,
die Frau nur ganz kurz, der Mann ziemlich
    lang – im Vergleich,

doch sie wird arm und er wird reich,
sie wird zur Kirchenmaus, er wird zum
   Scheich,
vor dem Gesetz sind alle Menschen gleich.

cyberhog   * 1990

Herz zu zweit

Stern um Sternlein aufgenäht
am Purpurvlies des Firmaments,
die Nacht seufzt klangübersät
wie Zeilen alten Pergaments.

Sie lesen sich in mich hinein
und ihr Widerhall bist Du.
Oh Graus voll Gram, ach welche Pein:
Seh Äonentänzen zu,
die ganze Galaxie ist mein!
Finde dennoch keine Ruh –
ich staune himmelwärts ... allein.

Kein Mensch je schlimm'res Los erfuhr,
als der, dem Vogelfreiheit
gleicht bleiern einem Käfig nur.

Eng die Brust, der Kosmos weit.
Folgst derselben Funkelspur,
Du dort, ich hier: ein Herz zu Zweit.

Teresa Czok   * 1982

Fragment

Mit Paulus bist du gekommen.
TV gucken, Joint bauen.
Ich mach euch Kakao.
Wie du mich dabei anschaust,
die Sonne in deinen Augen.
Joint anhauen.
Ich sage dir guck weg, und sehe
wie Paulus heimlich lächelt.
Du fragst mich wie lange ich wegfahre,
ich sage fünf Tage.
Als hätte ich dir ins Gesicht geschlagen.

Isa D.   * 1995

Ein Krieger des Lichts

Ein Krieger schreitet nun ins Licht,
zu sehen war er lange nicht.
Die Lust im Leben stets zu kämpfen,
ward nur durchs Schicksal jäh zu dämpfen.
Sein Schwert, das funkelt in der Sonne.
Wut, Missgunst, Neid ... „Ab in die
   Tonne!"
Er fühlt sich frei, im Herz, im Sein,
und bleibt auch gern mit sich allein.
Wer andre kennt und lernt zu lieben,
der bleibt in Freundschaft oft verschwiegen.
Doch meiner Selbstachtsamkeit treu,
tu ICH, nur was ich nicht bereu'.
Des Kriegers Herz im Glück erstrahlt.
Nicht nötig, dass man damit prahlt.
Nur wer sich selber nicht verneint,
hat Geist und Körper gut vereint.
Drum find' auch Du in dir den Krieger,
und bleib im Kampf ums Sein, der Sieger!
Sich aufzuopfern nicht für Nichts ...
Erkenne du bist: Ein Krieger des Lichts!

D\'Angel

Allmecht war des a Fescht

Ond hoch d'r Kruag,
ond no an Schluck,
Sui geit em Nachb'r no en Kuss

Schau gohd'r nuff, d'r Rock.
Schau gohd'se ra, dui Hos'.
Schau geit's no en Stoß.

S'ka luschdig sei,
s'ka d'rneba sei,
s'ka au donderschlächdig sei.

Wär's no so gwä,
s'wär g'firchtet jäh,
dass nau au no des Kopfwai häbsch.

D'r OBekand

Vom Wind zerrissen

Ein zarter Wind weht über das Feld,
ich stehe da allein in der Welt.
Sehe mein Herz flattern im Sturm,
voller Sehnsucht im dunklen Turm.

Leise flüstert es dein Namen,
verzweifelt darüber das sie kamen.
Nahmen ihm sein Gegenstück,
es bekommt es nie zurück.

stellt sich hilflos gegen das Gewitter,
krank vor Sehnsucht weint es bitter.
jeder wird sein Schicksal wissen,
das herz ist vom wind zerrissen.

Nastasia Dabringhaus * 1998

Das Leben

Das Leben ist wichtig
Wir bekommen von Gott eine Chance
Wir Leben um die Welt zu verbessern
Wir sollten es nicht übertreiben
Denn Welt sollte so bleiben
Wir sollten für die Umwelt wachen
Denn alles Leben
Ist die Welt

Kim-Olivier Daffinger * 2001

Draußen schneit es
Meine Hände zittern noch, mein Herz
   durch die Kälte erstarrt
Ich will das Eis in meinem Inneren brechen
Lege meine Finger auf die Tasten des
   Klaviers
Will sie bewegen, eine warme Melodie
   erklingen lassen
Doch etwas hält mich zurück
Eine Unruhe in mir, ein Schneesturm tobt
Wie erstarrt sitze ich da
Meine Hände werden schwer, ein Finger
   fällt schlafend auf die Tastatur
Ein Ton schallt durch die leere Halle
Ein hohes F, es klirrt
Das Eis zerspringt in tausend Teile, ich lese
   sie nicht auf
So liegen sie am Boden und schmelzen
   dennoch nicht
Jemand puzzelt, setzt die Teile zusammen
Und bringt sie zurück an ihren Platz
Das Eis umschließt mein Herz
Meine Finger schweben noch immer über
   den Tasten
Doch die Stille bleibt

Nina Dähne

Freiheit

Kurz geht's mir gut, bin auf der Hut.
Weiß das es nicht so bleibt.
Die Vergangenheit hat es mir gezeigt
Hoch und runter, mal mehr, mal munter.
Mal voller Liebe, mal Seitenhiebe.
Gefühlschaos, ich denke viel.
Ich habe wieder, das Gefühl.
Das ich lebe und nach Freiheit strebe.
So wie ein Vogel, hoch in der Luft.
Genieße noch so, kleinen Duft.
Der mir lang verborgen war.
Ich sehe auf, jetzt Sonnenklar.
Mein Weg nicht weit, ich bin bereit.

Dakota * 1969

Narrenzeit

Es nimmt gerade Wörter nur
Die blinde Wirklichkeit;
Weil im Reich der Fantasur –
Ist immer Narrenzeit.

Finsterschwarz aus Elfenbein,
Sieh' des Nachtwind's rufen;
Porco dio – Götterschwein;
Donner unter Hufen.

Vergangen ist der Spiritus;
Das Phlegma ist geblieben;
Gib mir einen Abschiedskuss;
Ich werd' dich ewig lieben.

Fritz Damerius   * 1941

Der Tag geht

Vorbei ist der Tag.
Ich gehe zur Ruh.
Ein Film Spult ab.
die Augen fallen zu.
Lieg noch wach.
Sehe ihn den Tag.
Die Sonne schwach.
Abendrot bitte sag,
Gute Nacht.

Steffi Damm   * 1963

Signale

Stille Signale
Sommernacht die warme.
Eine Nacht unendlich stumm.
Nur stille Signal
Von dir und mir kein Ton.

Blitzschlag, ein Teufel Feuer.
Donner und Grollen.

Plötzlich Abenteuer.
Regen Wolken
Auf der Himmelsleiter.

Sonnenschein und
Regenbogen, Dunkle
Schatten werden Bund.
Augen voller Freude.
Liebende Blicke im Rund.

Leuchtender Augenschein.
Liebesblicke und stille Signale.
Wir gehen fortan nie mehr alleine.
Für stille Signal Tauschen wir.
Worte ein.

Werner Damm   * 1949

Blaue Augen

Eine Träne fällt aus meinem Auge,
Zu Boden und rinnt dort hinfort.

Sie sind so anders blau, die meinen,
Du schaust zur Sonne an einem fernen Ort.

Könnt ich dich doch von hier anschauen,
Der du mein Schönster bist,
So wär mein Herz mir wohlgesonnen
Stattdessen Kummer mich zerfrisst.

Dein Blau leuchtete mir einst den Weg,
Zu deiner Seele Spiel,
Du wildes Kind, du sehnst dich sehr nach
    Liebe,
Das was ich sah gefiel,

Und begehrt ich allzu sehr,
Erkannt auch mich in dir.
Das Leben aber trennte uns
Und schnitt dich ab von mir.

Wenn ich in meine Augen nun seh,
Wird mir das Herz so schwer.

Damour   * 1978

Marielle

Ich zeichne, ohne Stift.
Ein Meer, im Sturm.
Ein Haus, voller Kummer.
Ein Herz, voller Zimmer.
Stürze,
Zwischen alt und vergessen,
Hass und besessen,
In deine Welt.
Schau mich um,
hastig schön.
Werfe stolpernd,
Ziel und Leben um.
Ich liebe,
Jeden Kuss,
Jede Nacht.
Heimlich still,
Gänzlich leise,
Hebt und senkt sich,
Neue Hoffnung.
Zieht neue Kreise.

Tim Damrau * 1985

Die Stille, die leise in meinen Ohren
    rauscht.
Der Taube, der den Geräuschen lauscht.
Das Wasser, das so trocken scheint.
Der Böse, der es nur gut meint.
Die Liebe, so hasserfüllt.
Die Hitze, die dich von außen kühlt.
Die Luft, die dir den Atem nimmt.
Die Sonne, die das Licht dimmt.
Das Leben so surreal,
Das Glück, mir nicht ganz egal.
Mein Herz, das still steht.
Der Weg, der nicht mehr weiter geht.
Das Lachen, das ein Weinen ist,
Du, der nicht weiß, wer du bist.

Silvana Daniel * 1989

Der Lauchwandler

Ich wandelte durch edle Gassen,
Umgarnt,
von erbärmlicher Architektur.

Schmächtige Rittern säumten meine Pfade,
An junges Gemüse,
erinnerte ihre Figur.

Maximilian sprach ich – doch nichts
Samuel rief ich, ernst – doch nichts
Nichts endknospte der Saat meines
    Strebens,

Denn es war mein eigenes Gesicht
das sich im Lauche verbarg.

Der spitz wie der Pfahle der Ehrfurcht,
durchbohrte den Spiegel meiner Seele, dort
    keimte und sprosste,
gen Himmel empor –
Bis er sich lieblich, gemächlich, erfahren
    und forsch,
im weichen Futter eines Lappens verlor.

Christopherus Darönchi

der Regen

Man hört den Regen,
so leise tut er fallen ,so schnell kann man
    ihn sehen,
man glaubt die Welt wird untergehen

Man sieht den Regen
und traut sich nicht durchs Nasse zugehen,
aber man will auch nicht stehen,
man will nur verstehen

Man schmeckt den Regen,
meist bitter sauer,
denn er weckt in uns die die tiefste Trauer

Man fühlt den Regen,
wenn er uns berührt und in die Kälte
    verführt,
in uns die Spannung weckt
und die Welt im zeitlosen Glanz bedeckt

Das Innere * 1995

Die Hände

die stützende Hand an der Türe,
das pulsierende Blut an das Herz
die Hände an die Haare,
der gebeugte Kopf nähert sich dem Herz,

Auge stoßt auf Augen-Welle,
wie an einander schlagende Welle,
die stützende Hand an der Türe,
Hände auf die Türe,

Haare zerzausten zu locken,
Gesichter sind verwirrend,
Schlüssel Gleiten zur Tür
Und zittern im Tür

Eilige Wachteln sind in den Wäldern,
der Wandel ist einspaltig und die Miene
    erscheint,
der Wind lacht und sie werden vergrabt,
der Regen erhebt sich,

Der Regen nimmt das Pfeil, und zielt,
der Morgengrauen im Pfeil wird
    geschossen,
Das schleichende Licht kriecht durch die
    Tür,
sie hat gelacht, ich habe gelacht, diese
    lächelnde Blümchen, ist für sich
    selbst.

Mahnaz Dastforoosh   * 1964

Mit Freudentränen in den Augen

jetzt oder nie
Ich laufe. laufe hin zur Musik
ein Fuß nach dem anderem
Ich greife. greife nach der Musik
schließe meine Augen
setze die Kopfhörer auf
Jetzt
Ich atme aus
Leise
schaue in den Spiegel
Denke. Denke nichts
Fühle. Fühle alles
mein Körper bewegt sich
immer hinterher
Fühlt nach. Nach der Musik
Der erste Schritt
Das erste Lächeln
Ich tanze.

Mit Freudentränen in den Augen tanze ich
    durch diese Welt,
und ich habe Angst.

Ina Daurer * 1997

Welcome

Spaziergang auf dem Bordsteinrand,
zwischen Straße und Bürgersteig
im Sonnenschein,
bei strahlenden Lichtern wenn das Dunkele
am Himmel erscheint.
In ein Leben geboren zwischen
Güte und Mordgeschrei.

Joshua Day * 1968

In der Stille der Nacht

Ich sitze am offenen Fenster,
die Nacht weht herein,

ich höre der Stille zu
wie sie schweigend
noch einmal die Geschichten
des Tages erzählt.

ich denke an Dich,
daran, wie Du mich berührt hast,
ich Dir in die Augen sah
und unsere Seelen sich trafen.
Meine Hand, sie tastet nach Dir,
und mein Herz hüpft
als sie Dich findet.

die Nacht weht herein,
die Stille umhüllt uns,
wir hören ihr zu
wie sie schweigend
unsere Geschichte erzählt.

Aurel De La Salle   * 1968

Sturm der Schatten

Innerlich so kalt
Spüre mein warmes Herz
In stiller Trauer versunken
Wünsche mir den Tod

Halte meine Hand
Lass mich nicht los
Falle so tief
Der Boden fängt mich nicht auf

Mein Leben eine Biographie
Pflegerische Dokumentation
Sie waschen mich intim
Meine Lippen versiegelt

Jeden Tag warte ich auf dich
Will nach draußen
Jeden Tag flüstern sie
Habe dich verloren
Endlich der eine Tag
Aber niemand führt mich ins Licht

Deathpool   * 1984

Taubstumm

Ich kann es nicht,
Sagt ich bin Dumm
Etwas in mir bricht
Darum bleibe ich Stumm.

Bin immer Still,
Für euch
Auch wenn ich will
Höre ich kein Geräusch.

Mein Gedicht ist meine Sprache,
Kann Stille nicht zerstör'n
Stelle keine Frage
Man wird mich nie hör'n.

Franziska Degener   * 1999

Schneewittchen

Einst sagt Schneewittchen zu den Zwergen:
Wir ziehn aufs Land –
weg von den Bergen
in ein Hutzel-Fachwerkhaus,
dort kehrt die Freude ein und aus.
Es wachsen viele Apfelbäume
dadrunter hat man Liebesträume.
Und welkt die Liebe
wird alt und karg,
dann liegen wir zu acht im Sarg.

Gisela Dehne

Mutterliebe

Es gab eine Zeit
da waren wir eins.
Ein Band vollkommener Liebe.

Es gab eine Zeit
da brauchtest du mich.
Zur Erfüllung deiner Wünsche.

Zu anderer Zeit
da erdrücktest du mich
und zerstörtest meine Träume.

Dann kam eine Zeit
so sinnlos und leer.
Erfüllt von Verzweiflung und Tränen.

Nach all dieser Zeit
da hasste ich dich.
Denn ich wusste: du liebtest nicht mich.

Petra DeMaris * 1969

Trag mich fort

Trag mich fort, Nacht, trag mich fort
Dorthin wo die Träume dem Wind
    nachjagen
Trag mich fort und lass meinen Geist im
    Mondlicht tanzen
Du sanfte Nacht, bring mich nur nicht
    zu ihr
Denn könnte ich im Traum ihr nahe sein
Wie grausam wäre das Erwachen
Nein, erbarme dich, stich diesen Dolch
    nicht in mein Herz
Trag mich nach Norden, vorbei an dem Ort
    an dem sie lebt
Trag mich weiter, immer weiter, weit weg
    von dieser Wirklichkeit
Mag Morpheus' Reich auch dunkle
    Schatten haben,
Kalt und furchterregend
So ist doch nichts so schrecklich wie die
    nüchterne, wache Wirklichkeit
Also trag mich fort, Nacht, wohin es dir
    beliebt
Es gibt nichts woran ich festhalten könnte
Ich stürze mich in deine Ströme ohne
    Anker
Nur hier will ich nicht bleiben
Entreiß mich also meiner Sehnsucht
Entführe mich aus meinem Leid

Trag mich fort, Nacht, trag mich fort
Wir setzten die Segel, die Richtung ist
    Nord

Laurent Demius * 1986

Die Wunder Gottes

Wolken lässt du ziehen am Himmel,
lachend lugt die Sonne hervor.
Donnernde Wetter ziehen dort droben,
unterhalb von deinem Himmelstor.

Sonnenstrahlen spielen fangen,
Gott du schufst sie mit bedacht.
Sie bringen Wärme in das Leben der
    Menschen,
ein jeder der sie sieht er lacht.

Donnernde Wasserfälle, Meere stille Seen,
Naturoasen, sieh hin Mensch, schau nur
    schau.
Auf hohen Berge staunend stehen,
der Blick schweift über weite Auen.

Tausend wunderbare Dinge,
du erschaffst sie jeden Tag.
Blumen lässt du sanft erblühen,
ihr Duft mich zart betören mag.

Gott deine Güte, Liebe, Wärme,
Barmherzigkeit, gibst du mir täglich kund.
Gerechtigkeit und Wohlwollen,
sie zieren deinen Himmelsmund.

Eveline Dempke * 1956

Funkenflug

Ein Funke sprang am Saum des Horizonts
    entlang
und zog mit seinem Schweif eine Grenze
    zwischen Himmel und Land.

Die Dunkelheit der Jahre erstickte das
 Licht und die Grenze verschwand.
Des Funken letzter Sprung entflammte,
 berührt von Zufallshand,
den Pfad auf dem Ich mich befand.

Mit Vorsicht nähre ich die Glut, doch
 Feuerzungen verschlingen mich ganz.
Auf der Haut tobt ein brennender Schmerz,
 in den Augen der Flammenglanz.
Schritte fallen auf die Erde wie Feuerregen.
Ich erreiche Lichtgeschwindigkeit
Ich zünde den Sprung.
Ich bin der Funke und zu Allem bereit.

Andrej Demtschenko　* 1994

Wenn alle Seelen schlafen,
Die meine leise spukt.
Und jedem Schiff im Hafen
Zerschlage ich den Bug.

Harpune! Oh du schöne!
Wie sehr ich dich ersehne.

Ich bin ein fettes Fressen.
Der Tran tropft noch heraus.
Doch wem im Schlund gesessen,
Der spuckt mich wieder aus.

Harpune! Oh du kalte!
Nach dir ich Ausschau halte.

Wenn alle Seelen leise
Die müden Lider schließen,
Hör ich auf langer Reise
Mein Blut ins Wasser fließen.

Harpune! Oh du große!
Steckst fest in meinem Schoße.

Jessica Denecke　* 1983

Deutschland, du warst grausam
Ganze zwölf Jahre lang
Hast ein Volk vernichtet langsam
Bis zum allerletzten Untergang
Fast 70 Jahre sind vergangen
In Deutschland herrscht Frieden
Trotzdem sollten wir bangen
Der Frieden darf uns nicht genügen
Wir müssen davon reden, uns erinnern
Glücklich sein, dass wir gefahrlos leben
Mit Worten gegen Nazis hämmern
Nie wieder uns über ein Volk erheben!
Meine Angst ist immer da:
Es kann wieder geschehen
Ihr denkt: was war, das war
Fehler kann man wieder begehen
Darum lasst uns vor Augen führen
Dass Missgunst und Neid das Übelste
sind, und lasst uns spüren, dass Freiheit,
Barmherzigkeit unserer würdig sind.

Susanne Denk-Requardt

Umarmung

Noch einmal finden wir zueinander.
Am Horizont tanzen die Wellen
unseren Tanz.
Der Strand, endlos und sanft
umhüllt uns zärtlich.
Geborgen in der Weite
sind unsere Herzen ineinander verseelt.
Der Abschied ist nah.
Die Nacht steht still für uns.
Kein Fragen und kein Sehnen mehr.
Die Ewigkeit ist jetzt.

Anja Deppner　* 1966

Passiv in den Krieg oder aktiv für den Frieden

Was bleibt nach allen Kriegen,
was bleibt außer Schrecken und Pein,
was haben jene die taten siegen,
können sie vergessen der Verstorbenen
    Schrein?

Selbst wenn man jenes möchte verdrängen,
so bleiben die Bilder doch hängen,
so wollen böse Träume, die nicht enden,
eine Warnung an die Lebenden senden.

Krieg ist, wenn der Tag gleicht der Nacht,
Krieg ist, wenn es in der Ruhe kracht,
ist, wenn Geschosse fliegen schnell
und es kurz aufblitzt dann grell.

Jedem Schuss ging eine Handlung voraus,
flatterte ein Einberufungsbescheid in jedes
    Haus,
wurden Männer zuvor in Kasernen getrimmt,
wurde das Volk auf einen Krieg
    eingestimmt.

Hier lässt sich noch stoppen der große
    Tross,
lässt sich noch fortführen sicher das Ross,
können sich Menschen aktiv zum Frieden
    bekennen,
hier können sie verhindern das Krieg sie
    wird trennen.

                        Der deutsche Dichter   * 1962

Freunde zu Feinde

Ich kanns kaum glauben, kanns kaum
    fassen
Du hast mich hier alleine stehen lassen
Ohne Ciao und ohne Bye
Ich glaub das wars dann mit uns zwei

Damals war alles gut
Heute regiert gegenseitige Wut
Wie fremd kann man geworden sein
Alles hatte so einen schönen Schein
Tränen kullern über meine Wangen
Muss ich wirklich um dich bangen?
Ich dreh mich um und geh'
Mein Herz, es tut so weh

                              Julia Derler   * 1998

Brief an Erwin Meier

Stehengeblieben um Viertel vor eins
und fünfunddreißig Sekunden
lag Kuckuck zertrümmert neben dir;
Blutrot dein Sessel, blutleer deine Wunden.

Rot strömten Wellen als würden sie
    schlagen und
würd er noch schlagen, dein heut' steifer
    Muskel,
dann frör' es dich auch.

Dieser fremde, süße Geruch
bremste einst im Flur meine Schritte.
Zur Dämm'rung war bald das Rätsel
    gelöst:
Einer weniger in uns'rer Mitte

Doch halt inne, ist Mitte das richtige Wort?
Nie geseh'n, dennoch fort, uns're Augen
    war'n stumpf.
Und du, sahst du uns?

Stand heut' auf dir im Regen, Grab
    vierhundertacht
ohne Tränen in meinen Augen.
Fünfzig Fremde gepfercht unter einem
    Dach.
Ich frag' mich echt, was wir taugen.

                        Kristina Dernbach   * 1991

Wieder einer dieser Tage

Heute ist wieder einer dieser Tage
An denen ich mich frage
Warum ich mich mit all dem rumschlage
Doch es kommt eine Zeit
Nach all dem Leid

In der ich mich wieder frage
Worüber ich mich eigentlich beklage
Heute ist wieder einer dieser wundervollen
    Tage

Michael Detamble * 1983

Abschied

Der Tag singt für die Welt sein letztes Lied
und leiser Abschied weht es über Wald und
    Flur.
Wie er ein letztes Mal die Vielgeliebte sieht,
da wandelt gräulich schon die Nacht auf
    seiner Spur.

Nebelschwaden steigen aus den Tiefen,
verschlingen gierig Farben, Klang und Ton.
Schattentiere die des Tages schliefen,
verlachen Licht und Wärme nun mit Hohn.

Nur Dunkelheit und Kälte siegen,
der Tag stirbt einen leisen Tod,
noch einmal sieht die Welt er vor sich
    liegen
und taucht zum Abschied sie in leuchtend
    Rot.

Das ist was jeden Tag so unvergleichbar
    macht:
dass er der Welt das Schönste hinterlässt
und als Geschenk ein Feuer ihr entfacht,
weil keine Macht ihn wiederkehren lässt.

Claudia Dettenmaier * 1985

Die Seele-ein Tanz um Mitternacht

Durch die Welten bin ich gewandelt
hindurch durch die glitzernde weiße Pracht
melodisch erklingend die Kristalle
perfekt und voller Schönheit in ihrer Form
unzählig viele – sie bilden einen Traum
inspiriert durch den Klang allen Seins
immerwährend, immerdar
so offenbart sich die glitzernde weiße Pracht

Unsere Seelen, unser Sein
verwoben mit den Kristallen, die ergeben
    den Palast
einen Saal voller tanzender Energien
emporsteigend, heiter und beschwingt
sich verbindend mit den Strahlen, die
    einfallen von oben herab
erhaben und glänzend – geduldig wartend
auf den Schlag um Mitternacht

Natalie Detzler * 1974

Warum

Ein Kind allein
eiseskalt sein Herzelein.
Beraubt der Kindheit.
Beschnitten der Gefühle.
Worte ohne Zuhörer.
Einsames Schreien in Schnee bedeckter
    Erwachsenenwelt.
Das Kind es weint, die Ecke
schwarz, die Träne verstaubt
auf des Kindes Wange.
Auf dem Sims des Grabes steht es nun und
    sieht hinab auf seines Vaters letztes
    Ruhen.
Schreie verhallen, Worte im Vakuum,
Doch man sieht es an den Lippen
Ein einziges Wort
Warum?

Gerhard Deutsch * 1975

Glaubst du?

Glaubst du, dass da jemand ist,
der auf uns aufpasst,
bei Tag und auch bei Nacht bei uns sitzt
und unsere Hand fasst?

Glaubst du, dass es jemanden gibt,
der unser Herz in seinen Händen wiegt,
der immer hinter uns steht,
egal welcher Wind uns wendet und dreht?

Glaubst du da ist einer,
der uns aus der Einsamkeit befreit
und uns für den Flug ins Licht seine Flügel
    leiht?
Oder denkst du da wäre keiner?

Glaubst du da wäre einer,
der uns trägt, wenn wir zu schwach zum
    Laufen sind,
der mit uns lacht als wären wir noch immer
    Kind?
Du glaubst da ist keiner?

Glaube mir, da ist immer einer,
der dich liebt, so wie kein zweiter.
Du magst ihn nicht sehen, doch er sieht
    dich.
Glaube mir, er erkennt dich gewiss!

Nele Deventer * 1993

Meine Fenster schließe ich

Meine Fenster schließe ich.
Doppelglas schallgeschützt.
Liege ich auf meinem Bett.

Das Glas zwischen den Rahmen ist
Trüb geworden von allen Blicken die
Hindurchgingen, ohne an etwas
    festzuhalten.
Blockiert meine Welt annäherungsweise.

Höre nicht die Schreie draußen.
Verrückte psychotische Schreihälse.
Kein Schatten weggespritzter Haut.

Meine Jalousien bleiben geschlossen.
Die Welt ist draußen. Verroht.
Nichts dringt hinein. Verflucht.
Meine Fensterläden schützen mich.

Dichter Freude

Wer kennt sich schon selbst

Der Abenteurer
der Außenseiter
ist nie geheuer
der freie Falter
der bunte Flieger
der Künstler der Zeit
ist niemals Sieger
in Ewigkeit
die gleiche Leier
die Anderen
die Seelengeier
Verwandteren
sag einen Ton
mir ist nicht klar
wehr dich dem Hohn
wer ich einmal war
Wer kennt sich schon selbst
oder wer ich bin
wer weiß, wann du fällst
es zuckt das Kinn

Shana Diekmann * 1996

Neuanfang

Die Sonne kämpfte bis sie siegte
schließ die Augen, lass sie durch.
Hell wird's dort, wo einst man weinte,
frische Farbe deckt die Furcht.

Die Helligkeit macht alles sichtbar,
Staub der dir den Atem nahm,
der immer da und viel zu dicht war
bis das Leben zu dir kam.

Das neue Licht zeigt andre Farben,
helle, gute, endlos weit.
Still verblasst das alte Leiden
jetzt beginnt die Ewigkeit ...

Noch sind keine Schatten hier
doch sie kommen, ganz bestimmt.
Bis dahin sammle Licht in dir
damit dein Herz den Kampf gewinnt.

diepa * 1997

Wellenzeit

Langsam geht sie auf
und das Meer schlägt Wellen
der Morgen nimmt seinen Lauf
und die Tage erhellen

der Horizont scheint rot
eine Grenze kann man nicht erkennen
es ist des Tages Tod
und man kann nun schon Sterne benennen

das Wasser tut sich erheben
die Wellenzeit beginnt
Die Nacht hat sich in die Zeit des Sturmes
   begeben
und ein jeder Seemann sich jetzt auf seinen
   Glauben besinnt

des Sturmes toben hat ein Ende
und die Wellen werden glatt
der Tag beginnt von neuem
Mit der Schönheit die er hat

Sophie Dieter * 2000

Ich weiß nicht wie ich's sagen soll

I ch weiß nicht wie ich's sagen soll.
C äsiumstrahlnormal – nein,
H allo Schöne, Du bist so toll!
L ass mich in dein Herz hinein!

I rgendwie klingt das gestochen.
E s muss doch dafür Worte geben?
B ald schon will ich für Dich kochen.
E s ist zumindest mein bestreben.

D as kann doch nicht so schwierig sein,
I ch sag es einfach wie es ist!
C alamarie schmecken fein ...
H allo, ich habe Dich vermisst!

Daniel Dieterle * 1985

wunderland

sinnkrise antworte ich auf deine
nie gestellte frage und schaue dabei in
die leere wo eigentlich deine
augen sein sollten
weine tränen die deine
hand nicht auffängt
esse ein stück vom kuchen aber
werde trotzdem nicht größer und
fasse dich an der hand die meine
nicht berührt

wer sucht der findet
trotzdem nicht
alles was ich sehe ist dein schatten
ohne dich
alles was ich sehe bist du

nicht

Alexa Dietrich * 1996

Zeitreise

Ich, das Wesen in der Zeit dieser Welt,
ich, das Wesen, was nichts am Leben hält.
Ich, das Wesen, was gibt und nicht nimmt,
ich das Wesen, das Zufriedenheit bringt.

Lebe bedacht deine letzten Sekunden:
Lebe bedacht, denn man hat dich gefunden,
zwischen den halben und den ganzen
    Stunden,
zwischen den Sternen, dem Mond , den
    Katzen und Hunden.

Die Tage sind gezählt,
du hast deinen Weg gewählt,
deinen Weg durch die Zeit.
Die Reise in die Unendlichkeit.

Ich bin die Reise, die ich vor Zeit und Licht
    begonnen habe.
Ich bin der Reisende, mit der strahlenden
    Gabe.
Ich bin der Stern, der mich führt.
Ich bin ein Reisender, vom Leben berührt.

                 Natasha Dietrich * 1996

Wenn doch

Wenn doch die Träume Noten wär'n
Ich würd sie mit dir tanzen
Bis uns das Licht das Sehen nimmt
Und mit dir Wahrheit pflanzen

Wenn doch die Sorgen Meere wär'n
Ich würd sie mit dir queren
Bis uns die Beine müde tragen
Und mit dir Hoffnung lehren

Wenn doch die Ängste Felsen wär'n
Ich würd sie mit dir klimmen
Bis uns die Hände blutig reißen
Und mit dir Sehnsucht sinnen

Wenn doch dein Schweigen Worte hätt
Ich würd sie für dich walten
Bis du den Mut zum Sprechen gehst
Und wir uns wortlos halten

Wenn doch das Gestern Flügel hätt
Ich würd es mit dir fliegen
Bis unsere Herzen Nähe tragen
Und wir im Morgen liegen

                 P. Dietz * 1966

Alle Jahre wieder

Jedes Jahr das gleiche Spiel
mancher Mensch der wünscht sich viel
zum neuen Jahr und überhaupt
auch wenn er selber nicht dran glaubt.

Nicht mehr rauchen, nicht mehr trinken
viel mehr Obst und wenig Schinken,
sportlich werden und Kultur erleben
wiedermal auf Wolke 7 schweben!

Was aber ich mir wünsche kann ich sagen,
Glück und Frieden an allen Tagen,
ich möchte bleiben wie ich bin
alles andere hätte keinen Sinn!

Möchte die Ecken und Kanten behalten
die neueren und auch die alten,
meine Fehler und die Macken
die mich liebenswürdig machen!

Meinen eignen Weg zu gehn
Licht am Tunnel dann zu sehn,
möchte lachen, spinnen wie ein Kind
und vor Liebe manchmal blind!

                 Manuela Dietze * 1963

Großstadt

Ein Schritt
über asphaltierte Dämonen

die Münder aufgerissen
in einem zeitlosen Schrei

Ein Blick
auf maskierte Geister
ihre Seelen verborgener
als das Herz meiner Schuld

der gläserne Vorhang
der meine Blicke beengt
das flüsternde
Rattern der Motoren

Großstadt!
schreit mein Verstand
in den Wahnsinn

nur hören kann ich ihn nicht

Simon Distenfeld * 1992

Wie Steine schlafen

Sie wartet auf den einen Wimpernschlag
Denn sie schlafen seit je her Tag für Tag
Unter Fuß und Bach auf Berg und Hügel
Wenden sich und grollen tief
Träumen wohl vom fernen Strand so golden
Desweilen sie hier sitzt und blickt, wie
    Stein um Stein erwacht.

Sascha Hans-Jürgen Dobschal * 1990

Liebeskummer

Jeden Tag an den ich dich seh tut mir das weh,
Weil ich weiß es ist ein hoher Preis,
Dich zu lieben denn du wirst mich immer
    wegschieben.
Deswegen muss ich fort an einen anderen Ort.
Doch mein Herz fühlt immer noch den
    Schmerz.
Egal ob ich hier bin bei dir oder fort an
    einen anderen Ort.

Oktay Dogan * 2000

Nebulös

Das Uns verwischt die Spuren
von Dir und Mir.

wer passt sich wem oder was an
bis zum Selbstekel –

Ende der Geschichte vom
Ich war einmal …

Petra Döhle

November

November
du gehst
endlich
das Meer
für dich allein
frierend
den Strand entlang
zur der regennassen Bank
setzt dich
aus der Ferne
leise Musik
ein einsames Lächeln
zieht an dir vorüber
du lächelst zurück
schickst es mit
auf den Weg
den du
nicht kennst
ins Unbekannte

Hildegard Dohrendorf * 1951

Weihnachtstraum

Nun es war einmal, soweit ich mich besinn
zu jener Zeit an diesem Tag ein kleines
    Kind,
das sehr aufgeregt in der Früh erwachte,
an jenem Tag, der noch viel Freude brachte.

Was können kleine Kinderaugen sagen?
Ein jeder Blick ist ein Hoffen, ist ein
    Fragen.
Wann ist es so weit und wann kommt die
    Stund'?
Staunend still und offen ist der
    Kindermund.

Schon zeitig kommt die Nacht, wird es
    finster,
seine Wangen pressen sich dicht ans
    Fenster.
Auf einmal ist es so still im ganzen Haus
und sein Herz pocht laut aus seiner Brust
    heraus.

Die Mutter nimmt das Kind zärtlich bei
    der Hand,
das Warten und Bangen jetzt sein Ende
    fand.
Leuchtend steht vor ihm, ehe er es gedacht,
der Weihnachtsbaum in all der herrlichen
    Pracht.
Und ein Glücksgefühl durchströmt dabei
    das Kind,
und durch die eisige Nacht singt leis der
    Wind.
Ich glaub, ich hab geträumt, bin erst jetzt
    erwacht,
nun hör ich es auch, Stille Nacht, heilige
    Nacht.

Rudolf Dojcsak

Die Bombe des Friedens

Verbrannte Erde überall, die Sonne scheint
    nicht mehr,
wo Gestern blühten Blumen, ist alles öd
    und leer.

Oh Mensch, welch Narr der Du gewesen,
    zerstört ist nun Dein Land,
kein Baum , kein Strauch, der sich
    im Winde wiegt, das Werk von
    Menschenhand.

Sie sichert uns die Zukunft, jetzt und für
    alle Zeit,
wo ist sie nun die Zukunft, sie ist
    Vergangenheit.

Statt Licht gibt's nur noch Schatten, am
    Tage herrscht die Nacht,
wenn einer mahnend hob den Finger, dann
    ward er ausgelacht.

Und nun ist doch geschehen, was keiner
    hat geglaubt,
das Glück und auch den Frieden, man hat
    ihn uns geraubt.

Die Menschheit ist vernichtet, zerstört ist
    unsre Welt
und die, die überlebten, um die ist's
    schlecht bestellt.

Wo früher war die Hoffnung, herrscht heut
    die Hoffnungslosigkeit,
wie Hohn klingt's wenn sie sagen, mein
    Gott es tut uns leid.

Denn diese Herrn der Bombe, die sind in
    Sicherheit,
im Bunker wohl geborgen, erwarten sie
    die Zeit.

So ist es hier auf Erden und so wird's immer
    sein,
die Großen werden leben, die Kleinen sind
    allein.

Manfred Doller * 1952

weil

Weil du mein oben bist und weil du mein
    unten bist
weil du du bist

weil du mein innen bist und weil du mein
    außen bist
weil du du bist

weil du meine mitte bist und weil du mein
    rand bist
weil du du bist

weil du mein licht bist und weil du mein
    dunkel bist
weil du du bist

weil ich dein du bin und dein ich mein du ist
weil du du bist

weil das so ist

Andrea Domanyi   * 1964

Von der Liebe

Liebe ist ein Birkenfalter,
der breitet seine Flügel,
seine Wärme
über dich.
Manchmal fern
streckst du hernieder,
doch fürchtet lange
er die Geister nicht.
Jubel blechert in der Stimme,
dem Applaus
nicht folgen muss.
Nur für dich
sang ich dies Lied,
folg ich dem Sog.
Der Nektar klebrig süß.
Liebe ist ein Birkenfalter,
der schwebt davon
in eigene Gefilde –
bis ein neuer Sommer winkt,
da kehrt er heim.

Stefanie Dominguez   * 1996

Nachruf

Du fühltest Dein nahendes
Ende und flackertest dennoch

wie ein Licht durch
meine dunklen Träume

Du glättetest meine hadernde
Seele und zeigtest mir
Wege aus dem Labyrinth
kranker Gedanken

Du ließest mich Wärme
und Nähe spüren als Regen
gegen mein Fenster peitschte
und die Sonne sich hinter
aufziehenden Wolken verkroch.

Während ich jetzt an Dich denke,
löst sich ein Hauch
meines traurigen Atems
am Fenster und perlt
in Tropfen – tränengleich –
hinunter

zu Dir

Renate Domke   * 1938

Begehren

Mein Haupt mir ward stark hochgerissen,
das Verlangen nach Liebe unsäglich
    verschlissen.
Kein Laut aus meinen Lippen rührt,
er mich zu dem Bette führt.

Scheu und Hoffnungslosigkeit,
mein Pulsschlag sich in mir entzweit.
Der Schmerz mir gleicht als Todesstoß,
Tränen wiegen sich im Schoß.

Furcht mir in den Augen steht,
ein dunkler Schatten mich umweht.
Meine Seele, meine Pein,
ein kleiner Engel, schwach und fein.

Die Todessehnsucht steigt so hoch,
empor, ich habe Angst.

Erretten kann nur ich mich noch,
alleine es mir bangt.

In meiner Frauenbrust das Herz,
mit Schmerzen es mir schlägt,
weit weg und fort im dunklen Tief,
nach Hingebung es gräbt.

Bettina Domweber-Ederer * 1980

Als Du gingst
für Herbert

Du
immer nur Du
Deine Stimme
Dein Lachen
Dein Weinen
Deine Freude
Deine Nähe
Dies alles nicht mehr zu haben
macht mich unendlich traurig.
Und doch bin ich froh
für das kostbare Geschenk:
Dass Du in meinem Leben warst
und ich in Deinem!

Susanne Donabauer * 1968

„Was dir Blüht"

Mögen Blumen für dich
ewig blühen.

Das du immer Freude hast,
in deinem Bemühen.

Möge die Liebe sich nie
von dir entblättern.

Ständig mit Zuversicht zu
dir hoch klettern.

Mögen die Düfte von
besonderen Erinnerungen

ihr Parfüm immer wieder
verbreiten.

Und mit deiner Lieblichkeit
zusammen gleiten.

Donna * 1965

An manch Abend,
man sitzet allein,
da fallen einem grausame Taten ein.
Geläutert,
kein Obdach,
es fehlt,
ein jedem das Heim.
Man wünscht sich frei von der
    Vergangenheit,
doch lässt einen die Gegenwart nicht
    schlafen.
Verderbnis und Brutalität,
ein Schrei den man nicht los wird.
Man versucht sich in Gewaltlosigkeit,
doch wird die Aggression nicht los.
Fragen nach dem Befinden zu ignorieren,
das schafft nicht jeder.

Paul Donnerbauer * 1992

Wertgeschätztes Inventar

Ein kleiner Schlossteich hineingetupft ins
    Immergrün
So klar dringt morgens Vogelsang aus
    weiter Kehle
So blank ein Sonnenaufgang an den
    Nordflügel
Frische brodelt aus der Atmosphäre.
Licht bricht am Rundfenster des
    herrschaftlichen Schlafgemachs
Man hört die Kalesche vom Schlosshof sich
    verabschieden
Man schöpft in Gedanken kaltes
    Brunnenwasser nach der Rebhuhnjagd

Für den böhmischen Porträtmaler sich in
    Brustharnisch gehüllt
Im Mausoleum Metallsärge Zeiten
    überdauern
Das Kerzenwachs schon längst getrocknet
Man sieht den Schmuck in den Schatullen
Man fühlt die Kleider im Himmelbett

Gräfin Edelmut lehnt am englischen
    Kabinettschrank
Klopft sanft den Fächer auf die Lippen
Schwelgt und zwinkert dem Kanarienvogel
    zu
Kammerjungfern stauben sacht die
    Spielfiguren ab
Wechseln die Kerzen auf dem Lüster
Im Korb darunter Kätzchen sich die
    Äuglein reiben
Während der Graf nach Regensburg zum
    Reichsfürstenrat

                    Ricardo Donnert * 1987

Das Moor

Wird mir das Herz im Winter kalt,
Geh' ich wieder mal ins Moor,
Wo ich vor Jahren fast erfror,
Als ich den Weg nicht fand im Wald.

Und welche Pracht mir damals galt!
Die Mücken schrill, der Frosch sonor,
Zeigten mir das grüne Tor,
Wo ich ihn sah, des Lebens Halt.

Obgleich es damals dunkel war
– Schluckt doch der Sumpf stets alles Licht –
So ward ich keines Lauts gewahr.

Wenn sich im Moor der Schatten bricht,
Dann wird mir in der Stille klar,
Vermisse ich das Sterben nicht.

                    Lukas Dörenbach * 1990

Unendlich

Ich vermiss dich so

Du und ich
das war
eins

Und wenn es das
nicht war
dann
war eins plus eins
nicht zwei
sondern
unendlich

                    Sandra Döring * 1973

Die Liebe jetzt & hier

Ich hab dich vorher noch nie geseh'n,
doch nun ist es gescheh'n.
Dieser Blick,
dieser Kick,
dieses Gesicht,
es vergisst.
Der Moment, indem sich alles dreht,
alles ist wie weggeweht.
Das ist die Zeit,
und so bin ich dazu bereit!
Ich will versteh'n,
will mit dir geh'n,
alles dieser Welt einfach nur seh'n.
Doch mit diesen Worten sage ich dir jetzt
& hier:
Ich liebe Dich so sehr!

                    Sandra Dörnbach * 1997

Wetter des Lebens

Regentropfen fallen auf den Boden,
Dunkle Wolken verdecken die Sonne.

Dunkelheit verhüllt mein Gemüt,
Gedanken drehen sich

Das Leben zerrt an mir
wie der Wind an einem dünnen Ast.
Ich biege mich hin und her,
immer bemüht es Allen Recht zu machen.

Doch was ist mit mir?
Wer stützt mich im Orkan des Lebens?
Wer hält mir den Schirm bei einem
    Unwetter?
Wer zieht mich aus dem reißenden Fluss?

Düstere Gedanken, Trauer,
    Hoffnungslosigkeit.
Doch nach jedem Wolkenbruch kommt
stets die Sonne wieder hervor.
Sie wärmt und gibt Geborgenheit.
Ihre Helligkeit zeigt den Weg durch die
    Höhen und Tiefen des Lebens.

Kathrin Dörner * 1976

Du weißt es nicht

Mal wieder gehört jeder meiner Gedanken
    dir,
viel zu oft habe ich schon von deinen
    Augen geträumt.
Du weißt es nicht, doch mein Herz
    lobpreist dich,
in mir spielt dein Lächeln eine süße,
    schmerzhafte Melodie.

Nachts werde ich wach weil ich dich spüre,
deine Nähe ist wie eine Sommernacht, eine
    mit Regen.
Ich liebe dich und werde doch nie ein Teil
    von dir sein,
du schaust mich an und doch an mir vorbei.

Meine Gefühle sind so schön und
    schmerzhaft wie Eis,

dein Profil brannte sich in mein
    Gedächtnis, so klar wie Kristall.
Mein Herz verlangt nach dir und will dich
    doch nicht.
Ich sehne mich nach deinen Lippen, die
    mich eh nur verletzen.

Tausend Tränen weint mein Herz wegen
    dir,
Millionen Gedanken gehören schon so
    lange dir.
Hunderte Atome meines Körpers reagieren
    auf dich,
tausend Wünsche wollen dich begleiten,
    wohin du auch gehst.

Ich werde nie deine Lippen auf meinen
    schmecken,
nie wissen, wie dein Haar im Wind lautlose
    Versprechen flüstert.
Ich werde niemals erfahren, wer du wirklich
    bist,
und nie wirst du erfahren, dass ich für dich
    sterben würde.

Michaela Dörr * 1996

Unsere Existenz von fast 6,5 Milliarden
ist berechtigt.
Wir sind doch Ergebnisse der Liebe,
oder nicht?
Unsere Existenz von fast 6,5 Milliarden
ist doch berechtigt.
Wir waren schon immer für Wachstum in
    jeder Hinsicht,
oder nicht?
Ob das alles ein Relikt von veralteten
    Ansichten ist,
juckt uns nicht.
Wir wollen auch zahlenmäßig
unsere Kämpfe führen,
wer hier wen überwiegt
und wer hier besser leben will.
Wir wollen auch qualitätsmäßig unser
    Dasein erringen,

wer den Ton angibt,
und wer wen im Endeffekt umbringt.
So usurpieren wir alle möglichen Sphären,
zahlenmäßig, qualitätsmäßig,
 unverhältnismäßig,
ja überquillend.

Katarina Dostal

Mein Rabe

Seit jenem schicksalhaften Tag
Hab ich nur noch gewartet
Darauf dass mich der Reiter holt
Doch zeigt er kein Erbarmen

Viele Jahre sind vergangen
Und er ist nicht gekommen
Nun denk ich es ist bald soweit
Denn alt bin ich geworden

Viel Zeit hab ich verbracht
An diesem kalten Grabe
Gehofft, dass ich bald zu dir komm
Doch holt mich nie ein Rabe

Nun spür ich langsam in den Knochen
Wie mich die Müdigkeit erfasst
Und schreite hocherhobenen Hauptes
Ein letztes Mal zu mir nach Hause

Jetzt liege ich hier in meinem Bett
Ein breites Lächeln im Gesicht
Strecke meine Arme aus
Und gleite fort ins weiße Licht

Draeath * 1999

Am Anfang war das Schwarz

Am Anfang wollt das Schwarz sich nicht
 genügen,
begann zu Spalten seinerselbst,
das erste Licht das schien zu trügen,
das Schwarz fühlte sich verletzt,
begann zu grauen im alten Wesen ,
wollt das Licht nicht ganz verstehen,
dass das helle in seinen Wesen
ward davor nur nicht gesehen,
am Anfang war und so ist's gewesen
kein schwarz nur dunkler Schein,
darauf ist das Schwarz genesen
Und erblinzelte im Sein

Ludwig Drahosch * 1969

Schau Dich doch mal an

Jeder hier auf Erden meint,
egal ob er mal abends weint,
er sei recht glücklich und zufrieden,
kann alles noch zum Rechten biegen.

Immer lachend stets bereit,
wenn der Freund um Hilfe schreit.
Doch nur zum Schein reicht er die Hand,
nur zum Zweck das Freundschaftsband.

Der Übermensch nach außen hin,
Gefühle bleiben lieber drin,
ja nicht allzu viel erzählen,
die Freunde nach den Autos wählen.

Doch drückt der Schuh mal ungemein,
merkt man schnell man ist allein!
Denn niemand hier auf Erden weiß,
Freundschaft hat auch ihren Preis!

Marieluise Draxler * 1983

Mond, Sterne, Nacht

Dunkel ist die Nacht,
seicht von den Sternen erleuchtet.
Es scheint als ob der Mond leise lacht.
Mond und Sterne durchdringen die Nacht.

Hier wandle ich in der Nacht.
bin allein und einsam.
Es verzückt mich diese schwarze Tracht.
Doch in Wahrheit will ich nicht mehr da
    sein.

Ich hör den rauschenden Bach,
spüre den kalten, sanften Windstoß.
die wispernden Blätter bilden mein
    schützendes Dach,
ich bette mich ins weiche Moos.

Ich hörte, sah, fühlte die Schönheit der
    Nacht.
War von Sternen, vom Mond bewacht
und verführerisch vom Tod bedacht.
Hell ist's in der Nacht.

Man verlangt nach mir mit letzender Gier!
Ewige Dunkelheit nun gehör ich dir.
Dunkel ist die Nacht, vom Mond bewacht.
Finster die ewige Nacht, von keinen Stern
    betracht.

dreamer   * 1994

Du fragtest einmal mich, was Liebe ist.
Von Liebe ganz betäubt, ich wusste keine
    Antwort.
... was Liebe ist ...

Kennst du den Flug, ganz ohne Flügel,
aber mit Gefühlen?
... was Liebe ist...

Wenn wir zusammen sind, dann weiß ich
    alles.
Über deine Hände, deine Lippen.
Ich höre, sehe, schmecke deine Liebe.

Dann bleibe ich allein und weiß nicht einmal,
ob du wieder kommst.
... was Liebe ist...
Das süße Feuer ist die Liebe, das brennt
und glücklich macht.

Das weißt du sicher selbst und trotzdem
    wieder fragst,
was Liebe ist.

Natalia Drechsler   * 1956

Das Rätsel

Sie ist mancher Zeit kaum zu fassen
Und oftmals nur schwer zu versteh'n
So manches, was heut ist, wird morgen
    vergeh'n
Nur ihr Licht kann niemals verblassen
bleibt trotz allem im Schatten besteh'n

Kann blass sein wie Wellen, durch Tropfen
    gelöst
Wird unsterblich, wenn erst gewusst
Erzeugt sowohl Trauer als Lust
Sobald jedoch einst eine Lüge entblößt
Du sie leider zieh'n lassen musst

Du rätselst noch immer, worüber ich
    schreibe?
Dann bring ich sie endlich ans Licht
Die Wahrheit, mein Freund, ist beileibe
Das häufigste Thema noch nicht!

So end ich und muss dafür büßen
Ach, wie bitte, noch ein Gedicht?
Nein, danke schön, ich verzicht'!
Verbleibe mit freundlichsten Grüßen
Das ehrliche, lyrische Ich

Melanie Dreher   * 1992

Das Eizellen-Gleichnis

Den dunklen Gang hinter mir,
erscheint es mir schon fast wie ein Trugbild:
„unser" Bett,
die rotsamtenen Decken,
so weich, so warm!

Wo aber bleibst DU,
der Beste der „Millionen von Bewerbern",
von denen man mir erzählt hatte,
als ich dereinst
erwartungsvoll
in meine Bahn gesprungen bin?

Soll denn das verlockende Bett –
noch bereit uns aufzunehmen –
zerfließen?

Soll ich warten, bis ich gelb werde?

                Lena von Dreis * 1966

Am See

Revierkämpfe der Gänse,
lautes Geschnatter.
Jeder will seinen Platz
mit Blick auf den See, versteht sich.
Gänse folgen dem Brutinstinkt,
Menschen bauen Häuser und Städte
ganz rational ohne Instinkt,
benutzen die Erde als Wegwerfgeschenk
trotz einer kurzen Verweildauer.
Vieles ist Täuschung, Lüge
und Verrat an dem Bruder, wenn er schläft.
Sowohl – Als auch ist das Lebensspiel
im Ringen um eigene Größe.
Der Platz am See ist mir gewiss
im Gras mit Mücken und Faltern,
wobei die Sonne blinzelt
auf unvollkommene Welt.

                Ingrid Dressel * 1954

Vorahnung

Das Ende der ewigen Suche
nach vollkommener Perfektion?
Waren nicht vergeblich die Rufe,
die ich rief, still und ohne Ton?
Ist das Unvorhandene doch da?

Wird ein tiefer Wunsch nun erfüllt?
Es ist weder sicher, noch ganz wahr,
doch nach Antwort werd ich durchwühlt.
Muss erfahren, was noch niemand weiß,
was dennoch flüstert in mir leis ...

                Anna Drujan * 1998

Das (schlechte) Gewissen

Es geht ein Wort auf leisen Sohlen,
im Kamin knistern ... deine heißen Kohlen.
Wer hat Es, mal wieder, frei gelassen?
Ich kann Es nicht beim Schopfe fassen,
und in eine andre Richtung drehn.
Warum lässt Es mich, nicht wieder gehn?

Es zieht ein Wort in seinen Kampf,
wirft Sein Heer in Blut und Krampf,
und rührt an meinem unseligen Geist,
der weder Abwehr noch Angriff heißt.
Ach hätte ich doch, ein glänzend Schwert,
und nicht ein Denkmal, das an meiner
    Seele zerrt.

Es geht ein Wort auf leisen Sohlen, –
hat mir mein bestes Pferd gestohlen!
– Warum nur, hallt Sein Ton so lange nach,
und erwacht in meinem Schlafgemach?
Sein Traum spuckt mir in alle Kissen,
wie „Messer – scharf" ist mein Gewissen!

           DT * 1976 - 01.08.2009 - 20:25 Uhr

Hochzeitsnacht

Blüten einer weißen Rose
liegen dort zuhauf verstreut.
Vorerst war das Band noch lose,
nun ist es verschnürt seit heut.

Durch des ersten Regens Nässe
ist der feine Duft verblasst,
auch der Farbe zarte Blässe
wurde von dem Nass erfasst.

Wenn die Reinheit weißer Kelche
sich mit Dunkelheit vermischt,
zeigen Schatten sich, durch welche
alle Unschuld nun erlischt.

Doch wo einst die Blätter lagen,
prangt bald wieder sattes Grün.
Kinder streuen aus dem Wagen
Blumen, die noch weißer blühn.

Eva Dückert

Schmetterling

Ach fliege, zarter Hauch des Schönen,
mit deinen tausend bunten Tönen,
du liebevoller Blütenwähler,
durch frühlingsfrohe Wiesentäler.

Geheime Gärten stiller Weiser
und Parkanlagen großer Kaiser
durchtanzt du frei und voller Wonne,
geweckt allein von Mutter Sonne.

Bringst leichten Frieden mit und Lieder,
vom Himmelstisch genascht schon wieder,
und fliegst, du zarter Hauch des Schönen,
dorthin, wo wir uns alle sehnen.

Markus Duelli

Herz aus Eis

Herz aus Eis,
so kalt und stumpf,
Liebe nur noch
alt und dumpf.

Herz aus Eis,
ich kann nicht geh'n
doch das wirst du
nicht verstehn.

Herz aus Eis
nun tau doch auf,
ich bitte dich,
ich bau darauf!

Axel Dulz   * 1960

Die Höllentreppe zum Himmel

Leset dies' Vers', merket weis' schlau
Auf Blau folget Rot, auf Rot folget Blau
Manchen pur Freud, Andern nur Kummer
Wem wohl was, weissagen Stuf-Nummer

Ob der Höllschen Hohn, ob des Himmels
   Lohn
Sehest Du bald Tochter, sehest Du bald Sohn
Hoch genug werdet alles Leid vergessen
   keins
Doch tief zurück größeres infolg dessen deins

Rot zu Hades' Schatten, blau zu Himmels
   Licht
Erneut Mal gäret achso gut' Gelegenheit
   nicht
Möge Eden betreten auf Trepp wie auf Bogen
wessen Pfad das Glück gar lieb wohlgewogen

O wie zahlreich edel Gemüt aus Euern Reihen
Werd' des Schicksals Schlund auf Trepp
   speien
Bist Du Wurm flugs flink auf blauer Stuf
   kaum
Im Nu nächst Augblink auf Rutsch-
   Purzlbaum

Um das dreifach' hoch, um das zweifach'
   runter
Und doch werds erst bei eins le(i)bhaftig
   bunter.

M. S. Duman

Meine Muse

Muse alle Dichtkunst
Meine Inspiration auf verlorenen Wegen

Legst mir mein Gedankengut zurecht,
verliere ich ein einzig Mal den Faden.

Fängst Bilder ein
die ich nicht einmal zu berühren wage.

Sprichst vom Seienden
dessen Wesen ich nicht zu erfassen vermag.

Bist mein Stütze
meine einzige wahre Quelle
der blutenden Leidenschaft

Nur du bist der Mensch
der meine Kreativität wieder in Bewegung
    bringt.

Ohne dich meine Muse,
wären all meine Werke
ohne Wert.

                       Kai Christin Dumsch * 1995

Mei Herzschrittmocha

Da Herzschrittmocha in meina Brust
vertreibt mein Herzal an jeden Frust,
wauns flattern wü – auf und davo –
kriagst an Stress oh –
jetzt beruhig di scho!
Waunst weiter so tuast, gschicht a malheur,
weil dann is mei Batterie bald leer.

Wird aber das Herzerl langsamer und still,
weil's miad is und gar nimmer will,
dann stubst er's,
sacht nur,
geh' brav weiter, du alte Uhr,
no host ka Zeit für die ewige Rua,

und so leb' i
still und vergnügt,
wie es mein Herzschrittmocha beliebt!

                       Franziska Dunda * 1927

Wenn der Wind sich dreht

Wenn der Wind ganz leise weht,
weil dein Leben zu Ende geht

und in mir die Frage entsteht,
wohin deine Seele entschwebt.

Wenn der Wind sich langsam dreht,
und mein Herz vor Kummer vergeht,

und tiefster Schmerz in mir entsteht,
der niemals mehr vergeht.

Wenn der Wind singt wie ein Chor,
und Engel tragen dich empor,

weil der Wind mir flüstert ins Ohr,
dass du bald stehst am Himmelstor.

Und mein Herz es nicht versteht,
dass dein Leben zu Ende geht.

Wie schnell doch ein Leben vergeht,
noch ehe der Wind sich legt.

                       Angélique Duvier * 1958

Hände packen dich, nein sie fackeln nicht
lange gewartet nie passiert.
Denn was ich da halte
wurde nur aus meinem Gedächtnis kopiert.

Finger um Finger
Mund um Mund
der Schmerz wird geringer
die Wunde noch wund

alles Schwachsinn. alles Mist .alles
Abschaum. du wirst vermisst
Wort um Wort
Satz um Satz
nie gewollt, doch schon dort
erstmals über dich geschrieben
bitte bleib an deinem Platz

Rojda Duyan

März - Sonne

März-Sonne
Ob blau, ob rot
ob gelb oder grün
die Blumen, sie wachsen und blüh'
entfalten ein duftend Parfüm.

Einzeln, in Rabatten,
am Wegrand, am Wasser,
auf Feldern und Wiesen,
hoch auf den Bergen, ein Blumenmeer.

Ein Zwitschern und Zirpen,
ein Flöten und Singen,
von Vögeln und Grillen,
Geschwirr' und Gesumm' ringsherum.

Die Menschen erwachen,
sie staunen und lachen,
kein Jammern, kein Klagen,
die Natur hat uns den Frühling gebracht.

Helga Dyck * 1936

Das Eis

die ersten Knospen am Seeufer,
das Eis, es schmilzt.
zwischen uns werden die Gefühle klarer,
das Eis, es schmilzt.
dann brach es über uns herein,

das verdammte Pech.
der Teufel holte sich seine Zech'.
Ich verpasste Frühling, Sommer und den
Herbst.
ich stapfe über den See und höre, wie es
krächzt
das Eis, es wächst.

Udo Eberling

Fernweh

Träume von schmirgelnden Sandkörnern
zwischen den Zehen,
kleine Stücke zerriebener Erinnerungen,
achtlos an die Küste gespült.

Salzige Winde verfangen sich in von
Kristallen klebrigen Haaren,
ganz schwer von dem nachgereisten Alltag
fallen Strähnen in die Stirn.

Vergrabe meine Zehen bohrend im nassen
Sand,
als pochte im kühlen Matsch das Leben
stärker,
stärker als zuhause, stärker als in einem
selbst.

Schwere Wellen klopfen an die
Trommelfelle,
rhythmisch das Pfeifen der Stille erstickend,
bis es immer leichter wird, wie
verdampfendes Eis.

Unbemerkt wird der Blick ruhiger,
versucht die Decke des Horizonts vom
Meer zu lösen,
nur einen schmalen Spalt weit, um
hindurch zu kriechen.

Ines Maria Eckermann * 1985

Ach lass uns einfach gehen
verzichten auf schmallippige Küsse
abstreifen die schlichte menschliche Liebe
vergiss
das Vorspiel um barmherzige Hilfe
die Nacht des Verrates
und Ankunft meines Kreuzes

lass uns einfach gehen Uriel
nimm mich in dein Atemlicht
breite schützend Schwingen
über mein Gesicht
zeig mir Schicht für Schicht
was Zweifeln lässt und beschämt
bevor die Zeit wird welken

Holger Eckhardt-Mosko * 1954

Die Tränen der Meere

Schon lange nicht mehr war ich bei dir,
habe ich dich gespürt als Teil von mir.
Der Wind bläst unsere Melodie.
Die Zeit mit dir vergesse ich nie!

Doch du hast mich verlassen
und ich frag mich warum.
Ich kann es nicht fassen:
Dein Mund bleibt für immer stumm.

Nur ein Moment noch mein lieber Schatz,
bleib noch kurz bei mir.
Ich brauche dich hier
in meinem Herzen an einem Ehrenplatz.

Denn gehst du, fühle ich mich leer.
Ich weine und habe bald keine Tränen
    mehr.
Also bleib lieber hier
dicht an meinem Herzen – bei mir.

Clara Edel * 1994

Ehe ich mich aufwarf

Ehe ich mich aufwarf,
Mich wand
Und trat.
Ehe ich aufstand für Achtsamkeit,
Gerechtigkeit.
Ehe ich dies alles tat,
War ich Mensch.

Ich stand,
Widerstand.
Kraft, Energie, Mut.
Vergebens?
Nicht zu lernen bereit – sind viele.
Bis zum Ende.

Als ich starb,
Wurde ich Staub.
Nährte die Erde.
Wurde zu dem, was man (der Mensch)
    verachtet.
Wie kann man verachten, was man wird?

Christina Edinger * 1978

Hin zur Liebe

Die gute Nachricht ist:
Ich habe die Wahl,
kann Angst überwinden,
weg mit der Qual.
Wie ich etwas sehe
entscheide nur ich,
ob Opfer, ob leben,
ob Leiden, ob lieben,
ob Trauer, ob Segen,
Wie ich etwas sehe,
wohin ich mich wende,
wonach ich mich sehne,
zum Leben,
zur Liebe
mit Gottes Segen
entscheide ich.

Wiebke Eggers

Das Wort

Ein Dichter dichtet immerfort
Ganz still für sich – an einem ruhigen Ort
Da fliegt ihm zu, ein kleines Wort
Er fängt es ein – das ist sein Sport!
Das Wort steht über Raum und Zeit
Das kleine Wort heißt „Ewigkeit"
Doch gibt es sie die Ewigkeit?
Auf der Welt unterliegt alles doch der Zeit!
Der Dichter versucht nun, mit Gelassenheit
Zu finden was über die Zeit
 Und denkt nach was denn sei „die
   Ewigkeit"
Sie ist nicht von dieser Welt
Nicht zu bezahlen nur mit Geld!
Und doch glaubt man sie zu spüren, wenn
   man liebt zu zweit!
Der Dichter und sein Werk werden
   vergeh'n
Doch er kann er die Ewigkeit niemals
   versteh'n
So merkt er nicht, dass er die Gegenwart
   beim Denken grad verlor
Doch hofft er, er wird dereinst der Ewigkeit
   entgegengeh'n
Und jeden der dies liest den grüßt dann Lui
   van de Moor(e)

Ludwig Eglinger

Nun steh ich hier, ich armer Thor,
Mach ich mir doch nur etwas vor.
Ein Monat wird schon bald verstreichen,
Doch werd ich von der Tür nicht weichen.

Mit sachten Händen klopf ich an,
„Besetzt!", ruft nur der Nebenmann,
Ich will herein und das erpicht,
Doch denkst du, das stört mich nicht?

Und wie's das tut!

Mit jedem Schlag,
Den ich hier tu,
Find ich selbst mehr keine Ruh ...
Dass ich mich nur noch minder mag.

Mit aufgeduns'nen Händen
Schmier ich mit Herzblut an den Wänden.
Man sagt, die Zeit heilt alle Wunden,
Doch hat sie persönlich mich geschunden.

Linus Ehle * 1995

Das weiße Licht

Ein Dröhnen, Rauschen, Pochen.
In meinem Ohr.
Alles verschwimmt.
Vor meinen Augen.
Heiß, Kalt. In mir drin.
Es wird schwarz, im Kopf.
Doch dann-Grell.
Weißes Licht.
Es blendet, zieht mich magisch an.
In mir Glück, Freude, Erleichterung.
Kein Schmerz, der sich mir an die Ferse
   heftet.
Mich umklammert, mit eisigem Griff.
Freiheit.
Bilder blitzen auf. Ohne Worte.
Stille.
Nichts empfinden. Nichts denken.
Nicht mehr Sein – für einen Moment.
Augen auf. Trauer.
Zurück, Im Hier und Jetzt.
Wo ist das Licht?

Ehnet * 1987

Heile Welt

Die Sonne strahlt hernieder,
Tauben fliegen wieder.
Liebe ergreift alle Herzen,
verdrängt die Schmerzen.

Die Welt fängt neu an zu leben,
Bäume wachsen, Blumen blühen,
der Himmel wird alles geben,
um vor Glück zu glühen.

Ein Traum wird wahr,
Freudentränen fließen,
niemals mehr Blutvergießen,
der FRIEDEN ist da.

Nadine Ehrenberg

kleine Diskrepanz

Nachdem ich schreckhaft aufgescheucht
gestern nirgends Ruhe fand
und wie ein Vogel
flatternd
aufgefleucht ...
bin aus mir selbst hinausgerannt –
lustlos,
reizbar,
abgespannt ...
bin ich durch deinen warmen Blick
ganz ruhig in mich zurückgekehrt
und zaghaft,
suchend,
noch misstrauend ...
ertast' ich wieder eig'nen Wert

Ursula Ehrhardt   * 1943

grashell

grashell wuchern die gedanken
auf den feldern des irgendwo
später zerschneiden die splitter des
　　　gesprungenen
glases der selbssicherheit
die träume des ich.
abenddämmerung setzt ein
und verschiebt sich
einige etagen nach unten

bis man die nacht
nicht mehr sieht
in der dies gedicht endet

Jörg Eichholz

Streitigkeiten

Die Sätze regnen,
stapeln sich an Wänden,
wir fangen sie mit Händen,
von rauen Worten wund.

Den Fuß umspülen
Flüche, Reden, Lehren,
zertrümmern mit dem schweren
Sinn des Schreiers Schlund.

Wer spricht, erstickt,
dem Lauscher tut's nicht besser,
die Stimme ist ein Messer
und Wunden Ohr und Mund.

Luise Eichler

Bar jeden Wortes, fielen die Menschen über
　　　die Herde her.
Fraßen die Kälber, killten die Schweine.
Verließen das Blutige, stapfend.
Grölende Münder, weißblaue Wolken,
　　　nächtliche Glieder, zogen einher.
Sangen die Weisen, versprachen sich tapfer,
　　　nahmen einander – Arme und Beine.
Sich Flossen ausbildend, Waale dergleichen,
　　　schwammen sie fort, ruhig ins Meer.
Felix zog die zappelnden Viecher an Bord
　　　und Paul nahm sie aus.
Nichts sollte übrig bleiben.

Christian Udo Eichner   * 1979

Die Sucht nach der Sehnsucht

Was ist Gesundheit für dich, wenn du
    krank bist?
Was ist Leben für dich, wenn du tot bist?
Was ist Freude für dich, wenn du traurig
    bist?
Was ist Reichtum für dich, wenn du arm
    bist?
Was ist Liebe für dich, wenn du voller Hass
    bist?
Was ist Sehnsucht für dich, wenn du das
    ersehnte endlich hast?

Einblatt * 1987

Feuer

Anmutiges lodern,
betörendes Zischen,
haucht mir seine lockende Wärme zu.
Wärme, nach der meine eiskalte Seele dürstet.
„Komm zu mir, komme zur Ruh",

Ein Herzschlag,
eine Hand,
folgt den berauschenden Rufen.
Rufe, die mich trösten.
„Werde zu dem aus dem die Kräfte uns
    schufen"

Ein beißender Geruch,
ein stechender Schmerz,
das Schreien.
Verzweiflung, die meinem Körper entflieht,
mein Leben das durch die eiskalte Nacht
    kriecht.

Betäubt,
geborgen.
Wie eine sorgenvolle Mutter wiegen die
    Flammen mich in den Schlaf.
Nur ein Flüstern.
„Danke"

Sarah El Azzab Ibrahim * 1999

Alptraum

Immer wieder sind sie da
du merkst es nicht und nimmst sie war
sie sind nicht echt, du weißt es nicht
doch sie sind da, es geht um dich

Du rennst weg und weißt nicht wovor
und plötzlich stehst du und versinkst im
    Moor
du schreist um dein Leben, hast keinen Mut
zu entkommen vor dem Moor mit rotem
    Blut

Du versinkst weiter und hast das Ende
    erreicht
unglaublich, du lebst noch, deine Haut
    verbleicht
du siehst dich an , deine Haut färbt rot
oh nein., du blutest, und bist gleich tot

Dann merkst du, du atmest nicht ein
nicht mal aus und willst schrein
doch keiner hört deine Qual
in deinem Traum, hast keine Wahl

Du willst aufwachen, doch es geht nicht
denn ich verhindere es in meinem Gedicht
jetzt lernt ihr meine dunkle Seite kennen
von den Gedichten die in mir brennen

Shireen Elawamy

An Eddi

Ein Sonnenschein bist Du für mich,
ich glaube gar, ich liebe Dich.
Wir streifen gemeinsam durch die Welt
Und bleiben da, wo's uns gefällt.

Kein Ärger und kein dummer Streit
haben uns beide je entzweit.
Darum bist Du der erst Mann,
mit dem ich glücklich leben kann.

Ich wünsche mir von dieser Welt,
dass unser Bund noch lange hält,
und genieße dankbar jede Stund'
mit Dir, Du mein wunderbarer Hund!

Elfimohr * 1938

Ein Gedicht

Ein Mensch versucht sich im Geheimen
beim Verse-Schmieden und beim Reimen.
Er konstatiert, dass dies verzwickt
und höchst mit Knifflichkeit gespickt,
dass Künste, die sich diesbezüglich
– ob ernster Art oder vergnüglich –
trefflich an hohe Normen binden,
sich nicht an jeder Ecke finden.
Bei solchem Sinnen ist frappant,
wie er am nächsten Pizzastand
vernimmt, wie dort ein Mitmensch spricht:
„Mein lieber Freund, welch ein Gedicht!"

Manfred Ell * 1939

Mein Hund

Einfach so
Bist du da
Tag für Tag
Nacht für Nacht
Hörst mir zu
Freust dich mit mir
Leidest mit mir
Schenkst mir
Alles was du hast
Deine Nähe
Deine Wärme
Deine Liebe
Deine Treue
Deine Ehrlichkeit
Deine Seele
Dein Herz
Dein Leben

Voller Vertrauen
Ohne Erwartung
Einfach so

Petra Ellemund * 1960

Der Traum

Ich hatte einen schönen Traum,
vor mir, da stand ein Apfelbaum
mit großen Äpfel an den Zweigen,
die wollte er mir wohl mal zeigen.
Sie strahlten so im Sonnenschein,
ich pflückte sie und biss hinein.
Die waren saftig und so süß,
vergessen werde ich sie nie.
Doch plötzlich kam ein großer Schreck,
ich wachte auf, der Baum war weg.
So ist es nun mal in einem Traum –
es war ein schöner Apfelbaum.

Günter Ellerbusch * 1933

Die Nacht ist dunkel
Ich seh es hell

Du siehst nichts
Ich seh es

Du fühlst nichts
Ich schon

Du hörst nichts
Ich hör es

Aber im Endeffekt bin ich wie du

Elinore Eloi

Ein freund

wiederholende rhythmische, sanfte klänge,
wiegen beruhigend die schreinde seele wie
    eine liebende mutter ihr kind,
geborgen in den umhüllenden tiefen armen
    des meeres,
kann die zitternde, gepeinigte seele ruhe
    finden,
der wind die tränen trocknend und mut
    zuflüsternd ,
motivierend um die ohren streichend
den harten boden, des tiefen abgrunds,
    beschwichtigend erweichend,
den zerstörenden, splitternden aufprall zu
    dämpfen,
erlaubt es einen, einen moment sorglos, frei
    von jeder last, schwererlos zu gleiten,
den begrenzten damm kreisender gedanken
    flutend zu durchbrechen

um wieder klar und weit zu blicken ,
um wieder einen haltenden hafen zu finden.

Else   * 1991

Schöne Aussichten

Blinzelnd schaust du.
Kleine Dinge
und doch plötzlich ganz groß.

Tief und gleichmäßig.
Ruhig.
Ihr Atem dich streifend.

Alt ist dies,
was ihr hattet.
Seit gestern anders.
Seit gestern neu.
Seit gestern wieder Gefühle.

Vermagst es noch nicht Liebe zu nennen.
Aber ...

Sonne scheint.
Wieder.

Schöne Aussichten.
Zusammen.
Ab heute.

Du und Ich.

Julia Elsmann   * 1994

Wahrheitsgehalt

Wenn ich Dir jetzt die Wahrheit sage,
dann belüge ich mich.

Wenn ich jetzt lüge,
dann sage ich nicht die Wahrheit,
aber – ich betrüge Dich nicht.

Die Lüge verletzt Dich nicht so sehr wie die
    Wahrheit.
Deshalb lüge ich lieber und sag' es Dir nicht.

Die Wahrheit liegt in der Lüge,
und die Lüge liegt in der Wahrheit.

In der Wahrheit liegt die Liebe.

Und die Wahrheit ist,
ich liebe Dich nicht.

Daniela Elsner   * 1971

Schrei, Syrien, Schrei

Ungefiltert fließt das Blut
unschuldig geopfert, das Lamm
Granatensplitter durchbohren weit mehr
    als nur das Haus
zerstört die Zukunft
zerstört ist die Vergangenheit
Luft, welche die Luft abschnürt

am Hass erstickt
im Wahn ermordet
Schrei, Syrien, Schrei!
Wer will dir helfen?
Sie schicken mehr Waffen und Granaten
Schrei, Syrien, Schrei,
nach Liebe, statt Hass
nach Händen, statt Raketen
Schrei, Syrien, Schrei
Wann fliegen die weißen Tauben durch
    dein Land?
Narben bleiben rot!

Nicole Elß   * 1976

Herbst des Lebens

Ein Weg, geführt von brausendem Wind.
In seiner Mitte, ein lachendes Kind.
Die Brise umgarnt es federleicht;
führt es weiter, bis es das Ziel erreicht.

Umhüllt von Farben, leuchtend und grell,
erstreckt sich ein Pfad, so auffallend hell.
Die Arme des Windes tragen mich entlang;
das Brausen und Sausen wird zum sanften
    Klang.

Die kleinen Flammen schwirren in der Luft,
erwärmen mein Herz durch ihren süßen
    Duft.
Betört werfe ich mich an ihre Brust;
voll Sehnsucht und Liebeslust.

Der Wind und ich, nun eins nicht zwei,
ziehen an dem neuen Kind vorbei.
Wiegend, tragend, so wie es sich verhält,
folgen wir, bis es in neue Arme fällt.

Hebba El-Tahwagi   * 1990

Das beste auf Erden

In diesen Nächten dunkler Gier,
versunken in bösen Träumen
sage ich, ich verzeihe dir.
Will uns nicht länger versäumen.
Sag mir, wirst du mich vermissen
Oder gehst du für immer fort,
habe ich dich doch zerrissen,
dich getrieben an den düsteren Ort?
Vergangen sind die guten Tage,
und ich sagte dir, es ist vorbei.
Hören wirst du keine Klage
auf dass wieder Liebe gedeih,
auf dass wir wieder leben
und vergessen werden,
denn auch das Schlechte ist eben
manchmal das Beste auf Erden.

Emmi   * 1989

Freiheit

Warmer Wind streichelt dich,
die Sonne kost dich,
allein am Meer genießt du die Freiheit.

Die Sorgen, Probleme sind entflogen.
du wirst in warmen Händen getragen,
vom Meerwasser liebkost,
von Muscheln angelächelt
und der Strand hält dich
in warmen Händen fest.

Dein Blick gleitet hinaus
über die Wellen aufs Meer,
glitzernd lädt es dich ein,
dich von Wellen tragen zu lassen.

Je weiter der Blick gleitet
desto mehr träumst du davon,
die Ewigkeit erreicht zu haben.

Heike Endreß

Erkenne Deinen Wert von innen

Du denkst immer nur an andere,
bloß nicht an Dich selbst,
Du verlierst Dich in der Gegenwart
Und merkst nicht, wenn es das schon war.

Du spürst eine Sehnsucht nach dem Leben,
doch Du schaust nur auf andere, was sie
    Dir geben,
doch den Wert für Dich, findest Du auf
    Dauer nicht von außen,
denn Du machst Dich abhängig von
    Menschen und fängst an,
Deinem neu zum Schein erworbenen
    Selbstwert nachzulaufen.

Hör auf damit, bleib' doch mal stehen
Und sehe Dich doch einmal um,
ist hinter Dir jemand her,
nein? – dann frage Dich mal warum.

Sei einfach Mensch und sage jedem: Das da
    mache ich nur für mich,
und Du wirst sehen, man respektiert Dich
    und sieht dich nicht als Egoist.
Also tue täglich auch mal was für Dich
    und Du wirst langsam erkennen,
dass es auf Dauer zwecklos ist, Phantomen
    hinterherzurennen,
also hüte Dich vor denen, die Dich lieber
    weiter hilflos sehen,
und geselle Dich zu jenen, die Dir gerne
    helfen, mit Dir wieder aufzustehen!

                Christine Engel   * 1967

Herzensspiel

Ein Kuss aus Gold,
so lang schon gewollt.
Eine Berührung von Samt,
zuvor nie gekannt.

Dieses süße Spiel der Liebe,
spielen Herzensdiebe,
die einander so begehren,
sich nach purer Leidenschaft verzehren.

Weiche Worte,
süßer Liebesbrei tropft von ihren Lippen,
unendliche Gefühle,
überschwängliche Zeit.

Sie leben in ihrer Welt, warmer Sand,
hinter einer dick-milchigen Wand,
nur zwei liebende Herzen,
ohne Enttäuschung, ohne Schmerzen.

Wer sehnt nicht nach Gleichem,
völliges Glück zu erreichen,
nun, es ist ein leichtes Spiel,
bedenkt man, der Weg ist das Ziel.

                Johanna Engel   * 1998

Freundschaft?!

Die Laune schwankt manchmal sehr stark,
wenn manche Leute sind zu karg,
wenn sie uns auf die Nerven gehen
und uns natürlich nicht verstehen.
Doch Freundschaft sollte dies bewält'gen
und nicht einfach daran zerschelten.
Wenn trotzdem sie geht dran kaputt,
war die Freundschaft einfach Schrott.

                Vera Engelbrecht

Komm schwarzer Vogel Nacht

Komm schwarzer Vogel Nacht
und breite deine Schwingen über mich
du bist wie stets willkommen
Wenn mir der Tag zu viel an Sehnsucht
    aufgebürdet
befreist du mich von dieser Last
warm gibt mir dein Gefieder

Bring mich zu dem den ich begehre
und der mir alles ist
Im Traum wartet ein kurzes Glück
Ohne den Flug dorthin
mein Lieber
sterbe ich jede Nacht den Probetod

                        Christiane Englitz

Schneeflocke

Eine kleine Schneeflocke
verließ fröhlich
die kühle Wolke,
tänzelnd und leicht
schwebte sie lachend,
bis sie die Erde erreichte
und verschwand.

                    Nahid Ensafpour   * 1961

An Goethe

Du schweigst nun.
Und doch bist du in mir lebendiger,
als ich mir selbst an manchen, trostlosen
    Tagen vorkomme,
wenn ich mir vorstelle, wie du in jener
    Holzhütte stehst und schreibst.

Ich sehne mich nicht nach dem Tod,
doch je älter ich werde,
desto größer erscheint mir die Welt
und desto seltener freue ich mich über den
    Gesang der Vögel.

An solch müdem Tage
gehe ich mit dir spazieren
und gestehe dir meine Schwäche.

Dann, während ich spreche,
merke ich selbst:
Ich will nicht ruh'n!

In diesem Moment höre ich einen Vogel
    zwitschern.

                      Florent Erbar   * 1994

Hinter der Fassade

Augen, die den Blendern trotzen
Blicken auf Wahrhaftigkeit
Dort, wo lang schon hinter Mauern
All die Dinge überdauern
Die an das Tageslicht nie kamen
Waren stets darum bemüht
Im Vergessen nicht zu schwinden
Wollten Grenzen überwinden
Und doch kläglich nur gescheitert
Nicht geebnet dieser Weg

So blieben sie ganz ungerührt
Von niemandem je aufgespürt
Bis eines Tages diese Augen
Mauerstein zu Sturze brachten
Und verstanden, dass es lohnt
Rechten Blickes hinzuschauen
Um Erkenntnis zu gewinnen,
Dass den oft versteckten Dingen
Wahre Schönheit innewohnt

                    Martin Erdmann   * 1986

Blockaden

Grünes Licht
gegen Blockaden.

Futuristische Wunschgedanken
warten auf die Entladung
von Geistesblitzen
im grünen Raum
mit Duftwiesen und Vogelgesang.

Digitale Projektionen
in den Himmel geworfen
grünes Licht
zum Mond geschickt.

Freigesetzte Energien.

                  Roswitha Erdmann   * 1948

Liebe der Rose

Es verliert die Rose jeden Tag
ein wunderschönes Blütenblatt,
weil sie nicht zu geben mag,
was sie zu geben hat.

Ihre Schönheit – so rein und klar
eines Tages nicht mehr zu sehen,
so wie es einmal war,
nur noch Dornen stehen.

Nur wer Liebe zu geben mag,
wird Liebe zurückerhalten.
Irgendwann es kommt der Tag,
gehörst auch Du zu den Alten.

Auch wenn viele Jahre noch vergehen,
nicht auf's Äußere kommt es an.
Deine Seele muss man sehen,
dass wahre Liebe wachsen kann.

Tom Eriel

Für eine Weile Zeit

Für eine Weile Zeit wird fortgespült was
mächtig und verborgen in der Nacht.

Angetrieben was leise wog
in deren Tagesanbruch.
Und das Rauschen redet nicht.
Es bleibt bloß Sehnsucht –
als salzig süße Qual.

Steinhart, dicht.
Blind und weich.
Der Rest ist Sand im Augenblick.
Oft.
Für eine Weile Zeit.

Jana Ermes   * 1977

Die Frühlings-Pille

Warum kommt diese laue Luft
in linder Abendstille,
mit ihrem zarten Frühlings-Duft,
nicht schön verpackt als Pille?

Birgt dieser letzte Sonnenstrahl
in zärtlich-blauer Hülle
nicht eine ungenannte Zahl
von künstlerischer Fülle?

Wie schön, wenn ich der Vögel Klang,
den mir der Lenz vergönnte,
(samt Zwitschern und mit Lobgesang)
als Pille kaufen könnte!

Dann könnte ich, wenn irgendwann
die Vögel nicht mehr pfeifen
und ich mich nicht mehr freuen kann,
nach meiner Pille greifen.

Dann könnte ich in Trübsal-Stunden,
wenn draußen Blitze zucken,
(der Wirklichkeit schon längst entbunden)
die Frühlings-Pille schlucken!

Rudy Ernst   * 1937

Liebesmeer

Ein zärtliches Gefühl ist wie ein Fluss,
der sich ein Meer sucht,
in das er münden kann,
und dieses Meer, inmitten aller Ozeane,
bist Du ...

Ich möchte umspült werden von Deiner
　　　　Liebe,
von Deinen Wellen getragen,
trunken sein von Deinem Blau
und Deine Tiefe nicht fürchten ...

Dafür fließe ich sanft und warm
in Dein Gewässer und glätte Deine Wogen,
wenn sie zu wild werden ...

und sorge für Wirbel,
wenn Deine Oberfläche glatt und ruhig
und ohne Angst vor dem Sturm ist.

Susanne Eskandari   * 1963

Wunderschön

„Wunderschön!",
Sagen meine Augen.

„Liebliche Stimme",
Sagen meine Ohren.

„Traumhafter Duft!",
Sagt meine Nase.

„Ich liebe dich!",
Sagt mein Herz.

Philipp Espelage   * 1986

Mein erster Urlaubstag

Welch wunderbarer Tag am Strand
Sonne, Wolken, das Meer und der Sand

Sanft und warm gleitet durch meine Finger
    der Sand
Vor mir sehe ich bereits neues Land
Sanftmütig, zart und weich
Dieses Gefühl, es macht meine Seele reich

Endlos und weit ist er, der Horizont
Stille breitet sich aus an der Himmelsfront
Warm und weich im Sand meine Fußspuren
Die Zeit, sie läuft gegen alle Uhren

Sanftmütig streichelt der Wind meine Haut
Dieses Leben ist nicht auf Sand gebaut
Zart fährt der Wind mir durch mein Haar
Weht alles fort, was vorher war

Dazu die Sonne, die Sonne und du,
Der Rest der Welt lässt mich vollkommen
    in Ruh
Die Wellen brausen und toben an meinem
    Ohr
Sie rufen Sehnsucht, Freude und Hoffnung
    hervor

Welch ein wunderbarer Tag am Strand
Sonne, Wolken, das Meer und der Sand

Cordula Esser   * 1964

Der Virus Mensch

Dunkle Schatten haben die Seele befallen.
Gefühle werden zu Schwächen,
Lügen zur Wahrheit,
Liebe zur Last,
Hoffnung zum Gespött,
Trauer zum Alltag.

Tränen werden vergossen,
doch um dich herum die Augen
    verschlossen.
Und entsteht ein Meer der Traurigkeit,
versucht man dich darin zu ertränken.
An Mitleid und Verständnis ist nicht zu
    denken.

Der Mensch beginnt sich vor dem eigenen
    „Ich" zu fürchten.
Indem er sich der Mehrheit anpasst,
glaubt er dem Idealbild zu entsprechen.
Eine Facette wird zur gesamten
    Persönlichkeit.

Der eigene Vorteil wird über das
    Allgemeinwohl gestellt.
Geheimnisse regieren die Welt,
bis sie vor Einsamkeit zerfällt.

Sarah Esten

Sehnsucht

Sehnsucht nach Gewissheit,
Sehnsucht nach Freiheit,
Sehnsucht zu wissen wer man ist,
Sehnsucht einfach hier zu liegen,
Sehnsucht nach fliegen,
Wo soll ich nur hin?
wo liegt der Sinn?

Ist der Weg wirklich das Ziel?
Oder ist er nur der Pfad auf dem ich fiel?
Wo liegt die Gerechtigkeit?
Wenn soviele haben zu wenig Zeit.
Gibt es hinter allem einen Sinn?
Woher weiß ich wer ich bin?

Vielleicht werde ich es nie wissen,
Vielleicht wird es ein Weg mit vielen
    Rissen,
Doch ist nicht das Beste am Leben
die Ungewissheit wonach wir streben?
Vielleicht ist es besser sich einfach in das
    Abenteuer zu begeben,
mit der Sehnsucht nach dem ewigen Leben.

et   * 1994

Zeitschatten

Schatten, wohin gehst du?
Folgst du mir?
Wir gehn immer schneller. Du auch.
Im Schatten,
immer einen Schritt hinter dem Licht.

Es ist zu schnell,
wir kommen nicht mit.
Welt, drehe langsamer,
Mein Geist braucht Ruh!

Das Herz weht, der Atem fehlt.
Denkst du noch an mich?
Wann denn?
Mir dreht sich der Kopf!

Komm zur Ruh,
sieh die Welt!
Atmen.

Nicole Euler   * 1975

Seele

Mein Herz ist gefroren,
meine Seele ist kalt.
Ich verberge mein Leid
hinter Wut und Gewalt.

Mein Körper ist hier,
meine Seele ist fort.
Fern all der Gier,
an einem besseren Ort.

Die Verbindung
ist nur hier,
in gereimten Zeilen
auf Papier.

Mein Herz ist gefroren,
meine Seele ist kalt;
aber ich mag Kälte!

Enya Everschor   * 2001

Herz

Ich liebe dich,
mein Organ der Liebe.
Mein Gefühlemacher.
Mein Lebensretter.

Ich schaffe es nicht,
ohne dich.
Und auch nicht mit dir,
mein Lebensretter.

Ohne dich,
wäre ich tot.

Doch mit dir bin ich nur ich,
mein Lebensretter.

Ich verabscheue dich,
und doch auch nicht.
Ohne dich bin ich nichts
und mit dir bin ich nichts.

Mein Lebensbeender.

Viktoria Ewers * 1998

Sprich kein Wort

Sprich kein Wort
Sprich kein Wort und lass uns nur lauschen
kahle Bäume stehen im Wind.
Letzten Sommer hört ich sie rauschen,
doch da war ich vielleicht noch ein Kind.

Sprich kein Wort und lass uns nur träumen,
welke Blumen liegen im Feld.
Wenn sie wieder die Wege umsäumen,
ist noch Hoffnung für unsere Welt.

Sprich kein Wort und lass uns nur spüren,
leiser Hauch umspült meine Hand.
Wenn sich unsere Lippen berühren,
kehr ich ein in der Liebe Land

Ernest Exner * 1930

Sitze da

Sitze da
Viele Gedanken
Viele Sorgen
Eine Hoffnung

Viele Gedanken
Was wird passieren?
Werde ich das Studium schaffen?
Was wird passieren?

Viele Sorgen
Werde ich einsam sterben?
Hat das Leben noch einen Sinn?
Warum tue ich mir das noch an?

Eine Hoffnung
Jesus
Er ist an meiner Seite!
Sieht alles dunkle!

Sitze da
Viele Gedanken
Viele Sorgen
Und ein Jesus!!!

Georg F * 1986

Gesetz der Liebe

Den stärksten Gemütszustand des Lebens
Suchen wir vergebens.
Es erregt die Sinne und verändert die Seele.
Es kommt unerwartet, und macht gefügig.

Ergreift das Herz und lässt nicht los
Man wehrt sich nicht, und ist ratlos.
Ein Gefühl der Hoffnung
Vermischt mit Aussichtslosigkeit.

Gnadenlos zuschlagend
Und Besitz ergreifend.
Anschließend beruhigend.
Dauer folgend und betäubend.

Die Gefühle sind eindeutig
Beugend und geläufig
Sich zu widersetzen
Widerspricht dem Herzen

Mehrere versuchten sich zu sträuben
Doch die Reize verführen Sie zum beäugen
Liebe ist ein Lebens Deal
Führend drängt Sie uns zum Ziel.

Christian Fabian * 1966

Verlorenes Glück

Sich unser beider Blick verliert
in die Fremde und sei hinfort
unser Zusammen kläglich vegetiert
vergessene Töne, Wort um Wort
endlos lange Wege beschreiten
Tage wie Nächte ohne Konturen
verschwommen seien jene Zeiten
wo wir ewige Liebe schwuren

sei es für immer ...

Sabrina Faistle * 1994

Hirngespinste

Stunden lang
Den ganzen Tag
Mich jemand
Kommentieren mag

Nicht nur einer
Auch nicht zwei
Vier an der Zahl
Alle nicht greifbar

Seh sie vor mir
Seh sie an
Spreche mit ihnen
Öffne meine Ohren

Doch plötzlich
Sind sie weg
Stunden lang
Und ich frage mich
War alles doch nur
Ein Traum/ Ein Hirngespinst

Stephanie Fändrich * 1996

Das Leben

Viele Steine auf dem Weg,
die nackte Haut und der Schmerz.
Fremde Leute auf dem Weg,
alles bei, nett und schräg.
Die ich kenne sind auch da.
Ich bin mutig, habe Ziel,
schreite weiter durch die Zeit.
Große Welt bunt und schön,
mit viel Ecken schwarz und arm.
Rastlos gierig gehe ich weiter,
nehme alles was ich kann.
Bin jetzt alt, reif und grau
blicke zurück und bin zufrieden,
kann jetzt gehen
mit Erinnerung und mit Frieden.

Danijela Fanselau-Covic * 1976

Erscheinung

Der anmutige Löwe,
so anmutig mit seiner Größe.
Ist der Furchtloseste von allen,
denn er tritt in keine Fallen!

Er hat sein Revier,
das wird er nie verlieren.
Doch wer hätte gedacht,
dass ihn das einsam macht?

Sein Brüllen ist laut,
welches andere vergrault.
Doch tief in sich verborgen,
hat er das Herz voll Sorgen.

Gefühle zeigt er nicht:
sonst würde er verlieren sein Gesicht.
Auf seine Erscheinung sollte man nicht achten,
sondern die Dinge aus seiner Sicht
betrachten!

farnaz * 1996

Zeichen setzen

Du kniest und Tränen überströmen dein
    Gesicht.
Steh auf, geliebtes Kind.
Trockne deine Tränen.
Lege deine schwarzen Kleider ab,
wisse, das Leben ist bunt.
Dich traurig zu sehen bekümmert mich.
Ich wurde gerufen und musste folgen.
Deine Hand kann ich dir nun nicht mehr
    halten,
aber ich werde dir Zeichen setzen:
Wenn ein Windhauch deine Wange
    berührt, ich werde es sein!
Ein Blatt, ein Gruß, vom Baum gefallen,
    weht sicher in deinen Schoß.
Ein Lichtstrahl, der durch's Kleid der
    Wolken dringt, verspricht:
„Ich habe ein Auge auf Dich!"
Wisse, geliebtes Kind,
ich verlasse Dich nie!

Sabine Fastermann * 1970

Du hast es in der Hand

Lebe dein Leben
und spüre das Beben,

das das Schicksal hinterlässt.
Die Zeichen der Zeit
sagen dir Bescheid.

Drum baue dir ein Nest
aus all dem Glück der Welt,
auf dass es für dich ewig hält.

Lass dich nicht irritieren, von allen
    Skeptikern der Welt,
du machst schon vieles richtig
und das ist das was zählt.
Du wirst geliebt und bist uns wichtig.

Ich wünsche dir viel Glück,
auf jedem Lebensschritt.

Feenzauber * 1992

Verletzlich

Sein Herz war schwer, so fest umpanzert
suchte Liebe, ist weit gewandert
als er sie fand konnt er's nicht sehn
erkannte nichts und hieß sie gehn

ein Hund der jagt nach seinem Schwanz
beißt hinein, wird toll und ganz
ergrimmt beißt er sich mehr und mehr
und tut sich dabei weh so sehr

es war die Angst, es war gar schrecklich
denn wer liebt, der ist verletzlich
warum ließest du Tropf sie gehn?
tatst ihr weh, kannst Du's jetzt sehn?
noch ist sie da, hat längst verziehn
kehr zurück, magst niederknien
dein Haupt vergräbst du tief im Schoss
willst weinen, sagst was tat ich bloß
zärtlich greift sie dir ins Haar
ich liebe dich und dir wird klar
du hattest Angst, es war entsetzlich,
denn wer liebt, der ist verletzlich

Ruth Fehr * 1966

Ihr Vorausgehen

Und ich verliere mich in Gedanken,
    Sehnsüchte und Tagträume
Zuflucht suchend, in unbekannte
    Geisterstädte
Fort von meinem Abgrund, besetzt mit
    hungrigen Zähnen
Welche an meinem Fleische reißen, drohen
    mich zu verschlingen
Abwärts zu ziehen, fort von dir, nur fort
    von Hier.

Ziehe mich zurück, voller Unbehagen der
Zukunft in's Auge blickend
Der endgültige Abschied kratzt an der Tür
Zurück in den Traum, er lässt die
Sorgentränen verwischen
Hinein in deine Arme, sie geben mir den
Halt – der fühlbar schwindet
Du bist mein Glück, meine Leidenschaft
Mein Herz wird bluten, denn der Gevatter
hat deine Spur aufgenommen
Meine Seele wird tauchen, in meinen
Tränenmeer
Aber du bist bei mir, mein Licht.
Eines Tages wird der Tod auch grausam an
meine Tür kratzen
Leise und verstohlen, sie aber wird an
jenem Tage zur Stelle sein
Denn sie musste vorausgehen, gebrechlich
und allein
Wird sie mich endlich wieder mit einem
Lächeln in die Arme schließen
Bis dahin, soll sie mir nie vergessen sein

Felis * 1990

*FeelDichFree ... Hommage an meinen
Geburtsnamen*

In Ermessen von kulturellen Interessen,
bin ich gewogen, wahrlich geflogen,
über kommunikatives und relatives.

Meinem Namen entsprechend,
im Ausdruck durchbrechend,
der Vielfalt versprechend,
zugegen, bewegend, erregend.

Oh, du wortgewandte Kommunikation,
wie bin ich dir dankbar meiner sprachlichen
Huldigung und dem Hohn von sachlich
introvertierter Kommunikation!

FeelDichFree mit Worten,
erzähle mir deine Anekdoten,
diese dich erstarren lassen,
wenn mein Name lässt dich mental
erfassen.

In unendliche Weiten entfliehen,
dem Universum völlig entziehen,
bei der Hommage an meinen
Geburtsnamen zugegen,
so bin ich glücklich und froh,
meiner wortgewandten Kommunikation!

Semira Fellari * 1973

Der Klee ist weg

Leise Winde
Blätterrauschen
Sommerruhe
dann
Rasenmäher
alles muss
seine Ordnung haben
Gras darf nicht sprießen
tritt an zum Fahnenappell
in Reihe und Glied
stehen Halme
vom Klee verlassen
der so gerne noch
einen heißen Tag
gehabt hätte
mit weichen Hummeln
auf den Dolden
Violett
kein letzter Versuch!

Marion Felsch * 1955

Mit dir schweigen

Ich will einfach nur mit Dir schweigen
Bis sich die Festtage zu Ende neigen
Draußen funkelt's, Leute lachen
Doch es sind wir, über die die Engel
wachen

Denn ruhig ist es in unserer Stube und warm
Und an uns vorbei geht draußen der Lärm
Wir sitzen da und Deine Blicke wollen mir
   sagen
Ich liebe Dich gerade an solchen Tagen

Denn mit Dir kann ich schweigen
Bis sich die Festtage zu Ende neigen
Weil Du bist ein Freund, dem kann ich
   vertrauen
Auf den kann ich immer und zu jeder Zeit
   bauen

Deshalb danke ich Dir und freue mich auf's
   Schweigen
Mit Dir, bis sich die Festtage zu Ende
   neigen

Anna Fendt   * 1981

Du hast dein Leben mit allem Drum und
   Dran
so schau dir das Leben um dich herum an
Sieh das Frühjahr mit seinem ganz frischen
   Grün
darin sich das Leben erneut, um zu blüh'n

Nimm den Sommer mit all seiner
   Farbenpracht,
mit seiner Buntheit, seinen Sternen bei
   Nacht
Und auch für den Herbst entwickle ein
   Gespür
er dankt's mit Früchten aus der Ernte dafür

Nur der Winter tut alles weiß bedecken,
und lässt die Tiefen des Lebens entdecken
Gib dem Schneeglöckchen einen zärtlichen
   Kuss
acht, dass es nicht zerbricht, bevor's gehen
   muss

Falls sich Osterglocken am Weg dir zeigen
lass den Jubel ganz raus und auch das
   Schweigen

Pflück aus Wiesenblumen dir den
   schönsten Strauß
und grüß die Rosen an manch' sonnigem
   Haus

Und wenn du genüsslich einen Apfel isst
bedenk, dass du gerad' derjenige bist
dem er sich mit Freuden hingibt schön und
   blank
Schmecke diesen Segen und empfinde Dank

Mathias Fenn

Erinnerung

Was liegt hinter'm lid begraben,
Dass du dorthin flüchten willst,
Dass du hungerst und die fragen
Stets mit antwort stillen willst?

Deine lippen: off'ne adern –
Puls und takt der seeligkeit,
Dich erhaltend, und dich labend;
Einsamkeit trotz zweisamkeit.

Und dies höhle: Adams stirne –
Evas grab – titanentum: –
Bei gott und geist im menschen hirne
lagerst du, Erinnerung.

Willibald Ferstl   * 1987

Geschwister

Ins tiefe Tal der Verzweiflung getrieben.
Meine einzige Sünde ist nur das Lieben
Lieb, O! Liebe ich verehre deine Herrlichkeit
und fürchte deines Bruders Grausamkeit
Du, so schön voll Perfektion
Er, so kalt, kennt keine Passion
Erbarmen? Nein! dies achtet er nicht
Mein armes Herz, das immer bricht
und weint und schreit, es tropft das Blut
das ist des Hasses reine Brut
Die mich sich bringt ertränkende Flut

Was ist Unschulds Missetat?
So hilf mir Herr! Gib mir Rat

Lass kommen zusammen was einander
    gehört
Und verschwinde alles Übel das nur stört!

Feryad   * 1992

Adieu

Ich will meinen
Körper fliehn
in tiefste Wasser
ungewiss

Will Virginia folgen
triefend untergehn
und so niemals
wiederkehrn

Doch weine nicht
mein Liebster
einst bergen mich
Gezeiten

Im Mondschein aber
breitet meine
Seele ihre Flügel
aus

Miriam Veronika Fest   * 1991

Kostbare Momente

Im Blätterwald der Phantasie
sitzen noch in träger Ruh
Träume voller Magie –
warten auf ein zärtlich „Du".

Drängt dein Wille dich mit Macht
in diesen Zauberwald mit seiner Pracht,
erwachen sie aus ihrer Lethargie,
fesseln dich mit lockender Melodie.

Traumlichter verfangen sich in deinem
    Haar.
Vergessen Schatten, die beschwerten!
Die Welt scheint ohne Hast und Pein,
Bedeutungsvolles verblasst im
    Zauberschein.

Freudefunken fallen reif aus
    Zauberbäumen;
Flüsterworte ohne jeden falschen Ton
zaubern Wärme, Hoffnung, Inspiration.
Beglückend dieses schwerelose Sein!
Oh, welch kostbare Momente!

Gisela Feuersenger

Frühling

Nachts, so kalt, ich schrak im Bett,
Mondenschein durchs Fenster zückt.
So hell die Stern in violett,
Doch mir so bang, ich war bedrückt.

Drum so kalt, die Pfort ich drückt,
so warm die Sommernacht.
Plötzlich, so war ich entzückt,
mich Luft umschloss, in voller Pracht.

Nun, so warm, ich fast erdrückt,
ein Gefühl das mich durchfloss.
Ich von ihm sehr beglückt,
nicht länger allein, in meinem Schloss.

Nachts, so warm, ich lag im Bett,
Dunkel, doch nicht bedrückt.
Himmel so wahr, es ist adrett,
so ich schlief, doch ganz verzückt.

Mike Feuster   * 1994

Unsere Werte

Heute ist nichts mehr von Wert
Nie wird einer sagen

„Man kann alles noch zum Besseren wenden
Die Welt ist noch wandelbar."
Denn ich glaube fest
Treue und Liebe
Sind nicht so wichtig. Schön wird das
    Leben nur durch
Erfolg. Leistung und Verdienst
sind notwendig, um das Leben zu einem
    Genuss zu machen.
Spaß und Freude
Können aufgeschoben werden.
Nie wird einer sagen, Wunder
Gibt es heute noch
Und wahre Freunde.
Die Welt in der ich lebe, ist voller Neid und
    Missgunst.
Es ist bescheuert, dass manche glauben,
Es gibt noch Hoffnung.
(Und nun von unten nach oben)

                              Julia Fichtner

Vorfrühling

Himmelsbläue spiegelt sich im dunklen See,
In den unbelaubten Kronen weißer Birken,
Weich berührt von Wolken, wie von
    Schleiern einer Fee,
Deren Zauberkräfte leise wirken.

Vogellieder hoch und klar, klingen hell
    hernieder.
Singen von Glückseligkeit und von leichten
    Tagen.
Wecken in dem Wanderer alte Träume wieder:
Noch einmal im Licht zu stehn und
    dieselben Worte wagen.

Und der Wanderer sieht die Schatten,
lautlos über harschem Schnee
Kehrt die Leichtigkeit, die sie einst hatten,
Wieder durch die Zauber jener Fee?

                             Ursula Fichtner

Hoffnung

Wie ich wandelt, einst im Dunkeln,
auf Litizias Pfade lang.
Seh ich Ferne doch ein Funkeln,
einsam in mein Herz gebrannt.

Warmes Licht von einst, Willkommen,
scheine mir in golden Pracht.
Was dein Feuer hat begonnen,
enden soll's, in dieser Nacht.

Nicht das Schicksal hat gewonnen ...
Hoffnung war's, die Dich gebracht.

In Love

                    Rainer Fielitz   * 1966

Möglich wär's

Ist's möglich, dass Gedankenkraft
uns're Wirklichkeit erschafft ?

Dass alle Hoffnung, alles Sehnen,
dazu das Lachen und die Tränen,
dass all die wunderbaren Taten,
auch jene, welche ungeraten,
bereitet werden durch Gedanken,
die Macht verleihen ohne Schranken.

Dass jeder selbst den Weg bereitet,
auf dem zu seinem Ziel er schreitet ?

          Hans-Jürgen Fillenberg   * 1950

Hände

Hände schlagen Körper.
Keine sanfte Berührung möglich.
Körper die nur Härte spüren,
haben Angst vor Händen,
die zärtlich sein wollen.

                  Sigrid von Fink   * 1962

Gott weint ...
In Erinnerung an die Opfer der MH17
am 17.7.2014 und ihre Angehörigen

Gott weint, weint heiße Tränen
auf die kalte Erde, auf dass der Mensch
doch Mensch nun werde nach dieser
langen, langen Zeit, vergebens ...

Gott weint, ich weiß es und bereut
zu tief, dass er den Menschen einst
ins Leben rief und ihm den freien
Willen gab, mit dem er seinesgleichen
bringt ins Grab, ohne Erbarmen ...

Gott weint, weint bittere Tränen auf die
harte Erde, auf dass der Mensch doch gut
nun werde, so wie er ihn sich ausgedacht
in sternenklarer Schöpfungsnacht, nach
seinem Ebenbild, vergebens ...

Gott weint, weint letzte Tränen auf die tote
Erde, sie ist jetzt menschenleer, kein Kain
und Abel mehr, Gott weinet sehr und keiner
tröstet ihn, er ist allein ...

Helma Finke Comptesse Vanmeer

Die Kapelle
Zum Trost für die Hinterbliebenen der MH17 17.7.14

Oben, beim Weinberg, am Waldesrand
gebettet in Wiesen und fruchtbares Land,
einsam eine Kapelle steht, dort mach ich
oft Rast und sprech ein Gebet ...

Das Schiff liegt im Dunkel, doch der Chor
　　ist erhellt,
das Licht auf ein Bildnis Mariens fällt, im
　　Arm sie
zärtlich das Jesuskind hält, das uns erlöst
　　von den
Sünden der Welt ...

Am Altar ein Schrein mit Christus in
　　Schmerzen,
umrahmt von Margeriten und weißen
　　Kerzen
und ein Band, das „Liebet euch" spricht,
durch farbige Fenster gedämpftes Licht ...

Ein Engel den heiligen Ort bewacht, ein
ewiges Lämpchen glüht Tag und Nacht,
　　dort
in der Dämmerung zwischen braunem
　　Gestühl
ich mich beschützt und geborgen fühl' ...

Margot Marie Auguste Finke-Krause * 1912

Nachts, wenn es niemand sieht,
liegt mein Körper erschöpft und ruhelos
　　im Bett.

Nachts, wenn niemand mitfühlt,
weine ich meine tiefe Traurigkeit hinaus.

Nachts, wenn niemand zuhört,
erzähle ich schweigend meine Gedanken.

Nachts, wenn alle schlafen,
sind meine Sinne hellwach und versuchen,
meinen Schmerz zu vertreiben -

damit ich am Tag wieder für alle
gekonnt lächeln kann.

Michaela Finsel * 1972

Der Winter

Der Frühling jagt ihn fort, durch leise
Art, ganz langsam und zart, in einem
fort.

Fordernd zückt der Frühling seine Waffen,
Wärme, Sonne, Blütenpracht.
Schiebt den Winter in die letzten Ecken.

Eisig kauernd, schmollt er ... lauernd, sich
wieder auszubreiten.

Doch der Winter, er zerfließt, dem
Schicksale ergeben.

So ist es eben.

Norina Fisch   * 1970

Die Zeit verschwimmt
mit schnellen Schritt.

Die Dunkelheit
gewinnt an Licht.
Und wir die immer
noch nichts sehn.

Wollen immer weiter
Vorwärtsgehn.

Annika Fischer

die könige

und als all die großen
künstlerischen gattungen
beisammen saßen und stritten
erhob das wort die stimme und sprach
wären wir alles könige
so bliebe ich doch der erste
unter euch
ich mal es
ich sing es
ich hau's dir in stein
wären wir alles könige ...
aber das muß
ja gar nicht sein.

Birger Fischer

Frühlingsträume

Pflanzenreich wie Vogelschar
künden vom Frühling wunderbar.
Amsel, Meise früh am Morgen
schon für frohe Stimmung sorgen.
Tagsüber auch es jubiliert,
zwitschert, trällert, tiriliert.

Zu der Vögel Sang und Schall
Blütenrausch allüberall.
Vogelkonzert und Blütenflor
bezaubern Auge uns und Ohr.
Und mancher Mensch ist auf der Spur
der auferstandenen Natur.

Vogelchöre, Blütenräume
wecken in uns Frühlingsträume.
Folgt die Natur dem Schöpfungsruf
des hohen Meisters, der sie schuf?
Voll Ehrfurcht geht mir durchs Gemüt
wie ein Gebet ein Frühlingslied.

Ingrid Fischer

Protokoll der Gedanken

... und wenn die
Stille dich umschließt, das
Schweigen in dir pocht, so
lass es sein die
Worte, denn diese
sind vergraben an
einem lauten,
verschleierten Orte.

Komm zur Ruhe, oh Seele!

Nimm hinweg die Laster, die
Ketten des Felsens,
die weilen in deinem Geiste.
Die Schöpfung will dich
ergreifen, auf dieser
langen unbekannten Reise.

Fliehe du gebrochener Horizont, weiche
du düsterer Schatten. Entzünde den
Weg, der wieder lässt erblühen den
paradiesischen Garten.

Katharina LHJ Fischer * 1991

Blaue Fee

die blaue fee

sie ruht im fein gewebten bett
und träumt von besseren zeiten.
von prächtigen wiesen und wäldern
wie im sommernachtstraum.

von menschen, die ihr blaues wunder
    erleben
das natürlich sie vollbracht hat

sie ist halt blau die fee –
schon wieder

luzia fischer

Adventus
gewidmet allen Lichtkindern dieser Welt

Die Tage deiner Ankunft sind gezählt
Die Weihnachtsmärkte erstrahlen im Licht

Gib, dass wir uns auf das wahre Licht besinnen
In unseren Herzen und wir unserer Umwelt

Dieses Licht nicht verweigern, stellen wir
Lichterfunkenketten unserer Seelen in die

Verdunkelten Fenster dieser Welt
Knüpfen wir Lichterketten in die Armut

Dieser Welt –
Verdemütigen wir uns vor der Geburtsgrotte
JESU CHRISTI –

Lass uns schrumpfen in unserer Gier
Nach öffentlichem Machtgebaren

Und uns Riesen werden bei dem Verteilen
Unserer L i e b e

Jesus, das neugeborene Kind in der Krippe
Der Retter dieser Welt

Hat es uns grenzenlos vorgelebt

Regina Franziska Fischer * 1951

Das Fräulein Riesenluftballonkopf

Das Fräulein Riesenluftballonkopf
Mit nichts als Übermut im Hirn
Plus zu viel Selbstüberschätzung
Und heißer Luft hinter der Stirn
Steigt in die Höhe, wo sie dann
Den Sinn für Wirklichkeit verliert
Bis sie, ganz oben, abgehoben
Mit dem Himmelsdach kollidiert

Ach, ich beneid das Fräulein nicht
Mit ihrem aufgeblas'nen Kopf
Wirkt sie unansehnlich und hat
Den Charme von einem Blumentopf
Denn kommt der Fall, und der ist Fakt
Dann ist für's Fräulein keiner da
Die Freunde haben sich vertschüsst
Weil's denen auch zu blöde war

Mein liebes Fräulein, man sieht sich
Du brauchst dich gar nicht schief zu lachen
Denn wir treffen uns sicher bald
Unten am Boden der Tatsachen

Sarina Fischer * 1995

Vaterglück

Stunden stand ich hier,
ganz nah bei Dir.
Zeit und Raum waren vergessen,
wer will schon ermessen,
das Vaterglück,
in dem Augenblick,
der größten Zufriedenheit,
Einsamkeit,
nun ein Fremdwort bleibt,
für alle Ewigkeit.
Worte für meine Liebe zu Dir gibt es nicht,
Du bist mein Licht.
Die Erde aus der Achse gehoben,
Kontinente um wenige Millimeter
    verschoben.
Selbst der Kompass
muss sich unserer Liebe neigen,
und kann nun nicht mehr nach Norden
    zeigen.
Der neue Anziehungspunkt,
ist dort wo unsere Liebe ist,
sich daran auch mein neues Universum
    misst.

Dirk Fißmer   * 1966

Adolf und Eva
Geheimnis

Es ist kein Geheimnis
dass alle Menschen sich nach Liebe sehen:

Auch bei Adolf und Eva war es ein Geben
    und Nehmen.

Wenn auch Bomben, viele Menschen
    töteten Tag und Nacht
Adolfs Eva hatte getanzt und gelacht

„Die minderwertigen Juden werden
    umgebracht",
hatte Adolf gedacht.

Durch seine Befehle wurde das böse Werk
    vollbracht
Seine liebe Eva Braun hatte getanzt und
    gelacht.

In aller Welt hatten Menschen dem bösen
    Treiben
Adolf Hitlers zugeschaut
Den Juden zu helfen hatte sich Keiner
    getraut.
Millionen Juden wurden umgebracht
Adolfs liebe Eva hatte getanzt und gelacht.

Elisabeth Fleischer

Steinernes Meer

Steinernes Meer, Treppen aus Moos. Bau
    mir ein Floß aus Gedanken!
Seichte Ufer aus Zorn, kein einziges Ruder
    im Ruderboot.
Ich gehe unter und unternehme nichts
    dagegen, denn ich bin für's Leben;
drehe und zähle die quälenden Reben, die
    kein Strauch mehr zurücknehmen mag.

Zersäge Fensterläden am Tresen im
    Rausch; nur wer daneben zerknittert
    einschläft,
kann sich, obgleich träge, entfalten am Tag
    darauf und ein Ruder bauen –
oder tausend. Ich grinse und blinzle, du
    verschwindest im Rauch.
Leise bebt, was unbelebt: die Bank bleibt
    leer, du wie ein Traum.

Schlage ein Loch in jede Holzleiste und
    Sahne für Torten aus Zement
und könnte mich permanent zerreißen,
    wenn ich leise zitternd an dich denk.
Schneid mir die Fingerkuppen ab, zieh dir
    die Fingerpuppen auf;
alles leer und zerzaust, als ich sitzen blieb
    und schwieg.

Und in hundert Jahren sind Gefühle
Rudimente
und sie haben nichts mehr übrig für
Menschen wie mich.
Termiten rasseln einen Kuss, tanzen zu
meinen Briefen,
die oben hingen in den Kronen und dort
schliefen in karger Lust.

Für dich gibt es keine echten Worte. Die
Welt brennt, ich spür's genau.
Für mich gibt es kein Erbarmen, für dich
nur den besten Applaus.
Vielleicht bin ich gar nicht mehr hier.
Vielleicht bin ich gern bei dir.
Vielleicht hasst du mich so sehr, dass ich
Fossil wird', im steinernen Meer.

Debora Fleischmann * 1990

Alles

Liebe ist alles und nichts
Sie ist für manche zu groß, für manche zu
stark
Manche zerbrechen, anderen verleiht sie
Flügel
Sie trägt, und sie lässt fallen, sie verletzt
und sie heilt
Manche glauben nicht mal an sie – andere
legen in sie ihre ganze Hoffnung
Sie ist ständiges Thema, immer anwesend,
sie bedrängt und verführt
Wir halten an ihr fest, wenn die
Gelegenheit da ist
Liebe ist das Beste
Und das Schlimmste
Was uns widerfahren kann

Flo

Meeresschön

Die Liebe ist unser Meer, Deine Sehnsucht
und Schmerz,
Du nimmst mich bei der Hand, berührst
mein Herz.

Die Wellen uns die Tränen entführen, die
Seele uns lässt vereinen,
den Weltschmerz teilen und gemeinsam
unser Glück beweinen.

Zusammen wir schwimmen der Lust und
Liebe entgegen,
den Schleier der ewigen Liebe uns lassen
legen.
Nur mit Dir kann das Glück gewinnen,
raubst mir den Atem, losgelöst, ganz von
Sinnen.

Halte mich ganz fest, stark und zart, wiege
mich in der Sonne,
ich verliere mich, kann fliegen, lässt mich
erschauern, es ist eine Wonne.

Die Wellen sich sanft lieben, streicheln und
küssen, wir uns niemals missen,
gefangen in der ewigen Liebe, fallen leicht
in die Brandung, unser Kissen.

Nun lasse uns treiben, in den Fluten der
Träume und Unendlichkeit,
vereint und in der Seele gefangen, finden
wir unsere Liebeswahrheit.

Du bist das schönste in meinem Leben,
strahlst Zuversicht und Glück,
lass uns gemeinsam schwimmen, treiben
ohne Ende und niemals zurück.

Das Meer der Liebe haben wir gefunden,
lässt uns lieben und lachen,
gemeinsam die Zukunft erleben, lass es uns
machen.

Schön bist Du, schön ist unsere Liebe,
schön was wir uns geben,
schwimmen wir mit der Ebbe hinaus,
gemeinsam ins Leben.

Flor * 1959

SCHNEISEN

mein berater
sucht sehenswürdigkeiten
und findet verkehrszeichen

das opfer
sucht schutz
in der erinnerung
an alte zeiten

der fremde
nimmt die andere straßenseite
während der schnee fällt

der matrose
nach so vielen fahrten
fragt das gesicht im spiegel
nach dem weg

Sophia Maria Flores

lieben

Nie gab es ein solch starkes Empfinden,
solch starkes Gefühl.
Außer den Strahlen der Sonne,
und dem Rauschen des Windes.
Ich hörte das Maunzen der Katzen,
das Schreien der Hunde.
Mein Geist schwebt in der Natur
Nichts beeindruckt mich,
mehr als ihr Wesen, ihr Körper und Geist.
Sie bilden eine Einheit wie seltenst
An einem Laien Herbsttag will ich mich
verlieben ...

Flower

Altweibersommer

Wenn beim Streifen durch die Wiesen
Spinngewebtes an dir klebt,
ist es Sommer längst gewesen,
Herbst an seine Stelle strebt.

Wenn der Sonne gold'ne Strahlen
behaglich Wärme dir noch schenkt,
mischt eifrig er schon seine Farben,
Früchte an die Bäume hängt.

Wenn am Abend der Hühner Gegacker
sich mit rastlosem Grillenzirpen vermengt,
steigt rot glühend die Sonne in den Acker,
bevor silbern der Mond an die Nacht sich
    verschenkt.

Katrin Fölck * 1965

Himmelsgeburtstag –
Herztransplantation meiner Frau

Weil Du nicht bereit warst, so zu gehen,
bist du der finsteren Nacht entronnen
und hast, wie alle staunend sehen,
die Schlacht gegen den Tod gewonnen.

So wollen wir auch des Spenders gedenken,
der dieses Glück dir zu gedacht,
jedoch, ein zweites Leben zu verschenken,
hat nur Gott allein die Macht.

Drum wollen wir sie nun genießen,
unsere neu gewonnene Zeit,
denn leider, wie wir alle wissen,
bleibt nichts für die Ewigkeit.

Mit frischem Geiste, klar und rein,
gehen einmal auch wir ins Licht,
mag alles Irdische vergänglich sein,
unsere Liebe ist es nicht.

Fone

Abendrot

Das beißende Glühen des Abendrot
Es spiegelt sich im Wasser neben dem Boot
was zu sinken droht.
Ein rauer Seegang ist nur das Vorspiel zur
    Liebe.
Jeder einzelne Stich dieser Liebe schmerzt
    wie tausend Hiebe.
Nur wenn die Nacht reinbricht über
    unserem kleinen See
Merkst du schnell es tut weniger weh.
Erscheint die Morgenröte in unserer Welt.
Kämpfen wir jeden Tag drum dass sie nicht
    auseinander fällt.
Sekundenbruchteile entscheiden über
    Schicksale über Glück und Leben.
Ist das gerecht ist es das nicht? Das
    Schicksal geht auf unergründlichen
    Wegen

                      Marc Forster   * 1990

Fata Morgana
für Aleksandra die Größte

Mit tausend Stimmen singt die Stille
Die Zeit bleibt stehen
Des Lebens atemlose Fülle
will auferstehen.
Verwegen hockt sie hart am Rand
und meutert gegen den Verstand
die Flammen züngeln zu den Sternen
in unerreichte uferlose Fernen.
Ein Schmetterling verirrt im All
die Klage einer Nachtigall
am Horizont im leeren Raum
ein kunterbunter Sommertraum

              Eleonora Förster-Blana   * 1921

Taub

Ein graues Grün bedeckt die Wände
    schleierhaft.
Die Uhr tickt laut und leise um die Wette
    mit der Zeit.
Die Mutter steht mit blassen Bäckchen in
    der Küche.
Die Schürze um die sanfte Hüft' gebunden.

Sie sieht den Manne auf dem Sofa
    schlafend.
Sein trüber Blick gleicht ihrem ganz im
    Sinne.
Die Hoffnung entschwindet unbemerkt
    durchs Fenster.
Der Vogel küsst das Gitter seines Käfigs.

              Ines Försterling   * 1995

Verlust

Ich bin nicht ich
in deiner Nähe
Aus Angst
mein Ich treibt dich
fort von mir
Doch ich glaube
Du bist bereits nicht mehr
hier bei mir
Weil Du warst
und Ich nicht

                      Jessica Framke

Nächtlicher Schneefall

Die Welt liegt weiß gedämpft darnieder.
Ein Hauch von Hoffnung rührt mich wieder.
Der Staub des Tages liegt verborgen,
im Mondlicht strahlt ein heller Morgen.

Doch bald muss Silber Gold gebären,
muss Schatten sich zum Lichte kehren.

Der warme Sonnenglanz befreit
– vom Schnee der Nacht – die Wirklichkeit

Thomas Francis   * 1986

Die Nacht ist still

Verzweiflung treibt die stille Nacht
Sie legt den Finger an die bleichen Lippen
Doch plötzlich da, das Herz erwacht
Zaghaft schlägt es zwischen morschen Rippen

Ein Ton, der kommt aus weiter Ferne
Hat es berührt und angestimmt
Über uns das Meer der Sterne
In uns helle Hoffnung glimmt

Tanzen jetzt, bis hin zur Sonne
Bis wir wieder nüchtern sind
Doch noch ist alles pure Wonne
In uns jauchzt das unbedarfte Kind

Trost, Geborgenheit heißt das Gefühl
Will ich feiern? Ja, ich will!
Doch plötzlich, plötzlich wird es wieder kühl
Und siehe da, die Nacht ist still ...

Colin Frank   * 1994

Liebe ist wie das
Leben: beginnt mit Freude,
endet in Trauer.

Janine Frank

Palimpsest

In deinen Falten verbirgt sich unsere Jugend,
die weit entfernt, in dir mir nah doch ist.
Ich will sie mit der Seele suchen,
und fündig sein mit heit'rem Blick.

Hier ist es glatt und da leicht angewittert:
Ich lese deine Haut als Palimpsest,
bei dem schwach durch die Oberfläche
   schimmert
der fast entschwund'ne Tiefentext.

So schwer es ist, ihn richtig zu entziffern,
so klar ist auch, was er uns sagt.
Stets können wir uns dessen vergewissern,
von Jahr zu Jahr und Tag für Tag:

Reich machen uns die Lebensrisse,
der Zweifel und der Widerspruch.
Das Glatte ist nicht das Gewisse.
Bist du für mich ein off'nes Buch?

Dieter Franke   * 1935

Unsere Liebe atmet sanft

Will dich ein Stück begleiten
auf deinem Weg
deine Seele unter meine Lupe nehmen
und staunen und oh sagen

dich wachküssen
noch vor Sonnenaufgang
weil ich den Morgen nicht abwarten will
denn

unsere Wesen berühren sich
im ganz Wesentlichen
und nur das zählt:

Dein Herz in meiner Hand
meine Hand in deinem Schritt
und du lachst.

Marie Franz   * 1987

Beim Apfelbaum

Im Schwung von leichtem Auf und Nieder
gebärdet Rauschen Richtung Feld.
Zig Augen wehen immer wieder
auf Baumes Gliedern fort von Welt.

Es bauscht, es lauscht durch die
 Gewandung:
ein Flockenmeer verfängt am Holz!
Gleich hier, inmitten Baumes Brandung
gelangt sein Reich zu Blütenstolz.

Als sänke schon aus reifer Krone
der vollen Früchte süße Schein!
Vielleicht zur letzten Wandlung wohne
ich einsam schlafend, dort im Sein.

Dann fällt aus jenem Seelenraum
der Buntgeschwister schönstes Kleid;
und gleichsam mit dem Erntetraum
wächst Zeit weit hinter Sterblichkeit.

Michael Franz * 1974

Paradies aus Beton

Die Sirenen der Nacht erinnern dich daran,
es gibt Menschen
Sie teilen dein Leid, deine Angst und den
 Hass
hör ihnen zu, dann verstehst du was.
Es macht dich nicht traurig. Zu wissen, die
 Menschen sind rau.
Der Tod schläft nie im Paradies aus grau.

Hier brennen die Lichter, sie fackeln im
 Schwarz
und sie verbrennen die Nacht,
Der Tag kommt zu kurz, du wirst erst
 Abends wach,
Doch deine Augen sind müde, das Licht ist
 zu grell
falsche Sonnen, doch sie scheinen hell

Ein Paradies aus Beton,
so hart und kalt wie ihr Herz
doch es macht dich glücklich du fühlst
 keinen Schmerz.
Der Mensch fühlt sich wohl inmitten von
 Zorn
Die Natur? Sie ist tot. Bis aufs letzte Korn

hier steht nur stramm in der eisigen Nacht
ein Ungetüm aus Beton in all seiner Pracht
doch ich sitze darin und
 schreib dieses Lied.
Im Klang der Sirene, die mich sanft in den
 Abend wiegt.

Mireille Franz * 1995

Dunkelheit

Oft im Leben fühle ich mich verloren
in der Dunkelheit.
Höre den leisen, stummen Schrei meiner
 Seele.
Und warte auf ein Zeichen.
Warte auf ein Zeichen der Hoffnung
um meine verlorene Seele zu befreien.
Warte auf ein Zeichen um dich endlich
 wieder zu finden.
Dann höre ich still und leise in mich hinein.
Höre meinen eigenen Herzschlag
und spüre den Puls in meinen Adern.
Schließe die Augen,
richte meine Aufmerksamkeit auf mein
 inneres,
denn ich weiß du bist da!

Manchmal vergesse ich das Du da bist,
das sind die Augenblicke in denen ich mich
 in der Dunkelheit verliere.
Am Ende meiner seelischen Kräfte mache
 ich mich auf die Suche.

Auf die Suche nach DIR.
Kleines Kind in mir.

Durch dich spür ich Hoffnung, Glück und
 Liebe.
ich danke Dir.

Nicole Franziska * 1973

Verlierer '14

Startschuss. Sprint. Alles geben. Zweiter
   Platz. Verloren.
Wer nicht wagt, der nicht gewinnt.
Wer nicht gewinnt, verliert.
Erare humanum est.
Ein menschlicher Verlierer, der Gewinner
   kein Mensch?
Kein Mensch kann uns zwingen, den Krieg
   zu gewinnen,
Doch wenn wir verlieren, sind wir verloren.
Einzig die Helden werden sich nicht
Im Zelt für Sozialhilfe melden.
So liegen wir zusammen im Graben.
Neunzig Minütiges Trommelfeuer. Dann
   Pause.
Kommilitonen sind Kameraden.
Alle wissen in welche Richtung sie müssen,
   doch
Im Westen nichts neues.

Hannes Franzke   * 1995

Vom Frosch und dem grünen Gartenstuhl

Ein kleiner Frosch, ganz glitschig grün,
sah einen grünen Klappstuhl stehn
im Garten mein, im Garten,
in meinem grünen Garten.

Er sprach zu ihm: „Du bist so schön,
hast dünne Beine und bist grün!
Will ewig auf Dich warten
in meinem grünen Garten!"

Der Klappstuhl sprach: „Du grünes Ding,
Du kleiner grüner Kümmerling!
Da kannst Du lange warten
In meinem grünen Garten!"

Ulrich Frassl   * 1948

Keine Zeit

Wir nehmen uns keine Zeit für Wichtiges,
keine Zeit für Banales,
und weniger Zeit für uns selbst.

Wir vergessen zu leben,
zu genießen,
und zu lieben.

Wir haben uns gefunden,
und dann verloren,
im Spiel des Lebens.

Wir denken zu viel,
doch bedenken eines nicht:
Wir sind nur Menschen,
gefangen in uns selbst.

Wir nehmen uns keine Zeit für Wichtiges,
keine Zeit für Banales,
und weniger Zeit für uns selbst.

Klara Frauendorf   * 2001

Lied an den Wind

Die Möwen fallen
in den Wind
die weltweiten Windhimmel,
lautlos aufgefallen nach Norden.
Segel gesetzte Seelen schlagen
Pflüge in das Meer,
das dem Horizont entgegen flieht
die Seelen zu retten,
deren Träume sich verloren
im Windhimmel
aus Gekreisch, Sturzflug, Zerschellen
am Gestade einer Fels gewordenen Zeit.
Fallwind stürzt in die Möwen.

Elsa Freese   * 1954

Was zählt

Nicht der Stundenschlag
zählt,
nicht der Tag und nicht das Jahr,
keine Zeitenwende erwählt,
was unbeseelt,
nur der Moment,
der so wahr wie klar,
ohne Anfang und Ende
ein Leben lang
in uns brennt.

Frank von Frei * 1963

Künstler, Diebe eigener Herzen.

Künstler,
Die Leidenschaft besitzt unsere Seelen.

Langfinger,
Wir sind nichts und alles.

Wir spüren so viel ...
Und gleichzeitig nichts.
Weil die Einsamkeit unsere ist.

Wir besitzen die mächtigste der Macht
Die Gebrechlichkeit der Zerbrechlichkeit,
Die unsere Herzen bewohnt.
Wir tanzen in unsere Träume
Und lassen die Aschen hinter uns.
Wir geben unsere Geister auf.
Lösen uns tausendmal auf
In die Unendlichkeit der Verwirklichung,
Wir lassen Vergangenheit, Zukunft und
        Gegenwart los,
Und werden eins mit uns selbst.
Wir vergessen uns und erfinden das Neue,
Wir verschwinden in das, was aus uns
        herauskommt,
Wachsen über uns hinaus.

Frei Drang * 1993

Am Abend

Die Arbeit – hart, ein Leben lang,
trug Früchte, wenn auch gar nicht reiche.
Für die Zukunft – die ungewisse, schöne,
schmeckte auch Entbehrung süß.
Das Herz – es schlug für Land und Söhne.

Und all das Streben sollte enden
in Alters Ruhe, Erfüllung des Lebens;
An gedeckten Tischen, in eigenen Wänden.
Doch alles, alles war vergebens.

Auf dem Tisch gedeckt von Not –
am Abend nicht ein Kanten Brot.
Die Zeit allein wird weitergehen –
kein Haus, kein Sohn blieb ihr bestehen.

Aus diesem Haufen Träume, Steine,
die Nägel stumpf, die Haut so rau,
graben alte, dürre Hände –
die Hände einer Trümmerfrau.

Stephanie Frenk * 1980

Soali – Sunna –

Lieblich, sanft, einer Blume gleich,
lebt Soali im heißen Wüstenreich.
Fröhlich, trotz Elend und Hungersnot,
zur Schönheit erblüht, in Dürre und Tod.

Ihre Mutter trägt im Herzen Allah,
sie liebt ihr Mädchen, ist für es da.
Sie lässt es beschneiden, damit es rein
vor Allah besteht, denn das muss sein.

Messer dringen ins Mädchen ein.
Duld' es, mein Liebes, ohne zu schrei'n!
Sunna macht dich kostbar, denke daran,
ohne Sunna kauft dich kein ehrbarer Mann.

Die glaubt fest, zu allem bereit,
dass ein guter Somali ihre Tochter freit.

Sie denkt zurück und traurig daran,
dass ihre Pein erst danach richtig begann!

Schmerzen, Fieber, ein Kampf mit dem Tod
und Schmerz in der Ehre um jedes Stück Brot.
Eine Träne rollt ihr übers verhärmte Gesicht,
und doch schützt sie ihre Tochter nicht!

Brigitte Fretwurst

Für meinen Mann – Ich liebe Dich –

Was für ein Tag, was für ein schöner Tag ist
   das heut.
Ich wünschte Liebster, dass Du Dich mit
   mir an Ihm erfreust.

Ich kann Dich nicht sehen, vielleicht hörst
   Du ja mich.
Vielleicht berührt gerade jetzt Deine Hand
   mein Gesicht.

Ich spüre Deinen Atem, ich spüre Deinen
   Arm,
Du ziehst mich an Dich, mir wird ums
   Herz so warm.
Ich steh wie versteinert und rühre mich
   nicht.
damit der Augenblick an keiner Bewegung
   zerbricht.

Ich höre das Säuseln der Blätter im Wind,
es ist Deine Stimme die mein Ohr
   vernimmt.

Lass Liebste, lass mich jetzt los.
Mein Leben ist schon lange in einer anderen
   Welt
und die ist so unendlich groß.

Von hier aus kann ich Dich sehen und Du
   glaubst es kaum,
ich warte auf Dich, dann schweben wir
   gemeinsam durch Zeit und Raum.

Christiane Freyer   * 1943

Mozambique

Mein Herz brennt und ich fühle dies gute,
   schwere Wehmut.
Vor Wohltuen kann ich innerlich weinen
   vor Freude,
denn alles, was ich empfinde, ist Glück.

Ach wären wir wieder zusammen. Doch es
   ist kalt;
Aber jeder Winter muss weichen und jeder
   Sturm verhallt.
Einmal liegen wir uns in den Armen und
   werden weinen vor Glück.
Dann denke ich an die Strände und Fähren
   mit weitem Blick.

Du hast mich den ganzen Weg bewundert
   mit Deiner ruhigen Kraft.
Ich bete für die da hinten und dass ihr es
   schafft.

Schon bald bricht ein neuer Morgen mit
   viel Sonnenschein.
Mozambique Du mein Ziel.
Dann sind wir zu zwei'n.
Und keiner allein.
So soll es sein.

Heiko Friedlein

Stell dir vor

Stell dir vor du besprichst
Den Inhalt deines ganzen Lebens
Und niemand hört dir zu

Stell dir vor du zerbrichst
In tausend winzig kleine Splitter
Und niemand hebt sie auf

Stell dir vor du entfliehst
Der Welt und ihrem trüben Schimmer
Und niemand sieht dir nach

Stell dir vor du besiegst
Das Leben und das Sterben
Und blickst niemals mehr zurück

Ally Friedrich   * 1997

Leseweisheit

Bücher

Schlagt Bücher auf und lest sie durch
Durch Weisheit seid getrieben
Was ihr sucht und wissen wollt
Steht alles schon geschrieben

Die Unrast und der Wissensdrang
Klug euch macht, und dann,
Kommt die Zeit wenn euer Geist
Die Menschheit treibt voran

So leset oft und noch viel mehr
Und wenn ihr fertig seid
Schreibt auf was ihr ermittelt habt
Streut eure Weisheit breit

Andreas Friedrichs

Die Wahrheit

Wer will schon gerne Wahrheit hören?
Sie ist ganz bitter, gar nicht süß –
Dann will man manchmal Augen schließen,
Sich anzuhören - das ist kein „Muss".
Die Wahrheit kann so richtig stechen,
Nicht oberflächlich, so tief ins Herz:
Die Wahrheit kann uns so verletzen –
Da stockt der Atem, friert das Blut ...
Sie ruiniert die Leben, stiehlt die Gefühle;
Es dreht sich alles nur um Eins -
Bloß keiner soll sie nun vermuten,
Sie fällt zur Last, uns wird zumute
Sie schnellstens zu vergessen ...
Die Wahrheit wird von uns begraben,
So tief, wie es nur möglich ist.
Wir tragen meistens sie zu Grabe

Und oft alleine, mit mieser List –
Sie fressen schnell die Maden;
Uns bleibt nichts übrig außer Gedanken,
Die keiner richtig so vermisst.

Svitlana Frink   * 1975

Zeit ist Glück

Ich schenke Dir ein Kilo Zeit
für Freude und für Zärtlichkeit.
Für einen Augenblick voll Glück –
ein Nachdenken an einem Stück.

Ich schenk' Dir Zeit, den Stern zu seh'n
am Himmel, wenn wir schlafen geh'n.
Ich schenk' Dir Zeit, Dich auszuruh'n
auf einer Bank – Du sollst es tun.

Damit Du hörst der Vögel Sang,
der nahen Kirche Glockenklang –
den Wind, der durch die Bäume fegt
und sich um Deine Seele legt.

Ich schenk' Dir Zeit auch, sie zu verschenken
und an den anderen Menschen zu denken.

Ingeborg Fritsche

Amors Trick

Es war nicht Liebe auf den ersten Blick,
und doch seh ich dich.
Es war der Amor mit seinem Trick,
und nun mag ich dich.
Eine Flamme, die im dunklen brennt,
und ich vermiss' dich.
Es ist das, was man Verliebtheit nennt,
von mir für dich.

Cecile Fröhli

De Oude Kerk, Amsterdam

Amsterdam, Jerusalem des Nordens

Die Alte Kirche steht auf der Welt
einzigartig inmitten von Liebeshäusern

Das Haus Gottes Kirchenschiff Het Schip
Das Haus der Freude Liebesschule De School

Gottvater Gottsohn Gottgeist
    lebenshimmlisch
Vollendete Inkulturation
Geist Seele Körper liebessinnlich
Vollendete Toleranz
Lebendig ewige Weltanschauung

Der Kirchgang der Liebesengel
am Tag der Ostersonne und Liebeswonne
vom Rotlichtsturz zum Ewiglicht
Auferstehung und Himmelfahrt

Sarah, mein kleiner Liebesengel
gefallend gefallen erstanden

Die Oude Kerk nehme Ich nur
mit einer göttlichen Widmung von Dir
Dedicatio Divina, geschrieben
von Deiner zärtlich liebenden Hand

Thomas Fuchs * 1962

Frühling

Der Frühling ist erwacht,
die Blumen blühn,
ich sah dich heut beim Teiche stehn.
Die Luft ist weiß, den Schwänen gleich.
So träumte ich, das Gras ist weich,
die Bienen summen ganzen Tag.
Im Sonnenschein, da sag ich dir,
das ich dich mag.
So bricht der Stein,
das Herz geht auf
und es zieht die Liebe ein.

Josef Fuhrmann * 1954

Kinder dieser Welt

Wir haben keine Ahnung!
Niemand erzählt uns Etwas!
Wir sehen die Sonne, den Mond
Den Regen und spüren den Sturm.

Nicht zu wissen was Gut und Schlecht ist?
Wir haben Angst vor Entscheidungen!
Die Gefahr Fehler zu machen.
Wer bereitet uns darauf vor?

Liebe, Hass, Freundschaft und Gewalt!
Das ist unser Täglich Leben!
Wer erklärt mir meine Gedanken?
Unsere kleinen Hände um Hilfe ausgestreckt.

Eltern haben meist nicht genug Zeit!
Sie sind Selber schwach!
Wer Hilft unsren Eltern?
Sie kommen oft Selbst nicht mit sich klar!

Darum haben Sie oft nicht genügend Kraft
    für uns!
Wir sind doch die Zukunft dieser Welt!
Gebt uns eine Chance auf eine gute
    Zukunft!
Wir können Euch nur Liebe geben! Nichts
    Anderes wollen wir von Euch!

Markus Fürnhammer * 1982

Unmut es zu sagen

Ich weiß, Gedichte die magst du nicht,
Doch der einzige Weg es dir zu sagen.
So seh' es bitte auch aus meiner Sicht,
Selbst wenn Unmut mich lässt verzagen.

Gesehen, gesprochen, gespielt und gelacht.
Dinge, welch unsere Vergangenheit prägen.

Die Zeit aus uns hat Freunde gemacht.
Nun Gefühle, die an meinen Gedanken
    sägen.
Meine Gefühle für dich, dir zu zeigen.
Die Gefahr ist da, will ich's riskieren.
Will nicht länger mich halten im
    Schweigen.
Habe Angst dich als Freundin zu verlieren.

Nie ich traute mich, dir dies zu sagen.
Das größte Geheimnis ich behielt für mich.
Doch, länger kann ich's nicht ertragen.
So sage ich die Wahrheit, ich liebe dich.

Chrys Fürst   * 1996

Hoffnungsschimmer

Die Glut, erst muss sie erwachen
Leuchten, glänzen strahlen
Und eine Bewegung machen

Sie wächst langsam ,stolpernd und zögerlich
Angst vor Niederlagen, Erniedrigungen; sie
    könnte dich verbrennen
Und dennoch sagen die Lieben: ich steigere
    mich

Ich will es sehen das Feuer der Mut
In meinen Händen halten ,bändigen und
    größer werden lassen
Ich wisch mit dem Handrücken übers
    Auge: denn es wird alles gut
Öffne dich und dein Herz ,
flüstert der Gedanke von dem, der mich
    schuf
Denn du bist nicht die Einzige mit Schmerz

Schluck ihn runter und lass ihn nicht mehr
    zurück kommen
Den Kloß der Furcht in deiner Kehle
Mit dem Handrücken übers Auge; vom
    Licht ganz benommen

Mit dem vom ersten mal gerade gehen
Spür ich den Schmerz in Nacken und
    Rücken
Kindlein ohne Zukunft: von hier oben kann
    ich dich sehen

Seda G

Verloren in dich

Verzweifelt keine Hoffnung kein Licht
Ein Tunnel so endlos ohne klare Sicht
Tief und schwer um schließt es mich
Ohne Hoffnung keine Chance auf dich

Die Kraft verlassen
Deine Hand zufassen
Den Blick verloren auf das da vorn
nur benebelt den Blick auf den Dorn

Durch dich vor mich hin geirrt
Beängstigend von mir und dir verwirrt
Ohne Kraft und ohne Mut
vor dem Dunklen auf der Hut

Von den Zweifeln zerfressen
Die Dunkelheit mich hetzen
Der Tunnel ohne Licht ohne dich
Die Hoffnung stirbt und zuletzt ich

G.F.F Phantom   * 1998

Eines Abends, der Himmel wolkenklar
und freie Sicht auf dich, das war wunderbar.
Ich sah dich an, oh du wunderschöner
    Stern, erstrahlst über mir,
dein Leuchtfeuer sehe ich gern.
Kommst aus dem All geflogen und ziehst
    an uns vorbei.
So wünsch ich mir, das ich diesen
    Augenblick mit jemanden teil.

Marcus Gäbler

Lutherdekade – Das Wort

Oft ist es nur ein Wort das fehlt
Oft ist es nur ein Wort das zählt
Wörter können Ängste schüren
Wörter sollten Frieden führen
Sinn und Wirkung oft daneben
Wörter können Seelen geben
Ein Wort kann heilen ungemein
Das Wort ist immer ganz allein
Wort an Wort zum Satze fügen
Sprache wandelt sich in Lügen
Das Wort ist Freiheit jede Zeile
Sätze bilden sich zur Meile
Wandern um die Welt in Sprachen
Krieg als Wort in Herzblutlachen
Wörter, Bücher und Zitate
Mensch heißt Mensch und meist Rochade
Oft ist es nur ein Wort das blüht
Oft ist es nur ein Wort das glüht
Blumen, Sonne, Mond und Sterne
Sende Worte in die Ferne

Gabrill * 1961

Der Uhu

Er sitzt auf einem dicken Stein,
ich glaub er ist mehr Schein als Sein.
Doch wahrlich – plötzlich dreht er sich,
blickt mit gelben Augen fest auf mich!
Mächtig, majestätisch – scheu und schön,
so lässt er sich heute für mich sehn.
Vogel der Nacht am helllichten Tag,
Schritt für Schritt ich Nähe wag.

Der Tag verstellt ihm wohl den Blick,
fast fühl' ich seine Krallen im Genick.
Nein ganz friedlich, lautlos, wunderschön,
lässt er sich heute für mich sehn.

Anne-Christine Gaehler * 1969

Lebenslüge

Nachtgefühle
spüren wollen
Herzenskühle
Unheilgrollen
viele Tränen
offne Fragen
zehrend' Sehnen
stummes Sagen
lautes Schweigen
nur nicht schwächeln
Stärke zeigen
immer lächeln
tanzen ... tanzen
sich maskieren
und verschanzen
sich verlieren
in verfänglich
Traumgefüge
unumgänglich
Lebenslüge

gafrise * 1939

Der Himmel weint

Am Himmel, die Sterne Der Mond scheint
   hell
Die Wolken verdecken was offensichtlich
   scheint
Die Sterne verstecken Sich hinter einer
   Wand – Der Himmel weint
Auf dem Feld, die Tiere sie gehen hinfort
sie legen sich nieder an einem
   verwunschenen Ort
Die Tier verstecken sich hinter der Welt
   – Der Himmel weint weiter

Leise fällt es hinab auf uns
Trockne die Tränen dieser abscheulichen
   Welt
Die Kinder die Menschen die Tiere das
   Meer – Opfer einer einzigen Schlacht

Die Welt trägt sie aus, die Welt trägt uns
weg
Ein abscheulicher Tag – An dem unser
Himmel weint

Im finstersten Dunkel geh ich hinfort
Genau wie die Tiere an einen
verwunschenen Ort
Hoffe dass diese abscheuliche Schlacht sich
verzieht
Genau wie die Wolken dass dies bald
geschieht

Wir kämpfen wir streiten wir weinen wir
scheinen als ob
Wir die Schlacht verloren hätten
Doch dann hört der Himmel auf mit dem
Weinen
Die Tiere die Menschen kommen hervor
Aus einer die Welt die nichts hat der Jahre
zuvor

Sophie Gall * 1994

Eine Werbeanzeige

Wir suchen Leute mit Verstand
in unserem schönen Land,
wir bieten exklusive Unterkunft
für gute Mieten.

Sie dürfen Theaterspielen nach Belieben,
Sie können duschen und auch lieben,
es ist erlaubt zu singen und zu schreien,
bei uns können Sie immer lustig sein.

Sie dürfen alles tun nach Belieben,
aber Schluss ist dann um sieben.
Wir spendieren obendrein,
ein Getränk, so süß und fein.
Es lässt die Sorgen schnell verfliegen,
Sie schlafen fest bis früh um sieben.

Ihr Geld verwalten wir mit Respekt,
Sie behalten noch genug für jeden Zweck.

Sie suchen schon jetzt ihre letzte Ruhestätte
aus,
mit viel Liebe pflegen wir später ihr letztes
Haus.
Wir suchen Altennachwuchs für unsere
Residenz.
Wir suchen Altennachwuchs – aber nur für
kurze Zeit.

Isabelle Gallien

Seelenkreise

Es kratzt
an meiner
Seelengrenze

Es drückt und beult
es piekst und kerbt sich ein
es quetscht und presst

Es engt
sie ein
die Seelengrenze

Die andere
fährt ihre warmen Glieder aus
plustert sich auf im Wohlfühlton

Und schwingt sich überallhin
groß und derb
die andere Seelengrenze
Sie berühren einander
sie lehnen aneinander
sie kleben und reiben aneinander

und ändern dabei ihre Farbe

gamare * 1964

Dieser unglaubliche Moment

Der Kuckuck ruft laut seinen Namen in
    die Welt.
Die anderen Vögel singen, eine
    wundersame Melodie.
Ein kalter Lufthauch lässt mich
    erschaudern.
Tannen wiegen sich im Takt des Windes.
Ein wundersamer Ball.

Jetzt hatte es geregnet, das Gras glänzt,
    glitzert noch.
Es trägt einen satten Grünton bei sich.
Ist frisch gewaschen worden.
Es ist feucht und nass,
Strahlt pure Lebenskraft aus.

Der Himmel ist weit, groß, unendlich,
    ewig lang.
Weiße Sprenkler auf hellem Grau.
Nicht zu vergessen: das kaum erkennbare
    Hellblau.
Vögel kehren langsam nach Haus' zurück.
Heimat.

Des Samens Kinder, das erste Grün, traut
    sich hervor.
Langsam zunächst, doch schon bald schießt
    eine ganze Pflanze hoch.
Kann es nicht erwarten mehr von der Welt
    zu sehen.
Einige Blüten blühen auch jetzt schon.
Süßlicher Duft der Freiheit.

Annalena Gänsler * 2001

Die Zeit

Ein Augenschlag, es wird hell,
Ein Blick auf die Uhr
So Spät? – Jetzt aber schnell!

Die Uhr von uns erschaffen,
was würden wir nur ohne sie machen?

Zeit ist vergangen,
wir bleiben in der Gegenwart gefangen.

Zeitlos wie ein Adler fliegt
Und die Uhr doch wieder siegt ...
Manchmal würd ich sie gern zurückdrehen,
alles nochmal langsam angehen.

Doch was würd ich dann sehen?
Irgendwann kommt das Unvermeidliche
Dass auch ich werd segnen das Zeitliche
Ein Blick auf die Uhr
Unbeirrt schreitet der Zeiger voran
Wohl dem,
der das schon vorher sehen kann ...

Julia Ganzhorn * 1989

Die Große „Liebe"

Du zwingst mich Tage nur an dich zu
    denken
wertvolle Zeit an dich zu verschenken
Luft zu schnappen weil ich nichtmehr
    atmen kann
mich ständig im Kreis zu drehen
weil es nicht weiter geht
mich für dich zu entschuldigen weil das
    zwischen und „niemand versteht"

Und dann wenn ich denke das nicht nur bei
    mir alles steht
merke ich das sich deine Welt auch ohne
    mich dreht
Ich denke nur an dich und es hört nicht auf
Mein Gehirn schickt Worte zu meinem
    Herzen
aber Stop, nein, halt ich leide
wieso hört es nicht auf?

Wie deine Worte einst bedeuteten
so bedeutet jetzt die Stille von deiner Seite
und das stumme schreien meiner Seele

Eine Frage hab ich noch:
Hast du Spaß mich fallen zu sehen oder
hast du es einfach nicht gemerkt?

Garfunkel   * 1999

Eingehüllt

Auch wenn jeder im Nebel alleine geht,
und kein Mensch den anderen sieht,
so ist's die Einsamkeit, die uns verbindet.
Manchmal der Nebel ein wenig verschwindet.
Eine Seele die Andere kann spür'n,
ein kleines Stück gemeinsam geh'n. –
Dann sind wir wieder in Nebel gehüllt,
ganz von Einsamkeit erfüllt.
Ein Tröpfchen – Wasser bleibt zurück,
nährt die Sehnsucht nach etwas

garnuszek   * 1954

Ein Buch

Die Seiten duften neu nach Herbst
Wie Blatt und Wind und Seide
Vergessen ist des Lebens Schmerz
Vom Dasein ich mich scheide

Versinken in der andren Welt
Von Kunst und Kraft und Spiele
Geschichte, die dem Herz gefällt
Ein Wunder bindet viele

Die Augen huschen schnell wie Sand
Durch Uhr und Wüstenlande
Werd ich nun aus mir selbst verbannt
Wenn ich an Seiten brande

Jeremias Garve   * 1995

Ich schrei aus vollem Herzen,
doch niemand hört meine Schmerzen.
Ich bin der Suche endlos leid,
doch ist mein Weg so sehr verschneit.

Ich schrei so sehr wie Sehnsucht mich
    durchdringt,
so ist es fraglich, ob mein Beten überhaupt
    noch Nutzen bringt.
So sehr hab ich gehofft; so sehr hab ich
    gefleht,
das Er, mein Herz, noch einmal an meiner
    Seite steht.
Nun ist Er fort, mich plagt des Liebes
    Schmerzes Pein.
Schmerzlich daran denkend, fortan ohne
    ihn zu sein.
Zerfetzt es mich, des Liebes Sehnsucht;
    endlos grimme Gier.
Mein kostbar Herz; ich wollt' nicht, dass
    Ich dich verlier.

Bernd Gast   * 1990

Lotte

Wie ein Ross mit seinem Reiter
geschwind dem Ziel entgegen eilt,
eil' auch ich beständig weiter,
auf dass mein Herz bei deinem weilt.

Wie die Macht des Erdenkreises
gefangen hält den Mond,
bin auch ich – ein jeder weiß es –
gefangen von dem Zauber,
der deinem Wesen inne wohnt.

Wie die Blume braucht die Sonne
und die Erde und den Wind,
brauche ich zu meiner Wonne
dich, mein schönes Engelskind.

Bist mir Mond und bist mir Sterne,
bist mir Ebbe, bist mir Flut;
spür dich nah auch in der Ferne,
liebe dich mit Herzensglut.

Markus von der Gathen   * 1978

Das Gefremde

Meine Säbel rasseln vorsichtig
gegen die Ordnung
sie macht mir Angst

ich finde nichts wieder
kann nichts behalten

alles verloren Geglaubte
kommt zurück
aber schief

so wird das nichts mit dem Neuanfang
man müßte die Lügen lieben
und den Tod

das innere Gezitter und Geflatter
könnte ein vertrauter Freund werden
bitte bleib statt Du schadest mir

gefundenes Fressen
gefressenes Finden
versoffenes Suchen
verschlucktes Herz

Ingeri Gay   * 1970

Leben

Das Messer zum Traum,
ich sezte es an,
der Geruch von Blut durchquert den Raum,
ob ich ihn mir erfüllen kann?

Der Schmerz ist unermesslich,
der Traum rückt immer näher ran,
er scheint mir so verlässlich,
wird auch er zerbrechen irgendwann?

Es drückt sich in meine Haut,
er kommt immer näher,
der Traum auf den ich immer habe gebaut,
wenn ich an ihn glaube, werd ich ihn
      erreichen eher?

Der Traum zerspringt,
als der Schmerz vergeht,
meine Gedanken sind ineinander
    verschlingt,
bis sie der klare Wind verweht.

Das Messer zum Traum,
ist nicht die Lösung im Raum,
denn das Leben ist der wahre Wert,
halte es fest, ehe es dir den Rücken zukehrt.

Selina Gebauer   * 1999

Lebenszeit

War Zeit genug, sich umzusehn,
zu nippen und zu naschen?
Und etwas mehr die Welt verstehn,
ein Quäntchen Glück erhaschen?

Man sagt so hin „Die Zeit, die rennt,
man mag es gar nicht glauben!"
Derweil ist's Leben, das verbrennt,
des wir uns selbst berauben.

Oder ist's Bereichern gar,
was wir hier tun und treiben?
Wir spür'n was ist, wir sehn was war –
und möchten gern noch bleiben ...

Dieter R. Gebhardt   * 1941

Schnee-Hase

Ein Hase lief erstmals durch den Schnee.
Weil er diesen bisher nicht kannte
vor Freude immer schneller rannte.
Schon bald jammerte er und rief:
„Oh je, oh je,
warum tun nur meine Pfoten weh?"
Dabei war es heute eisig kalt
auch der Hase bemerkte dieses bald.
Er konnte seine Beine nicht mehr spüren

ach – die werde ich bestimmt erfrieren!
Jetzt weinte er, kehrte sofort um
ihm war All das hier zu dumm.
Wer hat sich das nur ausgedacht;
den vielen Schnee hierher gebracht?
Wen interessieren wohl schon meine Pfoten?
Dieser „Quatsch" gehört verboten!

Helga Gebhardt * 1947

Ich bin schön

Im Chaos zwischen Leben und Tod
Ist die Not
allgegenwärtig.
Und dennoch
Zwischen Trümmer, beißendem Qualm, verzweifelten Blicken
Steht sie da,
So einmalig, so wunderwunderschön –
Anna, mit ihrem Gewehr und rot bemalten Lippen.
Die Wimpern schwarz getuscht, die Haare hochgesteckt und im schönsten Kleid –
So adrett, so fein.
Wie kann es denn sein?
An diesem so hässlichen, so trostlosen, so von Gott verlassenen Ort –
Möchte sie nicht lieber fort?
Anna, mit ihrem Gewehr in der Hand,
So steht sie da, hinter der Wand
Eines Schützengrabens und sagt:
„Von jeher an, war uns klar, dass niemand kommt, um uns zu helfen.
Es ist der Stolz, der mich am Leben hält.
Brechen? ... nein, brechen lass ich mich nicht ... töten? ... ja ... vielleicht.
Aber selbst dann bin ich das, was ich bin – ich bin schön."

Doreen Gehrke

In Gedanken

Stille kehrt nun ein
leise zieht die Welt vorüber
und mir ist's als sähe ich
deine Seele heimlich lächeln

In der Ferne brennt der Himmel
über dir und mir -
welch helle Lichter
ja, ich weiß, du wohnst in meinem Herzen
bittrer Schmerz und süße Freud zugleich

Durch die Nacht ruft schon das Käuzchen
trägt die Sehnsucht zu den Sternen
und zurück, mein Herz, mein Wahres
bleibe ich alleine hier

Valerie Geiping * 1990

Tagträume

Hast Du schon mal bei Tag geträumt?
Den ach so dringenden Termin versäumt,
dich einfach fallen lassen ins hohe Gras,
ein Luftschloss gebaut nach Augenmaß,
die Wolken als Deko benutzt geschwind,
um sie weg zu pusten mit dem Wind,
dem Murmeln des Baches gelauscht,
dich am Duft einer Blüte berauscht,
dem eigenen Herzschlag zugehört
und in Gedanken dich selber verführt,
dich gesetzt auf einen Hügel,
die Sonne verglichen mit einem Igel,
der leuchtend ins Tal sich rollt
und verteilt sein Licht aus Gold.
Du hast noch nie bei Tag geträumt?
Dann hast du wirklich was versäumt.

Franziska Geis

In mir sein

Zu viele Wege, zu keinem Ziel.
Lautes Gerede, es ist oft viel zu viel.
Kein freier Gedanke,
du raubst mir alle!
Ich in meinen Entscheidungen wanke,
ich falle!
Reich mir die Hand,
ohne mich zu berühren.
Tanze mit mir in seidenem Gewand,
ohne mich zu führen.
Zu viele Möglichkeiten, von denen ich
    nichts weiß.
Die guten Gedanken, alle viel zu leis'
Nichts ist für mich allein,
dabei will ich nur in mir sein!

Juliana Geischläger

Der Rose inneres Rot

Aus Vergangenheit
wächst in Weiblichkeit Zukunft.
Vor Deinen Lippen
wird dichter schwarzer Rauch,
wie der ich bin.
Deiner Wangen zartes Leder
halte ich streichelnd und Deine
wundervoll sanften Hände.
Der Rose inneres Rot
bricht auf!

Reinhard Gelbhaar   * 1968

Das Kind meiner Eltern

Geboren in eure Liebe
Liegend in euren Armen
Ließt ihr mich wachsen
An eurer Hand

Behütet losgelassen
Im Herzen gehalten

Schritt ich Wege
Fand mein Ich

Und doch bleibe ich
Das Kind meiner Eltern
Als Teil von euch
Mein Leben lang

Nun seid ihr fort
Lasst mich zurück
Und doch bleibt ihr
Auch Teil von mir

Als Kind ohne Eltern
Mit euren Namen
Trag ich euch weiter
Im Kreislauf der Zeit

Maria Georg   * 1964

Unsere Reisen

Jede unserer Reisen
ist ein Fahren ohne Ziel
selbst die wildeste See
wird uns nicht zu viel.

Wir haben keinen Kompass
haben keinen Plan
lassen nur das Wasser entscheiden
wohin wir fahr'n.

Jeder Wind der uns treibt
jedes Tau das uns hält
jede Erinnerung die uns bleibt
auch wenn man etwas tiefer fällt.

Und Landen wir am Ufer
und laufen über den Strand
ich weiß wir laufen für Ewig
Hand in Hand.

Jan Gerhardt   * 1987

Stoppt die Tierversuche!

Forscher, hört auf unsere Tiere zu quälen!
Tiere haben empfindliche Seelen
Niemand darf euer Tun tolerieren
Einfach an Schwachen zu experimentieren

Es sei für die Menschen, sagt ihr mit Mut
Gegen Alzheimer und Krebs wär das
    vielleicht gut
Manchmal stimmt das, manchmal auch
    nicht
Valide sind Eure Testungen nicht

Es ist verboten an Tieren rum zu probieren
Die Narkosen zu flach, nach Titeln zu
    gieren
Augen zu vernähen, Stroboskoplicht
    draufzuhalten
Gehirne zu entfernen und Tierstress zu
    gestalten

Tierquälerei ist das, nennt es beim Namen
Im universitären und industriellen Rahmen
Ist die Heilung von Menschen euer
    ehrliches Maß
Dann forscht an menschlichen Zellen im
    Reagenzglas

Öffnet alle euren Verstand für das Unrecht!
Öffnet alle Eure Herzen für das Leid!
Öffnet die Käfigtüren sofort und für immer –
    ganz weit

                          Christina Gerlach-Schweitzer

Zweifel

ganz leise
heimlich und versteckt
lauert es nirgendwo und überall

ganz leise
nagt es an den Gedanken
knabbert es sich in das Gewissen

ganz leise
zu leise, um es zu hören
zu laut, um wegzuhören

ganz leise
bete ich, dass es verschwindet
flehe ich, dass es nie lauter werden wird
ganz, ganz leise ...

                        Britta Gernhold   * 1990

Der Schwan

Wieder schlägst du mich mit deinen bösen
    Worten
und die treffen mich, wie jedes mal
brutaler, als ein Peitschenschlag.
Doch, den Schmerz – den spür ich nicht
    so sehr,
weil meine Seele ist gebrochen,
und das Herz schlägt kaum noch mehr. –
Mühsam steige ich über steinige Hügeln
und gehe langsam, an der kargen Bucht
    entlang,
und finde einen vergessenen, kleinen
    Strand.
Dort entdecke ich – einst einen stolzen
    Schwan,
leblos liegend, in dem nassen Sand
zwischen Treibholz, Tang und grünen
    Scherben.
Armer Schwan! Bist du weit von Süden her
    geflogen,
um – an diesem schmutzigen Strand zu
    sterben?
Er tat mir jetzt unsagbar leid,
und das echte Gefühl von tiefer Trauer
füllte unerwartet meine Seele.
Voller Demut danke ich dem Lieben Gott:
„Ich kann vielleicht noch etwas fühlen,
und bin innerlich doch nicht tot ...

                                 Inger Gertig

Was bin ich

Ich bin ein Schreiber oder nicht
ich schreibe für jeden auch für dich

Ich bin ein Sänger oder nicht
ich singe für jeden auch für dich

Ich möchte so vieles
auch Theater mag ich
ich spiele für jeden ich spiele für dich

Bemale Wände mal dunkel mal hell
bin ein Picasso und das geht ganz schnell

Ich streich die Gitarre
die Tast am Klavier
bin Komponist wenn ich musizier

Ich mag so vieles aber was bin ich
find es heraus aber nur für dich

Ich bin ein Mensch oder nicht
ich lebe für jeden
auch für dich

Manuela Gertz-Ewert   * 1966

Liebeswinde - Mitte

Ich möcht' in Liebeswinde Mitte leben
und durch tiefste Berge und Meere fliegen
und vor- und rückwärts geh'n in einem
und mich nach links und rechts verdreh'n
zugleich.

Ich möcht' in weiten Wellenläufen
klar verzerrt mich spiegeln
und mit mir selbst entschwinden
und in Wasserkreisen glitzernd dösen,
die an Sommertagen leuchten.

Mit haltlos schlauer Unvernunft
möcht' ich mich winden wie Spiralen an
    den Enden

und mehr mit Glück als nur Verstand
den Durchgang
durch die Körperschwindel finden.

Ich möchte völlig kopfgedreht
im Strudel der Gefühle rauschen
und durch Gedankengänge rutschen
Und mit einem Urschrei-Jauchzer möcht'
    ich dann
nach Haus' und endlich heimwärts
    flutschen.

Jo Geurden   * 1955

Die Karrierefrau

Hoch erhobenen Hauptes auf dem
    Präsentierteller
die Lebenszeit läuft immer schneller,
überall im Mittelpunkt und stets dabei –
kein tägliches Einerlei.
So geht's dahin mit frohem Sinn
bis ich nicht mehr weiß, wer ich bin,
wofür ich steh und was ich wirklich will
was ist – meines Lebens Ziel?
Gefühle und Gedanken toben in mir
versuch sie zu verbannen – doch sie bleiben
    hier.
Muss sie wohl ordnen, damit ich klarer seh
und Entscheidungen treffen –
doch das tut mitunter weh.
Etwas kürzer treten und sich nicht im
    Zeitgeist verlieren,
wieder zu sich finden und spüren:
Sonne, Regen, Tau
– einfach sein
eine glückliche Frau.

Gabriele Geyer   * 1958

Das Ahornblatt

Kleiner weißer Schmetterling
fliegst am Insulaner,
dem grünen Berg,
Jan Josef mit Anna auch spazieren geht.

Kleiner weißer Schmetterling, weiß du
wieviel Spitzen hat das Ahornblatt?

Viele Jahre sah ich dich nicht,
gefangen in mir.
Trotz allem erkämpft ich meinen Traum:

Erst von Blumen im Garten und Ruh,
dann vom Kolorit,
bis auch mir die Erleuchtung kam,
es gibt nichts, dem nachzujagen wäre.[1]

Kürzlich meine Vision:
ein riesig gold-gelb bernsteinfarbiges
facettenreiches Ei mir den Frieden gebracht.

Kleiner weißer Schmetterling:
fünfundzwanzig Spitzen hat das
    Ahornblatt.

1) Thich Nhat Hanh

Heidrun Gieloff

Du bist

Du bist der Stern der meinen Weg erhellt,
der Engel der sich an meine Seite stellt.
Du bist Balsam für meine Seele,
die Vernunft die mir fehlte.

Du bist die Sonne die mich zum blühen
    bringt,
der Wind der mich ganz sanft umringt.
Du bist der Regen der meine Haut berührt,
die Göttin die mich liebevoll verführt.

Sven Gieracki   * 1979

Warten

Hier steh ich mit all meinem Ballast.
Mit dem was war,
mit dem was nicht gewesen ist.
Was hätte sein können.
Was hätte sein sollen.
All die Dinge, die ich gern getan hätte.
All die Dinge, für die ich mich schäme.
Ich steh hier und warte.
Auf Dich.
Um mit Dir endlich das zu sein,
Was sein könnte.
Was keiner versteht.
Ich warte.
Weil das was wir waren und das was wir sind
unbeschreiblich ist.
Weil das nie wieder kommt.
Weil ich daran glaube.

Hier steh ich.
Allein.

Gina   * 1991

Herrlich dämlich

Die kleine Silbe „lich"
verändert viel,
ist ein Nomen
ihr Ziel.

Aus Substantiv wird Adjektiv,
Sprache, wie wir sie lieben.
Der neue Begriff
wird klein geschrieben.

Doch eine Frage
ist noch zu klären,
dank Uli Hoeneß und Alice Schwarzer,
obwohl sie sich beschweren:

Sind Substantiv und Adjektiv
auch in ihrem Wesen ähnlich,

wie bei „Herr – herrlich"
und „Dame – dämlich"?

Am besten, man lässt die Wörter
einfach hintereinander steh'n:
„Herrlich dämlich".
Sprache ist schön!

Erwin Gisch   * 1952

Ich weiß, dass Du mich so sehr liebst
Ich weiß es – sicher – wie Du Dich mir
   gibst
Verachtung, Urteil und Fingerzeig
„Sieh an die Sünderin, sieh, was sie
   verschweigt!"
Kein Halt, eine Brücke und viel zuviel
   Leid ...
Ich weiß es, ich weiß es – durch alles, was
   bleibt.

Ich weiß, dass Du sie so sehr liebst
Ich weiß es – sicher – wie Du Dich ihr gibst
Genommen die Freiheit, verloren ein Stück
Es rollt die Lawine, sie kehrt nicht zurück
Die Tränen, geweinte und ungeweinte
Es bleiben Gedanken, nur ungereimte
Allein gelassen mit viel zuviel Leid
Ich weiß es, ich weiß es – durch alles, was
   bleibt.

Ich weiß, dass du sie so sehr liebst
Ich weiß es – sicher – wie Du Dich ihr gibst
Der Blick am Abend im Spiegel allein
Unleugbar, unlöschbar die Zeichen der Pein
Zwei Schultern zu tragen von vielen das
   Leid
Ich weiß es, ich weiß es – durch alles, was
   bleibt.

Teresa Glaab   * 1985

vergessene Tränen

aufreibende Gefühle
entspringen
einer gezeichneten Seele
die dennoch
hingebungsvoll
an die Liebe glaubt
ein zurück gekehrtes Lachen
lässt die Augen funkeln
und saugt die Energie
aus dem Schaffen der Hände
aus den Bildern der Gedanken
aus dem Atem der Leidenschaft
hinein in ein Herz
was zum Geben bereit ist
rotweingetränkte Lippen
sinnieren in vollen Zügen
und ein geschundener Körper
fängt wieder an zu spüren
zu genießen, zu leben!

Es ist schön, wenn man vergisst, wie sich
   Tränen anfühlen!

Monika Glanzberg   * 1977

Sekundenzeiger

Sitzend-stehend. Von links
nach rechts umhergehend.
Staunend-schauend; Lichter
beobachtend. Blicke betrachtend.
Gehend – bleibend. Die Zeit
vertreibend.
Suchend-findend, Gesichtertrümmer
verschwindend in Sonnentropfen.
Strömend-rinnend, Beziehungsinstrument
stimmend in Regenstrahlen des
fahlen Morgenglimmens. Bekannt-
fremde Stimmen im tauben
Ohr.

Simone Glatt   * 1991

Unter Null

In einer Sonntagmorgenstille
öffne ich alle Fenster
um die kristallne Herbstluft einzulassen.

Du im flaumenweichen Dämmerschlaf.
Ich mit dem Blick auf welkes Laub.
Mich friert es. Unaufhörlich.

Meine 11000 Kilometer Seelentiefe, sagst
    du,
seien wie der Mariannengraben.
Ich sage, der sei schwer zu füllen.

Du lachst.

Ina Glomb

Die Sinnlosigkeit

So gehe ich hinein, in meine Sinnlosigkeit.
Bringe Tag für Tag das gleiche mit Heim.
Die Nacht schlimmer als der Tag.
Mit der Sinnlosigkeit vereint.

Schlafe ein mit Angst vor dem Sein.
Verletzt mit dem sinnvollen der
    Sinnlosigkeit.
Was ist nur gemeint?

Trage Worte ohne Bedeutung.
Bedeutung ohne Worte.
Die Sinnlosigkeit befreit.

GluecklicheMelancholie * 1992

Mein Herz kennt kein zu Haus'

sitzend
in mich gekehrt
fragend was die Vergangenheit mir
    verwehrt
mein Herz kennt kein zu Haus'
jede Faser meines Lebens fühlt sich leer
und meine Seele wiegt sich schwer
im Wind der Verlorenen
muss mich von Illusionen befrei'n
das Gefühl hoffnungslos zu sein
lässt mich versinken in eine Ohnmacht des
    Zweifels
welchen Sinn hat das Leben?
war es wirklich von Gott gegeben?
breche zusammen unter der Last der
    Verzweiflung
können nicht existierende Wunden heilen?
nur für eine Sekunde im Nichts verweilen
mein Herz kennt kein zu Haus'
sehe mich einsam sitzend
gedankenlos kritzeln
mein Herz kennt kein zu Haus'

Tanoe Gnanzou * 1995

Traumschiffer

In der Nacht als der Traumschiffer kam,
war ich bereit für den Ozean,
der Kapitän, ein mystisch anmutender
    Mann,
lud mich ein, für diese Nacht sein Gast zu
    sein.

Von Neugier und Faszination getrieben,
habe ich sein Schiff bestiegen.
Ein leichtes Unbehagen kroch über meine
    Haut,
er spürte es, hielt meine Hand vertraut.

Wohin schippern wir überhaupt?
Sein Haar schimmerte leicht ergraut.
Vom Irgendwo ins Nirgendwo, vom
    Irgendwann ins Irgendwie,
ein Mensch ist so, kommt niemals wirklich
    endlich an.
Genieße einfach unsere Reise, wo und wann
    und wie du willst,
solange du dein Fernweh stillst.

In seidig Nebelschwaden, die wiegen auf
    dem Meer,
schaukelt auf den Wellen das Schiff vom
    Traumschiffer.
Gischt zischend schäumend flieht,
    Mondlicht zaubert Schatten,
Melodie des Wassers sich an die Sehnsucht
    schmiegt.
Hinfort getragen in die Unendlichkeit
schippert es die Träume für unbegrenzte
    Zeit.

Ines Gnefkow   * 1971

Gefühlsfarbenlehre

Wie riecht deine Liebe
im Abendrot?
nach reifen Kirschen, Johannisbeeren oder
Mandelbrot?

Wie schmecken deine Gefühle
am Morgen?
nach Lavendelfeldern, Zitronenhainen oder
Rosarot?

Wie spüre ich deine Seele
damit sie lächeln kann?
ein sanfter Kuss im
Sonnenblumenland,
ein lieber Blick im Himbeerfeld
unsere Wärme schmiedet dieses Band
das zeitlos deine Seele hält.

Lass uns Kirschen und Zitronen spüren
Mandeln, Honig und Johannisbeeren
Mit nackten Füssen den Morgentau
    berühren
die Liebe zueinander, nie wieder
zu entbehren.

Arno Gobbetto   * 1958

Die Morgensonne

Es scheint die liebe Morgensonne
durchs Fensterlein ins Hinterzimmer,
von dem Bauerngarten kommend
füllt sie des Mägdleins Stube immer.

Sie lacht und spricht von all dem
Schönen,
das täglich sie auf Erden sieht.
Sie spürt, wie froh in allen Landen
in ihrem Licht die Welt erblüht.

Ist jemand in ein Buch versunken,
braucht er wohl niemand der da
spricht,
doch kommt die liebe Morgensonne,
dann gilt auch diese Weisheit nicht.

Sie legt voll Anmut auf die Schultern
die helle warme Strahlenhand,
das sagt uns überall im Leibe:
Ich weiß, du bist von Gott gesandt.

Robert Göbel   * 1931

Gast im Juli

Schlaftrunken aufgerichtet
Ein Fuß auf den Boden der Welt
Der Blick möchte wandern
Hinein, in die besonnene Zeit
Die von meinem Gemüt stets bejubelt
Die mein Verstand gern begreift

Wo der Weg zu bestreiten
Gewöhnlich, verächtlich und steil
Durchzogene Blüte
Wesen am Rande beseelt
Freudvoll sind sie, es scheint gänzlich
    vollkommen
Dem warmen Winde gelauscht
Es wurden Geschichten erzählt

Da wo die Tage groß und bedeutend
In betörendem Genuss daliegen
Wo die Zeit fließend vergeht
Wo ich deine Sprache spreche für immer
Ich bin dein Gast, dein Sohn, deine Tochter
Ich bin eines deiner geborenen Kinder

Sebastian Goelz * 1987

Tiefer Fall

Ich versuche das Leben
zu üben,
steche in ein Wespennest.
Es splittert mein Herz,
Träume zerbrechen laut
in kleine Stücke
– so klein.

Ich bin ein Durcheinander,
ein Irrlicht
– enghalsig, starrverkopft.
Die Seele blutig gekratzt.

Mit sicherem Schritt
rutsche ich ab.
Verfluche die Splitter
im Fall.

Mona Goertz * 1974

Kopfchaos

Gedanken gleich Ameisen
rastloses Irren
hin und her
stoßen an Grenzen
wechseln die Bahnen
treffen einander
und werden mehr

klopfender Schmerz
ruhelose Nacht

Chaos im Kopf
schon wieder Tag

steigender Druck
beengter Raum
such ein Ventil
Zettel und Stift
ich schreibe

mir

Brit Gögel * 1972

Tod ist so vieles

Hier Zukunft,
dort Vergangenheit,
einmal Wunsch
und einmal Leid.

Bringt Angst,
bringt Schmerz,
Gerechtigkeit,
Verbrechen.

Zu dumm,
ein Herz
kann sich
nicht rächen.

Tod ist so vieles
und doch nichts
ohne das,
was vorher ist.

Jannis Göhlich * 1989

Limburger Nachruf

Dein Antlitz –
– stark verzerrt –
rührt mich:
sie rissen dich entzwei.
Ich litt für dich,

Er stritt für dich:
die Wahrheit kannten drei.

Die Wölfe stürzten auf dich ein,
zermalmten deine Glieder,
der Dompfaff schrie – ich weinte still –
sie kamen immer wieder ...

Zu Ostern war der Kampf verlorn,
der Dolchstoß kam aus Rom,
verzweifelt wandten wir uns ab,
doch du bliebst kraftvoll stumm.

Du lieber Bruder von den Bergen,
dein Schicksal ist mein Schmerz:
Als sie dich schleiften durch Kanäle,
zerbrach auch mir das Herz.

C. Gohlke

Der blutende Mond

Ich schaue hinauf zu einem blutroten Mond,
voller Schwere und Mystik,
weckt er Erinnerungen in mir von einem
    Leben,
das ich nie gelebt habe.

Ein Rot, das in ihm atmet und raus will,
das befreit werden will,
um die Welt in eine Sintflut zu tauchen.

Er schimmert pulsierend wie ein Muskel
    am Himmel,
und verbirgt seine Stärke in Schönheit.

Erinnert er mich
an das hungrige Tier in mir,
das wüten will,
um im sattesten Purpur zu baden.

Den Mond will ich essen.
Und sein Rot aus seinem Kern befreien.

Die Welt soll ertrinken.

Erdem Gökalp   * 1989

Graue Welt

So kann es einfach nicht weitergehen
Diese Welt besteht nur aus Neidern
Lass es nicht einfach geschehen
Kämpfe an gegen diese hater
In dieser grauen Welt

Gott ich vertraue auf dich
Du bist meine Hoffnung
Enttäusche mich nicht
Also kümmer dich drum
In dieser grauen Welt

Alle wollen einem an den Kragen
Was ist nur aus der Menschheit geworden
Das schlägt mir echt auf den Magen
Er ist schon langsam verdorben
In dieser grauen Welt

Ich hör nicht auf zu träumen
Von einer besseren Menschheit
Wir dürfen es nicht versäumen
In unserer bescheidenen Zeit
In dieser bemalbaren Welt

Jeremiah Golder   * 1996

Love

Schwallende Worte versinken in meinem
    Herz.
Lassen mich aufblühen, lassen mich hoffen.
Lassen mich die Widerwärtigkeit der Liebe
    vergessen.
Doch irgendwann ist der Zeitpunkt nah an
    dem du mich vergisst.
Und meine Seele dich jämmerlich vermisst.
Wenn dein Mund geschlossen.
Dein Wesen erloschen.
Doch meine Hand erfasst deine
    Erinnerung.
Verwegen werde ich den nagenden Schmerz
    küssen.

Er wird in mein Herz einziehen.
Dort wird er fortan ständig kreisen.
Mit meinen Gefühlen in Eintracht immer
    weiter reisen.
Bis auch er versiebt
Und sich in der Schwere des Hasses verliert.

Gloria Gombar-Klaß * 1990

Flamingos

Solange Flamingos im Morgenrot fliegen
wird diese Welt nicht untergeh'n.
Wenn Palmen und Schilf im Wind sich
    biegen
bleiben sie aufrecht im Wasser steh'n.

Rast ein Orkan über's Land,
halten sie auf den dünnen Beinen,
die doch so zerbrechlich uns scheinen,
immer noch stand.

Hitze und Kälte stören sie nicht.
Es scheint, ihre Schönheit ist
    unvergänglich.
Sie fischen gemeinsam im trüben Licht,
filigranhafte Gestalten, leuchtend für sich.

Heidrun Gonschorek * 1945

Schmetterling

Als Raupe hässlich und gefräßig,
ist die Beliebtheit bei Menschen eher
    mäßig.
Doch dann schleicht sie sich kurz davon
und verpuppt sich in einem seidenen
    Kokon.

Nach geraumer Zeit, man glaubt es kaum,
öffnet sich im Strauch oder Baum,
ein Kokon, aus dem entsteigt,
ein prächtiger Falter, der seine Schönheit
    zeigt.

Plötzlich beliebt bei allen Leuten,
die die hässliche Raupe einst noch scheuten.
Deshalb denke auch stets als Mensch daran,
dein Leben fängt mit der Verpuppung an.

Alexander Gorbach * 1969

Wie sanfter Atem

Streicht der Wind
durch dichte Wolken,
umrahmt der Regenbogen einen Erdfleck
wie einen Himmelskuss zwischen Erde und
    Himmel,
breiten sich Hoffnungsfarben aus
die müde Blicke sanft umarmen,
finden sich Hände,
werden Menschen
neue Verbundenheit spüren

Evelyn Goßmann * 1945

Summen,
konstant,
wen ruft die Rolltreppe nur?
Eine Frau,
Allein mit Laptop und Kaffee
Du fragst,
ob sie ein Zuhause hat
oder nur den Kaffee zum besten Freund
Lampen, seit Äonen schon vergessen,
missbraucht durch Nicht-Gebrauch
Die Schatten unter den Augen
der Security,
Zeugen einer nie verbrachten Nachtschicht.
Du fragst:
Was passiert mit den Menschen,
wenn die Menge sie verschluckt hat?

Anna Gottesbüren

Zuneigung

Ja, hab' ich Dich,
so hab' ich alles,
wess' ich bedarf auf dieser Welt.
Wer hat,
wie hab' ich das verdient,
dies' große Glück für mich bestellt?

Sigurd Göttlicher

Treibgut

Wie ein Stück Holz
im Meer der Liebe treibend
Mal ganz ruhig
mal stürmisch

Ohne Rast
ohne Ziel
Die Zeit ignorierend
die Bilder wie eingebrannt

Die Vernunft belanglos
der Wille gebrochen

Du bist
ich bin
Wir sind
sind wir

Jochen Gottschalk * 1958

Was ist Liebe?

Liebe ist, wenn man zusammen is(s)t
Wenn man viel miteinander unternimmt
    und sich vorm Partner gut benimmt
Oftmals hilft Sie gegen Einsamkeit, durch
    Sie entsteht Freude, Zufriedenheit
Sie ist das wertvollste auf der Welt und
    man erhält sie nicht für Geld
Wer echte Liebe haben will, muss lange
    suchen, muss versuchen, sie zu finden
Und wer Sie findet kann sich freuen, er
    wird's sein Leben lang nicht bereuen
Doch sollst du wissen, dass Liebe schwere
    Arbeit ist, achte drauf, dass du Sie
    nicht vergisst
Denn sonst wirst du Sie schnell vermissen
Drum ehre und pflege deine Liebe, damit
    sie deinem Leben nicht verbliebe
Und falls es doch einmal daneben geht,
    man dich verlässt und du allein
    dastehst
Dann gebe dennoch niemals auf und
    denk daran, dass jeder Mensch Liebe
    erreichen kann.

Alexander Gottschlag * 1995

Schnee fühlen

Strahlend weißer Schnee
geformt zum kleinen Hügel
und ich steh oben drauf
meine Arme sind die Flügel.

Fang sie auf die kleinen Sterne
den Schnee so klitzeklein
tanzend, sanft und leise
funkelt er im Sonnenschein.

Möcht so gern ein Flöckchen sein
mich ganz leicht zur Erde schwingen
doch so elegant wie diese Sterne
wird es mir wohl nicht gelingen.

Springe dennoch fest entschlossen
unbeirrt und voller Übermut
in tiefen weichen Schnee hinein
ach – wie gut mir das hier tut.

Jetzt lieg ich da – auf ihr
der kühlen weißen Masse
von der ich mich ein Weilchen gern
nun gefangen nehmen lasse.

Corinna Götz * 1969

Das Fenster

Ein Fenster ist an jedem Haus,
man kann da schauen ein und aus.
Auch zum Öffnen ist es gedacht,
dann kommt frische Luft ins Gemach.

Ist es kalt, die Fenster geschlossen bleiben,
damit wir dann nicht die Wärme
    vertreiben.
Im Sommer, wenn es ist ganz heiß,
man öfters das Fenster aufreißt.

Ein Lüftlein wehet dann hinein,
es könnte gar nicht besser sein.
Oh, wie wohl das Lüftlein doch tut,
gleich geht es wieder gar so gut.

Man kann am Fenster seine Zeit
    verbringen
und schauen nach den schönen
    Dingen.

H. Götze   * 1956

Blinde Nachtmusik

Dunkelste Nacht,
wie betörst du meine Sinne!
Du reißt mich heraus aus meinem Schlaf,
denn deine Schönheit singt so laut.
Um deiner Stimme zu lauschen,
lockst du mich nach draußen zu dir.

Was ich dort sehe, sind Mond und Sterne
    am Firmament
und sonst nur Schwärze,
die meine Fessel sein soll,
denn ich sehe meinen Weg nicht, ich soll
    dir horchen
und dich dafür bewundern, wie schön du
    singst –
selbst wenn es kalt ist und die Natur dir
    keine Instrumente bringt.

Leer und farblos bist du und deshalb so
    rein,
dass ich mir vorkomme wie Schmutz, der
    dein schwarzes Blut vergiftet!
Ich gehöre nicht zu dir, du Kunst,
nicht als Maler, nicht als Malerei.
Ich bin nicht mehr als dein Betrachter. Wie
    du gierst nach meinen Augen!
Denn das, was ich sehe, erklingt so
    wunderschön in den Farben der Stille.

Allister Gourlay

Herakles Farnese

Gigant, Athlet und Prototyp der Kraft,
hat Hydras Köpfe kühn er abgeschlagen,
auf Schultern Leu und Eber fortgetragen;
doch seht ihn an! Beim Zeus, er ist
    geschafft.

Schwer lastet auf des rechten Beines Säule
des müden Koloss' massig Leibgewicht,
Grund warum, heldisch wirkt das wahrlich
    nicht,
der linke Arm hängt schlaff auf jener
    Keule,

die, Ölbaumstumpf, als Waffe er benützt.
So steht er da, noch nicht Apotheose,
des Schicksals Freiwild eher, Ruhepose;

die Rast es ist, die vor dem Kollaps schützt.
Doch schon stehn an die nächsten Plagen,
als da sind: Äpfel stehlen, Rinder jagen.

Joachim Gräber   * 1943

Ich bin das Haus

Ich bin das Haus am Ende der Straße.
Ein paar Häuser stehen neben dran.
Vor meiner Haustür steht eine Vase
und niemand klopft jemals hier an.

Ich bin das Haus am Rande der Stadt.
Verwuchert und völlig vergessen.
Auf meiner Terrasse fanden nie Feiern statt,
niemand hat jemals hier Kuchen gegessen.

Ich bin das Haus, um das sich keiner
  kümmert,
meine Dachziegel fallen von oben.
Überall Unkraut, ich bin völlig
  verkümmert
und meine Türen fallen zu Boden.

Ich bin das Haus, das innen wunderschön
  ist
und voller Liebe steckt.
Meine Fassade ist unscheinbar und trist,
doch in mir ist der Himmel auf Erden
  versteckt.

Ich bin das Haus am Ende der Straße,
ich bin das Haus am Rande der Stadt.
Vor meiner Haustür steht eine Vase,
komm und sieh dich an ihr satt.

Jaqueline Graef * 1998

raps

kreuzblütengewächs

tausend mal
hat die sonne
gelbe vierzählige
blüten übers
land gestreut

störche äugen
hinab auf
hügel und
täler
goldgetupft

Gregor Graf * 1935

Die Knospe ist tot

Klein zierlich wie ein Blütenblatt
Spielt mit dem lachenden Wind
Steigt hoch, entfaltet seine ganze Pracht
Gleitet, tobt wie ein jauchzendes Kind

Lebensfreude zu sehen mit Tränen im Aug
Schönheit der Natur, die beflügelte Freiheit
Nur ein Monster,
das einem Stern die Strahlen raubt
Benetzt mit rot das Federkleid

Oh Schmerz! Oh unsagliches Verbrechen!
Der junge Frühlingstau ist verronnen
Aus Tränen wird Wut, doch was hilft
  rächen?
Es ist verloren, alles weg, nichts gewonnen

Die kindliche Morgenröte liegt sterbend
  im Tau
Ein einziger Sonnenstrahl beleuchtet ihren
  Schein
Mein Herz, tausend Glasscherben, meine
  Seele grau
Die unschuldige Knospe, sie war noch so
  rein.

Lotta Grahmann * 1997

Kälte

Vorm tiefen Abgrund muss ich stehn'
Mein Blick gen Norden, eiskalte Winde
  wehn.
Meine frierenden Hände auf bebender Brust,
mein letzter Atemzug ohn' jeglichen
  Genuss.
Brennende Augen, von Salz rot getränkt.
Schmerzende Ängste vom kommenden
  Wahnsinn gelenkt.
Es musste früher gescheh'n als ich gedacht.
Vorbei ist mein Leben, war es zu schnell
  entfacht?

Die klirrende Kälte reißt mich in die
   finstere Schlucht,
wie eine Faust ins Herz, mit vollendeter
   Wucht.
Nun werde ich leiden, ein niemals endender
   Fluch,
der sich langsam über mich senkt, wie ein
   pechschwarzes Tuch.

Oh grausame Zeit, ich möchte Dich
   missen.
Werd' von meinen Gefühlen in kleinste
   Stücke zerrissen.
Die Zukunft ohne Dich ist unendlich und
   leer,
Ich will nur Dich und einfach nichts mehr.

Isabell Grasser   * 1966

Weißer Vogel der Liebe

„Liebe ist der weiße Vogel, der am Himmel
   fliegt.
Auch wenn sich sein schwarzer Schatten,
   auf den Boden regt.
Wenn er dann gelandet ist, fehlt ihm die
   Anmut oft.
Die Tatsachen des Bodens, er zu entfliehen
   hofft.
Ihn manchmal auch die Katz' erwischt.
Und aus ist's – alles aus dem Lot.
Doch der Vogel bleibt ein Vogel –
Ob anmutig, fern, schön oder tot."

Marina Grassler   * 1970

Glück

Glück ist Magie
wir jagen nach
und sehen wieder wie.
Deine Felder liegen brach,
du weißt, es ist Zeit.

Wir schweifen aus,
du ab, es ist so weit,
so weit bis nach Haus'.

Mein Glück hängt
an einem dünnen Seil,
die Zeit drängt,
doch wir leben weiter weil
Wie man einen Traum fängt?
ein wenig Mut bleibt
Wir säen den Samen,
warten, was das Leben schreibt.

Laura Graziadei   * 1993

Abschied

Du schriest meinen Namen
Deine Haut, so voller Narben
Ich rannte, so schnell ich konnte zu dir
Dein Schrei hallte bis hin zu mir

Eine Träne rann über deine Wange
Als warte sie darauf das ich sie fange
Ich strich dir die Träne weg
Doch ich rührte mich nicht vom Fleck

Ich nahm zusammen, meinen ganzen Mut
Und sah dir in die Augen, dein Gesicht
   voll Blut
Ich sah den Tod in deiner Pupille so dunkel
Er löschte auch noch das letzte Funkeln

Deine Augen offen, der Mund verzerrt
Dein Blick sich wohl nie wieder klärt
Blut rann aus deinem Mund
Blutstropfen so rot, perfekt und rund

Dein letzter Schrei drang an meine Ohren
   so schwach
Du wirst nie wieder sein wach
Dein Herz hörte auf zu schlagen für immer
In dir erstarrte der letzte Lebensschimmer

Greeny

Schneerosen

Ich sehe uns noch Schneerosen pflücken
im Schattengesträuch bei den Todeslichtern
dort verbrennen die schönen Kleider der
    Falter

mit gläsernen Fingern setzen wir Zeichen
in die Nacht bis unsere Hände sich
entfremdet in der Welt verstreuen

Wir verlieren mehr als Namen und Gesicht

Längst wölben sich Narbengebirge über die
Zäune der Zeit doch die abgelegten Mäntel
der Zeugnisse wärmen nicht niemandes Kind

Erst die dritte Generation fragt
nach Namen, Gesichtern, nach Leben

Und du?

Barbara Gregor   *1951

Erotik

Still verborgen ist der Platz, dunkelgrün
    und weich das Moos,
träumend liegen wie auf Wolken und mein
    Kopf ruht sanft in deinem Schoß.

Herrlich dieser Sommerabend, am Horizont
    die Sonne stirbt,
taucht die Felder, Wiesen, Auen, goldenrot
    in Blut.

Zärtlich suchend unsre Hände, Lava strömt
    durch uns hindurch,
Glut, Gefühle, eine Hitze reißen mit uns in
    die Flut.

Tastend finden wir zusammen, Schatten
    sind bloß noch zu sehn,
fordernd treffen sich die Lippen und die
    Welt scheint still zu stehn.

Prickelnde Erregung, auf der Haut liegt
    feucht der Schweiß
und den Widerschein der Sterne,
silbrig, kleinen Funken gleich,
kann ich schimmernd in den Haaren und in
    deinen Augen sehn.

Eng umschlungen liegen wir zusammen,
Moos klebt kitzelnd überall
und für unsre Gänsehaut alleine,
liegt die Schuld nicht nur am Wind.

Fast verschämt durch dichte Blätter
blickt verstohlen, fahl der Mond
und ganz kurz in seinem Lichte,
sieht wie eins wir uns doch sind.

Wolfgang Gregorszewski   *1960

Die Autobahnkapelle

Das Tagesziel ist fast erreicht.
So mache ich noch einmal Rast,
und das fällt mir auch wirklich leicht
hier an dieser schönen Stelle
fernab von des Tages Last
in jener Autobahnkapelle.

Dort find ich Ruh für mich allein
vor all dem was heute geschah,
und ich will auch dankbar sein
für mein doch so gutes Leben,
auch dass Gott mir war so nah,
und für den Schutz, der mir gegeben.

Ja dieses stille Kirchlein hier
läd jeden zum Verweilen ein.
Die Einladung sie gilt auch Dir.
Tritt ein gedenke Deiner Sünden
Vielleicht wirst Du getröstet sein.
Wer Gott hier sucht wird Gott hier finden.

Dieter Greier   *1936

Auch uns

Auch uns, mein Schatz,
wird der Tod einmal trennen
und auch alle andern,
die uns lieben und kennen,

doch denk' daran, eh du
vor Kummer verzagst
und bang nach dem Sinn
des Todes fragst:

der selbe Tod wird uns
einst wieder vereinen
und auch all' die andern,
die heut' mit uns weinen.

Irmtraud Greifeneder-Itzinger

Festung auf Felsen gebaut und getragen
strahlt eine Schönheit, man kann es kaum
    sagen
im Sonnenlicht glänzend und himmlischen
    weiß
gibt ihren Auftritt zum Besten uns preis.

Haus auf den Felsen fällt fast schon hinab
und an den Wänden löst Farbe sich ab.
Innen gebrochen, kann kaum noch besteh'n
und kann noch nichtmal heraus aus sich
    gehen.

Haus, das Bestrahlen von Sonn' in der Nacht
hat nun die Wahrheit fast von sich gebracht.

Adina Greiner * 1997

Nur Wer

das Leben still erträgt, erhaben wächst nach
    schwersten
Stunden; wen seine Eigenheit nicht trübt
    und mit sich selbst

den Frieden übt, auch wenn besiegt, der
    andre ihn im Kampfe ...
Demselben ohne Not nicht fügt als
    Widersacher tiefste Wunden,
der ist und war niemals ein Knecht!

Liebt tief die Harmonie, den Ausgleich,
    sowie stille Stunden.
Er hat für sich den Weg zu seinem Gott,
    vergeht in Ewigkeiten
nie und überwindet alle Zeit, Materie und
    Körper, die er selbst
gesucht, gefunden ...

Werner Greitschus

Sinkende Bilanz

Steh in einer Gruppe, Schaue sie nicht an.
Klammer am Gedanken, dass ich woanders
    sein kann.

Nur körperlich da, Faden längst verloren.
Will schlaue Wörter sagen, doch keins
    davon wär' wahr.

Themen sind verwaschen, alle sprechen
    laut.
Jeder will Aufmerksamkeit, doch keiner der
    sie braucht.

Schuldgefühle plagen den Drang was zu
    sagen.
Ins Gespräch integrieren, dabei
    kapitulieren.

Die Angst vor Ignoranz lässt mich
    schweigen.
Werd es nicht zeigen, deutlich sinkende
    Bilanz.

Bewegte Münder, lachende Kinder.
Schrille Gedanken, die sie nicht kannten.

Kann mich nicht identifizieren, sie würdens
    eh nich' kapieren.
Also schweig ich sie an, wer weiß, vielleicht
    klappt's dann.

Paula Greitzke * 1998

Der Altruist

Man sagt: „Die Augen sind die Fenster zur
    Seele!"
Ich hab hineingesehen und gelesen hab ich:
„Du bist unbesiegbar, wenn Dein Herz
Dein stärkster Muskel ist!"

Kein Eisen kann ihn stählen wie dein
    täglich Leben,
uneigennütz Hilfe, Toleranz und Liebe
zu Deinen Mitmenschen.

Vor dieser Kraft senkt sich die zum Schlag
erhobene Faust und demütig jedes Haupt.

Uwe Volker Grenz * 1944

Die drei Grundnährstoffe

Für Energie
drei Nährstoffe – warte
Fett, Eiweiß und Kohlenhydrate

Für Muskel und Gehirn sind sie da,
aber auch als Baustoff, das ist klar!

Kohlenhydrate: schnelle Energie
Zucker und Stärke, das sind sie.

Fett: die doppelte Portion!
pflanzlich oder tierisch,
flüssig (ungesättigt) oder fest (gesättigt)
mach den Sportlertest!

Eiweiß kann noch mehr;
hilft dem Wachstum sehr!

Baustoff oder Energie
ohne geht es wirklich nie.

Julius Grieger

Zersplittert

Tiefer, tiefer in den Nebel,
Die Augen kalt und steinern starr,
Wispernd rauschte es im Segel,
Du wirst blieben, immer dar,

Begleitet von dem dunklen Kuss,
Der Schein war grell und bitterlich,
Ich wusste das ich gehen muss,
Die finstre Schar begrüßte mich,

Geboren durch ein Tuch aus Leid,
Gezeichnet durch des Scheiterns Mahl,
Getrieben von der Einsamkeit,
Blieb mir nur die letzte Wahl,

Der letzte Blick war voller Schmerz,
Ich sehnte mich des Glückes Hand,
Schwärze schlich sich in mein Herz,
Ich freute mich aufs neue Land,

Daniel Grimm * 1992

im gestern.

hier war das gestern
war das heute das morgen wird hier wahr
    sein
morgen
und gestern mit dem heute morgen
erlöschen das verhasste licht

ins gestern werden mich entsorgen
durch heute rasch zerquetscht
verborgen
von dem was wäre möglich morgen
ins ungewisse eingeschnitzt

dort lande ich am frühen morgen
im gestern
war doch heute morgen
das jetzt entschloss mich zu entsorgen
zu meinem besten weg ins nichts

mich werden dort vielleicht verfolgen
die träume des erträumten morgen
und tränen werden fließen leugnend
das schöne was geschah vorhin.

Jeva Griskjane * 1980

Du und Ich

Zu Beginn war alles schön,
wunderbar und voller Liebe.
Einzig dich hab ich geseh'n,
Und ging so fröhlich durch mein Leben.
Waren glücklich, du und ich,
Sah aus so lieblich, dein Gesicht.

Der Schnee erinnert mich an dich,
deine Augen und dein Lachen,
Wie kannst du so vollkommen sein?
Und bist du wirklich allein mein?
Du hieltst mich fest in deinen Armen,
„lass nicht los", musste ich sagen.

Und du hieltst mich weiter, Ewigkeiten,
immer wieder, täglich noch,
Für immer wirst du mich begleiten,
Denn in der Kirche läutet heut' die Glock'.
Das Hochzeitspaar kennt sich schon lange,
länger als die meisten hier.
Glücklich sind sie immer noch,
denn die beiden, das sind wir.

Eva Caroline Gröger * 1996

Komm und lass uns

Lass uns Orte finden
die es gar nicht gibt
Lass uns Brücken bauen
die man nicht sieht

Lass uns Träume leben
die wir noch nicht kennen
Lass uns verstehn und sehn
was wir nicht erkennen

Lass uns fliegen
ohne Aussicht auf eine Landebahn
Lass uns ausprobieren
was wir nicht ertragen

Lassen alles hinter uns
um die Freiheit zu spürn
Lassen alles los
um die Freiheit zu berührn

Lass uns Alles werden
und irgendwann
werden wir dann
aufrecht und mit einem Lächeln sterben

Thomas Groh * 1987

Gründlich eigentümlich

Am liebsten tut der Mensch,
wovon er denkt,
er tät es freien Willens.

Am schnellsten nimmt er auf,
wovon er glaubt,
er wüsste es schon immer.

Am stärksten nimmt ihn ein,
wovon ihm scheint,
es ist ihm zugehörig.

Am eindrucksvollsten ist,
kann Fremdes er
verwandeln wohl in Eignes.

Am schwierigsten, er lässt
durch niemanden
vom Eignen sich entfremden.

Am bindendsten, er lernt
gemeinsam gut,
Erworbenes zu übereignen.

Norbert Grohs   * 1942

Sternenkind

Es war doch alles gut.
Was ist nur passiert.
Du hast so perfekt und friedlich ausgesehen –
Ich konnte nichts tun,
du bist einfach zu früh gekommen
Und im selben Moment von uns gegangen.
Innere Leere und Tage voller Tränen.
Wie soll es weitergehen?
Mein Stern ich denke an dich
Zu jeder Zeit.
Pass auf uns auf –

Wann endet dieser Schmerz?
Wann vergess ich das Gefühl,
wie es war,
als du von uns gegangen bist?
Verwaiste Eltern –
Voller Liebe für dich und Trauer,
dass wir dich nicht ins Leben begleiten
    durften.

Judith Gronowski   * 1984

Und eigentlich war sie ja schon längst da ...

Ich suchte nach ihr,
vergebens.
Verstand den Sinn nicht,
den Sinn des Lebens.

Ich suchte sie,
in Gesichtern jeder Art.
Die Blüte der Liebe,
gefühlvoll und so zart.

Stellte immer wieder fest:
„Nein, das ist es nicht!"
Bin am Verzweifeln,
ist das etwa nur ein schlechter Test?

Sah nicht die Sterne, die mich umgaben,
sah nicht die vielen Farben.
Sah nicht die Liebe, die wir in uns haben,
sah nur die vielen Narben.

Sie war die ganze Zeit da,
die Liebe zum Leben.
Doch entdecken müssen wir sie,
und erwecken zum Leben.

Anastasia Gross   * 1991

Kunst für das Symbol

„Ich bin ein
Eigenbrötlerischer Kerl, der
Zur Selbstherrlichkeit neigt",
Flüstert grinsend ein
Eigenbrötlerischer Ritter, der
Zur Selbstherrlichkeit neigt.
Er mag Rosen ...
Er mag Disteln.
Er mag Sterne!
Inmitten einer unerhört
Heuchlerischen Zivilisation verkörpert
Er tatsächlich eine
Durchaus mystische Würde ...
Er ist ein
Durchaus göttliches Kind.

Christoph Gross   * 1980

Die Sonne scheint dir in dein Gesicht,
ich lache, du auch, anders geht das nicht.
Die wogenden Wiesen, so grün wie nur
    hier,
du hälst mich fest, ganz nah bei dir.

Du streichst mir eine Strähne hinters Ohr,
ich werde ganz rot und schiebe sie wieder
    vor.
Der Krieg hier hat uns fast entzweit,
jetzt sind wir wieder glücklich vereint.

Himmelsblau kennzeichnet den Frieden,
das Land vereint, auch wenn alle
    verschieden.
Die Erinnerung zerspringen leise könnt zu
    Staub,
der leicht Wind lässt rascheln das Laub.

Ich schmiege mich an deine Brust und
    halte deine Hand,
ein kleines Abenteuer wie ich zu dir fand.
Füreinander bestimmt, das sind wir,
gleichzeitig brachten wir Frieden hier.

Ganz leise flüsterst du: Ich liebe dich,
und ich weiß, ich habe dich immer für mich.

Anna Größ   * 1998

Das Heer

Als ich am Tage vor mir stand,
entdeckte ich in meinen Gewand,
ein kleines Fleckchen mit viel Sand.

So wagte ich zu träumen,
und lies es nicht versäumen,
ein klein Heer mit viel Mut und Glanz,
durch Wüsten und Wäldern zu schicken,
um die Welt neu zu besticken.

Das Heer fand in der Not,
Wasser, nur kein Brot.

Ihnen wurde doch sehr bang,
so lebten sie nicht all zu lang.

Yvonne Große   * 1984

Eine Seele hat, wer wahrhaft liebt

Eine Seele hat, wer wahrhaft liebt.
Echte Stärke fühlt, wer alles gibt.
Wahre Reue kennt, wer sich verneigt.
Ein Stück Herz verschenkt, wer Güte zeigt.

Ganze Größe birgt, wer Kleines sieht.
Seine Ehre hält, wer niemals flieht.
Keine Ängste hat, wer mutig geht.
Nie das Dunkel feit, wer Lichter sät.

Seine Chance verpasst, wer kleinlich denkt.
Große Macht besitzt, wer Menschen lenkt.
Gute Laune bringt, wer Frohsinn teilt.
Einen Zauber kennt, wer Wunden heilt.

Sich dem Glück verschreibt, wer immer
    lacht.
Seinen Geist verjüngt, wer Unsinn macht.
Alle Kräfte wahrt, wer Ruhe tankt.
Inn'ren Frieden spürt, wer niemals zankt.

Jedes Ziel erreicht, wer Grenzen scheut.
Wahrhaft ehrlich ist, wer sich erfreut.
Mit den Wolken zieht, wer glücklich
    schwebt.
Immer vorwärts kommt, wer Liebe lebt.

Heike Großmann   * 1977

Hinter geschlossenen Türen
vergitterten Fenstern
Hilferufe an den Wänden
das Knallen von Riegeln
der Stacheldraht
auf meterhohen Mauern
aber das Schlimmste

ist die Hoffnungslosigkeit
die diese Mauern geben
die Worte an den Wänden
dass das man sich nicht
aus dem Fenster lehnen kann
die Freiheit kann man suchen
aber nicht finden

Lin Großmann

Wiedergeburt

Der Witwenschleier raubt mir die Kraft
wie zeigte ich Stärke, als du mich
    brauchtest.

Dein Grab nimmt mir die Sicherheit,
nun bin ich am Kindesnabel hängend.

Greifarme, Klammerhände wachsen an
    meinem Körper,
wer hält mich nun?

Gefangen wie in der Fruchtblase unseres
    Kindes,
unfähig, allein zu atmen.

Wie Wehen zwingt mich der Schmerz zum
    Leben,
abgenabelt nun, dem Geburtskanal
    entronnen
bin ich geboren in dieser neuen Welt.

Ich lebe wieder!

Edith Anneliese Groth   * 1950

Grimm

Ein Vulkan bricht aus im Osten,
Der Westen speit sein Gegenfeuer,
Im Süden herrschen Ungeheuer,
Die Welt steht auf verlor'nem Posten.

Aus des Sturmes tiefem Rachen,
Hört man schwarze Drachen lachen,
Und die Menschheit schleicht ein drittes
    Mal,
In ein finst'res Tal der Qual.

Der Leviathan kennt keine Sieger,
Wo er die Welt sich einverleibt,
Ist nur Asche das was bleibt,
Von Millionen stolzer Krieger.

Nun sind die Flammen bald erloschen,
Ausgebrannt in Stahlgewittern,
Und des Charons letzter Groschen,
Beginnt in seiner Hand zu zittern.

Bruder Mars lacht laut und froh,
Mutter Erde schweigt im stillen Raum,
Remarkiert den lang gedrohten Traum,
Vom armen König Salomo.

Sascha Grylicki   * 1990

Finsternis

Dunkel, feucht und modrig
Gebettet in einem tief gegrabenen Loch
Die Seele nicht frei vom Körper
Gebunden an das ewige Joch
Schmerzende Finger umklammernd
Erinnerung an tausend Messerstiche in
    mein Herz
An meiner Hand des Kindes Hand
Wunderschön als es noch am Leben
Mein Blick an ihm gebannt
Verflucht seid ihr ungläubigen Tyrannen
Ermordet durch Euresgleichen
Aus Furcht vor meinem Glauben
Welch Recht hat euch getrieben uns zu
    verbannen
Gestorben eines fürchterlichen Todes
Mir geschworen dies zu rächen
Niemals wieder Kinder zu gebären
Ausgesprochen der immerwährende Fluch

Möget ihr niemals ruhen
So wie ich niemals ruhen werde
Auf mein Gesuch

Michaela Gsenger   * 1972

Er kommt

Er kommt. Das Auto hat mir gesagt.
Ich gehe zu der Tür, er ist noch nicht da.
Er kommt. Die Vögel singen zu mir.
Ich öffne das Fenster, er ist schon in meiner
    Sicht.

Ich mache meine Lampe hell.
Möchte ihm entgegengehen.
Aber wahrscheinlich zögert er.
Warum ist er noch nicht hier?

Ich fülle meine Lampe mit mehr Öl
warte, warte, warte.
Meine Augen müssen offen bleiben,
mein Herz soll wachen!

Er kommt, er kommt. Die Liebe in mir
    flüstert.
Ich stehe auf und sehe, tatsächlich kommt
    er.
Er kommt, er kommt. Die Trompeten
    erschallen
Ich laufe zu ihm. Er öffnet seine Arme und
    herzt mich.

Ja, er kommt, er kommt tatsächlich.
Das Warten ist vorbei, ist beendet.
Der schönste Augenblick ist da.
Ewige Freude ist in unserem Leben
    erschienen.

Johanna Guangshu Lü   * 1960

Schuldenfrei

Wir mußten uns gedulden,
schwer drückten uns die Schulden.
Sie mehrten sich, von Mal zu Mal
und wurden uns zu einer Qual.

Da kam die Steuer uns zupaß,
es kam viel Geld rein und der Spaß,
nun endlich mal zur Bank zu gehn
und keine roten Zahlen sehn.

Und endlich war es dann soweit:
Kredit bezahlt, wir – wie befreit.
wir können's immer noch nicht fassen:
Alle Schulden sind erlassen!

Dankward Gueffroy-Benet   * 1942

Piano

Fröhlich die Finger tanzen,
streichelnd über die Tasten schweben,
die Töne nach der Berührung perlen,
bittend in die Lüfte sich erheben.

Die Melodie leicht,
der Erinnerung an einen Traum gleich,
zufällig, freiwillig, unauffällig,
sanft und scheu in die Weite reicht.

Die lieblich klingende Harmonie,
erschaffen durch die Leidenschaft,
deren Herzblut Klänge nachdenklich färbt,
im Gleichgewicht mit Euphorie.

Ana Guggisberg   * 1997

Verantwortung

Sie ist alkoholkrank und glaubt es nicht,
ist schwach, alt, starrsinnig und
    uneinsichtig –
und meine Schwiegermutter.

Aber sie ist ein Mensch,
die Frau, die meinen Mann geboren hat,
die Großmutter meiner Kinder.

Drei Söhne hat sie und drei
   Schwiegertöchter.
Doch ich soll für sie sorgen,
die Verantwortung allein tragen.
Alle Vollmachten, alle Pflichten ruhen jetzt
   auf mir.

Ich habe Angst, etwas falsch zu machen,
Angst vor der Last,
die mich erdrücken will.

Und immer wieder kommen die Tränen,
die ich nicht zurückhalten kann –
immer und immer wieder.

Aber ich will stark sein, will es schaffen
und ihr helfen.

Und es wird gut werden,

denn Er steht mir bei.

Annemarie Gühne   * 1954

Liebe

Die stärkste Macht,
Kraftvoll wie die Nacht,
Zwei Herzen vereint.

Sehnsucht, wie nicht alleine sein.
Die Liebe ist dein und mein.
Berührungen, Gelächter als Augenblicke.

Du liebst ehrenvoll.
Das Herz pocht, warm.
Diese Wärme ist toll.
Restliches ist nur kram.

Ich liebe dich, sagt der Mund.
Durch ein ja, beginnt der Bund.

Bis zum Tag der Verabschiedung,
   unverbrochen.
Und es heißt, die Herzen stoppen zu
   pochen.

Gül   * 1998

Laut wie still

Mein Herz schlägt laut und still zugleich
Da träumend ich an Wahrheit glaub
Bloß der Gedanke macht mich reich
Denn alles andere ist nur Staub

Der Schnitt ins Herz ist nachtgeboren
Im Licht lebt Wissen ohne Zahlen
Doch schlafend bin ich auserkoren
Zu leiden meine kleinen Qualen

O Herz, schlag nicht mit dieser Wucht
Eh du zum letzten Schlag gelangst
Schmerz ist nicht des Fleisches Frucht
Ich hoff es bleibt beim Biss der Angst

Was morgens bleibt, das wird zu Staub
Zum Schluss machen Gedanken reich
Wenn ich beim träumen hoffend glaub
Schlägt mein Herz laut und still zugleich

Alexander Günther

Der Herbst ist ein Maler

Der Herbst ist ein Maler
voll Frohsinn und Glück.
Er zaubert mit Farben
den Sommer zurück.
Sein leuchtendes Gelb
und strahlendes Rot
verdrängen Verfall
und den frostigen Tod.

Der Herbst ist ein Maler
voll Trauer und Not.

Sanft wallender Nebel
warf ihn aus dem Lot.
Die Farben erloschen,
sind trübe und matt.
Im eisigen Regen fällt schwer
Blatt um Blatt

Karin Günther

Sie ist besonnen,
Wenn auch in die Jahre gekommen.
Sie hat ein liebevolles Gesicht,
Ist sie auch noch so schlicht,
Wird Sie immer die Schöne sein,
Meine Stadt am Rhein.

Sie ist unbefang'n
Auch wenn Sie schlecht entbehren kann.
Was Sie hat, gibt Sie nicht mehr frei,
Ist es für Sie eine Spielerei.
Doch sie bleibt herrlich,
Ist sie auch so schrecklich ehrlich.

Sie ist und bleibt einzigartig,
Und so wahrhaftig.
Mich hast Du auf ewig gewonn'
Mein geliebtes Bonn!

Leonard Günther * 1999

Taxifahren
Das friedliche Nationentaxi

Wenn ich nochmal auf die Welt kommen
    würde
Wäre ich gerne Taxifahrerin oder Taxifahrer
Weil ich dort die Möglichkeit hätte
Viele unterschiedliche Menschen kennen
    zu lernen
Und mir durch diesen Beruf die Möglichkeit
Gegeben wird sprachliche Brücken zu
    schlagen
Zwischen den unterschiedlichen
    Nationalitäten
Die mit der Zeit mit dem Taxi fahren

Denn aus Er und Ich wird Wir
Aus Sie und Ich wird Wir

Denn wenn man sich besser kennenlernt
Schmelzt man gedanklich zusammen

Winfried Günther

Wir fliegen doch längst

Der Knecht sprach zum Meister,
Der Meister zum Knecht.

Meister, die Vöglein, sie fliegen so schön
Mit Ihren Flüglein in gar luft'gen Höhn!
Ach, wie gern tät ich tauschen
Und mich berauschen!

So sprach der Knecht zum Meister
Und der Meister zum Knecht.

Töricht seid Ihr, denn Hände habt Ihr!
Mit ihnen gelangt Ihr weit über das Meer.
Schaffen, das können die Vöglein nicht.
Nur ihre Nester, doch das ist ihre Pflicht.

Roman Gürsel * 1985

Hoffnung

Vorbei an raschelnd vollen Feldern
und saftig grünen Wiesen.
Hinauf auf einen Hügel,
wo wilde Blumen sprießen.
Die Vögel singen hier ihr Lied
von Ruhe und vom Frieden.

Der frische Wind durch Blätter rauscht,
wie Wellen auf dem Meer.
Majestätisch frei die Bäume wiegen,
ihre Kronen hin und her.

Fern am rot abendlichen Horizont
der Tag sich dem Ende neigt.

Ein blasser Sonnenstrahl durch dichte Blätter
auf eine Lichtung zeigt.
Inmitten dieser Bäume, inmitten dieser Stille,
ruht ein Schatz für Ewigkeit.

Die kühle Nacht übers Lande zieht,
die Stille wirkt fast schwer.
Dein Platz in meinem Herzen,
für immer bleibt er leer.

Jasmin Güth

Am Morgen

Am Morgen sahst du zuerst in mein Gesicht.
Mein vereistes Herz schmolz dahin, in deinem Licht.

Eiszapfen flammten auf, lichterloh.
Bis die Kälte endgültig floh.

Wir tanzten durch Canyons, an Flussläufen, in unserem Kopf.
Packten die Gelegenheit in unserer Fantasie am Schopf.

Dabei rührten wir uns eigentlich kaum vom Fleck.
Es hatte keinen Zweck und wir kamen einfach nicht weg.

Am Morgen war ich glücklich mit dir allein.
Die Magie der Melodie taute mich auf, so wollte ich sein.

Die Zeit anhalten, das will ich tun.
Befinde mich wie in einem Monsun.

Musik war meine erste Liebe und wird es immer sein.
Sie schwor mir: „Ich bin auf ewig dein."
In jeder Situation heiterte sie mich auf.
Dieses Gefühl kam direkt in meinen Umlauf.

Besonders an diesem Morgen warst du für mich da.
Danke dafür, du bist zu wunderbar.

Gwyn   * 1994

Sie trug gern Mascara, das Haar wild gelockt,
zerschlissene Stiefel und nichts unterm Rock –
zog sie nachts durch die Straßen
hielt nichts von „in Maßen".
Und alles war noch jung.

Wollt' erst einmal schauen, wie der Wind so weht,
herausfinden, welch' Kragenweite ihr denn wohl steht.
Ihren Zukunftsängsten wich sie aus,
holte sich ewigen Frühling ins Haus.
Und alles blieb noch jung.

Zuerst steil nach oben, dann Haus und Mann?
Die schöne Gewissheit, nichts muss, alles kann,
forderte bald ihren harten Tribut,
denn zu viel Freiheit tat ihr nicht gut.
Und plötzlich schien gar nichts mehr jung.

Jessika Haack

Wenn Liebe

Wenn Liebe eine Welt umhüllt,
– Sterne auf- und untergehen,
während wir darunter stehen –
ist es Glück, das mich erfüllt,
wir uns in die Augen sehen
und Liebe meine Welt umhüllt.

Ronny Haage   * 1993

Ich will vergeben

Es werde Licht, ich will vergeben
Es werde Leben und nicht Tod,
Ich will das jetzt für mich verstehen
Ich will vergeben im meiner Not.
Ja vergeben allen Menschen
Meinen Eltern, Kindern, Enkeln,
Das Verständnis ist plötzlich da
Ich will vergeben das ist wahr.
Lange Tage, lange Nächte
Die verbrach in der Dunkelheit,
Starke Mächte, schwarze Mächte
Ich will jetzt raus in die Besonnenheit.
Ich wusste nichts von diesen Mächten
Die hatten mich komplett im Griff,
Ich will jetzt aber wieder lachen
Ich will das Leben und nicht Gift.
Ich will vergeben, ja großzügig
Ich möchte wieder ehrlich sein,
Ich will vergeben, will vergeben
Ich kann nicht mehr alleine sein.

Oleg Haak * 1975

Jugend und Erfahrung

Es war die Eule, die bei tiefster Nacht,
die weiten Lichtungen des Waldes überwacht.
Unmöglich wars ihrem klaren Blicke zu
    entkommen,
deshalb war für manch ein Tier, die Zeit gar
    schon verronnen.
Doch ihre Aufmerksamkeit galt nun allein
    der Schlange,
die im hohem Gras raschelnd ihre Kreise zog.
Ihre Gestalt ward erleuchtet durch den
    Mondenschein,
da sah die Eule, dass ihre Haut von Falten
    war ganz rein,
so dachte sie, unerfahren und jung müsse
    die Schlange sein.
Ohne Kenntnis und des Kampfes nicht
    erprobt,
sollt es werden ein leichtes Spiel,
dass die Schlange ihr in die Klauen fiel.
Aber als sie in die Tiefe niederschoss,
war es nicht der Schlange Blut, das floss.
Die Schlange kämpfte flink und im Geiste
    so besonnen,
dass die traurige Zeit der Eule ward
    gekommen,
der Tod, er hatte in ihr angstvolles Auge
    schon geschaut,
da wars als sie erblickte, der Schlange
    abgestreifte Haut.

Julia Haase * 1996

Rauch der Nacht

... und des Abends scheue Wogen
fliehen in den Rauch der Nacht.
Stemmen flammend Himmelsbogen.
Mächtig sprüht der Götter Macht.

Träume kraulen Märchenwelten,
heimlich, sternenüberdacht.
Glühend harsch in Himmelszelten
treibt des Mondes Sagenfracht.

Hinterm Bart gezupfter Riesen
schleicht ein junger Tau herbei.
Sucht die Liebste in den Wiesen.
Fern ertrinkt ein stiller Schrei.

Werner Haberland * 1936

Straßburger Münster,
das
Rosenfenster
dunkel
im Rücken,

Kreuze neigen sich
über
die Bankreihen,

Heilige klingen
aus
der astronomischen Uhr,

unters Südportal
drückt
es
Gott.

Benn Habermann * 1984

Schwerer Körper, brennende Augen,
    Taubheit erfasst mein ganzes Sein,
du bist fort, ich kann es kaum glauben, du
    lässt mich zurück, ich bin hier allein.
Liebe sollte ein warmes Gefühl sein, doch
    im Moment ist es ein grausamer
    Schmerz,
die Einsamkeit, sie lässt mich erfrieren und
    in meiner Brust zerspringt mir mein
    Herz.
Jeder Gedanke und all meine Träume, sie
    dreh'n sich im Kreis handeln alle von
    dir,
egal was ich mache, was ich auch versuche,
    du bist untrennbar ein Teil von mir.
Ich starre zum Himmel, in die schwärze der
    Nacht, sogar die Sterne sind gegen
    mich,
wohin ich auch Blicke und was ich auch
    mach, alles erinnert mich an dich.
Ich fühl deine Umarmung und spür deine
    Wärme brauch etwas, dass mein
    erfrorenes Herz taut,
warte, wie die Blume im Winter, die
    stets auf das kommen des Sommers
    vertraut.
So steh ich da, zitternd und bebend und
    warte auf das warme Gefühl,
auf das erste Streicheln der Sonne und dass
    mein Herz wieder voll Liebe erblüht.

Christina Habersatter * 1989

Der Dumme spricht andren nach dem
    Mund,
posaunt als wäre es sein eigen.
Der Kluge hüllt der Wahrheit Ehr, sich lieber
mal in Schweigen.

Birgit Haberta * 1962

Am See in der Nacht

Seht ihr wie der Mond erstrahlt
In dieser dunklen Nacht
Wie die Sterne hell erleuchten
Der Wind ganz leise lacht

Dort eine schöne Sternschnuppe
In der sonst so düstren Nacht
Ein Wunsch der meine Lippen
Verlässt ohne Scheu ganz sacht

Ein Spaziergang wäre schön
Am Ufer der blauen See
In der Nacht so wundervoll
In der ich fast nichts seh'

Barfuß den Strand entlang
Ohne jede Last
einfach mal die Welt vergessen
Mit 'ner kleinen Rast

Am Strand sitzen, die Sekunden zählen
Bis der Morgen anbricht und der Tag
    beginnt
Zur Arbeit fahren und Stunden warten
Bis die wundervolle Nacht den Tag besiegt

Jasmin Habich * 1998

Ein Tag im Leben
Haikus

Das Dunkel der Nacht
verblasst, das Licht des Morgens
webt ein neues Kleid.

Ein erstes Lachen
erklingt, Träume erblicken
das Licht der Sonne.

Licht fällt herab auf
das Wasser, das sich kräuselt
sanft im Morgenwind.

Ein Kleid aus Licht schenkt
der Tag dem Leben, Schatten
spendet mancher Baum.

Ein kleiner Stern am
Himmel erzählt vom Kommen
einer neuen Nacht.

Arno Häcker * 1957

Traumlos

Tausend Pferde im Leib
Aufgebracht schnaubende
Klagegeister

Stelle ich mich schlafend

Der Verwirklichung entrückt
Durch ein Glasmeer schwimmend

Furchtlos
Bleich
Geladen

In die Angst hinein

Nancy Hadlich * 1976

wieder leben ...

Die letzten Jahre mein Leben von Angst
    bestimmt,
Gedanken und Sorgen die ein jedem den
    Atem nimmt.
Deine Seele hatte uns verlassen um endlich
    frei zu sein,
nur mein Schmerz sperrte mich von da an
    völlig ein.
Verlernt vor Ängsten mein eigenes Leben
    zu leben,
getrieben davon „nochmals könnte ich mir
    nicht vergeben".
Loslassen ist mir plötzlich völlig fremd
    geworden,
meine Sicherheit war damals mit Dir
    gestorben.
Viele Jahre habe ich den Tod verdrängt,
alles getan was mich nur davon ablenkt.
Nie wieder einen geliebten Menschen
    verlieren,
lieber sollte meine eigene Seele einfrieren.
Nun sind seitdem viele Jahre vergangen,
ich spüre es steigt mehr mein Verlangen,
zu leben zu lieben und nicht ständig nur
    zu sorgen,
will mich frei fühlen ohne Ängste und
    endlich wieder geborgen.
Es schmerzt immer unbeschreiblich sehr
    wenn ein geliebter Mensch plötzlich
    von uns geht,
aber größeres Leid entsteht wenn man aus
    Angst nicht mehr sein Leben lebt.

Jah Hae * 1983

Das große Wunder der Natur

Dein Lebensweg, er bietet dir
manch große Freude, manch offne Tür.
Das Instrument, das Freiheit singt,
Ein Lied, das viel zu oft verklingt.

Sei wachsam, Mensch, vertreibe nicht,
Das Wesen, das tief in dir spricht;
Das Wünsche hat, das Träume hegt,
Der Weisheit Worte dir verrät.

Nimm an das Leben, nimm an die Kraft,
Die Hoffnung birgt, die Liebe schafft.

Verbanne nicht dein wahres Ich,
Denn willst du's töten, tötet's dich.

Bleib strebsam, Mensch, erlaube nicht,
verpasste Chance, beschränkte Sicht,
Denn vor dir steht die Welt dir offen,
Der Bann, er wird durch dich gebrochen.

Und schließlich, wenn der Tag anbricht,
An dem dein Lebenslicht erlischt,
Dann weine nicht, bestaune nur
Das große Wunder der Natur.

Pascal Haeck

Splitter im Staub

Zersplittert im Staub,
Von deinen Worten geschlagen,
Unter deiner Hand zersprungen,
Vor Schmerzen taub.

Leben, nun von dir geraubt
Kaum erloschen, schon vergessen
Kaum vergessen, für ewig verloren
Der Tod, dir gut vertraut.

Das Leben für ewig besteht
In Erinnerungen und Gedanken.
Der Tote erst richtig tot,
Wenn er in Vergessenheit gerät.

Noemi Hagen * 1999

Vor der Stille

Die Augen schließen
und im Dunkeln sein.
Den Mund verschließen.
Tun, als wär man taub.
Lass sein die Welt,
trenn leise alles ab.
Gib vor, du schläfst,
und lass sie alle schlafen,
während du gehst
wie Licht
und Wind.

Nora B. Hagen

Sehnsucht

Still im Herzen tief verbunden
Werden wir für immer sein.
Wortlos winkend bist du verschwunden!
Warum lässt du mich allein?

Jeder Impuls, jeder Gedanke
In meines Geistes Raum,
Sie springen ohne Schranke
Stets nur zu dir im Traum.

Diese Welt, an die ich denke,
Ist wie ein Honigparadies;
Immer wenn ich etwas lecke,
Klebt es fest, schmeckt aber süß.

Diese Süße macht es schwer
Mich jetzt von dir zu lösen.
Jeder Gedanke verlangt nach mehr,
Mein Verstand ruft nur nach dir!

Auch mein Herz pocht wie verrückt,
Wenn mich die Sehnsucht plagt,
Jetzt gibt es kein Zurück,
Deine Reise ist geplant!

Christoph Hagenauer * 1995

Zwei Seelen, eine Quelle

Wann genau sie einander erkannten,
niemand vermag es zu sagen.
Sie haben einander berührt,
wie es nur Vertraute können.

Die Begegnung hat sie erweckt.
Aspekte, die unbekannt waren,
wurden mit Licht und Liebe,
mit Leben und Wahrheit durchströmt.
Lange vor Zeit und Raum,
lange vor Leben und Erinnerung
waren sie miteinander verbunden.
In einer Dimension der Vollkommenheit,
jenseits der dualen Realität,
bilden sie eine Einheit.
Im Reich reiner Energie geschaffen,
kann nichts diese Verbindung auflösen.
Seelenverwandtschaft-
aus dem Himmel kommt sie,
in den Himmel kehrt sie zurück.

Nadine Hager * 1976

Vergänglich

Vergänglich ist vieles was uns Freude
 bereitet,
uns glücklich macht und durch's Leben
 begleitet.
Vergänglich ist jeder Tag, jede Nacht,
weil immer ein neuer Morgen erwacht.
Vergänglich ist des heftigsten Sturmes
 Getose
genau wie die duftende Blüte der Rose.
Vergänglich ist jedes Geschöpf dieser Welt,
doch was im Herzen bleibt, unvergänglich,
 das zählt.

Gabriele Hahm * 1965

Bäume

Majestätisch und doch oft einsam steht
 ihr da
für viele Menschen Trost und Freude
 spendend
in zuhörender Position Schutz bietend.

Eine Augenweide für Naturfreunde und für
 alle die mit dem Herzen schauen.
Die Seele vieler berührt ihr.
Ehrfurchtsgefühle werden geweckt in
 Erinnerung an die Jahre
in denen ihr Gefahren und Schönem
 ausgesetzt!
Danke für die fast unbeschreiblich schöne
 Färbung eures Blätterkleides.
Welchen Wettern getrotzt?
Wie viel Stürmen eure Kronen mutig
 hingehalten?
Und doch wachsen sie weiter dem Licht der
 Hoffnung entgegen!
Möget ihr in der heutigen und kommenden
 Zeit
den Gefahren der Umwelt und des
 Klimazustandes weiter trotzen
 können!

Inge Maria Hahn * 1954

Morgentau

Wenn der Nebel sich lichtet,
die Schatten vergeh'n,
die Ängste verschwinden,
und der Morgen wird schön.

Einst ging ich in den Wald,
dort war mir so kalt.
Trotz der kühlen Luft und des schönen
 Grün
wollt ICH mich verzieh'n.
Viel lieblicher ist himmelblau,
freundlich, sanft, wie Morgentau.

Nicole Hahn * 1981

KinderTraumTage

Waldgeister tanzen dampfend im Kreis
Elfen schweben im Nebelweiß

Zauberer winken, flüstern leis
Hexen ertrinken glühend heiß

Drachen fliegen, vertreiben die Glut
Wunschprinzen entsteigen der kühlen Flut

mit Puppen geträumt, von Feen
    geschwärmt
eisig gefrorene Schneeballhände gewärmt

randvoll gespiegelte KinderGlücksZeit
grundtief gespültes KinderZeitLeid

zart
ganz zart
halte ich sie fest

nippe
schlürfe
trinke

die kostbaren Träume
aus der Tasse meiner Kindheit

Rosemarie Hahn

Metaphorik

„Meine Tränen fließen nicht mehr ab",
Erzählte mir kürzlich ein Mädchen –
Als wenn es sonst nichts zu berichten gab,
Wie von einem kleinen Wehwehchen.

Der Fachmann nenne das „Dakryostenose",
Sie komme von einem Infekt;
Deshalb hat man dem Mädchen unter
    Narkose
Ein Röhrchen ins Auge gesteckt.

Wo ich auch hingeh – find Bilder für mich!
Sehe Schlagzeilen, Zeitungen unken:
„Liebeskranker Taugenichts
In seinen eigenen Tränen ertrunken."

Marian Hajduk

Die schwarze Katze
sitzt im blauen Vergissmeinnicht

Der Löwenzahn wacht auf
und gegenüber weiss
man
liegen die
Kitze
im Waldschlaf.

Priska Haldner

In stiller Trauer

In stiller Trauer, sitz ich hier.
Sehe aus dem Fenster,
wie der leise Schnee auf die Erde gleitet.
In stiller Trauer, schau ich dich an und
Vermisse die Wärme deiner Augen.
In stiller Trauer, nehme ich deine Hand.
Ein letztes Mal, bevor du für immer gehst.
In stiller Trauer, weine ich für dich.
Bis alle meine Tränen zu Eis erfrieren.
In stiller Trauer, sterbe ich an deiner Seite,
doch begleiten kann ich dich nicht.
In stiller Trauer, werde ich an dich denken,
leben werde ich aber nicht,
mit der unendlichen Trauer in meinem
    Herzen ...

Zelfija Haljiti * 1993

Ein Tag Frieden

Ein Tag Frieden für diese Welt,
das ist zu wenig, hab ich festgestellt.
Frieden fängt in den Köpfen der Menschen an,
nur so wird es getan.
Frieden für eine sichere Zukunft,
für uns, für die nächste Generation.
Frieden für jeden Tag,
wo man sich bewusst wird, dass man sich
    mag.

Egal aus welcher Nation und Religion,
egal aus welchem Land, man reicht sich die
    Hand.
Krieg sollte man aus dem Leben streichen,
aus dem Wörterbuch und seinesgleichen.
Frieden für Demokratie.
Frieden für alle Menschen,
das bringt sehr viel.
Neid, Habgier, alles was zu Hass geschürt,
zu nichts führt.
Ganz groß FRIEDE, PACE, PEACE,
auf der FAHNE geschrieben,
nur so können wir SIEGEN.

Barbara Haller   * 1963

eins punkt acht

ich traf sie einst im mondgeflüster
von fahlen zweigen fingergleich
umflochten tief im abendhaine
die flur lag da wie teppichstaub

sie sprach zu mir in vollen tönen
von unsagbarer harmonie
durchwoben, warme farbenspiele
umsponnen sanft die sinne mein

ich wurde still und meine lider
erschlafften satt und träg vor dank
doch just wie zweifel mich befielen
entschwand sie hinter glanzgefilden

Josef Haller   * 1993

Im Nebel

Im Nebel versinkt die Welt
und im Nebel versinkst auch du.
Mir scheint, dass hinter den Häusern
dass hinter den grauen Straßen und Bäumen,
dass hinter der Wand aus nasser Luft und
den gelblich schimmernden Punkten der
    Straßenlaternen
in dieser Nacht, der Abschied auf uns lauert.

Im Nebel versinkt die Welt und doch,
mit jedem Schritt auf dunklem Pflaster,
mit jedem Herzschlag in der Stille,
scheint mir die Welt kleiner und kleiner,
verschwindet sie mit kalter Beständigkeit
und die Liebe zu dir springt wie ein Tier in
    die Nacht
und ist bald im Nebel verschwunden.

Katharina Hamann   * 1989

Nichts geht verloren ...

Tränen ... Wasser des Lebens,
schmecken nicht nach Bier,
kommen doch aus mir,
schmecken nicht nach Wein,
kann ja auch nicht sein.
Sind ja Gedanken,
zu Wasser geworden,
salzig und süß.
Schnell schleckt die Zunge sie wieder rein.

Marianne Hamann-Weiß

Ist so das Leben?

Tippen und Schicken
Linken und Klicken
Schreiben statt reden
Ist so das Leben?

Face und Book
On und Off
Ansonsten kein Bock
Ist das Sauerstoff?

Kaufen und Saufen
Motzen und Kotzen
Nur fies und mies
Soll liken ich dies?

Brauch bald eine Brille
Nehm' jetzt schon die Pille

In mir keine Stille
Ist das mein Wille?

Anette Hamm   * 1995

Gefallen

Ich sah dich flanieren
durch eine schöne Straße auf einem Foto
sah dich denken und dichten
Was ist dein Satz?

Träumte von deinen fernen Ländern
sah Bilder von deinen schönen Gewändern
wünschte mir ich könnte etwas daran
   ändern
aber du denkst nicht an Kinderhände,
   wenn du sie trägst
– Doch es gefällt mir und dir und allen
wenn anderswo Gebäude und Grenzen
   fallen
und sie ein Werkzeug mit der Zunge leckt
und den Kopf aus der Schlagzeile reckt
und nicht empört, sondern nur neckt
und mir nur die Gerüche der Seiten gefallen.

Sieh ihnen ins Gesicht und rieche ihren
   Sanftmut,
bin nicht die einzige die Buße tut.

Viktoria Hammann   * 1992

„Nur" ein Drogentoter

Sonne und Mond sind ins Meer gefallen, die
   Sterne funkeln nicht mehr,
Erinnerungen fangen an aufzuwallen, was
   anderes gibt es nicht mehr.

Sehnsucht fließt aus meinem Herzen, in
   Tagen voller Dunkelheit,
voll des Leides ertrag ich all die Schmerzen,
   in den Nächten voller Einsamkeit.

Alleine lauf ich durch die Gassen, eiskalten
   Winden preisgegeben,
erfriere in den Menschenmassen, hab selber
   aufgehört zu leben.

Doch eines Tages stehst du vor mir, bietest
   sanft mir deine Hand,
trocknest alle meine Tränen, die ich
   geweint im Erdenland.

Die Ketten meiner Seele fallen, die dicken
   Mauern brechen ein,
des Lebens Angstschreie verhallen, Materie
   fällt – bestehen bleibt das „Sein".

„Lass uns nach Hause gehen" sprichst du
   leise, dankbar ergreif ich deine Hand,
bin bereit für diese Reise, weg vom dunklen
   Erdenland.

Durch laue Lüfte Hand in Hand, fliegen
   wir dem Licht entgegen,
durchbrechen die Materiewand, um endlich
   endlose Freude zu erleben.

Musik, der Tröster meines Erdenlebens,
   begleitet uns auf auf sanften Wellen,
gefühlvoll ganz viel Liebe gebend, um die
   verletzte Seele zu erhellen.

Ich bin zuhause – endlich da, hab die
   Dunkelheit bezwungen,
sie ist nicht mehr – sie war.

Helea Hammerschmitt   * 1950

Vier-Jahres-Zeiten

Blütenreiches Frühjahr erfreut die Sinne,
neue Spannkraft, Planung vieler Dinge.
Raus aus der Hütte, es lebe die Natur,
Spaziergänge durch Wälder, Felder und
   Flur.

Wärmer wird's man kann es wagen
im kühlen Nass des See's zu baden,
die Sonne spüren auf nackter Haut,
vom letzten Jahr noch so vertraut.

Ferienende und kürzere Tage,
Genuß noch pur, gar keine Frage.
Durchs bunte Laub radeln oder wandern,
alleine still oder gesellig mit andern.

Der Winters Vorbote, ein stürmisch
    herbstliches Grau,
warme Zeit da draußen ade ... doch schau,
der glitzernde Schnee hat über Nacht
eine Märchenwelt daraus gemacht.

Sieh auch in jeder Jahreszeit
ein Stück Jetzt und Vergänglichkeit.
Öffne Dich für den neuen Tag – egal was
    er bringt,
der freie Vogel auch immer wieder singt.

Amanda Handt

Die Nacht zeichnet schwarze Bänder dem
    kommenden Tag an den hellen Saum
Vögel kreischen in ihren Nestern
und am Horizont blinkt in greller
    Leuchtschrift - Freiheit
Menschen aus fernen Ländern stehen
    Schlange
am Schalter des Glücks - Ausverkauft
seelenwund die Blicke heimwärts
doch auch da nur noch Fremde
und stumm rinnt aus geballten Fäusten die
    jahrelange Hoffnung
Leere wo gestern noch das Leben pulsierte

Erika Hannig

Ja, ich will

Ich darf nichts fordern und verlangen,
darf nichts haben, nichts empfangen,
darf nicht sagen, was ich will,
muss nur leise sein und still.

In meinem Fürchten, meinem Bangen
hab ich selbst mich längst verfangen.
Ich halt es selber kaum noch aus,
in mir schreit es: „Ich will raus!".

Ich hab die Träumerei jetzt satt
und lege all die Ketten ab,
die mich ans Leid gebunden –
was hab ich hier denn schon gefunden?

Hinter kalten großen Mauern
werd ich die Zeit nicht überdauern,
doch jede Träne, die ich wein',
wird mich Schritt für Schritt befrei'n.

Ich will leben, ich will frei sein,
mittendrin statt nur dabei sein.
Ich sag es laut, bleib nicht mehr still:
„JA, ICH WILL!".

Sybille Hanschke   * 1976

Einsamkeit

In der Hölle aus Kälte und Einsamkeit
entspringt ein Funke der Zweisamkeit
und mein Herz brennt auf während ich
    dich wahrnehme
dieser Moment nach dem ich mich so sehne

Dieser Moment eingebrannt in mein Herz
welcher spendet mir Trost bei all dem
    Schmerz
der mich selbst umgibt bei Tag und bei Nacht
wenn du nicht gibst auf mich Acht

Selbst wenn ich hier lieg und erfrier
weißt du mein letzter Gedanke gebührt dir
dir meinem Retter, der mich holt aus der
    Einsamkeit
und mich an der Hand entführt in die
    Zweisamkeit

Katrine Hansen   * 1998

Das Leben der Liebe

Hallo Unbekannte, diese Worte sollen dir nun
folgendes sagen, die Menschen haben sich
  selbst
verloren wissen nicht zu wem sie gehören,
doch ich kann dir sagen, mich kannst du
  haben.
Mit Haut und Haaren stehe ich denn da
und lasse das Licht in dein Haus.
Unsere Herzen werden gleichmäßig
  schlagen,
wir werden gemeinsam weinen, lachen
und auch schlafen.
Werden uns streiten und auch zoffen,
doch wenns drauf ankommt stehen wir
  stramm.
Wir passen einander auf, weil ein jeder von
  uns
den anderen braucht, dass ist der Moment,
an dem wir erkennen es gibt sie doch
die Liebe nicht nur in Worten sieh es selbst.

Tino Hansen * 1987

Wohin?

Es kommt mir aus den Ohren,
Ich will nicht länger laufen,
bin tot und neugeboren,
kann mich zu nichts aufraufen.
Wo soll ich hin?
Du bist weg!
Wo soll ich hin?
Verlassen, allein, verendet, verschreckt.
Der Weg ist zu weit,
Ich kann nicht mehr,
Wo ist mein Retter?
Wo kommt er her?
wo soll ich hin?
Ich weiß es einfach nicht,
der Schein trügt,
ich verdecke mein wahres Gesicht!

Aurelia Hantelmann * 1997

Spuren hinterlassen
Und selbst dem Mond noch
Die Einsamkeit rauben ...

Das Herz verschenken
Und sich dabei wissentlich
Um den Verstand bringen ...

Das Leben genießen,
Atem holen und letztlich
Den Tod dabei finden ...

Spuren hinterlassen,
Zeichen auf eine Seele setzen
Die unauslöschlich bleiben!

Gisela Happekotte * 1963

Die Kraft

Die Kraft um die sich alles dreht,
verbirgt sich noch im allerkleinsten Teil
  der Welt,
sie ist das Licht das für den Anfang und das
  Ende steht,
und die das Gleichgewicht in seiner Waage
  hält.

Sie trotzt der Dunkelheit und fürchtet
  keinen Feind,
Das Lachen ist der Dolch mit dem sie
  meuchelt
und wenn ein Mensch um einen and'ren
  Menschen weint
dann kannst du sicher sein dass sie kein
  Mitleid heuchelt.

Du kannst ihr nicht entkommen sie holt
  dich immer ein,
und wenn dich böse Geister nicht
  verschonen,
kannst du in Ihrem Schutz geborgen sein,
drum gib der Kraft den Raum lass Liebe in
  dir wohnen.

Josef Hara * 1961

Herzschmerz

Mein Herz ist gebrochen.
Wegen dir.
Ich bin verletzt.
Wegen dir.
Ich weiß nicht mehr weiter.
Wegen dir.
Ich kann nicht weinen.
Wegen dir.
Doch ich bleibe hier.
Ich bleibe hier.
Wegen dir.

Christiane Harder * 1987

Der neue Mensch

Wenn das Herz dir schmerzt und du dich einsam fühlst,
dann fehlt dir ein Stück das dich innerlich berührt!

Wenn der Tag dich quält und die Sehnsucht dich leitet,
hat sich Hoffnungslosigkeit in dir verbreitet.

Wenn du keinen Ausweg mehr weißt, weil dich der Kummer beißt,
ist es dein Herz das in 2 Teile reißt!

Wenn du merkst das dir die Tränen kommen,
lass sie raus, denn die Traurigkeit hat gewonnen!

Wenn du schreien willst so laut du kannst,
hat sich Wut in dir verschanzt!

Wenn du sagst ich kann das nicht,
ist es der Wille der in dir bricht!

Wenn du dich kraftlos fühlst, hilflos und allein,
ist es deine Aufgabe dir treu zu sein!

Hast du neuen Mut gewonnen und fühlst dich nicht mehr verloren,
wurde in dir ein neuer Mensch geboren!

Lisa Harings * 1990

Nicht möglich

Nicht möglich
dem Frühjahr im Herbst zu begegnen

Doch
Manchmal
Flackert das Feuer im Regen
Wachsen Blumen aus dem Fels
Schimmern Sonne und Mond in der Dämmerung

Brigitte Harkou * 1950

Morgen

Noch umfangen von der Nacht,
löse ich mich aus Traumgespinst
in wohlige Schläfrigkeit
taste ich mich in den
Morgen
die Augen noch geschlossen
spüre ich: Du bist da.

Ruhe, Frieden wird in mir wach
und das beglückende Gefühl
Deiner Nähe, Deines Da-Seins
und der Wunsch dieses Erwachen,
Bewusst-Werden möge uns bleiben über den
Morgen
in den neuen Tag hinein.

Jetzt bewegen sich unsere Körper
empfangen einander
tastend, stechend, fühlend, schmeckend
im wortlosen Zwiegespräch erfahren

wir über alle unsere Sinne:
Eins-Sein Glück

Siegfried Wilhelm Harling * 1928

Die Mauer

Und dann immer dieser Prall,
wenn uns etwas trifft und wir
merken, dass es nicht mehr trifft,
auf ein rohes, weiches Stück Kristall,
sondern diese jene Mauer Stärke,
die wir aufbauen, die
immer weiter wächst
damit wir nur erzittern,
wenn es uns trifft,
und nicht zersplittern.

Ich weiß nicht, ob sie mich stolz macht
oder traurig, denn sie ist stark.
Sie wächst mit jedem erneuten Aufprall.
Stärke oder Kälte?
Ich habe nur Angst, dass es zu kalt
werden könnte, um die Wärme noch
durchzulassen.
Denn nur wenn ein warmer Strahl auf den
Kristall fällt, dann funkelt er am
Schönsten.

Louisa Harms * 1994

im zenit

gefilztes ich
atemnotstolpernd
schwer steinfallend
auf bergwärtsführendem pfad
geschürft die haut

beißwind
saugt an salzigem nass
blutströpfchen auf granit
sonnenscheibe am höchststand
schrumpft rote spur

es erwacht,
es blickt
es lächelt
ein schillerndes auge
auf geduldigem sediment
wertvoll der juwel

in dankbarem erkennen
ein zeichen
im mosaik der erfahrung

Marlene Harmtodt

Ich atme

So gewaltig.
So verschlingend und begierig.
Strotzend vor Wissen und erfüllt
von flüsternden Geheimnissen.
Es reißt an mir und zerrt.
Ich möchte schweben,
fliegen und alles vergessen.
Eintauchen ins unendliche Schwarz.
Die Gedanken aus meinem Kopf
in die ewige Stille schicken
und mir das Ganze von oben ansehen.
Unser Tun und Schaffen,
die Eile, die Hetze.
Unser Leben nach Idealen und Regeln.
Nur in Maßen genossen.
Die Freude versteckt und dann vergessen.
Hier oben lasse ich los.
Und atme.

Lisa Harres

Horch, die Stille spricht

Jenseits der Worte
Jenseits der Töne
Gibt es ein Hören
Ein Sprechen
Ein Still-Sein

Ein In-sich-Ruhen
Ein kosmisches
Fliehen und Kreisen.

Das Unaussprechliche
Es spricht in dir
Überrede es nicht
Übertöne es nicht
Je tiefer dein Schweigen
Desto größer dein Mensch-Sein

Finde das Eine in dir
Und sei ihm
Turm, Dom,
Flamme und Gesang

Jean-Marie Harsch   * 1956

Immer wieder

Einen Sprachmusikanten nennt Hesse den
    Dichter
Wenn der Rhythmus lockt wie am
    Horizont die Lichter

In der Dämmerung am Meer
Und von weit her

Worte wehen
Und wieder vergehen

Wie Wiegenlieder
Die uns zum Träumen bringen
– immer wieder –

Marianne Hartwig

In Worten fließen werden ...

Durch die Feder fließend, Worte etwa.
    Oder Zeit.
Zeitlos auf dem Wörterfluss federn.
Geflossene Worte, wörtlich geflossene Zeit.

Lisa Hasenbichler   * 2001

Unvollständig

Es ist ein Anfang.
Unsicher im Kerzenlicht
der Versuch Worte zu finden
Ein Ende zu beschreiben
Eine Bindung
die weit über den Meer reicht darzustellen
Tobende Gefühle zu verbildlichen
Verzweiflung und Wut
Geborgen in Liebe und Hoffnung
Ein Haufen voller Scherben
    zusammenzufügen
Zu erzählen was übrig bleibt
Eine Aufgabe, die viel abverlangt.
Zu Lieben was da ist.
Zu Ehren was verloren ist.
Den Unterschied kennen.
Das Wissen.
Die Bürde.
Den Anfang wieder zu finden.

HaSia   * 1990

vom Leben und vom Tod

dort wo die Welt zu enden scheint
in Donnergroll und Dunkelheit
ganz seelenruhig der Tod verweilt
gestern, heut, in Ewigkeit

ob ewig Tod, ob ewig Leben
zwei Blätter sind's vom selben Baum
beiden sollt man alles geben
Liebe, Wärme und Vertrauen

doch wer nicht lernt erfüllt zu leben
fürchtet immer zu den dunklen Tod
weil er versäumt sich hinzugeben
immer ängstlich, stets in Not

nur wer versteht im Augenblick
das Leben gänzlich aufzusaugen
dem erscheint der Tod als schick
der sieht die Welt mit andren Augen

denn den Augenblick erleben
heißt das Sterben eines andern
alles kommt und geht verlegen
wie Wolken übern Himmel wandern

Rafael Haslauer   * 1983

Vollendung

Gestern, da blühten noch dunkle Rosen,
heute stehen weiße Lilien im Feld.
Gestern noch tanzende Harlekine,
heute Kapiteln ägyptischer Welt.

Schwarzblaue Wolken verdichtenden
    Lebens,
krönender Abschluss des menschlichen Seins.
Senkt sich die Waage zum ewigen
    Stillstand?
Glänzendes Licht wird zum Schatten des
    Scheins.

Ein letzter Blick, eine lachende Träne,
Totenmaske und Requiem,
unaufhaltsam steigende Fluten
löschend vollendetes Theorem.

Roland Hass   * 1940

Anleitung zum gescheiter werden

Du schreibst mir nicht,
du schreibst ihr nicht,
du schreibst an niemanden!
Und ... das ist schlecht! Du willst dich nur
    beweisen ...
Du liebst mich nicht,
du liebst sie nicht,
du liebst dich selbst! Und das ...
GIBT'S NICHT!

Wie Poesie sich jetzt in dir entfaltet, ...
Hast deine Liebe jetzt in dir entdeckt;

„ – Das gibt es nicht!!!" – schreit dein
    Gehirn zu Seele ...
„ – Liebe ist dumm ..., und DUMM BIN
    ICH DOCH NICHT!"

Zlatinca Carla Has-Salant   * 1969

Zeitreisender

Ich schwebe durch die Welten
Und es gibt kein zurück
Ich segle durch Gewässer
Und es bleibt mir kein Stück
Ich bin der Kapitän
Gefangen auf dem eigenen Schiff
Es herrscht Seenot
Und ich steuer gegen das Riff
Belebend, erfrischend
Erfasst mich die kalte Flut
Belebend, erfrischend
Peitscht das Leben
Durch mein Blut

Nadira Hasselbach

Warum?

Warum ist diese Krankheit über dich
    gekommen?
Warum hat sie mir dich, meinen Liebsten,
    genommen?
Warum ist uns keine Zeit mehr geblieben
zum Reden, zum Lachen, zum Leben, zum
    Lieben?
Ich fühlte mich sicher und bei dir geborgen,
mit dir ist auch ein Teil von mir gestorben.

Wenn gnädiger Schlaf mich umfangen hält,
träum ich von dir, und heil ist die Welt!
Doch wenn ich erwache und neben mich seh:
Dein Bett ist leer, das Herz tut mir weh.
Die Stille im Haus ist kaum zu ertragen,
mir graut vor all' den kommenden Tagen.

Nur die Erinnerung an dich wird mir
   bleiben,
doch kann sie je diesen Schmerz vertreiben?

Warum ist uns keine Zeit mehr geblieben?
Darauf werd ich wohl nie eine Antwort
   kriegen!

Angelika Hauer　* 1955

Am Frühstückstisch

Ich sitze hier am Frühstückstisch
ausgeruht und sehr gelassen.
Meine Gedanken sind froh und frisch,
muss nichts tun außer Gedichte zu verfassen.

So schmeckt das Brot mit Marmelade,
beiß jetzt rein mit sehr viel Lust,
doch was ich seh' ist äußerst schade,
es bringt mir ein viel Frust.

Denn aus dem Fenster ich jetzt sehe,
für mich ist es ein Grauen.
Sicherlich ists ein großes Wehe
für den Wurm den ich muss anschauen.

Von einem Vogel wird er gezogen,
Stück für Stück und immer mehr,
aus dem feuchten Wiesenboden,
das ekelt mich doch wirklich sehr.

Ich will nichts mehr frühstücken,
das ist vorbei.
Versuch's zu überbrücken
mit meiner Gedichteschreiberei.

Albert Haverl　* 1951

Zeit, die unendliche Leere

Es kam die Zeit,
als es weder Tag noch Nacht,
weder eine Jahreszeit noch Harmonie,
weder Heiterkeit noch Traurigkeit gab,
es herrschte das Nichts in seiner
   Unendlichkeit
und mich ergriff die Angst,
Angst vor meinen Erinnerungen
sie bildeten in mir
ein einziges Element
gedämpft und herb
doch schlicht und vertraut wie
Wasser, Luft, Licht oder Feuer
sie erwachten zu einem dumpfen Leben
mein Gesicht wurde ein bleicher Fleck,
der im Nebel schwamm
die Zeit, die Unendlichkeit
zog sich Mauer gleich durch mich
und ich ging durch sie hindurch,
um mich
mit mir wieder zu vereinen.

Latif Havrest　* 1953

Der Traum

Gib dich nun aus der Hand,
laß diesen Tag jetzt fallen
und sanft wirst du erwachen
in deiner eignen Welt.

Laß dich hinuntergleiten
ganz leise wie ein Stein
wirst du das Wasser trennen
und in die Tiefe gehn.

Was noch verschwommen scheint,
ist dann ganz klar und leicht.
Und tausendfach gespiegelt,
siehst du was ist und einmal war.

Jens Hecht　* 1972

Reue

Reue, dass ich dich verlor.
Reue, dass ich ging.
Reue kriecht in mir empor.
Reue, weil ich noch an dir hing.

Reue, weil ich dich verletzte.
Reue, weil du der Eine gewesen warst.
Reue, weil du warst das Beste.
Reue für das, was du durchgemacht hast.

Reue brennt in meinem Innern.
Reue breitet sich in meinem Körper aus.
Reue lässt mich im Herzen wimmern.
Reue bricht in Tränen aus mir raus.

Reue, weil ich jetzt zerrissen bin.
Reue hinterlässt nass ihre Spur.
Reue brennt mir salzig am Kinn.
Reue hinterlässt Verzweiflung nur.

Reue raubt mir mein Lachen.
Reue lässt mir selbst nicht vergeben.
Reue lässt mich nachts wachen.
Reue vergiftet mein ganzes Leben.

Julia Heck * 1985

Ebbe

Das Meer ist nicht mehr.
Es ist ohne Pflicht von uns gegangen
Lange bevor wir
Über Trennung nachdachten.
Bange sagte er zu mir
Warum verstimmen – achten wir uns nicht?
Dass die Nennung eines schnellen Namen
Diese Wellen – Während seine Gegenüber
Doch stets vorüberlachten.
Und ohne finanziellen Rahmen -
Bei Ebbe kommt der Grund zum Vorschein.
Schwimmen, die Damen.

Lotta Heckmann

Engel der Nacht

Schließe deine Äuglein zu,
Geh' nun bald zur ruh.
In's Land der Träume fort
Zu deinen eigenen wundervollen Ort.
Wo du all' deine Sorgen schnell vergisst,
Wo du auch nichts vermisst.

Und während du im Land der Träume bist,
Jemand an deiner Seite ist.
Der über deinen Schlaf nun wacht
Bei dir ist die ganze Nacht.

Ist diese Person auch einmal fort,
An einem dir fremden Ort,
Sie dir einen Engel schickt, jede Nacht,
Der über dich jede Sekunde wacht.
Schenkt die schönsten Träume dir
Gibt dir einen gute Nacht Kuss von ihr.

Nun schließe deine Äuglein zu
Denn es ist Zeit für deine Ruh'.

Sandra Heel * 1990

Ein Trauriger Tag

Seine Stimme klang kalt und verloren
und es legte sich eine Schürze wie Blei
auf ihre Seele.
Ein Trauriger Tag: Sprach er
Es schien als hätten die Heere
Der Finsternis gesiegt
und ein Gruseln kroch an ihr hoch.
Ein Trauriger Tag
Eine noch viel längere düstere Nacht wird
    Ihr folgen
und eine Träne der Angst ergriff ihr Herz
Ein Trauriger Tag
Am Ende wird nur
Tot, Zerstörung und Hunger sein
Und sie wusste wo von er sprach
Und ergriff seine Hand

Und sagte, die Nacht ist vorbei
nur den Stern den du trägst
wird auch am Tage leuchten.

Peter Heerdmann   * 1968

Missbraucht

Dunkle Schatten,
leere Straßen,
Hilfeschreie.

Lautes Stöhnen,
robuste Hände,
Angstgefühle.

Wildes Geschaukel,
gellende Schmerzen,
Schlag ins Gesicht.

Hilflos, verzweifelt,
seelisch belastet,
schwer missbraucht.

Anna-Lena Hees   * 1994

Du sollst nicht lügen

So steht es in der Bibel schon geschrieben
Doch wir tun alles um es zu verbiegen
Ehrlichkeit ist die Grundlage zum guten
     Miteinander
Damit wir uns nicht reiben aneinander

Vertrauen das ist ein hohes Gut
Es zu erreichen fordert oft ganz viel Mut
Aber Grenzen gibt es leider auch
Situationen die du entscheidest aus dem
     Bauch

Manchmal spendet eine Lüge auch Trost
     und Zuversicht
Siehst sie in einem besonderen Licht

Denn willst du ein gutes Ziel erreichen
Wirst du dein Herz vielleicht auch mal
     erweichen

Wenn du mit der Wahrheit jemand würdest
     sehr verletzen
Würdest du sie mit einer kleinen Lüge
     doch ersetzen

Trotz allem: Lügen ist und bleibt verboten
Nur auf ganz schmalen Grad kannst du es
     vielleicht ausloten

Es gehört zur Wahrheit in unserem Leben
Das die Lüge gehört zu dir, zu mir, zu jeden
Dies zu erkennen ist der erste Schritt zur
     Ehrlichkeit
Denn eines ist sicher: Unser Herrgott leidet
     nicht an Vergesslichkeit

Kurt von der Heide   * 1959

Die Nähe der Unerreichbarkeit

Sie ist nicht irdisch,
sondern in ihrer eigenen Welt
und auch wenn es sie freut,
dass sie so vielen gefällt,
selbst wenn sie es wollte,
könnte sie sie nicht berühren,
denn dann würde sie ihre Zerrissenheit
     spüren.

Sobald sie versucht,
auf die Erde zu gleiten,
wird sie konfrontiert mit ihren kaputten
     Seiten,
also stellt sie sich drüber
und wandelt sie um,
leuchtet nach außen,
doch ist innerlich stumm.

Lisa Heide   * 1993

Überirdisches Diesseits

Das Herz des Ganzen,
Der Glaube der Millionen,
Die Gefühle tanzen,
über was wagen wir zu thronen.

Soviel Vermögen geschenkt,
zum Trotz die Macht missbraucht,
Jedes Ich am seidenen Faden hängt,
In Illusionen getaucht.

Ein unergründliches Wesen,
in noch unglaublicherem Raum,
Zufälligkeit in aufgestellten Thesen,
Statt Glauben an die Idee Baum.

Fliegend über eiserne Stäbe,
durch winzige Endlichkeit,
auch wenn man mehr häbe,
von dieser sinnlos genutzten Zeit.

Sophie Heideker * 1997

Schicksal

Ich sehe dich in mir so nah
Und spürte dich denn du warst da
Obwohl ich wusste was du bist
Vergaß ich dass du wichtig bist

Obwohl sich unsre Wege schieden
Werde ich dich immer lieben
Denn das Gefühl das du gegeben
Das bedeutet für mich leben

Nun such ich dich in den Gestalten
Die mir als Vertraute galten
Ich suche dich auf viele Weisen
In Tieren, Menschen, Lebensweisen

Obwohl nun auch das Glück erlischt
Das Leben Anderes verspricht

Kirsten Heidenblut * 1992

Anonymus

Als ich noch klein
die Welt so rein
Träume der Unendlichkeit
keine Grenzen gestellt

Nun sind die Träume nur noch Scherben
die Hoffnungen von früher –
nur noch Erinnerungen an eine andere Zeit
an die Zeit der Unsterblichkeit

Erschöpft und entkräftet
zusammengesackt
der Blick auf die Mauer gerichtet
die Mauer der Unendlichkeit

Anja Heiderscheid * 1998

Feindfreund

Deine Schuld – ich fühle sie
Asche wiegt auf meiner Seele.
Meine Augen, dunkel, trüb.
Du strahlst.

Deine Angst – ich lebe sie
drückt die Luft aus meiner Brust,
in der Nacht ersticktes Weinen.
Du atmest.

Deine Scham – ich spüre sie,
meine Lider tief gesenkt,
dass mein Spiegelbild nichts sieht.
Du lachst.

Deine Gier lähmt meinen Schritt.
Bleischwer schmerzen meine Glieder,
deine Last auf meinem Rücken.
Du tanzt.

Dein Geheimnis tötet mich.
Stumme Schreie tief in mir.
Nun, da ich es weiß:
Ich schweige.

Marina Heidrich * 1961

Ein neuer Pfleger auf vier Pfoten

Gut pflegen kann ich selber schlecht
 alleine,
denn dafür gibt es einen alten Grund,
denn pflege ich im Heim nur Arm und
 Beine,
wird dadurch kein Patient ganz schnell
 gesund.
Waschen, windeln und selbst essen
werden oft zur großen Qual.
„Pfleger, du darfst dennoch nichts
 vergessen
selbst beim Zeitdruck durch zu wenig
 Personal!"
Ohne Kittel kommt ein neuer „Therapeut"
 aufs Bett
zum Pflegefall – den mit Demenz und
 Altersleiden –
als wenn man fast erwartet hätt',
die stärksten Schmerzen jetzt durch ihn zu
 meiden.
Man kuschelt ohne Hemmung dicht an
 dicht,
da wächst selbst Kraft für Arm und Beine.
Ein Lächeln strahlt als Dank aus faltigem
 Gesicht.
Gut pflegen muss ich darum nicht mehr
 ganz alleine.
Dafür gibt es ab heute einen neuen guten
 Grund:
Auf vier Pfoten hilft dabei ein kleiner
 Hund!

Hans-Georg Heike * 1933

Stadtkind

Du kanntest noch all die verwunschenen
 Plätze,
wo Feen waren und vergrabene Schätze.
Du kanntest noch all die magischen Orte,
wo Wunder geschahen auch ohne viel
 Worte.
Wo Tiere sprachen mit Blumen und
 Bäumen,
da konntest du dich in dein Elfenreich
 träumen.
Im Schlosspark bei dem alten Löwen aus
 Stein,
wolltest du der Löwenbändiger sein.
Vom Weiher aus, im morschen Kahn,
schautest du dir im Sommer spät abends
 die Sternbilder an,
fragtest dich, wer da oben wohl wohnt
und erkanntest dann staunend den Mann
 im Mond.
Mit deinem Roller, der mit den
 Ballonreifen,
konntest du die ganze Umgebung
 durchstreifen.
Fühltest dich frei wie ein Vogel, wolltest
 neues entdecken,
wie das Hexenhaus hinter den
 Brombeerhecken.
Warst ein Stadtkind doch auch Pirat,
 Indianer und Fee,
dein Reich waren der Wald, die Wiesen,
 der See.
Bist nun lang schon erwachsen, doch tief in
 dir wohnt
immer noch jenes Kind, das zu suchen sich
 lohnt.

Petra Heimansberg * 1958

Glücksdenkmäler

Das Glück durchströmt mich,
erweckt jeden Winkel in mir.
Ich möchte die Welt umarmen
und zugleich mich einkuscheln in ihr.

Schnell erschöpft mich der Taumel.
In einzelne Teile zerfällt der Rausch.
Ich greife nach ihnen, das Glück zu
 behalten,
um in Dingen Erinnerung zu gestalten.

Sie füllen Rahmen, Alben und Schränke.
Die Geschichten dazu kann mein Kopf
　erdenken.
Doch spüren kann ich den Glückstaumel
　nicht.
Nur Staubschichten geben den
　Denkmälern Gewicht.

Eveline Heimsoeth * 1945

Das Leben – ein sinnloser Zufall

Ist dir dein Schicksal vorbestimmt?
Durch Gnade dir gewährt?
Durch dein Verdienst erworben?

Ob Unglück oder Glück, es bleibt doch
　Zufall.

Auch Rätsel kannst du's nennen.
Ein Wahnsinn ohne Sinn.
Schon bald wirst du vergeh'n im Nichts!

Olaf Hein und Rolf Mader

Glück(l)ich

Das Glück, es scheint zu schnell für mich,
rast durch die Welt, es sieht mich nicht.
Bei anderen, da bleibt es stehen,
ich kann es nur von weitem sehen.

Das Glück, es braucht ein trautes Heim,
sonst zieht es niemals bei dir ein,
braucht Liebe und Gelassenheit,
braucht Harmonie und Heiterkeit.

Doch tritt das Glück dann bei dir ein,
verfällt er oft, der schöne Schein.
Macht Platz für Neid und Eifersucht
Das Glück: schon wieder auf der Flucht.

Doch wie kann man es behalten,
das Glück in seinen Händen halten

es zum Bleiben überreden
und doch so wie immer leben?

Die Liebe macht den Unterschied
dann bist du deines Glückes Schmied.
Gern wird es dann bei dir verweilen
und sein Leben mit dir teilen.

Carla Heinle * 1961

Suche

Meine Augen und Ohren schmerzen
am Krankenbett des Weltgeschehens
Ich sehe und höre
was Menschen Menschen antun
Geiles Machtstreben gebiert
Entsetzliches in schmutzigem Gewand
Geldgier besorgt den Rest

Ich gehe hinaus und suche
die Gärten der kleinen Freuden
das Haus mit dem Tor der Zufriedenheit
die Insel der Harmonie
das Tal der Bescheidenheit
die Oase der Ruhe und
die Wege der Zuversicht

Die Fundstücke der Liebe schichte ich
auf mein tränenloses Weinen

Karin Heinrich * 1941

Schmetterling im Licht

Wir haben uns geliebt, einen ganzen
　Sommer lang,
und uns vermisst, ich dich mehr als du
　mich.
Doch das war mir egal, denn ich sah nur
　das Licht,
das um uns war, hell und stark.
Die Erinnerungen nun so karg wie unsere
　langen Schatten an der Wand.

Und wir fragten uns, kann es so weiter gehen?
Und dann hast du entschieden, für uns beide, einfach so.
Ohne mich zu fragen. Feige hast du mich allein gelassen.
Vorwand um Vorwand vorgebracht, im Licht gewunden.
Wie eine Motte, immer hässlicher, so dass die Ähnlichkeit zu einem
Schmetterling kaum noch zu erkennen war.
Ich, am Boden zerstört. Als hättest du mir die Flügel ausgerissen.
Wollte es nicht glauben, hab an allem festgehalten.
Dem Licht, uns Beiden, sogar an unseren Schatten.
Doch es war zu spät, schon lange bevor ich begriff,
dass es längst zu Ende war.
Während ich mich noch im Licht wand, warst du schon ins Dunkel abgetaucht.
Und ich konnte dich nicht mehr halten, nicht mehr finden.
Jedoch bin ich nicht allein. Das weiß ich nun.

Simone Heinst   * 1988

Der Weg

Du denkst dein Leben ist
ein totales Chaos.
Es gibt aber immer Menschen
die dich mögen und dich lieb haben.
Das Leben ist schwer da kann keiner
was anderes sagen.
Dennoch leuchtet immer ein
kleiner heller Stern am Himmel
der dich beschützt.

Angelina Heinz   * 1996

Ich

Wo ich stehe
Und was ich sehe
Bestimmt, wohin ich gehe

Was ich sehe
Und wohin ich gehe
Bestimmt, wo ich stehe

Wohin ich gehe
Und wo ich stehe
Bestimmt, was ich sehe

Bin ich Ich, wenn ich stehe?
Bin ich Ich, wenn ich sehe?
Bin ich Ich, wenn ich gehe?

Wenn ich bin, wo ich bin,
Schärfen die Wege meinen Sinn
Und ich bin, wer ich bin, hierin.

Annett Heinzel   * 1981

Frischblut

Vor meiner Liebe Halt machen
Von deiner Liebe Gebrauch machen

Und so fliegen wir,
Treiben es im Schatten,
Rauch in den Lungen,
Chaos im Herz

Vor meiner Liebe Halt machen
Von deiner Liebe Gebrauch machen

Bringe Schwachsinn auf Papier
über Mut, den wir mal hatten,
Melodien, die verklungen
und den unvergessenen Schmerz

Vor deiner Liebe Halt machen
Von meiner Liebe Gebrauch machen

Annalena Held   * 1995

Für Dich

Es brachen die Schlösser
Und ein Quell der Emotionen
So klar wie die gesprochenen Worte
Befreiten die Seele und gaben sie frei.
Der Augen Blick
War ein offenes Buch der Hoffnung.
Nur der verstand darin zu lesen,
Der achtsam war und offenen Herzens.
Der Moment verhieß Glückseligkeit
Und sie erkannten
Es war jetzt

Kathleen Helfenbein * 1974

bist schön bist reich

Was ist nur geschehn
Plötzlich können sie mich sehn
Nun da ich lebe in prächt'ger Gestalt
doch niemand sieht den Inhalt
Vorbei ist die Ära der Klugheit
Das Königreich der Dunkelheit
Bist schön bist reich
ist's immer gleich

Die Wolken am Himmel sind grau
Der Mensch stolziert wie ein Pfau
entkommen können sie alle nicht
Am Ende gewinnt das ewige Licht
Bist schön bist reich
S'ist immer gleich
War Armut zu Lebzeiten auch nur ein Wort
Am Ende kommen sie alle an einen Ort

Chrissi Hell

Der Dichter

In Dichters Hand die Feder liegt,
es quillt hervor was ihn bewegt.
Akribisch, musternd Populus,
der tiefe Blick, er ist ein muss.
Kunstvoll wird das Wort gebogen,
verschoben und auch mal verwoben.
Gefühle einfühlsam verstrickt,
die Sinnlichkeit nach vorn gerückt.
Gesellschaftskritisch offensiv,
postuliert er Wahrheitslieb.
Pragmatisch er zerpflückt, zerlegt
philosophisch unterlegt.
Wahrhaft Kunst er offeriert,
des Dichters Werk – es inspiriert.

Valentina Hellenberg * 1966

Ich bin bei Dir

Ich bin bei DIR,
das ist ein schöner ORT.

Ich bin bei DIR,
hier bringt mich keiner fort.

Ich bin bei DIR,
Du gibst mir Kraft.

Ich bin bei Dir,
Du hast mich zur Frau gemacht.

Ich bin bei Dir,
egal ob Du kommst oder gehst.

Ich bin bei Dir,
weil Du mich verstehst.

Wir sind für uns,
das ist der größte Segen.

Wir unterstützen uns,
auf allen Wegen.

Wir lieben uns, es ist wie es ist
im Inneren verbunden auf ewiglich.

Marion Hellwig * 1969

Der Ruf des Meeres

Sanft locken Wellen,
die ans Ufer branden.
Ruhig fließt es, hell
spiegelt sich das Licht.

Friedlich und leicht,
wiegt die See im Wind.
Ein Tanz, der leise, still
Kreise nach sich zieht.

Doch dann verändert sich
das Bild. Es naht
der Sturm: tosend, wild.
Dunkel droht Gefahr.

Beunruhigend hoch türmen
sich Schaumkronen und
bedrohlich laut kracht
die Flut an Land.

Dann plötzlich glättet sich
die See, es locken sanfte Wellen,
als könnten sie kein Unheil trüben:
Der Ruf des Meeres.

Mona Hellwig * 1987

Am Horizont

Zusammen erlangen wir Freiheit mit
 glühenden Herzen.
Und vergessen des Weges vergangene
 Schmerzen.
Die Erinnerung an das Glück unsrer
 fühlenden Augen
wird mir, dir, unsren magischen Werken als
 Antrieb taugen.

Freiheit steht auf ihren Schwingen
 geschrieben.
Geliebten Feind hat sie in Einigkeit
 vertrieben.
Veränderte ihn und wird ihn als Freund nun
 lieben.

Hörbar ihr gurrendes Echo, seit die
 Marschchöre schwiegen.

Freiheit! Ich lass mich zum Manne
 schmieden.
Dir entgegenzustreben mit
 Entschlossenheit, Stärke und Macht.
Während sie unentschlossen, ängstlich und
 feige schwiegen,
führ' Ich euch mit meiner irdenen Klinge in
 die befreiende Schlacht.

Oh, du, nur du, kannst mich zur Freiheit
 führen.
Deine schützende Mauer umschließt unsren
 inneren Kreis.
Deine unvorstellbar heiße Wärme schmilzt
 selbst das eisigste Eis.
Niemand wird in mir um deiner Treue
 Zweifel schüren.

Tammo Helms * 1990

Gegenwart
Ständig durchbrochen durch
Verwinkelte Vergangenheit,

Zukunft
Ständig erfüllt von noch
Herrschender Gegenwart,

Vergangenheit
Ständiger Anstoß die Zukunft
Besser zu machen.

Johann van Helsing

Zwei Lichtlein

Acht Jahr brannte dieses Licht,
war für Mutter da, das zarte Gesicht,
Plötzlich erloschen ist es nun,
des niemandem Macht etwas dagegen zu tun,
von einem Wagen erfasst,

das kleine Licht verblasst,
gekämpft hat es, erneut aufzuflammen,
wochenlang, um neue Kraft zu sammeln,
am Ende hat es aufgegeben,
zu Schwach und seiner Qual erlegen.

Einundzwanzig Jahr brannte dieses Licht,
bis er sah, dieses kleine Gesicht,
viel zu spät für sein tun,
auf der Straße lag es nun,
gehofft, gebetet hat er jeden Tag,
dass dieses Lichtlein wieder leuchten mag,
am Ende hat es aufgegeben,
zu Schwach und der Qual erlegen,
verkraften konnte er es nicht,
so erlosch auch dieses Licht.

Kevin Hemshorn

fluchtgeister

hinter von jeher vergittertem blick
proben sie späten ausbruch
vogelgesichtig
stutzflügelschlagend
wetzen die schnäbel sich wund am
fast schon versteinerten sehnen

doch wären sie einmal geschlüpft
durch die unerbittlichen stäbe
schwärmten sie aus aus der trauer als
schwärze schwirrende
schrillende schar
stiegen sie auf
in ein morgenland fliehend und
flehend ums steinerweichen

scharf schlitzten die schnäbel
das bleierne kleid und
rissen dem himmel in fetzen
die haut erst und
gleich ihr
das herz

Beate Hendricks

Die Armbanduhr

Die Zeit in ihrer schönsten Mache,
wenn sie so tickt am Handgelenk,
mitreißend wie der Freude Lache,
den Fortgang kaum noch eingedenk.
Die Rädchen drehen sich darin,
fortlaufend wie ein menschlich Herz,
und jedes hat davon seinen Sinn,
trägt bei zur ganz harmonisch Terz.
Die Zeiger heißen so zu recht,
unermüdlich ticken sie im Kreis,
dem Werk sind sie bloß kleiner Knecht,
doch sie uns geben jenen Weis:
Sind wir zu früh oder zu spät?
Ob kurz, ob lang, wie ist die Dauer?
Den Hahn verpasst als er früh kräht?
Weiß so der Arzt und auch der Bauer.
Des Lebens Zügel richtig lenken,
beantwortet sie uns all die Fragen.
Ins Chaos bringt sie Ordnungsdenken –
wir müssen bloß am Arm sie tragen.

Janine Henker   * 1978

Kindliches Vertrauen

Zaghaft und sanft schiebt sich eine
winzige Hand in die Deine
Zwei dicht bewimperte Augensterne
in einem kleinen, bleichen Gesicht
blicken vertrauensvoll nach oben zu Dir.
Sie zeigen, ich mag Dich sehr gerne.

Deinen Schutz verweigere nicht.

Ein Menschenkind schenkt Dir sein volles
    Vertrauen
Es weiß, es kann fest auf dich bauen
und dass Du es führst auf einen sicheren Weg
in die unsichere Zukunft des Lebens.
Zeig ihm, dass seine Erwartungen
in Dich nicht vergebens.

Enttäusche es nicht!

Greta Hennen   * 1949

Da ich

Da ich den ersten Satz nicht finde
schreibe ich den letzten.
Und dazwischen liegt, für euch,
liebe Leser, viel freie weiße Fläche.

Und die schenke ich her für eure
Wünsche, Träume und Berichte.
Da ich den ersten Satz nicht finde
schreibe ich den letzten zu Ende.
Und beginne.

Ingeborg Henrichs

Friedhofszeit

Sie kauft Blumen und Gestecke
Kleine Bäume und Blumengedecke
Sie pflegt den Grabstein und das Beet
Jeden Sonntag zur gleichen Zeit

Sie sitzt am Fenster, jeden Tag
Schaut ins Fernsehen jede Nacht
Frühstückt täglich in der Küche
Schläft im Ehebett allein

Sie denkt an sich, an den Tod
Sie ist alleine ,wenn es losgeht
Ihre Verwandten kommen kaum zu Besuch
Sie hat Angst ,allein zu sterben

Sie denkt an den Lebensrhythmus
Wie lange ihr Herz noch schlägt
Jeden Sonntag zur gleichen Zeit
Ist Friedhofszeit

Heinz Hense * 1953

Märchenwelt

Einst träumte ich von ihr,
so sanft und zart ward sie gesehen;
nicht fassbar, obgleich zum Greifen nah,
lag sie nun vor mir.

Märchenwelt, hier und jetzt,
scheint im Lichte des Mondes zu leben;
der Nebel schwebend dem Silber gleicht,
das Gold offenbart.

Zu glauben fällt nicht schwer,
sofern das Aug' sich labt am Sein;
Wunderspiel, sogleich zaghaft bizarr,
sehr schnell schwinden kann.

Wünscht' sie nimmer fort,
im Herzen der Glanz beständig schlägt;
unsichtbar, ahnend um sie wissen,
heißt zu Vertrauen.

Marion Hensel

Der Erfolg

Der Häupter viele hast du gekrönt,
in stetem Fleiß den Lorbeer flechtend,
doch Seelen hast du kaum versöhnt,
ihr Werk in Blindheit fest verfechtend.

Der Freudesschwur ist schnell zerrissen,
verraten das Familienband.
Den Stolzen lässt du nichts vermissen,
wo einst im Glanz die Freundschaft stand.

So sag dem Mensch, was er vergisst,
dass, wenn er nur mit dir verkehrt,
du einsam ziemlich hässlich bist,
denn Freundschaft prägt erst deinen Wert.

Marc Christopher Herb * 1984

Mutterliebe

Nur wer wahre Mutterliebe durfte erfahren,
der kann diese Liebe auch weiter tragen.

Dem brennt sie sich hinein ins Herz,
für immer und ewig ohne Schmerz.

Doch eines Tages gibt es sie nicht mehr,
ein Schmerz, der zu ertragen ist, so schwer.

Nun liegt es an dir dies erfahrene Glück,
an die deinen weiter zu geben, Stück für
   Stück.

Es schließt sich hier nun auch dein Kreis,
ob es einen anderen öffnet, wer weiß.

                    Gerhard Herberger   * 1957

Die Ahnengalerie meiner Vorfahren

Meine Zehen graben sich
in die Ahnengalerie
lassen träumen begeistern
meinen Herzensrhythmus ansteigen

Der einfach Lebensstil meiner Vorfahren
ihre Gelassenheit Energie Zielstrebigkeit
   ihr Fleiß
weisen mir den Weg
Gottvertrauen Glaube geballte
   Lebensfreude stärken mich

Meine warmherzigen Ahnen ziehen mich in
   ihren Bann
ihr enges Familienleben ihre
   Mehrgenerationen-Gemeinschaften
ihr aufbäumender Mut ebenso wie ihr
   demütiger Altruismus

Doch nun frisst sich Einsamkeit
in unsere überbordenden Magapolen
die mit Single-Haushalten aus den Fugen
   geraten

Egoismus Kinderarmut machen sich breit
Einwohnerzahlen schrumpfen

In den Augen Hetze Gereiztheit Ernst
trotz oder wegen modernen automatisierter
   Lebensformen –
das manchmal unergründliche Lernen aus
   unserer Geschichte
kann uns Leidenschaft faszinierendes
   Lebensgefühl
ja ZUKUNFTSFREUDE FÜR DAS
   UNVORHERSEHBARE
   SCHENKEN

                    Wolfgang Georg Herbolzheimer

Die Neugierde

Da steht das Haus!
Drinnen gebart die pure Gewalt.
Tretet Ihr ein,
das werdet Ihr spüren,
lasst Ihr es sein,
so werdet Ihr sterben!

                    Tobias Herfurth   * 1982

Stehend K.O.

Ein weiterer Treffer,
der schmerzende Stich,
es wird nicht mehr besser,
in Gedanken, Richtung Licht,
den Körper nur streifts,
doch den Geiste zerreißts.

                    Herito   * 1994

Die Fügung

Messerscharf abgegrenzt
dunkles Gewölk am Horizontrand,
blaugrüne See, weite Schönheit Du!
Auch Freud und Leid, gleich nah
und fern Einsamkeit.
Sehnsucht im weißen Muschelsand,
Wanderer,
der Weg ist weit nach Samarkand!

Erich A. Hermann

Abends um 8 auf dem Sofa

Im Kasten da flimmert ein Bild vom
    Reporter,
im Hintergrund Menschenmassen, die
    rebellieren und schreien,
in jedem Wohnzimmer hier sitzen nur
    Laien.
Sie verstehen nicht, was dort vor sich geht,
was für ein politischer Wind da weht.

In Räten und Vorständen voll schlauer
    Köpfe,
gibt's Menschen, die denken, sie können
    kontrollieren,
was Menschen bewegt und was sie
    beschäftigt,
Konflikte lösen, sodass die Krieger
    parieren.

Was mag bloß in ihren Köpfen vorgehen,
wenn sie da vorn einen Reporter im Anzug
    sehen,
der meint, sie ganz und gar zu verstehen?

Es wirkt konfus und nicht zu greifen,
einfach nicht zu begreifen.

Gesine Hermann

Tagtraum

Eine warme Sommernacht,
ein Luftzug durchstreift mein Haar,
der feine Sand unter meinen Füßen,
der Sternenhimmel ist ganz klar

Die Gedanken schweifen immer ab,
gebe mich meinen Tagträumen hin,
sehe dich vor meinem inneren Auge,
darf bei dir einfach sein wie ich bin

Ich kann deine Nähe förmlich spüren,
deine Umarmungen geben mir Halt,
die zärtlichen Berührungen deiner Hände,
über den Rücken läuft ein Schauer eiskalt

Du gibst mir deine gesamte Liebe,
die ausfüllt dann mein ganzes Herz,
ein wohltuendes Gefühl der Erfülltheit,
vergessen der alte Seelenschmerz

Eine kurze Böe mich aus den Träumen
    reißt,
und ich merke, es ist leider niemand hier,
noch fehlt diese Person an meiner Seite,
ich hoffe sie findet bald ihren Weg zu mir!

Nadja Hermann   * 1976

Bitte

Viele Menschen mit all ihrem großen
    Wissen
Liegen seeleruhig auf ihren bunten Kissen.
Entwickeln schnell viele nützliche Sachen.
Doch draußen weit weg lassen sie es
    krachen.

Was ist nicht gut in unseren vielen
    Gedanken?
Was hindert uns das Gemetzel einzuhalten?
Im Grunde bleiben unsere Gedanken
    stehen.
Niemand weiß dieses Phänomen herum zu
    drehen.

Mein Herz blutet bei dem Gedanken sehr.
Da missbrauchen Priester Kinder mehr und mehr
Die Herrscher verfolgen anders Denkende mit Gewalt
Wann sagt die Macht im Universum endlich halt?

Rolf Hermann * 1952

Die Farben der Liebe

Ich ließ dich einst ein Bildlein malen
von Dornenrosen, wild.
Doch was nützt mir dieses Bild,
wenn Strahlen des Rot erfroren sind?

Welch Nutzen sollen
Veilchen haben,
eines wundervollen Blau,
wenn Freunde sich
nicht mehr vertragen
und Tränen sind wie Tau?

Gib eine kleine Lilie mir,
tief violet für mich,
für alles, was ich lieb an dir.
Ich stell sie auf für dich.
Zur Erinn'rung, dass schlechte Zeiten
uns wundervolle Wege bereiten.

Ja, ich brauche nur ein Zeichen,
dass das Rot wiederkehren kann.
Dass aller Farbe Erbleichen
behoben werde dann und wann.

Romina Hermesmeyer * 1993

Besinnliches

Das Leben ist schön in unserer Zeit,
so war's nicht, in Vergangenheit.
Viel Mühe und Sorge um's „Lebensbrot"
Kummer, Sorgen und sehr viel von Not.

Not zum Überleben kennen
wir nicht, auch nicht die
Qual, bei uns ist's nun anders,
wir leiden mental.

Mental ausgehungert, verwirrt
und verdreht,
wenn wir es nicht ändern,
dann ist es zu spät.

Wir sind nicht mehr alert und munter,
wenn's so ist, dann geht die Welt,
wirklich wohl unter.

Jürgen Herold * 1949

Erfüllung

ein Traum
angekommen
in der Wirklichkeit

kann er bestehen
unter der Helligkeit
des Tageslichts

unter der streng
kritisierenden
Mitwelt

bin ich
stark genug
meinen Traum
am Leben
zu erhalten

aus
zu
leben

Bettina A. Herrgoß * 1962

Abendrot der Sehnsucht

Feuerrotes Abendrot schimmert,
hat seine Sehnsucht noch verschlimmert,
wie eine Lunte entzündet sie sein Herz,
brennt sich zum Erinnerungsschmerz.

Feuerwerke der Gefühle explodieren in
    ihm,
das Abendrot beginnt ins Schwarz zu
    fliehen,
er sieht ihre Wahnsinnsaugen im Dunkeln,
zwinkern ihn an, wie blitzendes
    Sternefunkeln...

... welches die Nacht flackernd bringt,
hört ihre Stimme, die als Nachtigall singt,
wandelt zu melancholischen Melodien,
die ihn, mit prickelnder Gänsehaut,
    überziehen.

Und dann, riecht er den Duft vom Meer,
ihr langes Haar, dieses verführerische Flair,
fühlt Momente, von paradiesischem Glück,
denkt sich sehnend zu ihr zurück ...

... in ein Land unendlich erfüllter Liebe,
voller Lebenslust, goldsprießender Triebe,
doch sie weilt nicht mehr in seiner Welt,
da sie, der viel zu frühe Tod gefangen hält.

                                Karsten Herrmann

Die Sonne von Pattaya

Die Männer,
sie sitzen
am Bierglas
und sinnen.
Sie schwitzen.

Die Damen,
sie schminken
sich langsam
und schweigen.
Sie winken.

Ich bin auch so einer,
kam her,
um zu naschen,
genoss es
und fürchte
die Asche
der Sehnsucht.

Ist das denn die Sünde?
Geschäft ist Geschäft.

                        Steffen Herrmann   * 1969

Liebe

Plötzlich und unerwartet trifft sie dich.
Sie steht vor dir und lächelt dir ins Gesicht.
Liebe fragt nicht, ob es gerade passt.
Nicht jetzt! Falsches Timing?
Egal dein Herz rast.

Sie überrollt dein ganzes Ich.
Ob du bereit bist, interessiert sie nicht.
Liebe beflügelt, quält und zerreißt.
Das du gefühlt neben dir stehst,
ist der Beweis.

Vernünftig zu denken,
fällt plötzlich schwer.
Sehnsucht und Verlangen quälen dich sehr.
Die Gedanken kreisen nur noch um sie.
Klar zu denken, fällt schwer wie nie.

Jeder sagt, Liebe ist etwas wunderbares.
Das Glück sie zu erleben, was einzigartiges.
Lass dich in ihr fallen, egal zu welcher Zeit.
Genieße sie einfach und hoffe,
dass sie bleibt.

                                Susanna Herrmann

Suchspiel

Worte sind genug vorhanden.
Notfalls kann man auch welche erfinden.

Die Kunst der Dichtung
besteht einzig und allein darin,

in sie richtige die Reihenfolge zu setzen.

Thomas Herrmann * 1953

Weihnacht

Die Nacht war kalt, und der Stall war
    klein.
Hier zogen Maria und Josef ein.
Das Kind, das die beiden mitgebracht
erlebte die erste Winternacht.

Ein Stern am nächtlichen Firmament,
der heller noch als die Sonne brennt
erschien als Zeichen der neuen Zeit
und leuchtete über die Meere weit.

Die Hirten am Felde erschraken gar sehr.
Wo kommt wohl diese Erscheinung her?
Sie machten sich auf, das Wunder zu seh'n.
der Stern muss über Bethlehem steh'n.

Dann kamen sie an bei dem Kinde im
    Stroh
und waren in ihrem Herzen froh.
Und dieses Kind, das der Himmel gebracht
bewegt uns noch heute zur Heiligen Nacht.

Hugo Herzfeld * 1937

Zeit und Raum übersprungen

Alles erscheint so unwichtig was mich
    gestern noch erfüllt
Unreal und doch so Wahrhaftig
Irgendwie mechanisch der Versuch
    weiterzugehen
Immer lauter ruft mein Herz
Bin ich gestorben jahrelang?
Herz bleib still!
Und immer lauter schreit das Herz
Bin ich nun tot? Kann mich nicht rühren.
Herz bleib still!
Mein Herz, mein Herz. Ist es verloren?
Zu Grabe trag ich mich, und schwimm in
    einem Meer aus Tränen
Dann wach ich auf und sehe Dich
Mein Herz, mein Herz!
Wie lange habe ich geschlafen?

Daniela Herzog * 1971

Big Ben

Der Zeiger der Sekunden der Turmuhr im
    Big Ben
war handgeschmiedet edel und sehr solenn
und hatte für die Royals ein Gefühl
doch immer wenn ein Palastauge ihn
    erblickte
da war es ihm, als ob er sich entrückte
und stand wie ein Soldat dann stramm
    und still

Die Queen jedoch korrekt und ohne
    Eitelkeit
verlangte lediglich genaue Zeit
und gab den Anstoß für den Zeitenwandel
so kam der Zeiger als treuster Untertan
der niemals nichts als seine Pflicht getan
in den Devotionalienhandel

Volkert Herzog * 1940

Wenn ...

Wenn das Wort versagt
und deine Seele stumm klagt,
wenn hilfloses Seufzen deinen Schmerz
    beschreibt
und vom Gewohnten nichts mehr übrig
    bleibt,
wenn deine Tage leer hallen
und dichte Nebel in deiner Seele wallen,
wenn sich Trauer mit Schmerz vereint
und alles in dir still weint,
wenn der Schlaf dich flieht
und Sinnlosigkeit an dir zieht,
wenn Einsamkeit dein Begleiter ist
und Angst dein Herz auffrisst,
wenn deine Kraft am Boden liegt
und wieder einmal der Zweifel siegt,
wenn Zuversicht ins Nichts entweicht
und die Luft kaum noch zum Atmen reicht,
wenn's dir am Morgen graut
und alle Wege scheinen verbaut,
wenn dein Tagwerk harzt –

– dann geh zum Arzt!

Brigitte Herzog-Wachter   * 1962

Die Einladung

Du und ich
wir zwei
wie geschaffen für den Mai
unserer Träume
statt einsam und vergessen
wie ein Bilderrahmen
ohne Inhalt
zu verstauben
und zu denken an die Zeit
die längst vergangen ist
lass uns gemeinsam
den Flieder sammeln
und träumen
von der Sommernacht
die uns noch erwartet

Christof Marek Herzyk

Entfacht im Herzen
das Feuer, in dem sie brennt,
die Liebe zu dir.

Anne Hess   * 1995

Ein Sommer noch

Nur einen Sommer noch,
Oh, Herr!
Bevor das kleine Leben flieht
Und mich die kalte Nacht
in ihre starken Arme zieht.

Ach, einen Sommer noch,
Oh, Herr, oh Herr!
Mit süßem Rosenduft, den ich vergaß,
Als mir das leere Leben ganz
Das volle Leben fraß.

Nur diesen Sommer noch,
Oh, Herr, oh, Herr, oh, Herr!
Der feine Sand – er rieb
Die leeren Hände rau,
Dass nichts von deiner Liebe blieb.

Henrike Heß   * 1960

Sehr persönlich

Du siehst die Welt
durch die Brille
deiner Geburt.

Wohin dich dein Weg auch führt,
deine Heimat ist mit dir
wie das Haus auf der Schnecke.

Rainer Hesse

Sternschnuppe

Frohlockend, laue klare Sommernacht
treibt mich aus dem Haus,
achtsam, wohl bedacht

Ich schaue nach oben, sehe mich um
mein Herz ist leicht, voll Hoffnung,
bereit zum Freudesprung

Mein Atem stockt,
da war SIE schon

Ich atme tief ein, laut wieder aus,
schicke in Gedanken meinen Wunsch hinaus

Es ist vollbracht!
Wunschlos glücklich!
Gute Nacht!

Neike Heumann * 1973

Selbstbetrug

Wie konnte ich so blind sein,
in deinen Augen mehr als nur das Blau zu sehen?

Wie konnte ich so taub sein,
in deiner Stimme mehr als nur die Worte zu hören?

Wie konnte ich so stumm sein,
meine Stimme in deiner Gegenwart mit allem zu füllen?

Wie konnte ich so dumm sein,
dir mehr als meine Aufmerksamkeit schenken zu wollen?

Wie konnte ich so schwach sein,
dich mit all meiner Kraft zu lieben?

Jennifer Heyna * 1996

Wenn ...

Wenn Worte klären können,
sprich sie.
Wenn Blicke streicheln können,
schau mich an.
Wenn Hände helfen können,
reich sie mir.

Christine Heyne * 1945

Der Funken

Verborgen im Dunkeln
an einem unbekannten Ort
Da wartet in Funken
auf ein zündelndes Wort.

Ihm fehlt der Wind,
der durch seine Moleküle rinnt.

Er wartet auf Volt,
auf einen Anlass zum Glühen.
Das er die Welt überrollt,
soll sein Feuer erblühen.

Will endlich hell brennen,
will Licht im Tunnel erkennen.

So sieht man ihn ständig mit sich ringen,
in Jahren und Tagen vergeht die Zeit.
Der Funken will einfach nicht überspringen.
Wann ist es endlich denn soweit?

So ist mancher Funken gut versteckt
für alle Zeiten unentdeckt.

Edda-Virginia Hiecke * 1964

Ein Dienstag ohne Kaffee

Der Sommer fährt mir in die Glieder,
Mit Hitze, Schweiß und feuchtem Haar.

Das Würfeleis, das kühlt nun wieder.
Lustig singt die Vogelschar.

Der Himmel macht die Augen weit,
Wie du dein Körper, um mich legst.
Wir pfeifen Beide, auf die Zeit,
Weil du mich, in dir, langsam trägst.

Wir spielen unser Atemspiel;
Und grinsen frech, zum Fenster raus.
Der Dienstag ohne Kaffee fiel:
Auf nackte Haut, in unsrem Haus.

Torsten Hildebrand   * 1972

Das Trampeltier - Camelus ferus

Ich nehm die Dinge, wie sie sind,
sprach es und schaute heiter,
den Sand, die Sonne wie den Wind,
ich kaue einfach weiter.

Ich nehm die Menschen, wie sie sind,
sprach es und schaute nieder.
Der eine wütet wie ein Kind,
der andre kennt nur Jammerlieder.

Ich lass die Sorgen, wo sie sind,
sprach es im lockren Lauf,
nehm alle Freude, die ich find
und füll mich damit auf.

So trag ich alles, wie es ist,
das Schwere und das Leichte.
Die Dinge sind, wie du sie misst,
das Ziel und das Erreichte.

Und wenn die Welt zusammenfällt,
bleib ich gelassen wie ein Gör,
schau träge hoch zum Himmelszelt
und schreite dann durchs Nadelöhr.

Karin Hildebrandt   * 1954

Das Schloss

Ein goldenes Schloss,
davor ein tiefschwazes Ross.
Ein Hügel so wild,
wahnwitzig, der sich hinaufbegibt.

Doch oben, wo die Türme die Wolken
    fangen
und blühende Mädchen den flüchtigen
    Morgen besangen,
dort frohlockt das köstliche Glück,
dorthin kehrt der Träumer ewig zurück.

Doch das Tor weiß zu verbergen,
was im Innern die Sehnsucht stillt.
Einlass zu geben, scheint es ungewillt.

Tollkühn, wer zu bitten wagt!
Der Regenbogen, der droben aus der
    Himmelsdecke ragt,
vielleicht verbirgt er nicht samtig roten
    Wandbehang,
sondern finster einsame Kerkerwand.

Verdammt soll ich sein,
dass ich aus Furcht vor Ares kalter Hand,
Cupidos lieblichen Pfeilen entschwand.

Kein Lächeln, keines,
war je wieder wie seines!

Lia-Alexis Hildebrandt   * 1992

Burgen, Ruinen

Wieso verurteilst du,
du hast kein Recht dazu du traust zu viel
    zu,
nimmst im Innern keine Ruh

es drückt dir auf dem Herzen wie ein
    unpassender Schuh
aber hey, lass es drin du weißt ja wer ich bin

sicher wie tätowiert, fest gebrannt ohne
    nach rechts nach links zu schauen
du, du kannst ja nichts verhauen
was willst du?

– Anerkennung, Liebe oder Geld –
Irgendwas, was dein Inneres zusammen
    hält.
Denn wie eine Fahne im Winde oder im
    Schein,
das will keiner sein.

Annika Hilkert   * 1998

Zeitgeist

Du hast Angst, das Leben zu verpassen?
Das Leben lässt sich nicht in Formen fassen.
Du versuchst, viel in es 'reinzupressen?
Doch Leben kann man nicht in Mengen
    messen.

Was ist kurz und was ist lange?
Das Zeitgespenst macht uns nur bange.
Weiter, höher, schneller, mehr –
wenn du mitmachst, bist du wer!
Das ist der Stein, der auf uns lastet,
die Seele weint, der Körper hastet …

Doch Leben, das sind Augenblicke
im Hier und Jetzt – oft kleine Stücke.
Und wenn d i e schön sind, Tag um Tag,
wird Zeit für dich nicht mehr zur Plag'!

Gabriela Hinkel

Eine Sicht in Stufen

Stetig stetig steig ich diese Stufen,
die das Leben mir errichtet.

Endlos scheint mir ihre Zahl,
keine Pause die mein Auge sichtet.

Eine Treppe, die sich sträubt und windet,
so das kein Blick das Ende findet;

Nimmt sie weiter ihren Lauf,
geht Berg ab und mal Berg auf.

Jede Stufe eine Wahl
und mancher Schritt ist eine Qual.

Doch lässt dein Herz du Einfluss nehmen,
stellst die Logik mal zurück;

Wirst am Ende oben stehen und sagen:
„Auf dieser Treppe lag mein Glück"

Volker Hinrichs   * 1980

Eine leise Ahnung

Leben ist wie Springen
nackt
ins kalte Wasser
momentan, plötzlich, ungewiss
einmal nur jetzt
heiß kalt
Aufbruch ins eins sein
mit allem und keinem
nur kurz wahrhaftig
ins harte Weiche
wo alles leicht ist
auch das Glauben an die Ewigkeit

Johanna Hinterholzer   * 1996

Oh, Stille. Als hörtest Du mir zu.
Hörst Du mir zu?
Ich meine, ich warte. Da ich mich entsinne
ich einmal gelobte: Niemals zu warten
    beginne.

Ich wünschte, es wäre nur eine Norm
definiert mit:" Im Präsens harrende" Form.
Doch nicht. So gestern. Wie auch heute.
Vergebens. Ich vor der Norm mich scheute.

Die Wahrheit springt mich an. Ich warte.
Doch ich, wie so oft, umsonst erstarrte.
Es scheint wie ein Kreis. Vergisst Du mich
zerschlage ich den Dritten. Unwillentlich.

Er verzeiht mir. Ich sage zu Dir:
„Ein Küsschen gefällig? Oder ein Bier?"
Vergessen werde ich das nicht.
Doch was soll ich tun? Ich weiß es nicht.

Anne Hintz   * 1980

schiebetür

ich schiebetür
schieb' mich dir
in die figur
und lächle nur

natürlich

denn figürlich
kann ich tür
für mein gespür
nichts dafür

ho   * 1969

Manchmal steh ich hier am Fenster
Und blicke weit hinaus
Der Wind weht durch die Blätter
Bläst letzte Lichter aus

Ich sehn mich nach der Freiheit
nach Ruhe und nach Frieden
stattdessen lauf ich ziellos
durch dunkler Täler Wiesen

Bin frei und doch gefangen
unter so schwerer Last
Kummer ist mein Gefährte
und Traurigkeit mein Gast

Ich kann mich nicht erwehren
dem Druck halt ich kaum stand
die Flut sie reißt mich mit ihr
und zieht mich weg vom Land

Kann von hier nicht fliehen
Denn etwas hält mich fest
Verstand und nicht mein Herz
Ist was mich bleiben lässt ...

Nadine Hobert-Joumaa   * 1984

Sternschnuppen am Horizont

Auf einer kahlen Bank –
vertraut und doch so fremd
sitzen wir in der Dunkelheit
durchblasen vom kräftigen Wind.

Die Luft riecht nach Meer.
Die Lippen sind vom Salz benetzt.
Die Wellen und das Wasser
durch Grautöne besetzt.

Ein prachtvoller Sternenhimmel thront
über uns am Firmament
und wir schauen in diesen permanent.

Sternschnuppen durchstreifen den
    Nachthimmel –
und wir wünschen uns was bei diesem
    Gewimmel!

Fragen an die ungewisse Zukunft –
ein Tabu für diesen glücklichen Moment.

Dich hören, fühlen, verstehen und dabei
noch die Sternschnuppen zählen –
dies ist das Geschenk dieser sternklaren
    Nacht –
nur für uns beide gemacht.

Elke Hochapfel   * 1969

Tiefen

So unendlich tief
Es erstirbt der Schall
Rufe bleiben unerwidert
Es siegt die Weite

Vergessen alleine
Nie wieder gesehen
Die Weite zu weit
Vergebung erbeten

Ergossen überall
Unendlich verlaufen
Unsichtbar die Spuren
Versiegelte Wahrheit

Silbern denken
Anders sein
Errichtet der Weg
Flackert so klein

Jana Hochgrebe * 1999

Stofflichkeit

Komm, leg Dich um mich
Warme Seide.
Umhülle meine Glieder
Bis zu meinen Gebeinen.
Sanft will ich Dich und
Deinen Atem spüren.
Umschlungen und eingewickelt,
Hoffnungslos,
Dass ich erstick!
Berühre meine Spitzen vom
Haupte bis zum End.
Ein Kuss von Dir,
Du bleiche Schönheit,
Nur einer und meine Seele flieht
Geschwind.

Katja Andrea Hock * 1994

Gegenwärtiges

Am Aprilhimmel der achtel Mond
fernes Maiglöckchengeläute
Lebkuchenherzenduft mit
Jahrmarktszuckerkuss

Geschnörkeltes Schnuckelchen
Goldenes Schlüsselchen und
Zwergnase Märchen
in Augenspiegel Höhepunkten

Den Mondteich sprengen
und Knospen klingeln lassen
Irrlichter funkeln an
den Fingerspitzen

Eisgekühlte Augenblicke
nach dem Hitzschlag
April, April im
Morgengrauen kalt und heiß

Bauchgurgeln Kopfsummen
Herztuckern Achselschweiß
Naserümpfen Händeflattern
wenn ich deinen Namen denke

Julia Hoenen * 1947

Bitte hilf!

Bitte hilf mir nun.
Mein Herz zerbricht.
Ich kann nichts mehr tun.
Schau in mein Gesicht.

Du findest keine Freude in Ihm.
Dein Unverständnis ist normal dabei.
Bitte lass mich zieh'n.
Ich gebe dich frei.

Ich versinke im Sumpf ohne zu versteh'n.
Schau weg, ich rate es dir.
Oder willst du mit mir untergeh'n?
Nicht helfend können folgst du mir!

Meine Liebe zu dir wird unterdrückt,
denn meine Seele ist schon tot.
Meine Gefühle immer wieder verrückt,
folge meiner Seele in der Not.

Bitte hilf dir nun,
Zum Verstehen
Auch wenn ich dich liebe,
muss ich bald gehen.

Jens Hoeppner * 1964

Junimorgen im Weimarer Land

Über diesem Feld ist Ruh.
Hoch oben nur jubelst du
– Lerche
über zerknittertem Mohn,
der gerade erwachend,
purpurne Seide entfaltend
tausend rote Feuerbälle zaubert
in dieses Feld.
Unendliche Harmonie!

Christiane Hoff

Die Verabredung

Im Auwald
neben dem Hasenbiss
am Löwenzahnblatt

fand ich die Frau
mit dem Hasengebiss
unter dem Damenbart

und gab ihr genau
wie vereinbart Signal
und empfing von ihr

im Auwald
neben dem Hasenbiss
einen Kuss.

jens Höffken * 1985

Sonne im Westen
verschwunden hinter Bergen;
sterben, jeden Tag
und doch kein Grund zur Trauer,
denn nur der Lauf der Dinge.

Julian Höffken

Winterimpressionen

Wie eine stille, sanfte Klage
zeigt sich nebelgrau die Welt,
die, gleich dem ersten Schöpfungstage,
das Land in ihren Fängen hält.

Tief in all das Schweigen
steigen Kälte und die Nacht
und von Bäumen, von den Zweigen,
rieselt Schnee ganz leis und sacht.

Gestreift von Eis und Winden
sind an manchen dürren Ast
letzte Blätter aufzufinden,
die von Raureif wie verglast.

Ein Vogelschrei durchbricht die Stille,
ein Ruf, der nach Kontakten schreit,
und nimmt die ganze Fülle
winterlicher Einsamkeit.

Andrea Hoffmann

Das weiße Blatt

Ein weißes Blatt weit oben am Himmel,
Kein Punkt auf ihm zu sehen ist.

Es reitet gern auf Deinen Winden,
beschwingt hinauf und weiter weg.

Wartend auf den nächsten Wind.

Wer es fängt, hat flinke Hände,
Wer drauf schreibt, nimmt es gefangen.

Lass es weiß!
Lass es fliegen!

Gib ihm Wind!
und traure nicht!

Christiane Hoffmann * 1983

Es blüht so schön der große Fliederbaum
In seinem Schatten Träumten wir so manch
    schönen Traum
Sein Duft betörend sein blühen eine wahre
    Pracht
Oft saßen wir an Sommerabenden dort bis
    in die Nacht
Stunden voller Liebe und Zärtlichkeit
Schön war der Tag und mit dir die Zeit
In der Nacht in meinem Traum
Denk ich an die Stunden unterm
    Fliederbaum
Mein Herz erfüllt mit großer Dankbarkeit
Für alles was du mir gibst und die schöne
    Zeit

Peter Hoffmann * 1967

Wo Dein Licht die Wellen bricht

Steh auf und lass das Klagen sein,
es bringt nichts Schönes, Gutes.
Im Universum bist du mehr als Schein,
drum sei frohen Mutes.

Du kannst nur als real empfinden,
was durch deine Sinne du erlebst,
neues Wissen wirst du dann verkünden,
als Fortschritt, den du oft auch pflegst.

Grad, weil du bist im großen Ganzen,
füll deinen Platz hier bestens aus,
lass das Leben in Dir strahlen,
so lebst du froh im großen Haus.

Das Ganze ist nur dann gesund,
wenn die kleinste Zelle lebt,
alles Leben blüht so bunt,
auch, wenn man es nicht sieht.

Wenn wir auch glauben, Nichts sei nichts,
so ist es doch das Größte,
wo dein Licht die Wellen bricht,
da strahlst du am Schönsten.

Rainer A. Hoffmann

Dream of Nature

Durch meine Brille seh ich in die Ferne,
sehe funkelnd helle Sterne,

Seh den Horizont am Ende,
Seh die Mond- und Sonnenwende.

Seh das Gras am Boden wehen,
Kannst auch du dies Wunder sehn?

Seh den Baum im Wind sich wiegen,
Jede Hast kommt zum Erliegen.

Seh die Farben leuchtend hell,
Seh es fließt, das Aquarell.

Fühl die Frische auf der Haut,
Selbst mein Atem ist zu laut.

Fühl Energie bis in die Knochen,
hör mein Herz im Leibe pochen,

Fühl den nassen Regen prasseln,
Die Blätter in den Bäumen rasseln.

Seh den Ort so gut vor mir,
Dann wach ich auf und bin bei dir!

Jennifer Hoffmanns * 1997

ich bin ich

ich bin ich
da war gewünscht, beliebt, zu beginn
ich bin ich
das wünsche ich mir ohnehin
ich bin ich
das fühlt sich gut an und erfüllt
ich bin ich
jetzt werd ich aus angst verhüllt
ich bin ich
frei und in meiner mitte
ich bin ich
das bringt der zweiten nichts – das fühlt
    der dritte
ich bin ich
ist das nicht gut dann muss ich gehen
ich bin ich
wo das hinführt werden wir sehen
ich bin ich und das bleib'
ich bin ich – in mir vereinigt

jessica hofmann   * 1974

Haikus – Zerfall

Dein Gesicht, einst so
schön, ist nur noch ein Denkmal
seiner Grausamkeit.

Gemeißelt in Stein
versunkener Städte ist
vergangener Ruhm.

Dein Lächeln, grausam
und schön – du tötest mich durch
deine Erlösung.

Maren Hofmann   * 1996

Der Geschmack von Traurigkeit

Süß ist der Schlaf, den ich nicht bekomme,
bitter die Tränen in meiner Nacht.
Beißend und hell die Strahlen der Sonne,
die jeden Morgen nach mir erwacht.

Salzig die Tränen auf meinen Lippen,
sauer der Magensaft in meinem Hals.
Laut brechen Knochen am Fuße der
    Klippen
im wiederkehrenden Traume des Falls.

Süß und bitter sind so meine Tage,
sauer und salzig ist so meine Nacht.
Hinter der Wand aus Träumen die Frage
bleibt, wer den Geschmack von Traurigkeit
    macht.

Tim Hofmann   * 1995

wiedersehen

ich versinke in deinen augen
meine hände sind ganz heiß
worte jetzt gar nichts taugen
eines nur ist's das ich weiß

dich will ich herzen und küssen
nach dieser langen zeit
nicht mehr abschied nehmen müssen
ist es nun endlich so weit

du legst um den hals mir die arme
ziehst mich ganz nahe zu dir
spür deine lippen die warmen
dann ist es geschehen mit mir

nicht denken mehr nur fühlen
fallen ins glück ganz und gar
mit dir das lager zerwühlen
eins sein mit haut und haar

Volker Hofmann   * 1941

Zeit

Von Anbeginn in meinem Leben
das reifend mir Bewußtsein schenkte,
und die Unendlichkeit der Zeit
    beschränkte,
war es mein Zwang, sie auszugeben.

Ich lernte meinen Willen kennen,
ihn einzusetzen, war mein Ziel,
ich lernte Tag und Nacht zu trennen,
    es war
die Zeit, die herrschte über Ernst und Spiel.

Sie selbst ist es, die in mir ruht,
die mir das Leben kürzt und streckt
je nach Bedarf – wenn froh im Mut,
oder die Lebensangst mich schreckt.

Ich hab erkannt nach vielen Jahren:
Die Zeit spult immer gleich sich ab,
ich muß sehr kostbar sie bewahren,
ihr Ende ist mein eigen Grab.

Hab ich sie genutzt, so ist es Gnade,
hab ich sie vergeudet, ist es schade,
ich trage es mit froher Würde, nicht als
    Last,
ich bin immer auf der Erde nur der
    Zeitengast.

Renate Hollender-Koch

Und sollten Farben,
auch Gedanken uns trennen,
bleiben wir doch eins.

Felix Höllstern * 1996

Wann?

Ich fand meine Stimme wieder
an einem stillen Ort.
Dort sah ich Gedanken und flog mit ihnen
    fort.
Ich sprach das Unaussprechliche, ich lebte
    den Tod.
Verspottete Gesetzte und brach das Brot.

Wer sind wir, wenn ich nicht ich bin?
Wenn du bist, wer ich bin?

Es ist das Greifbare,
was zu begreifen uns nie gelang.
So ziehen wir weiter in Gedanken
und denken nur „dann".

Manu Holmer * 1992

gedanken einer flüchtenden

kannst du mir nicht deine schulter zeigen?
deinen mund schließen, deine
lippen sind stahl in
meinem denken.
wie ein katapult der liebe kann ich die
mühsal nicht
ertragen mit der du humpelnd davon
    läufst.

Janna Holst * 1989

Der Mann im dunklen Walde

Umgeben von Millionen von Lichtern um
    Mitternacht,
die von der toten Himmelsdecke scheinen,
suchte ein junger Mann nach der Seinen
und rief ihren Namen mit ängstlicher
    bedacht.

Umgeben von Säulen der Erde in voller
    Pracht
er schritt geschwind und sehnte.
Hinauf zum letzten Königreich er flehte,
möge ihm doch helfen eine höhere Macht.

Umgeben von farbenfroher Blättertracht,
die durch die Dunkelheit verschlungen war,
erblickte er eine gewaltige Vogelschar.
Ihre Flügelschläge durch einen Schrei
    entfacht.

Umgeben von bitterer, hässlicher Schmach
gelang er zum Schluss seiner verzweifelnden
    Suche.
Betrachtete er schließlich den Engel, der
    ihn verfluche.
Er wollte sie nicht verletzen, nur berühren
    ganz sacht.

So brach an des geschundenen Mädchens
    letzte Schlacht.
Sie kämpfte mit ihrer verbleibenden Kraft.
Doch trotz ihrer brennenden Leidenschaft
hatte er sie am Ende der Nacht
    umgebracht.

Gennadi Holwich

Depression?

Kennst du das Gefühl, zu leben,
ohne dass da etwas ist?
Ohne etwas wahrzunehmen,
nicht zu wissen, wer du bist?
Du kannst dich nur still betrachten,
doch dich spüren kannst du nicht.
Siehst dich an und musst fast lachen,
dein Verstand nimmt dir die Sicht.

Was denken sich wohl all die andren?
Sehen sie etwas in dir?
Denken sie, du wärst bei ihnen,
im Geschehen, Jetzt und Hier?

Ich seh sie alle oben tanzen,
zugehörig zu dem Ganzen,
hör die Freude und das Lachen,
ich würd so gern aus mir erwachen.

Meine ganze Energie,
all das Leben, die Magie,
sind um mich herum gesammelt,
doch sie zu fassen, schaff ich nie.

Lisa Holz   * 1993

Der alte Maler
5 Haikus, 1 Geschichte

Keine Beachtung,
Missverstanden und verkannt.
Farblose Hände

Das Leben, ein Spiel
aus Liebe, Hoffnung und Geld.
Eines fehlte stets ...

Die wahre Liebe,
ein letzter Blick, ein Abschied.
Erinnerungen?

Wartend auf den Moment,
in dem die Stille der
nächste Zufluchtsort wird

Zwei blinde Augen.
Die Welt, sie wirkt so dunkel ...
Die Hände, Kirschrot.

Niklas Holzapfel   * 1989

Des Rätsels Lösung

Zu leben heißt kämpfen, Tag für Tag
Oft muß ich aufpassen, daß ich nicht
    verzag
Ich will doch alles richtig machen
Doch da hör ich Gott schon lachen:
„Tu dir diesen Streß nicht an,
Weil man nicht alles richtig machen kann
Zu leben heißt lernen Tag für Tag
Und hör gut zu, was ich jetzt sag
Fehler sind da, um sie zu machen

Irgendwann kannst du drüber lachen
DES RÄTSELS LÖSUNG heißt zuzulassen
Und niemanden zu hassen
Du mußt nur einfach Liebe geben
Und du wirst seh'n, es ist ein Segen
Wer sich und andere liebt
Und Fehler vergibt
Der wird am „Ende" glücklich sein
Und mit sich selbst im Reinen"

Barbara Holze * 1973

Liebe

Ein Gedanke, ein Wort
eine Botschaft
Ein Lächeln im Augenblick
ein Geschenk
eine Farbe
in Allem
Funken der Liebe
mögen sie leuchten
für Alles
uns, mich und dich

Barbara Holzer * 1975

Seidenwebenträume

Schließe deine Augen,
fliege in die Nacht,
tauche ein ins Blaue,
entfessele den Verstand.

Befreie deine Träume,
die seidenweich und warm
in deinem Innern schlummern,
erweck sie aus dem Schlaf

Seidenwebenträume,
so zart und doch so stark,
dringen nun ins Freie,
verzaubern deinen Tag.

Verena Homberger * 1974

Veilchen

Veilchen, Veilchen,
warte noch ein Weilchen,
bevor du verblühst.
Ich schenk dich meinem Liebchen,
damit du ihm den Tag versüßt.

Michael Honzak * 1946

Du
stehst vor mir und ich blicke dich an,
Ich
denke, du bist der tollste Mann
Der Tollste
von allen, hier auf Erden
Doch aus uns beiden,
kann nichts werden.

Kristina Hopf * 2000

Das schnelle Leben

Alles zu schnell, wir sind nur noch am
    rasen,
rasantes Leben, ohne ruhige Phasen.

Im tristen Arbeitsleben rennen wir durch
    dunkle Gänge,
wir wurden korrumpiert durch
    gesellschaftliche Zwänge.

Ich weiß nicht ob es dir auch manchmal
    so geht,
das der blinde Konsum uns bis zum Halse
    steht?

Wie wir gedämpft und taub durch unser
    Leben hetzen,
zu vollgefressen um uns zu wiedersetzen.

All der bunte Bilderwahn
wirft und zielsicher aus der Bahn.

Es ist nicht leicht sich zu distanzieren,
aber ich will das Leben und nicht die Zwänge spüren!

Die dumpfe Kompromisse die mich umgeben,
tausch ich ein
für Momente die das Leben leben.

Das klingt gut, das klingt fein.
Ach würde es nur einfach sein.

Michael Höpfl

Der längste Film

Der längste mir bekannte Film,
Ist das Leben.

Das Drehbuch habe ich nie zu Ende gelesen
Und die Hauptrolle bin ich selbst
Und der Regisseur ist unbekannt.
Die Handlungen in diesem Film, ändern sich
Und je nach Altersklasse wird der Film anders wahr genommen.

Das was den Film so besonders macht,
Ist, dass er immer weiter läuft.
Einen Stopp-Knopf oder eine Rückspultaste gibt es nicht.

Wie lange der Film bekannt sein wird,
Liegt nicht an mir,
Sondern an euch – der Gesellschaft
Und daran, wie schnell ihr vergesst.

Cut.

Sabrina Höpner * 1996

Ein Lichtlein

Ein Lichtlein
Die Erde ist voller Licht,
doch viele merken es leider nicht.
Ein jeder hier auf Erden,
kann so ein Lichtlein werden.
Erst leuchtet es zart, bald immer heller
erfreut die Herzen immer schneller.
Ein jeder freut sich bei Dir zu sein,
denn bei dir ist es warm in deinem Schein.
Du gibst Kraft,
jedem der mit dir lacht.
Mag das Leben auch trostlos sein,
du bringst immer wieder Licht hinein.
Ein lieber Mensch hat dieses Licht,
doch gibt es viele die haben es nicht.
Das Lichtlein gibt Trost, Mut und Kraft,
ein Mensch der mit Wärme Frieden schafft.
Auch wenn das Licht nun nicht mehr ist,
ein jeder den Du gewärmt dich nicht vergisst.

Bärbel Hoppe-Arnoldussen * 1960

graue mauern

als das lächeln erwachte
die stimme kräftig schrie
die zarten knospen trieben
brach man ihm die hörner
verwundet, wehrlos, ausgebeutet
trottet es durchs leben
dumpf prallen seine beiden
stümpfe gegen graue mauern

Esther Horat

Der Baum

Du bist der Baum
Und ich bin ein Blatt
Das von Dir fällt

Es war ein Traum
Der alles in den Schatten stellt
Denn der Wind trieb mich fort
Ich konnte mich nicht wehren
Flog an einen anderen Ort
So musste ich Dich verlassen
Dachte an Dich
Wie viele Blätter Du hast
Sie alle machen Dich schön
Auch wenn die nehmen Deine Kraft
So wirfst Du sie nach und nach ab
Und im Wissen um Neue
Bist du jeden Tag
Voller Freude

Monica Horion * 1946

Kennt Ihr unsere Welt eigentlich?
Kennt Ihr sie ganz genau?
Kennt ihr unsere Welt eigentlich?
Die von Hunger und Armut so voll?
Die Welt die so langsam zerbricht!
Das Elend das siegt, der Hunger der
  überwiegt!
Die Liebe die fehlt, die Angst die quält.
Das Dach das fehlt, der Durst der quält.
Das alles das seht Ihr nicht?
Ihr habt Geld, das in anderen Ländern fehlt.
Ihr habt Brot, dort gibt es den Tod.
Ihr habt Reis, andere Leute erfrieren im Eis.
Eiskalt die Nacht, hat den Tod gebracht.
Ist das die Welt, die du zu kennen
  vermagst?
Nein, du glaubst es gibt nur Gutes auf
  dieser Welt.
Du hast einen großen Irrtum gefällt.
Sieh doch ein, es kann nicht alles wie bei
  uns sein.
Drum helft den Menschen in anderen
  Ländern,
gebt was Ihr zu geben vermagt.
Man wird euch danken, bis in das Grab!

Kathrin Hormann

Ich bin verliebt

Ich bin so schwer verliebt in dich!
Ich kann nichts essen, weil meine
  Gedanken nur bei dir sind.
Kann nichts dafür, wenn mein Herz nur
  nach dir schreit.
Kann Abends nicht schlafen, weil ich nur
  an dich denken kann.
Wenn ich mal einschlafe, träume ich von dir.
Ich will dich für immer und ewig, und will
  deine Nähe.
Mein Herz sehnt sich so sehr nach dir.
So schwer bin ich verliebt in dich!
Ich schenk dir mein Herz ,denn mit dir will
  ich glücklich werden.

Christiane Horntrich * 1977

Der Elefant

Flieger kreisen um den Erdball
Schrumpfen ihn mit jedem Start
Bildet sich schon seit dem Urknall
Menschenleben aller Art.

Unverändert bleibt das Tierreich
War's doch immer schon galant!
Angefangen bei dem Fischlaich
Reicht es bis zum Elefant.

Eben dieser ist sehr träge
Riesig, schwer, exotisch auch
Klein die Fläche vom Gehege
Primär Nutztier zum Gebrauch.

Know-how muss er erst bekommen
Das zumindest ist der Plan
Denn der Wandel hat begonnen
Vorsicht mit dem Porzellan!

Träge ist er lang gewesen
Heute ist er nur noch fremd
Freunde sind sie, die Chinesen,
Reden, lachen unverklemmt.

Heiko Höser * 1988

Garten der Stille

Meine Sinne sind offen mein Herz ist erregt
der Wind ganz sanft die Blätter bewegt

im Teich die Frösche ihr Liebeslied singen
ein Geschenk das sie mir entgegen bringen

so vieles finde ich an diesem lauschigen Ort
die Natur trägt meine Tränen fort

in tiefem Vertrauen lasse ich Gedanken
 ziehen
die mir so tief in meine Seele fielen

bedeutungslos wird - was mein Herz hielt
 umschlossen
hier wird es mit Liebe und Sanftmut
 übergossen

Erika Huber   * 1956

Und vor uns: Nichts als Kornfelder

Der Korbstuhl schien fast aus goldenem
Weizen geflochten, ein weites Feld
wehte um deinen Blick. Das frische Korn
schmeckte nach all diesen Herbstfragen

und ich pflügte dir die Lippen um. Immer
wieder, bis ich die Erde fand, nach der ich
suchte. Ich hob alle Nährstoffe aus, holte
uns an die Oberfläche zurück. Dann

wandten wir unsre gedüngten Münder
der Sonne zu und es sprossen die ersten
Gespräche goldgelb aus den Mundwinkeln
entlang der teichtrüben Wangen.

Es fischte der Tag sich sanft
verlorene Seerosen.

Natascha Huber   * 1986

Träume

Oh, Stadt der wachen Träume,
Die schläft, ob Tag, ob Nacht.
Mit Parks voll grüner Bäume
Und einer Brise sacht'.
Ja, Stadt, in der die Mutter sanft wie ihr
 Kindlein lacht.
In der der müde Bube sich in sein Bettlein
 schmiegt,
In der die güt'ge Mutter ihn hin zum
 Schlafe wiegt,
Bis er hoch über Wolken durch Feld und
 Walde fliegt.
Aus Bergen Gold gemolken, dem des
 Monsters Wahn erliegt.
So erscheint der wilde Drache
Mit feuerheißem Herzen,
Des Schatzes Echsenwache,
Bis der Ritter ihn besiegt.
Ausgehaucht am Boden, bald schwinden
 alle Schmerzen.
Die Feuerbrunst darnieder steigen Sterne
 auf.
Erwacht das Kindchen wieder, nimmt's
 Leben seinen Lauf!
Und Drachen, Ritter, Feuer,
Ein Wunsch und das Verlangen,
Ein Jedes Abenteuer
Bleibt in der Nacht gefangen.

Stefanie Hübner   * 1994

Spuren

Jedes Wesen
hinterlässt seine ganz eigenen Spuren im
 Sand,
so wie jedes Leben
seine ganz besonderen Spuren
im Gesicht eines Menschen
hinterlässt.

S. Hufmann-Larasser   * 1967

Amselkind und Amselmutter
suchen auf der Wiese Futter.
Hungrig steht das Kind daneben,
Mutter soll die besten Brocken geben.
„Das musst du selber machen, du,
alt genug bist du dazu!"

Da hat sie einen fetten Wurm erspäht
und bevor er wieder stiften geht,
hat sie ihn blitzeschnell gepackt
und in der Mitte durchgehackt.

Das Kind jedoch
war schneller noch.
Es konnt' mit einem Happen
gleich die beiden Stücke schnappen.

So ist's nun mal im Leben.
Immer sollen Eltern geben.
Die tun's ja gerne, ohne Frage,
ernten Dank und Liebe manche Tage.
So soll es wohl auch richtig sein.
Ist es das? Ich weiß es, NEIN.

Jutta Hühn

Wechselhaft

Mal springt vor Freud mein Herz
Und tanzt in meiner Brust,
Mal ist es voller Schmerz
Und weiß nichts mehr von Lust.

Dann bin ich tief betroffen,
Verletzt von dieser Welt,
Vermisst ist alles Hoffen,
Kein bisschen, was mich hält.

Es wendet sich, ich weiß es doch,
Zur andern Seit das Blatt,
Es fällt ein Licht ins tiefste Loch,
Das eine Öffnung hat.

Mal springt vor Freud mein Herz,
Mal ist es schlicht,

Mal ist es voller Schmerz;
Ich weiß, es bleibt so nicht.

Stephan Hühne * 1961

Real

Die Erde dreht, die Erde bebt, die Erde
  lebt.
Geboren und Gestorben, wieder zur Erde
  geworden,

Freude und Trauer gibt sich die Hand,
  gelöst was uns verband.
Der Geist er besteht weiter, um uns und
  immerdann.

Das Dogma sich entblößt, die Fesselung
  sich löst,
Die Freiheit in die kleinste Ritze stößt.

Vertrauen, Respekt und Ehre, das höchste
  Gut der Menschen.
Nie mehr belogen, nie mehr missbraucht,
  jeder ist gleich, du auch.

T. C. Humey

Erstarrt

Der Winter hat sie eingefroren,
die Hoffnung die sich in mir regte,
voll Freude hab ich sie vernommen,
wie süß ihr Lied doch in mir klang.

Doch ich hab ihre Spur verloren
im Schnee der sich darüber legte,
der Winter hat sie sich genommen
als leise schon der Frühling sang.

Jessica Hummel * 1978

Seele und ich

Glaube nicht, dass deine Seele
nur dir gehört.
Sie ist auch ein fremder Schatten,
der von Welten kommt,
jenseits deiner tiefsten Träume
und der Sucht vergeblicher Hoffnung.

In diesem Schatten
zeigt sich das Nichts
als unbegreifliches Sein.
So ist deine Seele
ein flackerndes Wesen,
das niemand versteht.

Wie oft versuchtest du,
in dir sicher zu ruhn.
Aber nichts passte zusammen.
Deine Seele gab keinen Halt.
Sie ließ dich im Stich,
wann immer sie wollte.

Gerald Hussendörfer   * 1942

Seelenwunsch

Wohl wissend um der Seele Macht,
versteckt sich tief das Urgefühl.

Zaghaft hoffend –
klagt unser Innerstes,
doch fürchtend zu verklingen
in der Leere Raum.

Die Seele schreit's heraus,
doch der Verstand
pflegt die gewohnte Ignoranz.

Stephanie Hussi   * 1966

Dieser Traum

Es war so vertraut, ich stand da
und wusste sofort, was ich sah.
Ich blickte in zwei Augen,
konnte es nicht wirklich glauben.

Ein tiefer Blick in das Dunkle hinein,
ich wusste, es konnten nur Deine Augen
    sein.
Es war ein strahlend schönes Braun,
wie oft sah ich es in meinem Traum.

Doch dann warst Du weg, bist gegangen,
ich wollte Dir folgen, doch ich war wie
    gefangen.
Ich fing an zu schreien, dann saß ich im
    Zimmer
auf diesem Bett, es war wie immer.

Ich hatte Angst, ich war allein im Raum,
dann begriff ich, es war wieder dieser
    Traum.

Stephanie Huter   * 1991

Die wilde Freiheit schmeckt nach nichts
Denn frei ist der, der nichts vermisst.
Die Zukunft nistet in den Köpfen
Hab und Gut in Kannen, Töpfen.
Schattenreich und sonnig' Weiten
Sind wir neu, doch stets die Alten.
Mauern schon empor gestiegen
Selig die, die unten blieben.
Schenk mir nochmal Leben ein
Flaschen voller Lebensglück.
Weich umhüllt will mein Herz sein
Der Blick im hier, nicht vor/zurück.

Marie Hüttner   * 1989

Abschied

Ich wollte noch Abschied nehmen.
Ein letzter Kuss. Oder ein Augenblick
Ein letztes Flieh'n in deine Seele

Jetzt da ich von dir gehe
Sag mir noch es ist nicht leicht für dich
Und sag, dass ich dir fehle.

Nur eine Träne aus dem Augenlid
Geht über sanfte Haut hinab und spricht
Ohne Worte. Aber mehr sagen
Könnt sie nicht.

Susanne Hutzler   * 1993

1000 Masken

Ich setze sie auf und wieder ab
Wechsel sie ständig aus
Ich habe so viele selbst gemacht
Aber manche wurden mir einfach
    aufgebrannt
Wie ein Mal
Die Male veränderten dieses Etwas,
Was mich ausgemacht hat
Und doch trage ich diese Male zur Schau:
Seht her, ich kann mich fügen, mich
    belügen!
Unter vielen Lügnern bin ich nicht allein
So viele versuchen etwas zu verbergen
Zu verstecken
Und doch sind sie im Konflikt
Mit sich
Wenn ihr Schutz zerreißt
Die Fügung zerbrochen ist
Das Wahre hervorkommt
Und doch haben wir nur Angst vor uns
    selbst.

Ianna

Wer bist Du?

Hallo, wie ist Dein Leben?
Bist Du wie ich?
Bist Du, Du?
Oder bist Du ich?
Sind wir alles?
Oder bist Du so wie ich sein will?
Bist Du ich?
Bin ich Du?
Sind wir alles?

Icheinfachich   * 1982

Du bist der Inhalt
meiner liebenden Worte.
Die Melodie
die mich begleitet,
verfolgt an jenem Orte.
Du bist der Antrieb
an jedem Morgen.
Die Luft
die ich atme,
der Grund meiner Sorgen.
Du bist das Schönste
und doch Betrug.
Oh, welch Schmerz!
Das Schicksal
meint es nicht gut.

idivi   * 1984

Ungeklärte Wenigkeit

Ungeklärte Hindernisse zeichnen
Ungewollte Liebe malen
Unverfrorne Kälte schreiben
Nie ein ungesagtes Wort erzähln.

Ungezähmter Schicksalsschlag
vorbereiteter Gefühle
lebensmüde
auf dem Wipfel blüht.

Keine einzige Träne
Schneidet in das tiefe Fleisch
Unbemannten Klarheit weinend
Über unsrer Köpfe schwebt.

Klingeln wie ein Hilferuf
Durch die ungeschützten Räumlichkeiten.
Kreuzigung des Unbewussten
Überziehn die Ewigkeit.

Daria Iemets

des Dichters wahre Ehre

Doch was geschieht wenn die Welt
    überdrüssig des toten Dichters Wird?
Streift die Kugel sanft des Herren Welt?
Sein Innerstes nach außen kehrt,
um das er nun nichts mehr begehrt?

Der Gefühle Lauf entzünden
Soll doch alles vor dir schwinden
Autorität, dein Fallbeil fällt
Begraben gar und doch mitnichten
Erfüllt, wie nur dein Leben schellt

So sei es gar dich selbst zu richten
Im Antlitz deiner Schattenwelt
auch wenn sie dir noch voll vom Lichte
Der Narren gar arg strahlet Hell
So ist sie doch mitnichten schlichte.

So schallt des Dichters Namen
Durch toten Stimmes Rahmen
Geraunt durch schalkes Narrenheil
Taub für Bestimmungs Lehre
Ein Missklang aus der Schattenwelt
Des Dichters wahre Ehre

Chris Ifland   * 1990

Ein hart gesottener Hund

Ein Mann steht oder liegt
und dieser eine da siegt,
denn er kam, sah und tat
wie es allein ihm beliebt.

So ließ er andere im Stich
und in einem Graben sich,
bloß um ihnen zu zeigen:
Nach euch geht es nicht!

Im Rausch der Nacht hinein
und eine weitere Narbe sein,
ehrlich verdient, nicht geklaut,
ziert dieses Abzeichen seitdem
die vom Wetter gegerbte Haut
des nackten wie rauen Bein.

Und würde er sitzen und fallen,
er hätte es an der Luft genossen
und Flügel würden keine Flossen.

Dennis Igelbrink   * 1991

Ausradierte Gefühle

Gedanken
wie Pergament
die man
nicht sein eigen nennt

Gefühle
wie Tränen
die man
hat zum leise quälen

Träume
wie Seifenblasen
die platzen
wie Löcher auf Straßen

trostlos schwebend
innerlich treibend

ausradierte Gefühle

Steffi Illi   * 1966

Haiku

Die Tränen der Zeit
brennen sich tief in die Haut,
es bleiben Narben.

Leila Imme * 1995

Die Tafel

Dunkel überkommt mich der Wunsch
vor der Tafel;
hineinsteigen und flüchten,
mich in dieses schwarze Etwas stellen,
um hinüber zu sehen.

Und was –
würde ich tatsächlich aussteigen und
auf das Zurückgelassene blicken:
die Klasse, die Klassen ... nichts!

Endlich –
eine kalte Hand zieht mich hinein;
mir wird auch kalt – warum?
Welch herrlicher Alptraum!

Sieht von hier
doch alles anders aus, so ...
so gespielt,
aber zu ernst,
fast komisch.
Egal;
ich fahre fort im Unterricht.

Sedat Ince * 1968

Bedrohung

Weil ich Dich liebe,
möchte ich für Dein Leben
eine Bedrohung sein.

Ich will Dich
aus der Bahn werfen,
damit Du Deinen Weg findest.

Ich will Dich erschüttern,
damit Du die Welt
mit neuen Augen siehst.

Ich will Dich verletzen,
damit Du wieder lernst,
wie es ist zu fühlen.

Ich will,
dass Dich Dein Weg
zu mir führt.

Ira Intsch

und sie war

Sie wurde und sie war und sie wurde
die Erde aus der ich schlüpfte der Kokon
    meine Puppe

meine Gebärerin, meine Mutter
sie wurde
sie war

sie wurde
das Wasser das mich ertränkte das Messer
    meine Würgerin

das Fremde, das Verschobene
sie war
sie wurde
und sie war.

Die zu Grabe getragene, die Mutter.

Und sie war.

IOANESCU * 1993

Schwalbenzug

Zug der Schwalben über'n See
Tief, das Wasser fast berührt.
Wirkt so frei und ungezwungen.
Fühle mich von ihm geführt.

Lasse die Gedanken fliegen
Tief in den Horizont hinein,
Lasse meine Sorgen liegen
Und kehre frei dann wieder heim.

peter irberseder * 1961

Das Spiel der Schaumkrone

Tanzend, brodelnd sprühen weiße Blasen
    über die rauen Kanten
bedeckt von tiefsten Blau trifft die kleine
    Krone in die unsagbare Weite
in funkelnder Tiefe gefangen, wankend im
    Schwindel des trostlosen Tiefs
verloren in der Menge Gleichgesinnter,
    fliegend in munterer Einsamkeit
springend, fallend, erschöpft am Grunde
    liegend und erneut die Luft küssend
tanzend wieder hervorstechend wird sie
    hochgesprudelt und beginnt,
wo einst ihr Ende war

Patricia Isabelle * 1987

Es gibt Menschen im Leben,
die sind dein Fels in der Brandung.
Menschen, die dich zum Lachen bringen,
selbst wenn du Tränen in den Augen hast.
Es gibt Menschen im Leben, auf die kannst
    du bauen,
auch wenn sie selbst dabei einstürzen.
Menschen, die dich lieben,
selbst wenn du es gerade nicht tust.
Menschen, die dich wiederfinden,
wenn du dich selbst verloren hast.
Menschen, die dich auffangen,
wenn dich andere fallenlassen.
Menschen, die an dich glauben,
selbst wenn du die größten Zweifel hast.
Es gibt Menschen, die dir den Weg zeigen,
wenn du ihn nicht siehst.

Franziska Iwan

Der Sonne hinterher

Ich bin heute aufgewacht
Geb' damit mein Sitzfleisch ab
Ich flieg' der Sonne hinterher
Ich strahle immer mehr

Falls du mich nicht mehr erkennst
Ich bin jetzt ein Übermensch
Bin jetzt Überlebensgroß
Und sitze nackt auf Gottes Schoß

Die Sonne bringt es an den Tag
Und der Mond in tiefer Nacht
Obwohl dein Stolz im Sterben lag
Zogst du in die Schlacht

Dein Schneit machte den Rücken krumm
Dein Mut war noch ein Kind
Darum bring sie doch einfach um
Wenn sie nicht gestorben sind

Izzy * 1993

Das Klatschen der Wehklage

Alle Wehklage bricht sich
an der brennenden Brust
bricht durch die pochenden Herzen
und krallt sich an Staub und Schmutz.

Alle Wehklage hämmert sich
in das bleiche Gesicht
reißt in Fetzen den schwarzen Stoff der
Kleider
reißt ihn Schicht um Schicht.

Alle Wehklage frisst sich
durch das verlorene Glück
frisst mit scharfen blutigen Zähnen
frisst es Stück für Stück.

Alle Wehklage sticht sich
tief, tief in das trostlose Herz
löscht jede Hoffnung und Wärme
und hinterlässt nur kalten Schmerz.

Mirna Jaber * 1982

Das Paradies und die Unterwelt

einst wo die lachende Sonne uns umarmte,
wo die Wolken uns wie sanfte Hände
    trugen,
wo die Melodien der Liebe für uns
    zwitscherten
und die Rosen der Zuneigung für uns
    blühten,

einst wo das abgeneigte Mondlicht durch
    unsere Gardinen sickerte,
wo die bodenlose Erde uns durstig
    verschlang,
wo die Eulen zu uns hasserfüllt seufzten
und die Blumen abstoßend für uns
    verwelkten,

dort werde ich auf dich warten,
im Paradies der Liebe und der Unterwelt
    des Hasses,
im Gewand der Zuneigung und der
    nackten Abneigung,

dort gehört dir mein Herz,
dort gehört dir die Hülle
meiner leeren Seele

Rim Jabr * 1993

Vom Zweck des Betens

Gebete fördern Konzentration auf was man
    möchte,
doch keinesfalls externen Beistand, wie
    man dächte.
Denn: Welcher wahre Gott würd' sich
    bewegen lassen,
den hehren Plan für seine Tier- und
    Menschenmassen
dem einen oder andern Schleimer
    anzupassen?

Ernst H. Jager

verfluchter gehorsam
verfluchtes treusein

ich werde festgenagelt
gezwungen
verpflichtet
verführt
eingeschworen
zu gehorchen
folgsam zu sein
befehle zu erfüllen
ich darf nicht mehr
auf mich selber hören
nicht mehr nach meiner
meinung entscheiden
ich hab mich fesseln lassen in
treue und gehorsam

karin jahr

Wunschtod

Ein Celloton zupft an mir
intensiv, beharrlich. Und doch
so voller Zärtlichkeit.

Ich wünschte, meine Seele
könnte zerstieben im Wind.

Beate Jahreiß

Lass uns füreinander da sein

Lass uns miteinander reden
ehrlich und ernsthaft, mit Respekt und
    verständnisvoll.

Lass uns einander zuhören
und Freude und Sorge miteinander teilen.

Lass uns nach Sternschnuppen ausschauen
und auf die Erfüllung unserer Träume und
    Wünsche hoffen.

Lass uns in die Augen schauen
und spüren wie der Funke überspringt.

Lass uns in die Arme nehmen
und füreinander da sein.

                      Gudrun Jakob   * 1959

Blatt oder Wind?

Blatt oder Wind – was können wir sein?
Für den Wind fühlen wir uns zu klein.
Also bleibt uns denn wohl nur das Blatt.
Selbst wenn es keine Richtung hat.
Wir erlauben es anderen, für uns zu wehen.
Und schaffen es nicht, eigene Wege zu
    gehen.

Doch ich sage heute: Der Wind müssen
    wir sein!
Tapfer und frei und für nichts zu klein.
Denn das eine Wichtige vergaßen wir glatt:
Die Flügel hat der Wind und niemals das
    Blatt!

                      Dennis Jakobi   * 1976

Sehnsucht

Ich sehne mich,
Sehn mich nach Licht.
Träume süßen Träumen nach,
Träume träumen, Tag für Tag.

Dunkel schleicht wie bittersüß,
In dunklen Gedanken lange gebüßt,
Dunkle Erinnerung in deinen Traum,
In dir verwurzelt, besiegbar kaum.

Schmerz stechend
Über deine Wangen roll',
Bitte komm heim,
Dann wird mein Herz voll.

                      Kerstin Jakobs   * 1998

Herzsonnenfinsternis

In deinen Armen tanzend mein Geliebter
Begrub ich jeden Zweifel alle Wehmut
In meinem Herzen atmend mein Geliebter
Erblühte und erstrahlte jener Sonnenhut

Der heilsam kalte Herzen wärmen soll
Vor langer Zeit ist er verblüht.
In meinem Innern schweigend jener Groll
Der keine Richtung kennt und keinen
    Namen
Hält emsig Ausschau jetzt nach jedem
    Samen
Aus dem Gefühle wachsen – innig, warm
    und voll
Und bringt sie zeitig um

In meinen Armen schlafend bleibt die Leere
Die ich zu füllen müde werd' und alt
In meinem Herzen tosend hüten
    Weltenmeere
Die alte Last - abgründig, blau und kalt.

                      Valentina Jakobs   * 1981

Erinnerung

Als ich war zuhause
und saß
und machte eine Pause –
ganz allein im Gras.

Ich denke an meine Kindheit,
sie war immer hell.
Ohne jede Einsamkeit
verflog sie viel zu schnell.

Allmählich wird es heiß;
ja, es ist zu warm!
Ich hole mir ein Eis –
doch langsam tropft es auf meinen Arm

Es ist wie damals, es läuft verkehrt:
das Eis so bunt,
nur leider nicht in meinem Mund.
Doch das Gefühl von damals,
das ist es mir wert!

Jana * 1997

Gefunden

Diese eine Nachricht
Hat alles verändert
Glücklich wie nie
Nur wegen dir
Worte bedeuten viel
Gefühle mehr.
Jeder Satz, ein Lachen
Jedes Lachen ein Gefühl
Will dich nie wieder loslassen
Ohne dich kann ich nicht leben
In liebe dein Engel

Janin * 1999

Zeit

Die Zeit fliegt vorbei
Als wär' sie ein Vogel
So frei

Die Zeit bestimmt unser Leben
Als wär' sie Gott
Doch hat nicht er sie uns gegeben?

Katrin Jansen * 1997

Stern der Ewigkeit

Aus der tiefsten ewigen Unendlichkeit
aller grenzenlosen Träume und Gedanken
tritt als Mysterium durch Raum und Zeit,
achtlos aller irdisch auferlegter Schranken,
geheimnisvoll deine Seele in mein Leben.
Niemals fremd, seit ewigen Zeiten vertraut,
bedingungslose Liebe in allem Bestreben
und Wiedersehen einst auf Hoffnung
    gebaut.
Mein magisch glänzender Stern der
    Ewigkeit,
wir bleiben verbunden durch Raum und
    Zeit.
Und wird einst meine Seele von hier gehen,
dann werde ich ewig an deiner Seite stehen.

Natunika Jarow * 1973

Ilka

Was heißt das schon: Tatsachen
akzeptieren? – Tatsachen sind auch nur
ins Leben gebissene Träume. – Du!
Uns was heißt Moral, heute? –
Legitimation, Polizeiprinzip der nur zum
    einmaligen Kraftakt
Willigen, – Tatsachen:
ein idealer Schutz!
Aber Du – :

bist Du fähig, willst Du noch einmal
    träumen?
Wir träfen uns in der Mitte des zu Staub
    geträumten Fakts.

Michael Jarrath   * 1964

Tabak

Fermentierte Blätter in Form gebracht.
Die Zigarre ergänzt der Regionen Tracht.
Ein Ritual gepflegt von vielen ethnischen
    Zivilisationen.
Hochgenuss verabreicht in kleinen
    Portionen.

Wenn der Stängel häufig brennt,
ein Raucher sich vom Stoff nicht gern
    trennt.
Den Krauser selbst zu drehen,
kann ein Snob kaum verstehen.

Der Macho bevorzugt die schnelle Kippe.
Lässig hängt sie von seiner Lippe.
Experten nehmen ihn gar kritisch unter
    die Lupe.
Zum Schluss noch eine letzte Fluppe.

Michael F. Jarvers

Heimkehr zweier Wanderer

Da begann es zu stürmen, zu regnen, zu
    schnei'n
So beeilt' sich der Bursche zu Hause zu sein.

Doch wie er so rutschte und gen Heimat
    rannte
Zerrte der Wind gar hart am Gewande
Weiter und weiter ging's rasch nur nach
    unten
Die Händ' und die Knie vom Fels schon
    zerschunden.

Da hört er hoch droben den verzweifelten
    Mann
Der glaubt, dass er nie mehr zur Familie
    heim kann.

Jetzt packt ihn der Eifer und es schreit sein
    Gewissen
Forsch fährt er herum, die Füß'
    hochgerissen
Er stürmt nun bergan, den Fels wieder
    empor
Zurück zu dem Mann, dem er begegnet
    zuvor
Stein für Stein wird vom Wand'rer besiegt
Als er die Steilwand rasch nach oben fliegt.

Stiegen hoch zwischen wilde Gipfel hinan
Stürzten tief vornüber die Felswand
    entlang.

Schwebten voller Freude an Bifröst vorbei
und sitzen jetzt friedlich beim köstlichen
    Mahle
Mit ihnen an der Tafel die Männer, die frei
Von Arbeit und Last dort drunten im Tale.

Daniel Jehle

Ich mag nur den Herbst

Ich mag den Winter nicht
Weil der Winter zu kalt ist
Ich mag den Frühling nicht
Weil der Frühling zu jung ist
Ich mag den Sommer nicht
Der Sommer macht sich wichtig
Und deswegen mag ich nur den Herbst
Tote Blätter und graue Wolken
Und die Erinnerungen die mit
    Herbstwinden
Nie vergehen ...
und nie verwehen ...

Seadin Jelovac   * 1968

Urlaubstage

Wie schön war'n doch die Urlaubstage,
an denen ich Dich öfters sah.
Und es steigt in mir die Frage,
ob es nicht ein Traum nur war.

Ein Traum, der stets vergänglich ist
nach einer viel zu kurzen Zeit.
Wo du dann nicht mehr bei mir bist
und die Erinnerung nur bleibt.

Es steigt in mir ein schönes Bild:
Wir gehen Hand in Hand
entgegen einem fernen Ziel
gebunden fest an einem Band.

Doch sollte es die Zukunft bringen,
dass der Halt doch ist zu klein,
dann wollen wir zurück nur blicken
und niemals traurig sein.

Bent Jensen * 1938

Sonnenaufgang

Die Sonne hat dein Licht gefangen
als du durch die Straßen lief
Bin kaum an dir vorbeigegangen –
um die Ecke – warst du weg
Kein Wort, keine Wünsche
hast du von mir eingesteckt
weil ich nie mein Mund geöffnet habe
Die Briefe niemals abgeschickt

Und jetzt bist du wieder in Berlin
Ich selbst war niemals da
Die Sonne werde ich wiedersehen
doch scheint das Licht mir halb
zu scheinen als mein Körper sich
durch die Straßen herzlos trägt
während – das Urteil abwartend –
mein Herz am Tor im Osten steht

Mein Herz wird warten bis das Licht
im Himmel aufgeht.

Solveig Jensen * 1992

Hochebene (Karpathos)

Sonnenaschen
überblendet
Suche vergeblich was
mir Schatten spendet

Der Wind
ausatmet nur
und zwingt
die Disteln singen

Seltne Vogelstimmen
kürzer als
ein Amboss klingen

Vor der gekalkten Hütte
wenige tollgrüne
Zeilen Wein

Riesle eine Hand
voll Spielzeugerde
meinem Schatten ein.

Carl-Rainer Jentzsch

Erfolglose Nacht!

Die Nacht durchwacht – an Dich gedacht.
Wollte nicht träumen,
hatte Angst zu versäumen,
Dir zu begegnen,
wenn Sternschnuppen regnen.
Sah Dein Gesicht im Mondenlicht.
Im Nebel verschwunden –
schon nach Sekunden.
In der Nacht versunken.
Hab' mich betrunken;

mit Cola und Korn;
Kopf hämmert vor Zorn.
In den Himmel geguckt,
Aspirin geschluckt.
Dann doch eingedöst –
von der Sehnsucht erlöst.
Mit Kater erwacht – erfolglose Nacht!

Andreas Jeurink * 1966

Heute ist draußen Sonnenschein,
meine Wünsche, die sind klein.

Ich wünsche mir nicht Karriere und
nicht ganz viel Geld.

Ich wünsche mir einen Menschen,
der auch in schweren Stunden zu mir hält.

Eine Frau, die mich liebt,
und die mir ihre Liebe gibt.

Eine Frau, die wird mit mir alt,
so sind meine Wünsche halt.

Immer Arbeit und nur wenig Sorgen,
und einen Mensch bei dem ich bin
	geborgen.

Heute ist draußen Sonnenschein,
meine Wünsche, die sind klein.

Dirk Job

Der emotionale Dichter

Heut pflegte ich mein lichtes Haar,
so schön war es und doch bizarr.
Ich verfüge über keine Matte,
doch dafür über eine Platte.

Hinter meiner Stirne ist viel los
und das Gehirne riesig groß.

So kreisen nachts all die Gedanken,
im Kopfe kenn ich keine Schranken.

Sie legen beredtes Zeugnis ab,
der Rhythmus führt direkt ins Grab.
Vom Geiste stets vorangetrieben,
ist die Ruhe oftmals ausgeblieben.

Mein Reservoir sind Emotionen,
welche Leser mit Kritik belohnen.
So bilde ich mich immer weiter,
bin ausgeglichen, froh und heiter.

Thomas Jobke * 1967

Liebe

Ich stand hier
einfach so
hab auf nichts gewartet
hab an nichts gedacht
da kamst Du
unverhofft
einfach so
hereinspaziert
nicht dass ich dachte
hab mich nicht gewagt
wie so oft
stand einfach da
und du kamst
hast gelächelt
hast gefragt
und ich sagte ja

Sarah Jochums * 1984

Winterfreuden

Schneeballschlacht und Kinderlachen,
Schneemann bauen aus weißer Pracht.
Ach, wie lange wird er stehen?
Spätestens wenn die Sonne lacht,
oder Regen fällt vom Himmel

spült dann fort das weiße Kleid.
Nur noch Reste, Hut und Nase
sind vom Schneemann der Beweis.

Frieda A. Johann * 1940

Winterkinder

Zwei Mädchen allein unterwegs in Gassen,
auf Wegen für sie nicht geschaffen.
Sie gehen daher ganz vermummt und
    versteckt,
kein Geräusch, hat sie je erschreckt.
Sie hinterlassen kaum Spuren im weißen,
    glänzenden Schnee
doch wenn, dann verschwinden sie wie ein
    scheues Reh.
Was ist es nur was sie zur Eile treibt?
Warum ihnen wohl keine Zeit übrig bleibt?

Doch plötzlich wie aus dem Nichts heraus,
bleiben sie stehen als wäre es ihr Haus.
Sie gehen nicht weiter lauschen nur dem
    Wind,
verstehen ihn und laufen weiter geschwind.
Was war es wohl, was sie erstarren ließ?
Eine Botschaft getragen von des Himmels
    Macht,
nur für sie verständlich gemacht?

Die Mädchen folgen weiter ihrem Weg bis
    er endet
Und sie mit ihm verschwinden.
Nächstes Jahr kommen sie wieder das
    gewiss
Doch ob sie auch dann sind so
    unerschreckt?
Das weiß nur der Wind, das himmlische
    Kind.

Johanna * 1997

Sphärenklänge

Der Raum höherer Sphären
kommt etwas zu mir herunter
oder gehe ich hinauf?

Unsichtbare Räume – eine Grenze nicht
    zu sehen

Nichts ist vergangen
Nichts ist zu erwarten
und der Boden gibt keinen Halt mehr
Der Weg zu weit um von hier unten zu
    berühren

Die Nacht ist der Morgen
Der Tag ist die Nacht
wenn am Abend die Wolken aufziehen
steige ich über sie hinauf
oder kommt etwas –
durch sie gebracht?

Belinda John * 1981

Ukulele

Ich weine um meine Toten,
die mein Leben waren.
Meinen Vater, der mich vor Kummer
bewahren wollte.

Meine Mutter,
die uns umsorgte,
uns mit zärtlichem Blick
ihre Liebe zeigte.

Ich weine um meine Toten,
die einst meine Seele wärmten,
Hände, die mich hielten,
Augen, die mich streichelten.

Hände, die ich nicht gehalten habe.
Augen, die ich nicht geküsst habe

Ich weine
ich weine

Und du spielst
auf der Ukulele...

Gisela John

aus einer stille heraus
dir nah
in einer ruhe
die ich aus mir heraus
nur ahnen
in eine gemeinsamkeit
die wir nur augenblicklich
für den moment
der keiner
den blick
der nicht geschenkt
das verlangen
das nicht gestillt
– es ist kein werden im wird.

Johanna Jöhnck * 1979

Hinterm Käfig

Hausend dort in der Baracke,
hölzern und in schäbig Nässe.
Lang Strapaze, ohne Pässe
endend hinterm Stacheldrahte.

Bein, vom Kriege ihm entrissen,
seine Augen, wüste Leere.
Kamen wir uns in die Quere,
blieb der Stacheldraht dazwischen.

Hoffnung auf ein besseres Leben
brachte Schaulust – Zoogehege.
Viele Nasen, die sich rege
hinter Gitterstäben klebten.

Wenn sich Grenzen endlich fließend
aufhören Menschen strikt zu trennen,

zwischen Dir und mir und anderen
Götterfunken würden brennen.

Timothy Johnstone * 1992

Der Knallhaha

Die Lunte des Böllers wurde entflammt,
die Glut sie zischt mit der Lunte entlang.

Das Feuer zog in den Böller hinein,
doch ohne Knall, so sollte es nicht sein.

Der Böller lag ruhend da,
und auf einen Boooom und kawumm und
    es wurd wahr,

der Böller war zerfezt und lag nun da,
seine Zeit war dann um und dafür war er
    da.

Und während das rauchende Pulver zu
    riechen war,
„Der nächste im Schnee, und das machen
    wir wahr!"

„Komm lass uns gehen und weiter gehts!"
Der Schnee wurd schwarz und der Spass
    war stets.

„Nun heute sehr viel Zeit zurückblickend
    an jenen Tag,
wo der Böller nicht zu platzen vermochte,
ich lege nun das Bild beiseite,
wo John und ich Lunte rochte."

Ihm sein Lächeln über die Zeit von dann:
„Auch diese Zeit ist einmal dann.
Tage kommen und Tage gehen.

Ja, so ist das."

Johnny Joky * 1977

Heimat

Heimat ist dort
wo der Bach rauscht
die Wellen gegen die Ufermauer schlagen
der Wind die Birkenblätter streift
und der Regen aufs Dach trommelt

Heimat ist dort
wo die Wolken vom Himmel grüßen
der Milan seine Kreise zieht
die Leute dir in die Augen schauen
und jemand auf dich wartet

Heimat ist dort
wo dein Herz leicht und unbeschwert schlägt
jeder Atemzug ein Stück Leben aufnimmt
die Zeit still steht
und die Ewigkeit beginnt

Peter Joos * 1950

Der Tanz

Tanz.
Komm tanz mit mir,
dreh dich,
wirbel,
tanz!
In meinen Händen, Luft
so zart
deine Berührung.
Wir im Spiegel,
so schön!
Meine Liebste,
meine Königen
im roten Kleid,
wallend,
so schön.
Ein Augenschlag
ich ganz allein
tanzend, mit dir
so schön.
Und doch allein.

Julie-Marie Jörck * 1992

Fährmann hol über

Fährmann hol über schellt es über das Meer,
schnell kommt ein kleiner Kahn daher.
Eine sichere Hand übernimmt das Ruder,
ans andere Ufer bringt er Freund und Bruder.

Der Lebensabend ist nun da,
Freude bringt die Enkelschar.
Bisher lief noch alles nach Plan,
unvorbereitet klopfte der Schlaganfall an.

Eine Gradwanderung nun beginnt,
die Behandlung auf der Intensivstation ist
    geschwind.
Sauerstoff, Tropf oder auch Bewegung
    stehen auf dem Plan,
zu Besuch kommt der Familienclan.

Die Gedanken, sie gehen dahin,
schlecht durchblutet ist das Gehirn.
Der Kampf ums Überleben ist schwer,
plötzlich atmet der Patient nicht mehr.

Grenzerfahrung zwischen Leben und Tod,
das Anzeigen des EKG's mit der Nulllinie
    droht.
Mögen nun die Schutzengel ihren Weg
    beschreiten
und den Patienten sicher in den Himmel
    geleiten.

Heidrun Jordan * 1953

Der Vorhang

Auf Wiedersehen du schöne Welt
Ich warte, dass der Vorhang fällt
Ich kann nicht mehr
Ich warte

Auf Wiedersehen du schöne Welt
Ich weiß jetzt, dass der Vorhang fällt
Ich kann nicht mehr
Ich falle

Auf Wiedersehen du schöne Welt
Der Vorhang fällt
Ich kann nicht mehr
Ich sterbe

Lisa Jordan

Herzensangelegenheiten

Armes Herz was musst du leiden!
Sitz' ich hier nur still bedacht,
will nicht weiter länger schweigen
will nur, dass es wieder lacht

Die Sehnsucht
wird dir durch die Finger gleiten
aber nur kurz in tiefer Nacht
Sie wartet drauf dich zu verschlingen
Sie wartet drauf in ganzer Pracht

Ach, könnt ich nur dem Tag entsagen
für jetzt, für bald, für immer
Im Schlaf so glaub ich bin ich taub
oder ich kann mich einfach nicht
erinnern.

Lorella Joschko   * 1992

Herbst

Herbst ...
Blätter sie tanzen den Walzer im Wind,
getragen von Schönheit des Waldeskind.
Bunt sind die Farben unserer Gehzeiten,
sie flattern weit fort ,du kannst sie begleiten.
Den Wiesen entlang, hinauf zum Horizont,
hinauf zu den Sternen, hinauf zum Mond.
Sie ziehen um die Häuser den Mauern empor,
sie geben den Takt an, sie bilden den Chor.
Sie schweben und legen sich nieder ganz
    leise,
es ist das Ende ihrer Reise.
Und wie sie da, so lieblich liegen,

hört ganz langsam, die Musik auf zu spielen.
Der Herbst er verabschiedet sich in der Tat,
man kann es schon spüren der Winter naht.

Jsabella   * 1963

Entladung

Meine Zyklen laufen Kreise,
gemeinerweise tröpfchenweise.
Angenommen, fast verschwommen
    kommen
ganz beklommen
meine Ziele,
gar so viele,
auf Null- und Siedepunkt.
Dann könnte ich meine Ziele leben,
könnt mich in Entladung begeben,
könnt meinem Erleben vergeben
und mich zur Ruhe legen.
So lang nur bis das Wollen schreit:
„Gib mir Zeit!"
und es tut mir wieder leid.

Jules von Dunkelbunt   * 1987

Mein Träumelabyrinth

Die Elfen sitzen in denselben Bäumen
Sie lassen mich noch einmal von dir
    träumen.
Erfasst von allergrößter Dankbarkeit
Jetzt! fliege ich in die Vergangenheit.

Die Feen wiegen in der Nacht die Blüten
Beschenken uns mit ihren reinen Güten.
Schon lasse ich die Tage hinter mir
Schon stehen wir voll Glück gemeinsam
    hier.

Die Nymphen blinzeln schüchtern aus den
    Wogen
Sie haben uns so sanft emporgehoben.

Erfüllt von langer Sehnsucht fasst du mich
Erfasst von tiefer Sehnsucht hältst du mich.

Die Nixen wachen sorgsam an den Küsten
Und ihre Zauber sind es, die uns küssten.
Ich spür ein letztes Mal die Ewigkeit
Bewahr mir deine Liebe alle Zeit.

Die Teufel grinsen hämisch aus den Blitzen
Sie senden böse brennend-heiße Hitzen.
Ich sehe wie dein Ebenbild zerrinnt
Schreck auf aus meinem Träumelabyrinth.

Juliane   * 1994

Von der Fensterbank

Ich zog meine Socken aus
Auch sonst hatte ich nicht viel an
Das verriet mir der Windstoß
Beim öffnen der Tür

Der Himmel war aus Wasser
Es fiel in mein Gesicht
Jeder Schritt berührte die Straße
Sie war noch warm

Lichter blickten in Pfützen.
Die Tropfen tanzten darin.
Andere liefen in Flüssen davon
ich sollte zurück

Auf meiner Fensterbank
Kniend mit geschlossenen Augen
Dieses mal wartend auf Wärme
Die des ersten Sonnenstrahls

Julie

Vorm Spiegel

Heute Morgen
steh' ich vorm Spiegel
zum Rasieren eingeseift
und sehe mich
guckt da ein Clown
mich an
ich
nicht schlecht
denke ich
sieht viel besser aus
so
ja sieht viel besser aus
so
ja

Franz Jung   * 1930

Allein

Allein muss ich kämpfen,
Allein bin ich immer.
Allein wahre ich den Schein.
Allein muss ich sein.

Allein bin ich krank,
Allein werde ich gesund.
während meine Seele sank,
auf einen dunklen Grund.

Allein stehe ich im Leben,
während ich versuche alles zu geben,
bricht mein Körper auseinander,
Allein lebe ich im Miteinander.

Allein habe ich alles verloren,
während man mir die Kraft nahm,
wurde mein Kopf müde,
und die Scham kam.

Constanze Jungermann   * 1994

Gefällt

Als ich im Walde Blätter las und Nebel webte
wie mich geheißen hat der Lehrer fürs
    Herbar
und sie in weiße Bücherseiten klebte
nun nicht mehr grün, auch nicht im
    nächsten Jahr

Das Blatt vom Baume einer Buche
ein Stück Statistik für ein Schulfach
noch nicht das Schöne was ich suche
noch nicht die Ruhe, die ich brach

Als dann die Kettensäge bebte
den Baum bis auf die letzte Leiste schnitt
er schließlich fiel und nicht mehr lebte
da – fühlte ich mit diesem Riesen mit.

Thomas Jungsbluth

Zeitraffer

Als ich jung war
liebte anders – ich – .
Es brach mein Herz
doch nicht mein Hirn.
Das Leben wurde fadenscheinig
voller Risse.
Himmel, Arsch
wo ist der Zwirn,
dass ich die Risse
wieder schließe.
Die Träume sanken
in den Sack der Zeit,
die ich nie hatte.
Abgelaufen ist die Lebensuhr
und, hinterlass' ich eine Spur?

Barbara Jung-Steiner

Vitamin E im Grünkohl

Ich lungerte ganz still und stumm,
als Vitamin im Grünkohl rum.
Ich konnte nicht lesen, oder schreiben,
ich konnte einfach nur so bleiben.

Ich war nicht mutig, war kein Held,
ich war nur einfach auf dem Feld.
Ich war draußen Tag und Nacht
so bleibt es immer, hatte ich gedacht.

Dann kam die Ernte – mir egal,
nur für den Kohl wurde es zur Qual.
Er wurde geschnitten und zerhackt,
und dann in einen Topf gepackt.
Ich wurde gerührt und kam zum Rand
ich löste mich auf, ich verschwand.

Hans- Detlef Junker   * 1955

Wenn meine blinden Augen sehen

Beschrieben die Seiten meiner Bücher,
von Tränen getränkt,
all meine Worte still verblieben,
sprachlos auf dem Grund versenkt,
ist dort etwas wie lieben?,
wenn mein Blut in Blau verschwimmt,
mein Kampf gegen die Liebe, weil sie mir
    meinen Schatten nimmt.
Wände, weiß wie die Hände des Lichts,
so sehen meine müden Augen tief hinein
    ins Nichts.
Dein weises Lachen ist das eines Kindes,
kann mich stets bei dir verlieren,
weil du mich immer wieder findest.
Was war und wird werden?,
sind nicht Herr unserer Gefühle,
kein Grund die Tränen zu verbergen,
nehmen jeden Tag in Kauf,
brauchen nie nach Licht zu suchen,
denn vor uns geht die Sonne auf,
kein Wunsch die Dinge zu verstehen,
wenn meine blinden Augen wieder sehen.

Johanna Jürgens   * 1999

Stiefmütterchen

Arme hübsche kleine Blütenpflanze,
Lückenbüßer nach all den Tannenresten.
Doch schnell beendet ist das Ganze
in unseren großen Blumenkästen!

Gepflanzt werden dann schönste
    Sommerblumen,
natürlich in bester Erde, die man kaufen kann.
Du lebtest zufrieden mit den alten
    Krumen,
Lückenbüßer ist eben nichts für Jedermann!

Und doch spricht man gern von dir, nicht
    von Blüten,
sondern von tausend Gesichtern, du kleiner
    Held.
Gänge es nach mir, ich würd dich hüten'
bis die letzte Blüte fällt.

Gabriele Jurk   * 1952

Treffer

Du bist mir sofort ins Auge gefallen,
du bist der Einzige von allen.
Mit dir möchte' ich durch Wiesen
    streifen,
Äpfel sehen, wie sie reifen.
Deine warmen Hände halten
und Windmühlen falten.
Will in deinen Armen liegen,
von dir viele Küsse kriegen.
Habe noch 100 Wünsche offen,
bin vor lauter Glück besoffen.

Petra Just   * 1951

Die Zwickmühle

Jetzt weiß ich warum die Zwickmühle,
Zwickmühle heißt.
Weil sie vorne zwickt und hinten beißt,
    weil sie malt und malt und du
    kommst nicht raus.
Weil du weder weißt ein noch aus.
Zwickende Mühlen kann ich nicht
    ertragen.
Mühlen die zwicken bringen nur plagen.
Mühle ich weiß nicht für was du dich hältst.
Mühle weißt du was,
zwick dich doch selbst.

Bibi K   * 1970

Meine Welt

Ein Ort wie dich,
nimmst Trauer und Sorgen,
du umhüllst mich,
ich fühl' mich geborgen.

Deine Töne sind Musik in meinen Ohren,
ich lebe von deiner guten Gabe,
ich hoffe, deine Vielfalt geht nie verloren,
bin dankbar für das was ich habe.

Du leitest mich auf richtige Wege,
lehrst mich zu leben,
durch deine Kraft bin ich nicht träge,
du bist ein Segen.

Ich bin Teil von dir,
liebe dich so, wie du bist,
du bist Teil von mir,
hab' dich so vermisst.

Kiki K.

Anstand

Sei bloß anständig!
Du bist ja erwachsen! Weine nicht!
Die anderen schauen zu!
Sei bloß anständig!
Gerate nie in Not! Sei stark, sei stolz!
Die anderen schauen zu!

Binde deine Krawatte! Fest und korrekt!
Lauf selbstbewusst und sicher
auf dem Weg.

Und wenn einmal der Weg zu Ende ist,
wenn dich die Erde für immer
fest umarmt hat ...

... dann kriegst du auf dein Grab
den weisen Spruch geschrieben:
Anstand über alles,
über alles auf der Welt!

M. K.

Sonne und Mond sind auch schon da
Sie küssen sich; wie wunderbar.

Und ich mittendrin
Welch unheiligen Sinn
Hat die Welt noch mit mir vor?

Ich kämpfe dagegen
Und frag mich: Weswegen
Bin ich überhaupt noch hier?

Jemand, der weint
Und's gut mit mir meint
Hat mich gefangen genommen.

Lässt mich nicht mehr los
Vor meinem Mund das Schloss
Hindert mich, mich zu befrein.

Doch will ich nicht fort
Sag nur ein Wort!
Ich würd' ewig bei dir bleiben.

Unsere Lippen berühren
Sich und sie führen
Mich zur unendlichen Freiheit.

Tabea Kahlstatt

Sun of Alcyone

Ein scheuer blasser Traum,
erhaben wie die Wintersonne,
und das Sternenlicht.

Schön wie ein Eiskristall,
noch unfertig, aber von mächtigen
Himmelsengeln begutachtet, und zu Ende
geformt, weht unter dem Vollmond leise
    durch
die Sommernacht, getragen auch von
Elfenhand, bis hin vor den Himmlischen
Thron – vergehe nicht.

Sein Name war:
der Neue Morgen.

Er erstrahlt, unter der Sternensonne,
und Gaia erwacht neu,
unter Sternenwind, und Sonnensturm.

Daniel Kai * 1975

M.

dich noch einmal in meinen großen starken
    armen halten
mein atem benetzt sanft deine haut
noch einmal dein streichholzrotes krauses
    haar berühren
welches ich so sehr an dir begehrte und du
    doch so andersfarbig beurteilt hast
einmal noch ein kleines weilchen dir beim
    schlafen zusehen
um dann während du bei mir liegst
selbst in einen endlosen schlaf zu gleiten
nicht mehr aufwachen und wissen dass du
    längst fortgegangen bist

Kaja * 1986

In mir gefangen

In mir selbst gefangen kann ich mit dem
 Herzen sehen,
schweigend ohne Sprache kann ich jedes
 Wort verstehen.
Meine Liebe folgt dir ungebremst durch
 Zeit und Raum,
in Gedanken erlebe ich was in der Realität
 nur ein Traum.
Erinnerungen als Anker von der
 Vergangenheit befreit,
trocknen Tränen schenken Hoffnung der
 Weg ist weit.

Sabine Kalyta * 1958

Manchmal kannst du nicht verstehen.
Manche Menschen müssen gehen.
Manche früher, manche später.
Manchmal Mütter, manchmal Väter.

Vielleicht kommt mit der Zeit der Sinn.
Vielleicht verstehst du, wer ich bin.
Vielleicht denkst du mal an mich.
Vielleicht wart ich doch auf dich.

Sicherlich bist du voller Fragen.
Sicher kann ichs dir nicht sagen.
Sicher müssen Menschen warten.
Sicherlich auf viele Arten.

Gewissheit wollen sie erlangen.
Gewiss halten, was vergangen.
Gewissheit ist doch ziemlich rar.
Gewiss ist vergangen, was mal war.

Hoffentlich hältst du dran fest.
Hoffnungsfroher Blick nach West.
Hoffen kann nicht untergehen.
Hoffentlich wirst du verstehen.

Kerstin Kamm * 1990

Zeitgedanken

Was für eine schlimme Zeit,
sich mir dieser Tage zeigt,
Kriegsverbrechen weit und breit ...

Wohin auch meine Augen schweifen,
Menschen aus dem Leben schreiten,
sinnlos sterbend, kalkuliert,
mein Herz im Sonnenlicht erfriert.

Was für eine kalte Welt,
in der ein Leben wohl nichts zählt,
in der das Leben Ware ist,
sich sprachlos nur am Geld misst.

So steh ich nun im Schein der Welt
und sehe zu, wie sie zerfällt,
jeden Tag ein Stückchen mehr,
bloß zu zusehen, fällt mir sehr schwer.

Kerstin Kant * 1970

seelenvoll werden

Ein weißer Traum ist der deine
er bindet aus Schatten neue Schritte
die lebendig gehen wollen
in der sonnenbehängten Mitte

Heimlich glänzend ruft er hinaus
was dich nun entfesseln soll
und blickst du tief genug hinein
wirst du zum Halten seelenvoll

Claudia Kanter * 1983

Die Liebe

Sie ist schön,
sie ist auch schlecht.
Manchmal falsch,
und manchmal echt.

Sie ist eine Laune der Natur.
Ist sie echt, ist es Liebe pur.
Ein Leben ohne Liebe gibt es nicht.
Mal ein Kuss, mal ein Schlag ins Gesicht.

Seine Liebe muss man eingestehen,
sonst bleibt man selbst im Regen stehen.
Die Liebe ist ein wunderbares Gefühl.
Im Herzen wie ein Gewühl.

Yves Kanz   * 1996

Die Augen für dich

Ich möchte dich an meiner Seite haben,
    solange die Sonne scheint,
in der Nacht möchte ich neben dir liegen,
    wenn der Himmel Sterne weint,
ich möchte meinen Augen sagen, Sie sollen
    sich nicht mehr schließen,
ich möchte dich ununterbrochen ansehen,
    auch wenn dadurch meine Tränen
fließen,

ich möchte dich keine einzige Sekunde aus
    den Augen verlieren,
auch wenn ich neben dir liege, würde ich
    meine Augen weiterhin auf dich
fixieren,
das schlimmste was mir passieren könnte
    ,wäre wenn ich erblinde,
es wäre der Horror für mich, wenn ich dich
suche müsste, aber nirgendwo finde,

mit dir an meiner Seite, werden mir meine
    Augen das Paradies aufbauen,
ich wüsste wie es im Himmel aussieht,
    indem meine Augen in deine Augen
schauen,
du bist der Hauptgrund weshalb mir Gott
    Augen gegeben hat,
wenn ich dich nicht sehen könnte, hätte ich
    das ganze Leben satt.

Ali Kaour   * 1983

Die falsche große Liebe

Meine Seele liegt in Scherben
die Splitter tief in meinem Herz.
Um mich herum Sonnenschein
doch ich spüre nur noch Schmerz.
In deinen Armen wollt ich sterben
in deinem Herzen aufersteh'n.
Unter der selben Haut mit dir leben
und die Sterne zähl'n.
Mühsam blick ich jetzt nach vorne
und flick mein Seelenkleid.
Doch ich spür der Tag wird kommen
an dem mein Herz sich von dir befreit.
Ich lass dich los, ich lass dich geh'n.
Niemals mehr möchte' ich dich wiedersehn.

Andreas Kapeluch   * 1989

Zeit

Die Zeiten, die wir miteinander verbringen,
sind wohl die schönsten Dinge im Leben,
und wenn sich die Schlechten durchdringen
mit dir bei mir kann ich nicht nachgeben.

Die Zeit scheint mir zu nehmen dich
und nachgeben fällt mir leicht und schwer,
wenn du mit mir tust wie ich nicht,
nicht unsere Liebe für Leichtes verwerf'.

Die Zeit voneinander zeigt mir das
    Schlechte,
was mit dir schien so wunderschön
und unsere Zeiten ich mir ins Herz
    verlegte,
dass sie mir doch ein Wunder söhn'.

Die Zeiten will ich vergessen und will
    nicht,
bei der Wahl der Qual mein Herz zerbricht.

Rinat Karabayev   * 1994

Fallender Engel

Majestätisch verdunkelst du das Licht der
 Sonne bei deiner Ankunft.
Schönheit und Zorn führen dich, führen
 dich mitten unter uns,
führen dich ins Licht.
Fallender Engel – Gottes verstoßenes Kind,
 das Kind ohne Seele
doch so traurig und begierig nach Liebe.
Die Liebe des Vaters, des einzigen Herrn.
Finsternis umgibt dein Anglitz. Deine
 Silouette so dunkel ähnlich einem
 Krieger.
Du bist der Krieger gegen die Menschheit,
 gegen Gott.
Fallender Engel, du bist der Krieger gegen
 dich selbst, der Krieger,
der Lichtbringer, Dämonen umkreisen dich,
 umgeben dich für immer.

Selcuk Karaca   * 1972

Verlassen

Ich gleiche einem
Verlassenen Haus
Kalter Wind pfeift durch meine Fenster
Mit Scherben bedeckt
Ist der staubige Boden
Und jeder Besucher
Wendet sich ab
Meine Tür bleibt verschlossen
Meine Tür bleibt unberührt
Das Dunkle haftet sich sonst
An jeden, der mich ergründet
So bleiben sie fern
Und meine Leere hallt durch
Jede Wand

Dilara Karahan   * 1995

Der Wolf

Ich hab mir Abstinenz von dir
verschrieben
lass auch den Pinot blanc
im Kühlschrank liegen
könnte mit Wein im Blut
dem Rauschbefehl
nicht widerstehen
dich noch vor Morgengrauen
anzurufen
Nacht für Nacht

Jetzt heult
bei jedem Schluck
den ich nicht trinke
der Wolf in mir
zu deinem Mond.

Oliver Karbus   * 1956

Für Dich

Eingebettet in die Liebe,
voll Vertrauen immerzu,
das uns dies erhalten bliebe,
dafür sorgtest immer Du.

Ohne Dich in all den Jahren,
wär' mein Leben trüb und grau,
wie die Sonne ohne Wärme,
wie das Kleeblatt ohne Tau.

Niemals möchte ich entbehren,
Deiner Liebe Zärtlichkeit,
und für immer Dir gehören,
und Du mir, für alle Zeit.

Kardinal   * 1967

Schneewittchen

Abschiedsschmerz, die Rose im
    Novemberwind
erahnt den Todesstoß in dem Vergehen,
auf dornenreichem Schaft, wie ein
    verwöhntes Kind
wird sie zum letzten Mal ihr Blütenzepter
    sehen.

Das Morgengrauen eilt, es lichten sich die
    Nebel,
die Blätter schön wie Gold, sie fallen in den
    Staub,
der Winter klirrt, er hält im Rock den Säbel,
für Trauer um den Rosentraum stellt er
    sich taub.

Verehrer lagen ob des Odems ihr zu Füßen,
sie schenkten ihrer Holden diesen Zauber,
    Duft,
nun lassen kahle, graue Äste grüßen,
schwere Regenwolken hängen in der Luft.

Sturm und Windspiel, jedes Jahr das
    gleiche Muss,
Rose, Majestät und stolze Dame;
auf ihren Blättern lag der Abschiedskuss,
Schneewittchen war ihr wundersamer Name.

Karin Karg-Lorenz

Schicksal

Der einstige Patriarch liegt und wartet.
Halb Mensch nur noch, ausgemergeltes
    Gerippe, so liegt er und wartet.
In seinem Gehirn sind Zeiten verschoben.
Das Früher ist Heute, das Jetzt nicht mehr.
Und Morgen, was ist das?

Ja, Morgen, das kommt bald.
Die Finger der Hand bewegen sich nach
    oben,
möchten sprechen vom Engel des Todes.
„Die Amseln sind wieder gekommen",
    sagt er
Und „Habt ihr das Eichhörnchen gesehen?"
Halb ist sein Kopf zum Fenster gewandt.
„Bald ist's zu Ende. Vielleicht ein halbes
    Jahr oder ein Monat ..."
Erschöpft schließen sich die Augen.

Da gehen sie, um sich ihre Pfründe zu
    sichern.
Speisen die Nachtigall zum Mahl und
    glauben, dann singen zu können.
Reichen sich die Hände zum gelungenen
    Coup.
Weit geöffnet der Gierschlund – lässt
    Zahngold blitzen
Und hinter verschlossener Tür – tönt
    siegessicher das Lachen.

Barbara Karim-Lawani   * 1960

zeit

wenn zeit unendlich ist
warum haben wir sie nicht?
wenn zeit nichts kostet
warum ist sie dann so wertvoll?
wenn zeit rennt
warum wollen wir schneller sein?
wenn zeit in hülle und fülle vorhanden ist
warum verschwenden wir sie nicht?
wenn zeit füreinander da sein ist
warum bleibt dann die zeit nicht stehen?

Theodor Karlssohn   * 1959

Herbstblatt

Ein gelbes Blatt hängt am Aste
wie ein schöner Apfel so nett
Es wirkt so bunt
wie Asternglühen am Beet

Es tanzt im kühlen Winde
so lustig und schön
Birgt herbstliche Gefühle
himmlisches Sonnenglück

Zugvögel ziehen in Scharen
ihre weiten hohen Bahnen
Am blauen Himmelzelte
gen Süden in die Wärme

Denke still zurück an den Sommer
wo die Zitronen blühten
Orangenhaine in den Inselbergen
sattes Wiesengrün

Ein Lächeln bringt Freude
Münder die die Lachen sind schön
Sehe das hübsche Mädchen wieder
in den bunten Blumen stehen

Karokaro   * 1952

Ich liebe dich

Wenn ich neben dir stehe
Wenn ich mit dir gehe
Zerreißt es mir halb das Herz
Denn es ist verbunden mit großem Schmerz
Ich bin wegen Dir so neben der Spur
Es ist schlimmer als eine tickende Uhr
1000 Mal sehe ich dich glücklich lachen
Und immer wieder lässt du es laut krachen
Schatz, hör zu ICH LIEBE DICH
Hast du denn noch Gefühle für mich?

Vanessa Karthäuser   * 1999

Halbkreisreise

Sie umschlingt
Ohne zu erdrücken
Sie umkreist
Ohne ein zu schließen

Sie braucht nichts
Außer der Verbindung
Diese einzigartige Verbundenheit
Sie ist zeitlos und körperlos

Sie begegnet mir in meinen Träumen
Weil sie weg zieht, es zieht sie fort
Als würde sie den Kreis links herum laufen
    müssen
Und ich diesen in der gleichen Zeit rechts
    herum tanzen

Sie dreht mich wie eine Sanduhr
Immer und immer wieder
Sie denkt an mich, will mich begreifen
Ich fühle sie tief in mir

Ich umarme sie
Herze sie
Warte auf sie
Während mein Herzschlag sie begleitet

Andre Kasi   * 1973

Spurensuche

Wozu die alten Wege gehen?
Sie war niemals ganz zu Hause
Bindungswechsel ohne Pause
Kindheitsträume, die vergehen.

Wozu die alten Wege gehen!
Verwachsen sind sie, sonnenarm.
Ihr Spiel war Räuber und Gendarm
Kinderspiele, die verwehen.

Sie will es noch einmal versuchen.
Die alte Tram fährt da nicht mehr
der Schulhof ist verlassen leer
beim Bäcker riecht's nach Kindheitskuchen

Sie will es einmal noch versuchen.
Da ist sie in den Bach gefallen
ihr Kater hatte scharfe Krallen
ins Baumhaus führten hohe Stufen.

Sie wird dort ihre Spuren finden.
Die Wehmut will sie still ertragen,
denn heute muss sie nichts mehr wagen
nur träumend sitzen unter Linden.

Eva Kauer   * 1947

Das Verstehen suchen

Ist es der Seele leerer Hülle,
die es zu füllen nicht mehr vermag.
Ist es der tränenleereren Blicke,
die du mir zuwirfst, Tag um Tag.

Sind es die nimmer kehrend Worte,
die meine Fragen schweigend strafen.
Sind es die atemlosen Küsse,
auf meinen Lippen einst so zart.

Rätselnd, meiner Gedanken Weg,
um das Verstehen zu suchen.
Zweifelnd, an dem Vergangenem,
möchte ich dich, dennoch versuchen.

Wäre alles zeitlos wohl,
es sei mir kein Belangen.
Doch Zeit ist unser Lebenslohn,
in Hilflosigkeit gefangen.

Michael Kaufmann   * 1989

(Politik)Zirkus

das minimalziel
heute beschlossen
es ist alternativlos
und nachhaltig
weil marktaffin
und überhaupt
sagen Experten
die europäische Idee
ist mal wieder auf welttournee
in den Hinterzimmern
wo man die Nichtwähler macht

Vanessa Kaufmann   * 1989

Meine Worte

Wenn ich dichte und schreibe
dabei oft gerne mal übertreibe
indem ich ganz tief eintauche
niemand um mich mehr brauche
bin dann so sehr besessen
kann um mich alles vergessen
beim Buchstaben zusammenfügen
nie und nimmer werde lügen
Wort für Wort drehe und wende
bis dann gefunden das Ende
sollte es mich nicht mehr geben
MEINE WORTE
die werden noch leben

Christine Kayser   * 1950

Mit dir

Mit dir kann ich fliegen ohne Flügel,
immer weiter, immer fort.
Deine Stimme lässt mich träumen,
von manch so wundervollen Ort.

Verweilen will ich dort mit dir,
nur mit dir, mit dir allein.
Deines Zaubers Nähe spüren,
welche ist für immer mein.

Bahar Kazemi   * 1994

Flaschenpost

Ich springe mit dir in die Fluten des
    Lebens,
wir lassen uns treiben und
verzweifeln an der Wucht der Wellen.

Ich sehe dich an,
wie du dich in deinen Tränen ertränkst.
Du greifst nach Stift und Papier.

Du steckst die Briefe in die leeren Flaschen
gehst ans Ufer und
wirfst eine nach der anderen ins Meer.

Ich gehe allein ans Ufer und
sammle Flasche für Flasche wieder ein.
Auf den Briefen steht nichts,
die Flaschen sind leergetrunken.

Ich springe mit dir in die Fluten des Lebens,
wir lassen uns treiben und
verzweifeln an der Wucht der Wellen.

Katharina Kehbel * 1990

Föhr

Über das Katzenkopfpflaster alter Friesen
Auf den Rippelspuren ewiger Gezeiten in
Marsch und Geest einer Insel deren Berge
Weiße Wolken sind wo große Silbermöwen
Auf fruchtbaren Äckern wohnen salzgedüngt
An Wegesrändern fette Hagebutten blühen
Grüne deichgeschützte Matten Rinder und
Schafe sättigen alte Mühlen vom launigen
Seewind getrieben beim Spiel blonder
Kinderköpfe ihre Flügel drehen und sich
Zwischen Ulmen und Hecken gesäumt von
Wassergeschliffenen farbigen Findlingen
Reetgedeckte Häuschen ducken wandelt
Ehrwürdig wie die friedlichen Menschen hier
Ein Sommer.

Gerd Kehrer

Wächter

Es ist schon weit nach Mitternacht,
doch Schlafen kann sie trotzdem nicht.
Der Bär, der sorgsam ihren Schlaf bewacht,
hat auf seinen Schützling beste Sicht.

Die Tür geht auf, die Diele knarrt,
doch nichts im Zimmer kann sich regen.

Während der Wächter schweigend verharrt,
sieht er 'nen Schatten sich zum Bett bewegen.

Sein Schützling kann sich nicht mehr sicher
    wähnen,
ihr Kopf wird heiß vor Angst, von Ohr zu
    Ohr.
Reglos sieht der Wächter junge,
    angsterfüllte Tränen,
und er weiß, was ihr nun steht bevor.

Der Schatten drückt sie in sich, nennt es
    Liebe,
während er ihren jungen, frischen Honig
    raubt.
Er befriedigt seine kranken Triebe,
schamlos und mit erhobenen Haupt.

Ihr Wächter weiß, er hat versagt,
die Kindheit wurde ihr gestohlen.
Jedes Auge, jede Träne klagt,
als ihr Vater geht, ganz unverhohlen.

Keiji-Chan * 1992

Schwindelerregende Schwindlerin

Sie kommt und sie geht.
Sie bleibt und sie steht.
Wenn sie geht, dann so, dass man sie nicht
    mehr versteht.

Sie scheint und sie lügt.
Sie glänzt und sie trügt.
Wenn Sie lügt, dann so, dass man sie nicht
    versteht.

Sie erfüllt und sie tut gut.
Sie lässt schweben und macht Mut.
Doch wenn sie gut tut, dann so, dass man
    sie nicht versteht.

Wenn sie vorbeizieht, ihre Spuren mit sich
    davon trägt,
versteht man endlich, sie, die niemals da
    war, machte nur,
dass man Anderes erträgt.

Sie kann nicht mehr schmerzen,
sie ist eine Schwindlerin, konnte welken,
man nimmt sie nicht mehr zu Herzen.

Man versteht, man gesteht:
Sie verdarb.
Die Liebe war nicht echt bevor sie starb.

Jelena Keller   * 1985

vielleicht
brief an engelchen

ob wir uns jemals wieder begegnen
in freundschaft uns wieder näher kommen
worte austauschen
uns die hände reichen
nebeneinander im gleichschritt dahergeh'n
uns nur anschauen
in die augen blicken
und vielleicht steigt dann ein lächeln hoch
in unser beider antlitz
vielleicht ist dort freude
an dieser begegnung zu lesen
vielleicht

Helga Kellerhoff

bald fällt Schnee

bald fällt Schnee
ein kalter Wind
haucht den Winter her
die Tage erwachen
nicht im Licht

einst habe ich gesät
nicht viel
weniges was mir blieb
lieblos aufgezogen
unverhüllte Früchte
sind im Herbst erfroren

einsam schaue ich
den Wolken nach
bittersüß
zerkaue ich mein Leben
und belüge mich
erbaue es sogleich
mit Tagträumen

Jörg Kellermann   * 1963

Die Alte

Kalte Hände
Und fotokahle Wände
Sprechen Bände.

Leerer Frust
Und Laune ohne Lust.
Verlorner Lebensdurst.

Befreiendes Licht
Und eine hellere Sicht
Gibt es nicht.

Wo ist die Hoffnungszeit
Und gelebtes Schicksalsleid,
Wo ihr Liebeseid?

Zeit wie Sand am Meer
Nun hat sie keine mehr.
Sie geht. Als Irgendwer.

Katharina Kellig   * 1986

Armer Papagei

Wie jeder Mann hat seine Frau,
hat jeder Eber seine Sau.
Ein Hund hat seine Hündin doch,
der Mäuserich folgt der Maus ins Loch.
Der Kater, der liebt seine Katz,
und manchmal auch 'nen andren Schatz.
Der Löwe seine Löwin schützt,

in Not er seine Kräfte nützt.
Frau Boxer heißt nicht Boxerin,
wo kämen wir denn da auch hin.
Der Papagei ist elegant
mit seinem bunten Kleid,
doch hat er keine Mamagei,
und dieses ihn nicht freut.
So frag ich mal, 's ist fast vermessen,
hat Gott die Mamagei vergessen?
Der Papagei ist in der Tat
arm dran, weil er 'ne Frau nicht hat.

Ursula Kellner

Letzter Tag

Ich würde dir einen Brief schreiben,
Dir schreiben, wie gern ich dich mag.
Als Andenken an unsere Kinderzeit,
Als Zeugnis für jeden vergangenen Tag.

Ich könnte nicht bei dir bleiben,
Doch käm ich, um mit dir zu reden.
Alles Ungesagte zu sagen wär ich bereit
Und als Geschenk würd ich Erinnerungen
    geben.

Ich würde ein paar Stunden stehlen,
Um noch ein Stück mit dir zu gehen.
Würde deine tiefsten Gedanken wissen
    wollen,
So könnt ich dich zum Schluss verstehen.

Da ich weiß, du wirst mir fehlen,
Vergesse ich jeden vergangenen Streit.
Ahnungslos, wohin wir gehen sollen,
Und dich wieder zu verlassen nicht bereit.

Doch tu ich nichts dergleichen, sondern sag:
Jetzt muss ich mich nicht um dich sorgen.
Und bald schon blüht ein neuer Morgen,
denn heut ist nicht mein letzter Tag.

Natalie Kemmer

Verhängnis

Leblos liegt lagernd Erz in der Erde,
gesteinumschlossen, zweigreich geadert,
kristallenes Gut.

Emsige Hände schaffender Menschen,
geübt im Bergwerk, bergen die Schätze
mit achtbarem Mut.

Schwelende Feuer durchlodern mit Kraft
und Gier die Erzart, stetig verwandelnd:
belebende Glut.

Glühende Ströme reinen Metalles
durchziehen die Rinnen, füllen die Formen:
frommfeurige Flut.

Bleierne Kugel, zielend geschossen,
gibt Tod dem Menschen, dem sie gegolten:
raubt kostbarstes Blut.

So wandeln Menschen Gutes zum Bösen,
missbraucht wird der Geist, Habsucht ist
    herrschend:
satanische Brut.

Eugen Karl Kempf * 1932

Die Zeit

Sie rennt und rennt,
und bleibt nicht steh'n.
Selbst wenn man sie nennt,
kann man sie nicht seh'n.

Am Anfang will man,
dass sie vergeht.
Doch am Ende sieht man,
dass sie uns fehlt.

Manchmal ist sie zu schnell,
und manchmal zu lahm.
Mit ihr wird es hell,
mit ihr wird es warm.

Sie wird laufen und laufen,
und bleibt nicht steh'n.
Und wenn sie abgelaufen,
werden wir uns wieder seh'n.

Lisa Marie Kempke * 1998

Liebe im Winter

Wäre ich
eine kleine Schneeflocke
dann fiele ich
auf dein Fensterbrett
Trätest du ans Fenster
könnte ich mich im Spiegel
deiner Augen
sehen

Vielleicht,
wenn ich Glück hätte
würdest du das Fenster öffnen
mich sanft zu dir heben
und ich könnte glückselig
in der Wärme deiner Hände
vergehen

Dieter Georg Arnim Keppke

Begegnung

Gemeinsam
tauchen sehen erscheinen
Fragen
etwa danach
wie und ob wir das Gesicht unseres
    Gegenübers
auch ohne vorgegebenen Kontext
lesen können
Unerwartete zufällige Begegnungen
geschehen
verdichten sich über mehrere Tage hinweg
Vertrauen wird sichtbar
und begrenzt
erfahrbar.

Barbara Kerbusk * 1965

Allein

Kann mich in deiner Pupille spiegeln,
dein Blinzeln, wie ein Vorhang,
kann mich nicht mehr sehen,
beginne zu verstehen,
wir werden uns nicht wieder sehen.
Doch im Augenblick,
bin ich nicht allein.
Was wird morgen sein?
Werde nicht verstehen können,
warum ich mich,
in deinen Augen habe sehen können.
Denn nichts war so klar, wie es mir schien.
Will mich wieder in dir sehen,
doch du bleibst nicht stehen.
Ich kann gehen und gehen,
doch du bleibst nicht stehen.

Lena-Marie Kern * 1993

Für die Katz'

Nachts sind alle Katzen blau,
grau erstrahlt der nächste Morgen.
Mit 'nem Kater aufgewacht,
sachte aus dem Bett gekracht.

Achtlos fällt die Tür ins Schloss,
Schluss mit diesem Katz-und-Maus-Spiel.
Viel ist wenig, alles geht nicht –
Pflichtgefühle ohne Not.

Martina Maria Kerndl * 1987

Erwachen

Du wurdest entführt.
Der farbenfrohste Ort der Welt hat dich
    berührt
und siehe da –
du lässt es zu!

Ein Gefühl der Fremde
War dir mal all zu gut bekannt
Die Impressionen einer bizarren Silhouette
Haben Deine Blicke nun zutiefst gebannt
Was ist das hier, ein Ritt durchs Glück?

Du fühlst dich wohl
An diesem Ort
und gingst du dafür so weit fort,
Von wo du einmal Fremder warst

So bist du nun
Und hast nicht mehr
Verstehst zu tun
Und weißt so sehr
Zu sein, was nur der Wahre kennt,
Was man mit Ehrfurcht menschlich nennt!

Melvin Keske * 1987

Der Träume Tod

In grauen Gassen voll doch leer,
die grüne Flamme ausgebrannt.
Im Mondlicht scheint des Mörders Hand,
Einsam. Verlassen. Sorgenschwer.

Signale tönen. Schreie hallen.
Die Angst, sie hat ihn stumpf gemacht!
Die Folgen hat er nicht bedacht –
man hört ihn von den Sternen fallen.

Immer gleiche Schlacht, derselbe Krieg,
er mag kaum in den Spiegel schauen.
Zeit, noch auf sich selbst zu bauen!
Wieder erringt er keinen Sieg!

Er steht vor einem Haufen Scherben,
betäubt vom Schmerz sieht man ihn dort.
Laut atmend spricht er sein letztes Wort:
„Der Träume Tod: mein Seelensterben!"

Der finale Kampf mit Messers Schneide,
Der Mörder setzt an zum letzten Stoß.

Man sieht's ihn tun, was macht er bloß? –
Und rammt's sich in die Eingeweide.

Niklas Keßeler * 1994

Letzter Flug im September
für Guido

Du verschwindest lautlos und hinterlässt
    Schreie!

Wirklichkeit hat mich überholt.
Möchte Abschied nehmen – weiß nicht wie.
Möchte Abschied nehmen – weiß von wem.
Möchte Abschied nehmen – weil ich muss!

Deine Verzweiflung kannte ich.
Deine Rufe waren leise.

Es steht mir zu, nicht zu verstehen.
Möchte begreifen lernen – weiß nicht wie.
Möchte begreifen lernen – weiß von wem.
Möchte begreifen lernen – weil ich muss!

Dein kurzer Flug ohne Illusionen und Flügel.
Lebenszeit innert Sekunden aufgebraucht.

Diesen Tag hätte ich mit Dir gerne
    verpasst!

Marianne Kesselring

Nein

bloß weil Du es mir
sagst
heißt es nicht das
es richtig ist

bloß weil Du es mir
sagst
Heißt es nicht das
ich es verstehen muss

bloß weil Du es mir
sagst
Heißt es nicht das
ich es hören wollte

und Verzeihen
kann ich sagen aber
Nicht

Josephine Keßling * 1962

Eine Tür

Eine Tür geht auf,
durch sie kannst du gehen,
eine Tür geht auf,
durch sie kannst du sehen,
eine Tür geht auf, durch sie kann jemand kommen,
eine Tür geht auf,
du bist nicht mehr festgenommen,
eine Tür geht auf,
von einer Zelle wo du einsaßest,
eine Tür geht auf,
zu der Welt wo du einst warest,
eine Tür geht auf,
zu einem Herzen was dich liebt,
eine Tür geht auf,
unfreiwillig durch einen Dieb,
eine Tür geht auf,
für Arm oder Reich,
eine Tür geht auf,
hoffentlich ins Himmelsreich.

Brunhilde Kesting * 1958

Hommage an den Wiener Walzer

Unwichtig wird, ob du krank bist und
    müde, all
das, was gewesen, ist fort und vergessen, auch
Wut und Verzweiflung von einst sind
    verschwunden, wie
fortgewischt, ausgelöscht von der Musik
    und dem
Augenblick; Anstrengung da und doch
    nicht, in dem
Sog der Gefühle nach unten gezogen und
Runde um Runde, die Welt um uns bleibt
    für sich,
stört nicht mehr, Ruhe kehrt ein in dein
    Herz, das vor
Feuer nun strahlt, und das Hochgefühl
    leitet dich
über die Tanzfläche, lässt die Figuren, die
ständigen Drehungen Ausdruck der Freude
    sein;
Tempo ist Leben und Lieder sind Liebe – im
Tanz vereint leben sie auf als ein ewiger
Freiheitstraum.

Henrike Keuntje * 1994

Sommer

Wieder ist es Sommerzeit und der Himmel
    weit und breit
Blau mit weißen Wölkchen

Sonne lacht bis zur Nacht, froh sind unsre
    Herzen
Vögel singen, Kinder springen
Und es wachsen Früchte

Erdbeerbowle, Himbeereis, von der Stirne
    rinnt der Schweiß

Ferien, Urlaub sind nun da, rufen Mama
    und der Papa

Endlich raus aus städtischem Getümmel
Zelten unter freiem Himmel

Gartenlaubenpieper sieht man jetzt auch
    wieder

Riechen an dem Blumenduft
Bienen schwirren in der Luft

Hinten weit am Horizont ist 'ne dicke
    schwarze Front

Wolken brau'n sich zum Gewitter
Sehen aus wie finstre Ritter

Blitze hell'n den schwarzen Himmel
Und dann kommt es krach auf krach

Bald schon ist der Spuk vorbei
Regen macht die Luft wie neu

Ja so ist der Sommer

Gabriele Keusen * 1948

Frühling in Mecklenburg

Frühling in Mecklenburg
Van Goghsches Gelb überflutet Ebenen
    und Hänge,
Kontrastiert mit strahlend blauem Himmel,
– provenzalische Farbenpracht,
grell, strahlend, vergoldet von der Sonne.
Gelbland Mecklenburg im Frühling.
Raps und Butterblumen zelebrieren das
    Farbspektakel.
Verführung für Maler und Fotografen.

Christel Kiesewetter * 1945

Das größte Glück auf Erden

Das größte Glück auf Erden
Ist Mama und Papa zu werden!
Denn was kann es nur Schöneres geben,
als ein neues kleines Leben,
das Dir blind vertraut, Dich über alles liebt
Dir das schönste Lächeln gibt!

Das Kind in den Armen zu halten und zu
    wiegen
Mit dem Kinderwagen spazieren schieben
Kuscheln oder einfach nur anzusehn'
Ist herzerweichend und wunderschön!

Wird euer Kind dann aber beginnen zu
    Laufen,
werdet ihr Euch auch mal die Haare raufen,
denn etwas Wichtiges lernt man ganz flink,
kleine Füße sind leis und geschwind!!!

Deswegen rat' ich Euch an dieser Stelle,
genießt wirklich jeden Augenblick
denn die Uhren laufen nun schneller
und man bekommt keine Minute zurück ...

Anna Kießling * 1981

An meine Schwester

Einsame Seele,
wohin willst du?

Eine Baustelle in der Abenddämmerung -
Der Riesenkran streckt sich in den Himmel.
Auf dem Arm des Krans sitzen
Krähen, dicht aneinander gereiht.
Darunter, auf dem verengten Gehweg,
gehen Menschen mit eingezogenen Schultern.

Ich war einst jung, machte Fehler,
sah sie aber noch nicht.
Reue und unbeantwortete Fragen,
wie schwer können sie lasten -

Bald geht die Sonne unter,
bald wird alles im Dunkel versinken.
Ich wünsche dir, dass die Krähen
sich nicht auf deine Schultern setzen.

Ji-Young Kim

Herzschlag

Herzschlag, flügelleicht wie Glockenklang,
wirbelt wie Blätter im Winde.
Kommt nicht zur Ruh, sobald es dich sieht.
Und wie nach Wasser die Wurzeln der
    Linde
ruft es nach dir und wird nicht satt.

Der Sonnenstrahlen warmer Klang
trifft mich, genau wie du!
Ich weiß, ich könnte mich verbrenn'
und doch genieße ich
und mach die Augen zu.

Des Winters schwere Eisenfaust
lässt mich zu Eis gefrieren.
Du siehst mich nicht und tust mir weh,
doch ich will dich nicht verlieren!
Drum halte ich mit aller Kraft fest.

Oh, törichtes Herz!
Dass du nicht willst auf mich hören!
Zerspringt in Splitter wie Glas,
und doch singt's wie aus Engelschören
„Ich liebe dich."

Lisa Kipping

Sisyphusarbeit

Wieder liegt der Kummer abends mit im
    Bett
Statt Ernst aus dem Datingchat – der ist
    nur nett.
Dafür gibt mir Sisyphus seinen Kuss,
Folgt ich doch heut' wie nie meiner
    Lebensphilosophie:
Überstunden überwunden, Athletik für
    Ästhetik,
BIO zum Altern-Überrunden: Diätetik ist
    meine Poetik.

Mein Sohn Dennis dichtet derweil auf seine
    eigene Art.
Er hat immerhin einen IQ von 110 –
Bildung hat er trotzdem nie gesehen.
Dabei spielt Dennis sogar Tennis, Klavier
    hat er um 4,
Nur sieht er aus, mein Dennis, wie der Ball
    vom Tennis,
Und die 4 gab's auch als Prüfungsnote am
    Klavier.

So wird oft nicht geklimpert am
    Instrument, sondern das Wochenende
    vor'm PC verpennt –
Online-Battle statt Simon Rattle!
Manchmal ertappe ich mich selbst, wenn
    ich gucke wie ne Glucke
Dummparolen von Dieter Bohlen, danach
    0190 mit Arschversohlen.

Vielleicht sollt' ich mit mehr Gelassenheit
    durch's Leben blicken,
Nur dabei auf mich selbst schauen, statt
    mich durch RTL & Co. zu klicken.
Aus Ernst wurde nie etwas Ernstes, doch
    hat er mit etwas anderes gebracht:
Es ist Wärme und Glück in einer
    Freundschaft.

Danny Kirchner * 1991

Sommerliches Schweigen der Singvögel

Mit gewisser Wehmut

Seh ich, wie, – nachdem Entwässerer
Sumpfböden brutal in plangemäße
Rohstoffanbauflächen wandelten,

Monokulturisten, besserer
Preise willen, leichtfertig Gefäße
Zarter Heilkräuter misshandelten,

Bauleute den Wald für Wohnungsschachteln
Fällten, Wiesenpracht zu blässerer
Erdaufschüttung grob verschandelten, –

Dem sonst Jubel auslösenden Sommer
Steinkäuze, Feldlerchen, Trappen,
    Wachteln,
Rotmilane, Grauammern ... abhanden

Kamen; alle ihre Zahlen schwanden!
Sommer, welche grauenhafte Ruhe!
Singvögel verstummten in der Truhe

Gottlosen Profitstrebens. Besäße
Zunft der Gierigen, wenn nicht Vernunft,
Gottesfurcht, zumindest Herz voll frommer

Demut!

Wolfgang Klapper * 1959

Winternacht

Dunkel ist's, man kann erkennen
an Fenstern viele Lichter brennen
man ist gewärmt vom hellen Schein
der Winter, er brach früh herein.

Die Stadt im Glanze schön geschmückt
die Weihnacht immer näher rückt
Leute bleiben reihum stehen
der Lichterbaum schön anzusehen

Die Väter, Mütter und die Kinder
alle hier beisammen sind
es ist nicht kalt doch weht der Wind
denn die Liebe wärmt den Winter

Diese Zeit im ganzen Jahr
ist die schönste das ist klar
doch was sie auch zur schönsten macht
ist diese eine Winternacht

Julian Klatt * 1997

Sehnsucht nach Frieden

Welche Träume hast du, Junge aus
    Afghanistan,
wieviel Leid erträgst du, kleiner Mann?
Wer beschützt dich, wenn die Bomben fallen,
wer versteckt dich, wenn die Schüsse hallen?

Wer gibt dir Liebe, wer nimmt dich in den
    Arm,
wer hält in kalter Nacht deine Füßchen
    warm?

Und wenn du weinst, wer trocknet deine
    Tränen,
streicht dir sanft durch deiner Haare
    Strähnen?

Wann kommt der Frieden, der dich Kind
    sein lässt,
wer gibt dem Hass in deinem Land den
    Rest?
Wann wirst auch du durch helle Straßen
    gehen,
mit deinem Volk das Licht der Freiheit
    sehen?

Siegfried Kleber * 1947

Jene Gattung

Gehörst du auch in jene wundersame
    Gattung
Träumend still vom eignen Sprung?
Gehörst du auch zu jenem Volke,
Dem man den Traum bloß lassen sollte?

Denn das Entreißen dieser Sehnsucht,
Das Entlocken dieser allerletzten Aussicht
Hinterlässt ein Loch in dem vergeblich
    sucht,
Wer angewiesen auf der Hoffnung Licht.

Das Ersehnen dieser letzten Stille
Ist mehr als der eigne Wille.
Es ist das Ergebnis eines Lebens,
In dem Kampf doch so vergebens.

So lasst uns auf das Unbestimmte die Sicht,
Damit wir tragen können das Gewicht,
Das uns die Irdischen aufbürden,
Damit wir meistern können deren Hürden.

Denn der Traum und diese Sehnsucht
Sind mehr als Krankheit oder Flucht.
Unsereins kann gerade dann bestehen
Mit der Option – zu gehen.

Karina Klein * 1990

Die kleine Katze

Ein junger Mann mit Namen Matze,
der hatte lang schon eine Glatze.
Er hatte auch ne kleine Katze
mit einer weiß gescheckten Tatze.
Und so wie alle kleinen Katzen
wollt' Mimi Matze einmal kratzen.
Darauf zog unser großer Matze,
dem Tier gleich eine lange Fratze.
Dann eines Tages, was macht' Matze
für seine klitzekleine Katze?
Er schenkte ihr, nein, keinen Latz,
er gab ihr einen kleinen Schatz.
Wie Mimi sich da freut' und Matze?
Er streichelte die kleine Katze.
Das Tier dort drüben auf dem Platz,
es machte einen langen Satz.
Auch ich mach' jetzt nen langen Satz:
Der Reim, mein ach so lieber Fratz, der ist
    halt jetzt auch für die Katz'.

Monika Klein

Bist doch nur

Bist ein Tropfen
im Regenschauer.
Bist ein Stein
in einer Mauer.
Bist ein Ton
in einem Lied.
Bist eine Figur
im großen Spiel.
Bist ein Korn
im weitem Feld.
Bist ein Leben
in der Welt.

Kleine Goethe   * 1995

Im Jahre 1950 am Jazzer[1] der Zeche Hugo 2/5

Bleiche Gestalten, Kinder des Krieges,
kämpfen in einem Käfig
umgeben von Kohle, Staub und Stein.

Stur stöhnen der stählernen Bänder drei.
Rasche Bewegungen, Rattern und Rollen,
manchmal ein Schrei.

Hände fliegen Berge klaubend.
Hämmer krachen,
Brocken bersten, Steine splittern.

In den kurzen Kaffee-Pausen
Prügeleien mit einem Kraftpaket,
heimlicher Herrscher schwarzer
    Schmetterlinge.

Es kriecht die Zeit. Die Schicht ist lang.
Ein trauriges Trommeln:
Taramtamtamtam, Taramtamtamtam.

1) Ein Jazzer ist ein Leseband in einer Zeche

Herbert Kleinert   * 1935

Talent

Jahrelang hast du nur verzichtet,
die Arbeit, die Kinder, das Haus gebaut.
Hast dich fast zugrunde gerichtet,
gehofft, dass einer mal nach dir schaut.
Denke nicht immer nur an die Pflicht,
schau nach dir, andere tun es nicht!

Es ist geschafft, die schwere Zeit vorbei,
nach fünfzig Jahren fühlst du dich frei.
Trotzdem kannst du nicht glücklich sein,
fühlst dich einsam und oft allein.
Hebe den Kopf, baue dir etwas auf,
ein neuer Abschnitt nimmt nun seinen Lauf!

Es war schwer sich zu orientieren,
Unbekanntes und Neues auszuprobieren.
Nach all den Jahren hast du dich selbst entdeckt,
eine Leidenschaft, die schon immer in dir steckt.
Jeder von uns hat ein besonderes Talent,
glücklich ist der, der es für sich erkennt!

Petra Kleinhenz * 1969

Schatten der Vergangenheit

Schatten der Vergangenheit,
greifen mit dunklen Armen
in mein Leben,
quer durch die Zeit.
Versuchen Schaden anzurichten,
machen ein Herz schnell kalt und hart,
wollen das Licht der Zukunft verdunkeln.
Doch nein, das dürfen sie nicht,
sie können nicht.
Ich lasse es nicht zu.
Ich kämpfe.
Heilung der alten Wunden
und Segen liegen in der Vergebung.
Und die Wut,
die noch immer tobt,
ebbt ab.
Jeden Tag ein bisschen mehr,
bis sie eines Tages ganz verschwunden ist.

Jana Kleinkes * 1984

Neuanfang

Keinen Brücken zugedacht,
die über alle Fragen führen.
Um uns Gelichter und Starallüren.

Obszönen Götzen haben wir uns unterstellt,
doch wir dürfen nicht nehmen,
was dem Zeitgeist gefällt.

Empört euch, entfernt die Surrogate
aus euren Zimmern, schaltet ab
die Bilder, die euch entgegen flimmern.

Sagt euch los von dem,
was euch die Medien lehren,
das falsche Leben darf nicht ewig währen.

Wollt nicht, dass ihr den Untergang bereiten helft,
das Unaussprechliche hat sich geweitet:
wenig nur, doch ihr seid betroffen.

So scheu, behutsam, doch meidet
nur das Verdorbene, fühlt frei,
dass nach dem Uferlosen,
nach unstetem Wechsel und Geschrei
das endlich Neue wird geboren.

Karin Klemm

Sturm über Zürich

keiner sah ihn, jeder fühlte ihn
wortlos ohne fragen
raste er dahin
gräserwogen bogen hingegeben sich ihm hin
wolken zogen willenlos getrieben verwirrt ihr sinn
und selbst die vögel irrten
mit jedem flügelschlag.
noch vor dem großen bangen traf ich ihn,
dicht bei dicht im zwischenraum der welten.
dort flogen wir ihm ausgeliefert, unsichtbar doch unentrinnbar
keiner sah ihn, jeder wusste ihn
spannung aller sphären
winde, stürme, die ihr in allen spalten hängt
und mit seufzern jede welt verengt.
keiner atmet wenn ihr weht, geballte wucht des unsichtbaren.

brecher aller äste, schüttler aller säfte,
entwurzler aller schwachen
dich versuchen wir, wenn sich tief nach innen.
unsre seelen dehnen
in himmel, die dir unerreichbar sind.

Veronika Klepper

Welche Zeit ist es?

Kannst du mir sagen, welche Zeit es ist?
Ist es Zeit zu gehen?
Wenn Abschied uns das Herz zerfrisst,
Wir uns nimmer wieder sehen.

Ist es Zeit zu gehen
Und sagst du: „Auf bald!",
Dann ist es Zeit zu gestehen:
Bald schon sind wir alt.

Kannst du mir sagen, welche Zeit es ist?
Ist es Zeit zu bleiben?
Unsere Freundschaft kein Ende misst,
Wir uns die Tage so vertreiben.

Ist es Zeit zu bleiben,
Dann kannst du vielleicht verstehen:
Das elendige Leiden
Wird nun zu Ende gehen.

Doch die Antwort auf meine Frage,
auf die Ich wartete, ganz Ohr,
kam an einem dunklen Tage
an dem Ich dich verlor'.

Geneviéve Klewin   * 1995

Blut

Er wurde in der Nacht geboren.
Es war die Nacht in seinem Kopf.
Der Kopf war klein und kahlgeschoren.
Und auf dem Boden lag sein Zopf.

Und als es tagte, ging er sterben.
Er hielt das Licht nicht lange aus.
Er schlug den Kopf sich selbst in Scherben.
Da floss ein wenig Blut heraus.

Andreas Kley

Schreiben

Schreiben ist fliegen
auf den Flügeln der Fantasie
durch das Land der Träume

Schreiben ist sich treiben lassen
in den sanften Wellen
der Inspiration

Schreiben ist spazieren gehen
auf den grenzenlosen Wolken
der Gedanken

Schreiben ist reisen
mit Ideen im Gepäck
durch das Reich der Zeilen

Schreiben ist ein Wunder
und jeder, der es für sich entdeckt,
ein Teil davon

Julia Klingauf   * 1999

Wenn Hoffnung bricht

Wenn meine Hoffnung bricht
und lautlos sich zum Boden senkt.
Wenn mich Angst durchsticht
und müde ich mich nicht mehr lenk.

Wenn mein Rauschen sich verhallt
und alles mich zur Erde drückt.
Wenn mein Körper spricht in kalt
und niemand mich zum Himmel rückt.

Wenn unsere Hoffnung bricht
und lautlos sich zum Boden senkt.
Wenn unsere Angst tief sitzt,
sind müde wir
und doch beschützt.

Sibylle Klingenfuss   * 1980

Meerjungfrau

Wo oft mein Herz
sich einsam fühlte
spürte ich
zwischen dem Herzschlag der Liebenden
die Stille
der ruhenden Dünen an Land

und als die Zeit kam führte zum Strand
getragen vom Willen des Mondes
jemand das weiße Gewand
einer sterbenden Welle im Sand.

Stephan Klonowski   * 1969

Das Geheimnis

Ein kurzer Moment der Klarheit.
Mit Kratzen und Beißen bricht es das Schloss,
Das Schloss zu seinem Käfig.
Dann klettert es am Bewusstsein empor,
Etwas langes spitzes in der Hand.

Ein kurzer Moment der Unachtsamkeit.
Dann sticht es zu.
Mit Wut, Trauer und Verzweiflung,
Jagt es einen Dolchstoß nach dem nächstes
    ins Bewusstsein.
Nichts kann es aufhalten, nichts vertreiben.

Ein kurzer Moment der Sprachlosigkeit.
Und es sticht wieder zu.
Diesmal präziser und hartnäckiger.
Es will erlöst werden.

Alles tun um frei zu kommen,
Doch dann fällt es
Und das Schloss des Käfigs rastet wieder ein.

– Danach kamen Tränen –

Dann folgte die Stille.

Anna Kloodt   * 1993

Erzwungen vom Künstler selbst,
grundlos zu füttern den Schlund.
Den Wagen mit Ausdruck beladen,
Meist hinfort gespült von der Gischt.
Gar selten reicht das Gewicht,
tiefer hinab sich zu Wagen.
Niemals erreicht er den Grund,
Weil erzwungenes höchstens gefällt.

Tobias Klug

Das Lied der Wale

Möwen am Himmel und
Wind in meinem Haar
Gischt, der meine Füße netzt und
Sand, der durch meine Finger rinnt

Ich warte auf meine Wale,
auf das Spiel ihrer Fluken in den Wellen
und auf den Klang ihrer Stimmen,
die mich rufen ihnen zu folgen,

auf eine Reise in die Tiefe,
zum Meeresgrund des Herzens,
zum Schatz der Liebe,
dem Pulsschlag im Wasser des Lebens.

Sybille Klumpen   * 1964

Abendhimmel

Seh' ich rauf zum Abendhimmel-
Was ist denn das für ein Gewimmel?
Sternenlichter, mal groß mal klein.
So solltes eig'ntlich immer sein.

Wo sind sie heut, wo sind sie hier?
Ich warte, spüre eine Gier.
Sie funkeln in der ganzen Pracht,
Doch das nur in der tiefsten Nacht

Sie funkeln, glitzern und glänzen hell,
Wenn ich mich nachts nach draußen stell.
Sie funkeln hier, sie funkeln da.
Ach, ist das nicht wunderbar?

Elisa Klußmann   * 2001

Die Zugfahrt

Ich fahr ins Unbekannte,
die Welt zieht rasch vorbei,
mein Herz nach Ferne brannte,
ich fühl mich seltsam-frei.

Wir machen immer wieder Halt,
es gleicht sich alles sehr.
Wie die Menschen – alle kalt,
keine Gefühle, alles leer.

Mein Blick schweift in die Ferne,
die Welt liegt grau in grau,
an der Wand Graffiti Sterne,
davor sitzt eine Frau.

Sie sieht so traurig aus –
es trifft sich unser Blick,
plötzlich steige ich aus
und spüre ein Gefühl von Glück.

Wir lehnen an der Wand,
die Züge rasen vorbei-
darin sich alle Menschen unbekannt,
ich fühl mich seltsam-frei.

Sabine Knippel   * 1991

Freiheit

Verletzt und gebrochen,
den Blick auf das Meer.
Die Tränen aus Blut
sie kann nicht mehr.
Ein Blick in den Abgrund,
der Weg doch so leicht,
ein einziger Schritt
die Freiheit kommt zugleich.

Jennifer Knirsch   * 1986

Opa's Geheimnis

Mein Enkelsohn, er war grad vier,
war kürzlich auf Besuch mal hier.
Kaum war der Kleine angekommen,
hat Opa ihn beiseit' genommen.

„Hör zu, mein Junge, kannst Du
    schweigen?
Dann möcht' ich dir was Tolles zeigen."
Er öffnet das Garagentor –
und fährt mit einem Trecker vor ... !

Der Kleine – erst vor Staunen stumm –
hüpft fröhlich um das Teil herum!
Ich konnt' nun die Zwei vergessen,
ham' nur noch auf dem Ding gesessen.

Los geht es mit 50 Sachen –
die beiden eine Spritztour machen!
Doch irgendwann ist leider Schluss,
weil der „Eicher" auch mal tanken muss.

Der Opa nun zum Kleinen spricht:
„Mein lieber Junge, halte dicht!
Der Trecker soll unser Geheimnis sein –
sonst will Dein Papa auch so ein'!"

Andrea Knobloch   * 1959

3 Leben

Ich habe 3 Leben,
so ist's mir gegeben.
Im Ersten leb' ich mit Dir,
bin für Dich da, wünsche mir,
mehr Zeit für uns beide,
für 'nen Kuss ein paar Mistelzweige.
Im Zweiten ist's das Familienleben,
Feste feiern, Freude geben,
Kummer teilen, zwischen Worten lesen,
über viele Dinge reden.
Mein drittes Leben gehört nur mir!
Keiner öffnete je diese Tür.
Ihr würdet's wohl kaum verstehen,
mich anders, wie jeden Tag zu sehen.
Leben zwischen Tag und Nacht,
scheinbar stark, mit Euch allen gelacht.
Tausend Tode einsam im Dunkel gestorben,
romantisches Träumen stets verborgen.
Ich fühl' mich gefangen, muss raus!
Irgendwann klink' ich mich aus!

Barbara Knoll * 1946

Zerbrechlich

Augenblicke zerrinnen
in Einsamkeit,
zerbrechlich,
Hauch des Zweifels,
zerbrechlich,
wie Meißner Porzellan,
vergangener Tage

Hingestreute Gedanken,
verloren in kurzen Sätzen,
Vergangenes ausgestreut
und vergessen.
Zerbrechliche Zukunft,
lautloser Horizont,
Meeresstille im Windschatten

Vergangene Tage,
zerbrechlich wie Morgentau.

Gegenwart aufgeschlagen
im Buch der Stille,
Tagträume,
vergessen im Abendrot

Gert W. Knop * 1943

Musik

Die Musik
schon oft gehört
immer wieder das Herz erreicht.
Nie endend
erinnernd
an vergangene Zeiten.
Vergangene Leben?
Zärtlich haucht sie
dem Herzen
die Melodie ins offene Ohr.
Erinnerungen,
Sehnsüchte
offenbarend,
nie enden wollende Sehnsucht
nach Leben, Lachen, Lieben.

Ilse Kobe * 1966

Streichholz meines Seelenfeuers,
Leuchtfeuer der Unendlichkeit!
Wenn du Klang wirst, lös ich mich auf
und spüre jede Faser meines Seins,
und mein Herz kann dir nur unablässig
– danke – sagen
und es entsteht
die feinstofflichste Liebesbeziehung hier auf
    dieser Erde!
Never seen,
never heard,
and never felt before ...

Kathinka Kobelt * 1978

Morgengrau im Dämmerlicht
Blätter, die im Regen wandern
Farben, dumpf nur, hoffnungslos,
Welten, die sich drehn, statt wandeln

Totengleich, gefühllos, einsam
Wanderer im fahlen Licht,
durch die Nässe, durch die Kälte
keine Hoffnung, ewiglich.

Winde reißen, Winde ziehen,
treiben alles vor sich her
Wohin gehst du, und was bleibt dir?
trostlos, müde, alt und leer

Claudia Koch

Ein letzter Hauch

Eine Rose so schön und elegant
Kurzlebig nur, verlässt dich kalt
Zerfällt in den Händen wie Schnee
So weich, so kalt, ehe ich verseh

Fließt davon im sanften Wind
Ohne Sie, Gedanken farblos blind
Zurück ein Tropfen aus rotem Blut
Nur einer, nur ein wenig Mut

Hoffnung auf ein wachsen erneut
Täglich an dem Tropfen erfreut
Leiden, glühen, sterben so stark
Dein Sein erhellt mich bis ins Mark

Ein letzter Hauch, Rauch in der Luft
Fliegend fließt davon ein einzig Duft
So rein, endgültig so lieblich toll
Meine Seele davon mir überquoll

Katharina Koch * 1994

dass sich in deinem wörtermeer
ein lichterhimmel spiegeln kann
als weiter horizont
für das unsagbare der welt
in uns

Sibylle Koch

Tod des Jagdfliegers

geschlafen
geweckt
zum Frühstück gegangen
gebangt
gehofft

gerannt
gestiegen
gebangt
gehofft

gekämpft
getroffen
geblutet
gebangt
gehofft

gefallen
durch gelbes Lichtgewitter
in sanftes Blau
den letzten Feind besiegt

die Angst

Christoph Köchling * 1969

Zwei Osterhasen küssen sich
mitten auf der Straße
ein weißes Auto nähert sich
mitten auf der Straße

Zwei Hasen, die erschrecken sich
mitten auf der Straße

das Auto, das erschrickt sich auch
mitten auf der Straße

Zwei Hasen drehen sich herum
mitten auf der Straße
das Auto, das bleibt stille steh'n
mitten auf der Straße

Ein Hase links, der andre rechts
flitzen von der Straße
das Auto, das kann weiter fahr'n
mitten auf der Straße.

Annemarie Kockott * 1936

So kann es gehen

Ein Pünktchen mit Beinen
Eilt übers Papier
Ein winziges Tier.
Ich blase es weg,
Ehe ich das Buch
Zuklappe
Und fahre
Weg –
Lebensretter
Mit geschwellter Brust?
Oder bloß
Instrument
In einem winzigen
Schicksalsfrust?

Heinrich Koebel

ehe du gehst
will ich dir meine sterne schenken
häng sie in den himmel
sie werden immer da sein
heller noch in mondlosen nächten

Ursula Koeppen * 1957

Zeitlos

Es wellen die Wellen weltenweit
verspüren keinerlei Last
am Meere geduldig mit Endloszeit
vertilgen sie Menschenhast.

Egal ob Ebbe oder Flut
sie fesseln des Menschen Blick.
Vom Winde gejagt im Übermut
tanzen sie ihr Meisterstück.

Welle trägt Welle zum fernen Strand
verweht wie des Menschen Glück.
Vom Spiegelbild im trockenen Sand
bleibt ihr Fingerabdruck zurück.

Das Wellenspiel-Spektakulum
hat seine eigene Zeit.
Im Wellenuniversum
spürt es den Hauch von Ewigkeit.

Antje Köhler * 1943

Über Nacht

der Himmel hat mir heute
einen Schmetterling geschenkt
mitten im Winter
ging die Sonne auf
ihre Strahlen
tauten mein Herz
befreiten es von klirrendem Eis und Kälte
wohlige Wärme breitete sich aus
flatterte durch Bauch und Körper
geist und Seele wachten auf
und ich kletterte mit dem Schmetterling
hoch hinaus an den Horizont
auf der Leiter aus glückseligen Sprossen
bis ich den Boden unter den Füßen verlor
und zu schweben begann
taumelnd vor
trunkender Leichtigkeit
besinnungs los
schwere los
vollkommen los gelöst

Doris Kohlhas * 1967

wieder arbeit loS

chef gab ihm jahresvertraG
und groß belegte brötcheN,
viel arbeit unverzagT
betrieb hatte manch nötcheN.

erhöht wurde er nun so freI
neben einer tageslaufes schnellE,
nach zwei monaten wars vorbeI,
dienst führte ihn raus wie kriminellE.

ach hässlich ist die heutarbeiT,
jetzt nutzt man aus die probezeiT.

Holm Kohlmann * 1966

Zeit

Sie hat die Macht, alle Wunden zu heilen,
man kann sie verschenken, teilen, rauben,
glauben, dass sie im Fluge vergeht.
Und manchmal schleppt sich Sekunde für
    Sekunde,
wird zu Stunde, ist plötzlich Jahr.
Doch sie kennt weder Leben noch Tod,
sie läuft unbeeindruckt von menschlicher
    Not einfach weiter.
Ist für sich selbst nicht existent und doch
    viel zu wichtig.
Weil wir ihr Bedeutung geben.
Sie ist uns Rahmen oder Gefängnis –
Zeitnot – ein schweres Bedrängnis.
Ein Punkt in der Zeit, der alles entscheidet –
    scheinbar.
Zeit anhalten heißt, dich festhalten wollen
    für immer,
dir meine Zeit schenken, mit dir teilen,
    niemals rauben.
Glauben, dass sie mit dir überwunden
    werden kann,
weil sie für uns stehen bleibt – sie – die
    nicht existente Zeit.

Theresia Köhring * 1986

Verblichene Worte durch Liebe befreit

Verblichen
Viel hast du gesprochen,
Doch am Ende
Nichts gesagt.

Worte,
Die leer über deine Lippen kamen,
Zerbrachen in der Luft
Fort für immer.

Befreit
Ich aus deinen Fängen,
Die du um mich
Errichtet hast.

Warum
Fällt es mir so schwer
Dich zu vergessen,
Ohne dich zu sein?

Gründe,
Die nicht in deinen Worten
Sondern sich in deiner Liebe
Verbergen.

Lisa Koinzer * 1996

Aus der Unendlichkeit der Zeit kam er
keiner wusste wie er aussah!
Ob er alt und ein Greis sei
Oder ein Adonis und jung an Gestalt.
Sagt mir einer wie sah er aus?
Der Mann am Ende der Zeit dein letzter
    Begleiter.
Das Licht verlöscht in die Unendlichkeit.

Toni Kölbl * 1955

Und dann, kam Eva

So kam sie hier, mit einem Lächeln
an jenem Tag im Blätterkleid.
Sie schaute tief in meine Seele
und sang das Lied von Liebesleid

Ich schaute zu, wie meine Ehre
in einem Glase Wein versank,
... noch etwas Bein und warme Lippen
es war zu spät, ich trank und trank.

Die Welt ist schön, so wache ich auf
im süßen Duft vom Honigwein.
Ich rief nach ihr! War das ein Traum?
Doch kam sie nicht, dann glaub ich's
    kaum.

Jetzt frag ich dich, mein Herr, mein
    Schöpfer.
Ist das die Liebe? Ist das, das Leben?
– Schweig still und leb' du Narr.
So ist das eben.

Nikola Kolev

Zeit

Gefühlte Lücke
abgegrastes Fussbettmoos
verzahnte Brücke
taktbegrenzter Mutterschoß

Sinn entleert
selbst
in das Tief so weit
abgepflückt
entseelt
verzerrt
wie arm geworden bist du
Zeit

Bettina von Kollbeck * 1970

Liebeskummer

Wie war's für mich gestern noch so hell!
Wie freundlich schimmerte doch der Tag!
Sylphiden sangen so sieghaft mir
Und nicht wusste ich wo Leiden lag.

Das Leben schien mir voller Sonne,
Und alles lag vor mir rosarot.
Ja Woge der Wonne war die Welt.
Es trug die Nacht auch nicht trüben Tod.

Jauchzend ließ ich mich aufwärts tragen,
Dem Licht entgegen der Sonne zu.
Mich fasst die Freude und führt den Flug.
Und nie hätte mein Herz richtig ruh'.

Ganz plötzlich traf dann ein Blitzstrahl mich,
Zerschmetternd fuhr er auf mich herab.
Gar ist der Glanz, geschwunden das Glück.
Das Licht im Leben mir gütig gab.

Nur Trauer erfüllt jetzt noch mein Herz,
Und den Schmerz verschließ' ich in meiner
    Brust.
Kein Klagen kündet von meinem Kampf,
Kein Zittern zeigt leid'gen Verlust.

Brigitte Koller

Winterfreuden

Bestäubt in weißer Farbenpracht
wurde es Winter über Nacht.
Der Tannen grün man nicht mehr sieht,
es schneit,
was hier geschieht.
Auch Felder und Wiesen die sind weiß,
an manchen Bäumen
hängen sogar Zapfen aus Eis.

Der Winter der hier Einzug hält,
allen Kindern gut gefällt.

Sie fahren Schlitten auf den Hügeln oben
und machen eine Schneeballschlacht,
fangen an im Schnee zu toben
bis in die frühe Nacht.

Karl Koller   * 1959

Verborgener Sinn

Kam die Schraube
und fand, wie ich glaube
in der Wand ihren Halt

Nicht übel sprach der Dübel
ich bin jetzt nicht einfach so weg
mein Wegseins-Dasein hat einen Zweck
und ich hiermit den Sinn entdeckt

Weil Plastik Metalle umrunden
hat die Schraube ihren Halt gefunden
und ich habe meine Gräuel überwunden
indem ich in der Wand verschwunden

Aber zum Glück der Schraube
doch nicht verschwand

Ein wunderbares Gewand

Berta Kolp

Motorradfieber

Jetzt ist der Moment, es ist wieder Zeit ,
wir beide sind mit Leib und Seele zum
    Durchstarten bereit.

Ein einziger Blick, ohne Worte drücken
    wir aus,
unseren Drang in die Freiheit, wir wollen
    nur raus.

Von jetzt auf gleich, wählen die Kleidung ,
    die zu uns passt,
wir steigen auf, starten durch, vorbei ist ab
    jetzt jede Hast.

Jetzt ist der Moment, wohin auch immer es
    uns treibt,
der erlebte Weg selbst unser Traumziel
    bleibt.

Wir reden und schweigen aus dem Bauch
    heraus ,
Zu zweit allein ohne Applaus.

Es gibt so viel zu sehen, die Landschaft pur
    bringt uns zum Staunen.
Wir riechen , schmecken, spüren
    gemeinsam Natur pur ohne
    irgendwelche Launen.

Jetzt ist der Moment, zu zweit alleine
    plötzlich ganz weit,
die Zeit bleibt stehen, schenkt uns eine
    ganz besondere Ewigkeit.

Brigitte Kölsch   * 1958

Grenzenlose Liebe

Ein Herzschlag im Bauch, doch es ist nicht
    meins,
ich spüre es nicht doch ich weiß es ist deins.
Arme und Beine schon zu erkennen,
Meine Gefühle verwirrt und nicht zu
    benennen.
Ärzte bangen um mein eigenes Leben,
raten mir dich in den Himmel zu geben.
Mein Körper sei schwach und nicht bereit,
für die bevorstehende schwere Zeit.
Gefühle, Gedanken wonach wir streben,
beschließen meins für deins zu geben.
Jede Sekunde, die du bist im Bauch,
genieß ich so sehr und ich hoffe du auch.
Ich sende dir Liebe und Geborgenheit,
so begrenzt ist doch die gemeinsame Zeit.
Ich freue mich auf dich mein Schein,

weiß zu gleich es wird nicht von Dauer sein.
Es ist so weit, nun bist du da,
ich drück dich an mich, wir sind uns so nah.
Ein letzter Kuss, er soll dir Liebe senden,
dann schlafe ich ein mit dir in mein Händen.

Katja Koltsch

Ein Wort

Dann mag es dir erscheinen,
Als würde sich was reimen,
Als würde eine Idee keimen,
Kannst es gar nicht verneinen!

Denn Worte gleich rauen Leinen,
Als würden sie sich in deinen Kopf pfeilen,
Als würdet ihr euch daran weiden,
Lassen uns begreifen.

Wie man in Ketten tanzt,
Wie man seine Angst verschanzt,
Wie man lieben lernt,
Und vorallem wie man begehrt:

Nur ein Wort ...
Da ist es, da war es, da was es will!
Grade hier, schon fort ...
Welten und Zungen stehen still.

Ernst Komik * 1993

Mein Fluch

Ich bin nicht dement
und auch nicht schwachsinnig.
Nur etwas traurig
und sicher irrsinnig.
Mir fehlen plötzlich Sätze.
Auch Wörter und nach ihnen
dann das Komma.
Ich atme noch und denke nach,
bin wach

und rechne ab.
Das ist mein Leben.
Das ist mein lebendiges Koma.

Vladimir Konecny-Hrdlicka

alte Gewohnheit

ich bin zu jung
um kind zu sein

ich bin zu alt
um erwachsen
zu werden

schön dumm,
wer meint,
groß zu sein!

und später wird
das zur gewohnheit

Detlev h.g. König

Wahrnehmung

Mit Dir in der Ewigkeit der Unendlichkeit
zu entfliehen mit des Phönix Schwingen
ins Paradies der Sinneslust.

Der Sterneleuchten uns dient als Wegpunkte,
auf der langen Reise des Seins und Werden.

Mit Dir im Arm entfliehen wir der
    Wirklichkeit,
hinaus in die Träume,
welche doch die Realität der Wirklichkeit
    spiegelt.

Wollen aus der Glaskugel entfliehen,
in der wir sitzen, ohne es zu merken.
Der Lilienduft uns lockend zu sich zieht,
hinaus in das Mystische.

In der Ewichkeit der Unendlichkeit
wollen wir uns aufhalten und uns
der Realität der Wirklichkeit entziehen.

Claudia Konzack   * 1992

Der Kaiser

Die Sonne erwacht,
schau, wie sie lacht –
die Vögel singen,
sie schlagen ihre Schwingen.

Plötzlich färbt sich der Himmel grau,
nimmermehr wird er blau,
ein Galgen wird aufgezimmert,
alle brechen aus in Gewimmer.

Gehängt wird heut der kluge Kaiser,
keiner war jemals weiser,
ermordet hat er den Stallmeister,
von da an verfolgten ihn dessen Geister.

Die Geister haben ihn verrückt gemacht,
keiner hat ihm den Mord je verdacht,
denn den Stallmeister mochte keiner,
aufgrund seiner schlechten Reime als Lateiner.

Marie Sophie Koop   * 1996

der reiche poet

wie es reift und wächst
wie alles in mir gärt
und schäumend übersprudelt
schreit und um sich schlägt
daß ich nicht ruhig sein kann
die nerven öffnen jede pore
gierig saugt sich jede faser
voll mit glut
und lodernd prasselt feuerregen
über meine sehnsucht
daß sie wahr wird

für minuten tanzen wir
im rhythmus neuer worte
deren sinn mir erst erschöpft
in unruhig-ruhigen pausen
dieses wunderklare
glücksgefühl verschafft

Anne Köpcke   * 1963

Kennst du das Gefühl?

Noch gestern waren deine Augen feucht,
 du hattest geweint, weil etwas
 schlimmes passiert ist.
Du hast dich schlafen gelegt und bist am
 nächsten Tag früh aufgewacht.
Du schaust aus dem Fenster und die Sonne
 geht auf, frische Brise weht dir ins
 Gesicht.
Der Himmel ist so klar und rein, leuchtet
 in blau.
Die Vögel spielen dir ein Guten Morgen
 Lied vor.
Kennst du das Gefühl?
Alles schlechte was du gestern erlebt
 hattest, verschwindet an diesem
 Morgen,
so als ob ein Neuanfang beginnen würde.
So als ob du in diesem Morgen neugeboren
 bist.
Alles so frisch und neu. Sogar dieser Duft,
 der an der Luft liegt, fühlt sich anders
 an als sonst.

Güllü Korkmaz   * 1992

Mensch-sein

Was ist das für ein Mensch?
Frage ich mich, in seine Augen blickend,
Auf der Suche nach einer Antwort.
Doch so sehr ich mich auch bemühe,
seine Augen bleiben unergründlich,

schweigend, leer, ratlos.
Solch eine Frage spricht man nicht laut aus.
Was ist er für ein Mensch?
So etwas fragt man nicht.
Hast du schon einmal diese Frage gehört?
Nein? Ich auch nicht.
Man muss es herausfinden,
nachforschen.
Aber niemals direkt fragen:
Was bist du für ein Mensch?

Lisa Kornder * 1989

endlich Frieden

Es grollt der Donner im dunklen schwarzen
    Meer
es jagt die Nacht die Seelen wild umher
ein Blitz durchzuckt die wilde Jagd
und wirbelt alles durch das Zeitenrad

Da springt ein Engel mitten ins Gefecht
    und spricht
„nun reicht es – es werde Licht"
ein Leuchten dringt durch all das Chaos
„verwirrt" – „entzwirrt"

Sieh wie alles sich beruhigt
des Wirbels Ängste bald verschwinden
die Teilchen sanft zu Boden sinken
der Sturm nicht mehr als ein Winken ...

So stellt sich Ruhe wieder ein
ein jeder eilt in sein Kämmerlein
und widmet sich ganz wie von selbst
dem Schaffen der wunderbaren heilen Welt

Susanne Korn-Happ * 1965

Gib auf dich Acht, sagst Du,
im Moment der Momente.
in der sechzigsten Sekunde unserer letzten
    Stunde.

Doch ich gebe mehr,
geb neun, geb zehn ...
VERSUCH mehr zu geben
und vor Dir wie eine Eins zu stehen.
Bis ins Hundertste geb ich auf mich.
Geb ich auf, mich.

Was mir zuerst wie ein Pi erschien
und dann doch keine Zahl der
    Unendlichkeit war,
ist am Ende nur ein Bruch geblieben
und du für mich unberechenbar.

Palina Koschka * 1994

Spaziergang im Dezember

Griese graue Schwaden aus Nebeldunst,
getrübte, traurig suchende Blicke.
Wie ein Gemälde müder Winterkunst
erscheint verschleiert die alte Brücke.

Umrisse von den blattlosen Bäumen
zeichnen vage Schemen ins Nebelbild.
Verschwommene Konturen von Zäunen,
weit dahinter äst ein Rudel von Wild.

Ein kahles Baumkronengerippe
verziert von einem Vogelnestrest.
Als Wolke eine Krähensippe
krächzend knorrige Eichen verlässt.

Filigran zarte Zweige von Hecken,
in undurchdringlichen Nebelwänden.
Struppig' Strauchgebüsch wir entdecken,
die Blicke im dumpfen Dunst verenden.

Gespenstisch drohen uns alte Erlen,
aus deren fast schwarzem Wintergeäst
schwere Nebelregentropfen perlen,
die Luft ist von ihnen völlig durchnässt.

Heiko M. Kosow * 1947

Freiheit

Es gibt Zeiten,
da wünschte ich mir Flügel
Mit ihnen auf dem Wind zu reiten,
über Gipfel und auch Hügel.

Einmal dem Alltag zu entfliehen,
einfach von hier abzuhauen.
Mit den Vögeln loszuziehen,
und die Welt von oben zu bestaunen.

Unter einem weiße Wolken,
nur blauer Himmel über dir.
Bereit der Sonne nachzufolgen,
einfach nur noch weg von hier.

Sollten meine Flügel je versagen,
und sollt ich dann fallen auf das Land,
würd ich nichts noch schnell beklagen,
denn war es Freiheit, die ich fand.

Ferdinand Köster   * 1993

Vergangen

Oft lag ich als Kind im Sommergras um
    Wolkentürmen nachzuschauen,
da kam's daß ich die Zeit vergaß, in meinen
    Träumen den stillen blauen.
Noch immer zieh'n die Wolken her in
    hohen Himmelswogen,
doch all die Träume gibt's nicht mehr, sie
    sind wohl mitgezogen.

Heinz-Joachim Köster   * 1942

Nie wieder jetzt

Und wo bist du heute,
und wo morgen?
Die Filme laufen
ohne dich.

Es gibt ein Morgen,
es gibt immer
ein Morgen.
Aber es wird nie wieder jetzt.

Deine Hände, gestern,
für immer gestern,
ihre Wärme,
mein Herz ...

Magnus Köstler   * 1985

Liebesgefühle

Boten senden Liebesstrahlen
Liebesworte sie dir flüstern
Spiel der Lichter mit Signalen
Zaubern Liebe in dein Leben

Lichterbogen dir erscheinen
Hoffnung schimmert hell am Himmel
Liebesgötter dich begleiten
In den Garten der Gefühle

Kosyra   * 1962

Gegenwart

Gegen warten
tu etwas:
nicht Wurzelschau.
Ge(h) gegen warten an
zu künftigen Ufern:
ge(h) gegen was ist.

Gegenwart ist nichts weiter
als eine Beschäftigung
gegen das Warten
auf die Zukunft:

Tun
Lassen
Lieben

Hassen
Essen
Schlafen
Zurück triefen.

Consuela Kothe   * 1947

Gaia, die nach den Sternen greift

Ein Mädchen wandelte unter den Sternen,
ein Himmelskind, das wollt es werden.
Gebraucht, geliebt und gut behütet,
wenn draußen doch das Leben wütet.
Sie griff danach für lange Zeit,
es war zu hoch, es war zu weit.
Nun wusste sie, es war gegeben,
es war schon ewig da,
ihr ganzes Leben.

Charlotte Köther   * 2000

Der Rose Dorn

Totgeborenes Fleisch,
zum heilig sein verdammt.
Gift in jedem Atemzug, so glühend heiß,
das Herz so jung und schon verbrannt.

Heiße Wut fließt durch meine Venen,
rasend ist mein Zorn.
Niemals werd ich mir vergeben,
das ich verlangte nach der Rose Dorn.

Cara Selina Kotthaus   * 1993

Ein totes Wort

Ich warte und warte hier am Rand.
dass es auf Straßen breit
noch breiter sich die Demo macht
die wohl nicht kommen mag.

Am Friedensplatz warte ich schon lange –
sehnsüchtig nach Plakaten, Blockaden
von unverhofften T-Shirts blutig
und Jeans zerrissen träum ich wach.

Und sehe Busse vor mir fahren
mit Kaufhof, Smartphone und Kebab
ein buntes Aufgebot vielfältig.
Wer sagt denn nun
die Demo sei ein totes Wort
und schlafende Studenten 's nicht
    vernehmen?

Konstantina Kourkoumeli-Schmidt

Mit Herz

Alleine sein das ist nicht schwer,
für den einen weniger, für den anderen sehr.

In meinem Herzen, da ist ein Platz,
dort verstaue ich meinen wichtigsten Schatz.

Doch herrscht in einem Herzen die große
    Leere,
wenn dort niemand mehr vorhanden wäre.

In diese Leere gehören Gefühle,
so das ich im inneren Wärme fühle.

Wärme, welche erfasst alle meine Sinne,
doch glaub mir das ich nicht damit spinne.

Ich spreche von Gefühle wie Liebe,
    Zusammenhalt und ein gemeinsames
    Leben,
sind das nicht alles Dinge nach denen wir
    gemeinsam streben ?

Nur läuft unser Leben nicht immer grade aus,
denn Gefühle wie Streit, Hass und Schmerz
    machen der Liebe den gar aus.

Nun suche ich nach diesem streben,
die schöne Gefährtin für ein gemeinsames
    Leben.

Doch die Zeit rennt weiter in meine Leben,
ich begegne Frauen die sind vergeben.

Doch treffe ich die eine, Sie hat in ihrem
    Herzen einen Platz,
so werde ich Sie hüten wie meinen größten
    Schatz.

Thomas Kowollik   * 1988

Gedanke

Höhe und Tiefe sind sich gleich, wie ein
    Spiegelbild, wie Schwestern.
In der Mitte die Ebene, wo sie sich treffen.
Welt und Mensch sind uneben, das Größte
    aber ist die
Vollkommenheit,
die alles umrundet, einfasst wie ein Ring.

Es ist die Vollkommenheit, die nur Gott
    allein verkörpert,
eine Liebe, die alles eint, wiedervereint,
Unebenheiten, verschiedene Meinungen
    zwischen dir und mir ebnet
und alles wieder neu und gut macht.

Erkenntnis des Strebens nach ihr und das
    Bemühen
bringt wieder gemeinsame Harmonie und
    Frieden.
Ein Geschenk zusammengefalteter Hände
    im Gebet um Hilfe,
Erbarmen, Gottes Erdglut der Herzen.

Sigrid Kraatz   * 1937

Herzenswunsch

Und sollten mich mal die Götter fragen,
was ich am liebsten tät ...
Ich würde so gerne Jäger jagen,
kreieren ein Waidmanns-Brät.

Was wär es doch für ein Lustgefühl
den grünen Wanst aufzubrechen,
und mit Prosit im Halali-Stil
den Siegesschuss zu bezechen.

Doch zum alles krönendem Schluss,
da drapierte ich mit Verstand,
des Jägers Haupt mit Stirne-Schuss
samt grünem Hut an die Wand.

Gerhard Kräft   * 1942

Dämonen

Dunkle Dämonen der Furcht greifen nach
    mir.
Nagen an der Wurzel meines
    Lebensbaumes.
Weiter, immer weiter, nicht anhalten.
Es muss weitergehen.
Gedanken kreisen um die Arbeit.
Sie bestimmt das Leben.
Habe ich es nicht so gewollt?
Doch, aber in Freude, nicht in Sorge.

Die Dämonen sitzen auf meiner Brust
Nehmen die Luft zum Atmen.
Je mehr ich weiter eilen will,
umso schwerer werden sie.

Doch halt!

Sind es wirklich Dämonen der Furcht?
Oder hilfreiche Wesen?
Eine Warnung, es nicht zu übertreiben?

Alles wird gut, wenn Du ihm die Zeit dazu
    gibst.
Hetze nicht dem Glück und dem Erfolg
    hinterher.
Sondern bleibe ab und zu mal stehen,
damit sie Dich einholen können.

Kerstin Kramer   * 1967

Zweiter Frühling

Vor seinem Gang zur Gotteswiese
steckt Papa in der Midlife-Krise,
er fängt sogar das Joggen an,
dass Mama sich nur wundern kann.
Plötzlich zwängt er seinen Kessel
in 'ne Neon-Spandex-Fessel,
trägt sein Bauchverjüngungs-Dress
nur in Kleidergröße „S",
weil das Fleisch so sicher hält
und sich auch nicht weiter wellt.
Und die Farbe, die arg kreischt,
weil er nach Beachtung heischt,
lenkt, mit ihrem grellen Pink,
davon ab, was grad noch hing.

Papa trägt sein enges Glühding
für den Start zum Zweiten Frühling.
Mama denkt nur: „Ach, jetzt spinnt er,
fühlt sich an wie Zehnter Winter."

Lars Kramer   * 1979

Abend in Paris

Durch abendrotes Stadtgewimmel
tanz' ich auf Deinem Lächeln
so leicht, als wär's ein Seil
und such' am dämmrig blauen Himmel
der Sonne letzten gold'nen Pfeil.

Alle drückend schweren Sorgen
streif' ich mir vom Herzen
wie quälend enge Kleidung ab
und werfe lachend meinen Rollstuhl
heut' Nacht den Eiffelturm hinab.

Dörthe Kränke   * 1966

Heimat

Abschütteln wollt ich
der Heimat Würgegriff
Wo potentielle erste Küsse
schielten aus jedem Gebüsch
Wo ängstliche Kinderträume
noch immer warten auf Brot
Wo Lebenslust geboren
und später Leid und Not

Verlassen hab ich
die Stadt die mir einst schlief
Wo's Wiegenlied verklungen
und niemand meinen Namen rief

Heimkehrer bin ich
mit Frieden als Proviant
mit neuen Lebenswünschen
die ich auf fremden Wegen fand

Mona Krassu   * 1969

Maxime

Höre, wenn alle schweigen
das, was gesagt
werden muss

Spreche, wenn niemand
dazu bereit ist, die
Wahrheit aus

Handle, wenn nichts geschieht
für die, die nichts tun
können

Sei ein Mensch, der die
Gerechtigkeit verteidigt,

Wenn keiner mehr
an sie glaubt

Beate Kratzsch   * 1963

Die Reichen und Schönen

Wie diese Geschöpfe sich bewegen
anmutig in ihren schönen Kleidern.
Sie sind keine Frauen, nein.
Sie sind Damen.

Schneeweiße Haut,
doch nicht blass.
Seidenes Haar,
vornehm.

Schmale Taille,
zarte Hände.
Kennen keine Arbeit,
sind das Schönsein gewohnt.

Ein Lächeln –
ein geschminktes, aufgesetztes.
Ein Lachen –
nichts als Trug und Spiel.

Ein eingeschworener Kreis,
doch jeder ist für sich.
Tanzen im Kreis.
Wer wird als nächster fallen?

Pia Kraus

Himmelsgeschenk

Welternträumespuren
Sternenstaubverlesen
Hinterm Silbermuschelmond
Glücksgefühle rieseln
In Erdenschlummerherzen
Menschenkinderseelen
Mehren Zärtlichkeiten sich
Teilen Regenbogenflügel
Paradiesisches Licht

Silvia Anna Kraus * 1952

eine kurze sommerliebe

wie ein stern in tiefen meeren
kam die sommerliebe sehend
wie ein kurzes lächel
in kleinem schönem märchen

nur kurz und läuchtend
und nichts bedeutend

eine sommerliebe

und wenn der amor stehen bleibt
und nicht die wahre liebe sehen kann
dann bleibt die sommerliebe
nur eine kurze märchenliebe

eine sommerliebe

Jozefa Krause * 1950

Zwei Hände

Zwei Hände, zwei Ringe,
ein Versprechen gegeben.

Zwei Körper, zwei Seelen,
ein gemeinsames Leben.

Aus zwei macht EINS,
und bleibt doch zwei,
gemeinsam,
zusammen,
und dennoch frei.

Pe. Krause * 1964

Auszeit

Und heute ist ein Ausruh-Tag
weil meine Seele es so mag
halte mich fern vom steten Treiben
und will ganz einfach sitzen bleiben

Genießen will ich ganz alleine
verschränk im Lotus-Sitz die Beine
und bin auf innerlichen Spuren
draußen verblassen die Konturen

Tauche ins Farben-Meer hinein
will wieder mal ganz nah mir sein
die eigene Musik spielt leise
beruhigend auf vertraute Weise

Kein Miss-Ton kann nun mehr erschrecken
um aus dem Tiefsinn zu erwecken
die Symphonie in leisen Tönen
mein Selbst will sich mit mir versöhnen

So fern vom Leid und vom Verdruss
ist Leben wieder Hochgenuss
die Uhr kann ohne mich sich drehn
ich wird nicht zur Verfügung stehn

Dagmar Krauße

Der Heilkundige

Dem Tode geweiht
unwissend er war,
seinen letzten Glauben
dem Heilkundigen er gab.

Dieser log und trug
versprach ihm Genesung,
obwohl er wisse,
für den Leidenden gäbe es keine Heilung.

Des Leidenden Geldbeutel
seine Bestrebung war,
ohne Hauch von Furchtsamkeit
stelle er ihn als Narren dar.

Den weißen Kittel
als Tarnung er verwertet,
sein zweites Ich
vom Verlangen und Gier geprägt.

Doch hoffen wir,
bald komme der Tag
an dem das Schicksal
ihn zur Schuld bekehren mag.

Nikolina Krcmar * 1992

*Sonderangebot * for sale **

Eine unverbindliche Preisempfehlung,
Gefühle im Ausverkauf.
Ein Schnäppchen, zum Sparangebot
unverbindlich, nur für kurze
Zeit.

Ein Schlussverkauf, alles muss raus.
Zahlbar per Ratenkauf, die 0%
  Finanzierung.
Jetzt dauerhaft günstiger.
second hand, Ramschkauf,
besonders billig.

Ohne ein Risiko. Kommissionsware.
Volles Rückgaberecht, ein Kauf
auf Probe.
Emotionen nur mit Freizeichnungsklausel
„solange der Vorrat reicht"
Die Lieferung erfolgt frei Haus.
Annahme verweigert.

Mareike Kreiner * 1986

Hand in Hand

Hand in Hand
Und nicht allein
Und in der Ferne kommt das Schwarz
Bedrohlich nahe
Doch ohne Kraft und Stärke
Und die Hand , die feste hält
Die scheint zu sagen
Lass es nur kommen
Das Schwarz

Es zeiht vorüber
Und dahinter ist das Licht
Der helle Tag
Voll Wärme und Geborgenheit
Der helle Schein
Und Gelb und Rot und Grün werden bei
uns sein.

Sabine Kremer * 1954

Farben der Natur

Grün treibt aus jedem Ast,
Grün sprießt als Blatt und Gras,
Grün deckt und hinterlässt die Spur
an Gliedern – Schönheit der Natur
des Mädchens.

Rot kommt und mischt sich bei,
Rot schmückt so allerlei,
Rot zieht Natur die Lippen nach
so zart, dass laut und deutlich lacht
das Herzchen.

Blau fließt wie manches Meer,
Blau ziert das Himmelsquer,
blau ihre Augen, die man mag
so sehr, dass man sie nennen wagt:
Mein Schätzchen.

Gold wie ein Sonnenstrahl,
Goldlicht in ihrem Haar,
goldüberflutet jener Leib
aus dem es grünt und bunt gedeiht
in Wörtchen.

Liliana Kremsner * 1966

Das offene Geheimnis

Ein Geheimnis bleibt geheim,
kennst Du es nur ganz allein.
Erzählst es heimlich einem Andern,
wird es plötzlich weiter wandern.

Denn der Andre sagt es leise,
weiter auf geheime Weise.
Und später ganz geheim so dann,
kommt es bei dir wieder an.

Hättest es laut raus gebrüllt,
offen und ganz unverhüllt,
auch hättest du dich da geniert,
hätts keinen Andren interessiert.

Uwe Kretschmar

Dolor

Du stichst, ich strafe stumm die Still und nähe
Ein Muster. Tief in deiner Seele Jähe
Erspähe ich ein greises Bild von mir:
Schief herab, vergilbt zu Schmutz und
    Schlier,
So hängt's in deinen Wüstentempelhallen
Und wird benässt und wird bespuckt von
    allen.

Du stichst, ich straffe stumm den Strick
    und nähe
Ein Muster tief in deine Seele. Wehe,
Ich sehe scharf dies urverhasste Bild:
Ein unerwähntes, scheues Wüstenwild,
Das bald sich hängt, weil du es stumpf
    verstoßen;
Und einmal fasst mich fast der Mut der
    Großen.

Du stichst und hoffst, dass es noch oft
    geschehe,
Du stichst so sanft, damit es nie vergehe,
Ein wehes Muster in das Bild in dir:
Ich bin sein Wirt, schon formt es sich an
    mir;
Du stichst, ich steche stark zurück und
    krähe
Die Elegie der Seele in die Jähe.

Andreas Kretschmer * 1996

November

hauptbahnhof
stuttgart
verklebte umwelt
schatten treffen schatten
und ich habe kein kleingeld
für die Präzisionswaage
wie leicht ist die trauer
im november?

Winfried Kretschmer

Zur Weihnachtszeit

Winterliche Dunkelheit
Wald und See in weißem Kleid
Goldener Gestirnenglanz
Der Schneesternfeen heit'rer Tanz

Zum Herzen spricht der Liebe Stimme
Auf dass der Mensch sich nun besinne

Jene Sehnsucht sich erfüllt
Die ihn Stund um begleitet
Jene Sehnsucht, die durch nichts gestillt
Als durch des Herzens Geleite

Oh, denn das Herz allein vermag
Zur Freude hin singen jede Klag'
Mit kindlichem Staunen kann er dann
    sehen
Den Gestirnenglanz und auch die Feen

Und all die Wunder der Weihnachtszeit
Liegen vor Aug' ihm weit und breit

Die Dunkelheit ward so zu Licht
Und sei das Fest auch gar sehr schlicht
Jeder, in dessen Herze die Liebe wohnt
Ist ein König auf Gottes Thron

Kreuzkönigin * 1978

gestern abend

gestern abend wir waren zuhause
du im wohnzimmer ich auf der couch

plötzlich ein knall wo kam er her
wir erstarrten was war das bloß

du hast dich an mich geschmiegt hast das
so lange nicht mehr getan warum diese jahre

wir waren anfangs so glücklich wir waren eins
miteinander aber das ist nicht war haben
    wir gemerkt

du hast immer sonnenschein zu mir gesagt
und dann war dir das plötzlich zu lang

du hast immer und immer wieder gesagt es
    sei dir zu lang
ich hielt mir die ohren zu später auch die
    augen

aber du gabst nicht auf und hast an unsere
    liebe geglaubt

Bernhard Krickler * 1979

An Dich

In meinem Herzen brennt eine Flamme
für Dich.
Sie wird Dir Wärme schenken,
wenn Deine Seele friert.
Sie wird Dir den Weg weisen,
wenn Dich Deine Ängste im Dunkeln
einholen.
Sie wird Dein Herz entzünden und
man wird am leuchten Deiner Augen
erkennen das der Funke
übergesprungen ist der unsere Herzen
eint und in diesen Moment wirst auch Du
wissen: „Sie gibt Sie die LIEBE."

Susanne Krieber * 1948

Verlassen

Sah ein Röslein stehn.
Sah's im Winde weh'n.
'S wollte mit dir gehn'.
und neue Welten seh'n.

Doch hast dich umgedreht,
die Ros' noch heut dort steht.
Sich einsam im Winde weht,
und Stück für Stück vergeht.

Thomas Krisch * 1985

Der kleine Stern

Leuchte hell mein kleiner Stern,
in der tiefen, finst'ren Nacht,
du, der über mich wacht,
droben von des Himmels Fern.

Leite mich auf richt'gem Pfade,
der gen Heimat führt,
mit deinem Licht, das jeder sieht,
und der Geborgenheit, die jeder spürt.

Da, ich seh mein Haus schon in der Fern,
mein Freund, nun heißt es Abschied
          nehmen,
doch wir werden uns bald wiedersehen,
morgen Nacht, mein kleiner Stern.

Johannes Kroisl * 1992

Haikus

Etliche Worte,
mit der Kraft, Stein zu brechen,
bleiben ungesagt.

Wolken ziehen auf.
In einer Welt, frei von Hass,
regnet es Liebe.

Das Gold der Freude
weicht dem Blei vieler Jahre.
Der Augenblick bleibt.

Hunderte Lichter,
getaucht tief in Dunkelheit,
erhellen die Nacht.

Der Fluss des Lebens,
Steine stören unsern Lauf.
Wille ist stärker.

Noch nie verloren,
der Sieg ist das, was sie kennt.
Doch der Ruhm vergeht.

Saskia Kronmüller, Janina Schöneck, Sophia Philipp

C'est la vie

Es passiert so oft im Leben:
Man fällt hin und steht dann auf.
Man fällt wieder wie soeben,
Setzt trotz Schmerzen fort den Lauf.

Was, wenn dieser Obdachlose,
Der immer hier am Bahnhof sitzt,
Mütze stinkig so wie Hose,
An dem ich heute vorbeilief,

Was, wenn er mal abgestürzt ist,
Nach Hilfe ganz verzweifelt rief,
Jedoch anstatt von Unterstützung
Gesagt bekam bloß: „C'est la vie"?

Es stimmt vielleicht: so ist das Leben –
Der überlebt, wer stärker ist.
Jedoch man kann schon mal zugeben:
So menschlich sind die Menschen nicht.

Tatsiana Kruchko * 1987

Der Angeber und der Zyniker

Es fiel ein Mensch ins Wasser,
ein Mensch der's Schwimmen nicht verstand,
und als er nass und nasser
nun in den Fluten gar verschwand,
begann er ein Geschrei:
„Ihr Leut, ich kann nicht Schwimmen!"

Nun kam ein and'rer Mensch vorbei
und sprach: „Das mag wohl stimmen,
jedoch ich find' bei meiner Ehr,
dass Zeitpunkt und auch Ort
zum Prahlen schlecht gewählet wär'."
Sprach's und ging fort.

Helmut Hein Krüger

wie sehr wir die blätter mit unseren füßen
    treten,
die den lieben baum bedenkenlos verließen.
bislang noch stolz und voll mit leben,
seine letzten blätter muss er unter tränen
    hergeben.

so schweben die blätter sanft auf den boden
    hinunter,
werden vom regen glänzend veredelt.
die schönsten werden eifrig aufgesammelt,
die kaputten tänzeln unentwegt - ihres
    weges munter.

Tim Krüger

Lampedusa

Wir sind auf der Suche nach uns selbst.
Folgen unserem Leben wie ein Schatten.
Zukunft heißt Angst, Vergangenheit Schuld.
Ist das alles, was wir vom Leben hatten?

Werden wir je zu uns selber finden,
in diesem hoffnungslosen Labyrinth?

Wer führt uns in das wahre Leben,
in dem wir nicht mehr gefangen sind.

Wo wartet die Freiheit. wo das Glück?
Werden Hoffnung und Glaube sich erfüllen?
Die Fesseln gesprengt, die Gedanken befreit.
Sind wir am Ziel, um die Sehnsucht zu stillen?

Ursula Kruse   * 1943

Du und Ich

Ich kenne dich!
Und frage mich.
Bist du ein Bekannter?
Oder weit entfernter Verwandter?
Erzähl mir doch etwas von dir.
Bist du ein Mensch wie wir?

Lustig, wir haben das gleiche Gesicht.
Ist es ein Zufall? Nein, das glaub' ich nicht.
Doch die Erleuchtung trifft jetzt mich.
Das in dem Spiegel bin ja ich!

Mail Daniel Krützner

Die Masken leben

Die Masken leben,
Die Welt ist leer,
Von Masken umgeben,
Ist anders sein schwer.
Das Gesicht ist verdeckt,
Die Gefühle verbannt,
Menschen versteckt,
Niemand erkannt.
Er ist nicht er,
Sie ist nicht sie,
Niemand will mehr,
Niemand weiß wie.
Es fing an zu regnen,
Die Schminke verlief,
Menschen begegnen,

Und Gott rief.
Alle erschreckt,
Gott verliebt,
Alle erweckt,
Gott vergibt.

Sofie Kubiak   * 2000

Heute lebe ich

Heute lebe ich mein Herz,
öffne es nach vielen Jahren,
werde ab nun mein inneres Kind fragen,
nie mehr mein Herz verschließen,
lass nur noch blühende Blumen darin
    sprießen.

Schließe meine Tür zum Herzen auf,
Unkraut kann entschwinden,
werde meine Freude wieder finden.
Liebe und Glück ist das a und o,
was bin ich froh.

Kann mein Leben jetzt besser genießen,
bin offen und frei, versprühe Harmonie,
bin dankbar, für das Öffnen nach so vielen
    Jahren,
kann mein Kind annehmen, mich nicht
    mehr schämen,
und brauch mich nicht mehr nach Liebe
    sehnen.

Kann fröhlich in den Tag jetzt starten,
denn es blüht ganz bunt in meinem Garten.

Franziska Kubsch   * 1959

zum Nachdenken

Diesmal habe ich die rosarote Brille
    abgelegt
Und nachgedacht, was heute die Welt
    bewegt.
Hochwasser und Unwetter haben viele
    betroffen,
nur nicht bei uns, das war unser Hoffen.
Unruhen kann man in vielen Ländern
    sehen,
wo Menschenmassen für Recht und Freiheit
    auf die Straße gehen.
Macht, Geld, Gewalt, Krieg und religiöse
    Wahnvorstellungen machen sich breit,
Wann sind wir endlich für Freiheit und
    Frieden bereit?
Wirtschaftskrisen und
    Jugendarbeitslosigkeit in Europa sind
    uns bekannt,
doch dass Kinder unsere Zukunft sind, hat
    man oft nicht erkannt.
„Atomkraft, nein danke", tönen wir laut
Und endlich werden in Deutschland
    „Alternative Energien" aufgebaut.
Wie kann ich etwas ändern in dieser Welt?
Doch ich bin wie ein Sandkorn, das alleine
    nicht zählt.
Aber wenn wir gemeinsam das Problem
    angehen,
kann aus einem Sandkorn ein Sandsturm
    entstehen.

Thea Küch   * 1942

Was bleibt

Unter Tränen eingeschlafen
Unter Tränen aufgewacht
Unsere Stadt
versunken
in den Tiefen des Meeres
Unsere Liebe
verflogen
in alle Richtungen des Himmels
Unsere Welt
untergegangen
bevor wir sie lebten
Was bleibt
ist dein Bild

ein müder Abglanz dessen,
was ich liebte
Dich

Nora Kudrjawizki * 1980

Mondfinsternis

Hast Du heut' Nacht den Mond geseh'n?
In Kürze war's um ihn gescheh'n!

Zunächst stand noch der gold'ne Ball
ganz still, erwartend, hoch im All.

Doch als man schon vom Schlaf benommen,
hat ihm die Erd' die Sonn' genommen.

Am frühen Morgen, strahlend rund,
zieht riesengroß er, voll gesund,

zitronengelb vergnügt einher,
als ob gar nichts gewesen wär'.

Hat's bis zum Horizont geschafft, –
nicht mystisch und nicht geisterhaft.

Ingeborg Kuhl de Solano

Sandkorn

Was ist ein kleines
im
strahlenden Sonnenschein
kristallin glitzerndes
Sandkorn
im großen Weltenmeer,
wenn
schwerer Seegang
von
mächtigen, unbändigen
Winden und Stürmen
bewegt,
wie tosendes Ungeheuer,

ihre Zerstörung
als
Tsunamis
vollbringen?

Almut Kühn * 1944

Leben

Leben ist
ein Geschenk, eine Gabe,
eine Lüge, eine Plage,
ein Traum, ein Weg,
ein Ufer, ein Steg,
ein Berg, ein Tal,
aber stets deine Wahl.

Frieder Kühnberger * 1970

still.

still.
unentwegt schweigend
umheg' ich
den sterbenden winter.

es schien ihm
nicht dräuend der frühling
noch laut
sein gesang.

ich halt ihm
die schmelzenden hände
aus tröstlichem eis.

es bricht sich
die tulpe bahn
und unter dem tau
meines winters

grünt neues heran.

Anina Kühner * 1987

Wünsche, nicht nur zur Weihnachtszeit

Ich wünsche mir in dieser lauten Zeit
mehr Ruhe und Besinnlichkeit.
Nicht nur die Jagd nach teuren Sachen,
die uns doch nicht glücklich machen.

Ich wünscht mehr Miteinander und mehr
　　Freud'
und innere Zufriedenheit.
Dass Keiner ganz verlassen ist
und seinen Nächsten nicht vergisst.

Ich wünsch dir, dass du erkennst,
dass du vergeblich hetzt und rennst.
Du siegst nicht gegen deine Uhr!
Es kostet dich die Lebensfreude nur.

Ich wünsch dir, und das wäre schön,
dass alle deine Wünsche in Erfüllung gehen.
Doch geht's nicht nur um Gut und Geld
in dieser lauten, kalten Welt.

Mein letzter Wunsch, nicht nur zur
　　Weihnachtszeit,
Frieden, Glück und Menschlichkeit.
Und, dass wir, so wie wir hier stehen,
gesund uns einmal wiedersehen.

　　　　　　　　　　Johanna Kullmann

Nach ewigem Hasten
wollen wir rasten
Zwischen Abgas und Bäumen
versuchen wir zu träumen

Beim vielen Gasgeben
glaubten wir zu leben
Neben der lauten Kulisse
merke ich, dass ich dich vermisse

Während ich wünschte, du wärst hier,
sitzt du neben mir
Mit toten Fliegen als einzige Begleiter
geht die Reise weiter

Weil ich eh nicht aussteigen kann,
halten wir auch nicht mehr an
Und da die Stille sich nicht legt,
bleiben uns're Lippen unbewegt

　　　　　　　　　Laura Künstler　* 1992

Die Schwachsinns-Welle

Die Schwachsinns-Welle rollt und rollt.
Ob man sie liebt, ob man sie hasst,
man wird auch häufig ungewollt
von ihrer Wucht erfasst.

Die Schwachsinns-Welle macht es schwer,
sich gegen sie zu stemmen.
Ihre Macht bedroht uns sehr,
ihr Lauf ist kaum zu hemmen.

Wer gibt der Welle ihren Schwung?
Die Masse, nicht die Klasse.
Beteiligt ist hier Alt und Jung,
kurzum: die breite Masse.

Man wird sehr leicht zum Fatalist
und fragt: Was soll ich machen?
Ich sehe zwar den ganzen Mist
und glaub', es wird mal krachen.

So lebe denn der Schwachsinn hoch,
wer kann, soll ihn genießen.
Die Zeiten kommen sicher noch,
wo wir mal für ihn büßen!

　　　　　　　　　　　Hjalmar Kuntz

Nach Norwegen

Im Sommer möchte' ich in den Norden zieh'n,
so wie die Vögel, ruhelos, ganz weit,
wo Berge herrschen, königlich und kühn –
vom Anfang bis zum Ende jeder Zeit.

Ich möchte mit den weißen Schiffen fahren,
die stolz und schön durch tiefe Fjorde eilen,
begleitet von den lauten Möwenscharen,
in bunten Häfen ohne Hast verweilen.

Ich möchte auf den lichten Brücken stehen,
die endlos lang sich über Sunde schwingen,
wo hohe Wolken in die Ferne wehen
und Stürme wilde Lieder dazu singen.

Ich möchte über stille Gletscher fliegen –
zu Eis erstarrte blaue Ewigkeiten,
die kalt und leuchtend in der Sonne liegen –
Vom Anfang bis zum Ende aller Zeiten.

Ich möchte wachen in den hellen Nächten
und eine Sonne sehn, die niemals sinkt,
bis mich die stärkste von den guten Mächten,
die Sehnsucht, wieder in die Heimat winkt.

Barbara Künzl * 1943

Zerknittert

Habe mein Kokon gesprengt,
doch die Flügel sind verrenkt.
Sind noch ganz zerknittert,
weil mein Herz so zittert.
Schlage wild drauf los,
ist verzweifeltes Flattern bloß.

Noch mal atmen, mit Umsicht walten,
damit sich die Schwingen ganz entfalten.
Werd mich in die Lüfte heben
dann in Richtung Sonne schweben
und jeden guten Aufwind nutzen,
lass mir die Flügel nicht mehr stutzen.

Stefanie Kurley

Liebesbrief an einen lange Verstorbenen

Sanfter Schein
Braun und rot der Dämmerungsgarten
Im Tau trüber Tränen
tanzen lange Schatten
über alte Gräber

Wie lange bist, Liebster, du verstorben?
Schlummerst du in tiefem Traum
unter Ulmen dort drunten
Als Lachen deine Tage füllte,
verführt von leerer Hoffnung
Seelen ertrinken im Meer

Sturmgepeitschte Sehnsucht steht
ganz allein am stillen See
Ein Reigen spät verwelkter Lilien
dein weißes Kleid aus Einsamkeit
Irrlicht über wirren Feldern
im mondenen Oktoberschein
Der blaue Schauer deiner Augen

Wir lauschen dem Klang der Stille

Kuro * 1989

Weißer Mohn

Dichter rühmt Tinte, Papier und Feder,
er singt seinem Schreibtisch ein ehrendes Lied.
Doch ich schriebe lieber auf Blütenblätter
des weißen Mohns, der so zart aussieht.

Ja, ich schriebe lieber, den Schmetterlingsrüssel
ins Herz des Blütenkelchs tauchend hinein,
wo winzige Tröpfchen von würziger Süße
im rauschhaften Traum saugte mir ein.

Ja, ich streute lieber den Staub von Flügel
auf weißen Mohn, anstatt Schrift aufs Papier,
denn raue Buchstaben hemmen wie Zügel
den Tanz freier Sinne in all seiner Zier.

Betörendes Farbspiel auf schwebender Weiße,
der Mohn überfüllt mich mit weißer Magie ...
Papier, Tinte, Feder vergehen ganz leise,
Blüte und Falter sind selbst Poesie.

Elizaveta Kuryanovich   * 1976

Im Schützengraben

Der Erste schon unter den Toten weilt,
der Zweite noch um Hilfe schreit.

Der Dritte durch den Gestank erbricht,
der Vierte sehnt sich nach dem Licht.

Ich rieche den Tod und erinnere mich bedacht,
als wir alle aus dem Lügenmeer erwacht.

Zu spät für Träume von Frieden,
zu spät für den Abschied von den Lieben,
zu spät für uns, die wir erst jetzt erwacht.

Julia Kurz   * 1998

Sei mein Licht – Liebe

Geh nicht weg, bleib bei mir
in meinem Herzen, sei du daheim
mach aus dem Ich, nun unser Wir
lass uns in Liebe Eines sein.

Wie schön du bist, so liebevoll
deine Augen funkeln Herzlichkeit
bin so dankbar, bin liebestoll
verwöhne dich mit Zärtlichkeit.

Deine Seele, rein und klar
dein warmes Herz, Geborgenheit
lass uns lieben, tausend Jahr
in unsrer schönen Zweisamkeit.

Ich liebe dich, mein Engel fein
bist in mein Herz hineingeschwebt
für immer will ich, dein Manne sein
der an deiner Seite lebt.

Ich bin du und du bist Ich
zusammen sind wir nun ein Wir
geh nicht mehr weg, sei mein Licht
bleibe allezeit bei mir.

Erhard Kusig   * 1962

Weltzeit

Es ist Zeit jetzt, es ist Zeit –
stoppt nun euer Treiben.
Was soll die ganze Stresskultur?
Was soll das Massenleiden?

Hebt eure Köpfe – Augen auf!
Vertraut auf euer Herz.
Vertreibt die Zweifel und den Frust,
verbannt nun Angst und Schmerz.

Es ist die Zeit jetzt, es ist Zeit –
für absoluten Frieden.
Entscheidet euch für Achtsamkeit,
entscheidet euch zu lieben!

Doreen Kutschke   * 1980

Weihnachtsgedanken

Weihnachtszeit, wie lieb ich dich,
Du weihevoll, treue,
Seit meinen frühsten Kindertagen
Erwart' ich dich sehnsuchtsvoll aufs Neue.

Das weite Land bedeckt vom Schnee
Und auf den Tannenspitzen
Da sah' bereits der Theodor
Die goldnen Lichtlein sitzen.

Auch heute blinken sie wie einst,
Erhellen der offnen Herzen Pfad

Und unter dem geschmückten Baum
Reift manche gute Tat.

Und gute Taten sind gefragt
In unserer hektischen Welt,
Denn meist ist Dreh- und Angelpunkt
Das kalte schnöde Geld.

Darum ist Menschlichkeit gefragt
Und Zuneigung und Liebe,
Stell'n wir uns diesem großen Anspruch
Wird der Wunsch erfüllt nach Friede.

Wolfgang Kutta

Allein

Müde sind die greisen Augen
Und vom Weinen tränenleer,
Mussten sie das Elend schauen
In dem gesamten Menschenheer

Lustlos wandelt hier ein Jeder
Zieht alleine seine Bahn
Und am End' vom Leben steht er
Händeringend wie im Wahn

Vorm Scherbenhaufen seines Lebens
Den er selbst verursacht hat
Allein lief er, drum war's vergebens
Durch Licht und Schatten, Tag und Nacht

So ging er auch von dieser Erde
Leer und einsam war's um ihn
Er war nicht Teil der großen Herde
Allein musst er der Welt entfliehn

So ging er hin in Grabesstille
Das Glück er nie gefunden hat
War dieses Leben Gotteswille?
Er fragte nicht, hat nie gefragt.

Karl-Bruno Kutzner * 1940

Für Dich

Wo bin ich niemals allein,
wo kann ich menschlich sein?
Wo ist jemand für mich da,
wo kommt bei „Hilfe!" ein Ja?
Bei dir!

Mit wem kann ich gut lachen,
auch mal was Verrücktes machen?
Mit wem Probleme lösen
Ohne Haken und Ösen?
Mit dir!

Von wem lerne ich jederzeit,
mit viel Spaß und Herzlichkeit?
Von wem höre ich gerne,
bin ich in weiter Ferne?
Von dir!
Danke!

M. Wolfram Kutzscher * 1949

Verdreht!

Es ist komisch, dass diejenigen die Freunde
    und Familie haben,
sich beschweren sie hätten niemanden.
Es ist komisch, dass diejenigen die jedes
    Jahr 2-3x im Urlaub fahren,
diejenigen sind die anscheinend nicht
    genug Urlaub haben.
Es ist komisch, dass diejenigen die alles
    gezahlt bekommen,
 am meisten jammern übers Geld.
Es ist komisch, dass diejenigen mit der
    meisten Zeit,
sich beschweren sie hätten keine.
Es ist komisch, dass diejenigen die ihr
    Leben nicht auf die Reihe kriegen,
die meisten Ratschläge geben.
Es ist komisch, dass diejenigen die das
    Leben hassen,
es um keinen Preis der Welt hergeben
    würden.

Es ist komisch, dass diejenigen mit dem besten Job,
nicht einmal glücklich sind.
Es ist komisch, dass diejenigen mit größten Luxus,
Angst haben das man ihnen alles nimmt.
Es ist komisch, dass Menschen in Gefängnissen,
die gleiche Sehnsucht von Freiheit haben obwohl sie es sich oft selbst verbaut haben.

Franziska Kynast * 1987

Unscharf Eingestellt

Das Leben ist reich aber es ist zu kurz
anders als bei einem Politiker
man kann es nicht einfach kaufen
du glaubst du kannst auf Wolken laufen
ohne abzustürzen ins Tal der Tränen
wie Glas zerbricht die Zukunft
du kannst nichts fühlen
du bist ein Schatten
nun komm schon zur Vernunft
es ist alles so unscharf eingestellt
du hast ein bisschen zu viel gelogen
hatte es nichts bedeutet
war alles nur Einbildung
hast du mich nicht betrogen
wie oft haben die Glocken
für uns geläutet
bleibe bei mir
bis die Nacht in den Tag übergeht
lass mich in deinen Träumen
noch ist es nicht zu spät

Petra Kynast

Perspektiven

Persönliche Perspektiven sind richtungsweisend,
sie lenken und wägen ab.

Sie lassen ruhen und aufatmen,
nachdem sie den Gejagten um die Ecke hetzen.

Die Gestalt eines Menschen formt seine Welt
– die innere wie auch äußere –
beide existieren zeitgleich.

Was wäre wenn wir einen Kopf kleiner oder größer
wären als wir es sind – würde sich die Perspektive ändern?

Vielleicht würde das Licht einen anderen Schatten werfen.
Einen Schatten der in Form und Farbe variiert.

Vielleicht müssen manche Menschen manchmal im
Schatten stehen, damit ihnen eine neue persönliche Perspektive
auf das Licht präsentiert werden kann.

Perspektiven ermöglichen Freiheit und Weitsicht,
geschaffen durch das Licht und die Schatten der Persönlichkeit.

Nur manchmal,
manchmal bedarf es einem Wechsel, einer Veränderung, einem Neuanfang.

Denn andernfalls bleibt man stehen,
man bleibt stehen im Schatten seiner Selbst.

La Poetisa * 1992

Mit dir ...

Ich halte deine Hand und du
hälst meine.
Ich lass dich niemals wirklich
ganz alleine.
Wärme dich und dein Herz,
auch wenn ich
nicht bei dir bin.
Geb dir all meine liebe, geb mich
dir total hin.
Und hört mein Herz dann
irgendwann auf
zu schlagen,
werd ich darüber nicht klagen ...
Denn egal wohin die
Reise danach geht ...
Ich weiß durch dich habe ich
wirklich gelebt ...

Tobias Laas * 1983

Urlaubsselfie

Selfie aus Delphi

Links, die nette Brünette,
das ist Bernadette.
Neben ihr, der mit Krawatte,
das ist der Gatte.
Rechts davon ist Lieselotte,
eine Flotte, in der Klamotte!
Gleich daneben, die gelbe Karotte,
ist der Sohn von Lieselotte.
(Von der Mutter die Klamottenmarotte.)
Oben rechts, diese Kokette,
flirtet heftig, die Anette
mit dem mit den Streifen auf der Hose.
Es ist Bobby, der Matrose.
Neben ihm, mit saurer Miene,
seine Freundin, die Sabine.
Ganz vorne in der Mitte steht,
Kinder, wie die Zeit vergeht!
That's myself
Elisabeth

Elisabeth Laback * 1949

Die zweite Chance

Als Dichter und Denker zeige ich dir die
        Wege,
als Richter und Henker, zeige ich dir dass
        ich lebe,
Mit geschwellter Brust, selbstbewusst und
        seinem Ansehen,
setzt man sich als erstes hin und lässt die
        anderen stehen.

Das Wahre sich dann zu erkennen gibt,
man zeigt ob und wie man wird geliebt,
Melancholische Menschen lassen sich leicht
        identifizieren,
sie sind unachtsam und lassen sich überall
        lokalisieren.

Unbewusst man sich demaskiert,
der gegenüber dann noch mal probiert,
sich bewusst zu werden was in einem
        vorgeht,
bevor man aneinander vorbei lebt.

Wie wichtig doch die zweite Chance ist,
um sich klar zu werden wer du bist,
Taktgefühl, Höflichkeit und Verständnis,
sollten einen begleiten bis zum Begräbnis.

Kamil Lach * 1987

Am Ende eines Stegs ...

Links ... rechts, wohin des Weg's?
Als wäre ich am Ende eines Stegs.
Oft hat man keine Lust,
die Gefühle besteh'n einfach nur noch aus
        Frust.

Doch bekomm ich einen Wink des
        Himml's sodann,
als ob ich einfach Fliegen könnte, voran.
Wäre ich Frei von alle dem,
dass wär's dann mit dem Kernproblem.

Manchmal, ist das aber gar nicht so schlecht,
zu warten, dies ist auch mein gutes Recht.
Denn dann kann es passieren,
das ein Boot kommt und mir hilft beim
    Überqueren.

Alexandra Lackner   * 1990

Treue

Du ziehst mich mit,
ziehst mich hinaus
wie der Mond das Meer,
noch halt ich ihn,
den verdorrten Strauß,
doch die Hände werden schwer.

Siehst Du nicht das Blütenlaub?
es taumelt leise,
stumm und taub
wie eine ziellose Reise
bis zum erstickenden Staub.

Unsere Liebe ist verschmutzt
ohne Seele, ohne Würde,
abgenutzt, zurechtgestutzt
für eine neue Hürde.

Kein Sinn, kein Streben
ohne Dich, kein Sein,
habe nichts mehr zu geben,
atme mein Leben,
bin auf ewig dein.

Lacrimal   * 1991

Ein Teenager

Gedreht.
Verkehrt gedreht.
Aufgedreht.
Abgedreht.
Durchgedreht.
Ob das jemand versteht?

Dominique Läderach   * 1971

Nachtungeheuer

Wenn die Nacht beginnt und der Tag
    verschwind,
Und der Mond sich vor die Sonne dringt.
Wenn die Kälte siegt und die Wärme flieht,
und die Nacht mit ihren Schatten spielt.

Wenn die Angst durch die Gassen geht,
und der Wind durch die Straßen fegt.
Wenn die Dunkelheit alles verschlingt,
und das Licht in die Ferne dringt.

Wenn die Laternen weite Schatten werfen,
und die Schatten zu Monstern werden.
Wenn die Menschen in Panik geraten,
und in ihre Häuser trappen.

Doch dann wenn der Tag beginnt,
und die Sonne ihren Lauf beginnt.
Dann siegt das Licht über die Dunkelheit,
und die Freude verteilt sich weit und breit.

lafila   * 1997

Unter dem Regenbogen

Muss ich um Brot die bitteren Tränen lecken,
des Dienstherrn Sklavin sein,
um 1000 Kompromisse
an Vorgesetzten Türen betteln gehen?

Habe Schweiß und Furchen in mir angelegt,
um Fleißes Samen anzusäen,
soll jetzt nur Erosion sich gütlich tun
und sollen scharfe Winde wehen?

Die dicken Eichen haben sich nun
    sattgefressen,
sie werden stehen bis sie sich aufgebraucht –
werde ich nur einen Sonnenstrahl erhaschen,
wird Windbraut einen Pappelsamen tragen,
ihn fern der Eichen fest verankern und
Tausende von Blütenträumen streuen.

Sieglinde Lakenbrink

Abschiedsgebet

Verzeih o Herr, das was ich tue,
erlöse mich von meinem Sein,
dieses Leben hier auf Erden,
ist für mich nur Qual und Pein,
verzeih o Herr, das was ich denke,
gib Frieden mir in Deiner Welt,
weil im Hier das was ich denke,
ganz allein das Böse zählt,
verzeih o Herr, meine Gedanken,
gib Frieden und Erlösung mir,
zu oft bewegte ich die Schranken,
wollte doch nur fort von hier,
verzeih o Herr, meine Sehnsucht,
jedes Wort ein Schrei von mir,
einem Weg will ich nur folgen
und das ist der Weg zu Dir!

Lalli * 1963

Angst vor der Liebe

Drei Worte die man nicht sagen kann,
aus Angst, aus Scham, aus Schüchternheit.
Man sollte jedoch nicht verzagen,
denn es kommt auch für Dich die Zeit.

Wenn Du den richtigen Partner gefunden,
vergehen die Tage wie Sekunden.
Du läufst wie blind nur durch die Welt
und hoffst, dass das Gefühl lang hält.

Doch sei nicht blind in Deiner Liebe,
sie kann auch hart und grausam sein.
Nicht nur allein mit netten Worten,
auch Taten wollen zu sehen sein.

Die Liebe ist wie eine Rose,
sehr schön, doch auch mit Dornen dran.
Passt Du nicht auf, wird es gefährlich.
Du brichst sie und das war es dann.

Verständnis, Zärtlichkeit und Treue,
ist der Liebe größter Schatz.
Brichst Du nur eines dieser Wörter,
hast Du Dein Glück allein verpatzt.

Sylvia Landschoof * 1962

Reisen

Reisen öffnen die Herzen weit
Sind Anfang einer neuen Zeit
Sie öffnen dir viele Türen
Lassen dich die Schöpfung spüren

Reisende öffnen Herzen der Leute
Die gefangen sind im Hier und Heute
Diese halten inne und fragen sich
Bin ich in meinem Leben noch glücklich

Reisenden, die mit ihrem Herzen reisen
Wird die innere Stimme den Weg weisen
Entscheidest du dich für einen Neubeginn
Gewinnt dein Leben einen ganz neuen Sinn

Nadine Landwehr * 1981

Lebensglück

Als Rose erblüht, zum Altar geführt,
getragen, gehegt, bewundert, gepflegt,
in sie die Hoffnung der Zukunft gelegt,
dabei sie als Mutter des Nachwuchs' gekürt.

Als Blume geheiligt, als Partner zum Glück,
für Haushalt, Familie und treulich am Herd,
auch von ihr erwartet gesellschaftlich' Wert
durch Rat und mit Tat und handelnd
    Geschick.

Doch jede Blume verliert ihren Duft
und jede Rose verblüht,
wenn vergessen die Pflege und das Alter
    sie ruft,
wenn das Feuer der Jugend verglüht.
Es liegt nun an dir und an deinem Blick
ob du dir erhältst ihr Herz und dein Glück.

Elke E. Lang

Menschlichkeit verblasst,
im Summen leiser Monitore.
Wir werden immer älter,
doch tragen Sehnsüchte im Herzen,
Sehnsüchte aus jungen Tagen.

Die Jugend lebt von Räuschen,
sucht nach etwas längst Verlorenem,
in einer Welt, uns wohl bekannt und doch
    so fremd.
Einer Welt, in der jeder alles kennt,
doch niemand sich mehr etwas merken
    kann.

Der Mensch weiß nicht mehr wer er ist.
Wie kann er auch?

Pascal Langer * 1993

Licht

Das Licht ist aus.
Ängstlich beweg ich mich durch den Raum.
Es ist so Finster,
drinnen wie drauss.
Versuche zu Tasten,
doch ich fühle kaum.

Ich taumel durch die Welt,
stoße ständig irgendwo an.
Die anderen können es nicht fassen,
fragen ob der wohl blind sein kann.

Doch wie kann es sein das die Anderen was
    sehen ?
Es ist stocke duster –
oder hab nur ich das Problem!?

Die Sonne scheint und es ist taghell,
doch das seh ich nicht.
Für mich ist es dunkel,
denn du bist mein Licht.

Nils Gerrit Langhorst * 1987

Stimmen in mir drinnen

Rhetorisches Reden und verbales Streben,
es ist ein Segen denjenigen mit pfleglichen
    Benehmen.
Doch Wissen ist Macht, mehr nicht –
das Bestreben nach Leben macht mich!

Analyse für denjenigen ohne Gemüt!
Paradise für denjenigen der tut.
Nachfühlen ist ein Spiegelbild leerer
    Gesichter,
die Erfahrung bringt Schatten und Lichter.

Die mir wohlgesonnenen, „schlimmen"
    Stimmen
sollten in den besonnenen Stunden
    verstimmen.
Besinne mich ewig, und so benommen
sehe ich ach zu lieblich diese Stimmen
    kommen.

Sollten nicht, doch sind sie wonnige
    Stimmen,
denn für mich sind sie gesandte eines
    stimmigen Sinnes.
Und wer sagt „es sollten nicht"?
Die Blinden und dessen „Ich", aus deren
    Sicht.

Warum mein Leben passt, wo du sagst, es
    kann nicht Stimmen?
Ich sehe abstrakt verstehe autark und lebe
    durch Antisinn.

Timo Langhorst * 1980

Der Tor

So mancher denkt er wär' der Held
Der alles kann und niemals fällt
Wenn er mit unbedachter Zunge
So manches spricht aus voller Lunge

Er wähnt sich als ein Sonnenschein
Schaut nicht ins andre Herz hinein
Sein Tun das ist von Hast getrieben
Ach' wär er nur ein Mensch geblieben

Der Kreisel dreht sich magisch schnell
Die Nacht sie bleibt es wird nicht hell
Die Zeit läuft ab ist nicht zu kaufen
Im Lebenslabyrinth verlaufen

Doch wenn die Menschlichkeit versiegt
Rastlos der Tor am Boden liegt
Gefallen siecht er auf den Stufen
Ganz einsam keiner hört ihn rufen

Birgit Lanius   * 1965

Die Wand

Es waren zwei welten
und sie trennte eine wand
die wir zu überbrücken
nicht vermochten.

Die wand war
eine brücke
die uns verband aber
sie ist bereits eingestürzt.

Die brücke war zwischen den wolken
die trümmer auf die erde gefallen
ich dachte ich könne über sie laufen
aber ich irrte mich.

Die wolken waren weiß
aber kalt
und ich fiel
bis ich unten war.

Ich vergesse.

Antonia Lapp   * 1989

Du bist meine Welt

Ich sehe dich,
Und verliere mich.
Will nur dir gehören.
Nur deinen Herzschlag hören.
Nur deiner Stimme lauschen.
Dich nie eintauschen.
Für kein Geld der Welt.
Denn du bist mein absoluter Held.

Ich bin gefesselt von deiner Gestalt.
Du hast mich in deiner Gewalt.
Deine Berührungen lassen mich erstarren.
Und für immer so verharren.
Ich liebe dich.
Mehr als alles auf der Erde.
Folge dir überall hin.
Bis ich sterbe.

Lari   * 1999

Störung
(eine emotionslose Bestandsaufnahme)

Was uns stört,
zerstör'n wir.

Wen wir nicht mögen,
verstör'n wir.

Das Fernsehbild ist gestört.
Das stört uns.

Wir werden gestört,
wir stör'n.

Bernhard Lauber

Kleines Lied

Lachen und Lächeln bleiben
Tränen die vergehn
Stoppelfeld im Winter
Wird neue Ernte sehn

Tief schwarzes Herz voll Wehmut
Schlägt vom Teer sich frei
Schiffer der ertrinkt
Singt noch die Loreley

Und bleibt auch nur ein Abschied
Dann voll Heiterkeit
Schön ist jede Blume
Weil sie verwelkt zur Zeit

Tränen die werden bleiben
Lachen wird vergehn
Nach der Sommerernte
Bleiben nur Stoppeln stehn

Lachen und Lächeln bleiben
Tränen die vergehn
Stoppelfeld im Winter
Wird neue Ernte sehn

Martin Laubisch

Sucht und dann ist Schluß

Rausch, versuchen abzuschalten
Alkohol, Tabletten, Kiffen
es gibt kein Entkommen, bin benommen
im Kreis der Hilflosigkeit gefangen.
Löst meine Suizidgedanken, löst meinen
    Schmerz
lässt mich im angstfreien Modus sausen.
Dieses Gefühl ist berauschend,
alles ist egal endlich keine Qual.
Frei von zerfressenden Gedanken,
fang ich an in meine Traumwelt zu wanken.
Sanft schlaf ich ein, endlich bin ich mal frei.
Frei von diesem quälenden Gedankenbrei,
öffne ich meine Wunschkiste, die ich tief
    im Inneren
hab vergraben. Schau mir an was ich mir so
    sehr wünschte, fühl mich wohl
in meiner Traumwelt. Langsam wach ich
    auf
und mit mir mein quälender
    Gedankenknauf, der Rausch ist
    vorbei.
Mein Leben wieder eine Qual, hab zu
    treffen meine Wahl.
Rausch oder verrecken? Langsam versink
    ich im Sumpf des Rausches.
Wieder fang ich an in meine Traumwelt zu
    wanken, bin auf dem Weg gefangen
    zu sein.
Gefangen, in dieser Sucht.

Vanessa Laufer * 1989

Ein Schiff

Ein Schiff fuhr auf das Meer hinaus,
fuhr einen großen Bogen.
Das Sternenzelt, das war sein Haus,
der Untergrund die Wogen.

Fische sprangen nebenher,
doch zeigten nicht den Weg,
es gab kein' Halt auf diesem Meer,
weder Brück' noch Steg.

So fuhr das Boot so ganz allein.
Kann man sich hier verirren?
Stürme stellten sich auch ein,
die sah man es verwirren.

Es hatte nur sich selbst als Halt
in dem Wellenspiel,
sei es heiß oder auch kalt,
es hatt' nur sich als Ziel.

Christine Laurenz-Eickmann * 1954

Die Gartenbank

Es ist ein kleiner Platz im Garten,
ein grüner Fleck in grauen Stunden,
auf diesem Holz werde ich warten,
auf ein paar buntere Sekunden.
Wenn die Welt mal stille steht,
die Sonne keine Kreise zieht,
möcht' ich – bis sie wieder geht –
hier sitzen, wo mich niemand sieht.
Will hören, wie die Vögel singen,
wie der Wind durch Gräser rauscht,
wie die Bäume rhythmisch schwingen,
der Morgen mit dem Abend tauscht.
Und denken kann ich hier an mich,
an meine Zeit vor diesem Tag,
an das was war und das was nich'
auf meinem Weg im Wege lag.
Träumen werde ich von Ferne,
träumen werde ich mich fort.
Doch am Ende bin ich gerne
genau an eben diesem Ort.

Tabata Lauterbach * 1991

Mit deinen Augen

Ich will die Tränen, die du weinst,
auch weinen.
Ich will die Schmerzen, die du fühlst,
auch fühlen.
Ich will dein Glück genießen,
so wie du es tust.
Ich will die Gedanken, die du dir machst,
mir auch machen.
Ich will deine größten Ängste
genauso spüren wie du.
Ich will das Leben, das du lebst,
auch leben.
Ich will die Welt mit deinen Augen sehen,
damit ich endlich verstehen kann,
warum du keine Gefühle zeigen kannst!

Katharina Lech * 1980

Unter Geiern

Tsunami am Mittelmeer, Völker fordern
    Freiheit,
Rebellen stürzen Herrscher, in Syrien
    herrscht Krieg,
arabischer Frühling?

Mütter, Kinder fallen, Menschenrechte
    stehen Kopf,
Feuer des Volks, im Westen neu entfacht,
verlöscht es in Nahost?

Ein Staat wird zum OP, der Arzt, geblendet
    von
Damaszener Stahl, durchtrennt den
    Lebensnerv,
Hybris statt Hippokrates?

Verzweifelte fliehen, Versehrte verbleiben,
verletzt an Leib und Geist, verwest mit den
    Toten
ethisches Erbe der Menschheit?

Hinter syrische Gardinen wirft das
    Weltauge
Blicke aufs Schlachtfeld, Diplomatie in der
    Krise,
Streitmacht für Ohnmacht?

Von Szylla zu Charybdis treiben Lotsen in
    Not,
der lange Weg zur Freiheit, Mandelas
    Vermächtnis,
tausendundeinen Versuch wert?

... das Blut gerinnt, die Geier kreisen ...

Hans Peter Lechler

Zeitgefühl

Ein Augenblick, der ewig dauert,
eine Ewigkeit, die im Nu verfliegt,
das Geheimnis der Zeit,
im Universum fest eingeschlossen,
warten wir Minuten, Stunden,
Tage, Wochen, Monate, Jahre
auf die Glückseligkeit,
bevor sie uns in Sekunden erreicht.

Beate Ledig * 1973 † 2014

Nichts

Nackte Luft, ein kalter Hauch
von dir und von nichts
Leere so klar und dicht ertastbar
für mich und für nichts.

Weiß geregnet klascht
es mir ins Gesicht
auf Grundeis geht er mir
für nichts und wieder nichts.

Kühle statt Kälte
weicht dir starr aus dem Gesicht
ohne Sinn auf Erkenntnis
für mich, jedoch für nichts.

Ein dunkler Blitz trennt meine Gedanken
an dich
und mit ihm kommt klare Erkenntnis
für mich – ganz aus dem Nichts.

Pippa Lee * 1976

Sommer am See

Dumpfer Hufschlag auf weichem Laub,
der Waldsee liegt in der Sonne.
Kamillenblüten auf ihrer Haut,
alles durchtränkende Wonne.

Sonnengewärmtes braunes Fell,
das leichte Schnauben der Pferde.
Kehliges Lachen, glockenhell,
spätsommerlich duftende Erde.

Zwitschernde Lieder im nahen Wald,
zwei Spechte klopfen im Flieder.
Die Einladung ihrer Lippen hallt
tief im Inneren wider.

Der Sommer seufzt,
du beugst dich hin.
Grüne Moorwasseraugen
mit goldenen Sprenkeln darin.

Jana Lehmann * 1990

Aufklärung

das Kälbchen auch?
fragte der Junge;
das Kälbchen auch,
erwiderte die Großmutter;
und wenn wir es
nicht mit weggeben?
Dann kommen wir
ins KZ.
Was ist KZ,
fragte der Enkel:
das ist ein Gefängnis,
aus dem du
nie wieder herauskommst.

Jutta Lehmann

Vorbei

Ich gehe zur Tür hinaus
und weiß in diesem Moment,
dass ich hier nicht mehr
herkommen werde.
Ich denk an dich,
mein Schatz,

doch werde ich dir
nie wieder so nahe sein.

Was bleibt sind Erinnerungen ...
Erinnerungen an dich und mich,
an einem Traum,
der so greifbar nah war,
sich aber nie erfüllt.

Kathrin Lehmann * 1980

Der Lüge Saat

Die da oben haben sich abgehoben
mit Macht und Proviant für alle Zeiten
Es gilt endlich den Blickwinkel zu weiten
Wer ist schon gern für lange Zeit betrogen

Man weiß dass Höhenluft wird immer
    dünner
und auch dass dünne Luft erschwert das
    Denken
Wie soll man da erwarten kluges Lenken
Für die in dicker Luft kommt's immer
    schlimmer

Wenn kommt die Zeit dass die da unten
    wählen
ist oben dicke Luft beim Stimmen zählen
und Eigenlob schallt laut durch alle Flure

Was soll nur später werden in diesem Staat
wenn nicht mehr aufgeht der dreisten Lüge
    Saat
und jeder spürt das Scheinglück einer Hure

Reinhard Lehmitz * 1948

Jugend von Heute

Von Anfang an habt ihr für mich einen
    Plan.
Ich aber will Großes, Mehr und Sinn.

Meine Chance ist damit vertan.
Wo soll ich mit mir und meinem Leben hin?

Wohin – Wohin – Niemand kennt den Weg.
Keine eigene Meinung mehr.
Immer vorwärts auf dem Lebenssteg.
Den richtigen Weg zu wählen fällt so schwer.

Ich fühl mich leer –
Woran noch glauben?
Ich glaub da kommt nichts mehr.
Ich darf mir keine Fehler erlauben.

Wir sind alle gleich – und doch sind wir allein.
Innere Zufriedenheit ist kein Luxusproblem.
Unsere Welt ist groß und doch so klein.
Vielleicht brauchen wir nur ein neues
    Betriebssystem.

Kathrin Lehnert * 1989

Herzschlag der Erde

Aus der Erde tiefster Einsamkeit,
umgeben vom Pulsieren der Zeit,
nimmt dich die Stille in ihren Bann
und lässt dich spüren wie alles begann.

Sanft streichelt dich der Atem der
    Unendlichkeit,
umhüllt dich, befreit von Schmerz und Leid.
Deine Seele verschmilzt mit dem
    Herzschlag der Erde
um mit seinen tiefen Wurzeln verbunden
    zu werden.

Der Klang längst vergessener Hoffnung
pflanzt neue Musik in deines Lebens
    Ursprung.
Erfüllt von Wogen des Friedens lässt du
    dich treiben
um endlich im Hier und Jetzt zu bleiben.

Anne Lehniger * 1987

Lächeln

Ein Lächeln soll sich in dein Herz
  einschleichen.
Ein Lächeln sollte das Herz bereichern.
Ein Lächeln sollte aus tiefstem Herzen
  kommen,
Dann wäre das Leben fast vollkommen.

An einem Lächeln sollte nichts trauriges
  sein, eben so,
Als ob jeden Tag die Sonne scheint.
Mit einem Lächeln kann man so viele
  Menschen erreichen.
Und ein Lächeln, kann selbst ein Herz aus
  Stein erweichen.

In einem Lächeln sollte auch viel Liebe und
  Güte stecken.
Ein Lächeln kann so viel Gutes im
  Menschen erwecken.
Und solltest du einmal zu müde zum
  Lächeln sein,
So schenke ich dir meins, in der Hoffnung
  es sei bald wieder deins.

Daniela Leibl   * 1979

Schwebend

Schwere Düfte legen sich
Hinab und gleiten durch die Luft
Erreichen sachte mein Gesicht
Versprühen ihren wohlen Duft.

Leise seh ich Gedanken schweben
Schwerelos und frei von allem
Schließe zitternd meine Augen
Lasse mich zum Boden fallen.

Fühle Ruhe durch mich gleiten,
fliegend träge Ungestalten
an mir vorübergehen
bleiben doch von mir ungesehen.

Denn in mir ist nun alles schwer
Auch mein Kopf ist völlig leer
Ich sehe und ich hör nichts mehr
Bis ein neuer Hauch kommt zu mir her.

Lisa Leimenstoll   * 1998

Leben

Leben, was bist du?
Des Zufalls größter Schelmenstreich?
Die Raupe nur
Von einem unbekannten Schmetterling?
Des Geists – der blind im kalten All sich
  selber sucht – verlornes Kind?
Sein großer Schrei
Den in Verzweiflung er geschrien
Weil – ganz dem Zauberlehrling gleich
  – die falsche Formel er nur kannte
Sodass ihm jede Hoffnung ward verwehrt?
Bist du nur Staub
Der aus dem großen Räderwerk
Das sich schon seit Äonen dreht
Herniederfällt
In ewge Nacht?

Rudolf Leininger

Brandmal

mich in der Tür
umdrehen
noch ein Mal

was ich noch sagen wollte
bleibt ungesagt
ungehört

meine Hand
möchte
und ich – zaudernd, zögernd
atme ein

und streiche
über deine Wange

brenne meine Berührung
ein in deine Haut

bleibe Flamme, brenne!
das Feuer ist in dir

und
lass mich
los

mich

Gudrun Leitgeb   * 1987

Verdacht

Als Gott dereinst die Welt gemacht,
hat er mit Sorgfalt es bedacht,
dass alles, bis zum kleinsten Zeck
erfülle einen Lebenszweck!

Beim Menschen zeigt den Nutzen schon
der Name einer Profession:
Der Jäger jagt, der Lehrer lehrt,
der Bäcker bäckt, der Fahrer fährt.

Kurzum, er zeigt, wozu wer gut,
ob wer und wenn, was jemand tut.
So setzt der Name bei der Sicht,
auch die Beamtenschaft ins Licht:

Behörden, merkt man, sind bescheiden:
Dort muss ein Amt man bloß bekleiden! ...
Doch macht da stutzig leider nun:
„Bekleiden" heißt ja noch nicht „tun"!

Und auch „Beamter", dieses Wort,
nennt nicht das Tun, nein, bloß den Ort,
bezeichnet nicht, was er dort macht, ...
... da regt sich schrecklicher Verdacht!

Norbert Leitgeb

Gewichte

Der Knabe kennt die Zeiten nicht.
Was sind ihm Jahr und Tag und Stunde?
Auf jeden Abend folgt ein Morgenlicht.
Von ihm missachtet, dreht der Zeiger seine
    Runde.

Den Jüngling trägt die Zeit.
Ihm ist der Tag, der Monat wie ein Jahr.
Der nächste Tag, die nächste Stunde selbst
    ist weit ... soweit.
Auf ihrem Rücken sitzt er sicher, scheint es,
    immerdar.

Dem Manne reicht die Zeit die Hand,
geht Arm in Arm mit ihm im gleichen
    Schritt,
bergauf – bergab, wie er die Straße fand,
ob schnell, ob langsam, sie hält mit.

Schwer wird der Zeiten Last dem Greise.
Sie drückt ihm auf die Schultern, zieht den
    Rücken krumm.
Nur die Gedanken und das Herz, die
    wurden leicht du weise.
Verteilt sind die Gewichte eh so ein
    Lebenstag herum.

Uwe Leja

Wachstum

Wachstum,
viele Prozesse habe ich
durchlebt

Schönes, Trauriges
erlebt

Abschied
Veränderung
Loslassen
Dankbarkeit

Vertrauen
und Trennung

Alles war notwendig
und führt mich zu dir,
Wachstum

Wachstum
ich bin bereit
und freu mich
auf dich

Monika Lejeune * 1955

Die Sehnsucht der Technik

Müde, kalt und ausgehöhlt.
Nur noch ein Schatten.
Zahnräder drehen sich,
Betreiben das Gehirn.

Liebe versucht vergeblich,
Dich zu erreichen.
Eine Mauer aus Stahl
Schützt dein Herz.

Narben aus der Vergangenheit,
Längst vergessen geglaubt,
Klopfen an deiner Tür,
Begehren Einlass – fort damit!

Maschinen denken – fühlen nicht.
Stetige Atmung beruhigt.
Keuchen mehr tot als lebendig.
Warum nicht einfach hinaus?

Lemaître * 1996

Irgendetwas fehlt

Alles vage und doch eindeutig.
Freundschaft, aber nicht wirklich.

Ein unterschwelliger Ton von eventuell
    mehr,
Laut rauschend, aber weder hör- noch
    greifbar.

Doch die Möglichkeit zum Greifen nahe.
Keine fassbare Distanz zwischen uns,
Doch greifbare Nähe mehr als unmöglich.
Bis auf indirekte, unbeholfene Andeutungen
Kein Deuten in eine bestimmte Richtung.
Unsichtbare Zeichen direkt auf dem Weg,
Grell leuchtend, aber Orientierung nicht
    möglich.
Entschiedene Unsicherheit, irgendwie
    schützend.
Der unterschwellige Wunsch nach eventuell
    mehr,
Kaum zu hören, aber berauschend leise
    und sanft.
Doch folgende Taten außer Reich- und
    Sichtweite.
Die Ereignisse überschlagend ohne dass
    etwas passiert.
Verloren in der Zweisamkeit, irgendwie
    passend.
Gesellige Einsamkeit gefunden, doch
    keinen Sinn.

Alles vage und doch eindeutig.
Denn irgendetwas fehlt.

Anke Lemke * 1984

Ein Freund

Jeder Hund ist wunderbar,
'nen Freund hat man dann immer da.

Jeder der mal traurig ist,
vergisst seinen Hund trotzdem nicht.

Man füttert ihn und pflegt ihn gut,
und schon macht er einem Mut.

Man richtet sich auf und geht hinaus,
und lässt den Hund zuerst auch raus.

An dem Gedicht hier sieht man,
dass ein Hund ein guter Freund sein kann.

LenA. * 1999

Einer von uns wird gehen.
Wir wissen noch nicht wer,
Aber es ist sicher.
Und wenn du gehen solltest,
Hoffe ich das du das findest was du suchst.
Das du Glücklich wirst,
ohne mich ...
Ich will das du gehst und nie wieder zurück siehst.
Das du kein Gedanke mehr an mich verschwendest.
Und wenn ich gehen sollte,
Werde ich nie wieder zurückblicken.
Ich werde glücklich sein, ohne dich.
So ist sicher, dass einer von uns geht.
Und wir nie wieder zurück blicken ...

Lena231 * 1996

Weihnachtswunder

Lichter funkeln in der Stadt,
Alles wird hell und warm,
Sterne glitzern um die Wette
Der Schnee funkelt in der Dunkelheit
Es ist endlich soweit, Weihnachtszeit!

Menschen eilen hastig durch die Stadt,
sie frieren, nur der Glühwein macht warm
Sie schleppen Tüten um die Wette
von einer Ecke zur anderen und wieder zurück
ihre Tüten sind vollgepackt mit Geschenken
Die Menschen hören auf zu denken
sie lassen sich durch den Konsum lenken

Wo ist die Wärme, wo der Glanz, Wo ist der Zauber?

Lieber Mensch, kein Wunder dieser Welt
passt in eine Geschenktüte
Vergiss den ganzen Geschenkeplunder
dann findest Du das Weihnachtswunder
ganz tief, direkt in Deinem Herzen.

Mar Lene * 1972

Worthebamme

Hochwortgeboren
an einem Buchstabentag
ahnte ich im ersten Schrei,
was Worte wiegen.

Später beging ich lesend die Schule,
buchstabenschlürfend
trunken auf dem Weg
zum Ich.

Verschämt las ich,
was nicht gelesen sein sollte,
schrieb verstohlen,
wo nichts erwünscht.

Heute bin ich –
Worthebamme –
hochwortgeboren,
helfe ich Silben ins Licht.

Anna Amalia Lenz * 1961

Kellerschätze

Vorfreudig steigt in seinen Keller
der Weinfreund mit dem Korb am Arm.
Er knipst am Schalter, es wird heller,
er schaut sich seine Schätze an.
Zum Beispiel liegt da Portugieser.
Aber heute ist's nicht dieser,
nach dem der Kenner lustvoll greift.
Sein Blick, der in die Runde schweift
und viele Köstlichkeiten streift,
der heftet sich auf diesen da.
Denn Weinfreunds Freundin Gisela,
grad' zu Besuch, liebt Grauburgunder.
Den nimmt er, der wirkt blaue Wunder.

Heidrun Lenz

Rest

meine radikale
Standpunktansage
ufert aus zur
Lebensklage
schwimmt davon als
schriller SCHREI
fällt dabei;
und bricht
entzwei
übrig bleibt
mein
unbändiger
STOLZ

Karin Leonhardt * 1966

Schenk mir

Schenk mir
ein paar Minuten
deiner Zeit.
Schenk mir
viele Augenblicke
deiner Zärtlichkeit.

Schenk mir
deine Liebe
ein paar Minuten,
viele Augenblicke lang.

Täglich und bis
ans Ende unserer Zeit.

Ursula I. Leonhardt

Der Grabstein

Verbergend was einst belebt war,
Umgebend von Schmerz, Trauer und Wut,
sind geborgen die Gesegneten,
Von den Lebenden besucht.

Mein Bruder, das Denkmal, glänzet im
   Stolz,
Doch ich stehe für das gefürchtete Ende,
Lasst ruhen die behüteten stillen Leiber,
Vielleicht verwahre ich keine Fremde!

Aus dunklem Steine bin ich gebaut,
Als Platte, als Kreuz, als bronzener Engel,
Sturm und Regen pochen an mir,
Für die ewig Schlafenden keine Mängel.

Ich Stein aus Marmor, blank geschliffen,
Mit einer gelehrten Inschrift darin,
ein Wunsch, ein Spruch, ein letzter Segen,
für immer ein treuer Wächter ich bin.

leonie * 1998

Mein Eigener Herrenklub

Man trifft sie auf der Straße wie alte
   Bekannte
Und leider kenne ich sie schon sehr, sehr
   lange
Manche nennen sie Angst, Schatten oder
   Selbstzweifel
Und wir duzen uns schon seit einer ganzen
   Weile

Wir kennen uns
Sie mich besser als ich sie
Einer hat einen grauen Regenmantel an
Der Andere verliert beim Schach so gut
   wie nie

Bei uns ist alles schwarz und weiß
Eingefärbt in grauer Förmlichkeit
Räuspere dich lieber nicht
Erste Bedingung ist ein ernstes Gesicht

Ein alter Herrenklub
Nur für mich
Er ist sehr handlich
Denn er kommt überall mit

Trifft sich nicht nur wöchentlich
Sondern zu beliebiger Stund
Das ist mein Herrenklub
Wir sind am liebsten unter uns.

Leonore * 1994

Staatgrab

Schwarz, ist die verkohlte Erde,
der verbrannte Kadaver,
schwarz sind die von uns ins Wasser
    Gestoßenen.
Rot färb sich unser Weihwasser.
Rot sind die Tränen der Hinterlassenen.
Und Schwarze Zahlen schreiben Wir ,
Wir im HIER.

Friedemann Leps * 1985

Leidenkraftschaft

Hass auf das Sein,
die Seele,
den Schein.
Der Blick in den Spiegel gezeichnet von
    Pein.

Vergessen zu leben,
zu atmen,
zu streben.
Längst damit aufgehört alles zu geben.

Erinnerungen kaum noch entfacht,
kaum Farbe,
kaum Macht.
Nur noch schwach glüht das Feuer der
    Leidenschaft.

Aber,
Leidenschaft ist was Leiden schafft,
Kraft.

Kraft zu kämpfen,
zu handeln,
zu reden.
LEBEN.

Leronyy * 1994

Dämmerung

Still liegt die Stadt,
ein junger Tag streift blass die Dächer,
die Schlafenden schon lösen sich
vom Nachtgesicht
Stunde zwischen Traum und Licht.

Eine kraftlos trübe Sonne
färbt den Himmel bleiern grau.
Schwebezustand, nichts ist wirklich,
weder Tag noch Nacht genau.
Und mehr ahnend als erschaubar
schält die Stadt sich
aus des Nebels Weiten,
schemenhafte Silhouetten
in der Dämmerung der Zeiten.

Ruhe einen Atemzug lang,
letztes wohlig Einerlei,
erster schwacher Seufzer bang, vorbei,
und mit leisem Beben
erhebt die Stadt sich sacht zu neuem Leben.

Ulrike Leube * 1943

Gleichklang

Zeig mir den Himmel,
lass uns schweben,
gemeinsam Träume erleben.

Geruch von Gras,
rauschendes Wasser,
du und ich, sonst nichts.

Warum nur immer reden,
still tanzen die Blätter im Wind,
sanft streichelt die Luft dein Haar.

Erkunden, Erblicken,
Schweigen und Meinen,
Augen zeigen mir die Welt.

Und stumm verfällt alles in Lautlosigkeit,
Paralyse der Gefühle,
Einklang, Zweigklang, Gleichklang.

Anica Lexow

Liebe in Zeiten der Grenzenlosigkeit

Ich hörte sie sagen,
Einst, an guten Tagen,
Für den informierten Menschen,
Gibt es keine Landesgrenzen

Nun sind die Gefühle schwer wie Blei
Und ohne viel Geheul dabei,
Muss ich sagen „Es gibt kein Wir,
Für das es sich zu leben lohnt"

Noch nie war die Freiheit so groß
Und für mich so hoffnungslos
Dein Verlust ein Souvenir
Von der Grenzenlosigkeit verhöhnt.

Anna Lia   * 1992

Sei sanft zu Deiner Umwelt,
zu den Tieren und Pflanzen dieser Welt.
Gehe sorgsam um mit allem,
was die Schöpfung Dir geschenkt hat.

Alles Lebende dieser Welt
hat eine besondere Bestimmung und
    Berechtigung.
Selbst der kleinste Kiesel
ist ein wichtiger Teil des Universums.

Mit Sanftheit und Achtung
behandle die Natur um Dich herum.
Letztendlich bist Du doch ein Teil von ihr.
Was Du an der Natur an Unrecht begehst,
fügst Du Dir selbst an Schaden zu.

Du lebst im Garten Eden
und eilst täglich an seinen Wundern vorbei.
Hab' Hochachtung vor der Schöpfung
und seinen Geschöpfen,
denn Du bist eines davon:
immer wert, geliebt und geachtet zu
    werden.

Irene Lichtenberg

Depressionen

Draußen strahlt die Sonne freundlich und
    hell,
in mir drin ist es dunkel, traurig und still.
Die Vögel singen, der Frühling naht.
In mir ruht der Winter, kalt und hart.
Die Erde taut, die Knospen sprießen,
ich bin verzweifelt, kann nichts genießen.
Die Tage werden wärmer, das Wetter
    schön,
doch diese Welt kann ich nicht mehr sehn.
Du bemerkst die Vielfalt, ich sehe alles
    grau.
Für mich gibt's kein Gelb, Rot oder Blau.
Da ist kaum etwas, dass mich interessiert.
Ich bin am Ende meiner Kraft und
    deprimiert.
Du sagst sei froh, glücklich und lebe,
doch es ist der Tod nach dem ich strebe.
Du bist für mich da, reichst mir die Hand.
Ich schlag sie aus kühl und gewandt.
Ich will nicht bleiben, kann nichts mehr
    geben.
Kurzum: Ich will nicht mehr leben.

Ute Lichtenberg   * 1974

Ich sehe dich

In Gedanken versunken lausche ich in die Ferne.
Schnee bedeckt die Landschaft
und lässt die Welt so klar und rein erscheinen.
Vögel singen ihr eigens komponiertes Lied der Freiheit
und tanzen schwerelos mit dem Wind.
Ein kalter, jedoch angenehmer Schauer rieselt mir plötzlich den Rücken entlang
und weckt mich aus meinem Traumland.
Meine Augen schließen sich und ich spüre meinen starken Herzschlag.
Die Mundwinkel verzieh'n sich und zeichnen leichte Falten in mein Gesicht.
Ganz von allein formen sich auf einmal Buchstaben in meinem Mund,
die geduldig, glücklich und selbstsicher auf ihren gewünschten Nachbar warten,
bis sich langsam ein Wort nach dem anderen zusammenfindet.
Mein Herz hüpft aufgeregt immer schneller.
Meine Arme umschließen sanft und liebevoll meinen Körper.
Nun öffnen sich meine Augen und blicken in die spiegelnde Scheibe mir gegenüber.
Leise flüstert eine Stimme:
„Ich sehe dich"

Sandra Lichtenschopf * 1993

Westwind

Wolken jagen
der Sonne entgegen.
In Fetzen treiben sie dahin.
Graue geheimnisvolle Gestalten,
sie fordern des Menschen Phantasie
und drohen dunkel am schwarzen Himmel.
Wir fürchten uns vor den Dämonen des Sturmes,
unheilschwanger böse hetzen die finsteren Gestalten
am Firmament dem kommenden Morgen entgegen.
Fast waagerecht wird der Regen gepeitscht.
Tropfen zerstieben auf nassen Steinen
zu glitzerndem, nebelndem Staub.
Eine Bresche im Schwarzen
zeigt in blass-zarter Röte
Impressionen eines
neuen Morgens.

Herbert Liedke * 1930

Mein Herz

Liebster,
du trägst mein Herz
in den Händen.
Hüte es
wie einen kostbaren Schatz.
Trag' es mit Würde,
versuch' es zu schützen
vor allen Widrigkeiten
bei Tag und bei Nacht.
Wenn es fällt,
dann stürzt es hinab
in die Tiefe,
in die Schlucht
der Einsamkeit und des Verzichts.
Doch bettest du es sicher
auf deinen Händen,
so schlägt es mit Liebe,
bringt Wärme und Licht.

Susanne Lietz

Die Liebe ist ein schweres Laster,
Ein Schlachtfeld, ein gefährlich Pflaster.
Sie fordert Mut, Geist und Verstand,
Am Ende hieltst du meine Hand.

Doch kommt der Morgen bist du fort,
Verhallt ist jedes leere Wort.
Dein Kuss blutete ins Papier,
Noch immer ruht er sanft auf mir.

O Leidenschaft, du süßes Gift;
Mein Dämon ist die Liebeslist.
Du saugst mich aus, erfüllst mich doch,
Voll Dank trag' ich der Sehnsucht Joch.

Willst du im Kampf ein Herz gewinnen
so bist du wohl vollends von Sinnen.

Lilium * 1996

Puworg

Ein zauberhafter Schleier tragest du als
     Umhang.
Springen, Lachen, Weinen; inbegriffen in
     deinem täglichen Gang.
Die Sehnsucht nach Lernen und Erleben
Fängt, wirbelt und lässt dich schweben
Hoch über jener wertlosen Welt
Weit weg, wo's gibt kein Geld.

Augen sehen Dinge viele,
Doch leider sind's nicht immer Spiele.
Auch deinen Ohren werden sie;
Angeblich weisere Gestalten
Nicht spielen reine Melodie.
Ehe du sehen kannst, ist weg der Glanz.
Der Zauber verlässt dich sanft im Tanz.

Mein Kind hüte dich vor diesem Tag,
An dem ich nur noch schlaflos lag.
Alles hätte ich gegeben,
Um nur noch einmal wie du zu leben.
Und die schlimmste Qual: zu wissen,
S'gibt kein zurück!
Man wurde fortgerissen.

Jeniffer Lima Graf * 1997

Kinder

Kinder leben
Das Leben
Von ihren Eltern

Gegen den eigenen Willen, leben
Ist nicht leben
Wird Schicksal genannt

Mit anerkennen von deinem Leben
Kannst du weiter leben
In Freiheit

Anna Linckens * 1951

Schreib-Lust

Weil Schreiben nun mal
Leben ist,
bin ich der Mensch
der Reime frißt.
Mal ist es Lyrik
die befreit
und mir zum Fliegen
Flügel leiht.
Buchstaben
die zu Worten werden,
die wiederum
den Satz gebären.
Formen sich,
welch schönes Laster,
zum Kunstwerk
oder zum Desaster.

Günter van de Linde * 1941

Nachbar W

Meinem garten am wiesenhang
Ging W mit festem schritt entlang
Ich sah ihn schreiten stets zu fuss
Hinter schlehdorn oder haselnuss

Auch hinter stachelbeeren am hang
Eine strecke weges meinem garten entlang
In richtung pflicht und arbeit stets zu fuss
Wir winkten und nickten zu knappem gruss
Er machte seinen weg jahraus jahrein
Entlang meinem garten ging fort ging heim
Man sah sich durch das grün am hang
Ich sass und las und ass er schritt seinen gang

Eines sommertags bei lichter mittagsruh
Zwei männer trugen eine finstre truh
Meinem garten den roten beeren entlang
Da wurde mir so plötzlich weh und bang
Ach das war es dann

Andreas Lindenmeyer   * 1940

Schicksal

Ein Freund war ihr gewogen,
besorgte ein paar Drogen.
Hat sich nicht lang geziert
und sie mal ausprobiert.

Es klärte sich ihr Blick,
verflogen alle Trübsal.
Wie war es doch so schick! –
Und nun ist's nur noch Schicksal ...

Helmut Lindhorst   * 1947

An mein totes Kind

Mein Kind, wie gerne hätt ich dich gekannt,
alles Böse von dir verbannt,
wär ein guter Vater dir gewesen,
des Lebens Freuden dir erlesen.
Doch war ein schwacher Vater ich,
dessen Herz zurecht zerbricht.
Von des Lebens süßen Honig durftest nie
    du lecken,
nie bittend nach des Vaters Armen dich
    erstrecken.

An die Mutter, die dich nie geboren,
habe ich mein Herz verloren.
Nun weint es hier am Wegesrand,
hat euch beide nie gekannt.
Schenken wollt es euch Licht und Wärme
    alle Tage neu.
Sterben muss es nun – ungeliebt, doch euch
    beiden ewig treu.

Stefan Lindner   * 1990

Rauschen in den Ohren

Die Welt dreht sich.
Verkehrt herum?

Ist es in mir?
Der Geist verwirrt.

Mein Leben verbogen,
gehackt, geritzt.
Linien im Zickzack.

Getöse,
so viel Gedenke
und nicht klar.

Ruhe fehlt, heil
und wahrnehmbar.

Svenja Lindner   * 1977

Kennenlernen

Es gibt ein geheimes, verzaubertes
    Wunderland,
wo die Seele zu Hause ist und der Kopf
in seiner Beschränktheit keinen Zutritt hat.
Dort möchte ich dich treffen.

Leg den Rucksack deiner alten
    Gewohnheiten hab,
und zieh dir die Schuhe deiner
    Vergangenheit aus.

Lauf mit mir barfuß durch das Gras
unserer gemeinsamen Gegenwart.
Und dann, lass uns Seite an Seite,
zwischen den herrlichen Blumen unserer
    Offenheit füreinander
liegen und den weiten blauen Himmel
    betrachten
der uns lehrt was es heißt wirklich frei zu sein.
Denn nur so, lernen wir uns wirklich kennen.

Ulrike Lingner   * 1989

In Erinnerung an die Jugendzeit

Geprägt von Naivität und Gutgläubigkeit,
waren wir zu allem bereit!
Doch das Leben spielt einem übel mit,
so dass man im Lauf der Zeit vergisst, was
    wirklich wichtig ist.

Wir wollten doch niemals so werden!

Doch verletzte Gefühle und zeitweilige
    Einsamkeit, hinterlassen ihre
    Bitterkeit.
Auch der glücklich scheint, ist der, der
    abends weint!
Denn jeder behält sein Leid für sich
und denkt: so verletzt man mich nicht!
Erst aus Schutz vor Schmerz und Trauer,
errichtet man diese Mauer,
und auch wenn man es gar nicht will,
wächst die Mauer rasend schnell.
Plötzlich denkt man auch vorm Reden über
Wünsche, Gefühle und Träume:
Ich behalt's mal lieber für mich,
denn so verletzt man mich nicht!

So schleift man sich durchs Leben
Und denkt in 40 Jahren:
Ach hätte ich damals doch bloß alles
    gegeben!

Julia Linow   * 1988

Die letzte Zigarette

Welch seltsamer und herber Duft,
ein leises Zischen in der Luft
und mattes Licht fließt sanft durchs Zimmer.
Die letzte Zigarette nimmt er.

Die Frau, die ihn durchs Leben führte
und liebevoll des Nachts berührte,
nun – leblos unter Eichen liegt,
von Maden und vom Tod besiegt.

Seitdem, wenn er zu Bette geht,
von stiller Einsamkeit umweht,
ist er dem tristen Wunsch erlegen,
den Rest von sich hinfort zu fegen.

Und während ihn ein Traum umhüllt
hat sich der Raum mit Gas gefüllt.
Schon sinkt er nieder – in Sekunden,
hat sich dem Schicksal fast entwunden.

Der Sinn des Lebens scheint verblichen,
sein Dasein ist dem Tod gewichen.
Nur noch des Giftes herber Duft
strömt leise in die Abendluft

Stefan Linsmayer   * 1964

Für H

Wenn Du, die Du vom Innengrund auf
und durch all Deine Handlungen
hindurch ein liebenswertes Wesen hast,
mich vor Freude anstrahlst und mit
Deinem Herzen mit persönlichstem
Anlächeln mir begegnest,
geht Deine gute Lebensenergie
auf mein Herz über
und hüllt meinen Plexus in eine Wolke
aus Lebensschwungkraft,
so dass ich wild vor Zärtlichkeit
nach Dir bin.
Ich bin froh, wenn ich weiß, es ergeht

Dir wohl und habe dann Anteil
an Deiner Freude.
In schwierigen Zeiten bist Du
das Licht meiner Lebensfreude.

Wenn einer von uns Beistand
bedarf ist der andere hilfsbereit
und für den in Not Befindlichen da.

Claus Lippe * 1969

Eine glückliche Ehe

Wir führen eine glückliche Ehe,
egal wie ich die Jahre auch drehe,
es kommt immer das gleiche heraus,
wir machen nur das Beste daraus,
sind gut drauf und fröhlich miteinander,
und gehen niemals auseinander,
bei uns ist jede Stunde was los,
mein Herz ist klein, doch die Gefühle groß,
wir lieben uns Tag für Tag so sehr,
möchten vom Anderen noch viel viel mehr,
wir belügen und betrügen uns nicht,
am Ende des Tunnels kommt das Licht,
unsere Ehe wird noch lange halten,
weil wir stets zusammen walten,
wir sind ein tolles Paar an für sich,
gestern, heute und für immer liebe ich Dich!

Lisa2000

Minenspiel

Ein neuer Zug
berauschender Schreibfluss
saug die Worte ein
Innere Tinte macht blaublütig

Meißelt's mir auf die Haut
paust es ab
auf das
Schriftstück, das Silben pumpt

Ritzt es in die Seele
schreibt es mir aufs Haupt
meine Worte meine Rede

durchdringen den Leib
gezeichnet
von den Qualen

Lasst sie offensichtlich werden

Pinselt's mir auf den Bauch

Im Guten wie im Schlechten

Verewigt.

Jana Lobe * 1998

Das Unfassbare

Das Unfassbare nicht greifbar,
die Leere nicht gefüllt.
Trauer, ob so viel ungelebten Lebens.
Doch das Wesentliche bleibt,
träumt und weint und lacht in mir.
Und ein Schimmer der Hoffnung,
dass dein Geist weht, wo er will.

Marlene Loeper * 1957

Bächlein, Bächlein

Bächlein, Bächlein
komm zur Ruh,
mach die beiden Augen zu.
Und du bringst mir den Bericht:
Schlaf gut ein,
vergiss mich nicht.

Marie Lohberger * 2004

Schneeflocken

Leise fallen die Flocken
wirbeln und dreh'n sich herum,
fallen auf Wiesen und Bäume,
ganz still und stumm.

Leise fallen die Flocken,
der Wind, er trägt sie weit,
sie gleichen eins dem andern
in ihrem weißen Kleid.

Leise fallen die Flocken,
sie kommen von überall,
sie sind gefrorne Sterne
aus zartem Eiskristall.

Willst du ein Flöckchen haschen,
dann denke stets daran,
in deinen warmen Händen
es sehr schnell schmelzen kann.

Leise fallen die Flocken
und decken alles zu.
Der Wind macht eine Pause,
die Flöckchen geh'n zur Ruh'.

Renate Löhr

Facettenreich

Hoch gestellt und hoch gehoben,
Die Wichtigkeit des Hier und Jetzt.
Drüber siegen, höher fliegen
Mit dem Glücksgefühl im Blut.
Doch Nichts währt ewig –
Die Welt und du und ich erliegen.
Der Mensch denkt,
Er könnte alles sein:
Fein, rein, unsereins ist arrogant.
Wo bald Dummheit uns regiert,
Was wird da aus den Farben?
Stetig wachsend . Frust zu Tausend,
Sekunden, Jahre, Stunden,
Wieder kommen Hass und Not.
Doch was man lernt und nie vergisst,
Die kalte Maske Ignoranz,
Die blind und eitel jeden Zweifel
Trägt ins Nimmerland.
So wird aus „Soll" schnell jenes „wenn",
Das nährt die Rettung Fantasie.

Lisa Lohrmann * 1995

Das ewige Band

Es sprach der Vater, bevor er schlief:
„Mein Sohn, du kamst, weil ich dich rief.
Liebe und Leben verband mich mit dir.
Von mir fällt nur eines, glaube mir.

Ein Kind wird das freie Ende besetzen,
das andere Band jedoch niemand ersetzen.

Dieses wird niemals je zerreißen.
Es ist sehr elastisch, wird das Kind mit
    umkreisen."

Dann nahm er ein Gummiband zur Hand
und zerriss es voll Schmerzen, was keiner
    verstand.

Alfred Lopatta

Schönheitswahn

Vielerorts der Schönheitswahn, wirft den
    Menschen aus der Bahn,
schon die Kinder heut sogar, stylen sich mit
    Haut und Haar.
Gehorchen gern dem Werberummel, ziehen
    an nur Markenfummel,
Ringe, Piercing sind dabei, wichtig wie das
    Arschgeweih.
Mit den Jahren wird es schwierig, ist auf
    Schönheit man noch gierig,
weil Kosmetikrezepturen, nicht verbergen
    Altersspuren.

Stellenweise sieht man halt, auf der Haut
die Falten bald,
doch auch hier kann man parieren, Botox
wird es reparieren.

Diese ganze Prozedur, hilft für kurze Zeit
gar nur,
vielen bleibt jetzt nur das Messer, da nach
Lifting es ist besser.
Um den Schönheitswahn zu stillen, setzen
viele auch auf Pillen,
wollen kaum noch etwas essen, sind auf
Schlankheit ganz versessen.
Allzuleicht wird's zur Tortur, was doch
sollte gut sein nur,
für die Makellosigkeit, des so schön
gestylten Leib.
Viel zu spät, das ist oft schade, spürt man,
es war nur Fassade,
und erkennt nach langer Zeit, auch im
Innern die Schönheit.

Hans-Peter Lorang   * 1952

Wahre Liebe

Die Worte „Ich liebe Dich" die hat man oft
gehört,
in dem schönen Moment hat es auch nicht
gestört.
Nein, man hat sich sogar gefreut
Aber oft spricht der Kopf, das Herz bereut.
Meist benutzt man sie flüchtig,
und stellt fest es war nicht richtig!
Ohne Seele und Gefühl sind diese Worte
leer,
nur eine Mutter sagt nie: „Ich liebe dich
nicht mehr!"

Armin F. Lorscheter   * 1961

Kreislauf

Besonnte, glasharte Eiszapfen blitzen
kristallklar im blanken Winterlicht,
diamantene Minarettspitzen,
fein geschliffen, wie ein Gedicht.

Der Zapfen Myriaden Moleküle
sanken herab aus einsamer Weltraumkühle,
wo die Sterne ihnen ihre Schönheit liehen
und sie baten, damit zur Erde zu fliehen.

Ein paar frostklirrende Tage können sie
bleiben,
bevor sie im Tauwind in Tropfen versprühen
und wieder kühn ins Grenzenlose steigen,
um, in neuem Licht geeint, wandelbar zu
glühen.

Isabel Loudig

Der eiskalte Tiroler

Gletscherwelt, starr und stur,
warum gibt's dich nur?

Gletschereis, blau und klar,
du kannst erzählen, wie's früher war.

Gletscher, warum hast du so viele Falten,
warum so viele Gletscherspalten?

Seit Jahren kommst du nicht zur Ruhe,
für viele bist du die schwarze Truhe,
die dann mit Erde zugedeckt und niemals
mehr erweckt,
im Boden schimmelt und verdreckt.

Für manch auserwählte Erfrierer
agierst du als Vakumierer;
dann freut sich die Welt über Gletschers
Fund
und gibt die Entdeckung euphorisch kund.

Der Gletscherfriede ist dahin,
die Leiche liegt im Schaukasten drin.
Der Tote stirbt nun langsam weiter
und die Besucher bestaunen dies heiter.

Und die Moral von der Geschicht:
Erfriere in den Alpen nicht!

Belinda Loukota   * 1982

Herzleid

Ich spür mein Herz schlagen,
leise in meiner Brust.
Wie kann ich es nur wagen,
in all meinem Frust.

Es schlägt für eine Person,
ob ich will oder nicht.
Und das in einer Dimension,
Das ich fürchte mein Herz bricht.

Und auch wenn mein Kopf sagt,
lass es, das ist nicht gut.
Mein Herz bleibt stur und wagt,
und mein Kopf füllt sich mit Wut.

Die Zuversicht im Herzen,
und das Misstrauen in mir,
Es bereitet mir starke Schmerzen,
es zerrt mich weg von dir.

Kira Loveless   * 1996

Tief in uns

Das Kind in uns
verlangt nach Liebe,
das Kind in uns
will glücklich sein.

Das Kind in uns
baut auf Vertrauen,
jedoch man reißt
die Mauern ein.

Das Kind in uns
kann nicht verstehen,
warum so viele
raue Wege gehen.

Das Kind in uns
wird oft erschüttert,
wird auf die Dauer
still, verbittert.

Das Kind in uns
hat dicke die Fachsen,
es ändert sich,
es wird erwachsen.

Ingrid Löwenberg   * 1939

Mir ist so kalt und leer ums Herz
Man sagt, ich hätts verloren
Man sagt, es lebe hier nicht mehr
Sei fort, an fernen Orten

Wo soll es denn geblieben sein
Wo soll ich danach suchen
Vielleicht in einer anderen Welt
Mags sein in andren Leuten

Doch wenn ich suche, noch so lang
Ich kann es niemals finden
Bei meiner Suche krieg ich Angst
Vielleicht ists mir gestorben

Und doch, da pochts, ganz leise nur
Ganz leise und doch deutlich
Allein die Suche mit der Angst
Vermags das Herz zu finden

Maja Lozar

Vergessen

Ich laufe schon seit vierzig schlechten,
dunklen, furchtbar kalten Nächten,
auf längst verstaubten, alten Wegen
immer nur dem Mond entgegen.

Ich brauch kein Ziel und keine Pause,
weder Zukunft noch Zuhause.
Ich laufe über jedes Feld,
bis ans Ende dieser Welt.

Hab keine Zweifel, keine Fragen,
will voran und nicht verzagen.
Über Berge, über Meere,
an den Rand der Atmosphäre.

Ich laufe noch an vierzig guten
Tagen, wo die Füße bluten,
die ganze Erde auf und ab,
bis ich dich vergessen hab.

Joachim Lubkowitz   * 1994

Gefidelbumst

Bin froh, dass ich kein Kind gezeugt,
Gefidelbumst gar viel auf Erden,
bin schizophren, 's ist nicht zu leugnen
und dass sie nicht auch halluzinatorisch
    werden –
ich ließ es sein, liebte 'nen Mann,
der küßt' wie Marylin Monroe –
und ohne kirchlich' Segen dann –
hatten viel Freud' aneinander so –
wir heirateten vorm Standesamt –
der Wahlspruch der war uns bekannt –
wir führten 'ne gleichgeschlechtlich' Ehe,
versuchten treu zu sein, sonst wehe ...,
wie's Gott in uns hineingelegt.
Der Dompfaff gab uns seinen Segen
Und der genügt' für unser Leben –
Freun uns recht auf die Ewigkeit –
Gar froh und frei ganz ohne Leid:
Das ist die Hoffnung die uns trägt!

Reinhart Lüddecke   * 1943

Gedanken

Sie beflügeln und sie stimmen traurig
Sie bringen dich vorwärts und werfen dich
    zurück
Sie verändern dich und drehen sich im Kreis
Entscheide dich für alle und lebe deine
    Einzigartigkeit

Luise-Lotte   * 1979

Raum aus Glas

Du siehst mich an als wär' ich nichts.
Ich laufe in den Raum aus Glas,
Wo niemand vorher war.
Ich laufe und steh doch still.
Ich weiß nicht was ich will.
Dieser Raum zerbricht in tausend Scherben,
Sieh mich an ich weiß nicht ob ich sonst
    sterbe.
Doch du läufst, läufst weiter grade aus.
Kein Schmerz in deinem Gesicht
Keine Träne im Auge
Wenn es nicht Liebe ist woran soll ich dann
    noch glauben
Du gehst, gehst immer weiter
Ich renn, renn dir ewig nach
Bis ich komme in den nächsten Raum aus
    Glas
Und es ist mir egal
Ich renne los, ich laufe in das Glas hinein.
Ich schrei.
Zum ersten mal siehst du mich an.
Du weinst.

Thekla Lüken Gen. Klaßen   * 2000

Splitter für Splitter

Mein Herz ist so schwer,
ich kann nicht mehr.
Tränen fließen über mein Gesicht,
verschwunden ist für immer das kleine
    Licht,
das direkt in meinem Herzen brannte,
doch gleichzeitig mein inneres verbrannte.

Das jene Licht, das mich erschuf und mich
    kannte,
das selbe Licht, mich von dieser Welt
    verbannte.
Tausende Splitter zerreißen mich,
Was ist das, vielleicht bin das ja ich?

Splitter für Splitter direkt in mein Herz,
Blut überströmt schreit es voll Schmerz.
Warum tust du mir das an, was hab ich
    verbrochen?
Ich gehöre zu dir, das hab ich versprochen.
Doch bevor ich antworten konnte, war es
    zu spät,
denn meine zerrissene Seele wurde
    weggeweht.

Alleine blieb mein kleines Herz,
in dieser Nacht, das war kein Scherz,
Pochte noch einmal, ein letztes mal an
    diesem Ort,
die Uhr schlägt Mitternacht und er war fort.

Lulu * 1995

Es

Ich kann es hören,
irgendwo,
die Uhren ticken,
sowieso.

Ich werde fallen,
mit ihm mit,
und folgen auf
dem schwarzen Ritt.

Ich werd' nicht weinen,
nicht allein,
und werd' nicht lachen,
bin zu klein.

Es nimmt mich mit,
Es ist so kalt,
Es reißt mich nieder,
Und ich werd' alt.

Luna

Letzte Hoffnung

Unterzuckert und verloren,
überfordert, Fell geschoren.
Querversetzt und abgestellt,
ohne Ahnung von der Welt.
Selbstverdrossen und gehemmt,
abgeschossen, eingeklemmt.
Ohne Freunde und Verwandte
lebt der restlos Ausgebrannte.
Was bringt Hoffnung in der Not?
Irgendwann ist jeder tot!

Helge Lundt * 1970

Perfektion am seidenen Faden

Stechender Geruch angeschmolzener Plastik
erfüllt den Raum mit künstlicher Süße.
Mäuschenspiel zu Haus bei der Fantastik,
der Schein wirft Licht auf schmale Füße.

Aus der Schönen feiner Schritte ertönende
    Melodie,
angetrieben von unsichtbarer Quelle,
geführt von Spannung oder unbekannter
    Magie
glänzt jede Bewegung voll Anmut, Kraft
    und Schnelle.

Mit jeder Drehung hebt das Lied ihr Bein
    höher an,
die Bewunderung fürchtet sie werde brechen,
doch der makellose Leib ist gefesselt an den
    Klang,
die hundertste Pirouette kann ihn nicht
    schwächen.

Die Schöne verstummt. Tanz und Ton
    stehen starr,
Zähne knirschen, Lippen beben,
Hände greifen hektisch nach Kopf und
    Haar
Zug um Zug ein Ziehen an
    festgewachsenen Fäden.

Schwarz tropft es aus Schädellöchern ins
   Gesicht,
ein letzter Ruck reißt sie und alte Bande
   entzwei,
die abgebrochene Verbindung löscht das
   Licht,
tanzen, irren, fallen steht ihr von nun an
   frei.

Jessica Lutschak

Zauber der Nacht

Wenn der Tag zur Ruhe geht
und das Dämmerlicht entsteht
ganz versunken am Horizont
begegnen sich Sonne und Mond.

Vereinzelt blitzen schon die Sterne
und erzählen aus der Ferne
wie der Wind im Sauseschritt
treibt die Wolken hin und wieder zurück
zu Dir.

Denn ist es dunkel sehr und der Schlaf stellt
   sich ein im zarten Mondenschein.

Läßt Träume entstehn, in ferne Länder sehn
voll Fantasie und Zauberei verläuft
die dunkle Nacht, bis der Tag erwacht
und die Sonne aufgeht und
der Zauber der Nacht verweht.

Inge Lüttringhaus   * 1944

Neues Kleid

Ich wollte einmal die
Welt verändern.
Jetzt verändert sie mich
dreht mich
um und zieht mir die
Socken über den
Kopf aus reißt meine
Gedärme heraus und
näht mir daraus ein
Kleid damit ich nicht mehr
ganz so nackt im
Straßengraben tanze.

Ich wollte einmal die
Welt verändern jetzt
verwelte ich.

Hannah Lutz   * 1994

Hör zu
Wenn die Welt dich dazu einlädt
Schließ die Augen
Öffne die Ohren
Und hör zu
Hör zu
Wenn die Nacht sich über die Welt legt
Schau in den Himmel
Mit all seinen Sternen
Und hör zu
Hör zu
Wenn der Morgen anbricht
Die Sonne dich mit ihren Strahlen weckt
Halt inne
Und hör zu
Hör zu
Wenn die Welt ganz leise ist
Schließ die Augen
Und hör zu

Luwina

Der Junge und die Rabeneltern

Der Bub sitzt am Bach und sinniert vor
   sich hin.
Er schaut auf und hat gleich wieder Unfug
   im Sinn.
Rasch zieht er die Steinschleuder aus der
   Weste
und zielt auf den Baum mit dem
   Kolkrabenneste.

Noch bevor er die Rabenbrut treffen kann,
greifen ihn aus dem Fluge die Eltern an.
Sie traktieren den Jungen mit
    Schnabelhieben.
„Ach, wär ich doch besser zuhause
    geblieben!"

Der Jüngling wehrt ab, will schnell weg
    von der Rache,
doch die Rabeneltern treiben ihn zu dem
    Bache,
wo er stolpert, dann ausrutscht und so
    endet sein Spaß:
Er fällt samt seinen Kleidern hinein in das
    Nass.

Béatrice Laora Lux

Leben

Wir schwimmen mit dem Strom,
auf der der Suche nach dem Glück,
treffen oft den falschen Ton,
selten geht der Blick zurück.

Nur im Zeichen der Liebe
steht die Zeit fast still.
was dir wohl ohne sie verbliebe?
doch dein Herz macht, was es will.

Wenn du deine Augen schließt,
du auf deinen Herzschlag hörst,
wird das Leben, wenn du es liebst,
dir sagen, dass du richtig liegst.

Und wenn dein Herzton verstummt,
du deine Augen für immer schließt,
die Erinnerung, sie kommt,
das Glück in deinen Adern fließt.

Carmen Luze

ein Leben lang

Es gibt Hände die dich halten
ein Leben lang ganz fest,
Arme die dich schützen, wie ein Vogelnest.
Menschen die dir helfen,
jeden Tag beiseite stehn,
dich immer begleiten,
mit dir durchs ganze Leben gehn.

Anna M * 2000

Ingrid

Die Freunde die zum Bummeln laden,
sich lustig in der Runde laben,
haben zu Scherzen gleich begonnen,
wir waren lustig und besonnen.

Du kamst herein in diese Runde,
warst gleich mit uns im selben Bunde,
ein Augenblick ein nettes Wort,
danach warst du schon wieder fort.

Das Wiederse'n konnt's kaum erwarten,
Gefühle wie im Blumengarten,
sie drangen in mein Herz gleich ein,
kannst du schon bald die meine sein?

Dein Herz jedoch es trauert noch,
ist weit entfernt an einem Hort,
vergangenes machte es leer,
es zu erreichen fällt sehr schwer.

Möcht nicht bedrängen dein Gemüht,
vielleicht ist es noch zu verfrüht,
das du dein Herz erneut vergisst,
und dich dafür wieder verliebst.

m. * 1959

Genuss am Gedicht

Sei nicht zaghaft, kämpf dich durch
Begegne ihm mit Freude, nicht mit Furcht!

Lebe jedes Wort, lass es gedeihen –
je besser du es tust, je länger wirst du
   verweilen

In einer verwirrten Welt, voller Inspiration
Nur aus deinen Gedanken entspringt ein Ton

Er zieht seine Bahnen, mal Gemälde und
   Bilder
Der kleine Funken wächst, wird größer und
   wilder

Erschafft ein Konstrukt, das nur du
   erkennst
Doch Vorsicht, nicht dass du dich verrennst

Ziehst du dich heraus - kommst zurück ins
   Land,
bleibst nur du und die Worte in deiner
   Hand

Konstantinos M.   * 1991

Wiederkehrendes Treiben

Es glänzt in mir die Herzenswoge.
Es glänzt in mir ein warmer Sinn.
Und tiefgescholten, wie verwogen,
Seh ich der Sehnsucht Hirngespinn.

Und brennt dies Feuer einmal wieder,
Versengt es die Kanäle in mir drin.
So bricht in mir nun bald das Steuer,
Dass leitet meinen trauten Sinn.

Und ist das Schiff erst mal in Flammen.
Und ruft Alles in mir: „Gefahr!"
So wünsch ich mir ganz in der Ferne
Ersehntes Land zum Stehen gar.

Und kommt's, dass das Verlangen stillt,
Die Mannschaft Fraß und Wasser füllt.
Erkennt mein Geist nun irdisch leicht:
Das Neue war und bleibt für immer gleich.

Und trotz des wiederholten Wissens.
Und trotz des nüchternden Verstands,
Erblüht in mir erneut Verlangen
Zu suchen weiter fernes Land.

Lew M.   * 1986

Illusionen eines Dichters

Ist es nicht des Dichters Illusion,
zu sitzen auf einen Thron?
Träumt er doch davon zu schreiben für den
   ganzen Planet,
als sei er der hellste, strahlenste Komet.

Träumt er doch von Ruhm, Reichtum und
   Anerkennung,
JA, von einer biblischen Benennung.
Sein Name soll jeder kennen,
seine Bücher soll niemand verbrennen.
Seine Worte sollen zeugen von der
   aktuellsten Tat,
und sie sollen geben jeden einen Rat.

So träumt der Dichter Wort für Wort;
sein Arbeitsplatz: ein heiliger Ort.
Und veröffentlich man sein Gedicht nicht,
ist es wie eine Kreissäge durch sein
   Seelengesicht!

Der Dichter selbst sagt dazu: „Das ist Mord!
JA, das ist Raub, Diebstahl und
   Vergewaltigung!
Dadurch: Mein Herz erliegt nun einer
   Wandlung!
Es verschrumpelt und wir ganz klein,
JA, es wird trocken, dröge und ich könnt'
   schrein:
Ihr verdammten Narren hab gebrochen
   mein illusioniertes Dasein!"

M.B.H.M.   * 1969

Obsession

Ihr geht es schlecht
Sie braucht diesen Duft
Ich bin nur gerecht
Und stille ihre Sucht

Sie schreit verzweifelt
Ihr Körper ist voller Wut
Ich habe nie an ihr gezweifelt
Und sehe ihr Blut

Sie hat alles versucht
Aber es reicht nicht
Ich gebe ihr mehr als genug
Farbe ist die Vollendung ihres Gesichts

Ihr fehlen die Nerven
Sie hält es nicht aus
Ich will mich wegwerfen
Puste die Kerzen aus

Das Licht verblasst
Und der Rauch wird dichter
Sie ist voller Hass
Und ich ihr Richter

M.G.V.C.

bin ich schön!

Bin ich schön,
oder richtets nur der Fön?
Habe ich eine klassische Nase
Oder nur eine kleine Knollenblase?
Ist mein Körper eine vollfette Packung,
oder nur ein altes Rubens-Vakuum?
Ich sage es gerne und laut,
gut gebräunt ist meine Haut.
Die Farben meiner Augen
Ganz südländisch taugen,
wenn sie vor Freude glühen oder vor Wut
und Ärger sprühen.
Als gereifte, frauliche Figur
Unterliege ich keiner Zensur.
Meine mediterrane Küche
Beschwört keine Gäste-Flüche.
Will einer den Mut an mir kühlen,
kann er meine Fäuste spüren.
Gradlinig, treu und herzlich ...
Kommt bei mir an ... versteht sich!

ma * 1943

Wer bist du?

Ein stiller Soziopath, in keine Schublade
    passend,
menschenliebend und
    menschheitsverachtend
fragestellend, aufgeschlossen,
    antwortgebend, in sich gekehrt,
festgefressene Meinungen sind Parasiten
    und du deren Wirt

Verbarrikadiert in deinem Schloss aus
    Träumen und Zielen,
du weißt, dort wirst du dich niemals verlieren
in deinem Schloss aus Träumen und Zielen,
geprägt von Außen/deinen innersten
    Gefühlen

Wo du dich niemals verlierst
Traum und Ziel, so unklar definiert
wo du dich niemals verlierst,
wo du dich niemals wehrst

Wer bist du?
Im Rausch deiner selbst
in deiner verschwommenen Welt
einen Punkt visiert (hoch oben) auf dem du
    einbeinig stehen kannst
guck dich um, siehst du das hier?
Das ist dein Stall! Deine Entscheidung,
lieber stehend sterben oder leben und
    fallen?!

Hannes Maaß

Fernweh

Trag mich nach draußen in die Zeit
Vergiss das Leben hinter mir
Ich leite dich dafür
An die schönsten Orte dieser Welt

Besteigen wir Berge im Schnee
Reiten wir Pferde im Wind
Fangen wir Fische im tiefsten See
Freiheit, wo immer wir sind

Schwimmen wir mit Delphinen
Und pflücken Ananas
Erkunden Ruinen
Verscheuchen Hyänen

Wir wandern durch Wüstensand
Bestaunen einen Geysir
Bitte nimm mich an die Hand
Ich will nur fort von hier

Sandra Machaj   * 1987

Die größte Last meines Daseins ist die Einsamkeit
Wo nur geistige Leere herrscht
Es ist das Gefühl von der Abnorm der Zweisamkeit
Und wird von der Sehnsucht danach beherrscht
Das Herz wird mir schwer und vergießt keine Träne
Und nichts kann diese Leere füllen
Auch wenn ich mich im Wohle des Rausches wähne
nur zu gern würde ich meine Verzweiflung rausbrüllen
Kein Weg erscheint mir mehr möglich
Für mich gibt es kein Vor und kein Zurück
Ernüchtert sehe ich den Spiegel mein eigenes Ich
Vergangen erscheint mir meine Zeit und mein Glück

Oh, Seele, wie du in mir schreist
Gib mir doch die Ruhe zu sterben
Melancholisches Wesen meist
Bevor ich mich zum Himmel werde erheben
Am Ende stehe ich doch allein
Lähmende Stille kehrt in mir ein
Götter, wie könnt ihr nur so grausam sein
Und nichts wird wie vorher sein

Stefan Machander

Stille

Trubel und Lärm verweis' ich des Platzes,
denn ich bin der Hüter des edelsten Schatzes,
der wertvoller ist als Diamanten,
die funkeln und glühen als ob sie brannten.

Auf der Felsen blanker Haut,
wach' ich über meine Braut.
Die Leere erfüllt sie wie Kälte das Eis,
einsam – verlassen, gern zahlt sie den Preis.

Die Hektik der Menschen bleibt außerhalb,
und auch ihr Tanz ums „Goldene Kalb".
Ihr Glaube an materielle Güter,
bringt sie nicht weiter, denn ich bin der Hüter,
des wahren Reichtums, der Vielfalt und Pracht.
In ihr steckt eine göttliche Macht.

Die Jagd nach dem Mammon ist wenig erbaulich,
das Glück jedoch liegt ganz beschaulich,
im Rauschen des Meeres, im Flüstern des Windes,
im Plätschern des Bächleins, im Lachen des Kindes,
im Kreischen der Möwen, im Zirpen der Grille –
wie ich dich verehre, geliebte STILLE!

Ulrike Machner

Leb!

Es gibt 1000 Regeln nach denen es zu
    leben gilt,
oft redet man uns ein: „du hast den rechten
    Weg verfehlt",
Doch geht es nicht darum sich selbst treu
    zu bleiben?
Doch lassen wir uns in die Enge treiben,
von Konventionen und
    Ottonormalverbraucher,
Man redet auf uns ein, die Stimmen werden
    lauter
Nun ist es an uns, uns dem zu verschließen,
was würde aus uns wenn wir einfach verließen,
den Weg den wir für uns selbst erkannt,
ganz fern an von allerhöchstem Verstand
aber ganz nah bei Leidenschaft und
    Herzenslust,
lass dir nicht sagen was du tun musst,
Sei stets der Freigeist mit Kinderaugen,
der die Welt in sich aufsaugt mit größtem
    Vertrauen,
mit der Gewissheit, dass dort draußen alles
    Gute wartet,
Nicht nötig zu wissen was morgen bringt,
Du genießt das Hier & Jetzt und hast es
    verdient.
Das Unterbewusstsein bewusst zu machen,
Dies ist eins von diesen kleinen Sachen,
mit denen wir unsere Welt gestalten, und
    diesen Schlüssel in unseren Herzen
    verwalten

Madame Filou * 1990

Schicksal

Wenn ich von Menschen höre,
dass sie ans Schicksal glauben,
weil sie durch glückliche Fügung zu ihrem
    Glück fanden,
dann würde ich sie am liebsten danach
    fragen.
Danach fragen, ob sie von ihrem Glauben
    an das Schicksal einer Person erzählen
    würden,
die kein Glück in der Liebe hat?
Einer Person, die alleine mit Depressionen
    zu kämpfen hat?
Einer Person, die mit der Diagnose Krebs
    auf ihren Tod wartet?
Einer Person, die ihre Kinder zu Grabe
    tragen musste?
Einer Person, die im Krieg alles verloren hat?

Niemand könnte vor der Person von
    Schicksal sprechen.
Wenn Menschen also vom Schicksal reden,
dann reden sie nur von ihrem persönlichen
    Glück.

made * 1993

Die Hölle blüht, die Hoffnung lebt

Leid ist meine Haut,
aus ihr kann ich mich nicht befreien,
es sei denn ich würde mich verwandeln in
    eine Schlange,
und mich häuten.

Wenn Schmerz das Leben fesselt,
und Trauer sich zur Erlösung öffnet
fließen Tränen und eine Oase entsteht
Bitte sei da!
Ohne dich bin ich nichts!
Mein Traum wird wahr, wenn du da bist!

Meereswogen sprechen deine Sprache,
das Rauschen ist so wunderschön,
es ist wie ein Lied der Hoffnung,
als Kind kannte ich es, jetzt habe ich
    Melodie und Text vergessen.

Die Hölle blüht, die Hoffnung lebt,
sie legt sich in den Schnee und träumt von
    Gottes Freundschaft.

Der traurige Junge will Kinderpunch mit
    den Sternen trinken.

Manuel Madeo * 1986

Unterwegs

Achtzig Jahre – eine biblische Zeit.
Pilgrim auf dem Lebenswege.
Weitergehen! Sei nicht träge!
Das letzte Stück, ist es noch weit?

Grade Strecken, Serpentinen
auf und ab im Riesenrad
achtzig-plus, die Jahre fliegen
Berge, Hürden, steiler Pfad

Schnitter Tod, reich deine Beute,
du holtest alle, die mir lieb.
Ein Mahner, den es niemals reute
wenn jemand ganz alleine blieb.

Kopf hoch – und Dank für gute Stunden.
Ein Fünkchen Geist und Herz und Mut
begleiten nun die letzten Runden.
Das Ziel ist nah. HERR, SEI MIR GUT.

Anneliese Stolte Madsbjerg * 1934

Das Fenster

Eingelassen in die Wand
Von so manch gottgleicher Hand;
Sind mir die Rahmen so vertraut –
Gleich so, als hät' ich's selbst gebaut.

Jeden Morgen sehe ich hinaus
Den Topf voll Gold direkt voraus;
Die Sonne winkt, lacht schon beinah –
Ich seh' die Mundwinkel ganz klar.

Doch heute fliegen vor Gespenster
Und reißen, nagen an mei'm Fenster
Die Sonne konnt es nicht vergeben –
Nie hat sie so wenig Licht gegeben.

Das ist nicht recht, so will ich's nicht!
Sonnenstrahlen soll'n sich brechen – Das
    Licht sich an den Schatten rächen!
Ich sehe hinaus – ich sehe nichts.
In deinen Augen: Finsternis.

Vera Mageney * 1989

Teppich

Im Teppichmuster
meiner Oma erhebt sich
die Kriegsfarbe und Bannerverletzung.

Über die sorgsam geknüpften Schleifen
– alle nach Rechts gekämmt – flockt Erde
aus ein Paar Soldatenstiefeln.

Das Weiß, das einem Herbst gleicht
trat hervor wie ein ungewaschener Hals.
Rot, Schwarz ... rot-schwarz, wie geronnenes
Blut ... die anderen Farben.

Angeschwärzt von den Nachbarn blieb ihr
nur einen Blickkontakt Zeit, um das
tragbare Stück Heimat zusammenzurollen ...

... und sich wie eine Ertrinkende daran
festzuhalten bis zur nächsten Feindesinsel
oder Besuchsstunde mit mir ...
Rorschach-Test.

Marina Maggio * 1967

Begegnung

Durch Feld und Flur zur Sommerszeit
ich wohlgesinnt spazieren geh',
im Ährenfeld erblüht so weit
der rote Mohn, von fern der Klee.

Akazienbäume hoch betagt,
sie säumen meine heitren Wege,
arkadengleich zum Himmel ragt
das Bild, genährt durch Schöpfers Pflege.

Vergnügt und klar die Drossel singt,
andächtig lausch' ich dem Gesang
und fühle nur, wie süß es klingt
und folge ihrem milden Klang.

Sie führt mich weit auf ihrem Pfad
fernhin zur alten Efeumauer;

so gern vernähm' ich ihren Rat,
fernab der Zeit und hör' genauer.

geheimnisvolles Saitenspiel.
Ich weiß nicht mehr, wo ich g'rad bin
und treffe dort jetzt ganz am Ziel
den eignen, heitren, ausgelassnen Sinn.

Lucian Maria Lothar Magin   * 1959

Wenn die ersten Blätter fallen,
wenn graue Nebel die Tage trüben,
kehren jene Erinnerungen zurück,
die ich dies' Leben nie vergessen werd'.

Es war ein Herbst vor vielen Jahren,
als nur ein Blick mein Herz erlodern ließ.
Da waren keine Worte, nur der Spiegel der
    Seele,
der mein Herz zutiefst berührte.

Ich sah Sehnsucht, ich sah Trauer.
Ich sah Sanftmut, ich sah Freude.

An jedem noch so trüben Tag, strahlte
    Sonne über meinen Lippen,
jeder noch so kalte Wind ließ mich nicht
    erkühlen.
Denn mein Herz war ein loderndes Feuer,
das in höchsten Flammen stand.

Doch nun ist tief im Innern verborgen,
Mein Geheimnis. Dein Geheimnis.
Ich versuche zu verbergen die Sehnsucht,
die mich zerfrisst, die mich erdrückt.

Doch ich kann nur schweigen
und behalten für mich.

Little Magnolia   * 1992

Mein Vorbild

Alle Menschen sollten genug Kraft haben,
um die Schwierigkeiten des Lebens zu
    ertragen.
Meine Oma, die jetzt hundertzwanzig wäre,
eine Menge schwerer Tage überlebte.
1931 war die Mitte der Wirtschaftskrise,
sie bekam ihr kleinstes Kind, das vierte.
Während ihrer Schwangerschaft starb Opa,
„Ich soll noch stärker sein" dachte Oma.
Es kamen Tage, sie brauchte Hilfe,
sie sagte oft" Mein Gott höre mich bitte!
Gib mir Gesundheit, Glaube, Freude,
es sind nicht immer barmherzig die Leute"
Vierzig Jahre lang trug sie den Namen Witwe,
was sie überlebte? – ist lang die Liste.
Sie war stark, stolz, sparsam und gut,
zu solchem Leben brauchte sie Mut.
Sie starb vor vielen – vielen Jahren,
die Tage mit ihr unvergesslich waren.
Wir sollten an ihr ein Beispiel nehmen,
trotz der harten Tage ist wunderschön das
    Leben.

Elisabeth Magos   * 1956

Der Leopard

Der Blick fast starr!

Verächtlich abgekehrt
von dreistem Blitzgeflacker
liegt er da.

Die Tarnung
aufgedeckt
in gläserner Zelle,
die keinen Katzensprung
erlaubt,
erscheint er
greifbar,

doch
auch weit entfernt.

Gefloh'n
in seinen Traum
von Afrika.

Rike Mahlberg   * 1966

getragen von einem Traum
im Geiste er erblasst
doch nicht einmal fast
das Herz lässt er fallen
er hält es mit aller Kraft
damit es den Flug zu meinem Himmel schafft

Jonathan Maier

Im Tüllkleid meiner Barbie

Kleinheit lässt großes Erträumen
Früher zu klein für das lange Kleid
Aus Tüll, Rüschen und Blumen
Heute mit altem Gesicht
Lass ich mir die Schleppe tragen

Kathrin Maier

Front

Granaten,
lautes Pfeifen,
du spürst die Luft zerreißen.
Ein Knall.
Die Erde bebt,
du bist froh, dass du noch lebst.
Wieder Pfeifen.
Schnell, dich in ein' Trichter schmeißen.
Ein Einschlag.
Die Angst macht dich zum Tier.
Stilles Lauern,
dich in eine Kule kauern.
Da! Der Feind!
Du schnellst hervor und tötest ihn.
Ein Strudel.
Es wird dich mit sich ziehn.

Kevin Maier

Wir Ratten

Wir Ratten hausen gleich hinter dem
    Krematorium
der Wohlstandsgesellschaft
ein Puppenkopf unser Nest
Unsre Kinder spielen vorm Fernseher
springen hurtig in die geplatzte Röhre
die für sie die Welt ist

Wir Ratten schlafen auf Chippendalesesseln
schlagen uns die Bäuche voll
mit Schulkinderbroten
Wir schärfen unsern Zahn
an Wildlederpumps
und leihen ihn bissig der Zeit

Wir Ratten blättern in den Tagebüchern
nagen an den Playmatebrüsten
der ewig Gestrigen
wir leben im Überfluss
vermehren uns prächtig
macht weiter so

Reinhold Maier   * 1948

Eine schwarze Armee rollt über uns hinweg.
Sie bringt Dunkelheit.
Wie Regen tropft das Blut auf uns herab.
Alles Licht ist vergangen.

Wenn sich die ersten Strahlen der neuen
    Sonne zeigen,
ist der Erdboden noch getränkt von den
    Erinnerungen an das Gewitter.
Wie ein schwarzer Schleier hängen sie noch
    über uns,
während der dunstige Nebel des Vergessens
    unsere Sinne zu täuschen versucht.

Die schwarze Armee hat nicht bedacht,
dass der Krieg ihr eigenes Ende bedeutet.
Sie ist ausgeblutet.
Die Flüssigkeiten ihres Lebens saugen sich
    in die Erde ein.

Selbstzerreißend. Selbstzerstörend,
um uns das süße Leben zu schenken,
nach den wir mit aller Macht trachten.
Die Todesmesse begleitet der Sonnenschein,
oder die schwachen Strahlen der Sterne.
      Gewitterwolken.

Katharina Maindorfer   * 1996

Diese Person

Ich spüre die Kälte, nur das Glas.
Sehe diese Augen, mit Trauer gefüllt.
Wer ist sie, diese Person dort?
Die mit vertränten Augen da steht.
Die eigentlich so stark sein wollte.
Die immer wieder anders ist.
Sie ist mir fremd.

Ich sehe das Funkeln,
den Wunsch nach Freiheit.
Komm raus, lass mich dich kennenlernen.
Dann schaffen wir das zu zweit.
Dann weiß ich wer ich bin,
Dann weiß ich wer wir sind,
Dann ist diese Person,
diese die ich jeden Morgen sehe,
mir nicht mehr fremd.
Sieht nicht mehr traurig aus.
Sieht nicht mehr verzweifelt aus.
Sondern sie ist stark,
So stark wie man es von dieser Person erwartet.

Stephanie Mainka   * 1996

Freundschaft

Zu wissen, dass du auf dieser Welt
die Dinge tust, die ich in gleicher Weist tu.
Dass wir uns in die Augen sehen
ohne uns gegenüberzustehen,
und unsere Stimmen heraus aus tausend
anderen erkennen,
läßt mich erfüllt und dankbar sein.

Zu wissen, dass wir unseren eigenen Pfad
beschreiten und doch das eine Ziel anstreben,
an dem wir uns einst treffen,
läßt mich gelassen nach vorne sehen.

Auch wenn wir uns verloren glauben
und Regen auf unsere Herzen fällt,
kann nichts unser Freundesband zerstören.

Und halten wir uns in den Armen,
bleibt doch jeder in seiner Haut,
und fühlen den Gleichklang
unserer Herzen für kurze Zeit.

Morgan Maiosi   * 1956

Hab keine Angst

Ich wünsche dir eine gute Nacht
schlafe tief in deiner Ruh'
bis der Morgen erwacht
schlafe ruhig immerzu

Denn wir sind geborgen
in seiner Hand
das gilt auch noch morgen
in seinem Land

Du weißt nicht, wo die Sterne steh'n
trotzdem sind sie für dich da
am Tag werd ich wieder mit dir geh'n
dann sind wir einander nah

Wenn nach der Dunkelheit das Licht hell
    scheint
jeder die Wärme des Lieben verspürt
dann ahnst du auch, was die Liebe meint
die dich durchs ganze Leben führt

Drum gehe dann froh in den Tag
tue wieder deine Pflicht
sei sicher, dass dich jemand mag
ER verlässt dich wirklich nicht

Klaus Maletz   * 1946

Sternenlicht

Des Nachts beschließe ich im Stillen,
es ist noch kurz vor Morgengraun,
der wundervollen Wunder willen
den Sternenhimmel anzuschaun.

Im feuchten Gras lass ich mich nieder,
die bloßen Füß' bedeckt mit Tau,
der Wind streicht zart über die Glieder,
die Luft ist angenehm und lau.

Wie ich so still die Stern' betrachte,
beruhigt mein Herz sich bis sodann
ich vernehm zwar klar doch sachte
seiner Stimme hellen Klang.

Die Schönheit, die ich grade sehe,
ein Abbild der Unendlichkeit,
da ich aus Sternenstaub bestehe,
auch meiner Seel' ein Bild verleiht.

Auch wenn mit unsren Sinnen wir
verstehen sein Geheimnis nicht,
ist das Universum Teil von mir,
so bin ich auch ein Sternenlicht.

Lyra Malin

Zeit & Raum

Wenn Trauer unser Herz berührt
mag Sie uns grenzenlos erscheinen.
Ein Moment nur der zum Ende führt
welchen wir ewiglich beweinen.

Wenn Freude unsere Stunden nährt
scheint Sie davon zu eilen.
Ein Tag der nur Sekunden währt
doch hinter uns liegen 1000 Meilen.

Wenn Angst sich in die Seele schleicht
vermag Er uns zu erdrücken.
Das Atmen fällt uns nicht mehr leicht
wir durchwandeln Ihn auf Krücken.

Wenn Liebe unsere Zellen speist
dehnt er sich vor uns aus.
Selbst wenn man nur im Traume reist
wächst man über sich hinaus.

Malou * 1977

Die Bilder, die ich von mir male

Die Bilder, die ich von mir male, die Hülle
	schön, mit der ich prahle.
Eingedeckt in Taft und Tand, roten
	Lippenstift, den ich vermale.
Den Rest versteckt in schwarzen Ecken,
in meinem emotionalen – Defizite –
	Sammelbecken.

Zu sehen gibt es nur, was ich euch ZEIGE,
den Kopf verzückt und schüchtern,
	Mädchenhaft zur Seite neige.
Den Augenaufschlag von unten nach oben
	schau,
in meiner süße für dich die Illusionen bau.

Doch blick nicht in die Tiefe, hinter
	Blumenbild und schön' Gemälde
	verborgen,
unter meiner Kontrolle alle meiner Sorgen
	– Horde.
Meine Ängste, so Abgrundtief und
	manchmal böse ...

Mein wahres ICH hinter der Fassade döse,
	unruhig, unstet und auch grauenhaft.
Ich hege Seiten, weit entfernt, oft
	dämonenhaft.

Das, was ich euch sehen lasse, ist das, was
	ich zusammenfasse.
Genau das, was ihr sehen sollt, was ich
	immer glauben machen wollt.
Was ich bin und vor allem WIE ...

Die Wahrheit ist oft Rabenschwarz und
	hässlich, drum nehmt das Bild, das
	Schöne,
ist es auch pässlich!

Eines kann ich mit Sicherheit euch sagen,
> geh ich in mein Inneres,
die Gewissheit finden, werd ich's niemals
> ohne Waffe wagen!

Nina Maluzi * 1982

9 Monate

9 Monate dachte ich jeden Tag daran, ist an
> dir wohl alles dran?
Bist du gesund und schön?
Wann wird die Zeit zu Ende gehen.
Als du dann endlich da, und dein kleiner
> nackter Körper auf meinem lag.
Ein Moment der unbeschreibbar war.

Alles um mich herum war dunkel und auf
> mir dieses helle funkeln.
Wie ein Engel kamst du mir vor, „Ich liebe
> dich",
flüsterte ich dir ins Ohr.
Mir liefen die Tränen übers Gesicht, ich
> wünschte mir,
lasse es immer so leuchten dieses Licht.

Jetzt wirst du mit mir durchs Leben gehen,
> meine ganze Liebe werde ich an dich
> weiter geben.

Ich liebe Dich
Deine Mama

Mama mit Herz * 1978

Entgleist

Tropfen kleben an den Zugscheiben
die Geschwindigkeit bringt sie in
> Bewegung und
Bewegung ist Leben.

Manche ziehen eine feuchte
Linie hinter sich.
Andere, zu klein und schnell
stürzen ins Ungewisse.

Wieder andere absorbieren einander
und werden zu einem
Großen Ganzen.

Am Anfang stürzen sie langsam,
bald aber werden sie, wenn nicht
von der gottgewollten Schwerkraft, dann
von größeren Tropfen
in die Tiefe geleitet.

Und die Übriggebliebenen?
Steigen im Sonnenlicht auf.

Michele Manca

Löffel-Liste

Meine „Löffel-Liste": Licht & Liebe,
> Glaube & Vertrauen
Schutz & Führung, Reinheit & Klarheit,
> Weisheit & Wahrheit
Freiheit & Lebensfreude,
> Mitgefühl & Gnade,
> Harmonie & Frieden
Dankbarkeit & Erkenntnis,
> Inspiration & Intuition,
> Mut & Kraft
Glück & Reichtum, Segen & Heilung,
> Verbindung & Neu-Geburt
Selbstachtung & Selbstverwirklichung,
> Selbstermächtigung durch
> Liebe & Integrität
Geborgenheit & Gelassenheit,
> Sinnlichkeit & Zärtlichkeit
Geduld & Bescheidenheit,
> Einzigartigkeit & Vielfalt
Vollkommenheit & Magie,
> Loslassen & Vergebung

für mich, für Dich, für Uns und ALLE!

für Mutter Erde, Vater Universum
und die gesamte Menschheit!

Manic-Anuenue * 1977

Der heilige Ort

Deine Augen funkeln wie Sterne,
und ich sehe dich an.
Sie zeigen mir meinen Weg auch in der Ferne,
und merke das auch die Winter's Kälte
    warm sein kann.

Dein Atem lässt Rosen sprießen,
egal wie dunkel der Himmel scheint.
Die Berge lassen Tränen fließen,
vor Trauer und Müdigkeit.

Deine Hände so weich wie Seide,
wischen alles Finstere fort.
Hand in Hand gehen wir beide,
an unseren heiligen Ort.

Michael Mans

Unscheinbar

Kleiner Junge, großes Licht ,
und ich dacht' du siehst mein nicht,
all die Müh' und Not,
nur ein wenig zum Sternentod.

Das Licht erstrahlte,
du warst fort,
an jenem Tage warst du dort,
von Oben schaust du runter,
beschütztest mich, doch ich ging unter.

Den Glauben hatte ich fast verloren,
deine Hand wärmte mich,
erinnern tat ich mich an deine Worte:
„Wenn du nicht für dich kämpfst, dann tus
    für mich!"

Und jetzt steh ich hier,
denk an dich und träume deine Träume,
danke.

Raymond Marci   * 1996

Ariadnefaden

Du erwachst in mir und ich weiche nicht
    aus.
Augenblicke wie Sonnenstrahlen.
Eine Zärtlichkeit ohne zu wollen.
Hand in Hand durch Wildgebiete unserer
    Seele.
Du schenkst mir Vertrauen,
Ich schenke dir Einsichten,
Du flüsterst durch die Schleier,
Ich singe dir Lieder,
Und nun küsst du meine Stirn.
Wie weit werden wir gehen,
Wenn der Alltag uns durch karges
    Flachland führt?
Wirst du weiter mit mir
von den Gärten der Ariadne träumen?

Claudia Marcian

an meinen sohn

gefiederter sommer
du streichelst den boden
mit blauregentüll
hauchst lichtseiden aus sonnen
auf unsere stirn
und trocknest mir den abschied leichter

behüte mein kind
leg zauber und wirklichkeiten in seine seele
und deinen mut
nach all den wintern

karin maria   * 1961

Ich denke an dich

Wenn die Sonne mich morgens wach küsst,
dann denke ich an deinen schönsten Kuss.
Wenn der Wind mich sanft streichelt,
dann denke ich an deine zärtlichste
    Berührung.

Wenn die Sterne am Himmel zu mir zwinkern,
dann denke ich an deine tiefen Augen.
Wenn der Mond Licht in die dunkle Nacht bringt,
dann denke ich an dein süßes Lächeln.
Wenn die Wolken an mir vorüber ziehen,
dann schicke ich ihnen einen Gruß für dich mit.

Wenn die Sonne dich morgens wach küsst,
dann denke daran, ich denke an dich.
Wenn der Wind dich sanft streichelt,
dann vergiss nicht, ich denke an dich.
Wenn die Sterne am Himmel zu dir zwinkern,
dann denke daran, ich denke an dich.
Wenn der Mond Licht in die dunkle Nacht bringt,
dann vergiss nicht, ich denke an dich.
Wenn die Wolken an dir vorüber ziehen,
dann denke daran, sie grüßen dich von mir.

Silke Markert   * 1978

Ein Traum ist ein Zauberfeuer
für unsere Sehnsuchtskräfte
er macht Dich als Smaragd teurer
ich mag schöne Morgenröte

ein Traum umarmt auch die Herzen
der Urmenschen aus der Sage
ich präge Bilder in Felsen
von Erfüllung ist die Rede

ein Traum entkommt vielen Funken
die Sternenfee mal zerstreute
ein Maler malt tausend Sonnen
sooft ich an den Stern denke

Paweł Markiewicz   * 1983

Als die Welt unterging

Als die Welt unterging
hörte man überall Stimmen,
alles lief, alles schrie
jeder wollte sich retten.

Es war 19:43 als die Welt unterging.
Ich wartete auf den Bus
Eine Frau verließ die Praxis
und die Eisdiele wollte gerade schließen

Als die Welt unterging
war alles wie immer, nur ganz anders
Kinder sahen gespannt in den Himmel und zählten die Blitze
Passanten retteten sich vor dem Hagel

Nur du, du standest vor dem Haus mit einer Kippe in der Hand
sahst in den Himmel
Du warst still,
beeindruckt.

Als die Welt unterging sah ich nur dich
Dich und deine Augen, die verblüfft in den Himmel schauten.

Als die Welt unterging
war auf einmal alles Schwarz

Claudia Marrapodi

Mein Efeu

Durch dich strahl' ich stärker,
geschützt ist mein Stamm
gegen neidische Blicke,
vor zu tiefem Gram.

Duft strömt aus uns neu,
Zapfenholz mit vielfach Blatt.
Starker Wind bewegt mich frei,
sicher doch von dir umrankt.

Lass' deine grünen Herzen
bis in meine Nadeln streben,
um alte Risse zu entschmerzen,
für intensives neues Leben.

Felix Marschall * 1978

Suche: Hilfe

Hilfe!
– Chaos hier.
Hilfe!
– Krieg dort.
Hilfe!
– Wut und Hass überall.
Hilfe!
– Wunden der Zerstörung rundherum.
Hilfe!
– Schrei ich inmitten des Drecks.
– Doch wer soll uns helfen?
– Haben wir doch alle das selbe Problem!

Anne Martin * 1977

Die untrüglichen Zeichen
Der Kleine Tod

Ich atme Deinen Atem,
Wenn ich Dich in mir spür.
Er macht mich lüstern, trunken.
Löscht aus das Jetzt und das Hier.

Dein Rhythmus liebt: er führt mich.
Hinfort aus dieser Welt.
Ich weiß, dass weder weltlich,
Es währt noch ihr gefällt.

Die UrKraft zieht zu Dir hin.
Dein starkes, sanftes Tun.
Die Macht der LustDämonin,
Umfängt mich folternd nun.

Im Innern ist's ein Lodern.
Löscht WeltenSinne aus.

Sirenen singend fordern
Den Kleinen Tod heraus.

Und so der Akt, das Ende.
Des Daseins Jetzt und Hier.
Und Keiner kann mehr hören
Den Ruf. Das Weltenmeer ...

BENita mARTin * 1961

Herzeleid

Ich sehe dich grad,
mit einem Andern,
ich spüre wie weit unsr'e Herzen
auseinander wandern!

Hast' mich je geliebt?
Ich weiß es nicht!

Gibt es Lieb'?
Ich weiß es nicht!

Doch eines,
weiß ich ganz gewiss!

Ohne dich,
gibt es kein Mich!

So geh' ich nun hinunter,
in des Hades Sitz!

Verzage nicht!
Du hast ja Ihn!

Mög's Ihm,
wie mir ergeh'n!

David Martin * 1992

Zeit

Die Zeit jagt mich durch's Leben.
Gestern war ich noch Kind,
morgen bin ich tot.

Gott!
Halt sie an.

Ohne Zeit
kein Morgen?

Ja, und
kein Lachen, kein Lieben,
kein Denken, kein Fühlen,
kein Leben.

Nichts!

Die Zeit schenkt mir das Leben.
Sie hält an,
wenn ich dann Nichts bin.

Johannes Martin

Glück

Heute begab es sich,
unerwartet, im Stillen sozusagen,
dass ich mich auf die Suche nach dem
    Schlüssel oder
dem Code nach Glück begab.
Ich dachte nach. Glück ...
Dann: Ich googlete,
ich googlete also „Glück".
Und erhielt 104.000.000 Treffer.
Einhundertviermillionen.
Aber keiner traf mich.
Keiner traf mich.
Der Funke vom Bildschirm sprang nicht über.
Also sprang ich auf, endlich,
sprang ins Leben –
Ich fuhr den Computer herunter.

Nicole Martin * 1991

gefährdete Liebe

Das gold'ne Haar umschlinget
den weichen schwarzen Samt.
Ein süßer Hauch erklinget,
flicht zartes Herzensband.

Erkauft die schönen Stunden,
der Pfand: des Lebens Hauch.
Der Sand der Zeit verschwunden,
der Halbmond mahnt: „Brich auf!"

Des gelben Schimmers Samen
erwächst aus dunkler Hand,
lässt Hoffnung noch erfahren,
bevor alles verbrannt.

Sieglinde Uta Martin * 1984

Unterm Zauberbaum

Jeden Tag ging ich diesen sandigen,
    lehmfarbenen Weg durch den Park.
Hastete weiter in die laute Stadt!
Jeden Tag kamst du mir entgegen,
    gehörtest schon so vertraut zu
    meinem Alltagsbild!
Warst so stumm, wie all diese Bäume.
Dann traf ich dich nicht mehr, mein Blick
    schweifte suchend umher!
Da sah ich diesen Zauberbaum, mit
    fünfzackigen blauen Blättern
und an seinen weißen Borkenstamm
    gelehnt, saßest du und lächeltest mich
    zaghaft an!
Wie oft saßen wir nun dort zusammen,
    auch du hast mich verzaubert ...
Eines Tages kamst du nicht mehr, ich
    wartete unterm Zauberbaum,
seine Blätter waren nun einfach grün!
Da entdeckte ich ein paar weiße lange
    Rispen, sie wehten im Winde einen
    Abschiedstanz für mich,
ich ahnte, das war ein Gruß von dir.

Du tanzt jetzt mit den Sternen
Unser Zauberbaum verlor seine Farbe, die
    nahmst du fort mit dir!
Letzte Nacht sah ich einen hellblauen
    Stern, da wußte ich,
du bist jetzt nur noch in meinen Träumen
    bei mir.
Meine Sehnsucht wohnt jetzt dort oben,
    meine Liebe lebt weiter,
hier unten, durch unseren Zauberbaum ...

Brigitte Martin-Russo

Dein Duft ist fremd
riecht nach Parfüm
obwohl es mir gefällt
das bist nicht du

Berührt mich dann die elegante Kälte
des weißen seidenen Morgenmantels
darunter deine Natürlichkeit

Kein Alltagswort stört unsere Umarmung
wir genießen einfach die vergehende Zeit

Ein hingehauchter Kuss in dieses
    Abendschweigen
als hätte ihn ein Schmetterling gegeben

In deinen Augen sehe ich meine Jugend
deren Lust strömt in die schönen Stunden

Doch das alles wird zu bald schon
abgelegte Vergangenheit wieder sein

Marcel Marton

Wagners Wotan
nach Heinrich Heines Loreleylied

Ich weiß nicht, was soll es bedeuten,
dass ich so schaurig sing.
Mein Liedlein aus uralten Zeiten
ist wahrlich ganz ohne Sinn.

Eine Jungfer mit goldenen Haaren
verstopft sich verzweifelt das Ohr.
Ihr kommt mein Stammtischgeröle
zu recht infernalisch vor.

Ein U-Boot verschießt ein Torpedo,
und langsam versinket mein Kahn.
Wär ich doch in Bayreuth geblieben,
dort hätte man mir nichts getan!

Jürgen Maruhn   * 1950

Offenbarung

Deine Augen ähneln nicht
den Bildern aus dem Mittelalter.
Die Weite der Felder verbergen sie.
In Deinen Augen reift die Zeit,
auf dem Baum die Birnen.
Schwarz vom Regen, das Koster.
Vom Schmerz, schwarz das Bild.

Die Träne fiel
aus dem Bild auf die Kerze.
Im Finstern leuchten die feurigen Farben.
Deine Augen ähneln nicht
den Bildern aus dem Mittelalter.
In Deinen Augen strahlt
die Sonne nach dem Regen.

Rosa Marusenko

Suche

Wo bist du und wo bin ich?
Warum sehe ich dich nicht?
Bin ich böse, bin ich gut?
Wer weiß, was hinterm Morgen ruht?

Einsam
Die Suche bringt mich um.
Lang
Der Weg führt mich im Kreis herum.
Schnell

Wie der Hase Haken schlägt
Lauf ich,
Doch es ist zu spät.

Meine Suche war das Ziel.
Ich sah nichts.
Es war zu viel.
Starb auf der Suche nach dem Glück.

Michael Marx * 1992

Große Schwester

Wie trägst Du die Haare, zum Zopf
    gebunden mit Zwirn ?
Seit Jahren zermartere ich mir darüber das
    Hirn

Das Gedankenkarussell dreht sich stets im
    Kreise
Die Gedanken fressen durch mein Gehirn
    eine Schneise

Wie geht es Dir – bist Du gesund?
Es heißt, es gibt für alles einen Grund

Doch was ist der Grund, wenn zwei
    Schwestern sich nicht sehen?
Sie seit Jahren ihre eigenen Wege gehen?

Mein Körper mag nicht mehr – in jeder
    Zelle sitzt ein Troll
Mein Gott, Schwester, jetzt haben wir
    zwanzig Jahre voll

Zwanzig Jahre nicht gesehen, nicht gelacht
was habe ich bloß falsch gemacht

Du hast mich großgezogen, mich durch's
    Leben geführt
Wenn ich daran denke ist meine Kehle
    zugeschnürt

Es hat damals diesen Streit gegeben
Ich habe verstanden: Du wirst mir nicht
    vergeben.

Mary * 1971

Kirschenzeit

Langeweile wiegt sich in den Bäumen.
Stickige Apathie.
Erdrückte Träume.
Die Blätter erzählen von gestern.
Die Früchte von jeher.
Die Reife von allem presst sich in die
    Atmosphäre.
Drinnen ist es kühl.
Es wird Kirschsuppe gelöffelt,
irgendwo noch ein Teller weggestellt.
Kinder werden erschöpft vom Spielen
    hereingeholt.
Ich sitze in der Küche.
Auf der Wachstischdecke Brotkrümel, zwei
    Gläser, eine Flasche Most.
Die Sommernacht bricht herein.
Mit ihrer ganzen lahmen Schwermut
    kommt sie herangerollt.
Ich gehe nochmal vor die Tür und lausche
    dem stillen Rauschen.

Christine Maslok * 1983

Der Mandelkern

Wer wäre nicht manchmal gern
unverwundbar wie ein Mandelkern.
Sicher hinter der harten Schale geborgen,
nacktes Dasein, kein Gedanke an morgen.

Doch wenn der Kern die Schale nicht
    sprengt
und sich nicht aus dem engen Gehäuse
    zwängt,
bleibt er wie tot
und weiß nichts vom Mandelbaum
und nichts von dem zärtlichen Blütentraum
und dem schwirrenden süßen Leben.

Martina Christine Masser

Lichtaltern

Krieg
herrscht auf meiner Haut.

Die Soldaten – Melanin
Die Panzer – Melanom

Die Sonne
erquickt sie,
und das Morden
kann beginnen.

Photobombing
mit Lichtgranaten.

Kollagen zerfetzt
und Schicht für Schicht,
folgt der Suizid.

Metastasen
rekeln sich in Ekstasen
und lachen
über noch mehr Strahlen.

Das Leben
als Schlachtfeld,
bis der letzte
Sonnenanbeter fällt.

Michael Masyk * 1988

Im Lokal

Musik und Wein
Ich sitz allein

Ich höre tausend Stimmen
Von weither zu mir dringen
Worte sind mal durch gekommen
Inhalte sind nur verschwommen

Bilder wirken so auf mich
Geschichten, die ergeben sich
Szenen bleiben einfach stehn
Bei mir im Kopf sich weiter drehn

Meine Welt ist hier entstanden
Gut und Böse ist vorhanden
Nichts zu tun hat sie mit Dir
Nichts zu tun hat sie mit mir

Musik und Wein
Ich sitz allein

Mathea * 1969

Wolkenfelder am Himmel

Wolkenfelder am Himmel, was für ein
    schönes Gewimmel.
Wie Schäfchenherden, die ziehen mit
    großer Mühe
träge und langsam, oft wie Elefantenkühe.
Stürmig und schnittig von Wind gepustet,
    ziehen sie von dannen
als ob Petrus gehustet.
Mutig und sanft, wie der Ozean,, treiben
    die Wolken am Himmel voran.
Dunkle und helle, träge und schnelle,
manche bewegen sich wie eine Welle.
Andere Quellen zu einem riesigen Berg,
dahinter versteckt sich die Sonne, wie ein
    kleiner Zwerg.
Viele aufeinander getürmt, siehst du, wenn
    es draußen
regnet und stürmt.
Jede Minute, Stunde, ein neues Gebilde,
ruhige, stürmische und donnernde Wilde.
Wolkenfelder am Himmel, was für ein
    zauberhaft schönes Gewimmel.

Leonie Matheis * 1957

Gefunden

Eng sind die Straßen,
zu befahren – schwer.
Zum Feierabend,
da stockt der Verkehr.

Es gibt zwei Brücken,
die sind zu wenig.
Ich seh' ihn deutlich,
Stau – unversöhnlich.

Am Ufer zu Fuß
entlang und zu zweit.
Am Hang der Mosel
bester Wein gedeiht.

Ein Schlückchen davon,
so schwer und so tief,
lässt mich verfassen,
einen Liebesbrief.

Ich ging in diese Stadt
mit dem Alt – Namen Trier.
Mein Herz, meine Liebe,
alles das fand ich hier.

Matti Mattern * 1958

Gartenruhe

Ich bin zu Haus und habe Zeit, zu ruhn in meinem Garten,
so nach dem Mittag schnell auf's Ohr, ich kann es kaum erwarten

Das Wetter stimmt, ist nicht zu heiß, es gibt auch keinen Regen,
es ist kein Wölkchen gar zu sehn, es spricht jetzt nichts dagegen.

Da hör ich doch den Rentner Kurt in meinem Nachbarsgarten,
ich denke noch, der wird doch nicht, den Rasenmäher starten.

Da knattert es schon kräftig los, ich wollte mich erholen,
der Kurt der schreitet zügig aus, auf seinen Gummisohlen.

Es geht vorbei, denk ich bei mir, das Gras wuchs nur in Maßen,
denn vor zwei Tagen – selbe Zeit, mähte er doch diesen Rasen.

Nach einer Stunde ist's vorbei, ich dreh mich auf die Seite,
ich schlummere grad etwas weg und träum von Meeresweite.

Da kommt der Erwin auch in Gang, der Krach ist fast noch näher,
ich habe Zorn und große Wut, auf diesen Rasenmäher.

Ich fliehe vor den Fernseher und such was mit Natur,
ich schalte schnell den Ton noch weg, nun hab ich alles pur.

Elke-Martina Matthe * 1950

Zerbrechliche Liebe

Zart und jung ja fast zerbrechlich,
selten schön und so vertraut,
Lust, Begierde, unersättlich
kalter Schweiß auf nackter Haut.

Rosa Teint mit dunkler Seele,
Das Antlitz fast engelsgleich,
als ob es keinen Morgen gäbe,
er sieht ihn nicht den tiefen Teich

in den er sehr bald fallen könnte
wenn Einfühlsamkeit nicht genügt,
vor kurzem noch in Träumen schwelgten
das junge Glück sich selbst belügt.

Wilde Küsse, heiße Nächte
im Verborgenen tritts hervor
unbändig starke Herzensmächte
wie es längst an Glanz verlor.

Ambivalenz der Emotion
Verwirrung fast schon Ironie
das Herz fragt nach gerechtem Lohn
der Verstand: Peripherie.

Marisa C. Matthes * 1992

Vom Leben geprägt

Vom Leben geprägt –
jeder Moment,
jeder Schritt,
jeder Mensch.

Mit jedem Moment,
man Leben bringt,
Leben verliert,
Leben teilt.

Mit jedem Schritt,
man leben lernt,
lieben lernt,
verlassen lernt.

Jeder Mensch,
an Momente erinnert,
Schritte geht
und Leben verliert.

Annalena Matthes-Gögel * 1999

Klarsicht
Ihr Blick
glasig,
wieder klar,
Ihr Gesicht von Tränen berührt,
Ihre Gedanken schweiften ab in weite Ferne!
WO BIST DU?!

DU, jener mir gibt,
was mir doch so sehr fehlt,
Geborgenheit und Wärme

Dagmar Matthiesen

gelebt

Am Tode vorbei
das Leben gespürt.
In der Verzweiflung
die Hoffnung gefunden.
Durch die Nacht
ein Licht gesehen.
Aus der Kälte
die Wärme gefühlt.
Im Nichts
ein Gefühl geboren.
Ohne Halt
den Boden gefunden.
Mit geschlossenen Augen
die Weite gesehen.
In der Gleichgültigkeit
die Sehnsucht entdeckt.
Im Heute
ein Gestern und Morgen
und immer gelebt.

Petra Mauersberger * 1964

Von Fesseln befreien

Lass deine Träume Wahrheit werden –
und deine Sehnsüchte werden gestillt.
Erkenne dich selbst –
und du wirst die anderen versteh'n.
Prüfe dich –
und du wirst dein eigener Lehrmeister sein.
Lausche nach innen –
und die Stille wird dir antworten.
Geh deinen Weg –
und er wird dich sicher ans Ziel bringen.
Ordne deine Gedanken –

und du spürst ihre schöpferische Kraft.
Sei ein Tropfen im Meer der Liebe –
und du wirst darin niemals ertrinken.
Befreie deine Gefühle,
die tief in dir schlummern,
und gib dich diesen Gefühlen ganz hin,
so wirst du bereit sein für ein neues Leben,
das wie ein Feuer in dir lodert,
hell zum Himmel empor.

Gerhard Maurer   * 1945

will nur schlafen

will nur schlafen, so bleiern, so schwer
wie das rauschen der bäche im winter
als ob ein grauer felsblock ich wär'
die düsteren wälder dahinter.

will nur schlafen, das süße wasser versiegt,
das wasser, das ich nie getrunken,
das wasser, von dem nur ein tropfen genügt,
lautlos bin ich fast versunken.

will nur schlafen, die wogen gestrichen und
    glatt
im wilden meer der gedanken
so seligkeitstrunken, behaglich und satt –
wem hab ich all dies zu verdanken?

will nur schlafen, bis an das ende der nacht
entdeckt von jeglichen sorgen
so dunkelgeborgen verschlummer' ich sacht
als gäbe es keinen morgen.

Elmar Mayer-Baldasseroni   * 1977

Siehst du es nicht

Siehst du es nicht
und wenn deinen Augen nicht sähen
hörst du es nicht
und wenn deine Ohren nichts hörten
fühlst du es nicht
und wenn deine Hände nicht spürten
redest du nicht davon
sprichst du nicht von dem
was dein Herz längst weiss ...

mayjia   * 1982

Zwischen den Stühlen

Meine Gedanken sprechen klar,
kantig und unmittelbar.
Meine Träume, zeitversetzt,
ein Teil dieses Gedankennetzes.

Oft sind mir die Gedanken fremd,
mein Herz ist schwer, mein Kopf ist heiß –
ich möchte wie in Träumen fühlen
und meine Stirn an ihnen kühlen

Doch manches lässt sich nicht erträumen,
es braucht Gewicht um zu bestehen.
Man sagts nicht zwischen Tür und Angel,
man ruft es sich nicht zu im Gehen.

Ich möchte die Gedanken fühlen,
ich möchte wie in Träumen denken.
Mit beidem hat man mich beschenkt
und ließ mich doch zwischen den Stühlen.

Noreen Mary Elisabeth McClelland   * 1983

Trau dich!

Trau dich,
Komm zu mir.
Ich schwör' es dir;
Ich schütze dich!

Vielleicht nicht,
Vor dem Unheil aller Welt ...
Vielleicht nicht,
Vor dem Sturz!

Doch pochendes Herz,
Schlagende Stunde;
Vor allem Schmerz –
Vor jeder Wunde,

Die deiner Seele zugefügt,
Will schützen Ich,
Was dich gefügt,
Zu einem hellen Lebenslicht –

Auf dass es niemals mehr verlischt!

MCE * 1992

Du am Ort

Wir hatten uns und haben uns nicht
Versprachen uns und halten uns nicht
Voller Zuversicht waren wir
Begeisterung, Leidenschaft teilten wir
So war das Ende klar
Was keiner von uns am Anfang sah

Bist Du an jenem Ort
Bin ich fort und niemals dort
Wärst Du an jenem Ort
Wäre mein HERZ schon längst fort

Wo nun die Lücke lauert
Bin ich das Wesen, das trauert
Doch ich spure Dich als tiefen Schmerz
Lasse zurück mein leeres HERZ
Das, was mich zerreißt, der Abschied von Dir
Zerstöre, vernichte und behalte alles von Dir
...

ME * 1991

So lass mich gehn

Weil ich dich lieb,
bleib ich dir fern
Möchte' dir nicht in die Augen sehn
Wenn bald schon es zu Ende geht

Wenn ich diesen Kampf verlier
Sollst du nicht sitzen neben mir
Erinnert dich nur an die Qual
Die ich erleid an jenem Tag

Erinnre dich an all die schönen Zeiten
An denen wir uns das Glücke teilten
So wird dir nichts mein Bild verderben
So werde ich für dich ewig leben

Du wirst es nicht sehen
Wirst du's den verstehen
Wenn ich jetzt geh
Und das für immer
Doch würdevoll

Meakuel * 1991

Irmgard

Keiner wusste, was aus ihnen ward.
Graf Otto und Gräfin Irmgard.
Als es ging von Kaiserin Kunigunde die
    Kunde in die
Runde,
dass, deren Ehe wäre wild und nicht vor Kirch'
und Kaiser gilt.

Irmgard jedoch pilgert fromm zum
    Petersdom nach
Rom.
Allein, ohne Begleitung – zu erzwingen die
Entscheidung.
Den Papst sie um diese bat und auch
    bekommen hat.
Doch erkannte diese niemand an.

Peter Meffert

Verloren im Augenblick

Deiner Augen heller Glanz
in ihnen kann ich versinken
berauben mich meiner Sinne ganz
könnt' wegen dir ertrinken

Du strahlst mich an, machst mich verrückt
Ich seh' es, du liebst mich auch
Du scheinst, wie ich, der Welt entrückt
Deine Lippen ein sanfter Hauch

Ich glaub' dich geb' ich nie mehr her
Mein Herzen klopft wie wild
Ach je, ich liebe dich so sehr
Schöner noch als jedes Bild

Ein Lächeln zieret dein Gesicht,
wie ein Engel siehst du aus
Ja, was lieb' ich an dir nicht?
Komm ich hier jemals wieder raus?

Ich schreib' dir diese Zeilen, dies Gedicht
und doch kommt das, was kommen muss
Du gehst davon, mein Herz zerbricht
Mir bleibt die Erinn'rung an den Kuss

Jennifer Mehlig   * 1998

Was ist eine Mutter

Was ist eine Mutter?
Sie ist mehr als auf dem Brot die Butter. –

Sie wird die Sorgen der Kinder nicht nur
    jederzeit sehen,
immer und selbstverständlich wird sie alle
    Wege mit ihren Kindern gehen.

Sie wünscht all ihren Kindern nur Glück,
obwohl sie oft nicht einmal erhält ein
    kleines Stück zurück. –

Wenn die Sorgen immer näher rücken,
die Mutter immer nicht nur versucht zu
    füllen alle Lücken,
denn sie baut neue Brücken. –

Und wie ist es mit dem Vater auf dieser
    Welt?
Ist es nicht so, dass er bei den Kindern in
    ihrer Angst,
mit nachdenklichem Wort die Welt der
    Angst etwas erhellt? –

Drückt bei den Kindern der Schuh,
ist auch oft der Vater, welcher drückt ein
    Auge zu. –

Egal ob Mutter oder Vater,
gebt auf sie Acht,
denn nicht nur in Zukunft,
sondern bereits in der Vergangenheit,
sie euch viel entgegen gebracht. –

Chris Meikel   * 1962

Zeit

Zeit, wie bist du mir entrückt,
muss mich nicht mehr beeilen.
Das tut gut und mich entzückt,
kann ich doch jetzt verweilen.

Langsam gehet alles nun,
von Tag für Tag im Leben.
Beschaulichkeit in allem Tun
verlangsamt schnelles Streben.

Zeit, du bist so wunderbar,
kannst gerne bei mir bleiben.
Bitte mach' dich nicht mehr rar,
kannst mir die Zeit vertreiben.

Adina Meinhardt   * 1957

Wahrheit

Bleib immer DU!,
Sonst drückt dein Schuh.
Wegen Lügen und Mist,
Den man nie vergisst.

Häng nicht davon ab,
Was dich ziemlich schafft!

Lass es einfach gehn,
Dann wird es den Fehler sehn.

Wenn nicht, ist nicht schlimm,
Denn das ist nicht dein Problem.
Ein Wort von mir,
Und mir geht es wie dir.

Traurig und sauer,
Es geht nicht genauer.
Bitter und Karg,
Dass ich mich nicht wag.
Dir zu sagen wie es ist.!

Nimm das Leben nicht zu schwer.
Dafür lieb ich dich zu sehr.

Alicia Meinhardt   * 2000

„Gedenken an"

Leid und Freud
so eng verwoben
wie die Flügel
mit dem Vogel –
Flieg mein Leid
weit weg von mir
und du
meine Freud
gib mir die Kraft
und bleibe hier,
um all der Traurigkeit
in meinem Leben
einen Sinn
zu geben

Tobias-Erich Meinhold   * 1975

Gespalten

Befremdliche Gefühle verwirren mich,
unkontrollierte Gedanken schreien laut,
Sinnlosigkeit und doch so tiefes Verständnis,
schärfen meine Emotionen gnadenlos,
ohne Sicht rasend fühle ich meinen Puls,
hilflos und doch so frei zugleich.

Lebe ich für mich oder die Gesellschaft,
verwerfliche Tat oder Aufbruch zur Sonne,
der eine ist Milde der andere Geheimnisvoll,
wünschte mir beide in einem Herzen.

Utopie oder realer Wunsch?

Entscheidungen treffen ist unehrenhaft,
denn verletzt wird einer dabei bestimmt.
Schaue zum einen liebevoll hin,
fühle die Hand des anderen zugleich,
überlasse der Zeit die Entscheidung,
mit dem Wissen des Bruch des Herzens.
Denke nicht an heute,
verschiebe es lieber auf Morgen,
denn morgen bricht ein neuer Tag an.

Leila Memet-Serbest   * 1971

Ein junges Paar

Stibitzt den Duft
es gibt nichts zu teilen
unterwegs die Fährte verwischt
Löcher im Bauch gefunden
und zum Lachen gebracht.

Sie spielen und streuen
Dampf und Nässe
auf jedes Haar
knausern mit Raum
nachtwarm
umschlungen
zusammen geschnürt
so mutterseelenallein.

Elisabeth Menke   * 1956

Totenmesse

Der Abschied ist da.
Wehmut und Trauer.
Der Gesang der Engel
Begleitet die Seele,
In das himmlische Paradies.
Große Freude
Über dieses bessere Leben.
Der Gestorbene kehrt zurück
Zu seinem Ursprung.

Halleluja – Halleluja
Sagt Luna Christi dazu.

AMEN!

Klaus Heinrich Menne

Meine Füße sind so leicht
weil ich in einer Wolke gehe
die du um mich gebreitet.
Doch seit du in das Land gefahren bist
wo Post und Telefon noch nicht erfunden
löst sie sich langsam auf.
Mit dem Schlüssel schreib ich deinen
    Namen
in den Sand des Waldwegs
geh nach Hause
und nichts hat sich verändert
oder alles.

Elisabeth Menzel

Raum-Zeit

Fenster geschlossen – weisen
öffnend, sehend sich – hin zu
unbekannten, fernen Reisen,
wo von Weltenschwere aufgehoben du.

Sterne zeigen, wohin werden
wenden wir uns, neu gewonnen,
neuer erlebter Erden,
anderer Lichter, anderer Sonnen.

Wo? Das Ziel – wird sich zeigen,
im Unendlichen, im Reigen,
mit der Himmels-Uhr sich bewegen,
das Universum schöpferisch erleben.

Horst Reiner Menzel * 1938

Die Früchte meines Strebens

Es brennt!
Es brennt!
Es hört nicht auf!

Es brennt!
Es brennt!
Kriecht meine Kehle hinauf,
folgt der Lüge, die aus ihr kroch,
folgt dem Dämon, folgt dem Moloch.

Es verschlingt mein Selbst,
mit Haut und Haar,
verschlingt alles,
was ich einst war.

Und schreiend brennen sie,
die Opfer meines Lebens,
gebären langsam
die Früchte meines Strebens.

Mephala * 1991

Die Musik, die er liebt

Ich achte sie, die Welt, die er sich schafft
Feilt sie sich stets zurecht und liebt sie ganz
Mit jedem vollen Ton, gibt sie ihm Kraft
Und keine Zweifel folgen diesem Tanz
Nicht dort, nicht wenn er sich ganz in sie
    liebt
Die Welt, welche ich nie verstehen werde

Hier bleib nur ich, der leise Klang verfliegt
Und Angst, dass ich durch mich das Werk gefährde

Und doch drängt ihn mein Wunsch zum schließenden Klang
Durchsetzt von Protest seiner besseren Liebe,
Erfüllt mich bald völlig der eigene Drang
Ihn sie stürzen zu lassen, wohin ich ihn triebe
Doch wag' ich es nicht, mich mit ihr nur zu messen
Obgleich die Versuchung mir öfter erscheint
Da ich weiß, er ist von ihr mehr als besessen
Und ich kann nur verlieren, verbleibt sie mein Feind

Und will ich ihn halten, mit menschlicher Hand
So muss ich gewähren, die Liebe er gibt
Einem anderen Herz, dass sich mir entwand
Auch wenn ich mich längst selbst in sie verliebt

Cate Mera

Stacheldraht

Stacheldraht bricht die Hoffnung nicht
Und ist er geflochten auch noch so dicht
So dringt ein Sonnenstrahl hindurch

Maximilian Mertens   * 1995

In Memoriem

Allein in der unendlichen Weite der Traurigkeit
Gefangen und gleichzeitig
Frei fallend.

Verliebt ins Leben,
Eine Affäre mit dem Tod,
Schlendre ich durchs Licht,
Die Dunkelheit in meinen Augen
Sicher verwahrt.

Voller ungewisser Augenblicke,
Schließe ich die Türen,
Die meinen Kopf mit der Außenwelt verbinden
Und nehme leise Abschied
Von mir selbst.

Verlassen und unbeachtet
Auf dem Gehsteig liegend,
Erlebe ich die Stunden immer wieder,
In denen ich gelächelt hab,
Und dir meine ureigene Traurigkeit geschenkt.

Mer-Yan   * 1998

Vielversprechend ist es nicht
doch genug

es geht nicht anders

leben will ich fern von Tod und Leid

Lange habe ich
gewartet, gehofft, gebetet
nun ist es soweit

Erlösung

wird es das sein?
Der Ausweg aus dem Elend?

Vielleicht erwartet mich die Falle

beißend – eine Qual

Wer weiß es?
Keiner!

Ich darf nicht denken

Auf. Ein Neuanfang.

Weg von Bomben.
Weg von Blut.

Egal, was kommt. Es kann nur besser werden.

Hoffnung.

Sara Merzo

Glück?

Tränen weine ich wie Sand am Meer,
doch sie bringen dich nicht wieder her.
Ständig denke ich nur noch an dich,
wünschte, du wärst da und küssest mich.

Jede Nacht, da träume ich von dir,
und wenn ich erwach, bist du nicht hier.
Doch kann ich dich weiter lieben?
Hast dich ständig rumgetrieben.

Will ich wirklich dich zurück?
Gibt's nur mit dir das große Glück?
Lang hast du mich nur belogen,
ständig hast du mich betrogen.

Und ziemlich plötzlich wird mir klar,
das nichts mehr wird wie es mal war.
Ja! Ich kann auf dich verzichten,
werd den Blick nach vorne richten.

Dich brauch ich ab jetzt nicht mehr!
Du machst es mir nicht mehr schwer!
Meine Tränen, die versiegen.
Ich werd wohl noch 'n andern kriegen!

Antje Mesdag   * 1962

Trost des Nachts

Durch Nebel Glocken wie von weit
Mit innig Wehmut zu dir klingen:
„Für jeden endet einst die Zeit –
Die Seele möcht nach Hause dringen."

Den Kirchhof so durchschweifen still,
Ach, stimmt dich traurig; fühl nur leise,
Wie Gott dich liebend trägt und will
Dich trösten – ewigsanft und weise.

Im Beten wohlig warm umhüllt;
Zwar einsam, matt vor lauter Sorgen,
Und doch – so heilig ruherfüllt,
In Seinen Armen tief geborgen ...

Martin Messmer   * 1968

Das große Atmen

Manchmal höre ich das große Atmen
Ganz leise und ich atme sachte mit.
Das ist am schönsten, wie ich meine
Ich halte dann mit irgendetwas Schritt.

Manchmal spüre ich das große Atmen.
Warum zu welchen Zeiten ist nicht klar,
Im Glück, bei Unheil und bei nichts von
        beidem,
Und alles ist dann ganz besonders wahr

Manchmal sehe ich das große Atmen.
Die Augen werden dann besonders weit,
Fast unmerklich ein Heben und ein Senken,
Und alles ist ganz da und in der Zeit

Da ist manchmal Musik im großen Atmen.
Es ist nicht Moll, nicht Dur, hat keinen
        Beat.
Doch wenn ich dann mit allen Sinnen
        lausche,
Erinnert es mich an ein Kinderlied

Ruth Meßmer   * 1967

Tanzsport

Will man das Tanzen neu entdecken, merkt
    man bald,
das ist kein Zuckerschlecken.
Mit Schwofen wie in der Jugendzeit
hat der Tanzsport keine Ähnlichkeit.
Denn das ist nicht mehr drin, nun heißt es
wo schaust du wieder hin?
Die Haltung und der Schritt muss
    stimmen.
Hoch ist die Leiter, die zu erklimmen.
Manchmal ist's schon eine Plagerei,
aber irgendwann ist das Training auch
    vorbei.
Klappt's dann mal gleich auf Anhieb
bekommt man neuen Auftrieb.
Doch hat man seinen Platz in der Mitte
    gefunden,
befindet man sich nicht mehr ganz unten.
Aber zufrieden kann man nicht sein,
das Training geht weiter für Groß und
    Klein.
Neuer Schwung und Selbstvertrauen
läßt dann in die Zukunft schauen.

                      Ingrid Elisabeth Mettler

Die Sitzende

Sie lehnt dort an der Marmorsäule
Weiß, wie eben jene
Ganz Anmut und Melancholie
Wie ich mich nach ihr sehne

Entrückt der Welt, entrückt auch mir
In fremde Dimensionen
Von Schwärze – wie Gewand und Haar –
Wo dunkle Schatten wohnen

Geschlossen sind die Seelentore
Sehn mich nicht hier stehen
Und auch die Alabastermuscheln
Hören nicht mein Flehen

Das Lächeln, dieser scheue Falter
Meidet ihre Wangen
So reglos bleibt der schöne Mund
So hilflos mein Verlangen

Sechs Jahre ist sie nun schon tot
Doch ich seh sie noch immer
Seh sie an ihrem Lieblingsplatz
Ihr Lächeln seh ich nimmer

                      Lutz Meurer * 1960

Schall und Rauch

Beißend, der Geruch.
Wie aus dem Nichts
erscheint die Form,
die keine ist:
Hörst Du den Hauch
der Violine,
der tastend umspielt
Hals, Brust und Bauch?
Spürst Du es auch?
Dann halt es fest,
sieht Dein Verstand
sonst nur den Rest,
der uns noch bleibt –
Schall und Rauch,
aus.

                      Martin Mevius * 1966

Weihnachten

Im Lichte des Glanze,
steht die Einsamkeit in meinem Gesicht,
Liebe und Harmonie,
strahlen über Weihnachten,
die Liebe zerbrach und auch mein Herz,
sie raubte mir den Verstand,
Weihnachten gab mir den Glauben,
an der Liebe zurück,
strahle auch über mein Gesicht

gib mir die Hoffnung und den Glauben
    zurück,
Weihnachten ziehe wieder in mein Haus
    hinein,
vergiß mein nicht

Dagmar Meyer

Augen auf beim Fischverzehr!

An des Mittelmeers Gestade
schwimmt behaglich die Dorade.
Heute würde sie noch leben
wär' sie ungenießbar. Eben,
weil sie leider dies nicht ist,
angelt sie der Mensch und frisst
sie mitsamt den zarten Knochen.
Gräten, die jedoch beim Kochen,
tückisch tief im Fleisch versteckt,
lauernd warten, unentdeckt.
Schlingt Mensch dann mit Hungergier
dieses fischige Getier,
lustvoll in des Mundes Halle,
wird die Gräte jäh zur Falle.
Bohrt sich meuchlings in den Schlund,
schmerzhaft erst, dann ungesund.
So wehrt Fisch sich mit der Gräte
erst posthum, doch dieser späte
Racheakt mahnt umso mehr:
Augen auf beim Fischverzehr!

Fritz Meyer * 1953

Für immer

Wenn all die Liebe, die meiner Liebsten galt
Wie ein einsamer Ruf durch die Einsamkeit
    hallt
Vermag niemand mein Herz zu heilen,
Außer dem Einen, beim ihm möcht ich
    weilen.
Für immer.

Und selbst wenn alles sinnlos scheint
Und ich dich nicht verstehe.
Wenn ich geschrien und laut geweint
Und dennoch hier still stehe.
Willst du, dass ich nicht stehen bleib,
sondern stets weiter gehe.
Bis wir eines Tags vereint
Und ich sie dann sehe.
Für immer.

Julius Meyer * 1992

Leben

Ich nehme es zurück
Der Tod kann warten
Die Hölle ist für andere bestimmt

Ich möchte leben
Ich wünsche mir Glück, Liebe
und Zufriedenheit

Der Schmerz reicht für zwei
Die Trauer für einen
Ich habe genug gelitten
Es reicht

Ich möchte leben
Ich wünsche mir Gesundheit, Geborgenheit
und inneren Frieden

Sollen doch die die es verdient haben leiden
Soll das Leben sie quälen

Ich möchte frei von Schmerz sein
Frei von Sorgen
Frei von Angst

Ein lebenswertes Leben leben
Endlich nach so langer Zeit

Michelle * 1987

Die Freude in mir

Vater und Mutter bin ich dankbar,
Bruder und Schwester unendlich dankbar ...

Als jüngster Sprössling kam ich hinterher,
Vater und Mutter sagten,
lauf deinem Bruder hinterher.

Mit Mühe, Macht im Kindesalter,
Verstand ich schnell,
„Eine Familie" zu haben und das ganz schnell!

Ohne Missgunst und Neiderei,
dass erlebte ich durch die Geschwister
in einerlei!

Ich, habe eine Familie nun,
Tochter und Sohn eine wahre Wonne,
jetzt bin auch noch „Opa" und auf geht die
    Sonne.

Jetzt, bin ich eins meinen Geschwistern
    voraus,
Ich, habe ein intakte Familie,
dass ist mein Applaus ...

Jessica Michl

Das Licht ist aus

Die Nacht
hüllt uns
in ihren mystischen Mantel
Alles
wird bedeutungslos

Ausdruckslos
werden Gesichter
Farblos
wird die Umgebung

Laute Stimmen
verlieren an Klang
Belangloses blendet man aus

Die Dunkelheit legt
ihr schützendes Gewand
um uns

Möge
uns der Morgen
liebkosen
und uns furchtlos
durch den Tag führen

Käte Micka   * 1936

Freiheit

der große vogel
sein blut ist frei
die federn aus luft
das herz aus blei
schwarze augen
die kadaver schreien
der hass ist groß
setzt an zum flug
das herz ist schwer
fällt wie ein stein
die flügel kämpfen mehr
das herz reißt aus der brust
fällt den kadavern zum fraß
treibt zu hoch hinauf
vermisst, was er einst besaß

doch der himmel hält ihn gefangen

Dilara Midik   * 1993

Ver(sch)wirrt

Ein Weg im Wald.
Sonnenlicht fällt
zwischen Baumes Schatten.
Friedliche Stille.
Ein Surren.
Unwirklich glitzert
eine Hummel

schwebend über meinem Kopf.
Oder eine spähende Drohne?
Die Natur verliert
ihre Unschuld.

Christiane Mielck-Retzdorff

Menschen treffen Menschen

Irgendwann, irgendwo treffen Menschen
  auf Menschen.
Auf Menschen die sie vielleicht noch nie
  gesehen haben,
die sie mögen.
Oder auch nicht mögen.
Die sie vielleicht wieder sehen werden.
Die sie immer besser kennen lernen werden.
Die immer wichtiger,
vielleicht sogar unersetzbar für sie werden.
Die ihnen alles bedeuten.
Und die sie irgendwann, irgendwo zum
  ersten Mal getroffen haben.
Damals an diesem Ort, zu dem Zeitpunkt,
an dem sie niemals geahnt hätten,
wie wichtig ihnen dieser Mensch einmal
  sein würde.

Mila

Wütendes Feuer,
gierige Flammen, die nach allem greifen,
ein Ungeheuer,
flammende Gier bereit auszuschweifen,
alles in verzehrenden Brand zu setzen,
alles verschlingen und alles zerfetzen
bis es in Schutt und Asche liegt,
bis das Böse das Gute besiegt
und nichts übrig bleibt
als Kummer und Leid.

Ein Funke erhebt sich ein neues Feuer zu
  entzünden.
Eins, das nicht schlecht ist und uns nicht
  betrübt,
ein Feuer, das echt ist und uns nicht belügt,
eines, das wärmt und uns nicht verbrennt,
eines, das Nähe schafft und uns nicht
  trennt.
Ein Funke erhebt sich eine neue Liebe zu
  entzünden.

Daniel Miller   * 1995

Warten

Auf was?
Die Freude welche im Dickicht des Nebels
  verschwindet.
Das Schöne welches mit der Maske der
  Verzauberung erscheint.

Im Dunst der Gedanken gehen die wahren
  Gefühle unter.
Die Emotionen schwappen wie hohe
  Wellen aus den Köpfen heraus.

In diesem Moment steht die Zeit für
  Sekunden still
und die Lebensuhr scheint rückwärts zu
  drehen.

Aus dem Geäst der Liebe bricht ein
  winziger Ast
und bringt alles wieder in geordnete
  Lebensbahnen.

Das Warten verschwindet wie ein schwarzer
  Schatten!

Kathrin Minge   * 1972

Flucht

Wandernde Schatten auf goldenem Gras,
Vom Feuer der Sonne gehetzt,
Stürzende Wolken aus flüchtigem Gas,
Von gleißendem Lichte zerfetzt.

Wirbelnde Blätter, getrieben vom Wind,
In panischer Angst erwacht,
Entfliehen mit blutenden Adern geschwind,
Von kreischenden Krähen bewacht.

Die Erde erbebt unter hastigen Schritten,
Zerfällt triumphierend zu Staub,
Ein Wesen, von rostroten Dornen
    geschnitten,
Fällt keuchend in sterbendes Laub.

Wer wagt es die Ströme der Zeit zu
    verrücken?
Längst schlug die dreizehnte Stund!
Den restlichen Weg werd ich feierlich
    schmücken,
Mit Blüten aus deinem Mund.

Die Wolken sind fort,
Die Asche wird glühen
Der Schatten ruht dort,
Wo Rosen erblühen ...

Sebastian Minnich * 1989

Die Welt soll dir zu Füßen liegen

die welt soll dir zu füßen liegen
mögen alle herzen zu dir fliegen

40, es ist nur eine zahl
und keine allzu große qual

falten werden nun dein eigen sein
bedanken kannst du dich beim wein

viele dieser flaschen waren groß
es wird retten dich die botox sauce

eine prinzessin kennt ja keinen schmerz
darum kämpfst du mit kompetenz und herz

nicht nur gegen deine falten
denn die willst du nicht erhalten

für deine klienten gibst du vollgas
denn leisten kannst dir keinen schas

paragraphen hin oder her
die klienten werden immer mehr

doch oft versteht wird nicht dein ticken
von deinen freunde ist geliebt dein zicken

darum belegst bei uns den ersten rang
herzlichen glückwunsch julia lang.

MiRo * 1979

Schmerzen der Vergangenheit

Wie weit willst du gehn,
kann Dich nicht mehr sehn.
Kann dir keinen Glauben schenken,
vor Sorge werde ich ertrinken.
Werde untergehn im tiefsten Schein,
ach warum bist du nicht mein.
In Träumen werden wir uns küssen,
im Leben werden wir nichts wissen.
Dass Träume unsere Liebe halten,
doch bei uns wird sie nur altern.
Du siehst jetzt, dies hat keinen Sinn,
und ich Nichts mehr bin.
Für Dich gibt es nur Dich,
Für mich gibt es nur Dich.
Hast dies im Zorn zerrissen,
Ach wie werde ich Dich vermissen.
Doch halt dies, ist längst Geschicht,
denn hier, hier brennt kein Licht.
Die Liebe wurd entzweit,
Im Herzens Feuer geteilt.
So komm und gib mir deine Hand,
damit ich Dir dies hier geben kann.

Santja Mirrow * 1993

Für Irene

Des Herzens Freiheitsrufe
Lodern in mir.
Drum geh ich Stuf um Stufe
Hoch zu Dir.

Nun schwebe ich dahin
Über allen Dingen.
Das Leben macht Sinn,
Höre ich Dich singen.

mischko.lauscher   * 1968

Die Katze

So zart verführt mich deine Stimme
Die leis aus deiner Kehle dringt
Und dich in mein Bewusstsein bringt

Warst du noch eben fast vergessen
Lagst auf der warmen Fensterbank
Erwartest du zurecht nun Dank

Fast zärtlich zeichnen deine Krallen
Mir rote Muster auf den Arm
Vibrierend lockt dein Leib so warm

Kraul ich endlich dann dein Köpfchen
Tritt mich liebend deine Tatze
Schnurrend göttergleiche Katze

Mishra

Die Seele weint

In mir ist es leer
Ich versteh die Welt nicht mehr
Mal bin ich nah und manchmal fern
Doch mache ich das gern?
Ich suche den Ausweg das gute das böse
Ob ich die Probleme jemals löse?
Ich will weg so schnell es geht
Wie der Wind der alles verweht

In mir ist es leer
Ich versteh die Welt nicht mehr
Das Gesicht der Trauer die Mimik des
    Guten
Das es dir schlecht geht lässt keinen
    vermuten
Du lachst am Tag und weinst in der Nacht
Gott hat das Spiel falsch bedacht

In mir ist es leer
Ich versteh die Welt nicht mehr
Du hast verloren das Spiel ist aus
Verloren das Leben Tag ein Tag aus

Miss_Muffin   * 1992

Poetikvorlesung

Eigentlich bin ich niemand
Und wäre oft gern unsichtbar
Aber manchmal fällt ein Glanz auf mich
Dann leuchten meine Augen klar.

Dann scheine ich bekannt zu sein
Aber wer ist sie, diese Frau?
Dabei ist es nur der Widerschein
Eines Dichters, der zu mir spricht.

Voll Erwartung leuchtete mein Blick
Und der Dichter sprach in mein Gesicht
Und Freude strahlte zu ihm zurück
Für eine Stunde war ich niemand nicht.

Ich war jung und wissend wissbegierig
Ich war Teil der lauschenden Gemeinde
Der Oberbürgermeister grüßte mich
Und der Dichter schrieb mir was ins Buch.

Margit Missbach   * 1950

Mein Geliebter

Flammend brennen Schmerz und Trauer in
  meinem Herzen,
Von schwarze Tränen durchtränkt droht es
  zu zerreißen.

Sagt mir, wo ist er?
Wo ist mein Geliebter?

Der einzige, der mich zu erlösen vermag.

In seinen treuen Augen
In seinen starken Armen

Wär ich sicher
Vor dem Grauen der Welt.

Doch er ist fort
Weit weg
Und nicht zu erreichen.

So schweige ich
Und leide.

Doch er wird kommen mich zu erretten
– Mein Geliebter

Lisa Mitschke * 1998

Wildfrauen-Felsenhöhle in Moll

Sterngefunkel, Vollmondnacht,
Haare lang und silberglänzend,
Frauenleiber voller Pracht
laden ein zu Liebestänzen.

Zärtlicher Gesang ertönt
lieblich wie aus Engelsmund,
man in Himmelssphär'n sich wähnt.
Oh, wie lockend ist die Stund'!

Junge Burschen gierig streben
zu der Felsenhöhle Tor,
tausend Freuden woll'n erleben.
Doch was steht ihnen bevor?

Zaubersprüche, Körper schweben –
und die Welt wird rosarot.
Fremde Tränke wandeln Leben,
führen qualvoll in den Tod.

Glockenblumen traurig schwingen,
Totenglocken sie nun sind.
Moll-Akkorde leise klingen
und verwehen mit dem Wind.

Karl-Heinz Mittenhuber

Ich bin ein Baum

Ich bin ein herrlicher großer Baum
Tief im Boden meine Wurzeln sind fest
tiefgrün erfüllen meine Blätter den Raum
und weitaus greifet mein riesig Geäst!
Ich brauche kein Weib zu gebären ein Kind
Weithin trägt meinen Samen der emsige
  Wind.
So stehen meine Söhne schützend bei mir
Und bilden ein ruhiges duftend Revier.
Doch droht uns Gefahr – ein wütender
  Sturm
Steh'n wir im Boden wie ein eiserner Turm.
Wer zählt wohl die Jahre die ich schon hier
  weile
Kenn keine Termine und weiß nichts von
  Eile
Mein Freund ist der Wind – ist Sonne und
  Regen
Ich weile hier fest – muss nicht mich
  bewegen!
Manchmal da kommen auch Menschen
  zu mir
und lagern zu meinen Füßen –
sie spielen und Lachen und lieben sich hier
und wollen das Leben genießen!
Doch kommt einst der Tag wo das
  Schicksal mich fällt
So gab ich doch viele Erbauung der Welt!

Alois Mitterhuber

Das Wort

Ein gerufen Wort steht fest für sich
Man kann ihm folgen oder eben nicht
Doch spielt es hier mit der Moral
Wird das Folgen schnell zur Qual

Denn das Wort, es leucht' dem einen
Und dem andren will's nicht scheinen
Recht und Unrecht sind auch hier
Gleiche Leisten im Spalier

Das Wort treibt Blüten weiß und schwarz
Stets haften bleibt der Ernte Harz
Nur wer die Blüten bloß beschaut
Trägt unverdorbne feine Haut

Sven von Mitzlaff * 1974

was gibt es denn noch über träume zu sagen

was gibt es denn noch über träume zu
    sagen
wo goethe und freud doch schon alles
    besprachen
wenn menschen nur die eine wahrheit
    ertragen
was gibt es dann noch über träume zu
    sagen

wie leicht es dir fällt deinen augen zu
    glauben
wenn bauten von tauben zerfressen
    verstauben
doch fressen die bauten auf einmal die
    tauben
wie leicht fällt es dir deinen augen zu
    glauben

es gibt nicht mehr viel über träume zu
    sagen
dein lächeln war purpur, dein kleid meine
    sprache
und bauten und tauben und damen und
    maden

sind nur anagramme; sind wörterfassaden –
ein kuss bleibt ein kuss. es gibt noch zu
    sagen:
ich träumte von dir und ich kann es
    ertragen.

Dennis Mizioch   * 1992

Wir

Du und ich ...

Ein ich, ein du ...
Die Gedanken bei dir immerzu!

Sie fliegen umher, kreuz und quer,
davon mein Kopf nie wird leer!

Für uns ein Lied sie spielend singen,
eine Melodie in unsere Herzen bringen!

Mal laut, mal leise, sie ist zu hören,
doch immer mit Gefühl, ich könnt schören!

Ein Ende wird sie niemals nehmen,
dafür wir haben zu viel gegeben!

Mj.

Du

Ferien vom „Ich"?, worom?

kannsch de net leide?
willsch de mol annerschd zeige?
sei net domm!
wied bisch, so bisch
leg d'Karde uff de Disch
– un nemmts oiner kromm
dann lass en halt
wirsch trotzdem alt
bleibsch trotzdem gsonn

Ferie vom „Ich"

musch de erhole?
hettsch ehrlich sei solle!
s'verbiege strengt o
denk dro
lass des bleibe
kannsch de doch zeige
wie d'bisch!
mach de net schlecht
bisch scho recht
i mog die – so wie d'bisch!

mk   *1953

Forever young
Schönheit auf Ewig

Vergänglich im Wind
Spiegel werden blind
Haut wird erschlaffen
Zeit muss man raffen
Verlangen nach Lust
Geist und Körper ohne Frust
Blues voll mit Herz
Liebe ohne Schmerz
Adler statt Falter
Begierde als Sachwalter
Farben im Dunkel
Licht ohne Schatten
Rock'n Roll im Blut
Seele voll heißer Glut
Gehirn kontra Falten
Kampf den Naturgewalten
Ausstrahlung gegen Vergänglichkeit
Selbst Steine werden weinen
wenn Sehnsucht und Schönheit
sich zum Ende auf immer vereinen!

Günter Mletzko-King

Einblicke

Das Wesen, das verreist ins Land der Sinne
   – ganz tief ins Tal der Seele
Es spürt wie nie zuvor, die sonderbare
   Schwingung ... die Last, die Lust das
   Leben.
Dann ist es eins mit sich, fernab der
   Oberfläche – wird Wesentliches
   sichtbar.
Der Mensch wird ruhig, empfindet kurz
   den heil'gen Frieden.
Bis das er wieder auftaucht, um nicht zu
   sterben.

Mo   *1973

Ungeschminkt

Seelen verkümmern,
die Kunst als Körper
verköstigt durch Chemie.
In Abhängigkeiten
getrieben von Sehnsucht.

Das ganze Leben allein
und doch in Gesellschaft.
Auf den artifiziellen Straßen
kennt sich keiner mehr.

Netz-Transparenzen
fallen aus Fenstern.
Zustände sagen goodbye
Wandel vollzieht sich
in Permanenz.

Begierige Zungen lecken
die Asche vom Boden.
Kriminelles Weissagen mit Garantie
bewegt die Märkte, lässt Hände reiben.

Lydia Modestina   *1986

Wintersonne

Schnee, Schnee, überall Schnee.
Ich sehe nichts, nur milchig fahles Licht.
Konturen zerrinnen, verlieren ihr Gesicht.
Plötzlich die Wintersonne durch die
   Wolken bricht,
funkelndes Schneegeglitzer, grell gleißend
   blendet es mich.

Meine Augen schmerzen, brennen von
   diesem
intensiven endlosen Weiß.
Reagiere verwirrt,
welche Richtung, wohin?
Ich schließe die Augen und versinke in

Dunkelheit, Schwindel,
ich kreise, ich drehe,
im Zickzack ich gehe,
schiefe Ebenen sehe.
Rechts links wanket, schwanket,
oben unten sich zusammenranket,
kopfüber die Welt
mein Körper, er bebt,
scheinbar er schwebt,
schließlich er fällt.

Anna Mödlagl

Als die Welle über dir sich brach

Als die Welle über dir sich brach
Und sie dir am Sterbebett versprach,
Du seist ein Mensch wie alle andern auch
Und sogleich seist du ein dürrer Strauch.

Da legte ich die Hand dir auf die Stirn
Und wollte nur von all dem nichts mehr
   hörn,
Da wollte ich dich auch nicht weiter störn
Und nähte nadelweise Nadelzwirn.

Da saß ich wie die andern stumm nur da
Und rief mit feuchten Augen nach Mama,
Da vergossen manche ihre Tränen
Und würden es doch später nicht
   erwähnen.

Dein Auge wurd vom Wellenbrecher
   schwer,
Dabei sprachst du so oft von Wiederkehr,
Ich kam mit dem Nähn nicht hinterher,
Und langsam wurd das Wartezimmer leer.

Und wüsste ichs nicht besser, würd ich
   schrein,
Und das sollt nun erfülltes Leben sein?
Da bricht der Ast, auf dem ich sitze ab,
Und du liegst lange vor der Zeit im Grab.

Norman Moeschter   * 1985

Elektrisiert

In Deiner Nähe bin ich wie elektrisiert.
Und während mein Herz sich
in Deinen Augen verliert,
verliebe ich mich in Dich.

Beim Klang Deiner Stimme eine
   Gänsehaut,
meinen Körper erreicht
und mein Herz klopft so laut,
fühle mich unbeschwert und leicht.

Eine Berührung von Dir fühlt sich an wie
   ein Segen.
Alle Sorgen vergessen,
läufst mit mir durch den Regen.
Wir sind wie besessen.

Nicky Mohini   * 1991

Mein Freund

Mit starken Schritten kommst du auf mich
   zu gelaufen,
noch habe ich den Kopf voll Sorgen.
Mein Freund, mein Schatz, mein größtes
   Glück-
dieses Gefühl ist mit keinem Geld zu
   kaufen.

Mit starken Schritten und deiner
Leichtigkeit galoppieren wir gemeinsam,
nie wieder allein sein
und verflogen sind die Sorgen meiner.

Mit starken Schritten Richtung Freiheit,
vorbei der Teufelskreis der Trauer.
Wieder erfüllt von Dankbarkeit!
Vergessen die Taten, die ich so sehr bedauer.

Mit starken Schritten in ein neues Leben.
Ein Geschenk des Vertrauens,
vorbei die Zeit des Bedauerns!
Diese Kraft, mein Freund, kannst nur du
    mir geben!

Lea Mohr   * 1996

Wo ich herkomme

Da strahlt die Sonne
nur in wenigen Gärten,
Da ist fruchtbarer Boden
nicht selten versandet,
Da wird erfrischender Regen
kaum zur reißenden Flut,
Da sind keimende Samen
schon von Jauche genährt,
Da stehen die Bäume
ausschließlich als Holz.

Da wo ich herkomme
ist es nicht anders
als in anderen Teilen der Welt.

Da wo ich herkomme
daher kommst du auch.

Und trotzdem finde ich dort nicht mich.
Da wo ich herkomme, verweilt ein anderes
    Ich.

Tabea Möhrenbaum   * 1989

Neu Gefunden

versunken schwimme ich in deiner Liebe
Glanz glühend
Alles schimmert im Neuen Licht vor mir

Einzigartigkeit ich mit dir verbinde
Nähe die ich in dir sehe
Ich gehe in dir auf erblühe zu neuem Leben

– Ich liebe dich –

Die Erde ertrinkt in meinem Kopf wenn du
    mich anschaust
Lässt alles vergangene schwinden, hinter mir
Durch deinen Glanz-so wunderschön Du
    bist
Das einzige was mich erfüllt
Deine blaugrünen Augen
Das vollkommenste ich Liebe
Ohne Hindernisse
Mein Herz; endlich kann es wieder lieben!

Laila Mokaram   * 1984

Regenbogenjahre

REGENBOGENJAHRE.
Von der Zeit erfüllt.
Sonnenzauberbild.
Helles Morgenrot.
Schicksal.
Das Eine. Das Wahre.
Lebend den ewigen Tod.

REGENBOGENJAHRE.
Vom Gefühl bewegt.
„ICH" geprägt.
Blaues Abendlicht.
Wandel. Der Bunte.
Der Klare. Staunen.
Es blüht wie es bricht.

REGENBOGENJAHRE.
Von der Welt gemacht.
Farben. Bunte Pracht.
Aus Gedankengold.
Weisheit. Reife. Wunderbare.
Nahe Zukunft. Herzgewollt.

Anett Molyrier   * 1969

Sehnsucht

Das Schlafgemach betretend verschwindet
    leis die Sonne
Und die Nacht erwacht in ruhiger, trauter
    Manier,
reglos seh' ich das Schauspiel voll
    stechender Wonne
und wünscht mir, das Firmament wären
    wir.

Ein Wind streift über die Bäche und Seen
Wie der zarte Kuss eines fernen Geliebten
    gar,
von dem ich wünschte, ich könnte ihn
    versteh'n
und die Wasseroberfläche schimmert
    sternenklar.

Den Mond begrüßend beginnt das
    Waldvolk sich zu regen,

und lieblicher Gesang dringt an mein
    weltenfremdes Ohr,
stumm und starr weigre ich mich den
    Verlauf der Geschichte zu bewegen
und die Töne umhüllen mich wie ein ferner
    Engelschor.

Ein Moment des Begreifens erfasst mein
    wildes Herz
Wie das Durchdringen der ersten Blüte
    nach langer Winterzeit,
von der ich wünschte, sie würde
    fortnehmen den Schmerz
und meine Seele sucht die Flügel zu spüren,
    spannt sie weit;

einem Vogel gleicht entweicht sie mir,
fliegt fort, immer weiter, und zurück zu dir.

                                Jane Momme   * 1993

Liebeserklärung

Du hast in meinem Herzen ein Abo
    lebenslang,
belegst in meinem Leben den allerersten
    Rang.
Dir glaub' ich alle Lügen – nur du darfst
    mich besiegen.
Nur dir ergeb' ich mich.
Ich ahne fast:
Ich liebe dich!

Immer wenn du lächelst bleibt dieser
    Erdball steh'n.
So glasklarblaue Augen hab' ich zuvor
    niemals geseh'n.
Die sanfte, weiche Stimme streichelt
    zärtlich mich.
Mein Herz schlägt laut staccato.
Ich glaube fast:
Ich liebe dich!

Du bist nicht nur der Himmel – du bist das
    All für mich!
Bin dir total verfallen – wurd' wohl geprägt
    auf dich.
Mit dir geh' ich auf Höhenflug – von dir,
    da krieg' ich nie genug.
Herzcrescendo innerlich
verrät mir klar:
Ich liebe dich!

                                Margit Monecke

Obdachlos

Keine Liebe
Keine Sonne
Nur die Einsicht
Ist geblieben
Das alles
Von dem man jemals
Träumte
Nun doch und endlich
In den Wind geschrieben.

Nur noch der Wein
Kann mich noch halten
Denn Leben
Leben kann ich nur in meinen Träumen
Und nur der Wein
Zeigt mir noch den Weg dorthin.

Das Kleid der Gelassenheit
Passt mir schon längst nicht mehr.
Zu schnell bin ich gesunken.
Gelassenheit schwebt über mir.

Ich selbst verneige mich vor ihr.

Ella p. Montagne

Die Liebe des Narzissten

Stundenlang in seiner Kammer
sitzt der einsame Narzisst,
denkt und grübelt im Gejammer,
niemand für ihn günstig ist.

Einsamkeit in stillen Stunden,
Liebe, geistiger Natur,
forscht in seines Herzens Wunden,
formt das Leid zu der Tortur.

Wünscht nicht mehr als Zweisamkeiten,
Masken zieren sein Gesicht,
wahre Schönheit soll ihn leiten,
seines Lebens unglücklich.

Für sich selbst gestrickte Taten,
aufgefasst als ein Betrug,
wo hinein ist er geraten?
Seines Jammers nicht genug!

Liebe einst in ihm erklommen,
Jahreszeiten ist es her,
Tod, der hat sie ihm genommen,
lieben kann er jetzt nicht mehr.

Merlin Monzel * 1996

Nicht vergeben
Nie vergessen

Einsamkeit
Leere
Wut

Du musst es zu Ende bringen
Du wagst es , nicht

Leere
Wut

Du musst es zu Ende bringen
Du wagst es, nicht

Wut
Das bleibt
Nicht, weil dein Dolch noch ruht

Du kannst es nicht
Vergeben

Anja Moosmann

Trümmerwelten

Dunkle Flure, dunkle Gänge,
Weite Hallen, leise Klänge,
Graue Wände, stumpfe Fenster,
Schwarze Schatten: stille Tänzer.
Draußen: Lichter, stumme Schreie.
Drinnen: Stille, Totenweihe!

Roter Himmel, rotes Feuer,
Tote Seelen, Ungeheuer,
Dunkle Straßen, enge Gassen -
Schattenwelt zurückgelassen.
Kahle Häuser, trübe Fenster,
Leere Körper; Gespenster!

Große Augen, großes Herz,
Kleines Kind, zu viel Schmerz,
Keine Stütze, keinen Halt,

Frierst des Nachts, es ist so kalt,
Wanderst einsam, kein „Wohin" –
Trümmerwelten ohne Sinn!

Vivian Moosmann * 1996

Der Fasan und die Pute

Sie wohnten zusammen in einem Haus und
  die Pute
War keine Gute.
Sie machte dem Fasan jeden Tag das Gar
  aus.
Bei der Pute ging es dem Fasan gar nicht
  gut.
Die Pute mit spitzer Kralle,
machte dem Fasan nicht seine schönen
  Federn alle.
Der Fasan war schon total zerfledert, denn
  die Pute hörte nicht auf zu zedern.
Völlig zerfledert saß in einer Ecke
In der Hecke und putze seine Federn.
Sein schönes Federkleid tat ihm so leid, mit
  stöhnendem Geschrei des Fasans
Und ausgezogenem Schwanz, schrie die
  Pute, war das kein schöner Tanz. Der
  Fasan konnte
Mit dem großen Tier nicht anfangen und
  sagte zur Pute, warte die Wärter
  werden Dich fangen
und Dir eine runter langen.

Rita-T. Morenz

Innen und Außen

Wenn ich blind wär',
hätt' ich all die schönen Farben
in meinem Kopf.
Und wär' ich taub,
ich hätt' die Melodien und die Klänge
und die geliebten Worte
doch in meinem Ohr.

Wär' ich gelähmt,
in meinem Herzen macht' ich Sprünge,
soweit, wie ich es vorher nie gekonnt,
und würd' mich räkeln mit Genuss
wie eine Katze.
Und könnt' ich nicht mehr sprechen,
meine Liebe
würd' in mir leben
und mich füllen bis zum Rand.
Sollt ich denn klagen,
wenn das ganze Universum
in mir so reich ist
und so liebevoll vereint?

Morgana * 1949

Der Feuergucker

Es war einmal ein kluger Mann
Der fing das Feuergucken an

So saß er stundenlang und blickte
Manch einer dachte da er tickte
wohl im Kopf nicht mehr so richtig
Dabei ist Feuer gucken wichtig

Oft gut Idee grad da entstand
wo man den Mensch erst irr genannt
Weil er stundenlang nur schwieg
und Andres dabei liegen blieb

Doch wer sich Zeit nimmt so zu schauen
Und dabei lernt sich zu vertrauen
Der sieht dort in dem Feuerschein
Sinn und Zweck von seinem Sein

Und wenn das Gucken er beendet
sich vieles rasch zum Guten wendet
Weil er im Feuerschein gesehen
Den Weg, den er wird weiter gehen

Sina Morgentau

Des Denkers Türen

Wenn ich Selbstwert attribuiere,
indem ich zu sehr schau,
wie der andere mich von mir gefühlt
    geriere,
und zudem mir nicht trau,
zugleich mich still betrachte,
des Anderen Taten vergleichend zu,
seinem von mir gefühlten Selbstbild
    betrachte,
und nicht schau was ich denn tu-

Wenn mir und ihm
die Freiheit nicht gegeben,
daß Er oder Ich,
frei ungezwungen Geschehenes leben,
wenn alles suchen,
schauen, fürchten,
damit bloß kein Wert,
hafte dem es gilt zu fluchen,
dann scheint's erschwert,
wenn nicht beschlossen,
die Tür zum Frieden,
bleibt verschlossen.

Daniel Mörschner * 1980

Liebesflug

Könnte ich fliegen,
würde ich auf deinen Mund fliegen
und flatterte liebkosend über deinen
    ganzen Leib;
und es wäre uns, als gäbe es nur noch einen
    Leib.

Nicht nur zwei Flügel, leicht wie ein
    Hauch,
auch meine Lippen und Hände
gaukelten herzend auf deiner Haut wie
    Lufthauch
und weckten deinen Geist behände.

Meine Lippen verweilten inniglich,
samtig wie ein Schmetterling mit
    leuchtenden Augen,
auf deinem Herz, deinen Augen,
um schließlich mit dir zu singen – lieblich –
und mit dir zu träumen in deinen Augen.

Caroline F. Mösch * 1964

Ein Baum

Ich bin ein Mensch mit Armen und Beinen
Gliedmaßen
Die Haut ist außen herum
Ein System

Ich stehe wie ein Baum in voller Schönheit
Meine Äste wiegen sich
Ich gehe wie ein Tiger
Und raste wie die Wolken über den Städten

Ich gleite wie ein Falke und schlage auf wie
    ein Stein
Niemand ist da, ich bin allein
Wimmern, Schreie, schwarze Schlangen,
    Messer

Ich bin ein Mensch mit Armen und Beinen
Gliedmaßen
Die Haut ist außen herum
Ein System

Ich wachse wie die Saat in der Erde
Und blinzel wie die Knospen

Ich stehe wie ein Baum meine Äste wiegen
    sich
Ich bin ein Mensch in voller Schönheit
Das ist alles

Johanna Moser * 1988

Das Sommerkleid

Im schönen Sommerkleide steht sie auf der
  Weide.
Ihr Blick ist entzückt doch ist sie ganz
  verrückt.
Von der schönen Natur geblendet geht sie
  weiter doch sie wendet.
Hält kurz inne und denkt was ist das dort
  am End.
Sie schaut nach und lenkt ob sie ihre
  Neugier hemmt.
Dann sieht sie ihn und lacht was er da wohl
  macht.
Sie läuft zu ihm ganz schnell und auf
  einmal wird's ganz hell.
Die Blicke gehen wie ein Feuerwerk hin
  und her.
Doch es gibt kein Zurück mehr.
Man spürt die Energie der Liebe das
  zwischen den beiden funkelt
und sie wiegen sich im Rausch ganz
  verwundert.

Mandy Moser * 1979

Insel der Erinnerung

Das Meer ruft nach mehr,
sein Lied ist immer anders.
Die Möwen weinen über mir,
es rauscht leise hier.
Ein Wasserspiel seit Millionen Jahren
erinnert mich an vergangene Tagen.

Die Sonne scheint über den Horizont,
der Sand schimmert im Licht.
Der Fischer fährt hinaus und ruft Ahoi,
wo bist du kleine Nixe?

Tauch tief runter ins Meer
und hol mir eine Perle her!
Das Weib wartet zu Haus voll Sehnsucht
da ist die Freude auch schon gebucht.

Todorka Möser * 1962

Die Wahrheit

Wer sie als höchste Tugend preist,
als wahre Schönheit sie besingt,
dem hat sie sich noch nie gezeigt,
in Wahrheit – also ungeschminkt.

Glaub nicht an die Geschichten,
von ihr als Lichtgestalt,
viel wahrer sind Berichte
von Mord, Hass und Gewalt.

Im Kreis der schönen glatten Lüge,
die dich verführerisch umschlingt,
schau aus nach schlichten Zügen,
die nur sie selber sind.

Geh in die Elendsviertel,
such sie vor dem Gericht,
und meide falsche Zirkel,
dort findet man sie nicht.

Sie ist nicht bloßes Bücherwissen,
noch kluge Rederei,
und kein beruhigtes Gewissen,
die Wahrheit – ist ein Schrei!

Erika Moyses * 1956

Keim

Des Tags.
Worte, runtergebrochene Nachgeburten
  flatternder Gedanken.
Worte, nicht gesendet, nicht empfangen.
Richten keinen Schaden an.
Richten gar nicht. Klagen nicht.
Ruhen.
Worte, lautlos, rastlos, ihren Erschaffer
  plagend.
Tod durch Ersticken.
Tod durch Existenz.

Des Nachts.
Worte, hinunter geschluckt, verdauen
  schwer.

Gejagt in die tiefsten Abgründe der Träume.
Kreieren Monster.
Neue Wortgeschöpfe, stilistisch groteske
    Ausgeburten nicht gesendeter Worte.
Kriechen den Schlund hinauf.
Bleiben stecken. Verharren stumm.
Tod durch Ersticken.
Tod durch Nicht-Existenz.

Im Keim erstickt.

Mrs.McH

Nach der Zeit

Gegangen bist Du.
Alle meinten:
Vor den Jahren.

Wohin?
Ich hätte sterben müssen
um es zu erfahren.

Ich wollte fort,
fort sein von diesen Tagen
von jedem Ort
wo Uhren, Glocken, Herzen schlagen.

Allmählich ahne ich:
Es ist nur eine Frist
in der Du, wartend,
schon voraus gegangen bist.

Paul-Martin Mueller   * 1971

Ich schweige,
Du sprichst ohne Ton
und wir stehen im Regen
auf der Lichtung, vor dem Hügel, wo
    niemand ruht
was suchst du mich nun hier?
sie kann doch nicht mehr laufen, wer sonst
    kennt diesen Ort? Nur ich.
Der Wolf in dir, betrunken, spürt die
    Verwesung nicht. Dein Pech

Blut,
bindest mich
an seine Schwäche,
mit Ketten ungesehen, nur
ich fürchte dich nicht.
Du Lebenssaft, schwarz in mir
so komm hervor, lass mich neue Wege
    sehen.

Mir ist kalt.
Für das falsche Wort,
gedankt sei dir guter Freund.
Hast mich bewahrt vor nasser Pein und
    langer Nacht
nun der Reue du erliegst.
Rote Klinge, meine Liebste, tanze in der
    Sommernacht.

Andreas Müller

Vergebung

Es ging ein Mensch von dieser Erde,
ich hab' ihn wohl gekannt
und hoff', dass er ein Engeln werde
im fernen, heil'gen Land.

Als er an meiner Seite ging,
da hatt' ich viele Fragen.
Jetzt steh' ich hier am Grab allein
und er kann nichts mehr sagen.
Niemand wird sein Richter sein,
denn keiner trägt die Schuld allein.

Es ist an mir ihm zu vergeben,
was er im Leben einst getan.
Im Herz bewahr ich nur das Gute,
dass seine Seele fliegen kann.

Und trag' ich einst ein weiß Gewand
mit großen, weichen Flügeln,
ich weiß, ich reich ihm meine Hand
den Frieden zu besiegeln.

Charlotte Jana Müller   * 1966

Herbstlaub

Würzig steigt mir zu Gemüte
im golden Herbstlicht süße Lust.
Und ich spür ein Abschied nehmen,
oh wie schmerzt mir doch die Brust.

Wo einst Stunden süßer Klänge –
die Luft erfüllt mit froh Gesang
grüßt jetzt, herbstlich's bunt, der Hänge –
eine andere Welt, die strahlt der Lust.

Lustig tanzt's durch Zweig und Lüfte
bunt im Wirbel wie zum Spiel.
Schau dem Treiben – gern ich wüsste,
welchem Meister dies zum Ziel!

Garstig pfeifts mir um die Nase,
wütend fliegt vom Kopf der Hut,
bläst gleich meinem Schimpf zur Strafe
durch die Sträucher, mir zur Wut …

Verloren nun, schmückt golden Lichte
des Herbstes Segen müd den Baum.
Zu seinen Füßen aber, wird zu Erde,
was erschöpft, ruht in tiefem Traum.

Herbert Müller * 1936

Die Träne I & II

Die Träne I

Sie hat sich aus meinem Auge gestohlen,
unverhohlen, leicht, sie entweicht,
rinnt von dannen, wie eine Feder, so leicht.
Sie rinnt entlang, bang, sich zu verraten,
bang, dass sie den Augenblick, den zarten,
in ein Nichts zerteilt.

Die Träne II

Eine Träne weicht dem Auge,
diese salzig feuchte Lauge,
krabbelt dann die Wang entlang,
ein bisschen zaghaft, ein wenig bang,
biegt dann ab zur Ohrenmuschel,
wo in die Höhle sie sich kuschelt,
kitzelt somit den Besitzer,
der dann ausknipst ihre Lichter.

Ina Müller

Die Rolle meines Lebens

Fast alles ist nur Schall und Rauch.
Bei mir und bei den andern auch.

Verkleiden uns und spielen Rollen,
selbst wenn wir sie nur ungern wollen.

Doch taug ich nicht zum Regisseur.
Bin nur Statist, ein Amateur.

Denn manche haben mehr Talent,
im Schauspiel, das sich Leben nennt.

Jens Müller * 1991

Liebesgefühl

Geistig Band in weiter Ferne
ist dem Herzen höchster Sinn,
niemals wächst dem ein Gewinn,
nur im tiefsten Geisteskerne.

Ewig sollt die Liebe sein,
ewig geht sie mir zugrunde.
Zu leben mit der tiefsten Wunde
macht das Herzen nimmer rein.

Vergib mir dieses Missgeschick
es treibt mich fast zu Boden,
im hohen geist'gen Toben,
bricht's mir fast das Genick.

Vergib mir dieses Ungewühl,
es treibt mich wohl das Hochgefühl
der unerfüllten Liebe.

Jörg Müller * 1995

Spüren

Lass mich da sein, lass mich leben,
Fass mich an und gib mir Kraft.
Nimm mich mit, in meiner Haut,
Fass sie an, mit voller Kraft.

Ich will spüren, fass noch fester,
Ich will spüren, gib mir Sinn.
Mich berühren, nein, das reicht nicht,
Lass mich wissen wer ich bin.

Ich will spüren, ich will fühlen,
Irgendwas und irgendwo.
Ich will lieben, ich will leben,
Ich will wissen, nur, wieso?

Wirf mich weg, tritt mich nieder,
Tue mir weh, ich will nicht stehen.
Reiß mich aus, kratz mich auf,
Meine Augen wollen sehen.

Lass mich fallen, lass mich spalten,
Irgendwas, nur etwas Sinn.
Sag mir wie, sag mir wo,
Sag mir was und wer ich bin.

Maria Müller * 1995

Schönheit

Die Erde webt ihre blühende Pracht wie
       einen Teppich
in's Sonnenlicht
Du erstrahlst darin wie eine Blüte,
die hierhin gehört
in das ewige
Sein.
Die Nächte, in denen Du im Kissen
       versinkst
zählen nicht zu den verlorenen Inseln
die Träume wandeln durch die Nacht.
In allen einzelnen Facetten steckt das
       Chlorophyll

des Lebens
der Aderschlag
in die Blätter gehaucht, die sanft sich
       bewegen,
wenn Du an mich denkst.
Grün.
Wir sind eingewebt in den Teppich des
       Seins
und ich klettere langsam empor in Deinen
       Himmel
zu staunen mit Dir
und zu lieben.
Schön.

Nadeshda Müller * 1971

Ein Hauch von Zärtlichkeit,
ohne Worte
nur in deinen Augen.
Du trägst mich
du rührst mich
zu Tränen und zu Lachen
Wie ein Zauber ist es
was dich umgibt
Ein Engel
ohne Flügel
aber mit Liebe im Herzen.

Priska Müller * 1983

Seerosengeflüster

Komm Liebster,
schau in den dunklen Seegrund,
die Schlafstätte
im Silbersand ist vorbereitet.
Der Mond murmelt Reime.

Komm Liebster,
Sterntaler blinken,
sinken hinab in die Tiefe,
hüllen uns in das Spinngewebe
ihres hellen Scheins.

Komm Liebster,
reich' mir die Hände,
Fallen dürfte nicht schwer sein.
Das Wasser ist kalt,
doch es erwartet uns Licht.

Komm Liebster,
es trennen Zweige sich.
Leg' dich in meinen Schoß,
schlaf ein in der Herzblume,
sie wird dich befreien.

Renate Müller * 1957

Ein Hauch erahnt man in verstaubten
 Kisten
Am Rand erblüht sie oft von Misten
Weht auch mal von Süden her
Bringt den Duft von Salz und Mehr

Versteckt sich oft in meinem Kopf
Muss ziehen sie an ihrem Schopf
Hüstelt mal im Bauch der Violine
Streichelt sanft der Saiten Miene
Reist gerne mit des Fremden Wort
Das ausgesprochen – unbewusst- und fort

Ich will sie haben, brauche sie
Doch viel zu oft zeigt sie sich nie

Nun wenn sie dann so leidenschaftlich küsst
ich denk' ich nun wohl sterben müsst
Jetzt ist sie da mich hats gefreut –
die Muse die sich manchmal scheut.

Sarah Müller * 1982

Schließung einer Sparkassenfiliale

Hinter den Scheiben das Dunkel, erstarrt in
 billigender Stille.
Doch draußen vor der Tür, so gewissenhaft
 verschlossen,
Steht der Rentner, der einst aus Trümmern
 dieses Land mitaufgebaut.
Er liest den Anschlag seiner Bank, liest
 und liest,
Die Gedanken eine Schere, der Sinn
 anderweitig verbucht,
Von Synergie liest er, von Vorteil für den
 Sparer.
Sirenen schrillen aus längst vernarbten
 Wunden.
Auch er war fünfzig Jahre treuer Kunde!
 Wo ist sein Geld?
Von wem bekommt er seine schmale Rente?
Der Alte denkt an Hunger, Not und
 Ängste und rüttelt an der Tür,
Wird ermahnt sogleich von einem Mann in
 dunklem edlen Tuche.
Ist das der neue Feind? Sein Lächeln gilt
 nicht ihm,
Es ist bemehlt wie eine Taubenfeder.
Er oder ich? Kommt dies nun wieder?
Seine Hand sucht zitternd in den Taschen
 als gälte es
Ein Messer wie im Traume zu umfassen.
Am Ende bleibt nichts als ein Rot auf
 Verbundsteinpflaster,
Bald auch keine Frage mehr.
Und in der Ferne verhallt das Heulen der
 Sirenen Ton
Leiser werdend abklingend ersterbend

Stefan Valentin Müller * 1962

Gehen und doch bleiben

Gehen – und doch bleiben!
Kann ich gehen und doch bleiben?
Was bleibt mir, wenn ich gehe?
Was bleibt Dir, wenn ich gehe?

Gehen – und in Verbindung bleiben!
Kann ich gehen und in Verbindung
 bleiben?
Was ist, wenn ich in Verbindung bleibe?

Gehen – und im Herzen bleiben!
Kann ich gehen und im Herzen bleiben?
Was ist, wenn ich im Herzen bleibe?

Das ist gehen – und doch bleiben!

Susanne Maria Müller * 1964

Den Frieden gesucht,
begleitet von der Hoffnung.
Gefunden den Krieg.

Svenja Müller * 1996

Splitterland

Sammelbecken
Gescheiterter Existenzen,
Jeglicher Hoffnung beraubt,
Im Dunkeln kommend,
In der Nacht gehend,
Der Ort an dem sich Träume
Gute Nacht wünschen,
Der Ort an dem das
Deutsche bricht,
Der Ort der sein
Eigenleben führt,
Fernab vom Alltäglichen,
doch keine Scheinwelt,
ist er die bittere Realität,
der Gescheiterten
letzte Zuflucht,
heißt er uns Willkommen,
in der Fabrik.

Thomas Müller * 1991

Piano Bar

Der verregnete Abend
keine Liebe für dich
zu tief war der Graben
sah oft nur noch mich
ich lief nasse Straßen
an Menschen vorbei
Grauratten sie fraßen
ein Kleinvogelei
Samttöne durchdrangen
die Scheiben der Bar
war lange gefangen
mein Kopf wurde klar
vorbei sind die Lasten
mit Gin und Cinzano
sah schwarz-weiße Tasten
und dich am Piano
aus Regen wurd' Sonne
aus Noten ein Lied
vom Leiden zur Wonne
das Schicksal entschied

Uwe Müller

Das Kleid der Braut

dunkler Raum
in dunkler Stunde
schwarze Wolken über'm Haupt

düst're Worte
in düst'rer Runde
leicht befleckt das Kleid der Braut

bloß, wer hat es ihr versaut?

toter Mann
zur toten Stunde
scharlachrot aus seinem Haupt

böse Worte
in bösem Munde
ausgelöscht durch seine Braut.

Wolfgang Müller * 1988

Geist bei Dir

Meine Decke häufig weiß im Winter,
Blumen mich erfreuen sollen an hohen Tagen.

Du sprichst mit mir,
ich antworte nicht hör nur beruhigend zu.

Den nur meine Knochen liegen dort in
    diesem Grabesbett,
Mein Geist ist überall um dich.

Glaub ruhig dran,
von oben da behüte ich dich.

Markus Murach   * 1983

Geist der Sommers

Sonnenblumen ergraut
unter bunten Blättern

Herbstwind summt
leise Melodei

Geist der Sommers
bleibe noch
nur für eine Weil.

Caitlyn Murphy   * 1987

Sternenschimmer

Der Weg am dunklen Fluss entlang ist
lang und steinig.
Schimmer der besseren Seite
kann man nur erahnen.
Ich muss laufen.
Stetig.
Immer nur weiter.
Das Ziel ist meinen Gedanken noch fern
und ich kenne meinen Antrieb nicht.
Was macht mich aus?

Wie nimmt man mich war?
Träume vom hellen Tagen
schmiegen sich sanft an Erinnerungen
und Tränen laufen über
mein verwundetes Ich.
Ich spüre, wie ich innerlich zerbreche
wie dünnes Glas.
Plötzlich bin ich befreit.
Leicht.
Es wird hell.

Johanna Müsel   * 1997

Blaues Blut

Blaues Blut
– Das Blut der Meere
Treibt dahin und trennt uns zwei

Blaues Blut
– verschwommene Leere
trennt und eint was sonst allein

Leise Wellen,
Hohes Schaukeln
Alles was ein Mensch durchfährt!
Leben und am Ende sterben,
Ist was Neptun ihm nur lehrt

Ist das Blaue Blut der Meere
Auch das durch die Edlen fließt?
Von uns fort, denn je verstorben
Doch ihr Geist durchs Schlosse fliegt.

Niemand kennt darauf die Antwort
Blaues Blut bleibt still und schweigt.
Treibt dahin,
Steigt in den Himmel
Kennt die Antwort nur allein …

Laura Marie Mutter   * 1991

Liebe im Sinn des Lebens

Fassungslos, Leere in meinen Augen,
es muss ein Traum sein, kaum zu glauben.
Das Gefühl, mein Herz zu verlieren
und an der Kälte um mich herum zu erfrieren.

Gedanken, Erinnerungen kreisen um mich,
wie soll ein Leben sein, ohne dich?
Ein Leben ohne diese Liebe, Wärme, Geborgenheit,
ein Stück Hoffnung am Leben fällt wie die Fröhlichkeit.

Ein Mensch, den man nicht in Worte fassen kann,
An ihrer Seite einen herzensguten Mann.
Ich sag es ganz offen, ich hatte immer Angst vor diesem Moment,
den Rest meines Lebens ohne dich, von dir getrennt?

Ich liebe dich, weil ich noch nie so einen Menschen sah,
zu dem ich mich so hingezogen fühlte, unsere Herzen so nah.
Der mich verstand und in dem ich mich wieder sah,
du sagtest: Du bist immer für mich da.

Ich wusste dieser Moment würde kommen,
ein Teil meines Lebens würde mir genommen.
Der Lauf des Lebens würde weiter gehen
und du würdest mich vom Himmel aus sehen.

Nadine * 1995

Ich wollte für immer bei Dir bleiben

Dieser eine Augenblick,
an den ich manchmal denke zurück,
als ich hielt Deine Hand,
wir uns setzten an den Straßenrand.
Die Liebe, die ich dann bekam zu spüren,
dieser Kuss – zum Verführen.
Doch dann brachst Du mir das Herz,
– ein Moment voller Schmerz,
gezeichnet durch Atemlosigkeit,
ohne die Gelegenheit,
zu wissen, welchen Weg Du willst gehen,
allein – das musste ich dann verstehen.
Lieben würdest Du mich noch,
zwischen uns wäre aber ein Loch.
Und so ließt Du mich allein,
Hoffnung gebe es kein.
Mein Herz bricht mit jedem Atemzug,
leiden tu' ich jetzt genug.
Ich wollte für immer bei Dir bleiben,
doch das muss ich Dir jetzt schreiben.

NadinesGedichtewelt * 1985

Berühren verboten!

Du hast mein Herz berührt.
Ein weinender Sirenenklang
füllte den Museumsgang.
Du wurdest weggeführt.

Wir warfen uns glühende Blicke zu,
doch hatten nicht den Mut sie zu fangen.
Sie schossen vorbei im Nu.
Alles was bleibt, ist die Glut auf den Wangen.

Die graue Zelle. Ein Gitter und drei Wände.
Dein Aufenthalt lebenslang.
Ist das das Ende
oder währt der Lebensdrang.

Vergessen wollt ich dich. Doch ab und zu
ist es der Zufall, der mich zu dir führt.
Deine Tat lässt mir keine Ruh.
Du hast mein Herz berührt.

Christoph Nagel * 1996

Gebranntes Kind

Gebranntes Kind
Scheu nicht des Feuers Schein
Denn in der Dunkelheit
Wirst du verloren sein

Gekränktes Herz
Scheu nicht der Liebe Glanz
Denn ohne Zweisamkeit
Zerbrichst du ganz

Gequälte Seel'
Öffne dich deiner Welt
Nur hier kann das gedeihn
Was dich am Leben hält

Melanie Nagel * 1977

Schnittmuster

Schneide ich zu und schneide ich mich?
Werde ich geschnitten?
Ich ergreife die Schere und schneide nach
    Vorlage aus.
Es folgt ein ganz eigenes Muster
aus Messers Schneide.
Nicht geschnitten ...
Nach Lage der Dinge und klassischen
    Schnittmuster
ganz schön schnittig ...

Irmgard Naher-Schmidt

Zeit des Verrats

Hört niemand die Klagen von nah und von
    ferne?
Es gibt keine Namen – sie tragen nur
    Sterne.
Sie wurden verraten im eigenen Land.
Man tut so, als hätte man sie nie gekannt.

Gezwungen zu Arbeit, zu Hunger und Tod;
kein Mensch will sie sehen, die unendliche
    Not.
Ganze Familien riss man entzwei,
verschloss die Ohren vorm Kindergeschrei.

Enteignet, verleugnet, geprügelt, verachtet,
so manche wie Vieh dahingeschlachtet,
transportiert in Lastenzügen,
unter Vorwand und mit Lügen.

Der Kleider beraubt, die Haare geschoren.
Wer hätte da nicht den Mut verloren?
Wie viele schließlich zu Tode kamen!
Millionen von Menschen „ohne Namen."

Dass dieses nie mehr darf passieren,
ist eine Pflicht zu garantieren.
Der Friede lässt sich nur gestalten,
wenn Völker fest zusammen halten.

Maria Natale

Kreislauf

Nicht mein Zuhaus'
Nur noch hier weg
Schmerz und Trauer
Nur noch im Gepäck.

Füße ganz blutig,
Von zerbrochenem Glas,
Immer weiter wandern,
Durchs Scherbengras.

Kein Zurück durch
Die Feuerwand,
Ohne Ziel, getrieben
Nur von Geisterhand.

Kaum einmal rasten,
Tränen zu Staub,
Auf dem Weg,
Tod, Mord und Raub.

Am Ende ein Haus,
Lachen klingt heraus,
Erkenne voll Graus;
Nicht mein Zuhaus'.

Viktoria Naudorf * 1998

Lauf der Zeit

Im ersten Jahr
ist alles toll
die Liebesspeicher
sind randvoll

Das zweite Jahr
wird etwas lauer,
Verliebtheit ist
halt nicht von Dauer

Im dritten Jahr
kühlt's langsam ab
was halten sollte
bis ins Grab

Im vierten, fünften,
sechsten Jahr
vergisst man dann
wie toll's mal war

Dann läuft man fort
s' ist besser so
und sucht was Neues
anderswo

Anne Naumann * 1954

Rückzug

Ich ziehe mich zurück,
Auch, wenn ich es nicht will.
Es ist des Menschen Befehl.
Ich folge ihm still.

Kann mich sowieso nicht wehren,
Er ist überlegen.
Muss die Sache kampflos hinnehmen,
Mich meinem Schicksal fügen.

Der Mensch tritt mich mit Füßen,
Schaut auf mich herab.
Und ich bemerke dabei,
Dass ich längst verloren hab.

Er nimmt mir beinahe alles,
Raum, Luft und Leben.
Er zwingt mich gewaltsam,
Mich ihm zu untergeben.

Ich ziehe mich zurück.
Er macht weiter, lieblos und stur.
Doch er wird es bereuen!
Das schwöre ich, die Mutter Natur.

Saskia Nazet * 1995

Das Gute

Das Gute, das weiß jedermann,
fängt stets mit Unterlassen an.
Man lässt das Rauchen und das Trinken
und das nach Teer und Fusel Stinken.
Es unterbleibt das laute Grölen,
das Fluchen und das Rumkrakeelen;
man lässt mit solcherlei Getue
die Ruhe endlich mal in Ruhe
und lässt dem Laufe des Geschehens
die Chance des Gutweitergehens.
Man geht den andern nicht mehr dreist
mit dummen Fragen auf den Geist,
man lächelt nur noch ruhig und still,
selbst wenn man explodieren will.
Man meidet stets das Ungestüme,
auf dass die Menschheit einen rühme
und jeder ziehe seinen Hut
und sage: Dieser Mensch ist gut.

Franz Josef Neffe * 1949

Der letzte Engel

Er sitzt auf einer Wolke
Er trinkt Rivella mit zugesetzter Molke
Seine Kollegen sind alle weg
Einer macht Karriere am Reck
Selbst der Chef ist verschwunden
Er hat ihn gesucht, doch nie gefunden
Da sitzt der letzte Engel allein,
doch will er wirklich hier sein?
Niemand glaubt mehr an sie
Unter ihm, die
Krieg, Hass und Tod
Es herrscht große Not
Manchmal versucht er Hilfe zu geben
Doch er kann die Misere nicht beheben
Sie schießen auf die, die auf sie schießen
Er weiß nicht einmal mehr, wie seine Eltern hießen
Wozu noch hier sein?
Er spürt die Gicht im Bein
Nur wegen der Pflicht
Er vergisst die Gicht

Patrick Nehren * 1999

Im Irrgarten

Sag mir
Wie es im Frühling war
Wie eine Lerche sang
Hole mir Narzissen
Ich atme ihren Duft
Meine Gedanken gleiten
Weit
In eine andere Welt
Herbstzeitlose
Immergrün
Jederzeit
Zeig mir
Wo der Frühling weilt

Christa Nélide * 1948

verweigern, scheitern, erweitern

meine Gedanken sind schon weg, bevor ich
    sie ergreifen kann
dieser Mensch bewegt mich, weil ich ihn
    nicht erreichen kann
meine Welt ohne nicht begreifen kann,
    nicht schweigen kann
dennoch tief in mir brüllende Emotionen
    nicht mitteilen kann
ich verweiger dann, scheiter dann, erweiter
    dann
mein Bewusstsein um einen weiteren
    Seitenarm

any nemo * 1984

Sommerromanze

So lieblich und zart.
So wundervoll und delikat.
Was können diese Worte nur beschreiben?
Eine Sommerromanze ohne Leiden.

Sie dauert vielleicht nicht lang'
und ist nichts für die Ewigkeit,
doch ist sie wundervoll am Ende wie am
    Anfang.
Eine Sommerromanze ohne Leid.

Leider vergeht die Liebe rasend schnell.
Wie Sommer und Zeit im Duett.
So vergeht die Romanze wie ein Lichtstrahl
    hell.
Oh Sommerromanze du bist so adrett.

Am Ende blickt man zurück auf die Zeit
    zu zweit.
Die unvergessen bleibt für die Ewigkeit.
Sie muss erst verschwinden, sodass man sie
    'missen kann.
So sehnen sich ewig Frau und Mann.

Lukas-Tim Nendza

Stille Abendstunden

Tagesglanz schwindet
Schweigen wächst zwischen Schatten
Atem taktleise.

Müder Tag wankend
Stille ruht im Zeitenschoß
Geist erliegt Frieden.

Träume erblühen
graziöse Sternenklänge
Zwang entrückt eilig.

Herzwohnung lodert
festtagslaunige Nerven
Freude wundersam.

Herta Nettke   * 1951

Ein Raum

Ein Raum
Wände
voll mit Bildern
von Dingen
und Menschen
die hier schon waren
oder noch fehlen
oder wieder fehlen
der Raum ist leer

und führt wohl
ins Unendliche

Anja Neubauer   * 1996

Zeilen der Poesie

Für manche sind es nur Zeilen,
einfache Texte,
die in Büchern verweilen.

Ein Text mit Gefühl und Gedanken,
nicht jeder will sie lesen,
sodass manche in Büchern versanken.

Ein Text mit Strophen und Vers,
geschrieben,
direkt aus dem Herz.

Mit Rhythmus und Reim,
ist es versehen,
doch nicht jeder kann es verstehen.

Sarah Neubauer   * 2000

Dein Dazwischen

Auch wenn ich alles noch so sehr durchschaue,
alles drei, so manches vier mal überdenk,
überkommt es mich manchmal.
Überschlagen sich die Ängste und
die Worte drängen sich in meinen Mund.
Wandern mir hinaus und
erst im Gehen
werden sie mir klar.

Und gegangen ist gegangen.
Und morgen ist doch morgen.
Und zwischen diesen Zeilen ist es leer.

Carolin Neubert   * 1987

Deine Stimme

Wie ein Flüstern in der Stille,
wie ein Brüllen des Löwen.
Du brichst meinen Wille
und übersteigst die Höhen der Möwen.

Wo ich noch wanke und falle.
Wo ich mich bücke unter der Last auf
    meinem Rücken,
da tönt deine Stimme über alle
und du übersteigst die Schmerzen wie
    Brücken.

Wer ist es der du bist?
Wer ist die Stimme in mir?
Ist es mein Herz das vergisst,
oder die Stimme von dir.

Ich bin hier.
Ich bin ein Teil von dir.
Da höre ich die Stimme, meine Gier
und alles wird ruhig in mir.

Esther Neudert   * 1998

Ich will alles sehen

Noch heute höre ich sie sagen:
„Mach die Augen zu, mein Kind!
Stelle nicht zu viele Fragen;
sei nun still und schlaf geschwind!"
Noch heute höre ich mich klagen:
„Doch dann fühle ich mich blind.
Kann es einfach nicht ertragen,
wenn die Dinge dunkel sind."

Komme einfach nicht zur Ruh,
die Lider gehen schlicht nicht zu.
Sie erklären mit müdem Gesicht,
dass selbst die Blumen auf den Wiesen
abends ihre Köpflein schließen,
doch das überzeugt mich nicht.
Ich betrachte mit beißendem Hohn,
wie Lüge um Lüge in reißendem Strom
aus ihren roten Mündern fließt.
Auch wenn es euch verletzt:
Ich bin wohl ein Gewächs,
das nachts nicht seine Blüte schließt.

Nils Neuhaus   * 1996

Neulich war es Nacht.

Ich lagte da so hingegossen
auf meinen kühlen Kipfenkossen,
da hab ich kurz gelacht.

Was für ein sternenklares All!
Das ist wie für mich gemacht,
nicht dieser miefe Erdenstall,
mit Mord und Gier und Blut,
– ich sag's nicht mehr, das tut nicht gut! –

Voll Atmen ich ins Sternen fall,
ganz ohne Peng und Urgeknall

Ulrich Neuhaus

Verzweifelt

Eine schwere Entscheidung treff' ich allein
ich gegen mich oder Sein gegen Schein
verblüffend verblüfft wenn ich's nicht kann,
    mich entscheiden
oder will oder darf oder nichts oder beides.

In die eine das Glück, in die andre das
    Leiden
abwägen mit was ich mehr lebe und lach
die Schalen sind voll mit Hoffnung und
    Schweigen
mit Tonnen von Steingut, mit Schwäche
    und Kraft.

Ich verkriech mich im Alten weil ich nicht
    will dass ich weine
in der Kehle ein Brocken, im Herzen ein
    Stich
versuch mich zu halten, leg mich zittrig in
    meine
trockenen Fragen, bis die Staumauer bricht.

Anouk Neumann   * 1985

Der Tiger

Ein Tiger schleicht in seinem Käfig,
Mit Augen dunkler Stärke.
Es scheint, als lebt er ewig,
Um zu rächen dieses Menschen Werke.

Tagein, tagaus lebt er ein Leben,
In seiner Seele erloschene Glut,
Um den Menschen Augenschein zu geben,
An seinem erkalteten Blut.

Vor vielen Jahren jagte ihn die Meute,
Tief im Urwald von Bengalen.
Doch der Vater seiner Qualen,
Der schlimmste seiner Häscher,
Lebt noch heute.

Als eines Tages,
Dieser kam und sich vor des Tigers Käfig
 hockte,
Er dem Sohne stolz erzählte,
Wie er ihn einst in seine Falle lockte.

Als der Bub am Gitter stand,
Ihr beider Schicksal sich verband.
Der Junge, ahnungslos und lieb,
Dann tötete ihn der Tiger mit einem Hieb.

Jan-Hendrik Neumann

Mein N(ich)ts

undefinierbar grau und lautlos
bald da, bald wieder fort
ein Knacken im dunk'len Geäst
wie Spuren im Treibsand.

unregulierbar laut, bunt, nahtlos
hallt wahr – Gehalt ohne Wort
ein Zacken, wo Form sich verlässt
wie Funken im Zeitbrand.

hier. jetzt.
und dann

nie.
wieder.

Laura Neumann   * 1989

Du bist wie eine Zigarette 2.0

Wenn man ein Feuer vor dir entfacht
brennt es dich,
aber du verbrennst nicht.
Doch wenn man an dir zieht glühst du auf,
und von dir bleibt nur ein Hauch.
Doch bitte lass dich von mir vernichten.
Denn wenn ich dich inhalier
bleibt dein Gift in mir.
Ich nehm es gerne an,
doch innerlich zerstört es mich,
denn es zerstört auch dich.
Ich inhalier dich bis zum Schluss.
Doch dann ist nur mehr ein Stück da
und nicht mehr das was es mal war.
Ich schmeiß dich weg,
aber eigentlich bist du wichtig.
Und gar nicht mehr so giftig ...

Andrea Neumeister   * 1997

Müllkrieg

Das Leben unter Müll begraben,
Die Hoffnung auf Leben im Gewühle
 von Unrat versteckt,
Abgekippte Hoffnung einer Gesellschaft;
Die den Ballast von Wohlstand:
In die Hinterhöfe der Welt ablädt;
Dritte Welt Ecken wo Kinder auf Halden
spielen, sich vergiften, verletzen & sterben.
Moral eine Kategorie des Wahnsinns.
Die Utopie des Überlebens!
Der stärkere überlebt und zurück bleibt;
Der Tod als Erlösung!
Aber seit gewiss selbst die größte Dekadenz,
Begräbt das Lachen dieser Kinder nicht
 unter Müll.
Die Hoffnung stirbt nicht.
Nur ihre Leiber verschwinden in der Erde.
Und zurück bleibt das Lachen:
Ganz leise wie ein Windhauch!

nathan nexus   * 1977

Essen, was mir schmeckt

Warum brauch ich all die Sachen,
die in dieser Nahrung stecken?

Kohlenhydrate mit Zucker und Stärke
findet man in Tieren und Pflanzen auf der
    Erde.
Sie verbrennen wie Kohle bei uns auf dem
    Boden,
aus denen wir die ganze Energie gestohlen.

Dazu kommen noch Eiweiße und Fett,
die findet unser Körper ganz nett.

Wenn wir all die Sachen haben,
kann unser Körper uns sagen,
was man alles machen kann.

Mitra Lara Neymeyer   * 2001

Weihnachten mit Untertitel

Ein einzelner Stern,
lichter Punkt nur in der Nacht,
Tautropfen der Ewigkeit,
unendlich weit weg;
alluvial –
doch plötzlich begreifbar:
Weihnachten ...

Manuela Nickel   * 1963

Bunte Zirkuswelt

Hereinspaziert – hereinspaziert!
Jung oder alt – Mann oder Frau,
nehmt alle Platz und erfreut euch ganz
    ungeniert
an Dompteur, Clown, Tiger und Pfau!

Manegenrund – Völkerbund – Tiere und
    Sensationen
für wenig Geld und für alle Generationen!

Der Clown, er ist so lustig anzuschauen,
sieh, wie er lacht und uns Freude macht!
Das Pferd, es so stolz durch's Manegenrund
    trabt,
der Zauberer, er an dem tosendem Applaus
    sich labt!

Schau, wie der Löwe gefährlich faucht
und der Seehund tief ins Wasser eintaucht:
der Jongleur seine Keulen geschickt
    trapeziert
und der Artist über die Seile genial
    balanciert!

Das Orchester gibt schwungvoll den Takt
    dazu –
jetzt beginnt das große Festival im Nu!

Hereinspaziert – hereinspaziert in die bunte
    Zirkuswelt,
Manegenrund – Völkerbund – Tiere und
    Sensationen
vereint euch alle unter dem großen, bunten
    Zirkuszelt!

Frank Niebaum   * 1963

Gib nicht auf

Gib nicht auf,
gib niemals auf.
Lass die Lebenssonne scheinen,
höre auf zu weinen.

Gib nicht auf,
gib niemals auf.
Nimm den Sorgen ihren Lauf,
pack' die Freude obendrauf.

Gib nicht auf,
gib niemals auf.
Sei mutig und getrost,
Hoffnung ist in Gottes Schoß.

Gunda Nielsen

Schaukel

Schaukel.
Schaukelt wie von alleine.
Als säße ein unsichtbares Kind auf ihr, das heimlich ausgegangen ist, um sich zu lüften.

Sieht es sich zu, wie es über der Erde schwebt?
Freut es sich an dem Wind, der ihm entgegen schlägt?
Ja, bestimmt.
Aber irgendwann wird ihm wieder einfallen, dass es mit sich alleine ist.
Wenn erst der Schrecken kommt, und dann die Angst vor der eigenen Innerlichkeit,
und vor der eigenen Macht.
Weil es sich selbst bewusst wird.
Weil dieses Selbst so groß ist, dass es „ich" sagen kann,
und die sicheren Grenzen verschwinden.
Dann wird es wieder darauf warten, endlich abgeholt zu werden,
dann wird es vergessen wollen, was alles in ihm ist, und was noch alles kommen mag,
damit wieder jemand anders das Große sein kann,
das die Verantwortung trägt
und die Entscheidungen trifft,
denn erst dann,
wie gut,
darf es wieder ein Kind auf einer Schaukel sein.

Melissa Nielsen * 1987

Die Welt mit tausend Facetten

Jede Nacht, die ich nun wart
Die Verzweiflung wie sie an mir nagt
Das einzige Gefühl, das durch meine Adern fließt
Ist wie das Gewehr, aus der die Kugel schießt

Die Morgenröte, sie wandert hinab
Durch Träume der Wesen und Schrecken der Nacht.
Am Himmel wo die Drachen zu bekämpfen sind,
Dort ist der Streifzug des eisigen Winds

Am Horizont sieht man die Sonne aufgehn
Und den Wind durch meine Haare wehn
Man sagte mir eines Tage würde laufen,
So schnell wie ich kann

Doch die Frage ist nur wann?
Die Welt da draußen, sie verändert sich
Die Leute merkens und zeigen auf mich
Ich hab Angst, doch keiner weiß es

Sie sehen alle nur sich selbst
Und merken es noch nicht mal wenn du fällst
Was ist das bloß für eine Welt?
Die Wesen im ganzen, alles nur gestellt

Jenny Nienstedt * 1998

ich sehe Dich

blaue augen lachen
in braune und
erzählen geschichten
von traumschlössern
und zeitreisen.

fenster zur seele,
das jedes geheimnis offenbart.
schatzkiste der gefühle,
die dort wirbeln und
sternförmig um die pupille
aufgehen.

Angelika Nießlbeck * 1995

Das Mädchen neben dir

Inmitten von Menschen
Und doch allein
Sie lacht laut und grinst dich an
Doch niemand sieht die Tränen
Lässig steht sie dort
Voller Sehnsucht nach dem Leben
Versteckte Narben
Niemand würde es merken
Normaler Alltag
Versteckter Alptraum
Sie redet viel und erzählt dir alles
Sag, hörst du die Lügen?
Essen gehen mit Freunden – kein Problem
Hörst du sie auf dem Klo?
„Ich habe kein Hunger."
Sie hustet wenn ihr Magen knurrt
Sie liegt lachend in deinen Armen
Inmitten Lügen und Trümmern
Du kennst sie so gut
– du hast keine Ahnung.

Nika   * 1995

Für Reisende

Bodenständige finden ihre jämmerlichen
Glückspartikel hinter blauschimmernden
Fjorden, in der schreienden Masse des
    Bahnhofs
oder anderen Institutionen armseliger Hirne.
Tatsächlich glauben sie, dass Kosmos als
geographischer Ort definiert werden könne,
als ausgeatmeter Regenbogen kristallern
gesehen und zerbrochen, falls Langeweile
droht.
Sie stülpen ihr Äußeres nach außen und
ihr Inneres fällt heraus, wie ein
durchgebrühter Kaffeefilter.
Schau hinter die Pupille eines Menschen
und du bist gleichzeitig an allen Orten
dieser Welt oder Nichtwelt, vielmehr
du lachst über sie immer noch dann,
wenn sie ihre Augenlider
öffnen.

Pawlos Nikolaos   * 1969

Mein Kind

Schenkst mir ein Herz voller Gefühle
Lässt mich leben, mehr als je zuvor
Ignorierst meine Lebensmühle
Machst mich zum König und auch zum Tor

Hälst mich schlaflos doch voller Liebe
Spannst meine Nerven zum Zerreißen an
Weiß dennoch nicht mehr, wo ich ohne
    dich bliebe
Wußt nicht das Ertragen so schön sein kann

Herz voller Liebe, Kopf voller Glück
Das machst du mit mir, Tag für Tag, Stück
    für Stück

Roland Nikrandt   * 1965

Rad um Rat
(Bodenturnen)

Bravourös schwingt sie
gleich einem Rad am Boden Bahn für Bahn,
Blicke gleiten in jene Wogen, die
Ihr Körper nahm.

Durch wiederholtes aufstützen der Hände
    erneut
übend Salto um Salto– bis zum Stand
    gekommen.
Agonzielstrebend dies gestern, wie heut'
vom Trainer, dem Zuschauer im Bilde,
    wahrgenommen.
Implizit dem stets wiederholt geturnten
    „Rad",
erfolgt von Trainer/inseite (wie zuweilen
    Zuschauer) Rat um Rat.

Manfred Nilles   * 1948

Der Herbst des Lebens

Wie sich färbt das Laub der Blätter,
so ist unser Leben auch.
Mal rot umhaucht, mal gelb
wie Sommerwetter,
mal grün voll Hoffnung,
ist der Lebensstrauch.
Einst färben sie sich braun
die Blätter, verlier dann nicht
des Lebens Lust.
Laß stets ein leichtes, frohes Herz
dann schlagen dir in deiner Brust.
Verlerne nie das Lachen,
und dich des Lebens freun'
dann wird dein Herbst des Lebens
auch weiter heiter sein.

Petra Nilles * 1954

Irrlichter

Wer alles will, der wünscht sich Flügel,
verliert sich in Unendlichkeit.
Das Ziel ist immer hinterm Hügel.
Und was dann bleibt- ist Einsamkeit.
Anstatt mit links und rechts zu gehen,
blickst du nur starr geradeaus
– als wolltest du Vollkomnes sehen.
Dabei zertrittst du jeden Strauss.
Auch den, der Anfangs scheint bescheiden,
doch dich dann später glücklich macht,
um den du wirst den Freund beneiden,
der ihn – sich bückend – mitgebracht.
Warum- oh fernverlor'ner Blick –
erkenn ich jede Chance zu spät?!
Und bitter spür'ich jenen Strick,
der mir mein eig'ner Stolz gedreht.

Marianne Nitsche-Resch * 1977

Anpassung

Freunde rieten mir neulich,
dass ich mich anpassen soll;
anpassen an das Warten auf die Zeit der
    Sommerschlussverkäufe
in den Einkaufstempeln der Innenstadt.

Auch sollte ich,
rieten sie mir,
endlich akzeptieren, dass die Mehrheit eben
so leben will,
mit dem Glauben an das unendliche
    Wachstum des Marktes
und den täglichen Blick auf den Stand der
    Aktien an der Börse.

Ich schwieg betroffen.
Dann setzte ich mich auf mein Fahrrad
und fuhr an das Ufer der Elbe.

Ich blickte auf den gemächlich durch die
    Stadt fließenden Strom
und erinnerte mich daran,
dass ich den Rat von Freunden, mich
    endlich anzupassen,
damals, in einem längst entschwundenen
    Land,
schon einmal gehört hatte.

Thomas Nitschke * 1967

Was vom Leben übrig bleibt

Selbst das tollste aller Gebäude stürzt eines
    Tages einfach ein,
Es bröckelt und bricht ab, kurz:
    irgendwann wird's nicht mehr sein.
So ist's mit allem, was der Mensch so baut,
    was er erschafft:
Nichts gibt's was ewig hält, denn die Natur
    hat halt mehr Kraft.
Und wenn mir jemand die Langlebigkeit
    von einem Gebäude beschreibt,
Dann frag ich mich mit Skepsis, was vom
    Leben übrig bleibt.

Selbst der älteste aller Menschen wurd'
    keine 1000 Jahr,
Nicht einmal im Entferntesten, wie alt er
    auch immer war.
So ist's mit allen Menschen: niemand bleibt
    ewig hier,
So ist's bei allen Lebewesen, bei Pflanzen,
    Menschen und Tier.
Und wenn mir jemand Fotos von meinen
    längst verstorb'nen Urahnen zeigt,
Sinnier ich nach und frag mich, was vom
    Leben übrig bleibt.

„Ist das nicht unendlich trostlos", frag ich
    irgendwann,
„das nichts auf dieser Erde wirklich lang
    bestehen kann?"
„Gibt's nicht irgendwas, was doch bleibt?",
    so frag ich mich,
In meinem Herzen wurd' ich fündig, denn
    da fand ich dich.
Denn wenn man eine Freundschaft hat,
    in der man gemeinsam lacht und
    schweigt,
Dann weiß man plötzlich wieder, was vom
    Leben übrig bleibt.

Renate Nitsrek   * 1993

Regennacht

Da war schon immer kalter Regen
Denn dort wo kalter Regen fällt
Da fallen auch die stillen Sterne
Denn stille Sterne weinen kalt

Wenn Motten sich in Köpfe stechen
Und Köpfe zarte Träume streichen
Wenn Mottenflügel zart zerbrechen
Und Träume kaltem Regen weichen

Auf dem Asphalt kalter Regen
Bin vor Kälte aufgewacht
Können flügellose Motten fliegen?
Wann endet meine Regennacht?

Sophie Noe   * 1997

Fliegen

Hier oben wird alles klein.
Details seh' ich nur ganz fein.

Hier oben bin ich losgerissen,
von allem, was wir haben, wünschen oder
    missen.

Hier oben ist das große Ganze Eins.
Kein Unterschied ob 'meins' ob 'deins'.

Hier oben fühl' ich mich völlig frei,
egal wer ich bin, wäre oder sei.

Hier oben weit weg vom Alltag,
kräftigt sich mein Herz auf einen Schlag.

Hier oben weiß ich, was ich spüre.

Hier oben- in den Höhen der Gefühle.

Caroline Noeding

Der Kuss

Der Menschheit größter Hochgenuss
ist ohne Zweifel wohl der Kuss.
Er ist beliebt, er macht vergnügt,
wenn man ihn gibt, wenn man ihn kriegt.

Er kostet nichts, ist unverbindlich
und vollzieht sich immer mündlich.
Ein Kuss ist, wenn zwei Lippenlappen
mit Vorsatz aufeinander klappen.

Hat man die Absicht, dass man küsst,
so muss man mit Macht und List
den Abstand zu verringern trachten,
und dann mit Blicken zärtlich schmachten.

Man küsst auch Wangen und die Hände
vielleicht auch and're Gegenstände,
die ringsherum mit Vorbedacht
sämtlich am Körper angebracht.

Man sollte es mal mal ausprobieren,
ob wir uns in Sympathie verlieren,
so bliebe uns bestimmt am Schluß
Erkenntnis, vielleicht sogar ein Kuss!

Kay Noelke

Bittersüß

Doch Du willst es – doch Du magst es
das Leben
Sie sagen Dir, Du wirst empfangen und
    verlieren
doch Du willst es – doch Du magst es
Sie sagen Dir, es ist eins der gefahrvollsten
Sie sagen Dir, es ist voller Mühsal und
Entbehrungen
doch Du willst es – doch Du magst es
Sie sagen Dir, Du wirst lieben und hassen
Sie sagen Dir, Deine Heimat wird dich
    verraten
doch Du willst es – doch Du magst es
Sie sagen Dir, Deine Freunde werden Deine
    Feinde
Sie sagen Dir, Vater und Mutter werden
    Dich verstoßen
doch Du willst es – doch Du magst es
Sie sagen Dir, Nichts ist von Dauer
Sie sagen Dir, es ist bittersüß
doch Du willst es – doch Du magst es
das Leben

Gerda Nöllenheidt-Jaekel

Der Weltkrieg 1

peitschend Baum
still am See.
Unbeholfen
gezwungen des Windes Wiederstand.
verankert im Boden
Still Gestanden
Dem Kommando folgend.
dem Wiederstand wiedersetzt.
Getarnt in grün, allzeit bereit,
wenn es auch stürmt und schneit.
Die Weiden wehren sich nicht
Auch im hoffnungslosen Kampf
in den Krieg gezogen.
Das Ende gesehen, den Mut gefasst
und doch gestorben tausendfach.

Logan Nolte * 1999

Die Lebenswege der Menschen sind verschieden

Abhängig sind die Lebenswege der
    Menschen auf Erden,
vom Staat, der Zeit, den Eltern, wo sie
    geboren werden.
Arme Eltern haben in der dritten Welt,
für die Schulbildung ihrer Kinder kein
    Geld.
Die haben keine Arbeit und müssen betteln
    und stehlen,
ihre Kinder können nur die gleichen Wege
    gehen.
Arme Flüchtlinge in den Kriegsgebieten,
leben durch Spenden in Lagern und Zelten.
Wer in Indien der untersten Kaste
    angehört,
denen bleiben die besseren Lebenswege
    versperrt.
In den reichen Staaten kosten die Schulen
    kein Geld,
bis zum 25. Lebensjahr gibt es Kindergeld.
Die Menschen könnten alle die gleichen
Lebenswege gehen, in diesem System,
aber in Deutschland gibt es ein Hindernis,
das Drei-Klassen-Schulsystem.
Die Schulen, die ihre Eltern haben besucht
die werden ebenfalls von ihren Kindern
    besucht.
Hauptschüler bleiben auf ihrem Lebensweg
    chancenlos,
Real- und Gymnasiumschüler haben ein
    besseres Los.

Margarete Nolte * 1934

Der Weg - von dir zu mir

Ein Traum?
Ich gehe hier auf einem Weg,
er führt – ich weiß nicht, wohin.
Er hüllt sich in Dunkel.
Es stürmt um mich herum.
Blätter wirbeln umher, bunte und dunkle –
Gedanken.
Ich wende mich um, möchte zurück.
Den Weg zurück,
dorthin, wo es hell war, warm und vertraut.
Doch er hüllt sich in Nebel.
Kein Vor, kein Zurück, es bleibt mir nur
    das Hier –
der Sturm.
Ein Sonnenstrahl bahnt sich seinen Weg
    durch die Wolken –
Licht ...
Ich sehe mich um und sehe –
ich stehe doch
in einem Garten.

Monika Nolte   * 1957

Helft unseren Kindern sehen

Verlegen, verschüchtert, verworren,
fremd, ausgegrenzt und scheu,
wütend, verbittert, verloren –
trennst du nicht Weizen und Spreu?

Glaubst, womit and're dich locken –
an ein Paradies für solche wie dich –
Abenteuer, Freunde, Frohlocken –
dort lässt dich niemand im Stich!

Endlich hast du is gefunden,
lässt Familie und Freunde zurück.
Durch Wut, Zorn und Eifer verbunden
suchtst du dort vergeblich dein Glück.

Dein Motor - die Hitze der Jugend –
treibt dich durch ein Strohfeuer an.

Du glaubst an den Schöpfer, die Tugend -
zu spät, jetzt hast du dich vertan!

Zu spät um die Tränen zu trocken,
vergossen durch die, die dich lieben.
Tristesse verlitt dich zum Zocken –
wo ist unser Kind nur geblieben?

Nonstandard

Freude

Wenn das Unmögliche möglich wird
und Schweres federleicht,
wenn Farben schwirren um den Kopf
und Dunkel dem Licht entweicht,
wenn platzen möchte Herz und Geist
und Himmel greifbar scheinen,
dann pocht's in mir,
ich lebe ganz,
könnte gar vor Freude weinen.

Nore Vival   * 1959

Nächtlich kreative Macht

Dunkle eisklare Nacht
Mein Herz gibt den Takt
Unendlich leere Worte in meinem Kopf
In meiner Seele ein schwarzes loch
Würde springen für jenen Kuss
Den letzten und dann Schluss
Schluss des irdischen
Nur der Himmel kann sie würdigen
Peripherie am Rande des möglichen
Geschaffen für die Ewigkeit des Jenseits
Werde Dich halten immer und um jeden
    Preis
Zusammen Wir zwei vereint
Die Liebe hat unbeschreibliche Kraft
    entfacht
Auch in dunkler eisklarer Nacht

Phil Norgel   * 1996

Du gehst und bist am Anfang

Der Weg ist lang und weit.
Den zu durchqueren bist du von Anfang
    an bereit.
Mit kleinen Schritten gehst du los,
die Welt da draußen ist riesen groß.
An deiner Seite hast du zwei Begleiter,
die führen dich auf deine Reise weiter.
Manchmal legt dir der Weg die Steine quer.
Doch hast du sie durchbrochen, bist du viel
    stärker hinterher.
Nach langer Reise wächst Stolz und Kraft.
Schau nach hinten! Du hast viel geschafft.
Du kannst dich nun zu Bette ruh'n.
Es gibt für dich nichts mehr zu tun.
Man bettet dich ins Rosenmeer,
deine Hülle wirkt so dunkel und leer.
Deine Seele tanzt Walzer mit dem Wind
und fliegt hinein in ein neugeborenes Kind.

Stefanie Nowack   * 1990

Das Spiegelbild

Wenn es draußen kalt und dunkel ist
Und ich, ich bin einsam und allein
Wenn die nagende Kritik an mir frisst
Weiß ich, wenigstens du wirst bei mir sein.

Auch wenn selbst ich nicht mehr an mich
    glaube
Und gib mir an allem selbst die Schuld
Du bist immer da wenn ich dich brauche
Du hörst mir zu mit Engelsgeduld

Und wenn mir die Tränen aus den Augen
    fließen
Und die Trauer bricht über mich herein
Wie ich, du wirst dich mir anschließen
Du siehst mich weinen, und stimmst mit ein

Und wenn ich erschöpft am Boden liege
meine Augen noch nass, aber ich komm
    zu Ruh'
wünschte ich, du trätest durch das Glas,
kämest zu mir und decktest mich zu

Dale Nows

Stillleben

Es stand alles perfekt gestellt da,
sicher ist es, dass es schön aussah.
Verewigt ist es durch Bilder worden
und die Farben sind stets vorhanden.
Aber nicht nur die Farben, sondern
auch die Plätze von allen Objekten
hat jemand entscheidend geplant,
denn die Ganzheit ist sehr elegant.

Nur eine Sache fehlt noch ihr,
um das zu zeigen braucht man Gier,
dass es eine eigene Gestalt kriegt.
Etwa, dass es in Herzen zufliegt,
oder vielleicht verursacht in denen Beben,
dann bekommt es ein eigenes Leben.

Niklas Nurminen   * 1995

Liebe

Wie ein Ball
mit unzähligen Masken,
Wie ein Lied
mit tausend Melodien,
Wie Achterbahnenritt
mit hämmerndem Herzen,
Und ein Kuss aus Zuckerwatte und
    Parfüm.

Wie ein Tanz
mit immer neuen Schritten,
Wie ein Blitz
mit über tausend Volt,
Wie Sonnenstrahl
in glitzernden Augen
und Zwei Herzen schlagen wie Eins.

Luca-Leandra Nusche   * 1998

Der kalte Frühling

Die Vögel singen vergnügt,
die Bäume schmücken sich in Grün;
der Frühling ist gekommen,
der Winter in meinem Herzen bleibt ...

(Der schönste Frühlingstag verbleicht,
wenn Du nicht bei mir bist ...)

Toni M. Nutter * 1979

Du bist es

Vielleicht ist es noch zu früh
Oder doch zu spät
Vielleicht sind wir verliebt
Oder doch getrennt
Vielleicht bist du bei mir
Oder doch weit weg

Ich spüre dich jetzt
Und du bist Meilen weit entfernt
Deine Augen haben mir gezeigt,
dass du mich nie allein lässt

Dein lächeln gibt mir kraft
Deine Stimme umarmt mich sanft
Deine Tränen bringen mein Herz zum weinen
Wir laufen
Über Millionen von steinen ...

Huseyin Oba * 1995

Xibalbá

Meine Schuhe sehen so einsam aus:
Im leeren Flur
Stehen sie an der schmutzigen Stelle der
    Wand.
Meine Jacke hängt so traurig
– Und ganz für sich
An ihrem Haken im Schrank.

Meine Augen beschlagen,
Weil das Herz von innen dagegen atmet.
Und die Tasse unter dem Löffel
Ist das einzige, das hier noch wartet.

Die Fingerkuppen an den Enden meiner
    Hände
Sind aus Blei gemacht.
Schichtwechsel in der Halle,
Rauchende Asche im Schacht.
Sie fallen nieder auf die Tasten, das Klavier,
    den Tisch,
Vor das Gesicht,
Und ich sehe meine einsame Jacke am
    Haken
Und ich finde den Haken nicht.

Lisa Obergefell * 1985

Zum Geburtstag:

Es eilt die Zeit und nimmt uns mit
mit tänzelndem oder schleppendem Schritt.
Dies ist die vielgepries'ne Gerechtigkeit,
die uns zuteil wird erdenweit.
Ja, alles fließt: woher, wohin?
Und wir stehen mitten drin
und gehen mit der Zeit.
Wer weiß, wie weit?

Elmar Oberkofler

Mein Kommentar

Mein Kommentar
Wie konnt ich es wagen,
was hab ich getan,
anderen ein bessres Wort zu sagen.
Meine Gedanken zu äußern,
das Tun und Handeln der Andren
zu beäugen und kritisch zu sehen.
Und mir noch frech zu erlauben
mein Meinen und meine Ideen

einfach persönlich und direkt
von mir zu geben.
Wie konnt ich's bloß wagen
Ihm Aug in Aug gegenüber zu stehn.
Keine gedankenfreie Meinung zu haben,
nicht zustimmend nicken und stumm
einfach ja dazu sagen.
Wollt nicht behaupten es besser zu wissen,
oder gar gescheiter zu sein,
doch es wär vielleicht herzlos und dumm,
blieb ich einfach nur stumm.

Anton Oberleitner * 1966

Strebsam

Du willst es schaffen
Du ganz allein
Mit Deinen Waffen
Stürzt Du Dich da rein

Alles andre ist egal
Und weder Not oder Qual
Können Dich jetzt auslaugen
Du hast Dein Ziel vor Augen

Wenn Ehrgeiz Du hast
Und schaffst es nicht
Dann quält Dich die Last
Bis Wahrheit in Sicht

Svenja Oberndörfer * 1999

Ich, bitte

Ich, lass mich wieder herein!
Hab mich mutwillig, übermütig getrennt
    von Dir.
Nur einen Moment, im Spiel.
Was wäre wenn und wenn schon ...
Da hast Du, Ich, die Tür zugeschlagen,
    blitzschnell.
Jetzt sinke ich nieder, vor der Schwelle,
und flehe, lass mich herein, Ich!
Du weißt doch, dass Du nicht sein kannst,
ohne mich!
Ich, es gibt kein echtes Du!
Das führt nur in die Irre,
erinnerst Du Dich?
Einen Wimpernschlag lang,
losgelöst, in Euphorie,
und dann das schwarze Nichts,
rote Qual, graue Qual.
Ich, ich warne Dich!
Ich meine es gut mit Dir,
wir werden es wieder schön haben,
    gemeinsam.
Du hast doch nur mich.

Jutta Ochs * 1963

Sommers Gruß

Vom Licht in den Schatten
Taumeln. Schmetterling
Tanzen den Sommer
Lieben. Wunderding

Helena Ochsenreither

Das Glück

Glück ist Leben Glauben Lieben
Glück ist Frohsinn Heiterkeit und Frieden
Glück ist man wird geliebt und liebt
Glück ist Gesundheit die man fühlt
Auch wenn das Glück oftmals mit uns
    spielt

Unsere Seele liebt das Glücklich sein
Sie strahlt es aus wie den hellen
    Sonnenschein
Der Mensch wird frei von seinen Lasten
Glücklich ist er und begehrt ein kleines
    Stück
vom großen Glück

Ursula Oelschlägel

Hinterhofgeflüster

Wandel durch die Gassen der Stadt.
Alles wirkt so trübe und matt.
Finde nichts, woran man Freude hat.
Bin schon vor dem Essen satt.
Sattgesehen an der Traurigkeit der Stadt.

Brauche Ruhe vor ihr,
Denn die finde ich nicht hier.
Das wird mir alles zu viel.
Gehe wandern ohne ein Ziel,
Hauptsache weit weg von ihr.

Rein in die Natur,
Hier hab' ich meine Ruhe.
Hinterlasse keine Spur.
Für die Seele eine Kur.
Oh du wunderschöne Natur.

Maurice Oelze   * 1997

Nur für Dich

Du raubst mir dem Blindem das
    Augenlicht
sage den Atheisten ich glaube nicht
nur Dir

Ich gebe der Nacht die Dunkelheit
wie Du mir dem Taugenichts die Heiterkeit
habe nichts getan und bin doch bereit
zu zeigen wie ich fühle
das Leben gibt mir das Recht und die Zeit

Du bist einfach zu perfekt genau wie
    Edelstein
rede meiner Stimme ins Gewissen
gib mir das Ja und das Nein
dachte viele zu kennen doch ohne Dich so
    allein

Ich wollte mein Leben lang mit Dir sein
geborgen und tauchend in deinem Schein

Du mein Auf und ich mein Untergang
hoch oben fliegst Du und hältst mich
den der Sprang

Ich gebe geschlagen auf und stoppe meine
    Flucht
nehme das Tempo aus dem Lauf
nur für Dich die einzig wahre Sucht

Sebastian Oertel   * 1982

Philosophie der Liebe

Die Liebe ist eine tiefe Quelle,
aus der wir trinken,
wenn wir durstig danach sind,
und sie gibt uns das Verlangen nach mehr,
weil diese Quelle einen tiefen, stillen Grund
    hat.
Sie geht tief in unsere Herzen und berührt
    unsere Seele tief.
Die Quelle der Liebe ist stets das Licht in
    der Dunkelheit,
so wie der Funke der Anfang des Feuers ist.
Die Quelle der Liebe ist eigenartig. Sie füllt
    sich unaufhörlich,
umso mehr wir von unseren Herzen und
    der Seele aus daraus trinken.

Bernhard Offermanns   * 1958

Bittersüß

Bitter, doch auch süß zugleich,
Die Liebe, wenn sie mich durchfließt.
Spielt meinen Sinnen einen Streich,
Während Zwietracht langsam in mir
    sprießt.

Sie zerrt am Herzen, verursacht Schmerzen,
Doch nehm' ich sie zu gern auf mich.
Die Liebe zwielichtig scheinend wie Kerzen
Im Meer der Schatten ein kleines Licht.

Entflammt mich, doch erstickt's sofort.
Entspannt mich, Spannung folgt immerfort.

Feuer, wohlig warm? Nein bitterkalt!
Eine Ohrfeige, die ewig schallt!
Wie kann meine Seele dies nur ertragen?
Den Zwiespalt, der sie erzeugt, die Plagen?
Wie schaff' ich's nur es hinzunehmen?
Ich weiß nicht genau, doch hält's mich am
    Leben ...

Michael Ohler

Du schreist wieder Krieg!

Einer lügt den anderen an musst du wissen.
Drum wenn du nicht wirklich liebst, wirst
    du's vermissen.
Du willst einem sagen was er tun soll?
Dabei ist das Maß bei dir schon längst voll.
Dann fühlst du dich verletzt und schreist
    nach Rache.
Du pickst dir einen Schwachen raus, den
    machst du fertig, da geht's zur Sache.
Fressen und gefressen werden, ist für dich
    der Lauf der Welt.
Was dich sonst noch in Bewegung bringt,
    ist die Liebe zum Geld.
Es ist der Hohn, deine Seele schreit
    Revolution.
Gib es doch zu, es ist die Gier,
du verhältst dich wie ein Tier.
Du lässt dich treiben, schwimmst mit dem
    Strom,
erfindest Krankheiten, leidest am
    Symptom.
Du fühlst dich weise,
doch versinkst leise.
Die eigene Kraft schwindet,
vergangene Last bindet dich fest und gibt
    dir den Rest.
Das schwarze Feuer in deiner Seele brennt,
Tag für Tag, die Finsternis nimmt kein End.

Yvonne Okolie * 1970

Nahrungsquelle

Essen, Essen,
besteht aus Bestandteilen,
dazu gehören zum Beispiel Eiweiße.

Brot, Brot,
was ist dort drin.
Ich sag's euch Kohlenhydrate.

Fleisch, Fleisch
ich mag Bouletten,
was bleibt beim Braten übrig,
es sind die Fette.

Vitamine, Vitamine,
sind gesund.
Ich brauche so viele,
wie eine Goldmine.

Das war mein Gedicht,
esst immer gesund
sonst werdet ihr fett und pummelig

Kevin Okonkwo * 2001

schwarz

boshafte Ironie aus deinem Munde.
Tränen deiner Freude sprudeln.
deine Lächerlichkeit ist offen kunde.
in deinem Gehör meine Worte dudeln.
meine Gefühle schwirrten in der Luft.
doch du sie mit Absurde zertreten.
Leichte wandelt in schmerzhaften Duft.
Bloßstellung lässt mich wegtreten.
Dein Grinsen betäubt meine Ohren.
ein Überschuss an Tränen.
Widerlichkeiten meine Seele durchbohren.
Verständnis kannst nicht übernehmen.
Selbst Trost dir fremd.
Einsamkeit und Trauer summen frei.
Dein kranker Anblick im Kopfe dämmt.
Den endlosen Schlaf sehne ich herbei.

Züleyha Okutan * 1995

Flammen der Liebe

Die Sonne versunken in einem goldenen
 Licht,
lese Gedanken, wie Verse in deinem
 Gesicht,
im silbernen Schein der lächelnden Sterne,
spüre das Schlagen deines Herzens in der
 Ferne

Lasse mich fallen in die unerkannte Welt,
fühle, wie sie mit jedem Gedanken an dich
 erhellt,
sehe in deinen tränenden Augen ein
 brausendes Meer,
so blau, schimmernd, stürmend und
 unendlich schwer

Tropfen der Sehnsucht fließen den Fluss der
 Hoffnung hinab,
bis auf den unendlichen Grund des Meeres
 herab,
Ich schließe die Augen und spüre die
 Dunkelheit,
wie ein Engel schwebt daher eine goldene
 Melodie der Ewigkeit

Im lodernden Meer ich zu versinken schein,
von Flammen der Liebe umgeben in ihnen
 dein,
dein Erscheinen in tanzenden Funken,
ich war im ewigen Meer, in den
 stürmenden Wellen ertrunken

Lovis Hanna Olbertz * 2000

Der stolze Ritter

Es lebte einst ein stolzer Ritter,
der trotzte mit seinem Pferd jedem
 Gewitter.
Trat ein für das Gute in der Welt,
es interessierte ihn kein Geld.
Kein Mensch konnte ihn besiegen,
von nichts ließ er sich unterkriegen.
Doch dann verliebte er sich in eine Maid,
gegen deren Zauber, war er nicht gefeit.
Für seine Treue zahlte er schwer,
denn als er ging, war es in seinem Herzen
 leer.
Mit Untreue, Falschheit und Kälte hatte sie
 ihn bezwungen,
ihn ohne Ehre nieder gerungen.
Seine Kraft die war erloschen,
am liebsten hätte er sich erschossen.
Doch das ließ er sein,
fühlte er sich auch winzig und klein.
Stieg auf sein Pferd und ritt davon,
Undank war sein Lohn.
Bis heute ist ihm diese Frau zu wieder,
doch den stolzen Ritter sah man nie wieder.

Horst Ollram * 1962

Der Fremde

Ich kann sprechen und lesen,
aber gleichzeitig auch nicht.
Es ist so, als sei ich ein Analphabet.
Obwohl ich höre, verstehe ich nicht,
Obwohl ich spreche, werde ich nicht
verstanden.
Warum ist das so?
Ich weiß warum ...
Ich bin fremd!
Alles ist fremd.
Gastarbeiter werde ich genannt.
Einsam in einem fremden Land.

Sema Olukcu * 1993

Trostlos tänzeln die Tropfen auf dem
 Grauen Asphalt
Und Blätter schweben durch den Dunst der
 reglosen Stadt
Während Ich warte auf das Wunder um
 das ich Ihn bat.
Stetig formbar für eine Welt, deren Schrei
 in mir widerhallt.

Leblose Kritzeleien erwachen zum Leben,
Erfahren ihre sinnlose Existenz in der
    erdrückenden Realität.
Umkreisen den von Missacht und
    Hinterhalt umwundenen Regen,
der erntet was er sät.

Lina Omlor   * 1995

Die Schimmer goldener Medaillen vergehen
Gezeit, Vergangenheit ist alles was uns bleibt
Kein Ehr', kein Titel – alles bleibt bei
    Einsamkeit
Wie soll der Held Versuchungen der Welt
    entgehen?

All Sünd erkenn, erfassen und dann noch
    wiederstehen?
Der Körper junger Frauen/ nennet es die
    Schönheit
Ich jedoch/Herr/ erkenn sofort die Eitelkeit
Doch wer weiß mehr als er mit Augen mag
    zu sehen?

Das Herz die Seele gar vermögen dir zu
    bringen
Ein Lied von Frieden, Freude, Freiheit zu
    besingen
Ein jeder mag es hör'n und lasse sich
    betören

Es ist vorbei so lasst es überall erklingen
Ein Freudentanz; aus lauter Jubel springen
Die inneren Kämpfe ruh'n/ Frieden wird
    man hören!

Itua Omosigho   * 1996

Geliebt.

Dein Herz verschenkt,
Deine Trauer gesenkt,
Dein Puls erhöht,
Die Wahrheit enthüllt.

Die Liebe erwacht,
Dein Herz hat die macht,
Deine Augen erblinden,
Gedanken ertrinken.

Die Realität entspricht deinen Träumen,
Dein Herz schlägt eine Unzahl von
    Purzelbäumen,
Plötzlich die bittere Wahrheit,
Tod.

Yaren Onay   * 1996

Herbstatem

Hast du es schon verspürt,
dies andere, neue Wehen,
das zarte Spinnennetze bringt,
von Glitzerperlen bekränzt.

Hast du ihn schon erfühlt,
den anderen, neuen Takt,
mit dem die Tagesherzen schlagen,
wenn die Sommerhitze schweigt.

Kannst du das andere schon ahnen,
das den stillen Abschied in sich trägt?
Erkennst du hinter letzten Sonnenstrahlen,
dass nun fast jedes Grün erbleichen muss?

Dass das Leben sich zur Ruhe legt,
von weißen Decken wärmen lässt
und es kaum erwarten kann,
vom neuen Frühling wach geküsst zu
    werden?

Heidemarie Opfinger

Meine Wurzeln

Man schenke mir meine Wurzeln zurück,
Ich kann sie gar nirgends noch finden,
Dunkel erinnert mich das ewige Glück:
Bunte Bänder wehten um die Rinden

Man baue mir liebevoll eine Brücke,
Ich kann es nicht schaffen allein,
So schließe sich alsbald die Lücke,
Meine Erinnerung wäre all-fein

Man springe mit mir den Reigen,
Ich kann es alleine nicht stemmen,
Lachende Engel würden sich zeigen,
Die Wolken vom Himmel schlemmen

Man fliege mit mir zum heiligen Stern,
Ich kann ihn nur schemenhaft sehen,
Der Garten Eden wäre nicht fern,
Mein Herz zurück im Land der Feen

Malina Opitz   * 1987

Willkommen im Leben

Woche um Woche vergeht,
der Alltag fügt sich gut ein, die Augen
    brennen vom
langen Sitzen und dem Wein.
Gedanken kreisen im Kopf,
Lieder dringen in uns ein.
Wir möchten es gerne, aber können es
    nicht, nein.

Mensch um Mensch sieht uns,
die Kommunikation stellt sich ein. Die
    Füße können nicht mehr laufen
und sie weinen.
Gedanken kreisen im Kopf,
Lieder dringen in uns ein.
Wir möchten es gerne, aber können es
    nicht, nein.

Verdacht um Verdacht geht unter,
im Glauben jemand erkennt deine Gefühle
    und Träume.
Du gehst nur noch in die Natur und fragst
die Bäume.
Gedanken kreisen im Kopf,
Lieder dringen in uns ein.
Wir möchten es gerne, aber können es
    nicht, nein.

Maximilian Opitz

Destination Unknown

– Und nun stehe ich hier,
nackter Erdenwinzling!

Ziellos ausgespuckt
aus dem schwarzen Sog von Zeitturbinen.

Gewaltsam entwurzelt,
die letzte Brennkammer aus der
    Horizontalen geschunden,
den zermarterten Kopf fragend in den
    durchbohrten Nacken gerissen
Um nur für einen einzigen, erinnerten
    Augenblick
den unergründlichen Weiten des
    Universums entgegen zu blicken –
Indes die stummen Antworten meiner
    Fragen aus der tauben Ohrmuschel
wieder fort schallend wissen!

Und s i c h wünschen.
Sich wünschen,
doch wieder aufgesogen zu werden
um sich wie
Ein Wurm von vielen
im triefenden Schwamm des Vergessens
zu verkriechen.

Diana Opoku   * 1986

Der Künstler

Trockener Pinsel und leeres Bild,
Topf, aus dem die Farbe quillt.

Eiliger Anfang und erste Kontur,
Von Charakter keine Spur.

Feinere Formen und nächste Schicht,
Funke, der Erfolg verspricht.

Einzelne Tupfen und letzte Details,
Sehnen nach des Künstlers Preis.

Prüfender Blick und mehr Distanz,
Schnell, wo ist mein Lorbeerkranz?

Plötzliche Starre und Schritt zurück –
Anscheinend doch kein Meisterstück.

Hastige Kleckse und Ungeduld,
Das Licht ist schlecht, das Licht ist schuld!

Fallender Pinsel und brennendes Bild –
Mama kommt, sie lächelt mild.

Lea-Lina Oppermann * 1998

Zeit

Ist es ein Brauch, der eingehaucht?
Ein großer Atem, hinein, hinaus?
Die Lebensuhr, tickt sie geschwind?
Gibt sie und nimmt dem Menschenkind,
das Wertvollste – tagein, tagaus?
Ist es der Zeitenlauf, den du hältst
niemals auf?
Begrüßt dein Leben dich und lädt dich
ein?
Steht schon bereit und gibt den Takt
dir an?
Nimm' an das Angebot und zieh hinaus!
Sing' du dein Lied, das längst schon
angestimmt!

Orchidee * 1967

Seelentod

Ich lächle und ich lache,
doch Augen halten Totenwache,
denn meine Seele streckst du nieder!
Auf ihrem Grabe blüht der Flieder ...
Erkanntest nicht, was ihr den Tod bedeutet,
als dir die frohste Stunde hat geläutet ...
Willst sehen nicht was du mir angetan,
als meine Augen tief in deine sah'n ...

Der Seele Tod du hast gegeben
denn ohne dich wird sie nicht leben ...

Nicole Ortlepp * 1983

Am See

Zwischen Bäumen, vor dem Anleger,
versperren Schmiedeeisen meinen
Weg. Drüben plumpst Regen in
die seichte Fläche, wirft
tausend Ringe zu.

Himmel ist verhangen und der Otter
taucht, nur sein Schwanz bleibt
kurz zu sehen.

Sonne verschwunden hinter Wolken,
und ich verschanz mich unter
einem Dach aus Blättern.

Thomas Ortmanns

Galaktischer Luftballon

Schließe deine Augen
öffne deinen Geist
denke nach, über Dimensionen
das vergehen der Zeit

werfe alles über Board
woran du glaubst
frische dein Wissen
in dem gewonnenen Raum auf

dann wirst du vielleicht begreifen
das eine Sekunde, eine Ewigkeit sein kann
ein Tropfen ein Ozean, und das All

ist nur ein Luftballon voll Sterne

Holger Osewald * 1967

Dead Poets

Wir sind niemand
Leben nirgendwo
Tun nichts.
Wir sind das Echo von Sehnsucht und
    Leidenschaft.
Ein Windhauch, der an vergangene Zeiten
    erinnert.
Drehst dich um und bist allein.
Stille.
Wir sind still – Bleiben still.
Dein Herz hämmert in deiner Brust.
Schon lange nicht mehr gespürt, dass du
    am Leben bist.
Keine Zeit – Keine Lust.
Du bist jemand.
Lebst in der Stadt, die niemals schläft.
Ständig auf Achse.
Rufst nach Sehnsucht und Leidenschaft.
Keine Antwort.
Drehst dich im Kreis, von Leben umgeben.
Es ist laut – Lauter.
Keiner mehr da der unser Flüstern hört.
Das Flüstern von niemand aus nirgendwo.

Anna Ott * 1995

Zerscherbte Blicke
in Zwischensekunden
verdichten Wasserfälle
in Spiegelglätte
durchhuschte Sonnen und Monduntergänge
ein Tag eine Nacht

Zerscherbte Zwischensekunden
durchhuschen Sonnen und Monde
spiegeln glatt Wasserfälle und Herbste
zwischen Sekunden und Sonnenaufgängen
und Sonnenaufgängen
spielt der Herbst den Tag

Einblick

spiegelt den Wasserfall des
Lebens Herbst
und herbstig fällt das Blatt
Zwischensonnen und Monde
Untergänge scherben die Sonne
verbringen die Zeit in
Wasserfällen

Sabine Ott

Sommernacht

Den Blick auf klarem Sternenhimmel,
sprenkeln Funken, heiße Mächte,
erinnern an warme Sommernächte,
glitzernd, rotes Glutgewimmel.

Schein der hellen Feuerschwellen,
auf weißem, feingekörnten Sand,
vereint zu unbeflecktem Strand,
des Meeres salzbeschwerte Wellen.

Rauschen von süßem Wind und Flut,
umschließt Geräusche vertrauter Wildnis,
flimmernd, doch deutlich, dort dein
    Bildnis,
verspricht Zuversicht und Mut.

Wollen wir uns're Gedanken leiten,
zu gedenken all den Sachen,
über sie zusammen lachen,
aus längst vergangenen Zeiten.

Kommen wir doch zur Vernunft,
rauchig schlagen hoch die Flammen,
gegen Wasser, das wir durchschwammen,
entfliehend gemeinsamer Zukunft.

Tabea Ottersbach * 1994

So wie du

So wie du bist, so will ich sein
Mit sich selbst so absolut rein
Ein Mensch so stark und herzlich gut
Dein Leben gibt mir in meinem Mut

Dein Lachen füllt mit Freude pur
Dein Reden spricht die Wahrheit nur
Dein Handeln zeigt die Willenskraft
Dein Schweigen zieht zur Rechenschaft

Die Zeit sieht uns nicht oft zusammen
Und doch manchmal bin ich gefangen
Mit deinem Blick und deinem Wort
trägst du mich fort
an einen wunderbaren, vollkommenen Ort

Gwendolin Ottiger * 1989

Adaption auf eine Gewinnmaximierung

Schlecht ist die Lage vom Geschäft,
da kommt ein Krieg gerade recht.
Ich mache aus dem Kochtopf-Eisen
Panzerstahl zu Dumping-Preisen.
Es klingelt die Kass', es lachet das Herz,
was kümmert mich der Anderen Schmerz?
Ich bleib ja hier im sich'ren Hort,
brauch nicht hinaus zum Kriege fort.
Die Pein für mich ist ganz allein
zu klein ist nun mein Kässelein.
Die Lösung ist. so dumm es klingt,
wenn einen Riß man in den Boden bringt.
So fließt es dann im Säckelein
nach unten raus und oben rein.
Jetzt ist der Kreis geschlossen.
Wie viele sind erschossen?
Was kümmert's mich – ich werd nicht weich.
Es reut mich nicht – ich bin steinreich.

Johann Otto * 1959

Der Engel

Wird ein Blatt vom Wind getragen
hat wahrlich nur ein Engel seine Flügel mal geschlagen
Denn ein Engel ist ganz nah
Ihn zu sehn ist nur nicht klar
So viele Dinge und so manch ein Leben
würd es ohne Engel niemals geben
Man macht Engel schnell zum Glück
und schaut dann dankbar oft zurück
Und in so manch einem Moment, man inne hält und sich dann denkt
Was hat ein Engel mir schon geschenkt

Simone Otto * 1982

Sparpläne

Die Steuern und Diäten steigen,
den kleinen Steuerzahler im Visier.
Minister, Banker - Tanz im Reigen,
auf Resolution ein kühles Bier.

Jedes Jahr, es geht um's Sparen,
stehen neue Pläne fest.
Ein neues Auto sollte jeder haben
und für Alte, ein Abwrackprämientest.

Banker geben Anleihe , Tag für Tag
und reiben sich die Hände.
Der Finanzminister macht sich stark,
für Kfz-Steuern, ohne Ende.

Der Sparplan B ist schnell gemacht,
denn Windenergie spart viele Taler.
Ein teures Werk ist hier vollbracht,
mit hohen Kosten für den Steuerzahler.

Der Sparplan C, nicht gut durchdacht,
beim Militär der Bundeswehr.
Sorge, Kummer hat es schon gemacht,
denn trotz Sparens sind die Kassen leer.

Anita Pacholke * 1956

Schreckensparkett

Das Wasser im Munde. Es türmt sich zur
   Welle.
Der Ort des Geschehens? Das Zentrum der
   Macht.
Die Blicke fixiert, nur noch auf eine Stelle.
So weit schon der Zeiger entfernt von der
   Acht.

Gepflegt und gestriegelt, die Uniform sitzt.
Gedrillt auf das Nehmen, sonst Leere im
   Kopf.
Aus Habgier und Kälte, die Seelen
   geschnitzt.
Das Für mal beiseite, das Wieder beim
   Schopf.

Moral und Verständnis entweichen dem
   Raum.
Verpönt, bloß von Nachteil. Schnell
   machen sie Platz.
Zu gierig das Leben. Zu schön dieser
   Traum.
Bloß Schlösser und Ketten für den großen
   Schatz.

Sekunden zu Stunden. Die Säbel sie rasseln.
Nun schlägt sie die Stunde wie der erste
   Schuss.
Beträge und Summen. Die Zukunft
   vermasselnd.
Gewinnmaximierung. Der Menschheit
   Verlust.

Das Ende in Sicht. Doch noch ist's
   verschwommen.
Nur der kann gewinnen, der Skrupel nicht
   kennt.
Kommt nach mir die Sintflut, dann hab ich
   gewonnen.
Die Welt, sie muss bluten bevor sie bald
   brennt.

Gian-Luca Paderi * 1991

Lebenslust

Die Lust nach dem Geschmack und Geruch
Die Lust nach dem Tasten und Erspüren
Die Lust nach dem Sehen und Bestaunen
Nach dem Licht und der Dunkelheit
Dem Weiß und dem Schwarz
Und all den bunten Farben dazwischen
Die Lust nach dem Aufwachen
Augen aufmachen und spüren
„Ich lebe."
Die Lust nach dem Atemzug
Dem Guten-Morgen-Kaffee
Die Lust nach dem Blick
In bekannte Augen
Die Lust nach dem Alltag
Und der Veränderung der Zeit
Die Lust nach dem Selbst
Und all dem anderen
Die Lust nach der Welt
Die Lebenslust

Beatrix Pahl * 1997

Über dem Fluss der Zeit

Erinnerung Gottes über dem Fluss
überlebte ungeschliffen –
Rauch geschürter Krise
vom Winde verweht.

Ruhe in lichten Räumen,
ästhetische Besinnung,
heilige Beschaulichkeit.

Statt zerquetschter Plattigkeit
dritte Dimension sich erhebt,
die an Gott erinnert –
über dem Fluss der Zeit.

Rolf von Pander

Flug zum Luftschloss

Deiner Welt den Rücken zugekehrt,
Findest niemals mehr dort hin,
Erinnerung und Hilfeschrei stets
    abgewehrt,
Fängst du nie mehr an zu singen.
Allein gelassen mit all der Pflicht,
Setzt dich nieder auf dem Speicher,
Blickst müde durch das fahle Licht,
Wird deine Miene plötzlich weicher.
Entdeckst du deine alte Kiste,
Seit Jahren schon verstaubt, verdreckt,
Peter Pan die Fahne hisste,
Du jedoch hast sie versteckt.
Tränen streicheln tröstend deine Wangen,
Doch verreisen können sie nicht,
Wolltest immer neue Funken fangen,
Doch der Nebel war zu dicht.
Als der Nebel wurd' zu Rauch,
Die Sicht ward dir genommen,
Auf den Lippen bloß ein Hauch,
Die Zeit war schon verronnen.

Denise Park   * 1996

Zeit

Also lass sie und verschwenden
Die Zeit die uns noch bleibt
Tage und Jahre
Stunden und Dekaden

Also lass sie uns verschwenden
Denn Zeit ist verschwenderisch
Sie nimmt Alles
Und lässt Nichts

Denn gnädig ist sie nicht
Die Zeit
Also lass sie uns verschwenden
Auf Immer
Und bis in alle Ewigkeit

Zeit, Du Schöne
Geh und Leb
Aber ohne mich
Ich verschwende Dich

June Parker

Nährstoffe

Kohlenhydrate sind in Butter,
das sagte mir auch meine Mutter.
Eiweiße schmecken mir nur teilweise,
doch ich ess' sie trotzdem gern.
Fette erinnern mich an eine Bulette oder
    Croquette.
Theoretisch ist's mir egal was ich esse,
denn ich krieg sowieso 'ne fette „Fresse".
Doch ich bin froh,
denn mir ist klar,
Mc Donald's ist für jeden da.

Celeste Parlow   * 2001

Über die Vergänglichkeit der Werte

Meinung, Licht und Schattenspiel,
Davon weißt du reichlich viel.
Du hast deinen Platz gefunden,
Dich kümmerlich dafür gewunden.

Ein Theaterstück, das ist die Welt,
Das Schönes und Schlechtes zusammenhält.
Realität liegt so nah' beim Traum,
Doch begreifen kannst du es kaum.

Begrenzt ist jeder grausame Schmerz,
Und endlich jedes liebende Herz.
Du zerbrichst an der Gespaltenheit,
Die du hasst, die dich auch freut.

Du stehst zwischen tausend Stühlen,
In einem Meer aus Energie und Molekülen.
Was ich noch zu sagen vermag?
Nun, lebe für DICH! Nutze den Tag!

Madlen Parpart   * 1995

Winter

Im kalten Frost die Bäume stehn,
Kristalle in der Luft vergehn,
Silberhauch das Feld bedeckt,
Leben schützend sich versteckt.

Winter ist's,
Die Welt steht still.

Sirrend klar das Himmelsblau,
Mond grüßt Sonne, fällt der Tau.
Schatten so unendlich tief,
Als der Wehmut Klang mich rief.

Winter ist's
die Welt steht still.

Einsam zart ein Vogel singt,
ungehört im Eis verklingt,
Schnee liegt auf der Seele Leid,
für den Abschied nun bereit.

Winter ist's,
die Welt steht still.

Barbara Pascher   * 1961

Stadtpark Husum

Unter dem vollen Mond
sammelt die Weltenfee
die aufgeblätterten Gedanken
der Frühlingsträumer
in ihr blaues Jahrmillionenbuch.

Kalt stehen die Krokusse
im dunklen Rasenteppich.
Die eingefrorenen Vogelgesänge
stapeln sich unter der uralten Buche.

Manchmal tappen suchende Schritte
durch die eingewegte Natur.
Saugend fällt der Spätnachtnebel
über die kahlen Baumkronen her.

Die Nacht schluchzt,
wenn sie den Tag erbricht.
Ich leide dem Licht entgegen.

Sabine Passow-Ulbrich

Wenn du

Ein Freund ist ein Freund. Egal ob nah oder
    fern, denn die Hauptsache ist,
er ist für dich da und hat dich gern.
Gibt es auch mal Streit, dann denk einfach
    an die schöne gemeinsame Zeit.

Ein ferner Freund kann gut sein oder
    schlecht.
Er kann lieb oder gemein sein, aber ist er
    ein echter Freund ,
lässt er dich niemals allein!
Er kann versuchen dir bei allem zu helfen
    oder nicht.
Ein wahrer Freund jedoch ist immer da für
    dich.

Ein ferner Freund ist nicht immer bei dir.
Er kann dich auch nicht immer sehen.
Da hilft manchmal auch kein betteln und
    kein flehen.
Ob er ein wahrer Freund ist, musst du
    selber sehen.

Melanie Pastwa   * 1987

Ich sehe Licht

Ich sehe Licht,
hinter einem dunklen Sprung.

Ich höre Sirenen,
in einer lautlosen Nacht.

Ich spüre Infusionen,
In einem tauben Arm.

Endlich, ich lebe

Katharina Patotzka   * 1989

Ich vermisse die Liebe

Ich vermisse die Liebe, die ich so
 schmerzlich entbehre.
Alles Liebe, Alles Hass, alles entbehre ich
 und wünsche ich so sehnlichst.
In Ewigkeit verdammt zu hoffen, zu hoffen
 auf das Glück
Welches mir nicht zuteil wird.

Liebe, geliebt zu werden von einem
 Menschen, von einem, der dich liebt.
Ist es etwas Besonderes? Was würdest Du
 tun, wenn es dir fehlt?
Du würdest dich bestraft fühlen, ungeliebt
 und du hast Recht.

Doch wie ändern, das was falsch ist.
Es bleibt jedem selbst überlassen etwas zu
 ändern,
also tu es!

Julia Patt   * 1991

Die weltbeste Schlankheitsdiät

Sei schlank! Hört man, liest man
 allenthalben.
Dick sein, sagt man, mache krank.
Deine Rettung sei das Idealgewicht. Glaub
 es nicht!
Alles spricht fürs Wohlfühlgewicht.
Ein gequältes langes Leben, denn auch
 dieses soll es geben,
in dem die Devise heißt VERZICHT, lohnt
 sich nicht.
Gewicht hab ich genug, und Falten auch,
 angenehmerweise aber
keinen nennenswerten Bauch. Sowas gibt's
 auch.
Kennst du noch die Zeiten, als
 die Unterernährung tat den
 Volksgenossen
mehr als ein Problem bereiten?

„Ich nehme ab – vom Teller, dann geht es
 schneller!" sagt mir ein Freund.
Ihm ging im Leben so manches daneben.
Das Auge isst mit dank Dekoration. Der
 Magen freut sich schon!
Und das Gold auf den Hüften wird fleißig
 vermehrt.
Schon wieder lebst du verkehrt.
Lebe mit gutem Geschmack! Nimm zu,
 nimm ab.
Lies leichte Gedichte statt schwere Gerichte
 zu verdaun.
Merke: Du kannst dir dein Leben nur
 selber versaun.
Leichter Genuss macht ganz viel Sinn!
 Deine Paula Zeppelin

Brigitte Pätzold

Sonnenstrahl

Reine Küsse voller Wonne,
erhebt und stets verweilend,
ein feines hellen, jener Sonne
die uns beseelt und seiend

meint mit Freude, uns beschenkt.
Lass dein Herz erblühen
wie den Rosenstrauch bei Zeiten,
ein Lichterglanz im Tropfen der bedenkt,

in Muse stiller Gabe
welch mannigfaltige Gefühle
sprühen, unter der Wolken Hülle
geküsst vom Sonnenstrahl der Tage.

Alexander Paukner   * 1982

Erinnerungsstück

Mama, heut hab ich Dein gedacht:
als Einkaufswagen ich versandt' –
(wie hast du ihn: „Hackenporsche"
 – genannt?)
vormittags zur Post gebracht.

401

Er war schon alt, noch immer gut! –
Im Vertrauen, ohne Scherz:
mulmig war mir schon zumut! –
Fast war es wie ein Abschiedsschmerz ...

So, wie du ihn zum Einkauf zogst,
leicht mit der Last nach Hause brachtest –
entleert, ihn in den Händen wogst:
prüfend Zustand überwachtest!

Er diente dir, dank deiner Pflege,
willig, bis zum letzten Tag ...
Ein Dreckfleck von dem letzten Wege,
fand ich auf dem Radbelag ...

Nun ist er fort, unwiederbringlich!
Andere werden ihn benutzen ...
Stets bereit, wo immer dringlich –
bis er dereinst nicht mehr von Nutzen ...

Helmut Paust

Artemis' Tochter

Ich habe Artemis' Tochter gesehn.
Ich sah sie gestern am Waldrand stehn.
Sie schattete ihre Stirn mit der Hand
und warf einen weiten Blick auf das Land.
Dann ging eine Bewegung durch ihre Gestalt.
Sie drehte sich um und verschwand im
    Wald.

Ich hörte einen Habicht schrein.
Dann war es still. Ich war allein.
Ein Wind kam auf. Ich hörte ein Rauschen.
Es knackte im Busch. Ich begann zu
    lauschen.
Ich schattete meine Stirn mit der Hand
und warf einen Blick auf das weite Land.

Der Horizont veränderte sich.
Artemis' Tochter bin ich.

E.A. Pavorel   * 1958

Wolkengold

Mit sonnenbelegter Stimme schmelz' ich
die Phobie spukhafter Mächte.
Die schmerzend sich in mir wälzten.
Und im Wolkengold
des schwelgenden Sommers
treiben die üppig erfüllten Düfte
schon genüsslich dahin.
Über gelb fließende Wogen
wellt gedankenleicht das Lied der Wärme.
Im stetigen Wandel der Tages Ströme.
Die sich vom lärmenden Blau
des Himmels in das umsäumte Bett
ermüdeter Haine entzieh'n.
Entfernt flüstert der Abend
noch seine fiebrigen Monologe.
Und entlässt die violetten Schweife
des Abschieds in das blau-schwarze
Grab eines verblühten Stolzes.
Wo ich in die bodenlose Diffusion
des befreienden Vergessens versinke.

Georg Pawlak

Die Sanduhr

Ich kippe sie um und schaue zu.
Ganz dünn rinnt der Strahl und langsam.
Er hat unendlich viel Zeit.
Nun wird er schneller, unmerklich.
Man muss genau schauen.
Jetzt rinnt er stärker, jetzt rinnt er stark.
In der Mitte hat sich eine Grube gebildet.
Ein Grübchen.
Es scheint, als würden alle Sandkörner
zu diesem Grübchen hin fließen.
Und dann hinunter in die Tiefe ziehen.
Unten ist jetzt viel mehr Sand als oben.
Man kann zuschauen, wie es immer
    schneller geht.
Und wie es oben immer weniger wird.
Ich möchte die Sanduhr umdrehen
Und wieder von vorn beginnen.
Ein Spiel.
Aber das ist gegen die Spielregeln.

Marta Pechmann

Herz

Am Nordpol angekommen,
fühl mich irgendwie noch ganz benommen
Die Kälte die mich beißt
zerreißt mir das Herz
und der Schmerz ist unerträglich, denn,
Groß ist man nicht durch Worte,
groß ist man nicht durch Geld,
groß ist man nicht durch Taten,
aber wer reinen Herzens ist,
hat Größe.

peckchen   * 1977

Der Bär

Finster war's und kalt,
als ich ging durch winterlichen Wald.
So geheimnisvoll und still,
und der Geräusche doch so viel ...

Ich lauschte und ich schaute,
im Geheimen auch mir graute.
War da nicht ein „Knacks"!?
vielleicht lief da ein Dachs?

Da, war da nicht ein Schatten?
Vielleicht nur ein paar Ratten ...
Ich zitter und ich steh –
der Schatten war ein Reh!

Eine breite Tatzenspur zog sich dahin,
mit tiefen Krallenabdrücken drin.
Also doch! Sie war wahr die Mär –
von dem wilden Bär ...

Barbara Peer Hofer   * 1974

Unbekanntes Feuer

Mein Seelchen gestreichelt von Deinen
    Zeilen
bin doch gespannt was mich ,uns ereilt.

Oh wie ich mir wünsche ,das wir uns
    gefallen,
und uns lauschen bei unsern Gedanken.
Oh ja wir laufen, wir gehen, wir schreiten
um dann zu halten und zu verweilen.
Den Herzschlag spürend mit dem Winde
    im Ohr
will ich dir hauchen herrlich mehr, mehr,
    mehr.

Nun Vorsicht ist geboten noch
das Feuer ich noch nicht lodern haben mag.
Sonst zu verbrennen noch vor der Zeit,
üb ich geduldig mit Worten .
Ich glaube und glaube es nicht
und doch schreib ich diese Zeilen an Dich.
Vereint zu sein zwischen Himmel und Erde
zu finden den Mann
der mit mir noch größer werde.
Oh was für schöne Gedanken
Grenzen zu sprengen und neu anzufangen.

Perdita   * 1971

Nur ein schlechter Tag

Es wird schon. Wird schon.
Verlass dich auf mich. Auf. Mich.
Lass dich nicht fallen.

Aber alles wird mir zu viel. ZU. VIEL.
Bekomme keine Luft,
mein Brustkorb wird immer größer,
aber der Busen leider nicht.

Was ist in mir?
Es wächst und WÄCHST.
Irgendwann bin ich ein Ball,
der ins leere Universum gleitet.

Du bist doch nur du, NUR du.
und ich bin doch nur ich, nur ich.
Wir leben nur zusammen. Nur. Nur.

Es wird schon.
Es wird alles gut.
Schau mich nicht so an.
Nur ein schlechter Tag.

Marija Peric-Bilobrk * 1978

Sterben

Ich möchte Worte schreiben –
Die wie Wunden bluten.
Möchte meine Seele heilen –
Und deine erreichen.
Doch Beides werde ich nicht schaffen.
Nicht in diesem Leben.
Und an nächste Leben –
Glaube ich nicht mehr.
Also verblute ich innerlich –
Und Dich interessiert es nicht.
Und die Sehnsucht ist tot –
Und die Liebe gegangen.
Und doch sterbe ich nicht.
Ich gehe weiter jeden Tag –
Auf diesem Weg –
Ins Nirgendwo.

Anke Peritz * 1975

Verschollen

Der Mann, der mir einst war bestimmt,
er kehrte nie vom Krieg zurück.
Krieg ist stets ungerecht und nimmt
hinfort das ganz private Glück.

Der Mann, der mir einst zugedacht,
in Russlands Erde – wer weiß wo –
niemand hat ihm ein Grab gemacht,
im Kriege war das eben so.

Doch habe ich schon oft vernommen
von einem, der für tot erklärt,
und das ist wirklich vorgekommen,
kehrt heim nach Jahren – unversehrt.

Ach, würde mir das Glück zuteil
und darauf hoff' ich immer noch,
er käm' zurück – gesund und heil.
Ach, lieber Gott, ach käm' er doch.

Sabine Peschke

Du

Wer bist du?
Du, der du einfach kamst auf mich zu.

Du, der du ließest mich nicht los –
obwohl ich es versuchte endlos.

Du, der du es schafftest, auf meine
Ängste zu reagieren. Oder auch
einfach nur mit mir zu spielen.

Du, der du wolltest bespielt werden.

Der große Du. Der immer wieder
kam auf mich zu.

Bis du mich dazu brachtest,
mich mit dir zu treffen.

Gegen meine Prinzipien.

Was erwartet mich nun?

Von dir?

Kristin Peschutter * 1981

Worte

Worte, der Wahre Wert und was sie
    benennen
Worte zu schön
um die Absicht zu erkennen

Worte so schön
Worte so leer

Worte nur Worte
sind ohne Gewähr

Ein Wort ohne Tat
Ein Wort gleich Verrat

Das gesprochene Wort
oder das Wort in der Schrift
Haben, haben nicht
das gleiche Gewicht

Worte sind Macht
der eine weint
der Gleiche lacht

Erwecken so viel
verlaufen im Spiel
wirken, sind
zerstörend betörend

Pessioptimi   * 1990

Ich, der Spatz

Ich wünschte ich wäre ein Spatz.
Freilich, auch um rumzufliegen,
die Sonne im Nacken, im Wind mich
    wiegen.
Ich wünschte ich wäre ein Spatz.

Doch mehr um viel begrenzter zu leben,
im Kopfe, im Zeitraum, welch ein Segen.
Ich könnte nicht weinen, ich könnte nicht
    schreien,
müsste nicht täglich mein Übel ausspeihen!

So waghalsig durch die Gegend fliegen,
wie immerzu den Tod besiegen.
Denn bis zum Abschied in zwei, drei Jahren
gäbe es niemand um mir zu sagen:

„Eile, tue, leiste mein Kind,
bald wirbelt dein aschener Rest durch den
    Wind!"

Und gäb es doch einen, der dies zu mir
    spricht,
mein Spatzenhirn verstünde es nicht.

Resi Pest   * 1987

Jugendliebe

Ihm erschien einst ein himmlischer Bote
und flüsterte: „Such sie auf Lanzarote,
die du so lang schon vermisst!"
So kam der Tipp wo sie ist,
grad' als schon aufzugeben er drohte.

An ihrem Arbeitsplatz in Arrecife
bekam sie tagtäglich E-Mails und Briefe.
Doch in all ihren Jahren
ist ihr's dort nur einmal widerfahren
dass jemand die Jugend in Erinnerung riefe.

Er überlegte lang in Steinhagen:
Wie könnt' er sie (nicht nur zum Schein)
    fragen,
ob's wohl in Frage noch käme,
dass sie zum Freunde ihn nähme -
er hoffte, sie würde nicht „nein" sagen.

Als die Antwort mit „ja" ihm beschieden
wirkte er glücklich und völlig zufrieden.
So können die beiden
weiter sehr gut sich leiden
und haben sich oft schon geschrieben.

Schurke Pete   * 1952

10 klein Schokoweihnachtsmänner

10 kleine Schokoweihnachtsmänner, wir
    wollten uns drauf freu'n;
Beim Warentest fiel einer durch, da waren
    es nur noch 9.
9 kleine Schokoweihnachtsmänner, so im
    Regal bei Nacht,

Die Putzfrau – hungrig – kam vorbei, da
    waren es nur noch 8.
8 kleine Schokoweihnachtsmänner haben
    sich die Zeit vertrieben;
Beim Kegeln brach einer entzwei, da waren
    es nur noch 7.
7 kleine Schokoweihnachtsmänner, oh,
    schau, ein brauner Klecks;
Zu nah am Ofen einer stand, da waren es
    nur noch 6.
6 kleine Schokoweihnachtsmänner, die
    hatten keine Strümpf';
Gab einer sich den Sockenschuss, da waren
    es nur noch 5.
5 kleine Schokoweihnachtsmänner, die
    hüpften zum Klavier,
Der eine bald im Tastenrausch, da waren es
    nur noch 4.
4 kleine Schokoweihnachtsmänner
    stampften Kartoffelbrei;
Unkontrolliert der eine stampft', da waren
    es nur noch 3.
3 kleine Schokoweihnachtsmänner
    träumten vom Tanz im Mai;
Einer tanzte und träumt' zu wild, da waren
    es nur noch 2.
2 kleine Schokoweihnachtsmänner, so lang
    schon auf den Bein'n;
Der eine schlief todmüde ein, der andere
    blieb allein.
1 kleiner Schokoweihnachtsmann, der hat
    sich schnell versteckt,
Hinter 'ner Tür, die zu im Nu, wird er wohl
    je entdeckt?

Martin Peter   * 1973

Treibholz

Treibholz im nassen Sand so schwer
Spröde Schnur hält das Netz
riechender Bretter
Das Nest zerschmettert
In den Sprüngen
hält die Feuchte
Gewürm.

Oliver Peters   * 1967

Erlösung

Schäumendheiß tobt die Welle heran,
wirft mich um, lässt mich
im scheinbaren Nichts versinken.
Ein frischer Windhauch kühlt die
    schweißnasse Stirn
und lässt mich aufmerken.

Verwundert nehme ich das schwache
    Nachtlicht wahr,
das sich durch die Dunkelheit bewegt.
Ein Licht, das mir den Weg zeigen wird,
    oder ein Irrlicht?
Berstende Gaumensegel durchbrechen
die Stille der Nacht.

Danke für die Medizin,
die aus der braunen Flasche tröpfelt
und meine Zunge benetzt.
Zu spät, mit vernebeltem Geist, erkenne ich
den aufgedruckten Totenschädel.

Marten Petersen   * 1952

Der Traumurlaub

SCHLAU hatte einen Traumurlaub gebucht
und dafür eine ferne Insel ausgesucht.
Daß er jedoch einen Alptraum wählte,
er später klagend vor Gericht erzählte.
„Klimaanlage im Zimmer defekt,
nachts von Mückenschwarm geweckt.
Der Wasserhahn im Bade tropft,
alle Abflüsse verstopft.
Vor dem Fenster Höllenlärm,
Salmonellen im Gedärm.
Am Strand Abwasserrohre endend,
kein Sonnenschirm dort Schatten
    spendend."
Nun, meint SCHLAU, nach Alptraum-
    Qualen,
muß man ihm sein Geld rückzahlen.
Doch des Richters Urteilsworte

finden seinen Beifall kaum:
„Auch ein Alptraum ist ein Traum,
nur von einer andern Sorte."

Werner Petrenz

Die Welt

Ist unten wirklich unten?
ist oben wirklich oben?
ist Erd' und Himmel verbunden?
laufen wir wirklich auf Boden?

Es gab den Urknall,
aber warum?
es gibt nur eine Erde überall,
sind wir Menschen eigentlich dumm?

Wird die Technik bald soweit sein?
wir denken nicht mehr an das Klima,
wir schalten Strom aus und ein,
gibt es bald eine Klima Firma?

Keiner denkt mehr an die Zukunft,
alle nur ans Geld
über die Auskunft
schon gar nicht über die Umwelt der Welt!

Es muss was passieren,
egal was,
Technik kann nicht die Welt regieren
und kaum Leute voller Hass!

Christina Petrie * 2001

Mit letzter Kraft

Mit letzter Kraft hält sich der Winter
an den ersten Frühlingstagen fest
es störte nicht die spielenden Kinder,
doch manch einem gab er den Rest.

Lebte ich doch lieber am Äquator,
wo man solch Kälte gar nicht kennt

doch hätt ich dann wieder Angst davor,
dass die Sonne meine Haut verbrennt.

Will wieder frischgemähtes Gras riechen
will wieder mit Freunden an den See
mich bräunen auf halbschattigen Wiesen
auf ner schönen Grillparty

Den Sommerwind will ich tief spüren,
den Sommerregen wieder hören
will nicht stehen vor verschlossenen Türen,
sondern der Freiheit angehören.

Mit letzter Kraft hält sich der Winter,
hielt viel mehr als er versprach,
es störte nicht die spielenden Kinder,
begänne der Frühling mit dem morgigen Tag.

Marco Daniel Petrik * 1987

Von der Geburtstagstorte erdrückt

In den seltenen Momenten
In denen der Kapitalismus schläft
Vor den dunklen Schaufenstern
Und ehemals mächtigen Schriftzügen
Schreist du aus Unfreiheit
Während Obdachlose friedlich
Auf Stuttgarts Einkaufsstraße schlafen.

Du fühlst dich unverstanden
Von jedem Satz, den ich spende
Aber das liegt nur an dem Alkohol
Und der Erschöpfung,
die das Kuchenbacken mit sich bringt.
Ich möchte dich umarmen
Aber das klemmt dich noch mehr ein.

Was sich wie große Liebe anfühlt
Ist in deinen Ohren nur Lärm,
Der dich erdrücken und kontrollieren soll.
Ach wie gerne würdest du flüchten
Irgendwohin, wo du unbekannt und frei
    sein kannst.

Tatjana Petschl * 1996

Der Sprachterrorist

Nehmt euch in Acht!
ich habe mir eure Worte zu eigen gemacht
dieselben Worte
die ihr zueinander sagt
selbstredend
rede ich euch
eure Ausreden ein
wann immer ich will
mache ich eure fadenscheinigen Ausflüchte
zu meinen schlagkräftigen Argumenten
gegen die ihr nicht ankommt
wegen eurer Fadenscheinigkeit
wenn ich euch dann
mit euren Worten
die Kehle zugeschnürt habe
und ihr nicht mehr atmen
und schon gar nicht reden könnt
steht ihr am Pranger
wegen eurer Sprache

Josef Petz   * 1961

Der Erzähler

Langsam, schleppend trieft die Musik
in meinen Ohren.
Sickert nur langsam in den Geist.
Zeitversetzt erkenne ich den Ton.
Kann kaum noch wahrnehmen
was um mich herum passiert.
Zu tief ist die Flut.
Zu stark der Strom.
Jeder Ton reißt mich tiefer hinab.
Die Wellen schlagen über mir zusammen.
Tosend, rauschend,
zu laut für meine Seele.
Raum füllt Zeit und Sein.
Der Raum in mir ist die Unendlichkeit.
Mein Herz bleibt stehen,
hört auf zu schlagen.
Druckausgleich.

Nele Nike Pfau   * 1993

Heimat

Bin ich meine Heimat los
Bin ich dort nur mehr zu Gast
Bin ich wirklich heimatlos
Und bin drauf nicht gefasst

Komm ich heim und freue mich
Komm ich und es ist wie immer
Komm ich nun und sehe Dich
Und Du erkennst mich nimmer

Find ich Dich am alten Orte
Find ich Dich im alten Hemd
Find ich nicht mehr traute Worte
Und ich bin mir selber fremd

Wilma Pfeiffer   * 1967

So wie die stille See,
Den Donner kündet.
Und nach dem Herbst,
Der Regen schwindet.
Und die frische Brise,
Hoffnung bringt.
So trägt die Liebe,
Frucht und Kind.

Und du mein Freund,
Hast hier gewonnen.
Ein Herz aus Gold,
Und tausend Sonnen.
Das Licht des Mondes,
Schenk' ich dir.
Teilst du die Ewigkeit,
Mit mir.

Marie-Sophie Pfenniger   * 1996

Ich habe eine Macke

Ich habe eine Macke.
Bin Lehrerkind.
War etwas Besonderes.
Nur für die anderen nicht.

In Startposition zum Überflieger.
Losgeflogen bin ich nie.
Könnte ich aber.
Wenn ich nur wollte.
Oder etwa nicht?
Da fehlt etwas.
In meiner Struktur.
Kaum zu beheben.
Bittere Erkenntnis.
Kann doch nichts dafür.
Muss auf dem Boden bleiben.
Wie die anderen auch.
Dort gehöre ich hin.
Ist das schlimm?

Heiderose Pfingst * 1970

An die Gescheiterten

Ich, verschwindend im Blau.

Verstehe jedes Wort,
ein klopfen an eine Tür, die sich nicht mehr finden lässt.

Ich, das Gefühl der Meere.

Fühle noch deine Hand,
doch der Wind kann nicht halten, was der Sturm zuvor zerriss.

Ich, haltlos verschwunden.

Spüre den letzten Blick,
wie die Wärme, mit der Kälte spricht.

Ich, der Grund der Leere.

Versuch nicht mich zu binden,
kannst nicht atmen, kannst nur ertrinken.

Jan Pfister * 1984

Susis Schäfer

Sie sah den Hirt bei den Schafen
und wollte sogleich mit ihm schlafen.
Doch der wollte nicht mit ihr schlafen.
Er schlafe lieber mit den Schafen.
Schließlich sei er kein Schläfer,
sondern ein Schäfer.
Das hört die Susi gar nicht gern
und schläft jetzt mit 'nem andern Herrn.

Hermann Manfried Pflanz

Die Kuh

Diese dumme Kuh, steht da einfach so rum,
auf einer Weide groß wie zehn Fußballfelder.
Weiß wohl gar nicht was ihr Gutes widerfährt!
Stattdessen steht sie ziemlich faul auf einem Fleck,
frisst Gras, mal links rum, mal rechts rum,
guckt blöd in die Gegend.
Will sie vielleicht was sagen?
So was wie: Nicht ich bin blöd, blöd seid ihr!
Was rennt ihr nur den ganzen Tag umher,
halt doch mal inne, Müßiggang ist angesagt,
versuch's doch auch mal mit Gras,
meinetwegen auch Butterblumen,
ach, friss doch was du willst,
nur bleib endlich stehen,
lass alle Fünfe grade sein,
genieße die Natur, den Augenblick, das Jetzt,
mach es wie ich,
so soll es sein, das will ich dir sagen,
darum steh' ich so blöd da rum!

Marion Philipp * 1947

Mit dir

Mit dir möcht ich alt werden
eine Floskel ein Satz
nicht wissend, nicht ahnend, was kommt

Ein langer Weg
er heißt Kampf und Verzicht
der Bogen gespannt
Oft dem andern zu nah
bis der Blick abschweift und wieder zurück
Bis alles genommen und alles gegeben
bis nichts mehr kommt außer Geduld

Und endlich das Ziel
an dem das Du so vertraut wie niemals zuvor
wo zweierlei eins wird
Am Ziel ohne Kriege und ganz ohne Siege
ohne Geheimnisse und Lügen
wo alles gesagt

Was bleibt –
ein Lächeln darüber
ein gleicher Gedanke
mit dir möcht ich alt sein

Susanne Philipp * 1943

Kommunikation

Jeden Tag mit anzusehn,
wie die Menschen sich nicht verstehn.
Ist das schön?

Sie hängen müde und träge,
in Bus und Bahn
und haben nur noch Handy und I-Pad an.

Trotz, Fortschritt, ich kann es sehen,
die Menschen sich nicht mehr verstehn.

Ich wünsche mir, ein lautes oder leises
Wort.
Ist unsere Kommunikation völlig fort?

Vielleicht sehe ich Das, völlig schlecht,
aber, wie wäre es mit einem
WORTGEFECHT.

Minna Philipps * 1958

Akzeptanz, und alles ist gut.
Das sagte er ihr, das sagte er ihr, nein, das
    ist nicht richtig,
das schrieb er ihr,
das schrieb er ihr,
auf einer Gedenkkarte,
kurz nachdem ihr Mann gestorben war,
kurz nachdem ihr Mann gestorben war,
nach jahrelangem Krebs,
nach jahrelangen Kampf gegen den Krebs.
Und was er zurückbekam,
was er zurückbekam war eine Schelle,
eine von ihm schon erwartete Schelle.
Wie sonst soll man in solch einer Situation
    auch reagieren,
in einer Situation in der nicht nachgedacht
    wird,
in einer Situation in der die Vernunft durch
    all die Trauer ausgeschaltet ist,
all die Vernunft, all, all die Vernunft.
Aber warum, das verstand er lange nicht,
warum sie ausgeschaltet ist,
denn Akzeptanz, denn Akzeptanz, denn
    Akzeptanz
macht alles gut.

Phkor * 1993

Apfeltheorie

Ich sehe mich als Äpfelchen
hängend
am Baum.
Mein Gesicht von all' der Sonne
bunt gefurcht.
Und so genieße ich den Arm des Astes
Schwalbenzirkel über meinem Scheitel

den Nebelatem unsrer Blätter
bei Sonnenaufgang
und jeden Millimeter den ich mit meiner
Fleischinnenseite erklomm bis zum
heutigen Tag.
Dann.
Falle ich.
Rieche schon im Flug das Grün und
erahne die Namen seiner Bewohner.
Nehmt mich auf –
verstreut mein Ohne-Augen-Gesicht –
zerteilt meine Regenerinnerungen
und schenkt mir das rätselhafte Glück der
Erde.

Sofia Piano * 1978

Vertrauen.
Gottes Gabe.
Seines Ebenbilds Treue.
Wir hörten Ihn sagen,
ich habe dich getragen.
In der Zeit von Last und Leid,
keine Menschenseele weit und breit.
Doch auf Gott vertrauen,
das ist unser letzter Weg.

Johanna Pichler * 1999

Fußnote

Eingeholt von der Vergangenheit
hat sich die Erinnerung verflüchtigt.
Versuche, sie wieder zu beleben,
scheitern unwiederbringlich.

Zäh ringst du um Wahrhaftigkeit,
die du glaubst dir schuldig zu sein.
Kräfte flackern noch einmal auf,
um alsbald wieder zu erlöschen.

Es bleibt die Erinnerung an dich –
reduziert auf eine Fußnote
aus der Vergangenheit.

Rolf Pickenpack * 1940

Sehen?!

Siehst du nach vorne, – siehst du nicht wer
dir folgt.
Siehst du zurück, – siehst du nicht was
kommt.
Siehst du zu Boden, – siehst du nicht was
über dir ist.
Siehst du zum Himmel, – siehst du nicht
wohin du gehst.
Siehst du zur Seite, – siehst du nicht wer
dich begleitet.
Siehst du aber in dich hinein, – weißt du
wo du hinsehen musst.
Nämlich nach oben, – um die Sterne zu
sehen.
Nach vorne, – um den Weg zu wählen.
Nach hinten, – um zu verstehen.
Nach unten, – um zu sehen was im Weg
liegt.
... und zur Seite, – um zu erkennen wer für
dich da ist und immer zu dir halten
wird.
Hör auf dein Herz und du wirst lernen zu
Sehen.

Kira Piechnik * 1998

Frühlingsgefühle

Kalt und dunkel war das Leben,
das der Winter uns gegeben.
Ja, wer hätte das gedacht?
Nun hat er sich davongemacht.
Der Frühling ist nun der Regent
und ändert vieles ganz dezent.

Die Sonne lacht schon viele Stunden,
manch' Jogger drehet seine Runden.
Wärme hüllt uns kuschlig ein,
da will man nicht alleine sein.
Hand in Hand durchs Leben gehn,
das ist jetzt besonders schön!

Wenn die ersten Blumen sprießen,
kann draußen man sein Eis genießen.
Und ein Straßenmusikant
singt vom Strand mit weißem Sand.
Ja, warm und strahlend ist das Leben,
das der Frühling uns gegeben.

Inge Pietschmann * 1946

Wenn kalte Nächte (zu)nehmen

All die Blätter auf der Erde
Tausende, Millionen?
Als Münze oder Schein,
würd er die Blätter klonen.

Für Stiefel und für warme Westen
Zur Kirmes und zu andren Festen.
Ein Beutel voller Geld,
hätt' ihm die Herbstes-Nacht erhellt.

Erkältet und mit leeren Taschen
Schläft er auf Banken und auf Straßen.
Im Traum singt warm ein Kinderchor
Bis kalt und still sein Herz gefror.

Jane Pietuszko * 1997

Zerstört uns nicht
mit eurem Plastiklächeln!
Verschwendet nicht Alles,
lasst die Skepsispfeile stecken!
Zieht eure Arme zurück,
die so tun als ob
man nicht genug davon hätte.

Ewa Pilakowski

Die Trommel

Zart fängt sie an zu singen,
lauter, fordernder, monoton, in dich
    dringend.
Du bist an deinem Ort heilig, kraftvoll,
rote Felsen, roter Sand, energiegeladen.
Gehst auf deine farbige Reise, über die
    Brücke
von Realität zur Anderswelt.
Ihr Gesang führt dich,
durch die Nebel deiner Emotion
vorbei an Hindernissen,
lässt dich fliegen, lässt dich sehen,
angekommen in drei Welten, erlebst dich
    neu,
findest dich, findest deinen Helfer, Schutz,
    Begleiter.
Bilder zeichnen sich im Kopf und Seele
schmerzende Leichtigkeit vermischt mit
    Liebe,
du lebst neu mit ihm.
Die Trommel singt immer noch zart,
monoton, fordernd, leise, tief
mit zärtlicher Liebe.

Michael Pilath * 1947

Sonett der Liebe

Manch einer hält sie für das Schönste der Welt,
würde Berge verschieben, nur für sie.
Bezaubert alle mit ihrer Fantasie,
denn ihre Kraft ist, was zusammenhält.

Andererseits führt sie dazu, dass man fällt,
endet durch diesen Schmerz in Lethargie.
Wirkliches Glück empfinden viele dann nie,
denn mittlerweile lebt man meist für Geld.

Doch wenn man mal bedenkt, was es
    einem bringt,
so erkennt man die Notwendigkeit schnell
und wird geführt durch die eigenen Triebe.

Jeder einzelne Zweifel daran sinkt,
wie die Sterne leuchtet die Euphorie hell
und man lernt die Bedeutung der Liebe.

Jolene Pilch * 1993

Die zerbrechliche Ähre

Im Anfang war das Dunkel hinter den
    tausend Dingen der Zeit
zeitenloses Licht im Los der Zeit.
Seit dem Sündenfall scheint Es umgekehrt.

Schnitter der Seele
auf viel zu spät bestelltem Feld
über dem Tal
der Gedanken
in mir:
Schatten der Liebe
dort,
wo die zerbrechliche Ähre
im Herzen
am Wegesrand
blüht,
dort,
jenseits vom Tod
träumt
vom Lichte geblendetes
Hier!

Pilgrim   * 1967

Herbst

Die Linde zeigt es schon länger an
Mit gelben Blättern, versteckt im satten
    Grün
Der Sommer neigt sich seinem Ende
Wenn Staubschwaden über Felder ziehen

Eingefahren ist die Ernte
Die frische Scholle glänzt wie Speck
Rotbraungelbe Farben
Drängen nun das Grün hinweg

Die Kleiderkammer der Natur
Öffnet ihre Tore weit
Und schenkt jedem Baum und Strauch
Vorübergehend ein neues Kleid

An dem nun Wind und Wetter zerren
Der Asphalt deckt mit Laub sich zu
Der Igel baut sein Schlafquartier
Schon steht die Flora im Dessous

Für Wochen ruht sie nun, nicht nackt
Mit Millionen Knospen, kurz vorm bersten
Für eine neue, frische Welt
Mal sehn, wer diesmal sind die Ersten

Manfred Pilz   * 1942

Der Druck

Erwartungen zwingen mich zu Boden,
ungelogen, die anderen sind völlig
    abgehoben,
Realitäten verschoben,

Die Angst zu versagen,
kann die Laster nicht mehr tragen,
und bin zu schwach um zu klagen,

Alle Augen auf mich gerichtet,
Ängste unter Fassaden geschichtet.
Und doch haben sie meine Schwächen
    gesichtet,

Taste blind mit meiner Hand,
suche Halt und suche Land,
und spüre doch, ich steh am Rand.

Zitternd und nackt steh ich ängstlich dort,
wo bin ich zu Hause, an welchem Ort,
lasse mich fallen und dann bin ich fort.

Kann nicht funktionieren,
will das Feuer nicht mehr schüren,
nur eins will ich – endlich den Aufprall
    spüren.

Sandrah Pinegger   * 1994

Kurzes Leben

Selbst ein Blümchen,
zierlich und klein.
Kann in Kinderhänden,
Gold wert sein!

Das Kind lacht,
tanzt vor Freude.
Es pflückt das Blümchen,
groß ist die Freude!

Das Blümchen hatte zwar,
nur ein kurzes Leben!
Es war aber schön,
für andere zu leben!

Das kleine Ding,
hat seine Zweck erfüllt.
Es hat die Herzen,
mit Liebe gefüllt!

Dennis Pink * 1977

Erfüllte Sehnsucht

Ich geh' auf Wegen die ich kenne,
seit Jahren war ich nicht mehr hier.
Wenn ich es beim Namen nenne,
fällt die Zeit wie Staub von mir.

Die Zeit des endlos langen Wartens,
die Sehnsucht nach Vergangenheit.
Pochende Gedanken starten,
in eine Zeit zurück – so weit.

Blass, wie durch dichte Nebelschwaden,
seh' ich Bilder jetzt und hier.
Ich sehe mich durch Zeiten waden,
als noch viel Zukunft lag vor mir.

Ich gehe durch vertraute Straßen
und da ich alte Heimat spür.
Fühle ich von ganzen Herzen,
erfüllte Sehnsucht tief in mir.

Fred Pinkert

Das Dorf

Nicht viele Häuser
aber genug
Zusammenleben von Menschen
Bekannten

Ruhe. Frieden. Das Dorf.

Im Winter
rücken die Häuser zusammen
Sind eins

Licht von Straßenlaternen
aus Fenstern
kriecht durch Nebel
macht kalte Straßen
warm
Viele Lichter
als ein Licht

Ich fahre nachts
Sehe Licht
vor mir
Komme näher
Das Dorf

Sabine Piontek * 1964

Freiheit

Was habe ich getan!
Ich wusste nicht, wie sehr du leidest,
mein geliebter bunter Vogel.
Meine Liebe wurde dir zum Gefängnis,
sie fesselte dich mit goldenen Stricken.

Was habe ich dir angetan!
Ich wollte nicht sehen, wie dein Gefieder
    verblasste,
nicht hören, wie deine Lieder verstummten.
Kannst du vergeben?

Sieh her, ich öffne den Käfig,
reiße ein seine Wände aus Ichsucht.
Meine Tränen gelten nur mir,

doch wie leicht wiegt mein Verlust
gegen deine Freiheit!

Flieg, du wunderbarer Vogel,
nicht länger sollst du Fesseln spüren!
Lass dich tragen vom Wind,
und ich will heimlich lauschen
deinem jubelnden, herausfordernden Schrei.

Hanna Piruzram　* 1948

Masken

Mein Herz pulsiert in mir,
und so laut und stark, dass ich am liebsten
    aufhör'n mag
ich will nicht, ich kann nicht
möchte am liebsten weg
aber ich bewege mich nicht vom fleck
etwas ist da, was nur ich halten kann
bin ich es?
Bin ich wirklich der einzige Mann?
Ja, ich weiß nur ich kann es schaffen
aber ist es wirklich das Beste sie von mir
    zu lassen
Sie gibt mir das Gefühl, jemand anderes,
    wichtigeres zu sein
aber nur ihretwegen, fühlt sich mein Herz
    an, wie aus Stein
versucht hatte ich es wohl
aber so schwer ist sie geworden ...

ich lasse sie an,
nimmer zieh ich sie aus
fest ist sie gebunden
fest lass ich sie drauf

und obwohl ich weiß, dass es nicht das
    richtige war
ließ ich sie für immer da

Sonia Pitellos

Bürde und Verletzungen

„Ich trag' schwer an manchen Dingen;
ich muss klagen, kann nicht singen.
Freude ist von mir gewichen.
Ich bin voll; und das gestrichen.
Nichts hat Platz in meinem Herzen;
Frust tut alles aus dort merzen.
Möcht' am liebsten von hier fliehen,
ohne Leib von hinnen ziehen.
Denn ich seh' mich d'rin gefangen,
hätt' mich gerne aufgehangen.
Denn dann bin ich los die Sorgen;
alle Tage, nicht bloß morgen."
So denk' ich an manchen Tagen,
wenn „man fährt mir an den Wagen".
Doch mein HERR sieht es nicht gerne,
wenn ich so von ihm bin ferne,
steht mir bei in diesen Stunden
und verbindet mir die Wunden.

Manfred Pitterna　* 1954

Ideen funkeln

Ideen funkeln heute in der Luft –
wie Schneekristalle,
doch schneeschnell
schmelzen sie auf meiner Hand.
Da wünsch ich mir Schnee,
der nicht schmilzt,
eine ganze Eiszeit
voll guter, frischer Gedanken!
Was für ein Unfug! schilt da
die Stimme aus dem Untergrund.
Ich erschrecke gehörig,
beginne zu schreiben.
Da fließt er wieder, der
seidene Überlebens-Schreibfaden,
an dem mein Leben hängt
und auch deines,
wird glühend, warm;
tropisch öffnet sich
das ganze Universum.

Brigitte Pixner

Zum Einzug ins eigne Haus

Wir wünschen euch Geborgenheit
Im neuen eignen Haus.
Wir wünschen euch für Lebenszeit:
Nur Glück geh' ein und aus.

Wir wünschen euch Zufriedenheit
An jedem neuen Tag,
Bleibt zum Verständnis stets bereit,
Was immer kommen mag.

Das Haus euch biete festen Schurm
Für euren Lebenstraum,
Vergebens rüttle wilder Sturm –
Gefeit davor sei euer Raum.

Wir wünschen euch Gemeinsamkeit
Für viele schöne Jahre,
Genießt in trauter Zweisamkeit
Das Glück, das wunderbare.

Wir wünschen euch Geborgenheit
Verschont von jeder Not.
Es fehle euch zu keiner Zeit
Vom Tische Salz und Brot.

Matthias Plack * 1936

Die beiden Seiten in dir

Gedanken, die sich nicht lenken lassen.
Sie befehlen dir, dich selbst zu hassen.
Du möchtest dich ihnen entziehen,
versuchst seit langer Zeit zu fliehen.
So stark, so mächtig,
gar zu verdächtig,
entfacht sie jeden Tag aufs Neue
den Kampf in dir, ganz ohne Reue.
Dein wahres Ich kennst du längst nicht
 mehr,
denn du bist nur noch ihr Gewehr.
Geschwächt und ohne Emotion,
gibts' dich ihr hin als Munition.
Doch sie ist von dir nur ein Teil,
treibt zwischen euch gern einen Keil.
Nun gib nicht auf, kämpf immer weiter,
die andere Seite ist viel gescheiter.
Sie kennt deinen Wert, sie möchte leben,
hat dir so viel mehr zu geben.

Jessica Plagge * 1984

Wunder

Wunder gibt es überall
und in jedem Leben
alles was es dazu braucht
ist ihnen Raum zu geben

Ein Wunder ist das Morgenlicht
mit dem der Tag beginnt
ein anderes der klare Bach
der durch die Wiese rinnt

Ein Wunder ist das Samenkorn
aus dem ein Baum entsteht
der wieder seine Samen trägt
die dann ein Wind verweht

Ein Wunder ist die Farbenpracht
die die Natur uns bringt
ein Wunder ist das kleine Lied
das uns ein Vogel singt

Ein Wunder ist unser Planet
der um die Sonne kreist
das größte Wunder ist der Mensch
mit Seele und mit Geist

Barbara Plank-Bachselten * 1960

Liebe

Liebe lange, viel und stark,
denn dein Herz,
ach es sehnt doch gar so sehr!

Sich in das stille Liebesmeer,
vollends zu versenken,
gib nur; habe dennoch keine Angst.
Vertraue.
Du bist da im Augenblick,
vergiss, verlier dich;
an die Welt wie den Moment,
besonders allerdings,
an deinen Nächsten.
Liebe will geben, lehren dich,
auf dass, du dich ruhig,
letztendlich ohne Angst,
voll und ganz verschenken kannst.

Manuel Planner   * 1990

Streitgespräche

Ego: Sein nun still! Hinweg, verschwind ...
    in Windeseile,
droh ich an, vor Wut fast blind.
Du nie lassen kannst mich zu tadeln, steh
    vor dir, leide Schmerz,
fühl mich nackt auf 1000 Nadeln.
Was willst du hören? Scio me nihil scire?
Was wenn ich auch damit irre?
Du klingst schon fast wie ne Sirene ... deine
    Töne habe ich satt!
Täglich spielst das gleiche Lied,
versuchst nur ständig zu betören, doch ich
    will dich nicht mehr hören!

Conscientia: Nun mein Kind, hör auf
    zu klagen! Bist selbst Schuld an all
    Dilemma.
Du kannst nicht sehen, was du dir nicht
    willst eingestehen.
Wenn du nicht hörst und immer fragst,
    anstatt mal nur zu glauben wagst,
wirst du nie ... wie herrlich klingt diese
    Melodie?
die Liebe finden, die dich erstmal lässt
    erblinden.
Lass den Bedacht, soll sein außer Acht, du
    siehst ja was sie mit dir macht.

Ego: Du sprichst nur wirre, dumme Sätze ...
    hast Glück dass ich dich nicht in Stücke
    fetze!
Wie soll ich handeln ohne denken? Wer soll
    denn meine Glieder lenken?
Du bist verrückt, dir fehlt Gehirn, dein
    Kopf ist Fallobst eine Birn

Angelina Plemic   * 1986

Abschied

Abschied ist dem Blatt vom Baume
    nachzuschauen, wenn es fällt.
Abschied ist die Hand, die eine andere noch
    einmal hält.

Abschied ist der Nachhall einer schon
    verstummten Melodie.
Abschied ist die große Frage: Wie?

Abschied ist der Blick aus einem fahrenden
    Zug.
Abschied ist der letzte Tropfen Wasser aus
    dem Krug.

Abschied ist die Nacht, die den Tag
    zudeckt.
Abschied nimmt, wer in sich Neues
    ungeahnt entdeckt.

Abschied kann unendliche Verzweiflung
    sein,
oder so alltäglich, wie am Wegesrand der
    Stein.

Oder wie die Pusteblume, deren Samen der
    Wind verweht.
Abschied ist die Frucht, aus der das Leben
    neu entsteht.

Julia Plettenberg   * 1968

Ein Versuch

Du suchst die Versuchung
versuchst zu begreifen
zu beschreiben
wie sehr sie berührt
was zu verbergen du suchst

Händeringend
suchst du nach Worten
flüchtig belanglos
erstarrt
suchst du ihren Blick
stockenden Atems
suchst du Halt
in ihren Augen

Der Versuch
sie zu greifen
ihr zu zeigen
damit sie es weiß
scheitert kläglich
sang- und klanglos
suchst du das Weite.

     Karin du Plooy   * 1983

Schatten

Vom Schatten getrieben & von den
 Menschen gemieden,
Erwache ich im Kerzenschimmer,
Forme im dunklen die Verse ,
Schreib allein in meinem Bernsteinzimmer

Fühl wie sich schwärze langsam über mich
 legt,
Jeder Wunsch ihr zu entrinnen,
Führt immer weiter unentwegt,
In diese schwarze Kunst nach ganz tief
 innen

Sie ist das was mich im Innersten
 zusammenhält
Wenn auch außen alles auseinander fällt,

Ist sie mein stiller Begleiter,
Mein Schattenreiter,
in dieser Welt

     Michael Plosl   * 1989

Himmelskuss

Unter einer Eiche legten wir uns nieder,
sangen ein paar Lieder,
schliefen ein und träumten
so klar als seien wir noch da.

Sahen wie die Sonne verschwand,
hinter den Wolken ein Regenbogen sich
 spannt,
wie der Wind den Baum bewegte,
und der Regen die Blätter wegfegte.

Plötzlich ein Blitz einschlug,
die Eiche in Zwei geteilt,
waren erschrocken aufgewacht,
schauten uns mit großen Augen an
und ich sagte dir: „Da hatte doch soeben
Vater Himmel Mutter Erde geküsst,
mein Kind das war unser Glück."

     poesiepoet   * 1967

Zerrissenheit

Ein scharfer Dolch
spaltet meinen Leib
getrennt von Gut und Böse
Verzweifeltes Aufgebehren
gegen die Hilflosigkeit
die Leib und Seele schwächt

Wo bin ich?
Wer bin ich?
Wo darf ich Ich sein?

Losgelöst von zerrissenen Gefühlen
ein ganzer Mensch zu sein

     Verena Poestgens   * 1976

Ostermontag

Eisluft und dunkelmond

dein auge
es winkelt
mir freundlich zu

belasse es

doch es hört nur begrenzt
verfärbung ist
natürlich gesetzt

nahweh
mein auge deinem
und nichts außer

aber ich geh

greisig
unwillig.

Lisa Poetzsch

Wie können wir nur leben auf dieser Welt

Wie können wir nur leben auf dieser Welt?
Sie ist doch so sehr in Hass getränkt!
Wie kann man nur einen Krieg beginnen
und selbst nicht vor Gewissensbissen
    zerrinnen?
Wie kann man nur das eigene Kind
    begraben,
hörst du die Mutter denn nicht klagen?
Wie kann man jemand anderen erschießen,
das Blut Unschuldiger vergießen?
Wie kann man nur so gierig sein nach
    Macht,
hat wohl niemand das Ausmaß an Wehmut
    bedacht.

Wie kann man verantworten, dass
    Menschen ihr Leben verlieren,
dabei auch noch die Worte eines debilen
    Diktators akzeptieren?
Wie können wir zusehen bei all dem Leid,
wir glauben doch wir sind gescheit!
Wie können wir nur leben auf dieser Welt,
würden wir nur wissen was im Leben
    wirklich zählt!

Evelyn Pointl   * 1999

Nicht zuzulassen was man fühlt,
sich nicht d'rauf einzulassen, was man hofft,
denn was, wenn alles nur vergeben,
was, wenn alles nur erschwert.

Was, wenn man sich selbst vertraut
Und doch dem Eigenen nicht mehr glaubt;
Wenn die Sehnsucht dich vergisst,
weil der Schmerz dich nicht verlässt.

Wenn du dich hinderst es zu spüren, weil
    du weißt du gehst verloren.

Wenn du nicht aufhören kannst zu warten,
    wenn du festhältst an dem Nichts.

Wie findest du den Weg nach vorn?
Wie wirst du frei für das was kommt?

Immer noch gibt es die Hoffnung,
dass das Alte wiederkommt,
dass es neu wird,
dass es gut wird,
dass man frei ist; ganz von vorn.
dass es Sinn macht,
dass es Teil wird,
dass das Alte kommt von neuem.

Anna Pointner

Die Abhängigkeit

Das Licht hat den Schatten
der Schatten das Licht
folgen einander dicht an dicht

wer wem folgt gib dem kein Gewicht
ohne den einen gibt's den anderen nicht

Aydin Polat * 1965

Die Liebe

Die Liebe ist schwer zu verstehen,
Sie neigt dazu oft zu vergehen,
Beständigkeit kennt sie kaum,
Man wird aus ihr nicht schlau.

Arrogant, zerstörerisch, blind ...
Manche sagen, dass das nicht stimmt.
Sie ist so schön und romantisch,
Man fühlt sich durch sie gigantisch.

Das Alles ist nur Fantasie,
Träume, eine Wunschmelodie.
Das bilden wir uns nur ein,
Verstecken uns hinter dem Schein.

Die Liebe kennt kein Erbarmen,
Hält Herzen und Seelen gefangen
Und lässt gerne Menschen leiden
Für kurze und lange Zeiten.

Wenn Einer sich ihrer befreit,
Kennt kein seelisches Leid
Und kann das Leben genießen,
Die Liebe nicht mehr vermissen.

Olga Polikevic * 1983

Anders

Menschen sind kompliziert.
Jeder funktioniert anders.
Jeder denkt anders.

Aber manche Menschen sind nicht jeder.
Die, die nicht jeder sind,
unterscheiden sich gewaltig von den anderen.

Wir handeln anders.
Wir sind anders.
Wir wollen nur eins :

Akzeptanz
Von den anderen,
von uns selbst,
von Fremden,

Aber die haben wir nicht.
Denn wir denken anders.
Denn wir sind anders.
Denn wir sind das, was wir sind.
Anders

Alexandra Polischuk * 1998

Wie Menschen leben

Sind sie nicht glücklich mit dem, was sie haben?
Was sie umgibt und was sie berührt?
Sie sehen es nicht, sie suchen nach Farben
Und finden den Weg nicht, der zum Ziele führt.

Sie schätzen die Welt nicht, die ihnen gegeben.
Sie hoffen auf Glück, doch versperren die Sicht.
In ewiger Suche nach richtigem Leben
verpassen sie es und erleben es nicht.

Sie bauen sich Mauern aus ständigen
   Fragen
Und Gottes Gedanken reichen nicht aus,
um ihnen durch Sonne und Blumen zu
   sagen,
das Glückliche sei ihnen ein' Schritt voraus.

Sie brauchen Beweise. Sie wollen's erklären.
Sie fühlen sich höher als unsere Welt.
Sie wollen das Leben des Guten belehren.
Obwohl es versteht, obwohl's keine Fragen
   stellt.

Und nein, freilich bin ich nicht besser als
   sie.
Wahrscheinlich kommt kein Mensch ums
   Denken herum.
So ist diese Dummheit der Philosophie:
Das Leben ist hier. Doch der Mensch fragt:
   Warum?

Simona Polischuk * 1996

sprachführer

schon lange reden wir aneinander vorbei
unsere körper sind vakuumverpackt und
   starren in die leere
küsse will ich von dir
nicht worte

Claudia Polver

in liebevoller Freundschaft

Es ist dein Tag heute.
Freu dich, geh unter die Leute.
Lass dich bewünschen
von all deinen lieben Menschen.
Lass dir Geschenke geben
und gute Ratschläge fürs glückliche Leben.
Umarme jeden, der sich mit dir freut,
und vergiss für jetzt der Erde Leid.

Ich werde Trauer heute tragen,
schwarz in schwarz ist mein Klagen.
Ohne dich zu sein tut bis heute weh,
auch wenn ich es bin, die ich immer geh.
Du jedoch, mein guter Freund,
genieße den Tag „with an open mind"
Ein Gärtchen und eine Bibliothek, das
   wünsch ich dir,
Viel Glück in Heute und Hier.
Und wenn du noch immer nichts von mir
   verstehst,
und ohne ein Wort gleich wieder gehst,
so wisse nur, dass dich trotz allem jemand
   liebt,
und nichts meine Freundschaft zu dir je
   trübt.

Stefanie Portmann * 1979

Das Glück wohnt in den Körpern
Für Prinzessin Mondlicht, 12. März 2001

Das Glück hat heut' Nacht bei mir
   gelegen.
Sanftheit war, lag auf den Zinnen im
   Traum.
Nichts trennte. Ein Sehnen, ein wiegendes
   Schweben.
Das Glück wohnt in den Körpern der
   Frau'n.

Gemeinsam sind wir durch Wälder
   gezogen,
wir lauschten dem murmelnden Bach.
Zum Haus wölbt' sich der nächtende
   Bogen,
das Gebirg streckt' sich zum Dach.

Haut ist nicht Haut, Bein ist nicht Bein.
Wo fängst du an, wo hör' ich auf?
Liebe beugt sich unendlichem Sein.
Und das Glück? Es flieht die Wolken
   hinauf.

Und doch hat es heut' Nacht bei mir
    gelegen.
Sanftheit war, lag auf den Zinnen im
    Traum.
Nichts trennte. Ein Sehnen, ein wiegendes
    Schweben.
Das Glück wohnt in den Körpern der
    Frau'n.

Joachim Porzelt * 1947

Ich möcht das Leben lieben
und nicht mit kapitalistischen Trieben,
die Zeit des Seins hier zu vergeuden,
denn das machen schon zu viel.

Denn auch die Zeit wird niemals wenden,
kein Moment kehrt je zurück,
keine Sekunde wird sich umdrehen,
wenn es heißt zu spät fürs:

Liebe leben,
sich ums Glück zu drehen,
für Wunder säen
anstatt nur gerade aus zu gehen!

Dominik Poschgan * 1991

Die Stille der Nacht

Die Stille der Nacht
ich lass sie herein,
öffne die Türen und lade sie ein,
bei einem Kaffee und Kerzenlicht
mit Stift und Papier ins neue Gedicht,
um in der Stille zu schöpfen leis und
    bedacht.

Das Leben um mich herum ist verstummt
und in dieser Ruhe liegt eine Kraft,
die dann aus mir sprudelt und kreativ
    schafft,
während die Welt im Schlafe liegt,

in mir die Wachsamkeit überwiegt
und höchstens mal eine Fliege summt.

Die Stille der Nacht
sie läd mich ein,
immer wieder ihr Gast zu sein,
bietet verborgen mir ihren Platz,
ist und bleibt ein kostbarer Schatz,
während gütig der Mond vom Himmel
    lacht,
lautlos und schön aus der Stille der Nacht.

Martina Elisabeth Pössel * 1962

Menschenwelt

Unnützes Menschentum
Euer Sinn der liegt posthum
Als Kadaver
Bedeckt schützend die Erde
Vor sauren Regen
Den sterbenden Pferden

Der Welt eingefallene Wangen
Fallen endgültig zusammen
Inklusion von totem Gewebe
Verschlingt sich selbst
Vergeht im Nichts

Daniel Postler * 1980

Die Seele

Des Menschen Seele ist gar ein eigenartiges
    Ding,
braucht Freud und Leid, dass ihr das Leben
    gelingt.

Manchmal, wenn eine Seele bricht,
keiner hörts, entweicht ganz licht.

Irrt hilflos herum auf einsamer Prärie,
Frage, wars vielleicht ein Herz das lautlos
    schrie.

Mit einem dunklen Band umschlungen,
sanft schwebt sie dahin, die Freiheit ist gelungen.

Der Schmerz ist eng, endlos der Horizont fliegt sie weit,
fühlt sich unendlich befreit.

Die Seele ist wie Wasser, das aus den Wolken schwimmt,
und dann wieder aufs Neue den Himmel erklimmt.

Kommt nie zur Ruh, muss immer wechseln,
da hilft kein Formen und auch kein Drechseln.

Des Menschen Seele gleicht dem Wasser,
zu heiß, bleibt nicht die kleinste Faser.

Es entsteht nur heißer Dampf,
ein auf und ab im ewigen Kampf.

Zu kalt wird sie hart wie Stein,
was bleibt ist nur eine Träne wenn sie weint ...

Jeremy Prax * 1995

Der Balken

Der Balken steht in des Raumes Mitte,
Der Jüngling gibt ihm kräftig Tritte.
Er ist aus Holz, doch morsch und alt,
Von einem Baume aus dem Wald.
Schon seit hundert Jahren nun
Muss er seine Dienste tun.
Jedoch ist er viel zu schwach,
Zu halten länger des Hauses Dach.
Außerdem ist es der Knabe,
Der will beenden des Balkens Tage.
Der letzte Tritt und dann ein Knall,
Der Balken saust zusammen im Fall,
Das Haus ist fort, der Junge tot,
Der weiße Schnee färbt sich nun rot.

Erik Preisigke * 1994

Traumspüler

Warmes Wasser umspült meine Hände,
Klarer Schaum tanzt weich auf der Haut.
Gedanken malen Bilder an die Wände,
Bilder, auf Erinnerung gebaut:

Ich blicke in forschende Augen,
sehe Grübchen, tief und perfekt,
spüre Kräfte, die mich aufsaugen
und Zärtlichkeit, die mich bedeckt.

Mein Atem vermischt sich mit deinem,
warm und verlangend zugleich.
Deine Lippen endlich auf meinen –
Lippen, so samtig und weich.

Das Klirren von Glas nimmt die Klarheit.
Schimmernde Splitter, noch feiner als Sand,
überdecken die Bilder mit Wahrheit,
es bleibt nur die trübweiße Wand.

Und kühles Wasser mit schmutzigem Schaum,
durchstoßen von spitzigen Scherben.
Wie mein bebendes Herz, so zerbricht auch der Traum,
doch die Hoffnung, die wird nie sterben.

Lucie Preißler * 1993

Carolus
zum 1.200 Todestag Karls des Großen

Karl, Du warst der erste große Kaiser
Den die Europäer haben geseh'n
Und die Erinnerung an Deine Tage
Wird auch nach Jahrhunderten nicht vergeh'n.

Du legtest den Grundstein auch für unsere Nation,
Weil Du das einfach Volk nicht verachtet
Und Dein Ziel, das Du verfolgt
Sieg, Erfolg und Anerkennung brachte.

Der Zeitenlauf hat nichts nehmen können
Vom goldenen Glanz Deiner Zeit,
So wie Du gekämpft, gesiegt und gefeiert
Wären auch heute noch viele bereit.

Wenn wir Dich auch mit unserem
    Nachbarn teilen müssen,
Dem Franzosen, unseren heutigen
    Verbündeten und Freund,
Werden wir in Deinem Sinne
    voranschreiten können
In neuen Europa vereint.

Otto Preller

Was ist besser?

Was ist besser und lohnt sich zu sein,
Prinzessin oder Bäuerin mit Schwein,
Als Prinzessin brauchst du einen Busch
    mit Minzen,
Neben dem du weinst über verlorene
    Prinzen, Als Bäuerin brauchst du hingegen
    ein Schwein, Denn es saugt alle
Sorgen in sich hinein, Doch als
Prinzessin mit viel ‚viel Geld,
entdeckst du nicht diese schöne Welt,
Denn du musst immer im Turme
    hocken, Und kämmen deine goldenen
    Locken, Als Bäuerin hingegen kannst
du wandern, Auf langen, langen
Strecken, Um diese Welt zu entdecken,
    Wenn du so bist, wie
die Seltenen, hoffe ich,
ist die Bäuerin die richtige
Wahl für dich.

Sophie Press * 1999

Mein Lieblingsmöbelstück

Der alte Schrank in meinem Zimmer
ist wurmzerfressen und hat nur drei Beine.
Sein Zustand wird von Tag zu Tag
    schlimmer,
er wackelt bedenklich schon beinahe seit
    immer.

Der alte Schrank ist ein Erbstück gewesen,
seit Jahrzehnten steht er an diesem Platz.
Fast zu schwerfällig um noch zu stehen,
und mir wertvoll gewesen seit jedem Tag.

Der alte Schrank ist ein Erinnerungsstück
an meine Oma, die schon seit langem
    verstorben.
Ich hatte sie immer furchtbar lieb
und der Schrank ist mir wie ihr Spiegelbild
    geworden.

Der alte Schrank wird noch viel älter
    werden,
er wird auch mich noch überleben,
er wird alt und älter in allen Ehren
und noch Jahrzehnte weiterbestehen.

Der alte Schrank steht wackelig vor mir,
viele Jahre wird er noch so stehen
und wenn ich längst nicht bin mehr hier
wird er alle Zeiten überstehen.

Howard Price * 1956

Jahr Markt

Abendstundsattraktionen.
Zuckerwattengesüßte Luft.
Schaschlikgespießte Münder.
Leuchtreklamenilluminierte,
Fahrtwindberauschte Augen mit
Glühgeweinten Freudentränen.
Festplatzbegrenzend aufgebaut eine
Jahrhundertverwechselnde Losbude.
Zahle. Ziehe.
Zwei Nieten.
Ein Gewinn.
Drauf steht:
Dies ist dein. Los!

Peter Priesterroth

Das Wort (Auszug)

Aus der Evolution geboren,
in Gemeinsamkeit vereint.
Verständigung ist möglich,
wenn die Sonne in den Herzen der
　　Menschen scheint.

Es wurde viel gesprochen,
leider nicht nur durch Sprache.
Und auch wenn Kriege uns spalten,
ist das Wort die beste Rache.

Soviele unterschiedliche Sprachen,
sind zuhause im Wort.
Und wo Sätze verletzen,
sind die, die nichts zu sagen haben vor Ort.

Doch wir leben nicht in einer sprachlosen
　　Zeit,
doch zu der ist sie geworden.
Denn der Gedanke Worte handeln zu lassen,
ist schon vor langer Zeit gestorben.

Helmut Priller　* 1975

Fanfaren verhallen
ungehört
nähert sich ein Reitertrupp
Schweiß rinnt von den Flanken der Pferde
und der Feind spannt den Bogen zum
　　Schuß
das Kornfeld brennt
knisternd versengen die Ähren
treiben die Hauptleute zum Angriff mit
　　heiserer Stimme
Pfeile Hufe Krähen schlagen hart auf die
　　Erde
stieben kreischend durch Gestöhn
wer im Abendrot Leichen zählt bleibt
　　Sieger
ungehört
traben Pferde von dannen
verhallen Fanfaren
die Asche von Ähren im Wind

Eva Prim

Tapferkeit

Tapfer hast Du viel ertragen,
hast nie geklagt, hast nicht geweint,
Du wolltest noch so vieles sagen,
was Du gewünscht, gedacht, gemeint.

Nun hast Du Deine Ruh' gefunden,
bist frei von Schmerzen und vom Leid,
und warst in Deinen schwersten Stunden
zur letzten Reise still bereit.

Das, was wir an Dir besessen,
was Du allen hast gegeben,
werden wir niemals vergessen,
ganz bestimmt – so lang wir leben!

Principe　* 1948

Schwerelosigkeit

Schwerelosigkeit, kein leichtes Kleid,
in seiner haltlos Hülle,
gewaltenlose Fülle,
kein Heimat und kein Brandung,
kein Blick auf sanfte Landung,
erdrückend schweres Kleid!

Und nimmst du mir mit deiner Schwere,
den vollen Atem bis zur Leere,
so reiß ich dich in Streifen,
bind aus dir schmückend Schleifen
an einen Apfelbaum.

Daniela Pritschow

September bzw. Nachsaison

Der Wein ist reif, die Ernte eingebracht.
Durch Frankreichs Wälder hallt der Knall
　　von Schüssen.
Die Stadt erwacht. Die Autos machen Jagd
auf Kinder, die um 8 zur Schule müssen.

Zeltplätze leer; die Sickergruben voll.
Die Bräune und der Urlaubsflirt verblassen.
Den Tag diktiert das Alltagsprotokoll.
Statt Schampus Tee aus angestoß'nen
    Tassen.

Das Dritte Alter sonnt sich noch im Bad
und wähnt sich zeitlos glücklich im
    September.
Schon Manchem werden bald die Tage hart.
Eh daß er's denkt, ist längst für ihn
    Dezember.

Jürgen Protz * 1945

Gedanken

Das Jahr vergeht, die Zeit verrinnt und
    langsam wird' ich älter,
die Kraft lässt nach, der Blick wird trüb,
    der Geist bleibt wach,
jedoch – wie lange noch?

Noch kann ich mich begeistern, noch
    engagier ich mich,
jedoch – wie lange noch?

Vergänglich ist mein Tun, vergänglich ist
    mein Leben,
noch freu ich mich mit Euch,
ich hoffe – lange noch!

Das Jahr verrinnt, die Zeit vergeht und
    wieder ist es Winter.
Vor Jahren war der Schnee mein Freund,
jetzt fürcht' ich ihn und auch die feuchte
    Kälte.

Ich sehne mich nach Sonne, Licht und
    Wärme,
die könnt ich finden, weit im Süden,
wo meine Kinder leben,
wo meine Enkel lachen.

Ich fasse Mut, ich stehe auf, ich fahre hin,
ich möchte sie umarmen,
ich will die Wärme finden!

Ludwig Pullirsch * 1936

Lebt wohl ihr alten Zeiten
Wo Ehrlichkeit noch was galt
Wo man sich auf Worte konnt' verlassen
Heut ist's Geschwätz von gestern
Und man kann selbst darüber lästern!

Oder bin ich doch zu alt
Bin ich gar ein Mann von gestern
Wenn mir der Sinn nach Werten nicht
    vergeht,
wenn ich der Leichtfertigkeit nicht vermag
bin ich gar einer der Letzten von meinem
    Schlag

Fragen über Fragen, nur, Antworten, wo
    seid ihr geblieben
Es hört dir auch selten noch einer richtig zu
Jeder ist von einem seltsamen Drang
    getrieben
Nur schnell selbst loszuwerden, was er
    gerade denkt
Und keiner dir wirklich sein Ohr mehr
    schenkt!

Was ist aus den nächtelangen Diskussionen
    wohl geworden
Die in Tabak- und Alkohol-Dunst meist
    geendet haben?
Sehen wir uns gar lieber Diskussionen im
    Fernsehen an
Als selbst über was zu denken und zu
    reden,
dann haben wir jetzt schon aufgehört zu
    leben!

Reinhard Püschel

Alte Zeiten

Lebt wohl ihr alten Zeiten
Wo Ehrlichkeit noch was galt
Wo man sich auf Worte konnt' verlassen
Heut ist's Geschwätz von gestern
Und man kann selbst darüber lästern!

Oder bin ich doch zu alt
Bin ich gar ein Mann von gestern
Wenn mir der Sinn nach Werten nicht
    vergeht,
wenn ich der Leichtfertigkeit nicht vermag
bin ich gar einer der Letzten von meinem
    Schlag

Fragen über Fragen, nur, Antworten, wo
    seit ihr geblieben
Es hört dir auch selten noch einer richtig zu
Jeder ist von einem seltsamen Drang
    getrieben
Nur schnell selbst loszuwerden, was er
    gerade denkt
Und keiner dir wirklich sein Ohr mehr
    schenkt!

Was ist aus den nächtelangen Diskussionen
    wohl geworden
Die in Tabak- und Alkohol-Dunst meist
    geendet haben?
Sehen wir uns gar lieber Diskussionen im
    Fernsehen an
Als selbst über was zu denken und zu
    reden,
dann haben wir jetzt schon aufgehört zu
    leben!

Puskas   * 1950

Wir hetzen durch Raum und Zeit

Wir hetzen durch Raum und Zeit.
Der Weg zu unseren Mitmenschen ist uns
oftmals zu weit.

Am Besten durch die Welt geh'n wir
mit Scheuklappen.
Wie oft lassen wir uns dabei ertappen.

Was bleibt, das ist die Einsamkeit.
Wir hetzen durch Raum und Zeit.

Sandra Putthoff   * 1975

EinGruselOrgan

Ich blicke Euch an
und werde übersehen.
Ich taste mich heran,
sie werden mich übergehen.

Im Kerkerzimmer der Finsternis,
erblick' ich ein fernes Licht.
Mach' mich bereit;
was ist die kleinste Pflicht?
Ich trag' Euer Hemd aus Ketten – ich
    trag's doch schon

Meine Sprache, mein Blick,
es genügt Euch nicht -
Lasst mich verrecken!
als meine Seele zu retten.

Am Brunnen des Lichts genährt,
umgeben von schwerem Dunkel,
sitzend und lachend im Himmelszimmer.
Keinerlei Vergebung,
keinerlei Haltung,
keinerlei Achtung.
Euer größtes Recht: EGO

Robin Püttner   * 1990

Leuchtturm

Sei mein Leuchtturm in der Nacht,
der meinen Seelenschlaf bewacht.
Der meine Träume mir erhellt,
sich sorgt, dass mein Herz zerschellt.

Sei mein Leuchtturm auch am Tage,
wenn ich wieder zu viel wage.
Weis' den Weg mit deinem Licht.
Bewahre, dass mein ICH zerbricht.

Erleuchte hell zu allen Zeiten
die unbekannten Pfade mir.
Lass Liebe meinen Weg begleiten.
Ich reiche meine Hände dir.

Anne M. Pützer   * 1962

mein leben

mein leben ist manchmal nicht so wie
ich will,
mein leben ist manchmal aufbrausend
und ab und zu still,
mein leben geht durch und durch,
mein leben ist manchmal vor großer
furcht,
mein leben kann mir niemand nehmen,
deswegen werd ich all meine kraft für
mein leben geben.

pw   * 1967

... und Alltag tanzt mit meinem Traum den Reigen!
Für Jakob Böhme

Ständig grünts so rund durch alle winklig
Ecken,
als würd ein ewig Frühling doch in allem
stecken.
Wie auch ein zweiter Atem, der dich
mitbewegt,
sich manchmal sanft und still verströmend
über alles legt.

Als sei dies alles hier noch etwas mehr,
des Endes Fall gebiert stets nur den
blühenden Anfang her,

geb ich mich hin der
Weltenblütenschwemme,
vergeß der innern und der äußern Häute
Dämme.

Lös mich vom Faden und erkenn im Rauch
der rahmenlosen Rose Osterduft,
der in der Zeitlostür allüberall vorhanden
und feiner ist als aller Welten Duft.
Und taumle damit selignah durch
regenschwerer Baumalleen Leben,
in denen perlengleich die Tropfen mit
dem Geruch von feuchter Erde sich
durchweben.

Bin nun am Ort, an dem auch Freunde auf
mich warten,
zu feiern mit mir das Vaterfest im
Muttergarten.
Erkenn hinauf und nichte alles
Todverderben,
entfalt im Zwischenraum den form-und
staubbefreiten Sonnenerben.

Und damit das stets offenbereite Tor
durchschritten,
find ich mein lichtes Feuer wieder, nun
inmitten.
In Frühlingsblüten Kinder über Mauern
steigen
und Alltag tanzt mit meinem Traum den
Reigen!

Günther Quast   * 1947

Ariadnefaden

Helios, der Sonnengott,
im lichtersprühenden Wagen,
hebt meine Seele hoch,
und läßt sie vom Saitenspiel der Winde
tragen ...

Strahlen, Sterne – Lichtermeer.
Erinnern der Monade ...

Religio – ora und meditare ...
Ars sacra – Derwischtanz – Seelenballade! –

Eine Seele wacht auf

Irene Quast

Die Spiegel der Welt

So wie in einem magischen Kristall
Sich spiegln alle Ereignisse,
Spiegelt sich in des Absoluten Aug' das All,
Und beides sind nichts als Gleichnisse.

Blick ruhig in deinen Zauberspiegel
Und laß staunend eine Welt entstehn –
Doch verletz' nie ihres Eigenlebens Siegel
Und wein' nicht, wenn du sie siehst
    vergehn.

Gelassen wie die Welt in deinem Bergkristall
Betrachte die Welten in jedem Daseinsplan;
Denn ob im Steigen oder ob im Fall,
Alles ist Täuschung, Illusion und Wahn.

Um in Freiheit ganz glücklich zu sein,
Übe dies alles und diene im Vollen;
SCHAU IN DIE SPIEGEL DER WELT;
   BETRACHT' ALLEIN,
NUR BETRACHTEN – NICHT
   BEEINFLUSSEN WOLLEN! –

Jochen Quast

Gegensätze

Der Optimist, der Pessimist
Sich werden niemals lieben,
Und darum beide insgeheim
Häufig im Clinche liegen.

Die Unvernunft und die Vernunft,
Auch sie sind sich nie gut;
Es bleibt bei ewiger Zwietracht
Und dauerndem Disput.

Das Böse liebt das Gute nicht,
Wünscht oft es auf die Bahre;
Jedoch mit Feinsinn, Edelmut
Entgegnet ihm das Wahre.

Es muß die eine Seite wohl
Die andere Seite kennen,
Sonst wiederum könnte diese nicht
Ihren Gegensatz benennen.

Von beiden Seiten keine ist
Nur ganz für sich allein,
Weil schon seit jeher ist bestimmt:
So muß es immer sein.

Eckart Quilisch * 1955

Über Meinungen

Meiner Meinung nach sind
viele Leute ohne Meinung
und ihnen bleibt nur die Verneinung,
sind sie für tiefes blind.

Dann fragen sie die Freunde,
wie sie das Kleid finden
und langsam entschwinden
einem die eigenen Träume.

Oder sie fangen an auszulachen
wenn Menschen zu ihrer Meinung stehen
und nicht wollen einsehen,
es wie alle zu machen.

Und letztendlich traut sich keiner mehr
seine Meinung laut zu sagen.
Dann muss die Welt nicht mehr viel
    tragen,
denn ohne Meinung ist sie leer.

R * 1999

Die Sonne scheint immer

Ganze Wolken türmen sich am Himmel
Dicke Tropfen fallen auf die Erde
Es ist kalt und winterlich grau
Doch die Sonne – hinter den Wolken –
scheint.

Schwere Luft drückt schwül und warm
Gewitter entzünden sich am Horizont
Blitze und Donner folgen schnell
Doch die Sonne – hinter dem Gewitter –
scheint.

Trübe Nebenschwaden über dem Land
Im Dunst erscheinen alle Tiere grau
Jeder Atemzug wird sichtbar in der
Feuchtigkeit
Doch die Sonne – hinter dem Nebel –
scheint.

Ob es stürmt, regnet oder schneit
Die Sonne scheint immer gleich
Sie ist immer da,
wärmt uns an kalten Tagen,
strahlt für uns an trüben Tagen
und leuchtet für uns an dunklen Tagen.
Die Sonne – auch wenn nicht sichtbar –
scheint.

Anna Raab

Am Grab

Mama —
mein Alphabet Trauer trägt
der Irrweg das Stenogramm dichter
Jammer diktiert von deinem Schweigen

Mama –
dein Alphabet auf Admiralsflügeln
schwingt die Blaublume in der Hexenküche
verkohlt das Erbe deines Kreuzwegs

Mama –
mein Alphabet sub rosa im Kreuzgang
der Dornenkranz verrückter Magie
schalt blass mein Ende in deinem Bann

Mama –
dein Alphabet verschlossen die Blüten
mit sieben Siegeln mir den Strahlenkreis
zum Kreislauf der Gestirne

Mama –
unser Alphabet mittellos das
Rechtschreiben
vaterloser Muttersprache mit Brief und
Siegel
fliegen unsere Trauermäntel in die Zeit
ohne Maß.

Judith-Katja Raab * 1954

Perlnacht

Die Stadt besteht aus Lampions.
Wie liebevoll sie sich verschenkt
und still in jede Seele legt,
die neben den Laternen hängt.

Verstohlen funkeln Silberworte.
Neidisch auf den Perlnachtmond,
der watteweiche Traumgedanken
wunderschön aus Lächeln formt.

Blickvergessen säumt ein Schwindel.
Nachtbetrunk'ner Nebeldunst
verschleiert einen Horizont,
auf den es sich zu warten lohnt.

Donnerherzen schlagen schneller,
reißen Augenblicke ein.
Zeitverloren schmilzt die Perlnacht
langsam in den Tag hinein.

Simon Raab * 1988

Was ist Kunst?

Kunst ist künstlich! – Klar! – Vom
  Menschen erdacht:
geschnitzt, gebaut, gemalt, geformt ...
  gemacht!

Manchmal rein, im Einklang mit der
  Natur.
Manchmal wirr und bizarr: Künstlichkeit
  pur!

Und doch bleibt die Frage: Was ist Kunst
  und was nicht?
Eine Mär und eine Sage? Ist's nicht auch
  ein Gedicht?

Nun kommt noch hinzu, was die
  Menschheit denkt.
Denn ist's nicht sie, die die Kunstszene
  lenkt?
Und weiß man nicht genau, wie es ist?
Des Einen Kunst ist des Anderen Mist!

Wahre Kunst ist daher – und fällt es auch
  noch so schwer:
Nicht das, was man gemacht; zu sehen,
  was gedacht!

Auch zu akzeptieren,
mal zu profilieren,
ganz und gar zu scheitern,
das Selbst zu erweitern,
zu Öffnen das Denken
und Freude zu schenken,
zu sehen, dass Nichts bleibt ...

außer: Des Betrachters Zeitvertreib!

Iva Rabenda   * 1989

Zweiter Frühling

Der Weltenlauf geschuldet
ward das Winterkleid verblasst
ergießt sich in die Meere wieder
nimm hinfort der Schwermut Last

Südlich Wind frohlockt die Glocke
wurd wachgeküsst aus eisigem Traum
treibt den Frost aus ihrem Rhizom
ein Maiglöckchen im Blütensaum

Aus fremden Landen heimgekehrt
Sehnsucht schwer auf edlen Schwingen
nisten alsbald in tauben Muscheln
wer Trübsinn trägt vernimmt ihr singen

Oh, Frühlingssonn begehre auf
lass die Nebelfelder brennen
müssen nach dem Lichtertanze
aus meinen kalten Augen rennen

Knechte, Mägde, Knaben, Maiden
bilden gar lieblich Menschenreigen
im stillen Forst, auf grünen Weiden
solln demütig sie sich verneigen

Norman Räcke   * 1981

Die Nacht

Wär' ich etwas anderes, so wäre ich die
  Nacht.
Sie tarnt, sie schweigt, vergisst und macht,
das Hässliche unsichtbar, die Traurigkeit
  aber oft klar.
Sie deckt die Emotionen auf, die mit dem
  Abend kommen.
Ihr Dunkel macht so vieles wahr, die Nacht
  hat uns gewonnen.
Benommen seh'n wir dann die Dinge, viel
  furchtsamer als noch am Tag.
Die Zweifel leben wieder auf bis zu der
  Mitternacht's Schlag.

Die Sterne leuchten uns ein Bild, das wir
zum selben machen.
Wir wünschten, sie würden uns etwas
sagen und allein deswegen wachen
wir unter dem Himmel, hoffend auf einen
Sternenschweif,
der uns verheißt das pure Glück und unsere
Hoffnung reift
voller Sehnsucht, unaufhaltbar wie ein
Apfel mit der Zeit.

Ihre Mystik erweckt unsere Phantasie, ihre
Stunden erscheinen ewig,
selbst im Traum entsteht eine ganze
Galerie, doch in Erinnerung bleibt
davon wenig.
Die Lichter in der Stadt betrachtend,
sehnen wir der Sonne Licht zurück,
sie verlässt uns nur für kurze Zeit, auf der
Reise zu einem anderen Stück
der Erde, wo sie nun die Nacht zum Tag
verwandelt.

Sophie Radtke * 1991

Augustland

dieses Augustland, unterm
strahlenden Himmelslicht -
Blau und Grün und Gelb hin-
fließend, Südland, Traum-
land, zu den Bergen im
Süden hin, den aufgepressten
Felsen der Alpen: zu den Nord-
bergen, Granitbergen, den
blauen Wäldern hin: Korn-
land, Weinland, Wiesen-
land: atemberaubend:

Wilhelm Rager * 1941

Vorsommerabend

Der Wind so zärtlich in den Baumkronen
weht,
die Hitze des Tages in den Mauern steht.
Weicher werden Linien und Konturen,
reicher die Zifferblätter vieler Uhren.

Schwalben fast trunken durch den Himmel
schießen,
hier sind Menschen, die Geranien gießen.
Tagwerke beinhart in den Knochen stecken,
helle Flammen gierig an Dochten lecken.

Der Himmel wird weit, doch alle Seelen klein.
Bald geleert das Glas ist mit dem Abendwein,
und tapfere Schwalben schreien sich heiser.

Kinderstimmen aus Kammern seufzen leiser.
Gleich schon hebt sich abendlicher
Lichterschein,
es dunkelt und strebt, im Rücken wärmt
der Stein.

Bernhard W. Rahe * 1954

Erschöpft

Der Herzensmann vergeben.
So, gab es bei Jana Tränen.
Der Dolch gezogen.
Hat sie mit Tränen nicht und Wut
nicht gelogen.
Angriff, die Dame rutscht schon weiter.
Der Dolch.
Vor Schreck nicht getroffen.
Der Dolch gezogen, die Liebe die siegte.
Die Blume am Dolch erblickt. Sie ist
erschöpft.
Die Dame hat keine Liebe verloren.
Nur Träume in der Freiheit.
Nun, der Dolch zum Himmel hoch.
Gezogen in die Freiheit.

Uta Rahlf * 1970

zwischen den welten

im land der träume
zeigen die wünsche
ihre wahren gefühle
ringen die worte nach stille
reden die gedanken mit uns

zwischen den träumen
lebt die wahrheit
füllt sich die stille
fühlen die herzen
werden eins mit dir

zwischen den zeiten
im licht der dämmerung
sehen die sterne
das funkeln im dunkeln
sehnt sich das du zu mir

zwischen den tönen
landen wir dann
im tonlosen raum
erwacht die liebe
suchen die süchte das glück

c. h. raich * 1967

Ich liebe dich

Ich liebe dich
Mein Herz geht auf
Wenn du in meine Augen schaust
Mein Herz geht auf
Wenn du in meine Seele schaust
Du bist für mich da
Immer wenn ich dich sah
Alles ist toll mit dir
Ich wollt dir nur sagen: Ich lieb dich so sehr
Aber ich konnte mich noch nicht
    überwinden
Die richtigen Worte zu finden
Egal was die andern sagen
Sie können meinet wegen darüber lästern
    und fragen
Doch ich steh zu meinen Gefühlen
Wenn du mich nicht liebst, werde ich
    meinen Schmerz schon kühlen
Ich hoffe dass du mir sagst wie du darüber
    denkst
Und das nochmal alles bedenkst

Katja Rainer

Die raue Zukunft

Die Wunden werden tiefer
Durch den wehenden Wind
Ein lauter, brechender Kiefer
Ein leise schreiendes Kind

Die Knochen sind zu sehen
Durch die Blutung, stockend
Ein Aufbruch leichter Wehen
Ein Knochenteil ,verlockend

Die Seele wird zermahlen
Durch Leichenbergequalen
Ein trübes Himmelmeiden
Ein großes Wolkenleiden

Die Erde fällt zu Staub
Durch Tod wurd jeder taub
Ein Wind vom Staub als Herde
Ein Weltall ohne Erde

RainFalled * 1996

Selbst

Langeweile kann lange weilen.
Doch wenn sie lange weilt, vergisst man
    dann nicht
dass sie überhaupt weilt?
Und was wenn sie nur kurz weilt,
    kurzfristig von uns Besitz ergreift?
Vielleicht entsteht mein gesamtes Handeln,
    Denken und Fühlen

nur aus langer Weile heraus ...
Und wieder ist es da: – Fremdbestimmt –
im Glauben alles selbst zu wählen, zu
   entscheiden, belassen.
Wer ist es der da Hand an mich legt,
mich meinen Träumen enthebt und als
   Fremdkörper in mir lebt?
Es treibt mich immer tiefer in mich selbst,
ihn auszureißen und dann mit Gewissheit
   sagen zu können:
Das bin ich!
Angst bewahrt mich vor diesem Schritt,
die Ungewissheit, ob nicht danach einfach
   alles zerfällt
und nicht ich, sondern es überlebt.
– Vogelperspektive – mich auseinander
   nehmen,
betrachten, neu sortieren.
Zu einfach, zu langweilig – Langeweile –
   kurzweilig ist meine Langeweile
nur manchmal, für eine Weile.

Rala * 1994

Seele in mir

Seele – entstanden – aus Geist – und Licht?
Seele – im Menschen – warum?
Fasse ich dich nicht?

Seele – lass mich wissen –
Was und wer du bist
Weißt du meinen Weg
Nur – du sagst ihn mir nicht?

Sehen will ich – bewusst und klar –
Wissen will ich wie sonderbar – und warum
Du Wohnung genommen hast in mir –
Wer wollte es – dass ich weiß – du bist hier?

Hören will ich – die Stimme von ganz fern.
Ich nenne dich Seele – wer bin ich für dich?
Kennst du mein Leben – kennst du mich?
So belehre mich!
Ich strebe nach Höherem –

Will mich nicht fesseln an Erde und Stein –
Doch weiter suchen nach meinem So-Sein

Hilfst du mir finden – den Weg nach Haus?

Helga Rang

Das Stundengebet

Ich blicke glücklich
in die Vergangenheit
zurück.
Ich gehe die alten Wege entlang
und setze mich
wartend
auf eine alte Bank.
Und wenn ich nun
anders beten müßt',
so könnt' ich
es eben nicht.
Leise warnend
höre ich
eine andere Stimme,
es ist
das unabwendbare
letzte Geschehen.

Manuela Angelika Rapino * 1975

Glücksmomente

Glück liegt so oft in kleinen Dingen,
doch fällt es meist schwer, es zu sehen.
Manchmal will es uns nicht gelingen,
wir uns dann selbst im Wege stehen.

Ein kurzer Blick, ein nettes Wort,
ein Lächeln oder Kompliment,
geseh'n, gehört, schon ist es fort,
flüchtig – so wie der Moment.

Doch viele kleine Glücksmomente
können den Alltag still bereichern.

Nimm sie wahr, freu dich und denke:
„Diese Highlights muss ich speichern,
in trüben Tagen davon zehren.
So wird das Glück sich stetig mehren."

Die Suche nach dem großen Glück
lässt uns das kleine nicht erkennen.
Doch nimm vom Paradies ein Stück,
statt Träumen hinterher zu rennen.

Das große und das kleine
kommen dann ganz alleine.

Sylvia Rapp   * 1960

Die Wahrheit

In der Unendlichkeit des Alls
sind zahllos leuchtende Kugeln. Jedenfalls
ist alles was da leuchtet und wälzt
von innen her heiß, mit erstarrter kalter
    Rinde überzogen.
Die ist auf einer dieser Kugeln uns
    Menschen gewogen.
Und der Mensch ist es der mit empirischer
    Wahrheit,
das wahre Leben, die reale Welt innehat.
Und von diesem Nichts im Weltall
    verloren,
wird alles, was sie für einsichtig halten,
    geboren.

Raimund Raser   * 1962

Felix

Seit du nicht mehr bist sind nur Tage
    vergangen
So vieles ist anders in noch mehr Belangen
Die Zeit schreitet nun mit der Lupe voran
Versucht zu heilen, was nicht gut werden
    kann

Ich frage den Sinn, was sein tieferer sei
Dieser leugnet sein Zutun, er sei selten
    dabei
Ich spars mir in Sinnes Geschichte zu
    wühlen
Dann wüsste ich zwar mehr, würd nur
    nicht anders fühlen

Den Sinn schieb ich also behutsam zur Seite
Und wend mich ans Schicksal und sein
    Geleite
Das Schicksal hat viel mit dem Zufall
    gesprochen
Zuvor mit dem Karma zu recht noch
    gebrochen

Das Schicksal bleibt dennoch ein mieser
    Verräter
es klopft an die Tür wie ein schnöder
    Vertreter
Kommt ohne Termin, nicht aus auf
    Debatte
reißt dich aus dem Leben, das ich mit dir
    hatte

Erklärt mir, dass manches halt einfach
    geschehe
Es nicht darum ginge, dass ich es verstehe
Du bist ihm gefolgt ohne großen Protest
Dieser Welt wirst du fehlen, es war mir ein
    Fest.

Wiebke Rasmussen   * 1981

löwenzahnsamen

wenn sich dein haar im laubwald wand
und mein kleines herz daneben stand

waren's diese worte die mir kamen
du bist wie ein löwenzahnsamen

wenn deine füße grashüpfergleich
zu mir sprangen in den nachbarteich

waren's diese worte die mir kamen
du bist wie ein löwenzahnsamen

wenn deine augen mit meinen spielten
und ihre blüten in richtung taten zielten

waren's diese worte die mir immer kamen
du bist wie ein löwenzahnsamen

mit dem ersten wind weg

Nina Rastinger * 1996

Schwarzes Herz

Schmerz, Wut, Hass dies erfüllt mein Herz,
gepeinigt von der Vergangenheit.
Spüre ich ständig dieses Leid,
doch will ich nur meinen Frieden.

Dem Frieden bin ich noch allzu fern,
mein Herz will den dunklen Gefühlen
    folgen,
sehnt sich nach Rache, träumt vom Tod.
Das Gute in mir musste weichen,
meine Seele ist verdorben.

Kämpfe ständig gegen die Gefühle des
    Bösen,
versuche ihnen nicht zu erliegen.
Zerreißt es mich doch jeden Tag,
bis ich nicht mehr kämpfen mag.

Bin ich nur noch ein Schatten meiner
    selbst,
mit schwarzem Herz und verdorbener
    Seele,
ist das alles was mir bleibt,
ist das alles was mir bleibt.

Kevin Rath * 1990

So ist das Leben

Ein Tag reiht sich an den andren
ein blauer Blumenstrauß mit gelber
    Sonnenblume
welkt in der Vase.

Dieser Tag war heute anders

Das Zimmer war nicht leer,
Gäste saßen an dem runden Tisch

Worte schweben noch im Raum,
als alles längst vorbei und
leere Gläser auf dem Tisch

auf Wiedersehen zum Abschied
noch ein letzter Blick zurück.

Ein Tag reiht sich an den andren
ich gehe in das leere Zimmer

Rauscher-Emge * 1929

David

Ich wünsche mir, du könntest dich mit
    meinen Augen sehen,
vielleicht würdest du ein bisschen mehr, die
    Emotion verstehen,
die ich habe, wenn ich dich nach langer
    Zeit wieder erblicke,
mit dir spreche, dich umarme oder bloß
    Gedanken schicke,
Vielleicht würdest du verstehen, woran
    mein Wert der Welt sich misst,
vielleicht begreifst du endlich auch, warum
    du mir so wertvoll bist.
Du würdest merken, wie ich leide, wenn
    ich Angst hab das du gehst,
würdest spürn, wie sehr es weh tut, wenn
    du mich mal nicht verstehst,
könntest fühlen, wie sehr ich wünsche, dir
    das alles zu beweisen,

dich zu schätzen, zu vergeben, verdiente
Ehre zu erweisen,
doch das alles kannst du nicht, so wird dir
eines niemals klar,
wie groß dein Platz in meinem Herzen
einmal war ...

Niva Raven * 1993

Eine Form

Es dreht sich durch den eigenenSsinn.
Voller Punkte der Erinnerung, durch das
Erlebte.
Abrufen des Lebens, Freude der
Zukunft.
Das erfüllte Licht blickt tief auf den
Ausgangspunkt.
Sie ist da, die einmalige Energy der
Jugendtage.
Entwicklung der Kunst , in Gedanken des
Wertes.

RC * 1989

Allein

Du warst als erster da
Warfst mich weg und nahmst mich nochmal
Wir verloren uns und fanden uns wieder
Doch jetzt liegt erneut alles in Asche – Mein
Leben, nicht deins
Wir wussten, es würde nicht funktionieren
Aber es war uns egal – Wir Lebten für den
Moment
Ein Tag aus Augenblicken, ein Jahr aus
Sekunden
Wie für uns gemacht.
Ich kann mich nicht ansehen, ohne an dich
zu denken
Und an die Lügen ...
Doch ich bin daran gewachsen – Trage den
Kopf jetzt hoch

Keiner soll meine Trauer sehen.
Ich weiß, du bereust bereits
doch es ist mir diesmal egal - denn ich bin
jetzt stark
such dir eine andere, die dir Glauben
schenkt
wenn du mich siehst, dann lauf davon
ich weiß nicht, ob ich mich beherrschen
könnte
meine Wut ist groß
größer als ich – vielleicht sogar größer als
du?
Du willst es wissen? – Finde es heraus, nur
zu!

Rebell * 2001

Wut

Du wühlst tief in meinem Bauch –
Trug war alles – Schall und Rauch.
Du brennst in mir drin wie Feuer –
frisst mich wie ein Ungeheuer.
Dann erreichst du schon mein Herz –
atemlos bin ich vor Schmerz.
Lässt mich nicht mal mehr klar denken –
blind lässt du das Schwert mich schwenken.

Kraftlos lässt du mich zurück –
hast getötet mich ein Stück.

Inna Rebell * 1986

Stumme Schreie,
trockene Tränen,
rostige Messer unter harten Kissen.
Ich höre eure ohrenbetäubende
Tatenlosigkeit
Eure Blicke und eure Tränen dienen
Sensationsgeilheit und Massenhysterie
Ein kläglicher Beweis an euch
selbst,
dass ihr – Mensch – geblieben seid.

Doch an Ende des Tages kehre
ich zu meinem rostigen Messer,
unter meinem harten Kissen
zurück.

Ana Marija Rebus   * 1989

Schatztruhe

Die Seele sucht das Glück,
verzweifelt in der Dunkelheit,
bedeckt mit tollstem Schmuck,
auf der Welt der Grausamkeit.

Sie sucht nach einer Schatztruhe,
mit Liebe und Ruhe.
Sie fliegt hin und her,
die Schatztruhe ist leer.

Vom Engelsgesang fasziniert,
die Ruhe wird mit dem Tod definiert.
Auf Ewigkeit verbunden,
die Schatztruhe wird gefunden.

Dina Redzepovic   * 1991

Fremd lieben

Gefühle zart und vertraut
Du bist ich
Und ich bin Du

Keiner sonst wird das verstehen
Ich möchte dich nicht haben
Möchte mich nur an deiner Liebe erlaben
Möchte dir trotz dem meine Zeit schenken
Und hoffen ich werde das zusammen
    bedenken

Dich lieb ich fremd
Und doch lieb ich dich
Noch nie haben wir uns auf diese Weise
    berührt
Und doch hältst du mein Herz in deinen
    Händen

Dich lieb ich fremd
Du bist nicht der meine
Und ich nicht die deine

Meine liebe hab ich selbst besiegelt und so
    soll es sein
Ich liebe nur ihn so steht es fest
Doch dich lieb ich fremd
Dich der du bist mir so unendlich nah.

Natalie Redzigk   * 1990

Neue Liebe neues Leben

Einsam und verloren so ließ man das Leben
    gehen.
Als sein Blick mich traf,es floßen meine
    Tränen.

Was ein Traum, was ein Wunder, es traf nur
    mich, was ich bewunder.

Was ein Leben, was eine Liebe, wo ich
    bliebe in seiner Herzenstiefe.

Neu sei es für mich gewesen, all die Wörter
    und Gefühle für dieses Wesen.
Neu sei die Liebe in mir zu spüren, neu sei
    das Leben was wir führen.

Salem Reem   * 1993

Der Gärtner

Seht her, da kommt der Gärtner Grün
in seinem Bart – Winterjasmin
mit Gummistiefeln, sehr gemütlich
Käfer und Schnecken hausen friedlich
Blumenzwiebeln langsam wachsen
Unkraut wuchert hoch die Haxen
Lockern, jäten, düngen, gießen
junge Triebe sollen sprießen
Abends legt sich Gärtner Grün

ins Himmelbett, zur Nachbarin
deckt Liebste zu mit Rosenblüten
zählt wollene Schäfchen, muss sie hüten
des morgens hat er einen Traum
liegt unter dem Magnolienbaum
betörender Lavendelduft
das Unkraut – aufgelöst in Luft

Barbara Reer-Gröning   * 1948

Fetzenkleid

Fetzenkleid verbirgt die Blöße
und stellt doch gleichzeitig bloß.

Der Weg zeigt auf das Trümmerfeld,
Ruinen eines Werdegangs.

Es lief gar lumpig vor sich her
und stand zum Schluss nur vor Hindernissen.

Unüberbrückbar war dies Schicksal,
es hat das Leben besiegt.

Am Ende gewann,
was von dem Fetzenkleid übrig blieb.

Miriam Stephanie Reese

Klage

Bald werden wir uns ewig trennen,
bald brennt kein Licht im dunklen Raum.
Ich kann dich nicht mehr Liebste(n)
    nennen,
nicht sprechen über Treu und Glauben.
Bald liegt das Gärtlein mir verlassen,
umwuchert ist die weiße Bank.
Allein geh ich durch Stadt und Gassen.
Allein bin ich am Herzen krank?
Kein tröstend Wort werd' ich mehr hören,
kein sanftes Streicheln mich betören.
Kein Blumenduft wird mich erreichen,
kein lebend' Bild mehr zum Vergleichen.
Ach Liebste(r), bleibe doch bei mir!
Allein bin ich verloren.
Kein Wort, kein Kuss, kein Brautbrevier:
Warum ward' ich geboren?

Brigitte Reichardt

Augenblick der Wahrheit

Öffne dich, Augenblick der Wahrheit,
lasse Deine Hüllen fallen.
Schenke mir einen Blick in die
    Unendlichkeit.
Ich schwöre, ich zügle meine Krallen.
Die Illusion der Freiheit in den Augen, ein
    Funkeln, ein Blitzen.
Du kannst mir meine Schmerzen von der
    Seele rauben,
und ich mir meine zweite Welt wohl bauen.

Öffne Dich, Augenblick der Wahrheit,
tanze in deiner schönsten Pracht!
Dort, wo Deine Melodie den Raum erfüllt,
    herrscht Unendlichkeit.
In meinem Herzen ist ein Feuer entfacht.
Die Realität und den Verstand hab ich
    versungen
und nichts als Freude lacht in mir.
In Ohnmacht gefallen sind die falschen
    Zungen.

Nichts hält mich auf, niemand tritt mir in
    den Weg,
die vollkommene, bezaubernde Wahrheit
    reicht mir die Hände
und ihre großen Kinderaugen kennen kein
    Ende.

Vicky Reichel

Flüchtig

Gedankenfäden fransen aus,
ich kann sie nicht verknüpfen.
Web ein neues Netz daraus,
doch der Faden hält's nicht aus,
zerfällt in Stücke, wird zu Staub.
Wo sind nur die Gedanken hin,
wenn ich doch noch am Leben bin.
Krieg ich sie wieder,
wenn ich auch zu Staub zerfallen bin?

          Heidemarie Reichenbecker   * 1957

Tausend Türen

Manchmal geh ich fort
von diesen versteinerten Gesichtern
an einen anderen Ort
tanze zwischen tausend Lichtern
bade im Mondschein
fliege zu den Sternen
möchte nie wieder anders sein
mich nie wieder von mir selbst entfernen
inmitten von tausend Spiegeln
tausend Welten, tausend Leben
tausend Wegen, tausend Siegeln
möchte in den Wolken schweben
doch tausend Türen
neunhundertneunundneunzig sind aus Stahl
eine davon ist aus Liebe gemacht
ich hab die Wahl
ob Liebe, Leben, Eisenherz
ob Geheimnis, Kummer, Schmerz
ob Friede, Wahrheit, Labyrinth
ob meine Leben Leben sind.

                 Anna Reichl   * 2001

Die Dunkelheit bebt voller Steine
Schattenfetzen blinzeln zitternd
Fragil tanzend tote Sterne
Luftkristalle erstarrt gewitternd

Schwärze pulsiert in blassen Schädeln
Kahlzerwittert leuchten blinde Äste
Lassen Rostglasaugen schweben
Starrboden birgt doch nur die Reste

Dampfatmend starren Moribunden
Nebelsturm im Unsichtbaren
Lichtgelb waten wir im Dunkeln
Lauschen den Sirenenklagen

Augen aufgespannt zu weißen Sternen
Haut gewölbt nach innen lechzend
Rasende Wesen in den Fernen
Die Erde unter Schritten krächzend

Am Schwarzfirmament geboren
Der Fahlsonne bleichend Antlitz
Sinkt in bodenlose Tiefen
In Niedertracht verborgen

                Thomas Reichling   * 1991

Dame hin – Dame her

Sie sollten vielmehr Dame sein,
sagte ein interessanter Mann.
Ich schwieg dazu und dachte mir:
Aufgeben jede Spontanität
überlegen bei jedem Wort
ob es auch richtig steht.
Lachen im richtigen Augenblick.
Den Zorn hinunterschlucken
obwohl alles in mir explodiert,
weil der Geist gegen Dummheit
und Gleichgültigkeit rebelliert.
Lernen zu delegieren
statt selber zuzupacken
Dies alles müßte ich verkraften.
Dame zu sein
ist ein Kapitel für sich
Ich aber, mein Lieber –
ich bin lieber ich!

                      Ulrike Maria Reim

Überlegungen/ Statement

wer alle sind beladene
mit dem makel dieser welt:
ausgeliefert zu sein
einem ungewissen
schicksal – hilflos ...

vielleicht ist es –
nein sicher ist es –
das glück dieser welt:
n i c h t zu wissen, was
das schicksal mit uns
vorhat – gott-sei-dank ...

Jörg Reinhardt

zwei Rosen

stets treibend dort lebt Hoffnung im Grün
zwei Rosen sind benannt
ein heilsamer Ort – Erkenntnis träumt
    kühn
Dreiwunschgeschmeid glänzt unerkannt

scheu wie ein Reh lauscht Sehnsucht im
    Wald
wie geschaffen dafür
halt inne, dann fleh – ihr Liebesschwur
    hallt
sanft öffnet nur Tür sich um Tür

weißleuchtend rein – ein Kreuz ziert ihr
    Dach
still geborgen im Moos
erzählen sie fein – tiefschlafend, hellwach
später Frühling bricht zärtlich los

was nicht gelang – Herzkummer wiegt
    schwer
vereint dahingestellt
ihr ist nimmer bang – vor wenig, gar mehr
Schicksalsbeschluß vom Sternenzelt

da blüht sie nun – Treuzeugnis am Hang
sicher im Schutz der Zeit
will wachsen, will ruh'n im gleichsamen
    Klang
liebäugelnd mit Unsterblichkeit

Jutta Reisewitz   * 1963

Über der Stadt

Zwischen grob verfugten Mauern sitzen
auf steinigen Treppen mit spitzen
Ohren die Katzen der Provence.

Der Wind, berüchtigter Mistral,
rauscht über die Gassen,
in denen noch Katzen saßen,
bevor ich sie durchschritt.

Man könnte meinen,
sie hüten die Türen,
blau bestrichen, mit Eisenringen,
durch die kein Fluch kann dringen.

Doch wären sie dann nicht Geschöpfe der
    Nacht,
in sich gekehrt und gleichsam hellwach,
wenn um sie herum das Leben verlischt
und die Stadt nur mehr leises Rauschen ist.

Volker Reißig   * 1984

Puls

Geruhsam wär's in meiner Bucht,
nur manchmal eine kleine Welle;
wie ein Stein am Wegesrand
verharr ich auf der gleichen Stelle.
Nur eines stört, ein leiser Ton,
er tickt und tackt in meinem Ohr
und sagt: „Dir läuft die Zeit davon!"
Ich hörs, und fürchte mich davor ...

Tauchig, bröcklig Zur Welt gewandt
trag ich mein Weltgewand, gar weltgewandt;
Voll Angst vor Poesie, die sich
nur selbst zum Zwecke, gieße ich
auf welkes Blatt den Tintentropfen,
klinge scharf wie Messerstich.
Im Hinterkopfe klopft gewiss
die Immer Formel: Besser dich!

Ludwig Reiter

Erst wenn

Erst wenn verführend Angst verschwindet
Der Liebe Wege werden weit
Erst der Tod bewusst gewiss
Das Leben jetzt, verschlingt die Zeit
Erst wenn die Antwort jene ist
Gar nicht zu fragen, wird gewiss
Was immer da, schon immer wahr

Schmerz und Angst, dein bester Freund
Bitte mach sie nicht zum Feind
Sonst führen sie zu brennend Leid
Heißt dich willkommen, Schmerz der Zeit

Ins Universum, der Natur
Sind wir geknüpft, durch Gottes Schnur
Erst wenn sie dann, in unsrer Hand
Wird geflochten neues Band
SEIN Werk zu tun, SEIN Wort zu reden
Vergib Dir und ER wird vergeben
Denn ER bist Du, und Du bist Ich
Wie alles Eins und kein Gewicht
so dies Gedicht

Thomas Reiter * 1981

Wintergedicht

Wenn das Wasser gefriert
und der Baum die Blätter verliert.
Die Schneeflocken fallen vom Himmel
sehen dabei aus wie weißer Schimmel.

Vom Druck des Eises die Flasche gesprengt,
dabei vom Haus ein Eiszapfen hängt.
Sofern die Seen zugefroren sind,
fährt dort Schlittschuh das Kind.

Wenn die Schneehöhe zu wachsen beginnt,
ein Vater zum Schoren den Spaten nimmt.
Der Schnee schlägt jedem ins Gesicht,
inzwischen bildet sich dort schon eine
    Eisschicht.

Hat man keine Handschuhe dran,
so schwellen die kleinen Fingerchen an.
Alles ist vom Schnee bedeckt,
doch leider ist er dann auch bald weg.

Nico Renn * 1999

Frauenbefriedet

So rückgratschwach des Friedens Willen?
Unter'm Scheffel, lichterscheu?
Aschenputtelnd Sehnsucht stillen,
    unterlegen, fromm und treu?

Schaut „aus dem Bauch" ins Völkerfenster!
Evamächtig's Glückssternsegelhissen!
Wehenbeherzt, verhext Gespenster!
Wiesenglück!
Tulpen, Narzissen ...

Setzt Seelennot Kapitelaus in beglückter
    Knospenrevolution!
Weiß befahrn, das Blumenhaus!
Primeldufttanz küsst Demonstration!

Fruchtblasensicherheit errichten im
    Sommersonnenglitzerreigen.
Rosenrot.
Gewaltherrschaftlich' Thron vernichten!
Gipfelsturm in Weidenkätzchenzweigen!

Engelstraum schlägt Vollmonddenken.
Kriegsschauplatzbeweinendes
    Mütterhändereichen!

Liebeszündelnd Leben schenken!
Nelkenkissen:
Erdenschönheitsbrandmalzeichen ...

Astrid Reschke

Göttergräuel

Cupid der miese Verräter,
Entflieht da er mein Herz in Flammen
    sieht,
Wähnte mich an Welten Äther,
Welch Affront der Götterväter.

In Fortunens Fänge geriet,
Leben gewandelt zu Schicksalsbeben,
Das Ringlein zerstört durch den Schmied,
Entzweit da der Nebel verzieht.

Vertumnus entsagt den Reben,
Frucht des Glücks fällt hinab in tiefste
    Kluft,
Sinnlos noch weiter zu streben,
So bleibt nur noch aufzugeben.

Schwelgte noch in Aurorens Duft,
Mein war mal ihrer Gunst und Künste
    Schein,
Erreicht mich nicht in dunkler Gruft,
So bleibt nur noch Glut der Sehnsucht.

Rouven Reuter   * 1991

Später

Mein Mädchen sitzt im Garten
um dort auf mich zu warten;
allein ich komme nicht.

Ihr scheint die Zeit verhangen
mit Warten und mit Bangen,
im Dunkel ist kein Licht.

Doch bin ich kein Verräter,
ich komm' nur etwas später.
der Glücksstern wartet schlicht.

Und eh' sie kommt zum Weinen,
bin ich schon auf den Beinen
mit lachendem Gesicht.

Wie ihre Augen strahlen –
vergessen sind die Qualen,
die Lethe trink' ich nicht.

Das Leben ist im Wandel,
uns bleibt per se der Handel
mit wechselndem Gewicht.

Karl Heinrich Reutlinger   * 1936

Genug von Gedichten!

Die Dichter d-ichten,
Die Richter r-ichten,
die Seeleute s-ichten,
die Holzfäller l-ichten,
die Holzhacker sch-ichten,
die Obleute schl-ichten,
die Schlemmer g-ichten,
die Kaufleute w-ichten,
die Alten verz-ichten,
die Journalisten ber-ichten,
die Schredder vern-ichten,
die Kopfnicker beipfl-ichten
die Fotografen bel-ichten!

Was mach ich d'nn???

Rezi   * 1943

Seelenzeit

Ein Baum auf eisgem Wintergrunde
ist innerlich erstarrt und harrt
des Frühlings, den er einmal kannte
und in seiner Ohnmacht Wunder nannte

Doch wie in toten Zweigen
neue Lebenssäfte fühlen
und das Erwachen aller Nervenstränge
wie der Spannung widerstehen

wenn treibend Blätter
jeden Ast entrinden
und Früchte, die sich mit jeder Rundung
meinem Inneren entwinden.

Gebären will ich euch,
die drängend ihr mein Mark zerreißt
und Freiheit geben,
dem Leben euch ergeben.

Und wenn die Winde steiler stehn
in euren Kronen,
so denkt an mich
der heute Humus eurer Wurzeln ist.

Rhadika

Barfuß ich laufe, folge dem Licht.
Wohin es wohl führt, ich weiß es nicht.
Vorbei an den Feldern treibt es mich fort,
bis ich es spüre, einen magischen Ort.

Da seh ich sie, die meerblauen Seen.
Soll ich es wagen und zu Ihnen gehn?
Machtlos ich bin, sie ziehen mich an.
Verfallen ich bin ihrem glasklaren Bann.

Ich ziehe mich aus und steige hinein.
Schon greift etwas nach mir und packt
    mich am Bein.
Ich wehre mich nicht und lasse mich
    sinken,
obwohl ich doch weiß ich werde ertrinken.

Helene Rheindt   * 1988

Versteckspiel

Im Visier der Nacht
Schon der Morgen.
Gewaltbereit
Hält sie noch
Die Träume
In deinen Zwischenräumen fest
In die du dich verkrochen hast.
Doch das Grauen des Morgens
wird das Licht an den Tag bringen
Und dein Versteck aufdecken.
Auf Dauer kann sich niemand
am Wenigsten
in sich selbst verstecken.

Waltraud Rheinschmidt

Trostspender

Wann immer du Zuversicht bist
– Mein allerliebster Optimist –
Erlaub' mir mich anzulehnen
Allein das ist mein Ersehnen

Herz in das mein Trost geboren
Ohne dich bin ich verloren ...
Du durchschaust mich zu jeder Zeit
Holst mich herauf von ganz ganz weit

Maria Ribbe   * 1995

Wellenschaum

Denn wir sind wie Wellenschaum,
an den Sandstrand unseres Lebens getragen,
in der Ewigkeit dieses ständig neuen
und doch immer wiederkehrenden
    Liebesspiels

Von Beginn und Ende,
Von Wasser und Erde,
von belebendem kühlen Nass,

dass die feurige Erde
zum Leben erwachend
zärtlich küsst

Silberne Lichter, tanzende Seelen,
für Sekundenbruchteile voll mächtiger
    Lebenskraft,
in der Vergänglichkeit unseres kurzen
und doch ewig währenden Seins

Beschützt und geliebt vom Leben,
dessen vielversprechender Duft
einer Frangipani-Blüte gleichend
sich für denjenigen entfaltet,
der ihm seine Dankbarkeit entgegenbringt.

Joy Rich   * 1959

Das Geheimnis

Die Tiere haben ein großes Geheimnis,
sie kennen die Wahrheiten des Lebens,
deshalb können sie nicht sprechen,
Dieses Geheimnis ist so schützenswert,
dass es unter keinen Umständen
    missbraucht werden darf,
deshalb können die Tiere es auch niemals
    verraten.
Ein Mensch muss erst durch die Hölle gehen,
damit der göttliche Schöpfer sicher gehen
    kann,
dieser Mensch würde die Geheimnisse
des Lebens
niemals verraten.

Claudia Richter   * 1969

Sommernächte

Der frische Duft streicht von dem Korn
zu Boden schwebt die Spreu
keinen Platz für Wut und Zorn
hielten doch zusammen stets treu

Kein Ticken der Uhren
Sekunden, Minuten noch Stunden
hinterlassen unsere Spuren
in der Ewigkeit noch nicht verschwunden

Bezahlen die Momente nicht mit Geld
ein Stück Gold ist ohne Wert
unter uns die ganze Welt
sind wir doch nie umgekehrt

Die Zeit liegt ganz in unserer Hand
haben wir sie doch gestohlen
vor uns zerbricht nun jede Wand
während wir im Jetzt die Zukunft holen

David Richter   * 1991

Haibun
Japanische Dichtkunst: Kurze Prosatexte mit eingestreuten Haiku

Unterm Zelt der Fliederbüsche versteckt,
träumt ein Brunnen sich in den Tag.

Blubbernd schäumt sein Grund
im Eisenring der Enge –
pump Mädchen, pump, pump

Mühsam füllt sich der Brunnen mit kühlem
    Wasser.
Zwei Beinchen baumeln vom schmalen
    Rand, pitsch, patsch.

Fontänen spritzen
ins müde Fliedergebüsch –
Duftgeläut mischt mit

Ein heißer Tag vergeht:
mit ihm alle Wünsche, alle Träume. Die
    Nacht saugt an der Hitze,
schlürft aus den Brunnen, und was bleibt?

Ein Tropfen glitzert
noch am alten Pumpenmaul
der Brunnen ist tot

Elke Richter

Böses Erwachen

Sonnenbaden – Körper braun
Alles ist schön anzuschau'n.

Knackig braun dein Körper ist,
Leute die beneiden dich.

Fühlst dich wohl, bist voller Stolz,
wirst bewundert, doch was soll's.

Übertreibung tut nicht gut,
denn das Melanom macht Wut.

Auch das Basaliom will raus,
deiner Haut macht's schon was aus.

Beide freu'n sich ganz bestimmt,
wachsen schnell und ganz geschwind.

Manchmal dauert's etwas länger,
bis es dir dann vielleicht dämmert.

Eh du's bemerkst, was da geschieht,
frisst dich der Krebs
und hat dich am End besiegt.

Gisela Richter * 1958

Der Umzug

Umziehen, das ist eine Qual,
sicher wars das letzte Mal
von Bischofsheim nach Frankfurt/Main,
die Entfernung, sie war klein.
Telefonieren, telefonieren,
denn es muß alles funktionieren.
Ummeldungen gibt es viele,
denn sonst kommt man nicht zum Ziele.
Strom, Post, Wohnsitz und Telefon,
alles Arbeit ohne Lohn.
Fürs Packen der Kartons für die Spedition,
dafür bekommen alle ihren Lohn.
Über 60 an der Zahl,
mir blieb keine andere Wahl.
Starke Männer brauchten sie vier,
denn ich habe auch ein Klavier.
Die Wohnung ist ziemlich klein,
aber es paßte fast alles hinein
und viele fleißige Hände
führten zu einem gelungenen Ende.

Ingeborg Richter

Dinge dieser Welt

Nur noch kahle Spitzen
Ragen aus dem Feld.
Zwischen Steinen blitzen
Dinge dieser Welt.

Als hier noch Ähren standen,
Auf dem großen Feld,
Konnte es sein wir fanden
Dinge dieser Welt.

Dinge dieser Welt?
Was ist das eigentlich?
Dinge auf dem Feld?
Besond'res gibt's da nicht.

Dinge dieser Welt,
Das kann vieles sein!
Brillen, Taschen, Geld?
Nein, nur das Glück allein!

Leona Richter

Du.

Jedes Mal wenn ich dich seh,
wie ein Sturm der in mir weht,
wie ein Baum der in mir fällt,
wie das Band das mich noch hält.

Wollte nie dass das passiert
wollte nie das ich verlier

wollte nie das du jetzt gehst,
seh kein Sinn das ich noch leb.

Jeder Atemzug fällt schwer,
jeder Augenblick verkehrt.
Dein Geruch der mich verwirrt,
dein Fehlen mich zerstört.

Hab alles an mich rangelassen.
Es kommt alles auf mich zu
schaff es nicht mich falln' zu lassen
und dieser eine Grund bist du.

Shila Richter * 1997

Friedhof

Langsam zwischen Gräbern wandelnd
Spürt er,
Dass alles endlich ist.
Nichts auf Erden währet ewig
Vor allem nicht das Leben selbst.

Zwischen all den stillen Gräbern
Fühlt er,
Dass auch sein Ende naht.
Sag was kann sein Schicksal ändern?
Nichts!
Es ist vorherbestimmt.

Leis' und ziellos weiter wandelnd,
In seinem Denken fast verlor'n,
Sieht er vor sich Vögel sitzen,
Schwarz und starr auf ihn fixiert.
Und schon hört er ihre Chöre:
Dein Ende naht!
Bald liegst Du hier!

Thomas Richter * 1987

Liebeserklärung an die Heimat!

Oh liebe Heimat bist du schön,
mit Deinen Tälern Deinen Höh'n
Und diesem reinen Glockenklang,
den hör ich wohl ein Leben lang?

In meiner Jugend oft ich stand,
im Herzen voll Dir zugewandt.
In Deinen Auen, diesen bunten,
ich fühlt mich fest mit Dir verbunden!

Mit Dir und mit vertrauten Wegen,
es zieht mich hin bei Sonn und Regen.
In Deinem Arme der Natur,
vergeß sie nie, das war mein Schwur!

Nun leb ich, nicht fern von Dir,
hab Haus und meine Lieben hier.
Und sehn mich doch nach Deinen Höh'n
Du liebe Heimat, schöne Rhön!

Willi Richter * 1932

Protokoll der Weisen

Wie so oft, wird was geschrieben,
was gänzlich realitätsfern,
und was dann damit getrieben,
entspricht nicht der Sache Kern.

Worte können töten.
Vorstellungen werden produziert.
Es lässt einen erröten,
was so manches Heim verziert.

Das Internet gibt uns Wissen,
Information für jedermann,
und nach allen Ergebnissen,
finden wir den Ehrenmann.

Manchen kann die Vielzahl auch verwirren,
was mag wahr und was mag falsch wohl
    sein?

Daraus können wir uns nur entwirren,
indem wir schärfen unser Rechtsbewusstsein.

Daten sind nur ein Teil des Ganzen,
evaluieren liegt in unserer Hand.
Wir schreiben die Protokoll-Bilanzen
und halten der Unwahrheit stand.

Motschi von Richthofen   * 1966

Mein Geheimnis

Ich möchte es nur einatmen, dieses Gefühl
   von Heimat
Neues Leben, neue Freunde, neues Glück
Ihr habt mich alle so warm aufgenommen
Zurück in dem, was nun wieder Heimat ist,
   nach so viel Zeit in der Ferne
Warte nur, hat er gesagt
Nach einigen Wochen werden Dich alle
   lieben
So ist es jetzt, auch ich liebe es, auch wenn
   der Winter kalt war
Und die Frau bei Lidl seufzt
Bald ziehen wir weiter sagt er und es bleibt
   unser Geheimnis
Bis der LKW bestellt ist und die Kinder
   erfahren, dass ihr Zuhause bald keines
   mehr ist
Sie haben vergessen, dass wir ruhelos reisen,
   die Welt ist unser Büro
Die Freunde, die neuen Kollegen, sie
   fragen, ob ich was vermisse, ob ich
   angekommen bin.
Und sie ahnen nicht, dass mir nur ein Jahr
   bleibt.
Ein Jahr sagt er und ich fühle als sei es
   mein letztes, weil ich bleiben will.
Das ahnt er, aber ansprechen wird er es
   nicht, weil es kein Zurück mehr gibt.
Und der Fuchs streift meinen Weg ... Bleibt
   stehen als wollte er fragen
„Das meinst du nicht ernst, oder?" Am
   Kanal, hinter unserem Haus, wie
   verrückt.

Nein, sage ich auch zu Karla. Ich bleibe,
   aber das ist mein Geheimnis.
Ich erzähle dir dann, wie alles ausgeht.

riechtlaut   * 1977

Ausgeträumt

Aus dem Himmel gefallen,
von den Engels vertrieben.
Wem soll ich noch glauben,
wen soll ich noch lieben.

Hätt ich Flügel könnt ich fliegen,
hätt ich ein Schwert dann könnt ich siegen.
Was ist von all meinen Träumen geblieben,
ich wollte doch einmal die Wolken
   verschieben.

Doch alles das wird es nicht mehr geben.
Was noch bleibt ist mein alltägliches Leben.
Auf dem Weg aus den Träumen.
Tief aus der Unendlichkeit.
Durch Meere, leere Räume.
Bis in die Wirklichkeit.

Brigitte Riedl   * 1953

Kind der Sterne

Geborgen in fremder Erd
liegt der Samen immerfort
Getränkt von Selenes strahl
Behütet von Helios Spiegelsaal

Der Samen, Ahnenschwer, erblüht
wächst in retardierender Erkenntnis
die Sehnsucht zwingt immer weiter
Zum Throne auf der Himmelsleiter

Träumend weiter nach vorn
Reckt die Blüte ihre Blätter
Selene und Helios schreitend
Dieser Sinn ist in ihr geborn

Sie wächst in ihre Zukunft
Den Sternen entgegen
getragen vom stürmischen Wind
Denn sie, sie ist der Sterne Kind

      Tom Riefstahl * 1990

Mein Herz blieb einfach stehn

Als ich Dich das Erste Mal sah,
warst du so gekehrt in Dich.
Ich musste Dich bald wiedersehn,
mein Herz blieb einfach stehn.
Du riefst mich zu einem Treff,
brachtest deine Kinder mit,
mein Herz blieb einfach stehn.
Wir sind zusammen nun seit Jahren
und sind die Haare auch schon Grau,
träumen von der Zukunft nur.
Geblieben ist uns nur die Liebe,
geschlagen von des Lebens Qual.
Händehaltend gehen wir seit Jahren,
wir lieben uns halt immer noch,
mein Herz blieb einfach stehn.
Haben wir nun auch schon graue Haare,
träumen von der Zukunft nur,
geblieben ist uns nur die Liebe,
geschlagen von des Lebens Qual.
mein Herz blieb einfach stehn.

      Leopold Riepl * 1949

Blind?

Gerne hättest du
mich mitgenommen,
auf diesem Weg.
Nur die Kluft,
zwischen uns,
nehmen wir nicht wahr.

Vermeintlich gemeinsam,
geht jeder einsam,
einen Weg.
Längst seh'n wir,
einander,
nur noch schemenhaft.

Während ich
mit meinem Gepäck,
kaum vorankomme,
läßt du deins zurück.
Ohne mich hebst du ab
– und fliegst.

Haben wir die Brücken
nicht gesehen?

      Riken

Der Suff

Und der Tropfen mancher Stunden
öffnete oft Herz und Wort.
Brudergleich mit mir verbunden,
log und trug das Wahre fort.

Leidlich solltest du erkennen,
wenngleich hantiert elend'ger Wahn.
Wortlos deinen Namen nennen,
sahst das Morgen gestern nah'n.

Wo wird heute Morgen enden?
Kündigte's sich an mit Weh!
Jetzt noch Letztgedachtes blenden?
Und ich rat' mir leise ... geh ...

Mauern, einst erbaut zum Trutz,
morgen möglich mein Verhängnis.
Gestern noch der Seele Schutz,
sind sie heute mein Gefängnis.

      Pierre Rise * 1982

Ein Vokal rettete Vater Jandl's Onomatopoesie

rattata
rattata
vata, vata
rettete
rettete
vata, vata
rittiti
rittiti
vata, vata
rottoto
rottoto
vata, vata
ruttutu
ruttutu
vata, vata
ernst jandl
so ja? ja!

Karl-Heinz Ritsche

Halbmensch

Rotglühende gehörnte Engel,
Hellwach träumend reale Phantasien,
grundehrliche Lügner sind wir,
Friedensboten, die Waffen verteilen,
trösten mit nur halber Kraft,
wärmen und verbrennen uns.
Gleitend mit verletzten Flügeln
weinen wir, wenn das Herz doch lacht.

Klagend, fluchend und voller Mut,
ewig suchend nach sinnlosem Glück,
sind wir fehlerlose Schwerverbrecher,
denn liegt es vor uns, weisen wir's zurück.
Antworten brauchen immer Fragen,
wir nehmen das Zweite, obwohl das Erste
    schon stimmt.
Randvoll sind wir mit Gefühl, doch
    verschlucken feige die Wahrheit,
weil wir nur halbfertige Menschen sind.

Kate Robinson * 1978

Hollywoods Stern

Versiegelt sind ihre Lippen
Während ihre Haare sanft im Wind wippen

In der finsteren Nacht
Offenbart sich ihr eine Art von Macht

Alte Geister aus einer anderen Welt
Drängen, ihre Träume zu begraben, wollen
    dass sie zerschellt
Alte Gesichter, verlorene Seelen wagen
Mit der Schönheit und Hässlichkeit der
    Worte um sich zu werfen

Sie sieht in der Ferne lauter schimmernde
    Sterne
Lauter Rampenlichter ebnen ihr den Weg
Viele Herausforderungen, aber sie kommt
    darüber hinweg

Stadt der Engel, was für ein Gedrängel
Keiner kennt sie, niemand sieht sie
Eine von vielen, aber ein versteckter
    Diamant

Ein Weg gepflastert mit zerbrochenen
    Träumen
Blondes Haar, wie wunderbar
Blaue Augen, die alles glauben
Chaotische Gefühle, durch gebrochene
    Schwüre
Ihr Herz schwer und ihr Kopf leer
Sie sieht Sterne, seitdem kennt sie nicht
    mehr diese Ferne

Patricia Rocha Dias

Stille

Verstummt ist all der Lebensmut
Weggefegt des Feuers Glut
Aus der nun wieder leeren Hülle
Dunkle kalte schwarze Stille

Erfüllt erneut mein Herz
In meinem Kopf pocht heißer Schmerz
Die großen Augen starren
Schlaflos vor sich hin
Die dünnen Wände knarren
Ohne Sinn, ohne Sinn
Vor mir liegt ein Abgrund
Mit einem schrecklich großen Mund
Wieder will er mich verschlingen
Wieder wird es ihm gelingen
Kraftlos blicke ich hinein
Will nicht mehr kämpfen, nein
Lieber lasse ich mich fallen
Mich vom süßen Schlaf umkrallen
So verliert die Bedeutung ihren Raum
Alles nur ein stiller Traum

Clara Rocktäschel * 1994

Ebola

Kein Flügelschlag durchbricht
die Dunkelheit,
der mäuseähnlichen Vampire.
Kein Primat steht mehr
zum Fraß bereit.
Götter in Weiß laborieren.
Brauen Hoffnung, neues Leben.

Regina Rocznik

Reise nach dem Tod

Der Himmel ist noch so weit weg.
Wo ist er dieser schöne Fleck?
Und ob's die Hölle wirklich gibt,
in der das Fegefeuer liegt?
Werden wir es bald schon sehn',
wenn wir von der Erde gehen'?
Wirst sehen vor dem hohen Gericht,
wenn dein Licht von selbst erlischt,
wohin's dich führt in welches Reich,
sind wir vor Gott nicht alle gleich?

Doch warst du böse oder gut,
welcher Mensch nun in dir ruht,
weiß nur einer ganz allein',
er wird bald dein Richter sein.
Ob du einmal wieder kommst,
dich dann in der Sonne sonnst,
das kann keiner wirklich sagen,
danach kann man auch nicht fragen.
Woran ich fest glaub' meist in der Not,
ist an das Leben nach dem Tod.

Saskia Rode * 1995

Weihnacht

Durch alle Zeiten wiederkehr'nder Traum
Tausendfacher Glanz beglückt die Herzen
Von festlich' Pracht erstrahl'nder
    Weihnachtsbaum
Allerwärmend' Kraft der feinen Kerzen
Aus zartem Tannengrün entstieg'ner Duft
Wahres Entzücken in hochheil'ger Nacht
Von Herzlichkeit erfüllt ist alle Luft
Der gold'ne Stern hat ew'ge Freud entfacht

Wolfgang Rödig

Nullpunkt

Und wieder am Nullpunkt,
die Karten werden neu gemischt.
Diesmal will ich es richtig machen,
ja sagen, wenn ich ja fühle, nein sagen,
    wenn ich nein fühle.
Niemandem zu Diensten sein,
mich verweigern dürfen,
wieder frei und unschuldig,
wie das Kind, das ich einmal war.
Schwerelos und befreit durchs Leben
    schweben,
Leichtigkeit spüren.
Wie viele Nullpunkte werde ich noch
    brauchen?

Audrey Rodtgardt * 1960

Schönheit

Ausgespuckt was raus musst'
um rein zu sein
einzig und allein
das EINE meiner Persönlichkeit
So schön und weit
ein Himmel plötzlich scheint
und die Sonne durch graue Wolken rein
nun waren sie schon immer da
und frag ich wo war ich?
Wenn man auf einmal sehen kann
wie schön alles ist. Im Licht
und verstand den Sinn
von dem die Vögel sing'
Denn ich fand ...
die Schönheit in mir drin'

Manuel Rohan

... mein Lebenslohn

Tief im Herzen die Tragödie,
doch nach außen kühl und klug,
und so spiel ich Komödie
bis zum letzten Atemzug.
Ungesättigt, gleich des Feuers
glühe und verzehr ich mich.
Wahrheit ist alles, was ich fasse,
schlecht ist alles, was ich lasse.
Fanatisch bin ich sicher nicht.
Weh dem, der sich dem Mensch verdungen,
dazu auch nur um Gotteslohn,
wenn ihm das letzte Glöcklein läutet,
jagt man den arm und alt
gewordenen Kerl vom Hof
wenn mal der Sensemann
mir meinen Leib hinstreckt,
wird er fein säuberlich
das Grad auch mähen,
das meine Schuldgeschichte deckt.

Rohe * 1931

Simple man – Der ewige Stillsteher

Einem Mann das Stimmband reißt
heißer Wind des Mannes Antlitz beißt
des Wegs ihn niemand weißt
und niemand einen Wanderer ihn heißt

denn es ist Verdörren, Öde, leer
kommt nicht an, wohin er auch kehrt
bleibt im Zentrum verschlossen, wie sehr er
    auch wehrt
den ewigen Stillsteher, niemand ehrt

Roland * 1991

Herzschmerz

Der Mond ist voll,
Mein Herz ist leer,
Ich vermisse dich so sehr.

Guck in die tiefe Nacht,
Was die Liebe mit uns macht.
Der Schmerz,
Tief in meinem Herz.

Hör auf mich zu quälen,
Und immer zu fehlen.
In meinem Herz ist ein Loch,
Wie weit treibst du es noch.

Hier in der tiefen Dunkelheit,
Wein ich was ich versucht hab zu vermeid.
Du bleibst für immer in meinem Herzen,
Und damit solltest du nicht scherzen.

Selina Rolih * 1998

Liebe

Würdest du meine Tränen trocken wenn du
    könntest?
Wenn du wüsstest das ich Bäche davon an
    jedem einzelnen Tag vergieße?

Würdest du dann deine Wege verlassen um
    bei mir zu sein?

Ich kann mir ein Leben ohne dich nicht
    mehr vorstellen.
Bist so nah und doch so fern.
Endet das alles bevor es richtig begann?

Ich dachte, dass du meine Luft zum Atmen
    bist.
Ich dachte, dass unsere Liebe wächst wie
    eine Rose
und nicht das sie schon vor der ersten Blüte
    stirbt.
Ich dachte.

Ist das fair das mir das schon wieder passiert?
Was ist diese Liebe? Was will Sie?
Ich dachte ich hätte Sie, ich würde Sie
    kennen,
ich würde Sie spüren. Und dann?
Liebe, ich hasse dich.

                        Andre Roll   * 1977

Ohne zu fragen

Wie ein Blatt im Wind
lasse ich mich tragen,
ohne zu fragen,
wohin?

Wie eine Wolke am Himmel
werde ich vorüberziehen,
ohne zu fragen,
wohin?

Wie ein Stern am Himmel
werde ich leuchten,
ohne zu fragen,
für wen?

                        E.W. Römer   * 1959

Mein Liebesgedicht

Für jeden hat es in diesem Leben
drei Worte wohl schon stets gegeben,
im Herzen erwacht die Seligkeit
sprichst du sie voller Zärtlichkeit
die Worte der Liebe nur für mich,
sagst du mir leise –ich liebe dich – .

So wie der Winter dem Frühling weicht,
der das erste Grün uns zeigt,
schwinden alle Alltagssorgen
wie an einem Frühlingsmorgen,
nimmst du in deine Arme mich
und flüsterst leise – ich liebe dich – .

Und ist mein Herz vor Sorgen schwer
und freut mich auf der Welt nichts mehr,
bin voller Weh und will verzagen,
dann musst du nur drei Worte sagen,
wer richtig liebt kennt Weh und Leid
und wundervolle Seligkeit,
dann sprechen die Herzen nur für sich
ganz inniglich – ich liebe dich – .

                        Ines Römer   * 1942

Die Tränen nicht sehen
den Sinn nicht verstehen

Besetzt, gefangen in seinem Bann
Nicht können, nur sollen, wo man nicht
    kann

Menschen, im Gleichen vereint
oder jeder für sich, einsam entzweit

Im Zorn, in Wut
in Krieg um Macht

Verleugnet, verheimlicht, verlogen
der Liebe entzogen

Hoffnungslos, schutzlos und schonungslos
    lauernd.
Die Zeit bis zum Grauen nur überdauernd.

Die Sonne im Blick verwischt
im Dreck die Wärme der Liebe erlischt

Im Dunkeln der Nacht
frage ich mich nach des Mißbrauchs Macht.

Susanne Rommel * 1974

Herzschmerz

Du gingst fort ohne dich umzudrehen,
ließest mich als Häufchen Elend im Regen
   stehen.

Schon tagelang kein Wort mehr von dir
   gehört,
wie sehr hat mich das gestört.
Ich fiel in ein tiefes Loch und fühlte nichts
   mehr,
mein einziger Wunsch war deine Rückkehr.

Du gingst fort ohne dich umzudrehen,
ließest mich als Häufchen Elend im Regen
   stehen.

Ich fühlte die Trauer sowie das Alleinsein,
Doch am stärksten erfüllte die Sehnsucht
   mich.
So sehr vermisste ich dich.
Und ich dachte, du wärest für immer mein.

Doch du gingst fort,
der Grund für meinen Selbstmord.

Romy * 1996

Ein Leben für einen Laib Brot

Schmatzend und glücklich sitzen alle
   beieinander,
leben von Brot, Fleisch, Kakao und Zander,
lassen es sich gut ergehen,
müssen in der Welt nicht bestehen.

Dicke Bäuche, zufriedene Mienen,
ein warmes Bett und Feuer in den
   Kaminen,
all diese Dinge vermisst unser Herz,
dabei ignorieren wir, den eigentlich größten
   Schmerz.
Bilder von Hunger, Elend und Tod,
sterbende Kinder, verzweifelte Mütter in
   Not.
Wir blenden es aus, interessieren uns nicht
   für die Welt,
wir leben in den Tag hinein, weil es das ist,
   was uns gefällt.
Die andere Seite, die schon immer zu uns
   zählte und es doch nicht tat,
grenzen wir ab und begehen so innerlich
   einen schrecklichen Verrat.
Ist es menschlich das Teilen einem anderen
   zu verwehren?
Und unseren Kindern keinen besseren Weg
   zu lehren?
Brecht endlich das Schweigen und handelt
   mit dem Herzen,
so erspart ihr womöglich einem
   unschuldigen Kind, eine Zukunft mit
   Schmerzen.
Vertreibt den Hunger und teilt das, was
   ihr habt,
so schafft ihr es, dass sich statt einer Person,
   eine ganze Familie daran labt.

Marie-Luis Rönisch * 1993

das Streifen
deines Geruchs
ist so flüchtig
wie der Schimmer des Mondes
wo ich
zur richtigen Sekunde
in falschen Bettlaken
erwacht
allein

Milena van Rooij * 1995

Der Blick in den Spiegel

Der Blick in den Spiegel, verrät Dir oft,
Dein wahres Gesicht,
Wie Du bist, wie Du sein wirst,
verrät Dein Blick,
nimm ihn auf Deine Reise mit.

Hab nicht aufgehört an Dich zu glauben,
für alles Geld der Welt würd ich Dich
    kaufen.
Denn Du bist was mich glücklich macht,
mein Spiegelbild, bei Tag, bei Nacht.

Ich nehm Dich mit, halt Dich fest,
zeig Dich der Welt, fang Dich auf bei
    Traurigkeit.
Geb Dir Mut, schenk Dir ein Lächeln oder
    Zärtlichkeit.
Ich nehm Dich mit, mein Spiegelbild.

Spür die Tränen, die Du weinst,
vertraue auf die Leichtigkeit.
Versteh die Falten, die Dich ziern,
sage Ja und Nein zu Dir.

Ich nehm Dich mit, mein Spiegelbild!

                Jeanie Roos * 1984

Der kleine Wicht

Wie ein Fabelwesen sieht er drein,
ein Glücksbringer in so manch Länderei'n.
Tappelt die Wände hoch, hin und her
springt auf den Kopf und frisst so mancher
    Läuse
Heer.

Versteckt sich in den Häuserritzen,
ahlt mit Opa sich vor der Kamineshitzen.
Bei der Oma in der Küch, die Stubenfliegen
    sind sein
Leibgericht.

Doch weh der Kater Felix der ist da,
dann wird der Grünling selbst zum Braten
    ja.
Die Gläser klirr'n, die Töpfe fall'n,
huscht in das nächste Ofenrohr hinein.

Die alte Frau außer Rand und Band:
Mein Kater ist verrückt geworden, soll der
    Tierarzt
für ihn sorgen.

So leben Mensch und Tier nah beinand',
der eine sichtbar, der andere unbekannt.
Der Unbekannt ihr wisst schon lange,
von wem ich red, das ist klein Gecko
    namens Alfred.

                Rosaki * 1970

Der Sinn

Ein Leben ohne Sinn
wo kämen wir da hin?
Suchen hier und suchen da,
an Orten, wo noch keiner war.
Es muss ihn geben,
man muss ihn leben –
Starr nur geradeaus geschaut
und auf die nächste Lebenskreuzung gebaut.
Da ist er dann, ganz bestimmt,
es ist ein Hauch, fast wie der Wind–
er muss da sein, der Sinn,
kann es sein, dass ich es bin?

                Rose * 1974

'14

Und obwohl ich
seit fünfeinhalb Monaten
durch Dich latsche
fällt mir gerade erst auf
dass Du es bist
Jahr der Bratsche

                Anton Rose * 1983

Fernsehen

Vieles Wissen und Sehen,
man braucht nicht vor die Tür zu gehen.
Man schaut zum Bildschirm und ist verzückt.
Bella wundert sich, ist das nicht verrückt.
Diese plastischen Bilder, wo sind die Gerüche.
Da gehe ich lieber in die Küche.
Doch draußen zieht die Welt vorbei,
das Wetter ist schön,
da muß man doch spazieren gehen.
Mit Bellen mahnt sie, es ist soweit,
denn jedes Ding hat seine Zeit.

Hiltrud Rose * 1950

Enttäuschung

Nagend am Herzen
Zerrend an Kraft
Wieso hast du mir nur
die Enttäuschung gebracht?

Sie nimmt mir den Atem,
Verschnürt mir den Hals
Wie ein eitriges Symptom
todkränklichen Befalls.

Die Enttäuschung sitzt tief,
ein Parasit in den Gedanken.
Ertränk meine Wut!
Wieso lässt du mich stranden?

Am Meeresboden allein
Nur auf mich gestellt.
„Ich tu's für mich, für mich!"
Mein Körper wieder von Mut beseelt.

Die Enttäuschung verfliegt;
sie ist meiner nicht mächtig.
Denn nur in mir bin ich
ruhsam und kräftig.

rosefavola * 1994

Zwei Seelen

Zwei Seelen die nur zusammen ein Ganzes
    sind.
Zwei Seelen in jedem neuen Leben getrennt,
doch immer für einander bestimmt.
Diese zwei Seelen werden keine Ruhe geben
bis sie sich wieder finden, Leben für Leben.
Doch manchmal braucht der Verstand Zeit
ist das Herz auch voller Leid,
denn dieses hat vom ersten Augenblick
    erkannt: Diese Seelen sind verwandt.
Man kann sich nicht dagegen wehren
will auch der Kopf das Herz belehren.
Doch das Herz voller Sehnsucht schreit
bis diese Seelen wieder vereint.
Denn diese zwei Seelen ziehen sich magisch
    an
Leben für Leben eine Unendlichkeit lang.
Sind diese Seelen dann wieder vereint
man das größte Glück auf Erden
    zusammen teilt.
Bis irgendwann dieses Leben endet
und man sich im neuen Leben wieder
    findet.
Denn diese zwei Seelen auf Reise zusammen
    sind
Leben für Leben immer für einander
    bestimmt.

Julia Rosenkranz * 1988

Diese eiskalte Nacht,
der Moment ganz still,
der Mond der über mich wacht,
wundervolle Nacht im April.

Diese Nacht so klar,
der Himmel voller Sterne,
es ist wunderbar,
beruhigende Ferne.

Mein Herz ist Eis,
die Angst vergeht,

der Wille brennt heiß,
mein Atem still steht.

Alles in grelles Licht getaucht,
aufkommt eine leichte Brise,
Nebel über dem Walde staucht,
zieht sich stetig über die Wiese.

Heller Schein im Ost,
die Sonne geht auf,
es vergeht der Frost,
nimmt Richtung Süden ihren Lauf.

Charla Rosenthal

Schlaflos

Ist es Traum oder Wirklichkeit
wenn ich mit dir rede in der Dunkelheit.
Kann weder schlafen noch träumen in der
  Nacht
sehe wie der Mond über mich wacht.

Ich geh durch das Zimmer, find keine Ruh
öffne das Fenster und schaue den Sternen
  zu.
In der Ferne erscheint plötzlich ein Licht.
Ist es real, oder doch wieder nicht.

Es muss etwas geben was meine Seele
  befreit.
Will es so sehr, doch ich bin nicht bereit.
Ich suche nach Spuren in meinem Gesicht
Blick kurz in den Spiegel und finde sie
  nicht.

Ich bin wie von Sinnen in dieser Nacht.
Warum nur bin ich so um den Schlaf
  gebracht.
Will einfach raus, nicht länger hier
  verweilen
Nahm schnell ein Buch und las ein paar
  Zeilen.

Dann wurde ich ruhig, schlief endlich ein
So konnte ich mich aus diesen Zwängen
  befreien.

Die dunkle Nacht ist endlich vorbei.
Der Tag beginnt jetzt wieder aufs neu.

Kornelia Rosner * 1961

Weiter

Bin ich bereits tot?
Meine Tränen fließen rot
Es tut entsetzlich weh
Wer weiß, ob ich es übersteh'

Der Kampf ist nicht vorüber
Nein, er hat erst begonnen
Und er drückt mich nieder

Der Schlaf entzieht sich mir
Vor Menschen graut es mir

Da sind nur Einsamkeit und Finsternis
Das Leben scheint so sinnlos
Wann endet dieser lange Albtraum?
Wem kann ich hier vertrau'n?

Langsam gehen alle Lichter aus
Mein Herz fühlt sich zu alt
Meiner Seele ist es zu kalt

Hoffnung kann ich nicht seh'n
Werde ich es übersteh'n?

Natalie Roß * 1984

Sing Dein Lied

Tiefe Gelassenheit im unendlichen See.
Der Mond wirft silbernes Licht.
Die Bäume des Ufers spiegeln sich darin.
Leichter Wind streicht durch die Wipfel.
Die Nachtigall sitzt in der großen Eiche
und singt ihr Lied!

Stefanie Rößler * 1966

Der Hofnarr der Hölle

I ch bin es, den ihr den Gaukler nennt,
C haos zu säen ist mein Beitrag zur
 Ordnung und
H ass zu schüren ist mein wahres Talent.

B lut ist mein Wasser, euer Fleisch ist mein
 Brot,
I ch schluck' eure Seelen und verbreite den
 Tod,
N iemand sei sicher, der den Bannspruch
 nicht kennt.

D er Irrsinn ist es, den ich euch bringe,
A ls Frevler des Glaubens und der Witz
 aller Dinge
S ei Dummheit und Trägheit mein erstes
 Gebot.

W o jede Vernunft der Umnachtung
 erliegt,
O hnmacht und Stumpfheit die Bildung
 besiegt,
R egiert der Narr, der dem Teufel verfiel,
 und jetzt,
T anzt, ihr Maden, wenn meine Flöte ich
 spiel!

Thomas Rothbucher * 1982

Legt alle Waffen nieder, auch die Atombomben, für die Kinder dieser Welt

Wir wünschen uns doch alle Frieden auf
 Erden.
Warum gibt es dann auf dieser Welt Krieg
 und Totschlag?
Weinende Mütter, die ihre Kinder
 blutüberströmt, das Gesicht
zerfetzt, tot vor sich lieben sehen.
Folter, unverständlicher Hass gegenüber
 Menschen.

Doch Ihr, die die Macht habt, dies zu
 ändern, wollt nur das
Geld und die Macht, über die Menschen
 und über unsere Welt.
Die Welt ist nicht mehr so schön, die Lüge
 regiert die meisten
Menschen.
Unsere Welt regiert das Geld, denn die
 Wahrheit bringt kein Geld.
Deshalb sind die meisten lieber blind und
 überlassen dies den Kindern unserer
 Welt.
Wir müssen uns dann auch nicht ändern
 und keine Fehler zugeben.

Verzeiht Euch Eure Fehler, beginnt in
 Wahrheit zu leben
und alles wird gut.

Monika Rothenbücher

Das magische Band

Was ist ständig da zwischen Dir und mir?
Ich kann es zwar fühlen, doch kann ich's
 nicht sehen,
schön wärmend bleibt es seit Jahren
 bestehen.
Sag, spürst Du es auch in Dir?

Was steht zwischen uns wie ein starker
 Magnet,
der anziehend wirkt mit seltsamer Kraft
und in uns Vertrauen und Sicherheit schafft,
doch hoffentlich niemals vergeht?

Es liegt was dazwischen und klar auf der
 Hand,
ganz still ist es da, ich hör es nicht raunen,
ich spür es im Herzen mit glücklichem
 Staunen,
dankbar, das magische Band.

Es ist ständig da zwischen Dir und mir,
die Liebe, sie hat uns beide umschlungen,

sie ist in unsere Herzen gedrungen,
so wollen wir danken dafür.

Roland Rothfuß * 1949

Wahnsinn

Wenn du suchst den Vergessnen, der ewig
    wacht,
den Tod, der zu dir lacht,
Geister, die tanzen, wenn der Abend
    vorbei,
Hexen mit schwarzer Zauberei.

Wirst du sie finden in dunkelster Nacht,
auch wenn du dich wehrst, gib Acht,
denn wenn das Leben erwacht, das
    erloschen geglaubt,
dann wirst du sehen, was der Tag dir raubt.

Du wirst sehen, was dein Verstand für dich
    malt,
dass Hoffnung strahlt, nein,
der Wahnsinn packt dich, will dich
    verschlingen,
doch die Nacht ist nicht vorbei, du musst
    sie verbringen,
wohl oder übel.

Rettung naht, der Morgen siegt,
doch was in deinem Kopfe liegt, verborgen,
das will raus, du hörst es schreien,
und in der Nacht wirst du's befreien.

Michaela Rötsch * 1999

Ich trage die Wirkung der Welt –

zwischen den Zeilen und
zwischen den Spalten;
und die Zeilen und die Spalten,

indem ich auf der Suche

nach einer Erzählung bin,
eine Erzählung, an die ich glaube,
eine Erzählung in der Gegenwart;

ich glaube an diese Schrift,
die mich errettet,
auch andere Geister und Seelen,

auch wenn sie nur in Fragmenten erscheint,
dieses Wiegenlied aus Erd- und Wasserrede,
aus idyllischen Pulsen ...

Kristian Rotter

Der Spaziergang

Geh am Abend noch spazieren
um die Kälte zu spüren.
Seh das Funkeln der Sterne,
hör Blätter rauschen im Wind ...
was es wohl kommen bringt.
Die Nacht ist zum Leben erwacht,
in voller Pracht und Herrlichkeit.
Der Mond lacht als Taschenlampe auf
den Weg in die Dunkelheit.
Den Weg geh ich allein mit meinen
Gedanken, wohin Sie mich auch führen,
wird es mich berühren. Gib mir ein Zeichen
der Vernunft, dass ich wieder das Gute seh
in der Zukunft.

Rotzgöre * 1985

Deine Stimme

Deine Stimme bringt alles zum Schmelzen.
Eisblöcke zerlaufen.
Menschen wollen dich kaufen.
Sie beten dich an.
Verehren dich.
Sei so gut und enttäusch' sie nicht.
Dein unverschämtes Lachen,
entlockt tiefste Glücksgefühle,

welche manche –
noch nie hatten.
Einmal vor dir steh'n –
dich in voller Größe seh'n –
Das Glück kurz im Arm zu halten.
Wäre ein Traum.
Möglich ist es jedoch kaum.

Nathalie Rubenwolf * 1988

Der Gedankenfluss

Kalt. Allein. Daheim. Erfroren.
Neulich tot und neugeboren.
Schaukelnd. Seele. Stöhnend. Weich.
Lieben. Hassen. Alles – gleich.
Tränen. Tränen. Zittern. Weinen.
Lügen. Lachen. Träumen. Leiden.
Dürsten. Warten. Hoffnung. Sinn?
Küssen. Wange. Schläfe. Stirn ...
Bitter. Lächeln. Aufstehen.
Schneller. Rennend. Weitergehen.
Ruhig. Kurz. Präzise. Muss.
Stoppen den Gedankenfluss.

Irena Rubtsova * 1988

Gaudium

Du bist nicht nur von meinem Blut,
du tust mir über allem gut.
Wenn ich dich seh, mein Herz erbebt.
Nichts ich zuvor je so erlebt.
Ja und als ich dich zuerst sah,
war niemand meinem Herz so nah.
Als du gemacht den ersten Schrei,
war ich mit aller Freud dabei.
Kein größres Glück kann ich finden,
kein andres Band wird so binden.
Vollmondgeborenes Sonntagskind,
meine Lieb und Treu dir sicher sind.
In meinem Herzen ich dich trage,
bis an das Ende meiner Tage.

Lutz Rücker * 1960

Ein Zeichen meiner Liebe

Ich liege hier in deinem Arm.
Das hätt' ich nie gedacht.
Du warfst mich völlig aus der Bahn,
das hat mir Angst gemacht.

Ich war noch so unerfahr'n,
doch ich wollte dich.
Und ich konnte ja nicht ahn',
Du wollt'st bereits nur mich.

Du gabst mir Mut,
hast mich bestärkt.
Und dann hab ich gemerkt ...

Ich liebe dich
Und Du liebst mich.
Das ist die Mühe wert.

Sabina Rudi * 1997

Wer bin ich?

Wer bin ich? Hat sich diese Frage nicht
jeder schon gestellt in seinem Leben?
Sollte nicht jeder wissen, wer er ist?
Und so fragte ich mich an diesem Tag:
Wer bin ich?

Bin ich jemand, der andere herumschubst?
Oder bin ich einer, der herumgeschubst
    wird?
Bin ich jemand, der über andere hämisch
    lacht?
Oder bin ich einer, über den hämisch
    gelacht wird?
Bin ich jemand, der anderen eine Hand
    reicht?
Oder bin ich einer, der die eine Hand
    vergeblich sucht?

Und dies ist nur ein Hauch von der Qual.
Den einen Moment herrscht froher
    Sonnenschein,

den nächsten bricht eisiger Regensturm
    herein.
Doch nach all den Fragen und all den
    Klagen ...

Weiß ich nun wer ich bin? Kann mir das
jemand sagen, wenn nicht ich selbst?
Aber egal wie das Blatt im Winde sich
    dreht,
fest steht eines: Ich bin, wer ich bin
und sonst niemand!

Anne Rüdiger * 1995

Engel

Mit Leichtigkeit,
kein Flügelschlag ist zu hören,
Doch ich spüre sie.
Auf ihre Leise Art und Weise, ihre sanfte
    Zärtlichkeit,
sind sie besonders und Heilig.
Und sind sie im Raum, spürt man so etwas
    wie Schwerelosigkeit,
fühlt sich gelassen und frei.
Gesehen, oder ungesehen ist nicht von
    Belangen,
es geht nur um das Gefühl
ENGEL

Aliuska Rudnik * 2002

Schmetterlinge – am Tagebau

Wenn Schmetterlinge fliegen,
dann machen sie das,
weil sie es lieben,
das Fliegen.
Doch was sie sehen,
wenn sie fliegen,
lieben sie nicht.
Wenn Schmetterlinge fliegen,
dann wollen sie zur Mutter Natur,
doch die finden sie nicht.
Sie finden Beton, Windräder,
und ein riesen Loch.
Das Loch von Menschen Hand gemacht,
um zu bergen was die Erde zu bieten hat.
Wenn Schmetterlinge fliegen,
dann verstehen sie die Menschen nicht.
Warum die Welt zerstören, wenn sie unser
aller Lebensraum ist.
Wenn Schmetterlinge nicht mehr fliegen,
hat der Mensch das Lebensreich zu Fall
    gebracht

Tanja Ruff * 1974

Des Glückes Natur

Keuchend, verschwitzt, krampfhaft
    greifend das Leben,
es atmet ganz leis' in nur sanftem Erheben.

Des Todes Gestalt in zu schnellem Stahl,
er war schon der Liebe vernichtender Pfahl.

Aufbegehren, Entehren – kein einfaches
    Spiel,
Leben und Liebe – des Anspruchs zu viel?

Ein Mann, der das Spiel preisend empfahl,
dem gleißende Sehnsucht die Kleidung stahl.

Nichtsahnend und friedlich das Leben hier
    ruht,
dicht an des Herzens pulsierender Glut.

Ein Leben weiter: kein Stahl und kein Spiel,
nur ein Herz, das der Liebes Sehnsucht
    missfiel.

Treibender Drang Sinn mit Waren zu füllen,
das Leben in Stoff, statt in Liebe zu hüllen.

So viel, was den Geist im Kern kontrolliert,
lange nicht mehr von Liebe dominiert.

Nah oder fern – Leben, Herz und Liebe?
Nur auf stählernem Grund gibt es keine
    Siege.

Es fällt wahrlich schwer in all unserem
    Rennen
des Glückes wahre Natur zu erkennen.

Caroline Ruge   * 1990

Einklang

Dort wo Glück dem Verderben gleicht,
Sturm und Stillstand heftig lieben,
Wo Stein seichtem Gewässer weicht.
Wo Tanz auch Tod
Gift auch Brot
Tonnen, federleicht, sich auf Wasser
    schmiegen.

Dort, wo alles Schnelle so träge in uns
    schwelgt,
Rinnt unser Saft in jedem Farn und jeder
    Vene
und dieser und jene Moment mit jedem
    Atemzuge welkt,
suchen Widerspruch und Logik heimlich
    ihre Nähe.

Joveel Ruhrberg   * 1977

Sommerwind

Laue Brisen streifen sanft
Und säuseln mir ins Ohr.
Die Melodie bedeutet mir,
Der Sommer steht bevor.

Mein Fußabdruck im warmen Sand,
Verweht von Windeszügen.
Korn für Korn fliegt auf mich zu,
Mein Herz zart zu berühren.

Heimlich schmeichelt weiches Gras,
Die Sohle meines Fußes.
Es zittert leicht der Winde wegen,
Hält Stand der Kraft des Grußes.

Der Sand, das Gras, die Sommerluft,
Vereinen sich zu purem Glück.
Sie stürmen großen Überschwungs,
In Meeresheimat bald zurück.

Schaum der Wellen meterhoch verschlingen
    grob das Glücksgemisch.
In blauen Tiefen weit hinab
Versinkt die frohe Meeresgischt.

Marlene Runde   * 2000

Zwiespalt

Ein tiefer Zwiespalt klafft in mir,
der Gut und Böse in zwei Hälften teilt.
Es sitzt links und rechts ein Tier,
das ungern seine Beute teilt.
Oft schlägt des Bösen Pranke
dem Guten ins Gesicht,
so heftig, dass ich dabei wanke
und kämpfend um mein Gleichgewicht
den oft besiegten Willen
als Wärter auf den Schauplatz jage.
Wehrlos lässt der Knecht sich fressen,
der früher einmal Wille war.
In solch höllverbundner Stunde
ahn ich fern von mir noch Reinheit,
schütz die frischgeschlagne Wunde
ängstlich vor Gemeinheit
und sehn mich nach dem Heil des Guten,
als hätt ich Angst, an dieser Wunde zu
    verbluten.

Ruot   * 1939

Der ist wie ein Baum

So wie ein Baum,
gepflanzt an Wasserbächen,
so ist der Mensch,
der hält Gottes Versprechen
im Herzen fest.

Er lebt und liebt auf dieser Welt,
er dient und gibt, wie's Gott gefällt,
er glaubt und hofft, verzweifelt nicht,
er betet oft und sieht das Licht.

So wie ein Baum
bringt Frucht zu seiner Zeit,
so ist der Mensch,
der sich voll Dankbarkeit
auf Gott verlässt.

Brunhilde Rusch * 1951

Der Dolch der Macht

Alles, was ausdrückt die stürmende Kraft
und Unglück für die Seele schafft.

Das, wofür die Bosheit steht
und das Leid in die Betten legt.
Jenes, das Heiligtümer still entnimmt
und Betrüger für sich gewinnt.
Das für Lügen und Verrat Wege windet
und das Gewissen fortan schwindet.
Alles Unwetter über das Leben bringt
und das Vertrauen zum schwimmen zwingt.

Das, was nicht spüren kann,
dass Gut und Böse längst begann.
Das, worin sich kein Schutz für andere findet
und kein Friedenszeichen bindet.

Der Dolch der Liebe
dem die Sehnsüchtigen erliegen.

Michelle Rutzen * 1995

Herbstzauber

Zimtgeruch
Buntes Herbstlaub
Vermischt mit
Erstem Schnee
Puderweich
Reinweiß
Die Welt vor meinem Fenster

Umweht ein Hauch
Vergangenheit
Vergänglichkeit
Bekannt
Und doch niemals dasselbe
Verloren
In knisterndem Kaminzauber

Gefangen
In goldenem Herbstzauber

Ronja Ruzicka * 1991

Gefangen

Wer im Netz
der Vergangenheit
am Haken
der Gegenwart sitzt
kann sich
für die Zukunft
nicht befreien –
die Zeit
wird ihn fressen.

RWS

Liebeslied

Ich möcht dich nur immer weiter küssen
und leise seufzen, lustgeweiht ...
Und könntest du nur einmal noch die Zeit,
mir liebend auf die Lippen pressen.

Ich tät wie damals und auch gestern kaum
mich rühm – doch vor wildem Weh
die Glieder um dich schlingen und wie
    Schnee
im März von Dächern rinnen und den
    Raum

bestäuben, der einzig uns gebührt –
Ach Liebster, werd noch einmal wahr!
Nur einmal noch will ich mein Haar

in deine pochenden Lenden gießen,
nur einmal noch in dir zerfließen,
bis deine Hand mich erneut berührt.

Maria Ryser   * 1977

Frühling

Der Frühling erwacht
mitten in der Nacht
ganz zart und leise
auf seine eigene Weise

Die Blumen fangen an zu sprießen
wir wollen wieder Blumen gießen
und auch von fern und nah:
Seht, der Frühling ist da!

Sandra S

Du vergaßt ...

Dein Plan hätte funktionieren können,
doch du vergaßt, dass ich weiser geworden
    bin.

Damals hast du mich zerstört,
doch ich war zu naiv um es zu begreifen.

Meine Seele hat einen tiefen Riss erlitten,
doch ich stand auf und habe gekämpft,
habe gelernt dich zu hassen, habe dich
    vergessen

Und dann kamst du wieder an,
aber hast eines nicht verstanden.
Jeder Mensch reift im laufe der Zeit,
doch du bist auf der Strecke geblieben.

Ela S.   * 1992

Abschied nehmen

Mein Herz ist noch voller Träume –
ich weiß, die Zeit ist zu kurz.
All dies zu erfüllen braucht Räume,
doch dem „Da droben" ist's schnurz.

Ihn kümmert's nicht, will ich noch reisen –
von der Welt etwas sehn –
Feiern, vergnügt sein,
mich im Leben beweisen,
doch leider muss ich schon geh'n.

Josephine S.

Wer wärmt deine Seele, während ich für dich brenne

Beruhigst läufst du vorbei an meine Tür,
die Ein- und Ausfahrt entlang, wo deine
    Liebe mich im Sommer hatte
    entführt.
Dieser Blick, dieses Lächeln, all dieser Wärme,
wir sind uns so nah und trotzdem merke
    ich, wie wir uns entfernen.
Oft gleitet mich der Blick zurück zu deiner
    Tür, all deine Lügen, worin ich mich
    verliere.
Wie lange stehe ich schon hier?
Ich merke wie mein Herz erfriert und
    trotzdem sehne ich mich noch nach
    dir.
All diese Lieder die ich dir widme, so viele
    Nächte, die ich einsam verbringe.
Wie soll ein Mensch der nicht liebt, einen
    verliebten Menschen verstehen?

Ich könnte dir stundenlang erzählen wie
    wichtig du mir bist,
doch während dessen merke ich, wie deine
    falsche Liebe mich innerlich zerfrisst.
Weißt du noch, als du meine Hand nahmst
    und wir den Weg entlang liefen?
Heute sind es Tränen, die aus meinen
    Augen fließen.
Wie viel waren deine Worte wert, dass
    du dich heute bedenkenlos von mir
    entfernst?
Durst nach Wahrheit, kann ich dir jemals
    verzeihen? Es tut weh, wenn ich vor
    deiner Tür steh.
Wie oft habe ich diese Wunden verdeckt,
    wo ich all diese Erinnerungen versteck.
Wieder einmal stehe ich vor deiner Türe
    mit all diesen Schmerz.
Soll ich mal anklopfen? Denn das Wissen
    was ich habe, ist nur ein Tropfen.
Ich habe Durst, würdest du mir endlich das
    Wasser reichen?
Damit ich mir vergebe und dich endlich aus
    meinem Leben streiche.

s.mendanlioglu * 1995

Berührt

Des Abends Lieb und Glück ich hab
    empfunden,
dies Gefühl voll Euphorie mir lange blieb
    versagt,
hab's gespürt, gewiss nicht eingebildet,
fürwahr ich kann's noch immer sehn!

Den Moment in Zweisamkeit verbracht,
doch unsere Seelen kannten nicht.
Vermocht Dich schönen, reinem Wesen
    nicht zu widerstehn.
Würd dem Schicksal trotzen, um ein
    weiteres Mal in deinem Arm zu liegen,
liebkosen deine Lippen, spüren wollen die
    versengend Hitze Deiner Haut –
Ekstase puren Glücks.

Hast mich berührt mit allen Sinnen, wirst
    im Herzen blieben immer, Erinnrung
    reinen
Seelenheils – Glück und Lieb ich fast nie
    erfahren.
Berührt mich hast, werd's nie vergessen ...

Andreas Sabic * 1994

Die Freude des Windes

Wenn ich fröhlich bin,
singe ich immer gern ein Lied der Freude
    mit der Wärme der Sonne,
die Weite des Grases in den Wiesen tanzt
    einen schönen Naturtanz,
um meinem Lied zu folgen,
die bunten Blumen im Garten zeigen ihre
    bezaubernde Schönheit
und verbreiten ihre Düfte,
die jedes Gefühl betäuben,
die Schmetterlinge fliegen hin und her,
um die Blumen zu verführen,
und kriechen auf die Blüten,
um den Honig zu saugen,
die Vögel im Himmel jagen einander
und singen in Harmonie ihren melodiösen
    Gesang
für einander unter den Bäumen.
Ich bin überall und schaue allem auf der
    Erde zu,
alle Schönheit und auch Wunder der Erde,
alle Harmonie und auch Frieden der Erde,
obwohl niemand mich sehen kann,
fühlen alle, dass ich da bin.

Fonny Sachs * 1972

Die Stille

Der Stille sanfter Atem pfiff sie leise an
Und Nebelschwaden blies der Wind nun weg
Versteinert saß sie am Gewässer, Antlitz
    starr
Bemerkte nicht wie Leben von ihr langsam
    wich

Schwer fielen rote Tropfen in den See
Die Haut wurde weißer als der erste Schnee
Doch plötzlich stahl sich Lächeln auf ihr Gesicht
Und Ruhe leuchtete auf der blassen Schicht

Sie freute sich, die Schwärze zu empfangen
In ihrem Leben wurde sie gefangen
Sie suchte nach der Tür in diesem virtuellen Käfig
Und fand sie, sich das Leben töricht nehmend

Der Kampf ums Dasein hat sie übermannt
Das Menschen Rudel saugte an ihrer Kraft
Zwang ihres stolzes Wesen in die Knie
Zurück in diese Welt verläuft sie sich nun nie

Sie spürte wie die Kräfte sie verließen
Das letzte Mal versuchte sie die Sonne zu genießen
Verspannte ihren Körper mit der letzten Wille
Sie fühlte nichts, empfang nur Stille ...

sailorfunky * 1971

Tsuki-sama no Noboru

Wenn Augenblicke zersplittern und die Vergangenheit sich spiegelt
Im Scherbenhaufen so munter und unversehrt tausendfach auf einmal
Dann biege dich oder breche
Du kennst sie gut die Grashalme im Garten
Du gärtnerst das Leben als wär`s ein Kinderspiel
Und ich stehe immer noch dort auf dem Teppich
Mit der Rassel in der Hand als ob es keinen Sekundenzeiger gäbe

Rennen im Tumult des Tages und der Grabesstille der Nacht
Laut kreischende Distanzen
Versöhnt mich jäh die glitzernde Wärme deiner ungeahnten Umarmung
Mit dem Augenblick und mit dem Leben

Später doch der rote Wind am Horizont versinkt
Der Bambus dunkel in den Himmel ragt
Bin ich allein wie immer suche meine ganz eigene Nacht
Früh morgens glätte ich eine Haarsträhne auf deinem Kopf

Wohin gehen wir, wenn nicht ins Jetzt?
Sagst du Mond
Der so still und friedlich auf dem Sofa schläft
Und ich nicke und weiss nicht,
Warum.

Julia Sakai   * 1982

Entscheidungen

Ein Leben verloren,
ein zweites dazu,
wie neu geboren,
denn das bist du.

Vergiss das Alte
und sieh nach vorn,
denn du musst setzen,
ein neues Korn.

Es wird gefährlich
und auch sehr schwierig.
Ein Weg voller Taten,
ist geraten.

Doch diese Taten,
die, bestimmst du.
Ein treues Herz,
gehört ebenfalls dazu.

Elena Sakladni   * 1997

Wolkenzug

Den Zug der Wolken hab ich betrachtet,
unaufhörlich ziehen sie voran
hab auf ihr Weg, Form und Gestalt geachtet,
sie sind verschiedener Untertan

Kalter und warmer Luft Natur
bestimmen gemeinsam das Gebilde
für Farb und Licht sorgt Sonne pur
und hinfort tragen tuns die Winde

So bei all dem guten Will,
bei allem, was du auch versuchst
sie wandern ewig weiter still
es geht nicht schneller, was du auch tust

du kannst schieben , pusten, blasen
und kommst doch niemals heran
Wolken begehn' die ewigen Straßen,
auch wenn du könntest verzweiflen dran

Es bleibt ne Wolke, wie sie ist
und auch die löst sich mal auf
und glaubst du's mir nicht selbst gewiss
so wart ab oder scheiß darauf

Sebastian Salamander * 1991

Liebesgedicht

Du hast mir
den Mond zurückgeholt
der hinter
den himmelgesäumten
Hügeln
verschwand

Dir legt die Nacht
lichtumrandete Zimtrosen
auf die schlafende Stirn

und ich
zähl'
die Sterne im Zenit –
damit uns keiner verloren gehe.

Eva Salber * 1965

Als du gingst

Als Du gingst
schien keine Sonne
und Stille stieg zwischen den Bäumen
    empor.
Als Du gingst
türmte sich Schnee zu großen Wällen
als Bollwerk gegen Invasion.
Als Du gingst
klappte ich ein die Antennen
zum Schutz vor Emotion.
Als Du gingst
war dies für immer,
doch knirschte der Schnee nicht unter
    Deinen Schritten.
Als Du gingst
gefror mein Ich zu Stein
im Winter der Barbaren.
Als Du gingst
wollte ich nicht mehr sein
so wie wir waren.

Nadine Salis * 1977

Die Wahrheit

Denn das Weltgesetz spricht: „Jedes Neue
    veraltet
und stets kehrt es wieder – in neuer
    Gestalt!"
Wo innen wie außen so Wirkung entfaltet,
verändert sich alles, steigt auf und verhallt.

Durch alle Materie fließt ständig
    Bewegung,
folgt Fülle und Form ganz dem weisen
    Beschluss,
kommt nie zum Erliegen die dauernde
    Regung,
strömt ewig des Daseins unendlicher Fluss.

Die Schöpfung gefällt sich in flüchtigen
    Stoffen,

dem scheinbaren Festen entgegengesetzt,
lebt Vielfalt in allem fast grenzenlos offen,
im Wandel des Ganzen harmonisch
    vernetzt.

Und diesem Geschehen unlöslich
    verbunden,
sich letztlich auch menschliches Leben
    bemisst;
mag tiefere Einsicht die Wahrheit
    bekunden,
sein Tun und sein Lassen dies Wunder
    vergisst!

Genügt uns auf Erden nur träumend zu
    hoffen? –
zur rettenden Umkehr bleibt nicht mehr
    viel Zeit.
Erst wenn wir bestürzt sind, im Herzen
    betroffen,
ein neues Bewusstsein uns Flügel verleiht!

Heinz Bruno Sallach   * 1940

Was ich dir sagen will ...

Was ich dir sagen will ...
Dass der Zufall kurz gebogen schien,
    der Instinkt sich zeigte in all seiner
    Pracht,
Die Erfahrung kurz inne hielt, die
    Phantasie ihren Schatten der anderen
    Seites Mauer ließ,
Die Achtung der Beachtung wich, die
    Vermutung ihren Mut bekam,

Was ich dir sagen will ...
Dass die Aufmerksamkeit, das Gefühl und
    das Herz, Hand in Hand,
um das Hier und Jetzt deiner Blicke,
    Worte, Berührung standen,
Dass mein kleines Herz entdeckte, wie
    vielleicht einst Christoph Kolumbus
    aus der Ferne,

nicht für möglich hielt, dass dort und
    plötzlich hier, die Suche und die
    Hoffnung ruhte,

Was ich dir sagen will ...
Dass ich gefunden, Momente mit dir, und
    schwerelos der Echtheit eines Gefühls
    begegnet bin,
So, glaube und danke ich, vor zwei Jahren,
    in meiner schwersten Zeit, instinktiv
    bereit ich war,
gegen die Traurigkeit um mein Leben zu
    kämpfen,
Mein Herz, so geschwächt und außer Takt
    es war, doch eine kleine Flamme
    blieb,
Und meinen stärksten Trumpf ich wagte
    einzusetzen, nämlich mit dieser kleine
    Flamme,
den Glauben, die Hoffnung und den
    Instinkt behütete,

Was ich dir sagen will ...
Ich spürte, wusste, da ist noch was,
Ich suchen, finden, spüren, fühlen will,
Und das Glück gefunden hab in dir

Christian Salomon   * 1967

Zeit

Hin und her
die Zeit verschwindet,
eh man sich,
im Grabe windet.

Laufen lernen,
schneller gehen,
letztlich hetzen,
in Schlangen stehen.

Zeit für Schönes
war immer da,
doch wir fragen,
wo sie war.

Logan Sami   * 1989

Rosenmädchen

Rosen zieren nackte Haut,
Augen blicken traurig nieder.
Einsamkeit, die so vertraut,
Bricht ihr leise alle Glieder.

Grüne Augen, schwarzes Haar,
Nichts ist mehr zu sehen
Von dem Mädchen, das einst war.
Allein musst sie zu Grunde gehen.

Rosen kosten mehr als Blut,
Mehr als er kühl versprochen.
Sie nahmen Willen, nahmen Mut,
Haben ihre Seel' zerbrochen.

Sie kennt seitdem nur noch Leid,
Ist nicht mehr Mädchen, sondern Frau,
War doch wirklich nicht bereit.
Grüne Augen wurden grau!

Rebecca Samotný * 1994

Schienenersatzverkehr

Ich steig in den Bus, ein Platz ist noch frei,
ich setze mich hin, neben mir sitzt Marei.

Marei ist vierzehn, das ist sonnenklar,
hat lustige Augen und goldenes Haar.

Ich sage: „Grüßgott, fahren Sie auch mit
    dem Bus?"
Da zittert ihr Haar, weil sie lachen muss.

Ich seh ihr Gesicht und denke dabei:
Wie schön sie ist, ich nenn sie Marei.

Unter mir schnurrt es, ich blicke gehetzt.
Es ist ihr Handy, das ist jetzt besetzt.

Das Handy besteht auf seinem Alarm,
ich reiche es ihr mit vollendetem Charme.

Es sind ihre Eltern, die sich Sorgen machen.
„Nein, alles in Ordnung, ich muss nur so
    lachen."

Dann sagt sie, die Stimme voll Melodie:
„Ich heiße Susanne, und wie heißen Sie?"

Ich seh mit Vergnügen den Autostau
    schleichen,
wir werden den letzten Zug nicht mehr
    erreichen.

Werner Dietrich Sand

Wahre Ehrlichkeit

Ich schaue in der Welt herum
und auch in meiner Seele,
ob da nicht grundsätzlich – wie dumm!
es an der Wahrheit fehle.
Die Ehrlichkeit ist überall,
will sich als gut verkaufen,
sogar im absoluten Fall
selbst unter Wahrheit laufen.
Und Du, Du scheinst so überflüssig,
kraftlos und stumm geworden,
der Ehrlichkeiten überdrüssig,
vor uns komplett verborgen.
Kann ich Dich suchen, finden, lieben?
Wo warst Du, wo bist Du geblieben?
Bei dir, als du mich kreuzigtest.
Am Kreuz, als ich dich hab erlöst.
Im Grab, wo deine Schuld ich ließ.
Im Himmel, den ich dir verhieß
und – wenn du willst – dir offenbar.
Mach deine Ehrlichkeit doch wahr!

Johanna van der Sande * 1941

Jahreszyklus

Alles kommt und geht, blüht auf und
    vergeht,
so wie die Erde sich im Zyklus um die
    Sonne dreht
kommt der Morgen, der Tag und auch die
    Nacht!
Leben erblüht – gedeiht, Freude und
    Schmerz
liegen oft sehr eng und nah am Herz.
Frühling du lebenserwachende Jahreszeit
erblühe bringe neues Leben und neue Kraft
erwachen soll alles und stehen im Saft!
Sommer fahr fort was der Frühling begann
lass alles wachsen, gedeihen.
Die goldene Jahreszeit der Herbst soll
    zeigen
wie gut gearbeitet, wie gut waren die
    Jahreszeiten
wie gut gefüllt werden unsere Lager sein ?
Oh Herbst du entscheidest ob wir können
    sagen
der Vorrat ist reichlich, wir waren sehr fleißig!
Winter du kannst kommen wir sind bereit.
Deck zu die Erde mit Schnee
damit im neuen Jahr wieder erwachet die
    Natur
voll blühend mit Saft und Kraft und mehr !

Siegfried Sander   * 1936

DC-Fabel

Einst lebte in Mainz
ein Heinz.
Nach des Schicksals stumpfen Schlägen
suchte er,
höchst unverlegen,
ihm zum Segen,
sehr verwegen,
eine Frau,
zum ins Bett legen.
Nun sucht er nimmer.

In seinem Zimmer,
liegt sie noch immer,
in rosigem Schimmer.
Nur sein Hund-
war traurig träge,-
ging jetzt einsam
seiner Wege.
Die Moral von der Geschicht?
Sei niemals nicht
aufs Hundeglück erpicht!

Monica Sandkamp

Der Untergang

Ein dunkler Schatten überzog das Land.
Und als das Licht mehr und mehr von der
    Erde verschwand,
Nahm das Grauen Überhand.
Alles Schöne wurde aus der Welt verbannt.

Wo man auch hinsah, nur noch Gewalt und
    Schmerz, Angst und Qual.
Das Land war verwüstet – wurde öde, grau
    und kahl.
Durch die Wolken drang nie mehr ein
    Sonnenstrahl.
Ein trauriges Bild ... grausam und brutal.

Allmählich verfärbte sich das Land blutrot.
Es gebar kein Leben mehr; aus seinem
    Innern entsprang der Tod.
Und obwohl sie wussten, welches Schicksal
    ihnen droht,
Schürten sie gnadenlos und selbstgefällig
    weiter ihre Not.

Das Land schäumte vor Wut.
Es bebte und hüllte seinen Körper in
    brennende Glut.
Sein Antlitz versank in einem Meer aus
    Blut.
Und nichts wurde je wieder gut!

SanDra

Maiglöckchenduft

Ein zarter Maienduft, ein Hauch
Strömte lockend von Maiglöckchen aus
So kaufte ich denn, nach altem Brauch
Einen kleinen, grünweißen
    Maiglöckchenstrauß.

Den hab ich dann einer Schönen geschenkt
Sie hat ihn an ihren Busen gesteckt
Nun wird meine Nase dorthin gelenkt
Der zarte Duft die stumpfste Nase weckt.

Ich fürchte, meine Nase reißt sich bald los
So wie Gogol dies in „Die Nase" beschrieb
Und stürzt sich in die Maiglöckchen wie in
    sanftes Moos
Blind folgend ihrem Riechetrieb.

Dann werde ich ganz ohne Nase sein
Während meine Nase schwelgt im
    Düfteparadiese
Es sei denn, die Schöne lädt mich dazu ein
Dass ich zusammen mit meiner Nase den
    Duft genieße.

Walter Sandtner   * 1943

Bewusstbein

Das Bein bestimmt das Bewusstbein
erklärt man sich dann untereinander.
Oft ist das Bein klein
Im gesellschaftlichen Durcheinander.
Doch kann es sein,
dass das Bewusstbein
austritt wie kein anderer.

Pierre Sarkiss   * 1982

Nebelmeer

Man hat dich verloren hoch oben bei Brest,
Geflutet wohl zwischen den Zeiten,
Wo sich nicht ruhen, nichts halten lässt,
Auf Nebeln in endlosen Weiten.

Kein Bild von jemals, kein Sinnen davor,
Gelassen kamst du und leer,
Hast Träume gesucht und Nächte gequält,
Gerade erwacht hast du Tage gezählt,
Die Schritte wurden dir schwer.

Ein Ziel und ein Sehnen, es kann niemals
    bleiben,
Wird schnell erlischen, in dir vergehn,
Nicht rasten, verlassen, muss irrend treiben
Nach dort, wo alle Träume verwehn.

Man bläst uns fort in Wüsten und Sphären,
Wo Keiner mehr weiß, ob es uns gab,
Und nichts mehr ist, wohin wir gehören,
Wo in uns und um uns das Leben verstarb.

Lothar Sattel

Abschied

Immer wenn ich an deinem Grabe stehe,
glaube ich nicht was ich da sehe.
Das bist nicht du denke ich
aber tief in mir drin weiß ich,
das stimmt nicht.
Wir haben zu oft gestritten
und du hast darunter gelitten.
Es gab wenig schöne Zeit.
Eigentlich immer nur Streit.
Ich war eine schlechte Tochter
doch du hast mir verziehen.
Dann war es Zeit für dich zu gehen.
Ich weiß wir werden uns eines Tages
im Himmel wiedersehen.
Du wolltest nicht mehr leben,
hast an jeden deine Liebe gegeben.
Bis zum Schluss dachtest du nur an andere.
Niemals an dich.

Mama ich liebe dich !

Marie-Christin Sauer   * 1992

Herz aus Glas

Ich bin noch am Leben,
aber ich atme kaum noch
Ich bin immer noch da,
aber eigentlich schon tot

Mein Herz ist aus Glas
Sehr leicht zu brechen
Wenn ein Herz bricht
Bricht es uneben

Was soll ich tun wenn du immer ein Teil
  von mir warst?
Was soll ich nun sagen, wenn ich sehe, dass
  du gehst?

Ich zerfalle in Stücke
Ich zerfalle in Scherben

Ja, du wolltest mich nicht verletzen
Aber mein Herz bricht sehr schnell
Ich brauche Zeit um zu heilen
Um die Scherben zusammen zu kleben

Du bleibst ein Teil von mir
Weil du der Grund bist
Weil du die schönste Scherbe meines
  Herzens bist

Julia Saur   * 1997

Anfangslose

Was atmen sie, wenn nicht ihre Ahnen?
Was hören sie, wenn nicht Schritte der
  Vergangenheit?
Was spüren sie, wenn nicht das Streicheln
  mütterlicher Winde?
Was sehen sie, wenn nicht eigener Füße
  Spuren im Zement?
Was spüren sie, wenn nicht Federn, die sie
  tragen?
Was ruft sie, wenn nicht die Frage nach den
  anderen Wegen?

Was hält, wenn nicht Orte, an denen Worte
  schweigen?
Was flüstert, wenn nicht erhoffte Stimmen?
Was duftet, wenn nicht ungelesene
  Rezepte?

Wovon leben Anfangslose?
Was bebt, was lebt und wie?
Was halten sie und was hält sie?
Was bleibt? – Nur träumen.

Alexandra Savva   * 1996

U2 Schottenring

Ich werde sichtbar
nur in
den Anderen

Wie Dias
vor Zeiten
ziehe ich
vorbei

Klack drrr
Klack drrr
Klack drrr

Eleonora Scaccabarozzi   * 1986

Flüchtiger Gedanke

Die Berge thronen stumm
auf der Erde Bauch,
mich umgibt ein wohlig' Verweilen.
Und ruhen die Wege inmitten auch,
dann möchte' ich's just nicht teilen.

Denn rege läuft das Menschtier,
im Wettlauf mit der Zeit.
Und eilt und hastet immerzu,
allein und nicht zu zweit.

Was hat die Welt uns abgelebt,
Wir mitten im Verdruss.
Wo bleibt der ruhige Augenblick,
der lieblich treue Kuss.

Das Wesen zehrt nach Trunkenheit,
nach Verlangen jetzt und hier.
Das lieblich welke Schweigen frönt,
der unberührten Gier.

Anja Schaar   * 1983

Nachtkämpfe

Wenn alle ihre Augen schließen,
in meinem Kopf Geschichten fließen.

Ob sie handeln von Mord oder Liebe,
Es fühlt sich an wie Schwerterhiebe.

Zu schlaftrunkener Stunde,
drehe ich eine Runde.

Von hier nach dort,
von Buchstabe zu Wort.

Bis ich schließlich zur Ruhe finde
und mit meinen Träumen ringe.

Magdalena Schachner   * 2000

Ich bin Du und Du bist Ich

Ich blickte dir tief in die Augen
und sah die Leere, welche
tief verborgen in deinem Inneren brütete.
Die Angst der Ohnmacht
verbreitete sich in der Luft
und drohte, mich zu ersticken.
Du hingegen warst geschützt,
weil du in Wirklichkeit nicht warst
Sah ich dich, oder warst du nur ein
    Schatten, der Schatten eines Geistes?

Ich suchte dein Bildnis und sah meinen
    Spiegel
In dir.
Wie kommt es, das du lebst
und doch nicht bist?
Ich bin Du und Du bist Ich
Doch war ich nicht
Oder warst nicht du?
Oder waren wir beide nicht
In diesem Spiel der Ohnmacht?

Lara Schadde   * 1997

gespräch

verquert hat es sich das wort das
sich festsaugt an meiner zunge sich
auf und abbaut am
speichel sich betrinkt mit
körpersäften verkehrt willlüstig die
beine breit macht für den spagat von
meinem seelenzipfel zu deinem blick am
anderen ende des tisches dein
ohr unter den wortröcken haftet
an venus und muschel zarte
fäden das netz löst
das rätsel

Cornelia Schäfer

Leben

Wer denkt, der eines Tages lebt,
des Nachtens durch die Zeiten schwebt,
verloren sich im Kreise dreht,
erwacht und dann voll Stärke bebt.

Der muss nur öffnen Augenlid,
verstehen, dass das Sehen Ihm blieb,
begreifen, dass die Zeit Ihn siebt,
umher dreht und auch manchmal liebt.

Und wenn er das begreifen mag,
was Ihm so bleibt an jedem Tag,

in jeder Nacht und Herzenschlag,
dann schaut er auf und sagt: „ich mag".

Leben, Atmen, Sterben, Sein,
Gibt's Schöneres?
Ich glaube: Nein.

Daniel Schäfer * 1987

Indianisches Lied

Dort an den Ufern
Des Titicaca
Grub in den Sand ich
Den lieben Namen
Da kam der Wind und
Kamen die Wellen
Und löschten aus
Was ich da geschrieben

Dort an den Ufern
Des Titicaca
Grub in die Steine
Ich deinen Namen
Winde und Wellen
Löschten die Linien
Von deinem Namen
Ist nichts geblieben.

Hans-Wilhelm Schäfer * 1935

Sinnkrise

Ich sehe mich, begegne mir
Was ich seh, gehört zu mir
Kann kaum erkennen, wer ich bin
Glaube mein Leben ohne Sinn

Trage Fragen vor mir her
Mein Blick erscheint mir seltsam leer
Weiß nicht, wo ich gerade bin
Ich glaube zu leben ohne Sinn

Vielfach müht mich das Bestehen
Morgen werde ich vergehen
Übermorgen wieder leben
Glaube Leben Sinn zu geben

Errate mich im Widersinn
Schaue auf die Dinge hin
Bin nicht glücklich, aber froh:
Ich glaube, im Leben ist das so

Jan Schäfer * 1971

Hölle

In der Hölle, da möchte ich schmoren,
in der Hölle, da kann ich Ichselbst sein.
Von Gedanken, Gefühlen und Taten
verloren
lädt mich der Abgrund zu sich ein.

Kein Spiel mit Feuer und Flamme möchte
ich spielen,
denn diese habe ich schon vor langer Zeit
verloren.
Lieber ein Spiel mit Wind und Nebel,
um das Stück Erde zu verdecken mit dem
ich wurde auf beschworen.

Wie ein dünner Schleier schlug ich mich
durch Raum und Zeit,
Opfer, die ich auf meinem Weg bringen
musste,
kein einziges davon habe ich bis heute
bereut.

Ich kämpfte, atmete, lebte nie und
trotzdem schlug mein Herz.
Ein Fluch, dem ich nie entrinnen konnte,
doch auch nicht wollte.

Ich brauchte den Schmerz, den Zorn und
das Leid der anderen,
ihr Blut klebt bis heute an meinen Händen,
wie Trophäen.

Der Sinn meines Lebens vollendete sich in
den Gedanken der anderen,
mit deren Hilfe ich niemals tot war,
sondern zur Legende wurde,
und damit bis morgen unsterblich.

Meike Schäfer * 1998

Teenagergedanken

Wieder einer dieser trüben Tage,
dabei ist heute erst Montag.
Es wird Zeit, daß ich mal wieder einen
Nachschub an Selbstvertrauen
bekomme.
Nach Außen gebe ich mich „humorvoll",
aber das bin nicht wirklich ich.
Ich bin ängstlich,
doch das sind Andere auch.
Ich bin traurig,
täglich sind Millionen Menschen traurig.
Ich bin müde, will weg,
einfach schlafen, allein sein,
aber man läßt mich nicht.
Ich werde gebraucht – sagt man.
Aber eines sagt man mir nicht,
daß meine Gefühle und Gedanken völlig
normal sind;
daß Andere auch so fühlen,
das will Keiner zugeben.

Madeleine Schäflein * 1975

Luxus

Willst Du wahren Luxus sehen
brauchst Du nur die Natur begehen
laß Deine Seele göttlich führen
um diesen Luxus zu erspüren.

Wahrer Luxus ist oft klein
und kostenlos wie Sonnenschein
ist ein Geschenk der Ewigkeit
ihn hält auch Gott für Dich bereit.

Die ganze Schöpfung Luxus zeigt
den sie dem Menschen doch verschweigt
der im Herzen zu verschlossen
für ihn ist er umsonst vergossen.

Mach Dein Herz – die Seele auf
und vertraue fest darauf
Gottes Luxus – in der Fülle
legt um Dich der Liebe Hülle.

Lern Deinem Herzen Luxus spüren
laß Dich von Gottes Gnade führen
echten Luxus zu erkennen
so zerfließt ein falsches Sehnen.

SchaH * 1939

Farben

Aus dem Dunkel
geboren durch den
Aufprall des Lichts

Mutig dem
innern Grauen
zu Hilfe geeilt

Zur Sprache
der Lebendigen
geworden

Am Faschingstag
durch die Gassen
gezogen

Jedes Rot
kennt die Geschichte
von Romeo und Julia

Walter Schaller

Lebensbilder

Bin geboren nicht zum Schwätzer,
mein Handwerk gilt solidem Stahl,
der Menschheit damit wohl zu dienen,
die Kunst beherrsch' ich allemal.

Mein Freund hat eine Wäscherei,
ihn höre oft ich klagen,
„Meist hat ein blütenweißes Hemd
den dicksten Schmutz am Kragen".

Wenn Macht und Gier dein Tun bestimmt,
wem soll das etwas geben?
Wie Dagobert im Geld ertrinkst,
ist das dein Ziel vom Leben?

Möchtest du gold'ne Brötchen essen,
ist Kälte mehr als Wärme Wert?
Dein Gegenüber nicht vergessen,
weil du es brauchst, weil es dich ehrt.

Verhalten Leben, menschlich Handeln,
mit Herzenslust zum Tagesziel,
viel leichter fällt dir so dein Leben,
dein Lohn erweist sich doppelt viel.

Jost Schalling * 1960

Das Wölkchen

Ein rosa Wölkchen
Am grauen Himmel.
Einziges Zeichen
Zum Sonnenuntergang.
Einsam trotzt es
Dem tristen Abend,
Farbe bekennend,
Sein kurzes Leben lang.

Fabienne Schärer

dich sehen

da liegt ein knistern
unter meiner stirn
es pulsiert mit augendrang
nach außen
will durch das blut
hinweg
dich sehen

allen groll und schwur
entlüften
groß und ganz
dich sehen

Simon Scharinger * 1991

Spieglein

wir spiegeln uns schön
deine augen zaubern
mein gesicht
in strahlender rückkopplung
unwiderstehlich
nicht zu tief
darf ich in sie
schauen sonst
fall ich
durch dich
hindurch und stoße
hinterrücks
auf unsere wahren
fratzen

Klara Schattauer * 1961

Das Fenster

Vorbei sind die Zeiten,
In denen wir träumten,
Von einem gemeinsamen Leben,
Und dem langersehnten Frieden

Wie ein Sommer in kalten Tagen,
Ein Frühling in der Eiszeit,
So erschienen uns die Momente,
In denen wir füreinander brannten

Doch in dir tobten Schmerzen,
Ein Gefühl, dass du nichts wert bist,
Früher hast du oft gelacht,
Nun bist du die schwärzeste Nacht

Dein Wille war gebrochen,
Das Fenster stand dir offen,
Ich erfuhr von deinem Sturz,
In die ungeahnten Tiefen

Doch kann ich es nicht verstehen,
Tränen versperren mir die Sicht,
Und mir kommt die Erkenntnis,
Ich liebe keine so wie dich

Julian Schattenkönig   * 1997

Nutzlos

Nutzlos
so fühl ich mich
wie aus Stein

Worte
sie verfolgen mich
und gehn nicht in meinen Kopf hinein

Fäuste
sie schlagen mich
und ich stell mich darauf ein

Dunkelheit
umhüllt mich
fängt mich komplett ein

Schreie
umgeben mich
und ich merke, sie gehören mir allein

Angst
sie fesselt mich
wäre es besser tot zu sein?

Jennifer Schätzel   * 1997

Eisvogel

Mir sind die Flügel etwas schwer geworden
von all dem Eis, dass in den Wolken lauert,
auch hat es länger als gedacht gedauert,
und aus dem Süden wurde schließlich
    Norden.

Mich packte Angst vor diesen wilden
    Horden,
da habe ich die Fenster zugemauert,
mich mit gesenkten Flügeln hingekauert,
und überlebte so das Seelenmorden.

Das alles ist nun lange nicht mehr wahr,
die Welt ist heiter und es wird gesungen,
und beinah hätte ich mich
    aufgeschwungen,
die Nacht war frühlingsmild und
    sternenklar.

Doch sind die Federn mir wie Glas
    zersprungen

Ralf Schauerhammer

Nicht mehr zu kitten

Es schrieb in einem Brief von Kleist
an Freund Brentano: „Dass Du' s weißt,
mein lieber, guter Clemens –
so ein Delirium tremens
belastet mich enorm!
Ach, unterrichte Storm
davon. Du weißt schon – Theodor.
Als säh' ich doppelt, kommt ,s mir vor!

Ich trink' zu viel, hab' längst genug,
zerbrach zu meiner Schand' 'nen Krug,
nehm' alles wahr nur mehr
    verschwommen!"

Dann hat er's Leben sich genommen.

„Was haben wir zu zweit gegossen!",
sprach einer seiner Zeitgenossen –
'nen Nachruf haltend – nämlich Heine.
„Jetzt steh' ich da am Grab und weine."

(Als Storm vom Suizid erfuhr,
da meinte er erschüttert nur:
„Sein jäher Tod – zum Himmel schreit er! –
Ich widme ihm den Schimmelreiter.")

Klaus Schedlberger   * 1972

Sonnenuntergang

Blutrot drängt die Nacht
schwach seufzend weichen Bilder

mit letzter Kraft
ein schwacher Schein.

Verschwommen kehrt Ruhe ein
Wind übertönt die Sorgen
Wolken decken zu, die Nacht kommt vor
    dem Morgen.

Lichter schneiden Fetzen ins Schwarz.

Gerüche von Freiheit und Träumen
    kriechen durch jeden Gedanken
Im Dunkeln seh' ich das Leben in den
    Augen funkeln.

Nina Scheffel   * 1994

Leb'!

Du musst tief tauchen/
der Grund ist das Lied./
Du kannst die Wahrheit nicht seh'n/
wenn du die Augen verschließt.

Spitze die Ohren/ wie denn sonst/
willst Du die Stimmen verstehen?/
Blick nach vorn'/ doch auf dei'm Weg/
das Licht zu dimmen/ halt' ich für keine
    gute Idee./

Offensichtliches ist manchmal/
schwer zu seh'n/
und fast alle Tränen verschwimmen im See./

Doch glaub' mir!/ Das schönste/
kann aus dem schlimmsten entsteh'n./

Marius Scheibe   * 1993

Stille, Stille ewiglich
ganz allein mit meinem Ich
laufe durch verlass'ne Gassen
kann das Atmen noch nicht lassen

Doch die ganze Menschenschar,
um mich rum wie ehemals,
kann mein Sein nicht mehr berühren.
Sie sind hier – ich bin schon drüben.

Elisabeth Scheier

Laster der Welt

Nach einer langen Nacht steige Ich zurück
    aufs Pflaster,
Zurück in eine Welt voller Laster.
Viele Menschen auf der Straße mit Alkohol
    im Blut,
Streitende Jungs mit Bäuchen voller Wut.

Ich treffe Menschen, die über die Vergangenheit klagen,
Menschen die nach neuer Hoffnung jagen.
Aus Verzweiflung Damen der Nacht angraben,
Sich ihrer Probleme zu lösen nicht wagen.

Kaputte Menschen in allen Ecken,
Die sich vor ihren Schmerzen verstecken.
Die nur den Blick auf Vergangenes haben,
Und an ihrer Gegenwart versagen.

Gestalten, die ein Leben ohne Liebe leben,
Und auch das letzte bisschen Ehrgefühl weggeben.
Drogen, die sie zu glücklichen Menschen machen,
Nur so können sie überhaupt noch lachen.

Niklas Scheler * 1994

Offenes Geheimnis

Erfüllt ist meist das Menschenleben
von Wünschen, Gier und Streben,
von Dingen, die wir haben wollen,
von guten Zielen und verhängnisvollen.

Wir haben viel, wir wollen mehr,
bilden uns ein, das ist die Regel mit Gewähr.
Wir jammern, wenn Materielles wir verlieren,
lassen uns oft vom äußeren Schein dirigieren.

Wir forschen tief und wollen viel ergründen.
Dann tun wir gern, als ob wir was verstünden.
Wir träumen stets von Weite und Ferne.
Kein Wunder, sind wir doch alle Kinder der Sterne.

Wir wollen hoch hinaus, es zu was bringen.
Wir kämpfen hart, wir ringen.
Bei allem Tun und Streben
sollten wir eines nicht vergessen – zu leben.

Egal, welch' Vorteil wir erhaschen.
Das letzte Hemd hat keine Taschen.
Vermessen ist's zu denken, wir haben ewig Zeit.
Übersehen dabei ganz, das End' ist niemals weit.

Karin Schellhaas * 1956

Der Herbst

Herbst bist grau nicht schön anzuschaun,
machst mich stumm, einsam allein,
dass kann, es darf nicht sein.
Alles kalt alles leer,
Herzen verstumm, machen keine Kehr.
Tränen laufen übers Gesicht
Schuld ein trauriges Gedicht.
Doch ab und zu, man glaubt es kaum,
die Sonne kommt um mal zu schaun.
Will trösten dein Herz lindern den Schmerz.
Wärme der Körper verspürt die Seele
ist mit Liebe berührt,
ein Lächeln huscht über mein Gesicht
der Herbst mehr als nur ein trauriges Gedicht.

Diana Schellhase * 1968

Kindheitserinnerung

Ich verstecke mich
im Gefieder dunkler Wolken
und warte auf den Sturm,
der braust durch
die Gärten des Todes
und dich weckt.

Josef Schenk

geborgen
fühle ich mich
im Haus meiner Wünsche
spiele
mit verlockenden Ideen, Plänen
endlich
setze ich alles auf eine Karte
gewinne L e b e n

Beate Scherf * 1952

Meran rittlings

Bocks
bärtig
von der Hohen Wilden
über Wolken gesprungen
hahnen
füßig
gelandet im Mutspitz-Sattel
schwefelgelb schwimmen die Zehen
besoffen durch Anemonen
im Weinberg singt die Nachtigall
selbst tags wie der Teufel
den male ich
ährig und krallenblau
mir auf den Bauch

Dagmar Scherf * 1942

Rädchen

Ich bin ein Rädchen im Getriebe
im Räderwerk der großen Welt
und drehe mich voll Kraft und Liebe
dort, wo man mich einst hingestellt.

Ich bin so wichtig wie die andern
und funktioniere ganz exakt.
Mein Platz steht fest, ich kann nicht
    wandern,
sonst käme alles aus dem Takt.

Von uns fällt keines aus dem Rahmen,
kein Rädchen hebt sich je hervor,
tun unsre Pflicht, seitdem wir kamen,
und bilden einen großen Chor.

Das geht wohl eine lange Weile,
ein ganzes Leben läuft so ab -
teils langsam und teils sehr in Eile,
hält eins das andere auf Trab.

Und bin ich kleines Rad verschlissen
im Räderwerk der großen Welt,
dann wird man mich ersetzen müssen,
weil es stets läuft und niemals hält.

Helga Schettge * 1949

Am Morgen

Am Morgen
Der Himmel noch verhangen
tropft es grau aus den Vorhangstangen
Um den Mund spielt Dir ein Lächeln
glaub ich
Ach ne, wie schade
'war Blaubeermarmelade

Jochen Schickert * 1969

Ein rundlicher Engel hasste sein Leben
Wollte endlich dem Himmel entschweben
Wie schön wärs auf Erden ein Mädchen zu
    lieben
So sprang er voll Sehnsucht von Wolke
    Sieben
mit vollem Bauch, direkt nach dem Essen
außerdem hat er die Flügel vergessen
sein himmlisches Leben hat er verratzt
kurz vor dem Aufprall ist er geplatzt

Rupert Schieche

Paranoid

Der Kopf zerbricht sich wenig ansehnlich,
erzeugt unentwegt die hässlichsten
    Gedanken,
über andre und die garstig' Außenwelt,
stößt nie auf nicht umgehbar' Schranken,
solang' bis er schließlich dran zerschellt.

„Hör auf! Hör auf zu denken!" denkt er
    sich.
– Der Knecht seines eig'nen Ichs.

                    Stephan Schielke   * 1988

Elixier

Liegt es dir
auf der Zunge

wie ein Geheimnis

– Thymiankraut, Primelwurzel
Fluidextrakt, im Verhältnis 1:2-2,5 –

(in der stillen Pflicht des Apothekers)
kehrt sich um

der Geschmack von

Zucker

                    Sonja Schierbaum

holt die schafe heim

die schnecken leugnen nicht ihre herkunft
und die mandelbäume wandern aus. zu
    dunkel
die zeit, zu kalt das land. auch der
    sonnenschein
geht fremd. nur die trauerweide blüht
    stundein

stundaus. doch das wasser bewegt sich weg
    vom
quell der hoffnung und wie
    schweineborsten sitzen
die geschwüre meiner einsamkeit mir in
    den
gedärmen.

holt die schafe heim und vergrabt den
    irrglauben,
schäfchen zählen könnte helfen. vor
    sehnsucht
nach deinen abendhimmel-augen falle ich
    nicht in
den schlaf, den vergessenen. der nordwind
    weht
ungestüm über's acker meiner toten
    träume.
blutrote pferde wiehern dazu. rittlings
    abgeworfen
auf den boden der tatsachen, ohne schuhe
    mit
nackten füßen, verliere ich den halt und
    stürze
hinab in die unendlichkeit der nacht.

                    Maritta Schiffner

Die Lachse

Der Lachs dünkt sich ein Edelfisch
in irdischen Gewässern.
Dort duldet er nichts neben sich
und nennt es Weltverbessern.

In allen Meeren schwimmt er froh
und nimmt fast jede Hürde.
Wer dies vermag nicht eben so,
ist unter seiner Würde.

Doch gilt auch hier schon Rassenpflicht
nur übereins zu stinken.
Der weiße mag den roten nicht
und dieser nicht den pinken

Es standen, siebzehn Zentner schwer,
im Laichfluss an der Kante
ein schwarzer und ein brauner Bär,
ein roter als Mutante.

Die lachten ob der Eiferei
der Unterwasserleute,
welch Bärenmaul das schönste sei.
Sie wurden alle Beute!

Wilfried Schildbach   * 1936

Natur in Bewegung
unbetont betont

Natur, deine Ruh' lasst dich reifen,
wir Menschen aber streifen
die grüne Frucht vom Weltenbaum
und achten der Gezeiten kaum
in dem Vorrüberschweifen.

Natur, deine Macht kann halten
die Flut der Nachtgewalten,
der dunklen Wirrnis blinder Gang
streift keiner Blume Blühen an,
trifft nicht die Lichtgestalten.

Natur, deine Welt hält Frieden,
uns ist es nicht beschieden.
Die Sterne zieh'n den großen Kreis,
das Meer singt seine alte Weis':
Natur, deine Welt hält Frieden.

Claudia Schill

„Ich sag's – ohne Worte"

Ich sag' Dir nicht, ich liebe Dich.
Sagst Du's mir nicht, liebst Du mich nicht?
Was sagt es Dir: „Ich liebe Dich"?
Nur wenn ich's sag', so lieb ich Dich?

Muss ich's sagen, musst Du's hör'n?
Es nützt Dir nichts, selbst müsst ich's
    schwör'n.

Gefühl und Herz die können's Dir sagen
und beantworten Deine so bohrenden
    Fragen.

Denn meine Worte sind nur Schall und
    Rauch.
Und Lügen verbreiten, das könnten sie
    auch.

Danke für Dich,
jetzt, Hier und Heute
und ganz still
ein Blick, eine Berührung – ohne Worte!

Martin Schiller

Abschied

Jetzt ist es
Winter
und wir
können uns
etwas
aus dem Schnee schneiden.

Nicht Hoffnung
weil es
die
zwischen den Zeilen
nicht gibt.

Auch nicht
ein Rest
von Liebe.

Erahnen
von Schritten
die wir
nie gegangen sind.

Die nicht loslassen
werden nicht losgelassen.

Mirjam Schilling   * 1972

Wortgewand(t)

Gewaschen
mit allen Wortwelten
und Weltenwörtern.

Eingehüllt
in schöne Wortbilder
und Bilderwörter.

Das bist du.
Ein Wortspieler.

Aber ich bin kein Wortspiel.

Silvia Schilling * 1994

Ver(w)irrtes sein

Verdrehte Worte, Töne, Bilder
die Kugel Welt steht auf dem Kopf,
forsche Blicke werden milder,
selten besond'res kommt zu oft.
Falsch ist nun, was richtig war,
verkehrt die Sicht auf Dinge,
verwirrte Schöpfe denken klar,
endlich werden Ringe.
Das Spiegelbild des Spiegels weint,
obgleich die Augen lachten,
der Dichter streicht das, was sich reimt,
die Liebenden verachten.
Der tote Baum trägt blühend Blatt,
dunkel wird der Morgen,
der König setzt den Bauern matt,
aus unbeschwert wird Sorgen.

Nun steh' ich hier und doch bin ich des
    Unterschieds erlegen.
Des wirren Seins, allein mit mir, leer hilflos,
    voll ergeben.

Sophie Schima * 1994

Rätselhafte Liebe
Haikus

Von Hoffnung erfüllt,
die Erwartungen enttäuscht.
Tief im Herzen tot.

Der Schatten ist kalt.
Bewegung erstarrt zu Stein.
Schnell in die Sonne.

Nach Ende des Sturms
wieder gleitet das Schiff. Land
ist endlich in Sicht.

Tagaus und tagein
seh ich dich, dennoch bleibst du
ein Rätsel für mich.

Melanie Schimanek

Unterschiedliche Ansichten

Wie oft hast du schon gedacht,
dass du nie was richtig machst?

Den „Was-wäre-wenn"-Gedanken wirst du
    nicht los,
am liebsten würdest du alles bekommen in
    den Schoß.
Wie oft fragst du dich „Warum ich?",
„Warum trifft es nicht auch einmal dich?".

Bin ich wirklich so viel anders als du?
Diese Frage kann ich beantworten im Nu.
Es ist die Ansicht, die uns unterscheidet,
„Glücklich ist der, der negative Gedanken
    meidet".

Wie oft hast du dir schon gedacht,
dass du Vieles richtig machst?

Versuch doch mal das Leben positiv zu
    sehen,
und mit offenen Augen darin
    herumzugehen.

Du musst nur wollen, so schwer ist das
    nicht,
und leg das Handy weg, das raubt dir nur
    die Sicht.

Du siehst, es geht auch anders gut,
nun beweise endlich deinen Mut!
Überwinde dich und fange endlich an zu
    leben,
du weißt nicht, ob dir wird eine zweite
    Chance gegeben!

Iris Schimpelsberger   * 1994

Marcel, Marcel

Weshalb so ernst? Du
Lieber
Mein.

Komm
Komm
Sei munter.

Bevor wir brechen, bricht die
Welt entzwei.

Mitunter.

Marcel Schindler   * 1981

Die Stolperfalle

Klingeln hören
Aufspringen
Rausrennen
Treppe runter
Zur Tür hinaus
Über den Schulhof

Schnellerschnellerschneller
Laufen
Hasten

Rennen
Eilen
Sprinten
Alles geben

Stolpern
Hinfallen
Lachen hören
Liegen bleiben

Scheitern.

Paula Schindler   * 1997

Einer allein

Der Wind verweht die Zeit.
Der Schmerz die Trauer vertreibt.
Die Leere das Herz entzweit.
Doch einer, der es wieder vereint.

Die Dunkelheit frisst den Verstand.
Das Leid alle Freuden verbannt.
Die Tränen einzig verlockend.
Doch einer, der sie wieder trocknet.

Der Schmerz rechtfertigt die Qual.
Das Vergessen steht nicht zur Wahl.
Die Finsternis im Herzen entsteht.
Doch einer, durch den sie vergeht.

Sonja Schindler   * 1988

Wintertag am See

Der See dampft seine letzte Wärme in den
    Wintertag
auf Silberzeile lässt der Haubentaucher
    grüßen
die Erlen greifen ins Wasser mit Fingern
    aus Eis
das Schilf steht auf gläsernen Füßen.

Die Kälte klöppelt ein Spitzengeflecht
Juwelen glitzern im Licht
auf sanften Wellen schaukelt das Eis
die Glasharfe hat kein Gewicht.

Sie klimpert und klirrt im Wellenschlag
eine zartkühle Sinfonie
das Herz schwingt mit, nichts tut mehr
    weh
es hängt gefroren am Schilf im See.

Hadwig Schindler-Hopfgartner   * 1945

Es ist Geschichte, es war früher
Egal was war, denk nicht dran!
Es ist Gegenwart, es ist heute
Egal was ist, denk nicht dran!
Es ist Zukunft, es wird morgen sein
Egal was sein wird, denk nicht dran!

Renn nicht weg aber bleib nicht stehn
Schau nicht zurück, du darfst nicht hinsehn
Stopp die Welt und dreh sie um
Doch sei stumm, ich bitte drum
Schau nach vorn und blick auf mich
Hör mir zu „Ich will nur dich!"

Lass die Vergangenheit los, schließ die Tür
Kämpf nicht um die Leere! Sag mir wofür?
Hör nicht auf Lügen, sie rufen den
    Schmerz!
Doch die Wahrheit singt still wie mein Herz!
Geh deinen Weg, aber bitte nimm mich!
Lern mich lieben, denn „Ich liebe dich!"

Christine Schirm   * 1998

Letzter Atemzug

In mitten der Nacht,
Hör' ich deinen Atem,
So still und schwach,
Dein Herz schlägt mit letzter Kraft.

Eine letzte Melodie,
Der Wind trägt sie weit,
Du schließt die Augen,
Es ist so weit.

Ein letztes Mal,
Halt' ich deine Hand,
Dein Atem wird schwach,
Dieser Tag ist verdammt.

Mit letzter Kraft,
Sprichst du dein letztes Gebet,
Deine letzte Hoffnung,
Vom Winde verweht.

Du hälst den Atem an,
Die Melodie verklingt,
Es ist still geworden,
Man hört nur noch den Wind.

Fiona-Annika Schlacht

Winterstille

Die Wellen ruhen
unter weißer Decke,
das Schilf am Ufer
knistert leis,
schlafende Fische
unter schwebendem Eise –
wie lange?

Die Vögel hocken
unter weißen Zweigen,
der Bach im Grunde
rauscht nicht mehr.
Horchender Wandrer
geht durch die Stille –
erträgt er sie?

Ursula Schlaeger   * 1936

Vollendung der Liebe

Hörst du den Wind im Sternengarten
   singen?
Als würden müde Jahre neu erblühn.
Es ist das Lied, das du und ich vollbringen,
Daraus wir unsre Augenblicke ziehn.

Wie auch die Sterne, die den Wind
   berühren,
Im Antlitz dieser tief geschmückten Nacht,
Sind die Erinnerungen, die wir spüren,
Ein Kuss, der alles in uns sanft bewacht.

Er spricht von nah, als möcht er uns
   verzeihen
Und leichter machen jedes schwere Wort,
Von denen viele wollten uns entzwein.
Nun ist er doch des Schicksals bester Ort.

Sein Klingen ist der Spiegel unsres Lebens,
Der still die Jahre uns ins Herz einbrennt.
Es war die Hoffnung in ihm nicht
   vergebens,
Dass er den Stern, der unser ist, noch
   kennt.

Frank Schlafke   * 1977

Meine Katze Kitty

Augen, wie Bernstein,
tiefgründig und klar,
schauen mich an und fragen:
„Wollen wir beide es wagen
und lebenslang gute Freunde sein?"

Pfoten, wie Samt,
Fell, wie Seide so zart,
Barthaare und Schnuppernäschen,
so kuschelig weich wie ein Häschen.
Es dünkt mir,
ich hätt' dich schon immer gekannt.

Dicht an mich geschmiegt
deine Wärme ich spür,
dein Schnurren, dein sanftes Beben.
Du All-Inbegriff von Leben
hast längst mich
mit deinem Charme besiegt.

Ilse Schlicksupp   * 1952

die Sucht

Lass die Finger von den Drogen, ob hart oder weich, ob
Alkohol oder Zigaretten, denn der Einstieg ist leicht, der
Ausstieg aber ist so gut wie unmöglich.

Wenn die Ängste dich plagen
Dann wirst du es nicht wagen
Der Last zu widersagen
Kommt stets zum Stehen dein Gehirn
Ist voller Schweißperlen die Stirn
Sitzt ein Ratz auf deiner Bettdecke
Siehst du weiße Mäuse in der Ecke
Wackeln die Dächer und die Wände
Zittern die Beine und die Hände
Schlägt halt dein Herz bis zum Zerreißen
Dann wirst du wohl ins Gras bald beißen.

Wendelin Schlosser

Das Baumgesicht

Leergefegte trübe Straßen
im Laternenschein
Ein Gesicht am Baume lachend
das dort schaut allein

Blumen schließen ihre Kelche
die Kindlein schlafen bald
Glitzernde Eistränen gleiten
wie Feenstaub auf dem Asphalt

Im Windhauch fliegend weit
fern von allem hier
Nur das Gesicht am Baume bleibt
verliert das Lachen schier

Gedanken im Morgengrauen
Gefühle, die sich teilen
Leergefegt im Flügelschlag
im Hauch des Blattes treiben ...

Martin Schlüter-Müller

Zerstreuung

Milliarden Mosaike
Wandeln auf der Welt
Fallen auf die Knie
Fragen sich, was zählt

Milliarden bunte Menschen
wundern sich, wie man
Gesichter, die von Tränen glänzen
Gänzlich heilen kann

Milliarden Mosaike
Wirbeln durch den Wind
Zerstört vom Leben ohne Ziele
Weil es zu viele sind

Milliarden graue Menschen
Sind gleich in ihrem Kern
Denn ihre Mosaike
Flohen viel zu fern

Christine Schmaus * 1995

Für immer

Durch Raum und Zeit, durch Ewigkeit,
Durch Schmerz und Glut, doch hin zum Mut.
Durch Feuer und Brand, ich nehm' dich an
    der Hand.

Ob hier oder dort, ich bin nie ganz fort.
Trotz stetigem Schwinden, ich werde dich
    immer finden
durch den kräftigsten Schmerz,
das Herz.

Alles verschwindet, doch eines, das bindet.
Alles gesagt und doch zunichte vertagt.
Doch das Eine, das schwebt – lebt,
stiller, aber voller Glimmer,
für immer.

Amelie Schmid * 1988

Sie verzaubern dich,
zeigen dir neue Welten.
Die Träume der Nacht.

Lea Schmid * 1996

Emma

Tausend Hände halten mich
Tausend Stimmen rufen mich
Tausend Füße treten mich
Schlagen peitschend ins
Gesicht.

Ohne Skrupel, kein Gewissen
Als sie mir die Seel ausrissen.
Ein Körper ohne Seele, ein
Leben ohne Licht, ein
Blinder an den Klippen,
Das bin ich.

Nadine Schmid * 1992

Flandern

Nach Flandern weinen, Grashalm im Licht
    verhüpft.
Im Watt die Ebbe sein, alles ist Weg.
Nach Flandern gleiten, Frühlingschaften
    schließen.
Ruh' Veilchen, dein Gemüt klärt.

Abhandlungen im Gelächter schmecken
    wie Zuckerguss im Tau.
Deiche glätten, schmücken Eigenarten, im
    Wogengrau.

Eine Seefahrt ist gestrandet, trunken,
unlängst im Wir.
Die Gezeiten stürmen auf und lichten ihren
Anker fern, hier.

Daniela Schmidt * 1981

kaltes Schweigen

Schnee fällt
leise, behende
hüllt Bäume und Felder ins eisige Schweigen
Schneeflocken tanzen den stummen Reigen
blaues Eis glänzt am See.

Eis glitzert wie stählerne Waffen
Winter vertreibt die Sonne im Nu
Dunkelheit verschlingt behende und leise
Bäume und Felder
Bäche verschwinden in schwarznächtlicher
Ruh ...

Der erwachende Mond mit düsterem Schein
hüllt Bäume und Felder
in seinen Schleier ein.

Stetig erklimmend des Berges Spitze
erhellt er das starre Bild
über Bäume und Sträucher streicht
ein schneidender, kalter Wind.

Eva-Maria Schmidt * 1999

Gedankenkonstrukt

Kann nicht aufhören,
will es lassen!
Muss mich zwingen,
an etwas anderes zu glauben!

Vergangenheit als prägende Instanz.
Hoffnung verworfen durch
schmerzliche Erfahrung.

Was kann mich ändern?
Ist es nötig, um nicht zu zerschellen,
wie eine Glaskugel auf kalten Fliesen?

Wann wird es besser?
Wann hört ihr auf davon zu reden?
Wird es jemals geschehen?

Bin ein Gedankenkonstrukt
Hoffnungsloser Fall,
der nicht mehr fallen will.
Jeden Schritt überlegt,
beim Nachdenken über morgen
gestolpert über gestern.

Franziska Schmidt * 1996

Magie

Auf weißem Pferd, leicht und beschwingt,
der heiße Sommerwind ihr entgegen singt,
reitet sie aufrecht, von Flügel getragen;
heute weiß sie, es gibt keine Fragen.

Die Zügel fest im Griff, bewegt sie sich im
Reigen,
mit tänzelnden Schritten, so ... die Stiefel
sich reiben.
Ein verklärter Blick, der viel verrät;
beseelt fühlt sie was er gesät?

Ihre Haare im Nacken, ihre Lippen sind
weich,
geheimnisvoll und erotisch zugleich,
so reitet sie mit Lust und Wonne
entlang der untergehenden Sonne.

Trügerisch, so scheint der Glaube
zu dem der ihr die Sinne raube;
doch fragend, ob sie dem Traum erlieget,
sie sich vereint im Gleichklang wieget?

Sehnsucht, Begierde oder auch mehr,
wo kommen all' diese Gefühle her,

die Leidenschaft, die Magie;
J'aime la vie.

Gertrud Katharina Schmidt * 1947

An Autopilot

Lass uns berlinern in Berlin
und lass in Mainz und mainzern,
lass uns das Messing wienern just in Wien,
in Bern lass bernen uns und in Paris
    parisern,
lass auch starnbergern uns, flensburgern
    sondergleichen
und dann in Ulm die Kolben sich
    umeichen,
so will ich Tulpen für dich brechen
und auch mit anderen Blumen sprechen,
ach, lass doch frei uns von der Leber weg
    stralsundern,
samt wessobrunnern, wittenbergern uns
    verwundern,
und lass uns doch die Kurve mal erotisch
    nehmen,
auf dass wir einen Zacken mehr im Himmel
    schweben,
das kann uns kein zweites Nirwana geben,
kurzum wir sollten rund um all dies
    Schachern
noch einmal richtig amborbacherrrrrn ...
In Liebe Dein Getriebe.

K Schmidt

7 Jahre liebte ich Dich

Dein Bett gefiel mir
Doch nicht dein trübes Herz
Dein trübes Sein, dein Dasein
Und das Trübsal in deinen
dunklen Augen so dunkel.

Bin eine Frau der großen Taten
Du der großen Worte

Große Augen, so trüb und groß
taten ihr Werk ohne große Taten und
trübe Tage gingen ins Land.

Ich vergaß die großen Taten,
du vergaßt nie, große Worte zu sagen
und mit deinen Augen
die ich nie vergessen könnte,
trübst du mir jeden Tag die Sicht.

Dein Gesicht, ohne viele Kanten.
Ich erkannte dich plötzlich nicht mehr
Wer warst du, warst du die Frau mit
den großen Worten, oder warst du die
mit den großen Taten? Wer war ich?

Karin Schmidt * 1995

Der tote Weihnachtsmann

Wisst Ihr, was geschehen ist?
Im Ofen brät der Weihnachtsmann.
Als wir gegessen haben
war der Weihnachtsmann im Ofen.
Er bratet – er ist fast tot,
der Weihnachtsmann, nicht das Brot.
Wir wollen ihn retten, es ist zu spät.
Der Weihnachtsmann ist tot.
Die Geschenke retten wir,
das machen wir.
Mein Bruder spielt jetzt den
    Weihnachtsmann.
Ich bin der Elch.
Wir spielen so gut wir können
und gehen von Haus zu Haus.

Michel Schmidt * 2004

Schulweg 1943

Auf der Straße, im Büchsenlicht,
eins, zwei, drei Fritz-Kids.
„Georg, schau, ich halte drauf.
Toter Freund, die Drei waren für dich.

Den Flieger zurück.
Mal sehen, wie ich traf.
Es ist für den Bericht."

Die Straßen nun wieder in Sicht.
„Georg, erkennst du diesen Luderwicht?
Die Hände erhebend, ergibt er sich."

Die Felswand von Dover im Blick
stottert dürstend der Motor.
„Ich, Sam, schaffe es nicht.

Georg, du, mein Freund,
der Fritz, er wollte leben,
hat sich uns ergeben.
Warum nun rächst du dich?"

Sigurd-Herbert Schmidt

holzgeruch

es riecht nach narben,
schmerzt in der nase.
nein, man kann sie nicht sehen,
nur riechen. vernarbte stellen
ohne sicht.

riecht nach verbranntem holz,
das irgendwer gesammelt hatte
und nicht für gut empfand.
jetzt liegt es da und tut weh in der
nase.

man kriegt den geruch nicht weg,
er steigt höher, wenn man sich wehrt.
recht der narben, recht des holzes,
das für nichts gut war.

Tobias Schmidt

Gretchen

Blondes Mädchen, stummes Gretchen.
Sitz alleine auf der Mauer,
Tag für Tag,
weil keiner dich mag.

Deine Eltern sind arm,
du hast es nie warm.
In deiner Baracke
haust du wie eine Ratte.

Nichts zu fressen, nichts zum spielen
Niemand wird dich je lieben.
Die anderen spotten
Über deine Klamotten.

Deine Hoffnung endet in einem Strick.
Beendest alles mit einem Schritt.

Jesus liebt dich,
er nimmt dich bei sich auf.
Tränen sind vergessen,
Schmerz und Leid.
Jetzt lächelst du für alle Zeit

Fabian Schmidt-Fich * 1994

Liebe muss ein Wunder sein

Liebe muss ein Wunder sein,
Stets für einander da zu sein.
Undefinierbar, keine Garantie,
überraschend, überragend, die schönste
    Phantasie.

Solch ein Gefühl fast unbeschreiblich.
Voll Höhen und Tiefen,
einfach unglaublich.

Harmonisch agiert ein Paar zusammen,
Stets sind die beiden beisammen.
Die Liebe ist nicht selbstverständlich,
Mit nichts zu vergleichen, mit nichts
    ähnlich.

Du kannst dich nicht wehren,
sie hält dich gefangen.
Willst du es nicht kapieren?
Zu groß ist das Verlangen.

Nicole Schmidt-Isermann * 1999

Auf einer grünen Wiese

Auf einer grünen Wiese,
da traf ich meine Liebe,
am Waldes Rand ein Bach leis rauschte,
als sie zu lange auf mich schaute.

Fünf Freunde waren wir, wohl ohne Frage,
das Zelt stand da für ein paar Tage
und Wald und Flur in voller Sommerpracht
und über uns die Sternen Nacht.

Am ersten Tag kam sie zu zweit,
dann jeden Tag zur gleichen Zeit,
erblickte mich und ging vorbei,
so, als sei's ihr einerlei.

So ging es ein paar Tage lang,
ich faßte Mut und sprach sie an,
verlegen nahm sie meine Hand
und nahm mich mit zum Waldes Rand.

Sie sprach von Glück und Seelen Ruh,
der erste Kuß ... das erste Du,
in meinen Armen süß und sechzehn Jahr,
grüne Augen ... blondes Haar.

Alfred Ernst Schmitt * 1949

Träume meines Herzens

Ist es die Freude auf einen unbeschwerten Tag,
auf Spaß und Unterhaltung?
Alles hat seine Zeit!

Träumst du davon, dass jemand dir zuhört
     und antwortet,
dass jemand dir Zuneigung und Liebe
     schenkt?
Alles hat seine Zeit!

Träumst du von stillen Stunden der
     Besinnung,
von Einsamkeit im richtigen Augenblick?
Alles hat seine Zeit!

Träumst du davon, mit dem Wind zu reisen
oder von Geborgenheit?
Alles hat seine Zeit!

Träumst du davon, die Welt von Armut zu
     befreien,
von Frieden für alle Menschen?
Es ist die Hoffnung, die bleibt!

Traudl Schmitt * 1935

Die Hoffnung

Du sagtest auf Wiedersehen,
ich lasse dich nicht für immer gehen.

Jetzt bist du fort und kommst nicht wieder,
jeden Tag höre ich überall unsere Lieder.

Es ist der Anfang vom Ende,
hoffentlich kommt bald eine gute Wende.

Ich weiß nicht weiter und sehne mich nach
     dir,
wieso sitzt du jetzt nicht hier bei mir?

Willst du gar nicht wissen wie es mir geht?
Um was und wen meine Welt sich dreht?

Ich vermisse dich jeden Tag mehr,
mein Herz gebe ich an keinen anderen
     mehr her.

Die Hoffnung wieder in deinem Arm zu
     liegen wird nie sterben,
ich wünsche mir so sehr mit dir glücklich
     zu werden.

Ich habe das Leben noch vor mir ,
doch wirklich leben kann ich es nur mit dir.

Angela Schmitz * 1988

Mein Glaube

ich glaubte an mich
ich glaubte an mein Angesicht
ich glaubte an jedes Gesicht
ich glaubte an mein Ziel im Plan
ich glaubte an das helle im Schwan
ich glaubte an all meine Bände
ich glaubte an die große Wende
ich glaubte an „Das Bonbon für den
    Frieden"
ich glaubte daran das Herzen werden
    siegen
ich glaubte an das gehen hin zur Mitte
ich glaubte an sehr Weise Schritte
ich glaubte an den Spiegel
ich glaubte an den Freiheits Riegel
ich glaubte an besondere Dinge
ich glaubte an all meine Ringe
ich glaubte an mein Schreiben
DAS WIRD JETZT JEDE WAHRHEIT
    ZEIGEN

                          Tanja Schmitz

Der gehetzte Tag

Der Abend bricht langsam über den
    geräuschvoll lauten Tag herein,
nur allmählich stellt sich der
    krankmachende Lärm ein.
Die goldig schimmernde Sonne
zwinkert ein letztes Mal dem gehetzten Tag
    liebevoll zu,
bevor sie hinter den Baumkronen ihre
    wohlverdiente Nacht beginnt.
Sofort fangen verschiedene Vögel an ihr
    Nachtlied zu trillern,
aber beim genauen Hinhören jedoch,
ist sogar das leise Summen der Hummeln,
    Bienen ... zu hören.
Plötzlich,
ein lautes Brummen durchscheidet die
    wohltuende Ruhe.

Abrupt ist kein Vogel mehr zu hören,
geschweige Bienen oder Hummeln.
Wie warmer Teer scheint sich zäh die Zeit
    zu ziehen, und
wie aus dem Nichts – ein lauer Windhauch,
als wolle die Natur kräftig tief durchatmen.
Nach und nach beginnen die Vögel ihr
    abgebrochenes Liedchen erneut zu
    trillern,
die lautlos Stille stellt sich allmählich,
begleitet durch das Surren der Hummeln,
    Bienen ... ein.
Sogar die Fliegen tänzeln scheinbar spielend
    dem nächtlichen Dunkel entgegen!

                          Ronny Schnabel * 1974

Gedankenspiel

Gedanken fliegen
wie Wolken dahin
kommen und gehen
bleiben nie stehen

Gedanken tanzen
auch gern um sich selbst
wie Blätter im Wind
mal langsam, geschwind

Gedanken springen
wechseln oft ihr Kleid
sind dumm wie gescheit
der Taten Geleit

Gedanken suchen
was verborgen ist
sehen im Dunkeln
blitzen auf, funkeln

Gedanken drängen
haben sie ein Ziel
lassen nicht locker
spielen nur ihr Spiel

                          Günter Schnapp * 1946

Donnerne Hufe

Den Boden lässt es erbeben
um immer weiter und weiter zu streben
Galoppierende Hufe und donnerndes Eisen
So lässt sich sein Klang vom Winde preisen

Doch einst gefangen, täuschet Euch nicht
Sein Geist lebt weiter, in den Augen das
   Licht
Doch wird es erlahmen, in den Händen
   Eurer Arroganz
Wenn seine Hufe werden gezwungen zum
   Tanz

Denn es ist ein Vogel ohne Flügel
Klagt nicht über Euren Prügel
Doch lässt Ihr es einmal gewähren
Kann es Euch weitaus mehr lehren

Lasset den Donner frei und seht ob er bleibt
Denn dann seid ihr nicht mehr getrennt,
   doch zu zweit
So nutzet den Funken den Euch gibt euer
   Verstand
Denn nur so werdet Ihr der Freund des
   Donners genannt

                        Alexandra Schneider

Leiter

Immer höher,
Sprosse für Sprosse,
Richtung Zukunft.

Ein' Schritt übersprungen,
schwindelvolle Gier,
der Hochmut kommt.

Abgerutscht,
zehn Stufen tiefer,
ohne Vorwarnung.

Und wieder höher,
ein kleiner Triumph,
die Hälfte schon?

Mit der Zeit schwindet Kraft,
ein letzter Versuch,
vom Ziel entfernt.

Von Verzweiflung umhüllt,
denn die Zukunft bleibt im Morgen;
nimmermehr erreicht.

                        Camille Schneider

Ein kleines Wunder

Ein kleines Wunder, voller Leben
ein Werk das blind geschah
wer hätt gedacht, sowas könnts geben
ich weiß es nicht, ich war nicht da

Ein kleines Wunder
doch so groß
ganz magisch, leicht verschwommen
am Ende doch ganz klar

Ein kleines Wunder, voller Freude
wer könnte sich nicht freu'n
ich glaub da gibt es niemand
man ist nicht mehr allein

Das kleine Wunder kam so plötzlich
und gehört doch längst dazu
kanns nicht in Worte fassen
Emma, mein Wunder das bist du

                  Lucie Schneider * 1977

Ich wäre gern ...

Ich wäre gern der Kuckuck
In dieser kleinen Uhr
Da müsst ich nicht viel sagen
Ab und zu Kuckuck nur

Ich wäre gern die Fliege
Die durch die Küche schwirrt
Ich wüsste nicht von morgen
Und wär nicht so verwirrt

Ich wäre gern der Pudel
Auf eines Frauchens Schoss
Denn was dann wichtig wäre
Wäre mein Fressen bloß

Ich wäre gern der Haifisch
Im tiefen blauen Meer
Und was um mich geschähe
Interessierte mich nicht sehr

Nun bin ich aber leider
Ein Mensch der auch versteht
Was alles nicht so funktioniert
Und auch nicht weiß wie's geht

Wolfgang Schneider * 1964

Weltwüstenruf

Großbuchstäblich
aufgegriffen
und unaufhörlich
zitiert
muss es bleiben
– das Wort –
unbestritten gegen
Krieg und Terror
gegen Hass und Gewalt –
einzig und allein
um der Liebe und
Gerechtigkeit willen –
bis die scheinbar
heillose Welt
heil geworden
für die
Ewigkeit!

Gudrun Schneider-Lichter * 1937

Schlaflosigkeit

Plötzlich aus dem Schlaf erwacht,
mitten aus süßem Traum.
Um mich herum die tiefe Nacht,
so früh, man glaubt es kaum.
Gleich darauf dreht, und zwar sehr schnell
sich das Gedankenkarussell.
Sie sind nun gar nicht mehr zu bannen,
sind wie ein Pferd, das durchgegangen.
Es ist ein zähes, hartes Ringen
um Schlaf, das um den Schlaf mich bringt.
Das Einschlafen will nicht gelingen
solange Geist mit Körper ringt.
Und dann, nach 2, 3 Stunden
Werden sie langsamer, die Runden
Am Ende kommt's, wie's immer kam:
Man sinkt wieder in Morpheus Arm.
Und der Familienpatriarch:
Der schnarcht!

Gabriele Schnoor * 1959

Aufbruch

Mit trunkenem Flügelschlag
verlasse ich den Tag.
Langsamer dreht sich
das Rad der Zeit.
Aus dem Dämmer löst sich Helle,
aus der Nacht Geborgenheit.
Jenes Flüstern,
ich hör' es von Ferne.
In den Wogen versinken
die Zeichen und Sterne.
Die schwarze Taube
wandelt sich in Weiß.
Auf die Geburt zu
hinkt ein sterbender Greis.
Der Vogel hat Blut verloren,
daraus ward die Sonne geboren.
Und dann dreh' ich
erstmals meine Runde
um das Echo
jener frühen Stunde.

Clara Schobesberger * 1958

Licht des Nordens

Das Licht des Nordens zog mich magisch an,
geheimnisvolle Farben ließen meine Seele schwingen,
pastell, doch intensiv, die meine Seele zart umfingen.
Das Licht des Nordens schlug mich ganz in seinen Bann.

Das Licht des Nordens ließ mich nie mehr los,
von Schiffen träumte ich, von Schären und von Fjorden.
Der Traum erfüllte sich, wir fuhren in den Norden,
die Trollfjord trug uns auf der Hurtigrutenfahrt
Norwegens Küste hoch, in Bergen war der Start.
Hinauf zum Nordkap, in des Eismeers große Weiten:
Mitternachtssonne durfte uns bei Tag und Nacht begleiten.
Das Licht des Nordens war in lichten Nächten groß.

Das Licht des Nordens tauchte mich in seinen Zauber ein.
Ich stand auf Deck allein, mein Blick verloren
am Horizont, wo Land und Wasser aus dem Licht geboren
sich schimmernd zu vereinen schienen,
wo bunte Häuschen als Kulisse dienen
für ein Naturschauspiel, das sich entfaltet,
mit Sinn und Harmonie das Leben neu gestaltet:
Das Licht des Nordens wärmt mich tief mit seinem Schein.

                Eckehard Schöll * 1951

Altersnoten

Stimmen die im Wind verweh'n,
ungehörte Fragen.
Schatten, die im Abseits steh'n,
Bilder, die vorübergehen,
Staub aus dunklen Tagen.

Trüb des Auges müder Blick,
schwer bewegter Tage.
Grenzen vor dem letzten Stück,
ängstlich weicht der Geist zurück,
einsam klingt die Klage.

Leise noch der Stunde Klang,
will der Zeit entschweben.
Noten aus des Lebens Gang,
die in Abschieds Lobgesang,
sich zum Himmel heben.

                Wolfgang Scholmanns * 1958

Spaziergang im Spätherbst

Ein Feld ein Wald ein Wolkenstrich

Es streckt das Land sich aus
und die Wege sie lassen sich gehen

Die Sonne kehrt ein in Erlengehölz
und bettet sich weich mit dem Abend

Lila im Himmel mit Violett

                Winfried Scholten * 1939

Manchmal, so scheint es der Fall,
versinkt die Realität in Schall und Rauch.
Und dabei verlierst du dich auch.

Aus dem Auge, aus dem Sinn.
Die Frage, wo führt das alles hin?

Einmal in der Weite, zwischen Schatten
   verloren,
hat dein Schicksal dich auserkoren.
Es wartet die Prüfung die dich definiert
   und prägt,
die tief in deinem Inneren etwas bewegt.

Doch du kannst dir keinen Reim darauf
   machen, was du fühlst.
Hast du doch Jahre damit verbracht es zu
   verlernen.

Du glaubst du verlierst den Verstand, die
   Prüfung ... sie macht dich verrückt!
Doch in Wahrheit hält sie deine Hand und
   führt dich zurück.

Das was dich ausmacht und sich bloß
   versteckt,
wird zwischen all den Schatten wieder
   entdeckt.
Du begreifst und fängst an zu verstehen,
und du beginnst die letzten Schritte zu
   gehen.

Der Weg zurück, so wird dir klar, war dir
   eigentlich immer nah.
Die Prüfung wird zum Wegweiser. Sie führt
   dich heim.
Am Ende deines Weges erwartet dich (d)ein
   Reim.

                     Sebastian Schön * 1991

Was soll ich noch ertragen?

Sprich und sag es gerad heraus,
sag die Wahrheit: ist es aus?
Ich seh dich an, versteh nichts mehr,
dein Blick ist hohl, dein Blick ist leer.

Aus Hoffnung zieh ich neue Kraft
ist es sinnvoll, dass man's schafft?
Was, wenn nur der Schein mich trügt?
Was, wenn man mich nur belügt?

Ich will nicht mehr, ich schreie gleich,
spielst du täglich diesen Streich?
Sitzt nur stumm vor mir,
siehst zu, wie ich frier.

In mir, um mich rum wird Herbst
Du verstehst nicht, dass es schmerzt.
Bin ganz und gar zerschlagen.
Was soll ich noch ertragen?

                     Hedda Schoof * 1993

Sie

Oh wie überkam mich der Neid,
als ich sie erblickte in ihrem Kleid.
Schön wie eine Blume,
strotzend vor Verehrern und Ruhme.
Sie, strahlend wie eine aufgehende Sonne,
ihr Anblick, eine wahre Wonne.

Alle Jungen ihr nachschauen.
Sie sehen nur den schönen Schein,
doch ich blicke in sie hinein:
Sehe das Dunkle, Düstere,
das Schwarze, Wüste.
Dies kann man nicht mehr aufbauen.

Das Böse wohnt in ihren Hallen,
hat sie vollständig befallen.
Sie weiß von außen ist sie wunderbar,
doch innen drin kalt und starr.

Das Alles überkommt mich,
wenn ich seh in den Spiegel,
denn ich weiß, das bin ich
Und vor mein zerbrechliches Herz schiebt
   sich ein Riegel.

                 Lotte Schovenberg * 2000

Christiansø

Die Sonne hat Fäden gezogen.
Wind lagert Hoffnungsimpulse ab.
Kadaver,
ausgeschält, zerfetzt, verendet
in aller Sichtbarkeit.

Der Himmel ist durchschattet,
graublau vom Stundenwechsel,
glänzt in Zartheit.
Gleich verschließt sich die Außenwelt
raukehlig
und hektisch.

Den ganzen Tag spüre ich Blicke:
DURCHGANG VERBOTEN!
Alte Gräber
lassen sich ihre Plätze nicht streitig
    machen.
Die Platte dehnt sich ins Grenzenlose.

Jeder Windhauch erzeugt Schrecken

Heinz Schramm   * 1948

Warum ich leide

Ich sitz unter 'ner Trauerweide und
    empfinde keine Trauer;
In der Dunkelheit der Nacht und doch
    strahlt es hell um mich herum.
Heiße Küsse bringen kalte Schauer;
Trotz Aufregung ist mein Herz beruhigt,
    warum?

Mit dir scheinen sich alle Gegensätze zu
    vereinen;
Du bist die Ruhe in meines Lebens Lärm.
In deinem Arm schlägt mein Herz im Takt
    des deinen;
Friedvolle Stille, selbst die Mücken bleiben
    plötzlich fern.

Unter dieser Trauerweide,
rennt die Zeit und bleibt doch stehen – wir
    gehen.
Dies alles ist's, warum ich leide;
Wenn wir uns, wie jetzt, nicht sehen.

Michael Schramm   * 1974

Sie sind's

... die uns das Atmen lassen und prächtig
gefärbt die Sinne erbaun. Den Früchten
schreiben sie fest ein ihre Geschichten
vom Erobern: friedvoll stets, doch mächtig!

... die wild und gefeit in ihren Breiten
verborgen stehn, gezeichnet zu walten
die jungen Lieben, die verhalten
sich küssend beschwörn für alle Zeiten.

... die uns begleiten an Wegesrändern
auf manch düsteren, einsamen Gängen,
wenn uns Unruh und Fragen bedrängen.
An diesem Schutz soll sich nichts
    verändern.

... die winddirigiert Konzerte geben!
Fernes, nahes Rauschen, immer wieder
sind das die geheimnisvollen Lieder,
die sich abends in die Träume weben.

... die uns zum Beweis, sei's noch im Fallen,
dreieinig sind: Wurzeln, Stämme, Kronen!
In den neu zu denkenden Walhallen
solln sie für und für ganz oben wohnen!

Dyrk Schreiber   * 1954

Auf Goethes Spuren

Auf Goethes Spuren
Lasst uns wandeln!
Beim Laufen und Kuren
In seinem Sinne handeln

Die Welt entdecken
Die Natur erkunden
Welch Wunder drin stecken
Was der Mensch erfunden

Ob von Weimar nach Stützerbach
Der Weg mal steil oder g'rade
Ob in Gotha oder Eisenach
Überall sind Goethes Pfade

Im Thüringer Land
Seinen alten Spuren folgen
Viele Wege wohl bekannt
Genießt Himmel, Sonne, Wolken

Auch in fernen Orten
Hat Goethe viele Werke vollbracht
Folget seinen Worten
Sie sind für die Ewigkeit erdacht!

Thomas Schreiber * 1950

Der letzte Kuss

Nie wieder dich küssen
deinen Mund berühren
deinen Atem spüren.
Verbrennen vor Sehnsucht
löschen den Durst der Liebe.
Nur der Tod bringt die Erlösung
gibt den Frieden für die Seele.
Nimmt, was dir einst gegeben
niemand fragt:
„Wo ist das Leben?"

Michael Schreiner * 1962

Ferne Lieder

hinter mir die lieder der jugend
höre die stimme
während das meer
seine melodie singt.

trotz jahre,
die dahingegangen,
lässt die jugend
den sänger nicht ruh'n –
und ich denke an
unsere liebe zum
alten, ewig jungen autor
aus dem tessin.
oh, singt die lieder der fernen
vergangenheit.
singt sie immer wieder.

Schröder * 1960

bewusst sein

Lautlos wie eine Eule
fliege ich durch die Nacht der Seele,
Schatten der Illusionen umfliegend
auf der Suche nach dem
EINEN

Hermann Schröder

Dein Beschützer

Egal was passiert, egal was geschieht,
ob du abstürzt oder fällst,
ob der Winter still ist,
und deine Freude wie verschluckt,
so wirst du dennoch gehalten,
egal ob die Schmerzensflut anhält,
ob du schreist und beißt und dich
    versteckst,
jeder von dir Abstand nimmt,
einer wird da sein,
einer wird dich halten,

und irgendwann wirst du in die
    Vergangenheit schaun,
zurück in deine Fehler blicken,
was dir fehlt wirst du finden,
und den Problemen entwischen,

dann ist es Zeit deinem Beschützer zu
   danken,
der dich gehalten hat und dies immer tun
   wird.

Lucie Schröder   * 2000

Der große Clown

Ein Clown ist selten komisch,
im Zirkus fällt das Lachen schwer!
Die Situation die war ironisch,
das Geldgefäß vorm Clown war leer.

Die Straße macht er sich zur Bühne,
am Sonntag in der großen Stadt.
Der Menschenkreis regt keine Miene,
der Clown wirkt hilflos und hat's satt:

Er reißt sich erst die Nase
und dann die Glatze rasch vom Leib.
Die Story wird zur Lachoase,
der Clown Passanten jetzt anschreit:

„Ihr seid humorlos – pack' meine Sachen",
sagt er und geht um nicht zu schauen.
Im Publikum regt sich jetzt Lachen,
das erste Mal beim großen Clown.

Matthias Dr. Schröder   * 1969

Der Bilderrahmen

Ich glaube nicht, dass du es weißt,
warum es ‚Bilderrahmen' heißt.

Es säumt der Rahmen, ei wie schick,
die feine Dame mit dem Tick.

Ob mit Toupet oder Perücken,
er säumt die Dünnen und die Dicken.

Er rahmt sie ein und lässt sie strahlen,
viel schöner könnt' sie niemand malen.

Zusätzlich hat er einen Zweck
und dient als nützliches Versteck.

Denn hinter Glas ist man gefeit
vor Missgunst, Hass und Gier und Neid.

Der Rahmen hilft auch beim Bestücken
und Dekorieren mancher Lücken.

Auf der Kommode, an der Wand,
ein Bild im Rahmen hat Bestand.

Man hängt ihn auf, man stellt ihn hin,
du siehst, der Rahmen ist voll in.

Ob den, der rausguckt, du kannst leiden,
kannst du zum Glück für dich entscheiden.

Stephanie Schubert

Des Kirchturms Glocken

Ich hörte des Kirchtum's Glocken,
Nachts als es schon spät ...
Und hörte, wie jemand Deinen Namen
   erwähnt.
Es ist dunkel und kühl, ich irre umher
und versinke in ein tiefes, biederes Meer ...
In das Meer meiner Tränen, meiner Trauer
   ...
Was war geschehen?
Sehnsüchtig wartete ich auf Dich,
wir wollten uns wiedersehen ...
Der kalte Wind peitscht meine nassen
   Wangen
Und ich fühle mich, als hielte das Böse
   mein Herz
In seinen Klauen gefangen ...
Es hält es fest mit eiserner Hand,
gebrochen ist nun unser innigstes Band.
Mein Herz gefriert als ich sehe,
wie sie dich tragen ... leblos ... von dannen,
nun hält die Trauer mein Herz wohl für
   immer gefangen ...

Tanja Schuboth   * 1974

Wünschen und Schenken

Neue Klamotten – neue Spielsachen – Alles neu
Neues Laptop – neuer Fernesher – Alles neu
Doch es gibt einen Moment, da wünscht man sich das alte zurück
sehnt sich nach vergangenem
sehnt sich nach dem was schon war
braucht nichts neues – sondern altes
der Moment in dem man jemanden verliert
jemanden der immer da war
dann plötzlich – ist er nicht mehr da –
plötzlich – sind neue Sachen unwichtig
plötzlich – will man nur diesen Menschen zurück

Tamars Schuch * 1990

Freiheit der Frau

Finanzielle Freiheit der Frau

Emanzipierte Selbstständigkeit lässt staunen.
Was heißt, finanzielle Freiheit von Frauen?
Kann ein Mann für seine Familie sorgen?
Nein, allein gebe es finanzielle Sorgen.
Früher sah das anders aus,
da blieb die Frau mit den Kindern zu Haus.
Heute spricht man von Unterdrückung,
hilft die Frau nicht bei der Haushaltsbestückung.
Unabhängig und frei,
kämpft jeder in seiner Lebenszeit.

Jana Schuettauf * 1972

Ich geh' der Sonne entgegen, barfuß im nassen Gras
Wie der Tau unter den Füßen platzt fühlt sich fantastisch an
Es fühlt sich plastisch an
Ich berühr' das Gefühl
Das Licht der Sonne öffnet mir eine Tür
Ein Schritt über die Schwelle und ich bin schwerelos
Ich schwebe über den Wellen in einem Segelboot
Am Himmel leuchtet das Licht von tausenden Sonnen
Und ich, ich laufe davon, ich laufe davon

Florian Schulle * 1988

Es ist nur ein Hauch

Es ist nur ein leiser,
fast unmerklicher Hauch, und doch mag ich es wissen,
„Spürst du ihn auch?"
Düstre Gedanken, die matten Hände schwer,
fragt eine furchtsame Stimme:
„Hörst du mich denn schon nicht, mehr?"
Worte der Sehnsucht verstummen,
keine Träne die Seele mehr rührt.
Die Schwelle überschritten, in Ewigkeit geführt.
Mag in des Sommers Fülle
auch Farbe und Vielfalt sein,
zu jeder Jahresneige hüllt grauer Nebel sie ein.
Alles umgibt dieser Todeshauch,
selbst im Sommer, Sag', „Spürst du ihn auch?"

Gerhard-Egon Schultz * 1950

Frohe Weihnachten

Die Menschen sitzen im Café, draußen liegt cm hoch der Schnee.
Mütze, Schal und Handschuh wärmen uns von außen,

denn die Kälte ist schon lange draußen.
Geschenke kaufen, der Weihnachtsstress,
sowas nennt man auch das
    Jahresfamilienabschlussfest.
Schneeballschlachten und Schneemann
    bauen,
eine Familie beobachten wie sie sich
    vertrauen.
Lebkuchenduft, bunte Lichterketten am
    Fenster und Garten,
zusammen auf das Christkind' warten.
Kinderkarussell und Glühwein am
    Weihnachtsstand, lass uns hin reich
    mir die Hand.
Äpfel und Nüsse auf dem festlich
    gedeckten Tisch und frohe Gaben,
für die liebe Göre und den braven Knaben.
Spielende Kinder unter dem Tannenbaum,
mandelduft- brennende Kerzen, dein Kleid:
    welch ein Traum.
Sei ein liebes und braves Kind,
Engelsflügel sollen dir wachsen im
    Lebenswind.
Gesegnet seist du mein liebes und braves
    Kind,
mit Gottes Wort und Liebe im Heiligen
    ewigen Wind.
Der süßliche Duft des Gebäcks,
    Tannenzweige am Fenster,
vertreiben die Weihnachtsgespenster.

                              Alijoscha Schulz

Herbst des Lebens

In zunehmendem Alter
wird Zeit immer kostbarer.
Indem wir nicht wissen,
wie viel Zeit wir noch haben.
Alles habe seine Zeit, ja,
und ich konnte schon als Kind
mein Leben verloren haben,
als Kindersoldat.
Nun bin ich inzwischen so alt,
das man schon altgeworden nennt.
Aber mit den guten Genen-Gaben,
die zu haben, und dem Glück,
was wir beide aneinander
und noch zu tun im Sinne haben,
heiße ich jeden Tag willkommen.
In aller Muße, die es braucht,
und jener Erlebnisvielfalt,
die es uns erlaubt, ja, hoffe ich,
dass wir nicht alsobald
„in den Himmel" kommen.

                              Gerd Schulz * 1929

Pfälzer-Land-Heimat-Land

In Bad-Kreuznach
geboren zu sein –
gleich': „Sonnenschein" –
im Herzen der Welt –
einer Stadt an der Nahe –
nah' dem Fluß – meiner Liebe –
fließenden Seins –
rauschend-verträumter Natur –
zeichnend: „Leben – Pur" –

Ein Lob – jener Stadt –
der Ehre gebührt –
im Pfälzer Land –
erbaut voll' Faszination –
Schönheit – Glanz - Weinbergen –
Gefühlen – innigster Tanz –

Dank' den Erbauern – Schöpfern –
traumhafter Weiten – sonniger Zeiten –
im Reigen des „Jetzt" –
„Dank': Hier und Jetzt!"

                              Hans-Jürgen Schulz

Dazwischen ist eben Herbst

Die Boote stehen still, das Wasser ist der Spiegel.
Nichts durchbricht die Silhouette.
Die ersten gefallenen Blätter malen Bilder die wie Stilleben stehen und es riecht nach Herbst.
Einfach mal nichts sagen und durch Schweigen versuchen sich vor den Mücken zu verstecken.
Es gelingt nicht.
Natur hat ihre eigene Zeit und den Gesetzen unterwerfe ich mich bedingungslos.
Die Bäume wollen sich nicht mehr bewegen aber das blasse Grün und Gelb warten auf den großen Tanz
und ich kann den Herbst riechen.
Vielmehr war vom Sommer nicht zu erwarten und der Neue versucht sich hübsch zu machen
um den Verlust so angenehm wie möglich zu gestalten.
Klamm fühle ich mich aber ich friere noch nicht.
In meiner Zeit vergeht die Zeit selbst viel schneller und ich werde früher müde.
Die Dunkelheit macht behäbig und ich habe Heimweh. Ich bereite mich auf einen langen kalten Gang vor.
Aus klamm wird kalt, aus Wasser wird Eis und noch ist es nicht zu spät.
Die Jacken werden dicker, die Kragen höher.
Wenn die Sonne scheint, dann blendet sie gnadenlos, es gibt kein Schwarz, kein weiß,
nur ganz grau oder ganz bunt.
Spazieren gehen statt baden. Tee statt Kaffee.
Es ist eine kurze Jahreszeit die uns auf eine lange vorbereitet,
wie unfair.

R. Schulz * 1977

Herzen s an Gelegenheit

Ich hab dich nicht darum gebeten
in mein Leben zu treten

Schon gar nicht so laut
dass es mich so umhaut

Hätt mir gewünscht
Du hätt's dich auf ganz leisen Sohlen
zärtlich in mein Herz gestohlen.

Sabine Schulz * 1965

Licht und Dunkelheit

In der Dunkelheit
erblickt man Licht,
doch im Licht,
verbergen sich Schatten.

So kann Finsternis,
nicht ohne Helligkeit sein,
denn beides
ist miteinander verflochten.

Samantha Schulze * 1999

Mondtraum

Wäre ich der große Mond,
Würde ich auf Wolken tanzen.
Wäre ich der große Mond,
Würd' ich goldne Sterne pflanzen.

Wäre ich der schöne Mond,
Trüge ich ein weißes Kleid.
Wäre ich der schöne Mond,
Glänzten meine Strahlen weit.

Wäre ich der Silbermond,
Am Tag ich mich zur Ruh begäbe.
Wäre ich der Silbermond,
Des Nachts mir jedes Aug' erläge.

Wäre ich der rote Mond,
Nur selten wär' ich dann zu sehen.
Wäre ich der rote Mond,
Geisterhaft am Himmel stehen.

Wäre ich der große Mond,
Würde ich auf Wolken thronen.
Wäre ich der große Mond,
Würde ich dort immer wohnen.

Julia Schumacher * 1996

Das Leben – ein ständiges Pflegen

Manchmal bleibe ich morgens lieber im Bett liegen,
um mich verträumt an mein Kissen zu schmiegen.
Nichts ist von Dauer, der Lebenssinn ist sauer,
denn bedenkt man es recht, ist das Leben nur ein ständiges Pflegen.

Sich erheben, Bett machen, adrett und stilvoll kleiden,
Zähne polieren, Gesicht waschen, das Spiegelbild nicht meiden,
rein und makellos soll die Haut sein, frei von Falten,
Cremes helfen die jugendliche Frische „ewig" zu erhalten.

Hinausgehen, Briefkasten öffnen, nicht vergessen Nachbarn grüßen,
Tisch decken, essen, Zeitung lesen und den Kaffee süßen.
Die Katze miaut, rasch Napf füllen und Rücken streicheln,
zwingend Schatz umarmen, Wange küssen und ihm artig schmeicheln.

Heiter sein Büro aufsuchen, Computer hochfahren,
googlen, nicht über den defekten Drucker fluchen,
das Internet lauert voller Gefahren,
Virenprogramm aktualisieren,
Emails checken, Zahlen kalkulieren und investieren.

Abends endlich Zeit dem hektischen Gewimmel fernzubleiben,
zwischen Nackenmassage, Nachrichten gucken und SMS schreiben,
den Vollmond registrieren und geschwind Lektüre fürs nächste Meeting studieren
und vor allem in seinem ehrgeizigen Streben, verdrängen, warum wir leben.

Sabrina Schumacher * 1994

Wem gehört die Welt

Wem gehört die Welt –
denen, die Kriege führen?
Und wieviel Kriege gibt es derzeit?
Oder gehört die Welt den Liebenden?
Lieben diejenigen, die Krieg führen,
ihr Land?
Militär, Waffen und Gewalt ist nicht Liebe.
Liebe ist Frieden.
Wem gehört die Welt, wenn Frieden ist?
Allen.

Susanne Schumacher

April

Die Wolken, die da ziehen
wenn ich zum Himmel schau'
Wovor sie dort wohl fliehen?
Sie sind mal weiß, mal grau

Wenn sich die Wolken jagen
gibt's Regen, gibt's dann Eis?
Konnt' mir noch keiner sagen
wie dieses Wetter heißt

Die Blümlein, die da blühen
im Sommersonnenschein
und alle sich bemühen
das Schönste hier zu sein

Der Schnee ummantelt diese
es ist auf einmal still
auf der nun weißen Wiese
April macht was er will

Daniëlle Schuman * 1997

Das Ende der Sehnsucht

Wenn die Sehnsucht geht, dich
 einfach so verlässt in einer dunklen Nacht,
 spürst du noch lange ihre Macht.
Was hast du dich verändert, was tatest du
 dir an, alles nur für diesen Mann.
Dein ganzes Leben verbogen, dein Umfeld
 belogen nun versuchst du zu glätten
 die Wogen.
Suchst nach denen die dir lieb, die du aber
 so manches Mal vertriebst.
Fängst wieder an Freund zu sein, zu lange
 schon warst du allein.
Lebtest nur in einer Blase, aus buntem
 Glase.
Den Blick verschleiert für die Wirklichkeit,
 warst du zu allem bereit.
Wolltest nur den einen, warst bereit für ihn
 zu leiden.
Wolltest gehen neue Wege, kamst du doch
 der anderen ins Gehege.
Und sein Spiel begann, nun log er euch
 beide an.
Doch du warst so verbissen und wolltest es
 wissen.
Auf des Gipfels Höhepunkt, sahst du in
 den Teufelsschlund.
Erkanntest seine Gier aber auch seine
 Manier.
Niemals wird er der sein, der gemacht ist
 für dich allein,

Viel zu lange war er an der Macht, viel zu
 groß war seine Kraft.
Doch du wirst dich befreien, wirst endlich
 wieder du sein.
Findest zurück in deines Lebens Spur, zu
 hoffen bleibt, vergessen Pur.
Nimm die, die dich lieben, lass es
 geschehen, die Welt wird sich ewig
 weiter drehen.
Du bist zur Scharade nicht gemacht,
 genieße lächelnd deine neue Macht.

Petra E. Schumann * 1959

Vertrau' dem neuen Tag

Der Sonne Glanz dringt früh schon in den
 Morgen,
war auch die Nacht durchtränkt von
 Tränen und von Leid.
Glaub' an den neuen Tag, in ihm bist du
 geborgen!
Er hält bestimmt ein Stück vom großen
 Glück für dich bereit.

Das warme Licht der Sonne gibt dir ein
 Wohlbefinden,
der neue Tag läßt dich heut' nicht allein.
Was dich bedrückt, das kannst du
 überwinden,
bleib' unverzagt und hör' in dich hinein.

Sei wie der neue Tag, hoffnungsvoll und
 unbefangen,
hab' Mut und schreit' der Sonn' entgegen!
Nur so wirst du ans Ziel gelangen,
ist's manchmal auch auf unbequemen
 Wegen.

Öffne Herz und Seel' für einen Neubeginn.
Jeder Tag schenkt dir hierfür die Kraft.
Du spürst: dein Leben hat nun einen Sinn
und fühlst, du hast es wieder mal geschafft!

Hans-Werner Schupbach * 1939

Ich mit Dir
Rosa-Rote Brille
Verliebt
Grüne Wälder
Hoffnung
Grauer Asphalt
Alltag
Schwarze Schatten
Verzweiflung
Sternklare Nacht
Ein letzter Kuss
VORBEI

Nadine Schuppe * 1981

Dilectus Violae

Aus dem Nichts trat sie zu mir,
der Augen grüner Stern.
Jenes kalte Herz in meiner Brust,
schlug seit langem nicht mehr „Wir".
War noch jedes kleine Glück so fern,
schlägt nun neues Feuer voller Lust!

Nur Ihr Körper will mir Tempel sein,
Ihre Haut sei mir der Welten Plan.
In jedem meiner Glieder sitzt ihr Duft,
Ihre Lippen ein gar heilger Schrein.
Mein Begehren schon ein Wahn,
Ihr Wort mir Atem Luft.

Mag der Blume Schönheit nie verblassen,
soll sie strahlen aller Zeiten Tage.
Verwelken soll ihr Wort von Fremdheit sein.
Sie verlieren wär mein Selbst zu hassen.
Geb alle Kraft dass ich nicht Zage,
Schicksal lass uns werden Ein.

Nikolai Schürle * 1980

Durst

Hand in Hand, mit dir könnte ich alles überleben

In Gedanken ertrinken, versinken, stehen, nicht mehr gehen.

Erinnerungen ertrinken, versinken im Durst.
Im Durst nach mehr.
Nicht mehr nur fliegen, lieber liegen.
Lieber Lügen leben.
Oder alles töten.
Mich, dich, die anderen.
Hand in Hand, mit dir könnte ich alles überleben.
Sogar mich selbst.
Hast du ihn nicht gesehen?
Er, der aufflackerte als deine Hand die Meine berührte.
Nicht mehr sagen wollen: „Ich vermisse dich."
Wollen und müssen ...
Vielleicht ist das sagen müssen falsch.
Fast so falsch wie ich.
Richtig und falsch.
Spielt es eine Rolle?

Ich vermisse dich.

Lea Schürmann * 1993

Fußball

fahnenmeer
in rot, blau – weiß
schwarz - gelb und grün
millionenschwere spieler
erfüllen träume
jedes wochenende
geliebt
gehasst
ob erste mannschaft
oder ersatzbank

immer bereit alles zu geben
eine lederkugel
maß aller dinge
tor!
jubel!
erlösung!
ein bier auf den sieg
glücklicher heimweg

Uwe Schützek * 1962

Klimawandel

Mit dieser Welt ist's bald vorbei
Und schuld daran ist CO2
Darum ermahnt die Wissenschaft,
Das CO2 wird abgeschafft.

Die Autos werden umgerüstet,
Weil Strom auf CO2 verzichtet.
Auch unser Schornstein raucht nicht mehr
Ein Feinstaubfilter, der muss her.

Der Fleischgenuss, er wird verboten,
Weil Rind und Schweine zu viel kosten.
Der Mensch erhält ein Implantat,
Das vielerlei Funktionen hat.

Es misst Verbrauch und Abluftgas,
Ein Satellit, der meldet das.
Der Fiskus treibt am Ende ein
Die Steuer mit Verbraucherschein.

So denkt man sich, ich möchte wetten,
Die Welt noch einmal zu erretten.
Wir Deutschen sind sehr schnell dabei,
Dem Rest der Welt ist's einerlei.

Berthold Schwabe

Sonnensüden

rot
steigt der morgen aus
dem wagen des schlafes
und reibt sich den mondsand
aus den hellen augen

nur manchmal
hängen die nachtbegleiter
noch wie wolken
am himmelsrand
schwarz

Schwarz * 1954

Erinnerung

Im Winter werden
die Zweige des Rosmarins
eine Erinnerung sein
berühre sie
der Sommer ist
eingefangen
in einer Wolke aus Duft

Barbara Schwarz * 1969

Draußen auf dem Ozean

Der Wind der meinen Weg bestimmt
Die Sonne mit mir den Tag beginnt
Die Wolken meine Freunde sind
Der Abend sich ins Rote sinkt
Der Mond, der mir die Angst wegnimmt
Die Sterne meine Träume sind
Die Stille mir ein Liedchen singt
Der Regen meine Haut durchdringt
Und mit mir den Tanz beginnt
Und alle meine Sorgen nimmt
Wo für mich die Zeit zerspringt
Und nichts von meinem Leben nimmt
Wir Menschen noch unsterblich sind
Das Leben mit dem Tod beginnt
Draußen auf dem Ozean

Markus Schwarz * 1979

Zwischen Frieden und Krieg

Es ist nicht das, was man auf Straßen sieht
Kein langes Reden
Kein schönes Lied
Nein! Etwas das tief darunter liegt

Der eine zeigt es
Der andere nicht
Der eine schweigt
Der andere spricht

Bezahlen muss es jeder mal
Mit Freiheit oder Blut,
ist ganz egal
Es ist nicht Friede oder Krieg
Es ist das, was dazwischen liegt

Und doch will es mal jeder sagen
Die Freiheit will ich
Wer will sie tragen?
Gibt es die Freiheit überhaupt?
Wenn es sie gibt, wer ist ihr Oberhaupt?

Stefan Schwarz * 1987

erLiEBEn

Was ich wissen soll
Werd ich erfahren
Was ich lesen soll
Wird mir beschert
Was ich sprechen soll
Das werd ich sagen
Wen ich lieben soll
Wird mir erklärt

Was ich haben soll
Kreuzt meinen Weg
Wo ich wohnen soll
Wird mir gewiesen
Was ich tun soll
Mein Herz mir rät
Was ich glauben soll
Das werd ich wissen

Stefan Michael Schwarz

gegenwärtig

unerschaffenes wort,
liegt wie ein embryo im ohr.

selbst bist du klang,
ein ton musik dieser welt.

siehst werdendes wort,
legst dein ohr
an den himmel.

musik des windes
rauschen im weltall
meeres rhythmus.

spürst deiner hände
formung, die melodie
des lebens bilden.

begreifen was himmelsgesang
sprache, sphären
höheren sehens.

Christa Schwarze

Geboren ist das Gotteskind
Wir Menschen halten an den Glauben
Verbreitet wie der Wind
Lassen wir uns die Hoffnung
nicht rauben

Geboren ist das Gotteskind
Die Hoffnung auf das ewige Leben
Das gute Herz bestimmt
Was wird es Im Jenseits geben

Ob Arm oder Reich
Am Ende des Lebens
Vor Gott
sind wir alle gleich
und werden gehen

Marischka Schwarzer * 1978

Du, mein Licht

Des Universums Mittelpunkt,
ein jeder denkt, es sei die Sonne.
Doch seit die Liebe bei mir funkt,
bist du allein für mich die Wonne.

Die Sterne scheinen hell bei Nacht,
der Mond kriecht vor aus seinen Wolken.
Sie scheinen für dich mit Bedacht,
als ob sie dich beschützen wollten.

So andächtig die Nacht erhellt,
vorsichtig, schüchtern, nicht zu fassen,
als wär'n sie nur für dich bestellt,
obwohl sie neben dir verblassen.

Der Erdball, so wie wir ihn kennen,
ist blau und grün im Sonnenlicht
Doch wäre er nur grün zu nennen,
Gäb' es dich auf der Erde nicht.

Dann würde der Planet viel weinen,
das Wasser so verloren geht.
Die Sonne würde nicht mehr scheinen,
weil meine Welt um dich sich dreht.

Christina Schwarzfischer * 1989

Staub auf meiner Haut

Erinnerung, wie Staub auf meiner Haut.
Ich wage es nicht mich davon zu befreien.
So wäre ich doch nackt, gänzlich nackt.
Und so liebe ich meine Erinnerung an alles,
was einst geschah.
Egal ob guter, ob schlechter Natur.
Egal welches Geschehnis tausend Tränen trug.
Wie oft ich auch gefallen und mir mein
  Herz zersprungen.
So gab es auch tausend goldene Momente,
die mich auf den höchsten Thron erhoben,
mir des Herzens bitteren Schmerz gänzlich
  genommen.
Keiner jener hellen Nächte noch dunkler
  Tage
werde ich je von meiner verstaubten Haut
  befreien.
Denn jedes einzelne Staubkorn ist der
  Zeuge meines Lebens,
so wie jedes einzelne von ihnen mich zu
  dem machte, was ich nun bin.
Ich bereue nichts und würde nur bereuen
  zu vergessen.
Wäre ich doch jener Erinnerung nackt,
  gänzlich nackt.
Und ich vergesse nicht und vergesse nie,
  wer du warst.
Denn wer du bist, ist der Staub auf deiner
  Haut.
Und ich vergesse nie, Staub auf meiner
  Haut.

Florian Schwarzfischer * 1986

Stiller Fluß

Wenn im stillen Fluss
die Wellen wüten
und die Fische
sich nicht bewegen.

Wenn vom
Regenbogen
die Farben fallen
und die Sonne
sie verbleicht.

Wenn der Donner
ohne grollen stimmt
und die Blitze
nicht mehr zucken.

Dann, weiß ich,
geht das Leben fort,
und vergess'
was Liebe war.

Ela Schweers * 1954

In Bewegung

Man begibt sich in einem fort
An diesen oder jenen Ort.
D'rum wird schwarzes Gold gewonnen
Lebensqualität jedoch genommen.

Die Erde hat man angebohrt
Es kommt mir vor wie Mord.
Von Auspuffgasen fast benommen
Versucht man Städten zu entkommen.

Der Fortschritt hat uns weit gebracht
Und was hat er aus uns gemacht?
Aus Liebe zu unseren Kindern
Müssen wir die Wunden unseres Planeten
    lindern.

Stetes Streben nach Geld und Macht
Hat so manches Leben abgeflacht.
Ich brauch' es nicht zu schildern
Die Medien sind voll von
    Schreckensbildern.

Gottfried Julius Schweiger

Erinnerung an einen treuen Hund

Ich geh meinen Weg, versuch nicht zu
    denken,
verlass mich darauf, dass meine Schritte
    mich lenken
und schau nicht hinunter, denn du bist
    nicht da.
Ich geh meinen Weg in Erinnerung
Ich gehe ganz langsam und hab keinen
    Schwung.
Und denke an dich, doch du bist nicht
    mehr da,
ab und zu finde ich trotzdem noch ein
    pechschwarzes Haar.
Die Jahre vergehen, mit dir waren sie
    schön,
nun muss ich den Weg weiter ohne dich gehn.
Ich denk oft an dich, du brachtest mir
    Glück
doch die Jahre mit dir kommen nie mehr
    zurück.
Mein Leben ist gut, noch bin ich gesund
doch denke ich sehr oft an dich, meinem
    Hund.
Ich habe versucht mein Bestes zu geben
und hoffe du hattest ein glückliches Leben.
Darum, und dafür gibt's keine Schranken
möchte ich dir hiermit von Herzen danken.

Till Schwermer * 1953

Spiel mit Sanssouci – Sommer

Wir haben den Sommer
Sanssouci genannt
einfach so

Aber Sommer
bruchwortete
leise geheim

Ich bin anders

Ich bin andere Sonne
Ich bin andere Wärme
Ich bin anderes Wasser
Ich bin anders Grün

Wir haben uns
Sonnen gedacht
Additionen des Lichts
einfach so

Günter Schwittai

Auf zur Venus

Du möchtest gern zur Venus fliegen,
da sei es schöner als hienieden.
Das hast Du so im Traum gesehen,
ach Gott ich muss Dir was gestehen.

Ich war bis heute nicht dort oben,
hab alles mal auf später verschoben.
Es soll dort keine Blumen geben,
da bleib ich besser bei den Reben.

Da gibt's zum Glück ein guter Wein,
wenn auch der Weinberg ist sehr klein.
Auch Wasser haben wir zum Laben,
so kann man es hier ganz gemütlich haben.

Auf dieser Welt sollst Du doch leben,
und nicht nach höheren Sphären streben.
Denn auch dort oben hast Du Träume,
und alles sind nur böse Schäume.

Norbert Schwitter

Unsere Kinder

Finger huschen über Tasten
Senden Nachrichten, empfangen
    Informationen
Streichen mit einem Wisch Buchstaben fort
Zensieren und verletzen – virtuell

Stumm sitzen Sie einander gegenüber –
    Knöpfe im Ohr
Jeder mit sich selbst beschäftigt
Das Ego nach außen gekehrt
Multimedia frisst Sie auf, Ihre Gedanken,
    Ihre Gefühle, Ihre Seele

Sie sind im Nabel der Welt, lernen Völker
    und Kulturen kennen
Vernetzt, verdrahtet, bewacht
Meinen, die Welt zu verstehen und sie zu
    beherrschen
Fühlen sich unverletzbar und unsterblich

Und sind doch Kinder – unsere Kinder –
    jung und unerfahren
Sie schreien nach einer sanften Hand
Würden es niemals zugeben
Und sehnen sich doch

Sie wollen beachtet und geliebt werden
Ertragen keine Schmeicheleien, strafen
    unsere Abwesenheit
Und ignorieren den Konsum, mit dem Sie
    kalt gestellt werden
Unsere Kinder

Hilde Schwung

Der Weg der Liebe

Heute war ein schöner Tag,
Ich muss gestehen, dass ich dich nicht nur
    mag,
es ist sofort um mich geschehen,
Beim ersten Treffen ich hab dich gesehen,
Ich hoffe die Zeit mir dir wird nie vergehen,

Meine Liebe zu dir
ist wie deine zu mir
Mit dir fühle ich mich frei wie ein Vogel im
    Wind fliegt
Unsere Liebe über alles siegt
Zum Glück habe ich dich gekriegt

Nach zwei Jahren ist es endlich soweit
wir sind nun als Mann und Frau für immer
    vereint
Mit deinen strahlenden Augen schautest du
    mich an
Ich weiß nicht wie es sein kann
dass ich dich jetzt habe als meinen Mann

SDJ * 1999

Wer lebt der träumt,
Wer träumt der weiß,
Dass er hat geträumt,
Ohne zu wissen, dass er weiß.

Die Blätter des Lebens wiegen sich in
    seinen Träumen,
Jedoch fallen jene nur solange er träumt,
Fallen unaufhaltsam wie die eines andren,
Der noch sucht noch säumt.

Eines Tages wird der Sonnenschein auch
    jene treffen,
Welche noch zu blind zu schwach,
Nie genießen noch erwägen, die Frage nach
    den Fragen,
Sterben ohne jemals gelebt zu haben.

Sebastian * 1994

Das Glück

Früher gab es vieles noch nicht auf dieser
    Welt,
trotzdem war der Mensch ein glücklicher
    Held.
Glück schenkt Freude und ist uns sehr nah,
ist immer griffbereit für den Menschen da.
Im Inneren tragen wir es geheim
    verborgen,
es vertreibt erfolgreich Kummer und Sorgen.
Die Uhr tickt, ach welch stressige Zeit,
das große Glück ist nicht mehr weit!
Wir bekommen als Gewinner den größten
    Orden,
endlich sind wir zufrieden und glücklich
    geworden.
Man muss diese Gabe festhalten und ehren,
das sollten wir der gesamten Menschheit
    lehren.
„Glück" ist das kostbarste auf unserer Welt,
dieser Reichtum ist nicht bezahlbar mit Geld.
Und nun zum Ende von diesem Gedicht,
verzweifelt nie, es gibt immer ein Licht.
Glück und Poesie ist vom Leben die
    Batterie!

Kornelia Seebacher * 1968

Herzmitteilung

Liebe ist Magie zweier Seelen die sich finden,
wie Feuer in unserem Herzen, das lodert
    und glüht,
wie Funken über Funken die in den
    Himmel fliegen zu den Sternen,
Liebe ist grenzenlos, man kann sie nicht
    besitzen,
sie ist ein wahrhaft großes Geschenk.
Liebe ist eine wundervolle Bereicherung,
Liebe ist, wie tausend gar abertausend
    Gefühle gleichzeitig,
die miteinander verschmelzen.
Wahre Liebe macht jeden Augenblick mit
    dem Menschen, den man liebt,
zu etwas Besonderem.
Liebe ist wie Poesie, wie Bewegung, wie
    ein Fluss,
der durch unseren Körper fließt.
Liebe ist heftig, stürmisch wie der Wind,
der alles mit sich reißt.
Liebe ist die Verbindung zweier Seelen mit
    einem unsichtbaren Band,
nichts kann sie trennen,
keine Ferne, kein Mensch und nicht der Tod.

Nadine Seidel * 1976

Es lachen die Menschen herum um mich
alle sind so fröhlich heute
und inmitten dieser Leute
bin ich nicht fröhlich, ich denke an dich
die Individuen starren mich an
sie haben alle dein Gesicht
wohin ich auch schaue, es ist wie ein Wahn
es lastet auf mich wie ein Gewicht
meine Gedanken – ein Gewirr
und keiner ahnt vom Kampf in mir
tausend Gefühle, die in mir tollen
und meine Kehle erdrücken wollen
ich stehe nun da und frage mich
warum muss ich denken ständig an dich?

Octavia Seidl-Ebrahimi * 1976

Die Phönizische Rose

Es erheben sich der Elemente zwei,
wenn die Rose blüht im Heiligen Land.
Sie verzehren sich nach ihr,
von jenem Tage an, an dem der erste Tag
    entstand.

Es fließt das Eine und flackert das Andere,
dorthin woher die Rosenblüten
    entstammen.
Da treffen sich Feind und Feind,
führen Krieg in Gischt und Flammen.

Glutrot die Reiter, Schützen in Azur,
jeder für seinen Gott und seine Weise.
Tausend Jahre Kampf und Lärm,
Im Tausendersten wird es leise.

Das Feuer stöhnt im Nass, in Glut ächzt
    das Wasser.
Der Krieg frisst alles, was sie waren, was
    sie wollten.
Die Rose liegt verbrannt, ertränkt und
    zerrissen.
Alles hatte ihr gegolten.

Björn Seifert * 1982

Das Wort

Du kommst gewaltig,
manchmal ganz eilig.
Hast die Macht zu ändern.

Du triffst verletzlich,
manchmal sehr plötzlich.
Hast die Macht zu schaden.

Du machst verächtlich,
manchmal arg höhnisch.
Hast die Macht zu quälen.

Du äußerst bedauerlich,
manchmal selbst mitleidig.
Hast die Macht zu verzeihen.

Du erhebst dich mächtig,
manchmal gewichtig.
Hast die Macht zu bewirken.

Du bist eindringlich,
manchmal hoch erfreulich.
Hast die Macht zu bessern.

Einmal gesprochen nicht einholbar.

Silke Seiler * 1970

Die Zeit vergeht

Die Zeit vergeht, Uhren ticken.
Raum und Zeit, eine Veränderung.
Große Felsen, ein Baum, Tisch und Ente,
    eingedeckt mit Uhren, ein seltsamer
    Ort.
Schwebende Gegenstände, kein Weg, kein
    Geruch, nur der Klang von Uhren.
Sie hängen alle, schlapp, außer Eine.
Die Taschenuhr.
Der Weg zurück in die eigene Welt, ich
    Schwebe mittendrin, umgeben von
    tickenden Uhren.
Ich bin in Versuchung zurück zu kehren.
Der Raum wird dunkler, die Zeit bleibt
    stehen.
Der Himmel wird von blau zu rot.
Ich höre Stimmen, Tote Stimmen.
Sie Klagen.
Geschafft, ich bin zurück in meiner Welt,
    die Zeit läuft weiter.

Robin Seiler * 1999

Ein langes Jahr

Die Räder der Geschichte drehen sich mit
    Quantenmechanik,
Hunger und Friede wechseln mit Lust und
    Panik,

bemerkenswert ist die Moral,
sie wechselt mit Schrecken und Qual.
So erzählen es Jahrhunderte,
so entnimmt man das Wissen den Sagen,
während im einen Jahr jeder gerettet wird,
wirft man im anderen alle vor die Hunde,
kaum einer bekommt Antworten auf seine
    Fragen,
kaum einer wird wirklich gehört.
In diesen ach so schweren Zeiten,
krachen Welten in sich zusammen,
kleine Dinge sind es dann, die die größte
    Freude bereiten,
Momente in Harmonie beisammen.
Dankbar zu sein,
heißt nicht dankbar zu scheinen.
Der größte Dank kommt mit dem Glück,
denn zu den gutherzigen Wesen eilt es zurück.
Am Ende siegt das Schicksal.
Es zeigt sich überall.

                Manuela Alexandra Seiwald * 1984

Sternenfänger

Du &
ich sind
unterwegs
in der Galaxis
wie Sternenfänger
quer am Nachthimmel
spielen wir fangen & jagen
uns entlang der Milchstraße &
hinauf zum Mond, vorbei an der
Venus Lavaflüsse & das ganze
Universum ist ein Spielfeld
auf unserem Weg zurück
zur Erdbahn & strahlen
glühend über dem
blauen Planeten
brennen in der
Atmosphäre
von Leiden
schafft &
Liebe

                Selin Sen * 1987

Taraxacums (Löwenzahns) gelbes Kleid

inmitten eines Alltags;
wo eine weiße, grau geword'ne Decke
alles unter sich begräbt.
und sonst ein jed' Ding
einen braunmaroden Mantel trägt;
eine dicke Schicht aus Laub und Erd'.
Da trug die Hoffnung heut' ein gelbes
    Kleid;
in deiner Welt, ein kleiner Freudenherd.
und zum ersten Mal fühlst du
Alles wird gut.
ja, weil die Hoffnung heut'
ein gelbes Kleide trug.

                Elisabeth Seppi * 1989

Traumerwachen

Stille umfängt den Träumer,
er umarmt den Nebel zart,
fühlt seinen Schleier,
weich auf seiner Haut,
schließt die Augen zum Schein.
Erstrahlender Schimmer ...
Morgensonne, küss mich, ruft er,
sehnt sich nach ihrer sanften
Liebkosung seiner Sinne,
sie umfängt seinen Geist in
liebevoller Erfüllung,
spendet Freude seinem Herzen,
lässt seine Gedanken tanzen
mit dem Wind, verspielt und verloren
in der Weite seiner Gedanken,
so zieht er aus, in die Abenteuer
seines Kopfes, jene Prüfung zu bestehen,
die da kommen mag, ihn zu erwecken.

                Serenity * 1993

Es ist soweit

Luftdurchlässig laufen die Gedanken der
    eigenen Zukunft empor,
natürlich treten die Tatsachen der
    Gegenwart hervor.
Ein Empfinden übertrifft jegliches Gefühl
    der Hoffnungslosigkeit,
ob berührend, ob verlangend – Es ist
    soweit.

Oft Entscheiden Augenblicke der
    Vergangenheit über das Geschehene.
Ob berührend, ob verlangend – Es ist
    soweit.

Mit Tatsachen kämpfen Träume für dessen
    Glauben daran,
vorausschauend liegt ein Teil der Wahrheit
    darin.
Ob berührend, ob verlangend- Es ist
    soweit.

Es wäre soweit.
Wissend kämpfen Menschen um
    Anerkennung,
ob berührend, ob verlangend – Es ist
    soweit.

Severa   * 1992

Helles Licht

Sonnenschein erhält die Welt,
sodass die Welt in helles Licht fällt.
Die Sonne schenkt uns auch Wärme
selbst aus dieser großen Ferne!
Wenn die Sonne Nachts untergeht,
dann wird der Himmel rot-orange, das ist
    auch was ihr seht.
Dieser Moment ist wie Zauberei,
aber ganz schnell ist er vorbei!

Jonathan Seyerle

Was wird gesagt
wenn alles erzählt
Was wird gefühlt
wenn alles fehlt

Was wird gelebt
wenn alles vorbei
Was wird gebrochen
wenn alles entzwei

Was wird passieren
wenn alles geschah
Was wird noch kommen
wenn alles schon war

Andrea Seyfried

Streben nach Toleranz

Der Schlüssel des Zusammenlebens:
Er hängt an jedem Schlüsselbund,
Und ist weder leicht noch schwer, doch gut
    zu sehen.
Leuchtend erhebt er sich vom tiefsten
    Grund.

Glühende Hitze umrandet das edle Metall.
Wasser bringt Feuer zum Kochen.
Wütende Stiche erzeugen den Knall.
Lava, sie strömt, und die Herzen sie
    stoppen:

Wenn die Ängste sich sammeln,
Wenn das Fremde verflucht wird,
Und wie Hexen verbannt,
Und wie Opfer verblutet.

Wenn die Herzen der Menschen eintönig
    sind,
Dann fehlt uns ein Ton.
Ein Ton, der in das Leben bunte Farben
    bringt,
Es bereichert, und Verschiedenheiten lobt.

Denn in jedem steckt ein Teil von uns,
Das uns mächtig verbindet.
Nur steht es vor einem anderen
    Hintergrund.
Man ist vollkommen, wenn man es findet!

                  Stefanos Sfetsiaris * 1993

Der Eisprinz

persische teppiche
lösen sich, glühend, in rauch auf
die lichter an der kreuzung
gleißend, wie seine augen
und die glut in seiner hand
war damals schon ungezähmt
sein trauriges herz
damals schon in flammen

wir sagen, es ist kalt
doch wir wissen nicht, was kälte heißt
wenn es grausam splitter schneit
gefühlsreste zu alt
blumen unter wasser
doch wir kennen nicht
die tiefen des zugefrorenen sees
in schneebedeckten herzen.

                  Zari Shainaz * 1989

Wage!

Kindchen nicht! Das könnte weh tun
Lass es lieber. Geh dich ausruhen.
Klein so wie du bist kannst du eh keinem
    was
anhaben. Lerne erst alle Buchstaben!
Und die Fremde wird geleiten dich in den
    Wahn –
Fallen lässt dich diese, ohne dass ich etwas
    machen kann.
Sintflut macht dich allemal zu einem
    Krüppel –

Kitzelt nebenher an den Nippel.
Lautes Gewippe unterstützt von feuchten
    Lippen –
Raus aus meinem Haus mit dieser Sippe!
Und nochmal von Vorn?

                  Shalby * 1990

Zeit

Ein Tropfen aus dem weiten Meere
Ist ein Tropfen von sehr vielen
Doch was, wenn er nun dieser wäre
Für den so viele fielen?

Ich weiß', es gibt die Möglichkeit
Ihn aufzufangen, zu bewahren
Doch wär' es ein zu großes Leid
Wärst du getrennt von deinen Scharen

Mein Kuss bringt das Vergehen
Von und an allem
Und was wir jetzt noch sehen
Wird grau und muss verfallen

Drum werd' ich's nicht aussprechen
Und zeitlos bleibt die Illusion
Doch wär' es ein Verbrechen?
Ich spür', du ahnst es schon

                  SHTHRTD * 1991

Abschiedsgeschenk

In meinem Garten blüht noch eine Rose,
mit letzter Kraft bäumt sie sich auf.
Vorbei sind warme Sonnentage,
das ist der Jahreszeiten Lauf.

Soll ich sie schneiden und bewahren
vor Frost und Kälte, Wind und Sturm?
Soll ich traurig sie beweinen –
mich verkriechen in dem Turm?

Auch der Herbst hat seine Schönheit,
das bunte Laub, Kartoffelduft.
Danach gibt's Daunenflocken, leise,
und bald auch Zimt- und Kerzenduft.

So zieht das Leben seine Kreise,
ich freu mich an der letzten Ros.
Ich dank dem Lenker aller Zeiten,
leg meine Hände in den Schoß.

Erika Sickert * 1943

Sturm

Schlaflose Nächte bereitet der Wind,
nagt an Türen
und Läden der Fenster.

Ist nicht zu beruhigen,
wie ein artiges Geschöpf –
töst fortwährend laut und wild,

greift nach dem Kind –
doch die Mutter geschwind,
breitet schützend die Arme aus.

Stürmisches Getöse ergibt sich hell –
das Kind schlummert nun friedlich
in des Mutters Atemhauch hinein.

Linde Sieg * 1954

Loslassen

Fühl' den ersten Frost in meinem Innern,
Einem eisigen Wintertage gleich,
Vor meinem Auge ein letztes Flimmern,
Vorbei ist der schönen Tage Reich.

Denke zurück an jene frohen Tage,
Als ich dich noch liebte – so sehr.
Und nun nichts mehr zu hoffen wage,
Hasse dich jeden Tag mehr und mehr.

Sehe dich noch so manches Mal,
In meinen Träumen bist du bei mir,
Doch jedes Erwachen ist eine Qual,
Weil ich weiß, du mochtest mich nie.

So leg' ich meine Gefühle auf Eis,
Bette sie auf pudrigen Schnee,
Doch mein Herz ist noch ganz heiß.
Der Frühling kommt wieder, o weh!

Mit ihm kommen Gefühle fliegend zurück,
Hoffe, du bist dann gänzlich
    verschwunden,
Und habe es unter Kontrolle, mein Glück
Und den Kummer endlich verwunden.

Madeleine Siegel * 1988

Oh Liebe welche Schmach!

Sie war mir nicht wohlgesonnen,
jedes Mal ist sie in meinem Fingern wie
    Sand zerronnen.
Oh Glaube an die Liebe, er verflog.
Wie der junge Adler sein Nest nach
    Kindestagen verlässt.
Einst Brachtest Du die Sonne in mein
    kaltes Leben,
nur zu spät, war ich bereit für dich alles zu
    geben.
Was einst so heiß und voller Flammen stand
löschte der Regen wie von Zauberhand!
Jetzt sitz ich hier in meinem Seelenleid,
während sie schon sucht ihr Hochzeitskleid!

Nicole-Angelina Siemens * 1981

Der Kastanienbaum

Ich habe Deinen nackten
Körper umarmt.
Ich wollte in Deinen
Armen kuscheln.

In einem verlassenen Garten,
der Strenge der Winterkälte ausgesetzt,
ruhig und still,
auf den neunen Frühling wartend,
standst Du, nobler Kastanienbaum.

María Antonia Sierra-Ahlfeld

Entzündet

Ich habe dich an Wände gemalt,
Ich habe dich in Wolken gesehen,
Ich habe dich in Tränen aufgelöst –

jedes Mal wenn ich Schmerzen hatte,
habe ich mich nach dir gesehnt
und ich wusste
du würdest irgendwann kommen,
so hab ich weitergemalt
und in die Wolken geschaut.

Du hast meine Tränen abgelöst,
hast sie ausgelöscht –

mit deiner Flamme,
mit der du mich küsst,
entzündest du mich,
berührst mich,
nimmst mich in den Arm
so dass ich nicht mehr weinen muss.

Björn Siggelkow   * 1974

Es geht ein Wolf in Dir umher,
verwandelt mich in eine Jägerin.
Mit meiner Zunge töte ich das leise
    Vögelchen,
das friedvoll sich am Regenwasser der
    Unendlichkeit ergötzt.

Seit hundert Nächten such ich Dich,
Doch wandelst Du in ferner Tagessteppe.
Das kalte Nachtblut meiner Beute ist Dir
    fremd.

Zu Staub zerfielen meine lichten
    Schmetterlinge
Die deinen flatterten im Nichts.
Nun schmück ich meinen Jägerhut mit
    toten bunten Flügeln,
In Sehnsucht an die Stille ohne Wolf.

Charlotte Silbermann   * 1986

Die Sehnsucht

Ich gehe durch den Garten
Um mich herum
Ein Meer aus Blumen
Ihr Duft nimmt mich gefangen
Er erinnert mich an Frühling
Sie blühen zu sehen lässt mein Herz höher
    schlagen
Genau wie bei dir
Ich wünschte du wärst hier
Du allein hier bei mir
Wir würden zusammen lachen
Alles miteinander teilen
Für einen Moment wäre alles perfekt
Ich würde mir wünschen
Das für diesen einen Moment
Die Zeit stehen bleibt
Doch die Zeit bleibt nicht stehen
Sie vergeht genauso schnell
Wie der Frühling aus dem Wald
Nur im Traum sagt man zu
 mir , sie gehört nur dir

Vanessa Simmerer   * 1996

In dieser Welt besteht ein Hass aus
solch einem Verdruss,
dass selbst die Liebe
die Freuden töten muss.
So gehören Giganten mit brillantem
    Verstand der Vergangenheit an.
Lug und Betrug anstatt Tapferkeit und
    Ritterlichkeit.

Dabei ist diese Welt nicht mehr ganz so
dunkel, wie sie einst war.
So kann der Mensch wohl nur in der
dunkelsten Stunde
und der ausweglosesten Runde
moralische Prinzipien in sich haben und
den edelsten Kern nach außen tragen.
So bleibt es doch eine Welt für sich, dass in
der dunkelsten Stunde
der Mensch erhellt
und in der hellsten Stunde der Mensch
erklemmt.

Muna Simoh

Geliebter Vater
Meinem geliebten Papa. Im Herzen bei Dir

Du wurdest geboren
und warst der Morgen.

Du lebtest strahlend und auch betrübt das
Leben
und warst der Tag.

Du gingst mit Würde in den Herbst des
Lebens
und warst der Abend.

Dann als Du uns verlassen hast,
warst Du die Nacht und die Erinnerung,

unsere Erinnerung,

meine Erinnerung.

Claudia Simon

Schnipp-schnapp

Schnipp-schnapp
macht die große Schere,
schneidet Geld-
und Waffenkanäle

in kleine Stückchen,
die landen
versickern
und gebären
irgendwann
mini Geld-
und Waffenkanälchen
für kleine Terroristen

Ina Maria Simon * 1978

Januar

Eins muss man über Tiere sagen sie sind
dumm
deshalb laufen sie im Wald herum trotz
dieser Eiseskälte
Doch was Sie haben das haben wir nicht
Sie haben einander und wärmen den andern
somit ist die dümmere Spezies schlauer
als wir
und wir können noch viel lernen von ihr
denn den Tieren ist es nur kalt im Januar
doch in den Herzen der Menschen das
ganze Jahr!

Manuel Simon * 1991

Einfach aufhören

Schon wieder sterben die Kinder,
noch immer und mehr.
Frauen und Alte nicht minder,
und das ist einfach nicht fair.
Bomben und Raketen regnen,
Flüchtlinge auf allen Wegen.
Bodenschätze Land und Glauben,
darf uns die Menschlichkeit nicht rauben.
Also stoppt die Schweinerei,
da ist doch wirklich nichts dabei.
Einfach nur das kämpfen lassen,
einfach aufhör'n sich zu hassen

Olaf Simon * 1966

Die Muse

Wilde Lust auf zarter Haut,
des Künstlers Mund schreibt Wort um Wort,
auf seiner Muse sinnlich Haut.

Begierde in den Augen,
Lippen die Spuren folgen,
die durch Fingerspitzen sanft gezogen.

Herzen voller Leidenschaft,
vier Hände innig gest verschlungen,
zwei Liebende die nach Atem ringen.

Seelen fliegen weit,
vergessen ist der Raum, die Zeit,
verbunden sind wir zwei in Ewigkeit.

Rudolf Simon * 1963

Im Herzen still verborgen

Kindheitsträume kommen und gehen,
im Herzen still verborgen,
am Horizont, im Morgengrauen,
hab ich sie angetroffen.
Niemals richtig vergessen,
doch immer aufgeschoben,
voller Marter und Qualen,
blieben sie im Herzen still verborgen.
Trotz tiefer Dunkelheit und vieler Tränen,
wollen die Träume Existenz annehmen,
so lass ich sie frei im grauenden Morgen,
nun bleibt das Herz auf ewig still, nun ist
nichts mehr verborgen.

Yasemin Simsek * 1985

Gefangen in der Nacht

Die dunklen Mächte umarmten die Stadt
Alles schläft ruhig, so eine bedrohliche
Nacht
Die schwarze Rose mit ihrem magischen
Duft
Hält mich gefangen in dieser schmalen Gruft
Schreien möchte, die Luft kann ich nicht
holen
Keine Befreiung in Sicht, roll' mich
zusammen wie ein Knollen
Das Herz pocht, droht zum Ausbrechen
Der Schrecken, die Angst regen den Magen
zum Brechen

Den kalten Schweiß an der Stirn verspüre
Die Sehnsucht kam nach der offenen Türe
Nicht ein bisschen Wärme kommt da
hinein
Es ist unerträglich gefangen zu sein

In der Morgendämmerung kam die
Hoffnung näher
Der Alptraum besucht meinen Geist nicht
mehr
Durch vergittertes Fenster sehe ich die
Taube fliegen
Die Freiheit ist so nahe, die kann ich ...
nicht kriegen

Spomenka Simunaci * 1956

Im Horizont der Träume ...

Im Horizont der Träume
Erfährst Du stets die Wirklichkeit
Umhüllt in mystisch helle Säume
Aus Worten Sätze bildet Einsamkeit
Offenkundig steht's geschrieben
sieht das Auge was geschieden
Hell erscheint es
doch will es die Mehrheit trügen
Machtlos will siegen die Erkenntnis
Hilfloser Versuch dieses zu rügen
Den Fluss umleiten in sicheres Gewässer
des Friedens
Will die Macht geben ein Bekenntnis
Hoffnung, die bleibt will nicht trügen,
will siegen

Lisa Sophie Sinai * 1973

Der Schmetterling

Schwingen zart wie Lufthauch,
fein, schmückend,
gestreckt den Körper.

Schwingen zart wie Glas,
kraft, trotzend
gerade Flugbahn.

Schwingen zart auf und ab,
Ziel vor Augen,
dem Licht entgegen.

Schwingen zart von Sehnsucht getrieben
kurve, tänzelnd
umhüllt von Hell.

Schwingen zart,
Feuersglut,
Windet quälend,
das brennende Sich.

Schwingen zart verkohlt,
tänzelnd gen Boden,
schwingen zart
des Schmetterlings.

Helena Singer * 2000

Ein guter Tag für ein Gedicht

Sonnen und Gedankenwärme
strömen fließend heut' durch mich,
und im Blau die Vogelschwärme
tanzend, singend, grüßen mich.

Möchte selber hoch dort oben
mit ihnen auf der Reise sein,
über Welten fliegen, im Aufwind toben,
und unten wird die Erde klein.

Sehnend schaue ich und fühle,
wie so gern ich bei ihnen wär.
Sind so leicht und ohne Mühe
und, ganz kurz, wird das Herz mir schwer.

Doch dann spür ich Sonnenwärme,
die mein Innerstes erreicht.
So überlasse ich den Himmel gerne
und wieder wird mein Herz mir leicht.

Reinhard Singer * 1952

Mein Herz

Ungreifbar, jenseitig – sehe ich dich,
verloren in der Endlosigkeit der Ebenen.
Mangrovenbäume säumen die Küsten,
absorbieren die Kraft der Winde.
Ihre Atemwurzeln brechen die Wellen,
im Wechsel der Gezeiten des Meeres.
Kronendächer bilden eine expressive,
einzigartige Vielfalt.
Ihre Konturen verwischen über
Jahrtausende jegliche Landesgrenzen.
Heroische Landschaften in der Synthese
der Elemente, blenden mein Augenlicht,
mich.
Noch ist deine Sonne nicht
untergegangen!
Mein monochromes Herz ist für dich
gefallen – unmittelbar, kontrastreich,
bedingungslos.
Es liegt nun ewig verankert in deinem
Hafen des Friedens.

Miriam Elena Sipala * 1983

Ein Lächeln

Es kostet uns nicht einen Groschen,
es entzündet Herzen, die längst erloschen.
Jeder kann es geben und nehmen,
und viele, die es schon lange ersehnen
bekommen keins geschenkt,
weil jeder sein Lächeln für sich behält.
Doch manchmal, ganz ungelenkt
bahnt es sich seinen Weg auf die Lippen
    der Welt.

Siria * 1996

Der Brief

Dieses Gedicht, was keines ist,
handelt von Dir,
von Uns
Ich wollte Dir so viele Dinge sagen,
so oft wie ich an dich denke

So oft wollte ich diese Dinge aufschreiben,
doch das tue ich nicht
Auch jetzt nicht

Dieses Gedicht, was keines ist,
handelt von dem was ich gerne würde,
aber nicht tue
Es handelt von Mir,
von Dir,
von Uns

Hannah Skirlo   * 1991

Morgentliches Frühlingsgewitter

wie lieblich klingt doch dein gesang
vogelstimmenklang
eifern den tropfen entlang
der donner zieht in
unsichtbaren bahnen
im blitzlicht kann ich
umrisse ahnen
morgengrau vermischt sich mit
regennasserschwere
du bist es den ich begehre
nasser asphaltstaub
steigt mir in die nase
am tisch steht eine vase
vergissmeinnicht

Gabriele Skol   * 1968

Du bist mir nicht egal!

Manchmal sitze ich so da und denke an dich.
Es passieren so viele Dinge in meinem Leben:
Chaos, Ordnung,
Liebe, Wut,
Lachen, Trauer,
Hektik und Ruhe,
all das in einem langen Zeitraum.
Und dann ist der Augenblick an dem ich an
    Dich denke.

Vielleicht ist er nur kurz, aber er ist intensiv.
Vielleicht erinnert mich gerade etwas an Dich.
Was hat gerade dieser Augenblick mit dir
    zu tun?

Ist es diese Ruhe, die ich gerade empfinde?
Ist es der schöne Tag, die Umgebung oder
    der Zeitungsartikel, den ich gerade
    lese?

Jetzt bekomme ich ein schlechtes Gewissen,
    weil ich mich nicht bei dir melde ...
Aber es passiert so viel ...

Und du bist mir nicht egal!

Anna Skolicki   * 1991

Alte Wunden

Es ist, als dachtest du an mich,
an all die gemeinsame Zeit, die bereits
    verstrich.
Als fühltest du genau wie ich.
Alleine, leer in diesem Meer, bin irgendwo
    ich.

Es fühlt sich an, als lägest du dicht neben
    mir.
Als läge meine Hand auf deiner Brust, ganz
    nah bei dir.
Als spürte ich deinen Atem auf der Haut,

als spürte ich deinen Herzschlag ganz echt
und unglaublich laut.
Als wüsste ich um dein Gefühl in diesem
  Augenblick,
als kehrte ich dorthin wo es längst nichts
  mehr gibt zurück.

Als wäre gestern heute, nur für jetzt,
als hätte dein Engel sich auf meiner
  Schulter nieder gesetzt,
ich soll an dich denken, in diesem Moment,
  gerade jetzt.
Als rufe er mit leisem Wort,
dein Herz ist hier, bei mir, dem sichersten
  Ort.

Hanna von Skringer   * 1991

Spiegel

Vor den Spiegel gestellt,
das Ende gesehen,
das Leid gesehen,
die Verletzung gesehen,
die Tränen gesehen.

Vom Spiegel weggegangen,
die Tränen gehen sehen,
die Verletzung gehen sehen,
das Leid gehen sehen,
den Anfang kommen sehen.

Sandra van de Sky   * 1980

Traumfrau

Ist das Lächeln noch so süß!
Dahinter steckt doch nur ein Biest.
Sie ist super anzuschauen,
Doch darauf kann man nicht bauen.
Und noch weniger vertrauen.

Doch ich komm nicht von ihr los.
Ihre Aura ist famos.

Wenn sie nur wüsste, was sie will,
Und verlöre mal ein Spiel,
Hätte unser Leben wohl ein Ziel.

Ich bot ständig mich noch an,
Doch das kam nur selten an.
Nur wenn sie allzu einsam war,
Wusste sie, dass ich da war,
Und ich war für kurz ihr Star.

Wollte der Anker für sie sein.
Und es gab auch den Anschein,
Dass sie endlich jemand fand,
Der sich toll mit ihr verstand.
Doch sie fuhr es an die Wand!

Siegfried G. Slodczyk

Ich fiel herab vom Kirschenbaum

Ich fiel herab vom Kirschenbaum,
rote Schätze suchend.
Die Blätter bauten mir ein Bett,
meinen Namen rufend.

Ich fiel herab vom Kirschenbaum,
gar tausend Jahre lang.
Die Blätter sangen ein Sonett
Ich hört' wie es erklang.

Ich fiel herab vom Kirschenbaum,
und brach mir alle Knochen.
Die Blätter waren ach so nett,
und haben sie verflochten.

Ich fiel herab vom Kirschenbaum,
eines Todes sterbend.
Die Blätter sind nun mein Skelett,
meinen Körper erbend.

Ich fiel herab vom Kirschenbaum,
und sagte Lebewohl.
Die Blätter, ach, wenn ich die nicht hätt',
dann hätt ich kein Symbol.

Lars Smekal   * 1990

Gedichtwettbewerb

Ein Gedicht für einen Wettbewerb,
nicht schön zu schreiben wäre herb!

Drei Themen stehen zu Verfügung,
das ist doch eine gute Übung!

„Freie Wahl" hat man in Klasse A,
das ist ja einfach Wunderbar!

„Das Geheimnis" behandelt man in Klasse B,
ob das wohl gut geht, weh o weh!

„Herbst" das Thema für die Klasse C,
das ist ja schlichtweg die Idee!

Man muss sich nicht beeilen
und kann nun hier verweilen ...,
mit unter zwanzig Zeilen!

Elke Smidt

Die Gier nach dir

Die Gier nach dir,
sie wächst in mir.
Mein Verlangen dich zu seh'n,
will einfach nicht vergehen.

Die Erinnerung an deine Lippen, deinen
    Küssen,
will ich nicht mehr missen müssen.
Ich will deine Wärme spüren,
deine Hände sollen mich verführen.

Zärtlich will ich dich umgarnen,
mit meinen Schenkeln dich umarmen.
Ich will dass du in mich dringst
Mich zum Höhepunkt bringst.
Immer wieder sollst du in mir rein.
Nie mehr möchte ich ohne dich sein.
Die Gier nach dir,
sie wächst in mir.

Zamanta Smyth

Es war nur ...

Es war nur eine Krume,
Die da fiel vom Tisch,
Doch mir war, als ob sie
Einem Menschen glich.

Da lag er nun,
Der Winzling, und zitterte
Beim Beben eines
Jeden Schritts.

Lautes Treiben,
Unachtsamkeit
Kündigten unaufhaltsam
Vom drohenden Leid.

Gott, das Schicksal, die Fügung
Führen die Augen voll Hast.
Tastende Hände geben
Schließlich Rettung dem verlorenen Gast.

Ralf D. Sobottka

Die Magie

Der Schmerz des scharfen Dolches
Beerdigt Zeit und Raum,
Der Mensch lebt nicht als solches
Aus einem stillen Traum.

Ein Stern verschlingt die Menschheit,
Der Horizont zerbricht,
Die ewige Gedenkzeit,
Zurück zum Anfangslicht.

Der Mondstrahl an dem Bache,
Die Galaxie im All,
Es leuchtet finstre Rache
Der Magier im Tal.

Der Totenkopf der Illusion
Erscheint am heil'gen Grale,
Die Spaltung und die Kernfusion,
Die Welt in einer Schale.

Ein Schrei ertönt von Westen,
Der Ozean gedeiht,
Die Hoffnung schwebet bestens
Von hier zur Ewigkeit.

Soni * 1968

Die Neuzeit

Wir sind nicht wie ihr,
Wir sind wir;
Wir brauchen keine klassische Musik,
Wir hören House und Elektro;
Wir müssen nicht raus gehen
Wir sehen die Welt mit „Google-Street";
Wir müssen nicht suchen,
Wir googlen;
Wir brauchen keine Stimme,
Wir „tweeten", was uns bewegt;
Wir schreiben keine Briefe mehr,
Wir bloggen, simsen, texten;
Wir brauchen keine Persönlichkeit,
Wir haben unser Profil;
Wir müssen nicht bekannt sein,
Wir veröffentlichen uns selbst;
Wir müssen nicht absagen,
Wir sind online immer dabei;
Wir sind immer aktuell und immer bereit,
das sind Wir, die Neuzeit.

Jan Sonnberg * 1994

Ich, die Blüte

Eine Blüte, pechschwarz, bin ich.
Meine Augen, meine Schenkel,
Meine Hände, meine Lippen, mein Herz.
Alles ist pechschwarze Blüte.

Der rasende Wind.
Er kommt.
Er wird mich zerwehen.
Er wird mich zerwehen.

Er zerweht mich.
Er zerweht mich.

Ich fliege durch die Lüfte.
Ich fliege über das Meer.
Ich treibe zu mir.
Ich treibe von mir weg.
Ich sinke ins Nichts.
Ich sinke zu dir.

Ich weiß nicht.

Ich sterbe.

Matthias Sonnenberg * 1975

das auffliegen des grünspechts
unterlegt meinen morgen
mit etwas feinem frischem
wie schreck und ein bisschen blut und farbe.
ein vogel der wegfliegt
aus angst vor einem menschen.
eine szene die in ihrer vertrautheit
fast schon zur idylle wird
und gerade deshalb
streicht sie durch meinen tag
als striche sie ihn aus.

Peter Sonnenbichler

Innehalten

Sich dem Kraftfeld der rastlos
tickenden Chronometer
wieder und wieder versagen:
die Pause, den Feier-
abend und den Sabbat heiligen!

Deine Freude bis zur Neige feiern,
deine Trauer durchtrauern,
den Zorn und den Schmerz in dir
durchzürnen und durchleiden.
Und schlussendlich deine Angst
vor dem Tod
durchfürchten.

Da wandelt der innere Gott
deinen Schmerz in Stille,
deine Klage in Dank, deine
Furcht in Vertrauen und Courage.

Und wenn die Zeit dafür gekommen,
entspringt aus dem
In-Dir-Sein dann
die dem Leben dienende Tat.

August Sonnenfisch

Polnische Wunder

Kleine bunte Kirchen
aus gebügeltem Stanniol
westlicher Herkunft.

Darinnen die Krippe
des Ankommenden
aller Veränderungen.

Sie waren das Wappen
der polnischen Fahne
in meiner Seele.

Problemlos als Kitsch
durch den DDR-Zoll
angekommen bei mir.

Alle Weihnachten
Hoffnungsschimmer
während der Eiszeiten.

Hans Sonntag * 1944

Trust & Faith

Hin und wieder im kalten Winter
finden sich zwei Menschenkinder

treffen sich zwei Menschenseelen um
    Geschichten zu erzählen
die im Seelengarten fehlen

leicht wie Regentropfen
lass Sie an Blütenkelche klopfen

dass die Blumen nun nach langem Warten
    leuchtend blühn
im Seelengarten

Sophie * 1955

Ein Freund

Guter Humor bleibt tragische Ironie
gegangene Wege kann man nicht mehr
    nehmen
Ein Lächeln im menschlichen
    Schicksalsspiel
Mein Freund diese eine Weggabelung
der Pfad zwischen Tod und Leben
dieser schrecklich schmale Abgrund
stundenlang ach was würd ich dafür geben
alles gut ich fühle dich im Herzen
du warst mir ein treuer Freund und
    seelenverwandt
Sehnsüchte sind erträgliche Schmerzen
ich habe einen Engel gekannt

Henning Sörensen * 1986

Konkurrenzgesellschaft

Was fragst du,
was verlangst du,
was wünscht du dir vom Leben?
Es könnte dir so Vieles geben.

Jahr für Jahr, Tag für Tag,
hoffen wir auf das, was noch kommen mag
Doch hoffen wir ohne zu wissen worauf,
Wir geben stets alles, nur nicht auf.

Jeder will für sich nur das Beste.
Niemand will sein der Letzte.
Doch dies kann der Sinn des Lebens nicht
    mein'

Jeder will herausstechen,
besser, schneller, klüger sein.

Doch wird die ständige Konkurrenz nicht
irgendwann fatal?
Heutzutage denkt doch kaum einer noch
sozial .
Nicht die Wirtschaft,
unsere Gesellschaft steckt in einer Krise.
Miteinander, füreinander sollte lauten die
    Devise.

Tabea-Isabell Spandau

Ewig

Umarmt, geliebt, geborgen.
Sorgen des Lebens, tief gefroren.
Spürbare Gefühle, des Glücklich sein.
Berühre die Wolken,
höre den Wind singen.
Lieder der Macht erklingen.
Augenblicke, erwärmen das Herz,
lassen Freiheit und Frieden zu.

Leben, Leben, Leben

Ewig

Du.

Romy Spiegler   * 1951

Kindheitserinnerungen

Knarrende Dielen im alten Gemäuer,
flimmernder Staub um's Kaminfeuer.
Steile Treppenstufen – eine quietschende
    Tür.
Willkommen in meinem Revier!

Der Dachboden in Großmutters Haus
holt mich aus der Gegenwart raus.

Faszinierend und wunderschön,
ist es, hier rauf zu geh'n.

Die alte Holztruhe – schnell aufgemacht,
hat schon viel Überraschendes an den Tag
    gebracht:
Kleider, Hüte, Schuhe, Stoffe
all das Schöne, was ich mir erhoffe.

Im Kleiderschrank – ein geheimer Platz
lag er – der riesige Schatz.
Jahre unter einer Decke versteckt:
Großvaters Teleskop – nun zum Leben
    erwacht.

Irgendwann hör ich Großmutter rufen,
nun aber schnell runter die Stufen,
in die Gegenwart zurück,
geht es Stück für Stück.

Anett Spineto   * 1967

Das Leben

Der Frühling lässt das Leben leben
und der Sommer nützt es aus!

Der Herbst dagegen lässt es welken
und der Winter bläst es aus!

Stefan Spitzauer   * 1980

Ein Gedanke

ein gedanke, er wandert
er zieht durch die nacht.
er macht seine runden,
er bleibt stets in hab acht.

soll er es wagen?
diesen letzten schritt?
wird er verzagen?
kommt es ans licht?

das geheimnis, es nagt.
es fürchtet das dunkel.
hinaus! da – es tagt!
Es werde Licht!

es bricht in tausend kristallen.
so schön, wie das leben.
die liebe, sie wird
endlich bestehen.

Für die Ewigkeit!

Nadia Spöttl * 1984

Vielleicht

Sie und
ich
gehe den Weg
den nicht Sie, aber ich
weil Sie nicht
und deshalb
verstehe ich

was passiert, oder eben nicht
nur warum wüsst' ich gern
werd' aber nie, und darum
geh' ich nun.

Dich anschau'n
mich nicht trau'n
ganz allein
ohne Dich sein

Oder nicht sein
ist egal
ist es nicht
Du ich weiß es

vielleicht.

Christian Spratte * 1982

Die Einsicht kommt dann zu spät!

Ihr habt sie gezeugt und geboren und
 nehmt euch der Kinder nicht an?
Ihr habt sie – kaum flügge – verloren! Was
 haben sie euch getan?

Ihr jagt nur nach Statussymbolen und
 opfert Gesundheit und Zeit!
Ihr habt euch den Kindern gestohlen ... sie
 würgen an Hilflosigkeit!

Sie werfen sich, ohne zu werten, in
 Abenteuer hinein,
verschreiben sich üblen Gefährten, sie
 wollen nicht einsam sein!

Versucht nicht so schnöd und beflissen bei
 and'ren die Schuld zu seh'n!
Betrügt nicht euer Gewisse – so könnt ihr
 vor euch nicht besteh'n!

Drückt euch nicht vor der Verpflichtung!
 Der Hort ist das Elternhaus!
Und redet euch nicht in die Richtung der
 Schule und Lehrer aus!

Wie ihr euch auch wendet und windet, ihr
 werdet die Last nicht los!
In eurem Verhalten begründet, wird sie so
 untragbar groß!

Sie wird euch krümmen den Rücken, und
 wie es immer so geht,
wird sie euch schließlich erdrücken! ... Die
 Einsicht kommt dann zu spät!

Sputnik * 1951

Stille

Sieh, es ist still
sprach er und lauschte dem stillen
 Wohlklang unausgesprochener Worte
 in die Stille hinein
und sie sah, hörte und spürte die Stille die
 ausging von ihm

weil er sie geschaffen hatte
Worte, die ankündigten was nicht kam,
was nicht zu hören war
oh welch eine Wohltat in all dem
Lärm, in all dem Trubel, in all der
Unterhaltung
zu hören auf die Stille
sich ihr hinzugeben
andächtig, denn begrenzt
Worte brechen sie
Worte des Dankes
Auch Dank zerstört die Stille
Stille in der Stille zu halten ist ihr mehr
Dank, sprach er
und sie schwieg nur stille und nickte
andächtig mit ihrem kleinen
Köpfchen
ja, dachte er sich, sie würde es noch lernen,
zu schweigen, wenn andere laut waren
still zu sein
um zu hören
was andere abtaten, aber in Wirklichkeit
nicht mehr hören konnten
Taub vom Zerschneiden der Stille durch
schrille Worte

Jasmin Sreball * 1973

Dunkel der Seele

Wenn selbst die Sonne nichts bewirken
mag.
Wenn selbst der Freitag ist kein schöner
Tag.
Wenn alles in der Welt im Grau versinkt.
Wenn von nirgendher ein Lichtlein dringt.

Dann ist man in seinem Abgrund tief
gefangen,
keinen Weg an der glatten Wand
emporgelangen.
Alles was man tut, zieht einen nur noch
weiter hinein,
und man bleibt mit all der Finsternis allein.

In solchen Momenten will ich nichts als
fort,
fort an einen warmen Ort.
An einen Ort, wo alles sicher war,
und meine Sinne denken klar.

Da versteht dich niemand und keiner kann
zu dir.
Es gibt nur dich, kein du, kein wir.

Ich kann nur harren, bis die Wolken sich
verziehen,
um dem Dunkel meiner Seele zu entfliehen

Stefanie Srp * 1995

Todesmut

Nicht von uns gegangen in dieser Nacht
Keine Spuren hat dein Fuß gemacht.
Seht meine Not.
Endgültig der Tod.

Nicht eingeschlafen – auf Traumesreise,
Kein Atem entweicht mehr zischend leise.
Hört meine Not.
Endgültig der Tod

Nicht warm gebettet in Gottes Land,
Keine Wärme mehr in deiner Hand.
Fühlt meine Not.
Endgültig der Tod.

Aus Todesnot erwacht das Trauern,
Leben umgeben von Friedhofsmauern.
Meine Wut reißt sie ein,
fühl mich nicht mehr allein.

Freunde ein erstes neues Glück.
Lebensmut kommt langsam in mir zurück.

Agnes Stadtmann * 1963

Das Gartenhaus

Wenn ich dich seh an diesem Ort
hier ist er, unser beider Hort.
Dann heißt es, Fensterläden schließen
und eine kurze Zeit genießen.

Nur du und ich, allein, geschützt,
wo einer fest den andern stützt.

Allzeit begleitet dich mein Herz,
gewiss, wir reisen himmelwärts.

Ulrike v. Staehr * 1943

Die kranke Traube

In Paris auf einem großen Boulevard
sah ich einmal eine Taube.
Sie war sichtlich krank und konnte nicht
    mehr fliegen.
Ihre Flügel waren vom Schmutz bedeckt
und ihr kleiner Körper blutete.
So saß sie im Straßengraben neben dem
    großen Boulevard
direkt vor einem Abfluß gleich neben dem
    Bürgersteig.
Die Menschen gingen teilnahmslos an ihr
    vorbei.
Die Autos fuhren wie immer in ihre
    verschiedenen Richtungen.
Sie würde verenden, unbemerkt.

Elisabeth Susanne Stahl * 1963

Nacht wider Hoffnung

Eine Zeit,
da bin ich zu zweit
einsamer als allein.
Als hätte es Dich nie gegeben,
schlimmer:
als wärst Du weg –
doch tragischer:
Du bist noch da ...
Du,
mein Einstdochalles,
rettende Flügelschenkerin,
wer rettet mich nun vor Dir,
schlimmer:
wer rettet mich nun vor mir –
doch tragischer:
wer nun uns vor uns?

Frank Stahlhoff * 1975

Die Stille nach dem Sturm

Stille über den Hügelketten,
Stille über den Wasserspiegeln,
Trauriges Schweigen über den Gesichtern.
Gesichter, die sich wundreiben an
    Quellflüssen
Und bizarren, ausgemergelten
    Baumrinden.

Stille in den Städten,
Stille in den Höften und Gehöften,
Stille und Schweigen.
Kein Blätterrascheln, kein Hauch, kein
    Orkan,
Nur Abstinenz von Leben.
Nur Stillstand der geliebten Veränderung.
Nur Magengeschwüre und Nervenfetzen.

Stille im Himmel.
Stille an den Toren des Garten Edens.
Bewegungslosigkeit. Atemlose Stille.
Nur Wimpernzucken und Lippenflattern
    auf den Gesichtern.
Gesichter, die verblassen und verwesen, von
    niemanden aufgehalten.
Nur Angst und Hunger nach Lärm.
Durst nach Brodeln und Tosen, nach
    Jauchzen und Stöhnen, nach
    Todesqualen.
Doch nur ... Todesstille.

Michaela Stalmann * 1968

Vertraulich

Zuerst habe ich mich verliebt
In den Klang deiner Stimme
In Dein Lachen
In deine Lebensfreude
Jetzt liebe ich auch deine Angst
Aber gegen die Angst
Will ich dir helfen
Denn unsere Lebensfreude
Meine Sehnsucht
Deine Sinnlichkeit
Unser Vertrauen
Machen mich immer noch stark.

Jutta Stamm * 1943

Der hohe Baum

Hoch oben wütet der Sturm.
Mach zu die Tür zum Turm,
die Äste biegen sich und tanzen
aus dem Fenster flackert das rote Licht.

Da staunen die Vögel im Nest.
Der Baum spricht wie im Traum.
Geheimnisvoll ist der Flügelschlag.
Das rote Licht verwirrt die Jungen.

Umgeben von reichen Erlebnissen.
Das Ungeziefer bohrt sich in die Ritzen.
Vergiß, und lösch das rote Licht aus,
zieh endlich aus dem Turm heraus.

Öffne dein kaltes Herz,
dann vergeht jeder Schmerz,
Das echt zuhause, nimm es an,
so wie das Nest im Baum.

Schließ zu die Tür zum Turm
für immer und ohne Sturm.
Dann kehrt die Ruhe ein.
Dein Herz ist dann daheim.

Poda Stampa

Am Meer

Ach, was wünscht ich, wär ich dort
wo Meeresrauschen immerfort
zusammenfließt in Schweigen

Die Weite der Welt, hier ist ihr Quell,
der Ursprung aller Gewalten
Gezeiten, Stürme, Möwen sogar
lassen mich nicht an mich halten

Wie hast Du mich gefunden hier,
nach all den etlichen Jahren?
das Meer, es trennt uns, führt uns zusammen,
als das was wir einst waren

Das Rad der Zeit, es geht spurlos vorbei,
an den Gezeiten, Stürmen und Möwen
es dreht sich weiter und macht uns frei,
uns von uns selbst zu lösen

Anna Lena Stan * 1981

Im Hafen

Die Boote schaukeln im Hafen
als hätten sie Ausgang und frei
und weil sie sich hier trafen
erzählen sie nebenbei

von Fahrten auf rauer See
und Wellen so hoch wie ein Haus
sie denken in Luv und Lee
und fahren dann wieder hinaus

so kämpfen sie tapfer im Wind
noch lange sieht man sie fahr'n
ihre stillen Geschichten sind
viel schöner als Seemannsgarn

Bernd Standhardt * 1968

Für S.

Durch den Wald
tief ins dunkle Licht
vorbei an den Schatten
doch siehst Du sie nicht

An Bäumen aus Glas vorbei
über Blätter aus Kristall
über Blumen aus Bernstein
über Wiesen aus Moldavit
es führt dich immer weiter
bis ans Ende vom Wald

Wenn der Weg wieder frei ist
das Licht heller wird
die Welt aus Glas hinter dir liegt
führt er dich bis an das Tor
von Nevermore

Rebecca Standish-Leigh

Ich sehe dich

In die Augen schaust „du" mir,
so wie „ich" dir.
Ein Lächeln hängt auf meinem Gesicht,
wenn ich gehe, du ahnst es nicht.

Ich lächle klein,
in mich hinein.
Dies siehst „du" nicht!
Doch ich seh dich.

Sehe die Szene,
wo unsere Blicke sich trafen.
Sehe die Szene,
egal wie lang.

Und ich fang,
noch immer an
zu lächeln klein,
in mich hinein.

Inka Fabienne Stanke

Die Liebe

Die Liebe ist das Gedicht,
Das jeder versteht,
Sie beflügelt uns und
Jeder Kummer vergeht.

Einender lieben
Und auch uns selbst,
Lasst unser Leben
Zum Gedicht werden.

Möge uns die Liebe
Durch das Leben leiten,
Denn nur mit ihr kann man
Zum Himmel gleiten.

Die Liebe führt,
Die Liebe nährt,
Nur mit der Liebe ist
Das Leben lebenswert.

Stanki

Ausklang

Wenn alles sich dem grausten Blau ergibt,
ein Zug sich schwebend überm Wasser hält;
Wenn ein Glühwürmchen meine Schulter
    antippt,
im Tanz meine weiche Wange seicht erhellt;
Wenn uns gemeinsam die laue Brise
    beschleicht
und alle Lichter flimmern schon leicht;

Wenn leise Tropfen sich zur Ruhe legen,
werden die Gemäuer bleich
und ein Schaudern zieht über die Haut;

Dann hat die schönste Tageszeit
sich entgegen aller Widrigkeit
dem Leben angetraut: Dämmerung;

Und alle Wesen scheinen gleich.

Nadine Merle Stanko * 1992

Geschichte eines „Penner"

Am Straßenrand ein Bettler sitzt, doch man
    würdigt ihn mit keinem Blick.
Die Hand hält er bittend erhoben. Sein
    Blick ist
gesenkt. Er schaut nie nach oben. Sie läßt nur
erkennen, wie stark er einst war. Wie hat er
geschuftet, damals Jahr für Jahr.
Als er nicht mehr konnte, durch tägliche
    Plackerei
verlor er den Job. Aus war's und vorbei.
Gespart hat er etwas, doch es reichte nicht
    lang. Zu
Haus' wurde immer ärger der Streit und
    der Zank.
Die Freunde von damals, wo waren sie
    jetzt? Seine
Frau wurde gegen ihn aufgehetzt. Das Geld
    reicht nur
noch zum Überleben. Seine Frau warf ihm
    vor: Du
kannst mir nichts mehr geben.
Er sucht nach Arbeit. Doch er war schon zu
    alt. Seine
Frau wandt' sich ab, brutal und eiskalt.
Eines Tages war verschlossen seine Tür. Ein
    Zettel tat
kund: Hau ab von hier!
Am Leben zerbrochen gab er kampflos auf.
    Nun sitzt
er hier, schaut niemals mehr auf.

                    Petra Staps   * 1957

Halt mich hier

Ostseeküste, Tränenmeer
Halt mich hier
Sardellenpizza
und Geschwister
Das ich dich nicht verlier
einsam liegen
Sand
und Meer
kann nicht fliegen
Tränenschwer

                    Lea Stärk   * 1994

An die Wahrheit

Hör uns Wahrheit, wenn wir hier auf Erden
auf zu dir um Selbsterkenntnis flehen
lass es Tag in unserm Innern werden,
dass wir alle unsere Flecken sehen.

Lass der Menschen Herz sich uns entfalten,
Schütz es vor Betrug und Heuchelei,
dass der Mensch in allen den Gestalten,
die Natur ihm gab, uns heilig sei.

Lass uns nie der Dummheit Tempel bauen,
lehre der Gewalt uns widerstehen;
lass das Herz des Heuchlers uns durchschauen,
und der Bosheit Schlangengang uns sehen.

Lass uns hier in einem Bund vereint,
helfen, wo der Mensch den Menschen plagt,
Schaffen Trost, wo schwache Unschuld weint,
und die Schwäche über Stärke klagt.

Lass, oh lass der Menschheit Wohl uns
    gründen,
sie verehren in dem kleinsten Glied,
und ums Haupt den Friedenszweig ihr
    winden,
der in deinen Händen nie verblüht.

                  Günther Staszewski   * 1951

Das Geschenk

Gestern, Samstag, der Tag war schön, ich
    hab' Florian geseh'n
Er kam mir entgegen, gab mir die Hand,
    freundlich lächelnd, wie schon lange
    bekannt
– gleich jeder verstand –

Beim Kaffeetrinken (ein Genuss) kam
    sofort ein Gespräch in Fluss.
Nun sollte ich einiges lernen: von
    Playstation, Comics und „War in den
    Sternen"
Verstehen, hm, das muss ja nicht sein,
    schau lieber in seine Videos rein

Er fabulierte, war Magier, Tänzer und
   Clown, war ein Held und hat die
   Bösen verhau'n
Nun lud er mich zu sich ins Zimmer ein,
   hatte Freude mich einzuweih'n – in
   seine Welt
Da sah ich Preise, Trophäen und Bauwerke,
   doch die Malerei ist seine Stärke.
Das war ein Spaß anzuseh'n er ist erst 10!
Wir lagen auf dem Teppich, und ich fragte
   mich: „Ist Er das Kind ... oder Ich???"

Lieber Gott, was hast Du Dir gedacht, als
   Du uns dies „Geschenk" gemacht?
Hast vorher wissend schon gelacht?! –
Danke

Florian,
wohlerzogen von Deiner Mama, geliebt
   und beschützt,
sie ist immer für Dich da

Sigrid Stawowy

Das Versprechen

Ein Versprechen für ein Leben
Einmal leichtfertig abgegeben,
Stimmte vorne und hinten nicht ganz
Und biss sich daher in den Schwanz.
So schlang es töricht in sich hinein
Von seinem „n" das rechte Bein
Und übrig blieb – bedeutend schwächer:
Statt eines Versprechens nur ein
   Versprecher.

Jan Stechpalm   * 1966

Und jetzt stehn wir am Ufer,
das Herz in der Hand.
ich weiß, du wirst schwimmen,
ich hoff, du hast es gelernt.

Der Augenblick ist gekommen,
der Moment ist jetzt da.

Unsre Wege, die trennen sich.
Nichts bleibt wie es war.

Plötzlich springst du ins Wasser,
treibst aufs offene Meer.
Wir warn Seite an Seite,
jetzt schau ich hinterher.

Und jetzt steh ich am Ufer,
seh deine Spuren im Sand.
Ich wollt dich nie gehen lassen,
ich vermiss deine Hand.

Es fängt an zu regnen,
Zeit nach Hause zu gehn.
Doch morgen werde ich wieder,
auf dich wartend, hier stehn.

Irina Steck   * 1995

Lust und Liebe

Ich behaupte unumwunden,
wenn zwei Menschen sich vereinen,
dass nichts übrigbliebe,
trennt' man Lust von Liebe.
ist das Andre mit dem Einen
doch untrennbar verbunden.

Alfredo Stefano   * 1961

Marcel Bruno

Bei deiner Geburt himmlische Harfenmusik
   erklang,
begleitet von wunderbarem Engelsgesang.
Liegst in der Wiege, im Herzen so rein,
Marcel Bruno soll von Stund an dein Name
   sein.

Groß ist seit deinem Dasein die Freude,
das Leben nie lebenswerter war als heute.
Stets werden wir dich auf Händen tragen,
ehrliche Antworten geben auf all deine
   Fragen.

Für jeden neuen Abschnitt deiner
    Lebenszeit,
halten sich die Eltern und Großeltern
    bereit.
Werden dich bewahren vor allen Gefahren,
im Familienkreis allzeit nur Liebe erfahren.

Christian Thomas Stefansen   * 1958

Die Sehnsucht

Ich kann nicht mehr Fühlen,
Ich kann nicht mehr Schreiben,
Lieben,
Reden,
Denken.

Ich weiß nur, dass ich dich vermisse.
Es frisst mich von ihnen her auf.
Ich brauche dich,
Ich möchte dich,
so sehr!

Ich möchte nicht Warten, ich kann nicht
    mehr Warten!
Ich kann dich nicht vergessen,
Du bist wie ein Lied das in meinem Innern
    lebt.

Die Sehnsucht füllt mich mit Leere.
Ich kann dich nicht vergessen!
Ich brauche dich!

Rahel Steffen   * 1996

Nur ein Spiel

Durch die Lupe – groß und fein
scheint die Sonne obendrein.
Doch was nutzt die Wärme pur
gäbe es nicht die Natur.

Also rasch die Wespe unter
mit der Lupe oben auf.

Denn der Strahl macht sie erst munter
siehe da, nun taut sie auf.

Späte Rache – wie man sieht
es ist Recht, was hier geschieht.
Deinen Stachel fühlt' ich wohl
wart's nur ab, bald bist du hohl.

Ist das Werk alsdann vollbracht
kommt die Scham, ganz ohne Ziel.
Sag der Wespe gute Nacht
„Wach schon auf, war nur ein Spiel".

Norman Stehr   * 1962

Der Regenwurm

Es gibt so einen Regenwurm,
der hätte gerne Beine,
müssen keine großen sein,
es reichen ihm auch kleine.

Denn dann könnt' er joggen gehen,
oder auch spazieren,
würde neue Freunde finden,
bei all den ganzen Tieren.

Doch steigt ja dann auch die Gefahr,
dass Vögel ihn mehr jagen.
Drum sollte sich der Regenwurm,
dringend einmal fragen,
ob Beine wirklich alles sind,
was er so begehrt,
oder ist sein Leben so wies ist,
gar nicht so verkehrt.

Christoph Stein   * 1990

Schweres

Macht macht müde
Stünde immer gerade
Schlief schief
Wer Mensch
Ohne Willen

Ohne Wunsch
Denken Gedanken unfasslich
Sachlich sächlich anfassbar
Die Haut das Haar
Wird krumm
Stumm
Schleichen sich die Sorgen ein
Machen wir nen schnellen Reim
Uns auf die Geschichten
Streit ist schwer zu schlichten
Hilfe schwer zu geben
Schweres schwer zu heben

Katja Stein * 1974

Regen

Du bist wie ein Regentropfen
in dem Fluss meines Lebens.
Zeichnest deine Linien
Veränderst den Lauf
doch nach einiger Zeit
beruhigt sich das Wasser.
Und zurück bleibt nur
die Veränderung in meinem Wesen.

Sara Steinfeld * 1994

Nur ein Wort?

Es gibt ein Wort, das heißt Dankbarkeit.
Man sagt: Danke für die schöne Zeit.
Wir lieben und lachen, genießen den
    Sonnenschein.
Doch kann ohne Regen ein Regenbogen sein?

Gib acht auf die Freunde im Leben.
Erst in der Not wird sich ergeben
wer zu dir hält oder wer nicht.
Danke für Leid und ein ehrliches Gesicht.

Es gibt den Einen, der dich liebt.
Der treu dir ist und dir vergibt.
Geh zu ihm, reich ihm die Hand.
Verletze niemals das unsichtbare Band.

Unausweichlich ist das Ende des Lebens.
Wir haben Angst und hoffen vergebens
auf ein Leben danach, so träumen wir.
Wache auf und lebe! Jetzt und hier!

Am Ende gehst du. Es ist soweit,
für ein Letztes: Danke für die schöne Zeit.

Kerstin Stelzer * 1966

Schwer und Leer

Was ist es,
dieses schwere, leere,
das ich so sehr mit Sinn erfüll',
es mit Bedeutung
so beschwere,
dass es zum Grund
hin sinken will?

Ach,
bette es in kühle Erde,
das Beschwerte.
Dort reift's
zu neuer Flamme
still.

Stefan Stenzhorn * 1959

Heute – Ein Gedicht für die Hoffnung

Stand heut vor dem Tor,
hab mich gefürchtet davor,
wollte nicht hindurch gehen.
Aber musste, um zu sehen.

Die ganze Welt – wie sie ist.
Alles so – wie man es nie vergisst.
Hab beide Augen aufgerissen,
will kein einziges Bild vermissen.

Sah die Sonne, das Meer und den Sand,
die Dünen, das Gras und den Strand,
den Himmel, den Fisch und das Boot,
am Abend das bezaubernde Abendrot.

Habe Menschen gesehen und mit ihnen
　　gesprochen,
habe den Duft des Meeres gerochen,
sah Möwen in der Luft sich wiegen,
sah ein Kind an die Mutter sich schmiegen.

Hab so viel gesehen, lass das Tor offen,
all diese Bilder lassen nur hoffen,
auf eine Zeit, Bilder können nicht lügen –
die Welt ist schön, kann mich nicht betrügen!

Gabriela Stephani　* 1961

Zwiegespräche

Ich suchte Rat,
man schickte mich fort,
oder sagte jaja,
oder lachte,
oder es gibt keinen.

Ich fragte den See, die Bäume und die Tiere.

Die sagten alle nichts.

Aber sie hörten mir zu
und belogen mich nicht.

Dann fragte ich die Erde,
ich presste mein Ohr ganz dicht an den
　　Boden,
bis ich ihre Antwort hören konnte:

Wie sie im Innersten brodelte und bebte,
hier verschlang
und dort ausspuckte,
an einem Ort explodierte
und woanders einstürzte.

Sie flüsterte mir ins Ohr:
Bei mir bist du sicher.

Sterbender　* 1970

Schachmatt

Figuren standen weiß und schwarz,
aus Elfenbein und Ebenholz,
an zugedachter Stelle da,
bis doch ein erster Zug geschah.

Gar viele hernach verschoben,
gewaltsam des Spieles enthoben,
von den sie lenkenden Mächten,
in deren sinnendem Fechten.

Dem Könige zum Schutze,
dem Gegner auch zum Trutze,
eins um eins hinweggefegt,
bis das Schachbrett freigelegt.

Denn, ist es der Schachfigur nicht
zu gehorchen, die heiligste Pflicht
und bringen sie gläubig zu Falle
der anderen Farbe alle?

Doch Marionetten und Figuren,
die sämtlich willenlos spuren,
vor dem gesichtslosen Feind,
sind letztlich im Unglück vereint.

Esther Stering　* 1992

Lebenshunger

Ich öffne die Augen, das Fenster
Der Morgen duftet nach Nebelschleier
Die Sonne schält sich aus fernen
　　Berggipfeln
Ich trete vor die Tür, schließe die Augen,
　　atme ein
Lebenshunger

Ich gehe einen Weg entlang
Den langen, schmalen, steinigen
Laufe barfuß, es knirscht
Vogelgezwitscher streift mein Ohr
Lebenshunger

Ich erreiche eine einsame Bank
Setze mich, lausche, blicke
Unter mir erstreckt sich die Welt
Viele Lichter im Nebelmeer
Lebenshunger

Ich höre ihn von hinten nahen
Er setzt sich neben mich
Unter uns, die Welt-einsamer als eben
Ich bin satt.

Emma Sterling   * 1995

Deine Leere

Blind irre ich durchs Sonnenlicht
Fremd in der Fremde
Bekannt sind weder Sie noch ich
Leg nun mein Sein in seine Hände

Bin gehüllt in strahlend Licht
Taut dennoch nicht des Eises Kern
So ewig lang übt's Herz Verzicht
Gefangen und dem Wahn nicht fern

Wie Schatten abseits des Geschehens
Entfernt von allem was bekannt
Wird mit Blicken eingefangen, doch
    niemals nicht gesehen
Von Worten allerorts belegt, bei meinem
    Namen nicht genannt

So zog ich aus um Dich zu finden, mich zu
    finden
Hab nichts gefunden außer Nichts
So ist's doch alles, das ich nicht vermag an
    mich zu binden
Ich bleibe leer, mein Herz es sticht

Trotz allem was ich nicht erkannt
Es lässt die Leere Platz für Dich
Dort wo die Liebe einst entstand
So find ich durch die Leere mich

Marla Stern   * 1983

Vielleicht

Vielleicht sehen wir uns Berlin
In der großen, weiten Welt
Dachte immer, da verschlägt mich nichts
    hin
Aber hier gibt es nichts mehr, was mich
    hält

Vielleicht sehen wir uns in Berlin
In einem kuschligen Café
Vielleicht haben wir uns dann gar nichts zu
    erzählen
Und nippen nur nervös an unserem Tee

Vielleicht sehen wir uns in Berlin
Wenn ich ein großes Mädchen bin
Trotzdem werde ich wieder bei dir
    ankommen
Wie damals, als ich sonst nicht wusste
    wohin

Vielleicht sehen wir uns in Berlin
Wenn ich eine berühmte Künstlerin bin
Dann versuchen wir es noch einmal
Und stellen wieder fest, es hat keinen Sinn

Vielleicht sehen wir uns in Berlin
    irgendwann
In dieser bunten Weltstadt voller Leben
Vielleicht komme ich dort irgendwann an
Dann geht es hoffentlich nicht daneben

Maya Stern   * 1988

Drei Worte

Wir sehen uns.

Drei Worte. Dein Lächeln, ein Abschied.
Fassungslos, ohne ein Gefühl
lasse ich dich gehen.
Getrieben von Trauer,
gepeinigt von Schmerz,

suche ich in meiner Welt,
nach dir, nach uns.
Du bist fort.
Drei Worte. Die Erkenntnis, keine
  Hoffnung..
Ich liebe Dich.
Drei Worte. Unsere Liebe, die Unendlichkeit.
Du bist da.
Unter deinem in Stein
gemeißelten Namen
Für immer Dein.
Drei Worte. Ein Schuss, der Tod.

Wir sehen uns wieder.

Drei Worte und eins.

Iris Sternitzki * 1961

Bedeutsam?

Bin ich noch derselbe, der jetzt in mir
  steckt?
Bin ich noch dieselbe, die jetzt in mir
  steckt?
Wer bin ich jetzt und war ich da – damals,
  als es früher war?
Sogleich, sodann, alsbald gesehen, langsam
  in mit Hoffnung sehen
Sowie es immer hier jetzt scheint, so schreit
  es auch in mir zugleich

Zuletzt hab ich es einmal gesehen, in mir
  drin war ich gewesen
Versteckt, verschollen und verlassen,
  einsam und in Ewigkeit
Die Zeit ist lang und doch so kurz,
  vergeben und vergessen sollte es sein
Doch langsam aber stetig steigend,
  verborgen in Vergangenheit
Vergessen und vergeben soll es immer sein

Jedoch einmal scheint es auch zu sein, dass
  Hoffnung nicht mehr nur erscheint
Erlischt, zerronnen und verloren, soll es
  jetzt nun sein

Will nicht glauben, dass es hoffnungslos
  erscheint
Und dennoch will ich nicht mehr sein, das
  mich selber nie begreift zu sein
Immer stetig strebsam bleiben, dass will ich
  auch nicht mehr nur sein

Zeit, die heilt und mich erholt – da es mich
  von innen rührt, mit Herz, Mut und
  auch
die Kunst – scheint und bleibt und will
  vergeben, jetzt und gleich und allezeit
Schreibt und pocht und ruft zugleich, dass
  es mich nicht mehr aufweicht?
In dieser Zeit gefangen, wenn es immer
  scheint zu bleiben
Jetzt will ich so sein wie ich, bin, war und
  werde ähnlich bleiben – hoffentlich!

Julia Sterzenbach * 1990

Schattengesicht

Dieses Gesicht voller Schatten!
Ich erschreck wie immer
über die
niegesagten
niegezeigten
niegesprochenen
Schatten.
Den Schädel durchbrochen
ins Gesicht gewachsen!

StF * 1956

Die Macht

Der eine strebt der andere hat's,
des Weltenbaumes schicksalshaften Blatts.

Der Wurzel Schmach ist's welche Treibt,
weg vom Quell,
weg vom Leid.

Beim erklimmen des Stamms in luftige Höh,
peitsch die ein oder andere kalte Bö.

Auf dem Blatt,
dem Licht so nah,
wird des Geistes Unschuld gar so rar.

Und wer dort sitzt zu nah am Blattes Hang,
ward schnell im Griff des Bumerang.

Der Fall ist tief die Landung hart,
und doch ist's der Welten fairste Wesensart.

Marco Stidl * 1990

Wenn ich einmal klein bin

Wenn ich einmal klein bin

Wenn ich einmal klein bin
Dann hüpfe ich in die Pfütze
Bohre in meiner Nase
Trage meine neue Mütze

Wenn ich einmal klein bin
Dann singe ich vor mich hin
Denke nicht an morgen
Frage nicht nach dem Sinn

Wenn ich einmal klein bin
Endlich einmal klein bin

Günther Philipp Stöferle

Versteckte Liebe

Amor lässt uns grüßen,
nie wird Liebe Dich betrügen.

Ideale sollen uns begleiten;
Träume mit nichts zu vergleichen.

Angst in jenem Augenblick, sie wich.
Leidenschaft es war,
Amor war es klar.
Nicht Nächstenliebe war es,
Glück, so hieß die Lösung.
Hoffnung stand im Raum,
Ohnmacht hielt sie im Zaum.
Fantasie ließ uns beflügeln,
Empfindungen waren nicht zu zügeln.
Ruhe. Weisheit kehrte endlich ein.

Michael Otto Stoll * 1959

Wurzeln

Wo kam ich her?
Wo geh' ich hin?
Was ist meines Lebens wahrer Sinn?
Fragen, die sich jeder stellt:
Wozu bin ich hier auf dieser Welt?

Wenn ich meine Wurzeln kenne,
weiß ich, welchen Weg ich nehme.
Fehlt dieser Halt in meinem Leben,
gehe ich auch – auf Umwegen.
Führen Umwege auch zum Ziel,
ist das große Fragezeichen im Lebensspiel.

Stehe ich dann am Scheideweg,
und kann ich mich nicht entscheiden:
Welcher ist der rechte Weg
und welchen sollte ich meiden -
verharre ich auf der Stelle!
(in meiner Lebensdelle)

Steffi Stollberg

Salat

Wenn ein Salatkopf sagt, er will Tomate sein,
die Möhre auf Kartoffel hin studiert,
die Spargelstange klagt, sie sei zu klein,
der Senf das Laucharoma kultiviert,
dann, wer's noch nicht begriffen hat,
merkt nun, jetzt haben wir den Salat.

Wenn dann das Bauchgefühl zu einem
    spricht,
dass man sich groß und stark entwickeln
    kann,
als Kopfsalat vielleicht, als Fenchel nicht,
dann nehme man es einfach an.

Und jubeln darf man ohne Scherz,
weiß man es doch:
Salat hat Herz!

Brigitte Stolle

Vergessen

Ich sitze im Dunkeln,
Schaue in das Helle.
Ich blicke nach vorne.
Schaue was die Zukunft bringt.
Lasse den Rest zurück.
Alles flackert,
Doch ich gehe weiter.
Halte mich am Licht fest.
Hoffe es führt mich ins Glück.
Schwarz bleibt zurück,
Schwarz kommt.
Vergessen-Tod-vergessen werden.

Emma Stone * 1999

Der Weg zum Glück

Es war einmal ein Mann
der ging ganz unbeschwert durchs Leben
    voran
Doch mit jedem noch so schönen Tage
wurd ihm bewusst die misslich Lage

So stand er des nachts auf einer Brücke
    der Inn
und überdachte seines Leben Sinn
Die Stern so fern und auch so klein
so musst auch er auf Erden sein

Er fragte sich warum das Ganze, dieses Leben
Doch keine Antwort konnt er geben

Nun stand er dort an dieser Brücke
Noch ganz in einem Stücke
doch bald schon wusste er
wird nichts mehr sein wie's war bisher

Er machte sich bereit, die Muskeln schlaff,
    der Atem kurz
Er hatte Angst vor seinem Sturz
Urplötzlich dann ganz still und leise
sprach da ein Mädchen auf ganz eigne Weise
„Komm mit ein Stück"
Das war sein Weg zum Glück

Thilo Stopper * 1991

Russische Nacht

Sonnenschein klärt den Fall,
buntes Treiben durch die Veränderung.
Herzdame küsst den Buben,
das Gewehr ist geladen.
Grobe Schichten der Haut,
heben ab ins Neonschwarz.

Luisa Strack * 1994

Das Unterbewußsein

Ein Massengrab schlummernder
    Meisterwerke
Ist des Menschen Unterbewußtsein.
Die reine Vernunft ist ihm Grabstein,
Seine Feindin und dennoch seine Stärke.

Es schluckt alles, was die Logik nicht
    annimmt,
Was sie sich weigert zu erkennen
Und beim wahren Namen zu nennen.
Sie wär sonst hin, glatt dem Untergang
    bestimmt.

Die sachliche Vernunft legt ihm Fesseln an,
Hält es unerbittlich gefangen
Hinter Alltagsgedankenstangen,
Und sie tut es angsterfüllt in Acht und Bann.

Einmal ist 's rebellisch, einmal genial,
Doch manchmal zerreißt es die Schranken
Der Logik und bringt sie ins Wanken.
All dies auf die Dauer wird ihr einst fatal.

Schon immer hat die Welt es arg gemieden,
Bewußt bangend um ihre Natur,
Ihre Sitten und ihre Kultur.
Der Kampf da bleibt wohl lange
    unentschieden.

Klaus Strempel   * 1955

Vergangene Zukunft

Blauäugig in panischer Flucht verrannt
im ziellosen Streben immer weiter nach vorn
hält Zukunft die Augenbinde sanft in der
    Hand
gezogen gezerrt von sinnlosem Zorn.

Stets verborgen im Blick zurück
ist sie alles, ist sie nichts
Paradox in sich von Schmerz und Glück
umhüllt von Schwärze, Muse des Lichts

Auf sie zu gerannt ohne einen Blick zu
    verlieren
kein Moment, kein Atemzug, keine Zeit
naiv und skrupellos nach ihr zu gieren
getrieben von Vergangenheit Hass und
    Neid

Sanft wallt schwarzer Samt im Wind
welcher deine Augen so lang bedeckt
dort hinten am Horizont, unschuldiges
    Kind
welches mit sanfter Wucht Erinnerung
    weckt.

Kristallklar schneidet nur ein Gedanke tief
das sie zu erkennen es eines Blickes bedarf
der Mensch in die falsche Richtung lief
den Blick in die falsche Richtung warf.

Julia Streufert   * 1997

Herz

Ich habe dir mein Herz
in deine Hände gelegt.

Doch es hielt deinem Druck
nicht stand.

Die Scherben verletzten
deine Hände,

unfähig ein neues Herz
zu beschützen.

Simona Striedelmeyer   * 1973

Wünsche zur Weihnachtszeit

Die Gewissheit, dass sich die Dinge auch
    ohne mein hektisches Zutun regeln
    werden.

Die Einsicht, dass meine Seele strahlender
    leuchtet als alle Weihnachtskerzen.

Die Klarheit, dass ein Zusammentreffen
mit der Familie auch Zusammengehörigkeit
    bedeutet.

Das Bewusstsein, dass der Glanz meiner
    Liebe heller scheint als sämtlicher
    Festtagsschmuck.

Das Wissen, dass meine Fülle kostbarer
    ist als die Vielzahl ausgepackter
    Geschenke.

Andrea Strittmatter   * 1970

Hoffnung

Verbogen in den Tiefen des Waldes
versteckt im Herzen der Welt
Nur ein Wort findet
ein Wort rettet
ein Wort befreit
erweckt die Geister
vertreibt die Nebel
erhellt die Nacht
wie ein Stern
... nur ein Wort

Julia Strobl * 1994

Gedanken

Gedanken sind frei,
ich lasse sie wandern,
es sei wie es sei,
so geht's auch den Andern

Gedanken sind frei,
sie könn' sich verirren,
so bleibt es dabei,
sie mich auch verwirren.

Gedanken sind frei,
sie helfen zu klaren,
nehm's wie es sei,
ich werd mich nicht wehren.

Gedanken sind frei,
sie lassen mich träumen,
ich bleibe dabei
dadurch auch zu schäumen.

Nur so kann ich leben,
nur so soll es sein,
nur so kann ich geben,
nur so will ich sein!

Michaela Stroh-Ihrig * 1966

Der Wald

Der grüne Wald führt stetig sein Gespräch
egal ob Wind und Wolken sie verdreht
Es sprechen mit tausend kleinen Seelen
die Worte aus, die augenblicklich fehlen
Vogelsang wird laut, da der Wald sich
    lichtet
Was die Stille singt, geheimnisvoll
    verdichtet
erlöst mein Herz in wonnigliches Regen
Dies Liebeslied – ist schönster
    Himmelsegen

Marcel Strömer * 1969

Danke Christopher

Das Leben hat uns ein Geschenk gemacht,
es hat uns zueinander gebracht.
Ich lernte dich kennen und wir uns lieben,
die Sterne und unsere Augen leuchten vor
    Freude.

Wenn ich dir in die Augen schaue,
blicke ich jedes Mal direkt in dein reines
    Herz.
Und wenn ich weine,
nimmst du mich in den Arm und damit
    den restlichen Schmerz.

Du liebst mich, akzeptierst mich so wie
    ich bin.
Du gibst mir Raum und ich dir all meine
    Liebe.
Du hältst mich. Du trägst mich. Du führst
    mich.
Ich halte dich. Ich trage dich. Ich liebe
    dich.
Danke

Naomi Stromeyer * 1994

Vorsatz

Übungen der leichten Hand
wolln mir nicht gelingen.
Für mich hab ich erkannt:
Ich kann nicht um des Sanges willen
    singen.

Nicht trunken wie's der Vogel tut,
sitzend im Geäst von Strauch und Baum,
ist er nur genügend ausgeruht,
mit seinen Liedern jeden wird erbaun.

Und zerteilte sein Gesang die blaue Kuppel
    himmelauf,
überschüttend mich mit tönenden
    Kaskaden,
so gehorcht er nur ergeben der Jahreszeiten
    Lauf.
So schön und doch – ich kann's nicht
    haben.

Behutsam, auch fest umschließen die Kiefer
    Speise und Trank.
Gaumen und Rücken der Zunge erbitten
    beider Verweilen.

Im Honiggrasruch und durchsonnten Grün
    spür ich
das wirkende Weben der umschlungenen
    Atome.

Meines Empfindens seismische Sonden
    durchloten die Zeit,
suchen als Widerschein auf einem Gesicht
    ihr glutvolles Beben.

Das Labor des Prometheus, durcheilend des
    Raumes unendliche Weite,
gewährt auch mir Genuss im gestaltenden
    Bemühn.

                    Marko Struck

und doch da

Der Wind geht
weit übers Meer.
So ein weiter Weg,
nur um hier bei mir zu sein.
Ferne Melodien trägt er mit sich.
Wünsche und Hoffnungen birgt er.
Hütet sie, damit sie nicht verloren gehen.
Lauter Träumer – ihre Schicksale in die
    Hände eines anderen legend.
Lauter Träumer, die einen Zauber bergen:
    Vertrauen.
Der Wind trägt ihn herbei.
Flüstert mir ihre leisen Worte ins Ohr.
Dann geht er weiter, wieder übers Meer.
Einem anderen seinen Zauber zu zeigen.
Verborgen. Versteckt. Und doch da.

                  Mara Strunk   * 1998

Lebenszeiten

Feuerrot und lockig wild
vor den Wolken, dicht und grau,
glänzt dein Haar im Frühlingsregen;
gern würd' ich den Himmel fegen,
sauber, bis zum tiefsten Blau.

Deine Augen lächeln mild,
ungezähmte Elfenfrau,
seh'n, wie sich die Schauer legen
und die Wolken fortbewegen,
wie ein weißer Sommertau.

Silbergrau im Abendglüh'n
schimmert deine Lockenpracht.
Herbstes Feuerwolken gleiten,
goldgefärbte Blätter reiten
auf dem Westwind in die Nacht.

Wenn die Astern dann verblüh'n,
färbt dein Haar sich strahlend weiß.
Dunkler Himmel, Schneegewitter,
Winter naht, so kalt und bitter,
und die Jugend schwindet leis'.

                  Sönke Struve

Perspektivenwechsel

Adrette Kleidung, pompöser Prunk und
    Protz,
Geld und Gier – jeder Gerechtigkeit zum
    Trotz.
Dekadentes Auftreten, Rhetorik macht's,
vor lauter Übel weint der Pöbel des Nachts.

Propaganda hier, etwas Propaganda dort,
Manipulation, Selektion – zur Not auch
    Mord.
Charisma und Lügen sind schnell Mittel
    zum Zweck,
dabei darf man Wunder schaffen – aus
    jedem Dreck.

Die Mächtigen reden viel und sagen nichts,
der Pöbel hört brav zu und notiert erpicht.
verzeichnet, beglaubigt und nicht
    hinterfragt,
wird den Mächtigen nichts weiter
    untersagt.

Das sind die bösen Länder – sagen die
    Guten,
so grausam, was sie ihren Völkern
    zumuten.
Wer die Waffen liefert – das ist doch ganz
    egal,
darüber redet man lieber ein andermal.

Ein Perspektivenwechsel – völlig
    überflüssig,
nachher wird dabei noch die
    Weltanschauung brüchig.
Die volle Sicherheit im Recht zu sein,
erleichtert das Leben ungemein.

Carla Sophie Stumpf * 1991

Marionetten-Schmerz

Wetterleuchten – Ruhe vor dem Sturm –
    ergriffen
Wett-tanzen der Hexen – zerrissene Stille –
    gelähmter Wille
Film noir – Danke für das Regenband den
    Guss
das Nass perlt ab von meiner Hülle
meine Hütte verlassen
einer blieb
der Puppen lenkt
hölzerner Tod
ein Teil – ein Fluch
ein Beil – ein Tuch
Welt-rennen durch die Nacht – im Traum
    die Flucht
keuchend Schritte
Tunnelblick in meiner Brust
Er hebt die Hand - wer wird verbrannt?
Donnergesang – Feuerklang – Wind der
    durch die Kutte fährt
uns trägt befreit die Seele nährt
Belebter Stoff
Tote Augen sehen Roboterseelen
Verschwommene Gefühle metallen auf der
    Zunge – AUS.

Luna Mia Sturm * 1982

Vöglein

Wenn ich ein Vöglein wär,
dann hätt' ich's nicht schwer.
Ich würd' meine Flügel breiten
und fliegen über Deutschlands Weiten.

Fliegen würd' ich über goldne Felder,
den Blick schweifen über grüne Wälder.
Fliegen dem blauen Himmel entgegen
und vergessen das alte Leben.

Im Haine helle Lieder singen,
die dann weit ins Land erklingen

und der Jäger im stillen Tann
hört mir zu ab und wann.

Fliegen würd ich überm Wolkendunst,
fliegen, fliegen mit großer Kunst,
fliegen zu der Liebsten daheim.
Doch ist's ein Traum und soll nicht sein.

Timotheus von Sturm * 1996

Wahrzeichen

Im kleinen Dörfchen an der Lamme
ist das Windrad gut zu sehn
und es wird sich immer weiter drehn.
Es war einst ein Schmiedemeister,
Robert Wolf so heisst er,
der sich hier ein Denkmal setzte.
Es war im Jahre Neunzehnhundertzehn
seitdem ist es bei Wind am gehn,
erst kürzlich wieder frisch gestrichen,
die alte Farbe war verblichen,
nun leuchtet's wieder herrlich schön
man muss nur mal zur alten
Schmiede gehn.
Ich gehe nie vorbei
und bleibe immer stehn,
um dieses Wahrzeichen
aus alter Handwerkskunst
immer wieder anzusehn.

Günter Stürmer * 1936

Das Leben ist des Menschen höchstes Gut.
edel darum in Mühen und Walten
es zum Wohle Aller zu gestalten,
es zu hüten und beschützen das Bestreben.
denn es wird uns nur ein einziges Mal
    gegeben.

Norbert Sucker

Wie werden meine Kinder leben?

Wie werden meine Kinder leben ...
... wenn Tag für Tag unser Lebensraum
    zerstört wird?
... wenn keine Wälder mehr bestehen?
... wenn jeder durch das Weltall irrt, weil
    die Erde unbewohnbar ist?

Wie werden meine Kinder leben ...
... wenn der Hass auf der Welt größer ist
    als die Liebe?
Niemand wird mehr toleriert, alle leben
    kleinkariert!

Wie werden meine Kinder leben ...
... wenn Vorurteile die Perspektiven der
    Menschen zerstören?

Wie wollen meine Kinder überleben...
... in einer Welt voller blutiger
    Auseinandersetzungen?
... bei all den verursachen
    Naturkatastrophen?

Will ich überhaupt noch Kinder in diese
    Welt setzen?

Sukida

Der Laubfrosch

Ein Laubfrosch
leicht im Wasser schwamm
leis' dazu ein Liedchen sang
ein Storch der hungrig
auf der Suche war
nahm Magenknurrend
das Singen wahr
ein kurzen Augenblick nur
lauschte er
der Frosch nun still
kein Singen mehr

Carsten Sulzberger * 1976

Der Teilnehmer

Ein Dichter schrieb sehr gerne,
Den Blick gerichtet in die Ferne.
Die Muse küsste ihn immer wieder,
Doch die Leser machten ihn nur nieder.
Er fand sich einen Wettbewerb,
Doch seine Gedichte waren ach zu herb!
Er gab nicht auf und dichtete weiter,
Mal in Moll und mal ganz Heiter.
Er schrieb bei Tag und auch bei Nacht,
Rund um die Uhr, an der Feder er wacht.
Dann schlug er ein, der Gedankenblitz,
Aus der Feder floss es mit Herz und Witz.
Wohlgestaltete Ideen zu Worten,
Brachten die Leser zu glücklichen Orten.
Er reichte es ein, sein Meisterstück,
Harrt und wartet, hoffte auf Dichters Glück.
Doch der Verlag, der ließ sich Zeit,
Und täglich gab der Briefträger ihn Bescheid.
Dann ist es soweit, Lobe gab es viel,
Es ist erreicht - er ist am Ziel!

Alexander Sülze * 1996

Heim des Alters

Die schmutzige Wäsche wird bereits
    gewaschen.
Jetzt gibt es Kaffee und etwas zum Naschen.
Am Tisch sitzt dort die alte Frau allein
und fragt sich nur: „Wann komm ich
    wieder heim?"
Da sagt ein Angestellter zu ihr im Altenheim:
„Jetzt sind Sie halt im Heim daheim." –
Jedoch die Frau: „Das kann nicht sein,
mein Heim war nie ein Altenheim.
Ich fühl's: Nur daheim ist daheim."

So vergehen der Frau dabei
Wäsche, Kaffee und Nascherei.
Nur die Zeit will nicht vergehen.
Doch jenseits kann sie Heimat sehen.

Michael Gernot Sumper * 1993

Es gibt etwas, dass alle Menschen
    verbindet.
Weder Schmerz noch Mut oder Glück ist
    es.
Es ist dass, was jeder Besitzt aber niemand
    besitzen will.
Es ist, was uns alle gleich macht.
Egal ob jung oder alt, ob nobel oder arm,
    schwarz oder weiß.
Es ist zu allen gleich.
Es wird niemals wählen; es wird uns alle
    nehmen.
Und die die behaupten, sie besitzen es
    nicht, sind die die am meisten davon
    besitzen.
Doch für die, die es wirklich nicht haben,
    ihr besitzt es aber gefunden habt ihr
    es noch nicht.
Oder es hat euch noch nicht gefunden.

Was meine ich wohl?

Die Angst.

Suone * 1996

Gewebe

Ach, war es doch verwoben
und hat sich aufgesogen
in einem Meer voll Saft –
das gab ihm neue Kraft.

Man hat es sanft gewebt,
und es hat noch gebebt.
Es gluckste da und dort
und war dann wieder fort.

Sie webten es erneut
zu unser aller Freud'.
Es glänzte dort und da
und war dann – hoppala –
auf einmal ganz verklebt,
doch war es nur gewebt.

Wie konnte man es weben?
Es war so voller Leben!
Doch Löcher waren da,
sie tanzten – trallala –
und gaben im Geschwebe
dem Ganzen ein Gewebe.

Susanne Maria Helene * 1960

NutRootRevolution

Eine Nuss die ist harmlos so sagt man gern,
die kann gar nicht kämpfen und auch nicht laufen,
die liegt nur im Gras und wird im Wasser ersaufen,
Umsturzgedanken die liegen ihr fern.

Wie sehr sie sich täuschen können sie sehen,
wenn sich Wellen im Wasser an Sandkörnern vergehen.
Kein Stein gleicht dem anderen auf Wegen im Regen,
Denn eine Nuss noch so klein wird mutig und verwegen,
Wurzeln schlagen und Revolutionsträume hegen!

Sebastian Süß * 1983

Irrsinn

Stimmen irren umher, der Verstand ringt nach Befähigung.
Schwermut in den Gliedern und Schreie nach außen.
Wimmern in Wut, Nutzlosigkeit ohne Ambitionen.
Doch Glückseligkeit im Kern des Schoßes – der Liebe.
Trotz Wehmut der Ferne, durchdringt ein Gefühl des Beachtlichen.
Schmerzlichkeit der Hingabe füreinander, ohne Einschränkungen des Mein geschenkt.
Nun die Gabe in Kostbarkeit halten, als Ehre des Seins tragen.
Der Edelsinn vermag einen Schatten, Angst aus der Ahnenzeit.
Gegeben ein Wesen der Hoffnung auf Zukunft, der entfachten Zweisamkeit.
Separation der Gemüter nach endlosen Desastern, dennoch manifestiert in Beständigkeit.
Absurdität im Fühlen der Wahrnehmung der Saat.
Gespräche zudem gebettet in Fragen über Theorien.
Ein Anlass, der von Vermutung in Behauptung übergeht.
Der Gedanke an Wunschtraum der Standhaftigkeit in Epoche.
Existiert die Illusion im Heute, trotz der Gunst des Heiligtums?
Ein Verlust der eigenen Menschheit, ein Ersatz?
Tränen in Blut verdrängen die Phantasie.
Emotionen losgelöst ohne Halt, nur eine verletzte Seele als Rücklage-Mutmaßung.
Feindschaft entfacht!
Wärme in Kälte umhüllt, lassen es regnen im Fluss der Ströme – Flut!

Danielle Swan * 1987

Erwachen

Aus der Ferne wird der Schein
zum Licht der Sonne

Fern von den Stunden
zwischen Auf und Untergang
erwacht eine neue Welt

Aus der Stille des Waldes
auf die harten Straßen
des neuen Tages gelockt

Linda Sweers * 1994

Durch die Gassen

Durch die Gassen,
Abendlied und Worte
klingen
in der Wärme fort
und laden uns
zu Tisch und Wein
für Nähe ohne Zeit
als Traum zu Gast.

Wir nehmen Platz
und trinken uns,
bei Liedern
und bei Worten fremd,
aus tiefstem Grund
Verstehen zu,
denn überall,
und auch zuhaus,
sind Fremde wir
als Gäste nur
in einem andern Land.

Siegfried Swiderski * 1940

Jahreszeiten

langsam
durch die schnelle zeit,
fährt der zug
genauso weit,
langsam
schritt für schritt
geh ich mit
dem Sommer mit

genieße ihn
in vollen zügen

dann kommt der herbst,
die Blätter fliegen,
bund durch die luft
welch magischer duft,

dann kommt der winter
mi seinem kühlen kleid,
der schnee bringt
ruhe – in die Zeit

und dann
ist Weihnachtszeit.

karin symanczyk

New York, New York

Man kennt es mit viel Stahl und auch
    Beton,
überfüllten Straßen, ... zusammengepfercht,
voll mit Überheblichkeit, mit Mut und viel
    Charme,
einer Schnelligkeit, in dem der Frühling
    zaghaft kommt und der eisige Winter
    geht,
wo der Sommer brennt und der Herbst so
    leuchten kann.
Es heißt New York, einer so eignen Welt ,
    verwundbar, so Big Apple.

Frank Szillat

Meine Freiheit beginnt im Kopf
Kann auf Gedankenreise gehen
Brauche kein Visum keinen Pass
Um ferne Welten nah zu sehen
Reise schwebend durch Raum und Zeit
Ohne Plan und Karten
Als Navigator dient mein Geist
Muß auf keinem Bahnhof warten
Da ist kein Passwort und kein Netz
Ohne jegliche Kontrollen
Gedanken als Gefahrengut
Habe nichts zu verzollen
Gedankenreisen bieten viel
Sie sind unentbehrlich
Führen auf Umwegen zum Ziel
Oftmals unerklärlich

Und bin ich angekommen
Kann alles anders sein
Vielleicht nur in Gedanken
Realität als schöner Schein

Andrea Szlamenka   * 1959

reisen

ich fliege oft & lande selten
hebe ab – gedankenleicht
und bleibe in den wolken hängen
bevor die schwerkraft mich erreicht

kehre zurück aus anderen welten
gehe in mich - gedankenschwer
bin wieder in des alltags fängen
was gibt das leben sonst noch her

Peter Szopo

Tiefe Traurigkeit

Ich spüre das Nachlassen meiner Sinne,
nur noch Gedanken taumeln wild umher.
Augenblicke der Erschöpfung,
selbst das Atmen fällt mir schwer.

Nun ist er tief verwurzelt in mir,
der Zustand dieser gleichgültigen Ergebung.
Mein desinteressierter Blick an das Leben,
nur Gedanken und sonst nimmer mehr.

Der Abgrund der Qual der sich vor mir
    geöffnet,
meine Seele durchfällt immer weiter hinab.
So trage ich Masken in meinem Leben,
wie Masken auf einem ungepflegtem Grab.

Ich bin meine Gedanken, die meine
    Gefühle sind.
Ich bin meine Gefühle, die meine
    Gedanken sind.

Gedanken die aus Gefühlen entstehen,
Gefühle die meine Gedanken nicht
    verstehen.

Stefan Szrama   * 1980

Seerosenblatt

Es fallen die Regentropfen
vom Seerosenblatt
leise
in einer Weise
der reinsten Bewegung
so klar

wie der Klang der Libelle
die zu Ihnen spricht

Liebe Regentropfen
vergesst mich nicht
beim Fall in die Tiefen
des Sees
nehmt mein Spiegelbild mit

und
auf dem trüben Grund
erfreuen sich die Seelen
über diesen Fund

am Fuße des
Seerosenblatt's

Katharina Tack   * 1971

Post Mortem

Ein grünes Meer sich als Decke breitet
Man drunter liegt und drüber schreitet
Ein Meer aus Nadeln, die niemals stachen
Und von der Mutter Schoß abbrachen.

Das Meer deckt zu die Holzbaracke
Die nimmer hebt sich oder sacke.

Die Hölle ist nicht Feuer, Flammen
Sondern auf der Erd' verdammen.

Ich unten horche, was oben spricht
Hör nur ein Brummen, Worte nicht
Die Augen starren tief in Schwärze
Die nicht hellt nur eine Kerze.

Die Nadeln liegen auf dem Grund
Sind nicht am Leben, auch nicht tot.
In tief'rer Gegend kommt die Not
Ich schreie laut, kein Ton aus dem Mund.

Lieg' wie die Nadeln weit und breit
Weder dies und gar nicht das,
Wächst über mir das Gras
Und in mir Angst vor Ewigkeit.

Harald Talpai * 1992

Zeitlich

Du gehst, du stehst, du hetzt,
dein Termin dich in Eile versetzt.
Du wartest und hast es erreicht,
sofort suchst du etwas, was diesem gleicht.

Es war, es ist, es wird,
die Zeit unser täglicher Hirt.
Es ist gewesen, es wird sein, es wird
    gewesen sein,
ein Leben in Freiheit oder nur Schein?

Was bleibt bei all der Zeit?
Eine Erinnerung für die Ewigkeit,
eine Idee, auf ewig neu entdeckt,
das Schöne, was hinter der Zeit steckt.

Monate, Jahre, Jahrzehnte,
wie im Überblick die Zeit sich dehnte.
Also nimm hin und wieder dir die Zeit,
für eine Idee, die unendlich bleibt!

Svenja Tamm * 1996

Grüß mir die Zombies

Sie sind makellose Engel auf der Jagd nach
    Perfektion
Sie bevorzugen schnelle Gewinne, riskieren
    nix
Wenige Höhepunkte, alles schwarz und
    weiß
Oh Schreck, ein grauer Tag

Vorsicht, entspannt mal – ihr langweilt alle
Der Nächste, bitte
Die schöne Prinzessin nervt, wir wollen
    Skandalnudeln
Jetzt verklagt uns, ihr Glücklichen

Macht Bilder von gestern
Setzt euch ins Wunderhaus – wartet auf
    Abenteuer
Feiglinge sprengen keine Grenzen
Bleibt im Karussell
Oh yeah, wir Zombies lieben Euch

Tanni * 1998

Der Läufer

Tipp Tapp –
Geht die Made die Wand entlang,
Tipp Tapp –
– Ziehen sie alle an einem Strang?

Tipp Tapp?
Tipp Tapp.
Tipp Tapp!

Tipp Tapp
Was für ein Wetter!?
Tipp Tapp
Wird es je besser?

Tipp Tapp.
Tipp – Tapp
Tipp Tapp.

Tripp Tapp

Sehgang

Leuchtfeuer, Du
tanzt auf meinen Wellen,
zitterndes Licht vom verlorenen Ufer.
ich schaukel mich auf.
gierige Sehnsucht
vertäut unter Bord.
ein Weiches, Warmes, Zartes.
ein Pochen im Herz,
ein Nebel im Kopf.
von Sinnen verlier' ich die Peilung.

Bator Tarant   * 1957

Dunkle Augen
Schlaffe Lider
Schlagen nieder

Blasse Haut
Rote Flecken
Sich über meinen Körper strecken

Glanzloses Haar
Bleich wie Stroh
Und trotzdem bin ich froh

Voller Argwohn
Sucht man die Perfektion
Hassgetränkt in die Illusion

Das bin nicht ich.
Doch dreht sich die Welt weiter
Um mich, um dich, um uns ganz heiter

Und trotzdem bin ich froh.

Tasza   * 1996

Zerrissen

Wie Tag und Nacht,
wie Sommer und Winter,
zeige ich vor meine Pracht,
und 's ist doch nichts dahinter.

Wie Erde und Sonne,
wie Wasser und Feuer,
sehne ich mich nach Wonne,
doch der Schmerz ist zu teuer.

Wie des Panthers Käfig in Paris, so klein,
wie die Sehnsucht nach Freiheit, immer
    größer,
sperre ich meine Gefühle ein,
und bin dennoch ihr
Gefangener.

Markus Taucher   * 1987

Die Berührung

Ein Hauch von rot ihr Antlitz zierte,
und schlotternd ihre Beine war'n
als sie die Schulter leicht berührte,
der Junge feuchte Augen sah.

So still und sanft traft ihn der Blick,
er streckte die Finger wie zum Maße,
und trotz gespielter Männlichkeit,
erfasste ihn randvoll Seligkeit.

Bald strömt ein liebliches Verlangen,
den Herzen zu, auf beider Seit',
mit Bildern wie in fernen Tagen:
Ein Hand in Hand im Altersheim.

Karl-Heinz Teichmann

Verbotene Liebe

Ich liebe dich schon seit Jahren,
doch konntest du es nie erfahren.
Es war unmöglich für mich,
mir einzugestehen, dass ich liebe dich.
Denn vermählen wollten meine Eltern mich,
mit einem Reichen aber der dachte nur an
  sich.
So kam es nicht dazu,
doch meine Eltern fanden einen neuen im Nu.
So musste ich ihn heiraten,
Doch ich habe ihm nie verraten,
Dass ich nur Liebe dich,
Und ich hoffe auch du liebst nur mich.
Meine liebsten Grüsse
und tausend Küsse
nur an dich

Melanie Tenud * 2000

Mein Sohn

Mein kleiner Spatz du bist mein größter
Schatz. Dein kleines Herz es schlägt so
laut, das es mich umhaut, wenn ich's hör.

Ich spür, wie sehr du mich liebst und mir
auch vergibst, wenn ich mal nicht so gut
drauf bin.

Wir gehören zusammen ohne Frage ich
weiß das ich auch für dich viel Liebe habe.
Sage mir wie du das schaffst?

Ein Gefühl zu geben, das man nicht nur
sehen sondern fühlen kann im Herzen ganz
tief drin.

Ich liebe dich aus tiefsten Herzen mein Sohn.
Du bist der Lohn für die Liebe zu deinem
Papa, den ich genauso liebe, wie auch dich.

Deine Mama

Terra * 1974

Sommer(un)wetter

Donner grollen – Sturmböen jagen,
und ich steh am Fenster.

Blitze zischen kreuz und quer.
Ich glaub, ich seh Gespenster.

Der Himmel öffnet seine Pforten,
Regen treibt Hagel vor sich her.

Von weit her klingen Kirchenglocken,
wie jeden Tag – als ob nichts wär.

Barbara Teske * 1958

Stille Stunde

Stille Stunde, ruhig und laut
Gedanken an früher, Vergleiche mit heut

Erinnern an alles, nichts zu vergessen
Früher und heute, kann man nicht messen

Momente des Leids, die Tiefe der Trauer
Daran zu denken, läuft runter ein Schauer

Wie dein Leben verlaufen, hat dich doch
  geprägt
Die dunklen Stunden, sich als Schatten
  gelegt

Doch auch das Glück hast du gesehen
Musst leise lächeln, so viel ist geschehen

Solange du noch kannst, willst du daran
  denken
Solange du es noch weißt, kannst du es dir
  schenken

Wenn du vergisst, immer mehr und mehr
Wenn du es merkst, steigt die Angst so
  sehr

Das Leben ist lang, viel zu bedenken
Irgendwann kann man es selbst nicht mehr lenken

Das eigene Schicksal lässt sich nicht vermeiden
Du lehnst dich zurück, lässt andere entscheiden

Lydia Teuscher   * 1963

Freundschaft

Freundschaft ist relativ,
sie geht mal grad, mal schief,
mal ist sie schlecht, mal ist sie gut,
doch für gute braucht man sehr viel Mut,
sich zu vertrauen ist auch sehr wichtig,
oft zu lachen, sich zu trösten, das ist richtig,
doch am Ende darf nur eines zählen,
haltet zusammen und helft euch beim Kartoffel schälen!

Rosa Teves

Machtlos

Dieses drückende Gefühl, der Machtlosigkeit
Lass es los!
Diese verlorene Träne, der Machtlosigkeit
Wisch' sie weg!
Dieser leere Blick, der Machtlosigkeit
Leg' ihn ab!
Dieses Leben macht dich so machtlos.

Thalissa   * 1997

nice

Was wenn dich in deinem Leben etwas so sehr prägt,
dass jede Erinnerung daran dir den Atem verschlägt?
Was wenn die Zeit Veränderung bringt,
doch man sich zwingt,
nicht mit zu gehen?
Lieber bleibt man stehen.

Was wenn es dir dein Herz zerreißt,
dir die Hoffnung raubt und dich entgleist?

Was wenn eine Wunde niemals heilt?
Für immer mit den Narben leben.

Natalie Thalmann   * 1989

Was ist schon die Liebe

Was ist schon die Liebe?
Es ist ein Gefühl als wenn ich fliege.
Oben auf der Wolke sieben,
Werde ich den Schmerz besiegen.
Du denkst immer zu an mich,
und das gleiche tue ich auch für dich.

Heute sehe ich dich nur kurz,
aber es ist ein schwerer Sturz.
In meiner Wange brennt ein starker Schmerz,
und es ist verflogen, das Liebesherz.
Meine Lippen flüstern deinen Namen,
aber ich weiß nicht wie sie darauf kamen.

Deinen Augen leuchten wie ein Stern,
aber leider bist du doch so fern.
Du kamst zu mir mit einer Ros',
und wusstest das Chaos wird sehr groß.
Ich dachte an die schöne Zeit,
und kann nicht ohne Zärtlichkeit.

Keine Ahnung was mit mir geschah,
meine Gedanken waren bei diesem Jahr.

The crazy ones

Der Liebe großer Sturm

Der Liebe großer Sturm,
Er kann sich winden wie ein Wurm.
Jetzt heißts Verzicht,
Weil sonst mein Herz zerbricht.
Ich lass mich fallen werd ganz schwer,
So trägst Du mich hinein ins Meer.
Hörst Du die Wellen singen,
Siehst wie Delfine fröhlich springen.
So will ich fröhlich mit Dir sein,
Lass mich nie, nie mehr allein.

TheGrace * 1984

Eine Straße endlos lang
doch Abkürzungen dann und wann.
Wohin? Welcher Weg?
Rechts, links
besser geradeaus.
Kein Blick nach rechts, nach links
Ein Tunnel – dunkel, ohne Licht.

Lauf!
Renn!
Schneller, weiter.
Keine Luft, aber
warte.
Ich habe mich da in der Richtung geirrt

Iris Theissen * 1983

Nur ein Blödmann

Die „Klugen"– werden stündlich mehr! –
und das erstaunt mich wirklich sehr!
Zu Talkshows lädt man Sie gern ein! –
Und Jeder will Experte sein!

Es gibt wohl Abertausend schon –
und jeder erhält seinen Lohn!
So Viele, – gab es früher nicht!
Es brannte selten nur ein „Licht"

Doch heute gibt es scharenweise,–
Experten wohl – zum Schnäppchenpreise
Die gern sich zeigen im TV!
Denn das bringt Werbung und Radau!

Da bleib ich Blödmann, – nur ein Wicht,
schau dem nur zu, – es stört mich nicht.
Experten gib es schon genug! –
für Raub, – den Diebstahl und Betrug!

kassieren reichlich als Berater, –
gehen nicht malochen, – wie der Vater.
Es fährt sich gut im Maserati –
ins Altenheim schickt man den Vati!

Theokrates

Im Herzen

Im Herzen ist Liebe – Sie strahlt aus dem
    Herzen durch jede Zelle alles wird
    geliebt, liebt
Und alles heilt in der höchsten Schwingung
    der Liebe – Das Herz strahlt Liebe aus
Durch die Aura durch die Atmosphäre ja
    weit hinaus strahlt sie die Liebe und
    erfasst alles was ist
Wie ein Engel im Licht steh ich im
    Universum in dieser Galaxie im All
    und die Bänder der Strahlen
Der Liebe tanzen wehen durch alles was ist
    und die Schwingung trifft dich und
    dich und dich
Den die Resonanz in dir und dir und dir
    und mir ist Schwingung ist Liebe ist
    Licht
Und so tanzen wir durchs Universum und
    sehen die Erde und lieben sie
Wir nehmen sie in unser Herz hinein
    und alles ist im Liebesschein dieser
    heilsamen Schwingung
Und losgelöst lassen wir sie wieder ihre
    Bahn ziehn – Die Liebe im Herzen
    wächst und gedeiht

Und alles was wir ausstrahlen kommt
   wieder zu uns zurück – Alles wird
   Liebe und Licht
Heilige Schwingung und alles wird
   erhoben im Schwingen der höchsten
   Schwingung der Liebe
Sie ist so heiß im Herzen und sie verbrennt
   alles Leid – Die Liebe lebt – Die Liebe
   erhebt

Dorothea Theresia * 1965

Liebe

Es ist da,
ich kann es fühlen.
Wie eine Sonne im Bauch
geht es langsam auf.
Tausend Jahre starr und kalt,
fließend alsbald.
Energie schiebt und treibt
diesen gigantischen Felsbrocken,
dann beginnt es zu kochen
unter der Decke.
Rückend und drückend,
es wölbt sich und sträubt sich
und es explodiert!

Oh brodelnder Feuerball,
zerbirst in schillerndes Kristall.
Hunderttausend bunte Kugeln,
jede einzelne kann man suchen.
Wie die Sonne im Bauch
wärmen sie auch.

TheWhitelady * 1980

kleines großes Wunder

So kleine Hände
und so kleine Zehn
Hab nie zuvor
vergleichbar Schönes gesehn

Kannte nicht dieses Gefühl
dies zarte Band
Mein Kind
komm gib mir deine Hand
Du bist mein kleines
großes Wunder
Du erfüllst mit deinem Lachen
jeden neuen Tag
Mein kleines
großes Wunder
Weil ich dich
unendlich lieb hab

Simone Thiel * 1980

Sommerzauber in der Natur

Der Wind der mit dem Haare spielt,
Eine Hand die Schuhe hielt,
Mit jeden Sprung so schwerelos,
Die Freiheit sei so groß

Die Gräser unter den Füßen fühlen,
Mit Bachwasser den Körper kühlen,
Die Sonnenstrahlen im Gesicht,
Der Wechsel von Schatten und Licht,

Rehkitze die in der Ferne liegen,
Blätter die im Winde wiegen,
Den süßen Duft der Blüten riechen,
Die Insekten die auf dem Boden kriechen

Die bunte Farbenpracht erleben,
Mit keinen Menschen reden,
Nirgends Hinweise oder Verbote,
Und keine Schilder rote.
So ist der perfekte Tag, wie ich es am
   liebsten hab'.
Im Wald und auf Wiesen, Doch mein
   Verstand der wird siegen,
Ich muss heimkehren zu den Wünschen
   und Sorgen
Wo ich denken muss an Morgen.

Natalie Thies * 1998

Die Liebe ist eine Reise

Die Liebe ist eine Reise, die durch ein
ziemlich aufregendes aber auch
unbekanntes Terrain führt.
Sich darauf einzulassen,
bedeutet loszulassen
und zwar die Angst vor der
eigenen Courage.
Die Zweifelt, die auftreten.
Die Unsicherheit, welche sich im Magen
auf bekannte Weise bemerkbar macht.
Die Furcht davor,
nicht wiedergeliebt zu werden.
Sich zu blamieren.
Der erste Schritt auf dieser Reise ist
den Mut aufzubringen das eigene Herz
in beide Hände zu nehmen
und einfach ohne wenn und aber
zu sagen, ich bin bereit.

Klaus Thomanek * 1950

Und immer wieder neu

Und immer wieder,
einsame Räume durchwandern.

Und immer wieder,
vorgegebene Wege verlassen.

Und immer wieder,
selbstgesponnene Hoffnungsfäden loslassen.

Und immer wieder,
eigenen Unsicherheiten begegnen.

Und dann doch,
ankommen:

Irgendwo.

Irgendwie.

Und immer wieder neu.

Gundi Thomas * 1956

Es gibt keine Erklärung
für Deinen durchstoßenen, blutigen Körper.

Die Verzweiflung und die Angst
(die ich herausgeschrien habe)
Sie haben keine Bedeutung.

Michael Thomas * 1994

Verhinderte Ankunft

Der Mensch wird pausenlos mobiler,
doch leider wird sein Ziel nicht zieler!

Ein Ziel ist wo man gern verweilt,
dieweil der Mensch heut' hetzt und eilt!

„Mobil" heißt längst schon, – streng
    genommen:
zu flott zu sein um anzukommen!

Reinhard Thomelcik

Der Fisch der nach Luft schnappte

O, wässriges Grab,
aus salzigem Kusse,
Hältst fest mich in Trab,
Für wahr!-
Tag für Tag ich blicke empor,
Sehe Apollons Laterne,
Mit Schmach sie blickt auf mich Tor,
Bei ihr ich wäre so gerne,
Die Strahlung, das provokante Licht,
Dringt zu mir bis tief in die Meere,
Den Himmelskörpern der König,
Und doch: wo ein Körper da Blut,
Noch auf dem Throne, verhöhnst mich,
Doch bald erlischt Rache die Glut,
Ich komme dir näher, ich spüre dich
    stechend auf all meinen schillernden
    Schuppen,
Doch trotz meines Leids, trotz meines
    Gebrechens wirst du dich am Wasser
    verschlucken,

Das Wasser es bindet, die Sonne sie löst,
Ich kann mich partout nicht entscheiden,
Für wahr! –
Es gibt nur das Leiden

Jason Thompson * 1998

Wenn ich alt bin

Lange Tage im Getrübe leisen Laufens
durch die Stadt der still Verborgenen
die wandeln so im Augenblick
getaner Fiebrigkeit

Steigst du ins Getriebe einer Straßenbahn
pendelt sich die Sicht durchs Glas
zu Tatenlosigkeit die lose tut
im Taubenblick der Zeit

Findest du Gefallen an der Statik und dem
    Raum
lächelt dir von hinten eine Schulter zu denn
sie bewegt sich kaum der Atem hebt
sie wie verlangsamt auf und Ruh

Hanna Thomschke * 1994

Die Besinnung

Leise fällt der Schnee zur Erde,
wie ein Schleier deckt er's zu.
Und die Nächte werden länger,
daher kommt der Mensch zur Ruh.

In der Stube wird gebacken,
auf dem Tisch da steht ein Kranz.
Vier Kerzen strahlen immer heller
und im Raum geht um der Glanz.

Dies soll die Zeit sein für Besinnung,
doch der Mensch der nimmt sich's nicht.
Nur die Hektik wird Gewinner,
zu schnell erloschen ist das Licht.

Simone Thüringer * 1979

Augen auf!

Wir denken
Wir leben mit beiden Augen offen
Merken nicht
Dass eines ist geschlossen

Sehen nichts
Außer dem Nebel unserer Welt
Der Begriff
Realität sich in Grenzen hält

Was uns fehlt
Ist Magie, Zauber und Fantasie
Und dazu
Den Sinn fürs Schöne, doch wie?

Sehe ihn,
Den Wind und spüre sein Flüstern
Höre sie,
Die Bäume wie sie erzählen ganz
    schüchtern.

Rieche es,
Das Gras und spüre dessen Duft
Genieße
Kleine Wunder und sei frei wie (die) Luft.

Charlotte Tienelt * 1997

Liebesbrief

Mein Liebster,
Nie würde ich es wagen dich zu lieben,
Gar die Idee ist schon durchtrieben.
Den Weg werde ich nicht erneut
    beschreiten,
Durch den du mich hast begleitet.
Vielleicht werde ich bald ein weg finden dir
    zu sagen,
Und mich zu verklagen.
Doch hör mir nun gut zu,
Du, mein Liebster, du.
Hör gut zu und lass dir sagen

Wie schwer es mir fällt dich nicht zu
  fragen,
Denn ich hab so Angst bei dir zu versagen.
Mein Liebster ich muss nun gehen,
die Zeit war schön, doch du musst
  verstehen,
Das ich dich brauch in dieser Zeit,
Doch es ist ja nur mein leid.
Vielleicht wäre es was geworden, doch
  dafür müsste ich morden.
Die Zeit war schön, ich muss jetzt gehen
Ich liebe dich,
Auf Wiedersehen.

Lea Tiernan * 1999

Liebe und Freiheit

Liebe hält zusammen
Niemand kann uns verdammen
Liebe bringt uns weiter
Und sie macht uns heiter
Liebe fühlt sich so gut an
Drum denke immer dran
Liebe deinen Nächsten wie dich selbst
Auch wenn du nichts zurückerhältst

Die Gedanken sind frei
Ich springe dir bei
Jeder sollte gehört werden
Ob mit Worten oder Gebärden
Kämpfe für Gerechtigkeit
Dann hast du freies Geleit
Es zahlt sich aus
Die Welt ist ein Haus

Mit Liebe und Freiheit
Kommst du weit
Du gehörst zu den Gescheiten
Drum sollst du sie verbreiten

Christian Alexander Tietgen * 1993

Weißt du wie es ist, wenn alles anders wird?
Wenn du die alten Pfade verlassen hast,
die du eben erst erobertest?
Wenn du fort musst, obwohl du es gar
  nicht willst?
Wenn der, der dir am nächsten steht,
nicht derjenige ist, der auch fortgeht?
Wenn du auch nicht fort willst, aber fort
  musst?
Wenn man verspricht, dass alle Wege offen
  stehen,
doch keiner aus dem Fenster schaut um
  dich zu sehen?
Wenn du weit weg bist, in einer neuen
  aufregenden Welt,
wo die Zeit pulsiert, doch dich nichts hält?
Wenn deine Worte keine Sprache kennen,
um deine Traurigkeit zu benennen?
Wenn du dich fragst, was soll ich hier,
was habe ich von ein bisschen mehr bunt
  bedrucktem Papier?
Wenn man dir sagt, dies sei der Weg in ein
  besseres Leben,
doch es fühlt sich an, als wärest du von
  Zerfall umgeben?
Wer kennt den Titel zu all diesen Fragen?
Es ist das „Gefühl eines Auswandererkindes
  an schweren Tagen".

Elisa Tinnappel * 1983

Wie kann ich wissen

Manchmal denke ich, die Zeit zieht an mir
  vorbei.
Ich drehe mich um ... sehe mich um ...
doch wie kann ich wissen,
ob vielleicht genau jetzt hinter meinem
  Rücken Großes geschieht?

Manchmal denke ich, es wäre erst gestern
  gewesen,
als ich dachte, heute wäre noch Welten
  entfernt.

Ich drehe mich um ... blicke zurück ...
doch wie kann ich wissen,
ob vielleicht in der Vergangenheit ohne
    mich Großes geschah?

Manchmal denke ich, ich tue das Richtige.
Ich bleibe stehen ... blicke nach vorn ...
und wer kann schon wissen,
ob vielleicht genau ich irgendwann Großes
    vollbringe?

Maria Tinten * 1993

Sehnsucht

Kleine
verworrene Farben
im Garten.
Der Fluchtort
bleibt
egal
woher
der Wind weht.

Tion * 1964

Für den Frieden

Wer die Menschen in die Kriege hetzt,
wird auf ewig in die Armut versetzt
und dabei schwerstens verletzt!

Elisabeth Tischler * 1962

Fallen

Das Gefühl an der Klippe auf einer
    wiegenden Wippe,
zu stehen, nach unten zu sehen, und aus
    Versehen, einen weiteren Schritt zu
    gehen.
Dieses Gefühl ist nicht Angst, nicht Unmut
    denn es tut gut,
zu springen nach ewigem Ringen in
    Gedanken.
Davor noch wanken und dann doch
    danken,
denn das Gefühl des Fallens, verdrängt das
    Aufprallen.
Der Flug ist andauernd. Nichts bedauernd
    fällt man,
und kann sich entsinnen, tief drinnen im
    Gedächtnis
gibt's ein Vermächtnis von purer Schönheit,
    Zärtlichkeit.
Deren Gesicht erscheint, vereint mit
    Melodien und Galerien schöner
    Bilder,
milder, leichter fast schwerelos wird das
    Gefühl des Fallens.
Der Klang des Hallens leiser Klagen, lässt
    zu wagen, ob der letzte Schritt,
mit freiwilligem Tritt doch falsch war?
Gar Reue lässt verdrängte Scheue aufleben,
    streben nach Leben.
Das Fallen wird schwer und rau, der
    Himmel grau, die Sonne versiegt,
die Schönheit obliegt nicht länger nur
    Gedanken, den beim letzten
    Schwanken wird klar,
dass alles nur ein Traum war.
Nun sieht man das wichtige, nicht das
    nichtige.
Und muss nicht erst fallen um ängstlich
    aufzuprallen.

TitusTidus * 1992

Losleben

Loslassen
und vergeben
Loslassen
sich ergeben
Loslassen
und geben
Loslassen
na eben
Loslassen
Los...leben

Lilli Tollkien * 1980

Morgen ist ein neuer Tag

Heute war nicht unser Tag,
obwohl ich Dich unheimlich mag,
wir haben uns leider gestritten,
jetzt möchte ich Dich um Verzeihung
    bitten,
sei mir nicht mehr böse, Schatz,
Du bist doch meine liebe Schmusekatz,
es tut mir so unendlich leid,
Liebling, es bleibt uns noch viel viel Zeit,
ich werde Dich für immer lieben,
laß uns den Streit von eben verschieben,
morgen ist ein neuer Tag,
deshalb ich Dich heute frag:
„Willst Du erneut meine Frau werden?
Es gibt für mich keine Bessere hier auf
    Erden!"

Tom * 1969

In Erwartung 14!

Alte Ordnung sage nicht Nein,
Verbanne für mich dein Schweigen.
Tanze mit mir im grünen Hain
Den heiteren Hochzeit-Reigen.

Alte Ordnung sage nicht Nein,
Unter Linden darf ich warten.
Gewaltig wird dein Kommen sein,
Mit Kanonen und Standarten.

Alte Ordnung sage nicht Nein,
Rette mich, denn ich begehre!
Du Kaiserreich magst Hafen sein,

Für mein altes Boot
In bitterer Not.

Tom * 1961

Alles – Nora zum 18. Geburtstag

Kleine Nora, große Schwester
keine Puppen, nur ein Schmusekissen
und die Micky Maus.

Biene Maja auf der Schultüte
Zelten, Turnen, Wettkämpfe
Rheinhessenmeisterin und ASV.

Im Haus mit Garten ein eigenes Zimmer
und zum Geburtstag immer
eine besondere Feier.

Alle Diddl Blöcke dieser Welt
ein Handy nicht vom Taschengeld
Inliner so schön wie Markros
und samstags unser Mainz-Ausflug.

Harry Potter haben wir gemeinsam gelesen
Latein und Mathematik zusammen
    überstanden.
Nachbarn, Schüler, Lehrer: Deine Feinde
    waren meine.

Nun sitz ich im Garten ohne dich, feiern
    willst du ohne mich.
Jeder Abschied ist dir schwer gefallen. Mir
    auch.

Alles wünsch ich dir.

Hildegard Tombrink

Heimathafen

Ach, wär' ich doch ein Boot und könnte,
fahren auf zum Horizonte,
entdecken, schmecken, riechen, sehen,
Den Lauf der Welt vielleicht verstehen.

Dem Wind würd' ich mich übergeben,
Ganz ohne Zwang zu jedem Meer,
Getragen nur von meinem Streben,
ganz leicht, naiv und unbeschwert.

Und kehrte ich dann einmal heim,
Ganz langsam, zögernd und beschwert,
In meinen alten Hafen ein,
Als Fracht hätt' ich des Lebens Wert.

Ich wär' verrostet, hätte Beulen,
Ich hätt' gefühlt das größte Leid,
Doch wär' ich auch voll tiefer Freude,
Denn wär' von Unwissen befreit.

Und eines Tages will ich wieder,
Zur weiten Reise mich begeben,
Mit Achtung, Neugier, unbesiegbar,
Den Lauf der Welt neu zu erleben.

Agnieszka Tomkow * 1985

Liebe

Was ist Liebe?
Verlieben?
Verliebtheit ist ein Gefühl
als würdest du schweben,
oder fliegen.
Du bist glücklich, hoffnungsvoll.
Du freust dich Über Kleinigkeiten,
wie ein Herz in einem endlos lang
      scheinenden Text.
Du bist hippelig, möchtest den anderen so
      gerne sehen.
Möchtest den anderen immer bei dir haben.
Aber manchmal kann das auch schief
      gehen.
Du weinst, musst immer an den anderen
      denken,
fängst wieder an zu weinen.
Du bist stimmungsvoll, manchmal schlecht
      gelaunt.
Aber die erste Liebe vergisst du nicht,
auch wenn du das willst.

toni_leonie

Bin ich eine Deutsche oder eine Türkin.
Oder eine Deutschtürkin.
Ja, das ist wirklich wahr,
es gibt Tage da ist's mir einfach nicht klar.
Ich stelle mir diese Frage und bin der
      Antwort ziemlich nah,
seitdem ich selbständig denken kann.
Eins bleibt mir für immer verwahrt,
Kultur und Sitte in beiden Seiten bewahrt.
Eben eine deutschtürkische Art.
Und eins ist mir auf jeden Fall von Anfang
      an klar,
ich bin für alle Menschen da.
Denn vor Gott sind wir alle gleich,
ob arm oder reich.
Oder auch von meiner Nationalität
      ausweich.

Ayse Topal

Die wunderbare bizarre Ironie

Milliarden von Menschen und alle allein
Und so viele folgen blind und stumm
Es trieb sie die Sehnsucht und nicht Ruhm
      und Geld
Im Fluss der Zeit versunken
Stehen sie hier und drüben die Macht
Sie tanzten auf dem Eis, das unter ihnen
      zerbrach
Manch einer von ihnen gestürzt mit Reden
ein anderer mit Schweigen
und der nächste wiederum mit dem Gebet
doch die einfachste aller Methoden
Macheten

TormentaDeEstrellas * 1990

Treibholz

Verlorene Planken wertlos und alt
Treiben ufernah
Sie triften ab, finden kein' Halt
Hinauf auf's offene Meer

In Wogen hinauf und Tiefen hinab
Rettung ist nicht in Sicht
Zerfall beginnt innen
Unumkehrbar der Verlust
Ihr Ziel erreichen sie nicht
Einst Teil eines Ganzen
Nun zerbrochen, zerrissen
Zersplitterte Identität
Wer sucht sie? Wer braucht sie?
Unauffindbare Hölzer
Der Wind hat sie verweht

Mandy Torres * 1979

holocaust

kristallen
splitterten die nächte
die braunen lauscher
gepresst an türen und wände
wie vieh
aus den ställen gezerrt
die opfer
nach vorbestimmt
nächtlich
räderten züge
voll gepfercht
mit gelben sternen
stiegen sie auf
mit dem rauch
zu den brüdern

Tottori

Das Ende

Smog schwebt wabernd grau
über stiller nasser Stadt.
Stimmen Kratzen rau,
sie labern leise matt.

Die Welt verdreckt von Ruß
zieht düster ihre Runden.

Des Lachens seltner Gruß
Vom Menschendreck verschwunden.

Die Zeit wird langsam alt.
Das Firmament weint saure Tränen.
Das Weltenherz wird kalt.
Menschen werden Schemen.

Und die Welt von Eis zerbricht
In tausend tote Stücke.
Das Nichts bleibt ohne Licht.
Das All verschluckt die Lücke.

Lea Traeger * 1995

Ganz gleich ...

Ganz gleich ...
Ganz gleich, was immer auch geschieht
die Sonne geht auf und scheint
auf alles in dieser Welt
auf Schönes, auf Gutes
und auch auf das
was eben nicht gefällt.
Nimm es so wie es ist
scheitere nicht an deiner Erwartung
an deinen Wünschen und Hoffnungen
Wachse an deiner Erwartung
an deinen Wünschen und Hoffnungen.
Freu dich ...

Doris Trampnau * 1959

Ein roter Schuh, ...
... patsch tanzt er durch die Pfütze, sauber,
   wie geleckt sogar ...
... und strahlend-wie an Bändern, steigt
   empor mit losen, breiten, ...
... silberfarben, neugefleckten
   Wasserteilchen ...
... liebend, lachend guter Quatsch.

Die, die die Stimmen schweigen lassen, ...
... siegen echt zugleich, vielleicht ...

... zusammen plantschen wir ...
... voll super weit-nur hey!
Jetzt flitz' ich so ...
... davon.

Jonathan Träumer * 1993

Mein Wind

Der Wind der Liebe weht heftig und kurz
Der Wind der Gegenwart ist mal kalt, mal
　angenehm, mal eisig, mal warm
Der Wind der Vergangenheit sorgt für
　einen Sturm der Gefühle
Der Wind der Sehnsucht sorgt für einen
　Orkan über dem Ozean der Herzen
Der Wind der Unsicherheit sorgt für einen
　Hurrikan der Seele
Der Wind der Geborgenheit sorgt für eine
　Oase der Ruhe
Der Wind der Eifersucht sorgt für ein
　Unwetter des Geistes
Der Wind der Hoffnung vernebelt unsere
　Sinne
Der Wind der Angst treibt den Tsunami
　über unseren Körper
Der Wind der Realität ist wie ein Erdbeben
　unserer selbst
Der Wind der Zukunft ist nicht spürbar
　und weit entfernt
Der Wind des Neuanfangs sorgt für einen
　Sturm der Gefühle
Der Wind der Geborgenheit darf nie
　aufhören zu wehen, sonst bin ich nur
　eine Feder im Wind

Trauriger Poet * 1970

Sternenfeuer

Ein Stern, in unbekanntem Schwerkraftfeld
　rotieren,
schickt Strahlen in des Universums Weiten.
Mit dem Quadrate der Entfernung
　divergierend,
durcheilen sie im schwarzen All die Zeiten.

Verbrennen Sterne fremder Galaxien,
unmerkbar streifen Quäntchen unsere
　Breiten.
Aus Sternenmassen werden Energien.

Sind Sterne ausgebrannt, die Feuer speisen,
ihr Licht ist ziellos ewig noch auf Reisen,
zu unbegreifbaren Unendlichkeiten.

Tief in Vergangenheit schaut die
　Astronomie,
will spektroskopisch Strahlen aufbereiten,
in Sternenlichtern Elemente unterscheiden,
mit Satelliten suchen nach warum und
　wie –
aus Antworten, die sie zusammentragen,
erwachsen Hydraköpfe neuer Fragen.

Das Universum dreht nach göttlichen
　Gesetzen.
Die Neugier auf die fernen Urgewalten,
die Raum und Zeit in Ewigkeit gestalten,
bezahlt, der Mensch mit Demut und
　Entsetzen.

Kurt Trautmann

Die weiße Sonne

vom höchsten Felsen springe ich
ins Geäst aus Schmerz und Freude
bis schwarz der Himmel Gold verspricht
und ich all das Licht vergeude
das hindurchscheint

wenn ich dann gewachsen bin im Tanz
um die Sterne zu pflücken
reiß ich euch die Sonne aus dem Herzen,
　sie ist weiß
dort braucht ihr Platz für Feuer

Martin Trimmel * 1982

Muss man nur Leiden, um zu Lieben?

Wir kannten uns kaum,
Fast so schien es, als wäre dies nur ein Traum.
Es war zu schön, um wahr zu sein.
Du wurdest wirklich mein.
Als wir uns trafen, pochte mein Herz so stark,
bei jedem Treffen und Sprechen, Tag für Tag.
Das Schicksal meinte es gut mit mir,
Denn ich fand dich und aus zwei wurde eins, ein Wir.
Wenn du lachtest, schien die Zeit still zu stehen,
Schön, so war es und ich hoffte es würde nie vergehen.
Das Streben nach Glück, am Ende gefunden,
wollte ich nur eins, dich an mir gebunden.
Doch es kam anders als ich dachte,
Dein Gefühl, dass nein zu mir sagte.
Auf dein Herz hören, dass sagte ich dir nur,
Doch du hattest Angst, voller Tränen brachst du den Schwur.
Mein Leben zerbrach, in einer Minute, die Tränen zu viel.
War zu Leiden, um zu lieben der Götter Deal?
Von Schmerz geplagt, dem Zweifel erlegen,
gab ich nicht auf, ich will dich, und du auch mich, in unserem Leben.

Sven Tripp * 1984

In der Bibliothek meiner Erinnerungen

Es gibt sie ...
An einem tief verborgenen Ort:
Die Bibliothek meiner Erinnerungen.
Abgeschottet von der Außenwelt, ist sie nur mir allein zugänglich.

Hin und wieder wandere ich die langen Gänge entlang,
vorbei an den unzähligen Werken.
Jedes für sich ein Unikat.
Es sind Geschichten, die mir keiner nehmen kann.
Erzählungen, die niemand sein Eigen nennen kann.
Ich allein bin ihr Autor.

Tamara Tröger * 1985

Zufriedenheit

Wenn ein Wesen so ist wie dieses,
hat Einsamkeit ein leichtes Spiel.
Einfallslos, dem Schicksal ergeben,
zerrissen – doch hoch der Mut.
Weit weg und immer woanders
ist das Wesentliche.
Präzise formt sich das Bild:
Zufriedenheit ist nirgends in Sicht.

Besessen vom eigenen Schein
plappert ein anderes Wesen
von vergangenen Szenen, mühelos.
Kein Wort erklärt – nur fahles Licht fällt
auf die sächsische Königin.
Wie viel mehr zufrieden ist der,
der sich selbst am liebsten hört?

Susanne Trommler * 1977

Zerbrochen

Nebel brennt mir auf der Haut
Gefangen jeder Zweifel doch im Morgenrot
Ich hab mein Schloss mit Schilf gebaut
Und gehst du fort dann bin ich tot

Mein Blick im trüben Wasser niemals findet
Was leider ich an Dich verlor
Nichts was mich nunmehr an dich bindet
Du gabst mir nichts und ich erfror

So brennt mein Schloss mit hellem Schein
Die Flammen lodern himmelwärts
Gemeinsam können wir nicht sein
Zerbrochen nun mein gläsern Herz

Harald Tröstl   * 1957

Nordwärts

Und nordwärts wend' ich wieder meinen
    Schritt
Zu den rauschenden Bäumen des alten
    Winterwaldes
Zu schaun das Reich des dunklen Königs
Zwischen den Felsenklüften
wo Wasser wie neues Leben entspringt

Ich träumt', ich wanderte
auf den verschlungenen Wegen
der verstummten Vergangenheit
Hinauf zu seinem Schlosse
Die alten Lieder zu hören, die die
    Waldnymphen singen
Des Nachts in der Ferne
um Stille silbern zu verschönern

Die Türme aus Eis und aus
Schnee und aus Kälte
Wie mahnende Finger der Götter hoch in
    den Himmel sie ragen
Ich tanzt' dort mit dem Traum meiner
    heimlichen Nächte
So frei zu sein
wie der Winter selbst

Truchsess   * 1997

Machtlos ...

Erstickte Schreie
verhallten in die Nacht.
Er zerrte an dir.
Nehmende Macht.

Drückte sich fordernd
in deine Mitte.
Wehrtest dich
mit Kratzen und Tritte.

Rochs sein Atem.
Dann warst du allein.
Rock verschoben.
Starr wie ein Stein.

Seelisch verwundet.
Dazu die Schmerzen.
Ein tiefer Riß
in deinem Herzen.

Und Jahre später
lauert es noch.
Das nagende Leid
als schweres Joch.

Bernd Tunn   * 1944

Der Widerschein

So ähnlich einander sind wir – mein
    Spiegelbild klar sehe ich in dir,
Zu zweit wir atmen, zu zweit wir schreiten,
Wahrlich, voller Passion das Leben leben
    wir.

So ähnlich einander sind wir – meine
    Gesinnung förmlich höre ich in dir,
Wie gleichlautend sie bei dir ist, gar einem
    Lied sie ähnelt,
Und doch lässt mich der Wunsch nicht
    ruhen –
Es, liebliches, weit weg vom Herz davon
    zu führen.

So ähnlich einander sind wir – oh wärst du
    doch nur hier!
Nur einen trägen Augenblick,
Und gleich darauf wär' ich bereit,
Versprech'n tu ich, im Nu wär' ich bereit!
    Nicht mehr wage ich zu zögern.

Die einen kamen, die ander'n gingen.
Es kommt die Zeit, endgültig zu entrinnen,
Mag sein wir wird'n uns wieder seh'n;
An jenem Weg des Lebens, des ewigen
    Erdenwallens ...
Doch dann siehst nicht mehr du dich selbst
    in mir – denn nun erscheint Euphoria
    vor dir.

Anastasia Tyuleneva   * 1998

Tag der Frau

Noch ist alles still
draußen wie drinnen
noch ist alles möglich
in meinen Händen der Tag

Was wird er mir bringen?
Sein Name ist Sonntag
der Tag des Herrn
auch mein Tag?
der Tag der Frau?

Ich kann ihn bewusst
gestalten
oder vor mich hin
dümpeln

manchmal ist dümpeln
schön
manchmal
gefährlich

Ich habe die Wahl
Noch ist alles still
Vieles möglich

Verena Uetz-Manser

am ende vom frühling
vergeht die hoffnung,
dass du ein anderer sein kannst

am ende vom sommer
vergeht die hoffnung,
dass du mehr sein kannst

am ende vom herbst
vergeht die hoffnung,
dass du etwas erhalten kannst

am ende vom winter
bleibt
was du gegeben hast

Lars Uhlig   * 1977

Wahrnehmung

Manchmal sehe ich den Mond an
und frage mich „Gibt es ihn wirklich?"
Ist das was ich sehe die Wahrheit,
sehe ich alles, bin ich eigentlich blind?
Verstehe ich was ich sehe?
Kann ich es umsetzen?
Kann ich meinen Augen vertrauen?
Oder sind sie meine größte Waffe,
die ich gerade gegen mich selbst richte?

Was bleibt wenn ich die Augen schließe?
Verschwinde ich und die Welt dreht sich
    weiter?'
Oder ist es irrelevant, da ich und alles was
    ich sehe
überhaupt nicht existiert?

Wenn ich nur wüsste, dass ich sehen und
    denken kann,
so wie die Wahrheit bin ...
Sollte mein Verstand mir sagen können, ob
    er mir vertraut?

Susanne Uhlig   * 1990

Sonntags

selbstvergessen, aufgewacht, weiche Haut,
träumend süß, umgedreht,
lächelnd Augen wieder zugemacht,
in den Traum zurückgekehrt

Frühstück, Brötchen, Zeitung lesen,
Kaffee ,Ei, Musik,
Fahrrad, Flohmarkt,
schönes Wetter

süße Mäuse, Krimi, Kniffel,
faul sein ,Abendbrot,
Tee, Brot, Erdbeeren ,
küssen, lachen

Rotwein, reden, große Liebe,
träumen, singen, glücklichsein,
dunkle Nacht, weiche Haut,
träumend selbstvergessen

Maria Christina Uhse   * 1954

Mein Mollie

Benzin in Flaschen und ein reines weißen
    Tuch
Leute auf der Straße, hört ihr meinen Fluch
er gleitet durch die Schwaden, leistet seine
    Pflicht
Erfahre seine Liebe, wenn er über dir
    zerbricht
Ohh – Oh Mollie mein.

Siehst du den Flammenschein, dort am
    Horizont
schmerzen dich die Hassparolen, aus
    meinem Mund
spürst du seine Sehnsucht brennen, wie
    Blasen auf der Haut
umarmt dich sanft die Liebste, die gläserne
    Braut
Ohh – Oh Mollie mein.

Bist du des Redens müde, zerreiß des
    Friedens Band
Wirf von dir alle Sorgen und den Mollie aus
    der Hand
er ist dein treuster Freund, dein stolzer
    Adjutant
von Beruf kein Komiker, trotzdem amüsant
Ohh – Oh Mollie mein.

Du bist der Grund für meine
    Seelenharmonie
der Treibstoff meiner Körperenergie
zündet meine Haare an, mir ist alles recht
ich möchte auch ein Mollie sein im
    tosendem Gefecht
Ohh – Oh Mollie mein.

Bernd W. Ulbrich   * 1980

Ruf nach Frieden

Wer aufs Neue geboren wird
Der schaut nicht nach vorn
Und auch nicht mehr zurück
Von lebendigen Augenblicken
Leicht berührt und ganz entzückt
Mit gegenwärtigem Tage geschmückt
Stolper-, stolper- in die Sekunden hinein
Voller Freude am Sein
Gottes herrliche Schöpfung ist auch Dein
Unter dem Himmel ist keiner wirklich
    allein
Tanzen, tanzen, um den bunten
    Christbaum
Singen, singen, frohe Weihnachtslieder
Doch
Bewegungslos und matt sind die Glieder
Seitdem Kriege Ängste wälzen
Serben durch Bomben Kinder
Im Schmerz heiß und tief
Die trockene Kehle
Nach Frieden rief.

Maria Ullmann

Oger Meer

Brüllender Wahnsinn. Triumph.
Wohin bist du verschwunden?
Brüllender Wahnsinn. Triumph.
Die gewaltige Gehilfin der Starken hat
Dich geschluckt.
Brüllender Wahnsinn. Triumph.
Du bist fort und tot.
Sie wird bewundert.
Brüllender Wahnsinn. Triumph.

Mona Ullrich * 1957

Abendgruß

Und ich schicke
einen Kuss hinaus
das Abendrot leuchtet
still bei mir zuhaus'
du bist in der Ferne
doch nie weit weg von mir
beim Leuchten der Sterne
sagt mein Herz
du bist hier.

Karoline Ulm * 1984

Sternmärchen

Wenn der Menschen irdisches Treiben nur
blendet,
ich mir sehnlichst wünsche, dass der Tag
nun endet
und Dunkelheit sich vom Himmelszelt
sanft senket,
die Nacht die Welt einhüllt und Ruhe ihr
schenket.

Am Firmament blühen glitzernd die Sterne
auf,
meine Seele wandert, schwebt zu ihnen
hinauf.

Erwartungsvoll, dass sie mir Sternmärchen
erzähl'n,
leise, leise muss ich sein, kann sie sonst
nicht hör'n.

Erst lassen sie ihre Sphären zart erklingen,
um all ihre Wunder zum Vorschein zu
bringen.
Hauchen Geschichten vom Universum in
mein Ohr hinein.
Glück durchflutet mich und Frieden kehrt
in meine Seele ein.

Claudia Usai * 1967

Zwiespalt ...
mehr als eine Frage die im Raum verhallt,
eine Gabelung an der mein Weg sich teilt.
Die Entscheidung der Kompass, doch die
Nadel verkeilt.

Wenn man rastet, dann rostet
Was nicht bewegt, nicht belebt
Unschätzbare Lebenszeit kostet,
Du deiner Träume nicht bestrebst.

Wird nur gesucht, nicht gefunden
bleibt meine Reise ein Kreis
Drehe unendliche Runden,
fühle mich leer und entgleist.

Werde den Kreis nun erkunden,
ihn betrachten, ihn bestaun'.
Nie gesehen, das er umwunden
zieht unendlich in den Raum.

Beginne ich nun zu finden,
kann ich Hürden überwinden.
Mich in mir endlich ergründen
und in Bewegung ruhend münden.

Usha Uva * 1992

Der Wald

Tausend Jahre steht er dort,
bietet Schutz und will nicht fort.
Hält seine Blätter in den Wind,
gibt somit Atem meinem Kind.

Ich, als Mensch, der viel mehr weiß,
trenn' Gut und Böse, kalt und heiß.
Bereite ihm und seinen Kindern
die Motorsäge, wer kann's verhindern?

Roberto Va Calvo

Kunstvolles Spinngewebe

Heute Morgen – in der Früh –
da hab' ich es entdeckt.
Ein kunstvoll gewebtes Spinnennetz
hat meine Neugier erweckt.

Die Spinne saß am äußersten Rand,
verhielt sich reglos-still.
So ist es immer, das ist allbekannt,
wenn sie etwas zum Fressen fangen will.

Plötzlich kam eine kleine Fliege.
Sie flog ins Spinnennetz hinein.
Das bedeutete für sie das Ende,
doch die Spinne konnte satt nun sein.

Ich rate Dir auf jeden Fall,
begib Dich niemals in ein Netz.
Sei auf der Hut allemal,
es wird durch keine Lösung ersetzt.

Überlege und prüfe stets genau,
wem Du Dein Vertrauen schenkst.
Erst dann schätzt Du Dich wirklich schlau,
wenn Du echte Freunde kennst.

Marga Vaerst

Sternschnuppe

Manchmal schau ich in den Himmel,
in kosmische Unendlichkeit ...
Ein kleiner Mensch im Erdgewimmel
sehnt sich fort von Raum und Zeit.

Wo die Sterne Bahnen ziehen,
wo Sonnen leuchten und verglühen
und Milchstraßen-weißes-Licht
mich emporzieht und verspricht:
Nur ewges Dunkel gibt es nicht.

Während ich noch sehnend blick
in Sternen-helle Ewigkeiten,
erleb ich unsagbares Glück ...
als plötzlich aus den schwarzen Weiten
ein Stern zu mir, zur Erde fällt,
mit goldnem Schweif die Nacht erhellt.

Ach Sternenschnuppe wunderbar
bringst du mir neue Hoffnung dar.
Zeigst einen neuen Weg zurück
vom Himmel auf ein Erdenglück.

Hannelu Vahl * 1937

Scheinsein

Die Tür geht auf, das Licht geht an!
Sodass man ihn erkennen kann.
Den Menschen der modernen Zeit.
Er übt sich in der Heiterkeit.
Doch weh' wenn diese Phase ist vorbei.
Dann ist er lieber scheu.
Und packt sie nicht am Schopfe, die
    Gelegenheit.
So lang er die Zeit hätte, in der er hier
    verweilt.
Er bleibt dem Status quo lieber treu.
Und hofft, dass er es eines Tages nicht bereu.
Alsdann er bald erkennen kann:
Wenn nicht damals, wann denn dann?

Laura Vaida * 1994

Vor dem Mut

Dem Licht des Anglerfisches folgend
zog es hinab in düstre Tiefen
wo
aus Gläsern wärmlich goldend
geschmiedet
Ungemach zu widerstehen
die Taucherglocke hindert zu begehen
Gefilde
dort die Träume schliefen

Daniel Valdivia Schoss * 1989

Abfertigung

Du bist das Letzte
nach dir kommt gar nichts
das geht so was von gar nicht
das verlangsamt doch alles
jede Uhr bleibt gleich stehn
fällt dein Blick auf die Zeiger.

Du machst mich so fertig
wie das Preisetikett auf die Ware
geknallt vor dem Kauf
ohne dich wär ich wertlos
ohne dich ging das gar nicht
unsre Liebe wird keiner verstehn.

Valivarius * 1986

Ein Stück vom Glück

Es ist vorbei und ich fühl mich so leer
Die Vögel auf den Bäumen,
sie singen nicht mehr
Die Schwäne am Teich,
sie kommen nicht näher,
nur der Eichelhäher
Die Welt gerät ins Stocken mitunter
Nur meine Tränen tropfen runter
Doch wenn sie weg sind
kommen meine Träume zurück
Zum Glück

vanity * 1980

ich du er sie es wir ihr sie

Ich sehe mich selbst nicht fliegen
keine großen Träume schmieden
Du hingegen bewegst dich fort
Stück für Stück von Ort zu Ort

Erlässt dir deine eigene Schuld
Und lebst dein Leben mit Geduld
Siehst die Welt aus deiner Sicht
All das könnt ich einfach nicht

Es fällt mir schwer zu geben
Dieses Bisschen alte Leben
Wir sind einander Elixier
was du mir bist, das bin ich dir

Ihr aus dir und mir gestrickt
Diese Balance ist mein Konflikt
Sie sehen also, werte Frau
mein wird nur ganz langsam grau

Klaus Vartzbed * 1983

Gesellschaft

Die Differenzierung
führt zur Klassifizierung.
Schichtensystem
fördert richtig gesehen
die Gesellschaft nicht weiter.
Die Armen steigen ab.
Die Reichen kippen die Leiter.
Die Mittelklasse wird langsam knapp.
Der Graben der Gaben
wird größer und weiter
so auch das Loch in der Gesellschaft breiter.

Sarah Velasco-Sobeck * 1992

Panikattacke

Die Angst schleicht sich in stiller Weise
in meinen Körper ein, und leise
fängt sie an mich anzunagen,
erst den Kopf, dann Herz, dann Magen.
Sie fesselt mich und höhlt mich aus,
ich weiß nicht ein und auch nicht aus.
Bis ich sie am Kragen packe,
sie in tausend Stücke hacke,
sie endlich in die Wüste schicke
und ihr noch lange Zeit nachblicke

Clara van Velten * 1975

Ich bin der König!
schaue auf die Welt.
doch tief in meinem Herzen
der Schmerz.
Als du gegangen warst, ich stieg hienauf,
eine Träne.
und der Entschluss.
ohne dich, mein Leben wäre sinnlos
die Kälte kommt
der Tod kommt
ein Vogel fliegt vorbei, und singt
ich kenn das Lied
Das Lied als ich in deinen Armen lag,
so glücklich.
Doch nun bist du fort, und ich alleine
Verzeih mir, dieses eine mal.
Ein Atemzug, und dann der Wind
ich falle, falle, zu dir.

David Velten

Abschied

Die sterbende Hand hat vieles erlebt,
vieles erschaffen und manches bewegt.
Getröstet, gestreichelt und oft auch erklärt
alles, das leider nie ewig währt.
Geleitet, beschützt, geballt auch vor Wut,
gebend, nehmend – es war alles gut.

Ruhig liegt sie nun in der warmen mein,
würde so gerne noch mal tätig sein.
Das Leben spüren mit all seiner Kraft
ein leichter Druck – ob sie es schafft ?
Doch einer ist stärker, nun wird sie ganz still,
in Gottes Hand sie sich nun begeben will.

Beate Vennemann

Chi Gong in Chicago

Cha-Cha-Cha in New York
Jetlag in Paris am nächsten Morgen
Morgen im Internet surfen.
Nur heute zwischen zwei Filmen
die Beine hochlegen
und einen Gedanken an Joe.
Fifteen minutes –
Frankfurt Airport
vor dem Abflug ... nach ...?

Vita Vera

Irgendwer

Irgendwer zog die Notbremse
er versuchte etwas zu bewegen
um der steten Hast zu entkommen
Doch er wurde von den anderen

untergemengt

Irgendwer brach zusammen
er schwamm gegen den Strom
um sich selbst treu zu bleiben
Doch er wurde von den anderen

überrannt

Irgendwer stand am Pranger
Er wollte rebellieren, aufbegehren
um etwas Neues zu versuchen
Doch er wurde von den anderen

umgebracht

Irgendwer dachte über jenen nach
Er verstand, was dieser erreichen wollte
Nun wurde ihm bewusst:
Wenn nicht er, dann jemand anderes

Warum nicht ich?

Constanze Vetter * 1996

Glück

Lehne Dich ein Stück zurück,
Wünsche Dir von Herzen Glück.

Mancher hofft und wartet still,
Bis er nicht mehr warten will.
Zieht hinaus, um es zu suchen
Kommt zurück und wird nur fluchen.

Glück nicht planbar, keine Spur
Glück ist selten, wenig nur.
Doch wer es hat, wird freudig springen
Es wird dann immer viel gelingen!

Geld, Erfolg im Job und Liebe
Ach, wenn dies doch alles bliebe!
Schnell schon kann das Glück verlassen
Den, der lebt um's zu verprassen.

Darum Leute, gebt gut Acht
Auf das Glück das Euch gebracht!
Lehne Dich ein Stück zurück,
Wünsche Dir von Herzen Glück.

Vivian Viatora * 1978

wir kinder sammelten

wir kinder sammelten
namen und
formten aus ihnen
schwalben
der wind trug sie
weit
über unsere köpfe hinweg
heute
pflücken wir sie
vom himmel und wiegen
schwerer jahr
um jahr

Marco Villa * 1984

Der Atemblick

Der Fensterspalt,
morgens und abends,
Augen verschließen,
Nase hinhalten,
ein Stückchen Freiheit einatmen.

Der Tageskampf,
ein neues Gesicht,
die Haare kurz,
ohne jegliche Gestik und Mimik
starren sie in die Leere,
die Bulimiekranken.

Das Sonnenlicht,
der Anfang,
inmitten der Strahlen,
ein Stuhl,
ich und eine Tasse Kaffee,
Momente der Besinnung,
der nächtliche Blick auf den rot blinkenden
    Fernsehturm.

Die Luft verwischt die Gegebenheiten,
die Zelle.

Vanessa Villinger * 1981

Sehnsucht

Und mein Geist wandert von Ort zu Ort
an stille Quellen, düstre Wälder und Wiesen
umher er irrt in verlassenen Dörfern
Begrüßt uns die Dämmrung mit ersten
    Strahlen
lange, so lange ist er schon fort

die Schönheit, sie finde ich in der Nacht
wenn die lieblichen Sterne sanft über mich
    wachen
ihr silbernes Licht mein Herz ganz erfüllt
und der Wächter vom Dunkel am Himmel
    steht
es ist des Mondes vollkommene Pracht

Nebel, der meine Gestalt annimmt
verschleiert, ja vorsichtig tastend voran
unsichtbar, lieber in Luft aufgelöst
ohne Heimat, die Fremde für Jedermann
Doch die Sehnsucht der Seele keiner
    wahrnimmt.

Samira Vinciguerra   * 1995

Stille

Intelligenz, so sag ich heut, haben zwar
    recht viele Leut'
Doch ist damit, wir müssens bekunden,
    nicht immer auch die Klugheit
    verbunden
Von wahrer Lebenskunst wohl auch, macht
    längst nicht ein jeder Gebrauch
Von Weisheit sei erst recht geschwiegen, sie
    wird nur allzugern vermieden.

Die Torheit aber, und das betrübt, wird
    dagegen sehr fleißig geübt
Kriege, Streit und „Ich will siegen!"
Oft Intrigen und viel Lügen
Angst und Wut und auch viel Hass, all das
    gibt's im Übermaß
Und Trübsal, Kummer und Verdruss, auch
    davon gibt's im Überfluss.
Lärmen, Hetzen, ständig Rennen, der Sucht
    nach Ruhm und Geld nachhängen
statt auszuruhen und zu bekennen, dass all
    die Mühe sich nicht lohnt
wenn auf der Jagd nach Geld und Macht,
    der Eine nicht den Anderen schont.

Ja, das Leben insgesamt
hat völlig sinnlos man verplant
hat sich gänzlich nicht gelohnt
wenn in der Seele nicht Stille wohnt.

VoBro

Exil

dein schlagendes herz war nie so fern
die räume sind nicht unsere welt
und doch ich dich einen stern
dem Hoffen und Lieben zufällt

gefahr im alltag ewig verbunden
doch nicht gestattet zu halten
ausweg des geistes verschwunden
den Hoffen und Lieben erhalten

allein zwischen fremden und schatten
die keinen wie dich unter sich hatten
trag dich bei mir in finsterer nacht
des Hoffens und Liebens eiserne macht

dein sorgendes herz war nie so fern
doch hör und fühl ich es schlagen
Hoffen und Lieben und Du mein stern
ihr bannt meine sorgen und meine klagen

Dominic Vogel

Der Stern

Es war einmal ein Stern,
die hatten sich so gern,
machten schlapp und viel herab.
Wollte so nicht sein und wurden zu Stein,
so legte der Stein ins Herz sich rein
und wollte nicht mehr sein.

Manfred Voigt   * 1961

Erwachen

Der Wind über dem Meere tobt
Die Welle bebt
der Meeresgrund sich bewegt

Dort am tiefen Grunde
schillernd weiß im Muschelmunde
noch tief schlafend-tanzend in den Wogen
rauf und runter-taumelnd durch die Sogen

Mit voller Kraft sich erhoben in ganzer Größe
Schwungvoll getragen ans Ufer mit Getöse
Auf feuchtem Sand lag sie ruhig am weißen
    Strand
wechselte den Ort in eine wärmende Hand

Geborgen-gefüllt mit Mut, Wunder und
    Neugier
in der Gewissheit-alles ist neu hier
Sanft berührt durch einen Sonnenstrahl
öffnet sie ihre Augen zum allerersten Mal

So sah die Perle warmes Licht
und ein Lächeln in einem Gesicht
Sie war zuhause und das hatte einen Grund
so erfüllte sie Wunder in jeder wichtigen
    Stund

Cornelia Voigtmann * 1966

Frost

einst geriet ich in die verlegenheit
unentzündbar zu sein
ein streichholz
auf einer eisigen durchreise
wartend auf den großen streich

und dann fing so plötzlich
das leuchten an
und ich wünschte
mich wärmte das blut
ein glühendes leben lang

Lena Volk * 1981

Windweit

Am Jungbrunnen und Traum meiner
    Kindheit,
fliegen Fische und ich werde wieder braun.
Das Feuer, so wie es sich im Wind neigt,
birgt frisches und freudenvolles Staunen.

Ich spring rum am Springbrunn'
der, sowie er sich zu mir neigt
und flüsternd alte Lieder singt,
mir im Wind die eine Ruhe zeigt,
die meine Jugend ringsrum wiederbringt.

Der Springbrunnen,
den man die Meere nennt
und das Feuer das über ihnen steht,
ist die Kraft, die sich zwischen meine Leere
    klemmt,
und die meine Kindheit windweit belebt.

Pablo Vollmer * 1989

Freuden des Lenz

Das Licht erstrahlt erneut,
Mutter Natur erwacht.
Ihre Brüder und Kinder sprießen erneut,
nach langem Schlaf in neuer Pracht.

Hoffnung verbreitet sich erneut,
junger Lenz befreit uns aus des Winters
    Fessel.
Die Herzen schweben sanft empor,
des Frühlings feine Flügel sie heben hoch
    ins
enzianblaue Himmelreich.

Bei einem herben Roten,
beobacht' ich dies verzückend Szenerie.
Nickend heiß ich ihn willkommen und bitt
    ihn herein,
wie einen alten Freund, den Lenze.

Vito Volpe * 1996

Für eine Hand voll Teddybären

Ich versteh dich nicht,
warum nur, hast du das getan?
Niemand wollte dir was Böses.

Gestern war die Welt doch noch
in Ordnung!
Warum heute nicht auch?

Es ist wie mit einem alten Teddy,
wird er zu alt,
verschenkt man ihn kurzerhand
und gibt noch vor,
dass man ihn von Herzen verschenkt.

Alles verlogen,
Falschspieler an jeder Ecke,
für eine Hand voll Teddybären,
zeige ich dir den nächsten.

Mirco von Maydell * 1973

Sterbende Mutter Natur

'hast uns genährt,
'hast uns beschützt,
'haben dich geehrt,
uns auf dich gestützt.

Wir versengen,
nein verbrennen!
Doch du liebst
uns immer noch.

Deine Hände,
flehen, die floralen,
doch kein Ende
dieser Qualen.

Wir entehren,
devastieren!
Du vergibst
uns sterbend noch.

Ich sehe dich.
Ich bitte und weine:
Lass mich nicht
alleine.

Felix Vorobev * 1997

und

Ich wühle in alten Gedanken,
deren Chaos mir der Bildschirm
vorenthält, und
ich flüchte mich in neue Ideen,
deren Unwahrscheinlichkeit
sich in der Zukunft versteckt, und
ich drehe mich im Jetzt des Seins,
dessen Ratlosigkeit mir
mein Lächeln verschweigt.

Holger Vos * 1978

Lebenszeit, kostbare Zeit

Facettenreich zeigt sich das Leben
es bringt uns Freude und auch Leid.
Schöne Momente wird's stets geben,
die Zeit beschert so mancherlei.

Der junge Mensch hat große Träume,
die in Erfüllung mögen geh'n.
Löst sich Erhofftes auf in Schäume,
führt auch ein Weg zum nächsten Ziel.

Bereit dem Leben zu vertrauen
weil man Erfahrung hat geschöpft,
auf das Gelernte fest zu bauen,
da man ja nun erwachsen ist.

Die Zeit verrinnt im Lauf des Lebens,
wie kostbar sie geworden ist.
Im Weltgescheh'n des großen Strebens
fehlt manch einem die klare Sicht.

Des Lebens Fülle zu erkunden,
sich über in Zufriedenheit.
Das Glücklichsein in manchen Stunden,
die Lebenszeit, kostbare Zeit.

Barbara Vothknecht * 1943

Der Schatten

Du läufst der Sonne entgegen,
Sonne ist Wärme, Sonne ist Leben
Alleine bist du jedoch nicht
dein Schatten begleitet dich,
ob du's willst oder nicht.

Er gehört zu dir, er ist Dein
und ein Jeder hat den Sein'
Er ist wie ein Freund
geduldig, folgsam, so nah wie kein!

Auch wenn die Nacht ihn verschwinden lässt
es braucht nur den Mond, eine Lampe, ein
    Licht
Er ist sofort wieder da ...
dein treuer Freund ohne Gesicht!

R. W. * 1940

glück ist flüchtig

Das glück
ist flüchtig. scheu.
jagt man es, versteckt es sich
hält man inne, huscht es schon vorbei.
dort! nein, dort! oder doch eher hier?

Verwirrt drehe ich mich im kreis
bin wieder da, wo ich angefangen habe,
mit der ewigen suche.

Verwundert kratzte ich mich.
was sollte das? da! huschte es!
ich hinterher. zu langsam, wie immer.

Hier saß ich nun ich armer Thor.
genug,
wehrte ich verzweifelt ab, nicht weiter und
    blieb sitzen.

Das glück
lugte um die ecke,
fragte sich, wo ich geblieben bin, neugierig
kam es geschmeidig näher, schmiegte sich
    um meine beine
stupste mich an.

Will ja nur spielen

Verena Waber * 1969

Tautropfen

Zwischen Sträuchern am Wiesenrand
hat eine Kreuzspinne kunstvoll ihr Netz
    gespannt.
Morgennebel nässt es mit Tau,
der nun mit durchsichtigen,
gläserne Perlen im zarten Gitter hängt,
und in denen sich der Dämmerung
helles Grau jetzt noch farblos fängt.

Doch dann geht im Osten die Sonne auf!
Im Spinnennetz blitzt es plötzlich zuhauf.
Die gläsernen Perlen werden zu Diamanten –
zu strahlenden, funkelnden Brillanten.
Sie spiegeln wider der Sonne Licht,
das sich hundertfach in ihnen bricht.

Aber schon bald saugt der Sonne Wärme
die strahlenden Perlen auf –
beendet ihren kurzen, leuchtenden
    Lebenslauf.
Was die Kälte, das Dunkel der Nacht
    vollbracht
hat des neuen Tages Wärme und Licht
schnell wieder zunichte gemacht!

Wilhelm Wachhorst

Sichtweise

Siehst du all' die bunten Leute,
das vermischte große Volk?
Kennst du das Gefühl der Freiheit,
wenn die Arbeit dich beherrscht?

Sehnst du dich nach Liebe, Schmerz?
Gehst du vorwärts oder rückwärts?
Bist du still unter den Lauten?
Hörst du zu, wie alle schreien?

Manchmal wirkt alles verschieden.
Manchmal sind wir unzufrieden.
„Himmelgrün" hast dich gekleidet
und das „Grasblau" doch beneidet.

Kurz 'mal hingesetzt auf 's Ganze
und von unten 'rauf geschaut.
Nicht bemerkt die vielen Chancen,
hast vergessen d'runter zu schauen.

Sieben Tage, sieben Stunden
unaufmerksam überwunden.
C'est la vie – das ist das Leben,
wenn du willst, kannst du dagegen streben.

Walentina Wachtel * 1989

Ein Monument

Ich muss verlieren um zu vermissen.
Drum halte dir stets im Gewissen,
Dass jedes Ding, das ich dir schuf,
Dass jedes Wort, dass jeder Ruf,
Dass jede Zeile, jeder Tag,
Ein Denkmal ist und ich dir sag.
Wird ein Moment erst Monument,
Dann gibt es nichts, dass Menschen trennt.
Ist dein Gedanke mir erst Heim,
Vermag ich immer hier zu sein.
Und war die Zeit auch knapp bemessen,
So weiß ich: ich bin nicht vergessen.
Denn nur Vergessen heißt Verlust.

Drum bitte sei dir stets bewusst.
Gedenken ist ein Sakrament
Und macht den Mensch zum Monument

Georg Wachter * 1992

Weil ich so gerne träume ...

Weil ich so gerne träume ...
leb ich vielleicht am Leben vorbei

Weil ich so gerne träume ...
ist mir die Wirklichkeit oft Einerlei

Weil ich so gerne träume ...
kannst du mich vielleicht oft nicht
    verstehen

Weil ich so gerne träume ...
kann ich die Dinge oft ganz anders sehen

Weil ich so gerne träume ...
bin ich auch oft ganz furchtbar frustriert

Weil aus all meinen Träumen
zu selten nur Wirklichkeit wird

Esther Wäcken * 1968

Dein Gedicht das mag ich nicht!

Neulich ging ich aus zu speisen
typisch deutsch zu fairen Preisen
Schnitzel platt wie eine Flunder
dazu leckeren Burgunder
Was hat Fisch mit Fleisch zu tun?
Warum muss der Rotwein ruhen?
Schmeckt das Brot im Abgang besser?
Oder doch ein Eiweißfresser?
Worte, Namen und Gedanken
Schatz warst du denn heut schon tanken?
Alles reimt sich nicht auf Käse
kauf ich jetzt 'ne Gartenfräse?

Irgendwie ist mir jetzt schlecht
noch ein Schoppen so ist recht
Denn dem Sinn dem ist längst Übel
Grübel Grübel Grübel Grübel
Aber nach dem achten Reime hat die Gabel
    denn vier Beine
findet sich in meiner Hose eine Butterbrotdose
da pack ich den Schrieb nun rein
viel zu deftig – ich geh heim.

Stefan Wagels

Der Gladiator

ist jemand der das Wort kennt.
ist jemand der der Zeit das Tempo vorgibt.
ist jemand den sie zu kennen fühlt.
ist die Hälfte ihrer Jahresringe.
ist ihr einziges Geheimnis.
ist ihr größtes Rätsel.
ist ihre beste Herausforderung.
ist ihr Ein und Alles.

Christina Wagenführ   * 1969

das schloß am schwanenteich

Nancy White
ist die Schloßherrin
vom Schloß
am Schwanenteich

Janet Parker
liebt die Idylle
und die Ruhe
rings um das Schloß

Lisa Palmer-Landshut
schätzt den Schloßgarten
mehr als
alles andere

Denise
lebt erst seit kurzem
im Schloß und will
für immer hier bleiben

Jörg Wagner   * 1964

Die Zeit ...

„Tempora mutantur" – wie ist das mit der ZEIT? – Sie wandelt sich – und das seit Ewigkeit
Nichts ist beständig – denn alles vergeht. –Heute noch sicher – morgen schon verweht!
Nur der Wandel hat Bestand – so sagt uns unser Verstand.
Dennoch leben wir so dahin – haben nur Oberflächliches im Sinn.
Doch ZEIT ist auch Wachsen, Reifen – braucht Geduld zum wahren Begreifen.
Stillstand bedeutet Rückschritt – das gilt immer. Viele haben davon keinen Schimmer.
Kennen zwar unser Dasein als begrenzt und endlich – Vergessen, dass auch wir Menschen sind vergänglich.
Es sei denn, man hat ein konkretes Ziel – auf das man alles hin orientieren will.
Ob's noch was gibt? Wir wissen's nicht. – Allzu begrenzt ist im Diesseits uns're Sicht
Letztlich – und das hab' ich geseh'n – muss wohl Jeder für sich selbst gerade steh'n!
Nutzen wir also die Zeit des Lebens – agieren wir doch nicht immer so vergebens
Wie es Viele leider tun – lasst uns genießen, schaffen und auch ruh'n!
Sich irgendwo noch engagieren, etwas erstreben – bringt Zufriedenheit und Glück im Leben.
Dann macht das Leben wieder Spaß – man arbeitet sinnvoll gern ohn' Unterlass
Erntet man noch Dank oder gar Lohn – Ist's das halbe Paradies womöglich schon!

Karin Wagner   * 1941

Das Leben ist ...

... wie die Sonne,
auf und abgehend,
warm, hell und klar.
Fröhlich.
Aber auch dunkel, grau und kalt.
Traurig.

... wie der Ozean,
überwältigend, berauschend und laut.
Listig in seinen Tiefen,
unvorhersehbar in seinen Weiten,
geheimnisvoll unter der Oberfläche.

... wie ein Uhrwerk,
es tickt von der ersten Lebenssekunde an,
bis zur Letzten.
Laut. Leise. Stockend. Gleichmäßig.
Doch irgendwann steht es still.

... ist nicht wie das Universum.
Unendlich.
Aber atemlos.

Lena Wagner * 1996

Weniger noch als

Wellen – soweit, doch nur monoton
Nichts was sich zu sagen lohnt
Stille – wie die Einsamkeit
Tote Worte im Mund.
Schweigen.

An dem man zu ersticken droht
Und doch:
Nur Asche- früher das Leben
Zerfallen.
Leere- weniger noch als ...
Bedeutung – die Schwere, das Gefühl
Verloren.

Lisa Wagner * 1992

Eindrehung

Ich drehe mich um
mich selbst

drehe drehe drehe
mich

werde schwindelig
benommen
verwirrt

Ich drehe mich nicht um
andere

Wolfgang Wagner * 1944

leben

eine handvoll leben
nehme ich mir
wann immer ich will

verstreue die krümel
um mich
in den sand

und stecke meine nase
ganz tief hinein

damit ich auch den geruch
des kleinsten körnchens
nicht versäume

Martina Wagner-Schu

Eine Straße mit Herbstlaub
führt in die Ferne
und würde so gerne
irgendwo ankommen.

Eine Straße im Schnee
belegt mit Eis,
verlassen und weiß
liegt unberührt da.

Eine Straße aus Blumen
tanzt mit dem Leben,
ein Wirbeln und Schweben
in fröhlichem Eifer.

Eine Straße voll Sonne
erinnert sich wieder
an alte Lieder,
träumt vor sich hin.

Luise Wahl * 1999

Sonne nach verregnet langen Tagen,
blauer Himmel nach dem Sturm,
Antworten auf Fragen -
am Wegrand eine Pfütze,
darin ein großer Regenwurm.

Wärme jetzt im Sonnenschein,
leichter Wind erfrischt das Sein.
Einiges ist klarer –
und in den nächsten Tagen,
wird die Pfütze trocken sein.

Was dort bleibt ist der Regenwurm,
mit einem Ende vorn.
Welche Richtung wird er nehmen,
scheint die Sonne doch schon herzlich warm.

Rahel Waitz

Wozu dient der Floh so?

Wozu dient der Floh so?
Manchmal wär ich gern ein Floh?
Der braucht nicht schwitzen, frieren,
　　laufen,
sich nicht neue Sachen kaufen.
Der ist klein man sieht Ihn nicht,
der muss auch nicht halten, was er
　　verspricht.
Das Essen braucht er nicht zu kochen,
er braucht beim Golfen nicht zu lochen.

Gedanken machen, was bau ich für ein Haus.
Und dann kommt plötzlich eine Maus.
Ob sie vom Floh wohl satt wird?
Oder sich eher im Wald verirrt?
Was macht der Floh denn so für mich?
Oh ja, die Tiere freuen sich nicht.
Er ist klein, man sieht Ihn kaum.
Er liebt das Fell und springt zum Baum.

Nein, er ist ein nutzloses Tier,
den brauchen wir nicht hier.

Martina Waldecker * 1970

Folge meiner Stimme

Ich verkaufe mich
Ich verkaufe mein Gespinst
Schenkt mir eure Mehrheit
Ich gebe mich für euch auf

Ich ziehe die Macht
Schaue in blutige Augen
Er wiegt mich sacht
Die Münze saugt mein Leben

Ich vergehe – mein Geld hat nie meine
　　Schuld gekannt

Mein Körper gehört mir
Nur ich selbst bin verkauft
Der Wille stirbt
Verglüht im Tanz des Rauchs

Sie haben meinen Willen, meine Seele
Die selbstlose Hülle vertrocknet in der
　　Provinz
Das Geld ist geschmolzen
Die Macht ist verdampft

Alles was mir bleibt – meine Stimme
Verkaufe ich für ein letztes bisschen Ruhm.

Ich sterbe – der Nachruf ist mein letztes
　　Lebenszeichen

Jan Henryk Walendy * 1996

Stille

Stille wird uns übernehmen,
Wenn den Weg ins Grabe wir finden,
Die Schwelle vom Leben in den Tod
    übergehen,
Unsere Augen vor Leere erblinden.

Einsam werden unsere Herzen sein,
Erloschener Lebenswille
Vergraben unter Erde und Steinen,
Suchen nur Ruhe und Stille.

Und wenn die Jahrtausende dann vergehen
Und Menschen es nicht mehr gibt
Dann bleibt auch noch die Zeit dastehen
Die wir mal so geliebt.

Wenn gar nichts mehr die Welt bestimmt
Sie selbst nicht mehr existiert
Das Lied vom Leben langsam verklingt,
Es in den Weiten des Universums einfriert.

Ida Wälisch

Nacht

Es schreit die Seele in der Nacht,
zerreißt herbei gesehnten Schlummer.
Der Nachtalp streckt die Klauen aus,
verbreitet Angst und Not und Kummer.

Es fressen sich mit aller Macht
erschreckend schauerliche Bilder
in das Bewusstsein tief hinein,
der Seelenschmerz quält wild und wilder.

Nicht ehe er sein Werk vollbracht,
in ach so trügerisch ruhigem Schlaf,
erleidet man nur Qual und Pein,
und eine gar endlos wirkend Straf'.

Von Fratzen höhnisch ausgelacht
zehren sie an den eig'nen Kräften,
Bilder, die sich mit stetem Graus'
im Traum an unser Leben heften.

Wenn dann am Morgen man erwacht,
der Alp, der zog da längst von dannen,
zieht der Mensch kraftlos seine Bahn,
bemüht, den Schrecken zu verbannen.

Andreas Walter   * 1972

Regungslos

Von Trauer übermannt,
vom Alltag überrannt.
Des Lebens überdrüssig,
vollkommen unschlüssig.
in Starre verfallen,
wo die Worte verhallen.

Dasein fristend in Dunkelheit
ohne jegliche Heiterkeit.
Gefangen im Nebel der Gedanken,
die miteinander zanken.
Gefühllos,
wie taub herumirrend,
alles völlig verwirrend.

Das Gemüt sich nicht erhellt,
kein Platz in dieser Welt.
Ohne die Freuden des Lebens,
alles vergebens.
Vergangenheit stets im Visier,
weit weg von jetzt und hier.

Josipa Walter   * 1973

Meine Sehnsucht nach Liebe
wird mit der Dämmerung
in die tiefschwarze Nacht versenkt.
Der Zorn
der Ewigkeit
droht mir.
Ich will mein Gesicht davor verbergen.
Doch es geht nicht,
denn die Kavallerie und die Dragoner
stürmen unaufhaltsam heran.

Friedrich Walterbach

Liebe es!

Ich liebe es den Blick vom Balkon auf die
    Weinberge zu genießen
Ich liebe es mit meinem kleinen Fiat über
    Land zu fahren
Ich liebe es jetzt hier zu schreiben
Ich liebe es mit meinen Katzen Filou und
    Missy zu schmusen
Ich liebe es mit Freunden in meiner Küche
    Kaffee zu trinken
Ich liebe es am Zaun mit den Nachbarn
    zu reden
Ich liebe es in meinem Garten zu sein
Ich liebe es laut zu lachen
Ich liebe es, wenn meine Kinder zu Besuch
    kommen
Und ganz besonders liebe ich es
mit meinem Freund Hand in Hand zu
    gehen;
Egal wie weit, egal wohin

Helga Walther * 1961

Tote Liebe

Sie setzten die Menschen auf eine Diät,
dabei der Himmel in ihren Seelen vergeht.

Doch sind wir nicht alle besessen?
Wir hetzen nach Liebe und Lust.

Der Wind hat die Zellen der Tiere vereint;
der Erde das Weinen und Leiden gezeigt.

Der Herzschlag der Menschheit, noch nicht
    bereit,
doch was soll man tun in dieser Zeit?

Wenn alles zerbricht und nach Unheil
    schreit,
ist das Glück des Sterbens nicht mehr weit.

Die Liebe bleibt im Grab,
zerfressen und ohne jegliche Tat.

Lena-Tabitha Wälzlein * 1995

Meine Frau

Die ganze Göre gut vermessen
Pupille grünt des Scheitels Braun
Augenreize die besessen
Fühlen spüren regen schau'n
Rotes Tuch schreit Körper laut
entblößt der Reiz den Charme die Haut
Vernunft verziert das Augenmaß
und Tugend eifert fröhlich Spaß
es schlankt die Aura fein Gestalt
und drängt den Amor mit Gewalt
Mein Göre

Heinz Waschgler

Schmetterlingsgebrüll

Verborgen in einem Flüstern
Innewohnend
Die großen Dramen
Des Lebens.

Fülltest die Lunge
Mit hauchzarten Worten
Deinem Atem entwichen
Flüchtige Schreie.

Die Fühler empor
Gen Himmel gereckt
Sanfte Flügelschläge
Zerbersten meine Magenwand.

Flieg Du nur!
Schweigsame Meere
Spiegeln das Sonnenleuchten
Wie ein zeitloses Feuerwerk.

Theresia Wawra * 1993

Ewig

Irgend etwas lässt mich leben –
vielleicht träumt mich irgend jemand grade
    eben –
wahr geword'nes Traumgeschehen
aus der Lichtheit einer Seele
kaum geschehen, schon entschwunden
grade wieder neu erfunden.

Vielleicht bin ich ein Gedanke
wahr geword'nes Blütenranken –
überschreiten aller Schranken
lässt mich Ewigkeiten tanzen
ohne Anfang ohne Ende
nur Blumen über Brust und Lende.

Weiße Blumen, lichtes Haar
Tanz im Schnee im frühen Jahr
auf dem kalten Wintergrab
trauernd weil es Liebe war
Nimmst in die Ewigkeit ein Stück
 von meiner Seele mit dir mit
unendlich mehr gabst du zurück.

Andrea Weber   * 1962

Die Spiegel unserer Herzen

Jeder freie Traum wird zu Licht
es sind Splitter von uns die in der Sonne
    wiederhallen
so etwas wie Erinnerungen brauchen wir
    nicht
wir leben im Jetzt und lassen uns fallen

Erinnerungen sind Bilder von alten Zeiten
Sie zeigen Teile von uns die es nicht mehr gibt
Wir lassen uns oft zum darin schwelgen
    verleiten
Nur damit am Ende die Trauer siegt

Gefühle sind Spiegel unserer Seelen
Damit unser Inneres zum Vorschein kommt
Wir lassen uns dadurch auch quälen
Da es tief in unserem Herzen pocht

Ann-Marie Weber   * 1999

Gedankenflug

Leise schwingt sich meine Seele
in die Weiten meines Seins,
dass sie sich inniglich vermähle,
im Licht des Paradieses Scheins.

Auf den Flügeln der Gedanken
steigt mein Sehnen himmelwärts,
wo es künftig ohne Schranken
lebt friedlich ohne Leid und Schmerz.

Sollte Deine Welt Dich plagen,
mach's wie ich und träum Dich fort,
soweit Dich Deine Träume tragen,
zu dem von Dir gewünschten Ort.

Dort kann niemand Dich mehr stören,
Dein Leben läuft – von Sorgen frei.
Du kannst endlich Dir gehören –
die Welt versinkt im Einerlei.

J. Wedee   * 1935

Bitte

Bitte nimm mich genau so wie ich bin!
Und bitte sag mir, wie genau bin ich?
Erklär mir bitte vom Leben den Sinn!
Sag bitte, ist das Leben noch sinnig?

Frag mich bitte ehrlich wie es mir geht,
wart auf die Antwort, den Standard, das
    Gut!
Bitte sei der, der die Antwort versteht,
der weiß, zu einem schlecht fehlt nur der
    Mut.

Schließ mich in dein Herz und nicht in den
    Arm
– während du mehr siehst als nur meine
    Haut,
denn bei kalter Haut bleibt das Herz noch
    warm;
bei leiser Stimme bleibt die Seele noch laut.

Bitte erkenn doch nicht mich sondern mich,
erkenn in mir das, was ich wirklich bin;
das, was noch nicht der Gesellschaft wich,
ich lege dir alles so offen hin.

Melissa Marie Wegener * 1995

Weibersommer

Durch's Gezweig vom Sommerflieder
pfeif ich leise meine Lieder.
Ach, wie lieb ich dies. Und wieder
seh ich leichte Sommerkleider,
bied're Maiden, mächt'ge Mieder,
weiblich wogend, auf und nieder.
Ich mag's gern. Und muss doch leider
hier gestehen: noch viel lieber
seh ich junge, nackte Leiber,
braungebrannte, schöne Glieder;
kurzum, richt'ge Sommerweiber.

Wilhelm Wegner * 1948

Strenger Winter

Weitläufiges Weiß gepaart mit Eiseskälte.
Letztes Grün entflieht in Bälde.
Abschiedslied auf der Gitarre.
Mensch und Tier übt Totenstarre.
Herzen bleiben fest verschlossen.
Nur der Optimist denkt unverdrossen

an die schönen Sommersprossen.

Harry Weigand * 1947

Absurd

Es ist dem Menschen nicht ganz klar,
es lauert hier eine Gefahr.
Im Labor ist es erwacht und kommt zu uns
dann über Nacht.
Sehr sorglos scheint es zu gelingen,
die Gene in den Mais zu bringen.
Der Anfang ist ja jetzt gemacht,
nun geht sie los die dunkle Macht.
Sie hält nun Einzug überall,
doch irgendwann hört man den Knall.
Es wird noch eine Weile dauern,
doch dann werden wir es bedauern.
Geschmacklich ist er einwandfrei,
doch das Geschwür wird schnell zum Ei.
Man hätte es doch wissen müssen,
es überträgt sich auch beim Küssen.
Die Menschheit gibt es nun nicht mehr,
und keine Toten im Verkehr.

Alexander Weigand-Schönherr * 1964

Halluzini

Von sorgenschwerer Wahrheit
Sprichst du heute nicht,
Denn schleierlose Klarheit
Entzaubert mein Gedicht.

Doch du musst sehen, was nicht ist
Und träumen jede Nacht,
Um zu ahnen, wer du bist
Und wen dein Herz bewacht.

Im surrealen Schlierenmeer
Aus Nebel, Dunst und Licht
Kann Neptun sein nur der,
Der mit dem Sehen bricht.

Vom Rennen taumelnd stürzen
In eine Welt aus Farbenglanz
Und uns're Seelen schützend schürzen –
Wir sind zerrissen. Wir sind ganz.

Christian Weiglein * 1996

Der Prinz

Was ich such auf meinem Wege
ist ein Mensch der mich versteht.

Macht und Spiele will ich keine
viel zu schade ist die Zeit.
Nutzen soll't man sie zum Vereinen
für des Weges nötigen Halt.

Ob ich jemals find den Einen,
der beglücken wird mein Herz.

Den ich liebe und vereine
in des Herzenschlages eins.
Dem auch ich darf geben Meines,
der es hütet wie ich seins.

Eine Seele froh mit Mut
und gar Hoffnung innen drin.
Nur dies will ich einen,
da der Täuscher ich leidig bin.

Sabine Weikamm * 1974

Liebesweise

Ich weiß nicht, wie ich's sagen soll,
dass meine Gedanken,
fernab von Zwietracht und Gewalt,
weilen bei DIR.

Mit DIR an einem ruhigen Ort,
wo lustig Schmetterlinge tanzen,
im warmen, goldenen Licht der Sonne,
als könnte nichts ihr Spiel durchbrechen,
kein Leid und Elend dieser Welt.

Mit DIR an einem stillen Ort,
wo sacht ein leiser Uferwind,
verzaubert übers Wasser streicht.

Wie eine Heerschar kleiner Elfen,
die lautlos ihre Reigen tanzen.

Mit DIR!

Kerstin Weinberg * 1972

Stichpunktlisten

Kurz und praktisch,
klein nicht groß,
so müssen Stichpunktlisten sein,
damit man sie beziehen kann,
in einen Text hinein.

Und ist man fertig,
klein nicht groß,
na großartig,
dann schreib mal los!

Egal ob Text oder Bericht,
ob man es tippt oder auch nicht,
Stichpunktlisten müssen sein,
(und das gilt für groß und klein)
sonst wird der Text wie Hund und ...
    Schwein.

Charlotte Weinknecht * 2000

tod und leben

männer und frauen sind tot,
städte zerstört und kaputt
überall liegt nun der schutt.
gefärbt die erde ist blutrot.

das kind allein mit seiner not,
nun schwindet ihm der mut,
dem buben fehlt' das brot.
die haut war wie perlmutt,

der mann ist gefallen
die frau ist krank,
hat kein heim.

überall die bomben knallen,
der getroffene zu boden sank.
ihm fehlt ein bein.

Markus Weis

An meine Kinder

Eure Ankunft in meinem Leben
zu verschiedenen Zeiten
halfen Herz und Blick zu weiten,
eine junger Baum, scheu und verwegen.

Ihr seid herangewachsen
im Kreise meiner Jahresringe,
ich weine und singe
entlang Eurer Lebensachsen.

Auch ich war mal jung und hatte den
    Traum
zu leben ohne Ketten und Pflicht –
es gelang mir nicht,
zu eng erschien mir der Raum.

Meine Stärke wuchs in den Stürmen der
    Zeit,
manchmal zerrissen zwischen Lust und
    Last.
Ich lass Euch jetzt ziehen und stehe bereit,
zwei Früchte lösen sich vom Ast.

Rosemarie Weise * 1955

Wenn alles ist verloren ...

Wenn alles ist verloren,
die Nacht nicht schwinden will,
die Zeit scheint eingefroren,
das Herz gebrochen, still,
der Kummer unerträglich,
ein Traum bleibt unerfüllt.
Der Glaube an die Liebe
von Finsternis umhüllt.
Wenn alles ist verloren,
die Nacht nicht enden will,
so folgt darauf kein Morgen,
wenn's Herz nicht schlagen will.

Lars Weiser * 1975

Parkinson

Kleine Schritte,
roboterhafte Bewegungen,
so hatten wir Begegnungen
mit maskenhaften Gesichtern,
die anders waren als wir.
Ihre Stimmen klingen verwaschen,
oft dachten wir,
dass sie uns veralbern.
Rennen sie plötzlich los,
ist unsere Verwunderung groß.
Meist laufen sie ein wenig gebückt
und man könnte meinen die Last,
die sie auf ihren Schultern tragen,
sie fast erdrückt.

Georg Weiss * 1965

Kreise

Eine Brücke und ein Fluss aus Eisen
und ein Park, in dem Gedanken stehn.
Wirklichkeiten drehn sich in den Kreisen,
die wir nachts durch dieses Viertel gehn.

Von uns projiziert in Pflastersteine
ist die Wirklichkeit, die an mir zieht,
und die „eigentliche", gerad' noch meine,
ist nun plötzlich die, die vor mir flieht.

Eine Brücke und darunter Gleise
und, da, ein Gehirn, das an nichts glaubt.
Irgendwann verlieren sich die Kreise,
auch, wenn es mir jetzt den Atem raubt.

Linda Weiss * 1987

Jetzt

kurz das Haupt erheben
tief die Luft einatmen
und den Moment.
Einmal mit den Augen zwinkern

langsam
und lächeln.
So bleiben!

Kurz inne halten,
das Bild bewusst behalten,
sich bewusst erinnern
an einen kleinen Abschnitt
aus vergangenen Zeiten.

Leicht den Kopf schütteln
und entschlossen
durch die Nase aus –
schnaufen.

Die Welt muss warten.

Karolina Weissmann   * 1978

Müde Mutter bittet Kind

Mein Kind schläft ruhig nun nebenan.
Ich möcht mich still dazugesellen.
Doch müsst ich mich wohl wieder dann
mit langen Einschlafliedern quälen.

Nun schlaf, Du Blag, Du festgeliebtes,
mein einzigartig Lendenfrucht.
Du Apfel's Auge – ja, das gibt es –
Du Bettzwerg, den ich lang gesucht.

Jetzt schlaf und träume Deine Wege,
sei grad und mutig und dabei
auch einmal frech und laut und träge,
denn allzubald ist es vorbei.

Katrin Wellmann   * 1976

Meine Welt

Ich lag, wie so oft, träumend in meinem
    Bett,
mit den Gedanken ganz weit weg,
verlor mich ab und zu,
ich weiß was ich will bist du.

Dann wird mir klar, die andere Welt, ich
    war da,
es war so schön und wunderbar,
wie alles was ich kannte,
lichterloh brannte.
Sie ging unter in der Flut meiner Wut.

letztendlich brach sie dann in zwei,
mit einem markerschütterndem Schrei,

Als der Knall mit meinem Herzschlag
    gleich in meinem Ohr noch hallte,
sah ich du warst da,
bist doch gekommen wie versprochen,
doch mein Herz, meine Welt sie war bereits
    gebrochen.

Daniela Welsch   * 1992

Gefallen

In meinem Garten kniehohes Gras
Wächst über den kleinen Steinweg
Den ich seit Jahren nicht betreten
Aus Angst vor dem Ziel

Gras Hecke Schere
Einmal kurz schnipp-schnapp
Plötzlich liegen in Heu
Zu wenig um mich zu verstecken

Tausend Wellen brechen
An einer nie errichteten Mauer
Aus der die Rosen sprießen
Blumen der Liebe die ich nie geliebt

Spiegel meiner Selbst zerbrechen
Viele viele kleine Steine
Geworfen von wohlmeinenden Geistern
Hass gefallener Sternenkinder

In meinem kreisrunden Garten Kunstrasen
Ich steh in der Mitte gefangen
Auf ewig stumm
Die Adler werden mich holen

Henrike Welz   * 1997

Vorlaufen – In den Tod

In dein Welken wohnt hinein
mein tragendes Poetenherz,
das Protoplasma dort allein,
oben mit dem Antlitz eine Terz.

Das von Dir glüht wie Horizont im Herbst.
Mal in einem feuchten Tropfen Tau wie
    Traum
entgegnet das Begegnen – wie Schatten in
    dem Raum,
in dem alles von dir spricht – wie in seligem
    Vertrau'n,
in dem in dich hinein sie wohnen,
Liebende – die ihr Vergehen willentlich
    belohnen.
Indem indes man liebendlich lang lebt,
thront hinauf ins Ende jeder Wert.
Indem im Erspüren Endlichkeit vergeht,
dünkt indes der Liebende sich liebend
    ewiglich begehrt.

In dein Welksein sprießt hinein
die letzte schöne Blüte – wie in einen
    Schrein.
Doch bevor der Mutterstamm bald welk,
ist Vorlaufen das Weiseste der Welt.

Martin Wende   * 1987

Arme Geister

sind meistens schlecht gelaunt,
arme Geister schauen böse aus,
kommen nie zur Ruhe,
passen in keine Schuhe,
armen Geistern macht man nie was recht,
und sie schlafen meistens schlecht,
brauchen immer was zum Meckern,
sind beim Gift sprühen nie am kleckern,
lassen an Anderen kein gutes Haar,
werden schlimmer Jahr für Jahr.

Arme Geister sind meistens allein,
denn keiner möchte bei ihnen sein,
fahren immer links auf der Autobahn,
schimpfen über andere beim Fahren,
nur die Schadenfreude mögen sie,
erregt auch ihre Phantasie,
Arme Geister
behandeln dich minderwertig,
denn nur so fühlen sie sich wertig.

Andrea Wendeln   * 1967

Zukunft

„Die Erkenntnisse der Vergangenheit
bewahrt
über die Zeit
gepaart mit dem Wissen der Gegenwart
machen die Welt für die Zukunft bereit."

Helga Wendl   * 1945

Abschied
Für Philip

In meinen Träumen seh ich dich,
Sehe immer dein Gesicht.
Ich muss geh'n weit weg,
An einen ganz anderen Fleck.
Doch nicht Nähe zeigt, was Liebe ist,
Sondern alles, was du für mich bist.
Mein Herz trägt dein Bild in sich,
Jeden Tag erinnert's mich,
Dass meine Welt aus dir besteht,
Auch wenn die Wirkliche untergeht.

Du bist alles, was ich brauch',
Deine Stimme nur ein leiser Hauch.
Und bist du auch nicht bei mir,
Gilt jeder meiner Tage dir.
Ich liebe Dich von ganzem Herzen,
Und bereitet der Abschied mir auch
    Schmerzen,
Sind unsere Seelen vereint für die Ewigkeit,
Bist Du meine Welt und meine Zeit!

Laura Wendler   * 1995

Die Rose

Man sagt zu ihrem Ruhm,
sie sei die schönste Blum',
Wage niemals sie zu brechen;
Denn in ihrem Zorn,
sich wehrt mit spitzem Dorn.
Rosen sucht man sich auch aus,
für einen schönen Blumenstrauß.
Doch sie sprechen zu uns leise,

Jede Farb' auf ihre Weise.
Rot für Liebe ‚Leidenschaft.
Gelb für Weisheit, Wissenschaft.
Rosa und weiße Blüte,
Unschuld, Freude, Dank und Güte.
Was Du liebst, das sollst Du retten,
und immerdar auf Rosen betten.

Wilhelm Wendling   * 1934

Der Büstenhalter

Wir Männer sind ein eigner Schlag,
suchen den Kampf an jedem Tag
und scheun kein noch so schweres Spiel,
denn um so stärker lockt das Ziel.

Alles, was hilft, ist auch erlaubt –
es wird gesägt, gebohrt, geschraubt –
wir kriegens hin, dank hoher Gunst,
mit Kraft und Hirn und Handwerkskunst.

Aus Büchern quillen Beispiel-Sachen,
wie Männer Dinge möglich machen –
wir haben Ur-Viecher erlegt
und Felsentempel umbewegt –

Wir habn gebaut, geheilt, geklont
und warn sogar schon auf dem Mond –
und scheitern doch – sehr zum Verdruss –
final an einem Hakverschluss!

Und ihre Geduld schwindet ...

Mathias Wendt   * 1983

Er dreht und steht
schnell, doch trotzt mit Stille
Wie ein Wirbel weht
Nur tanzt nach deinem Wille

Durch dich erwacht, nun nicht mehr sein
    Herr
So nah auch am Schall
So findet auch er
letztendlich zum Fall

Nun steht es um dich
Zu interpretieren – deine Pflicht
Vom Kreisel zum eigenen Leben
Stets Raum zur Interpretation zu geben

Michael Wenger   * 1988

Alt

Das Ticken der Wanduhr füllt mein
    Zimmer mit Zeit,
der Fernsehsessel gibt mir Sicherheit.
Noch bist du nicht da und ich habe Ruhe,
der Blick fällt auf die alten Schuhe.
Die Hand fängt das Wackeln an,
ich habe Durst, komm' an den Becher nicht
    dran.
Ein Vogel schaut zum Fenster rein,
das Federkleid voll Sonnenschein.

Meine Stirn ist voll Schweiß,
ich habe Angst und mir ist heiß.
Die Wolldecke schieb' ich von meinem
	Knie,
„Heute, tu ich es", ich weiß auch schon wie.
Du kommst, ich höre meinen Namen –
	falsch betont,
deine Stimme verzerrt ihn, ich bin es
	gewohnt.
Du stellst den Teller mit Suppe auf den
	Tisch,
unappetitlich – weder heiß noch frisch.
Schon holst du mein Lätzchen hervor,
die üblichen Worte streifen mein Ohr.
Ich schlucke und höre meine Stimme
	zittern:
„Ich hasse Suppe", der Stoß und das Splittern.

Gabi Wentzell * 1969

Berlin

Morgens aufstehn' in Berlin,
mit Kaffee und Zeitung den Tag beginn'.

Zur Arbeit geht's mit den Öffentlichen,
mit schwitzenden Leuten und
	Jugendlichen.

Am Bahnhof zwischen Kippen und Tauben
kann man seinen Augen kaum glauben,
da schmeißt sich einer vor den Zug
und ruft nur noch: „Ich hab genug!"

In der Stadt in Trubel und Lärm,
kann man sein eigenes Wort kaum hör'n.
Die Ampel springt sofort auf rot,
da läuft einer los und schon ist er tot.

Durch die Straßen laufen zwischen Buden
	und Läden,
an jedem Haus sind sämtliche Schäden.
Ob Graffiti und kaputte Fenster,
oder das Werk von irgendeinem Gangster.

Abends mit dem Bus nach Haus'
und aus der lauten Stadt heraus.
Alles ruht, hat keine Energie,
doch nicht Berlin, denn DIE Stadt schläft
	nie!

Annika Wenzl

Freigeist

Betitel mich selbst als Freigeist
Losgelöst von jeglichen Grundsätzen,
die mich an regierende Gesellschaftsformen
	binden.

Anders denkend.
Habe im Gegensatz zu allen anderen den
	tieferen Sinn begriffen
und ihn mir zur Lebenseinstellung
	genommen.
Anders denken und doch nichts verändern,
das bin ich.
Ein Künstler der Tag für Tag schafft.
Meine Kunstwerke – Eintagsfliegen.
Geschaffen um zerstört zu werden.
Momentaufnahmen, die so wie sie
	geschehen,
wieder vergehen.
Wo bringt mich das hin?

Nils Wenzlitschke * 1996

Ein neuer Morgen

Sternenketten abgehängt,
die Mondessichel auch.
Das Schwarz zu Blau,
alltäglich Brauch.

Wie ein Feuersturm
das Sonnenrot.
Ein neuer Morgen
und das täglich' Brot.

Gold'ne Kugel
im Zenit.
Die Sonne gibt,
die Erde zieht.

Und wieder rot,
die Dämm'rung naht.
So wie man wirkt,
so erntet man die Saat.

Alexander Werner * 1988

Niveau

Suche: Rauf und runter
Kleber in der Freizeit
Und des Standes Kund'
Glaube nicht Düfte

Was ich kann, kann
Stil, Stolz, Spielbein
Tragen Namen am
Bord Bau Brillui

Rafael Werner * 1988

Dem Moment auf der Spur

Dem Moment ins Auge blicken,
zu wissen er ist bald vorbei.
Schon wieder etwas Neues wagen nebenbei
im Ungewissen fast ersticken.

Dem Moment ins Auge blicken,
zu wissen er ist bald vorbei.
Liebe zu entfachen nebenbei
zu erkennen wie andere Menschen ticken.

Dem Moment ins Auge blicken,
zu wissen er ist bald vorbei.
Menschen verstehen lernen nebenbei
Vielfalt auch mal abzunicken.

Dem Moment ins Auge blicken,
zu wissen er ist bald vorbei.
Vielfalt annehmen nebenbei
ein buntes Band aus Leben sticken.

Kristin Werschnitzke * 1988

Bessere Zeiten

Bessere Zeiten werden kommen
davon bin ich überzeugt
ich kann es sehen
das Goldene Zeitalter
verborgen – in den Herzen
in den Herzen eines jeden
verborgen
wartend – dass es gefunden wird
wartend – dass es befreit wird
wartend – dass seine Stunde schlägt
um über uns zu kommen
um zu regieren
über die Seele
eines jeden selbst
doch den Schlüssel
für seinen Käfig
der verlorenen gegangen geglaubt
den hat doch ein jeder wieder
selbst.

Andreas von Wertheim * 1974

Lob der Erdbeerkonfitüre

Oh du samten rotes Mus,
ach, wie zittert Kopf bis Fuß
in Erregung, heb ich dich
mir zum Munde feierlich.

Zart verstrichen auf dem Brote,
zungverzückt, euphorisch lote
ich deine beerig Süße aus.
Oh Glück! Oh paradiesisch Schmaus!

Ein Knospenfeuerwerk fürwahr,
außerweltlich, göttlich gar!
Dreifach Hoch dem edlen Schenker
vom gierig nun zum Munde Lenker.

Oh du samten rotes Mus,
oh ich schmiege, nein ich schmus
mit der Zunge mich ganz nah.
Oh Glück! Oh Weh! Ambrosia!

Anna Wessel   * 1987

Das ungeliebte Hündchen

Ein Hündchen klein und ungeliebt
hat sich benommen wie ein Dieb

Wen wundert's wenn keine Hände da
die heilten seine Seele gar

Da kam ein Menschlein mit Verstand
und gab dem Kerlchen seine Hand

nicht nur Hiebe mit Stöckelein
sondern Verständnis und Liebe fein

Nun wurde aus diesen borstigen Besen
ein wirklich liebevolles Wesen

deshalb die beste Therapie
erreich das Herz vergiss das nie

Christina Westerkamp-Noike   * 1966

Letzter Frühling

Des Morgens stand ich
schweigend am Fenster
und lauschte bewegt
dem Liede der Amsel
die Sonne begrüßend
den werdenden Tag.
Des Abends wieder,

wenn langsam das Licht
in Dämmern entschwand
und mit dem Lied der Amsel
so viel Erinnrung wach wurde
an die Zeiten des Lebens –
an glückliche Stunden –
an bittere Stunden –
an alles was bald nur mehr
vergangen wird sein.

Barbara Weynand   * 1935

Loslassen

Wenn das Leben grausam ist
Dann ziehe leise ich mich zurück.
Worte bleiben ohne Ton,
was ist die Wahrheit und was blanker
    Hohn?
Die Welt bleibt draußen und ich bin allein,
will allein bezwingen meine größte Pein.
Den Weg zu suchen aus dieser Not
ist nicht leicht, denn mein Leben sieht rot.
Mein Inneres ist aufgewühlt
und um mich herum das Bersten ich spür.
Es fällt von mir ab, was nicht zu mir gehört.
Will festhalten Das, was der Vergangenheit
    angehört.
Ich spüre den Schmerz, wenn es löst sich
    von mir,
fühl mich befreit und bin dankbar dafür.
Schau nicht zurück, sondern nur noch nach
    vorn,
das Leben ist schön und ich ohne Zorn!

Birgit Wichmann   * 1961

Zur Nacht

Will meinen trägen Leib nun legen
Auf frisches, weiches Stroh
Die Nachtigall singt Lieder
Mein Leib und Seel sind froh.

In frohen Abendstunden
Am Bache hab verweilt
Und mir mein stilles Lager
Mit dir Gott hab geteilt.

So leg ich mich nun hin zur Ruh
Will nun zum Schlaf mich betten
Und all des Tages Müh und Plag
Verfliegt in Land und Städten.

Wo jetzt mein frohes Herz hineilt
Dort ist es gut zu bleiben.
Dort kann ich meines Tages Last
Und Trauer schnell vertreiben.

Indes die Nacht zerfällt zu Staub
die Amsel bricht das Schweigen.
Und mit des Morgens Tau beginnt
Erneut das lust'ge Treiben.

Mechthild Widemann * 1986

Zwei Herzen

Zwei Herzen finden zusammen,
tiefe Freude durchströmt das Gemüt.
Beider Gefühle stehen in Flammen,
wodurch die große Liebe erblüht!

Amors Pfeil hat ins Schwarze getroffen,
nun gibt es kein Halten mehr!
Vorbei die Zeit von Bangen und Hoffen,
und des Kummers, tief und schwer!

Die Kunst ist nun, das Glück zu binden,
die Schatzkammer stets aufzufüllen.
Kleine Geschenke fortwährend zu finden,
um die Liebe weiter einzuhüllen!

Gewohnheit, Routine; das ist die Gefahr,
lassen auch schönste Dinge erblassen.
Lange Zeit nimmt man's kaum wahr,
sich nicht nur auf Amor zu verlassen!

Mark Widmaier * 1968

Begegnung

Deine Worte begegneten mir,
Wie ein warmer Sommerregen,
fielen sie auf mein Ohr
und tropften in meine Seele.

Casandra Widmer

Frieden

Zwei Menschen geben sich die Hand.
Ich denke das zeugt von gutem Verstand.
Sie setzen den Krieg in den Sand,
Begraben das Wort für eine Weile in ihrem
    Land.

Doch niemand weiß, wann wird es wieder
    geschehen?
Wann werden die Menschen nicht mehr das
    Gute sehen?
Wann wird das Menschliche in uns für
    immer gehen?
Werde ich für mein Leben auf Knien
    flehen?

Frieden ist doch nur eine Ruhephase.
Wie eine Luftblase,
Die irgendwann platzen wird, wie ein fetter
    Hase.
Werde ich es ahnen wenn es vorbei ist?
    Vielleicht rieche ich es mit meiner
    eigenen Nase.

Spürst du nicht auch ein wenig Angst oder
    Ungewissheit?
Ich höre wie sie meinen eigenen Namen
    schreit.
Und plötzlich ist der Alptraum vorbei.
Genau wie der Ohren betäubende Schrei.

Christin Wiegert * 1999

Epizentrum

corriger la fortune,
das Glück korrigieren,
unmöglich im Gegenteil von Bejahung,
weil ich nicht jene Verbessernde,
jene Schaffende im Regdumholz,
vom Mahagoni bin,

Glück ist eine erdachte Historie,
von fable convenue,
doch ich bekannte mich dazu,
in Resonanz von Liebe,
in der Rhetologie,
der Fließkraft der Emotionen,

deine verbalisierten Silben,
archivierte ich,
in meiner holden Seele,
denn du bist das Spektrum,
der Reibelaut meines Egos
mein Lichtstrahls von Farbe,
während unsere Sphragistik,
sich verewigte in der Standuhr,- gülden.

Lesley Wieland * 1973

Das Band

Ein Band geknüpft vor langer Zeit
oft gezogen und gedehnt
Die schöne Kunst uns zwei vereint
und erschafft selbst in der Düsterkeit
einen Ort
nach dem das Herz sich sehnt

Mein Tochterherz es sucht dich laut
Gemeinsamkeiten kommen
es hofft, dass Zeit unendlich ist
es braucht die Zeit, die Narben küsst
und das Band stärkt sich vollkommen

Romy Wienberg * 1986

Als die Liebe starb

Den letzten Atemzug vollbracht,
schweigend durch die Ähren geh'n,
verwirbelt Wind die letzten Schreie,
der Nächte leises Wiederseh'n.

Verblüht, verdorrt, gewollt zerstört,
die Spuren sanft verwischt,
vollbracht und doch nie lebenstüchtig,
alt Schmerzen neu gemischt.

Drum fliegt sie nun ein letztes Mal,
hinauf zu goldnen Weiten,
verblasst, vergeblich lieb ich dich,
doch nicht in jetzig Zeiten.

Laura Wigge * 1995

Eine Reise durch die Nacht

Die Nacht ist still und erholsam zugleich
Der Wind lässt die Bäume rauschen
Die Sterne funkeln im Himmelreich
Des Reisenden Ohren lauschen.

Die kühle Briese weht durch sein Haar
Der Reisende schließt sein Gewand
Die Abenddämmerung so wunderbar
In den Schlaf wiegt sie das ganze Land.

Der Reisende blickt in die Ferne
Die Eule ruft ihm sanft zu
Hör auf meine Worte und Lerne
Im Diesseits findest du keine Ruh.

Die Nacht ist still, der Reisende fort
Nun ist das Land menschenleer
Er ist jetzt an einem bess'ren Ort
Dort gibt es die Dunkelheit nicht mehr.

Sinan Wilke * 1984

Wind

Der Wind weht
durch meine Worte
und beugt das Schilf
in den Auen.

Er weht über die Wettern
und verfängt sich
in der Brack,
wo er Wellen träge
an das Ufer schlagen läßt.

Er erhebt sich wieder
und weht
über mein Grab,
wo er meine Asche aufwirbelt
und die Partikel
im Sonnenlicht erstrahlen.

Bilk van Willich * 1959

Eine Nacht im Winter

Nacht, vom Weißen mild geschieden,
Weißes, von der Nacht umgarnt,
unergründlich inniger Frieden
kommt von Stimmen, die sich mieden,
deren sich die Nacht erbarmt.

Nacht ist Schlummer, sanft im Fluge
durch Gebäude dringt es ein,
Dämmerlichter weich im Zuge
strömen aus verborgnem Kruge,
hell zugleich und tieferer Schein.

Und es wogt Musik von draußen,
und im Innern bricht sie aus,
aus versunknen kühlen Klausen
klingt es, noch Musik in Pausen,
und erfüllt das weite Haus.

Matthias Wiltschko * 1962

Ramsau

Blaue Glocken läuten.
Vom Kehlsteinhaus erschallen
rote Trompeten.
Der Jugendhaus-Meat Loaf ist
zurückgekehrt und überquert
mit Sieben-Meilenstiefeln den
stillen See.
Mysteriöser Hintersee.
Enten im Verfolgungswahn.
Am Waldrand fährt
das Skelett des Abfahrts-Idols
sein letztes Ski-Rennen.
Im Gästehaus keine Spur
mehr von dem Kaffee
trinkenden Monster.
Hier singt ein englisches
Girl älteren Semesters
ein sehnsuchtsvolles Lied.

Wolfgang A. Windecker

Müde zieht die Zeit vorbei

Müde zieht die Zeit vorbei,
Wie ein langes, graues Band.
Sinnlos schwach die Träumerei,
In dem frohen, bunten Land.

Mit der Decke über'm Haar,
Denk ich mich ins Tief hinein.
Du siehst's anders, als ich's sah,
War doch dein lieb Wort nur Schein.

Bin nun hin und hergerissen,
Kenne nicht mein eigen Wort.
Tränen fallen auf das Kissen,
Warm und kalt zugleich der Ort.

Will nun nicht mehr an dich denken,
Glauben an ein neues Licht.
Ein bespitztes Tüchlein schwenken,
Schaun' zurück aus weiter Sicht.

Wie die weiße Knospe zart,
Zaghaft in den Frühling sprießen.
Lachen von beglückter Art,
Was die Wunden übrig ließen.

Fiona Wink * 1996

Engel der Hoffnung

Es wölbt sich der Sterne Gefilde
hingegen dem Atem der Nacht
als wär aus der Einsamkeit Tiefe
ein Engel der Hoffnung erwacht.

Dem Wahnsinn des Alltags begegnet
der Zauber von Stille und Leid
und hier, in der Dunkelheit kreuzt sich
mein Blick mit der Ewigkeit!

Barbara Winkler * 1995

Schnecken und Muscheln
am Strand gefunden
künden von Freiheit
und einsamen Stunden,
von Freundschaft und Liebe, Familienverbund
vom treibenden Perlboot,
so schön und so rund.

Die Phasen des Lebens
sind wie Ebbe und Flut,
einander bereichernd.
Mir scheint: So ist's gut!

Christa Winkler

Meiner Liebe

Liebe, Liebe
trag mich fort
fort an einen andren Ort
weg von hier
von Armut, Schmerz und Leid

hin zu ihr
zu Armen, Wärme, Liebe
süßer Duft, der aus dir strömt
ob Sommers oder Winters
süße Luft, die du erwärmst
ob Hitze oder Schnee
mit deinem sanften Hauch
denn nun auch
sei mein
so wie ich
schon lange dein

Clemens Winkler * 1992

Von hier zu dir

Flammt auf in meinem Herz',
gleich des letzten Willens, sterbend Held.
Begierig schaffend, süßlich Schmerz,
brennt alles nieder auf's Gebälk.

Die Sehnsucht wünscht dich her zu mir,
verheißend Wärme deiner Arme.
Sehnlichst hoffend auf ein wir,
doch Stolz ist ungleich einer Fahne.

Dein Lächeln ei'm die Welt verspricht.
Deine Augen flüstern's mir.
Da wo du, da ist mein Licht,
träumend fliege ich zu dir.

Und im Traum die Sehnsucht schweigt,
schlafend, lass dich niemals geh'n.
Er mir diese Zukunft zeigt,
wach versprechend, wirst du seh'n.

Fabian Winkler * 1989

Regen fällt

Warum kann nicht ein Tag vergehen,
gänzlich frei von Sorgen?
Versuche einfach zu verstehen,
wie steht es heut um morgen?

Wie kämpfen all die Menschenseelen?
Bin ich selbst zu schwach?
Die Augen, die mein Herz mir quälen –
Tage kurz; nächtelang wach.

Wer vermag den Surm zu zähmen?
Regen fällt, steht nie mehr auf.
Ungesehn' – sinnlose Tränen.
Nimm dieses Leben nur in kauf.

Mein Herz, es klagt: 'Vergiss mein nicht!',
Mein Kopf weiß: 'Hoffnungslos!'
Und schwächer wird das Augenlicht,
nächtliche Schatten bloß.

Saskia Winkler   * 1996

Der Fluss

Eine Last aus Schiffen trägt er
jeden Tag.
Eingeengt und verrohrt, fließt er
auch an manchem Ort.

Vergiftet wird er täglich
und Fische sterben kläglich.
Wo einst Libellen tanzten,
verkümmern nun die Pflanzen.

Der Mensch ist schlimmstes Übel
dieser Welt, er beutet aus, zerstört
und quält.

Kann nicht ertragen dieses Leid
und hoffe es kommt bald die Zeit,
an dem die Menschen sind bereit
das Ruder noch mal rumzureißen.

Sonst wird die Welt zugrunde gehen,
wenn wir ihr nicht zur Seite stehen.

Susanne Winkler   * 1963

Die Gärtnermethode

Ich nehm' mir einen grünen Zweig,
und setz ihn in die Erde
und gieß und düng und bet' und hoff
dass draus ein Bäumchen werde

Dann bitt' ich noch den lieben Gott
um seine Segensspende,
dass alles, was ich mir erhofft,
sich auch zum Guten wende!

Und nun du Bäumchen, wachs drauflos
gib uns dein Grün zum Leben,
und wenn du groß bist werd' ich mich
in deinen Schatten legen!

Wilfried Winkler   * 1939

Lug und Trug wohin ich schau

laut und bunt schreien ihre Botschaften auf
    den Plakaten
es ist eine Qual mit der Wahl – der reinste
    Buchstabensalat
schlecht angemacht und schmierig heischen
    sie nach Stimmen
sauer stoßen sie mir auf – die fauligen
    Lügen
und am Morgen danach wird sich
    beschwert – man habe sich
    versprochen
und gerade die anderen nehmen's dann sehr
    genau mit dem Gebrochenen
oh, sie sind ein Verbrechen diese
    Versprechen

Heike Winter

Macht

Er hat verloren, all das, was er einst besessen
an tugendhaften Gütern, wie man kennt:
die Liebe – Treue – Glaube an das Gute –
die Menschlichkeit, sie ist ihm fremd.
So, ist er arm – doch mächtig er sich nennt.

Einst war sein Ziel nach etwas Höherem zu
    streben;
das ist nicht fehl, gar edel ist der Plan.
Doch blieb es nicht bei ehrlichen Vorsätzen –
Macht zu besitzen, trieb ihn an,
die Gier nach mehr – er wurde ein Tyrann.

Wer nach den Sternen greift, so lehrt uns
    die Geschichte,
will herrschen über alles, ganz allein.
Vertrauen und Gerechtigkeit missbraucht er,
er herrscht – Heimtücke stellt sich ein
und zeigt uns zwei Gesichter nur zum Schein.

Mitstreiter gewinnen und sie gefügig
    machen,
das Wohl des Volkes dabei unbedacht.
Exodos droht – das Volk, es zehrt nach
    Frieden,
die Feindseligkeit ist entfacht.
Das Volk weint – sehnt herbei das Ende der
    Macht.

                    Ingeborg Winterstein * 1938

Dieses Gefühl ...

DU willst mich nicht verbiegen,
durch dich lerne ich zu fliegen.
Verstrahlt durch das Leben zu schweben,
höre mein Herz unaufhörlich beben.
Dann ein Blick in deine Augen,
schaffst es mir immer wieder den Atem zu
    rauben.
Kann dieses Gefühl nicht erklären,
werde mich aber nicht dagegen wehren.

Werde jeden Moment mit dir aufsaugen.
Manchmal kann ich es kaum glauben,
doch wenn du dann wieder bei mir bist,
mein Gesicht in deine Hände nimmst und
    mich küsst,
wird mir klar:
deine Worte und Gesten sind wahr.
Ich kann mich fallen lassen bei dir,
du erweckst Selbstvertrauen, Freude und
    pures Glück bei mir

                    Jule Wischmann * 1993

Wehrlos

Langsam schleicht sie sich ein
Leise kriechend macht sie sich breit
Umarmt dich
Küsst dir Hals und Brust
Streichelt dir die Wange zart
Schmiegt sich an dein Herz mit Lust
Ganz fest hält sie dich im Würgegriff
Schnürt dir die Kehle zu
Wärmt dich durch mit ihrem Gift
Sie lässt dich nicht in Ruh
Leckt genüsslich dir die Tränen ab
Angst
Die ein Pakt mit der Mutlosigkeit
    geschlossen hat

                    Franziska Witt * 1957

Unikat

Viele Gesichter draußen in der Welt,
nutzen eines anderen Gesicht als Maske.
Jeder schätzt die Anonymität,
kein Gesicht sich kenntlich machte.

Nun trägt jeder eine Maske,
ein Gesicht welches ist nicht seines.
Bist du draußen unterwegs,
ist alles normal, so scheint es.

Setzt du diese ab,
wirst du, nur du verklagt!
Doch dann bist du, du.
Deiner selbst ein Unikat!

Simon Wittenberg * 1992

Mit neuer Wirkung

Nachtigall in weiter Ferne,
Nebelschwaden dicht verteilt
und am Himmel kaum noch Sterne,
Seelenschmerz bleibt unverheilt.

Ich ertaste eine Kiste,
schwer zu fassen ihr Gewicht.
Darin wellt sich eine Liste –
Sprachgewalt, Brentano spricht.

Schmunzelnd nehm' ich dich entgegen
meinen allergrößten Schatz.
Rote Liste? Nein, von wegen.
Freudentaumel mach' ich Platz.

Wie ein Zauber aller Dinge,
sorglos säuselnd weht der Wind.
Lustgewinn der Tag nun bringe:
Das Naturschauspiel beginnt.

Überraschend neu erkennen,
viele Freuden neu benennen –
lassen, fassen, neu erfassen,
lassen, fassen, wirken lassen.

Sigrid Wittmann * 1979

hinter den horizont

ich sitze am meer
sitze nur
und schaue
lasse meine gedanken los
in den wind
blicke
auch ohne brille
hinter den horizont

Doris Wohlfarth

Sie hat nie das Meer gesehen ...

War sie jemals auf der Spitze eines Berges?
Hat sie jemals ein Buch gelesen?
Wollte sie was ganz anderes sein?

Hab sie leider nicht wirklich gekannt.
Wusst nie, wie es in ihrem Innern aussieht.
Hätt ich doch, und warum hab ich nicht?
Für das alles ist es jetzt zu spät.

Sie hat nie das Meer gesehen ...

Ob sie spürt, dass noch jemand sie liebt?
Wer braucht schon Meer – wo Liebe ist.

Annemarie Wolejnik

Unschuldsgrün

Ich wär so gerne
unschuldsgrün
wie zarte Blätter
jeden Frühling
ganz neu und frisch
bedenkenlos.

Ich würd so gern
vor Leben strotzen
die Welt verklärt
durch Sonne sehen
zitternd lieben
erwartungsvoll.

Ich wär nicht gerne
unschuldsgrün
wie zarte Blätter
einen Frühling
denn im Herbst schon liegen sie
zertreten auf dem Boden.

Alexandra Wolf * 1994

Ohne Sie

Sie ist das Licht
das mir in finsteren Tagen den Weg erhellt
Sie ist der Schatten
der mich bei Nacht in seine Arme nimmt
Sie ist all das
was ich zu träumen wagte
alles das
was mir entsinnt

Ohne sie leben
der Gedanke bringt mich je um den
    Verstand
Ohne sie sterben
der Gedanke bringt mich je um den
    Verstand
Meine liebe
die Einzige die mich Verstand

Sie bringt mich, an den Rand
des liebenden Wahnsinns
der mich verstohlen, vom Fenstersims
    angrinst
und schreiend fragt
was in mir vorgeht

Dominik Wolf   * 1996

Stadtgesicht

Der Schatten hoher Giebel legt sich stumm
aufs graue Pflaster der vergangnen Jahre,
so manchen trugen sie hier auf der Bahre
hinaus zum Acker, seine Zeit war um.

Nur ein paar Fenster waren stille Zeugen,
verhangen starrend auf den Markt am Ort,
sie spiegeln alles glasklar ohne Wort,
sie müssen sich dem Lauf der Dinge
    beugen.

Und Tore blicken düster, ernst einher,
ins feste Mauerwerk gefügt, verschlossen,
manchmal hat sich Tristesse in Stein
    gegossen,
dahinter gähnt das Dunkel seelenschwer.

Brav stehn die Häuserfronten wie Soldaten,
in Fachwerk eingegittert wie am Zaun,
auf sie wird niemand mehr was Neues
    baun,
Fassaden lüften und den Geist verraten.

Doch einer hält im Gässchen nicht den
    Mund
und sprudelt freudig, leicht im ew'gen
    Rund,
ein Quell, der nie versiegt, der Leben
    spendet,
das Herz des Brunnens schlägt, wo alles
    endet.

Constanze Wolfer

Tagesschimmer

Der zarte Kuss der Morgensonne flüchtig
    über meine Wange streicht
Als sich eine milde Brise
frisch und leicht im weiten Raum verliert
und meinen Traum so lieblich ziert.
Das helle Lächeln eines seichten Schlummers
auf meinen Lippen weich entsteht
auf dass der süße Duft der Sommerträume
    nie vergeht.

meine Augen langsam öffnend sehe ich ein
    goldnes Flimmern.
Der Zauberglanz, das runde Schimmern
    eines neugeborenen
Tages legt sich auf die schweren Lider.

Magisch diese tiefe Stille

Weile, bleibe, edle Schönheit;
Bleibe hier, das ist mein Wille!

wolfssfrau25   * 1989

Stille spricht

Wenn Stille spricht, ist alles leise,
Dunkelheit wird Licht,
Hässliches zu Schönem,
Dinge vereinigen sich,
aus Wissendem wird allmählich Weise;

Wenn Stille spricht, wird Leben geboren,
Stillstand wird Bewegung,
Gefühlskälte zur Erregung,
beim Tanz des Ewigen, so selbstverloren;

Wenn Stille spricht auf ihre Weise,
hört jeder hin,
gemäß dem Sinn,
dem Sinn der eigenen Lebensreise;

Wenn Stille zu dir spricht, bist du
    auserkoren,
um zu erkennen deine innere Kraft,
zu schlürfen den heiligen Lebenssaft,
deshalb hast du sie heraufbeschworen; (...)

Wolke 7   * 1984

Was ist Gott?

Gott
ist die höchste Macht auf Erden.
Gott macht uns glücklich,
kann zerstören und schenkt neues Leben
und doch würden viele für ihn sterben.

Gott lebt im Frieden, nicht in den Kriegen
    der Welt,
Gott gibt uns Wärme,
er lässt uns große Fehler begehen,
doch er ist die Macht, die uns
    zusammenhält.

Gott kennt keine Grenzen, hat keine
    Regeln,
Gott verzeiht alles,
er kommt zu jedem irgendwann,
Oft kommt er auf verschiedenen Wegen.

Gott zeigt mir, wer ich wirklich bin,
er entspringt meinem Herzen, ich wünschte
    er bliebe.
Gott ist weder Mann noch Frau,
er ist des Lebens Sinn.

Denn Gott ist nur eins:
Gott
Ist die Liebe.

Isabelle Wollny   * 1992

Frühlingsgruß

Blauer Himmel, die Sonne lacht,
Unser Herz ist zu neuem Leben erwacht.
Die Luft ist geschwängert von
    Frühlingsduft,
Die Vögel fliegen ihren Hochzeitstanz in
    der Luft.
An Bäumen sprießen junge Blätter
Und wärmer wird das Wetter.
Die Blumen in ihrer Vielfalt,
Lassen verschwinden den Winter kalt.
Autos bilden Schlangen vor den
    Waschanlagen.
Es wächst die Sehnsucht nach
    Urlaubstagen.
Wintermäntel verschwinden im Schrank,
Frauen werden wieder schlank.
Die Männer ziehen die Bäuche ein,
Jeder will der Schönste sein.
Doch die Schönheit der Natur,
Genießt ein jeder für sich pur.
Ein Blümelein am Wegesrand,
Verbreitet Liebe im ganzen Land.

Antje Wolter   * 1968

Von der Gnade der späten Geburt

Das Hundsgeheul der unschuldig
    Schuldigen
klingt dröhnend in den Ohren der leisen
    Fragesteller
und zerfließt wie Sauerbier auf der Zunge,
das aus schmutzigen Krügen getrunken
als Dank für das späte Erwachen.

Und wie beim Häuten der Zwiebel
wenn Scheibe um Scheibe geschnitten bis
    auf den Kern
fließen Tränen der unschuldig Schuldigen
    dem Meer entgegen
dort, wo sie ungestört versinken
und sich gemein machen mit den Wassern
    der Unschuld.

Der Kern der Zwiebel beim Häuten
    erhalten, ein Überbleibsel,
Stellungnahme gemahnend, wird wie ein
    lästiges Geschwür
weggeworfen in den Müll der unbequemen
    Vergangenheit.

Der dumme August lächelt erwartungsvoll.
Unschuldig sind sie, rief auch er-stumm
    mit gesenktem Blick.
Und Tugendwächter säumen den Pfad der
    schuldlos Schuldigen
und halten Hof unter dunklen Laternen.

Und in den Gassen hallt es wider das
    hohe Lied von der Gnade der zu spät
    Geborenen.
Die, mit schuldlosem Blick und strahlender
    Miene, aufrecht gehen sie,
erhobenen Hauptes und tränenlos.

             Helmuth T.H. Wolters * 1944

Unter der Straßenlaterne, das orangene
    Licht
wirft lange Schatten auf mein Gesicht.
Und unter der Straßenlaterne dicht
dräng ich mich, wie an ein leises Gedicht.

Tröstend nimmt es mich in den Arm,
vergesse dabei schnell all meine Scham,
wenn es mir nimmt den Gram
mit seinem süßen Charme.

Fang von neuem an zu lachen
über all die dummen, kleinen Sachen
und beginne endlich, langsam zu erwachen.

             Victoria Woywodt * 1995

Scherbenhaufen?

Unser Leben – ein Schrank
Zusammengebrochen aus Unachtsamkeit
Aus Gleichgültigkeit, aus Lieblosigkeit
Aus Treulosigkeit

Ein Scherbenhaufen – zerbrochen das
    Kostbarste:
Liebe, Vertrauen, Freundschaft, Leben

Was tun?
Zusammenkehren, Scherben flicken?
Risse übermalen?
Zur Tagesordnung zurückkehren?
Sollte es das gewesen sein?

Besser:
Heilgebliebenes suchen und finden
Einen neuen Schrank bauen
Sorgsames Umgehen auch miteinander

Übrig bleibt – vielleicht – Hoffnung
Chance auf Neubeginn
Auf neues Miteinander

Anders ...

             Gisela Wunderlich * 1945

Sternengruß

Du bist so schön, so warm
So vollkommen weich
Nimmst mich gern in den Arm
Wenn ich über deine Haut streich

Spür ich die Resonanz
Dies schöne Beben
Erfüllt mich voll und ganz
Das reinste Leben

Erregung überflutet die Welt
Das Feuer entfacht
Mein Wesen zerfließt, wenn deines mich hält
In so mancher Nacht

Dann blick ich in deine Augen
Dein wundervoller Mund
So weich, so zart, kaum zu glauben
So vollkommen rund

Oh ja, ich bin verliebt
Dein Lächeln mag ich gerne
Danke das es dich gibt
Mein Dank reicht bis an die Sterne.

Freya von Wussow

Warum

Ob schön, ob hässlich!
Ob weiß, ob schwarz oder gelb!
Ob normal oder anormal!
Unter ihm sind wir alle gleich!
Ob reich, ob arm!
Ob gesund, ob krank!
Was ist normal? Bist du normal oder ich?
Unter ihm sind wir alle gleich!
Müssen wir erst Kriege führen, um zu
    begreifen?
Warum?
Sind wir nicht alle gleich?
Ja, unter ihm aber nicht unter uns!
Oder?

Thiemo Wüstenberg   *1978

Dunkel kommt der Abend, dunkel kommt
    die Nacht!
Und des Tages Arbeit, ist dann oft vollbracht.
Dunkel zieh'n Gedanken, machen mich
    nicht froh,
Und wenn man allein ist, ist dann
    manchmal so.

Doch es kommt der Morgen, hell die Sonne
    lacht!
Was gestern mich bewegte, verzog sich
    über Nacht.

Freude macht die Arbeit, Freude bringt
    der Tag.
Und ich nehm' das Leben, wie es kommen
    mag.

Karin Wüster

Zwischen Ewigkeit und Nichts

Als der Stern sich öffnete
erschien die Sonne
Der Mond weinte
ward sein Schlaf gestört

Geboren waren Tag und Nacht
Zerstörte Leichtigkeit ach
war des Himmels neue Schwere
Sie durchschnitt des Raumes Leere

Wie von Sinne kam daher gerannt
der neue Luzifer, auch Prophet genannt
Er kämpfte, rang und lachte
Weinte, sang und schlachtete

Der Erfahrung gegeben Zeit und Raum
Die Menschen hier und jetzt
Morgen, Gestern ist gewesen
Heute, Ewigkeit verwesen

Luftblasen und Regenbogen
erhellen die Gemüter
Ich starb und ging alleine –
ward nie gewesen und dennoch sein

Su Wuu   *1987

Klangkonzert

Wort
Für Wort
Um Wort
Gesprochenes Elend
Im brechenden Licht
Einer verglühenden Sonne.
Erwacht
In Dunkelheit, nimmersatt,
Gierend nach dem Klang
Hohler Worte.
Die Lüge erwachte
Und die Lüge wart
Dem Blindem der Schimmer
Einer stummen Wahrheit.

Marcel Wyrobek

Der Pfeil

Mit Bedacht
aus dem Köcher gezogen,
führt man den Pfeil
ganz ruhig zum Bogen.
Den Körper gestrafft,
ganz fest der Stand,
tiefenversunken zur Sehne
geht jetzt die Hand.
Tausend mal geübt,
wird der Bogen
nun kraftvoll gezogen.
Den Blick starr gerichtet,
es braucht nicht mehr viel,
die Finger, sie lösen sich,
der Pfeil ist im Ziel.

Ronald Yang * 1954

Graue Schleier

Wenn die Nacht ihre grauen Schleier um
    mich legt,
mich in reine Finsternis hüllt,
wenn kalter Wind meine Haut streift,
wenn die Nacht meine Wangen küsst,
wenn mich der Geruch von Asche umgibt,
wenn ich daran zu ersticken scheine,
wenn alle Lichter erloschen sind,
wenn ich meinem Ende so viel näher bin als
    meinem Jetzt,
und wenn diese Dunkelheit mein Wesen
    beschleicht,
wenn ich nicht mehr ich bin, nicht mehr
    ich sein kann,
ist dann die Welt genauso wie mein
    Inneres?

Ipek Yasar * 1995

Über eine Odyssee

Unsere Liebe ist wie eine Droge
jeder Tag ohne dich
ein Kampf dem Wunsch im Herzen
zu wieder stehen
dich wieder zu sehen

Und auch wenn ich weiß
wie schlecht es ist
will jede Zelle
wieder diesen Rausch
spüren
um etwas in sich zu
rühren

Auch wenn ich weiß
dass der Fall in die Realität
wirklich erschmetternd ist

Ist alles was meine Seele will
eins zu sein

Mit ihrer Droge
deinem Gesicht

Ybstag * 1994

Zuerst nur ein Hauch

Hinter den Wolken
ist's immer blau
und hinterm Himmel
da ist es weit
und hinter Allem
ist's still und leer
von dort scheint gekommen
die Sehnsucht nach mehr

Ach, all diese Wünsche
zuerst nur ein Hauch
verlangen nach Form
und bekommen sie auch
ein jeder Wunsch
erhält sein Kleid
gewebt aus Liebe
gewebt aus Leid

Beate Zacher * 1961

Der Narr

in Reichtum war der Narr geboren
mit großem Maul und kleinen Ohren

noch waren keine Kleider dran
schon sah man ihm den Narren an

in der Schule nichts gemacht
nicht aufgepasst und blöd gelacht

die Lehrer nahmen's ihm nicht schlecht
des Narren Vater paukte Recht

nein, die Arbeit lag ihm nicht
er war gern faul und drückte sich

Vaters Reichtum aufgebraucht
komplett versoffen und verraucht

später dann mit einem knall
beging er einen Überfall

er hatte einen umgebracht
nun sitzt er dort im Knast und Lacht

fragst Du ihn jetzt wieso 's getan
dann sagt er ich hab Spaß daran!

Frank Zander * 1957

ich höre ein Lied von einem Baum
lasse mein Blick durchs Zimmer gleiten
über viele Dinge einfach hinweg ohne
    etwas zu sehen
Lichter gehen durch meinen Kopf
strahlende Erinnerung an zu kurze Zeit
ein Sofa, ein Cabrio, ein Zug durch einen
    Tunnel ohne Ende
durch kleine Fenster kommt manchmal
    Licht
ein kurzes Flackern dafür umso schöner
ein großer Schein durch einen zu schnellen
    kleinen Funken
die Wände drohen mich zu erdrücken
schwarzes Eis
langsam wiederentfachtes Feuer
es schmilzt das Eis nur um selbst zu
    erstarren
bis der Tunnel endet ein sich ewig
    wiederholendes Lied

Finn Zawadzki

Liebendes Herz

Liebendes Herz
Aus dir schöpfe ich
Trinke ich
Atme ich meinen Frieden

Mein
Ist dein Leben
Dein
wird mein Leben

Ich
Sehne mich
In dich hinein
Du meine Seligkeit

Andreas Zbinden

Schlagabtausch

das herz schlägt
die glocke schlägt
die uhr schlägt
die stunde schlägt
der vater schlägt
die mutter schlägt

das kind

mitten ins herz

Waltraud Zechmeister * 1958

Tödliche Träume

Im kleinen Haus,
Träumt ein Kind.
Vom Himmelslied.
das Dornen umgibt.

Das liebe Kind,
Doch insgeheim.
So solls nicht sein.
träumt ein Sterbenslied.

Wär es nicht mehr,
So freuts sich sehr.
Weit weg von der Welt.
so wärs vorbei.

Die große Welt,
Es will nicht mehr.
Denkt an Mord.
ist plötzlich fort.

Im Himmel wartet,
Wer weiß das schon.
In der Vision.
der Tod bereits.

Laura Zegers * 1998

Elfe

Verzaubert hat dich der Anblick der Fee
Doch deine Liebe tut ihr bloß weh
Zu klein ist ihr Herz für deine Gefühle
Deine Berührung macht ihr Leuchten ganz
    trübe
Die Elfe so winzig auf deiner Hand
Ihr stummes Lächeln hat dich gebannt

Wenn deine Lippen ihr Haar berühren
Ihre Flügel an deinem Ohr vibrieren
Ihr Körper so leicht wie vertrocknetes Laub
Kitzelt in deiner Nase ihr glitzernder Staub
Dein Herz pocht zu laut für ihre spitzen
    Ohren
Ihr seid als verschiedene Wesen geboren

Wenn du weinst, könnten deine Tränen sie
    treffen
Zu leicht könntest du ihr ein Knöchlein
    brechen
Dir bleibt nur der Boden, denn Feen
    können fliegen
Letztendlich muss die Verschiedenheit
    siegen
Traurig schüttelt sie den Kopf, entflieht
    deinem Blick
Und lässt dein gebrochenes Herz zurück

Isabelle Zehms * 1996

die unsere liebe brauchen

und am ende
können
die seelen
die
emphatisch man geliebt
weil
verletzt sie waren

die seelen
die unsere liebe brauchen
und nach liebe dürsten
die seelen
können am ende

doch
immer nur wieder
selber
verletzen

Birgit Zeitler

Freundschaft

Wir sind immer für einander da
Freunde auf ewig und immer
Beschworen wir
Und glaubten daran
Neugierig streckte der Baum
Sich ins Blaue
Das Blut quoll wie saftige Kirschen
Unser Schwur ist verblasst
Der Baumstumpf trägt
Einen Mantel aus Schnee
Mir ist kalt
Und zeige im tiefsten Raume
Der Nacht
Mit schwitzenden Händen
Auf unser Geheimnis
Liebkosend spüre ich deine Worte
Wir sind immer für einander da

Claudia Zentgraf * 1967

Erzähl eine Geschichte

Ich kannte mal einen
Der konnte keine Noten lesen und konnte
  auch keine Akkorde
Aber er konnte Musik machen
Er nahm sein Instrument in die Hand
Und erzählte eine Geschichte

Die Art, wie er seine Augen auf und
  zumachte
Erzählte mir, welche Dinge er gesehen
  hatte
Wie er den Kopf hielt
Sagte mir, über welche Fragen er
  nachgedacht hatte
Wie seine Hände das Instrument
  bearbeiteten
Zeigten mir die Frauen, die er berührt hatte
Und die Töne, die er dem Hörer zu
  schenken wusste
Erzählten vom Leben

Manuel Zerwas * 1987

Du bist das Wasser auf meiner Kutikula,
ich stoß dich ab, doch wir sich furchtbar
  nah.
Ich lass dich fallen, du ziehst mich an,
die Gravitation bei uns ein Neuanfang.
Der Anklang deiner Stimme droht
  Schallwellen zu verseuchen.
Ich lass dich gehen um nachzusehen,
ob deine Lungen keuchen.
Um nachzusehen wie weit du gehst,
wie weit du gehst von mir,
ob du rennst, ob du schleichst
oder jubelnd gehst von hier.
Wirst du gehen?
Der Narzisst in mir sagt: „Ich brauch dich
  nicht!"
Mal davon abgesehen – Ich will dich nicht!
Und trotzdem möcht' ich wissen,
vor allem mein Gewissen,

ob deine Empfindungen dass waren,
zu denen andere als Wort: „Liebe" sagen.
Ob sie das waren, was ich nicht kenn'
und ob du mich hättest retten könn'.

Tina-Maria Ziegler * 1994

Der Superkrasskontrast

Ich bin Black und sie ist Beauty
sie ist free und ich bin duty
Ich bin down und sie ist load
sie ist Movie, ich bin Road.

Ich bin Walk und sie ist Fame
sie ist Trouble und ich Pain
sie ist Fuck und ich bin Off
sie ist Traum und ich der Stoff.

Sie hat Klasse, ich hab Masse
ich spiel Pik und sie die Asse
ich bin Keller, sie ist Loft
sie ist Macho, ich bin Soft.

Sie ist Soul und ich bin save
Ich bin Tango, sie ist Rave
sie ist Bar und ich bin Lobby
sie ist Job und ich ihr Hobby.

Wir sind zwei und wir sind Viele
wir sind nicht für uns gemacht
wir sind kein Team und ham kein Ziel, ey
wir sind der Superkrasskontrast.

Claudia Ziegler-Bach * 1979

Jeden Tag

Jeden Tag glaub' ich an dich
hoff ich auf dich
du bist nicht da

Jeden Tag bitt' ich um dich
lieb ich nur dich
du bist nicht da

Oh Belle du schöne
die mein Leben verändert'

Jeden Tag Hoffnung auf dich
Liebe durch dich
Bald bist du da

Jeden Tag Dank nur an dich
Freude durch dich
Jetzt bist du da

Jonathan Zier * 1996

Ein falscher Freund II

Neue Freundschaft mit altem Feind,
Tragödie und Irrweg wieder vereint?

Eigentlich wollte ich das hinter mir lassen,
mich nicht mehr damit befassen ...

Doch enttäusche ich mich selbst grandios;
werde meinen alten Feind nicht los.

Die Selbstdisziplin ist auf dem Müll
    gelandet,
die Selbstachtung im Jenseits gestrandet ...

Ein Sturm der Entrüstung, den ich da
    entfache,
eine Schande was ich aus mir mache.

Zeit ist gekommen, ich sage lebewohl,
dem falschen Freund namens Alkohol!

Juan Zorro

Das Schreckgespenst

Alle Straßen sind verlassen,
menschenleer ist diese Stadt,
und wir können es nicht fassen,
dass der Krieg begonnen hat.

Und wir wollten ihn nicht haben,
dieses Schreckgespenst von Krieg,
unser drohen, schimpfen, klagen,
nützte nichts, er hat gesiegt.

Nun bangen Mütter um ihre Söhne,
Frauen um den Ehemann,
von Ferne hört man das Gedröhne,
der Kriegsmaschinen, sie fangen an.

Sie werfen Bomben tausendfach,
auf unsre Stadt, die einst so schön,
die Erde bebt, doch auf dem Dach,
ist eine Taube noch zu sehn.

Sie allein lässt uns nun hoffen,
auf ein Danach in unsrer Stadt,
doch der Ausgang ist noch offen,
wann der Krieg ein Ende hat.

Christl Zoubek * 1943

Späteinsicht

Sie galt speziell
Als intellektuell.
Ein Traum, das Schönsein,
Blitzartig kapiert.

Statt schön sein, reif sein,
Längst schön schon krepiert.
Floss so durch den Trichter,
Bevor es sich legte.

Claudia Zundel * 1967

An die Realität

Nichts ist schlimmer als leere Worte,
die versenkten deinen Blick,
Versprechen, die du nicht hieltst,
damit senktest du mich,
Stille, die Unruhe walten lässt,
keine Freude an sich,
Hoffnungen, die zerbesten,
weil es Erfüllung gar nicht gibt,
Träume, die entfliehen in den Albtraum dann,
Liebe, wenn sie nicht echt ist irgendwann,
Realität, die nicht wahnsinniger werden kann,
Hass, der höher lodert und das letzte Spiel gewann.

Mut macht mich jetzt mutlos, nimmt mir die Kraft,
Glück kann ich nicht gebrauchen, weil es alles schlimmer macht,
wie Freude – alles sich mir entzieht,
mich plump auslacht
nur Schmerzen ich – wie damals dich ersehne, so schmerzhaft
gut und immer pulsierend,
genau wie damals – lebhaft

Zuzu * 1995

Umland

Im Umland stehen viele Märkte rum,
die Kunden schauen manchmal – öfter – dumm
aus der Wäsche, egal ob Mann ob Frau,
denn sie gehen in den Markt zum Thema Bau!

Jeder will den schönsten Bau zu Hause haben,
am wohlverdienten Feierabend sich dran laben,
und schuftet sich in jeder freien Zeit dafür den Buckel krumm,
deshalb find ich dies Bauen an dem Eigenheim auch ziemlich dumm!

Andrerseits ist die Terrasse doch eine Wucht,
die Frau pflanzt an, der Mann macht Feuer: eine neue Sucht,

ist schnell gefunden und macht die
 Menschen froh und heiter,
da komme ich mit meiner Wohnung in der
 Stadt einfach nicht weiter.

In meinen Bau trag ich dagegen täglich
 und mit Verve die besten Sachen,
die mich in dem gemietet Heim dann
 glücklich machen.
Und jedes Mal, wenn ich mit meinem
 Liebsten dann ins Umland reise,
bin ich so glücklich und beschwingt und
 pfeife leise.

Sabrina Zwach　* 1969

Gedicht zum 6. Jahrestag von Tinka

Nach sechs Jahren wollen wir dir sagen,
dass wir froh sind, dich zu haben

Sechs Jahre gingen schnell vorbei,
doch das war uns nie einerlei.

Denn es war eine schöne Zeit,
geprägt von Freude, Spiel, Angst, Leid
Doch eines sollst du von uns wissen,
wir wollen dich nie wieder missen,

Denn egal, in welchen Lebenslagen
– trotz mancher Sorgen, Weh und Klagen
hast uns gelernt, es doch zu wagen.
– Nur eines bleibt uns noch zu sagen:
Wir hoffen, dich noch lang zu haben.

Andreas Zweck　* 1987

Ein Lächeln

Ein Lächeln verbindet,
man fühlt sich ganz nah.
Das Fremdsein verschwindet,
wie ein Zauber gar.

Du zeigst ohne Hemmung,
die innerste Seit.
Bist ganz ohne Schranken;
zum Reden bereit.

Dann gehst Du schnell weiter,
der Zauber verfliegt.
Noch bist Du ganz heiter –
doch – das Lächeln verblüht.

Carsten Zwinger　* 1968

Trostlos

Es war ein strahlender Tag
als ich in deine leuchtenden Augen sah
der Moment genügte zu erahnen
dass deine Augen Wege zeichnen könnten
auf denen ich mich verlaufe
dass deine Worte Schlingen flechten
 würden
in denen ich mich
verfange
bedränge
erhänge
Es brauchte ein halbes Leben mich daraus
 zu befreien
und mein entfremdetes Herz sehnt sich
 noch heute

Ursula Zynda　* 1957

FRANKFURTER BIBLIOTHEK

JAHRBUCH FÜR DAS NEUE GEDICHT

Das Geheimnis

BRENTANO-GESELLSCHAFT
FRANKFURT/M. MBH

DAS GEHEIMNIS

FRANKFURTER BIBLIOTHEK

Gründungsherausgeberin Giordana Brentano

Erste Abteilung

Jahrbuch für das neue Gedicht

36.

Das Geheimnis

Herausgegeben von
Klaus-F. Schmidt-Mâcon † und
Susanne Mann

Mit einem Vorwort von
Markus von Hänsel-Hohenhausen

Bearbeitet von
Christina Spannuth

BRENTANO-GESELLSCHAFT FRANKFURT/M. MBH
2015

Das Geheimnis

Jahrbuch für das neue Gedicht

Herausgegeben von
Klaus-F. Schmidt-Mâcon † und
Susanne Mann

Mit einem Vorwort von
Markus von Hänsel-Hohenhausen

Bearbeitet von
Christina Spannuth

BRENTANO-GESELLSCHAFT FRANKFURT/M. MBH
2015

Hinweise zur alphabetischen Ordnung
Die Gedichte sind nach Autorennamen geordnet.
Umlaute gelten dabei als nicht geschrieben.
Sie sind in der alphabetischen Folge
nicht berücksichtigt.

Wegen der strengen alphabetischen Abfolge der Gedichte
mussten Spalten und Seiten auch im Vers umbrochen werden.
Die Redaktion bittet um Verständnis.

Beilagenhinweis:
Die Ausschreibung für die
Frankfurter Bibliothek 2016
liegt dem Band bei.

Empfehlung im Internet:
www.autoren-tv.de
www.literaturmarkt.info

Der August von Goethe Literaturverlag
publiziert neue Autoren.
Manuskriptzusendungen sind erbeten an:
lektorate@frankfurter-verlagsgruppe.de

www.august-von-goethe-literaturverlag.de
www.frankfurter-verlagsgruppe.de

©2014 Brentano-Gesellschaft Frankfurt/M. mbH
Großer Hirschgraben 15, D-60311 Frankfurt a. M.
Tel. 069-13377-177, Fax 069-13377-175
ISBN 978-3-933800-45-9
ISSN 1613-8386

Gefangenschaft

Vögelschwärme seh ich in den Süden ziehen
und auch Menschen, hör ich, sind unter
 ihnen.

Helden, so wird gepredigt, können
ihrer Leidenschaft folgend, großes wollend,
 großes wirken
ich fixiere sie ehrgeizig, auch bereit
 loszufliegen
ich sage: Hebe dich! Doch ich hebe mich
 nicht
dabei sollte mir nichts unmöglich sein
ich zapple nur und werde zu Boden
 gestoßen.

Denn der Horizont ruft nicht nach mir
und nur rastlos suchen, nur blutend warten
all die Hinweise, nur Täuschung.

Doch plötzlich: seht, da steht der große
 Dichter
Der Herr in seinem Wort, in den Geschichten
Das Volk er lehret, seine Kinder nähret
Und so die Welt zu ihrem Heile hebet
Zur Dichtung kann ich, zur Dichtung
 muss ich
Nun flieg Ikarus, du weißt endlich wohin,
 flieg!

Doch mit keinem Schlag schlägt mein Herz
 zum Dichten
aber bei jedem nähere ich mich der Sonne.

Ábel * 1995

beortet

der ort der suche
ein versprechen der sprache

zu zeichnen am wegrand der
worte. dein
verstand ist sonnenalt rot, ein gerippe
fürwahr & dergleichen

die treue gebiert –

sie war immer den wüsten verwandt.
ihr dasein im hort, nebenan:

die gefangenen zellen
das blut an der hand schmiert.

Michel Ackermann * 1964

Gemeines Glück

Sehnsucht sieht aus dem Fenster
Erblickt Glückliche – Arm in Arm
Regen tropft aus müden Augen
Tiefer Seufzer vernebelt das Glas

Glück, wie lüfte ich dein Geheimnis?
Grüble und grüble und schaff es nicht!
Stachel im überlaufenden Herzen
Schmerz und Verzweiflung im Gesicht

Tristes Spiegelbild – ganz verzerrt
Leben, das hofft, kämpft, wartet
Und doch schon halb vergeht
War es wohl nie der Liebe wert?

Gemeines Glück, was quälst du mich?
Dein Geheimnis zu lüften, fast zu spät
Bleibt die Sehnsucht, die weint und hadert
Bis auch das Glück der anderen vergeht

Alina Aidenberger

Gefährliches Geheimnis

Hast du ein Geheimnis, kannst du's wahren
und behüten; aus Angst, es könnte dir
wer auf die Schliche kommen und's
    erfahren,
versteckst du dich vor frecher Wissbegier –
und bangst, dich könnt ein Spitzel
    drangsalieren
bis hin zur Schnüffelei im Tagebuch,
und dass du freiliegst, geht dir an die
    Nieren
bis hin zum psychischen Zusammenbruch.

Auch kannst du'n Teil Geheimnis
    rausposaunen,
deine Schliche sind nicht mehr
    geheimnisvoll
und deine Nachbarn fangen an zu raunen,
was der Posaunen-Stoß verblasen soll.

Da fühlst du dich befreit und kannst
    abnicken,
Ja, ich bin triebhaft täglich frisch verliebt,
das muss jetzt raus, sonst werd ich dran
    ersticken
und hab die wahre Liebe schon versiebt.

Wie du's auch hältst mit dem Versteckspiel,
    frei und ehrlich
oder fest verschlossen – Geheimnis ist
    gefährlich.

Wolf Allihn

ein bisschen geheim

hinter allen häusern wandert verborgen
südlichen dichters das rätsel
ein frisches lineal orangen des morgens
ob vor laute dichte's bräche

hebt sich auf des meeres salz ohne sorgen
ein segler aus den antillen
der stirbt nördlich bei den grillen

Javier Y. Álvarez-Vázquez * 1977

Doch du lebst

Du siehst,
ohne Blick.

Du hörst,
ohne Ohr.

Du sprichst,
ohne Wort.

Du liebst,
ohne Herz.

Du weinst,
ohne Trä'n.

Doch du lebst,
mit Leib und Seel!

Amber * 1998

„Das Geheimnis"

„Geheimnis"
still und ruhig,
wie Du Deinen Namen trägst.
„Geheimnis"
was Du unsichtbar in Dir verborgen hälst
„Geheimnis"
welch süßes Licht Dir doch scheint.
„Geheimnis"
was Du doch offenbar alles in Dir vereinst.
„Geheimnis"
was Du selbst bände sprichst.
„Geheimnis"
Du doch alles gibst.
„Geheimnis".

Patricia Ameta

März und September
aus einem Reisetagebuch?

Der Herbst
deutet sich an

den Winter
kannte ich

Die Sonne
verbindet
März und September

... andere Jahreszeiten –
Lektüre,
Lexika ...

Emil Androidm   * 1963

Die Liebe

Du bist mein Geheimnis der Liebe,
die so stark ist
das ich für immer bei dir bliebe.
Mein Geheimnis zum Glücklich sein,
das ich bleiben werde für immer dein.

Annabella   * 1993

Hundert Uhr

Nichts unter der Sonne ist Zufall.
Aber nur unter der Sonne,
nicht unterm Regenschirm.
Plötzlich sind die Zufälle maßlos
im Regen.
Küsse zum Beispiel,
bis es hundert Uhr wird
unterm Schirm,
bis es keine Spucke gibt.
Tonsucht.
In einer Zeit lang nach unseren Tagen,
als die Herkunft der Kunst
zu spät erkannt wurde,
gärte Musik in vielen Teilen des Landes
leider längst zu Alkohol.
Küsse gären nie.

Ann-Helena   * 1986

Götterbote

Götterbote, doch Du weißt es nicht.
Das siebente Leben ist das letzte auf dem
    Weg zurück ins Licht.
Die Vertreibung aus dem Paradies ist der
    Erkenntnis Preis
und am Ende schließt sich doch der Kreis.

Woher wir gekommen sind, da geh'n wir
    wieder hin.
Es kann sein, dass ich morgen nicht mehr
    bei Dir bin.
Doch der letzte Stern, er muss erst
    untergeh'n
bevor wir die Ewigkeit versteh'n.
Denn Liebe und Hass ergibt doch
    Harmonie.
Zwingt Hass uns auch manchmal in die
    Knie,
die Liebe lässt uns aufersteh'n
und für den Augenblick hinter die Kulissen
    seh'n.

Wo Regenbogenfarben sich mit leiser
    Melodie vereinen,
wird das Große uns ganz klein erscheinen.
Wo Gegensätze dann im Nirgends enden,
muss sich das Böse doch zum Guten
    wenden.

Dort wo die letzte Frage eine Antwort
    findet
und sich die Zeit mit dem Raum verbindet,
Götterbote seh' ich ganz deutlich Dich,
doch ich seh' auch immer wieder mich.

Petra Anton-Kriza   * 1958

Im richtigen Moment

Im richtigen Moment gehört werden.
Gesehen, berührt und genährt.
Getrieben sein und still werden können
im richtigen Moment. Aushalten.
Durchhalten. Nichts mehr zurückhalten.
Den Moment nicht in Zement gießen.
Sich entschieden verlieben
in diesen Moment. In den nächsten.
Und immer so fort.

Franziska Arnold   * 1964

Nachttraum – Traumnacht

Im dunklen Park steht scheu ein Reh
welch großes Glück das ich es seh,
im milden Glanz des Mondenschein,
beim sanften Duft vom Lindenhain
fühl ich mich wie im Märchentraum,
erhaben wie ein starker Baum.
Wozu die Nacht doch uns verführt man die
    Gefühle tief erfährt,
um mich herum da summt es leise
ein Nachtfalter singt eine kleine Weise
zu meinen Füßen raschelt eine Maus
mein Schuh, er streift ein Schneckenhaus
im Mondstrahl tanzen späte Mücken
und Spinnenfäden weben zarte Brücken
ein fernes Röhren kündet an den starken
    Hirsch – ein wahrer Mann!
ein Käuzchen sendet einen Ruf und hier
    erspäh ich einen Huf
ich bin erquickt vom seichten Wind ganz
    eingefangen wie ein Kind
die schönsten Impressionen schenkt uns die
    Nacht mit ihrer großen Zaubermacht

Christina Asbeck

Sehnsucht

Hörst du das Meer geheimnisvoll rauschen?

Die Sonne spiegelt sich im Wasser wieder,
die Wellen schlagen auf und nieder.

Die Möwen kreischend mit den Flügeln
    schlagen,
vielleicht auch einen Sturzflug wagen?

Wir lachend laufen, Hand in Hand
unsere Füße versickern im Sand.

Wir uns berühren
und uns verführen.

Wenn mit den Wolken die Sehnsucht sich
    staut
ein heftiger Sturm sich zusammenbraut

und es dann nieselt, ganz sacht,
bist du es, der mir entgegen lacht!

Mirjam Auer   * 1973

Worin liegt die Kraft
zu segnen, nicht zu fluchen,
das gute festzuhalten, das Böse loszulassen?

Wovon hängt es ab
zu vergeben, den Feind zu lieben,
Frieden zu bringen wo Krieg herrscht?

Wie kann ich den Weg des Lichts gehen,
glauben, das Wort der Wahrheit ausleben?

Es liegt alles in dem Wort: das Geheimnis.
Es ist ein Geschenk.
Es hat Teil an unserem Leben.

Wenn man liest und glaubt,
löst und öffnet sich das geheimnisvolle,
lüftet sich ein Geheimnis mehr.

Ingrid B.   * 1995

Atemholen

Nicht weit muss unsere Perle laufen,
um fürs Essen einzukaufen.
Doch manchmal kann es länger dauern
und die Milch derweil versauern,
denn sie bleibt dann um die Ecken,
um ihr Geheimnis zu verstecken:
Sie bläst ihr schwer verdientes Geld
in die Lüfte dieser Welt.
Doch der Zigarettenduft
hängt noch länger in der Luft
und verrät, was sie so treibt,
wenn sie länger auswärts bleibt.

Sylvia Bacher * 1945

Der Altar

Nachts im fahlen blauen Licht des Mondes
wiegt der Wind die kahlen kalten Knochen.
Der alten Bäume zerkratze Kronen
verdecken die nackten bloßen Rinden.
Unterm Wurzelwerk, da liegt begraben,
sanft geschützt von dicken Nebelschwaden,
schlafend, die kleine Büchse.
Hoffnung steht drauf und ward vergessen.
Es ruhe der schöne Traum;
Pandoras Geheimnis.

Joe C. Bates * 1988

Geheimnisse

Sage mir deine –
Ich sage dir meine.
Aber zuerst du deine,
vielleicht behalte ich meine ...

Pauline Bauer * 1949

Geheime Sehnsucht

Gemeinsam gehen sie Hand in Hand,
versunken in Gedanken,
barfuß den breiten Strand entlang
weg von des Lebens Schranken.

Ach, wenn ich doch zu Hause wär'
beim Fußball mit viel Bier
und nicht mit meiner Frau am Meer,
ach, wäre ich doch nicht hier.

Ach, wenn ich doch zu Hause wär'
beim Kaffeeklatsch mit Freunden
und nicht mit meinem Mann am Meer,
ich werde so viel versäumen.

Sie schauen sich an und freuen sich,
ach, wie schön ist es am Meer,
doch zu Haus' ist so viel zu tun für mich,
wir müssen wohl heimkehr'n.

Sie freuen sich heimlich über ihr Genie,
endlich wieder daheim.
Beim Fußball und beim Kaffee merken sie,
mit dir am Meer möchte ich gern sein.

Sonja Baum

Das Geheimnis

Jeder wußte es.
Keiner konnte es sagen.
Jeder musste es mit sich tragen.
Jeder sich damit plagen.

Keiner wollte es für sich behalten.
Keiner konnte an sich halten.
Jeder musste es erzählen.
Keiner wußte die Details.

Alle hatten viele Worte.
Niemand konnte ahnen.
Niemand musste sich ermahnen.
Niemand wußte vom profanen.

Ich wußte es.
Ich konnte es sagen.
Ich musste es mit mir tragen.
Ich konnte mich nicht mehr damit plagen.

Nicole Baumgartner

Zeitreise

Schließe die Augen und träume,
schlafe oder bin ich wach?
Ist es Tag oder Nacht?

Bilder zogen an mir vorbei.
Waren es 2, 3 oder noch viel mehr?
Wie ein Meer mit seinen vielen Facetten,
welche ständig neues Interesse und Neugier
    in mir wecken.

Was wollen Sie mir nur sagen,
oder wieder offene Fragen?
Unzählige Gedanken kreisen in meinem
    Kopf herum.
Fantastische, bewegende Bilder sind es,
woher und warum?

Die Macht des Geistes hat mich voll in der
    Hand.
Nein, es wird nicht davon gerannt.
Es gibt kein Entrinnen von diesen Sinnen,
aufgewühlt von so viel aufregenden
    Dingen.

Tief beeindruckt wieder mit offenen Augen
voll und ganz da.
Im Hier und Jetzt ist die Realität und wahr.
Was man nun denkt und fühlt,
vielleicht schon sehr nah!

Katrin Bechler   * 1966

Auf der Lauer liegt der Mann
der sich nicht mehr rühren kann
den Blick zu Boden, an Füßen Ketten
keine Kraft sich selbst zu retten.

kein Hall durchdringt den eis'gen Wall
ins Auge fällt kein einz'ger Strahl
Die Organe pumpen sich im Kreis
Überleben! Und aus Mann wird Greis.

Doch einmal, kurz, wir aus sehen Sicht
und plötzlich hört er was er spricht
Spürt die Verkehrtheit seines Wesens
Spürt die Aussicht aufs Genesen.

Wo war der Sender der letzten Hoffnung?
– In ihm, die Idee der neuen Ordnung!

Sonja Becker

Fliegender Teppich

Sultan auf dem Teppich liegt
und durch blaue Himmel fliegt,
unter ihm die Welt so klein,

Minarette spitz und fein,
hinter Mauern große, kleine
Gärten grün wie Edelsteine,
Gassen, Plätze und Basare,
gut verpackte, reiche Ware,
lange bunte Karawanen
unter leicht bewegten Planen,
die auf wunderlichen Wegen
sich durchs Tor der Stadt bewegen,
um sich dann mit ihren Tieren
in der Wüste zu verlieren.
Herrlich, so ein Ruhekissen,
und man möchte gar nicht wissen,
dass die Welt, die unten lebt,
in den Teppich eingewebt.

Uwe Becker   * 1963

Treibgut

Manchmal fühlen wir uns
wie ein schlingerndes Boot
in den Strudeln des Lebens.
Doch einer hält uns.

Manchmal scheinen wir hilflos
dem Brodeln und Gären und Wallen
wirrer Mächte ausgesetzt.
Doch einer fängt uns auf.

Selbst wenn wir trudeln,
taumeln oder uns winden,
wenn wir irrlichtern in Nebeln
– einer hat sich schon längst
dieses Treibguts angenommen.

Wir sind geliebt.

Gudrun Beckmann-Kircher * 1954

Geheimnis

Unvorbereitet auf eine große Reise geschickt
mit unbekannter Zeitangabe
und unbekanntem Ziel
am Rücken hängend
ein schwer beladener Rucksack
gefüllt mit einem Quantum an
    Lebensaufgaben
wie rasante Berg und Talfahrten
und eine unstillbare Sehnsucht
eine ächzende Seele
auf dem Weg nach Liebe
Anerkennung und Zuwendung
sich volltankend mit Mitleid
aller nur möglichen Menschen
und anderen Scheußlichkeiten dieser Weltreise
immer dieses divuse Heimweh tragend
und eine große Sehnsucht
nach Rückkehr zum Ursprung
Ankommen – Heimkommen
und lüften dieses allergrößten Geheimnisses

Began * 1951

Keiner weiß, was ich verstecke,
sieht, was ich so gut verdecke,
hinter Wänden, beinhart: Stein;
Erntehelfer: ich allein.

Unter Lug und Lagen Leben
schwärt die Sünde, unvergeben,
wächst die Wahrheit, bis sie platzt,

aufbricht, ausbricht,
aus mir herausbricht,
ans Licht kommt/geht
und mich

befreit

zurücklässt.

Benedikt Behnke * 1989

Fenster meiner Seele

Deutungswahn im Hinterland,
Gefühle aus dem Wasserhahn
Reißen Bäche in mein Haus aus Stein,
Sie wollen dort nicht länger sein

Giebel stürzen, Türen hängen
In Angeln, die wanken und ranken –
Übergroß als stille Geister
Schlängeln sie sich auf den Planken
Gemälde gemalt mit feinen Pranken

Des letzten Bewohners in diesem Gemäuer.
Ungeheuer schenken das Wunderbare
Und vergraben einen Schatz
Groß und hölzern steht meine Wand
In der Mitte hat sie Platz

Gereifte Hände werfen Erde,
Verlorenes gibt Recht.
Die Werksruine dämmt die Herde,
Das Wasser aber ist echt.

Simone Belko * 1977

Das Tor

Ein verrostetes Schloss
Sichert das unzugängliche Tor
Der Schlüssel ist längst
Ins Vergessen gefallen

Kein Licht umgibt das Portal
Der Ort ist finster

Die Pforte
Ist nur unzureichend bewacht
Ein Geheimnis flieht
Schutzlos preisgegeben
Wünscht es sich zurück
In die Dunkelheit

Elin Bell

Wer?

Wer ist?
Wann oder wo?
Ist irgendwo?
Ist sowieso
nicht da?

Ist niemals dort
und niemals da!
Wo denn?
Irgendwo im Nirgendwo?

Mag sein!
Wer ist's?
Du oder ich?

Jürgen Bennack * 1941

Die Litfaßsäule

Die Litfaßsäule
an kleiner Brücke,
Papiergebeule,
kaum eine Lücke;
Wörter bunt,
nur ohne Sinn:
tun Termine kund,
die sind schon dahin.
Da entschweben
zart und leise
dem Wörterkleben
auf mystische Weise
leuchtende Lettern,
acht an der Zahl,
eine Reihenfolge zu erklettern
in richtiger Wahl:
... ein belohntes Warten
im Buchstabengarten ...

Du bist da!

Uta Berg * 1969

Trauriger Clown

Die Nase ein Fanal des unbrechbaren
  Willens,
doch tragisch am unteren Ende, ein
  Tränentropfen weist auf den zu
  schmerzreich-
gezwungenem Grinsen verzerrten Mund,
  übermalte Heiterkeit, großmäulig
  kleinlaut,
über Demütigung, Verlust und Leiden.
Doch: die Augen! Sehr tief in ihren
  Schattenhöhlen, glimmen wie zwei
  unauslöschliche
ewige Feuer der Glut der Leidenschaft und
  Willenskraft, der Inspiration und des
  Glaubens an
das Höhere, blicken sie in eine ferne Welt,
  sehnsuchtsvoll, voller Güte.
Die Stirn – hochgebügelt unter der
  Perücke, edelvoll Gedanken um das
  Wissen der uralten
Kultur, zerfurcht von Tragik und Drama
  des Unverstandenseins, nie das
  Zweifelnd missend.

Ich folge dem Licht- und Schattenspiel auf
die linke Seite – da sticht ganz klar
der große
Kämpfer und Held empor, kämpfte für
Freiheit und Gerechtsein zu jeglichem
Wesen,
gegen Zerstörung und Verderbnis der
geistlosen Massen gegenüber den
Minderheiten.
Nun, von rechts gesehen, erkenne ich ein
dem Weltraum sondenartig weit
geöffnetes Ohr.
Empfängt die Botschaften der Engel, aus
dem Kosmos, feiner Filter für
reinen Wortenlärm und Hülsengetöse, nur
die Erkenntnisse der Weisheit dringen
durch.
Von unten, zentral betrachtet, scheint der
Todesengel zu schweben,
sein Schicksal, über dem fast hohlen
Schädel, zersetzungsgezeichnet, dem
Untergang
scheinbar geweiht – doch dann: ein
Sonnenstrahl: es ist der ganze Narr
ein trauriges, unzerstörbares
Friedensmahnmal!

                    Heike van den Bergh   * 1966

Blaue Tinte

Das Papier trug nur einen Tintenklecks,
undeutlich war die Form in tiefem Blau.
Fingerspitzen tasteten nach einer Lösung,
Augenblicke der Ruhe überströmten mein
Herz.

Der Hauch des Windes knickte eine Ecke
um,
streifte mein Haar und küsste die Sinne.
Duft vom Lavendelfeld zauberte Poesie in
mein Herz,
tanzte mit blauer Tinte auf weißem Papier.

Mein Lächeln erreichte einen kleinen Vogel,
dessen Lied wie ein Orchester klang.
Weite und Freiheit gaben sich die Hand,
vertraute Liebe umhüllte meine Schultern.

Das Papier trug nur diesen Tintenklecks,
doch in ihm spiegelte sich die Welt.
Verheißungsvoll und nachgiebig gab er
Preis,
was ich zu sehen vermochte.

                    Stefanie Bernecker   * 1970

Zerbrechlich

Sie blickt mich an ohne Grund, ohne Blick
Augen wie Stahl, leer, kalt und verletzt
Verlassen, vergessen und tot ist das Glück
Und ihr Gesicht ist von Tränen benetzt.

Sie dreht sich um, geht voran, kommt
zurück
Kontrolliert nicht von sich, nicht von mir,
Gefangen im Kreise von Schwarz und von
Weiß
Ergreift das Geheimnis Besitz jetzt von ihr.

Sie möchte es sagen, doch ihr Herz ist so
kalt.
Nur so spürt sie das Eis in ihr nicht.
Verzweifelt, verstummt und verletzt sucht
sie Halt
Verloschen, vertan und verspielt ist das
Licht.

Vorsicht, zerbrechlich, lass mich allein.
Das Geheimnis frisst mich auf bis aufs Blut.
Vorsicht, zerbrechlich, das will ich nicht
sein;
Von dem Geheimnis hab ich lang schon
genug.

                    Beth Bestline   * 1995

Das Geheimnis

Versiegelte Lippen,
starrer Blick.
Spüre meine Stimmung kippen,
doch halte alles zurück.

Eine Träne aus Wut,
als kaltes Metall meine Haut berührt.
Eine Träne aus Blut,
die Leere hat mich wieder verführt.

Süßes Kinderlachen,
erfüllt die Stille um mich herum.
Muss etwas dagegen machen,
doch mein Körper bleibt stumm.

Gemeinsam mit dir
wollte ich es packen.
Doch du bist nicht bei mir,
und ich fühle mein Herz zusammensacken.

Es gibt niemals ein „wir",
weil ich den Gedanken nicht ertragen hab.
Das Geheimnis geht mit mir,
und stirbt langsam in unserem Grab.

Jacqueline Beyer * 1995

Windkussbaum

Ein Baum verliebt in den herrlich
    Herbstwind
Unverkennbar wie fasziniert die Beiden
    voneinander sind
Jedes einzelne Blatt liebäugelt mit dem
    Windgehauche
Die Pracht strahlt goldig im luftigen
    Rausche

Zwei Naturgeschöpfe so unterschiedlich
    nur zu sein
Verwurzelt, bodenständig in den Erdboden
    hinein – das Bäumelein

Luftschnittig, freiheitsliebend der Wind weht
Kommt und geht

Diese Harmonie wunderschön anzusehen
Liebende die sich im Kreis der Gegensätze
    drehen.
Die Natur uns dies schon lange vorsinge
Lebe im Lauf der Dinge

Tanja Bier * 1983

Eins mit der Natur

Ich soll mich dir erklären, damit du mich
    verstehst,
auch noch mit deinen Worten, die du mir
    dann im Mund verdrehst.
Der Sonnenstrahl des Tages entflieht und
    nimmt es mit –
mein Geheimnis.

Du willst es genau wissen, ich find' das
    skandalös,
verfolgst mich in Gedanken, mein Kopf,
    der dröhnt monströs.
Der Nebel in den Wäldern steigt auf und
    nimmt es mit –
mein Geheimnis.

Mir ist es viel zu peinlich, das Thema ist
    tabu,
der Inhalt nicht zumutbar, mein geistig'
    Eigentum.
Das Kerzenlicht des Abends erlischt und
    nimmt es mit –
mein Geheimnis.

Das Licht des neuen Tages, durchbricht den
    Nebel zart,
mit Regenbogenfarben ist dieser Schein
    gepaart.
Den Feldern, Wäldern, Auen vertraue ich
    es an,
das, was sonst gar niemand wissen soll und
    wissen kann –
mein Geheimnis.

Claudia Bignion * 1960

Erblickt er sie auch jeden Tag,
doch sie das nicht zu Wissen wagt,
das es jemanden da draußen gibt,
der sie so unendlich liebt.
Er weiß er wird sie niemals kriegen,
doch in seinem Herzen wird er sie immer
    Lieben.
Das Leid muss enden denkt er sich,
mit dem Messer Angesicht zu Angesicht.
Das Leben endet, doch nicht wie es ihm
    schien,
dort wartet sein Geheimnis auf ihn.
Er hätte nie Gedacht, das der Tot,
seinen Traum,
zur Wahrheit macht.

Philipp Binder * 1995

Hallo Fremder

Hallo Fremder,
Du bist mir nah und doch so fern.

In einer Menge suche ich Dein Gesicht
doch finden tue ich es jedoch nicht,
freuen möchte ich mich wenn ich Dich
    finden tät
doch können kann ich nicht.

Also Fremder,
Du der Du mir wohl für immer Fremd
    bleiben wirst,
wenn du es so willst!?
Vermissen werde ich Dich jedoch nicht
weil Du der Fremde von uns beiden bist!

Lisa Birkelbach * 1992

Absinthlied

Da segnete eine mich
ruhiger Narziss

ich trank und getastet den Riss
in mir schwang ein Absinthgedicht
Narzissus trinkt einsam wie ich
doch ruhig bin ich nicht

Boris Blahak * 1970

Das Geheimnis in mir

Verborgen tief in mir,
noch ist nichts zu sehen,
warm, gemütlich, friedlich,
das Wissen prickelnd schön.

Nichts wird mehr sein wie es mal war,
ich wandle mich für dich,
alles wird sich ändern,
am allermeisten ich.

Ich weiß nicht deinen Namen,
auch nicht wer du bist,
spür die Liebe warm im Herzen
und kenn doch nicht dein Gesicht.

Bald bist du hier bei mir
auf ewig wir verbunden sind,
dann kann uns nichts mehr trennen,
denn ich bin deine Mutter und du bist
    mein Kind.

Natascha Blasczyk

Geheimnis

Die Eigenart, das Eigensein
ein jeder Mensch ob groß ob klein
er trägt es mit sich jeden Tag
im Rucksack seines Herzens

Der Rucksack ist verschlossen
das Herz lässt Türen offen
wohlbehütet still geheim
unverletzbar gleich dem Stein

Das Geheimnis ist mein Ich
und gehört nur mir
zeigt nur Spuren im Gesicht
auf dem Weg zu dir

Der Kristall ist meine Seele
hütet Glanz und Licht
Freud und Trauer trägt er mit
Gott behütet seinen Schritt

Niemals werd ich mich hingeben
dem Verlust der Eigenheit
mein Geheimnis will ich wahren
bis in alle Ewigkeit

Magda Blau

Dein Geheimnis

Dein Geheimnis,
aus kläglicher Feigheit schützend geboren,
bewahrt heuchlerisch Dein Gesicht.

Dein Geheimnis,
mit glühenden Krallen in mich geschlagen,
erfüllt gnadenlos Deinen Zweck.

Dein Geheimnis,
in hilfloser Treue sorgsam gehütet,
verzerrt mein Gestern, mein Morgen.

Dein Geheimnis,
schmutzig und bitter wie giftgelbe Galle:
Heute spucke ich's auf dein Grab.

Blauwasser

Nur in Augenblicken

Offenbare es mir nie, das tiefste Geheimnis
   in dir,
zeige mir nie den verborgenen Winkel
   deines Herzens,
den Urgrund all deines Seins.
Lass uns im Dämmerlicht miteinander
   tanzen
und einander nur in Augenblicken
   begegnen.
So bleib mir Antwort und Frage zugleich.

Nie will ich dich wirklich kennen,
niemals ein Bildnis von dir besitzen.
Vielmehr soll das Spiel von Licht und
   Schatten
in deinem Wesen mir allzeit genügen,
um dir Gefährtin auf den verschlungenen
   Wegen des Lebens
und der Liebe einsame Hüterin zu sein.

Eva-Maria Blum   * 1961

In meinem Herzen lebt Etwas fort
nun weilt es nicht länger dort
Nicht lange Zeit hielt ich es aus
das Geheimnis der Seele ist raus

Mein Geheimnis lebte von Liebe
Liebe lebt dort nimmer mehr
was immer ich heute schriebe
er hört es ja doch nicht, mein Herr

Tot ist die Liebe, das Leben
lebt ohne mich, läuft weiter
es geht wie ein bitteres Beben
was bleibt? Ein Lächeln – so heiter

Von Liebe und Wahrheit kennt mein Herz
Nur einen Moment der Freiheit, ein Gebot
Kennen, fühlen, denken ist mein Schmerz
Meine Liebe, die ist mein Tod.

Marie Charlotte Boegen   * 1993

Geheimnis vom Glück

Wenn schon morgens beginnt ein
    Lebenstraum,
scheint unendlich zu sein des Schöpfers
    Raum.
Im Spielen entdecken wir zu sein,
verfeinern die Gefühle bis hin zum
    Sonnenschein.
Fragen schwinden in Antworten,
und zu finden scheint Sinn an allen Orten.
In Fahrt gekommen können wir nun
    wirklich starten,
und werden dann allen unser Geheimnis
vom Glück verraten.

Jan Nikola Bogdan * 1973

Grüngetönte All-Aussprache

Weit draußen
vorbei am großen Kleefeld
vierblättrig im Wesen
möchte ich einen Weg zur Einheit beschreiten
den Weg dabei auch als Ziel nehmend.

So kann die Leere nicht einfach Hand an
    mich legen
und das Starre von Lehren im Abendwind
    verfliegen.

Vielleicht sehe ich am Horizont die
    Silhouette einer Kapelle
und wage den Schritt
mich vierseitig auszusprechen.

Hellmut Bölling * 1948

Das Geheimnis

Es ist geheim und sehr verschwiegen,
doch spannend bis zum Balkenbiegen,
im Bauch ein Kribbeln umso mehr,
und aufregend bis zum Gehtnichtmehr.

Ein jeder hat es, doch vorzugsweise,
spricht niemand darüber, auch nicht leise,
man will den Schein vor anderen wahren,
keiner soll etwas erfahren.

Das auszuhalten, welch große Pein,
ist unmenschlich und ganz gemein,
ein bisschen darf man doch ruhig sagen,
wenn auch mit großem Unbehagen.

„Ich weiß etwas, komm hör mir zu,
nur nichts verraten, ist noch tabu,
ganz im Vertrauen, ich sags nur dir,
aber das hast du nicht von mir".

Tja, wenn man plaudert bitte sehr,
dann ist es kein Geheimnis mehr,
das kommt davon, trifft jedermann,
wenn man die Klappe nicht halten kann.

Carmen Böning * 1966

Kein Geheimnis

Goldbesetzte, schimmernde Augen,
Der Rosenduft auf deiner Haut,
Wie die Federn weißer Tauben,
Du mich quälst, auch ohne Laut.

Das kleine zartverzierte Kästchen,
Das du so liebst und bei dir trägst,
Ist ein geheimnisvolles Zeichen,
Jetzt noch zu warten, du mir rätst.

Bis die Zeit reif ist, waren deine Worte,
Übersahst geschickt meine panische Angst,
Als Gott dich holte an seine Pforte,
Du es mir nun nicht mehr verraten kannst.

Im Sarg, da liegt dein blasser Leib,
So schön, so zart, wie der Frühling,
Mein Herz zerreißt in Einsamkeit,
Als ich ihn sehe – den Verlobungsring.

Nele Fee Bonn * 1996

Geheimnis ...

Verborgen im Tiefen,
schlummernd noch ruht,
hell wie die Sonne,
rot wie die Glut.

Muss sich erwärmen
Im Tun und im Sein,
wird dann zur Freude
für dich ganz allein.

Edda Borcherding   * 1943

Mein geheimer Gedanke

Mein
Einfältiges Denken
In neue Gedanken der
Nacht einweben.

Geheimnis
Ersinnen, mit
Hoheit und
Ehrgeiz bekleiden,
In neue Gedanken der
Macht einweben,
Errettung erwarten aus
Ratlosigkeit.

Geist der
Erfindung,
Dir vertrau ich mich
An, dir öffne ich
Nase, Auge, Mund.
Küsse mich
Einsame.

eleonore born   * 1954

Tempel der Stille

Ich trete ein und trete raus
kein Wort an diesem Ort
Gedankenloser Raum fast wie im Traum
nicht warm und nicht kalt
nicht hell und nicht dunkel
keine Wände und doch geschützt
Still und klar,
wenn Ich hier bin, bin Ich da
Im Inneren Sein und Außen Bewusstsein

Dagmar Brettschneider   * 1962

Ein Lachen
durch die Reihe
mein Gesicht lacht mit
doch mein Geist starrt

Ich erkenne nicht mehr den Anfang
auch das Ende ist zu weit
zwischen allen Parteien
zwischen Generationen
zwischen Geschlechtern
zwischen Überzeugungen
irgendwo im Nichts
bin ich.

Bobby Brown   * 1992

Der Tod

Er ist schwarz,
Er ist kalt,
Er ist finster, wie der Wald,
In dem sie liegt,
Bei dunkler Nacht,
Mit bleicher Haut,
... Doch „jener" wacht.

„Wer", ihr fragt nun, „jener ist",
Ihr steht auch auf seiner List!
Wenn er kommt, dann seid ihr dran

Oder doch erlöst vom Bann?
Seid verflucht oder befreit?
Lebt vielleicht in Ewigkeit?

Gewiss, ich kenn die Antwort nicht.
Doch ihr habet Zuversicht!
Wenn's soweit, ihr werdet sehen,
Dann könnt ihr ihn auch verstehen.

Dana Brüggenkamp   * 1998

Das Geheimnis

Was aller Welt
schon offenkundig,

läuft einem
Ahnungslosen
nach,

zuweilen
um die
halbe Welt,

bis es sich
offenbart.

Und noch
erlebbar
wird.

Ruth Brühl   * 1927

Geheimnis

Es knistert, es wispert, es flüstert geheim.
Es wuschelt, es nuschelt, es tuschelt
    daheim.
Ich gucke vorsichtig hervor
und hauche es ins Ohr.
Sie fragen, klagen, wollen es erfahren.
Wie sie sich um mich scharen,
wie aufgebrachte Hennen,

doch ich will es nicht nennen.
Es ist klein oder auch groß,
vielleicht fällt es dir in den Schoß,
vielleicht musst du lange warten,
oder es erraten?
Ob ich's schreib oder sag,
du musst schweigen wie ein Grab.
Es muss geheim sein,
ist nur mein und dein.

Elaine Brüß

der blaue raum

vor dir
in dir und über dir
der unendlich weite
unendlich leere blaue raum
in dem ein einzger falter nur
den rhythmus bunter flügel schlägt
in langen kreisen
tiefer töne
und der spiralen
hoher tremolos
ausforschend in dir
silberne segel der synkopen

in dir und über dir
das tiefblaue
geheimnis der musik

Ubu Bubo   * 1962

Verflixtes Geheimnis

Kannst du schweigen? fragst du mich,
Versteckter Schalk in dein'm Gesicht.
Gut, ich auch – Tja, reingelegt,
Das Geheimnis unbewegt.

Hilft kein Jammern, auch kein Warten,
Kein bisschen Luft wird dran geraten.
Ganz versessen und verschossen,
Muss ich's wissen, fest entschlossen!

Was du behütest wie nen Schatz,
Sorgsam wie Gold am irdnen' Platz.
Spuck's schon aus, ich mach nen Satz!
Ich bin der Falke, du der Spatz.

Und doch geheim, ich weiß es nicht,
Nie auch nur ein Teil kommt mir in Sicht.
Find's noch raus, das sag ich dir,
Dann halt ich jetzt die Luft an hier!

Du hast ein Herz, du sorgst dich nun,
Was sollst du mit mir Armen tun?
Du flüsterst es, ins Ohr hinein,
Nur ich soll deine Liebe sein.

Jens Büchel   * 1987

Behütet

Ganz tief im Herzen trag ich es;
es macht mich oft nur weinen.
Auch mal froh und ungestüm
und trotzdem sag ich's keinem!

Es zwickt und beißt ganz tief in mir;
will mich fast erdrücken.
Es will heraus und plagt mich so
als müsste ich ersticken.

Ich halt es fest, denn es ist mein;
das Stück in meinem Herzen.
Doch sag ich's nicht, bereitet's mir
von Neuem arge Schmerzen.

Jetzt ist's vorbei, ich muss es tun ...
muss es einfach wagen.
Dir in deine Augen schaun ...
Dir mein Geheimnis sagen!

Ich liebe dich so wie du bist!
Du kannst stets auf mich bauen!
Jetzt ist mein Geheimnis frei ...
doch ... kann ich dir vertrauen?

M.K. Buchner   * 1958

Denkbar

Es liegt da offen
wie ein Buch
doch keiner
versteht es zu verstehen

Es läuft und verändert sich
wie die Zeit
mit der Zeit
und doch ist es das Selbe

Es ist mein
und doch sollte es
jemand anderen gehören
in einem Käfig eingesperrt

So denkt man nicht
nicht über mich
nur ich weiß, dass es
anders ist

Marianne Büchner   * 1986

Lebe in dir

Lass mich dich sacht verführen
ein unbekanntes Feuer schüren
Unter den Sternen in der Nacht
ich schenke dir die Macht
Fürchte nicht mich zu berühren

Lass mich dich zart umgarnen
vor gespitzten Ohren warnen
Wissen übergebe ich dir
doch dafür gehörst du mir
Kenne weder Lust noch Erbarmen

Lass mich dich sanft verschlingen
denke nichts von andren Dingen
Immer wirst du mich flüstern hören
unbemerkt werd ich dich zerstören
Ewige Zeiten gemeinsam verbringen

Lass mich dich samtig wiegen
hör nur auf dich dagegen zu biegen
Lebe in dir als geheimes Wort
verfolge dich an gleich welchem Ort
Lauf nur, ich werde dich kriegen

Christina Elena Bunk * 1985

Das Geheimnis

Etwas Verborgenes – ein Gegenstand –
ein Geschehen – Mutmaßungen,
Verdächtigungen darüber

Verborgen in den Herzen der
Menschen die darum wissen.
Verborgen im Schoß der Vergangenheit.

Schweigen die Wissenden,
nehmen sie ihr Wissen mit ins Grab,
bleibt nur ein Wort zurück.

Geheimnis – gegenstandslos –
ein Wort wie ein Phantom.

Rosamunde Bushart

Die Antwort

Ich sehnte mich nach einem Sinn
Nach einer Antwort – einem Wohin
Bis zu jenem lichten Tag
Als all dies plötzlich vor mir lag

In jenem Augenblick ward ich
ertrunken gleichwie versunken
berauscht von der Allmacht des Seins
wie von einem Tropfen edlen Weins

Ich würde fallen, dünkte mir
tiefer als jemals zuvor
Da ich in jenem Moment
mein ganzes Selbst an die Ewigkeit verlor

Nie ward jemand von dort zurückgekehrt
Aus jenem fernem Land
Wo eine Seele – seiner gleich
reichte ihm die Hand

Marina C. * 1993

Mein schreckliches Dunkel

Ich trage es in mir,
dunkel und schwer,
Bewahre es vor dir,
Und fühle mich leer.

Ich schleppe es umher,
Still und ängstlich,
Da stehst du vor mir,
so offen und herzlich.

Es zu verstecken,
zerbricht mir das Herz,
Ich muss es bedecken,
Voll Kummer und Schmerz.

Die Augen leid erfüllt,
in mir die brennende Pein,
Meine Lippen streng verhüllt,
Bewahr ich den traurigen Schein.

Was auch immer mir bliebe,
ich ertrage es,
Aus flammender Liebe,
Mein schreckliches Dunkel.

Giulietta Caruso * 1995

Das Geheimnis

Mit ihm fängt alles an und
mit ihm endet alles Wissen.

Schon dieser Käfer vor mir
fällt aus allen Rechnungen,
sein Leben, ein reines Wunder.

Den Tod nimmt er nicht zur
Kenntnis, unsterblich in seiner
Welt, nicht zweifelnd wie wir,

hoffend am Ende, es sei
ein Übergang, ein Licht ins Jenseits,
kein Blitzgewitter nur im Hirn.

Und trotz Urknall und Evolutionstheorie
schuf und schafft da ein Wer,
dass es nun Dich gibt und mich?

Bist Du mir nicht das Geheimnis
eines Geheimnisses, ich Dir?
Doch manchmal findest Du

einen Schlüssel in sein Inneres:
Deine Liebe. Aber auch diese,
uns zum Glück, unsagbar.

Marco Ceurremans   * 1949

bernstein jade rubin

feuer wasser erde
das brennen das löschen das braun
farben lichter – vertraun
daß es glücken werde –
sie einander nicht fliehn

silberkette aus sternen
fäden unsichtbar fein und doch -
halbedelsteine tanzen im sichelmond
weil leben lieben sich lohnt
liegt die sonne auch im fernen
wir spüren sie – noch

können wir einander begegnen
grünes geheimnis sprühende locken
baumhonig aus nördlichen stränden
china und vulkane in deinen Händen
wir lassen Zuneigung regnen
bernstein jade rubin

Charlotte   * 1954

Sternstunde

Er kommt so nah, doch bleibt er fern,
Scheint eins zu sein – ein anderer Stern.
Nicht greifbar, doch fühlbar und
    verbunden,
dreht jener Stern so manche Runden.

Gilt jene Runde dem Verstand,
wird Wagnis vor dem Ziel verbannt.
schleppt sich die Einsicht ran an's Werk,
welch' teure Gunst, welch' Feuerberg.

Beseelt, des Irrgangs letzter Schliff,
gilt jene Runde jenem Griff, der des
    Greifens nah,
unweit, untrennbar – jäh zögerlich und
    prompt,
ein jener Stern huschender Böhe
    entkommt.

Gilt jene Runde der Empfindsamkeit,
erhellt sich schleierhafte Unergründlichkeit.
Verhüllter Stern getragen durch die Macht,
gewürdigt mit Instinkt, so geschätzt mit
    Bedacht.

Er kommt so nah, noch bleibt er fern,
scheint eins zu sein – ein anderer Stern.
Jedoch bescheiden ist des Sternes Stunde,
wenn das Geheimnis dreht nun seine
    Runde.

Clivia Christina   * 1962

Geburt

Du fühlst es geschehen.

Diese gestaltlose, einförmige Masse,
ohne Begrenzung, ohne Höhen und Tiefen,
Gleichförmig wabernd in der
    Unendlichkeit.
Orientierungslos, ohne Sinn und Zweck.

Scheinbar.

Doch empfänglich für Gottes Hauch.

Seele schenkend und wieder nehmend.
Entstehend aus seiner Wahrheit und
　Zeitlosigkeit.

Leben, beseelt von der Ganzheit des
　Universums.
Nicht isoliert.
Erfüllt von dem Wunsch nach Gestalt,
nach sichtbaren Zeichen göttlicher Gnade.

Kein Körper seelenlos.
Verbunden mit dem, was immer war und
　immer sein wird.

Niemals verloren.

Immer alt und neu.
Ausgestattet mit allen Möglichkeiten, die
　uns die Liebe schenkt.

Krieg, Hunger, Elend, Ungerechtigkeit,
　Erbarmungslosigkeit, Grausamkeit.

Trotz alledem: L I E B E – immer wieder.

Gerad Cluse　* 1952

Kap Arkanum

Gestolpert ohne Wahl in diese Welt,
erstritten jeden Schritt im Denken.

Vom Strom des Lebens mitgerissen,
vom Alltag fortgetragene Visionen.

Weder Schwur noch Eid versprochen,
gehalten jedes Wort, ein Leben lang.

Die Träume nie vergessen, tausendmal,
silberner Scherenschnitt am Horizont.

Des Lebens Ewigkeit letztes Quartal,
soviel gelebt, zu viel versäumt.

Wie einer Küste scharfer Klippen,
das Wagnis neuen Wegs sich bricht.

Wie Lava gleich gesammelt Phantasie,
vergraben und verborgen, in jahresalten
　Tiefen.

Die alte Borke bricht durch neue Triebe,
der Stamm nun ungewohnte Blüten trägt.

Jetzt drängt das neue Ich hervor,
verführt die Welt mit Worten, neuer
　Sprache.

Henri Conrad　* 1957

Das Geheimnis

Das Tageslicht bricht an
Im Dunkeln bleibt er stehn
Weil er Licht nur spüren kann
niemals mit den Augen sehn
Und es weht der Morgenwind
Von der Sonne warm berührt
Die Strasse hat ihn schon als Kind
Immer zurück nach Haus geführt
Er liebt und schätzt sein Leben
Schönes wird ihm nicht vergönnt
Doch den Traum kann keiner nehmen
Wenn er einmal sehen könnt
Diesen heimliche Wunsch nach Licht
Hat er niemals ausgesprochen
Obwohl es in seiner Seele sticht
Hat es seinen Idealen nicht entsprochen
Er hat gelernt und weiß noch immer
Dass zufrieden ihm sein Leben reicht
Doch es bleibt ein Hoffnungsschimmer
Ein Geheimnis – das niemals von ihm
　weicht

Stefania Samira Contento　* 1991

Psst!

Leise auf stillen Sohlen kommt es daher,
verschafft sich ungern Raum, liebt wohl
   die Stille?
Vertraut auf dich und will abgeschieden
   bleiben.
Versteckt sich in Dir, mysteriös und diskret.
Wünscht sich nichts sehnlichster als
Schweigen.
Ist verletzlich, tabu und unsagbar unsagbar.
Ach, der Druck so groß, eng wird es ihm in
   deiner Brust,
will irgendwann raus aus Deinen
   aussichtslosen Wänden,
aus deinem schweren Bauchgefühl, deinem
   zerbrochenen Kopf
und versucht verstohlen, mit der Hand
   vorm Mund
sich Gehör zu verschaffen.
Hofft auf Erlösung und bahnt sich den
   Weg in eine neue Seele,
geht Heim,
in eine enge Verbundenheit neuer
   Gedankengänge.
Erleichtert sich, atmet tief durch, so tief!
Geschafft! Es ist raus!
Zwar bricht es die Regel und verlässt seinen
   Schutz,
doch ist es erst dann das, was es wirklich
   ist – psst!
Sonst stirbt es, ohne je einmal geatmet zu
   haben.

Bernadett Cyris * 1981

Zwischenzeitlich

Alles fängt einmal an
alles hört irgendwann auf.
Dazwischen ist das Leben.

Anfang und Ende
für alle Menschen ungewiss
obwohl manche versuchen
dies selbst zu regeln.

Anfang und Ende
sind oft sehr verschieden
denn am Anfang stehen Träume
und am Ende die Ergebnisse.
Dazwischen ist das Leben.

Anfang und Ende
liegen oft weit voneinander entfernt
und doch verschmelzen beide miteinander
an einem unbekannten Tag
dazwischen war das Leben.

Doris Dackow

Das Geheimnis

Es trägt schon lange Liz aus Sinzig
ein düsteres Geheimnis in sich.
Doch weil Liz stets auf sie gebaut,
erzählt sie 's Freundin Edeltraut,
die sehr verschwiegen ist im Grunde,
drum sagt sie 's nur der Kunigunde.
Die Gundel, ganz geschockt sodann,
bespricht 's mit ihrem Ehemann.
Ihr Ehemann, der gute Jupp,
erzählt 's in seinem Kegelklub.
Die Klubmitglieder allesamt –
wohl hinter vorgehalt'ner Hand –
berichten davon ihren Frauen,
natürlich alles im Vertrauen.
So kommt 's, dass, was im Februar
so ganz und gar geheim noch war,
im März im Städtchen, das ist trist,
ein offenes Geheimnis ist.

Heike Dahlmanns

Geheimnis

Stimmen im Flammengewitter.
Ein Wort, es steigt aus der Zeit.
Das Wort, das am Anfang steht,
verkündet die Ewigkeit.
Schatten löschen das Morgenrot.

Keine Taube fliegt uns das Wort
entgegen. Wie bange wird jedem
an diesem Ort. Keinen verfehlt
der Klang, dieses Wort, wenn ihn
der Schatten anfällt.

Ein Gebet auf den Lippen, den Blick
versprengt, mißt jeder im Spannungsbogen
Zeit, die noch bleibt, bis die Seele,
nicht Schuppe am Zapfen, unvergleichlich,
Geheimes erkundet.

Geht die Welt nicht für jeden unter,
wenn der Zeitfaden reißt, er die glühende
Botschaft von oben vernimmt?
Das Geheimnis Jenseits lüftet,
wer die Grenze passiert.

Renate Dalaun

Dein Geheimnis

„Meine Grenze ist erreicht!"
Du sagtest diesen Satz so leicht,
als gingest Du in ein fernes Land,
das Dir vertraut, mir unbekannt.
Was gab Gewissheit Dir und Halt?
Es ward in meinem Leben kalt.
Wir waren uns so eng vertraut,
hatten stets auf uns gebaut.
Doch gab es eine Liebe fern von mir,
ein Geheimnis, verborgen tief in Dir,
das uns nicht trennte, doch unterschied,
es klang wie ein verborgenes Lied,
eine Melodie, die nur Dir gehörte,
doch unsere Harmonie nicht störte.
Der Tod hat Dich nie erschreckt,
Du hattest einen Gott entdeckt,
mit dem Du geheimnisvoll verbunden.

Gern hätte ich ihn für mich gefunden.
Du bleibst mir nah, auch in der Ferne.
Sei glücklich, grüß mir Deine Sterne!

Doris Dame * 1935

Herbstengel

Wie ich so schlendernd – ohne Eile –
In den blauen Himmel schaue
Webt einen weißen Engel
Dort der Wind der eilige
Aus zarten Wolkenfäden
Blauer Himmelseide

So steht in strahlender
Oktobersonne
Der seine Friedensbotschaft
Erst noch künden wird
Hoch über Tun und Treiben
– Hin und her –

Und schon zerrinnt das Bild
Verwischt zu weißen Flecken
Stellt sich in Phantasiefiguren dar
War nur dem einen ein'zgen
Augenblick geschuldet
Für Menschenaugen
Die den Himmel lesen

Orla Danz * 1938

Geteiltes Geheimnis

Ich kenn ein Geheimnis,
das niemand sonst weiß,
außer der NSA,
ich bin mir dessen ziemlich gewiss,
nur fehlt mir der letzte Beweis.

Dass mein Telefon knackt,
die Soundkarte rauscht,
weist hin auf die NSA,
wer sonst hätte wohl mein Handy gehackt
und meinen Worten gelauscht.

Wenn mich einer fragt,
ob mich das empört,
bedauer ich die NSA,
weil all dieser Mist, den irgendwer sagt,
ihnen langsam das Hirn zerstört

Horst Decker   * 1947

Ich sitze in meinem Zimmer,
es ist kalt.
Draußen höre ich meine Mutter,
sie weint.
Sie machen sich nicht die Mühe,
hier den Ofen anzufechten,
es ist es nicht wert.
Sie können nichts dafür,
sie wissen es nicht, es ist noch nicht so weit.
Stattdessen lassen sie mich nur in meinem
    dünnen Kleid.
Es ist Dezember und es ist weiß.
Meine Kleidung, meine Sachen sind
    ordentlich verpackt und verstaubt,
sie fallen in sich hinein.
Die Türen und Fenster fressen sich
    gegenseitig,
lasst das Monster nicht herein!
Es macht mir Angst, ich bin so allein,
gehe zurück in mein Grab und sehe in.
es ist vorbei.

Lucy Deike   * 2001

Das ist reine Energie aus Finsternis,
denn ich schreib euch wie,
man richtig Finster spricht,
das hier ist im Grunde kein Gedicht.

Das hier ist mein Gleichgewicht,
wenn's mich packt dann schreibe ich:
Eure Laibe für ein Leib,
denn das Leiden tut mir Leid.

Manchmal schweife ich vom Pfad,
wünschte meine Worte werden Tat,
manche sollten es auch sein,
andre wären besser nicht geschrieben,
Worte nähren sich durch Emotion,
die Weisheit ist der Lohn,
die Emotion ist oftmals übertrieben.

Mark Diderich   * 1982

Das Geheimnis

Wer sein Geheimnis dem Partner
    anvertraut,
der hat auf ewige Liebe und Vertrauen
    aufgebaut.
Doch brichst du mein Vertrauen,
zeige ich statt Vertrauen nur Misstrauen.

Dass Geheimnis zeige mein wahres ich,
in der Hoffnung du liebst mich.
Das Geheimnis ist ein Stein in meinem
    Herzen,
welch verursacht bei Anderen starke
    Schmerzen.

Aussprechen muss ich doch jetzt das Leid,
ich hoffe du bist danach nicht mein Feind.
Das Geheimnis ganz still und leise,
verkünde ich dir auf meine Art und Weise.

Die geheimnisvolle   * 1983

Willkommen im Geheimnisreich!

Wenn du kannst, öffne willkommend deine
    lieblich beseelt, herzlichst blickende
    Pforte.
Dies zu beschreiben, es fehlen mir fast die,
    ich glaub, spürbar, wissenden Worte.
Mit einem magisch bannendem Blick,
    erfährst du ein weltlich, kollektives
    Bewusstsein
und es prägt sich gedanklich bunt, musisch
    klingend, in deinen Verstand ein.

Du fühlst ein zeitloses Empfinden, reinster
Liebe, tief in dir.
Du kannst dagegen machen, was du willst,
sie bleibt für immer hier.
Denn wir sind viele und werden wieder
mehr. Noch mehr!
Ja, viel zu lange, im mental, staubigen
Sand begraben, ist diese nun greifbare
Erinnerung, schon her.

Ebenso eine gedanklich, ewig tiefe Leere
wird klar. Ja! Diese Einsicht schmerzt
so sehr.
Wenn plötzlich nun, innere Stimmen
plagend fragen, früher oder später?
Dann doch lieber eher!
Denn sonst ist es irgendwann vielleicht für
immer zu spät
und du merkst fast gar nicht, wie
gesellschaftlich schnell, deine, „die
Zeit" vergeht.

Drum zaume, spürbar zaubernd, das
zügellos, tosende Tier in dir,
stalle es behutsam, umsorgend lieb, in
deine innigsten Lebensräume,
ja, dann zeigt es dir dankbar schätzend,
längst vergessene Lebensträume
und ein lieblich, musisch buntes Bild
erklingt auch, für immer, tief in dir!
Denn ein einzig wahres Geheimnis ist,
ein Solches gibt es eben nicht!

dieAndi   * 1985

Die Kirche im Winterwald

Draußen ist es nass und kalt,
was steht denn da im Winterwald.
Während es draußen schneit und regnet,
werden drinnen oft Menschen gesegnet.
Der Pastor spricht fast nie ein Wort,
an diesem einsamen Ort.
Weißt du jetzt was ich meine,
dem Pastor gehört es, es ist Seine.

Svea Maybrit Dittmann   * 2004

Bröckelnde Mauern

Alles Fassade.
Helles Lachen,
stummes Weinen.
Die Knospen gekappt.

Menschen, die du liebst.
Freunde, die du brauchst.
Notwendigkeit ohne
Vertrauen.

Darfst du nicht teilen
die Last auf dem Herzen?
Welkende Rosen.
Welkendes Herz.

Willst du nicht teilen
die Freuden des Lebens?
Verdammt zur
Einsamkeit.

Die Blume verblüht,
ein lebender Tod.
Der Grund?
Dein Geheimnis.

Stefanie Dominguez   * 19996

Inspiration und Intuition

Die Angst verliert ihr Angesicht,
wenn meine Liebe zu dir spricht,
wenn meine Liebe dich umhüllt
und deine Sehnsucht nach mir stillt.

Die Angst hat keine Macht in dir,
ich liebe dich vertraue mir,
ich halte dich geborgen heut,
und das in alle Ewigkeit.

Du atmest tief die Seele frei,
Ich komm aus Ihr, erschaff sie neu.
Du wirst in Liebe mit mir gehen,
und voller Freude auferstehen.

Ich bin der Weg, ich bin dein Licht,
so spricht es mir mit Zuversicht
Ich leite dich zu meiner Welt,
wo nur die Liebe wirklich zählt.

Arno Domini   * 1959

Adonai

Verloren sind mir aller Tage Uhren
im Gold des Morgensterns.

Verloren alle Nächte ...
alle Träume glitzernder, leuchtender Fische
    Gesang
das dunkle Pochen des Abendsterns
    suchend.

Bin ich ein verbotener Weg?
Müde von der Moorwälder Zauber
Jahrtausendelang über tausendäugigen
    Türmen kreisend ...

Als letzte Frage?

Antonia Dore   * 1961

Vertrauter Feind

Ganz tief in meiner Seele drinnen, wohnt
    mein vertrauter Feind.
Und wenn ich ihn verbannen möchte, er
    umso näher scheint.

Oft glaube ich in dunklen Stunden,
    verhöhnt er mich und lacht,
heimlich lässt er mich erahnen, mein
    Schicksal wär mir zugedacht.

Komm zu mir Freund, ich nehm' dich
    willig mit, in meine dunkle Kammer.
Denn auf der Welt will's niemand hör'n,
    dein ewiges Gejammer.

Noch tiefer geht es, immer runter und
    dennoch klingt die Stimme süß.
Ich würde ihr so gerne folgen, wenn der
    Verstand mich gehen ließ.

Nicht weiter gehen, so rät er mir, lass dich
    nicht weiter ziehen,
Sonst wirst du aus dem Reich der Schatten,
    nie wieder mehr entfliehen.

Jetzt hör ich ihn schon wieder lachen, den
    niemand sieht und kennt,
ihn dessen schwarze Kerze in meiner Seele
    brennt.

Auf meinem Weg durch dunkle Täler,
    kämpf ich mit mir allein.
Ich frage mich was bist du, Wahrheit, oder
    nur ein Schein?

Nie soll jemand von dir wissen, niemand
    dich kennen mein zweites Ich.
Ich weiß wir sehen uns wieder, doch zurück
    schau ich nicht.

Marion Dorner   * 1961

Glasblume

Wenn ich durchsehe träume ich
Wenn ich anfasse zaudere ich
Wenn ich spüre dann liebe ich
Wenn ich gehe weine ich

Diese Tage sind wie ein Spiegel meines
    Herzens
Zeichen von Leben erstarrt
Durchsichtigkeit – Klarheit vor blauen
    Himmel
Beim Blick ins Leben –
Fragilität –
Vorsicht geboten
Zuviel bedeutet Tod und Vergehen
Erstarren ohne Stillstand
Leiden ohne Schmerz

Ines Dotter   * 1964

Sein

Alle Macht und Geisteskraft
An jenem Sinnen bricht,
Das sich birgt in ewig Nacht
Der Kenntnis hohem Licht.

In des Geistes tiefem Drang
Das Dasein zu verstehn,
Unentwegt im strebend Gang
Die Wahrheit zu ersehn,
Irrt er ganz in Unkenntnis
In ungewissem Schritt,
Sucht in fremder Finsternis
Vergeblich sichren Tritt.

Ganz in Unergründlichkeit
Die Wahrheit dieser Welt
Hegt sich in Verborgenheit
Am nächtlich Himmelszelt.
Dunkel jenes Rätsels Nacht
Sich birgt der Menschen Tag:
Scheitern lässt die Wissenschaft
Wo sie nichts deuten mag.

Philipp Martin Eckerle * 1995

Weil ich es dir nicht sagen darf

Meine Lippen kleben aufeinander so als
    hätte ich Alles-Kleber benutzt.
Die Zunge brennt, kribbelt und verlangt zu
    sprechen,
Doch Stille umgibt uns.

Du weißt es schon längst, nur willst es
    nicht hören,
Also bleiben es meine ungesagten Worte,
Meine ungeteilten Gefühle.

Einst war es mal anders.
Unsere Münder standen nie still und wir
    waren immer im Austausch.
Heute weiß ich nicht, warum es nicht so
    blieb.

Das Herz erstickt am Ungesagten,
Du stehst auf und fragst : „war's das?"
Schweigend nicke ich, das Herz das
    krampft,
Du kamst als meine Freundin und gehst
    mir so gänzlich unbekannt.

Jasmin Eckert * 1983

Lebenskarussell

Oh, wie süß, wie wunderbar und doch
    sonderbar.
Große Augen, kleiner Mund, wenig Haare,
    viele Falten
kräftig in Gebär und Klang oh, wie schön –
    sie's gesund.

Oh, wie prächtig, wie beschäftig und so
    kräftig.
Leuchtende Augen, bezaubernder Mund
viele Haare, wenig Falten, Lachen ohne
    Grund,
ach, was soll man davon halten.

Oh, wie rebellisch, wie erschwert.
    Funkelnde Augen, spitzer Mund,
wundersame Haare, unrein die Haut.
Voller Tatendrang, in Rage ohne Grund.
Unbeschwert und kein Halten oh, wie soll
    man sich verhalten.

Oh, wie dynamisch, wie dramatisch.
Klare Augen, scharfer Mund, Kreativ
    Gesicht und Haar.
Begehrt, verehrt, viel beschäftigt, gesund
    und so kräftig.
Hochbetrieb ganz ohne Fragen, wenn nicht
    jetzt, will sie was wagen.

Oh, wie interessant, wie gebrechlich.
Trübe Augen, kleiner Mund, wenig Haare,
    viele Falten
schwach in Gebär und Klang, kein Gesang.

Bescheiden und leise auf den Weg zur
  letzten Reise.
Oh, wie schön ist's gewesen, oh wie schnell –
  läuft nur unserer Lebenskarussell.

Sabine Eisenberg-Radomski

Wortverloren unsagbar ...
(Poetenschicksal)

Was hat da still gesungen?
Und ich ? ... Ich hab' nicht hingehört!
Das Lied ist mir verklungen.
Nun steh' ich stumm. Verstummt. Verstört.

Die Seele schloss die Pforten.
Mein Lied erstarb ... und wird nur ein
in allen meinen Worten
vergessenes Geheimnis sein.

So bleibt mein Lied, was es je war:
bleibt nicht gehört, bleibt nicht gewahr,
bleibt wortverloren unsagbar.

Ernst Elisasch-Deuker * 1934

Spiegelbild

Blick in den Spiegel des Scheins,
zwei Augen, Aug in Aug.
Du denkst es ist der Betrüger,
doch selbst, bist's du, oh Schein.
Sieh hin, erblicke –
der Betrogene betrügt den Betrüger,
so wie Eltern einst das Kind.
Doch erwachsen aus Kindertagen,
hältst den Schein in Händen nun Du.

Thomas Engl * 1982

Schattenspiel

Der Schatten tritt aus der Gruft hervor
Schwer fällt hinter ihm ins Schloss das Tor
Das Licht spielt im Gras mit Farbigkeit
Strahlend trifft es die Dunkelheit

Der Finsterling tastet sich ins Verlies
  zurück
Gleisend traf ihn das glitzernde
  Sonnenstück
Ein Strahl folgt ihm mit warmen Schimmer
Füllt mit Kerzenlicht das graue Zimmer

Das Zwielicht tanzt in staubige Ecken
Zuckende Lichter, die sich necken
Halbdunkel, Halbhell verschmelzen mit
  Wonne
Vibrierend leuchtet von den Wänden die
  Sonne

Das Schattenspiel zittert an den Mauern
Eisige Luft, läßt sie erschauern
Flimmernd verlöscht das spärliche
  Geflimmer
Schemen taumeln zu Boden für immer

Enigma

Geheimnis

Ein Geheimnis in dem Buche,
schaulich und so wunderschön,
unser Hoffnung aller Werden,
Sinnbild höchsten Glücks auf Erden,
werden wir es je versteh'n?

Wenn wir es nicht in uns lösen,
wo soll es denn außen sein ?
Keiner bietet uns die Lösung,
außer unser Sein im Sein.

Höchsten Glückes sind wir mächtig,
finden wir den Schlüssel nur,

es ist lösbar, dieses Rätsel,
gleicht nicht Kreises Quadratur.

Aber es bleibt ewig Rätsel,
jenen, die die Pforte meiden,
dieses Glück ist nicht erkäuflich,
jeder muß es selbst durchleiden.

Erbe * 1950

Unter den Worten

Unter den Worten fließt es,
das rötlich-pulsierende,
Herzschlaggetriebene.
Nicht mit dem Spaten
kann man es raten, es sich ergraben
und daran laben.
Es flieht vor dem Blick wie der blindeste
    Fleck –
will man es haschen, ist es schon weg.
Seh' ich dich an, kann ich es greifen;
schließ' ich die Augen, fühl' ich es heiß;
das, was wir ahnen, kann nicht begreifen,
wer zu den Worten nur andere weiß.
Hinter dem Schmerz, dem pochenden;
unter der Lust, der kochenden;
in dem Moment, der nie vergeht,
ahnt man es leis'.
Fassungslos füllt es den Raum
unter den Worten, leicht wie ein Traum.

Sarah Esser * 1988

Das Geheimnis des Lebens

Das schönste im Leben
ist
Nähe? Klarheit? Ferne?
Oder
Natur? Leben? Erde?
Vielleicht ist es
ein Blick. Ein Wort. Ein Lächeln.

Oder auch
das Gefühl. Das Rot.
Das Märchen.
Es ist
der Tanz! Der Herbst! Der Regen!
Aber auch
kein Geld! Viel Herz!
Alle Seelen!
Das schönste im Leben
ist
ein Geheimnis zu wahren
oder
es dir anzuvertrauen!

Eugene * 1988

Das Geheimnis

Der Dämon ist bereits erwacht und hat sich
    in Position gebracht.
Er trägt der Nacht ihr dunkles Kleid und
    erhält schützendes Geleit.
Ich fühle Leere und warte auf das Licht,
    denn dann sehe ich den Dämon nicht.

Er hat mich nicht gefragt, sich einfach gewagt.
Es wurde mir durch ihn gegeben.
Nun zerstört es mein gesamtes Leben.

Ich trage es in mir, bin allein.
Ein Geheimnis kann so grausam sein.

Miriam Euler * 1974

Was ist die Manifestation –
ist sie reinste Illusion?

Wenn ein Film zu Ende geht,
kehrst Du zurück in Deine Welt.
Dies Gefühl ist sonderbar,
schien der Film doch so wahr;
doch wirklich war ja nichts geschehn,
und Du lässt das Erlebnis vorübergehn.

Wenn eine Liebe zu Ende geht,
kehrst Du zurück in Deine Welt.
Dies Gefühl ist sonderbar,
schien die Liebe doch so wahr;
doch wirklich war ja nichts geschehn,
und Du lässt das Erlebnis vorübergehn.

Wenn ein Leben zu Ende geht,
kehrst Du zurück in Deine Welt.
Dies Gefühl ist sonderbar,
schien das Leben doch so wahr;
doch wirklich war ja nichts geschehn,
und Du lässt das Erlebnis vorübergehn.

Susanne Fabéry   * 1963

Geheimnis der Modalverben
Gedichtmeditation

Ich muss arbeiten.
Ich soll arbeiten.
Ich will arbeiten.
Ich kann arbeiten.
Ich darf arbeiten.

Sprich diese Sätze laut und nacheinander.
Spüre nach jedem einzelnen in deinen
    Körper hinein, bis in jede Zelle.
Erfährst du die Macht der kleinen
    Wortmännchen, die sich bescheiden
    neben die Starken stellen?

Du darfst erfahren.
Du kannst spüren.
Du willst sprechen.
Du sollst erfahren.
Du musst spüren.

Margarete Fackler   * 1954

Geheimnis

Geheimnis, ist etwas, was jeder hat,
nicht nur der, der etwas Schlimmes zu
    verbergen hat.
Sei es die Nummer nur vom Telefon,
oder von der Kontokarte,
der geheime Code,
irgendwie sitzen wir da alle in einem Boot.
Zwar manchmal auch ein Seitensprung ist's
oder in welcher Farbe die heute getragene
    Unterwäsche ist.
Doch schwierig wird es dann am meisten,
mit den Geheimnissen, die wir versprochen
    haben, zu hüten.
Sie preiszugeben, können wir uns gar nicht
    leisten.
Der Freund, dem man's versprochen hat,
wird furchtbar böse, wenn man sich doch
    verplappert hat.
Doch Gott sei Dank,
nicht jeder, der ein Geheimnis hat,
ist zugleich ein Geheimniskrämer, der viel
    zu verbergen hat,
oder einer der niemandem vertraut,
und viele Geheimnisse hütet, so ganz
    genau.

Ursula Fasching   * 1958

Das Geheimnis

In sich verborgen,
tief begraben.

Hoffend und flehend,
dankend und sehnend.

Zug um Zug,
manchmal auch Betrug.

Gedanke um Gedanke,
in uns ruht.

Nehmend und gebend,
segnend und lebend.

In sich verborgen,
tief begraben.

Das Geheimnis,
was wir auf der Seele tragen.

Michaela Fechner * 1972

dies hernach

dies hernach
dies

wie ein zum sein ersonnen
mahnend still doch
ahnend einer furcht
aller antwort abgewonnen

dem zum schein wie
ein an sich genommen

ans vernehmen geglaubt
in sich weinend doch
weiter wie benommen
ein erhoffen nur erlaubt

dem zum trotz wie
ein sich angenommen

frei atmend wiederkehren
sich erheben doch
vertrauend einzig gutes
kein leugnen lehren

dies
dies hernach

Florian Felderer * 1974

Das Geheimnis

Ich trage es mit mir rum, nun sei es drum.
Es ist gut verpackt, denn es ist mein
Schatz.
Hart aber auch zart, gut geschützt.
Aus Glas ist es nicht und dennoch habe ich
Angst das es zerbricht.
Stark wie ein Ast und zart wie ein
Rosenblatt.
Mit Tränen getränkt damit es nicht in
die Tiefe versenkt.

Caroline Feuerberg-Pöhlert * 1966

Geheime Mission

Ruhige Stunde am Wasser
Wellen plätschern am Steg
am Anker schwanken Boote
reglos liegen die Sonnenanbeter

Aber still
ruht der See nicht.
Über das Wasser tuckert
ein Helikopter
kreist tuckernd
über den schwankenden Booten
tuckernd kreist er über
sonnenselige Leiber, wacht
über wen? Bewacht oder über-
wacht uns
oder was?

Friederike Fiederer * 1942

Wie nah sie sich sind aus der Ferne,
so fern sind sie sich aus der Nähe,
doch es bleibt stets das Los dieser Sterne,
so oft ich sie Nacht für Nacht sehe.

Und immer die selben Bahnen,
Berührung peripher und ganz sacht
und weiter kann man nur ahnen,
denn es bleibt verschwiegen die Nacht.

Anne Findeisen

Funken deiner Lichtgestalt

Der Mond scheint heute nur für dich.
Ein Glitzern, für mich wunderlich,
in deinen Augen, viel zu schön.
Fast zu schade, es anzusehn.
Kann dir gar nicht widerstehn.

Sachte nehm ich deine Hand,
führ dich von der dunklen Wand,
rein ins helle Mondeslicht.
Am Fenster, will es sagen - kann es nicht.

Deine Schönheit machts mir schwer.
Diese Worte – weiß nichts mehr.

Beug mich vor und schreck zurück.
Verloren ist das kurze Glück.
Deine Macht war allzu groß,
dreh mich um und träume bloß.

Funken deiner Lichtgestalt,
verfliegen sich im Dunkeln bald.

Bettina Finzel * 1991

Meine Brücke zur Welt

Mein Geheimnis gehört nur mir.
Es führt mich weg von der Welt, weg von dir

Eine Welt, die vor meinen Augen
    verschwimmt. Neblig, unangreifbar.
Eine Welt, die mich verändern will, die aus
    mir ein X unter vielen A's macht.
Meine Brücke zur Welt – ist von fehlenden
    Brettern geprägt.

Mein Geheimnis teile ich mit vielen.
Jeder für sich, eine Gruppe, die sich nicht
    kennt.

Mein Geheimnis zwingt mich zu zweifeln,
    alleine zu reifen.

Mein Geheimnis hält mich immer zurück,
    verwehrt mir mein Glück.

Ich trage euch immer mit mir – Schuld,
    Angst und zu hohe Erwartungen an
    eine Welt,
die sich geheimnisvoll gibt.

Franziska Fischer

Wehen

Du warst die Auserwählte
Das ist was für mich zählte

Noch weiß ich alles ganz genau
Halte mich für furchtbar schlau

In Kürze fange ich bei Null an
Dem Lauf der Welt Genüge getan

Dann fühl ich mich gestresst
Werd so ins Leben übersetzt

Geb auf deinen feinen Bau
Das Erste was ich mich trau

Stelle mich nun dumm
Neun Monate sind rum

Frederick Fischer * 1977

Ungelüftet

Mein Arm
tut weh
seit Tagen.

Das Schicksal
auf meine Frage
nach dem Warum
antwortet
mir nicht.

Ich bleibe
allein
mit einem Geheimnis
ungelüftet
in der
Schublade.

Zu!

Helmut Först   * 1951

Das Geheimnis

Ein Geheimnis kann man schwer erkennen.
Doch jeder hat eins in sich drin.
Vielleicht liebt ER einen anderen Mann?
Vielleicht hat SIE eine andere im Sinn?
Manche tragen es offen auf der Brust,
andere lassen es versteckt in der Kist,
Vielleicht hat sie ihn betrogen?
Vielleicht hat er sie schon immer belogen?
Vielleicht ist ihr Zeugnis garnicht echt?
Vielleicht ist ihm sein Leben garnicht recht?
Jeder hat ein Geheimnis und sei es noch
   so klein!
Was mag wohl dein Geheimnis sein?

Sarah Franke   * 1991

Stell dir mal eine Treppe vor,
die ragt ins bloße Nichts empor.
Du schleichst dich langsam tastend näher,
und fragst dich: „wo kommt die wohl her?"

Du überhörst den schrei'nden Wind,
und wie ein neugieriges Kind
beginnst du in das Nichts zu steigen,
die Natur entschließt zu schweigen.

Die Treppe möcht' kein Ende finden,
will sich noch immer weiter winden,
als plötzlich ohne jedes Zeichen,
all jene Stufen vor dir weichen.

Auch unter dir spürst du sie fliehen,
der Boden scheint an dir zu ziehen,
denn schnell beginnst du tief zu fallen,
dein Schrei wird ungehört verhallen.

Ein Stimmchen jedoch fragt dich milde,
das Leben sei ein schönes Bilde,
warum denn alle es vermissen,
des Todes Farben auch zu wissen.

Hannah Freist   * 1997

Nur Du und Ich

Ich gehe hinein,
Allein,
Niemand darf mich sehen,
Allein muss ich gehen.

Leise muss ich sein,
Leise tret ich ein.
Stille um mich rum,
Ich drehe mich um.

Da seh ich dich,
Da stehn wir, du und ich,
Niemand darf es erfahren,
Denn das Geheimnis birgt Gefahren.

Martha Frittrang   * 1998

Spuren

der Garten
im Schnee
im Tau
der Zauber überall
die Wasserbecken, der Teich
und überall diese Lotuspflanzen
die schweren Türen
in den Glashäusern
der Wasserdampf in jedem Raum
diese Welten

fremd und ganz nah
das stillstehende Herz
das Rauschen in den Ohren
das Schweben in der Zeit
und dann:
ins bodenlose Geheimnis stürzen

       Martina Früchtl   * 1961

Das Eingeständnis

„Ach, ich bin Schuld!" – „Ja, was meinst
 Du?"
„Du regst mich auf!" – „Lass mich in Ruh!"
Recht behalten, zetern, zanken
schreien, weinen, bloß nicht wanken.

Hinterher dann, Spiel gewonnen,
Einsamkeit nimmt zu, versonnen,
nachgedacht, vielleicht war ich
unfreundlich und widerlich.

Denn es gibt da eine Sache,
um die ich ein Geheimnis mache.
Tief vergraben, wohl verborgen,
sag dir niemals, auch nicht morgen,

weil du sonst gewonnen hast.
Das ist meine größte Last:
Ich liebe dich, in Wirklichkeit
für heute, morgen, alle Zeit.

      Andrea Fürstenberg   * 1970

Der Nachtwandler

Gern geh' ich des nächtens Stund' der
 Wiesenweg' dahin.
Immer dann, wenn sparsam nur die
 Landschaft zu bestaunen ist
und sie in Dunkelheit gehüllt, den and'ren
 Sinnen mehr zu bieten meint.
Den Augen hat sie sich entzogen, zeigt ihr
 Gewand ganz spärlich nur,

die Ohren neigen nun zu lauschen, singen
 mit dem sanften Wind
und wollen, wohl der Ängste wegen, auch
 alles gut vernehmen
und das gar überdeutlich!

Das Gras, ich hör' es leise flüstern, ganz
 nah bei mir muss es fein steh'n
und Ähren schaukeln mit dem Wind sich
 kräftig aneinander reibend.
Weit noch vorn, in dunklem Schwarz, ja, da
 sprechen Bäume zueinand'
und g'rad als wollten's nicht gehört sein,
 sind sie still und schweigen nun.
Verdächtig wirkt die Stille gern, dabei ...
 was soll dann anders sein?

Da bricht ein zarter Zweig entzwei, da
 fällt's mir ein:
die Stille mag nicht übertünchen, sie will
 nur immer ehrlich sein
und gibt zur Freude meiner Ängste, ein'
 jeden Knacks gern frei.

Ich bleib' nun steh'n, die Angst gewinnt,
 mich duckend starr ich nur nach vorn' und
 warte auf die Ursach' lang,
die unsichtbar im Wald verharrt.
Wer kann das sein? Um diese Zeit, der mir,
 der ich doch friedlich bin, den Atem
 stiehlt,
und mein pochend Herz würd' zu gern
 wissen, nach was ihm weiter noch
 verlangt.

      Markus Gadringer   * 1976

via libertà

die verbindung zur insel ein seidener faden
schillerndes geflimmer ergrauter lagune
ich fahre hinüber wie ein achtloses seufzen
– die schleierhafte stadt

im stoßen und stocken
wogender bewegung hektischer
    verfrachtung
döse ich in klebriger berührung schwüler
    enge
– einen offenen traum

im sog wehmütiger ahnung
glanz verströmender morgensonne
begebe ich mich an einen trügerischen ort
– blendwerk blinder bestimmung

meiner sache nicht sicher
surrendes signal schwindender sinne
halte ich blinzelnd die augen geschlossen:
in verdacht: den weg zu machen
ohne am ende da gewesen zu sein

                  Georg Gaigl   * 1968

Verschwommene Gesichter
verwischte Erinnerungen
vergessene Träume.
Der Nebel senkt sich
umhüllt
verschließt
keinen Zugang zur Wirklichkeit
nur in diesem Moment
ist alles real.
Augenblicke verschwinden
lösen sich auf
im unendlichen Strudel des Seins
Wo?
ein Schrei
doch zurück kommt nur das Echo
allein
in der Unendlichkeit
leicht zu vergessen
leicht erloschen
ist die Vergangenheit.

                Hannah Galster   * 1996

Warum

Sie reden über dich –
in der dritten Person,
selbst wenn du anwesend bist
und du weißt nicht warum.

Sie lachen über dich –
hinter deinem Rücken,
doch sie lachen nicht mit dir
und du weißt nicht warum.

Sie reden nicht mit dir –
schauen dich nur komisch an,
geben höchstens einen dummen
    Kommentar
und du weißt nicht warum.

Sie schneiden dich –
offensiv und absichtlich,
wenigstens bist du nicht nur Luft,
doch du weißt nicht warum.

Du würdest es ändern,
doch du weißt nicht warum.
Du kannst es nicht ändern,
denn du weißt nicht warum.

                Akin Gamo   * 1983

der Andere

Er ist eigen-
willig lasse ich mich verführen
(oh halte ein, kopf)
die Gedanken schweifen zu lassen
(kopf: oh, halte ein)
in :deine: Richtung pflichtge-
treu
und du bist so stark (des) vertrauens-
voll (uns) fordernd mit tausend Armen um-
schlingend
meinen Hals
(den du zärtlich küsst)

und ich sorge mich fest –
(siehst du es nicht, :mein herz!
– narr –)
haltend den gelösten Anker
mit der linken Hand

Jana Gäng   * 1995

Als du kamst

Als du kamst
mit einem Blumenstrauß
voll süßer Worte,
duftend nach Versuchung,
Ahnungslosigkeit und Bewunderung
war ich sprachlos.

Ein Lächeln war alles,
was über meine Lippen kam
und deine Augen strahlten
und sagten mehr
als tausend Worte.

Andrea Ganga   * 1965

Des Elefanten Porzellanpalast

Ein niemals ausgesprochenes Wort,
ein schon längst vergessener Ort,
des Trägers Bürde und auch Last,
des Elefanten Porzellanpalast.

Listig war das kriechend Getier,
schleichend und sabbernd kam es zu mir.
Ach, hat es doch einmal nur kurz gebissen,
so werd' ich doch ewiglich darum wissen.

Von nun an ist es immer da,
schließ ich die Augen, ist es mir nah.
Niemand bleibt davon verschont,
vom Geist, der hinter den Augen wohnt.

Die schönsten Blumen werden welk,
die stärksten Eichen zu morschem Gebälk,
und manch ein morscher Balken bricht,
mit leeren Augen und bleichem Gesicht.

Wissen heißt Lügen, so gib fein Acht,
und hüte dich vor falschen Ehren,
denn ist der Brand erst angefacht,
so wird er dich dann auch verzehren.

Dominik Garella   * 1986

Kein Licht im Dunkeln

Will ich wissen,
will ich ahnen,
will ich denken,
mich zermürben?

Werd ich wachen,
werd ich ruhen,
wird die Kenntnis
mich erdrücken?

Schimpf und Schande,
oder doch Befreiung,
vielleicht Erlösung,
eher Ruin?

Das Geheimnis ruht in Stille,
fest verankert in der Zeit,
nicht verloren, nicht geborgen,
von keinem Licht erhellt.

Kein Geist soll es erwecken,
kein Gedanke es befreien,
denn Pandoras Büchse
hält nicht nur Gutes bereit.

Sylvia Gayk   * 1968

Trost

Deine Tränen sind für mich wie ein Lagerfeuer,
an dem mein Herz sich zu wärmen beginnt
an dem ich zur Ruhe komme
und alles Unechte von mir und von der
    Welt abascht,
wie von einer einzigen großen Zigarette
Wie ein Hund bin ich, der sonst laut kläfft
    und bellt,
nur weil er auf ein Echo wartet - auf ein
    Zeichen aus der Welt
der Stimmen! Auf dass er nicht alleine sei
Deine Tränen sind für mich ein Lagerfeuer,
In dem mein Innerstes sich nach außen kehrt
sich einer meterdicken isolierenden Haut
    entweidet
die wie Wachs dahin schmilzt, sodass ich
    mit dem Boden ums Feuer verwachse
wie ein Kerzenstummel, der einst Beine
    hatte und frei ans Feuer trat
der seinen Docht dem deinen
    entgegenstreckt
weil er deine Tränen damit trocknen will –
    auch wenn er weiß das
Tränen Gift sind für entzündete Kerzen
Ein Docht scheint mir zu kurz und lasch
    um Brücken zu erbauen
Brücken aus Stahl, auf die sich echte Autos
    trauen
Trotzdem muss ich dir sagen: Ich könnte
    nicht mehr weg auch wenn ich wollte.
    Und ich
will nicht weg, auch wenn ich könnte.

Lukas Geiger

Geheimnisse

Geheimnisse hin, Geheimnisse her,
am Ende weiß sie sowieso keiner mehr.

Die Burg ist dunkel und kalt,
und verschlungen vom Wald.
Das Schlosstor laut rattert,
die Hühnerschar gackert.
Was mag wohl dieses Geheimnis sein?
Ich suche verwundert und trete ein.
Es ist immer so eine Sache mit den
    Geheimnissen,
und ich bin mir nicht sicher, ob ich sie mag
    wissen.
Mal ist es eine Freude, mal ist es ein Leid,
Unterschiedlich, wenn man weiß Bescheid.
Die Knochen mysteriös knacken,
Bei mir krabbelt's im Nacken.
Die Skelette im Kerker tanzen,
die Ritter zieh'n ihre Lanzen.
Alles so geheimnisvoll, doch ist es Spuk?
Oder schlicht und einfach alles Betrug?!

Geheimnisse hin, Geheimnisse her,
am Ende weiß sie sowieso keiner mehr.

Celine Georg

Hoffnung

Wenn das Leben dich auch beutelt,
einfach in die Knie zwingt,
hör genau hin, ob nicht irgendwo
ein leises Glöckchen klingt.

Ob nur in dir drin,
oder im Draußen,
ist ganz egal,
denn Gott nutzt alle Chancen,
dich zu erreichen.

Denn dieses Klingen, dessen sei gewiss,
ist ein von Gott gewolltes Zeichen.
das nie allein du bist,
die Hilfe kommt,
weil Gott die Hand dir reicht

Das Einzige ‚zu tun dir bleibt,
die Hilfe erlauben oder drum bitten,
dann kommen Gottes Engel,
mit riesigen, liebevollen Schritten.

Karin Gerecke   * 1959

Im Antlitz des Herzens
das Meer so täuschend schön.
Der Seelenglanz jedoch trügt
und mit Lügen sich vergnügt.
Von der Trauer
zum Ursprung des Schmerzes zurück
eh der Sturm böht
vom Winde verweht.
Der Mond so hell
doch die Nacht bleibt schwarz
zu hören nur das Herz
schwach pulsierend.
Kleine Tränen ziehen große Kreise
in den Augen glitzernd sie entstehen
es rennt wie Gift durch meine Venen
tut so weh und ist doch entsetzlich leise
Die Melodie glänzt im Takt
gegen das Spiel der Zeit
wie der Höhepunkt im 3. Akt
und alles schmerzt vor Leid.

ggmyr   * 1996

Begierde

Ich – ganz nah bei Dir,
meine Hand durchwühlt Dein Haar,
streichelt Deinen Arm,
nimmt Deine Hand – liebkoste jeden
    Finger.

Mein Begehren Dich zu halten – Dich zu
    fühlen,
stark und groß – tief in mir verborgen,
schreit sich lautlos heraus.
Liebkosende Worte – lautlos
    ausgesprochen.

Meine Gier nach Dir steht mir in den
    Augen.
Meine Liebe tief verborgen in mir
und doch nichts, nichts darf sein,
denn Du gehörst nicht mir.

Du gehörst jemandem,
den ich darum beneide,
dem ich's vielleicht missgönne,
denn auch ich begehre Dich.

Petra Giertz   * 1963

Geheimes Verlangen

Ich denke an
ich habe Hunger
nur ein bisschen eigentlich
will ich viel essen
Fressen will ich Dich
mit Haut und Haaren
Darüber fahre ich zärtlich
und mich erstmal zurück

Mein Herz klopft laut
an der Tür
Ich öffne
Herein kommt ein Hauch
von meinen Gedanken, dem Hunger
Ich atme tief ein
und ersticke an Dir

Sandra Glaeser   * 1982

Geheimsinn

Sinngemäß geht es um den Sinn
Der wenn er gesehen wird
Kein Sinn mehr ist
Denn das Sein ist der Sinn
Und Sein ist Dasein
Das Dasein fragt nicht
Es ist da
Auch ohne Sinn.

Anita Goß   * 1985

Alles ist zu etwas gut

Es war gut, wie es war.
Es ist gut, wie es ist.
Wozu soll das gut sein?

Vielleicht
wenn klar werden wird,
dass es sehr gut gewesen war,
wie es jetzt ist.

Renate Gottschewski   * 1960

sehe diese kinder
schwankend nebeneinander
nicht miteinander nicht beieinander
nicht bei sich
eine gasse entlang tasten

sehe diese kinder
verloren nebeneinander
ohne lebensplan ohne hoffnung
ohne willen
durch die strassenflucht gehend

sehe diese kinder
haltlos nebeneinander
in ihrem rausch in einen traum
in dem moment
nichts im leben bestehend

sehe mein eigenes kind
und das andere niemandes kind
nicht von dieser welt nicht auf der welt
nur auf einem weg
zum weissen drachen hasten

Kerstin Gudrun Grinda

Ozean

schließe deine Augen
dein Spiegelbild
malt dein Gesicht
Verschwiegenheit
in einer lauten Welt, wie hier
so mächtig still ,wie der Ozean
deine Phantasien
tief vergraben eine Gabe
ein Traum, vertraut, geheim
verborgen, ganz allein
in den friedlichen Gewässern
nur mit geschlossenen Augen
zu entfesseln
ungebunden sämtliche Seiten
die Worte, lebendig ,erfüllt
bekanntlich tief unter dem Wasser,
das größte Geheimnis
der Erde
ein Buch
im Ozean vereint

Claude Gruber   * 1985

Tief drin

Schweigend sitzt sie da
Er direkt neben ihr, ist ihr nah
So vieles will sie sagen
Doch kann sie es auch wagen?

Aber wissen muss er es auch
Sanft ruht seine Hand auf ihrem Bauch
Für ihn eine Geste, für sie viel mehr
Wo kommen die Gedanken her?

Ihr Wunsch, wird er erfüllt?
Etwas in ihr brüllt
Ihre Geduld ist dann vorbei
„Schatz, wir sind bald drei."

Jessica Gündling   * 1993

Gedanken zum Geheimnis

Man darf es nicht weitersagen,
man behält es gern für sich.
Ein Jeder darf es hinterfragen,
doch man ist stumm wie ein Fisch.

Trägt man es lange mit sich rum,
platzt einem das Gehirn beinah',
wird man im Kopf so richtig dumm,
dann steht am Kopf so manches Haar.

Weil Geheimnisse oft sehr dunkel sind:
Ausplaudern? Nein! Man hat es doch
           versprochen.
Fragt mich eben Vater, Mutter, Kind:
Geheimnisse werden nicht gebrochen!

Das Geheimnis ist der Menschen Gut.
Jeder kann sich darauf verlassen.
Plauderts der Freund mal aus dem Hut,
wird man den Freund nur noch hassen.

Ist das das Ende vom Gedicht?
Bleibt ein Geheimnis, verrat es nicht.

Manfred A. Günther * 1941

vergessene Liebe

Du bist mir heut im Traum begegnet
Die Nacht war sehr verregnet
Es tut mir im Herzen weh,
dass ich Dich nicht richtig seh.

Meine aufgekratzte Seele,
auf dass man sie wieder belebe
Du bist mir aus dem Sinn gekommen,
doch Du hast mein Herz erklommen.

Du bist mir so nah,
seitdem ich Dich sah
Von Tränen der Lust,
was bleibt ist Frust.

Kurz kann ich Dich umgarnen,
Du mich halten in den Armen
Doch dann muss ich gehen.

Ohne Ende suchen meine Hände
Nach Dir
Wie mir ...

Sophie Günther * 1971

Stille Nacht Leben

Leise
hört das Gras sich wachsen,
ruhig
und einer Amme gleich
spürt sich
der Nebel
auf die grüne Bettstatt sinken,
die Stirnen derer,
die in Wehen liegen,
ein wenig kühlend und benetzend.

Kein Laut,
wenn dann des Nachts
die jung geborenen Blüten
– still! –
das Licht der Welt
erblicken.

Susanne Guski-Leinwand * 1968

Fünktchenjunge

Ging vom Wege ab
als ihr war so schlapp.
Setzte sich, um auszuruhn,
der Wege Muster auf den Schuhn.

Im Dickicht der Gedanken
kommt ihre Welt ins Wanken.
Weil am Wegesrand
sich nähert Unbekannt.

Unbekannt und so vertraut
warum, wieso erst jetzt geschaut?
Verwirrt und kaum zu glauben
blickt sie in blaue Augen.

Atemlos mit siebtem Sinn
spürte sie die Funken drin.
Fünktchenjunge war geboren
schnell gewachsen, schnell verloren.

Heide H. * 1955

Das Blatt

Der Sommer winkt noch einmal
schüchtern
bevor die Bäume
in langen Schatten stehn.
Dann
fällt
frierend
und
segelt
sanft
der erste Gruß
des Herbstes
hin

ab.

Heike Haas

heimlichkeit

Freunde sollen wir sein
Grauer Dunst, roter Hauch
Mein Herz, Mein Schoß
Die Gedanken unrein.

Liebende wollen wir sein
Grauer Tag, rote Nacht
Dein Herz, Dein Schoß
Die Hemmungen zu klein.

Unsichtbar müssen wir sein
Grauer Blick, roter Kuss
Sein Herz, Sein Schoß
Die Heimlichkeit gemein.

Nichts können wir sein
Graues Herz, roter Schoß
Unser Leben, Unser Los
Die Sehnsucht bleibt allein.

Mekro van Haas * 1980

Das Geheimnis

im Schrein des Schweigens
mit Spinnen-Netz umwoben
mit tausend Fäden verschnürt
seine Heimlichkeit verliert
sobald das Geheime
gelüftet, verraten
geoffenbart
zur Freude oder zum Schrecken
aus der Dunkelheit
ans Tageslicht gehoben.

Anneliese Haderer

Geheim, geheim.

Psst, sei doch still, besser nicht sagen,
dass man das liebt, was laut alle anderen
    beklagen.
Ob Regen im Sommer, Wurst mit Nutella,
haarige Spinnen oder noch viel schlimmer:
den gleichen und einen Partner für immer.

Anders sein, anders lieben, nur nicht das,
    was alle tun,
sollte das besser als Geheimnis ruhen?
Also anpassen oder wie nennt man es
    heute: Integration?
Individualität als letzte Bastion.

In der Menge nur Enge, die Sicht ist
 versperrt,
nur Schweiß und Vergleiche, ist es das
 wert?
Jetzt also, Mund auf und einfach laut
 sagen,
dass man das liebt, was insgeheim doch alle
 beklagen:
Anders sein, anders lieben, sich von der
 Masse abheben,
nicht zentral mittendrin sein. Eben ein
 Stück daneben.

Salami mit Nougat statt Einheitsbrei,
sehr früh geheiratet – im Sandkasten mit
 drei,
wie süß diese Spinne und herrlich,
 schlechtes Wetter im Mai.
Schau jetzt mal nach vorn:
dein Weg ist ganz frei.

Lena Häfermann   * 1985

Missverständnis

Eine Rose
Blüht zart auf
Dem Feld

Ihr Geliebter, der
Regen
Umschmeichelt sie
Stolz
Sie so herrlich
Blühen zu lassen

Er ahnt nicht
Dass sie nur
Deswegen blüht
Weil sie im Stillen
Von der Sonne
Träumt

Juliane Hagen   * 1977

Von Gier und Macht

Ein Aufschrei ginge durch das Parlament
käm' ein Gesetz in unsre Republik
die Rentenrechtsreformen schafften
damit auch jene endlich Solidarität
erleben müssen – nicht nur sagen
die unser Land regieren!
Die Tag für Tag
nach noch mehr Geld
nach noch mehr Macht
für sich alleine gieren!

Dass sie die Diskrepanz nicht sehen,
noch rechtes Maß nicht finden;
sie denken, dass das Volk, die Blinden
mit Krümeln abzuspeisen sind,
auch wenn im Steuergeldersack
sie bis zur Hüfte sich befinden,
und Ausreden für diese „Last",
noch finden – rasch
sie zu verwalten!!

Horst Wolfram Hahner   * 1950

Am goldenen Faden

Körper-, Geist- und Weltenformen,
Werden sie nicht vom selben gesponnen?

Frei im grenzenlosen Raum des
 Bewusstseins schwebend,
Wie an einem goldenen Faden klebend.

Erscheint das Gewebe in Kontinuität und
 Kohärenz,
Soll nicht fehlen für das Spiel die Konkurrenz.

Gänzlich versunken in sein eigenes
 Traumland,
Webt ES unermüdlich an seinem Gewand.

Opak, doch ohne feste Kontur,
Ins Gewebe eingeflochten des Geistes
 Natur.

Wird das Gewebe zunehmend komplexer,
Dabei der Mensch vernetzter.

Gibt es nicht ein Tier, das ebenso Netze
    spinnt?
Wieder in sich aufnehmen, – so ein neuer
    Anfang beginnt!

Andreas Haller   * 1947

Geheimnisse der Welt

So lieg ich da mein ganzes Leben
und doch im Kopf da regt sich viel
Hab Gedanken zu vergeben
doch nie ein Wort von meinen Lippen fiel.

Nur die Augen sprechen für mich
und ein Laut mal hier mal dort
erkennt die Sprache einer für sich
bring ich ihn von der Welt hier fort.

Er darf mit und er taucht ein
in eine Welt die wenig kennen
Die Augen groß, die Lippen klein
wer sonst würd das wohl Sprache nennen.

Und doch erzählt er stille los
von den Geheimnissen der Welt
und wer ganz klein ist fühlt sich groß
in einer Freiheit die nichts hält.

So lieg er da sein ganzes Leben
und kommt doch schnell voran
hat so vieles noch zu geben
die Frage ist – wer denkt daran.

Sabine Harner   * 1985

Wolf

Schnüren im Schnee,
Kälteweh.
Gerüche hinterher,
Hungerleer.
Raster im Wald,
Nimmerhalt.
Blicke in die Nacht,
Beutewacht.
Sprung nach vorn,
Raubeszorn.
Spuren im Weiß,
gefroren zu Eis,
windverweht,
keiner ihn sieht.

Die Mär aber blieb.

Jens Hartmann   * 1961

Rätsel der Zeitkapsel

Du bist die Grundlage unseres
    wunderlichen Lebens,
die Schönheit unserer Welt.
Du bist die Anbeterin der warmen
    Sonnenwellen
auch der Mondschein dir gefällt.
Du bist das Weltgeheimnis und geheimes
    ist vergebens
im menschlichen Geiste zu erhellen.
Du kommst und gehst
zugleich wirst du uns immer begleiten.
Du bist des Daseins Ursprung und die
    große Quelle.
Du bist die Antwort auf die Jahreszeiten.
Vom Licht bewegt, bleibend auf der Stelle
wandelst du dich in tausendfältigen Formen
    und Farben.
Doch dein tiefes Wesen verweilt einzig in
    jeder Art.
Facettenreich sind deine zahlreich Gaben
und unser Reichtum ist deiner Kapsel Saat.

Mona Harun Mahdavi   * 1975

Dein „Sein"

Dein „Sein" lässt meine Augen strahlen,
die Zukunft in bunten Farben malen.
Mit einem Lächeln geh ich durch den Tag
weil ich Dich, mein kleines Geheimnis hab.
Seh Blumen blüh'n, wo keine sind
nur staunen kann ich wie ein Kind.
Barfuß tanze ich im Regen
und singe leise vor mich hin,
versunken in Gedanken schweben
du gehst mir nicht mehr aus dem Sinn.
Blätter wirbeln bunt im Reigen,
der Wind säuselt wie tausend Geigen,
ein Fest für die Seele, bin aufgewühlt,
hab nie so empfunden, nie so gefühlt.
Will hüten dich so gut ich kann
hab manchmal Angst, man sieht's mir an
bin glücklich, verzaubert – aufgeblüht
und alles nur – weil es dich gibt.
Kann fast nicht glauben, dass mir das
    passiert
weil ich es immer war, die Alles verliert.

Elisabeth Haselmeyer   * 1958

Des Nachts

Warmer Wind ...
Silberne Nacht ...
Rauschende Wellen ...
Weicher Sand ...

Allein ...
Hand in Hand ...
Zusammen in Einsamkeit ...
Verbunden mit Blicken ...

Ein Geheimnis wird geboren ...
Nur zwischen uns ...
Ewige Verschwiegenheit ...
Ein Schwur ...
Mond, Sterne und Meer sind Zeugen ...

Vollmond ...
Flut ...
Südwind ...
Meeresduft ...

Anke Hassels   * 1992

Tränen im Dunkeln

Mondenscheine durchbricht die Nacht,
mein Blick so trüb und leer,
entdeckt selbst jede Einzelheit,
das Licht bescheint so sehr.

Am Tage mein Gesichte lacht,
im Geiste ganz allein,
entfaltet sich mein eigen Leid,
verborgen unter Schein.

Nur dann entrinnen endlos mir,
die brennend heiße Not,
bekannt als Tränen sie sich sind,
bewahren vor dem Tod.

Sie dargelegt vor einzig dir,
Geheimnisse erfuhr,
wo alle anderen so blind,
erscheintest du mir nur,

Verständnis durch und durch,
behütest, was du niemals sahst,
verwahrtest nur allein,
was ewig stille steht.

Alexandra Hauck

Der Drang zu erzählen

Ich teile einen Gedanken mit dir
Oder ist es nur ein geistiger Einfall in mir?

Ich will erzählen die Geschicht
Doch werde ich wahren mein Gesicht?

Diese Last mich sehr erdrücken
Doch ich weiß, ich werd niemand
    entzücken

Wann wird die Last von mir fallen?
Denkst du, dir wird die Wahrheit gefallen?

Was ist Gut und was ist schlecht
Wenn ich nicht erzähl, werd ich meines
    Gewissens Knecht?

Wenn ich dich las wissen
Dann ich werd denn fallenden Stein im
    Herz nicht missen

Amelia von Hausen   * 1993

Das Geheimnis

Im Geheimen lebt es sich leichter,
das Geheimnis braucht keine Grenzen,
es kommt ohne es zu lüften aus.
Es ist der Schlüssel ohne Schloss.
Der Reiz des Geheimnisses birgt
Hoffnung und Wahrheit.
Große Gaben umhüllen es,
Leidenschaft und Betrübtsein
lassen es schlafen!
Wer es weckt, wird die Wahrheit
erfahren.

Petra Heder

Das Gewissen

Du kannst mir alles glauben
lügen tu ich nicht.
Nur das, was ich nicht sagen kann,
wirst du nie wissen.
nur ich.

Es versperrt mir die Sicht.
Ich bin nicht mehr frei
weißt du?
Es wütet und nagt in mir,
doch werde ich es nie los,
eingenistet.

Möchte es nicht an deine Ohren
    weitergeben
und auch nicht in dein Leben legen.
Es ist, wie das vergessen Lernen,
eines selbst verachtenden Grußes,
das allezeit ich in mir trage.
Das Geheimnis.
Das du nicht weißt.

Isabel Hees   * 1997

Das Geheimnis

Auf der Straße ein Brief,
aus rosa Papier.
Ungeöffnet liegt er vor mir.

Vom Regen die Schrift,
schon leicht verwischt.

Wer ihn wohl schrieb, den Brief,
und was ihn dazu trieb,
warum er hier wohl liegt?

Windböen sich vereinen,
wirbeln ihn fort, den grad Gefundenen, den
    Meinen!

Durch die Lüfte gleitet der Brief.
Der Wind trägt ihn fort
an einen mir unbekannten Ort.

Vom Inhalt nichts offenbart.
Das Geheimnis bewahrt.

Marina Heimann   * 1960

Ruhige Zeit

Schneekristalle
wie Diamanten, sie funkeln, alle
Innehalten und den Blick heben
Weise weiße Pracht auf allen Wegen,
sie umarmt die Wälder zart,
der Winter naht mit jedem neuen Tag.

Bunte Mützen, selbst gestrickte
    Handschuhe
sind mein größter Wunsch,
ich mag dazu noch gern den
leckeren Kinder -Schokoladenpunsch.

Durch nicht alltägliche Gesten finden die
    Menschen wieder
den Weg und friedlich zueinander.
Verständnis zu haben und Halt zu geben,
sind immer wieder das Heute und Morgen
für ein hilfsbereites Leben.

                      Katja Heimberg * 1978

Das Geheimnis

Das Geheimnis – jeder von uns es kennt.
Das Geheimnis – jeder beim Namen nennt.

Das Geheimnis – so fremd und doch so
    vertraut.
Das Geheimnis – das täglich im Spiegel uns
    schaut.

Das Geheimnis – das jeder in sich kennt.
Das Geheimnis – nach dem sich alles sehnt.

Das Geheimnis – ist nun nicht mehr geheim.
Das Geheimnis – ist in uns Allen am sein!

                      Jutta Hense * 1958

Unsägliches

Ein junges Mädchen, blond und eigen,
schlüpft, frierend, in ihr Büßerkleid;
umgürtet es, nicht ein-, nein, zwiefach:
es bleibt ihr dennoch viel zu weit;

es beißt und wärmt sie nicht; indes, ein and'res
verschmähte sie; in ihren Schoß
legt zitternd sie die Lilienhände:
um sie herum das Nichts ist groß.

                      Daniela Ursula Herglotz * 1987

Schönes Geheimnis

Die Greisin, leidend, krank,
sitzt da allein im Park auf einer Bank.
Daneben die Statue in Bronze von einem
    wunderhübschen Weib
mit vollkommen, grazilen Leib.

Mit Runzeln, Falten, zusammengekrümmt,
die Alte von ihrer Umgebung kaum Notiz
    noch nimmt.
Mein Geldstück weist sie barsch zurück
mit traurigmüdem, hohlem Blick.

Warum sie all die Tage hier so sitzt,
so frage ich dann doch gewitzt?
Sie komme von weit her, von einer fremden
    Stadt,
wo sie bislang ihr Leben in bitterer Armut
    gefristet hat.

Tagtäglich würde sie sich nun auf ihr
    Sterben vorbereiten,
doch hier schweife ihr Blick zurück nach
    vergangenen Zeiten.
Dann flüstert sie leise und doch klar,
dass sie einst dieses schöne Weib hier war.

Einem Meister habe sie Modell gesessen,
das sei ihres Lebens beste Zeit gewesen.

Sie spricht es aus und noch einmal huscht
    ein Lächeln über ihr Gesicht,
doch kurz darauf ihr müdes Auge bricht.

Gernot Hess   * 1938

Eismondhauch

Jäger missbrauchen im Fernen,
wo's hallt über Feld und Flur,
das Kristalline unter den Sternen
für eine purpurrote Spur.

Zeuge ist nur der Mond,
welch' scheint-gefroren-still zu stehen.
Ein kalter Hauch
scheint von ihm auszugehen.

Christian Sören Hesse   * 1969

Die Erhabenheit der Nacht

Verschwiegen steigt die Nacht herein
in Trubel, Traum, Gedränge,
verdunkelnd dieser Erde Schein
verdumpfend laute Töne.

Die Nacht sie bleibt das Ungetüm,
die Seel' des Menschen ängstend,
so süß und heimlich ungestüm
in seinen Träumen glänzet.

Die Nacht vertreibt des Tages Stolz
beherrscht von klaren Bildern
weckt auf in tiefrem menschlich Holz
im Herzen Feuer wilde.

Der Tag umnachtet, die Nacht erhellt,
Sonne verstrahlt und Mond erzählt
von Ewigkeit des Menschseins,
von Größe des Gefühls.

Der Tag ist schön, die Nacht ist hoch,
hoch über uns erhaben.

Martin Hesse   * 1987

Geheimnis

Manchmal plagen mich trübe Gedanken,
denn das was zu sagen ist, bleibt bei mir.
Oft fahr ich ans Meer um Luft zu tanken,
damit ich mich nicht ganz verlier.

Ein Geheimnis, meist eine Wahrheit,
eine Qual, die niemand will.
Worte und Wut schon lange Zeit
tiefvergrabend, schlummernd still.

Wo sollen Worte auch hin,
die nur Unheil verkünden.
Das ergibt keinen Sinn,
aus vielerlei Gründen.

Maike Heyen   * 1971

Weiß

Sie schläft.
Du bist wunderschön.
Sie antwortet nicht.
Was sie wohl träumt?
Schön.
Bleicher als sonst.
Augen geschlossen.
Ruhig.
Kalt.
Sie verschwimmt vor mir.
Schmerz in mir – tiefer und tiefer.
So blass.
Wunderschön.
Weißes Gewand.
Kühler Kopf.
Kahler Kopf.
Sie schläft.
Was sie wohl träumt?
Es bleibt für immer
ihr Geheimnis.

Zita Hille   * 1996

Das Foto

In der Tasche
Trägt sie
Das Foto.
Verblasst und zerkratzt
Trägt es
Die Wahrheit,
Die versteckt
Im Kasten lag,
Als er ging.

Erlösung
Glaubte sie
Und trägt nun
Die Wahrheit
Verblasst und zerkratzt
So lange
In ihrer Tasche,
Bis auch sie
Geht.

Nadine Hilmar * 1978

Das Liebesgeheimnis

Die Lieb zum Andern
gilt's zu erringen,
uns in die Herzen
der Andren zu bringen.
Im Lieben werden wir,
oh'n Liebe sterben wir.

So lass uns für die Liebe werben,
wo Liebe sich nach Liebe sehnt,
damit die Liebe auf der Erden
das Herz der Menschen noch verschönt.

Trutz Hardo Hockemeyer * 1939

verhüllt

der winter ist kalt
die frau sucht ein neues gewand
ihres ist vom alltag zerschlissen
von marotten zerfressen

sie findet wärme
in den schillernden farben
der italienischen mode
doch auf trend folgt trend, denn

die gesponnenen fäden
ziehen ein knappes korsett
und salzige perlen schnüren
eine enge kette auf der haut

die träger sind schwacher stoff
dünne nähte die reißen, sie zu entblößen
hitze folgt, wenn winter verliert
und der wollmantel seinen reiz

sie erinnert sich an ihr treues kleid
verstaubt und zerrissen im schrank
und hofft, mit geduldiger hand
vernähen flicken die fetzen

Simon Höckesfeld * 1993

ob schön oder schlecht
gut oder böse
lang oder kurz

das kann so manches sein
egal ob groß oder klein
manchmal wahrt es einen Schein

so vieles kann ein Geheimnis sein

Jasmin Hofer * 1992

Das Geheimnis ... ist

Das Geheimnis
... ist die Wahrheit,
der Welt, sehnt sich nach Klarheit.
Das Geheimnis
... ist die Frage,
der Welt, versteht nicht einmal die Klage!

Das Geheimnis
... ist die Antwort!
Der Welt, scheint sie für immer fort!
Das Geheimnis
... ist der Glauben,
Der Welt, lies ihn sich rauben!

Das Geheimnis
... auf zu decken,
der Welt, sie muss Ihr Herz entdecken!
Das Geheimnis
... zu verstehen
Der Welt, zurück in Gottes Liebe, muss
    drum
bitten, muss drum zu flehen!

Kerstin Hofmann * 1969

All meine Liebe

Wann sollte der Zeitpunkt für
Dankbarkeit besser sein,
als in jenem Moment der Vertrautheit
der Stille, der Einfachheit.

Wann könnte der Moment der
Ehrlichkeit schöner sein,
wenn dieser genutzt wurde!

Dietmar Hans Hofstetter * 1971

wind worte

warten
bei der blattlosen
birke der schwester

und die blauen worte
behalten im holzgeschrei
des augenblick-landes

wenn die olivenbäume
im windhauch zu reden beginnen

Winfried Hoggenmüller

Das größte Geheimnis der Welt
haben wir alle
in unser Wesen – wie in einen Schrein
gelegt bekommen.
Ohne es hätten nicht nur wir
sondern die ganze Welt – keinen Sinn.
Alles was dunkel, drohend und vernichtend
    ist,
kann nur durch seine Kraft erkannt, erlöst
und wieder in Lichtes
verwandelt werden.
Auf diesem Weg schenkt es uns
alle Erkenntnisse
warum wir zwischen das Gute und Böse
gestellt sind.
Sind wir es –
So wollen und können sogar große böse
    Wesen
trotz ihrer Aufgabe auf Erden
durch uns ihr ursprüngliches lichtes Wesen
    erleben.
Trotz seines unbegrenzten, unendlichen
    Wirken
Gestaltet es sich in ein Wort – Liebe.

Maria Hölzer

Ein Rendezvous

Ein Rendezvous in der Ferne
Zwei funkelnde Sterne
Am Firmament
Für einen kurzen Moment
Zwei Lichter entfacht
Leuchtend in der Nacht
Zum Himmel gleiten
In unendliche Weiten
Schimmernd schön
Anzusehen
Strahlend blühen
Bevor sie verglühen
Wieder Eins werden mit der Nacht
Ganz leise und sacht

Christina Horn * 1970

Geheimnis meiner Tragödie

Draußen Herbst, drinnen Winter
Was ist Segen, Frau und Kinder?
Mein Leben geschrieben in einem Satz
Die Jagd nach einem Koboldschatz.
Angst vor Stürmen die nie geschehen,
Geschmeichelt den Statisten, nie wieder
    gesehen.
Plötzlich die Reise zur Himmels Herberge
Vergessen den Kopf, auf schmutziger Erde.
Hülle liegt still, der Geist am Beben
Verlässt mich das ungelebte Leben.
Keine Ruhe, keine Engel innewohnen
Meine Welt bevölkert von Dämonen.
Gewählt den Frieden vor den Kriegen
Verloren die Schätze die in mir liegen.
Der kaputte Kompaß-Geduld als Tugend
Geduld; natürlicher Feind von Leben und
    Jugend.
Hammer aus Gold, Kupfer das Buch
Handeln ist Leben, warten ist Fluch.
Die Schuld bei mir, endet dies Gleichnis
Mein Unglück bleibt mein Geheimnis.

Thomas Hosin * 1985

Orchidee

erkenne
die siebenäugige hüterin
schaufäden webt sie
zwischen unser erinnern
ich bin das zünglein
an der wangenwaage
des erbebens
den gewölbten nachtlippen
verwehre ich die dornenfrage
ihre hauchblüte verschließe ich
mit dem quecksilberwort
mein treueeid
im echo der wir – nacht

Brigitta Huemer

Worte

Wollt ich ein Gedicht Dir finden,
dich umspielen in den Sinnen.
Wollt ich in Worten das finden,
was sich regt.

Wollt ich Dich finden,
mit all meinen Sinnen.

Worte.

Nach Dir.

Hermann-Josef Husmann * 1962

Die Burka

Tuch über das Gesicht,
so sieht man nicht
die Perlen drauf
zuhauf.
Versuch zu leben,
wie, wenn nicht leise
unter den Stoffen.

Verwegen,
auf diese Weise
auf Gottes Segen
für mehr Luft
zu hoffen –
in dieser Kluft?!

Anissa Idrissi

Ich hab' mich letztens umgedreht
Dann gegen eine Wand gelehnt
Sie dann noch gründlichst inspiziert
Und dann gehofft, sie explodiert

Ich fühle mich so reisekrank
Saß letzte Nacht auf kaltem Sand
Ich wollt' im Hellen nach Hause gehen
Ich hab' die Dinge sterben sehen

Jetzt steh' ich am Laternenpfahl
Mit Weltzeituhr und Muttermal
Wie es dazwischen weitergeht?
Ich hab' mich letztens umgedreht

Benedikt Ivanovs * 1988

Erwachen

Eingefroren,
vor verschlossenen Toren.
Dreh mich im Kreis,
Gedankenverloren.

Unnahbar
und doch da!
Fehlerhaft,
elementar.

Demonstrativ
innovativ,
unumstritten
kreativ.

In mir erwacht
eine Macht
und erblüht
in voller Pracht.

Buntes Farbenmeer,
wie ein starkes Heer,
flutet meinen Geist
und sagt: Danke sehr!

Jasminimal * 1986

Mädchen

Das Bild, das mir von ihr vorlag,
zeigt sie unter einer Leuchtreklame.
Mit spitzen Schuhen malt sie Sichelmonde
    in den Asphalt.
Das Haar tanzt auf den Schultern, die
    nackt sind,
trotz einbrechender Nacht.

Hat er, der er sie sah, etwas von unserem
    Spiel ermessen?
Hat sie, als sie ihn sah, nicht auch für
    Sekunden gelacht?

Noch einmal rückt mir die Ohnmacht nahe.
Es seufzt aus tausend Schluchten.

Roswitha Maria Jauk

Geheimnis

Wohl behütet und beschützt
Getragen im Herzen von der Seele gestützt
Mit Acht verwaltet ,mit Liebe umgeben
Bewahrt bis zum Tode, nach dem Leben
Niemals verraten ,in Stummheit besessen
Getragen im Herzen und niemals vergessen
In jeder Sekunde in jeder Stund
Wohl behütet ,durch das Schweigen im Mund
Das Geheimnis, ist das ewige Leben
Verrat wird es darin nicht geben

Jsabella * 1963

Alter Kram

In altem Kram hab' ich gewühlt, zu
    spüren, was im Gestern war,
die Puppe fand ich dort, die neben mir und
    meiner Schwester lag ...
Wir hatten ihr die Haare abgeschnitten,
sie hat nicht geweint ... – also nicht
    gelitten!
Hörten wir seine Schritte auf der Treppe,
saßen wir zusammen unter einer Decke,
die Stimme holte uns dort trotzdem ein ...
– er war ein böser Mensch, sadistisch und
    gemein.
Hat sich an unserer Angst geweidet ...
– hat nur kurz hingesehen, wer von uns
    mehr leidet ...
vor ihm lagen wir 'am Boden', er hat die
    Eine von uns,
nur so zur Seite geschoben ...
Nun ist er ein böser, alter Mann ...
– den man, endlos hassen kann.
Hat mir und dir, die Unschuld geraubt,
wurde hinterher dazu noch laut: „.... (...)
    nichts zu sagen, sonst würde er ..."
Wir hielten es im Geheimen, ließ uns noch
    mehr weinen.
Niemand sollte es hören ... – er war auf
    dem Weg uns zu zerstören.
Erwachsen sind wir geworden,
als Kinder sind wir immerzu gestorben.

                      Christiane Jung * 1962

Reise zwischen den Zeiten

Deine Zeit ist gekommen,
Du stehst im Licht.
Es gehst nun vorüber,
weil die Zeit mit Dir bricht.

Du bist jetzt FREI,
in der Harmonie mit dem SEIN.
All-EIN in der Fülle,
All-EIN im Gottes-Schein.

Nun gebe Dir den Segen,
Du stehst in dem Fluss!
Er fließt für Dich aufwärts,
ES ist Dein Entschluss.

Aufzusteigen mit dem Sonnen-Schein,
EIN kleiner Schritt fehlt noch ...
dann BIST DU da Heim.
ICH BIN

                      Stefan Thomas K. * 1960

Das Geheimnis zu sein

Für unendlich viele Stunden
sind wir an Raum und Zeit
unseres Lebens gebunden,
um alles und jedermann
für andere zu sein.

Für nur wenige Sekunden
gelingt es mir
mich aus Raum und Zeit
meines Lebens zu befreien,
um an nichts und niemanden
gebunden und damit
alles und jedermann
für mich selbst zu sein.

                    Eugenie Kaczmarczyk * 1973

Sinn von Gedichten

Diese Gedichte sind mir sehr wichtig, und
    haben folgenden Sinn:
Sie sollen mich trösten, wenn ich mal
    wieder mit den Nerven am Boden bin.
Außerdem sollen die Gedichte mir gute
    Gedanken machen,
sollte ich mal wieder keinen Grund haben
    zum Lachen.
Sind die Dinge in meinem Leben mal
    wieder sehr schwer,

dann nehme ich einfach meine fette
    Gedichtsammlung her,
und schon sind die schweren Dinge im
    Leben schnell vergessen,
denn dann bin ich voll und ganz auf das
    Schreiben versessen.
Wenn ich mal der Meinung bin, ich möchte
    mal keine Minute daran verschenken,
kann es dann schon wieder anders sein,
    denn das kann ich leider nicht lenken.
Ich sage jetzt nur einfach nein, wenn ich es
    nicht will,
ansonsten sage ich einfach ja und genieße es
    heimlich und still.
Viele Jahre hielt ich die Gedichte vor jeden
    geheim,
auch zum Schutz vor Gespötte und
    Geläster, denn das wäre gemein.
Viele meiner Gedichte würden euch
    sicherlich verwirren,
aber die Hauptsache ist, sie lassen sich
    angenehm lesen und tun euch nicht
    stören.
Wichtig ist auch hier, wie beim Menschen,
    nicht das Äußere, sondern das Herz,
denn unter eine gute Hülle kann man viel
    verstecken, nein das ist kein Scherz.
So nun ist mit diesem Gedicht Schluss, es
    wird langsam Zeit.
ich hoffe es macht sich ganz schnell in der
    großen weiten Welt breit.

                Wenke Kaiser   * 1989

Das Geheimnis

Wie bin ich bist du seid ihr bereit
zu entdecken eure persönliche Eigenheit?
in dunkler Ecke tief drinnen im Herz
verbirgt sich ein ewig verdrängter Schmerz

Er sitzt dort versteckt und lacht über dich
direkt ins Gesicht sieht er dir jedoch nicht
stattdessen treibt er Emotionen in dir
du fühlst dich mal Mensch, mal
    erschreckend als Tier

Was ist das in mir? willst du gerne oft
    wissen
was hab ich mir gestern grad' wieder
    gerissen?!
mit Analyse ist's oft nicht weit her
den Schlüssel zu finden ist meist verdammt
    schwer

Das Geheimnis in dir ist dunkel und schwer
doch es kommen dadurch immer neue
    daher!
denn das eine, große Geheimnis in dir
verleitet zu Neid, Missgunst, Zerstörung
    und Gier.

Die willst du wohlweislich vor ander'n
    verstecken
doch Geheimnisse vermehr'n sich leider wie
    Zecken.
Herzensbildung und Ehrlichkeit nur
kommen dem einen, großen Geheimnis auf
    die Spur!

                Eliza Kakaadua   * 1962

Morgenblau

Vor mir liegt der Hafen, im kühlen
    Morgenblau
Während alle schlafen zähle ich meine
    Schritte
Ich fühle mich tiefgrau, gestern war es
    Pastell
Farben seh' ich genau, aber reden mag ich
    nicht
Der Himmel ist zu hell, das Zählen fällt
    mir schwer
Die Schritte sind sehr schnell, und ich
    vollkommen machtlos
Ich mag den Ort nicht sehr, genauso wie
    die Farben
Mit ihnen bin ich leer, wo sind nur meine
    Worte?
Niemand wird sie haben, niemand sie mir
    geben

Wen sollt' ich auch fragen? Nur ich bin hier
    gefangen
Nie werd ich verstehen, den Grund für all
    den Schmerz
Nie wird jemand sehen, nur dunkle Töne in
    meinem Leben.
Ich schmecke Anthrazit und weine
    Irisschwarz
Mein Herz schlägt Lavagrau, doch meine
    Seele ist totenweiß.
So geh ich jeden Tag, 2000 Schritte ganz
    allein
Und frag mich wie es wär', nur noch
    Morgenblau zu atmen.

Ramona Maria Kaller   * 1995

Seien sie still!

Wie Sie sehen
sind wir gefangen
im unteren Stein
in dieser halb offenen Höhle

ich wähle nicht mehr
sag Ihnen nur
da oben am Rand
purrst böse die Hornschuppenschlange

sehn Sie die schläft noch
doch wie lange
liegt sie gestreckt
auf den vertrockneten Gräsern
gläsern – seien Sie still!

puh – das Unbehagen bleibt
es treibt trockene Brocken
über den Wall
stumpfe Echsen kauern überall
Klumpen gebären schwere Schalentiere
panzerlos hocken sie da – und warten
bitte – seien Sie still!

Krista Kämmerer

Geheimnisse

ich verwahre den Tod,
heraus kam das Leben,
von ihm in mir,
denk nicht darüber nach, lebe!

er implodiert, reißt alles mit,
kralle mich am Dornenbusch,
in mir das Leben,
heraus kam der Tod.

der Schrei, so tief zerfleischt,
wo die Seele wohnt,
mein Herz bewacht von
tausend Dornen.

es darf nicht leben,
jeder Schlag bedeutet Leid,
trifft das Herz die Dornen
kommt der Schmerz.

das Geheimnis bedeutet Schmerz,
Dornen verschwindet, in mir der Tod!
Herz, komm und kämpf,
verloren sind nur die Verlorenen.

karla.lobo   * 1977

Ein ganzes Jahr

Ist es wahr?
Ein ganzes Jahr?
52 Wochen.
Tage oder Wochen?
365 Tage.
Eine außerordentliche Lage.
Ist es wahr?
Vergangen ist ein ganzes Jahr!

Daniel Kaspar   * 1985

Streng Geheim

Es wurd geboren um zu sein,
es auszusprechen ist geheim.
Wo es herkommt, weiß man nicht,
erkennt man es in dein Gesicht?
wer's verrät ist selber schuld,
manche haben viel Geduld.
So trägt man es mit sich herum,
bleibt lange Zeit sein Leben stumm.
Doch drückt es dich in deiner Seele,
liegt es an dir, geh hin, erzähle.
Mach dich frei von Schuldgefühlen,
du musst nicht immer darin wühlen.
Geh hin erzähle lass es raus,
denn ein Geheimnis,

ist ein Graus!

Kenny Kästel * 1970

Du bist es

Gedanken bei dir, jeden Augenblick,
Ein Sturm der alles and're durchbricht.
Ich spüre dich. Es gibt kein Zurück!
Du füllst allen Raum, der in mir ist.
Ich versuch zu verdrängen, doch kann ich
  es nicht,
Denn ich weiß, dass nur allein du es bist!

Und immer warst und bleiben wirst,
Auch wenn du den Sinn darin nicht
  erkennst
Und durch die Wirrnis der Seele irrst,
Zwischen Hoffnung, Angst und Zweifel
  hängst
Und Gründe hast, die du benennst
Und es nicht glaubst; Ich weiß es längst.

Um dich zu finden, lass ich dich geh'n,
Denn da ist diese Einsicht die Wissen
  gleicht,
Der ich vertraue. So lass ich's gescheh'n.

Doch wird mein Herz immer bei dir sein.
Ganz gleich, wie viel Zeit dabei noch
  verstreicht
Bis du es weißt; Ich bleibe dein.

Katrusch * 1968

Es ist so groß, so schwer, so bitter,
es tut mir in der Seele weh,
dass niemand es erfahren darf,
und ich damit alleine steh'.

Und wenn ich doch es Einem sage,
es würde keiner recht verstehn',
es ist nämlich in letzter Zeit
viel zu viel damit geschehn'.

So weiterleben kann ich nicht,
eine Lösung muss schnell her,
was kann ich tun, was soll ich machen?
denn ich leide viel zu sehr.

Ich halte es nun nicht mehr aus,
egal was jetzt passieren mag,
schrei das Geheimnis einfach raus,
so dass ich's nicht alleine trag.

Lisa Kendziorra * 1997

Leise

leise leise was gesprochen
Ganz leise in dein Ohr gesprochen,
Was für immer unser ist,
Weil du mir sehr nahe bist.
Niemand darf es jeweils wissen,
Nicht dein Freund und nicht dein Kissen.
Rutscht es doch aus deinem Munde,
Und es geht die große Runde,
Wird nicht mehr mit dir gesprochen,
Denn mein Herz, das ist gebrochen.

Romy Kettmann * 1995

Johannisnacht

Maida das Mädchen aus Bosnien
macht Wolfssprünge übers
Sonnenwendfeuer hat
Schmauchspuren an
Fingerkuppen und Stiefeln

schmal ihre Augen im
Lächeln liegt ihre Hand
eine Kuhle im Rücken
des Jungen im Tanz
knirscht der Sand

sieht sie sich und den
Jungen wie Tiere übers
Feuer springen ihre
Haare dem Körper folgen
ihr Mund beginnt zu singen

geborgen in der Schulter
des Jungen spürt sie den
Atem des Mannes über
sie gebeugt und das Kind
das keinen Namen hatte

Renate Kindel * 1954

Deine Worte

Du kamst als Schatten
in mein Reich
und lebtest flüsternd
hier im Dunkel.
Deine Worte wurden
mir zur Botschaft,
aus einer Zwischenwelt
zu mir gesandt.
Seither erwarte ich Dein
rasches Kommen,
das einzig mich erlösen kann.

Peter Klaban

Das Geheimnis

Wir wohnen in des Körpers Hülle, eigen

Samengleich
Atmend
Erwartend

Ruhend D E M zugewandt
Der das Loslösen benennt
Und das Tasten
In das Außen

Elisabeth Klant-Gehring * 1965

Im Schotta* vo'r Vergongaheit
Gedicht im Paznauner Dialekt

Da Stolz, die Giar
noch olli mia
versteckt
die agna Wurzla.

Orm sei und schinta miaßa
Tog für Tog ums Überleba kämpfa
und die agna Kindr
in d' Fremde gschickt.

* Schotta ... Schatten, olli mia ... immer mehr,
die agna ... die eigenen, orm sei ... arm sein,
schinta ...hart arbeiten

Alexandra Kleinheinz * 1975

Die Kathedrale

Du setzt dem friedelosen Suchen Ziel,
Damit das Schweifende nicht falle
Und im sinnvergess'nen Spiel
An selber Schwankendes sich kralle:
Ein Schweigen, dessen Tiefe viel

Zu ferne ist von jedem Schalle,
Um fest zu stehn in dieser Zeit.
Darüberhin wölbt sich die Halle
In herrischer Gelassenheit. –
Du machst, die zu dir pilgern, alle

Sehr erwartungsvoll und weit,
Als könntest du die Leere füllen,
Die uns aus durst'gen Augen schreit.

Du hältst ein Ahnen nur bereit,
Ein stummes steinernes Enthüllen
Von feierlicher Ewigkeit.

Winfried Korf * 1941

Du, der „Ich bin"

Ja, du befreist, du der „Ich bin"
In mir in dir da liegt der Sinn
Verborgen tief im eignen Herzen
Bereit zum Lachen und zum Scherzen

Die Oberfläche ist so hart
Humorlos ernst und hungrig satt
Sie ist das Ich das nicht ich bin
Und raubt dem Leben jeden Sinn

Doch du, der namenlose Eine
Der „Ich bin" im eignen Scheine
Machst als der Lieb' äonisch Wesen
Mich von falschem Ernst genesen

Du der „Ich bin", du gibst mir Kraft
Und schenkst mir Freude wesenhaft
„Ich bin" der Weg, die Wahrheit auch
Ich bin als Leben Gottes Hauch

Ich bin in dir und du in mir
Wir sind uns gegenseitig Zier
„Ich bin" die Liebe, bin der Geist
Ich bin das Ich, das du befreist

Ulrich Kormann * 1958

Schweigen

Wenn nur Sehnsucht bleibt –
Tränen, eisige Unendlichkeit –
Ich kann es dir nicht offenbaren,
dabei möchte ich dir so vieles sagen.
Hoffnung erblüht hier nie.
Die Pein sitzt so tief.
Schmerz wartet am Ende dieses Weges –
Dieses Leben scheint vergebens.
Grauenhafte Symbolik in der Dunkelheit –
Qualen für die Ewigkeit –
Rosen, schwarz und bittersüß –
Einsam auf dunklen Wegen erblühen.
Es rieselt hinab, der Sand der Zeit –
Verloren in der Zweisamkeit –
Keine leisen Tränen bleiben mehr –
Alles kalt – Alles leer?
Meine stummen Schreie verhallen im Nichts –
Warum nur hörst Du sie nicht?
Kannst du meine geheimen Tränen sehen
oder willst Du nicht verstehen?

Sebastian Kottke * 1988

Eisblume

In tausend Farben schimmerst Du
Wenn das Licht sich in Dir bricht
Ich schau Dich an und lausche still
Wie eine innere Stimme spricht

Sie erzählt von Wiederkehr
Das nichts auf Dauer kann vergehen
Selbst Sterne werden neu geboren
So lang sich Zeitenräder drehen

Aus Kristallen zart und schön
Gebaut bist Du wie's große All
Wie im Großen so in klein
Schwingt in Dir der Götterhall

Regen kommt und spült Dich weg
Im letztem Atemzuge
Hauche ich zum Abschied Dir:
„Lebe wohl Eisblume ..."

Frank Kraemer * 1977

Der Kuss

Ich stehe auf einer Terrasse am Geländer
   des Restaurants
jazzige Musik das Rauschen des Meeres
ein wohliger Klang
der Wind weht lau die Lichter der Stadt die
   Sterne empor
stell dir vor ich wär ein Falter in der Nacht
   und
hätte nur an dich gedacht
ich flög hinauf ins helle Licht
ganz unbewusste von der Gefahr gäb ich
   mich hin dem einen Kuss
ohne zu wissen dass man dann damit auch
   leben muss
wie sehr ich auch erstaunt sein kann
wie ein Falter sein Herz so bereitwillig der
   Fremde überlassen und
sich zugegen der Neugier bekannt
mit dem Gedanken warte der Augenblick
ist so sonderbar schön
ich hoffe wir werden uns wieder sehen!
Das alles geschah einst an einem Tag.
Ob jedes beflügelte Wesen an so schöne
   Momente
zu gedenken vermag?

                    Anna Christina Kraus * 1995

Das Geheimnis

Der endlose Tag
älter selbst als die ewige Erde
steht und rast und bewegt sich
ist kaum zu ertragen
Kontinuum perpetuum
schweißdurchnäßt hält er an
welche Richtung jetzt

die sich fleißig entfernende Zeit
an Fäden gezogen durch unmerkliche Kraft
am Mittag blaudurchflossene Wölbung
das Licht blaugelbgrün alle Farben
am Abend dann kühlen die Farben aus
fahl verlöschend sinken Sternnebel hinab
   in die Zeit

verglimmend zur Nacht verkümmert alte
   Zeit
die neue birgt sich schon im Gewölk
gleich morgen wieder ein Kommen und
   Gehen
Pflicht und Sucht ihn zu halten
kreisend und übertaghell
ging er oder bleibt er
der endlos helle mäandernde Tag

                              Margit Kraus

Das Geheimnis

Wir kennen das was offen liegt,
es aber auch geheimes gibt;
von ihm der Inhalt ist verborgen,
wozu denn sonst wäre es da,
geheimes meist Geheimnis bleibt,
dem Sucher nie ein Rätsel war.
Die Neugierde ist schnell geweckt,
wonach gesucht wird oft nicht weiß,
hat man es erst einmal entdeckt
fällt auch das Geheimnis weg;
sein Zweck erfüllt
durch forschend Blick,
was hinter der Fassade steht,
hervorgeholt so untergeht.

                            Stefan Kraus * 1981

Der Spiegel

Gibt es Blicke, die tragen,
oder Gefühle, die fragen?
Der Spiegel,
er gibt dir Brief und Siegel.

Er kennt all jene Masken,
schleicht sich durch dunkelste Gassen,

um bald die Wahrheit zu erspäh'n,
welche dann die ganze Welt wird sehn.

Er ist geduldig Tag für Tag,
denn alles das, was unten lag,
braucht Zeit und eines Meisters Hand,
der führt. In ein – doch bekanntes Land.

Und eines Tages – schau hinein,
wird sicher dann dein Herz es sein,
das ohne Ketten atmen kann,
sich fallen lässt. Lebenslang.

Christine Krauß   * 1956

Perspektive II

Es kommt ein Schiff dich holen
weg von bekannten Ufern
mehr Feind als Freund zuletzt
kräftige Wellen schlagen
gegen das harte Holz
lassen dich schnell vergessen
was hinter dir du lässt
und angefüllt mit Aussicht
auf Besseres dich träumen
Das Meer gerbt deine Haut
die Sonnenluft erhellt dein Haar
und dein Gemüt zugleich
Das Neue wird Gewohntes
die Reise trägt dich weiter
und weiter weg von dir
Der Kapitän erhält kein Ziel
wo willst du hin, mein Herz?

Julia Kreis   * 1986

In dir geht etwas vor,
dass ich nicht verstehe.
Aber du sagst nicht was,
Willst bloß, dass ich gehe.

Und doch zeigen deine Augen,
den Wunsch mich zu berühr'n
und kennenzulernen
und durch's Leben zu führ'n.

Was immer es drum ist,
das dein Herz beschwert,
du musst mir nur vertrau'n:
wir beide sind es wert.

Yamina Kremer   * 1993

Karussell

Welten erschaffen, auf schwarzen Tasten,
wo wir verbunden gemeinsam einsam sind.
Kein Finger rührt je an diesen achten Himmel
der galaktisch weit, so fern sich wölbt.
Wo kein Licht den Tag gebiert, ziehen
Wellenwolken durch googolsche Weiten.
Schwarze Witwen weben Gedankenblitze
in enge Netze aus unsichtbaren Fäden.
Weißes Rauschen silbermatt tönend,
Zeus legt seine müden Hände in den Schoß.
Weltensucher in der Königinkammer,
Drakes Schiffe tragen Flügel aus Fasern
    und Glas.
Zart dunkel, samtener Klang verweht;
Karussell der Kindertage verlassen,
ausgeblichen das bunte Pferd im rund.
„Mein Schiff umsegelt das Kap der Guten
    Hoffnung;
der Wind steht günstig!" Spricht das Kind.
Sein Boot gleitet mit prallen, weißen Segeln
über den Ozean einer Pfütze.

Omo Kreusel   * 1954

(m/w)

Ist nicht Freund
Ist doch

Ist Vertrauter
Ist schon

Ist Teil
wenn nur
und doch nicht ganz

Ist da
sobald ja

Ist immer –
unsicher

Ist geblieben–
wird bleiben?

will wissen
will nicht

kennt
nicht

Ist.
Wer?

Sylvia Kreutzer * 1979

In dieser besonderen Nacht

In dieser besonderen Nacht bete ich still.

Ich lausche der Erhabenheit des Sternes
und wache dem Herrn entgegen.

Empfangen will ich IHN in meiner Stille
und meine Liebe IHM entgegen bewegen.

Wärmen will ich meine Seele an diesem
    Diamanten der Ewigkeit.

Und wenn die Weisheit der Berge sich in
    die Täler ergießt
und das Frohlocken der Vögel anmutig die
    Sinne streift
dann halte ich, diese Innigkeit fest
und bewahre den kostbarsten aller Schätze
    in mir.

Bea Krey * 1951

Wie lautet das Geheimnis?

„Lass ab von mir!"
Ich gehe davon, doch du kommst stets
    näher.
Schleichst um mich herum,
kontrollierst mich, quälst und verspottest
    mich.

Ich drehe mich im Kreis, unzählige Male –
links, rechts, querfeldein – bist du noch da?
Ja, du bist noch da ... aber warte, Stopp!

„Mach mir den Weg frei!"
Ich gehe dir mutig entgegen, entschlossen
    dich zu besiegen,
dir dein Unrecht aufzuzeigen, dich klein
    und kraftlos zu machen.

Trugschluss, welch Trugschluss –
zum Schluss trugst du mich gebettet in
    Altbekanntem
zurück in unsere gemeinsame Welt,
die ich dich hab aufbauen lassen und aus
    der ich dich nicht vertrieben habe,
wollte ich doch nicht alleine sein.

Wie lautet nun das Geheimnis, wie ich dich
    – Zweifel – kann verjagen?
Bist du doch das einzige, was mir so
    vertraut und letztendlich auch
    geblieben ist.

Viola Krickau * 1984

Was mag im Mondenscheine uns begegnen

Was mag im Mondenscheine uns begegnen?
Das Licht es ist so fern so sanft so mild.
Die Sterne lassen ihre Taler regnen.
Und selbst der Mond verliebt sich in das
    Bild.

Der Mensch in seiner Einsamkeit
    verkümmert.
Die Obhut, die ihm fehlt, verschränkt die
    Zeit ...
Und manches Leben hat der Zorn
    zertrümmert.
Nun liegt es da von jeder Form befreit.

Indes die Stille und das Licht im Tanze
Vereint verträumt verlieren jene Nacht,
Entschweben überall im matten Glanze
Die Liebenden, für die dies Lied gedacht.

Heinz Krüger   * 1941

Herzensangelegenheit

Jeder ein Geheimnis in sich trägt,
das nur er allein versteht.
Nicht zu sehen auf den ersten Blick,
weil es ganz nah am Herzen liegt

es obliegt also jedem allein,
wer sehen darf in ihn hinein.
Doch wenn man sich öffnet sei bedacht,
wem man seine Vertrauen
    entgegengebracht

denn nicht jeder kann ein Geheimnis
    bewahren,
mancher wird es weitertragen.
Doch findet man jemanden der es
    beschützt,
kann man sicher sein, dass er dich immer
    unterstützt

vertraut dir dann jemand auch sein
    Geheimnis an,
so denke daran:
Hüte es wie einen Schatz,
denn so etwas nennt man Freundschaft.

Delia Kühler

Die traurige Seele

Eine traurige Seele, so einsam und
    verborgen, verbirgt ihre Sorgen.
Niemand weiß es, niemand soll es wissen,
    redet sie sich ins Gewissen.
Nach außen hin wirkt sie gelassen, doch
    innen drinnen ist sie alleine und ganz
    verlassen.
Wenn sie alleine ist weint sie still und
    heimlich, als wäre es ihr peinlich.
Eine traurige Seele, so einsam und
    verborgen, verbirgt ihre Sorgen.
Niemand weiß es, niemand soll es wissen,
    redet sie sich ins Gewissen.
Ihr aufgesetztes Lächeln verbirgt die Trauer
    auf Dauer.
Doch was ist, wenn die Fassade zerbricht,
    dann ist es aus mit dem glänzendem
    Licht.
Eine traurige Seele, so einsam und
    verborgen, verbirgt ihre Sorgen.
Niemand weiß es, niemand soll es wissen,
    redet sie sich ins Gewissen.
Sie ist dem Dunklem hilflos ausgesetzt und
    gefangen in einem Netz, aus Lügen.
Sie ist todtraurig und unglücklich zugleich,
    sie wird langsam weich.
Eine traurige Seele, so einsam und
    verborgen, verbirgt ihre Sorgen.
Niemand weiß es, niemand soll es wissen,
    redet sie sich ins Gewissen.
Ihren Lebenswillen hat sie nun verloren und
    hat die Wahl der Qual.
Jetzt ist es so weit und sie schreit ein letztes
    Mal. Sie hatte die Wahl.
Eine tote Seele, so dunkel und verweint,
    zeigt ihre Vergangenheit.
Niemand wusste es, niemand sollte es
    wissen, reden sich alle ins Gewissen.

Lea-Anna Laewen   * 1998

Mir träumte
von seidenen Wegen.
Wie Feen tanzend ins Zwischenreich
 schweben.
Von Bächen in Silber.
Und alles ist gut.
Wenn da nicht die kantigen Steine wären,
die ungnädig verletzen in tüchtiger Wut.
Das Schöne und Zarte.
So nah am Geheimen.
Als könnte es jemals das Dunkle vertreiben.
Nichts gilt mehr.
Die Welten sind offen.
Kein Anfang. Kein Ende.
Was bleibt,
ist zaghaftes Hoffen.

Doris Latta * 1952

Schweigen

Mein Glück liegt sorglich verborgen!
Fragend nach seinem Sein
Steht „sie" da staunend allein
Mit ihren kleinlichen Sorgen.

„Wo liegt es, im Herzen, beim Geld?"
Sie drängt mich, es zu erfahren.
„Sind es Geschichten in Jahren,
ist es Erfolg, der sich stellt?"

Dies Fragen ist mir so reich,
Wenngleich ich heimlich mich quäle,
So Schuldgefühle dann wähle,
der Antwort ständig ich weich!

Kenn weder den Ort noch die Zeit,
wenn das Glück so wundersam da!
Ich konnt' es nicht steuern und sah:
Mitunter bracht' es auch Leid.

Ich such' es an allerlei Orten,
wie soll ich es „ihr" nur erklären?
So schweig ich, muss mich erwehre
Vor ihren fordernden Worten.

Gustaf Legan * 1937

Verdeckt

Bezwecktes verstecken
Verstecktes entdecken
Entdecktes wegstecken
Bedecktes erschrecken

Verrecktes erwecken
Erwecktes verdecken
Verdecktes erzwecken
Erzwecktes erschmecken

Axel Lehmann * 1963

Das Geheimnis

Es wohnt bei mir in meinem Haus,
fühlt sich daheim geborgen.
Aus diesem Haus kommt's nie heraus.
Dafür muss ich stets sorgen.

Als es vor Jahren zu mir kam,
wollt' ich's erst gar nicht haben.
Die Unbeschwertheit es mir nahm,
schuf auch so manchen Graben.

Doch bald gewöhnte ich mich dran,
konnt' es dann nicht mehr missen.
Mit ihm ich auch hinzugewann,
vom Leben mehr zu wissen.

Wenn ich nun nicht alleine bin,
Wert auf Kontakte lege,
verberge ich's im Hause drin,
damit es sich nicht rege.

Denn käme es heraus ans Licht,
dann müsste es gleich sterben.
Und heil blieb auch ich selber nicht,
zerbräche viel in Scherben.

Doris Lehnert * 1951

Das Herz

Das „HERZ" es schlägt in unserm Leib,
und manchmal tritt es auch in Streik.

Die Nieren sind mal säuerlich
und werden dann auch bäuerlich.

All unsre Seele in dem Leib,
brennt bunt und wild wie einst ein Weib.

DU spürst die Glut die in Dei'm HERZ,
zu Gott ruft hier gen himmelwärts.

Lass DICH zu allen Erdenzeiten,
nie gar zum Hass – nur Liebe leiten.

Ich sag es aus der Seele Not,
schau ich auch auf – nach IHM zu Gott.

Drum pflege in der Herzen Kammer,
nur LIEBE und nicht KATZENJAMMER.

Saihttam Lekceh   * 1969

Wir

Erzähle was dich bedrückt, was dich
　　stundenlang plagt,
Trau mir, vertraue nicht nur dir.
Egal was dich bedrückt, was an dir nagt,
Danach gibt es ein wir.

Mag es noch so verwerflich sein –
Sprich darüber, lass mich in deine Seele
　　schauen.
Dein Gewissen wird dadurch rein,
Du wirst mich durch deine Vergangenheit
　　nicht vergraulen.

Moralisch verwerflich ist es – das stimmt,
Urteilen werde ich nicht –
Versuche, dass dein Leben eine andere
　　Richtung nimmt.

Dein Geheimnis ist sicher – hier bei mir,
meine Hand kannst du annehmen – sie
　　wird dich nicht loslassen,
Jetzt gibt es ein Wir!

Sonja Lemke   * 1989

Wer bringt die Farben zum Leuchten,
die Töne zum Klingen?
Wer singt mir ins Ohr?
dem ich glaube
und gehorche?
mit dem ich kämpfe
und unterliege?
und erst im Erkennen liegt die Möglichkeit
　　zu überleben.

Christine Lengtat   * 1967

Talente

Von Gott gegeben, Talente für Dich
auffordern zum Streben es erweist sich
was Du damit gemacht
hast sie vergraben, oder anderen Glück
　　gebracht

Eine Gabe Dir voraus
Du kannst sie verwalten oder oh Graus
für Dich behalten

oder wirst Du ein Segen für andere sein
etwas bewegen und jeden erfreun

Viel kannst Du erreichen mit Deinem
　　Talent
Leid wird weichen, wenn man es erkennt

Aus einer kleinen Gabe wird ein großer
　　Preis
hör zu wenn ich sage, nur durch Fleiß

Kannst es zu was bringen, wenn Du Dich bemühst
doch er geht von hinnen, wenn Du es verspielst

Anita Lense-Petretti * 1958

Geheimnis

Der Kasten verdunkelt,
unerforscht, ummunkelt,
in Mira Kel's Stube,
entdeckt ihn der Bube.

„Was darin befindlich?",
fragend und kindlich.
Der Knabe klein,
benannt auf Nis Heim.

Die Alte verharrt,
erstaunt, erstarrt.
Mira Kel's Mirakel
entdeckt, welch' Debakel!

Den Kasten genommen,
rasch, leicht benommen.
Dem Jungen vertrauen?
Das Rätsel anschauen?

Dem Kinde gegeben.
Entschlossen, verlegen.
„Nimm' und geh' heim Nis.
Lös' das Geheimnis!"

Jasmin Leske * 1991

Entfalte dich

Entfalte dich,
Zarte Knospe,
Gib mir deine Schönheit preis!

Lass es unser Geheimnis sein,
Dass du mir,

Nur mir allein,
Einen kurzen Blick
Auf deine flüchtige Schönheit
Erlaubtest.

Paul Lesny * 1982

Meinem Schreibfreund

Hin und her
gar nicht schwer
Worte wandern
um den andern
zu erfreuen

Nie gesprochen
nie gerochen
nie gesehen
so verstehen
wir uns blind

Schenkst Vertrauen
lässt mich schauen
Freude und Schmerz
öffnest Dein Herz
nie so gekannt

Unaufhaltsam
urgewaltsam
in Seelenruh
erschreibst Dir Du
Platz in meinem Herz

Maria Letra * 1969

Das Geheimnis ist die Liebe.
Das Geheimnis ist die Mutterliebe.
Das Geheimnis ist die Erde.
Das Geheimnis ist die Muttererde.
Das Geheimnis ist die Sprache.
Das Geheimnis ist die Muttersprache.

J. Leu * 1950

Die Macht des Geheimen

Verborgen ist's, drum macht's dich an.
Der Sog nach jenem mystisch' Wissen
Hat machtvoll dich nun mitgerissen
Und zieht dich barsch in seinen Bann.

Dein Denken dreht sich drumherum
Um die Trophäe, tief verborgen.
An jedem Abend, jedem Morgen
Treibt dich des Rätsels Lösung um.

Die Lust danach verzehrt dich fast.
Die Lust, es zu besitzen
Lässt lüstern dich erhitzen,
Mit Wollust schaun, bis du es hast.

Doch läg' es vor dir irgendwann –
Hätt's du es einfach so empfangen,
Verlörst du direkt dein Verlangen.
Verborgen bleibt's, drum macht's dich an.

Meike Leue   * 1975

Scheue Spreu

Die Männerwelt nimmt sie nicht wahr,
zu dick, zu klein, zu unscheinbar.
Weizenblond und groß die andren, sie nur
    scheue Spreu.
Wo ist die Gleichgesinnte, die Kleine
    unscheinbar?

Die Brust voll Lust statt Mutters Frust?
Schenkel feucht und üppig, sich öffnend
    ohne Scham?
Wo bist du von der Männerwelt
    verschmähte, die du wagst den Blick?
Wo bist du gleichgeschlechtiche Geliebte,
    die du wagst den Griff?

Sind wir auch Spreu, so sind wir treu, nicht
    unglücklich Verliebte.
Wir trösten uns hinweg über so manch
    Verluste.

Unsere Körper glatt, voll Wärme, geben
    sich in Liebe hin.
Nicht spröde, nein, in Leidenschaft, wir
    wollen nicht verdursten.

Petra Levator   * 1956

Unsagbar

Wenn es möglich wäre, dass sich unsere
    Seelen umarmten
Leise und warm
Und du nichts fragtest, nicht versuchtest zu
    verstehen
Dann könnten wir eins sein

Doch du fragst
Und versuchst zu verstehen
Wo es nichts zu verstehen gibt
Wenn sich deine Arme um mich legen
Schweigend und kalt

Jana Lichtin   * 1993

Kleine Schatten
flüchtigen Rauchs

umfließen
das rote Dach

Siena gebrannt

ein Lächeln
holt ab

das Lächeln
von einem Gesicht

die Vögel wissen nichts
als singen.

Liane Lieckfeldt   * 1957

Der Geist der Zeiten

Droben auf dem Berg Olympus
Die nocturna Ruh gesessen.
Haben auch die göttlich Eltern
Altes Wissen neu vergessen?

Doch Minervas Zorn wird hallen!
Oh welche Gabe, welche Pein!
Trotz der Göttin Kraft, zerschallen
Auch alte Fakten an Gestein.

Doch noch stehen Ignotus Schriften
Gar ungelesen irgendwo,
Unentdeckt und ganz zerschunden,
So findet sie und werdet froh!

Die Universalia sind längst erdacht,
Zu alten Zeiten ist's geschehen,
Das Weisheitsfeuer angefacht,
So lasset uns dies Wissen sehen!

Das Geheimnis zu erkennen
Vermag nur der, der beides kann:
Zweifel niemals zu verbrennen,
Und zu entsagen jedem Bann!

Johannes Lindenthal * 1996

es herbstelt

es herbstelt zärtlich am kinn
kerzen flackern
unter achselhöhlen kribbelt das glück
aus dem fenster
weiten sich augen
innwändig
winzige explosionen schaukeln
mundwinkel hinauf
gold ocker carmesin

monica lista

Das Geheimnis

Die Schönheit mit Worten zu beschreiben
ist fast unmöglich, gelingt nur selten!
Über das Geheimnis soll man nicht
    streiten,
weil nur die eigenen Eindrücke gelten!

Dein verschmitztes Lächeln fasziniert mich,
auch nach so vielen Ehejahren.
Es birgt geheimnisvolles in sich,
was wir nur für uns bewahren!

Gisela Ludwig

Sohn des Mars

Auf deiner Zunge
silberne Münzen
und dieser Glanz
von Salz
an deinen Händen
all das Laub
zu unseren Füssen
dann ist da noch
etwas vergessen worden
in den Zweigen
vielleicht bricht es
jemandes Herz
an so einem Ort
wie diesem

halt es fest.

Anna Lunda * 1976

All-Geheimnis

Sieh hin ... durchblicke die Lücke der Dinge.
Ob es gelinge?
Hinter geöffneter Tür
Neue verschlossene Türen!
Wie jetzt, was nun?

Den Kern des Alls erfassen?
Musst es lassen,
Weil bleibend verborgen.
Warten bis morgen ...
Heuer ... neuer Versuch,
Der sichtbaren Seite Sein zu ergründen.
Daran sich entzünden?
Sich damit verbinden?
Verschlossen das Buch mit Siegeln genug.
Doch stetes Bemühen,
Weltraumgeschehen in
    Unendlichkeitswehen ...
Zu hinterfragen,
Unbehagen!

Adrian Lusink

Die Rationalität der Welt
zerschneidet die Idee der
Stille
der Ruhe.

Die
Findung der rechten Worte
für die auszusprechen der freie Geist
kämpft
anscheinend
siegreich von dannen zieht
wird verzerrt durch bunte Druckerschwärze

Unverstanden
das Wesentliche im Inneren verborgen
    haltend
den Kern, das Sein, das Begreifen
wird die Schublade aufgezogen
um um um
die Wahrheit
die Rettung
verspricht jenen vorzuenthalten
die die surrenden Messer wetzen.

Daniela Lux

Die Ungenannten

Nur einmal ein vorbeihuschendes Wort
die Brüder, Eltern, Schwestern meines Vaters
verschlungen vom Krieg
er der Überlebende
eingekerkert in den Mauern
des Schweigens, der Traurigkeit
sein Gesicht wutverzerrt
ich teilte das Gefängnis mit ihm
wollte ihm meine Liebe entgegen schreien
mein Mund blieb stumm
Teile des Seins der Verscharrten
in mir
meine Sehnsüchte, Fragen verhallen
im leeren Raum

Gertrud Mahr * 1952

Vergänglichkeit

Das Meer, es treibt, es flutet,
Erreichen will es nicht viel.
Der Fuß, er tritt und er schreitet,
Vorankommen als ewiges Ziel.

Der Mond und die Sterne, sie leuchten,
Alles erscheint irgendwie.
Die Kunst und die Lieder verblassen,
Bedeutung hatten sie nie.

Die Sonne, sie schimmert, sie strahlt,
Wirft Licht voller Reinheit und Glanz.
Das Lachen, es klingt und es schallt,
Vereinzelt, nie voll und ganz.

Die Liebe, ein wahrer Begleiter,
Kommt dann, wenn man gerne verweilt.
Doch Zeit, sie tickt und läuft weiter,
Setzt Grenzen und will, dass man eilt.

Das Herz, es schlägt und es purzelt,
Schickt Wünsche von mir zu dir.
Die Liebe, sie steckt in allem,
Des Lebens Geheimnis liegt hier.

Eva Majbour * 1986

Realismusgeheimnis

Traurige düstere Stimmung; nackt in der
　Welt.
Jeder tut es, denkt real; dies ist, was
　niemandem gefällt.
In Wänden hingehorcht,
so trifft dich die Kälte, wie ein Dolch.

Ein atmender Takt des Realen; verfliegt;
Wenn die reale Not schwerlich, auf
　Schultern, wiegt.
Beschenkt durch fahle Worte,
sind sarkastisch hinterfragte Orte.

Zeljko Mance　* 1982

Das Kleid des Lebens

Und immer schon, so stellte sich die Frage
Ob grün oder gelb, was soll ich tragen?

Das Gelbe ist ganz fein kariert,
spießig und oft schwer zu tragen,
doch trägt es einen Glanz ganz schier,
welcher lässt Jedermann ihn umgarnen

Das Grüne kann im Winde wehen,
es ist aus Spitze und zu tragen amüsant,
auch wenn man einen Fleck darauf trägt,
wird dieser in der Falte untergehen

Doch was ist mit den anderen Farben?
Ungewiss geheimnisvoll,
schwarz und purpur,
rot und gold

Das Kleid macht nicht den Träger aus,
doch sagt es etwas über ihn aus,
die Frage wird sich immer stellen
was trägt die Person, was ich nicht kenne?

Ida Manko　* 1992

Das Verborgene Ich

Schemenhaft steigen Bilder empor
Der See der Erinnerungen brodelt
Blubbernd steigen Tropfen auf
Zerplatzen in Zeitsegmenten
Breiten sich als buntes Lebensfeuerwerk aus
Die Mondsichel versteckt sich
Schwarze Wolken fressen das Licht
Ein Sternschnuppenreigen
Fängt die Erinnerungstropfen
Der Kometenschweif stößt sie ins dunkle
　Wassergrab
Dort liegt das getötete Kind verborgen

Monika J. Mannel　* 1449

Die ganz uns tragen,
euch Kräften sagen
wir Dank im Gebet.
Auch früder waltet,
uns heil erhaltet
und trefflich verseht!
Zugleich doch wagen,
zu hinterfragen
euch denkerisch wir,
um euch zu fassen
und klar gelassen
zu ehren allhier.

Vera　Märker

Das Lebensgeheimnis im Spiegel

Im Spiegelbild liegt das Geheimnis,
Verhüllt ist die Facette.
Nur die Seele entschlüsselt das Gleichnis,
Und enthüllt die Silhouette.

Von Angesicht zu Angesicht,
Angesichts der Angst in sich,
Gedanken wirr der Spiegel spricht.
Die Seele schreit nach Tageslicht.

Ausbruch aus der Schattenwelt.
Im Ebenbild die Verzweiflung,
Dein Spiegelbild gefangen hält.
Die Zukunft gleicht deiner Entscheidung.

Um zu sein, der du willst sein,
Als wäre das Ziel jetzt schon dein,
Musst du im Hier und Jetzt so sein,
Als wärst du schon der von vornherein.

Das Spiegelbild reflektiert ein Lächeln nur,
Wenn ein Lächelnder hineinblickt.
Also lächle mit Bravour,
Und du folgst des Glückes Spur.

Vitali Mass * 1989

Das Geheimnis

Wer Geheimnisse hat macht sich
um sein Ansehen viel Sorgen,
denn im Geheimnis ist vorrangig
Böses verborgen.
Wer stets offen geht durchs Leben,
der kann auch gut ohne Geheimnisse leben.
Wen Schlechtigkeiten nützen,
der tut diese oft durch Geheimnisse schützen.
Wer sich zur Offenheit bekennt,
und alles ausspricht was uns hemmt,
dem sind Intrigen und Machenschaften fremd.
Im Geheimnis, und nicht in der
Offenbarung findet der Betrug
dann genügend Nahrung.

Egon Matyasik

Klage einer geheimnisvollen (Un)bekannten
Ein Sonett

So Viele suchen täglich meine Nähe.
Obgleich ich nichts von diesen Menschen
    weiß,
gibt jedermann sein Innerstes mir preis.
Ich nehm es an – wen immer ich auch sehe.

Doch gibt es etwas, das ich nicht verstehe:
Ich werd gebraucht, vom Kinde bis zum
    Greis.
Man spricht jedoch nur ganz verschämt
    und leis
von mir und dass man „kurz mal" zu mir
    gehe.

Mein Name wird mit Schmutz und Dreck
    verbunden
und keine Seele merkt, wie mich das
    schmerzt.
Was würd ich nicht um etwas Achtung
    geben!

Doch niemand kommt und heilt mir meine
    Wunden.
Niemand, der mich drückt und liebt und
    herzt.
Toiletten haben's einfach schwer im Leben!

Hannah May * 1984

Warum?!

An dir kann sich die Sonne wärmen
die Unendlichkeit sterben
ein Regenbogen färben

Du bringst die Schwerkraft zum schweben
nimmst mir das Fragen zu Geben
bist das Was zum leben

Mit dir kann ich die Freiheit fassen
meine Schritte anpassen
das Tuen lassen

Ich kann dich nicht lassen, du bist meine
    Sucht

Melissa Megaherz * 1988

Schlechte Aussichten

Finster, finster sind diese Bilder
Atemberaubend beängstigend.
Sie schnüren einem den Magen ab
Albträume verwirklichen sich.

Alte Menschen am Ufer eines steinernen
 Flusses
Bald schon, bald werden sie springen.

Verschleierte Frauen irren durch lichtlose
 Wüsten
Während verbissene Männer darauf
 bestehen
Dass das so bleiben muss.

Ein Mann, von seinen Dämonen umringt
Starrt hoffnungslos in einen Handspiegel
Der sein Gesicht nicht mehr reflektiert.

Schattengestalten durchstreifen
Verkrüppelte Gehirngänge ohne jemals
Einen Weg aus dem Labyrinth zu finden.

Dagobert Duck hat noch Freude an seinen
 Dukaten
Denn er weiß noch nicht
Wie gefährlich die Panzerknackerbande
 wirklich ist.

Der Gekreuzigte ist auf der Flucht ins
 Weltall
Doch auch dort ist niemand mehr sicher.

Peter Mendl * 1948

Im fossilen Seelengrund

Im fossilen Seelengrund
träume ich in fremden Sprachen,
Federleicht und Flügelweit!

Im Dunkel der Tiefe,
am Wurzelgrund der Seele,
auf der Suche
nach den Samen
der Sprache,
den Lauten der Stimme,
finde ich den Lärm der Welt.

Der Quelle des Lebens
bleibt meine Seele verborgen.

Es tropft das Vergessen
in die Wunden der Zeit.

Waltraud Merl * 1946

Erblast

Mein Leben ein Geheimnis
verstaut in tiefen Truhen
zugeklappt und eingefroren
findet niemand seinen Inhalt
verborgen in den hintersten Ecken
des alten Dachbodens meiner Seele

Spinnenweben lassen erahnen
welche Schätze sich auftäten
fände man sie, lüftete man ihre Lügen
die einzige Währung verblasster
 Hinterlassenschaften

Kleider. Es waren nicht meine.
Männer. Ich hatte sie stets gestohlen.
Briefe. Ein Kuvert zu kaufen, war nie
 intendiert.
Geheimnisse. Sie stellten die Last meines
 schweren Herzens.
Sie trugen die einzig glücklichen
 Erinnerungen.
Sie schnürten die Schlinge jedes Mal ein
 wenig fester.

Bis ich erstickte.
An meinen Geheimnissen.
An meinen Lügen.
Am Leben.

Marie-Luis Merten * 1987

Ein Flüstern, leise, zart
es kitzelt
ein lächeln streift seine Lippen
während er spricht
ich lausche, alle Sinne auf seine Worte
    gerichtet
ich absorbiere alles. Den Klang der Stimme
die Bilder in meinem Kopf entstehen lässt
Der Sinn ist unendlich und wird niemals
    verloren gehen

Das Geheimnis.

Hannah Mertgen   * 1994

Ich frage mich, was ist geheim,
was ist im Innersten nur mein?
Was will ich denn grad' verstecken,
in des Gedächtnis' vielen Ecken?
Was hab ich denn zu verbergen,
womit jagen mich die Schergen?
Schlummert mein Geheimnis gut,
oder fass' ich doch den Mut,
mich ganz und gar so nackt zu zeigen,
was doch eigentlich ist mein Eigen?
Einen gibt's, dem kann ich alles sagen,
brauche keine Angst zu haben,
dass er plappert alles aus,
dass er geht von Haus zu Haus,
um mich richtig zu blamieren,
oder gar zu diffamieren.
Gut dass es den einen gibt,
von dem ich weiß, dass er mich liebt!

Heide Merz

Geheimnisse

Der Mensch versteckt so allerlei, ein
    Schaudern läuft ihm durch den Leib.
Und ist's vergraben und nicht sichtbar,
    wird's vielleicht ein Zeitvertreib.
Ob ist es Gold oder Gedanken,
    Geheimnisse tut man nicht kund,
Im Innern hütet man es lang, kein Wort
    kommt aus des Trägers Mund.

Graue Schatten und Gefühle gehen dabei
    Hand in Hand,
auf Pfaden voller düst'rer Ecken,
windet sich der Weg gespannt.
Und stellt einer zu viele Fragen, weil er's
    wissen will so sehr,
um was es geht und wo es ist, kann
    Neugier nicht verbergen,
so bindet man ihm auf den Bär, erzählt ihm
    was von grünen Zwergen.

So hinterlässt man Zweifel dort,
mit Fragezeichen im Gesicht,
man hofft, dass geht der Zweifler fort,
an einen weit entfernten Ort.

Dann kann man weiter intrigieren,
gebückt durch Last und Lüge,
schelmisch grinsend weg marschieren,
und hoffen, es kommt keine Rüge.

Geheimnisse hat jedermann,
doch kommt es raus? Ja irgendwann.

Markus Metzmann   * 1979

Das Geheimnis

Rate was ich bin.
Ich bin etwas, ich bin keine Person oder
    Gegenstand.
Ich bin unbekannt, jedoch sehr interessant.
Wenn man mich hat, will man mich nicht
    preisgeben.
Auch nicht unter Gottes Willen.
Andere wollen mich begierig haben,
aber leider mache ich auch oft viele
    Narben.
Kannst du dir denken was ich bin?
Ein besonderes Geheimnis von deiner
    Freundin

Amanda Meyer

Windnotiz

Was flattert da im Wind heran, das
   eigentlich nicht fliegen kann?
Der Form nach könnt's ein Geldschein sein –
   oder ein Blatt? Oft trügt der Schein!
Es weckt die Neugier und die Gier.
Ich greif danach – es spielt mit mir!
Dann endlich, unter meinem Schuh,
da kommt das Flüchtige zur Ruh.

Ein Stück Papier zerknüllt, verschmiert,
kaum leserlich ist was notiert.
Ich hüpf herum, verrenke mich,
halt es mal in, mal gegen's Licht.
Und schließlich da enthüllt sich mir,
was eine unbekann'te Hand,
dort für die Ewigkeit gebannt.

Getrieben durch innige Not,
in Schwarz auf schmutzig braunem Rot,
geschrieben auf Notizpapier:
Verlass mich nicht,
Ich liebe Dich!

                 Michaela Meyer   * 1962

33

dreiunddreißig
heilige drei könige
vorbei dann
schreibe ich nochmal
du antwortest
nicht warum
weiß ich nur
ich die heilige
drei königin und du

                 MIA   * 1962

Hoffnung, schrei!

Ich hörte mal eine alte hellsichtige Frau sagen:
„Der Mars war Heimatplanet des Menschen
in längst vergessenen Tagen!
Doch er starb; elend ging er zu Grunde, –
aus Wohlstand wurde Angst und Hass,
O unheilschwere blut'ge Stunde!
Geschichte schrieb so Sage um Sage,
wir flohen und irrten durch kosmische Weiten,
blauer Riese Agonie! von uns zernagt,
Mensch fräste stolz die Zeiten.
Wir Sprösslinge unsrer galaktischen Ahnen,
setzten Kurs auf Vernichtung;
gehisst der Trauerzug düstern Fahnen –
    Hoffnung schrei!
Wenn wir Menschen uns als Geschwister,
die Natur als heiligen Gral der Erde nun
    lieben,
und unsere tiefsten Zweifel besiegen,
dann eröffnet sich das Geheimnis
    kriegsbefreiter Tage,
denn wir sind und bleiben Märchenfiguren –,
Federführende unsrer göttlichen Sage!"

                 Leon Michel   * 1989

Geheimes Verlangen

Enge, Leere, Trauer,
In mir erbaut sich eine Mauer.
Eine Mauer der Einsamkeit
Ein Geheimnis für alle Zeit.

Ich verliere mich in einer fremden Welt,
vergesse Zeit, Familie, Geld.
Keiner würde meine Wünsche verstehen,
keiner will mein Geheimnis sehen.

Für immer wird es in mir leben,
und sich ausreiten wie ein beben
Mein größtes Verlangen
In einem Geheimnis verfangen.

                 Mikayla   * 1993

Achtsames Auge

Dein Blick traf mich
unerwartet, ganz sanft, aber doch
    vorwurfsvoll.
Dein Blick rammte sich in meine Seele,
wie ein klarer Stich.

Der sanfte Beschützer, die tiefe Verbindung –
sag bist du so zart
oder ist es die Verschwendung
von Zärtlichkeit, die in meinem Blick
    verharrt?

Dein Blick durchdringt,
achtsames Auge
ist ein einfacher Glaube,
wie ein leichter Schleier dich umringt.

Meine Zuneigung umwirbt deine
    Zärtlichkeit.
Ich kann mich nicht von dir wenden!
Die Zeit bleibt stehen,
wie eine endlose Sommerzeit.

                          Marisa Milani   * 1996

Verborgen

In meinem Herzen, tief vergraben,
Bewahr ich 'was, 'was niemand kennt,
Denn Schmerz und Leid musst' ich
    ertragen,
Die Ketten halten es bis jetzt.

Das Lächeln deiner blauen Augen,
Der weiche, zarte Lippenkuss.
All diese Dinge ich ertrage,
Wird ihnen niemals Überdruss.

Nacht für Nacht in meinen Träumen,
Spielst du mit mir, als wär ich dein!
Du denkst nicht mal den Platz zu räumen,
Auch wenn ich heule, um dich wein.

Die Zeit um uns ist längst vergangen,
Obwohl ein „Uns" es niemals gab.
Mit Worten hast du mich geschlagen
Verachtung, Kälte, gab ihnen Macht.

In meinem Herzen, tief verborgen,
Brennt eine Flamme nur für dich!
Mit Hoffnung lässt sie mich nun sagen:
„Komm zu mir, ich liebe dich!"

                          Valentina Mizera   * 1989

Rostrot war die Schale,
Der einzige Zeuge,
Als die Feder hastige Worte
In blau-schwarzer Tinte zu
Papier brachte, kritzelnd.

Den Umschlag versiegelt
Mit brennendem Wachs,
Das Tischlein verlassen.
Bald ist es geschafft.

Erinnerung an alte Sünde,
Gestanden nun,
Endlich,
nach so vielen Jahren.

Schritte verlassen den Raum,
Die Kerze fällt, Flammen
verschlingen die Worte.

Rostrot war die Schale.

                          MJ   * 1995

Mein Herz ist wie ein Haus

Mein Herz ist wie ein Haus
mit Zimmern groß und wahr
in denen Seelen Farben malen

Farben schön wie Engelshaar
unvergessen wunderbar
Zimmer in mir drin

Ich kann in diese Räume gehen
träumen, weinen, Farben sehen
Hoffnung schöpfen, wiedersehen

mit dir sein und mit dir gehen
innen in mir drin

Ich kann dir folgen, dich noch sehen
kann spüren dich und auch verstehen
bin nie allein, bin mit dir in mir drin

Hörst du mich auch? Ich weiß es nicht.
Glaub aber fest daran

Seh deine Farbe, seh dein Zimmer
fühle Liebe –
weil ich mich erinnern kann

Manuela Mladek   * 1961

Suche nach Fremden

Warum ward ich auserkoren, mit Dir zu sein?
Woher kommst Du. Wohin geh'n wir.
Fremder. So tief vertraut.
Einst einsame Seele.
Gedanken & Worte, Gefühle & Leere, so
    anverwandt.
Hab mich doch nur gesehnt,
nach lieben und geliebt zu werden.
Um meiner selbst und nicht des Scheins.
Die andere Seele, beinah identisch und
    doch so fremd;
selbst tief verletzt und sehnlichst.
Nach schmerzerfüllter Reise ...
    angekommen.
Dank unseren lieben Baum.
Hier fanden zwei irrende Seelen zueinander,
nach gefühlter Endlossuche im nebelhaften
    Unbekannten.
Wie sollt ich es benennen?
Weite Fremdnis, Du warst so nah.
Im Baumes Schatten zärtlich berührt, uns
    zusammen geführt.

Mission erfüllt.
Begleiten wir Dich bis ans Ende und in
    weitere Sphären
... bestimmt.

Mo   * 1970

Geheimnis

Du fühlst dich anders an.
Wenn wir miteinander reden, kommt es
    mir so vor, als schwiegen wir dann.

Bin nicht fähig es zu benennen, es ist
    seltsam, habe das Gefühl dich ganz
genau zu kennen.

Wie gehe ich bloß damit um? Am besten
    gar nicht, sagt mein Kopf.

Horche ich in mich hinein. Ist das richtig,
    kann das sein?
Und mein Herz bleibt es stumm? Weit
    gefehlt, doch verstehe ich nichts daran.

Sicher weil Gefühle mit Verstand verstehen
    wollen,
man ohnehin getrost vergessen kann.

Seltsam undurchsichtig. Vielleicht eine
    Masche – wenn ja, dann nicht
    schlecht.
Eine Herausforderung für den, der das
    Gute sucht und echt ...

... und wahr. Steh ich jetzt ganz schön
    ratlos da.

Ich weiß, dass ich nichts weiß, aber leiden
    kann ich das nicht.
Häufig am Tag taucht es auf, dein Gesicht.

Immer mit einem Gefühl, als kenn ich dich
    schon so lang.
Etwas, dass ich auch nicht leiden kann.

Es ist mir zu viel und zu schnell und
    gleichzeitig zu langsam und zu wenig.
Rätselhaft und doch irgendwie klar.

Du fühlst dich anders an.
Vielleicht kommt einmal die Zeit, in der ich
dieses Geheimnis enträtseln kann.

Moè   * 1959

Rose

Wenn Augen nicht mehr leuchten, verlieren
    Worte ihren Wert.
Ihre Welt verlor die Farbe und das Atmen
    fiel ihr schwer.
Für sie gab es nur noch einen Punkt auf
    den sie sich fixiert,
denn in ihr wächst der Wunsch, dass sie
    gegen das Leben rebelliert.

Ihre trockenen Lippen werden niemanden
    etwas verraten.
Nachts blühte sie auf wie eine Rose und lies
    sprechen ihre Taten.
Sie ließ die Dornen ihren Körper
    durchdringen, noch war es nicht
    vorbei.
Denn sie sah noch immer das Ende des
    Tunnels nicht, wann war sie endlich
    frei?

Ein Grab war verziert mit einem
    Dornenbusch und einer einzigen Rose.
Die Blütezeit ist vorbei und der Arzt
    brachte die Diagnose:
„Rosen welken und die Blätter verwehen
    leise.
So endet ihr Geheimnis und auch ihre
    Reise."

Annabel Moeken   * 1997

Geheimnis

Der Postbote legte den arglosen Brief
vor meine Haustür, als ich noch schlief.
Wie hingeworfen mit flüchtigem Stift
stand da mein Name in blassblauer Schrift.
Der schmucklose Umschlag warnte mich
    nicht;
es war nur ein Brief, unauffällig und
    schlicht.

Doch dann die vier Worte auf weißem
    Papier
und ihr Name – einst gab ich ihn ihr.
Ich möchte dich sehen, stand arglos da,
und als Unterschrift einfach –Angelika.

Es dauerte, bis ich wirklich verstand;
doch dann fiel mir der Brief aus der
    kraftlosen Hand.
Alles verschwamm vor meinem Blick
und ich sank wie betäubt auf das Sofa
    zurück.

Hatt' ich nicht alles erfolgreich verdrängt
und mein Sinnen ganz auf das Heute
    gelenkt?
Mich treffen! Damit es alle erfahren?
Meine Vergangenheit offenbaren?
Ich soll meinen Kindern Rechenschaft
    geben?
Nein! sie passt nicht in mein Leben.

Helgard Mohr   * 1935

Das Geheimnis des ICH

Ich bin das Fremde in deiner Seele,
der Abgrund,
die andere Seite der Straße,
ein unbekanntes Land,
die trotzige Wut nahe der Oberfläche,
die lässt zornig erzittern deine
    ausgestreckte Hand.

Ich tauche ein in den Ozean deiner
    Gedanken,
lass' Wellen ziehen weit ihre Kreise,
Poesie der Stille,
nichts geschieht je zweimal
auf die gleiche Art und Weise.

Ich bin dein ewiger Schatten,
durch nichts kannst du mir je entgehen,
irgendwann ...
da ist es an der Zeit sich mir zu stellen,
da ist es Zeit,
die eigene Wahrheit zu verstehen.

Brienna de Montfort   * 1967

Das Geheimnis deiner Augen

Es ist das Geheimnis deiner Augen
Welches mich schon lange fasziniert
Die Lüftung ist mein innerstes Verlangen
Das sei dir garantiert.

Wie eine prachtvolle Maske
Verstecken sie die Wahrheit.
Doch trotz all ihrer Blicke
Sah ich die volle Klarheit.

Mysteriös, wie die Nacht selbst
Hüten sie ihr Geheimnis.
Du hältst dich daran fest
Und dessen Ende ist Ungewiss

Manch einer sagt es sei Trauer.
Manch einer sagt es sei Schmerz.
Doch ist es wie eine Mauer
Und dahinter verbirgt sich dein Herz.

Maite Morgan   * 1997

Du und Ich

Manchmal sitz ich da und denke
Wer bist du und wer bin ich?
Kenn ich dich und magst du mich?
Schau dich an und seh dich nicht
Seh die Augen, Nase, Ohren, Mund
wenn du lächelst auch die Zähne
doch ich sehe nicht den Grund
Ist bei dir die Welt auch rund?
oder gibt's bei dir nur Ecken
alle Monster sind ganz bunt?
Ach ich wär so gerne du
dem Geheimnis auf der Spur

Ich kenn dich so manches Jahr
soviel Zeit mit dir verbracht
Höhen Tiefen überstanden
akzeptiert auch unsre Kanten
und dann gibt es die Momente
wo ich denke ... denke ... denke ...

Christine Mösch   * 1959

Dunkle Schatten

Wohl verschlossen,
gut verwahrt,
Im Innersten.

Groß und dunkel,
zerfrisst
ganz langsam.

Die sorgfältig gehütete
Fassade
zerbröselt zu Staub.
Bis nur noch die
Hässlichkeit des
Verborgenen bleibt.
Offen,
für jedermann sichtbar,
die schlimmste Schande
nun
nicht länger
geheim.

Janine Mrohs   * 1994

Der Monolog-Dialog

wo war es nur – so unscheinbar
ein großes Sein – im Dunklen so klar

war es nie da – war es Illusion
war es die Lust – an großer Emotion

du wirst es nicht finden – nie wieder wird
    es sein
wenn du dich nicht hingibst – dem
    offensichtlichen Schein

gerüttelt von Frust – getrieben von Lust
rennt er wie ein Wilder – suchend umher

all die Bilder, keine Illusion – voll Glück
    und voll Wahrheit
diese tiefe Implosion – wo kann ich es
    finden

wo ist es geblieben – es war doch so nah
warum willst du nicht wahrhaben – was
    doch so scheinbar klar

lass mich in Ruh – hör auf mit den Lügen
gib es doch endlich zu – du weißt, es ist
    nichts geblieben

er rauft sich den Kopf – schlägt auf ihn ein
verliert den Verstand – und bricht in sich
    ein

nie wieder wird sie heimkehren – nie wieder
    hell scheinen
du musst es begreifen – und endlich weise
    sein

da wurde er ruhig – und schien zu
    verstehen
dass alles im Leben – wird irgendwann
    gehen

                    Anna Avital Müller * 1981

Es kam ein Schrei
an mir vorbei
heiß drückend in der Nacht
der hat mich aufgewacht
der hat mich aufgebracht-
ging nicht an mir vorbei.

Ob sich da jemand eine nimmt?
Oder eine Frau gebiert ihr Kind?

Ich hörte auf die Straße hin
im Nachbarhaus ein Liebespaar
das war es –
ganz bestimmt.

                    Nora Müller * 1993

Nur du

Ganz still sitze ich hier
Angst? Sowas empfinde ich nicht, nein
da ist lediglich diese Gier
wie sehr ich wünschte du wärst mein

Aber ich werde es nicht sagen
nur deine Augen will ich sehen
die Gewissheit würde ich nicht ertragen
uns diese Liebe einzugestehen

Diese Gefühle sind ganz allein mein
in meinem Innern liegen sie begraben
die Zukunft ist ganz allein dein
nur du kannst mir so viel anhaben

Ich werde mich nicht offenbaren, werde
    nichts sagen
stattdessen werde ich mein Geheimnis mit
    ins Grab tragen

           Merlin Miriam Multhaup * 1996

Auf der Treppe im alten Haus
steht ein Kind; es weiß
was ich versprach,
kennt
den Namen der Straße,
las den Brief
des Königs.

Ernstes Kind, umdämmert von
Träumen, verschwimmt mir
dein Bild, doch ist es
alles,
was ich bedeute;
wer bist du und was
will ich hier?

Iris Müßig

Spiegelbild meet's Spiegelbild

Geschichten die man besser erfindet und
    nicht erlebt,
und doch haben sie das Leben geschrieben.
Aufgeschrieben,
Schicksale zusammengeführt.
Es fühlt sich,
verärgert an,
allein gelassen,
dem Kaffee den Bodensatz entrissen,
und trotzdem muss man durch,
durch den Tunnel gucken,
schauen,
bis zum hellen Schein,
dem Licht,
der Erkenntnis,
dem aufeinander Treffen,
der Sinne,
dem Erkennungsdienst,
sich selbst zu Begegnen,
Spiegelbild meet's Spiegelbild

Martin W. Neef

Wir.

Was würde geschehen, wenn man einen
    Menschen ohne sein „ICH" erzieht.
Wie hart es auch klingen mag,
    wahrscheinlich wäre genau das der
    Schlüssel des Ganzen.
Wieso nicht Wir anstatt du,
wieso nicht Wir anstatt ich,
wieso nicht Wir anstatt ihr ,wieso nicht
    einfach uns anstatt euch!
Ganz einfach, denn dann gibt es mIch nicht.

André Alejandro Neumann   * 1993

Das geheime Wort

Ein leises Wort, der tiefe Inhalt,
In des Gedankens schwerer Gewalt.

Verbirgt oft, was zu laut zum rufen,
Herausgerutscht der Zwischenstufen.

Getragen, ein Ohr ruft das andre.
Die Stimme dient als Abgesandte.

Ein Lufthauch verbindet oft nur zwei.
Vom Botengang bis zur Liebelei.

Zu rufen leise, was ungehört,
ein dritter zu oft die Aura stört.

Dinge verbleiben verborgen im Wort.
Nachrichten fliehen von Ort zu Ort.

Doch nur dem Hörer sind sie bewusst,
Sätze wie Rätsel tragen die Lust.

Zu sagen etwas, doch zu schweigen,
dem Kenner sind nur sie zu eigen.

Dem Lauscher fehlen die Worte oft.
Bewahret das Wahre unverhofft.

Nur wer auch schweigt, als Sieger eingeht.
Er allein, das Geheimnis versteht.

Maja Neumann

gebunden an diesen schwur

So sorge dich nicht um das was gewesen,
erfreue dich an dem was geschieht.
Die Vergangenheit ist längst verwesen,
sei dir bewusst was du tust in deinem
   Gebiet.
Der Schlüssel zum Glück, oft in der Nähe,
greifbar und doch unerreichbar.
Es gibt kein Zurück, schau in die Höhe
nur vorwärts wartet das Leben.
Den Wert deiner Gedanken, nicht in Gold
   zu wiegen
dein Versprechen so wertvoll, deine Lippen
   zu versiegeln.
dein Erfolg, du hast bestanden.
gebunden hast du dich an diesen Schwur
Gott war Zeuge an diesem Tage.
Zweifel die ich nicht mehr habe,
die Erfüllung meiner Träume
ist das Ergebnis, ich liebe dich, das ist mein
   Geheimnis.

daniel new * 1981

Unausgesprochen

Sich anbahnende Ekstase
Exponentielle Steigerung
Hauchen zu Kreischen
Inneres Bersten
Überwältigende Leidenschaft
Ringen nach Luft
Bebender Körper
Keiner sagt es, jeder weiß es.

nichtsalskunst

Geheimnis

Meine Gedanken keimen
zuerst ganz im Geheimen
sie lassen sich verleimen
bis sie sich endlich reimen
sind sie dann ein Gedicht
öffentlich sind sie noch nicht
denn mein ganz eigenes Reimnis
bleibt doch nur mein Geheimnis

Hans-Christoph zur Nieden * 1951

Unausgesprochen

Darum bin ich gekommen,
Mich zu verabschieden,
Von Dir und den Träumen,
Die ich an Dich band als wären es die
   Unsrigen.

Simulation von Lebendigkeit.
Parallele Verarbeitung implementierter
   Verzweiflung.
Die Wahrheit als Gefangener der Seele.
Unausgesprochen gärend in der Tiefe.
Leergeliebte Augen, die nichts erkennen
Als die Illusion einstiger Hoffnungen.

Konstruiert durch Dich zu einem Jemand.
Spielball deiner Fantasie.
Und doch erst dadurch seiend geworden.
Dekonstruiert durch dich zu einem
   Niemand.
Spielball deiner Launen.
Und erst dadurch wieder existenzlos.

Darum bin ich gekommen,
Mich zu verabschieden,
von Mir und den Träumen,
die ich an Mich band, als wären es die
   Meinen.

Rahel Niederhauser * 1985

Sag mir, was ist das?

Sag mir, was ist das? Dass, was mit mir
 passiert, wenn ich dich sehe.
Sag mir, wohin führt er mich? Der
 Schlüssel, der an meinem Hals hängt.

Was passiert mit dir, wenn ich von dir
 gehe?
Hast du deinen Schlüssel schon benutzt?

Sag mir, was bedrückt dich? Ich sehe es dir
 doch an.
Sag mir, was macht dich glücklich? Ich sehe
 doch, wie traurig du bist.

Was hab' ich dir getan?
Kannst du mir nicht mehr vertrauen?

Sag mir, was ist bloß mit dir passiert? Wir
 waren uns doch einst so nah.
Sag mir, wird es denn bald enden? Unsere
 versprochene Liebe.

Was ist dein Geheimnis?

*Anneke Nijhuis * 1995*

Leben

Es ist uns gegeben.

Wir wissen nicht wie es dazu kam,
wir nehmen daher einen göttlichen
 Ursprung an.

Es soll vor 4 Mrd. Jahren gewesen sein,
wir sollen schließlich vor 2 Mio. Jahren
 davon genesen sein.

Am Ursprung stand ein asymmetrischer
 Kristall,
der noch heute in uns gelöst in Schwall.

Der Kristall des Lebens wurde von uns
 beforscht – nicht vergebens.

Nun hinan, wo wir wissen zu glauben wie
 es begann.
Zelle und Kern wollen sich vermehren.

Am Weg zu neuem Leben – nicht von Gott
 gegeben.

Der asymmetrische Kristall spaltet sich
 entzwei,
und Kolumbus schlüpft neuerlich aus dem Ei.

Man schalte und walte auf das man es
 verwalte,
das Leben von uns gegeben – nebst jenem
 von Gott gegeben.

Am 7. Tage beginne man am 3. von Neuem,
suche und finde deine Getreuen.

Leben – es ist gegeben.

*Emmerich Nilson * 1964*

Auf einem Berg steht eine Rose,
die Unsterblichkeit verleiht.
Doch auf dem Weg sind Steine lose
und der Pfad ist zugeschneit

So hoch steht sie, dass nur die Sterne
jemals Licht der Rose senden
So hoch steht sie, dass keine Wärme
ihr heller Tag und Sonne spenden

So trist, dass Blüten zu verlieren
vor langer Zeit sie schon begann,
so einsam, da von allen Tieren
keins so hoch noch atmen kann

wartet oben, still und leise
die Rose in dem Dornenkleid
auf den Mann für diese Reise
bis in die Unendlichkeit.

*Malte Nolden * 1995*

Geheimnis und Verrat

Es ist spät in der Nacht
und ich bin trotzdem erwacht.

Es blendet und durchleuchtet mich,
will seine Aufmerksamkeit nur für sich!

Du willst Antworten wissen,
Doch ich drücke mein Gesicht in das
    Kissen.

Willst in mich sehen und alles verstehen,
will nichts sagen und nichts gestehen!

Doch du lässt mich nicht los,
willst meine Daten bloß!

Zuerst hatte ich mich,
jetzt gibt es Dich!

Das Handy macht sich in meinem Leben
    breit,
beansprucht meine wertvolle Zeit!

Haben wir uns schon an diese Macht
    verloren?
Oder sind wir zum Widerstand auserkoren?

Michaela Oestreicher * 1964

Geheimnis vom Tod und Beginn

Ein Geheimnis
dass jeder kennt,
ein Unrecht
dass jeder verdrängt,
ein Toter
der im Himmel hängt,
das Schicksal
dass ein jeden lenkt,
das Geheimnis
dass die Welt verrenkt.
Das Geheimnis
als Fluch geschenkt.
Das Geheimnis,
dass Unrecht
des Toten Schicksal.
Das Geheimnis von
Leben und Tod,
von Glück und Qual.
Das Geheimnis,
dass wir nun offenbar ...

Thomas H.R. Oetting * 1980

Lust und Leid

Als ich noch ein Junge war, in der Hand
    der fette Köder,
Mich zum Angeln aufgemacht, auf den
    Lippen meine Lieder.
Die Angel in den Fluß so klar, die Rute
    bebt, ich zieh sie rauf
Der Fisch schon ganz aufgebracht, ein
    Lachs, er lebt, ich schwitz und
    schnauf.

Plötzlich seh ich zarte Zeichen, feine Füße
    müßtens sein,
In dem Gras so nah am Fluß, ich folge,
    wollt sie wärn' schon mein.
Starr wie Wild, kann nicht mehr weichen,
    packt sie mich an meinen Locken,
Ihr Blick wohl auf mir lasten muß? Rot vor
    Lust und doch erschrocken?

Verschmolzen liegt das Fleisch am Fleisch.
    Sie atmet in mein wirres Haar.
Träumt sie noch von unserm Wüten? Schön
    sind Fisch und Fluss ein Paar!
Doch bald schon einem Schlachter gleich,
    ihr Wort wie Klingen blank poliert,
Schneidet mich von ihren Blüten, durchs
    Geripp', die Brust gefriert.

Noch immer nackt und schon vor Stunden,
    hat sie sich meinem Arm entwunden.

Ihre Augen wie in Ekstase, es rinnt das Rot
von Stirn zur Nase.
Wieder lieg ich neben ihr, bade mich im
warmen Nass,
Ich trink, so wird sie Teil von mir. Ich
werde Rot und sie wird blass.

Ünsal Öksüz * 1975

Über-Ich Ich Es
Dein Geheimnis

Im ES findest du deinen geheimsten Traum,
der hochgespült ins ÜBER-ICH zerbricht.
Du traust dich nicht. ES ist ein Tabu –
Im Heute nicht modern –
Dein ÜBER-ICH verlangt Verzicht.

Morgen setzen sich andere über
Deine gezogenen Grenzen hinweg –
Ungezogen, ungezwungen, grenzenlos frei.

Dein ICH hat ein Gefängnis gebaut
Und deinen geheimsten Traum eingesperrt.
Ihm ein „Lebenslänglich" verpasst.

Dein ÜBER-ICH regierte dich. Dein
ICH hat reagiert und deinen Traum
zerbrochen.
Das Zeitfenster für immer geschlossen.

Wehmütig erkennt dein ICH,
dass ungelebte Träume deines Gestern
deine Zukunft nicht erleben. Kopf
hoch, DU bist DU!

ES hätte niemals zu dir gepasst.

Dein ÜBER-ICH lächelt.
ES bleibt dein Geheimnis.

Rena Österreicher

klage fällt schwer

jetzt wo ich es
erahne, was ich
verloren , fällt klage;

schwer – gewiß
sehe ich euch wieder
einzeln, ihr wirbelt;

wie farben zu euren
sieben häusern ,eure
spuren führen zu den;

hohen nächten aus
licht, klage fällt
schwer, gewiß ...

Franz Ott

Dein Geheimnis

Dein Geheimnis in dir ist
versteckt und tief verborgen.
Noch nie hat es das Licht gesehen
an keinem hellen Morgen

Dein Geheimnis in dir ist
versteckt vor aller Welt.
Du hegst und pflegst es sicherlich,
doch wird sein Fenster nie erhellt.

Dein Geheimnis ist ein Liebchen
wunderschön und zart.
Ihre Haut so sanft und weich,
ihre Worte niemals hart.

Dein Geheimnis ist ein Tod.
Schnell und schrecklich lag
weit entfernt in dunkler Erde
ihr Leichnam in einem Sarg.

Katharina Pacher * 1991

Die Zugfahrt

Ein Knabe
beseelt
man sieht's ihm an

er sitzt im Zug
die Welt da draußen
rast vorbei
er kann sie kaum noch fassen

er sieht statt dessen
vis-a-vis
die Frau in roter Bluse

leis – sehr leis
er will das nicht
dennoch bricht's
aus ihm heraus

SIE TRUG DEN
MOND
IM KNOPFLOCH

Maria Pangritz * 1958

Das Spiel

Eine Sonne reckt sich am Horizont, erwacht
   in den Tag hinein.
Ich erwache in den Tag hinein,
mit offenen Augen mein Sturz in das Spiel
   des Hier und Jetzt.
Das Spiel, geschaffen von mir und von
   anderen.
Die Regeln, geschaffen von mir und von
   anderen.
Spielen und agieren, in freier Improvisation
   und doch nicht frei.
Der Rahmen des Spiels ist begrenzt,
die Regeln starrer als erwartet,
seine Möglichkeiten dennoch schier
   unendlich.
Das Spiel währt nicht ewig.

Eine müde Sonne sinkt in Morpheus' Arme.
Der Spieler ruht, träumt von Siegen in
   blauer Stunde,
seine Niederlagen verfluchend.
Sonne reckt sich am Horizont, erwacht in
   den Tag hinein.
Das erneute Spiel, sich wiederholend, sich
   wandelnd,
in Tagen und in Nächten.
Das Spiel ist vorüber, irgendwann, an
   einem Tage, in einer Nacht.

Bernhard Pappe * 1956

Geheimnis

Ein Geheimnis steckt in diesem Gedicht,
wem ich es widme, weiß derjenige nicht.

Ich möchte nicht, dass Dein Seelenfrieden
   zerbricht,
wenn die Wahrheit zu Dir spricht.

Ich spüre Tränen in meinem Herzen.
Meine guten Erinnerungen an Dich
   schmerzen.

Tränenfluss hat die Sonnenstrahlen dieses
   Angedenkens aufgesogen.
Am Erinnerungshimmel schimmert ein
   Regenbogen.

Mein Geheimnis schwimmt in einer Träne
   zu Dir.
Feuchte Grüße durchtränken mein
   Schreibpapier.

Vielleicht habe ich Dich einst mit Liebe
   erschlagen.
Das bleibt ein Geheimnis, ich kann Dich
   nicht fragen.

Die Liebe und Freundschaft zu Dir,
keimt stets wie ein hauchzartes Pflänzchen
   in mir.

Ich halte Dir den Spiegel der Realität vors
    Gesicht,
wohl wissend, Du erkennst das Geheimnis
    nicht.

Stumm webe ich Dich in meine
    Lebenserinnerungen ein.
Das wird mein Geheimnis bis zum Tode
    sein.

Doris Pertsch

Zarte 14 Jahre

Lange Zeit –
ein Geheimnis –
was mir, einem Jüngling,
als Kind widerfuhr:
„Vergewaltigt – mein Sein" –
im Schein –
düsteren Licht's –

Kleidung verschlossen –
verriegelte Tür –
Marihuana-Konsum-Zwang –
drang „Er" ein –
in meinen Körper –
jener kindlichen Welt,
die zusammenbrach –

Irgendwann –
30 Jahre später –
sprach ich darüber,
als der Schmerz –
vergangen war –

Joffrey de Peyrac

Der Zeitzeuge

Damals war es eine durchaus
    vielversprechende Zeit,
In der man den Umgang mit Computern
    modifizierte,
Dies wurde benutzt, um zu erweitern
    unsere Freiheit,
Zu verbinden alle Menschen, indem man
    sie infizierte.

Auch die Experimente mit den Erbanlagen
    begannen,
Man versuchte stets, zu züchten manch'
    neue Kreation,
Und war der Ansicht, man könne all
    Unheil verbannen,
Doch dies war leider erst der eine Schritt
    zur Inflation.

Als man begann, zu entwickeln eine andere
    Technologie,
Um zu gelangen zu gänzlich neuartigen
    Energiequellen,
Wurden sie genutzt, um zu definieren eine
    Terminologie,
Um so manches Land mit furchterregend
    Waffen zu fällen.

Heute sind wir weiter zurück gefallen als in
    jene Epoche,
In der man froh war, zu finden Holz, um zu
    machen Feuer,
Doch damals war es ein Herd, an dem jeder
    gerne kochte,
Doch der Preis für die vielen neuen Zutaten
    war recht teuer.

Christian Johannes Pichlmeier * 1983

Das unlösbare Geheimnis des Glücks

Der Stein der im Herze wohnt
Die Leere die im Kopfe thront
Ein Bildnis das der Dunkelheit gleich
Eines Poeten Muse langsam weicht

Jenes Vermächtnis vieler jahrelanger Kriege
Jene Schlaflieder in des Kindes Wiege
Dies Gefühl, welches lässt sich nicht
    beschreiben in Worte
Dieser Zustand führte mich schon an viele
    Orte

Welch' Trost vermag mir die Zukunft
   spenden
Welcher Weg wird die Unlust wenden
Fern zum Stadium Equilibrium zurück
Ferner ist ... was sich schimpft das Glück

Philip Piszczek   * 1986

Unvollständige Menschwerdung

Vor Jahren
war zu erfahren,
dass Vorfahren
Affen waren,
aber andre als heute,
die ihre Beute
mit List und Verstand
bis an den Rand
steiler Klippen trieben.
Die List im Verstand ist geblieben.
Und Klippen sind überall
für den nächsten Fall.

Frank Pohlheim

Das Geheimnis

Es offenbart sich uns nicht in der Stille,
nicht im Getöse.
Es verbirgt sich nicht im Schatten,
enthüllt sich nicht im Licht.
Es liegt in dem Wandel zwischen den
   Polen,
es liegt in der Spannung die entsteht,
wenn Gut und Böse sich gegenüber stehen,
sich im Feuer des Augenblicks vereinen,
und das ewig glitzernde Jetzt implodiert,
in der einen Seele.

Katrin Pointner

Letztes Geheimnis
für Wilhelm

Wie das Geheimnis lüften
hinter erloschenen Augen
ohne Himmelblau im Angesicht?
Wie im Zauber der abgestreiften Larve
Schmerz in Freudentränen wandeln?
Wie so lebendig das Unbegreifliche
vollenden können?
Stille Einkehr in die Unendlichkeit.
Erinnerungen voll Lachen und Weinen.
Im Leben und Sterben verschmelzen
und zwischen den Gezeiten strömen
bis zur nächsten Flut.

Im Atemhauch der Liebenden
steigen zwei Schmetterlinge
zum Himmel empor!

Christine W. Pollok   * 1956

Ein Psst ...

Das Skelett ist aus Stille,
das Fleisch aus Bestand,
es lebt in den Köpfen,
manchmal ewig verbannt.

Ein bunter Charakter Verschwiegenheit,
ist es freundlich schenkt's Flügel,
Kribbeln, Lachen und Scherzhaftigkeit.
Als dunkles Wesen, dämonengleich,
so reitet es die Seele,
auf das die Schwere dieser Last,
den Wirt zu Tode quäle.

Nervös der Geist, der es verbirgt,
in Gutem als auch Bösem,
in beiden Fällen penetrant,
will's sich vom Träger lösen.

Wie dumm, denkt man, ist dieses Ding,
entflieht's aus seiner Heimat,

verlässt es seine Schatten,
tritt es ans Licht, wird offenbar,
Selbsttötung geht von statten.

Regina Pönnighaus * 1973

Das Geheimnis

Es ist ein Flüstern,
das wir hören wollen,
es bleibt verwehrt dem neugierigen Ohr
und schleicht gleich einem Kuss in dunkler
    Stille
von Menschenmund in Gottesohr.

Doch es verliert sich nie im Mondstrahl,
es bleibt im Herzen – ein sicheres Versteck;
verschlossen mit unsichtbaren Schlüsseln,
die eine schwarze Maske deckt.

Ein liebevoller Blick hinter die Maske –
Licht bricht die Dunkelheit:
und aus den ungenannten Worten
wird nun die Sicht auf die Vergangenheit.

Erinnerung lüftet ein Geheimnis,
das für die Ewigkeit verschlossen war.

Alina Posndjakow * 1995

Jenseits der Worte

Hinter allen Worten, bleibt etwas
    Unausgesprochenes.
Hinter allen Worten, ist immer noch ein
    Gedanke.
Hinter allen Worten, beginnt erst die Welt,
    die wir zu umschreiben suchen,
durch Gestik und Mimik, im Geiste fühlen.
Welche vor allem Gesagten war,
    die wir vom ersten Atemzug erahnten und
        welche,
wenn alles gesagt ist, nur schemenhaft
    umrissen scheint.

Durch alles Unausgesprochenen,
    Unverstandenen, in allem
    Unfassbaren,
rührt kein Worten an das
    Weltzerberstenden,
das in einem einzigen Augenblick ist.
Faszinierend wie unheimlich zugleich,
    Angesichts,
was uns von Jenseits des Schleiers,
den wir Realität nennen, beäugt und
    beobachtet.
Das uns wie Feuer verzehrt, wenn wir zu
    nahe kommen,
- so gottfremd, als wenn sich Wasser in
    Blut verwandelt.
Doch gebührt es sich vielleicht,
bei allem Schrecken von Wahrheit, für all
    dies, einen nicht bösen Blick zu haben

Matthias Preißing * 1976

Mein Geheimnis

Mein Mund ist verschlossen,
bringt kein Wort hinaus,
um mein Herz liegen ketten,
keine Gefühle können raus.
Um die Augen ein Tuch,
keine Sehkraft, kein Verrat,
die Hände gefesselt,
vor Kälte erstarrt.
Die Füße am Boden,
sie warten und stehen,
können nicht laufen,
jedoch wollen gehen.
Wollen rennen, geben das Signal, „Los wir
    gehen!",
befehlen den Händen „Lasst die Augen
    sehen!"
Und Hände erheben sich, geben die Sicht
    frei,
und die Augen können sehen und zählen
    bis drei.
Dann sprängt das Herz die Ketten, die
    Gefühle sind frei,

und der Mund findet Worte und flüstert
    leicht:
„Die Liebe ist schwer, doch sie ist stark,
dies sind meine Worte, ich liebe dich und
    dies war mein Geheimnis!"

Anna Ptaszek   * 2000

schnee

in
den
schnee
steigen

knietief
ins
vergessen

ChristiAna Pucher   * 1954

Der Kuss

dein Kuss brennt
auf meinen Lippen
rot leuchtend im Mondenschein
Tango tanzend
du und ich allein
im stürmischen Beben
bricht leidenschaftliches Leben
und steht klar geschrieben am Firmament
„Ich will!" und „Schweig still!"
während mein Kuss
brennt und
brennt

Sonja Pustak

Geheimnis bewahren

Für die Ewigkeit im Leben bestimmt,
Ist das, was im Herzen wird bewahrt;
Und was für den Anderen gar nicht
    stimmt,
Bleibt für den Einen heilig und auf eine Art
Geheim und geheimnisvoll man hütet
Den aller größten Schatz und
Trotz guter sowie schlechter Tatsachen
    wütet
Es im Herzen; bewahrt, dass dies von
    Mund
Zu Munde nicht wandert und geschützt
Vom Herzen, und gehütet vor Fremden,
Dessen Gemüt: das Vertrauen ausnutzt,
Sich ungewollt gegen Jemanden zu
    wenden,
Versucht man zu vermeiden, zu verhindern,
Sein eigen Fleisch und Blut zu retten,
Seine Makel auf diese Weise zu vermindern,
Ist des Menschen Ausweg aus Krisen
    – hätten
Sie es schon längst ausgesprochen,
Wäre man dem Untergang geweiht,
Man wird verurteilt, als hätt' man was
    verbrochen,
Auch dann ist man nicht von Problemen
    befreit.

Renuka Rajakumaran   * 1994

Unbekanntes Wiedersehen

Ich weiß, ich darf dich nicht vermissen,
Doch die Zeit die nicht vergeht,
Die mich hat von dir weg gerissen,
Und nun auf der Stelle steht.

Ich weiß, ich schreibe dieses Gedicht,
Es ist ein Anfang und nicht die Vollendung,
Die die Leere entzwei bricht,
Denn erst wenn du hier bist entsteht die
    Wendung.

Aber die Hoffnung auf ein baldiges
    Wiedersehen,
Mit dir meiner unbekannten Liebe.
Erwartungsvolle Hände, Worte entstehen,
Dass diese Seite über die Zeit siege.

Cristina Gabriela Ratiu   * 1989

Nebelsuche

Herzklopfen, Frieren
Nebelsehnsucht
werde ich finden?
In der Stunde zwischen Dämonen
und Dunkelheit warte ich.

Wenn Auge und Herz sich begegnen
stört der Verstand.
Eine Berührung.
Es ist vorbei.
Ein Anfang erhofft vor Zeiten
nie begonnen
und doch wird es wieder in Erwartung
　vibrieren
das Herz
kein Ziel
endlos.

　　　　　　　　　　Andrea Rätz　* 1957

Geheimwissen

Ich kannte einmal
eine Hospizhelferin,
die hatte viel Qual
mit dem Sterben und dem Sinn.

Sie begehrte zu wissen,
was passiert denn danach.
Dieses Wissen vermissen,
war für sie eine Schmach.

Sie betreute Tumore,
schickte sie auf die Reise.
Die Kinder mit Amore,
mit Morphium die Greise.

Sie blickte dem Tod
dabei direkt ins Gesicht.
Doch was er ihr bot,
sein Geheimnis war es nicht.

　　　　　　　　　　Andrea Rau　* 1958

Das Auge

Dachte zuerst – eine Sternschnuppe,
dachte dann – ein Komet,
dann – eine irdische oder außerirdische
　Flugmaschine.

Nein! Es war ein großes Auge,
welches zu mir herabschwebte
der ich auf jener Wiese lag.

Es blinzelte mir freundlich zu
und verschwand.

　　　　　　　　Michael Rauch　* 1959

Für Neo

Zeit in Rückspiegel,
hat ihre Zeiger schon verloren

wer steuert noch,
auf einer leeren Piste

Blau geleckt
von einer Feuerzunge

sind längst die Vögel fort

　　　　　　　　Christina Rechlin　* 1954

Mein Paradiesgarten in Ligurien

Im Paradies
sind wir nur Gast,
es gehört nicht dir,
es gehört nicht mir.
Hier
kann man fast
den Himmel berühren
mit leiser Hand,
im Morgenlicht
seinen Atem spüren,

und in dunkler Nacht
die Sterne zaubern
auf die Erde,
nur durch die
Kraft des Wortes.
Es ist das Geheimnis
dieses Ortes.
Es bleibe behütet
hinter dem Tor.

Brigitte Redecke

Geheimnis
Für Jette, Johann und Janne

Etwas im Herzen bewahren, behüten und nicht darüber sprechen,
das ist nicht leicht. Ich sah etwas. Ein Geheimnis sei es, sagtest du,
dort im Schrank, was aber als ich es sah und dir erzählte, plötzlich
wieder verschwand.

Hatte ich mich denn so geirrt? Verwirrung pur. Ich hatte sie doch
gesehen, die Puppe im Schrank. Was war mit ihr geschehen? Ich
machte mir Sorgen. Bestimmt war sie noch da, wenn nicht heute
dann eben morgen. Doch keine Spur. Wo war sie nur?

Weihnachten 1954 da war sie wieder da, die Puppe aus dem
Schrank, ich taufte sie Ulli und sie war einfach wunderbar.

Auch ich wurde Mutter, kann Geheimnisse wahren, im Herzen, mit
Verstand. Da gibt es so vieles was ich mit meinen Kindern aus Liebe
verband. Als Großmutter heute, denk ich zurück an so vieles, bin im
Herzen dabei, werde auch eure Geheimnisse hüten, bewahren, meine
geliebten Drei.

Reden ist Silber, Schweigen ist Gold. Eine wohl überlegte Mischung,
mit Liebe gedacht, das hat schon eure Uroma Martha so gemacht.

Mit Dank denk ich zurück. Ich weiß es, Mutter und Großmutter zu
sein, das ist ein Geheimnis, Liebe und ganz viel Glück!

Bärbel Reeh * 1947

Versteckt

So tief im Dunkeln der Gedanken
Zu finden niemals angedacht
Wo Bahnen durchs Gehirn sich ranken
Ein Niemand gar sein Unfug macht

Man braucht kein Schloss, braucht keine Tür
Nur selbst man sollt an diesen Ort
Doch nimmt man jemand mit dafür
So braucht Vertraun man in sein Wort

Denn ist er einmal eingeweiht
So weiß er was sich dort versteckt
Auch wenn er schwörte jeden Eid
Schnell ist's doch von ihm aufgedeckt

Es ist beschützt dort das Geheimnis
Das dort niemals, raus soll nicht
Behält man für sich, ist gewiss
Es niemals tritt ans Tageslicht

Florian Reeh * 1995

Gleich

Gleich gegenüber,
gleich hinterm Zaun,
gleich hinter der Haustür,
gleich hinter der Kinderzimmertür,

da stahl ich mir
ein bisschen zuhause.
Und verschenkte mich
von Kopf bis zu den Zehen.
Ist doch
gleich,
wo und wie Familien zusammengehen.

Sabine Reinhold * 1965

Wächst Gras darüber

Das Denken und Handeln, das
Handeln und Denken.
Mit Mut und Fleiß die Gefahren
deines Lebens nehmen wie es ist.
Liebe, Freiheit, Glück und Friede.
Wahrhaftigkeit im Wandel der Zeit
Wächst Gras darüber.
Weil es so ist.

Raimund Reisenberger * 1964

Das Antiquitätengeschäft

Versteckt in der Altstadt, ganz weit hinten,
da konnte man Opas Geschäft kaum finden.
Antiquitäten vertrieb er dort,
es war für mich ein magischer Ort.

Antike Schränke, Stühle und Bilder,
bemalte Kommoden, bunt emaillierte
    Schilder,
verkaufte er dort an die Betuchten,
die alle ein Stückchen Geschichte suchten.

Unter dem ganzen Zeug da stand,
ganz hinten an der letzten Wand,
auf einem Regalbrett gut platziert,
eine Schatulle fein ziseliert.

Und jeden Abend um halb acht,
verschwand sie dann die ganze Nacht.

Mein Opa nahm sie mit zum Schlafen,
beim Öffnen würd er mich bestrafen.

Doch eines Tags, ich konnt' nicht mehr,
ich öffnete sie, es war nicht schwer,
doch eines war mir dann gewiss,
drinn' war nur Opa sein Gebiss.

Marc Remus * 1969

Doch die Liebe

Ich gehe nach dir,
Du bist für mich sehr lieb,
Ich schaue nach dir,
Warum siehst du mich nicht?
Ich höre immer dich,
Bist du lautlos für mich?
Ich fühle deine Seele,
Ich bin keine Fee,
Aber ...
Ich leide an deiner Liebe,
Ich wüte denn für Dich.
Was ist doch eigentlich?
Ich liebe Dich!

Elisabeth Rezes * 1964

Judith deine Reue

Ich habe meinen Teddy gehauen
Aber er sagte nichts
Ich habe meine Puppe geprügelt
Aber sie weinte nicht
Ich habe ein Kindlein geschlagen
Und es schrie

Dass die Mama kam, die besorgte
Und mich abführte
Zur Mutter, der wütenden
Die mich nahm und ins Bett steckte
Am Vormittag Sommers dreiundsiebzig
Das sangen die Spatzen vom Dach
Was die Leute nun denken sollen

Da lernte ich das Starren
An die Wand
Und das Schweigen
Dreh dich um
Und warte bis der Vater kommt

Sune Richter

Geheimnis

Wenn das Ufer, wo sie landen,
Die Gedanken einverstanden;
Wenn du triffst das Zauberwort
Und es singen Wald und Hort;
Wenn das Geld und all das Gut
Zeigt dein neuer goldner Hut;

Dann, mein Kind, pass auf, pass auf,
Welchen Weg du nimmst in Kauf!
Ob du wie die Alten singst
Und das Leben wieder bringst,
Oder ob du meinst zu frönen
Neuen, bessren, höhern Tönen.

Rilke-Engel * 1953

Das Geheimnis

Von verborgenem Schleier umwoben,
    umwittert
In rätselhafter, tiefer Dunkelheit vergittert
Zu gewissenhafter Bewahrung aufgetragen
Bedrückend beängstigende
    Herausforderung: stillschweigendes
    Nichtssagen

Unabdingbarem Verzicht auf willkürliche
    Preisgabe schmerzhaft ergeben
Belastend mühsam für manch beklommen-
    seelisches Leben
Höchste, innige Wachsamkeit
Für redselige, abenteuerliche
    Unüberlegtheit

Quälendes, unabwehrbar nagendes
    Schuldgefühl
Versus zauberhafte Enthüllung von
    verlockendem Versteckspiel
Schmaler Grat zu unabkehrbar zwanghaft
    auferlegter Unehrlichkeit
Vollendet in behaltener, gewissenhafter,
    unverdorbener Reinheit

Heidi Ritsch

Alles und nichts

Du bist für mich alles!
Du bist für mich nichts.
Ich kenne die Liebe. –
Ich kenne Verzicht.

Du sprichst mit den Augen.
Dein Mund aber schweigt.
Wie oft bin ich glücklich! –
Die Traurigkeit bleibt.

Ich opfer dir Tage.
Doch wann bin ich dein?
Du bist für mich einzig. –
Ich bin sehr allein.

Nur dich will ich lieben.
Du spielst nur mit mir.
Und doch – bist du da –
ich öffne die Tür.

Ich will dir gehören.
Nur du hast die Macht.
Ich kenne die Liebe.
Ich kenne die Nacht.

Angela Rittwage * 1958

Risiko

Das Geheimnis fühlte sich in Sicherheit,
deshalb war es zu einem kleinen Risiko
bereit.
Um die Spannung zu erhöhen,
ließ es sich ein wenig in die Karten sehen.

Doch dann,
ein Wort zuviel,
plötzlich war es ausgeplaudert
und das Geheimnis war entzaubert!

Karen Rohde * 1963

Im Argen

Zu später Stunde
im Kleinem
und Geheimen
plärrt die Wunde.

Sie eitert,
ringt nach Luft,
hofft
und scheitert.

Es brennt
das Herz,
verletzt,
ungehemmt.

Zwistigkeiten
prägen
das Leben
in allen Zeiten.

Zerrende
Nächte
und Menschengeflechte
nehmen das Werdende.

Claudia Roller * 1985

Das kalte Geheimnis

Ich wurde durch Zufall verführt,
dann wollte ich entkommen.
Aber die Kälte folgte mir, hüllte mich in
 ihr Geheimnis.
Keiner darf davon sprechen,
sonst wird er in die Tiefe gezogen.

So wurden die Tage schneller.
Mitten im Sturm spüre ich ein Licht in
 meiner Seele.

So stell ich mir ein Leben ohne Ende vor,
auf der Flucht bis zur Ergebung, zum
 Verständnis ...
Ich habe nichts zu verlieren.
Die Hölle hat meine Flügel verbrannt.

Stefan Ronacher * 1978

Das Geheimnis

Es besitzt dich,
liegt tief im Inneren verborgen,
Es begleitet dich,
vom Abend bis zum Morgen.

Es macht dich stolz,
und gehört dir ganz allein,
Es macht dich stark,
du möchtest es teilen.

Es lässt dich hoffen,
trägt dich weiter voran,
Es lässt dich zweifeln,
ob es so weitergehen kann.

Es bedrängt dich,
du hälst es kaum aus,
Es ermüdet dich,
du findest keinen Weg heraus.

Es lässt dich leiden,
du bekommst es nicht los,
Es quält dich für immer,
bis in den Tod.

Kim Rosalie Rother * 1989

Einhorn Invokation

Du, mit deinen Augen groß und klar,
mit deinem Licht: so rein, so hell, so wahr.
Führe mich auf verborg'nen Pfaden
zu Feen und Elfen und Najaden.

Mit deinem Horn durchstoße die Schleier,
die trennen die Welten der Tanzesfeier
vom Stoff des Menschen Erdenrund,
schwer und schlafend im alten Bund.

Will künden von Äther und Elfenleben,
seitdem mir wurde die Schau gegeben.
Lass mich hinein in Baum und Berg,
lasse mich schildern Klabauter und Zwerg.

So trage mich, Einhorn, bin so gewollt,
zu Nymphen und Nixen, golden und hold.
Myriaden von Wesen im Lebensstrom,
Salamander und Sylphe, Erdgeist und Gnom.

Erweit're die Schau, du strahlendes Pferd,
dass ich dichte und singe von unserer Erd'.
Soll streicheln mein Auge wie geistige Sonne
ein jedes Geschöpf mit gütiger Wonne.

Stine Rugebregt

Das Geheimnis

Dunkel liegt es wie ein Schleier über unser
    aller Haupt.
Versöhnlich dem Mysterium gegenüber,
doch aller Hoffnung es zu finden, beraubt.

Ein Phänomen das uns alle begleitet
und viel zu oft verleitet.

Ein Wunder widerfährt dem der es greifen
    kann.

Ein Geheimnis ist nicht das nicht gesagte,
sondern das gefühlte was man nicht zu
    sagen wagt

Nicole Runge

Die Zukunft hat Zeit

Das Neue kommt, das Alte geht,
wir sehen, was dazwischen steht.
Ein jeder wünscht sich dann und wann,
dass er weiter blicken kann.
Doch bleibt das Gestern und der Morgen,
im Jetzt und Heute stets verborgen.
Die Zukunft wartet und hat Zeit,
im Mantel der Verschwiegenheit.

Michael Rupp   * 1968

Das blinde Mädchen

Es wollte einst ein blindes Kind
mich sehen, wie ich bin;
ließ seine Finger sanft und lind
mir gehen übers Antlitz hin.

Und alles wurde aufgespürt;
die Falte hier, die Grube da,
und Mund und Augen leis berührt;
mir wundersam geschah.

Noch nie ward ich so angeschaut,
in allen Tiefen bloß,
so war ich keinem noch vertraut,
wo schwach ich bin, wo groß.

O Kind, wie hast du mich erkannt,
mein Innerstes enthüllt;
mit deiner lieben sanften Hand
gabst du mir selbst ein Bild.

Gabriele Sachs

Das Geheimnis

Das Geheimnis bleibt verborgen in mir
keinem erzähle ichs,
keinem vertraue ich hier

vertraut habe ich,
vergeben ebenso

ohne ein Dank
und kein bisschen lebensfroh

eiskalt die Welt
Egoismus pur
jeder bezeichnet sich als Held
zu was geraten wir nur?

leben tu ich
leben will ich

ausschauen möchte ich weiterhin
denn so verlieren,
hat für mich keinen Sinn

Reem Salem   * 1993

Das Wunder Mensch

Ist es Atem, oder „Ewiges Licht"?
Seit Urgezeiten weiß mans's nicht!
Amor's Pfeil hat es dorthin gebracht,
wo Mutter's Herz ihm Platz gemacht.
Ein Ort, wo sich Gefühl gestaltet;
Ein Wesen sich durch Sinn entfaltet.
Sein Körper mit dem Dasein ringt,
was Mutter's Blut in Wallung bringt.
Das Werden zeigt sich bald in Fülle;
Der Keimling steckt noch in der Hülle.
Doch sprengt ein Wille knospengleich,
die Lebendigkeit in's Erdenreich.
Und ist das Kindlein noch so klein
fürwahr, es sollt ein Wunder sein!
Dem Geiste gleich zur Lichtgestalt,
die Lebenszeit zur Kraft geballt.
Weil Menschwerdung ein Privileg,
ist Liebe durch Gefühl geteilt; Beleg.

Johann Sameth

Das Geheimnis

das Geheimnis glücklich zu sein
meint ein jeder zu kennen,
das Geheimnis frei und glücklich zu sein,
da tun wir uns schon etwas schwerer,
das Geheimnis der Liebe und Nächstenliebe,
das ist vielen fremd, das Geheimnis des
Schicksals werden wir nie erfahren,
nur ein Geheimnis kennen wir ,
den Tod den wir alle begegnen werden.

SaSa   * 1976

Verdrehtes Herz

Ich fühle, sie zerreißt mein Herz.
Bewahrt es auf in kleinen Stücken.
Wie wünscht ich nur, dass sies versteht –
mich ansieht und mein Herz verdreht.
Und dass der immerwartend Schmerz
entscheidet von uns abzurücken.

Von uns zu lassen, mir und ihr,
sodass Vollkommenheit entstehe
und Glück und Liebe, pure Liebe,
wenn ich in ihre Augen sehe.

So schwer zu packen, schwer zu sehn,
so, so schwer zu ignoriern.

Und Tränen. Und Liebe. Und nicht wissen,
    was ist wahr und richtig.
Oh du menschverdammte Liebe – machst
    alles Denken leer und nichtig.

Und was ist dies, außer Gedanken?
Was ist Liebe.

Doch wenn sies weiß,
was dann, was dann?
Und nichts sich ändert, irgendwann,
erliebe ich daran?

Corinna Sauer   * 1993

Nicht

Die Nacht, in der's nicht dunkel wird,
Doch es nicht leuchten mag das Licht,
Wo Schrecken keine Angst gebiert,
Dort such ich dich und such dich nicht.

An einem Ort, wo Stille laut
Und Wasser fest wie Eisen ist,
Wo manch ein zahnlos' Tier zerkaut
Was weder Frieden ist noch Zwist.

Wo Kerker bloß aus Atemluft
Ist manch ein Braver vogelfrei,
Denn hinter der spaltbreiten Kluft
Dort ist nichts mehr, auch wenn's dort sei.

Jacqueline Sauer * 1990

Blutverschmiert

Heute früh bin ich erwacht
Aus eisigfinstrer dunkler Nacht
Blutverschmierte Laken Tropfen
an die Fenster klopfen

Eile ins Bad mich zu waschen
Kann einen Blick erhaschen
Auf ein bleichfahles Gesicht
Es gehört mir nicht

Das Blut klebt an meiner Hand
Wie ein Fluch die weiße Wand
Das Laken wird nie wieder rein
Wird ab nun mein Schicksal sein

Anika Sawatzki * 1990

Beschlossene Sache

Beschließe ich eine Sache
hoffe ich
dass ich sie auch mache
das ist ein Irrtum
denn ich denke und denke
bis ich mir die Idee verrenke
ein Beschluss ist schließlich
etwas
das ich tun muss
das sehe ich nun ein und
ändere mein Verhalten von
Denken zu Handeln
hoffe ich

Beate Irene Schäfer * 1975

Niemand ist so wie Du

Niemand hat es leicht,
alle Anderen haben es schwer

Niemand ist wirklich zufrieden mit dem
   was ist,
alle Anderen sind mehr oder weniger
   unzufrieden

Niemand lebt immer im Hier und Jetzt,
alle Anderen leben in der Vergangenheit
   oder in der Zukunft

Niemand ist eine Person ohne Rang und
   Namen,
alle Anderen sind Personen mit Rang und
   Namen

Niemand will alle Anderen ein bisschen auf
   den Arm nehmen,
alle Anderen ärgern sich darüber aber
   verzeihen Niemand sofort

Alle lachen gemeinsam und freuen sich,
denn es ist Nichts passiert

Ulrich Scharner

Geh-Zeiten des Lebens

Wer schuf die Gezeiten des Lebens?
Wer die der See und der Meere?
Der Menschen Versuch ist vergebens,
zu ergründen, wem gebühret die Ehre!

Warum gibt es Lebensgezeiten?
Wer wollte sich Freude bereiten?
Warum gibt es Schatten und Licht?
Die Menschheit begreift das nicht!

Sie wird es niemals begreifen.
Und sollte sie ewig noch reifen!
Trotz Mutmaßung und Gemunkel,
der Grund bleibt der Menschheit im
   Dunkel!

Die Menschen kommen und gehen,
mit den Geh-Zeiten des Lebens.
Und Keiner wird jemals verstehen.
Da ist jede Mühe vergebens!

Gerd Scheiner

Das Geheimnis
groß oder klein
soll niemals erraten sein.

Zugeklebt und abgeschlossen
versteckt vor hohen Rossen
König, Kaiser, Papst
Niemand soll's erfahr'n.

Leise spricht man, wenn darüber
schnell die Erinnerung vorüber
dunkle Ecken, leise Stimmen
Versammlungen bei Lichterglimmen
Ein Verräter spricht darüber
Geheimnis schnell vorüber.

Welch ein Jammer
schnell verflogen
um den Putsch betrogen.

Mit Stock und Stab
bekämpfen sie den Rat
bis Geheimnis und Verschwörung
werden zu Zerstörung.

Sofie Schelcher * 1995

Gedankenliebe

Die Gedanken sind bei mir,
faszinierende Liebesworte – Blicke –
und ein Hauch von dir.

Unerreicht in deiner Jugend,
wurde doch mein Herz erreicht.
Wenn auch für mich die Zeit stehen bliebe –
es ist eine Gedankenliebe.

Carmen Schellhardt * 1959

Die Entfaltung

Sanfte Wogen der Freiheit
rauschen um ihr Haar,
das goldig blüht,
schwarz und strahlend;
sie, die es ewig zu erfassen
versuchte, bekommt es nun geschenkt.
Was spielt das Leben mit den Leuten?
Ewig lockt es uns
zur Tat
zur Grausamkeit
gepeinigt werden die,
die Schmerzen fühlten
in unendlicher Fülle
mit den Händen kann man nur
zu den Sternen greifen
– Oh Vater!
Was hast du mir getan?

Ann-Kathrin Schickinger * 1998

lob des magus

welche vermessenheit des menschen
alles wissen, beherrschen zu wollen
sprühende geistesfunken setzen
die welt in brand und zerstören damit den
reiz des unmittelbaren seins

was hat dieses menschliche streben erreicht
seit der vertreibung aus dem garten eden -
der entschlüsselung eines geheimnisses
folgte die entdeckung vieler neuer
ein ewiger kreislauf im nebel

da war einer im norden
ein magus genannt
der das schon wusste
er ruft uns noch heute zu:

denke weniger, lebe mehr

Leonhard Schiffer

Was du nicht weißt

Still scheint es
doch ich höre das Flüstern um mich
hopsend, flimmernd, schleichend
und immer da
nicht zu leugnen, bloß zu verleugnen
lauter werdend
drängend auf neue Bekanntschaft
kreisend kommen kunterbunte
tiefnächtlich schwarz gefärbte
Gedanken dazu
gut, böse, aufregend, einsam, neu
es kann sich in alles verwandeln
windend enge schlingen ziehn
neue welten öffnen
kann dich abschotten
oder verbinden
was machst du aus
deinem Geheimnis?

Leonie Schindler * 1999

Das Geheimnis

Hinter Gittern kauert's
Will raus nur raus, Freiheit, Freiheit!
Schreit, weint, rüttelt an den Stäben
Diese kalt doch nicht taub
Der Wächter erschöpft, blass und blässer
Die Schlüssel umklammert fest, doch
Der Blick hadernd, weich und weicher
So ringt er, kämpft er, fällt.
Und die Schlüssel langsam
Führt er ein, dreht sie einmal, zweimal
Erbarmungsvoll und gnädig
Im Herz des Häftlings um
So frei! So frei! So tot.

Linda Schinkels * 1992

Geheimnis

Wie lange ist es her, dass wir uns kannten
und einander geliebte Freunde nannten?
Alle Sorgen, sie entschwanden,
als sich unsere Wege fanden.

Wie oft hast du mein Herz berührt?
Mich mit deiner Liebe zu Tränen gerührt ...
Es war mehr als ein flüchtiger Kuss,
und mehr als ein kurzer leidenschaftlicher
    Genuss.

Die Liebe, sie traf uns mit ganzer Wucht,
war aus dem Alltag eine Flucht.
Niemand durfte es wissen,
dass wir uns lieben und küssen.

Wir waren uns dereinst sehr nah,
und unserer tiefen Gefühle gewahr.
Doch du durftest nicht mir gehören,
denn wer will schon eine Ehe zerstören?

Nur in unseren Träumen konnten wir uns
    finden,
Und sich unsere Herzen schicksalhaft
    verbinden.

Du bist mein großes Geheimnis seit dieser
    Zeit
Und ich bin Deines – bis heute und in alle
    Ewigkeit!

Sabine Schlager   * 1968

Geheimnis

„Das Geheimnis will ich wahren",
so klingen die Narren.
Seufzend flüstern, mitunter lüstern,
häufig verborgen und für Aufregung
    sorgend,
kaum Schallwellen bringend,
Mittelohr durchdringend,
wird verraten, was nicht zu erraten,
doch ist so missraten.
Ganz versessen
und nach eigenem Ermessen,
wird versprochen
und natürlich niemals gebrochen.
Und so berührt,
dann den Druck verspürt,
sich zu erleben,
sich zu ergeben.
„Das Geheimnis will ich wahren",
so klingen die Narren

Corinna Schleer

Flugasche

Überfüllt der Nachtzug – wortlos und eng –
    die Mäntel schneeregennaß,
aufgetürmt Koffer und Taschen, kaum
    Raum zum sich Wenden und Drehen.
Lärmend laut gewinnt der Zug Fahrt –
    vergeblich des Anderen Sprechen
    verstehen;
der Tür vom Perron fehlt seit Kriegsende
    noch immer das Glas.

Glimmend stiebt der Funkenflug – das Herz
    voll Furcht sucht den schützenden Ort,
den Sternenkosmos im Dunkel der Asche
    kann es trotz innerer Kraft nicht
    ertragen.
Ängste horchen in sich – ausgeliefert –
    zwecklos nach Hilfe zu fragen.
An erlebte Wirklichkeiten erinnern gibt
    Halt – doch fehlt ein lesbares Wort.

Im Bildgedächtnis wohnt das Geheime zum
    Erlöstsein in des Herzens Innensicht;
denn das Bild allgegenwärtig, unbelastet
    von Gedanken des Verzagen,
im stillen Einklang mit sich selbst – es läßt
    versiegen Angst und Klagen.

Jenseits von Worten verschmilzt der Bilder
    Seele und Vernunft im Morgenlicht,
löscht der Blick aufs Häusermeer ein
    Denken und Grübeln vom Anhalten
    der Zeit.
Kaum ausgestiegen, Ruß haftet am Ärmel –
    ein Klopfen, alles ist von Flugasche
    befreit.

Walther Schliepe

heimliche Liebe

Augen sprechen tausend Worte
Hände zeigen viele Orte

Ohne Ton ganz stumm die Stimme
Schöne Bilder wandern durch die Sinne

Aus Erinnerung geboren
Im Gedächtnis eingefroren

Niemand darf erfahren nun
Was wir zwei Liebenden tun

Doris Schlösser

Das Geheimnis

Dir wird was erzählt,
doch Du darfst nichts sagen,
Du wurdest gewählt,
es im Herzen zu tragen.
Momente gibt's
da wird es Dich quälen,
doch Du hast versprochen
nicht drüber zu reden.
Wenn du diesen jemand
etwas versprichst,
dann behalte auch stets
das Geheimnis für Dich!

Carmen Schmidt * 1975

Seinssuche

Wie kann ersehnen, Seele so tief in mir
Was niemals ich gehabt und Erinnerung
Mitnichten meine Wehmut formet?
Ewiges, Göttliches, muss es sein! Doch

Wie komm ich hin zu diesem so
    Göttlichen?
Geheimnisvoll erahnt, doch ists wahres
    Sein?
Weit unter dieser Ahnung weilet
Tief in der Seele die milde Schwermut.

Constantin Schmidt

Narben

Fühlst Du,
wie es dich zerfetzt.
Immer weiter, bis zum bitteren Ende,
führe ich es selber fort.

Narben, die für immer bleiben.
Erzählen eine Geschichte,
warum findet jeder
sie nur so interessant.

Intrigen regieren das Leben,
keiner soll es jemals erfahren,
fühle mich krank.

Ein Muster, das ich selbst verschlüsselt habe.
Mein Geheimnis zeichnet mich.

Leonie Schmitz

Zärtliches Geheimnis

Wie sehr ich mich an deine Seite sehne,
so süß das Geheimnis zwischen uns.

Seit Jahr und Tag gehütet
in Herzen und Gedanken.

Niemals ausgesprochen
verborgen in Sekunden der Ruhe.

Die Magie in deinen Armen
lässt die Zeit still steh'n.

Wir sind eins,
wenn auch nur für den Wimpernschlag
    einer Nacht.

Stephanie Scholz * 1988

Verborgen

Tief in meinem Inneren, meiner Existenz,
    meines Sein,
Verborgen hinter Tür und Angel und dem
    Brustbein.
Dort hüte ich einen Schatz, ganz still und
    geheim,
Dass es niemals je heraus kommt und
    niemand je hinein.

Mein Herz, es schlägt, so leise und still,
Manchmal schnell, ungezähmt und schrill.
Oft auch beständig und zahm wie ein
    Lamm,
Aber nie entbrannte das Feuer und brach
    den Damm.

Doch als dieser jemand in mein Leben trat,
  war es ganz außer sich,
Es war Feuer und Flamme, gar stürmisch
  und fürchterlich.
Es war wie ein lodernder Ofen, verschlang
  es mit züngelnder Flamme,
Die eine Person, die dort vor mir im Wasser
  stand.

Doch ich hatte Angst vor dem Wasser,
  Angst vor dem Nass,
Welches Flammen so schnell den Gar aus
  macht.
Ich hatte Angst vor der herannahenden
  Gischt,
Denn der Zauber erlischt, kommen beliebte
  Worte ans Tageslicht.

Nathalie Schöps   * 1992

Sommerseele

Sanft streicht
der kühle Abendwind
den letzten Kummer
von der Stirn.
Träumend leicht
hebt sich empor
was noch umschlungen war.
Und im gedankenleeren
Augenblick
treibt schwerelos die
Sommerseele.

Renate Schöttner   * 1957

Das Geheimnis

Die Kinder haben keine Ahnung
Die Mutter sagt den dreien nichts.
Der neue Mann, der ist ein Schönling
Im Auftritt eines Taugenichts.

Die Mutter hätte gern den Partner
Doch er, der sieht dann nur ihr Geld.
Sie denkt, da kann er lange warten
Doch fährt sie mit ihm durch die Welt.

Die Kinder sagen Mutter, lass' das
Die Mutter sagt Kinder, ich weiß.
Sie denkt bei sich ihr drei wisst gar nichts
Der Mann der macht mich einfach heiß.

So sind's nochmal zehn schöne Jahre
Sie nimmt den Kerl so wie's sein muss.
Am Ende lässt sie keine Haare
Und er gibt ihr 'nen schönen Kuss.

Da sieht man's dann doch wieder deutlich
Die Kinder hab'n nicht immer Recht.
Die Mutter grinst und lacht ganz freundlich:
Der Sex im Alter ist nicht schlecht.

Gabriele Schreib   * 1949

Das Ich

Was ist das „Ich" und was will es werden –
hat es einen festen Platz hier auf Erden?
Wo es schon ist und wie es so kam,
das sieht man dem Ich zumeist nicht gleich
  an.
Und dann wankt es und schwankt
zwischen hier und grad' eben und
will sich entscheiden auf all seinen Wegen.
Und will nicht vergessen; will alles
  behalten –
wie sonderbar die Ich-Gestalten,
die weder jetzt sind, noch früher werden;
im Wandel der Ich-Gezeiten, hier, auf
  Erden.
Wer sich zweigt seinen Weg,
mal hierlang und dorthin geht,
hat viel gesehen, was zu verstehen
nicht immer und jedem gelingt.
Doch nur Mut, denn grad' ist der Pfad,
der von Stein zu Stein gegangen ward'.

Nur dort ist's sicher und hier wieder nicht –
Vergangenheit ist immer aus Zuversicht –
der gerade Weg nur bei der Rückschau
    bricht.

Franziska Schreier * 1986

Das Geheimnis

„Weil dieses ein Geheimnis ist
und weil du meine Freundin bist,
gib es nicht preis!",
so sprach, als wir noch Kinder waren, einst
    Hans leis'.

Er hat's mir in mein Herz gegeben,
schwören musste ich bei meinem Leben,
dass ich – ob Schneestern oder
    Sommerblüten –
würd' immer dies Geheimnis hüten.

Ich barg es tief in meinem Innern;
heut' kann ich mich nicht mehr erinnern,
was er mich zu bewahren hieß.
Wahrscheinlich müsst' ich all mein Wissen,
    Denken lassen,
um das Geheimnis neu zu fassen,
das ich aus dem Bewusstsein ließ.

Hans ist schon tot, doch kann er ganz
    beruhigt von oben
herunterschau'n, denn sein Geheimnis ist
    bei mir gut aufgehoben.

Und wenn ich nicht meschugge werde,
dann kommt es auch niemals ans Licht,
dann geh ich ganz verschwiegen von der
    Erde
und das Geheimnis, das erfahrt ihr nicht.

Rosemarie Schrick * 1957

Kind sein

Wenn die Feen beste Freunde sind,
und die Teddybären mit dir reden,
dann kannst du mit ausgebreiteten Armen
    fliegen,
denn du lässt Zauber in dein Leben.

Das Christkind ist für dich ein kleiner
    Engel,
der Osterhase malt dir die Eier bunt.
Eis bringt Freude und Glück,
ein Bonbon Harmonie in deinen Mund.

Dann bist du reich
und lebst in den Tag hinein.
Denn du kennst das Geheimnis,
wie man es schafft, noch Kind zu sein.

Claudia Schröder * 1978

Immer und immer wieder
Sie fallen wie von selber nieder
Die Gefühle brechen weg

Ich merke nichts mehr
Alles verschwindet im Tränenmeer
Schreie denn es muss raus

Kann nicht viel sehen
Nicht mehr gerade stehen
Sie lassen los lassen allein

Nur verzerrt schwemmen sie rann
Die Geheimnisse kommen an
Lassen es zu wahrgenommen zu werden

Alina Schroeter * 1997

Das Geheimnis

Es existiert in jeder Lebenslage und bleibt
    dir treu
bis ans selige Ende deiner Tage

Das Ritual die Auslese übernimmt denn der
    Zugang
ist nicht für jedermann bestimmt

Traditionsbewusst es widerspiegelt und
    per Eid
den Bund im Geist besiegelt

Das Verborgene ist Ihre Welt denn es
    herrscht
Verschwiegenheit das ist was zählt

Manchmal endet es seltsamerweise im Grab
da der letzte Insider verstarb

Tatsachen die das Leben schuf trotz allen
    Versuchen
unwiederbringlich in Mutter Erde ruht

Die Wissenschaft sich auch bemüht es
    bewahrt
und streng behütet der Gedanke kennt
    keine Schranke

Die Politik benutzt es auch als Unterpfand
und streitet zum Wohle für das Vaterland.

Durch Erkenntnis es Wertvolles schafft gibt
    Impulse
verleiht Ruhm und Macht

Seit Menschengedenken stellt sich die Frage
ist es schützenswert oder das Zünglein an
    der Waage

Alexander Reinhard Schröter * 1937

flügge

Sekunde um Sekunde tropft
und fällt hinab ins Zeitenmeer.
Und jeder Herzschlag, der da klopft,
verhallt im Raum und ist nicht mehr.

Was Herzschlag und Sekunde trug
war der gefühlte Augenblick.
Daraus wächst dir aus Leid und Glück
das Federkleid zu deinem Flug.

Peter Schuhmann

Meine geheime Sonne

Große funkelnde Sonne, mich in deinen
    Bann gezogen,
lächelnd mit zwei Gesichtern, dem
    spielendem und dem echten:
Selbstbezogen und selbstlos, manipulativ
    und unschuldig,
fordernd, überfordernd und geduldig
    wartend,
äußerlich überheblich und innerlich
    verletzlich,
scheinbar eiskalt und doch von Gefühlen
    erhitzt,
so stark allein und doch so hungrig nach
    Liebe,
unbeschwert, gedankenlos und mich
    fürsorglich festhaltend,
gefährlich und vertrauenswürdig,
    verwirrend und doch in dir gefestigt.

Klar in deinem Ja, charmant überzeugend
    oder dominant mich überrollend,
mit dem Kopf durch die Wand und dann so
    unglaublich sanft.
Überschwemmt von deiner Zärtlichkeit
    lasse ich mich mitreißen.
Vergesse, wer ich bin und was ich will,
    verliere mich ohne mich zu verlieren.
Fühle mich, wie eine Seiltänzerin, zwischen
    Welten balancierend,

in der Luft schwebend, fliegend, mit der
   Gefahr zu fallen spielend.
Tanze für einen Moment nur im Jetzt. Bist
   du mein Sicherheitsnetz?
Und dann in den Seilen hängend, erhitzt,
   schwitzend, erschöpft,
lusterfüllt und liebeshungrig – tief
   traurig, reuevoll und doch aufrichtig
   glücklich.

Larissa Schüler   * 1987

seelendunkel

ein einzig glück, das sag ich dir
ist's, diesen schrei von dir zu fühlen
– wie muss der schmerz doch in dir wühlen
und tat es immer. dacht' ich's mir.

befrei' den vogel, lass' ihn fliegen
den, der den Namen Seele trägt
und schau' ihm nach. der Flügel schlägt
das herz ist stark. er kann noch siegen.

die höchste zeit ist angekommen
dass du dich selber wieder findest
und nicht auf alten wegen windest
hast du denn nicht den schrei vernommen?

Sabine Schultz   * 1966

Ein Geheimnis ist, wie jeder weiß...(?!)

Ein Geheimnis ist, wie jeder weiß ... (?!),
unsichtbar und kochend heiß!
Es ist des Geheimnis' wahre List,
dass es nicht für jeden ist.

Gerät ein Wort in falsche Ohren,
hat das Geheimnis schnell verloren.
Hinter vielen Vorhängen versteckt
wird's mit reichlich' Vorwänden verdeckt.

Des Geheimnis' Pflicht ist schlicht:
Komme nie ans Tageslicht.
Diese Logik ist nicht schwer,
sonst wär' es kein Geheimnis mehr.

Größtes Geheimnis, weiß man genau,
ist der Verstand zwischen Mann und Frau,
das Kleinste kann sich gut verstecken,
Neugier an der Nase necken!

Jeder macht sich seinen Reim,
doch Geheimes bleibt geheim!
Münder grüßend sich verneigen,
Geheimnisse auf ewig schweigen!

Anja Schulz   * 1965

Spieglein, Spieglein

Ich seh' im Spiegel eine Frau
Mit weißem Haar, mit Falten im Gesicht
Seh' sie ganz genau
Und erkenne sie nicht

Vorm Spiegel steht jemand anderes
Vorm Spiegel ist Alice erst 23
Sehnsucht im Blick des Wanderers
Und im Dunkel der Nacht tanz' ich

Der Spiegel entdeckt
Was ich verstecken wollte
Eine Wahrheit liegt versteckt
Die niemand sehen sollte

Schwarze Krähen beklagen
Den nebelerfüllten Herbst
Können wortlos sagen
Was du heimlich begehrst

Leuchtende Augen und ewige Jugend
Schöner Schein und Eitelkeit
Unwissen wird zur Tugend
Und nur der Spiegel weiß bescheid

Nancy Schumann   *.1977

Dauertod

Tote
beklagen sich
nicht mehr und
nur Lebende können das
ausnutzen ...
Es ist ein Deal direkt vor dem Abgrund
und auch einen Schritt
weiter.
„Schlechtes Charakterkarma"
reimt sich auf:
Das Nichts.

Dirk Schwann   * 1964

Warum

Warum nur hat niemand geseh'n,
wie meine Augen nach Hilfe fleh'n,
als sie Tränen trugen danach,
woran heimlich meine Kindheit zerbrach?

Warum nur hat niemand gehört,
dass meine Seele, so leise zerstört,
bettelnd nach Erlösung schreit
von dieser Schmach und Einsamkeit?

Warum nur hat mich niemand bewacht,
als schreckliche Nacht an schrecklicher
    Nacht,
meine Träume zerfressen,
die Angst an meinem Bett hat gesessen?

Warum nur war nirgends eine Hand,
die mich in dieser Finsternis fand,
um die Leere aus meinem Herzen zu fegen
um Schutz um mein Kindsein zu legen?

Warum nur war ich so allein?
Gehorsam war Pflicht, niemals ein „Nein"!
So trug ich gehorsam meine große Last,
weil du – einfach weggesehen hast!

Gerti Schweisser   * 1966

Naturgewalt

Wie kann man dem Fischlein verbieten
im erquickend frischen Wasser zu
    schwimmen,
wenn die goldenen Strahlen der Sonne froh
    flimmern,
im Fluss des Lebens sich labend?

Wie kann man dem Vogel verbieten
im dämmernden Licht den Morgen zu
    grüßen,
mit frohem Gesang den Tag zu versüßen
im Meer der Träume sich lösend?

Wie kann man dem Herzen verbieten
um das Fünffache schneller zu schlagen,
wenn meine Augen in deine zu blicken
    wagen,
im Ozean der Sehnsucht ertrinkend?

Tatyana Seeger

Wintermärchen

Leise fällt der Schnee ins Land,
silbern knisterts im Baum;
über Wälder schwebt ein helles Band,
wie ein märchenhafter Seifenschaum.

Des Winters Kraft erklingt in Moll,
und weit hinter sieben Bergen,
da steckt im Busch geheimnisvoll
ein goldnes Blatt, erdacht von Zwergen.

Andreas Seele   * 1951

Geheimnis

Das Kind war stumm, es registrierte
geboren war es als das vierte
von fünf
nicht kundig, noch alert

die Tuschel-Mystik blieb versperrt
ihm lange
Was die Anderen einte
worüber das Kind auch schon mal weinte
war ganz geheim, und es wog schwer
der Mühlstein, zog die Großen runter
das Kind indes war seltsam munter

Nurit Seewi

Geheimes der Menschen

Hörst du sie flüstern, kichern und tuscheln?
Kannst Worte, den Sinn jedoch nicht
    verstehen.
So rätselhaft wie das Rauschen von
    Muscheln,
kannst auch du nicht in das Innere sehen.

Schau den Menschen ins Gesicht,
Gedanken bleiben im Gehirn.
Ach, wie viel siehst du dort nicht,
schaust jedem ja nur vor die Stirn.

Verstehst nicht die Freuden oder die
    Sorgen,
die sich in den Köpfen drehen.
Das Wahre bleibt Anderen meist
    verborgen,
bevor auch die letzten Lügen verwehen.

Bleibt es im Dunklen, kommt es ans Licht,
wie schattenreich ist unsere Welt.
Doch Geheimnisse verrät man nicht,
solange man sein Versprechen hält.

Was ist schon wahr,
vielleicht trügt nur der Schein.
Vieles ist noch gar nicht klar,
und wird noch lange ein Geheimnis sein.

Tabea Seibel * 1999

Von wegen Finderlohn

Ich fand ein Dossier „Streng geheim"
Ich sah nicht rein, nahm's mit nach heim,
schloss Türen und Fenster
aus Angst vor 'nem Gangster –
drin stand: „Pech, du gingst auf den Leim!"

Ulrich Seidel

Es lässt mich schweigen,
macht mich still,
es macht mir Angst,
weil ichs nicht will.

Ich will es teilen,
wills verkünden,
wills erzählen,
mich verbünden.

Doch ich weiß,
es wird nur schlimmer,
wenns wer weiß,
drum schweig ich immer.

Mein Geheimnis
es macht mich stumm
doch innerlich
bringt es mich um.

Julika Siebel

Das Wort

Wer die Macht hat über das Wort
hat Macht an jedem Ort.

So soll er wohl bedenken,
was er will damit lenken.

Denn eines ist Gewiss,
das Wort hat seine List.

Darum sei wohl bedacht
und geb' auf deine Worte acht.

Elke Siegel

Mein bestes Pferd

Ich gehe mein irdischen Weg
und bemühe mich;
ein bestimmte Entwicklungsstufe zu
　　erreichen.

Aber diejenigen Menschen,
die die materialistische Einstellung haben,
können nicht ihre irdische Wege gehen,
um höhere Entwicklungsstufen zu
　　erlangen,
weil sie keinen Glauben
an tiefere Schichten des Lebens
und den Schöpfer des Lebens haben.

Wie kann man
an die Entstehung des lebenden Lebewesen
aus den toten Materie glauben,
obwohl umgekehrt richtig ist
und das lebende Lebewesen ist der Erzeuger
　　der toten Materie
und auch durch den Tod endet das
　　lebendige Dasein des Lebewesen
und verwandelt er sich zu tote Materie.

Sirius

Im Zauberwald

Ich weiß nicht wie mir geschieht
Du bist alt
Du bist neu
hört sich an wie'n Liebeslied

Der Sound ist gut
wir bewegen uns zur Musik
doch zum lieben
braucht man Mut

Nüchtern sein
sich nackt machen
in die Augen schau'n
wir sind klein

Die Nacht kommt bald
möchte, dass es heimlich ist
ich steh' hier und wart' auf Dich
im Zauberwald

Julia Sixt　* 1978

Wann?

Wann werden wir lernen
Zu leben
In Einklang
Mit uns
Und Natur,
Zu bewahren
Den Frieden
Der brüchig
Und kostbar
Uns nur selten umfing?
Wann werden wir lernen
Zu leben
In Einklang?

Alexander Henning Smolian　* 1977

omertà

verstohlen
die zufallsbegegnung auf dem korridor
schweigegürtet
atem gepresst in den mundschutz
wortkarg
es ist ein fall von gedrungenheit
eingemauert ins unterschwellige
in versteinerte verhältnisse
in funktionale gefühl-wasch-bauten
in zweckdienliche konformitäten
was versiegelt das ungesagte
kaschiert in den lücken
einer klandestinen sprache
als verräterische verständigung
des unhörbaren achselzuckens

(totgeschwiegene betonköpfe
werden niemals spruchreif
beschattet von einem augenabschlag
weil sie jeden ausliefern
dieser totalen tatensprache)

Soffie Souffleur * 1961

Freitagabend, Nähe Friedberger Platz

Ich denk' an Deine Lippen Tag und Nacht.
Weißt Du, wie sehr's ihr weicher Glanz mir
    antut?
Darin erglimmt libellenleichte Anmut,
von lichter Flügel leisem Schlag entfacht.

Wie ranken Deine Haare noch und noch.
An sie, seh' ich die Linden draußen wogen,
denk' ich, fühl' mich von Schönheit
    hingezogen,
so rätselhaft und augenscheinlich doch.

Entlang der Reih'n, wo Ast' und Zweige
    weh'n,
ein flatternd' Grün aus silberblassen
    Flocken,
such' ich nach Dir, Frau mit den schwarzen
    Locken,
hier wo Du lebst, wo jene Linden steh'n.

Vom Platz her hat ein Lärm sich breit
    gemacht.
Ging doch nicht hin, weil die Idee mich
    narrte,
Du trügst mich nicht, so wie ich bin, und
    warte.
Ich denk' an Deine Lippen Tag und Nacht.

Hanns Spohr

Geheimnisse

Sie klopfen an.
Wir öffnen die Tür.
Sie treten ein und bleiben.
Sie setzen sich.
Sie sehen sich um,
und hüllen sich fortan in Schweigen.

Sie begleiten uns lautlos.
Sie umgeben uns ständig.
Sie legen sich mit uns schlafen.
Sie machen uns traurig.
Sie machen uns glücklich.
Sie machen uns zu ihren Sklaven.

Eine Weile, werden wir es genießen.
Eine Weile, werden wir es ertragen.

Wir öffnen die Türe.
Einige gehen.
Einige werden uns bleiben.
Sie sehen uns an.
Sie sehen beiseite,
und hüllen sich weiter in Schweigen.

Susanna-Sara Spring * 1982

Das Geheimnis

Du trägst es tief in Dir verborgen.
Es wiegt recht schwer an manchem Tag.
Gelegentlich bereitet's Sorgen.
Wird manchmal gar zur echten Plag.

Doch keimt auch Freude mit ihm auf.
Bald will es blüh'n, bald drängt's ans Licht.
Im täglich neuen Sphärenlauf
Ersteht es auf, eh's wieder bricht.

Es ist nicht böse. Ist nicht gut.
Lässt keinen Leid und Schmerzen spür'n.
Mal ist es Feuer, mal nur Glut.
Doch ewig wird es an Dir rühr'n.

Lässt Du es frei, so ist's gewest.
Hältst Du es bei Dir, hat's Bestand.
Entscheid' Dich selbst, wie Du es lebst.
Es liegt – allein – in Deiner Hand.

Toni Stadelmann * 1974

Carpe Noctem

Sie begrüßen sich mit stillen Blicken
– ein Lächeln umspielt sanft ihre Lippen,
deren Kuss er darf nur des Nachtes nippen –
und verabschieden sich mit stummen Nicken.

Würde sie ihm nur „Guten Tag!" sagen,
wünscht er sich in seinen leisen Bitten,
jedoch, es widerspräche allen Sitten,
drum wird sie nie es unter Leuten wagen.

Aufgeben werden sie diese Liebe nicht,
wenngleich sie immer trennt das Tageslicht.
Gemeinsam genießen sie ihre Jugend

und so bleibt es bei den treuen Blicken
und ebenfalls bei dem scheuen Nicken,
denn auch die Nacht zu nutzen ist wohl Tugend!

Rahel Stahmann * 1997

wir

Weil du mich liebst
mir Hoffnung schenkst
jagen Feuer und Eis
miteinander durch meinen Körper

Vergangenheit ist gegangen
sitzt vor meiner Tür
liebt mich immer noch
Wieso mich?

Tief in mir
spüre ich dass du mich liebst

dass ich leer bin
aber nicht allein

Bist nicht du gewesen
hast mich nicht angelogen
hasst mich nicht
nicht du hier und jetzt

Trotzdem liebe ich dich

Janina Steffens aus Zeven * 2000

Geheimnis

Ich denke grad an die Piraten,
die niemals jemandem verraten,
wo sie die Schätze einst verscharrten
und dann mit ihren alten Karten
auch Jahre später dann noch warten,
bis sie zum buddeln auf dem harten
Boden dann mit rost'gen Spaten
an der Stelle mit dem X
merken 'Huch, da ist ja nix'.

Nun ist der Schatz – wie solls auch sein,
für alle Zeiten ganz geheim!
Bis heute noch von keinm' entdeckt
ist das Geheimnis gut versteckt.

Steníto * 1985

Fischlein

Ich habe es überlistet, so ein kleines;
durch Camouflage der Leine und das
    verräterische Eisen.
So ein kleines.
Weder aus Silber noch aus Gold,
nur voll Wasser.

Es spricht nicht mit mir,
bittet nicht um Gnade
und schlägt auch nichts vor.
Nur dieses Schweigen!

Kein Versuch aus dem Gefängnis meiner
   Hände zu entkommen.
Gibt es auf ohne zu verhandeln?
Nur dieses Schweigen!

Stumme Verwirrung schnürt mir die Kehle
mit Galgenstrick zu.
Könnte dies meine letzte Chance sein?
Wofür und warum?

Bedienungslos öffnen sich die Zwingen
   meiner Hände.

Verzeih mir Fischlein die dornige Pein.

– Bin stolz auf uns –

Heinrich Stenzel * 1951

Das Geheimnis

Das GEHEIMNIS ist wie ein mystisches
   Wesen!
Nicht zu greifen, und doch ist es – immer
   – da!
Ein GEHEIMNIS, schon seit uralten
   Zeiten,
begleitet uns, und ist uns – immer
   – gewahr!
Es kann uns beschützen, nützen und
   stützen!
Nicht – Alles – zu wissen, tut auch mal
   ganz gut!
Doch, manches Mal kann es gefährden!
Es könnte sogar unser Untergang sein?!
Ein GEHEIMNIS, es gibt sich – nie
   vollständig – Preis!
Immer – hält es was – in sich – verborgen!
Wenn sich erst – eine Tür – zum Wissen
   geöffnet hat,
hält es die – Zweite – ganz sicher
   verschlossen!
Ein GEHEIMNIS, kann süß – oder – voll
   Abgründe sein!
Es lüften zu wollen, hat – stets – seinen Preis!

Wie hoch – dieser – sein soll, dass liegt
   ganz bei Dir?!
Lehn ihn ab – oder – zahl, –was immer –
   dafür!

Heidrun Stephan * 1963

Geheimnis

Das Geheimnis
meines Lächelns ist,
dass seine Zauberkraft
nur dich erreicht.
Niemand sonst
kann sie wahrnehmen.

Ich wünsche mir,
dass mein Lächeln
seine Zauberwirkung
niemals verliert;
denn ich möchte d i c h
niemals verlieren.

Inge Stieb * 1933

Der Pranger

ES WAR EINMAL vor Zeit, sehr langer,
da gab es einen Pfahl: den Pranger.

Wie finden Sie's? Präzis? Fies?

Man könnte doch an allen Orten
Betrüger, Mörder und Konsorten,
auch welche, die uns falsch regieren,
an Vorteilen nur sehn die ihren,
die Autos klauen, Steuern schinden,
auch heute an den Pranger binden.
Für alle Arten von Betrug
Wär das dann offner Strafvollzug.

Wie finden Sie's? Fies? Präzis?

Sie halten das für faule Tricks?
Wer rechtens lebt riskiert doch nix.

Manfred Stock

Das Geheimnis

Ein Schlüssel hängt am Nagelbrett,
ach wüsst' ich nur wer's Schlosse hätt'.
Wohin er g'hört, ich weiß es nicht.
Er ist so klein, so zierlich, schlicht.

Die Neugier packt mich immer mehr.
Ich suche, doch es fällt mir schwer,
zu finden, was er zu Öffnen scheint.
Was könnt' es sein? Was ist gemeint?

Nach langer Suche endlich, dann,
nähere ich mich der Lösung an.
Im Schrank ein kleines Kästchen liegt,
ich nehm' es hoch, merk', was es wiegt.

Es ist verschlossen, doch ich seh'
eine Öffnung und ich fleh',
dass sie zu dem Schlüssel passt,
um mir zu nehmen meine Last!

Er passt! Oh ja, wie wunderbar,
jetzt bin ich meinem Ziel so nah!
Ich öffne es, was seh' ich da?
Des Opa's Mundharmonika!

Silke Stock   * 1984

Geheimnis

Es ist geheim, noch nicht gemein.
Was soll das sein?
Entspringt's dem Sein?
Ich hör' mal rein.

Heim wie Heimat, heimatlich,
verborgen tief, nur innerlich
begrenzt durch außen sicherlich,
scheint es zu wirken ewiglich.

Doch ist's von Nöten zu bewahren
die Grenzen jedes Menschen wahren?
Wenn wir auf diesem Weltenmeer
gemeinsam wollen geh'n einher.

Geheimnis heißt, dass wir uns trennen,
lässt ein' vom ander'n weg dann rennen.
Weil in uns tief sind noch verborgen,
gedanklich tief erzeugte Sorgen.

Drum lasst uns lüften das Geheimnis,
die Trennung lösen ohne Wagnis,
so dass Gedanken, gute fließen
und wir das Leben jetzt genießen.

Rita Strasser   * 1960

Dionysische Weihe

O weinumrauschter Herrscher aller Sinne:
Beachte meinen Logos, höre her!
Und sehe, wie ich meinen Becher hebe:
Empor! Hinauf! Ins sternenträcht'ge All.

Als Myste steh' ich vor dir und erflehe:
Eidetisch' Fluten goldgeschäumter Monstra
Als Zeichen transzendenter Überwerfung
Von Raum und Zeit zu Sein und
    Gegenwart.

Erhört bin ich, der schlang durch seine
    Kehle
Den Soma lechzend' Kosmos ganz
    hindurch.
Et Ecce! Frei bin ich vom Grab Osiris'
Dem solve folgt noch stets: coagula!

Doch reist die ungeheure Macht mich
    wieder:
Vom Sternemeer hinab – bringt mich zu
    Fall.
Und stürzend, taumelnd, als Komet
    verbrennend
Umgarnt froh Gaia ihren Ikarus.

Nicolas Streun   * 1987

Himmel fasse dich

Manchmal solltest du es spüren,
Himmel fasse dich!
Gedanken
forschend tief in deine Weiten führen
und wie bunte Segel stürmisch
über deiner Wolken Urgrund schwanken.

Ragen hoch wie steile Maste in dein
    flimmernd Angesicht,
furchen scharf wie gute Kiele
ihre Bahn.
Schaffen sie dein Antlitz nicht,
prägen sie doch deine Züge,
so wie Erden sie getan.

Bernd Dieter Struck

Moment der Erkenntnis

Die Stille schmiegt sich an mich,
ein Rauschen in meinem Ohr.
Mein Herz klopft laut.
Wird es jemals wie zuvor?

Wer darf es wissen?
Wer darf es hörn?
Was macht es aus mir?
Was wird es zerstörn?

Nichts wird so sein wie es vorher war.
Ich bin wie erstarrt.
Ich habe Angst.
Das ist mir nun klar.

Es ist mein Geheimnis,
das niemand sonst teilt.
Es ist die Wahrheit,
die mich nun ereilt.

Doch dann kommt der Funken,
mir wird ganz warm,
ich erwarte ein Kind,
weder Kummer noch Harm.

Eva Stuffer   * 1996

Abstrakte Kunst

Wie ein Künstler ohne Farben
Hoch gestrickt der Sünden Fuhl
Gedanken seiner Selbst verdarben
In seinem inneren haust ein Ghul

Perversität im höchsten Maße
Reu'los an den Tag gelegt
von seinem Geiste, seiner Base
Das Gute aus dem Leib gesägt

Emotionen abgestorben
Fäkalien als Bild gerahmt
Nur er allein kann sich versorgen
Niemand hier, der Ihn ermahnt

Der kräftig-leuchtend rote Ton
Versiegt aus der entseelten Quelle
Die Klinge ruht im Schoße nun
Ein letzter Schlag, die letzte Welle

Das Portrait, das er gemacht
Daran wird er nie verzweifeln
Es sucht Ihn heim, fast jede Nacht
Doch er wird immer weiter eifern

Stunted Soul   * 1989

Das Geheimnis

Niemand soll es wissen –
niemand soll es hör'n.
Keiner wird es missen –
keiner kann's zerstör'n.

Ich nur weiß, was es bedeutet,
darum bleibt es nur bei mir.
Wenn es Sorgen mir bereitet,
kann ich teilen es mit Dir.

Geht Geheimnis auf die Reise,
ist das Halten meist sehr schwer.
Und auf irgendeine Weise –
ist es kein Geheimnis mehr.

Sue le Fay   * 1962

geheimnisvoller morgen

auch an diesem morgen
schiebt sich die silhouette deines rosigen
    lächelns
vor die blinzelblende des ersten
    sonnengrußes
und vergeblich greife ich
mit meinen noch traumtauben sinnen
nach dem blauen schemen deiner wärme
verzweiflung erfasst herz und hals
weil ich dich nicht halten kann
und so warte ich erneut mit zuversicht
auf dich meine winkende elfe
auf unsere güldene nacht

Hanspeter Suwe   * 1948

Menschenleid, Menschenlust

Verursacht, Gegeben, Bereitet,
voll Angst hab dich empfangen,
Nebel zusammen, Erkenntnis geweitet,
Lust gewonnen und niemals ein Bangen.

Es ist Schmerz und Demut und auch Leiden,
alles macht aus Mensch und mir,
wie mir mein Herz und Gut, sie auch neiden,
erheblich Menge Lust und Gier.

Verlust, verschwinden, sich wieder finden,
berechnend, gegenüberstellen, fragen,
geben, nehmen, halten, binden,
Liebe, Lust und Schmerz ertragen.

Ulrich Tamm   * 1955

Das Ungesagte

Die Nacht, sie trug dich zu mir hin.
Ein Traum hat sich verloren.
Ich spürte schmerzlich neu dein Sein,
das Sehnsucht sich erkoren.

Und Liebe, die der Himmel wiegt,
ward sogleich neu geboren.

Wie früher schaute ich dich an,
um gleichsam zu erkennen,
wieso du kamst, was dich bewegt.
Mein Blick bat, zu benennen.
Und ganz verstört und aufgewühlt
tratst du mir nun entgegen.
Umarmtest mich und tränennah
die Seelen sich bewegen.

Es drang dabei aus deinem Mund
und mir in den Verstand:
„Was ich jetzt sage, wirst du nie wieder
    hören."
Ich lauschte ganz gebannt.
Da nahm das Traumbild dich mir fort.
Und auch dein Wort, – ungesagt,
geheimnisvoll – verschwand.

Renate Tank

An Ständig

Meine Liebe mündet in Deinem Delta
Vibrieren Summen Tiefe
Stromschwingungen im Luftblick
Unaufhaltbar

In zittriger Atemlosigkeit
Geschlossene Lider
Warmrote Wangen und ein
Atemstoß Lächeln
Bis zum Aufflug

Doch dann
Die wortlosen Augen
Der gepresste Mund
Wie der kühle Beton eines Staudamms
Abprall
Dein Rücken meine Klagemauer

teodora de turan   * 1971

Geboren

wundervoller Augenblick
Augenblicke voller Wunder,
wundervolle Augen blicken
mit wundervollem Blick
aus Augen voller Wunder

Cornelia Teske * 1969

Das Lied vom See

Wenn Mondlicht übers Wasser flimmert
    und Träume durch die Lüfte weh'n,
könnt Ihr mich am Ufer bei den
    Trauerweiden sehn.

Mein Kleid ist aus Nebelschwaden, bestickt
    mit Sternenstaub.
Mein Haupt ist bekränzt mit Blüten- und
    Blätterlaub.

Ich sing Euch ein Lied, wie Ihr es nie
    gehört. So süß und so verloren.
Nun schlaft ein! Der neue Tag, er ist noch
    nicht geboren.

Hört Ihr es flüstern, leise wispern dort im
    Ried?
Schlaft weiter, es ist nur der Wind, der
    singt Euch mein Lied.

Er singt Euch von Liebe, von Glück und
    von Leid,
von Trauer und Sehnsucht nach
    vergangener Zeit.

Es klingt und es weht durch jeden Traum.
    Schlaft weiter!
Es ist nur der Wind und das Seufzen der
    Blätter im alten Weidenbaum.

Gudrun Tetzlaff * 1949

Jasmin

Jasmin hieß sie.
Blumig leicht im Namen
und Ihr Lachen erst,
unbeschwert und leicht.

Ihre Worte sanfte Grüße
erinnern mich an früher
wo mein Herz laut pochte,
meine Welt noch weit und groß.

Jasmin Erinnerung, du
an schöne Träume vergangener Zeiten
lang ist es her und ich erinnere mich gerne.

Ich schaue in das Tal meiner Vergangenheit
verflossene Träume bedecken meinen
    Lebenshimmel.
Strahlen der Hoffnung ziehen darauf ihre
    Fäden
das ist alles von meinem Leben.

Jasmin, ungelebtes Leben
muss ich mir doch eingestehen,
hätte ich mehr Mut gehabt,
ich hätte dich gefragt.

Claudia Maria Teuber * 1983

Komparsen-Statisten-Stadt-Urlaub!

Was soll man sagen?
Komparsen-Statisten-Stadt-Urlaub-
    Besichtigung!
Mache ich Urlaub oder eine Film-Studio-
Besichtigung? Nebenrolle-In München -
Drei bis vier Tage! Davon kann ich den
    Zug
Deutsche-Bundesbahn ebenfalls die Pension
mit Frühstück bezahlen. Mittagessen in der
Kantine. Ich war in München. Dort habe
    ich
gearbeitet. Stadt-Rundfahrt-Stadt-Führer-
Gästebetreuer!
Ausgezeichnet! Ja- Es war Super! Sehr gut!
Ich habe das Film-Studio gesehen.

Thomas Thesing * 1968

Das Geheimnis

Du Wiege der Menschheit, du sonniges
    Land,
du winktest mir öfters mit schwarzer Hand.
Eines Tages war ich wieder hier,
nichts hatte sich verändert, an dem Elend
    bei dir.

Der Menschen Lächeln, mystisch, als käme
    es aus den Tiefen der See,
in der die Träume Schäume sind und noch
    sagen sie ohne Hoffnung: Okay.
Sie senken nicht den Kopf, sie machen sich
    nicht klein,
vor des Mammons goldenen wuchtigen
    Schein.

Doch Deutschland, das reiche, schmeißt
    mit dem Geld um sich her:
Für Afrika gibt es Sponsoren – doch die
    korrupte Landeskasse bleibt leer.
Die Politiker reden, diskutieren, tun sich
    schwer:
Lassen wir notfalls einige kommen über das
    tosende Meer.

Sie sind wie die Blinden, oder vollkommen
    hei,
doch Onkel Tom lebt und er ist nicht frei!
Noch ist er müde, er sitzt da, lehnt sich an
    und er denkt:
in welches Geheimnis er seine nächsten
    Schritte wohl lenkt.

Hannelore Thiele

Insgeheim

Der Mensch an sich – ob Mann, ob Frau,
ahnt insgeheim schon sehr genau:
Das Offenbare wird schnell fade,
des Pudels Kern ist die Fassade.
Sie hilft dem Gernegroß beim Prahlen
und läßt das Mittelmaß erstrahlen.
Sie schützt die Schwächen, rundet Kanten
und reizt die Neugier der Passanten.
Die Neugier ist des Lebens Kraft.
Sie fordert Geist und Wissenschaft.
Kann Fremde leicht zusammenführen,
um Unbekanntes aufzuspüren.
Auch unter Partnern – selbst beim Paaren,
gilt es, die Illusion zu wahren.
Das schürt den Reiz, bremst den Verschleiß:
Was man nicht weiß, macht doppelt heiß.
Den Eigenbrötler rührt das nicht.
Der denkt mit finsterem Gesicht:
Ich nehm den Fakt, dass ich keins hab,
als MEIN GEHEIMNIS mit ins Grab.

Volker Tiefsee

Schatten der Nacht

hinter der treppe ...
ohne gesicht
saß er in der
kühle des abends
wartend alleine
im anzug

schattenrisse
aus papier und noch edel
liegen verteilt im tau
des lebens

dunkel,
die schlucht aus angst
sitzt im nacken
wo rosen vor jahren
noch schmerzten
so die mutter ruft ...

blüten in traurigen köpfen
liegen erloschen
im schatten der nacht

tom * 1952

Geheimnis

Geheimnis
des Glaubens
der Werte und Empfindungen
Meinungsaustausch ist kein Verrat
Gedankenwelten

Telefonieren
Kenntnis verschaffen
Freund hört mit
was du wissen sollst
verunsichert

Gefühle
sei achtsam
dir vertraue ich
höre mir gut zu
Urvertrauen

Tatsachen
liegen offen
bei wichtigen Nachrichten
stört mich die Frage.
Geheimniskrämerei

Lore Tomalla * 1931

meinezeit

Hoffnungsträger
Windbeweger
Nebelfeger
Lebensreger
nicht Vergeber
lieb gelebte, eng verwebte
gut gemeinte Herzensirre
wohl verwirre meine Sinne
dir gerinne alle Zeit der Liebe und des
    Schmerzeleid,
gewonnen dahin geschwommen
alles ineinander geronnen
zerrieben, miteinander geritten
verblieben, durcheinander gelitten

verloren in den vergangenen Zeiten
gelebt, geliebt, dort aufgehoben,
geträumtes Dunkles, endlich losgelöst von
    dem was befreit,
jetzt entzweit vor lauter
    Eifersuchtsgefühlen und dessen Leid?
Vergeben vergessen, nein?
Bin ich groß, bin ich so klein, machst dich
    davon und nicht „rein"?
Wer hier gemeint es lebt zu Euch, alles füllt
    einen Sinn, die die Ich bin.

Susanne Töpfer * 1962

Wenn du die Augen schließt,
so trittst du ein
in dunkle Kammern
deiner selbst.
Doch auch der Garten
steht dir offen
und jener Saal,
in dem du Liebe kennen lerntest,
in dem du Leben übtest.

Wachse da,
schließe die Augen
für die Weite
deiner Ruhe.

Karoline Toso * 1960

Mein Glück
Für meine Tochter

Was du brauchst
Liebe? Eine tröstende Umarmung
Ärger? Ja das darfst du auch
Glück und Zufriedenheit
Das ist stärke die dich aufbaut
Selbstwert? Ja das schenke ich dir immer
Mein Schatz – Ich liebe dich

Traumangel * 1978

Die Idee ist noch im Keim. Niemand kann
es ahnen, niemand kann es sehen.
Die Gedanken arbeiten versteckt nur im
Geheimen, es sind nur die meinen.
Alle Sinne richten sich danach aus,
bauen sich mit der Zeit, ein stabiles
Gedankenhaus.
Stetig im Geheimen, vergrößern sich die
Kräfte auf das Ziel gerichtet.
Sehr schön, mir eigen, stabil fühlt es sich
an, wie es nur im Geheimen tun
kann.
Zeit vergeht, innigstes Glücksgefühl,
Gedanken wiegen zum einzig selig
bringendem Ziel.
Angekommen, über allem schwebend, über
allem wehend.
Hindernisse dringen langsam ein, machen
deutlich klar, man ist nicht allein.
Nagen an den Geheimnissäulen, lässt sie
anfällig sowie gebrechlich werden.
Geheimnis, Geheimnis, deine Wellen
müssen mich führen, es darf nichts
passieren.
Gedanken, Schritte wiegen hin und her,
jedoch welcher wiegt jetzt mehr?
Geheimnis, Geheimnis, kann dich nicht
lassen, nicht mit meinen Händen
fassen.
Fragen fangen an zu drücken, Geheimnis,
schwere Last muss mich vor dir
bücken.
Geheimnis mein Selbst ist es was du
von mir verlangst, die Seele längst
verbrannt.
Zerstörung muss es geben, mit diesem
Geheimnis kann ich nicht mehr leben.

Gerlinde Tremmel * 1954

Das Geheimnis

Ich könnte die ganze Nacht
darüber sprechen über Gott und die Welt
über Liebe, Glück und Leid
Doch manchmal hilft es mir nicht weiter
Es ist nichts mehr in mir zurückgeblieben
nichts mehr
Es ändert nichts daran
Was Du fühlst für mich
Und wenn Du hundertmal sagst
Das Du mich liebst
Ich wünschte, Du würdest es mir etwas
leichter machen
Ich weiß Du bist besorgt um mich
Doch es ändert nichts daran
Ich bin so kalt so lange schon
Seitdem er ging
Bitte weine nicht um mich
Ich kann Dir nur eines sagen
Ihn liebte ich
Dich brauchte ich
Dies ist mein Geheimnis

Bärbel Ueberall * 1961

Geheimniskrämerei

Versteck dich, duck dich, dreh dich nicht
um,
steh nicht dumm rum,

sie können dich sehen, verstehen nur was
sie wollen,
nicht was sie sollen,

sie sehen nur Bilder, zeig ihnen wer du bist,
nicht was du isst,

versurf dich nicht, geh mal wieder raus,
aus dem Haus,

geh mal wieder was riskieren,
statt nen Status kommentieren,

nimm die Maske runter, denn darunter
   steckt dein wahres Ich,
das kennen sie noch nicht,

sei individuell, sei mal du selbst,
auch wenn du dir nicht gefällst,

auch wenn keiner den „Gefällt Mir"–
   Button drückt,
dein Glück,

das heißt du entsprichst nicht der Norm,
gehst nicht konform,

Schluss mit der Geheimniskrämerei,
sei endlich frei.

                    Franziska Ulrich * 1993

Psychopompos

Ein zarter Mensch
versteht sich selbst
als unsichtbar verkannt.

Den Konsequenzen nicht bekannt;
besessen, feste Form zu sein,
Superlativ, und nicht allein,
lässt er sich auf das Kampfspiel ein:
All seine Menschlichkeit verbannt.

Kein Leid der Zartheit mehr zum Feind;
ein Flug im Lügensturm des Seins.
Erregende Verwegenheit
er seiner Hülle einverleibt.

Perfekte Intrigen,
von Leere getrieben;
das Ich fault besiegt.

Dichter werdende Schatten
vermerken zärtlich den Menschen.
Alles war und bleibt schwarz.

                    Ida Usikova * 1991

Schau mich an

Schau mich an!
Schau mich an kleine Maus,
schau mir ins Gesicht
und du wirst sehen,
wie glücklich ich bin –
auch ohne dich.

Doch schau mir nicht in die Augen,
denn dann wirst du sehen,
dass ich im Inneren weine.
Du wirst die Träne
da drinnen sehen,
die dir verrät,
dass alles nur Lüge ist,
denn wie könnte ich
glücklich sein
ohne dich.
Denn da drinnen,
mein Herz,
gehört nur dir.

                    UweSchmidtArt * 1953

Das Geheimnis

Das Wort, das man sich gibt,
an Lebzeiten nicht vergisst.
Das Grauen was man sieht,
die Gerechtigkeit die Siegt.
All das ist gut versteckt,
in geheimen Eck.
Geheimnisse sind gut,
doch halt dich stets auf der Huth,
denn das was du Erzählst,
ein Leben lang du trägst.
Die Liebe ist geheim,
drum gib sie nicht mehr frei,
denn das was du Erzählst,
ein Leben lang trägst.
Nun nimmt das ganz ein End.
Bewahre alles gut und sei stets auf der Huth.

                    Vany * 1999

Die Schönheit zu Sein

Ich schlich still und auch leise
Nicht wußte ich wohin
Mein Aug' dreht sich im Kreise
und sucht den wahren Sinn

Er schien mir lang verloren
Er schien nicht mehr zu sein
Doch tief in meinem Herzen
sah ich ein Lichtelein

Es strahlte hell und heller
Durchbrach die Stille bald
und als ich es gefunden
war mir bald nicht mehr kalt

Nun fing ich an zu rennen
das Schreien war mir nah
So lerne ich Dich kennen
Du Welt bist wunderbar

Sandra und Adam Veil

Geheimnis des Glaubens

geteiltes Brot
nur Ding-Symbol?
Erinnerung?
nur Testament?

geheiligtes Brot
das heilige Brot
das Brot des Lebens
vergeben vergebens?

„Leib Christi"
Leib des Herrn!
fleischhaftiges Wort
leibhaftig geschenkt.

Wo Gott wohnt:
im Brot der Not,
wo der Tod droht.
Bist du das Du!

VeLo * 1972

Gefangen

Schule Freunde Party Buch
lernen lernen Freiheit such
erzählen denken Geige schenken
Erwartung Freizeit Leistung lenken

Gang Sang Sturz allein
Geheimnis Veränderung nicht schein
warum Angst plötzlich warten
dunkel dicht nicht verraten

mitgenommen gemerkt das
Mama Papa Lehrer lass
Wasser trinken essen Leben
Schule Liebe Glücksgeben

näher näher Pfeil Sicht
bewahren Geheimnis bitte nicht
Licht Tod vorbei verlassen
fragen wagen wundern Massen

Marleen Vidal * 1999

Lichter unter meiner Haut

Wie der Geist der letzten fünftausend mal
als ich ein Buch las oder das Geschirr spülte
oder mich allein ankleidete;

kam daher ein Betrachter
und alle Lichter unter meiner Haut
trommeln und brummen
zunächst ein dumpfes mattes Gelb
unter allem schwachen Lächeln und der
      Höflichkeit
unter den Kratzern und Narben.

Ein allumfassend gefräßiges Flattern
wachsend und summend, nackt
es brennt alles andere fort
dann die Sonne, die Sterne,
die Schwärze
und all der phantastische Schmerz

etwas zu wissen,
was nicht wahr ist.

Kein Freund, kein Liebhaber,
kein Vater, nicht mal wütend
absolut gar nichts.

Sirje Aleksandra Viise

Entwurzelt

Du warst mein Fels in der Brandung,
meine Festung im Sturm.
Als unser Schiff sank,
hast Du mich verlassen,
und ich war entwurzelt.

Auf der Suche nach Halt
steuerte ich viele Häfen an
und fand in einem mein Ziel.

Nach Jahren sehe ich Dich wieder:
Du bist noch immer der Fels,
ich noch immer entwurzelt,
doch Du bist für mich
ein verbotenes Gewässer.

Cornelia Voigt * 1962

Das Geheimnis

Gläsern das leise Wort des Mundes
es zerbarst in tausend Stücke –
heilig der Schwur dieses Fundes
ersann eine goldene Brücke.

Im stählernen Tresor bewahrt –
mystische Feder schrieb den Code
nebulös die fremde Zeichenart
inkognito besiegt den Tod.

Supernova im Himmelsreigen
Mondgeflüster im Wechselbad –
ehrenhaft der Zunge Schweigen
Iris erspähte einen Acrobat.

Nicht Hacker jagten das Diebesgut
Geister formten den Trojaner –
ertranken in der Datenflut
der Finsternis entfloh der Reader.

Im Darknet des Satans schwer erkrankt
Cybervirus lähmt die Sinne
Hydra entkleidet splitternackt
traumatisiert im Netz der Spinne.

Ulrike A. Voigt

Überleben im System

Leere, in einer Hülle, keine Fülle.
Innenleben verdreckt und verschreckt.
Gedanken umpolen, im System bewegen
    verstohlen.
Dankbarkeit immer wieder in Erinnerung
    bringen,
dabei erneut lernen und gewinnen.
Wohin? Was macht Sinn?
Aufgeben? Ergeben?
Wieder beleben? Tot geblieben?
Orangerote Sonne, Sinne beleben
Schönheit, Wunder, Liebe, Leidenschaft
Augen auf, Antennen raus.
Das Leben liebt dich
und die Liebe lebt durch mich.

Angelika S. Völkel * 1959

Geheimnisse

Reizvoll das Brechen der Regeln ist,
Das Versprechen gebrochen,
Schnell ist der rechte Weg verlassen.
Komm mit, lauf weg!
So lange du noch kannst ...
Ich liebe dich!

Ich hasse dich!
Heimlich finden verbotene Treffen statt,
Geborgen im Verborgenen,
Wo gefallene Engel oft verweilen
Und Geheimnisse entstehen.
Betäubt vom süßen Gift des Verlangens,
Werden gierige Blicke ausgetauscht,
Mit Augen, die wie Monde leuchten.
Willst du strahlen wie ein Stern,
Musst du ins Dunkel dich begeben,
Ins Dunkel, das jeder in sich trägt.

Annemarie Völker

Engelsgeflüster

Die Sonne wacht in dieser Nacht
So teuflisch in dem Hinterhalt.
Sie grüßt den Tag so ohne Frag'
Und wartet nicht im Zauberwald.

Du kannst nichts tun, der Wind wird
                                wehen
Und ohne Dich von dannen gehen.
Das rote Rad dreht sich nur fad',
Doch Du wirst fein die Sterne sehen.

Und wenn Du gehst und nie mehr
                                kommst,
So bleibt mir nichts als hoffen.
Sie schieben mich hinein ins Glück,
Doch ich bin bloß betroffen.

Das blaue Buch, es lacht mich an.
Es will beschrieben werden.
Der Füller schreibt ohne Geleit.
Wofür bin ich auf Erden?

Nelly Völker * 1979

Dämmerung

Nicht alles ist so wie es scheint.
Vieles läßt sich niemals ganz ergründen.
Was man vermutet, ist ersonnen,
was nicht, die pure Wirklichkeit.

Schaut man tiefer, hinter die Fassade,
irrt man dennoch, wenn man meint
zu wissen ...

Eben noch Wahrheit,
jetzt längst nicht
mehr zu greifen.
Nur eine Ahnung,
so flüchtig wie
die Nacht.

Rosemarie Volz * 1959

Nacht und Meer

Du wirkst so still und leis,
Wie lange noch, sei ehrlich?
Nein, selbst so wie du nun scheinst,
Dein Sog, er ist gefährlich!
Weit und glatt liegst du vor mir,
Doch was liegt verborgen?
Es spiegelt nur, das dunkle Meer,
Den Mond und seine Sorgen.
– Veränderung! Die zweigeteilten,
Nie treffen sie zusammen!
Am Ende sind sie zwei Gezeiten
Und ziehen so von dannen. –
Nun seh ich erst, wie tief du bist,
Und einsam, ach, unendlich!
Und was sich wohl am Grunde birgt,
Wills wissen, denn wir sind uns ähnlich!
– Und so versinkt die Nacht im Meer,
Mit Tränen staun ich täglich
Und frage mich, wenn sie sich binden,
Was werden sie dort unten finden?

Stephan Vonschallen

Das Geheimnis

Zarte Gedanken
verwoben
im Netz der Träume.

Fast unbemerkt
Kräfte wachsen.
Kugel aus Glas
nicht länger matt.

Licht durchbricht,
Funken der Freude
genießen sich.

Entspanntes Lachen,
strahlend Erwachen,
friedvolles Staunen
ziert Antlitz voll Glück.

Heben sich Schleier,
Erkenntnis fühlt rein.
Glück umarmt Sein
Kosmos der Menschlichkeit.

Christiane Vorfalt * 1949

Wieso bleibt allein mir das Geheimnis verborgen?

Menschen laufen an ihm vorbei
Schauen ihm nicht ins Gesicht
Wenige geben er kann nur nehmen
Das Wenige was er hat macht ihn zufrieden

Menschen laufen ihm nach
Schauen zu ihm auf
Er hat genug doch er will mehr
Hätte er mehr wäre er zufrieden

Menschen laufen
Schauen auf schauen herab
Manche geben manche nehmen
Etwas macht sie zufrieden

Ich laufe
Sehe arme Menschen die lächeln
Sehe reiche Menschen die weinen
Vermisse es zu lieben
Was bleibt mir verborgen?

Andreas W.

Spielfigur

Eine Figur als Form, als Hülle mit
    Charakter.
Bewegt im Raum mit Zeit.
Verwandelt, verändert.
Eine Figur im Spiel.
Ein Spiel mit Figuren.
Spielfigur.

Ein Schritt. Ein Wort.
Im Spiegel.
Gespiegelt, verspiegelt, entspiegelt.
Ohne Wahrheit. Ohne Wahrhaftigkeit.
Träume und Bilder.

Er, sie, es.
Ein Stuhl. Ein Tisch.
Jemand war hier.
Staub und Atem.
Verschwunden.

Melanie Waelde * 1992

Erkenntnis

Das Dasein, das Leben.
Ein unaufhaltsames Streben.
Ein heller Schein,
noch ganz weit.
Das ist sie,
die Zeit in der Einsamkeit.

Gunda Wallbaum * 1964

Was treibt uns an?

Nicht tief mit Erde und Fels bedeckt,
nicht hinter den fernsten Sonnensystemen
    versteckt,
liegt das große Geheimnis dieser Welt,
das Individuen, Völker und Tiere erhält.
Es ist der Lebenswille in dir,
nicht zu verwechseln mit Sucht und Gier.
Dieser Wille sitzt im Kopf und in den
    Genen,
auch das Herz ist als Hort zu erwähnen.
Er ist das „eingebaute Rettungsseil",
das bei Krankheit bringt Heil.
Auch bei allen anderen Schrecken schickt
    er Kraft,
dieses Elixier ist der „Überlebenssaft".

                        Kim Walter

n

Nichts lässt ihre Wimpern zucken.
Aschestaub und Ascheschmutz
schminken sie bei jedem Spucken.
Von der Decke bröckelt Putz.

Niemand, die, wenn kleine Brocken
der Parnass mit schweren tauscht,
nicht gebannt und unerschrocken
starr der Katastrophe lauscht.

Niemals folgt sie Fußabdrücken
aus dem alten Trümmertal,
wo das Firmament in Stücke
reißen könnte allemal.

                        Waniewo * 1983

Sehnsüchtiges Gelüste

Heimlich und ganz still und leise,
ging der Blick auf weite Reise.
Wünsche Hoffnung ständig wachsen,
jeden min. schnell erhaschen.

Jedes Wort ein bisschen Hoffnung,
will es knacken will die Öffnung.
Möchte es spüren möchte es fühlen,
gibt sich hin deren Gefühle.

Sehnt sich nach dem unendlichen Glück,
es muss einfach sein gibt kein zurück.
Zeigt es offen dessen Begierde,
kann nur hoffen dass er sie kriege.

Mit allen Gedanken die umherfliegen,
will alles probieren sich verbiegen.
Reizvolle Momente drehen sich um ihn,
und er ist sich sicher er hat sich verdient.

Oh ja denkt er sich still,
ich will es jetzt ist nicht zu viel.
12 Jahre Beziehung einfach egal,
ne andere Frau einfach genial.

                        Dana Wauer * 1985

Der Jungfrau Argwohn

Und der Jüngling sprach und gab sich
    Müh'
An die Jungfrau, die ihr Kleid erraffte
Und sich wenden wollte: „Glaubst Du's
    nie,
dass ich Tag und Stunde Deiner harrte?

Dass mit Nichten Deinen Leib ich suchte,
dass ich sucht Deine reine Seele;
Und doch glaubst Du, dass ich Dich
    versuchte,
lusterhoffend, wenn ich Dich auch quäle,

Weil Du „Du" gesagt in reiner Liebe
und ich Deine Lieb nicht konnt verstehen,
willst Du jetzt, nachdem Du ward's zum
    Diebe,
Herzensräuberin von dannen gehen.

Wenn Du doch begriffst, dass jede Blume
Frucht nur tragen kann im Blütenstaube,
den ein gottgesandter Frühlingsbote
trägt vom Blütenkelch zur Blütentraube.

Magst Du sein ein Blütenkelch der Freude,
seist Du eine reiche Blütendolde,
Deine Seele spiegelt sich im Golde
Deiner Augen, meiner Augen Weide."

Carl-Josef Weigang

An ein Samenkorn

Der Herbst macht dir dein Grab bereit,
er trägt sein goldenes Gewand
und bettet dich mit sanfter Hand
in farbenfrohe Dunkelheit.

Die Stille hüllt dich ein, es schneit,
ein weißes Tuch bedeckt das Land.
Tief unten ruhst du unerkannt,
du weißt, schon bald kommt deine Zeit.

Des Frühlings Wärme weckt dich auf,
dein zartes Seufzen hört man kaum,
wenn leise deine Schale bricht.

Dein Werden nimmt nun seinen Lauf,
jetzt wird er wahr – dein Wintertraum
und dein Geheimnis kommt ans Licht.

Sabine Weingarten   * 1963

Ich – Mein Geheimnis

Tief im Innern verborgen,
gut behütet, bewahrt es Sorgen,

etwas Wichtiges speichernd,
das Wissen bereichernd,
das Vertrauen beweisend,
die Gedanken umkreisend,
die Wahrheit kennend,
auf der Zunge brennend,
das Interesse andrer weckend,
die eigene Meinung versteckend,
die Spekulationen suchend,
nach der Erlösung rufend,

Erkenn ich es nicht heut, nicht morgen,
denn ich – bleib mir selbst verborgen.

Philipp Sebastian Weinmann   * 1995

Ein stiller Knall, ein lautes Flüstern
die Schatten bewegen nach eigener Musik
sie schlängeln sich um mich und
begraben mich mit dieser Bürde

wer bin ich schon, dies zu wagen
etwas so in Frage zu stellen
es ist alles so klar und durchscheinend
und doch

und doch sind meine Lippen
zugenäht, zugeklebt
blutend lächle ich
über die Scherze der anderen

die Lichter glänzen, sie schmerzen meine
    Augen
Tränen rinnen herab über meine Wangen
was Versprochen ist, das halte ich
was es mich auch kosten mag

Ina Wenzel   * 1996

Unter dem Wacholder

Meine Augen sind erstarrt, was sehe ich da liegen?
Der Hut hängt herab, braun und matschig liegt er unter den Zweigen im Grün.
Ich kann es kaum glauben, wende mich ab und will weiter zieh'n.

Einst so stolz unter den Seinen einen Hut der modischsten Kollektion,
gerade gewachsen eine Schönheit, wer hat das schon?
Unnahbar, jeder Geselligkeit fremd,
die Anderen haben ihn gemieden,
doch er erschien stets im reinweißen Hemd.

Meine Gedanken schweifen, was soll ich tun?
Gibt es für ihn noch Rettung?
Rufe ich um Hilfe, oder lasse ich ihn einfach ruh'n!
Er kann Menschen glatt zum Wahnsinn treiben, jeder hat es gewusst.
Ihn zu berühren, den kleinen Finger zu geben weckt in jedem die Lust.

Sein Geltungsbedürfnis und die Erscheinung blenden,
glückselig wirkt er auf alle ein.
Alles nur Täuschung, lieber lässt man ihn allein.

Nun liegt er da, elend sieht er aus.
Ich überlege, wird er nächstes Jahr wieder erscheinen,
der Fliegenpilz – und ich gehe nach haus.

Brigitte Ellen Werner

Bahnfahrt

Dunkle Nacht – wenn ich aus dem Fenster schau,
Lächelt sie mich an;
Beginnt, Geschichten zu erzählen,
Die in meinem Kopf entstehen.

Sachte Musik unterlegt die Szenerie
Mit klingenden Zeilen;
Eröffnet weite Sphären,
Von denen meine Träume zehren.

Schwere Gedanken – lass ich sie hinaus in die Nacht,
Werden sie leicht;
Getragen auf musikalische Weise
Auf meiner begrenzten zeitlosen Reise.

Dunkle Nacht – lässt mich in mir ruhen.
Ich lächle sie an,
Verträume die Zeit
In erfüllter Gedankenlosigkeit.

Hanne Werthen * 1988

Geteiltes Geheimnis

Dein Geheimnis,
mein Geheimnis,
unser Geheimnis.

Ein tiefes Geheimnis,
ein sorgsam behütetes Geheimnis,
für immer.

Im Geheimen,
wir vertrauen einander,
Du und Ich – wir teilen!

Lia Westerland * 1958

Wenn ich könnte

Wenn ich könnte,
würde ich den Mond bunt malen
und die Schuld der Welt bezahlen.

Zum „bed in" unter der Decke bleiben,
Hass und Neid aus der Welt vertreiben.

In einer Zeitmaschine leben,
allen Kindern zu essen geben.

Mit Worten in wenigen Zeilen
allen Schmerz, jede Krankheit heilen.

Wenn ich könnte,
würde ich alle Bedenken zur Seite schieben
und dich einfach lieben!

Anette Wicke

Des Geheimnis Natur

Des frohen Glückes Schmied der eigene
    Körper sich erweist,
Die Zunge brav und selig nur,
frohlocke nicht, wenn es schwierig dir
    erscheint!
behalt im Aug' das Offene vom Wahrheits-
    Schwur.
Trotz der Süße, die ein Geheimnis birgt,
So bringt sie Gefahr und Elend bloß,
Sei gewiss, was dies bewirkt,
wenn gelangt das Geheimnis in des Weibes
    Schoß.
Als Last wird es sich erweisen,
Bezeugt durch der Liebe Kraft,
Zwar lohnt sich ein Geheimnis auf seiner
    Weise,
doch es hat viele um die wahre Schönheit
    gebracht.
Nur Unheil bringest du über die Menschheit,
Seit eh und je verbirgst du Antworten zu
    Fragen,
Reagierst nicht, ob man fleht, ob man
    bettelt oder schreit,
Oh Geheimnis, hast die Form von Lügen,
    von Märchen und Sagen.
Drum, oh süßes, sanftes Geheimnis,
bewahre deine Schönheit in der Natur,
denn dies ist der einzige, feine Riss,
von dem bisher niemand erfuhr.

Ekaterina Wiebe   * 1995

schweigendes ich

Geheim ist, was ich fühl und bin
das ist halt des Geheimnis Sinn.
Bin ein Mensch mit tausend Seelen,
die ach zu gern einander quälen.

So hilf mir raus, und decke auf
bevor ich selber mich geb auf.
Geheimnis ist was mir geschah,
Seitdem nehm ich mich selbst nicht wahr.

Gib meiner Hand den Halt,
Tu es bald.
Gib meinem Fuß den Stand.
Mein Rücken ist längst an der Wand.

Bleib ich Geheimnis auch für dich-
So bist du niemals Halt für mich.
So bleib ich mit den Seelen vereint,
die nur das tun, was mich entzweit.

Geheim bleibt was ich bin und war.
Geheim vor dir, vor mir und immerdar.
Langes Schweigen ist die Übermacht,
die mich um dich und mich gebracht.

Eva Wiedemann   * 1988

Lieblicher, Lieblichster, Liebesgesang

Kannst Du mir dein Herze borgen?
Meines fühlt sich so allein,
Schleppt und buckelt viele Sorgen,
Möchte wieder fröhlich sein!

Kannst Du mir dein Lieb' versprechen?
Meine fühlt sich so allein,
Hat keine Freud' am Ehebrechen
Möchte gerne treue sein!

Wirst Du mir ein Lichtlein geben?
In mir ist's so dunkel drinnen,
Meinem Herzen ist so bang,
Wartet schon auf dich so lang!

Uwe Wiedemeier

Mein Kopf so schwer,
denken tu ich an nichts anderes mehr.

Die Last so groß,
was mach ich bloß?

Wenn ich nur teilen könnt,
bliebst mir bis jetzt vergönnt.

Denn durch angst geplagt,
was würde gesagt?

Ist es doch unverzeihlich,
Tat hinter verschlossener Tür
    klammheimlich.

Reue berührt mich,
Tränen ergießen sich.

Kommst Du zu mir,
ich erzähl es Dir.

Laura Wilski

Schattenspiele

er zieht auf uns zu
versteckt sich gern im Nu
wird es hell und dunkel
Wärme bricht Herzen im Licht
Liebe hat ihr eigenes Gewicht
Sonnenstrahlen fallen leise
ziehen ihre Kreise
zwischen Dir und Mir
entsteht ein Wir
lässt für nen Moment
das ganz große Glück mal eben
hier
Hände,
die reichen
die Schatten
zärtlich im Winde
weiter ...

Sandrine Winter   * 1970

Zwiespalt des Lebens

Rundherum, immer rum.
Kreislauf
oder laufender Kreis?
Kreisiger Lauf!
Des Meinen oder des Deinen?
Lebens?
Lebenskreislauf!
Meinung stets geteilt.
Geteilte Meinung?
Vergraben in der Standfestigkeit der Erde
mit Lebenssaft in des Meinen oder in des
    Deinen?
Lebens?
Lebenskreislauf!
Entscheidungen sind schwer, schwere
    Enscheidungen!
Geich geteilte Meinung?
Immer rum, rundherum!
Ja oder Nein? Jaein!
Mein oder Dein?
Leben?
So soll es sein!

Josefine Winterfeld   * 1995

Im Dunkel

Vielleicht ein Wort, das du nicht fallen
   lassen möchtest.
Vielleicht ein Name, der nicht her gehört.
Vielleicht ein Licht, welches du unlängst
   löschtest.
Summierend etwas, das dein Selbst empört.

Es mag sich innerlich zu dir bekehren.
Es mag rein äußerlich ganz anders sein.
Es mag erkennbar dir die Gunst verwehren.
Summierend ist sein Faktor purer Schein.

Willst du es lüften oder willst du es bewahren?
Willst du hier Richter oder Nebenkläger
   sein?
Willst du nur Weisheit oder Einsicht um
   dich scharen?
Summierend möchtest du doch etwas –
   insgeheim.

Darfst du es leben oder musst du es
   vernichten?
Darfst du es läutern, macht das Dürfen
   Sinn?
Darfst du's verlauten lassen und berichten?
Summierend liegt die Antwort im
   Verschweigen drin ...

               Stephanie Wirth   * 1961

Schweigen

Wie Nebel über
sonnenverwöhntem Land,
das ich noch sehe,
wenn ich die Augen schließe,

so breitet sich dein Schweigen
über meine Liebe zu dir.
Sie ist noch in meinem Herzen,
auch wenn der Verstand
dagegen spricht.

Ich weiß du bist mir nah,
und dennoch scheint es
so ungewiss, ob wir
einander noch einmal begegnen.

               Martina Witt   * 1978

Scham

Errötendes Aufschrecken
Sie war nicht mehr jung
Und das Medium ihr fremd
Ein Klopfen an der Tür

Rasch streifte sie
Einen Morgenrock über
Öffnete die Tür
als ob nichts sei

Nackt fühlte sie sich
Im Cyberspace
Einsam
Aber immer noch besser
Als allein
Fand sie.

Vielleicht war es ja
Ihre letzte Chance
Über Kontinente
Hinweg
Virtuell.

               Antje Witzel   * 1963

Verborgen unter der Straße sind Zeugnisse
der Vergangenheit – hier ging Karl der Große.
Einhard hat alles festgehalten, für uns,
für die Nachwelt.
Heute finden wir hier
Zeugnisse und Rätsel der Vergangenheit.

Hier eine Mauer,
dort ein Kanal und sein Thron.
Glänzend zeigt sich im Münster die Pracht
   dieser Zeit.

Aachen war groß unter Karl,
Glanz strahlte weit über die Grenzen
    hinaus.

Heute leben wir hier in Erinnerung an
    Karl:
Die Idee von Europa.

Claudia Witzel

Das Geheimnis des Billabong

Hast Du das Geheimnis
des Billabong gefunden?
Willst Du allein die Welt
in einem Tag umrunden?

Schüttle den roten Staub
von Deinen Füßen niemals ab.
Bleibe stets in Bewegung,
lauf' immer vorwärts im Trab.

Reise den Traumpfad entlang
noch ein kleines Stück.
Hinterm Horizont verborgen,
dort wartet Dein Glück.

Irmgard Woitas-Ern * 1964

Schwarzer Stoff

Schwarzer Stoff
fließt faltenreich zu Boden
undurchsichtig
bewahrt er ein Geheimnis

Er schluckt das Licht
dämpft Geräusche
fällt schwer wie Traurigkeit

Eine Drehung
auf dem
Absatz, ein

Impuls rast
wellengleich durch schwarze
Massen – rau und matt
geräuschlos
aufgebauscht

Schwarzer Stoff
schleift über Stein
kühlen Schritten hinterher

In den Schatten eingetaucht und
wortlos verschwunden.

Felizitas Wol * 1983

Geheimnisse verharren in Nebelnestern

Etliche meiner Geheimnisse verharren in
    zähflüssigen Nebelnestern,
die sich ausdehnend über Wiesen kriechen
    und das Sonnenlicht verschlingen,
wenn verschwommene Arme ihre
    Holzfinger austrecken, stillstehend
schwingen die Farben und der bewachsene
    Horizont rückt hinter den Mantel,
der kahlgefressene Wälder einschließt und
    mit perlendem Glas behängt
tauchen die schrumpfenden Gipfel unter
    die wandelnden Meere, angehaucht
von erfrierenden Glutschienen der
    wellenförmigen Sonne im Schleier,
verengt sich die Nebelwand und vergräbt
    ihr innerstes unter Lichterflammen,
abgeschnitten und doch berührt von all
    diesen sinnsuchenden Blicken,
verharren etliche meiner Geheimnisse in
    zähflüssigen Nebelnestern.

Jedes Geheimnis wird sich lichten, wenn
    man in den Nebel schreitet.
Die Farben entfliehen aus dem Dunst und
    erwecken die Wälder vom Traume,

stocksteif, wie eingerissene Kerzen treten
    die Tannen aus der Blässe,
von tropfenden Flüssen überzogen, rütteln
    sich kinnhohe Dickichte im Wind,
der kreisende Nebelwände verschiebt, seine
    Gesichter hineinschlagend
wandelt der Nebel über die Landschaft und
    legt seinen Kreis über die Augen,
verschleiert die hineinstechenden Blicke der
    irrhausenden Häupter,
die außerhalb der Nebelkreise stehen und
    doch in des Todes Abgrund gehen.
Jedes Geheimnis wird sich lichten, wenn
    man in den Nebel schreitet,
doch die geschlagene Schleiße wird
    verwirbelt, ewig rückweglos.

Johannes Wolf   * 1990

Ich bin einverstanden

Aufmerksam
– neige ich den Kopf, um dir zuzuhören.
Lächelnd
– nicke ich, um dir Mut zu machen.
Schweigend
– pflichte ich dir erst einmal bei.
Vernünftig
– nenne ich dann deine Argumente.
Unkommentiert
– akzeptiere ich deine Rechtfertigungen.
Bestätigend
– blicke ich dir in die Augen.
Besänftigend
– streichle ich deine Hand.
Zärtlich
– küsse ich deine Stirn.

Nie wirst du erfahren welche Wut in mir
    tobt.

Cornelia Wriedt   * 1962

Das Geheimnis – Weg nach Innen

Gäste sind wir hier auf Erden
bis wir einstens abberufen werden
lang oder kurz, die Strecke dazwischen
steil oder gerade – wir müssen's nicht
    wissen

Den Weg zum Ziel kann ich selbst
    beschreiten
doch nein – geheimnisvoll wird Gott darauf
    vorbereiten
Auch symbolisch führt ein Schlüssel nach
    innen
lädt ein zu tieferem Besinnen

In des Klosters Mauern
den Menschen darinnen und heiligem Wort
lebt Christi Geist an solch stillem Ort
ER gibt Heimat, Einsicht und Wonne
lässt blühen die Liebe wie Blumen der
    Sonne

Froh und dankbar soll mein Loblied
    ertönen
alle Menschen sich in IHM versöhnen
Gott Vater, Sohn und Heiliger Geist
Gnade der Dreieinige Gott verheißt

Rosina Wüest-Fichtel   * 1937

Zwei Leben

Zwei Leben. Wuchsen, suchten.
Trafen sich und liebten sich.

Zwei Leben. Schreiten. Tanzen.
Halten sich und lieben sich.

Eins und eins sind eins.
Eins ist mehr als zwei.

Stefan Wutzke   * 1976

auf ewig*

wie wundervoll seltsam es ist
euch nicht zu sehen
doch neben euch zu gehen

wie wundervoll seltsam

morgens weckt mich die trauer
doch eure himmlische botschaft
ist von ewige dauer
und bleibt
so wundervoll seltsam

jede minute erscheint ein bild
von euch
lachend schütte ich den kopf
und denk
wie wundervoll seltsam es ist
euch nicht zu sehen
doch
herz an herz
nebeneinander zu stehen*

y.r.kurek   * 1963

Das Geheimnis

Verbinde Träume mit Hoffnung und du
   wirst es finden,
lege Stein auf Stein um es mit Treue zu
   binden.
segne es mit Güte, hebe es empor in der
   Einsamkeit,
verlange danach, es ist dein Recht, solange
   es für dich bleibt.
Traue nicht dem schweigen trostloser
   Wände,
sprich es aus, ganz laut, zur tosenden
   Menge,
Es wird dich keiner hören keiner fühlen,
und nur dann wirst du seine Macht
   verspüren.

Heiße es Willkommen, öffne dein Herz.

Beginne die Worte mit „du bist mein",
und es kann für immer dein Geheimnis
   sein.

Cem Yilmaz   * 1981

Das Geheimnis

So schmeichelnd süffisant verpackt
Die nackten Tatsachen verhüllend
Die Worte durch einen Filter siebend
Bilder malend mit einem gespaltenen
   Pinsel

Gibt es eine Welt, in der du leben kannst
Oder ist es dir ein Bedürfnis
Weiter zwischen den Sphären zu schweben?

Ist dein Geheimnis der weite Horizont
Mit all seinen Fahrwassern von Ufer zu
   Ufer?
Kennt dein Herz eine Heimat, der sie treu
   sein kann
Oder sind die Reisen in die Ferne zu
   verlockend?

Du zauberhaftes Wesen
So liebevoll und doch so zerstörend
Warum lässt du statt Fußspuren
   Fragezeichen zurück?
Dein Anmut schmerzt
Der Mund lacht, doch die Augen weinen

Ricarda Zehm   * 1982

Streichholz

Ein Streichholz klein und gefährlich;
ein Zisch – und es brennt.
Es ist schon ähnlich,
wenn das die Liebe erkennt.

Ein helles Leuchten zart und klein,
es brennt so lichterloh
wie im Kerzenschein,
das Streichholz ebenso.

Groß wird das Feuer,
bis es das Ende erreicht.
Das Leben ist teuer,
wenn das Feuer die Finger erreicht.

Ein Zisch – und Feuer kommt zustand;
so kalt, doch so leidenschaftlich,
hältst du es in der Hand,
Streichholz genannt.

Carmen Zita * 1979

Du und ich, sie und er

Wie-Fragen wünsche ich mir,
dass du nicht mehr einfach
jaen oder neinen kannst.

Ansprechende Ansprüche, er-
fordert und er-fasst,
er-kennt und er-presst.

Und sie? Sie ist die
Nacht und die Naht,
die Ruhe und die Truhe.
Klingt schön, sieht gut aus,
bedeutet ...

Sie wandelt sich und bleibt
ihm als Antwort, die,
der und das – zu dumm,
dass du alles weißt
und ich nichts frage.

Artem Zolotarov * 1989

Geheime Blüten

Einst roch es süß und so vertraut,
Dass der verspielten Heiterkeit
Ein Hauch von Zärtlichkeit entsprang.
Da wuchs heran die Leidenschaft,
Sie trieb geheime Blüten.
Als er sie sah, die Blumenpracht
Wich er zurück,
Aus Furcht sich zu verletzen.
Doch Dornen waren keine dran,
Nur Blüten zart,
Die dufteten nach Ewigkeit.

Julia Zuber * 1968

Augenlächeln

Reihe der Tage ganz ohne Sinnlichkeit
laut und leise und neblig und expressiv
ein Moment der Internetswirklichkeit
erfasst mich ganz und gar und intensiv
ich schaue dich an und ruhig und kühl
tauche in den Augen nach dem Lächeln
nach Maiglöckchen duftendes Gefühl
und so will mein Herz dich anlächeln

Elisabeth Zuralski * 1954

FRANKFURTER BIBLIOTHEK

JAHRBUCH FÜR DAS NEUE GEDICHT

Herbst

BRENTANO-GESELLSCHAFT
FRANKFURT/M. MBH

HERBST

FRANKFURTER BIBLIOTHEK

Gründungsherausgeberin Giordana Brentano

Erste Abteilung
Jahrbuch für das neue Gedicht

37.

Herbst

Herausgegeben von
Klaus-F. Schmidt-Mâcon † und
Susanne Mann

Mit einem Vorwort von
Markus von Hänsel-Hohenhausen

Bearbeitet von
Christina Spannuth

BRENTANO-GESELLSCHAFT FRANKFURT/M. MBH
2015

Herbst

Jahrbuch für das neue Gedicht

Herausgegeben von
Klaus-F. Schmidt-Mâcon † und
Susanne Mann

Mit einem Vorwort von
Markus von Hänsel-Hohenhausen

Bearbeitet von
Christina Spannuth

BRENTANO-GESELLSCHAFT FRANKFURT/M. MBH
2015

Hinweise zur alphabetischen Ordnung
Die Gedichte sind nach Autorennamen geordnet.
Umlaute gelten dabei als nicht geschrieben.
Sie sind in der alphabetischen Folge
nicht berücksichtigt.

Wegen der strengen alphabetischen Abfolge der Gedichte
mussten Spalten und Seiten auch im Vers umbrochen werden.
Die Redaktion bittet um Verständnis.

Beilagenhinweis:
Die Ausschreibung für die
Frankfurter Bibliothek 2016
liegt dem Band bei.

Empfehlung im Internet:
www.autoren-tv.de
www.literaturmarkt.info

Der August von Goethe Literaturverlag
publiziert neue Autoren.
Manuskriptzusendungen sind erbeten an:
lektorate@frankfurter-verlagsgruppe.de

www.august-von-goethe-literaturverlag.de
www.frankfurter-verlagsgruppe.de

©2014 Brentano-Gesellschaft Frankfurt/M. mbH
Großer Hirschgraben 15, D-60311 Frankfurt a. M.
Tel. 069-13377-177, Fax 069-13377-175
ISBN 978-3-933800-45-9
ISSN 1613-8386

Herbst

Herbst – so wunderschön:
Kann man sich sattsehn
an der Farbenpracht,
wenn die Sonne lacht?

Dann, ich weiß 's genau
wird er nass und grau.
Erst das Laub raschelt,
dann Regen prasselt.

Bäume werden kahl.
Licht scheint nur noch fahl.
Man bleibt meist zu Haus –
Mag gar nicht mehr raus.

Wolken ziehen schnell.
Es wird kaum noch hell.
Die Seele hängt schief –
man wird depressiv.

Brigitte Adam   * 1951

Der Sommer ist in die Jahre gekommen
zu müde die Felder zu verbrennen
kein Blitz, kein Hagelschlag
nur fahles Wetterleuchten

Der Herbst schickt seine Boten aus
kein warmer Wind, kein Sonnenstrahl
nur klammer, kalter Nebel
früh kommt der Frost in diesem Jahr
ein leichter Mantel
nicht genug.

Eva-Maria Adam

Herbstspiel

Du musst nicht traurig sein,
wenn dir der Herbst den Lenz verdirbt;
es schläft nur welkend ein
was in den Fluren stirbt.

Es strahlt das letzte Gold,
das dir die Sonne scheidend webt;
den Farbenspielen hold,
das Laub zur Erde schwebt.

Wohin verschwand das Glück,
das mit dem Sommer sich geneckt?,
der Frühling bringt's zurück,
der Herbst hat es versteckt.

So ist des Lebens Spiel –
die Jahre kommen und vergeh'n;
erst an dem letzten Ziel
wird man die Welt versteh'n.

Eckhard Adler   * 1940

Herbstgedanken eines Katers

Welch ein Licht! Die Aprilmorgensonne
   strahlt und vergoldet dein feines
   Gesicht.
Du spielst abseits der Wege, tobst durch
   Blätter, gelbe, rote, braune,
mit einer ansteckend verzückten, völlig
   verrückten Laune,
denn die Zeit hat für dich kein Gewicht.
Welch ein Licht! Die Julimittagssonne
   strahlt, doch du siehst sie nicht,
verliebt streifst du mit der Liebsten durch
   dein Revier, blind für die all die
   Pracht,
für euch gibt es jetzt and're Sterne, die euch
   leuchten Tag und Nacht,
und Zeit hat für euch kein Gewicht.
Welch ein Licht! Kein Wort beschreibt es,
   und kein Gedicht,
der Wind spielt mit Blättern, zerzaust dein
   schönes Fell, und manchmal hältst
   du inne,
in der warmen Sonne des
   Oktobernachmittags, entspannt
   lauschen die Sinne,
allein die Zeit, die hält nicht an, kennt
   deine Träume nicht.

Welch ein Licht! Diesen Winter spürst du
nicht.
Du bist verzückt, im Flug der bunten
Blätter, im letzten warmen Strahl der
Abendsonne,
spürst wie sie dich ruft, mit dem Wind, im
Herzen die Liebe, die Wonne,
endlose Zeit, in den Augen der Liebsten das
letzte, das hellste Licht.
Welch ein Licht!

Signore Adriano   * 1959

Komm, geh mit mir ...

Komm geh mit mir
hinaus ins Grün,
der Tag ist lau,
die Blumen blüh'n,
schon morgen wird es kälter.

Die Karde blüht
rot, Spitzen gelb,
schmal, grün das Laub.
Komm mit ins Feld,
der Sommer wird schnell älter.

Annegret Albsteiger   * 1949

Besuch der braunen Libelle

Auf meinem rechten
Arm sitzt du
während die
Hand schreibt
Vorsicht

Was suchst du
Libelle was
willst du

Was bringst du
mir den Sommer

Als Souvenir
Deine vier Flügel
Rücksicht

Auf das Wichtigste
durchscheinend zart
zerbrechlich

Ganz nah
mitten am Rand
Herbstlibelle
des Lebens

Lea Ammertal

In den letzten Zügen

Herbstlaub,
fällt zu Boden,
frierend,
Der Sonnenglanz,
fällt auf
Eiskristalle,
und bricht.
Das Licht ist,
leicht zerstreut,
im Abendnebel löst es sich.

Und wie begossen,
stehen die Birken da,
das Nebellicht
umspielt die schlanken Figuren
im letzten Blätterkleid.
Sie frieren.

Angel

Herbst

Und wieder geht der Sommer, vorbei die
Blütenpracht,
Natur färbt jetzt die Bäume, goldgelb,
orange ganz sacht.
Mit jedem Blatt das von den Bäumen fällt,
rückt der Winter näher auf der Welt.

Ein jeder erntet seine Früchte, mit der
    Natur stets an uns denkt,
ob Mensch, ob Tier den Vorrat rüstet,
    womit der Sommer sie beschenkt.
Ob es beim Mensch der Saft der Reben,
    beim Eichhörnchen die Haselnuss,
der eingeheimste Sommer ist doch dadurch
    trotzdem ein Genuss.

Auch wenn die Tage trüb und kalt mal
    drücken auf die Seele,
ein guter Tropfen und die Nuss sind Balsam
    für Magen und Kehle.
Der Sommer hält nur Winterschlaf um sich
    mal zu erholen,
denn er muss schließlich jedes Jahr seine
    Geburt erneut wiederholen.

                    Barbara Angele * 1955

Ein Blatt nur ...

Ein Blatt nur
achtlos auf den Boden gefallen
erzählt dir die Geschichte des Lebens

vom Werden
zum Sein
und Sterben

von Geschwistern
von Brüdern und Schwestern
von Plätzen
von Schatten und Sonne
von Wind und Regen
von Sturm und Erholung
und
von der Wiedergeburt der Seele

Es erzählt dir die Geschichte seines Lebens
Es erzählt dir die Geschichte
deines Lebens, dann

wenn du inne hältst.

                    Maria Angeli

Herbst

Noch stehn' die Bäume im satten Grün,
sichtbar ist dennoch ihr Bemühn'.
Wenn die ersten Nebel die Wipfel umhüllt
und des Bodens Kälte die Stämme füllt,
dann weisen die Farben gold, braun und rot
unerbittlich auf den nahenden Tod.
Doch zuvor bezaubern sie weit und breit
und malen der Natur ihr schönstes Kleid.
Noch einmal tanzen Mücken im Licht
das unerwartet durch die Bäume bricht.
Dazwischen schon geschrieben steht,
es ist soweit, der Sommer geht ...

                    Annavera * 1953

Wie das Laub

Leichter Regentropfen fällt
Den das Laub dann hält
Weil der Sommer nun verwelkt

Wenn das letzte Blatt nun stirbt
Leicht auf Boden wirft
Ein Wunder sich da verbirgt

Bevor es im Wind vergeht
Jeden Tropfen hegt
Damit es friedlich verweht

Wie das Laub, die Menschen sind
Denen Zeit entrinnt
Sind sie zum Abschied bestimmt

                    Apollonios * 1990

Frühherbst

Morgens schwamm Nebel auf den Wiesen.
Abends ritten graumelierte Geisterreiter,
Stumm wie Toten Seelen,
Über Torf und Totenäcker.
Klagend eine Kirchturmuhr aus dem Nichts;
Senkt ihr dumpfes Mitternachtsgeläut
In die Seen aus Schatten, Milch und Angst
Und in Dein Stein gewordnes Herz.
Ein Zeichen ..., tags das bisschen Grün
Die Sonne löscht die weißen Schwaden.
Doch nachts der Tanz der wieder
    Auferstandenen.
Der Herbst kommt bald; der Winter kalt.
Geh' heim, bevor der Mond steht im Geäst.
Nimm Deine Angst und geh' nach Haus,
Wärm' Dein Herz bei früher Ofenglut.

Thor Augustson * 1946

Die Einzige

die Einzige, die mit mir unverhohlen und
    ohne Scham flirtet
ist die Eiche in meinem Garten
sie schickt mir immer wieder zarte goldene
    Blätter
glänzend und ohne Worte
ich fühlte mich geschmeichelt bis ich
    merkte, wie der Wind sie liebkoste
und sie mal zärtlich und mal wild mit
    seinen Flügeln umarmte
ich sah, wie er ihr immer wieder ins Ohr
    hauchte
und wie sie sich immer mehr entkleidete
und ich ...
ich sammelte wehmütig die goldenen
    Blätter, stampfte sie in einem Sack
und dachte wie langweilig der Bambus ist

Georges Awad

Herbststürme

Herbst gib mir den Wind, den Sturm und
    den Orkan.
Ich will das Licht, die Flamme den Brand
    zum erlöschen bringen.
Ohne Wasser ,nur mit deinen Farben und
    deinem Atem.
Herbst ,verblase die Wärme, den Staub
    und die Unzufriedenheit
all jener, die Glauben das Hitze besser ist
    als Du!
Fege diese Welterneuerer mit ihrer
    Besserwisserei hinweg .

Herbst ,bereite deinem Nachfolger ein
    blattloses Domizil,
damit er seine Kälte mit weißer Pracht
    darin betten kann –
und alle Besserwissenden wieder erneut
    aufschreien können!

Wilhelm Bachler

Ich find' dich schön

Ob ungeschminkt und übernachtet
Das Haar in Strähnen und zerzaust,
Läufst müde durch die langen Fluren
Und klopfst bedächtig an unsere Türen,
Doch aller Fehler ungeachtet:
Ich find' dich schön.

Ob Jeans und Pulli, Hemd und Rock
In Schuhen, Stiefel, Stiefeletten,
An nackten Füßen Nagellack
Man merkt's dir an, du hast Geschmack,
Du siehst gut aus in jedem Look:
Ich find' dich schön.

Ob lustig, traurig oder ernst
Doch freundlich im Gemüt,
Das helle Lächeln auf den Lippen,
Liest du uns manchmal die Leviten,
Du nimmst gelassen unseren Scherz:
Ich find' dich schön.

Paul Bagiu

Spät wird's im Jahr, Dezember naht.
Der Nebel hängt im Weidedraht
und Morgenperlen schweben
leicht in den Spinngeweben.

Wie weich die Farben Braun, Oliv,
der Waldrand still, als wenn er schlief.

Und spür ich diese Kühle,
denk ich an Schaukelstühle,
Kaminholz, meine Bücher,
Rotwein und – Taschentücher.

Ludolf Bähre   * 1936

Herbstliebe

so ein warmer tiefer ton
wie ein glühend gelbes herbstblatt
noch nicht verwelkt

blassblauer himmel
und das zwerchfell vibriert
wir gehen langsam hand in hand

melancholisches glück
zusammen zu sein
oder eins mit sich

Kali Balcerowiak

Vergänglichkeit

Im bunten Gewand so steht er da
Der Wald
Blatt um Blatt wird bald fallen
Zu Boden
Morgentau wird bedecken
Die Wiese
Glitzernd werden Tropfen hängen
Am Halm
Schwer beladen mit Äpfeln wird dastehen
Der Baum

Raschelnd durchs Laub laufen dann dort
Die Igel
Eilig nach Süden werden fliegen
Die Zugvögel
Schnell ist er auch wieder vorbei
Der Herbst

Lydia Bannasch   * 1987

Mein Herbst

Die Kälte oft mein Nacken streift,
so mancher unwohle Gedanke ohne
Grenzen in mir bleibt,

ein Wesen des Alten und doch
Schönen sich vor mir erstreckt,
seine Nacktheit zum mit schwarzen
Wolken Himmel bedeckt, das Wesen
seine Arme reckt.

Ein Sturm des freien Geistes mit voller
Wucht durch die Lande geht,
nur der Vogel im Einklang mit diesem
steht,

ob Kälte, ob Wesen oder dem Grauen,
es macht Freud, dies Spektakel des
unscheinbaren Grauen,
egal was Du oder auch ich gerne wärst,
er ist gekommen,
der Herbst.

André Bauermann   * 1990

Herbst

Die Berge – eingehüllt im Nebelkleid
Die Liebe – sie wird melancholisch
Das Gemüt – die Sequenzen werden tiefer
Das Feuer – es lodert zurück

Der Atem tiefer – die Seele an Ketten.
Die Gefühle rückwärts – die Gedanken
    länger.

Die Grenze des Seins rückt näher.
Sie verteilt die Zeit an Körper- und
    Bewusstsein.

Das Boot gleitet
Der Schimmel trabt
Die Glut leuchtet
Die Wolken ziehen

Georg Baum * 1952

Ich sehe rot

Da standen sie
die Fraktion der rot Gewandeten.

Morgens um acht am Bus
rote Schuhe, rote Mütze, rote Wangen.

Leuchtend rote Haare glänzen im Bus
rote Autos parken im Graben
und rote Blätter segeln vorbei.

Ach, nun fällt mir wieder ein
Rot ist dieses Jahr modern.

Schade, wenn es anders wär.
Der Herbst ist eine schöne rote Mär.

Ich schaue an mir hinunter
auch ich gehöre zum roten Wunder.

Beatrice * 1962

Letzte Tage im Herbst

Herbst.
Zeit der Reife,
Zeit der Ernte,
Lebensgeister,
wo seid ihr?
Kürzere Tage,
Flackerndes Licht,

Leben oder Tod?
Letzte Farben,
vorüber die Lust?
Naher Winter,
Hoffnung – wo bist du?
Zeit des Vergessens,
Sehnsucht nach Wärme,
nach Licht.
Liebe vorbei,
vergangenes Glück.
Der Frühling kommt nicht,
er ist noch so weit.
Doch das Leben zieht weiter.

Evelyne Bechmann * 1956

Liebe zwischen Blatt und Wind
der Tau auf kleinen Igelnasen
Regen ist des Herbstes Kind
Fallobst an dem Käfer fraßen

Heiße Wölkchen auf dem Tee
wir sehnen uns nach Zweisamkeit
weit entfernt der erste Schnee
für Winterschlaf schon längst bereit

Die Sonne ziert sich mit dem Licht
Laub so schön wie leer Papier
Das Stacheltier braucht viel Gewicht
Ach wie reift der Kürbis hier

Zwiebeln wandern in die Erde
Der Drachen fliegt wie nie zuvor
Auf das uns allen wärmer werde
Die goldene Zeit steht uns bevor

Barbara Becker * 1980

Die letzten warmen Tage

Bäume leer
Laub am Boden
Kinder durch die Massen toben
erstes kalt ist schon vorbei
Regenwetter die vergangenen Tage
die Prognose ist sehr vage
nun
Sonne scheint
und das tut gut
wärmt Körper, Seele und gibt Mut
bald kommt Winter
ist gewiss
nun weißt du warum
ich die letzten Sonnenstrahlen genieß

Katja Becker * 1977

Baum

Wenn ich einst sterbe,
so wünsche ich mir einen Tod,
schön wie der Tod eines Baumes im Herbst.
Verwelkt die Blätter,
doch in leuchtenden Farben
und niemand bemerkt,
dass Zeichen allmählichen Sterbens sie sind.
Wie Blatt für Blatt die Zweige verlässt,
verlassen mich nach und nach meine Kräfte
und wenn das letzte Blatt fällt,
schließe ich still meine Augen,
wissend, es wird wieder Frühling.

Elke Beiderwellen * 1959

Die Blätter fallen jedes Jahr
Und immer ist es sonderbar
Jetzt zieht der Sonnenschein vorüber
die Nächte werden kalt und trüber
Die Sommerswärme noch im Bauch
Im Kochtopf bereits Kohl und Lauch
Und immer dieses bange Fragen
Wird uns der Winter lange plagen?

Marie Bel

Neue Liebe im Herbst

Fort sind des Sommers flirrend heiße Wonnen,
Auch goldne Wellen, die aus guter Saat
Auf Feldern blühten, sind nun längst
    verronnen;
Am Abend kühl der Herbst uns langsam
    naht.

Du spürst den Wind auf Wegen und in
    Straßen,
Und siehst in Schlägen ihn den Staub
    verwehn,
Schon sind die Wälder, Haine still verlassen,
Auch wenn mit buntem Laub die Bäume
    stehn.

Bald wird als Sturm er hier vorüber fahren,
Und Blätter jagen vor sich her von West,
Drum magst im Herzen du den Anblick
    wahren,
Bevor der Sommer sich entkleiden lässt.

Die Liebe, die vom Frühling dir versprochen,
Hielt einen Sommer lang und wie so oft
Ist sie vor Jahresfrist nun doch zerbrochen,
Wenngleich du anderes von ihr erhofft.

So wird vom Wechsel jedes Jahr getragen,
Mal jauchzend und dann wieder
    schweigsam still,
Du kannst getrost erneut die Liebe wagen,
Weil dir der Herbst nur Gutes bringen will.

Curd Belesos * 1945

Das Blatt

Leis' und unbemerkt fällt es hinab
Hinterlässt einen leeren kahlen Ast
Im Wind zieht es seine letzten Kreise
Tanzt auf seine eigene Art und Weise
Im Sonnenlicht seine Farben sich noch mal
    erheben

Leuchtend Rot, Grün und Gelb voller
   Leben
Das Band zum Stamm hatte sich rasch
   gelöst
Allein und frei bis es auf den Boden stößt
Bei der letzten Pirouette fällt es in meine
   Hand
Klein und zierlich in golden Gewand
Sein Leben fängt ein neues Kapitel an
Schwindet dahin, gibt einen neuen Anfang
Leis' wie das Blatt werd ich gehen
Für mich gibt es kein Wiedersehen
Mit dem Herbst werde ich ziehen
Im Herzen trage ich meine Lieben
So bunt wie die Blätter heute sind
So viele Wege zeigt mir des Herbstes Wind
Das Blatt lass ich zu Boden fallen
Ich kann nicht länger verweilen

S.S. Belle * 1988

Herbst

Es ist Morgen.
Die lügnerisch sonnigen Strahlen
erwecken mich.
Immer noch schläfrig
stehe ich langsam auf.
Eigene Glieder sind mir schwer,
noch von gestriger Müdigkeit.
Draußen fängt doch
der Regen an.

Slavica Belos

Die gealterte Dame

Hinter Nebelschleiern
verbirgt sie
ihren törichten Stolz /
unpässlich ist sie geworden
und müde.
Wie farbig ihr Laubhaar
ergraut!
Ihr Kostüm ist Begierde.
Sommernachtshure –
vergebens umbuhlt sie
der Sturm ...

In den Kaminen wird schon
der Sommer verbrannt:
Sie sollten sich hüten
vor Zugluft, Frau Herbst!
Feiern Sie Sabbat/
die Tage welken
– wie Sie.

Johann Bernauer

Abschied

Abgefressen
die Almwiesen
braune Blätter
herbe Luft
alle Rinder zu Hause

Herbst

Hirschbrunft
in vollem Gang
röhren von einer Bergseite
zur anderen

mitten drin
die Almhütte

winterfest

noch einmal
über die Almwiesen gehen
mit einem Jauchzer
„Pfiat di"
sagen

Gerda Bernhart * 1955

Zur Herbstzeit

Bunt sind die Blätter an den Bäumen
die Sonne, die uns anlacht, lässt
uns von schöner Zukunft träumen.

Kastanien am Wegesrand
manch einer ein süßes Männchen daraus
    band.

Wenn wir dann im Wald in den Pilzen
    waren
können wir nach Hause fahren
und sie mit Eiern lecker in der Pfanne
    garen

Man sieht einen Igel im Felde stehn –
und möchte am liebsten mit seinem
    Traumprinzen „Hand in Hand"
    gehen.

Lustig ist es auch in der Clique zu radeln
dass gibt uns allen schöne, stramme
    Wadeln.

Alexandra Bernius

An der Steilküste

Über dem herbstlichen Farbenzauber
der Büsche und Bäume an der Steilküste
weht Wärme vom Land aufs Meer,
macht den Strand noch einmal weit
und einladend zum Bleiben und Schauen,
verlockt zum Liegen im Sand.
Zwischen den Buhnen ist das Meer sanft.
Menschen unterbrechen ihre
    Strandwanderung,
verweilen in heiterer Gelassenheit
im rötlichen Licht der allmählich sinkenden
    Sonne.
Auf dem Wasser schaukeln Möwen,
jedes Gefühl von Zeit vergeht.
Ich setze mich auf die Steilküstentreppe,
betrachte die Freude um mich herum,
lasse mich von ihr erfüllen.
Und es ist, als endete dieser Tag niemals.

Dieter Besier

Im Herbstwind

Verträumt am Zweig doch zitternd im Wind
hängt einsam im Dämmerschein
ein Blatt. Es wartet auf den Morgen
im Birkenhain.

Vergangen die Tropfen vom Tau beweint
spiegeln das wahre Gesicht
des Blatts. Es ahnt schon das Sterben
ohne das Licht.

Verloren der Halt doch bäumt sich noch auf
das Blatt im Taumel der Nacht.
Es wartet auf die Sonne
die nie erwacht.

Vergessen im Dunst der herbstlichen Welt
treibt es das müde Blatt im Wind
wie die Herzen der Menschen
die traurig sind.

Christel Beutel   * 1942

Windkussbaum

Ein Baum verliebt in den herrlich
    Herbstwind
Wie schön die Beiden anzusehen sind.
Jedes einzelne Blatt liebäugelt mit dem
    Windgehauche.
Die Pracht strahlt goldig im luftigen
    Rauche.

Zwei Naturgeschöpfe so unterschiedlich
    nur zu ein.
Verwurzelt, bodenständig in den Erdboden
    hinein – das Bäumelein.

Luftschnittig, freiheitsliebend weht der Wind.
Kommt und geht geschwind.

Doch diese Harmonie wunderschön
    anzusehen.
Liebende, die sich im Kreis der Gegensätze
    drehen.

Die Natur uns dies schon lange vorsinge.
Lebe den Lauf der Dinge.

Tanja Bier

Herbstblatt im Wind

Ruhig ist die Nacht,
es bläst der Wind
in aller Stille,
nur ein Blatt vom Baum;
hab es aufgefangen
als es im Mondlicht fiel,
rot und gelb die Farben,
der Boden war das Ziel.

von nun an kann es bleiben
als Gast in meinem Haus,
nie vergessen sei die Nacht
– als ich es mitgebracht.

Mit einem goldnen Rahmen
an meiner Wand es hängt,
rot und gelb die Farben,
König Wind es mir geschenkt.

Rudolf von Bingen * 1948

Herbstgeister

Sie greifen aus ihren Gräbern
mit kalten Fingern so taub,
dort, wo weiße Fäden
feuchte Halme umschlingen
durchströmt ihr klammer Schaum
den flachen Grund.

Sie reifen in dunklen Senken
auf stillem nassem Laub,
sie tasten an Ästen empor
um alles zu durchdringen,
verkünden den grauen Traum
vom Herbsttod naher Stund.

Helle Streifen von später Sonne
werden zum Geisterraub,
bis alle Sorgen sich lichten.
Doch morgen schon ringen
die Strahlen sich kaum
zu den Geistern wund.

... und sie schleichen aus ihrem Tor
noch stärker denn als heut hervor!

Bernhard Birkner * 1968

Herbstzeichen

Die Goldruten sind verblüht,
das Ährengold längst gelesen,
Abendrot über den Bergen glüht,
der Sommer ist gewesen.

Jetzt breitet der Herbst den Mantel aus,
spielt mit kräftigsten Farben,
der Bauer bringt letztes Heu ins Haus,
kein Vieh muss im Winter darben.

Die Abende werden still und lang,
man hat wieder Zeit für die Lieben.
Wird dir auch manchmal so bang –
die Sommerlieder sind geblieben!

Elke Birninger * 1960

Bald kommt der Herbst

Der Himmel ist blau,
von Wolken durchzogen,
noch grün ist der Wald,
doch die Felder sind kahl,
denn der Herbst kommt bald.

Der Sonne Strahlen verbrennen
die Blätter vom Grünen ins Welke,
ins Gelbe, ins Braune,
und dürr ist's im Baume.

Dann regt sich die Luft und der Wind
spielt im Wald und er rauscht
und rüttelt und schüttelt
das Laub in den Staub zur Erde hinab
in ein weites Grab.

Die Bäume sind kahl und nackt
und traurig, so wie mein Herz
vom sehnsüchtigen Schmerz,
denn der Sommer nimmt Abschied
und kehrt nicht so bald,
und der Herbst ist im Wald.

Klaus K.T. Bitterauf * 1936

Gelber Nebel

Gelber Nebel kalt zu schwarz,
Die Zeit nimmt perkutan
In einem Schluck das Leben.
Ein Schluck vom Tier ins Über-Wir,
Die Scheibe dreht, das Glas voll Erde glatt
  zu Sand

Entzünden Feuertanz.
Trockenes rot verbrennt die Welt.
Glatt rasiert fahl weißes Feld.
Er tanzt im blauen Kleid,
Zieht die Sträucher blank zu Stein.
Er nimmt die Leiber
Schwängert den Himmel mit der Nacht.
Das Über-Wir verdarb im ich

Wo du bist, da ist er nicht.
Ist er da, bist du es nicht

Julia Bittler * 1989

Entdeckungsreise im Herbst

Regenpfützengestiefel,
Rotznasen und Schlammspritzergesichter ...
leuchtend rote Wangen, fröhliches Lachen
  erklingt.

Große Augen kleiner Menschen staunen,
Wasserspritzerstiefeleierfahrung ...
zum allerersten Mal entdeckt.

Riesengroße Erfolgserlebnisse ...
kleine Trippler staunen nicht schlecht,
wenn sie rostbraunglänzende Kastanien
zu einem ersten Sammler macht.

Gebastelt werden Männlein, Tiere ...
gefördert durch Eigenreiz und Sinn,
Handwerkerähnliche Skulpturen, erste
  Werke sind vollbracht.

Blätterbergebau aus Laub, Wasserstrasse im
  Garten ...
so ganz frei und naiv und doch so schlau.

Baggerfahrergefühle auf dem kleinen
  Trecker,
grubbern mit Papa im Herbst ...
mit hochroten Wangen des Abends zur
  Nacht,
im Schlafe ganz selig ...
zufriedenes Lächelgesicht.

Blackcherry * 1966

SEPTEMBER.
Und aus silbernen Nebeln
steigt ein Gefühl von Abschied.

SEPTEMBER.
Und der Sommer schließt sacht
seine Tore und geht.

SEPTEMBER.
Und sein goldenes Laub
flüstert leise von Wiederkehr.

SEPTEMBER.
Und der Herbstwind
trägt meine Hoffnung
zu den Sternen

Elisabeth Blaß

Wie Blätter fallen

Wie Blätter fallen zum Grund der Bäume
So fallen Gedanken zum Grund der Seele

Die Kraniche folgen den Wolkenpfaden
Wie der Herbstmond der Sommersonne

Wie der Regen dem lebendigen Rhythmus
    erliegt
So formt der Wind die schönsten Melodien

Wie der Fluss in der Ferne schwindet
So trägt er auch die Herzen mit sich fort

Der Glanz der Sterne birgt das Feuer der
    Nacht
Wie im Dunkel der Welt die Eule ruft

Wie Blätter fallen im Tanz der Stürme
So vergeht das alte Jahr in stiller
    Einsamkeit

Wie Stimmen in den Bergen flüstern
wenden sich die Wellen der Küste zu

Die Welt gibt sich der Hoffnung hin
Wie die Blätter fallen in ihrem Todesreigen

Jana Bloßfeld   * 1985

Aufbruch

Sieh, der Kranich flieht schon wieder,
Schnee und Raureif im Gefieder,
Vor der wilden Wucht des Winds!
Viele, viele ihrer sind's,
Die uns grüßend jetzt verlassen.
Hör das große Flügelschlagen,
Das die Bäume weiter tragen,
Winkend mit dem welken Laub!
Bald schon sind die Wälder taub,
Ihre Federn – braune Massen.
Spür das Schwingen! In dem Äther
Folgt ihr Flug dem Weg der Väter.
Auch du möchtest in die Schar,
Denn die Menschen werden rar,
Wenn die Farben jäh verblassen.
Ruf nach ihnen, wenn sie scheiden,
Aus den Nebeln fort zu gleiten!
Morgen friert das große Weiß
Alles Leben hier zu Eis.
Du kannst nach den Sternen fassen.

Anja Blume   * 1977

Herzschloss

Die Bäume stehen Spalier.
Rauschende Farbigkeit im Föhngezupfe.
Kunterbuntes auch im Herzschloss,
wo die Saltos wohnen und sich Blühendes
ungestört, fern von allem Weltgeplapper,
wiegt.

Da kehrst du heim, kommst die Allee
    entlang,
raschelst im Falllaub aus Ginkgo und
    Pappel,
trägst Körbe aus Erntezeit, Schatten dir
    hinterher
und ein paar Illusionen dir noch auf den
    Fersen.
Aber bald schon halten sie nicht mehr
    Schritt,
denn du kehrst ein, dort wo hohe
    Gedanken
sich dir wie kleine Tiere auf den Schoss
    setzen
und der Duft der Hingebung aus
    Nektarine,

Holz und Zeder sich mit Wintergrün und
    Rosen
verflechtet:

Da bist du angekommen,
im Liebeskonzentrat des Augenblicks

Maryse Bodé   * 1948

Vor einem Jahr hast du mich verlassen,
zurück blieb nur dein Gewand
auf der Erde in allen Farben.
Mein Herz – verbrannt.
Nun kommst du wieder,
mit einem Kleid ganz grün
und wieder Knie ich nieder
vor deiner Ansicht – schön.
Doch kaum bist du da,
färbt sich dein Haar,
es fällt dir aus,
nun muss du raus.
Nur eine Decke,
in verschiedenen Farben,
bleibt zurück als verstecke
für den Igel zu haben
um im Winter nicht krank zu werden.
Denn du Herbst hast uns verlassen.
Unsere Herzen liegen in Scherben.
Doch wir werden dich nie hassen!

Katrin Boehnert   * 1991

Herbstzeit

Im Herbst leuchtet die ganze Welt,
nicht nur die Bäume färben sich,
nein, auch das Stoppelfeld
zeigt sein goldbraunes Gesicht.

Reife Äpfel hängen am Baum,
Laub in jedem Garten,
der Herbst ist da, man glaubt es kaum,
ein Ende hat das Warten!

T. Böhlke   * 1994

Meister Herbst

Wieso gibt Herbst uns jedes Jahr
Gefühle von Abschied für allezeit,
als wenn nie wieder Frühling würde
und Sommer erst in Ewigkeit?

Als ob wir Koffer packen müßten,
weil man uns hat hinausgeschmissen.
Wir tränenreich im Garten sitzen
und jetzt schon diese Stunden missen!

Wie unrecht wir dem Meister tun,
wenn heftig wir uns dauernd wehren.
Er Ruhe bringt, die ab und an
will Sanftes, Tiefes in uns lehren.

Sei dir gewiss, er ist ein Guter:
Der Herbst ist Lehrer uns und Freund.
Er zeigt uns, langsamer zu werden
und wie man leise wird und träumt.

Auf Sommers Lebensgier und Feste
folgt nicht der Traurigkeit Bilanz.
Er ruft uns nur hinein zum Essen ...
Der Sommer kreischt, der Herbst macht
    ganz!

Franziska Bold

in den bunten herbstgärten hockt er
der zahnlose alte ungekämmt
zählt blätter an zehn fingern ab
am zaun der gestrickte handschuh
erzählt seine geschichte in einer fremden
    sprache
er versteht sie trotzdem
summt zwei strophen herbstlied rückwärts
hängt blätter zurück an zweige
wartet sehnsüchtig auf den schnee von
    gestern
der morgen fällt
vielleicht nur eine flocke in einer fremden
    sprache

er versteht sie trotzdem
in der hand bunte blätter so hockt er der
  alte
ungekämmt zahnlos wortkarg starr
wartet sehnsüchtig
auf irgendwas das vom himmel fällt
in einer fremden sprache
in die bunten herbstgärten
auf den gestrickten handschuh
irgendwann

Beate Bonifer   * 1964

Novembernebel

Heute Morgen tagt der Nebel,
nichts zu sehn vom Herbstgewand,
gestern hatten wir noch Freude,
an dem, was unser Auge fand.

Doch am Tag wird es gelingen,
dass der Nebel lichtet sich
und wir können noch mal sehen,
des Herbstes buntes Angesicht.

Tautropfen fangen an zu glitzern,
erwacht hat sie das Sonnenlicht,
dieses Leuchten in den Blättern,
Freud heut ganz besonders mich.

Die warmen Strahlen möcht ich fangen
und schließen fest im Herzen ein,
denn bald schon wird die Kälte tagen
und Frost unser Begleiter sein.

Renate Börner   * 1940

Die goldene Jahreszeit

Klare, frische Morgenluft
führt den Duft von kräftiger Erde.

Feine Nebelschwaden fangen sich
in Spinnweben, lassen sie glitzern.

Intensives Morgenrot durchdringt
den leichten Dunst.

Erzeugt dabei auf Früchten und Gräsern
einen surrealen Glanz.

Der Sommer hat seine Grenzen
nun endgültig fallen gelassen.

Pralle Äpfel, süße Trauben
verwöhnen den feinen Gaumen.

All diese einzigartige Pracht schenkt er uns,
der goldene Herbst.

Monika Bosse   * 1956

Oktobertag

In goldnen Farben eingetaucht,
ruht die Oktoberwelt,
als wäre Stille eingehaucht,
in Wiesen, Wald und Feld.

Wie Perlen an der Schnur gereiht,
Tau auf dem Spinnennetz,
vollendete Oktoberzeit
folgt dem Naturgesetz.

Erdangereichert ist die Luft,
dort unterm Birkenbaum,
riecht es nach Steinpilz, Morchelduft,
Bucheckerlebenstraum.

Ich atme, lausche tief hinein,
versuche mit den Augen,
die volle Pracht im Sonnenschein,
in mich hineinzusaugen.

Margareta Bouillon-Adams   * 1959

Herbstblindheit

Heute Morgen hat mich noch im letzten
    Schlaf
des Herbstes feuchte Kälte berührt.
Die frühen Gerüche sprechen schon
von kommendem Schweigen.

Nebelschleier haben, Verpackungskünstlern
    gleich,
die bunten Welten eingehüllt
und halten die Sinne uns zum Narren –
alljährlich neu.

Es dominiert
die Ahnung wieder über Wissen.
Wir tappen blind im Grau.

So sucht die Sehnsucht meiner Seele
in diesen ersten kalten Nebeln
DICH.

Ich brauch' jetzt
einen warmen Körperhauch von dir.
Ich brauche Deinen heißen Kuss,
brauch' deinen Arm.

Anne-Catrin Boxberger * 1965

Herbst in Dinard

Zerrupfter Rabe im Herbstwind
mit flatterndem Gefieder
auf der höchsten Spitze des Hauses.
Die Blicke in der Ferne ruhend –
sicher.

Steinerne Villen im Abendlicht
mit Türmchen wie Spitzenhauben,
stolzer Schmuck der Felsenküste.
Zeugen der Vergangenheit -
morbide.

Passagiere der Zeit
Mit zarten Händen
Und harter Haut
Tanzen
Unwirklich

Bescot Brauer * 1953

Erster Herbstnebel

Erdmutter Gaia
haucht ihren Schleier
über den Dunst
geernteter Kornblumenfelder

Der fruchttrunkene Atem
wartet –
milde Sonnenstrahlen
kitzeln einen verlangenden Gaumen

Die Höchste atmet aus –
ich bekomme Appetit
auf
würzigen Honigkuchen.

Regina Elfryda Braunsdorf * 1959

Herbst

Der Herbstwind singt leis' in den Bäumen,
die Sonne scheint nicht mehr so grell.
Des Öfteren, am frühen Morgen,
beginnt im Freien man zu träumen
die Jahreszeit vergeht so schnell.
Der Winter wird den Rest entsorgen.

Der Herbst die Welt mit Farben ziert.
Er malt in vielen Varianten,
egal, wohin er uns auch führt,
für jedes Wesen auf der Welt –
wo vorher Sommer-Sonnenstrahlen
    brannten –
alles bunt in Wald und Feld.

Der Herbst ist auch die Zeit der Stürme.
Heute lau und Morgen kräftig

fegt er am Himmel Wolkentürme
und Regen mit Naturgewalten.
Es scheint, ein Herbststurm sei allmächtig
und gibt sich oft sehr ungehalten.

Harald Breithaupt

Der Baum

Fast unbemerkt –
die Wende beginnt.
Noch wiegt sich die Blätterschar
im mäßig warmen Sommerwind.

Den Baum umfängt die Ahnung –
sie sind nicht mehr weit –
die kalten Nächte
in dröhnender Stille,
doch er kann dem nicht entfliehn,
alles um ihn herum
ist der Natur ihr Wille.

Auch seine liebsten Gäste,
die Blätter,
verspüren, dass es kein Morgen werde –
selbstverliebt
in ihre bunte Farbenpracht
taumeln sie hinab zur Erde.

Erika Bremer

Das letzte Blatt.

Das letzte Blatt
im warmen Licht
sagt zu dem Baum
ich falle nicht.

Der müde Baum
will seine Ruh
er sagt zum Wind
entscheide Du.

Der träge Wind,
an meiner Statt,
sagt er dem Kind,
pflück Du das Blatt.

Das flinke Kind
Blattgold verführt
holt sich geschwind
was ihm gebührt.

Nun liegt das Blatt
im Lesebuch
schön glatt
mit Nachbarschaft genug.

Horst Brendel

Erntedank

Abgeerntet ruhen Felder leer
Schwankend tragen ihre Wagen schwer
Auf Tischen bunt geschmückt
Liegen Früchte reif gepflückt
Mutter Erde gibt sie uns her
Nun danken wir von Herzen sehr
Denn wir können uns daran laben
An diesen göttlichen Gaben

Heidrun-Auro Brenjo * 1953

Mein Herbstbild

Dies ist ein Herbsttag ‚wie ich viele sah:
Die Blätter hängen kraftlos an den
    Bäumen.
Sie können nicht mal von der Sonne
    träumen
Und spüren nur: wir sind dem Welken nah.

Ein feuchtes Frösteln kriecht durch ihre
    Adern.
Fahlgelb die Haut – und manche fieberrot .
Was nützt es, mit dem Jahreslauf zu
    hadern ...
Noch eine Frostnacht – und dann sind sie
    tot.

So wären sie in Trauer fast verloren ...
Wenn nicht an jedem Zweig – in warmer
    Hut –
Ein neues Leben wartet – ungeboren –
Um zu verkünden: Es wird alles gut.

Renate Astrid Bretschneider   * 1943

Herbststimmung

Goldner Herbst verwöhnt die Sinne,
buntes Laub erstrahlt im Licht.
Ich schau voll Wehmut, halte inne,
aufatmen kann ich leider nicht.

Die Zeit der Reife und der Ernte
mit Fülle und mit Üppigkeit
und goldnem, stillen Blätterregen
Gefühle setzt in Widerstreit.

Noch wärmend malt die Sonne Bilder,
voll Farb und Licht – zum Weinen schön,
doch auch die Schatten werden länger,
des Herbstes Schönheit wird vergehn.

Nicht auszublenden die Vision
von dunkler Kälte, Ende, Tod,
die lässt verstummen manches Lachen.
Doch haben wir Gewissheit schon,
dass wir im Frühling neu erwachen.

Ursula Brieke-Brinkmann

Der Ruf des Herbsts

Die frühe Dunkelheit zerfrisst mich
Langsam schwindet das letzte Licht
Jedes Lied verstummt, selbst das des Häher
Die Kälte bekümmert und erdrückt,
Zeigt, dass er schon näher rückt
Er kommt! Er kommt !Kommt immer
    näher.

Die Rufe des Windes erschallen
Die Bäume lassen ihre Gewänder fallen
Die Sonnenstrahlen, die uns sonst lenken,
sind die letzte Chance für den jüngsten
    Samen.
Jeder schreit nur seinen Namen:
Der Hebst ist da, um Kälte zu schenken.

Vanesaa Brodka   * 1997

Herbstflaum

Zarter Herbstflaum streichelt die
    eingefärbte Flur,
ein letzter Gruß legt sanft sich auf die
    Sonnenuhr.
Goldene Strahlen nisten in der Blätterglut,
entfachen lodernde Feuer, gleich einer Flut,
die über Alleen, Wälder und Gärten fließt,
und glühende Wellen durch die Gefilde
    zieht.

Wolkenbilder, sie kämpfen um der Augen
    Gunst,
spielen mit brennenden Fackeln im
    Abenddunst.
Den Blick des Betrachters beschleicht eine
    liebliche Qual,
auf welche Gemälde, Gebilde fällt die
    Wahl!
Die Sonne ganz langsam in das Farbenmeer
    sinkt.
Die Abendstimmung uns die nächste
    Traumwelt bringt.

Andrea-Maria Bröhan

Herbstzeit

Kühl und leer die Straßen sind,
Regen tropft hernieder,
durch die Gassen fegt der Wind,
schüttelt durch die Glieder.

Der Bauer, seiner Scholle treu,
er pflügt den Acker mit Gespann,
auf das – im nächsten Jahre neu –
die Saat zur Ernte reifen kann.

Über kahlem Feld, dem weiten,
sieht man, von Kinderhand gelenkt,
lustig bunte Drachen gleiten,
bis das der Tag den Abend schenkt.

Langsam färben sich die Blätter –
wehen lautlos in den Sand,
herbstlich wird das schöne Wetter,
Nebel legt sich auf das Land.

Horst Robert Brück

Septembertage

Es liegen graue Nebel im September,
ein kühler Wind weht morgens ins Gesicht.
Die ersten Bäume färben ihre Kleider,
und früher schwindet uns das Sonnenlicht.

Will uns ein Hauch von Winter wohl
    ermahnen,
dass herbste Sonne noch zu sehen sei?
Sind's auch nicht mehr die warmen
    Sommertage,
wir wissen: Jeder Winter geht vorbei.

Noch glauben wir, es kehrt ein neuer
    Frühling,
noch möchten wir so manchen Sommer sehn.
Die Hoffnung hilft, die dunkle Zeit
    ertragen,
wenn kalte Winterwinde um uns wehn.

Und so wie alle diese Jahreszeiten
bis anhin, wie seit jeher, uns gelenkt,
so lässt das Kommen und das Geh'n uns
    ahnen:
Es ist uns allen alles nur geschenkt.

Erica Brühlmann-Jecklin   * 1949

Wanderstab

Hundert Jahre warst
als ich vom Baum dich barst
und neuen Sinn dir gab
als Wanderstab

Krummer, toter Ast
erstickt von Flechten fast
und doch zu jung fürs Grab
mein Wanderstab

Reiche mir die Hand
ich zeige dir das Land
so lange ich dich hab
lieb Wanderstab

Die Sorgen meiner Welt
hab ich dir aufgezählt
du lenkst mich davon ab
mein teurer Wanderstab

Josef Bucheli   * 1946

oktoberspinne

manchmal denke ich noch an dich
und spür diesen süßen schmerz
er berührt mich und er verändert mich
betört und verwirrt mein herz

oktoberspinne nistet im licht
erinnert an goldene tage
ertrunken im see dein liebes gesicht
ein neuer versuch, den ich wage

ich lasse dich gehen, unendlich schwer
gefangen und endlich befreit
lebt etwas in mir, neben mir her
und verblasst im atem der zeit

Eva Buck   * 1954

Von gold'nen Schlössern und grauem Regen

Bunte Tropfen fallen,
fast so als ob der Himmel weint.
Tausend Stürme wallen
auch wenn die Sonne noch mal scheint.

Boden duftet noch nach Erde und Moos,
nach Nässe, die Traurigkeit gleicht.
Fallende Blätter wie ein rettendes Floß,
bevor Winter das Leben verbleicht.

Bäume leuchten wie gold'ne Schlösser,
funkeln und glitzern in hellem Licht.
Vögel fliegen wie wilde Rösser,
vergessen des Sommers Wärme nicht.

Jeden Atemzug: Ein Regenschauer.
Wind weht Kälte übers Land.
Alles wird viel trister, grauer,
selbst der Regen in der Hand.

Nebel liegt, erdrückt die Welt,
von Farbenpracht fehlt jede Spu',
vom Gefühl, das Leben erhält:
Der Sommer neigt sich dem Ende zu.

Neele Bunscheit

Herbstgeläute

Wenn die ersten Blätter fallen,
langsam trudelnd auf den Boden rauschen,
ist die Herbstzeit eingeläutet
und jedermann weiß,
nun ist der Sommer endgültig vorbei.

Wenn die ersten Pollen schwirren,
sich so schnell verbreiten,
ist die Herbstzeit eingeläutet.
und jedermann weiß,
nun wird es kalt.

Wenn es nachts den ersten Frost gibt,
er einfach alles bedeckt,
ist die Herbstzeit eingeläutet
und jedermann weiß,
nun sind die guten Früchte endlich reif.

Jenny Cazzola   * 1996

Tempus

Graue Tage – sinken, fallen,
Nebel wogt und wallt,
ein gedämpfter Laut – zerfallen –
leises Wispern, ohne Halt.

Leuchtendes Funkeln am Meeresgrund,
unendliche Weite – blau, tosend, erhaben,
ein Wogen, Entstehen, Vergehen – und
Ruhe im Wandel der Waben.

Goldene Blätter, blitzen, schweben,
in der Sonne letztem Strahl.
Schatten kommen, huschen, weben,
Zeit – Erinnerung ohne Zahl.

Marie E. Chapeau

Der Herbst

Der Wind berührt leise mein Haar,
bläst und weht es in mein Gesicht
und die Wolke hängt tief am Himmel,
hüllt mich ein, bedeckt meine Sicht.

Ich würde gern tanzen mit dem Wind,
bis hinter die Wolke, suchend nach Licht.
Es ist aber kühl und ungewiss,
weil der tiefe Herbst Tropfen verspricht.

Ich hoffe, Du wartest, liebe Hand
und nimmst mich an, ich bin ganz zahm.
Lass mich klar sehen, mich erholen
in Deinem Heim. Darin ist es warm

Dzevada Christ   * 1964

Stille Zeit am See

Die letzten Rosen sind verblüht
abgefallen und verweht;
purpurne Blütenblätter
ließen rotes Blut zurück
im weißen Gestein der Terrassen.

Nebel ziehen ins Land,
stehen wie eine weiße Mauer
und trennen schweigend
die Freuden des Sommers
vom Schattenreich des November.

Lautlose Vögel sind dageblieben
zwischen geknickten Halmen
des Sommerschilfs;
das Gold eines Sonnenstrahls
auf dem Wasser
beginnt langsam zu verblassen.

Ingeborg Christ * 1940

Erster Sonntag im Oktober

Der Wind, er weht aus Nordnordost,
jagt Wolken fort und welke Blätter.
Bosköppe werden immer fetter,
zur Nacht droht erster Bodenfrost.

Flanierenden am Außendeich
die Sonne auf die Mäntel knallt.
Das Meer ist flach und lausekalt;
ein Schwimmer kehrt zurück sogleich.

Das Fest der Ernte steht jetzt an.
Kann deine Ernte auch bestehn?
Das Jahr hat seine Schuldigkeit getan,
es atmet tief und wird bald gehen.

Hans Joachim Cirkel * 1936

Herbstreise

Wer die Melancholie
eines Herbsttages nicht fühlt
versteht das Leben nicht

Schweigt ihr Bäume
auf uns wartet ein
fernes weites Land

Eure Nachttrauer brecht an
den Strahlen der Spätsonne

Lasst uns ziehen
es ist Zeit
bald wird es kalt

Sonst zerbricht eure Zuversicht
am Schnee
der dann unaufhörlich fallen wird

Uwe Claassen

Herbststimmung

Ich höre der Blätter sanftes Rauschen.
Der Wind bläst sie sanft von den Bäumen.
An der Ecke der Straße die Blätterhaufen,
Kinder – die vom Winter träumen.

Kalt ist die Luft und neblig das Land,
Wenn morgens mancher früh aufsteht.
Ganz langsam nur verschwindet die Wand,
Die dunkle Nacht, sie flieht und geht.

Ach wäre es doch schon Winterzeit!
In all den Gassen läge der Schnee.
Vergessen die goldene Herbsteszeit,
Bis nächstes Jahr – leb wohl, ade.

Petra Conte-Sansi

Gaben des Herbstes

Leise flüstert der Wind durch die Wipfel
der Bäume, die träge sind, schläfrig,
  erschöpft.
Sie trugen den Sommer so manche schwere
  Last
Sind von Vögeln, und Blüten, von Früchten
  gar müd.

Blatt ist dem Blatte sowohl Kissen als
  Decke
Sie singen einander ein Wiegelied süß.
Hörnchen und Vöglein sind emsig am Nest
  bauen
In Erwartung des Herren aus Schnee, Frost
  und Eis.

Sie scharren die Nüsschen und Eckern fein
Gar sorgsam in lauschige Nestelein ein.
Sie eifern geschwind, machen's heimelig
  warm
Mit den Gaben des Herbstes, mit all
  seinem Charme.

Und wenn dann der Winter sein
  Schneekleid enthüllt
Und alles bedeckt mit solch eisigem Hauch
Sitzt auch Meister Lampe im traulichen
  Heim
Und die Vöglein singen lieblich vom
  Frühling.

Lisa Coordes * 1994

Herbst

Lass mich taub sein, lass mich sterben
Wie die Blätter, wie die Welt
Taumelnd, süßer Schmerz, verderben
Weil mich nichts mehr bei dir hält

Lass mich fliegen, lass mich scheiden
Wie die Sommerwärme geht
Singen in den Trauerweiden
Deren Laub der Wind verweht

Trauer senkt sich auf die Welt
Deren Licht so nichtig ist
Schwarz und grau das Himmelszelt
Wo man nun die Sterne misst

Ich weiß, du siehst jetzt aus dem Fenster
Und der Sommer ist längst tot
Auf den Straßen Schneegespenster
Farbig-warm das Abendrot

Die graue Herbstmelancholie von gestern
Ward helle weiße Einsamkeit
Herbst und Winter sind zwei Schwestern
Wie Ewig- und Vergänglichkeit

Corneille * 1993

Herbst

Das Laub der Bäume ist schon etwas bunt;
Der Herbst ist hier der Grund.
Es gibt auch ein paar Stürme.
Wir brauchen jetzt die Regenschirme.

Die Nager sammeln fleißig ihre Nüsse,
damit im Winter haben sie Genüsse.
Sie sind jetzt dolle tüchtig,
damit im Frühjahr sie nicht magersüchtig.

Auch ich tu was für meinen Winterspeck ...
Die Waage kriegt 'nen großen Schreck.
Ich muss die Kleidung größer kaufen.
Ich könnte mir die Haare raufen!

So ist es eben, wenn es Winter wird,
wenn draußen richtig Kälte klirrt,
dann musst Du haben eine dicke Schicht.
Im Frühling kommt es weg – 's Gedicht!

Margarete Cühnel * 1951

Novembernebel

Wolkenhauch schwebt über Wald und
　Rain.
Blasser Nebel taucht die Sonne ein.
Undurchdringlich scheint des Schleiers
　Wand,
streicht die Erde eine zarte Hand.

Raucht und atmet er im Widerstreit,
hüllt die Landschaft in Geborgenheit.
Silberfarben ist er, weiß und grau,
dicht und dampfend oder nass wie Tau.

Und er zieht und schwebt und weilt,
lädt sich auf mit Schatten und enteilt,
lastet auf der Erde oder steigt
endlich aufwärts, bis das Licht sich zeigt.

Willi Czekalla

Der Herbstwind

Der Herbstwind singt sein Lied,
die Blätter vor Freude tanzen,
das Geäst des Baumes sich wiegt,
im Winde des bunten Herbst.

Bunte Blätter fliegen durcheinander,
und jeder weiß, der Herbst ist da.
Die Leute durch die Wälder wandern,
durch die Winde des bunten Herbst.

Die Tiere sammeln Nahrung,
und suchen ein Quartier,
denn die wichtige Warnung
liegt im Winde des bunten Herbst.

Heidi Czerwinsky　* 1986

Ein Gleichnis

wie die Haare ergrauen
so sind alle Blätter draußen
in den letzten Tagen gelb geworden;

wenn jedoch die Sonne
durch sie hindurchschimmert,
tritt die Verwandlung ein:
nun sind sie nicht mehr gelb,
sondern sie sind von innen her
ganz vom Licht durchflutet –

so wie im Alter
das Antlitz eines Menschen
von innen her erstrahlen kann.

Margrit Dahm　* 1940

So ruhig und sanft, gleich einem Tanz
So weht des Herbstes Wind sein Lied
Der Sonne hell leuchtender Glanz
Erwärmt der Erde jedes Glied

Sobald aber der Schein vergeht
Der Sonne letzter Strahl erlischt
Der Wind wirbelnd und stürmisch weht
Erfriert die Kälte das Gesicht

Doch schon im Morgengrauen sei
Der milde Herbsttag neu erwacht
Und ist des Jahres Nacht vorbei
Da sprießt des Frühlings volle Macht

Das ist des ew'gen Wandels Sinn:
In jedem Ende ein Beginn

Larissa Dähne　* 1996

Herbstträumereien

Ruhe kehrt ein im Herzen.
Aus ist 's mit Lachen und Scherzen.
Vorbei die laute Sommerzeit,
manch Leidenschaft Vergangenheit.

Angebrochen ein Sehnen und Träumen.
Der Blick verliert sich in bunten Bäumen.
Still, beinahe einsam liegt der See.
Es grüßt bereits der erste Schnee.

Herbsttage laden zum Träumen ein.
Stille Fantasien, die sind jetzt dein.
Sie wärmen an rauen kalten Tagen
und lassen übern Winter nicht verzagen.

Christa Katharina Dallinger

Am Fenster

Gelbe Blätter vor dem Fenster,
regennaß glänzt Nachbars Dach –
und die trüben Herbstgedanken
werden langsam wieder wach ...

Kurze Tage, lange Nächte,
nur noch wenig Sonnenlicht;
letzte Rose blüht am Strauche,
ehe erster Frost sie bricht.

Nebel über Wald und Feldern
engt die Landschaftsferne ein,
webt und spinnt diffuse Schleier
vor dem roten Abendschein.

Sinnend stehe ich am Fenster,
seh' den gelben Blättern nach,
die der Herbstwind leise flüsternd
von den nassen Zweigen brach.

Hannelore Damme * 1936

Herbst

Herbstlicht spiegelt sich
in den goldenen Blättern wider.
Ein Lichtspiel.

Bunte Schatten, die sich zurückziehen
und bei Nachteinbruch ruhiger werden.
Mein Blick fällt auf die Lichtung,
über die Bilder hinweg, über die Felder.

Und ich glaube, ich stand schon immer
vor dieser Landschaft.
Und vor dir.

Der satte glühende Vorabend
betrübte deine Gesten.
Deine Augen sprachen.

Dein Gesicht: ein verblichenes Bild,
das der Wind verwehte.
In den Händen noch der Duft
der ersten Begegnung mit dir.

Die letzte Begegnung mit dir.
Ade, mein Geliebter.
Mit dem Herbst bleibst du bei mir.

Mara De Stefanis-Herrmann * 1973

Novembermorgen

Blick aus dem Fenster
der Baum trägt späte Äpfel
Raureif deckt das Gras
Der Jahreszeitenwechsel
bringt neue Schönheit hervor

deraka * 1981

Herbst

Ich stell mein Herz nach deiner Uhr;
den Herbst, ich spür ihn schon
mit Stürmen aus dem Regenland.
Fort sind längst Korn und Mohn;
verschwunden Sommer-Malereien,
das Königsblau im Ährenfeld.
Dein Haar, voll Glanz und Zaubereien,
verblasst in dieser trüben Welt.
Die Blätter welken an den Bäumen
und Pilze sprießen vielerlei.
Ich tanz mit dir in meinen Träumen.
Küss wach mich, wenn der Spuck vorbei.

Gertrud Dertmeyer

Hollywoods Stern

Versiegelt sind ihre Lippen
Während ihre Haare sanft im Wind wippen
In der finsteren Nacht

Offenbart sich ihr eine Art von Macht
Alte Geister aus einer anderen Welt
Drängen ihre Träume zu begraben, wollen
    das sie zerschellt
Alte Gesichter, verlorene Seelen wagen
Mit der Schönheit und Hässlichkeit der
    Worte um sich zu werfen

Sie sieht in der Ferne lauter schimmernde
    Sterne
Lauter Rampenlichter ebnen ihr den Weg
Viele Herausforderungen, aber sie kommt
    darüber hinweg
Stadt der Engel, was für ein Gedrängel
Keiner kennt sie, niemand sieht sie
Eine von vielen, versteckter Diamant mit
    Verstand
Ein Weg gepflastert mit zerbrochenen
    Träumen

Blondes Haar, wie wunderbar
Blaue Augen, die alles glauben
Chaotische Gefühle, durch gebrochene
    Schwüre

Ihr Herz ist schwer und ihr Kopf ist leer
Sie sieht Sterne, seitdem kennt sie nicht
    mehr diese Leere

Patricia Rocha Dias

Herbst

Frühling und Sommer meines Lebens sind
    vergangen.
Jetzt hat für mich der Herbst schon
    angefangen.
In meinen jungen Jahren freute ich mich
auf den Frühling und den Sommer
    sicherlich.
Heute ist der Herbst meine liebste Zeit im
    Jahr.
Ich finde ihn ganz einfach wunderbar.
Auch wenn die Tage kürzer sind,
freu ich mich auf ihn wie ein Kind.
Wenn die Natur zieht an ihr schönstes
    Kleid,
ist endlich da die schöne Herbsteszeit.
Wenn die Blätter fallen von den Bäumen,
lässt es sich so herrlich träumen.
Die Herbstsonne will den reifen Reben
die letzte Süße in den Wein jetzt geben.
Ich hoffe, dass der Himmel an mich denkt
und mir in meinem Leben noch viele
    Herbstmonate schenkt.
Ich weiß, das Leben ist so wie es eben ist,
dennoch bleibe ich ein Optimist.

Anita Dickhäuser * 1935

Herbstgedanke

Wer's Leben ohne jedes Lot begangen,
im Herbst wird fallen oder wird getrieben,
wie welke Blätter, die zur Erde drangen,
des Jahres Zeit dahin und nichts geblieben.

Frank Dieckmann

Rosenlied

Schwankende Herbstzeitlose
recke dich noch mal am Strauch.
Lass das Mimose.
Mach nicht auf Schose.
Schenk mir noch mal einen Hauch ...

Gib all den Neidern. Herbsthungerleidern.
Rot. Eh das Weiß uns umspinnt.
Gurus und Göttern.
Mir und den Spöttern.
Zeig uns noch mal, wer gewinnt.

Eh du zersplitterst. Dunkelst. Verzitterst.
Häng ich mein Blut ins Spalier.
Einst jung und zeitlos.
Rotbärtig ... Neidlos.
Hing ich schon ...
Damals an ihr.

Helmut Dobinski * 1941

Herbstsinn

Die Nase spürt's sofort und das Gesicht,
die Luft streicht kühler unsern Kopf;
so mancher Zweig an Bäumen und an
 Blumen bricht,
vom Windstoß, Wetterkräften Erntehänden
 angericht'.

So manchen Menschen treibt's hinaus,
gerade diesen Wind zu fühlen,
gerade diesen feuchten, kühlen Hauch von
 Moder, Erde,
Gärung in sein Innerstes zu spülen,
wohl eingedenk, dass so ein langsam
 schönes Welkerwerden
auch ihn einholen wird im Älterwerden.

In der Natur so einen Sinn zu haben,
stimmt ihn nicht traurig, eher tröstlich;
sind wir doch alle Eins – der Mensch, das
 Tier
und jede wundersame Pflanze;

jedes Geschöpf erhält die Chance,
zu werden, zu erblüh'n und zu vergeh'n;
im Kreis der Zeiten wird's geschehn.

Herbstzeit – Zeit tieferen Empfindens,
jedoch nicht Endzeit,
Trostzeit, zurückzukehren zu sich selbst.

Margot Dollinger * 1948

Im kalten Mondschein fliegt ein Falter zu
 dem Licht,
Und sieh', da liegt er leise auf den Steinen,
Um ihn wird leider niemand lange weinen,
Sein Leben hat ein winziges Gewicht.

Er flog zu dem, was ihm, aus seiner Sicht,
Die Liebe geben konnte, die er keinem,
So warmen und so märchenhaften reinen,
Leicht beichten konnte, einfach ins Gesicht.

Er glaube und er wurde grob belogen,
Sein innerer Instinkt hat ihn betrogen,
Ihm macht das keine Angst, was er nicht
 kennt.

So lass mich nicht das lieben, was mich
 umbringt,
Wie jener Falter, der am Boden still nach
 Luft ringt,
Und ich vermisse das, was mich verbrennt.

Lisa Douchine * 1996

Herbstklang

Der Mittag ruht in sanftem, goldnem
 Schweigen;
und Sonnenlicht kost zärtlich Wald und
 Flur.
Nur hin und wieder flüstert's in den
 Zweigen,
die Blätter tänzeln mit dem Wind im
 Reigen,
ein letztes Ernte – Lied singt die Natur.

Ich liebe sie, des Herbstes Harfensaiten,
den leisen Ton, der zart im Abschied
   schwingt,
wenn sich des Phönix' Flügel rötend breiten
und im Erglühen sterbend sich bereiten
für einen Tag, der neues Leben bringt.

Ingrid Herta Drewing   * 1942

Stillleben

Fensterbank Kita:
weit gliedern
die Striche
aus Holz
Kastanienfiguren,
geschrumpft,
gedunkelt,
knotig.

Ralf Drost   * 1961

Lichtspiel

Schwarz und Weiß strahlten einst
alle Farben gleich im Lichterfluss.
Hart unterworfen einer Phantasie
geblendet von dem Kunstgenuss,
der bald bunte Bilder preisen sollte.
Jäh verging die Ära eines Sommers
der die größten Schatten schuf.
weder Schwarz, noch je ein Weiß
gleicht den Kontrasten alten Flimmerns.

Rote, gelbe, braune Projektionen
breiten jetzt ihr Lichtspiel aus.
Herrschen in radikalster Weise.
Kahl scheinen alte Kameravisionen.
Denn der Herbst kommt immer leise,
bringt Lichte und Veränderung.
Früh hängt nun die Dämmerung
auch über und im Lichtspielhaus.

Michael Druen   * 1986

Wenn der Sommer vollends geht,
der Wind ein wenig stärker weht.

Wenn sich die Blätter färben
und langsam aber sicher sterben.

Wenn die Wälder golden blühen,
sich die Bauern auf den Feldern mühen.

Wenn die Vögel in den Süden ziehen
und Tiere in ein warmes Fellkleid fliehen.

Wenn die Kinder mit Kastanien spielen,
Väter mit den Äxten zielen.

Wenn die Nächte länger werden,
Lethargien den Tag gefährden.

Wenn die Sehnsucht nach dem Sommer
   schmerzt,
dann beginnt im Land der Herbst.

Jennifer Effertz   * 1987

Stimmen in Harmonie

Von den Bäumen fällt herab,
aus deren Kronen, buntes Laub.
Im Morgentau 'ne Spinnenwab',
und der Herbstwind wirbelt Staub.

Farbenpracht im Goldenen Oktober,
Wein gedeiht in güld'nen Sonnen.
Abendstimmung mit Zinnober,
heit're Wochen – schnell zerronnen.

Am Firmamente Sterne funkeln,
gegen Morgen Nebelschwaden.
Im tiefen Forst hört man es munkeln:
„Herbst in sommerlichen Gnaden."

Martin Ehrler   * 1966

Am Kamin

Hol die Scheite, die wir vor Wochen
in dem nahen Wäldchen schlugen,
als sie schon nicht mehr harzig rochen
und den Herbst schon in sich trugen.
Lass am Kamine uns verweilen,
während draußen der Herbststurm pfeift,
buntes Laub aufscheucht und bisweilen
wütend um unsre Hütte streift.
Sieh Flammen sich munter umzüngeln,
hör' Knacken in trocknen Scheiten,
Schatten flackernd in sich verkringeln,
und zu bunten Bildern weiten.
Lass uns den guten Rotwein trinken,
Lebensträume dabei stricken,
und wenn alte Geschichten winken
ganz nah aneinanderrücken.

Ulrike Eifler * 1975

In Hülle und Fülle

Die Tage neigen sich der Sonne
ergeben sich des Herbstes Pracht
man fühlt sich ruhig dahin gegeben
und fügt sich in die frühe Nacht.

Gefühle die sonst keiner kennt
werden groß und so erhaben
der Vollmond der in Klarheit scheint
wird uns ins Märchenland nun tragen.

Im Traume die Götter sich fragen
wer soll uns die Tafel bereiten
der schöne Herbst nur der Bunte
er allein kann es uns zeigen.

In Hülle und Fülle die Tafel gedeckt
mit edlem Wein und Wildbret so reich
so kommt es auf Erden
wohl dem Himmel doch gleich.

So zeigt sich durch des Schöpfers Pinselstreich
die herrlich geschaffene Natur
und stellt ganz sanft und heimlich
der Welten eigene Uhr.

Peter Einbock * 1955

kraniche kehren suedwaerts schon
suesse trauben haengen tief
an den alten haengen
mir ist
als haett die zeit versteckt
die großen hellen naechte
in denen du die funken schlugst
aus der steine kraft
und sein name uns
zu den sternen wehte

Silke A. Eisenbeiss * 1978

Herbst

Der Wald zieht an sein schönstes Kleid,
nur die Tanne verspürt hier Neid.
Farbenfroh, lebhaft und voller Pracht,
demonstriert die Natur ihre Macht.
Nach Frühling, Sommer hat sie noch zu
    geben,
aus neuer Kraft – neues Leben.
Für uns erstrahlt sie ein letztes Mal,
um sich dann zu verabschieden – kahl.

Langsam wird sie abstreifen ihr Gewand,
wenn schon weiß ist der Berge-Rand.
Immer kälter wird es mit dem Gehen der
    Blätter,
im Anmarsch ist ein anderes Wetter.
Weiße Flocken wollen die Erde bedecken,
unterm warmen Kleid will sich Mutter
    Natur verstecken.
Und während sie sich diesmal zeigt in
    weißer Pracht,
ruht sie sich aus und tankt neue Kraft.

Sophie Eisner * 1988

november

november – ungeliebter monat
dunkle tage-schmuddelwetter
der herbst zeigt seine finstere seite
laubmassen zeugen von abschied und
    neubeginn
was jetzt noch blüht erlebt den winter nicht
brache auf den feldern
brache in uns
stille
nehmen wir sie an
nutzen wir sie zum abschied
sammeln wir kraft für den neubeginn
verletzlich sind wir in diesen tagen
gedenken unserer toten
gedenken unserer endlichkeit
und doch ist es licht in uns
es leuchtet die gewissheit
nach der tiefsten dunkelheit
kommt es zu uns
das licht der welt
erhellt unseren neubeginn

elke * 1948

Herbst

Der Wind streicht durch die goldenen Ähren,
die Sonne scheint mit letzter Kraft.
Teils kann Sie sich der Wolken noch
    erwehren,
teils ist Sie schwach und ohne Macht.

Doch sind die Früchte reif und farbenfroh
    die Welt
und nun die Ernte und der Genuss
von alledem was man zuvor
in harter Arbeit hat bestellt.

Der Tag wir früher müd'
und länger währt die Nacht.
Durch Nebelschwaden oder dunkle Wolken
scheint uns die Welt heut trist und trüb.

In gespannter Erwartung oder ruhigem
    Harren
des Winters der naht, vergeht der Herbst
    zu schnell.
In Traurigkeit und Nostalgie erstrahlen
ringsum die Farben, eh Sie vergehn, noch
    einmal hell.

So auch der Mensch?

Klaus Engelhardt * 1966

Herbst

Der Herbstvogel fliegt über das festliche
    Land,
groß, mit glänzenden Schwingen.
Wir fassen uns ahnend bei der Hand
und hören es in den Bäumen singen:
Lieder des Sommers, von Erfüllung und
    Blühen,
Lieder der Freude, die leise verklingen.
Herbstfeuer rauchen, sprühen, – verglühen,
und in die kalte Asche fallen
wie matte Vögel, zögernd und sacht,
welke Blätter. Aus Nebelwäldern hallen
dunkle Rufe herüber in der Nacht.

Johannes Engewald * 1939

Herbst

Kühlende Luft umarmt Berlin
und die Sonne, die den ganzen Sommer
    schien,
lockt, und will uns verführen
nur an ihn – den Sommer – zu denken.
Doch ... was würden wir verschenken?!
Den Wind und die Böen,
wirbelnde Drachen in den Höhen,
sich bewegende Wälder mit tanzendem
    Laub,
feuchter werdende Luft – beseitigt der
    Staub.

Von Nebelschwaden umhüllt,
der Kirchturm ... ein unwirkliches Bild.
Vogelschwärme im Zug gen Süden,
der Blätter Farbenwechsel – nie ermüden –
wollende Phantasie des Wolkenzugs am
　　Horizont
und gekonnt
umgeben wir uns mit Wärme, Licht und
　　Gemütlichkeit
auf dem Weg zur weißen, kalten Jahreszeit.
Dabei bekleidet von vielen reifen Früchten
　　empfinden wir
des Herbstes Flair ...
kein Gedanke an den Sommer mehr!

Peter Ernst　* 1958

Oktober 1992

Die letzten Blätter trennen sich,
von ihrer Heimat, ihrem Baum;
an dem sie einst gewachsen sind.
Aus der Traum!

Der Sturm hat's grad' nicht gut gemeint.
Er blies u blies – sie fielen ab;
sie schwebten hin und schwebten her.
In ihr Grab!

So ist's auch in unsrem Leben.
Wir haben wirklich nicht viel Zeit;
eh' wir uns recht eingerichtet –
ist der Herbst nicht weit!

Ingrid Beate Esch　* 1954

Ein Sonett von farblosen Blättern

„Der Herbst ist schwarz-weiß", sie wollte
　　verstehn',
ließ den Regenschirm fliegen im Winde
wie Raben und Blätter, so ohne Sünde
„Monochrom, ohne Sinn – soll bald vergehn'!"

So wie auch damals, Tränen, ganz ungesehn'
Trauernd am Grabe, an einer Linde
Das Laub auf dem Boden, mit feiner Rinde
Musste den Toten gegenüberstehn'

Der Regen fiel wie die Blätter doch einst
„Bitte, so bitte denk' nie an den Tag,
der das Ende verheißen mag, denn er

ja, er ist nicht wert, dass du um ihn weinst!",
sprach sie zu sich selbst, wer dem auch
　　glauben mag
das Mädchen in schwarz an der Linde
　　nunmehr

Anouk Lou Falkenstein　* 1999

Herbstblätter

sonnenseitig
lächeln sie
den Himmel an

bitten inständig
um glitzernde Funken
die sie leuchten lassen

flüssig wie Gold
tanzen sie im Wind
schwingend zur Erde

dort hauchen sie
ihr letztes Atemlicht
in den dunklen Grund

Sabine Fels　* 1961

Die Kastanie

Gemasert, weich-glänzend Edelholz,
„Überraschungsfrucht" fällt voller Stolz.
Aus dem Spiel der Natur rein gewonnenes,
Wahrliches Gesicht des irdenen Herbstes.

Mit seinem mystisch gepudertem Gesicht,
Der weiße Schein seiner Maske umhüllt es
    dicht.
Erzählt sie nicht ein bisschen von Venedig?
Der Tradition?
So hat sie dich gebannt mitgenommen
    schon.
Auf ihrer Reise ... von dort wo du gerade
    stehst,
Ohne Gepäck, noch Distanz, inmitten von
    Herbstblättern gehst ...

Ramona Fezzeni   * 1985

Herbst

Herbst – Jahreszeit des Lebens
den Kinderschuhen des Frühlings
    entwachsen
der Zeit zu blühen, zu wachen, zu reifen
Den Sommer tanzend
mal sanft, mal wild
fließend im Fluss des Lebens
Herbst – Fülle des Seins
dem Kokon der Raupe längst entschlüpft
erntend die Früchte, die einst gesät
noch immer mit staunenden Augen
atmend die Farben-Vielfalt des Herbstes
reich an Erfahrung, gelassener, weiser
wissend um des Winters Stille
das Ruhen und Vergehen – in Erkenntnis
es wird geboren – ein neuer Frühling
Zeit der Seele erneut zu blühen, zu wachsen
zu reifen, zu ruhen
und erneut zu gehen – immer wieder
durch die Jahreszeiten des Lebens
ins Licht

Karin Findorf

In eines Blattes Angesicht

Zwiegespalten ist die Seele,
kann nicht weilen, flattert wild!
Liebes Leben!, tönt die Kehle,
musst also gehen, wirst mir Bild?

Äußerlich blühst du,
doch eigentlich fühlst du,
der Abschied ist nahe!
So koste meine Tränen an deiner Bahre.

Sind gleichwohl Trauer und Glück,
die sie formen
und schmerzfroh umsorgen,
denn der Tod mich entzückt.

Bringt doch nur er das hervor,
was wieder sprießen,
ja wahrlich zu fließen vermag.
Aus Staub auch Gott den Menschen beschwor.

J. Fineliner   * 1992

Urinstinkt

Trauerweide am Ufer im frühen Herbsttag,
ich nimm dich wahr, liebe Natur, was für
    ein Tag.

Atme tief auf, was für ein Morgen,
hole viel Luft, fühle mich geborgen.
Streck nach dir Hände, bin dir ganz nah,
du schützende Erde, meine Gedanken so klar.

Deine Bäume im Glanz des Sonnenlichts.
Fühle mit dir das wundervolle Nichts.
Bin ganz entspannt, mit dir verbunden,
am heutigen Morgen, in meinen frühen
    Stunden.

Fühlst du es, mein Herz ist bei dir,
das Leben geht weiter, im Uhrzeigersinn.

Vladimira Fink-Balner   * 1973

Herbst

Färbtest dein Haar, es steht dir gut.
so viele Farben – manches rot wie Glut.
Trotz deiner jugendlichen Pracht, fällt es
    langsam herab,
der Wind weht dir durchs Haar – er reißt
    es ab ...

Dein Gesicht, gezeichnet von der
    Vergänglichkeit
Deine Haut – wie von Baumes Rinde,
lässt mich vergessen, dass du je warst ein
    Kinde.
Trotz deiner Vollkommenheit wird sie faltig
    und rau,
Der Wind weht dir durchs Haar – es
    schimmert heimlich durch, das Grau ...

Ich kannte Dich im Frühling nicht, doch im
    Sommer sätest du meinen Samen.
ich schaue mich an, Ich erinner mich an
    Dich,
du ließest mich gedeihen, in deinen nun
    ästigen Armen.

Noch immer lächelst du, freust dich über
    deinen Spross.
Noch immer zitterst du, willst ihn hüten,
    in deinem Schoss.

Ich schaue zu dir auf, die letzte Strähne
    fällt herab
Der Wind reißt es mit sich, stiehlt mir es
    mir, dein letztes Blatt.
Und so kahl wie du nun vor mir stehst –
weiß ich, dass du in Wirklichkeit gehst
Jetzt bist du nackt, lässt dich zum Abschied
    neu bekleiden
ziehst es an, dein neues Kleid aus weißen
    Seiden.

Firuze * 1987

Herbstgang

Der Herbst geht zum Geleite
gar bunt an meiner Seite,
noch halten zitternd Zweige
die Blätter – vor dem Fall.

Er läßt die Stimmen ersterben
vom Lärm in hitzigem Streit,
des Sommers glühendes Werben
aus glückverliebter Zeit.

Trugbilder schimmern im Regen,
Gedanken verwirbeln wie Laub,
irrende Wesen, sie wandeln
im Wind und zerstieben zu Staub.

Und Geist und Sinne spähen
und lauschen angstbewegt
mit jedem Stundenschlage
weit über Berg und Tal,
daß ungelebte Tage,
vom Windhauch kalt durchweht,
nicht schon im Glanz vergehen
wie Blätter – vor dem Fall.

Richard Friedrich Fischer * 1957

Herbst

Der Buchstaben viele im Gewühle der
    Gefühle
den Sinn suchend.

herbstlicher Farbenklang
im lautlosen Blick
nach vorne schauend
nicht zurück.

lieblich tanzt Vergangenheit
schmeichelt treulos durch Raum
und Zeit.

Duftende Zukunft im Frühlingskleid
umarmt mein Sein in Leichtigkeit.

Roswitha Fischer

Herbstliches Moll

Bruder Baum, oft aufgesuchter Hort,
auch du wirst langsam alt.
Noch gestern warst du stark und schön
und stattlich von Gestalt.
Heut' fliegen dir die Früchte fort,
denn deine Kinder müssen gehn.

Der Herbststurm fegt mit aller Macht
durch jede Baumeskronenpracht,
lässt Träume ungelebt verwehn.
Ganz langsam wird es kalt und Nacht.

So will's der ew'ge Zeitenlauf:
Neues kann morgen neu entstehn.

Ulla Fleischmann * 1944

Hagebuttenherbst

hagebuttenherbst

leuchtender farbenhauch
reife blätter rieseln

wieschnee

herbstzeitlose
letzte rose

imwind

Anja Flor

Herbstimpressionen

Der Nebel steigt über die Stadt
Alles ist trübe alles ist matt
Bunte Blätter fallen vom Baum
Die Fußgänger interessiert es kaum
Drachen steigen hoch über dem Tal
Die Kinder schreien noch einmal

Als Kind sammelte ich Kastanien
Jetzt hätte ich gerne die Temperaturen wie
   in Spanien
Ich höre die Leute sich beschweren
Schon wieder blödes Laub wegkehren
Kalte Brise kommt von Norden
Schnell warme Klamotten besorgen
Doch eines gibt es was ich am Herbst mag
Und das ist mein Geburtstag

Hans Foitlinski

An der Promenade im Herbst

Bin ich eingehüllt
flatternd durch das Blatt im Herbst?
Wir schauen
einander an.
Sehen auch dich.
Schauen trauernd
dem Herbst entgegen.

Maile Ira Folwill * 1955

Magischer Wandel

Jeder Ast, jeder Zweig, gar jedes Blatt fällt
   auf die Knie
Neigt sich tänzerisch, anmutig der sanften
   Melodie
Gewogen, wie im süßen Traum, schaukelnd
   hin und her
Weht alte Last davon, die einst so schwer

Prachtvolle Sonnenstrahlen, Wärme zählt
   so viel wie nie
Zögerlich, und doch präsent gibt sie ihre
   letzte Energie
Schlägt sich stolz, heiter, jedoch mit längst
   verbrauchter Kraft
Letztlich hat die Wolkendecke einzubetten
   sie geschafft

Des Himmels Tränenmeer, es plätschert
zeitlos zart gen Grund
Graue Wölkchen entbehren sich jedem
klitzekleinen Pfund
Ein Tropfen hier, ein Tröpfchen dort-
Schauerguss beginnt
Zu landen friedlich auf der Erde, tragen
tut's der Wind

Uns bietet sich die jährlich farbenfrohe
Kollektion
Zu sehen, zu bestaunen jede Art von
Variation
Mittendrin, im wandelnden Wunder der
Natur
hinterlässt sie eindrucksvoll einen Hauch
ihrer unantastbaren Spur

Miriam Franz * 1996

Mein Weg

Schwarzer düster Pfad,
in der tiefen Nacht erklart,
der Mond ganz Weiß am Himmel,
Sternenklare Nacht erwacht.
Tiefer Schmerz im Herz,
wahre ich meinen Schritt,
der das Schicksal besiegelt,
zu einem neuen Leben erstrahlt.
Schwerelos in der Nacht,
die Melodie in den Ohren,
bin ich an meinem Ziel,
des hoffnungsvollen Lichts.

Ann-Kathrin Frense * 1991

Der Herbst

Langsam kommst Du geschlichen;
auch bist Du noch grün;
Ruhe kehrt mit Dir ein;
und die Zeit der Besinnung.

Langsam kann man Dich spüren;
und sehen kann man es auch;
wenn der erste Nebel kommt;
und dazu morgens der Raureif.

Bunt das ist Deine Vielfalt;
Schön ist es dich anzuschauen;
Ich fühle mich so anders;
wie in einer anderen Zeit.

Wind weht durch das Land;
Reißt die Blätter vom Baum;
hast von allem was dabei;
Regen; Sturm; Sonne und Nebel.

Es kommen die dunkelen;
grauen und bitterkalten Tage;
und auch Finsternis dazu;
Du hast deinen eigenen Willen.

Angelika Freudenberg * 1966

Wo ist der Herbst?

Es ist Herbst
Das ist kein Scherz
Es scheint die Sonne
Und leer ist die Wassertonne

Die vielen Blätter
Hängen am Baum
Das glaubt man kaum
Bei so 'nem Wetter

Die Wiesen sind trocken
Noch keine warmen Socken
Kein einziger Blitz
Das ist kein Witz

Warm ist es auch
Gieß Blumen mit dem Schlauch
Das ist keine Ironie
Sowas mach ich eigentlich nie

Der Herbst fällt dieses Jahr aus
Dann ist es endlich raus
Sommer, Winter und Frühling fluchen
Jetzt müssen wir ihn wieder suchen

Samuel Fritz

Lindgrüner Goldnebel zwischen Freundinnen

Auwaldlaufen
Pure Ruhe
Libellenflügelhelles Licht
Fällt durch dünne braune Zweige
Und zerbricht
Auf unsrer weißen, weichen Haut
Golden wimmernd
Golden wie ihr Haar, Goldfischflosse
    schlägt
Rosig schimmernd
Rötlich wie mein Haar, Goldfischflosse
    dreht
Meine Hand gebannt, an der feuchten
    Rinde einer Linde
Darüber lecken transparente Schnecken

Sarah Fritzsche

Die lieben Kollegen

Es ist noch früh, sie stapft entlang,
tosender Wind, sausender Regen.
Stiefel, Mantel, Mütze an,
da kommt ihr Herr Sommer entgegen.
Die Kleider knapp, die Haut ganz braun,
eiskalter Drink, unbeschwert lebend.
Schneller! Weiter! Er läuft fort!
Sein Aufbruch, der kommt ihr gelegen.
Ein Korb voll Obst, vom Baum gepflückt,
fallendes Laub, Ernte ein Segen.
Drachen, Kürbis, Halloween,
Man könnte so vieles erleben.

Die Kinder froh, doch siehe da:
erwachsene Welt, ständiges Streben.
Arbeit! Deadline! Stress sei dran.
doch sie bringt auch Große zum Leben.
Ein bunter Wald, ein Stoppelfeld,
die Natur hat so viel zu geben.
Plötzlich.. Kälte! Frau Herbst sieht
– Herrn Winter, den lieben Kollegen.

Alena Fuchs

In dem Apfelkorb

Im Apfelkorb sind immer zwei da drin,
Die richtig fit anfänglich aussahen,
Im Laufe der Zeit in ihn'n beginnt
Verderb'n zu reifen wie in alten Sachen.

Man will entfernen, will man sie vernichten
Als ungesunde Außen-da-Steher,
Auf Verzehr und Aufwand verzichten,
Um andere damit nicht anzustecken.

Und was bedeutet das, nicht groß
    nachdenken,
Dass diese zwei nur altern ganz normal,
Daneben lagen sie bei den Chemie-
    Geschenken,
Sind fast nicht giftig, fast nicht so brutal.

Margarita Fuchs * 1971

Blattblau

Frost zieht auf in dieser Nacht.

Ausläufer der unterkühlten Stunden
modellieren erste Folien
von hauchgedünntem Blattblau
auf die Gräser.

In den Wäldern stirbt der Tag
in weisser Einsamkeit.

Der Nebel zaubert
spitze Nadeln an die Äste.

Die Kälte ist der Klebstoff
für die Zerbrechlichkeit
des Lebens und prüft
den Pegelstand der Seele.

Bruno Füchslin * 1953

Tanzblatt

Es wirbelt durch die Bäume
ein Blatt im bunten Glanz,
ich schaue zu und träume
von Festlichkeit und Tanz.

Gelichtet sind die Kronen,
der Sonnenschein bezweckt,
das Tanzblatt zu belohnen
mit schönem Lichteffekt.

Es leuchtet auf, kommt näher
der Erd' und liegt dann da,
jetzt weiß ich, dass es eher
sein Todesreigen war.

Hannelore Furch

Eichhornherbst

Darf ich vorstellen: Rudi, das
  Eichhörnchenkind.
Eifrig und keck wie Kinder so sind.
Früh glitzern Tautropfen in Spinnenweben –
nun kommt Bewegung ins Eichhornleben.

Rudi sucht und sammelt die ganze Zeit;
im Herbst macht er sich für den Winter
  bereit.
Wohin mit den Vorräten? Er kann nicht
  mehr ruhn –
muss alles verstecken, es gibt viel zu tun!
Baumwurzeln, Astgabeln, Rindenspalten

wie soll er die vielen Verstecke behalten?
Es leuchten die bunten Blätter so schön.
Ach goldener Herbst, du sollst noch nicht
  gehn.

Kühl wird es abends und kalt ist die Nacht.
Im Kamin wird das Feuer angefacht.
Der Herbst will nun gehen. Es wird
  höchste Zeit:
Bist auch du für den Winter des Lebens
  bereit?

Margret Galle

Wenn die Blätter fallen

Wenn die Blätter fallen
und zu Boden sinken
fallen zeitgleich Menschen
irgendwo

Wenn der Wind sie treibt
über lange Wege
treiben zeitgleich Menschen
irgendwo

Treiben wie die Blätter alle
ihren Zielen zu
bis sie niedersinken
irgendwo

Wenn die Blätter sprießen
und von neuem Grünen
hoffen zeitgleich Menschen
irgendwo

Waltraud Gamsjäger * 1946

Herbst

Stille um mich.
Ich laufe durch den farbenfrohen Wald,
bewundere ihn.
Ich bleibe vor einem Ahornbaum stehen,

seine Blätter sind ein Farbenspiel
aus flüssigem Gold und feurigem Rot.
Doch bald wird der Herbst vergehen,
die Blätter werden von den Bäumen
    verschwinden,
ebenso wie die Vöglein,
die in den Süden fliegen.
Doch nun atme ich die Zufriedenheit
und die Stille in mich ein,
und gehe im Einklang mit dem Wind.

Sofia Gaudiello

August

Grau ist das Licht
Dass sich in diesen Tagen
Schwer
Über die Häuser legt

Rau ist der Wind
Der flink in diesen Nächten
Durch die Straßen
Fegt

Kalt ist der Hauch
Der blass in diesen Tagen
Über der Seele
Schwebt

Still ist das Herz
Dass sich in diesen Tagen
Tief
Nach dem Sommer sehnt

Britta Geier   * 1995

Herbst

Ich wollte immer glücklich sein
Zu zweit auf dieser Welt.
Doch blieb ich lange Zeit allein,
Glück, Liebe und auch DU, Ihr habt mir
    so gefehlt!

Ich bin der Liebe nachgelaufen,
Dachte gar, man könnt' sie kaufen.
Und hab' sie meistens nicht erreicht. Denn
    selbst mit Eile
Schafft' ich es nicht: Gut Ding braucht
    eben seine Weile!

Das Glück kam manches Mal von ganz
    allein;
Ich sah: Nur mit Geduld stellt es sich ein.
Geduld ist „schuld" ein großes Stück
Am lange so ersehnten Glück!

Im Alter hab' ich dann erkannt,
Dass ich mich früher oft verrannt.
Und heute spüre ich den Grund,
Glücklich zu sein: Ich lebe, liebe, bin
    gesund!

Wenn viele längst in einer and'ren Welt
    gefangen,
Brauch' ich um's Leben noch nicht bangen,
Darf ich von Glück und Liebe reden,
Denn all dies ist mir jetzt gegeben!

Frank Peter Geinitz

Herbstbaum

Ein grüner Baum am Wegesrand,
seine Krone leuchtet rot,
gelbe Blätter hängen an den Ästen,
es wird Herbst.

Feuerrot, sattgrün und goldgelb malen,
das kann nur ein wahrer Künstler.
Es ist der Herbst, der Farbenkleckser,
der es – einfach nicht lassen kann.

Er steht auf einer Leiter,
mit Farbe und mit Pinsel,
und künstlerisch, am kann es sehen,
streicht er die Blätter an.

Und scheint die Sonne durch's Gezweig,
da leuchtet es so schön.
Ein Gemälde kann nicht prächtiger sein,
denn – der Herbst ist das Original.

Dieter Geißle　* 1954

Herbst

Die Sonne senkt sich früher
die Tage werden kürzer
Farben verändern sich langsam
im frühen Morgenlicht

Der Sommer geht zur Neige
die Ruhe kehrt jetzt ein
die Luft ist klar und wärmend
beruhigend soll es sein

Die Stürme blasen
Gedanken durch den Kopf
die Blätter von den Bäumen
mancher Pflanze Tod

Die Farben sind jetzt leuchtend
wechselhaft jeder Tag
die Sonne noch immer wärmend
kurz ist noch die Nacht

Den Winter spürt man nahen
genießen jeden Tag
Herbst ist die Altersphase
von jedem neuen Jahr

Cornelia Gerber　* 1961

Kraniche

Vögel der Sehnsucht,
frei zieht ihr durch den herbstblauen Himmel.

Unter euch die golden leuchtenden Bäume.
Aber was kümmern euch die?
Wo doch der Herbststurm schon wartet,
die Gold-Blätter zu zerstieben

und sie welk, nass und heimatlos
in dunklen Ecken zu stapeln.

Ihr aber zieht gen Süden,
dem Leben und Lichte entgegen

mit Rufen der Lebenslust
und der Freude.

Wir jedoch stehen hier unten,
schwer und fest auf der Erde,

gehen ins Haus
und zünden die Lampen an.

Helma Gerlach

Tanz der Nymphe

Jetzt endlich seh ich dich
Du tanzt im hellen Nebelschleier
So früh im ersten Tageslicht
Verwoben überm stillen Weiher

Und glitzernd schweben Eiskristalle
Vor dem dunklen Waldessaum
Die sprühend aus dem Kleide fallen
Berühren seinen Spiegel kaum

Dann hebst du deine leichte Stirn
Mit tiefen Ringen unter Augen
Um die sich goldene Fäden wirren
Dein Haar wie um tiefdunkle Trauben

Hell leuchtet rot auf seiner kalten Brust
Die Kugel, die dem schwarzen Wolfe galt
Im Frost des frühen Morgens ist der Schuss
Im dunklen Grund der Wälder längst verhallt

Doch eng umschlungen spüre ich
Noch einmal deine weiße Haut im Gehen
Warm und versöhnlich schmiegst du dich
Lässt über uns dein Nebelkleid verwehen

Gernot Gingele　* 1955

Herbstleuchten

Mit einem Leuchten in den Bäumen
über Wald und Feld und Flur
mildes Licht im Sonnenscheine
Bereicherungen der Natur

Die Blume geht
der Baum entblättert
der Sommer ist zu Ende
Das Erleben neu entsteht
Gedanken haben eine Wende

Innig leuchten rote Beeren
am blätterarmen Strauche
bald liegt das Land im Nebel nur
und einem Frostgehauche

Margareta Glade   * 1951

Herbsttöne

Die Flügel abgelegt und aus dem
blauen Himmel gefallen.
Vom Nebelgrau verschluckt,
aufgesogen ins Halbdunkel.
Grüne Herbsttöne erbrochen,
Farbenteppich aus wärmendem Moos.

Weich gebettete Ewigkeit,
die mich durchdringt
und mahnt.
Nicht lange noch,
nicht mehr viel Zeit.

Annette Glanzer-Fischer   * 1961

Ein Sturm zieht auf

Ein Sturm zieht auf
kein Schlafen mehr, bei all den Träumen
die Äste brechen selbst an starken Bäumen,
hier hin, dort hin zieht der Wind,
läßt spüren wie einsam wir sind.

Ein Sturm zieht auf
keine Zukunft, die Zeit bleibt stehen,
läßt alte Geschichten an uns vorüber
    wehen,
ohne Hoffnung steht es geschrieben,
kein Augenblick ist uns geblieben.

Ein Sturm zieht auf
Wie kann was enden, was nie begann,
der Regen wie tausend Tränen ran,
nicht zu retten, was bald zerbricht,
düsteres Wetter, das Unheil verspricht.

Ein Sturm zieht auf ...

Martin Gliebe   * 1972

Die Jahreszeit des Künstlers

Wenn der Herbst sich allmählich wieder ins
    Land legt
wie ein graues Tuch.
Und die Dunkelheit schwebend langsam
    vorangeht
wie ein leiser Fluch

dann spürst du wie die Zeit sich trübe färbt
und in dein Herz gelangt.
Traurig ist die Jahreszeit. Und herb.
Deshalb auch Herbst genannt.

Ich horche in mein Inneres und fange an zu
    träumen
von dem Weltraum und den Sternen.
Die Blätter gleichen ihnen und die Kronen
    auf den Bäumen
weil sie leuchten, wenn sie sterben.

Der Tod ist ein melancholischer Künstler.
So wie ich.
Denn sein Werk wird bald verweht werden
    vom Winter.
So wie ich.

Taylan Goekalp   * 1986

Nach Herbst und Dir

Wenn meine Hände so starr sind
Vor Kälte,
Nicht mehr schreiben können
Die restlichen stumpfen Gedanken,
Dann muss ich diese auch nicht glauben.

Wenn meine Füße zu schwer sind
Vom Laufen durch tiefen Schnee
Wie er seit Jahren nicht fiel,
Muss ich nicht mehr ankommen.
Dann ist der Weg zu Dir schon Ziel.

Wenn meine Augen satt sind
Das Schauen kristallenen Funkelns
Millionenfach im Tageslicht,
Dann reicht dies Bild für eine Nacht
Den Traum von Dir schön zu ersetzen.

Wenn mein Gespür für mich beginnt
Loszulassen von Sehnsucht nach Herbst
    und Dir,
Steht kurz ein Schrecken vor des Winters
    Klarheit,
Dann werde ich ruhiger fühlen,
Schreiben, laufen und träumen zu mir hin.

                Kathleen Göhlich   *1984

November

Kalt und düster wabert starker Nebel
durch die Novembertage.
Der Frost, bewaffnet mit dem Säbel,
durchtrennt der Sonnenstrahlen beste Lage.

Tristesse ist jetzt ein Weggefährte –
willkommen an der Klagemauer.
Der Optimismus, der mich einst ernährte,
verschwindet – wenn auch nicht auf Dauer.

Schneeflocken tanzen vor dem kalten Blau.
Die Krähe fliegt, so scheint es, elegant
über die Gräser, die benetzt vom
    Morgentau.
Kalt ist es überall in diesem Land.

                Hans G. Gohlisch

Herbstgeflüster

Nebelwand
grau, oft nass der Tag, die Nächte kühl!
So wie es keiner mag!
Morgens dunkel, abends auch
das ist der Herbst, so ist sein Brauch!

Unschlagbar jedoch seine Farbenpracht!
Blätter bunt bis goldgelb,
deren Glanz die Sonne macht!

Jeder nutzt die warmen Strahlen,
hält daran fest so lang er kann,
denn bald schon in den nächsten Tagen,
fängt tosender Blätterfall an!

Der Wind tobt mit Elan und windet sich
    im Ast,
so wild und stürmisch
bis er jedes Blatt erfasst!

Alle Bäume flüstern nur noch,
das große Rauschen jetzt vorbei,
mit Sehnsucht warten alle Wesen,
wieder auf den „Wonnemonat" Mai!

                Kathrin Gölz   *1964

Vergängliches

Laub am Boden
Ist abgehoben
Vom haltenden Ast;
Den Absprung verpasst.

Wollte die Freiheit spüren.
Wollte sich verlieren

Im Gefühl der Zeit
Bis zur Unendlichkeit.

Abgetrennt vom Lebenssaft
– Verloren die Lebenskraft –
Schweben sie zu Boden.

Die grüne Pracht verflogen,
Die der Baum vermacht.
Sie verwelken.

Pierre Gommeringer   * 1995

Der Herbst

Frühling, Sommer – was kommt dann?
Mit seinen Farben malt er die Blätter an.

Er trägt die Ernte in den Keller.
Der Wind, der Wind bläst immer schneller.

Er mag den Nebel weiß und grau,
doch manchmal ist der Himmel blau.

Er schaut sich die roten Äpfel an,
ein Wunderwerk, was er so kann.

Karo Götz   * 2003

Herbst
Scherbenlese
Zerbrochenes Blau

Leises Lodern
verlorener Tage

Rostrote Stürme
schütteln das Laub wach

Fiebriger Frost

Pierre Gradwohl

Herbst

Der Herbstwind pustet
die Blätter vom Baum
sie fallen herunter
ein goldener Traum.

Es schimmert und flimmert
im Herbstsonnenschein
als würde heut'
goldene Waldhochzeit sein.

Im Fallen winken
die Blätter mir zu
ein ewig sich wenden
im jährlichen Kreis,
ein Hoffen und Bangen
seit ewiger Zeit

Lieselotte Gratza   * 1935

Leben im Herbst

Gelber Ahorn spannt die Segel,
bläst ihn an den fremden Ort.
rote Buchenjungen tanzen,
drehend springen sie hinfort.

Deine Welt aus Kindertagen
voller Zauber und Magie.
Lachend über Sterne laufen,
Welt aus Traum und Phantasie.

Schlösser bauen, Wolken reiten.
Spielen in dem Graben dort.
Bringt die Ernte von den Feldern,
Kindertag – du Zauberort.

Pflück das Leben dir vom Aste,
lass dich nieder und verweil.
Sieh die Sonne wie Sie wandert,
bleibt ein Abschied dann zum Teil.

Und die Jahre ziehen weiter,
ließen dich die Wunder sehen.
Wenn Du ihnen Glauben schenktest,
frei dann kannst zur Ruhe gehen.

Rose Greatter   * 1981

Herbst

Wenn die Bäume durchsichtig
und die Schatten
müde werden,
die Lichter hell.

Der Frühling des Winters
ist der Herbst, sagt jemand.
Und der Tod
umhüllt sanft
den Frost der Trauer.

Tatjana Gregoritsch   * 1962

Der Herbst

Der Herbst zeigt sich in voller
    Farbenpracht
zieht nun ein mit voller Macht
Heute sonnig und morgen regnerisch nass
macht das auch nicht Jedermann Spaß

Es toben Stürme mit Gewalt durch die
    Lande
bläst der Wind durch jede Ritze und auch
    Kante
Dicke Nebelschwaden steigen aus dem Tale
der Wald zieht schummrig aus, ja fast kahle

Bäume schmücken sich mit bunten Blättern
Rotbackige Äpfel trotzen unbeirrt noch
    allen Wettern
Kraniche fliegen laut rufend gegen Süden
denn vor dem Winter wollen sie sich doch
    sehr hüten

Eichhörnchen sammeln schnell noch so
    manche Nuss
denn auch im Winter man ja essen muss
Der Igel baut bereits sein Bett
denn ein Winterschlaf ist auch ganz nett

Kinder lassen bunte Drachen steigen
und tanzen auf der Wiese schnell noch
    einen Reigen
Der Herbst hat viele schöne Facetten
sprengt der Winter auch bald seine Ketten

Daisy Gregory   * 1961

Sommersehnsucht

In einem einsamen Waldsee spiegelt sich
das goldene Licht der untergehenden
    Sonne.

Abendnebel senkt sich zärtlich auf die Stille
    des Augenblicks.

Träumerisch spielt der Wind mit dem
    Geäst einer sommermüden Eiche.

Leise erhebt sich in der Abendstille der
    Duft von frisch gefallenem Laub.

Die Schatten der Dämmerung vertreiben
    die letzten wärmenden Strahlen der
    glutroten Sonne.

Und ganz sanft umhüllt das Dunkel der
    letzten Sommernacht
wehmütig die herbstliche Einsamkeit.

Gabriele Gretenkort   * 1965

Herbst

Wenn Wolken über Lande stürmen,
Flüsse aus den Betten türmen,
Blätter von den Bäumen wehn
und Drachen hoch am Himmel stehn,
wenn Regenschirme windgebrechen,
Bayern Bierfässer anstechen,
wenn Nebel uns in Schleier hüllt,
der Regen Wasserkübel füllt,
wenn es oft blitzt, der Donner kracht,
im Wind Altweibersommerpracht,
wenn Tage kürzer und auch kalt,
dann zeigt der Herbst sich mit Gewalt!

Heinz Grimmer   * 1934

Wenn Drachen gleiten

Wenn Blätter fallen,
weil sie wollen,
wenn ich falle,
weil ich will.

Weil der Wind bläst,
wenn es dunkler wird,
weil die Seele ruht,
wenn es kühler wird.

Wenn alles leicht wird,
obwohl es schwer ist,
wenn alles bunt wird,
obwohl es grau ist.

Dann greife ich den Drachen,
dann gehe ich hinaus,
dann lasse ich ihn fliegen,
und sage mir: Hinauf.

Jasmin Grünig   * 1989

Herbstblätter

Hoch ist meine Vorstellung:
Anzug, Krawatte, Lederschuh!
Leben voller Vorbereitung
Freies „Ich" und belebtes „Du" !

Mein Wesen sagt sich:
Flasche, Pulle, Wagen, Stroh!
Gedanken, die gebe ich,
endlich Leben, bin ich froh!

Verantwortung tragen wir,
einig unser Ziel im Leben.
Doch Ziellos sag ich dir,
keinen Anderen zu nehmen!

Probleme sind es, ganz verkannt!
Regiert die Natur in mir!?
Mit den Seelen ganz verwandt
Zeige ich mein Leben dir.

Alexander Guba   * 1989

Ein Blatt! Noch hängt es an einem Baum,
Doch ich sah es fallen in meinem Traum.
Es wechselte die Farbe von Grün zu Rot,
Einige Tage hielt es sich noch mit Not.

Als ich aus meinem Traum erwachte,
Die Sonne ins Gesicht mir lachte,
Sah ich aus meinem Fenster hinaus
Und bemerkte eine fröhliche Maus.

Ich verließ mein Zimmer
Und da bemerkte ich des Himmels
    Schimmer.
Er glühte vor Freude auf,
Nun sah ich ein golden Wasserlauf.

Golden schimmerte auch das Korn,
Rot der Mohn und jeder Dorn.
Nun wurd' es dunkel in solcher Pracht.
Ja, ja. Sie ist was schönes, die
    Herbstesnacht.

Damaris Gumm   * 1998

Träumerei

In goldener Oktobersonne
hängt ein Apfel, glänzt vor Wonne.

Hoch in seinem Apfelbaum
träumt er seinen schönsten Traum.

Bratapfel möcht er zur Weihnacht sein
heiß begehrt bei Groß und Klein!

Doch in seinem Innern nagt ein Wurm
und er fällt beim nächsten Sturm.

Nun fault er traurig unterm Baum
Aus der Traum.

Margit Günster * 1963

Herbst

Fade sind wir geworden
und müde.
Wir welken in den Tag hinein
der keinen Morgen hat
und keinen Abend.

Die Köpfe lassen wir hängen,
die schweren.
So tief sinken sie. Dorthin,
wo wir unsere Wurzeln vermuten.

Farblos sind wir.
Und wurzellos?
Wo ist der große „Jemand",
der uns liebhat und uns hält,
wenn wir verdorren?

Edda Gutsche * 1963

Herbst

Als es Frühling war, war der Herbst noch
  weit.
Es sprossen die Knospen und die Blumen
verwandelten die Gärten in ein Blütenmeer.
Als es Sommer war, dachten wir nicht an
  den
Herbst.
Die Sonne erhitzte die Luft und überall
  machte
sich die leichte Stimmung breit.
Nun ist es Herbst, die Blätter färben sich in
einer wahren Pracht.
Wer denkt da an den Winter?
Den überspringen wir! Das wäre doch
  gelacht
und hat es der Herbst mit seinen Regen
  nicht
öfter schon so gemacht?

Ilona Haar * 1956

Farben des Herbstes

Bunte Blätter fallen
Auf dunkle Gräber
Silbrige Luft umweht mich.
Grau getupfte Wolken ziehen vorüber
Modriger Geruch umfängt mich.

Düsterer Nebel zieht herauf
Der Bäume weißer Schmuck
Ich spüre schattige Kälte.
Tristes Klagen eines Vogels
Ich fühle steinige Erde.

Blasser Regen spielt ein Lied
Für meine Ohren traurig.
Für meine Seele sanfter Balsam.
Auf trostlosem Schwarz
Steht rote Hagebutte.

Sarah B. Haase * 1995

Einmal noch

Noch einmal im Gold des Herbstes
   wohnen,
das Quellgeflüster belauschen,
dem Schwalbenflug nachträumen,
den Rosenduft einschließen,
in stille Winkel.
Einmal noch – bevor
der Frost die Halme knickt.

Kurt Haberstich * 1948

Herbstliches Moor

Die Torfschicht ächzt, Luftblasen brodelnd
   platzen –
im sumpfig-unkendunklen Untergrund,
als zög' er meine Schritte in die Tiefe.
Das Moor gähnt gierig wie ein
   Hungerschlund.
Schon hör ich 's, seine Opfer schluckend,
   schmatzen,
als ob Verschlung'nes noch um Hilfe riefe,
Gefahr zu sinken liefe ...
Wie unheilvoll mir ein Spaziergang droht!
Beginnt ob den erstickt-verkohlten
   Pflanzen
nicht Baum mit Baum zu tanzen,
der grüngelb lacht mit dem, der goldrot
   loht?
Wie heiter angesichts des Todes Herbst,
du Herbst, im Nebel bunt die Blätter
   färbst!

Heinz-Helmut Hadwiger * 1941

Vergoldete Zeit

Wer nie den goldnen Herbst besah,
nicht nur mit Augen, mit dem Herzen,
wem das nicht freudenvoll geschah,
sollt' sich in Meerestiefe stürzen.

Umglänzt von späten Sonnenstrahlen,
berauscht von herbstens Farbenspiel,
im Winde bunte Tücher wehen. –
Du bist verzaubert, in dir still.

Und jedes Blatt ein Märchen schreibt
von satten grünen Sommertagen.
Erinnerung, die in uns bleibt,
hilft uns das Kommende zu tragen.

Kein Wölkchen trübt des Himmels Blau,
zu deinen Füßen raschels leise.
Hoch zu dem Dom der Bäume schau!
Es singt dein Herz, den Schöpfer preise!

Wolfram Hahn

Rauschend fliegt die Nacht dahin
Wie eine Melodie so klar
Als könnte man mit Mund und Hand
Sie selber spielen gar.
Nun stehen Mensch und Wind im Kampf
Wer schöner spielt die Melodie
Der Mensch mit Fleiß die Noten kennt
Er übt' sie lange, heiße Stunden
Der Wind, der brauchte nie Talent
Er hat die Melodie erfunden

Wiebke Hamann * 1985

Herbststurm

Lange Schatten zeigen früh schon gegen
   Ost
Und unaufhaltsam reißen Blätter von den
   Bäumen
Der Wind der alte Spieler –
Er nimmt sie mit – er lässt sie tanzen
Bis er sie sanft zu Boden legt.

Das Bunt der Wälder
Schnell wandelt es sich grau und braun
Verblasst sind Farben –
Sommerlachen

Die Unbeschwertheit –
Zu leicht um zu verweilen

Und kaum ist es zu spüren
Deckt erster Schnee Gedanken zu.

Uschi Hammes * 1962

Herbst

Buntes Laub unter meinen Füssen,
der Herbst schickt Boten und lässt grüßen.

Die Sonne taucht einst grüne Bänder
in golden schimmernde Gewänder.

Der Nebel liegt jetzt tief im Tal,
feine Tropfen überall.

Spinnfäden segeln durch die Luft,
Altweibersommer, süßer Duft.

Das Hörnchen sammelt Nüsse ein,
bald wird nichts mehr zu holen sein.

Der Winter ist jetzt nicht mehr weit
und alles ist für ihn bereit.

Gabriele Hansohn * 1964

Ein Gedanke

Wenn ich mal sterbe
will ich Dein Gesicht sehen,
es einsaugen
festhalten
mitnehmen

dann hat der Tod
dein Gesicht
und ist mir
vertraut.

harant * 1959

Farbgeflüster

Was kein Theater schafft zu zeigen,
Dein buntes Spiel der Blätterschar,
Ein Farbenmeer im Segelreigen,
Uns vorgeführt im Herbsttalar.

So zogst dich jenen Morgen an,
Wie es beliebt dem träumend Blick,
Dein Kleid nicht schöner wirken kann,
Drum bleib doch noch ein kleines Stück.

Deine Blätterwirbel unter des Windes Launen,
Vom Boden in die Luft getanzt,
Raschelnd Lieder lässt du bestaunen,
Uns bunte Töne in die Ohren pflanzt.

Der Winter nimmt dich uns bald wieder,
Mit dem Dunkel kommt die Kälte auf,
Wo heut noch sonnig Blattgefieder,
Liegt bald schon rauer Nebel drauf.

Nico Hardrath * 1978

November

Es sind die trüben Tage
des Erinnerns
der Schwermut
der leeren Stunden.
Trostlos

Es ist die hoffnungslose Zeit
des Erkennens
der Angst
des ungewollten Begreifens.
Einsam

Es sind die lichtlosen Stunden
des Wartens
der Reue
des unendlichen Bedauerns.
Vergessen.

Susanne Hardt * 1961

Geheimnisse

Fallende Blätter, tanzend im Wind.
Erzählen sie uns, wer wir wirklich sind?
Schwebende Seelen, wie ich und Du,
hören den fallenden Blättern zu.

Sie hören Geschichten, so seltsam vertraut,
ganz so, als ob jemand in unser Innerstes
    schaut.
Dort steht das geschrieben, was nur wenige
    wissen.
Die tiefen Gefühle, die wir so sehr vermissen.

Versteckt in dem Rauschen, wo keiner sie
    findet,
wo sie sich verkriechen, wo keiner sie bindet.
Denn wollen wir wirklich, dass sie jemand
    entdeckt?
Oder bleiben sie besser im Rascheln der
    Blätter versteckt?

Carola Härle   * 1964

Herbstklang

Wiesen in verblautem Licht,
Mücken und Gräser weiterziehen,
Himmel uns in Stücke bricht,
Bis Wolken in die Lider fliehen.

Ist Wissen nicht zu ertragen,
Wo Geheimnis begraben liegt,
Wind beginnt schon wegzutragen,
Was noch schwere Ernte biegt.

Bäume neigen nun das Haupt,
Müde nach den Sommertagen,
Farbe wird aus letztem Staub,
Bis zur letzten Frucht Versagen.

Fassen diese letzte Stunde,
Pflücken eine letzte Blume,
Pflegen die frische Wunde,
Pflügen wie neue Ackerkrume.

HARPE   * 1949

Sommerweh

Die Kälte kehrt herein,
wie die Träne in mein Auge.
Wie kann es nur so einsam sein,
das Herz, im fallenden Laube?

Du gingst und nahmst den Morgen,
die Freude und Wärme zugleich,
hinterließest nur noch Sorgen
und den Herbst im einst'gen Badeteich.

Gespannt werde ich warten
seiner Rückkehr zu wissen.
Den Sommertag, den zarten,
ihn werde ich vermissen.

Eva Hartkopf   * 1995

Herbst 2004

blühendes herbstblatt
apfelbacken rot und rund
die pflaume blau
die felder grau
traubenlese
froher gesang
hochzeitstrubel ist im gang
wolkenfluss
regenguss
windstöße durch die gegend
zornig tosen und
von bäumen die letzen blätter lösen
die nächte kühl
morgens dicke nebelbänke
versenken alles in tiefes grau
am tage mal ein sonnenstrahl
und ein gruß vom himmelsblau
der herbst nimmt abschied
der winter tritt an seine stelle ein

Jolanta Hartmann   * 1939

Hirnherbst

Verfrühte Kopfnacht. Kein Gestirn. Nur Kunstlicht
von Leuchtstofflampen Typus „Dauerdimmer".
Sie flackern. Sie erlöschen. Wie der Sommer.
Einander sieht man im herbstlichen Dunst nicht.

Ergraute Weltstirn. Augenwolkenregen.
Der Wetterdienst erwartet Sonne. Immer.
Erst reden. Dann Gebrüll. Für immer Sommer!
Ein Sturm stört den Empfang. „Er wird wegwehen".

Der Hirnherbst kommt und ändert die Neurone:
von Gelb zu Rot verrotten die Axone,
wie Baumes Blätter fallen die Dendriten.

Geschaufelt ist das Sommergrab der Kranken.
Verwesungswürmer wühlen in Gedanken.
Das Sterbende zerfressen Parasiten.

Kevin Hattenberg * 1992

Rasselatmung

Lauwarmer Wind. Ein Sonnenuntergang
erfrischt die Geister. Gelbe Blätter wehen
zum Gruß mit stillem Rascheln.
Stundenlang
im Wald. Nur bleiben, wundern. Niemals gehen.

Der allerletzte Sonnenstrahl. Er scheint
jetzt tiefer in den Wald. Zu meinem Herzen.
In Reihe stehen Bäume stumm vereint.
Zum Schutz. Doch davor kann man sich nicht schützen.

Geräusche. Leise Schritte werden laut.
Ein Knistern, Knacken. Brechen. So viel Trauer.
Ein Massensterben. Jeder Ton vom Laub
ein Hilfeschrei von grauenhafter Dauer.

Eiskalter Wind. Der Sonnenuntergang
ist fortgegangen. Rote Blätter flehen
zum Abschied. Weinen will ich stundenlang
im Wald. Nur bleiben, trauern. Niemals gehen.

Patrick Hattenberg * 1992

Kreislauf der Natur

Flimmerndes Licht unter den Zweigen,
majestätisch emporragende Baumkronen,
Farbschönheit im bunten Blätterwall-
der beginnende Herbst im Jahresreigen.

Später:
Vom Wind leergefegte, knorrige Äste,
tote Blätter auf dem kalten Boden,
sie tanzen nicht mehr, öde und grau alles.
Die Natur bereit zum Sterben – das Letzte?

Es ist nicht vorbei - alles kommt wieder,
nur jetzt nicht, da Schneeweiß „das" bedeckt.
Die Ruhe gesichert, die Besinnung erreicht,
die Kräfte gespeichert für ein grünes Mieder.

Karla Haubold * 1943

Herbstmorgen

Fahr in den Tag hinein,
wenn sich der Sonnenball
über den Nebel hebt,
feurig wie glühender Stahl,

wenn in dem roten Licht
erste Natur erwacht,
zaghaft die Stimme hebt
gegen die Stille der Nacht,

Wenn dich der Schlaf verläßt –
bindendes Glied zum Tag –
sich deine Neugier hebt,
was wohl er dir bringen mag.

Hildrun Hauthal-Stegner

lauer wind auf sonnenstrahlen
reitend übers stoppelfeld
lässt die stadt vor neid erblassen
die nur smog und gräue kennt

silberwind lässt blätter rauschen
trunken taumeln nieder gehn
wie ein teppich breiten sie sich
über wiesen wälder seen

eis'ger wind fährt in die glieder
rüttelt reißt beißt in mein herz
ich taumel trunken gehe nieder in der stadt
    und auf dem feld
bin ein spielball kenn kein maß
bald ist winter
bald breiten sich schneeteppiche über
    meine orientierungslosigkeit

Verena Hecht   * 1987

vergänglich

alles gesagt
Wind reißt Worte von den Lippen
zerpflückt in Buchstaben
unverständlich

alles geschrieben
Tinte auf tränennassem Papier
fleckige Sätze
schemenhaft

nichts gehört
Töne aus Illusion
vielfältige Geräusche ringsum
lautlos

nichts gefühlt
zu zarte Berührung
vergänglich im Wind
nie gewesen

Ines Heckmann   * 1961

Gebilde wie Liebe

Gefühle im Herbstwind,
sie duften nach Laub
Nach Neuanfang und Träumen
Nach Vergangenheit und Staub
Sie fallen leise von den Ästen
und wirbeln mit dem Wind
Wann werden sie zerbröseln?
Der Winter kommt geschwind
Suchen sie Schutz im Geheimen
und warten aufs neue Jahr?
Oder sind sie bis zum Frühling
schon lange nicht mehr da?
Ich denke, sie werden Wege finden,
denn ich vertraue blind auf uns
und die Dinge, die uns verbinden
wie Gebilde aus vergess'ner Kunst

Jessica Heiber   * 1988

Herbstgedanken

Mit jedem Herbst der kommt geht ein
    Stück Lebenszeit.
Faulende Blätter, dichter Nebel und die
    frühe Dunkelheit,
erscheinen wie ein Sinnbild der eigenen
    Vergänglichkeit.

Und die Gedanken finden keine Heimat
    mehr.
Die Suche nach dem Sinn, der Wahrheit
    und der Sicherheit ermüdet sehr.

Der Zukunftsraum in dem die Hoffnungen
    und Wünsche wohnen,
wird immer kleiner und damit auch die
    Ziele die sich vermeintlich lohnen.

Wenn die Gedankenflut dann stiller wird
    und nur noch ruhig fließt,
der matte Geist dann endlich seine müden
    Augen schließt
um sich ein wenig auszuruhen in der eignen
    Dunkelheit
dann streift die Seele zart ein Hauch fast
    göttlicher Unendlichkeit.

Und dann bekommt das Herz doch
    plötzlich wieder Flügel,
leicht wie der Wind, befreit von jedem
    Zaum und Zügel
schwingt es sich froh hinaus ins herbstlich
    milde Licht
ganz ohne Angst, erfüllt von einer tiefen
    warmen Zuversicht.

Sandra Heinrich * 1979

Rixdorf

Drinnen Dein Lachen und Licht, draußen
    all dieses nicht.
Mein Weg führt weg von Dir, hinaus in die
    Nacht.

Das fein gezeichnete Gesicht, gewitzt wie
    Du zu mir sprichst,
dieser Eindruck leuchtet mit Macht,
hat damals und heute den Wunsch
    entfacht,
Du wärest endlich zusammen mit mir, ganz
    nah und zart.

Vorwärts zerrt die Kraft am Bein,
Peitschenleuchten stehen Spalier.
Tropfen zerspritzen glitzernd auf
    Pflasterstein,
entrinnen entzweit und wiedervereint.

Ein Schatten spaziert von Schein zu Schein.
Alles Schöne ist hier zu Brei zerflossener
    Wein.

Zurück und frei bleiben einsam und allein
die Träume vom Erreichen und Kosten des
    Süßen,
Dich umarmen zu dürfen und küssen,
Dich zu streicheln, und zu küssen, küssen,
    küssen.

Ragnar Heise * 1970

Herbst

Bunte Blätter an den Bäumen –
Altersflecken auf der Haut –
laue Lüfte werden Stürme –
und des Hauptes Haar ergraut.

Amsel, Drossel und der Fink,
fliegen in die Wärme –
nur der graue Star
will nicht in die Ferne.

Äcker, Wiesen und der Baum
begeben sich zur Ruh,
derweils dem Mensch im Rücken zwickt,
der liebe Gott schaut zu!

Doch nach kahlem-weißem Kleid
wirds dann wieder heiter –
doch der Mensch der weiter schrumpft,
steigt hinauf die Leiter.

Anna Hellermann * 1940

Ohne

Im Winde tanzt ein zartes Blatt,
schreit raschelnd kümmerlich sein Leid,
einst blühend Frische – nur noch matt,
der Nebel schreitet durch die Zeit.

Zu Staub ergraut – jetzt müd' und schal,
schwarzes Flüstern in den Kronen,
ein bleich' Gesicht glänzt trostlos fahl,
wünscht' es würd' woanders wohnen.

Wie der sommerliche Ruf verhallt,
ein Vogel, der im Nichts verschwindet,
wie Frost sich an die Felder krallt,
sich kaltes Herz an Körper bindet.

Wie ich nun im Sturme steh',
das Auge rot von salzig' Nass,
wo ist nur meine Sommerfee?,
o – wie ich den Tod ja hass'!

Justus Henke

Wehklage einer Rose

Mein Frühling war leicht,
der Sommer scheint lang,
vorm Herbst wird mir bang,
wenn alles entweicht,
stirbt nach Gottes Gnad'.
Wer erkennt im Pfad
welken Laubes Pracht
von Rosen gemacht?
Vielleicht der Schnitter,
doch, ach, wie bitter –
für uns Rosen.

Regina Henkel * 1972

Vergänglichkeit

Ich seufze lang und traurig,
der Herbst geht mit dem Schmerz,
die Trägheit legt sich schaurig,
ich bin verletzt, spür Schmerz.

Vergänglich und so bleich,
wann klingt die Stunde aus?
Die Zeit, vergangnes Reich,
ich weine, weine aus.

Wenn ich nun in mich gehe,
gewogen sanft im Wind,
er nimmt mich mit, ich wehe,
weil wir uns einig sind.

Ich seufze lang und traurig,
das Laub fällt und ist rot,
die Dämmrung zeigt sich schaurig,
durch Schmerz, und auch durch Tod.

Herbstzeitlose * 1998

Herbstimpressionen

Geheimnisvolle Nebelschleier schweben
über Flüssen, Seen, Täler und an den
   Hängen der Berge und Hügel.
Die Nächte werden kühl und frostig.
Verlorener Sommer mit seiner Wärme und
   Farbenpracht.

Dagegen gibt es jetzt heftige Stürme,
   Regen und Kälte.
Vielfältige Farben des Sommers verändern
   sich in trauriges Graubraun.
Jedoch die Wälder mit ihren dunkelgrünen
   Tannen und Fichten
stehen im Kontrast mit lichtgelben,
   rotleuchtenden Laubbäumen.

Welch prachtvolle Farbpalette bringt der
   Herbst vor dem Absterben der Natur.
Felder werden bestellt und in den Wäldern
   wird Holz geschlagen.
Ruhe kommt über das Land,
nur das hässliche Gekreische der vielen
   Krähen stört.
Die Natur speichert ihre Samen und Kräfte
   für das kommende Jahr.
Der Mensch ist zufrieden, gelassen, satt,
   heiter und froh nach guter Ernte.

Doch die Sehnsucht nach neuen Ufern
   begleitet die Menschheit seit
   Jahrtausenden.

Anni Hermann * 1935

Herbst-Melancholie

Suche mich

Denn ich finde mich nicht

Verloren im Tal der Erinnerungen
Hält mich der Bann der Vergänglichkeit
Fest wie ein Anker
In Stein zementiert

Heute noch hold wie ein Schmetterling
Der über blühende Wiesen sich aufmacht
Zu Ufern fremd und unbekannt

Morgen schon welk wie ein
    Hochzeitsstrauß
Den man vergaß ins Wasser zu stellen
Noch vor der Blüte sinnlos vertrocknet

Suche mich
Denn ich finde mich nicht

Gefangen
Im Strudel der Ungewissheit
Sende ich Luftblasen zu Dir hoch

Vergessen
Im satten Blattgold des Herbstes
Spüre ich Tritte vom kurzen Leben

Patricia Hess * 1972

Septembernachmittag - Rhein-Main

Im Schatten leis die Blüte fällt
die Sonne weiß und mild;
das Wetter zeigt Allüren.

Die Stunde kippt –
schon wächst erneut der Lärm der Welt
hier unten und am Himmel – wild;
ich schließe früh die Türen.

Regina Hess * 1951

Herbstgedanken

Herbstwind lässt seinen bunten
    Blätterreigen
wieder schweben von den Bäumen.
Unter prallen Früchten sich der Bäume
    Gipfel neigen;
noch ist es Zeit zum Träumen.

Zum Träumen von des Sommers Kraft,
der ließ die Früchte üppig reifen.
Die Ernte steht in vollem Saft,
nun gilt es zuzugreifen.

Der Sonne Strahlen milde in der Luft,
sie wärmen jetzt noch einmal Herz und
    Gemüt.
Der reifen Früchte süßer Duft
sich heiter und betörend durch das Land
    hinzieht.

Die Weinlese bedarf jetzt fleißiger Hände;
im Übermaß beschenkt uns die Natur.
Die Apfelernte geht vollends rasch zu Ende,
so reich gedeckt der Gabentisch in Feld
    und Flur.

Der Winter kommt nun bald mit Macht,
den halten keine Schranken.
Doch lasst uns jetzt noch einmal mit Bedacht
freudigst im Stillen danken.

Ursula Hess

Herbstzeit

Der Sommer geht
und nimmt die Farbe von den Bäumen
mit in sein Herbsthaus;
dort ruhen sie an Wänden, Decken, Ecken
und füllen ihre Sommerfarben auf.

Die Bäume stehn und warten
und strecken ihre Äste

dabei weithin aus.
Ein leichter Wind weht
und umschmeichelt ihre Rinde,
trägt ihre Sehnsucht und auch ihre Wünsche
bis ins Herbsthaus.

Die Farben haben ihre Farben neu gemischt
und leuchten wieder mächtig, satt und
stark;
nun folgen sie dem Ruf des Windes
kehren zurück ins Baumgeäst.
Der Herbst ist da.

HildeOertmann * 1952

Herbsthommage

Bald wird der Winde sich erheben
vorüber ziehen Wolkenschwaden.
Ein sanfter Schleier wird sich legen,
auf die grünen Täler, die noch Säfte tragen.

Eine bunte Pracht löst ab den
sommerlichen Duft
ummantelt die Kleider aller Bäume.
Hüllt sie alsdann in eine frische kühle Luft,
zieht siegessicher bis in die kleinsten Räume.

Ich kann ihn bereits erahnen,
den knackigen Strom, der Wandlung im
Gepäck verspricht.
(Die Natur, zeigt wieder wer sie ist)
Die Dunkelheit geht mit der Sonne ins
Gericht.

Hoffnungsvoll begibt man sich aufs Neue,
in der Hände Endlichkeit – den der
Jahreszeiten.
Mit Handschlag ihn zu grüßen – ohne
Reue,
den Herbst – auf dessen Wegen wir schon
schreiten.

Jennifer Hilgert * 1986

Federleicht

Federleicht schweben nur
Sie im Azur, zum Flug bereit
In den afrikanischen Süden.
Stumm sind Feld und Flur.
Keine Grillen zirpen mehr.
Nur der Kraniche Ruf ist zu hören.
Noch verhüllt sanftes Wehen
Die Stürme, die uns drohen,
Strömenden Regen.
Eicheln fallen tags und nachts
Aufs Dach. Goldene Fluren.
Die Kartoffelroder ziehen Spuren.
Während ich mit meinem Spaten
Dahlienknollen aus den Beeten hebe
Und vorsorglich in den Keller lege.
Hier oben bei mir im Norden
Ist Herbst geworden.
Das Jahr fällt seiner Neige zu.

Susanne Hilken

Der Herbst

Sanft schubst ihn Sommer an;
er hört ein warmes Lachen.
Die Zeit rückt schnell voran,
der Herbst soll nun erwachen.

Die Erntezeit hat jetzt begonnen.
In Dankbarkeit bringt er nun ein;
viel Zeit ist seit der Saat verronnen,
Früchte werden nun zu Wein.

Der Jäger reinigt seine Büchse,
damit sie ihm dann nicht versagt,
ob für Rehbock oder Füchse –
denn schon bald beginnt die Jagd.

Bunte Blätter tanzen froh
im goldenen Licht der Sonne.
Der Wind kitzelt sie irgendwo;
ein Spiel voll Freud und Wonne.

Der Herbst sich nun an Winter lehnt
sein Kumpan, der soll nun ran!
Er sich müd nach Ruhe sehnt,
denn seine Arbeit ist getan.

Silvia Hiltbrunner

Langsam

schwebt es
leicht und unbeschwert wehend
im Kreise sich drehend
herab

Noch einmal steigt es
hin und her schwenkend
das Gefühl von Freiheit schenkend
das Blatt

Durch den Wind wirbelt es
immer weiter und höher fliegend
doch dann langsamer werdend, liegend
hinab

Des Baumes Leere wirkt
wie ein mitleidiger Gruß
doch er es gehen lassen muss
sein Blatt

Stefanie Hinterauer * 1982

Jetzt ist es Zeit

Jetzt ist es Zeit
Fenster und Türen zu schließen
das Feuer zu schüren im Herd

Wärme breitet sich aus im Haus
und Frieden und alle schmieden
Pläne fürs kommende Jahr

Jetzt ist es Zeit
den späten Duft von Sommerluft
zu bewahren nach all den Jahren

Jetzt ist es Zeit.

Marion Hinz * 1946

Ernte

Das Feld mit Müh' und Fleiß bestellt
Mit Wasser, Sonne, Erd' und Zeit
Aus Samen sprossen Ähren weit
Ernte

Ein Tanz mit Funken, Wärme, Glück
Nach langen Nächten, Liebesstund'
Ihr Bauch wird langsam kugelrund
Ernte

Vom ersten Schritt zum eig'nen Haus
Dem Strampler folgt der Anzug, dann
Steht am Ende der Sensenmann
Ernte

Hat Zeit sein Grab doch nie entstellt
Denn er hat einst das Feld bestellt

Michael Hirler

hundert leben

wie durch hundert ohren hör ich klänge
    lärm geräusch und stille
flugzeug glocken bach und grille, manchen
    späten vogelton

wie mit hundert augen seh ich gelbes laub
    und früchte rot
erde ist gemacht aus tod, später herbst ist
    es nun schon

wie durch hundert sinne spür ich trauer
    abschied leiden schmerz
alle ziehen durch mein herz, hinterlassen
    ihre spur

wie mit hundert händen trag ich früchte
    blätter steine schwer
so als ob ein kind ich wär, reih sie wie auf
    eine schnur

wie mit hundert stimmen möcht ich heut
    meine geschichte sagen
sie verzweigt sich – bis nach tagen ich den
    anfang nicht mehr weiß

wie mit hundert schweren füßen wander
    ich durch dorf und wald
fühl mich jung und fühl mich alt, mir ist
    kalt und mir ist heiß

wie mit hundert nasen riech ich wie das
    leben stets vergeht
leben das der wind verweht und der tod
    riecht lebenssatt

wie mit hundert zungen schmeck ich was
    der satte tod uns schenkt
wie er uns so reich bedenkt, weil er hundert
    leben hat

Veronika Hofer Mayr * 1965

Vergänglichkeit

Herbstlich
trunken Gold –
Sommer vergoldend –
die zum Himmel ragenden nackten
Zweige des alt lebenden Baumes
rissig dunkel der Stamm
wie vor alten Zeiten –
den Zeiten trotzend.

Zart windet der Wind.
Einsam –
treu ergeben
sich klammernd
nah träumend vom
Sommer windigen warmen Traum.
Das einsam träumend – Blättchen
nun nächtlich verweht.

Gudrun-Charlotte Hoffart-Marnoy * 1948

Herbsttag

Die Blätter entwischen den Bäumen.
Ganz nackt stehen sie stark im Wind.
Gold – orangene Zeiten.
Dort am Obstbaum klettert ein Kind.
Heute regnet es Strahlen.
Durch die Äste bricht das Licht
und die Bäume, die alten, kahlen,
zeigen ihr schönstes Gesicht.
Wenn der Herbst seine Flügel ausbreitet
und die Sonne ihr Lachen zeigt,
selbst der noch so kleine Vogel
sein liebliches Köpfchen neigt,
stehe ich voll reichem Segen
auf der Wiese, betrachte den Tag
und weiß, ich hab im Leben
doch alles, was ich gern mag.

Stephanie Hoffmann * 1986

Vollbracht

Auf den Punkt gebracht – präzise und doch
    sacht
– nicht davor und nicht dahinter –
also Sommer nicht, nicht Frühling und
    nicht Winter.
Der Herbst ist es – bringt's auf den Punkt,
der eines Jeden Lebensding macht rund,
vollbringt, vollendet und Gesundung
    bringt,
während manch Zweig noch mit den
    dürren Blättern ringt.
Der Herbst – dem gegenüber doch der
    Frühling liegt,
welcher der Ernte Keim vorerst im Traume
    wiegt –
hat prall geboren, was dereinst gesät
und was ein bunter Sommer froh zum
    Tanze läd.
Nun schüttet aus der Gold'ne in den besten
    Jahren,
stopft die Genießermäuler, die dereinst so
    hungrig waren.
Die Sonne senkt die Strahlen – müd?

Nein – all ihr Reichtum säumt das
　　Abendlied.
Satt lächelnd – ohne Hochmut weise
spricht gütig in der Dämm'rung leise
der Herbst – den warmen Kopf nun
　　neigend,
voll Dankbarkeit nach Westen zeigend –
Es ist vollbracht, ich führ' dich sanft nun in
　　die Nacht.

Patricia Hoffmann-Velte　* 1962

Der Tanz des Schmetterlings

Eine Wiese im Herbst,
nur noch wenige Blumen

Ein Windstoß trägt den kleinen Fuchs,
weit hinaus,
ins grüne Meer

zerrt, drückt, zieht

Zeit vergeht wie im Flug,
Auf der Suche,
nach der einen Blüte

Der Tanz des Schmetterlings

Tamara Holitschke　* 1993

Baum und Mensch im Herbststurm

Abends ist's, das Radio meldet, heran rückt
　　– „Franz" der Orkan.
Der Forstmann hört's im Försterhause und
　　richtet her das Absperrband.

Morgens zu der alten Eiche am Waldesrand
　　eilt er,
als ersten dort geschwind den Weg mit
　　einem Bande sperrt er.
Der Wind lebt auf – noch sanft und mild.

Welke Blätter raschelnd nach unten fallen
　　hin.
„Baum – wann wirst Du fallen? Weißt Du
　　es schon, auflebender Wind?"

Zur Mittagszeit stürmt es schon garstig
　　wild.
Eichbaums bunte Blätter schweben auf und
　　ab im Sturmwind.
„Mein Baum, sei froh! Noch einmal von
　　Deiner Kinderschar umringt."

Am Nachmittag im Haus er bleibt und
　　sieht durchs Fernglas zu der Eich'.
Es pfeift mit über hundertfünfzig km/h und
　　biegt und drückt und reißt.
Nach oben Eichbaums letzte Blätter
　　wirbeln, hoch hinauf zum
　　Himmelszelt.
Der Förster sieht's mit lauernd dunklem
　　Ahnen. „Franz, führst sie gleich aus
　　der Welt?"
Ein schwerer Sturmstoß peitscht heran,
die Eiche krümmt sich berstend, krachend –
　　und sie fällt.
„Zum Lichte flogen deine letzten Blätter
neben junge Triebe legst Du nun Dein
　　Haupt.
Zeitensturm, mich und meine Werke führ'
　　auch zum Licht'
bevor mein Körper stirbt, das abgelebte
　　Haus."

Ernst Eugen Hollenbach

Schreckliche Herbstnacht

Blätter rascheln im Herbstnachtwind
Schreie ausgehend vom rennenden Kind
Sah ein Gespenst im Schatten der Nacht
Furcht hat es zum weglaufen gebracht

Beim Rennen klingt das Laub unter'n Füssen
Zu viel Angst Vorbeigehende zu grüßen

Bis zum Hals pochet das Herzlein
So allein und doch noch gar klein

Sterne leuchten den Weg ins Glück
Findet er bald nach Hause zurück
Steht eng umschlungen mit der Mutter
Gibt ihm Brot, Marmelade, Butter

Meint der Herbst ist wundervoll
An den Tagen supertoll
Doch was kalte dunkle Nächte bringen
Kann sie ein langes Lied von singen

Deckt nach dem Essen den Sohn zu
Wünscht hübsche Träume in voller Ruh
Gibt auf die Stirn ein Küsselein
Dem ausgerissenen Kindelein

Stefanie Holzberger * 1999

Melancholie

Herbst liegt in der Luft,
kühler Morgen, früher Abend.
Alles weht – große Blätter, kleine Blätter.

Herbst liegt in der Luft,
manchmal Sonne, häufig Regen.
Alles fällt – große Tropfen, kleine Tropfen.

Herbst liegt in der Luft,
Blätter rascheln, Wasserpfützen.
Alles fliegt – große Vögel, kleine Vögel.

Herbst liegt in der Luft,
Nebelschwaden, Schaffenspause.
Alles ruht – große Pflanzen, kleine
   Pflanzen.

Herbst lag in der Luft,
Schneefall setzt ein, Kälte ist da.
Alles schläft – große Tiere, kleine Tiere.

Martina Hörle * 1959

Die Boten des Herbst

„Fängst du schon an?
An deinen Blättern ist was Gelbes dran!"
sag ich zum Baum vorm Balkon,
da fällt das erste Blatt auch schon.

Andere verlieren ihre Blätter
bei Wind und stürmischem Wetter.
Die eine Krone ist rot, die andere braun,
die dritte noch grün, die vierte schon im
   Traum.

Im Herbst ist er der Erste
und im Lenz der Letzte.
Der Baum vorm Balkon
schläft zur Zeit schon.

Wenn Laub liegt zu deinen Füßen:
Lässt der Herbst dich grüßen.

Eva Maria Hormel * 1974

Herbst

Jahr um Jahr, es neigt sich die Zeit,
in der uns der Sonne Wärme erfüllt.
Nun kommt er wieder, es ist soweit,
dass trübe Kälte uns umhüllt.

Will leuchtend bunte Farben vertreiben,
Unter der Lüfte pfeifender Schmerzen,
Nur triste, fahle Erde wird bleiben,
Verweht, die Heiterkeit im Herzen.

Statt Blütenduft von Wäldern und Auen,
Ergießt sich nur Wasser aus Wolkenmeeren,
Während Mensch und Tier sich in Häusern
   verbauen,
Bis schönere Tage wiederkehren.

Stefan Horn * 1987

Hoffnung

Blatt um Blatt abgelegt
die Versprechen des Frühlings

Verteilt die Geschenke des Sommers

Erinnerung als Samen anvertraut
dem bergenden Herzen der Erde

Und nur der Traum bleibt
von neuer Offenbarung des Lebens
– nach dem kalten Schlaf

Christa Jana Hotzelmann * 1937

Verfall

Herbst ist, und ohne ein Wort,
schweigend, geht der Sommer fort.
Blätter fallen so bunt überall.
So bunt, so schön ist der Verfall.
Hagel schlägt auf Land und Gemüt,
verwelkt, was so schön uns geblüht.
Blech durchschlägt den Löcher-Asphalt,
Beton gammelt von Gammel-Gewalt.
Was jetzt und eigentlich schon lange
zerbricht, ist seit Jahren im Gange.
Depression, letztendlich vollbracht,
und bald umschließt uns finst're Nacht.
Herbst macht, daß alles verfällt,
Hoffnung neu in siechender Welt.
Sei bereit und zünd' ein Licht dir an.
Freu dich, es verfällt auch mancher Wahn.
Winter, komm schnell und vergeh'.
bringe uns viel Frost und Schnee,
wenn nur kommt ein Frühling dann!
Ob man das noch glauben kann?

Howard

verspätet

in den Ruinen des Sommers –
die Vögel ziehen schon –
nistet sein letzter Tag
als Gast in den eigenen Räumen.

Beatrice Huber

Herbst

Ach ja der Herbst, er kommt, –
und wirft den Schatten schon voraus.
Noch ist die Sonne am längeren Hebel,
manchmal versteckt hinter dichtem Nebel.
Die Natur versprüht noch Heiterkeit,
Bäume wechseln schon ihr Kleid.
Unbemerkt und doch zu spüren,
wird das Vogelsingen leiser,
vom Gesang des langen Sommers,
sind die Vogelkehlen heiser.
Das Bild der Landschaft, die Luft, auch
    Leut,
verändern sich, Farbwechsel jetzt, –
Gefühle der Melancholie im heut.
Genießen wir noch laue Nächte,
zu schnell kommt er herangeeilt.
Bald sind sie da, die dunklen Tage, –
Zeiten der Besinnlichkeit.
Und er, den man hier Winter nennt,
bleischwer in jedem Tale hängt,
hat mit Macht und Kälte, unseren schönen
    Herbst verdrängt.

Rüdiger Hürter

HerbstHerz

Meine Augen brannten, tränenlos
Mein Herz stolperte, ganz kurz bloß
Wollte es, konnte es nicht verstehn
Ich fragte, wann wir uns wieder sehn
Und du sagtest: im Herbst.

Ich nahm es hin, ohne Widerwort
Stand ruhig da, doch mein Herz floh fort
Und ich schloss hinter ihm die Türen
Ich fragte, wann wir uns wieder spüren
Und du sagtest: im Herbst.

Dein Lächeln, deine Stimme, dein Kuss
Ein Geschenk, ein Präzisionsschuss
Könnte mich nicht minder verstören
Ich fragte, wann würd ich dich wieder hörn
Und du sagtest: im Herbst.

Nun tanzen die Blätter den goldenen Reigen
Dieweil Dahlien bildschöne Ballkleider zeigen
Seh ich nur die Schrift auf dem einfachen Stein
Und verlasse den friedlichen Acker allein
Trage im Herzen den Herbst.

ILE   * 1994

Dezemberraunen

Verschluckt in den Tiefen der Finsternis
Kann ich mich nicht mehr finden
Was bleibt ist nur mein Echoklang
Klirren durch die Stillen der Zeit

Ein Märchenbuch verfängt sich
In den Spindeln seiner Wehmut
Es erzählt vom Müdegewordenen
Vom Guten und vom Bösen

Rosenstöcke wachsen höher
Als sie es je taten
So wartet der Mond seine Zisterne
Um sie neu zu formen

Dunkel tunnelt sich ein neuer Augenblick
Jedoch auch er alsbald erlischt
Ein Jahr verlangsamt sich
Schweigend in den Gedanken des Neuen

Astrid Jahns

Herbstgedanken

Bald unbemerkt stiehlt sich das erste Laub
    davon.
'dein Haar war auch mal fülliger'
Des kühlen Windes feuchter Atem kriecht
'ich muss unbedingt die dicken Socken
    rauslegen'
über gebräunte Haut, zerzaust gebleichtes
    Haar.
'wie schnell man wieder blass wird'
Noch schmeichelt der Wiesen Grün deinem
    Blick,
'eigentlich siehst du noch ganz brauchbar
    aus'
doch rasch wechselt die Natur ihr Gesicht,
    unaufhaltsam,
'von den Krähenfüßen mal abgesehen'
tauscht bunte Pracht gegen räudig
    Gesträuch.
'raus aus dem Blumenkleid, rein in den
    Parka'
Bald taucht der Höhen klarer Blick hinab
'von wegen Adleraugen'
in die Täler, die trüb und verhangen.
'ich brauche dringend eine Brille'
Braunes Laub bedeckt die Erde; nasskalt,
    trostlos.
'da soll man keine Depressionen kriegen'
Verwelkte Halme zieren die Wiesen wie
    zerknautschte Perücken.
'am besten, ich geh mal zum Friseur'

Lydia Jakobs-Weines   * 1959

Spätherbst

Regen rauscht
vom rauchfarbenen Himmel.
Wasserperlen betropfen Fensterscheiben,
feuchte Muster an Häuserfassaden.
Straßenlampen spiegeln in Pfützen sich.
Wie graue Säcke
hängen Wolken über den Straßen.

Marianne Janssen-Bengisch

Herbstdrachen

Braune Blätter segeln,
kahle Äste im Sonnenschein,
Eichhörnchen nach Nüssen suchen,
Vögel schon nach Süden ziehen.

Wartet!

Die Schwingen ausgebreitet,
Die Wolken nur knapp über mir,
Der Sonne ich flieg auch entgegen,
Gleich nur noch die Sterne über mir.

Oder doch nicht?

An mir da zieht noch eine Leine,
Am anderen Ende ein kleiner Junge steht,
Ohne mich er wäre ja ganz alleine,
Ich bleibe lieber hier.

Fliegt!

Jardin Di'Noir   * 1979

Spätsommer

Die ersten Kürbisse
Habe ich heut' gesehen.
So ist's um diesen Sommer
Nun auch bald geschehen.

Nach all dem emsig Treiben
Weiter Blick
Über kahle, flache Felder.

Schwalben hält nichts mehr zurück.
Nächte werden kälter.

Stets ein Kommen und ein Gehen.
Folgen so dem Lauf des Lebens.

Denn aus des Sommers Narben
Entstehen schon bald des Herbstes
Wunderbare Farben.

Je

Sinnfrage

Was macht Sinn?
Nichts oder alles,
fragte sich Finn.
Sonst fall es:

Falle es auf
Nehme seinen Lauf,
Fang es auf,
Runter und rauf.

Wo ist der Sinn?
Wo ist er hin?
Und wo ist Finn?
Ist er hin?

Da war ein Sinn
Ich weiß nicht mehr
– Und Finn?
Der kennt ihn auch nicht mehr.

Ist's egal
Oder fatal?
Frag mich nicht
Ich weiß es nicht.

JMH   * 1989

Reichtum

Morgentau geküsst erscheint mir heut' die
    Welt
Obgleich schon zieren kahle Stoppel nur
    das Feld,
kann man bezahlen nicht mit Geld,
was der liebe Herbst an Farben hat bereit
    gestellt.

Bäume strahlen bunt im Sonnenschein und
    Regen gibt es auch,
Zur Freud' des kleinen Igels, von Würmern
    prall sein Bauch.
Es leuchten keck die Beeren, so rot aus
    grünem Strauch,
doch die Blätter müssen fallen, so ist's im
    Herbste Brauch.

Kalte Winde ziehen auf, wirbeln
    Erinnerungen und Laub umher,
Bahnen ihren Weg sich durch die Kleider,
    ach wie nach des Sommers Wärme ich
    mich verzehr'!
Doch weiß ich, ist's dann Sommerzeit, mit
    Luft so schwül und schwer,
Vermiss' ich nichts auf der Welt so sehr, wie
    des Herbstes würz'gen Duft, den ich
    allezeit so verehr'.

Rebekka Johannsen   * 1994

Herbst

Du Zeit meines Lebens,
manche Blätter sind gefallen,
Ästlein kahl, ohne Täuschung,
Bäume rauh, vor Ent-Täuschung,
spüren noch den Pulsschlag –
in der Zeit meines Lebens,
kein Blatt spross vergebens.
War einst Zeit meines Frühlings,
Blüten sich öffneten,
Pulsierendes klares Sein,
lebendiges Jetzt Da-Sein,
in der Zeit meines Lebens,
keine Blüte öffnete sich vergebens.
Offenbarte sich mein Sommer,
Sonnenstrahlen hell,
Wärme umgebend so nah,
Blühendes Jetzt zeit-nah,
in der Zeit meines Lebens,
kein Sonnenstrahl war je vergebens.
Alles, Winter liegt in Gottes Zeit.

Gabriele Jung   * 1960

Spätherbst

Der Himmel ist wolkenverhangen:
der Wind reißt die Blätter vom Baum.
Schon kahl sind Busch und Sträucher.
Der Sommer: Vergangener Traum.

Die Sonne ist müde geworden,
die Luft ist kalt und nass.
Die Blätter liegen am Boden –
wie tote Frösche im Gras.

Die Nächte sind schon kälter;
die Blumen ohne Duft;
glasig vom Frost die Rosen;
es liegt Schnee in der Luft.

Bald breitet über die Erde
der Winter sein weißes Kleid.
Wenn doch schon Frühling wäre! –
Ach, er ist noch so weit!

Wilhelm Kaiser   * 1947

November

Ich schau aus dem Fenster,
es regnet und stürmt.
Was soll's ... es ist halt November.

Im Sturm tanzen die Blätter von den
    Bäumen
und mit ein bisschen Glück,
weht er sie von unserer Terrasse weg.
Der Regen erspart mir vielleicht morgen
    das Fenster putzen.

Ihr merkt sicher schon ... ich rede mir
    gerade den November schön.

Zur Hälfte haben wir ihn doch schon fast
    geschafft,
der Rest wird auch noch vergehen.

Mach's dir gemütlich zu Haus.
Freu dich, dass du es behaglich hast.

Es sind die kleinen Freuden,
die wir manchmal übersehen.
Doch wenn wir nur wollen,
können wir sie überall entdecken.

Selbst an einen grauen Novembertag,
bei Sturm und Regen ...

Rita Kalenberg * 1949

Herbstherzen

Da, wo am weitesten man schaut, thront
  eine Bank über dem Land.
Dort sitzt ein Mann, sein Haar ergraut, und
  stützt den Kopf auf seine Hand.

Die Augen hält er sanft geschlossen,
  obwohl um ihn der Frühling tobt;
so sehr hat er ihn einst genossen, sich mit
  dem Blütenmeer verlobt.

Hier hatte es sich zugetragen, dass er sie
  tief im Rapsgelb traf.
Er spürt noch das Gefühl im Magen, das
  ihn beschützt bis in den Schlaf.

Es sollte bis zum Herbst nur halten, weil er
  nur um sich selbst sich mühte.
Er folgte statt dem Rat der Alten dem
  Leichtsinn seiner Jugendblüte.

Ach, wenn die Zeit zurück sich drehte, ihn
  nicht von diesem Tage entfernte ...
doch weiß er jetzt: Was er einst säte, ist
  nun im Alter seine Ernte.

Nicht weit entfernt, berauscht vom Leben,
  liegt frisch verliebt ein Paar im Tal,
verborgen hinter grünen Gräben, erquickt
  vom warmen Sonnenstrahl.

„Sie ist so stark und unvergänglich, die
  Kraft, die uns zusammenhält,"
denkt sich der Jüngling überschwänglich
  und wagt den Blick raus in die Welt.

Und just in dieser Überlegung entdeckt er
  einen alten Mann.
Die Augen zu und ohne Regung zieht
  dieser ihn in dessen Bann.

Sein Sommer scheint schon längst
  verblichen, doch schaut der Alte
  glücklich drein.
Der Jüngling wünscht: „So ausgeglichen
  soll's bei mir später auch mal sein."

„Versprich, dass Du mich nie verlässt!"; da
  schwebt etwas auf ihn herab.
Voller erstaunen hält er's fest, des Jahres
  erstes gelbes Blatt.

Jan Kallok * 1981

Farbverlust

Tote hängen an den Bäumen,
ganz verdorren, ganz verzerrt,
werden sie den Boden säumen
dieser Akt, er wird gewährt.

Müssen sie vom Aste weichen,
keinen Wert mehr sie zu pflegen,
diese unansehnlich' Leichen
am Boden wird man sie zerlegen.

Mit der Dauer warmer Tage
werden Tote auferstehen
waren sie mir einst nur Plage
wird ihr Anblick angenehm.

Katharina Kallus * 1990

die Blätter fallen
fallen zu Boden und mein Blick schweift in
  die Ferne
über die Berge in den Himmel
was wird mich erwarten

Mein Herbst rückt immer näher
wie diese Blätter werde ich zu Boden fallen
und in der Erde verrotten
wie Tausende vor mir

Mein Herbst rückt immer näher
die Welt wird sich weiter drehen
sag mir warum war ich hier
Frühling und Sommer scheinen schon
    längst vergangen
bald schon wird der Schnee alles bedecken
totenstill ruht alles unter dem weißen Grab

Mein Herbst rückt immer näher
schon bald sind die alten Blätter vergessen
niemand wird sich erinnern
langsam lösen sie sich auf bis nichts mehr
    bleibt
denn mein Herbst rückt immer näher

Elisabeth Karl   * 1995

melancholische herbstimpression

Blätter fallen sanft im Herbstwind,
von den Bäumen deren Alter ein Geheimnis
und Pensionisten brechen auf in Scharen.
Sie spazieren zu den Orten die sie kennen
um die kühlen Sonnenstrahlen auf Bänken
    zu genießen
und in Gedanken an frühere Zeiten,
lassen sie sich nieder vorm Krematorium
    dieser Stadt.

Almut Karlseder   * 1980

Der Herbst kommt

Der Sommer und das Grün
an den Bäumen vergeht,
der Herbst die Blätter
in neuen Farben wiederbelebt.

Die Bäume durch den Wind
sich hin und her bewegen,
die Blätter mit einen Tanz
zur Erde schweben.

Weizen und Gerste in
den goldenen Farben sprießen,
die Früchte werden nochmal
reif um sie zu genießen.

Am Himmel fliegen die Drachen
in ihrer schönsten Pracht,
die Sonne ihnen mit einen
letzten Blick entgegen lacht.

Claudia Kaske   * 1984

Herbst In Mir

Auf den Wogen des Windes
gleite ich dahin
Fliege um die Wette
mit dem Sturm
Schaue tanzenden Blättern nach
lasse mich treiben
Falle
um mich
wieder
auf unsichtbaren Flügeln
in die Lüfte zu erheben
Vergänglichkeit
die mich umgibt
Ein kleiner Hauch von
Ewigkeit

Claudia Kasner   * 1971

Herbst – in bunter Vielfalt

Wenn zarte Winde mit dem Astwerk
    spielen
warme Sonnenstrahlen leuchtende Reflexe
    in üppige Baumkronen malen
das Herbstlaub, es färbt sich allmählich
    bunt
zeigt an, langsam und sacht, das es zugeht
auf des Jahres letzte Stund'.

Herbststürme zerren ohne Gnade an den
    Zweigen
wo bleibt der lauen Winde zarter Reigen
Massen von Blättern trudeln hilflos zu
    Boden
sie haben jeglichen Kampf gegen die
    Naturunbilden verloren
buntes Laub endet in mühsam
    zusammengekehrten Haufen
etliche Bürger werden sich dabei die Haare
    raufen
wenn so manche Schlingel raschelnd durch
    dieselben laufen.

Plätschernder Regen peitscht über das Land
mit unerschöpflicher Geduld große
    Wassertropfen an die Fenster klopfen
das einstmals wunderschön gefärbte Laub
    vermodert in der Erde
es wird Zeit, dass die Welt wieder fröhlich
    werde
auf des Novembers graue Tristesse
folgt – hoffentlich – für alle Menschen ein
    frohes Weihnachtsfest.

Nina Kater

Der Herbst

Du lässt Blumen und Blätter tanzen,
Licht schimmert durch die Adern der
    Pflanzen.
Es Rascheln die Blätter hier und dort,
die Natur gleicht einem verzauberten Ort.

Mit dicken Regentropfen rund und kalt,
füllst du die Erde bis in den letzten Spalt.
Auch die Sonne zeigt sich in manchen
    Stunden,
sie wärmt uns das Gesicht, ist jedoch auch
    schnell verschwunden.

Du schenkst uns Wind und lässt damit die
    Wolken wiegen,

jedes Kind machst du glücklich beim
    Drachenfliegen.
Kastanien lassen stachelig und grün ihr
    Früchte fallen,
leicht geöffnet bevor sie auf den Boden
    prallen.

Frost erhellt den Boden und lässt ihn
    glänzen,
deine Wunder kennen keine Grenzen.
Die Tage werden kürzer und das Licht
    schwindet,
du bist was Sommer und Winter verbindet.

Marie-Christin Kattilus * 1987

Der Kavalier

Er hilft mir
in den Mantel/schließt
die Sommerfenster leise
und überlässt dem bunten Tod
den Garten

Er stäubt mir
Blattgold
auf den Weg

Renate Katzer * 1945

Tage fallen stetig

Tage fallen stetig:
stirbt das Grün
und Spuren
längst vergessen
wo wir gingen
voller Moder
matt der See
Wellen treiben einsam
wo wir eben noch
so sonnenträge dachten
morgen doch bestimmt.

Tage fallen stetig.
Überm Land
schon Abendkühle
kommen dann
elegische Gedanken
voller „einst".

Verena Kaul * 1959

Denn der Wind kann nicht lesen ...

Was ist schon dabei, dass der Wind nicht
    lesen kann,
singt oder pfeift er doch, sobald er erwacht:
    sanfte Lieder
im Sommer, den er liebt wie einen Bruder
    und zärtlich wie
ein Sonnenstrahl kühlt er unsere Haut und
    das Gefieder der Vögel.

Im Herbst pfeift der Meister behänder
    Schatten Arien in Moll, bläst seine
Backen auf, brüllt, dass ein Löwe im Schlaf
    von seinesgleichen träumt,
zischt gleich Schwärmen von Mauerseglern
    ums Häusereck und durch die
Schluchten der Straßen, rüttelt der Bäume
    erschöpftes Geäst und was da fällt,
ist verloren und kehrt niemals wieder.

Solange der Wind ums Haus steigt, ist
    niemand einsam. Wirbelwind liegt
im Bettchen, lauscht dem Geheul im
    Blattwerk der Eiben, hofft, dass
der kleine Häwelmann schnell vorankommt
    im Sturmgebraus.
Was ist schon dabei, dass Wirbelwind noch
    nicht lesen kann. Sie lernt es
bald, und wer weiß, der Wind vielleicht
    eines Tages auch.

Annelie Kelch * 1949

In weiter Ferne so nah

am himmel vermählen sich
nebel und rauch

die grell geschminkten bäume
schon liederlich entblößt
lassen den regen der nacht
von sich tropfen

gelb geworden
wachsen die gräser
mir über den kopf

ein duft von umbruch
verströmt sich in der luft

bald werde ich nach hause gehen
und mit klammen fingern
ein feuer entfachen

noch flackert die glut
des sommers in mir
und du
den flügelschlag eines gedankens
entfernt am andern ende der welt
ein hauch genügt

Andrea Maria Keller

Herbstgold

Zeit des Wandels, reiche Momente –
Glanz im Gehen von Schönheit.

Unermessliche Schätze, schleichender
    Rückzug –
ein lichter Spiegel des Vergehens.

Kraft des Lebens erstrahlt,
Ausdruck des Kommenden neuen.

Herbstgold geworden,
Stille im Werdenden ruhen.

Lars Keller * 1970

Mondschein

Nebelumhüllt ruht das alte Gemäuer
Verlassen am einsamen Wegesrand
Im Inneren lodert ein wärmendes Feuer
Ein Zeichen von Leben im trostlosen Land

Majestätisch galant dreht der Greif seine
 Runden
Unbändiger Wille nährt zehrende Pein
Das Ziel der Begierde schon fast gefunden
Macht bedrückende Stille das Sein zum
 Schein

Ein Donnerschlag kündigt Unfassbares an
Die Erde genießt einen himmlischen Kuss
Fruchtbares Nass bricht den trockenen
 Bann
Und ein Rinnsal von Tränen wird zum
 reißenden Fluss

Der Wind lässt die ängstlichen Zweige
 erzittern
Aus der Ferne dringt spürbar Vertrautheit
 und Glück
Der Mond versinkt sanft hinter rostigen
 Gittern
Und lässt einen Schleier der Hoffnung
 zurück

Dennis Cosme Espinoza Kelling * 1982

Schattiges Rot

Heute unter dem Gang des Roten
durch die schattigen Farbenspiele
gewandert mit einem jungen Lächeln
in den Augenfalten.

Drüben erstreckten sich die grünen
und gelben Felder im Wind bewegten
sich einrichtig Halme und der Himmel
kreiste über meinen Köpfen hinfort
waren die Gedanken.

Wie dann das Grün im Roten unterging
auf diese unnachahmlich wunderschöne
Art bin ich und bin auch wieder nicht
entrissen aus dem Üblichen, dem Meinem,
dieser Geschichte hinein in das
 Übergeordnete.

So zerfloss alles in ein Meer das ich in
meinen bloßen Händen zu fangen
versuchte.

Seda Keskinkilic * 1992

Herbst-Impressionen

Früchte reif,
die Blätter fallen
und Erinnerungen hallen.
Große Schatten
wirft es von jedem Baum,
zerplatzt ist so mancher Traum.
Bald kommt, der Herbst
mit großen Schritten,
unerhört bleibt da ein letztes Bitten.
Die Zeit die eilt voran,
sowohl für Frau wie auch für Mann.
Am Ende was wird uns da noch bleiben,
nur Erinnerungen an des Frühlings frohes
 Treiben?

Veronika Keuschnigg-Kerber * 1967

Abschied

Unaufhörlich fällt,
im Nebel Blatt um Blatt.
Und die, die es noch oben hält,
jedes seine Färbung hat.

Die Stare – zum Abflug bereit,
fressen sich noch einmal satt.
Jeder weiß um seine zeit,
und verlassen dann die Stadt.

Unausssprechlich liegt,
ein Schmerz in unseren Seelen.
Bin nicht Vogel, bin nicht Blatt
kann den Weg wohl wählen.

Und doch folg' ich jener Spur,
die das Leben mit sich bringt.
Ich folg' der inneren Natur,
die mit jedem Abschied ringt.

Anja Kexel-Werth * 1967

Herbstlaub 1938

Unter hohen Bäumen liegt abgeworfen das
 Laub.
Es raschelt im Wind und bedeckt den
 ewigen Staub.
Was ewig ist oder wie der Mensch
 vergänglich
bestimmt der göttliche Zyklus des Seins
 letztendlich.

Gelingt es dem Menschen bis zum Herbst
 seiner Tage,
sich selbst zu erkennen, um zu sehen das
 Wahre,
erfüllt Stolz sein Auge, sein Wort ward
 gedichtet,
selbst wenn sein Haupt sich wie die Bäume
 stark lichtet.

Als einer von vielen gefordert zu sein,
nicht wie von vielen im Sog von Gleichen
 das Gleiche
zu schrei'n,
verlangt Einsicht und Reife und viel
 Energie,
dann fallen die Blätter für Freiheit, nicht
 Despotie.

Doch welkes Altes kann frisches Junges
 gebären,
wenn Hoffen und Wagen neues Werden
 gewähren.

Es füllen Lachen und trautes Geben den
 Raum
dann, wenn die Natur uns zeigt den ewigen
 Traum.

Wilfried A. Kihl * 1938

Herbst

Sie wissen es noch nicht.
Dein Farbenspiel, es ist gegeben.
Sie finden es bezaubernd, dieses Leben.
Dass Laub um ihre Ohren fliegt, es stört
 sie nicht.

Die Nebel, die jetzt durch die Straßen
 treiben,
Sie richten sich auf länger ein.
Und manchmal werden sie am Tage
 bleiben.
Sie werden kühler Nächte Kleider sein.

Ein Sturm wird kommen, der reißt sie in
 Fetzen.
Der Schnee wird kommen als ein kalter
 Freund.
Er wird sich still zu deinen Füßen setzen,
Auf deine Seele, welche lautlos weint.

Du wirst sie schließlich lieben, deine
 Einsamkeit.
Sie wird dir wertvoll sein wie eine Nonne.
Vor deine Augen spinnt ihr Netz die Zeit.
Du siehst das Nichts als eine dunkle Sonne.

Hermann J. Klingenberger

Fallende Sorgenblätter

Staubende Schritte im
träumendem Laub.

Sorgen geraubt am
silbernen Morgen.

Atmendes Herz, ganz
ohne Schmerz.

Seelenwinter, naht und
lässt erholen.

Der alten Fehler vergeben,
neuer Beginn im Anbeginn.

Atmendes Herz, ganz
ohne Schmerz.

Der Enden vieler gibt
es in keinem Sinn.

Fallende Sorgenblätter, ein
Schicksal ergeben, ohne Gezitter.

Der Herbst, die Sorgen verwelkt,
bis zu Staub und neuem
Schicksal.

Frederik Wolfgang Kloiber   * 1978

Herbstwind

Es kann der Herbst nicht reichen,
wohin kein Sommer ging.
Wollt er auch Brücken bauen,
und Eiszapfen auftauen,
die Wirkung wär' gering.

Gering, wie Mäusespuren.
Wie Sand im Zahn der Zeit.
Gering, wie Staub auf Uhren
und Dreck auf altem Kleid.

Doch frag den Optimisten!
Der sagt das Gegenteil:
„Bau' Brücken und schmilz Zapfen,
denn jeder Schritt macht heil!

Schreib „Trotzdem!" mit dem Finger
hinein in dicken Staub!

Spürst du den Wind?
Er weht ganz warm
und bläst sehr weit das Laub."

Heike Knapp   * 1968

Herbst ist mehr

Herbst ist mehr als Freude an farbenfroher
    Stille.
Herbst ist mehr als entspannter Genuss
    kürzerer Tage.
Herbst ist mehr als Dank und
    Nachdenklichkeit.
Herbst ist mehr als unauffälliger Rückzug
    und langsames Vergehen.
Herbst ist mehr als stille Bewegung von
    der Oberfläche zur Tiefe.
Herbst ist mehr als Grabpflege und
    Friedhofsbesuch.
Herbst ist mehr als triefende Nässe und
    beißender Wind.
Herbst ist mehr als graue Trostlosigkeit
    und hoffnungslose Auflösung.
Herbst ist mehr als Wendung vom
    Sichtbaren zum Wesentlichen.
Herbst ist mehr als Wandel vom
    Empfinden zum Leiden.

Herbst führt von der Wahrnehmung zum
    Verstehen,
vom Verstehen zum Annehmen,
vom Annehmen zum Vollziehen.

Im Herbst bereitet sich zur Trennung vor,
was lange zusammen war:
Ein Teil vergeht.
Ein Teil vergisst und wird erneut beginnen.

Es ist Herbst vor jedem Neubeginn.

Peter Knobloch   * 1937

Herbstwind mit Liebe

Pausenlos hämmerst du gegen meine Tür
Ich halte inne und spür'
Wie deine überwallende Liebe in mir
Mein Herz und meine Seele dir
Übergibt ohne Scheu
Ohne Schmerz oder Reu'

Im Herbst hast du mir
Nach dem dritten Treffen mit dir
Deine Liebe mir gestanden
In einem heißen Kuss fanden
Sich unsere Hände ohne warten
In ein neues Leben wir starten

Heiraten wollen wir im Mai
Auf und ab ging's der Jahre drei
Endlich fühle ich mich frei
Deshalb versprich mir und sei
Weiterhin jeden Herbst
Bei mir bis du sterb'st

Laura Knöchel * 1989

Herbstheimweh

Viele von ihnen habe ich schon gesehen
in jungen Jahren
kaum zu glauben, doch ich muss es gestehen

Keiner nicht wie der andere
jeder etwas kühl
jeder etwas
farbig

Viele von ihnen habe ich auch gemocht
für lange Zeit
und, kaum zu glauben, doch ich muss es
    gestehen
schnell hasste ich sie alle

Keiner von diesen war wie der eine
jeder etwas kühler
jeder etwas
farblos

Es gibt nur diesen einen
der in seiner Kraft so farbig ist wie kein
    anderer
in dem du dich geborgen fühlst auf dem
    Weg in die eisige Kälte
es ist der, den du Zuhause verbringst.

Katharina Knopp * 1992

Leise zieht ein Herbst

Leise zieht ein Herbst
seine späten Runden,
lässt Gedanken scheu
reifes Land erkunden.

Erste Blätter liegen
schon vom Zweig gelöst,
letzter Blick nach oben
„da, da hing ich fest!"

Jetzt ist alles anders
Neues wird entbannt
aus dem feuchten Boden,
unberührt bekannt.

Ohne Frage greifen
Dinge nach dem Wort
in gewohnter Weise:
Zukunft setzt sich fort

Walter Knoth * 1935

Ende fünfzig

Himmel grau,
Wind weht kalt,
fühl' genau:
Werde alt.

Nichts ist glatt,
hakt und öst,
roll' mich matt,
Schlaf erlöst.

Weiß doch gleich,
kommt ein Tag,
warm und weich,
den ich mag.

Liege still,
Tod ist fern,
leben will ich
noch gern ...

Angelika Knuth * 1957

Herbstnebel

Wie festlich weiß der Nebelschleier
Vom Grunde aus den Wiesen steigt
– mit leisem Hauch sanft schwebend –
Das Jahr still seinem Ende neigt,
Dem Abschluss sich ergebend.

Durch bleiche Wand gedämpft erscheinen
Die letzten Farben der Natur
– in gelben, braunen Tönen –
Sind Busch und Bäume Schatten nur,
Die uns von allem Grün entwöhnen.

Aus tiefer Höhle scheint zu klingen
Des Trauervogels Abgesang
– erahnend Reif und Kälte –
Ein Mensch, er spürt auf seinem Gang
Des Lebens Last und Schelte.

Doch steigt er durch den Schleier auf
Den Pfad empor zur Hügelhöhe
– scheint hell das Sonnenlicht –
Den blauen Himmel in der Nähe,
Keimt Hoffnung, Zuversicht.

Jürgen Koch * 1957

Das Gewissen

Gewissen ist allen von uns mitgegeben,
zum Wohl der Welt auf ihr zu leben.
Regt sich Unrecht auch nur in Gedanken,
bebt es in uns, setzt uns Schranken.
Doch, wie sieht's aus, mit dem Gefühl –
dient das Unrecht dem Kalkül?
Ganz egal, ob Ernährung, Medizin oder
   sogar Krieg und Waffen,
einzelne Gewissen können das nicht
   schaffen.
Für Natur und Umwelt wird es höchste
   Zeit,
dass sie von Raub und Zerstörung wird
   befreit.
Informationen aller Folgerungen
sind bis ins letzte Dorf gedrungen.
Die Menschen halten geistig Schritt
und denken für die Zukunft mit.
Daraus entwickelt sich zumeist
gemeinsam starker guter Geist.
Wenn's bei der Obrigkeit schon stark
   verschlissen,
ersetzt der Zeitgeist das Gewissen.

Sigrid Koch

Der herbstliche Heikubund

1
Die Spinnen nähen
Sonnenstrahlen zusammen,
der Wind reißt sie ab ...
2
Am stillen Herbstmorgen
spielen die Bäume Versteck:
Der Nebel führt an.
3
Im ruhigen Wald
malt der Expressionist.
Dann kommt der Zeichner.

Sniazhana Koehling * 1967

Herbstliche Fahrt durch Franken

Der Sommer neigt den Sonnenscheitel
Über den letzten Ackerhalm
Dem Herbste zu.
Schon glänzt die Scholle vom ersten Reif,
Wie Perlenschnüre füllen Drähte
Sich mit dunkler Notenschrift
Der Vogelschar.

In den Weinbergen werden die
　　Tagpfauenaugen im Moose
Zur Ruhe gebettet.
Ich ahne einen Schritt voraus,
Der Endlichkeit entgegen.
Fühl Vergangenes wie Schleier
Sich über meine Lider legen.

Wie nah sie alle sind, die fernen Seelen,
mit denen ich so manchen Sommerwechsel,
bei Wein und muntrem Lied beging.
Uns bring ein jeder Herbststurm,
dem Jahresende näher.
Das Dasein scheint befristet.
Doch will die Hoffnung keimen, das wir
　　das ferne Jahr, begnadet erneut
　　erleben.

　　　　　　　　　　Christine Koeniger　*1942

der Herbstwind wirbelt
ein dürres Blatt hoch und ich
schwebe zum Himmel

　　　　　　　　　　Heidemarie Köhler

Herbst (Akrostichon)

H alb entblättert jeder Baum.
E ilig saust der starke Wind.
R egen peitscht er durch die Gasse.
B in klatschnass. Wie ich das hasse.
S onne ich viel schöner find.
T ee, das wäre jetzt ein Traum.

　　　　　　　　　　Iris Köhler-Terz　*1961

Herbstlaub

Ich glaube nicht an Märchen.
Ihr regennasses Haar klebt an ihren
　　Wangen,
die Lippen zart wie Sternenstaub.
Es ist Herbst, das welke Laub
liegt zu ihren Füßen.

Ich glaubte nicht an Märchen.
Ich träumte nur von ihnen.
Ihre warme Hand streichelt mein Gesicht,
das Herz frei wie ein Vogel.
Doch meinen Schmerz, den fühlt sie nicht.
Es ist Herbst, das welke Laub
liegt zu unsern Füßen.

Ich glaube nicht an Märchen.
Ich habe vergessen wie man träumt.
Sie streicht das Haar aus ihrem Gesicht,
doch jenes, das mir einst so vertraut,
erkennt mich diesmal nicht.
Es ist Herbst, das welke Laub
liegt zu meinen Füßen.

　　　　　　　　　　Josefa Koleva　*1984

Nackt

Ich vergaß
Ich vergaß
Ich vergaß

Das ich vergaß
Das ich vergaß
Das ich vergaß

Das ich Nichts
Das ich Nichts
Das ich Nichts besaß ...

Erläuterung
Wir kommen aus dem Nichts
und gehen in das Nichts.

Um die Dimension Vergänglichkeit
im Schriftbild zu verdeutlichen, habe ich
die Zeilen im Original, so gestaltet,
das die erste Zeile schwach zu lesen ist,
die Zweite gut und die Dritte
wieder nur schwach.

Komos   * 1956

Novembermorgen

An jenem Morgen bin ich erwacht
und hör, wie er leise tröpfelt auf's Dach.
Ich schau hinaus und kann ihn sehn,
Nebelschwaden über die Wiesen zieh'n.

Bäume, die gestern noch trugen ihre bunte
    Pracht,
sind auf einmal kahl über Nacht.
Nur die Amsel sitzt auf einem Ast
und trällert ihr Lied ohne Unterlass.

Ich öffne das Fenster und spüre sogleich
seine feuchte Kühle, wie sie mich ergreift.
Schnell kuschle ich mich wieder ins Bett
    hinein,
Novembermorgen, ich lass dich nicht rein.

Simone König   * 1966

herbstmorgen

die morgenluft ist noch kalt
taufrisch und feucht
doch am horizont
taucht die sonne den himmel
in ein zartrosa kleid
übergiesst den schornstein
mit flüssigem gold ...
und verzaubert unsere welt
mit den warmen farben des herbstes

Brigitte Kosidowski   * 1952

Worte

... und unsere Worte
wie die Blätter im Fallen
losgelöst von dem Baum
von sich selbst
berührten die Erde
ohne zu schallen

und dann war Stille
dann war Herbst

Adrian S. Kostré

Herbst

Blätter benetzt
von Tränen der Nacht
fallen leise –
sich wiegend im Wind

Dürre Halme
raunen nächtens
auch du –
gezeichnet vom Leben,
zerrissen, gefärbt
von Sonne und Wind

Er kommt –
lässt fallen die zitternden
Blätter und Früchte
geborgen im Meer der Wolken
ruft er, der Wind –
auch du

Charlott Ruth Kott   * 1937

Herbstgefühle

Der Sonne schönstes Lächeln
erfüllt mein stilles Herz.

Ihr Antlitz spricht vom Sommer,
verhüllt von süßem Schmerz.

Das Kleid aus schönsten Farben,
geschmückt dem Herbst zum Gruß.

Ein kühler Hauch umweht uns
beim letzten Abschiedskuss.

Susann Kraft   * 1978

Glücksmomente

Sonnendurchflutet herbstlicher Tag
Klippe am Meer auf steinigem Pfad
warm streicht der Wind leicht mein
    Gesicht
ein knorriger Baum wirft Schatten ins
    Licht.
Mallorcinischer Herbsttag weich wie Seide
tief unter mit des Meeres unendliche Weite.

Hinter alten Mauern,
zwischen Gestrüpp und Gestein
staunend vor einem verwilderten Garten
    ich stand
ein verwunschenes Paradies über felsiger
    Wand.

Betörender Duft von Oleander und
    Rosmarin
Zweige reifer Zitronen leuchten gelb aus
    dem grün,
eine herrliche Blütenpracht fing mich ein
süss wie Mallorcinischer Wein.

Glücksmomente
Zauber des Augenblicks.
In der Leichtigkeit des Seins, träumen,
nur Duft sein und Blüte
und den Himmel über mir.

Brunhilde Kraus   * 1935

Der Fotograf

Novembermorgen über dem Moor,
tief sinken seine Schritte in den Morast,
erdiger Duft umgibt seine Seele wie
    Balsam.

Feines Sprühen,
fadengleich durchziehen Schleier die Ebene,
die Gänse - fortgezogen,
mit fernem Echo ihrer Stimmen am
    Himmel.

Am Wegrand stehen Birken,
ihre Blätter goldenen Münzen gleich,
ihr Schimmern ein letzter Gruß des
    Sommers.

Pe. Krause   * 1964

Herbst

Der Herbst ist sehr schön in der Pfalz,
da herbst man die Trauben,
trinkt neuer Wein,
ist fröhlich bis in die Nacht hinein.
Hausmannskost ist sehr begehrt,
wird von allen sehr verehrt.
Zum Kastanien suchen kommen jung und
    alt,
es ist so herrlich im Pfälzer Wald.
Maisfelder gibt es in Mengen,
an Kartoffeln, Nüsse, Obst tut's auch nicht
    fehlen.
Bunte Kürbisse sieht man überall,
Bauernmärkte locken viele Leute an.
Da sieht man was der Herbst alles kann.

Wilma Krause   * 1956

Der Herbst des Lebens

In der Natur werden im Herbst
die Blätter bunt.
Sie fallen von den Bäumen.
Genauso ist es mit dem Herbst des Lebens.

Wir erreichen einen bestimmten Reifegrad,
wechseln die Haarfarbe,
werden lichter und
Jahr für Jahr älter.

Und doch liegt
im Herbst des Lebens viel Schönheit.
Wie das Bunte der Blätter leuchtet,
so glänzt auch das graumelierte Haar.

Schön sind wir auch im Alter –
innen wie außen.
Jede Falte in unserem Gesicht
zeugt von Lebendigkeit.

Ute Kreibich

Herbstgefühle

Ach Herbst, ich mag dich und auch nicht
so widersprüchliche Gefühle!
Farbenrausch, Nebel, sattes Licht,
warme Tage, nachts die Kühle

Orangenrotgelbbraune fliegende Blätter,
der Wald steht im Feuerflammenmeer.
Stürmisches, launisches Drachensteigwetter
fegt durch die Bäume, macht sie leer.

Ach Herbst, wenn du kommst ist der
    Winter nicht weit
du tröstest mich mit deiner Pracht
ich zehre von dir in der dunklen Zeit
bis im Frühling alles erwacht.

Sabine Kriesch * 1960

Herbst

Leuchtend rot sind jetzt die Wälder,
leer die Ackerfelder.
Stille zieht sich übers Land,
trautes Heim er endlich fand.

Schenkte er noch so viel Wärme,
ziehen jetzt die Vögel in die Ferne.
Gab er dem Leben so viel Kraft,
fehlt den Blättern nun der Saft.

Goldene Früchte hat er uns beschert,
das bleibe ihm nicht verwehrt.
Glückliche Tage zählten wir,
doch wir bleiben hier.

Jeder freut sich auf das nächste Jahr
und hofft, es werde wunderbar.
Wenn der Sommer sagt ade,
denk ich an eine liebe Fee.

Sie verzauberte unser Land,
das sich zeigte in einem frohen Gewand.
Doch nun ist die Zeit vom Wandel
und da gibt es keinen Handel.

Markus Kroll * 1971

Regentag

Wie ein Vorhang
aus tausenden Perlen
trifft der Regen
mein Auto
versperrt mir die Sicht
auf die rot-goldenen Kleider
der Straßenwächter

Wie ein Vorhang
aus tausenden Perlen
umhüllt der Regen
mein Auto
versteckt mich vor der Welt
und den letzten Strahlen
der Abendsonne

Anja Kubica * 1983

Sind Fakten auch Wahrheit

1. Blätter fielen von den Bäumen,
dunkel wurde es und kalt,
die Erde glich jetzt leeren Räumen
wo auch nicht ein Laut erschallt.

2. Und eines Tages, war's soweit,
das Land trug nun ein weißes Kleid.
Es gab jetzt keine Farbe mehr,
die Welt war nun ganz still und leer.

3. War das der Tod? Wo war das Leben?
Hatte es das je gegeben?
Wo war der Vogel? Das Insekt?
Hatten die sich denn versteckt?

4. Die Fakten waren offensichtlich,
bewiesen waren sie geschichtlich.
Die Kälte und die Dunkelheit
brachten der Welt den Tod und das Leid.

5. Doch sind Fakten auch gleich Wahrheit
seht euch doch die Welt jetzt an!
Eine kurze Zeit nur später
fängt das Leben wieder an.

Doris Kuegler * 1941

Goldfische

Goldfische schwimmen
Zwischen roten und gelben Blättern
Im klaren Wasser spiegelt sich
Der herbstliche Mond.

Hildburg Kukula

Golden also.

Wälder zwischen gelb und braun,
also golden.
Umrahmt von nebelgrau
und dadurch nur schöner.
Verschwommen in Tränen,
die in seltenen Sonnenstrahlen glitzern
werden.
Golden also.
Der Zug rauscht an der Landschaft vorbei
oder die Landschaft an dem Zug
– ganz egal –
denn ich sehe und fühle,
genau in dem Moment, in dem es weh tut,
das es schön sein muss,
denn es kann mehr sein als nebelgrau,
es kann mehr sein als Herbstmatsch in
braun,
es kann golden sein,
von innen,
wenn du es sehen willst,
wenn du es fühlen willst.
Also schau, denn es ist golden also.

Leonie Kumpf

Herbst

Bunt regnen die Blätter
Auf den Boden hinab,
Tief hängt das Wetter
Nass, nebelig und matt.

Stürme ziehen durch die Orte,
Klopfen an jede kleinste Forte.
Wollen hinein,
Um jedes warme Gefühl mit ihrer kalten
Seele zu verein'.

Vermisst wird die Sonne,
So selten kommt sie und ohne Wonne.
Vergessen wird die warme Zeit,
Wie sie nach uns allen schreit.

Doch nun ist der Herbst da,
Und die Kinder spielen in der Blätterschar,
Sie zaubern wieder wärme in die Herzen,
Und so werden vergessen all die Schmerzen.

Katharina Kunstin * 1999

Septonovder

Scharen von Saatkräh'n fallen ein gen
    Westen.
Indianer hängen matt im Baum und
    steigen von den Ästen.
Fertig! Bemalten bunt und artig Blatt für
    Blatt.
Soweit der Herbst. Im Winter tröstet sie
    der Whisky
und was das Arbeitsamt noch hat.
Nicht nur das Bier wird dunkler und das
    Essen fetter –
manch Schneider achtet wieder öfter auf
    das Wetter
und ob er einen Schirm mitführt.
Das Heck der Tram glänzt rot wie das
    Geäug' von Katzen
Sommerlieben und Kastanien platzen –
Vom gilben Polaroid grüßt lau das Glück.
Die Schwalben verflogen sich erneut gen
    Süden:
der Nachbar kehrt von dort zurück.
Nicht nur in Finnland ist es nun am
    Besten:
die Nacht im Freien nicht zu testen-
Grad wenn man einen sitzen hat.
Aus meinen Töpfen duftet' s himmlisch
    karamellen-
saft'ge Äpfel; süße Birnen – leck're
    Mirabellen
hat's mir statt Salz und Brot gebracht.

                Udo Kunstmann   * 1966

Gelbe Blätter
schauen mich an,
so intense
der Sonne
zugeneigt
spiegeln sie die Wärme
vergangener Tage.
Fragil
werden sie fallen,
tanzend Platz geben
den klirrend weißen Nächten
der Mondstille.

                Maja Küntzel   * 1961

Herbstblues

Herbst rückt näher
besetzt meinen Sommerstuhl
Sonne am Himmel
feucht der Untergrund
lässt mich frösteln
die Jacke enger schließen
wenn meine Füße
deine Nebelnetze zertreten

Abschied in der Luft
trotz letzter Sommerblüten
es tut nicht gut
sich mit dir auseinander zu setzen
und zauberst du güldene Farben
du täuschst mich nicht
deine Tage sind kürzer und kühl
dein Atem unter meine Jacke kriecht

                Rena Kunze   * 1948

Herbstwind

Der Wind, wie pfeift er durch die Blätter,
wirbelt sie auf bei Sturm und Wetter.
Am Straßenrand und in den Bäumen:
Farben wie in meinen Träumen.

So rot und gelb, so schön und hell
fliegen die Blätter blitze schnell.
Am Wegrand schleif ich den Fuß durchs
    Bunt
des Laubs und mein Herz ist gesund.

                Lena Kursawe   * 2005

Herbst

Der Sommer sagt auf Wiedersehen
Die Temperaturen gehen runter
Nächstes Jahr werden wir uns wieder sehen
Nun wird die Welt dann bunter

Die Farbe der Blätter sind
    grundverschieden
In kuschlige Jacken schlüpfen man rein
Der Sommer wurde vom Herbst vertrieben
Und freuen tun sich Groß und Klein

Zum spazieren geht man in den Wald
Dort sieht man die Schönheit der Natur
Im Herbst ist es sehr oft kalt
Kastanien und Blätter legen eine Spur

Zeigt der Hebst auch den Rest
Will man das auch seh'n
Man feiert nicht nur ein Erntedankfest
Sondern auch Halloween

Sakura Luna Kyamura   * 1989

Weißt du's?

Wie es rauscht in den Bäumen
hörst du's?

Wie sich die Blätter im Winde wiegen
siehst du's?

Wie sich der Rest Duft der Blüten
    verbreitet
riechst du's?

Wie du seine Früchte erntest
schmeckst du's?

Das ist Herbst
weißt du's?

Claudia Lambert   * 1982

zum Geburtstag

Die Zeit der Rosen ist ins Land gegangen
und auch die Äpfel sind gepflückt.
Der Herbstwind hat zu blasen angefangen,
die Kinder sich nach buntem Laub
    gebückt.

Ich bück' mich auch und bring dir statt
    der Rosen
ein buntes Blättersträußchen dar.
Ich wünsch' dir Glück auf allen
    deinen Wegen,
ein wunderschönes neues Lebensjahr!

Jutta Landes   * 1945

Herbst

Wenn Blätter fallen von den Bäumen
Und Regen aus des Himmels Schleusen
    fällt,
schleicht Unbehagen in Herzen und
    Träume,
wird kahl der Baum und still die Welt.

Der Herbst, er tobt mit Sturmes Tosen,
unbändig über Stadt und Land
und reißt im Garten der letzten Rose
die verwelkten Blätter aus mit gieriger
    Hand.

Wenn früh die Nebel aus dem Moore
    steigen
Und sich vereinen still in wogendem Tanz
Beginnt ein schaurig schöner Morgenreigen
Und durch den Nebel erwacht des Tages
    matter Glanz.

Hanna Laury   * 1956

Maler Herbst

Grün in Rot, Gelb oder Braun
Maler Herbstes Farbenpalette.
Lichte Schleier anzuschaun,
Selbstbild spiegelt Herbst-Facette.

Glühend Rot und Gelb zugetan,
Farbspektrum Herbst ausprobiert,
Er sorgsam auf brüchig Porzellan,
Ohne grüne Nadeln, Blätter koloriert.

Kälte herrscht, die Pracht nun fällt,
sie Bäume blattlos nackt entkleidet,
Dem Maler es nicht mehr gefällt,
Winterkälte ihm alsbald verleidet.

Früchte und Nüsse die Erbschaft sind,
Herbst zieht sich ins Laub zurück,
Totenpilze stehen einsam im Wind,
Herbst sei Dank, er bringt uns Glück.

Rudolf Leder   * 1941

September

Bäume stehen grün im Blatte
Himmel, klar und blau
Sonnenstrahlen, sanfte, warme
Streicheln Häupter, Rücken, Arme
Der Wind geht weich und lau.

Noch hängt der Sommer an den Tagen
Schwan teilt noch linde Flut
Die Vögel singen in den Zweigen
Und Schmetterlinge tanzen Reigen
Und Mück' in Abendglut.

Doch ist's, als ging ein still'rer Atem
Und Licht wird weich und rund
Als wenn Gold durch die Lüfte flöge
Länder und Städte überzöge
Und schlöß', sanft, lauten Mund.

Und ich werd' ruhig, still, versonnen
Bedächtig wird mein Tun
Wand'le auf laubumwehten Wegen
Durch frühe Dämmerung, und Regen –
Sommer geht; Herbst wird's nun.

Nora Deetje Leggemann   * 1987

herbst

sonnenstrahlen
im nebelkleid
wecken
tropfen aus tau
bitten
den morgen
zum bunten tanz
bis die musik
nach süden zieht

Mario Lehmann

Frühling

Das Gras ist grün
Die Blumen blüh'n
Ein Vogel singt im Baum.

Die Sonne scheint
Ein Mädchen meint:
Es ist fast wie im Traum.

Die Bienen summen
Ein leises Brummen
Am schönen Frühlingstag.

Der Schnee ist fort
An jenem Ort
Wo gestern welcher lag.

Juditha Lehmkuhl   * 2001

Totentanz

Wenn die Nächte länger werden und die
  Natur sich wandelt,
wenn die Hörnchen Vorrat sammeln und
  das Blatt sich färbt,
dann ist der Ball eröffnet. Alles, das gesät,
  gedieh und wuchs,
macht sich bereit zum letzten Tanz, und
  alles das,
was frisch einst war, strahlt nur noch in der
  Sterne Glanz.

Wenn die Winde stärker gehen um des
  bunten Blattes Stiel,
wenn die Kräfte endlich schwinden und das
  Blatt sich gehen lässt,
und der Tanz begonnen hat, als sei es nur
  ein Spiel,
ertönt der Chor im Himmel und der Engel
  haucht sein Lied.

Sie sind allein, zu zweit, zu dritt,
  freischwebend in der wilden Luft.
Kein Wieder und auch kein Zurück, nur
  dieses eine Mal.
Sie tanzen frei und losgelöst, reiten auf des
  Windes Welle,
und sinken glücklich und zufrieden in der
  Erde tiefes Tal.

Und wenn mein Fuß sich bettet auf den
  toten Blättern,
und wenn der Wind frei weht um die
  nackten Äste,
wenn die Bäume lieblich singen,
  von der Blätter letztem Feste,
dann breite ich die Arme aus und tanze.

Karoline Lehner   * 1976

Herbst

Im Herbstwind fallen die Blätter
Die Blitze, sie fallen im Wetter.
Landschaft wie bunte Farbenpalette,
Regen und Sonne spielen Wette.
Auch wenn wir bunte Blätter sehen:
Es war das Werden, nun Vergehen!
Schwächer strahlt der Sonnenschein
und Nebel fällt immer öfter ein.
Früh brennen Lichter auf allen Plätzen.
Die Hasen fallen, wenn Jäger hetzen.
Keiner bleibt am Gipfel der Macht,
der nicht schnell zu Fall gebracht.
Die Natur stellt sich auf Ruhe ein,
zu Ende ist nicht jegliches Sein!
Der Schöpfer, Gott er hat die Macht:
Alles wird wieder zum Blühen gebracht.
Nimm voll Vertrauen die helfende Hand,
es kommt ja wieder Frühling ins Land.

Erika Lehr   * 1933

Blätter von Rosenrot

Blätter
von Rosenrot
bewahren
Erinnerung
an Sommer
gerahmt
von Schönheit
und Kraft
ein Bild
so warm

Nebelschwer
der Atem
beobachtend
das Welken
tief die Liebe
zum Leben
– doch irgendwann
stirbt Rot der Herbst

Regina Lehrkind   * 1969

oktober

frechgolden
fällst du über's land dass
die reben erröten
in erwartung des weines und
brüste schwellen vor gier bevor
die kräfte der lenden schwinden und nur
erinnerung bleibt
im feuer des weines
tieftrunken
frucht und vergehen
das wissen um den tod
der geruch von trester
gärung
ein kurzes glück nur wenn
im herbstlicht die mücken flirren
hormone tanzen
und verglühn

Heinz G. Lenz * 1948

tanzende blätter
in oktoberfarben
schaukeln
gaukeln
leichten abschied
bunte boten
künden
kahle wochen
die
wachen auges
sehen schon
das knospen
im späten jahr

Emma Lenzi * 1955

gestern

ich komme einmal morgens hierher
wenn die luft rein ist
Sandra sagte nein MÜSSEN WIR
DAS JETZT BESPRECHEN Triefende
Wiederholung die Sattheit
allein an diesem Tisch
Restaurant gleich weh tun gleich
kein Tee ist besser als warten
die Äste umarmen die zu viele
sind zuviele Lücken nehmen
den Platz typisch Sonntag
Du stampfst alles weg wie
Blätter die das Jahr bekriegen
SINGT SIE NICHT SCHÖN
Lampen erklirren zitternd
dunkel wie Heimweh
rollst Du hinein und
sanft fort seh ich
sie am Wasser das doch
nichts trägt

Hp Leupi

*Herbstlicher Abschiedsbesuch
auf der Datscha*

Jeder bringt „sein Land" ins Lot.
Mal salatgrün, mal himbeerrot
liegt auf Pflanzen Sonnenglanz.
Libellen drehen sich im Tanz.
Verbrannt wird altes Obstbaumholz.
Erfüllt von wahrem Bauernstolz.
isst man genüsslich Maiskolben.
Hier – unter strahlenden Gewölben –
erholen sich zu Recht im Schatten
Heugabeln, Harken, Hacken, Spaten,
denn abgeräumt sind Treibhausgrotten.
Man knackt die letzten Erbsenschotten
und lauscht zu dem Apfelfall:
Zu viele Äpfel ... überall ...
Des Nachts ist Luft schon richtig rau ...
Zwar schimmert noch der Himmel blau,
doch lassen wir uns nicht mehr täuschen.
Der Herbst ist da: In Düften, in
    Geräuschen ...
Die Klimascherze kennen wir zu gut.
Am Sonntag fährt man heim. Mit Äpfeln
    und Wehmut ...

Evgenia V. Levina

Reife Äpfel faulen,
Milbengespinst ist in der Luft.
Der Nordwaldkönig zieht sich um.

Tauscht seinen grünen Rock
Gegen den Purpurmantel ein.
Der goldne Schal verziert sein Haupt.

Er zeigt sich stolz, der Adelsmann.

Der Wind, der Dieb, er stürmt herein,
Entreißt des Königs Goldgewand.
Die Blätter fallen, spindeldürr
Steht des Herrschers Astgewirr.

Der Sturm zieht fort.

Der König seines Kleids beraubt.
Müde dann senkt er sein Haupt,
Fällt in tiefsten Winterschlaf,
Bis ihn die Sonne wecken darf.

Irene Li Krauß

Herbst

Wenn im Gespinst des Nebelgraus,
Häuser die Kontur verlieren,
wenn im matten Licht der Stadt,
nur noch Schatten existieren,
wenn Geräusche dumpf,
wie durch Watte klingen,
und die Schritte hinter dir,
dich zum Fürchten bringen,
dann ist die Jahreszeit
der Vergänglichkeit.

Dann ist Herbst.

Ellen Liebich * 1953

Herbst

Es reift die Frucht am Strauch,
der Ernte kommt die Zeit,
die Zeit des Abschieds auch –
das Gute steht bereit.

Vom Wind spürt man den Hauch;
wer will Kartoffeln klauben?
Von Feuern steigt der Rauch,
verkündet, was wir glauben.

In all den Erntesegen
gelingt es einzutauchen -
und das zurückzulegen,
was wir im Winter brauchen.

Die Blätter auf den Wegen
von Bäumen, die so lauben:
Der Besen wird sie fegen,
bevor sie dort verstauben.

Christoph-Maria Liegener * 1954

Windspielerei

Der Wind greift nach den Wolken,
streift durchs Tal
und neigt das dürre Gras
zu Boden.
Bizarre Schatten werfen die
tanzenden Zweige.
Graue Nebelschwaden
ziehen verloren davon,
in ein unbekanntes Nichts.
Bittersüß klingt die Melodie,
die der Wind bläßt.
Ungestüm und wild
bedrängt er den Wald.
Doch jäh zerbricht sein Zorn.
Sanft und zärtlich
streichelt er Blatt für Blatt,
dreht sich und zieht
in stummer Demut davon

Günter van de Linde

Lebensausklang

Verwelktes Leben muss dem Neuen weichen.
Sanft fällt das Laub in zittrigen Spiralen
erdwärts und bettet sich zu seinesgleichen.
Es kann nur EINER solche Farben malen,

die wunderbar zum Herbst das Blattwerk
   tönen,
als helfen sie dadurch den Tod verschönen.

Vergehn und Werden, wechselhaftem Kreisen,
muss sich ein jedes Dasein fügen.
Da hilft kein Wollen oder Trügen:
Bedacht regiert der Sinn des Weisen

Arnold Linke * 1930

Herbstmagie

Schlafen die, Natur sich legt,
davor sie grünt, singt, Duft sich regt.

Im Monat zehn, da müd sie wird,
ihre Zeit sie kennt, ohne sich irrt.

Ein letztes mal, sie zeigt im Jahr,
sich magisch wandelt, wunderbar.

Bekleidet, von Wind, er wirbelt Laub,
von Ast und Baum,
ein malerischer, Blattorchester –Traum.

Rot, gold, gelb, dekoriert –, Wälder,
   Wiesen, Täler sind,
davon Vögel fliegen, in Einheit geführt,
zeigen im schwarzen Schwarm,
am Himmel Kunst,
berührt.
Als ob sagen sie, wir gehen,
wieder, wir uns werden sehen,

Langsam still wird, Kunst-Natur,
stehen bleibt, die Farbenuhr.

Im Monat zwölf, verstummt, zauber lachen,
wieder, wird, im Monat fünf erwachen.

Michael Linz

Herbst

Bunte Blätter in den Bäumen,
laden Menschen ein zum Träumen.

Blätter fallen leis' hernieder,
es steht fest, der Herbst kommt wieder.

Es ist wunderschön zu sehn,
wenn die Jahreszeiten gehen.
Der Herbst an sich ist wunderschön,
wie unser Leben, er bleibt nicht stehn.

Er wechselt ab sich mit den Zeiten,
um sich erneut vorzubereiten.
Er zeigt uns eines deutlich auf.
Er ist wie unser Lebenslauf.

Mal bunt, mal grau in seinem Sein.
Zeigt er uns auch Sonnenschein.
Seine Zeit, sie ist sehr schön.
Wir Menschen sollten sie verstehn.

So wie der Herbst als Jahreszeit,
ist auch der Mensch zum Wechsel bereit.
Ein Jahr ohne Herbst, das wär' fatal,
ein Jahr ohne Zeiten nicht normal.

Roswitha Lisken

Wohin

Rau fegt der Wind über die Wiesen.
Erbarmungslos fordert er die tapferen
Wiesenblumen.
Abgeknickt und ungeordnet berühren
sie das kühle Gras und schmecken die
fade Erde.
Jeder Windhauch wirft sie, die Hoffenden,
in die Höhe, um sie dann wieder
fallen zu lassen.
Hoffnung und Enttäuschung in einem
Windzug!
Stolz standen sie vormals fest im Boden
verankert!
Unerschütterlich trotzten sie jedem
Wetter ...
Die Zeit ließ sie gebrechlich werden.
Der Wind hat ihre Kraft weggeblasen.
Wohin?

Helmtraud Lissowski * 1949

Herbst

Herbst Bekleckser froher Farben.
Betupft die Welt mit buntem Ton.
Verdrängt das grüne Monogramm
des Sommers wie ein Malerssohn.

Herbst Bote grauer Traurigkeit.
Spielt seine sanfte Melodie.
Posaunt den Hauch in die Stille
des Menschen von Melancholie.

Herbst Taktgeber eifriger Lust.
Mahnt zur Gunst der späten Stunde.
Treibt emsig die Kreaturen
der Fauna vereint im Bunde.

Herbst Metapher der Wiederkehr.
Erntet Früchte des Lebenssinns.
Sät in versiegende Furchen
der Zeit den Keim des Neubeginns.

Hans Literop   * 1974

Wie ein Juwel

Kurz vor dem ersten Frost
schneid ich in unserm Garten
den letzten Strauß

Kosmeen, Sonnenhut und Astern
dazu Rosen
Ringelblumen, Borretschblüten
bunt durchwirkt von
Kapuzinerranken, Hagebutten
und des Schneeballs roten Beeren
Kaum zu halten in nur einer Hand

Nun steht der Strauß
wie ein Juwel
in einer edlen weißen Vase

Indem er welkt
singt er des Herbstes Abgesang

bis seine Farben
all das in mir entzündet haben
was nicht verblühen kann

Renate Loebner   * 1925

Vor der Kälte

Wann war es Herbst, dass ich dich nicht
　　verstand?
Sonnenverspiegelt die Seele, so jung –
Tief in meinem Innern hab ich dich immer
　　geliebt:
Mit deinen Stürmen, deinen verspielten
　　Wolken.

Ich werde sein wie Du bevor die Kälte
　　kommt:
Letzte Sonne, letzte Glut !
Vorbei das Geplänkel um Licht.
Mein Herbst bringt mir Klarheit!

Durchs Fenster schaut er zu mir herein,
reicht das Tablett mir, zu opfern das Leben:
Der Reben Essig oder Wein.
Himmel, deine Wände werden mir hell!

Sigrid Löllmann   * 1939

Oktober

Als die Blätter fielen
hast du mich getragen
über nasse Pflastersteine.
Als die Welt golden wurde
habe ich mich geliebt gefühlt.
Doch als das letzte Blatt
den Baum verließ,
bist du gegangen
und das einzige was blieb
als die Kälte kam,
war das Gefühl
in Dir mich wiedergefunden
zu haben

Elena Loren   * 1988

Spätsommerlicher Spaziergang

Der späte Sommer ist so mild und matt,
Dass alle Spinnennetze müde baumeln;
Am Ahornbaum hängt schon ein rotes
    Blatt,
Es wird nun Herbst und alle Träume
    taumeln.

Der graue wilde Westwind rauer weht
Und Raben krächzen über kahlen Feldern;
Am See ein Kind mit der Laterne steht
Und Winterwölfe heulen in den Wäldern.

Noch gleißt die Sonne, scheint aus purem
    Gold,
Doch mancher Vogel flieht schon in die
    Ferne;
Am Himmel, wo der dunkle Donner grollt,
Segeln Drachen wie bunte Zaubersterne.

Ich kehre heim ins Haus, denn trüb und
    trist
Will mich der feuchte Nebel neckend
    kosen;
Im Garten, wo das Zwielicht alle Farben
    frisst,
Welken sterbend die letzten roten Rosen.

                                Jürgen Lorenzen * 1959

Sintflut in Sanary

Das war kein Regen,
Das war flüssiges Gift.
Ein launischer Engel oder der Wärter
Am Tor zur Hölle, wer weiß
Aus lauter Bosheit und Langeweile
Ob des ewigen Stehens, mit Ohrensausen
Vielleicht wegen der Schreie vom Grund
    der Qualen
Drehte den Hebel am Tank, ließ das
    Fallbeil
Aus Wassern herab, köpfte den Tag
Und etwas Dunkles rollte ins Tal

Keine Ahnung, was mit den kleinen
Käfern geschah, den Tausendfüßlern
Unter den Felsen, als die Woge die Wege
Zermalmte. Steinschlag grollte,
Der Sturm blies seinen Chili-Atem aus,
Verätzte die Disteln am Hang,

Jagte den Sommer über das Meer

                                Britta Lübbers

Goldene Blätter

sie fallen so sanft, so unschuldig.
Meine Gedanken sind frei, suchen sich
    ihren Weg.

Wo will ich noch hin?
Was ist mein Ziel?

Sanft und beruhigend umhüllt mich der
    Herbstwind und die
letzten Sonnenstrahlen berühren mein
    Gesicht.

Das ferne Weh von Strand und Meer
    berührt mein Herz.

Wehmut macht sich in mir breit.

Der Herbst, die Zwischenstation vom Ende
    des Sommers
zum Beginn des Winters, die bunten
    Farben der Blätter,
es hat etwas von Abschied.

Will ich den Abschied, brauche ich ihn?

Der Herbst ruft meine Melancholie herauf.

Ich lasse mich treiben, vom sanften noch
    warmen Herbstwind
und die goldenen Blätter tanzen in meinen
    Augen
ich bin auf dem Weg zu mir selbst.

                                Anna Luike * 1982

Bunter Abschied

Der wilde Wein am Dach begann
zwei Wochen vorher die Linden.
Im August fingen die Birken an
ihr grünes Blatt nicht schön zu finden.
Die Kastanien standen auch bereit
und Weiden am Bach desgleichen
nun hatte keiner mehr Zeit
das Grün im Blatt musste weichen.
Seit Oktober folgten allesamt
sie liebten es dann bunter.
Die Ahornbäume rot entflammt
sprühten Funken runter.
Danach legten alle ab ihr Kleid
direkt zu meinen Füßen
um noch einmal in diesem Jahr
vom Boden aus zu grüßen.

Hildegard Lüking

Ferner Herbst

Feiner Regen
wandert durch die Zeit
wandert
mit dem Wind
der Unerahnbares trägt
Hauch im Hauch
Sommer vergeht
im Abendnebel
Schleier wehen im Geäst
vor schöngeahnten Wolken
Und naht die Dämmerung
schimmert noch ein Fenster
Ufer bleiben zurück ...

Karl Maria Machel

Ritter Rost

Ein Flattern ein Flirren ein Flüstern
Tiere streifen über den Markt
Blumenbetten werden gemacht
Ein Bekannter streift durchs Land
doch der Frühling ist es nicht

Der weiße König lächelt schwach
Auf seine Untertarnen
Neues Obst kommt an den Hof
Ein Bekannter klopft ans Tor
Doch der Sommer ist es nicht

Tränen und Bäche weint die Prinzessin
Oben im Turm klirrende Kälte
Graue Wolken verdüstern die Gedanken
Ein Bekannter klopft ans Verlies
Doch der Winter ist es nicht

Ein Ritter kommt auf rotem Rosse
Bringt Gelb bringt Braun bringt Orange
Der Bauer erwartet ihn am Feld
Ritter Rost nickt seinem Vorgänger zu
Und hisst die Flagge: Herbst

Chiara Madera * 1993

Herbst

Der Sommer, sich davon gestohlen,
hinterlassen, hat er eine schöne Zeit

der Herbst, er kam, auf leisen Sohlen,
hält auch, was faszinierendes bereit.

Blätter nun, soweit das Auge reicht,
leuchtend bunt, strahlt der Asphalt

ein Blick, wie aus dem Buche gleicht,
Bäume, nehmen an, hübsche Gestalt.

Die Sonne, tief über Tal und Dächer,
kürzer nun, sind die herbstlich Tage

Kälte, breitet aus, sich wie ein Fächer,
im Sturm, hat uns erobert keine Frage.

Zu Haus, im Kamin das Holz es knistert,
gemütlich davor sitzend, schaut man zu

Regen, leise eine Melodie uns flüstert,
schau aus dem Fenster, genieße in Ruh.

Gabriele Mahler * 1965

Herbstgezeiten

Die Blätter schimmern bunt und leise,
gefärbt leicht rötlich und in Gold.
Sie fallen sanft auf eine Weise,
als wär' ihr Fall noch nicht gewollt.

Der Sommer geht ganz leis' und müde,
und überlässt dem Herbst das Land.
Und Herbst, des Sommers großer Bruder,
nimmt nun die Zügel in die Hand.

Er lässt es regnen und gedeihn,
den Früchten schenkt er ihre Reife.
Die Felderträge nenn er sein,
verziert all dies mit bunter Schleife.

Doch seine Zeiten sind gezählt,
denn neulich, an einem kalten Tag,
hat ihm der Winter leis' erzählt,
dass er nun langsam kommen mag.

So wird es ewiglich geschehen,
von Jahr zu Jahr, stets immergleich.
Der Herbst wird kommen, später gehn,
Nichts ist für immer, im Erdenreich.

                    Dieter Maibach   * 1978

Herbstsommer

In den Beeten noch immer duften Rosen
an denen sich das Sonnenlicht bricht
der Herbst verweilt im letzten Licht
die müden Blütenblätter zu liebkosen

Ehe er hinabsinkt, sein Gewicht
bleibt in Wirklichkeit Erinnerung
an den Tag da war er jung
und so unbeschwert wie dies Gedicht

Könnte ich dies doch nur halten mit
    meinen Händen
doch Blätter verweht die Zeit
bist du bereit deine Träume zu senden

erst, wenn er zum Abschied ist bereit
deine Lieblingsorte, einst Wenden
verbergen zärtlich Unendlichkeit

                    Martina Mallon   * 1968

Herbst

Am Morgen ist es schon neblig und kalt,
kühl bläst der Wind durch den herbstlichen
    Wald.

Fegt das bunte Laub von den Bäumen,
Gourmets indes, von Pilzen bereits
    träumen.

Champignons, Steinpilz, Pfifferling und Co.
werden gesucht; im Walde, heiter und froh.

Zu Hause am warmen Herde dann,
wird gedünstet das Ganze in einer heißen
    Pfann'.

Pikant gewürzt, mit ein Glas Rose',
ein Stück Weißbrot noch dazu,
fertig ist so ein leckeres Pilzgericht im Nu.

                    Mama Hase   * 1950

Oktoberrose

Im Schein der golden leuchtenden
    Herbstsonne
Ragt still ins Blau der Unendlichkeit des
    Himmels Wonne
Fast bereits blattloses filigranes Geäst des
    alten Rosenstrauchs
Und lässt uns schon ahnen des Winters
    Hauch.

Geduldig erträgt er der Menschen Wille,
die ihm jedes Jahr stutzen seines Raumes
    Hülle
und wollen bestimmen seiner Zukunft
    Form
nach deutscher Menschen Art und Norm.

Eine letzte Blüte widersetzt sich der Zeit
Und versucht zu erhalten des Sommers
    Heiterkeit.
Doch Blatt nach Blatt zerfällt das hübsche
    Rosa
In schlichtes Braun und Beige, Gedicht
    wird Prosa...

Wenn schließlich auch sie sich ermüdet
    dem Weltenlauf ergeben,
schlägt die Zeit ein neues Kapitel auf dem
    Leben
und sendet des Winters Kälte und weiße
    Pracht,
die der Erde schenkt neue Kraft und
    Macht,

um zu beginnen nach düsteren
    Wintermonden sodann
den immer währenden Lauf der
    Jahreszeiten, im Bann
der Gestirne Schutz und Geleit,
den Menschen zum Wohl und auch zur
    Freude.

Christina Mandelbach

Es herbstelt

mir scheint der sommer legt sich schlafen,
der sonne wärme schwindet schon.
bald mischt der herbst die bunten farben,
bemaltes blatt statt rotem mohn.

es naht die zeit des kerzenlicht's,
des rotweins in dem runden kelch.
des blick's von an- zu angesicht,
ich kann behaupten, mir gefällt's.

Rainer Mandlinger * 1947

Herbstgerangel

See spiegelt kupfern die Sonne,
Herbstglut wohl Vorahnung streift:
farbenfroh, mitteilsam, lustvoll
Schauder zum Übermut greift.

Buchen- mit Birkenlaub rangelnd,
taumelt in kichernden Wein,
um vor der Backsteinfassade
rot-gold vereinigt zu sein.

Aster, im Farbrausch ganz kopflos,
flirtet mit Quitte und Kohl,
Antrag geht quer über Zäune,
weiß um ihr Trumpf-Blau sehr wohl.

Himmel und See sanft verschmelzend,
warten auf nächtlichen Kuss,
Kürbis rollt feurig zur Dahlie.
Schwung, der gebremst werden muss!

Sonne ergibt sich dem Wasser,
See streicht Licht sanftmütig ein.
Laub, Aster, Kürbis beschließen,
im Grauton vernünftig zu sein.

Emily Mann

Im Herbst

der Spinnen Netz
als späte Zier
Tau überall, wie kalt wird mir

die Wärme weicht
mit ihr das Licht
das Selige noch im Gesicht

wandernde Glut
erschöpftes Grün
der Vogel fliegt, will weiterziehn

Kerzenzittern
im Takt der Zeit
die Sonne ist unendlich weit

die Nächte klamm
oh Sternenlicht
du leuchtest, doch das wärmt mich nicht

Was aufgeblüht
kommt niemals wieder
der Herbst reckt alle seine Glieder

Liz Manna * 1962

Herbst Sei Dank

Kein Sommer mehr und noch kein Winter;
was steckt denn wohl beim Herbst
    dahinter?

Schicht um Schicht, man merkt es kaum,
fällt Blatt für Blatt von Strauch und Baum;
er bringt die Ernte und füllt die Speicher;
er macht uns um so vieles reicher.

Längere Nächte – kürzere Tage,
doch gibt es keinen Grund zur Klage,
denn auch der Herbst auf seiner Reise
ist Kind der Mutter „Jahreskreise".

In seiner Reife steckt so viel an Leben;
der Herbst kann uns so manches geben:
Und wenn der Mensch im Herbste steht,
merkt er erst dann, wie die Zeit vergeht.

Wachsen, werden und vergehen,
so wie die Blätter im Herbstwind verwehen;
mögen Sicht und Herz sich weiten,
denn der Herbst hat schöne Seiten.

So tut ein jeder gut daran,
wenn er dem Herbste danken kann.

Marlies Mansen * 1962

Mein Herbst

Helles Sonnenlicht durchflutet die lichten
    Bäume.
Dies ist die Zeit der Träume,
möchte nicht ein fallendes Blatt versäumen.
Die Nase, die Augen, die Ohren,
nehmen wahr der Herbstzeit Folkloren.
Die Wege meines Schreitens verziert mit
    Blättern,
keines gleicht in Größe, Farbe, Form einem
    anderen.
Wie ich diesen Weg entlang entlang gehe,
Jedes Baum und jedes Blatt betrachte.
Auch so Blicke ich zurück auf mein Leben,
gleicht doch wie jenen Blättern kein
    Augenblick
in Größe, Form und Farbe einem anderen.
In aller Stille, voller Glück, sehe ich auf
    meine Zeit zurück.
Dort stehe ich nun, lege den Kopf in den
    Nacken,
die Hände in den Taschen, wen wird es
    überraschen.
Die Blicke hinauf zu den Wunderschönen
    lichtdurchfluteten Bäumen.
Ein Lächeln voller Glück und das summen
    einer Mück,
holen mich aus meinem Herbsttraum
    zurück.
Denk daran wenn du das nächste Mal Laub
    kehrst,
denn dies ist mein Herbst.

Andrea Mansouri * 1981

Du, Oktober!

Du bringst mich durcheinander,
schon, bevor du kommst!

Soll ich freuen mich auf dich?
Auf Gartenarbeit, Baumesfrucht,
auf Sonnentupfer und Altweibersommer,

auf München, Bier und Erntefest,
auf Kirmes, Kirchweih, manches noch?

Oder:
Wird es ein Bangen in mir geben
vor neblig-kühlen, kürz'ren Tagen,
vor leeren Beeten, blumenlos?

Ich weiß nicht, wie ich zu dir steh'!

Doch hilft dein Wein, den du mir schenkst.
Er klärt die Frage.
„Sehr zum Wohle!"

Christine Manthey

Begegnung mit Herbst

Katzen spielen im Hof, ich bleibe wach
Die Laternen leuchten ganz schwach
In meinem Herz eine stille Einsamkeit
Die Träume sind nun Vergangenheit

Ich begleite den Herbst durch die Nacht
Der Wind bläst vom Ast das letzte Blatt
Ich spaziere ganz allein die Allee entlang
Trauerweiden beugen sich am Wegesrand

Ein kleiner Igel überquert schnell den Weg
Im bunten Laub hat er sich gut versteckt
Sicher fühlt sich in seinem neuen Haus
Erst im warmen Frühling kommt er raus

Es ist Zeit vorerst Abschied zu nehmen
Die Wolken bringen einen kalten Regem
Morgen komme ich wieder, ich muss gehen
Dem Herbst sage ich ade. Auf
    Wiedersehen.

marap * 1962

Lebensmitte

Es ist die Zeit, da Ähren sich zu ihren
    Halmen neigen.
Da Lerchen, die sonst sangen, steigend
    schweigen.
Und graue Wolken flimmernd helle Ränder
    zeigen,
derweil am Wegrand spielen frühe
    Blätterreigen.

Es ist die Zeit, da Farben bunter blinken
und Sommer sich und Herbst
    entgegenwinken
und oft sich lachend in die Arme sinken,
wenn sie mit Land und Leuten
    Scheidebecher trinken.

Du ahnst es schon! Sie werden auseinander
    treiben!
Zwing aber nicht den Sommer, zu
    verweilen.
Lass ihn nur geh'n, Du wirst noch lange
    bleiben.
Der Herbst ist treu! Du kannst ihm nicht
    enteilen.

Er wird mit dir die reichsten Ernten teilen,
und im Gemüt, allmählich, manche
    Lebenswunde heilen.

Peter Marchand

Fragen

Seine wundervollen Seiten –
wer hat sie gemalt?
Leichtes Fallen, sanftes Gleiten,
von der Sonne überstahlt.

Dort liegt es, das goldengelbe Blatt,
färbt den Teppich, von Zauberhand
    gewebt,
wie es der Wind hoch aufgewirbelt hat –
wer zeigt sich hier reich ausgelebt?

Noch einmal neigt sich das Blatt zum
    Himmelsblau,
Erinnerung ans Knospenkleid im frühen Jahr,
bevor die Tage werden einsam, grau,
Schatten spendete es dem Vogelpaar.

Ein Wanderer nimmt das Blatt auf,
betrachtet die reine Farbenpracht:
Wie vergänglich ist doch jeder Jahreslauf,
der viel Erlebtes mitgebracht?

Blick zum Firmament – von der Sonne
    überstrahlt –
seine wundervollen Seiten ... wer hat sie
    gemalt?

Gundi March-Asche * 1955

Herbst

Noch ist der Winter nicht gekommen.
Die Blätter werben rot und gelb am Baum.
Was lächeln ließ,
Jetzt macht es mich beklommen.
Wozu, was dient der Traum vom allzu
    langen Glück.
Mit jedem Tage stirbt die Illusion
Und doch nährt bange Hoffnung sich
Vom lieben Schein.
Ich träume noch
Und weiß doch schon.

Maria A. Markus

Herbst

Bunte Blätter schmücken die Bäume,
es naht die Zeit der Winterträume.
Noch raschelt es auf jedem Pfad,
schnell dreht sich nun des Lebens Rad.

Vorbei der Rosenblüten Duft,
braunes Laub fliegt durch die Luft.

Gebieterisch des Windes Töne
vertreiben herrisch all das Schöne.
Und schon vereinzelt leer gefegt
sich Stamm und Ast zum Himmel regt.
Durch graue Wolken regenschwer
die Sommerwärme dringt kaum mehr.

Mit offenem Blick und weitem Herz,
ohne Gedanken an Kälte und Schmerz,
versäume nicht, den Herbst zu bestaunen,
bevor er sich kleidet mit Winterlaunen.

Rena Maro * 1949

Goldener Oktober

Wenn der Herbst in vollem Gange,
hat der Oktober seine Zeit;
füllt die Natur im Überschwange
mit brillanter Farbigkeit.

In die Parks und in die Wälder
schüttet er sein reiches Gold.
Brach liegen die einst goldnen Felder,
als hätte er's von dort geholt.

Prachtvoll, wie das Laub der Bäume
über meinem Kopf sich wölbt.
Noch schickt die Sonne warme Träume
lächelnd in die bunte Welt.

Doch der Herbstwind flüstert weise,
dass die Erde müde ist,
schlummert kurze Zeit nur leise,
bis es wieder Frühling ist.

Ingrid Marschner * 1939

Zurückgelassen

So neige dein Haupt, du Schöne,
führe es der Erde zu,
dass die Tränen sie benetzen
und die Liebe finde ihre Ruh.

Zu schön vielleicht für die Menschen,
war das was euch verband.
Darum sollst du Gebrochene
Werden in die Welt gesandt.

Sprich von Liebe, nicht von Hass,
lass die Herzen erglühen,
dass sich daran wärmen alle,
die Bäume und Pflanzen blühen.

Monique Martin　* 1992

Herbst

Ein leichtes Lüftchen
man glaubt es kaum
schafft das bunte Blätter
fliegen vom Baum.

Blätter die stark waren
Sturm Hitze Regen
ausgehalten haben
nun ruhen sie sich aus!

Lassen sich treiben vom Wind
genießen die warmen Tage
mit ihren schönen Farben
die der Herbst ihnen gab.

Die Zeit nimmt die Farben
Schuld daran ist die Kälte
der Herbst nun zu Ende
so wie alles ein Ende hat.

Friederike Masawd　* 1952

Herbst

Über Gärten fegt der Eiswind,
zerrt das letzte Blatt vom Apfelbaum.

Wer hat meine Äpfel geerntet?
Und gab es je Rosenduft?

Sterbensmüd lehn ich die Stirn an Astskelette
und leg zu Grab den allerletzten Traum.

Christa Mathies　* 1940

Herbst

das ewige licht
im spiegel der kronen
fliegen die müde geworden
und bäume haben aufgehört
zu kriechen
kahle Zweige neigen sich
und vögel schlafen ein
der alte mann
entlang des weges
sieht auf das
was einmal war
kalt ist es geworden
und verwelktes
in der luft

Herwig J. Matzka　* 1960

Loblied auf den Herbst

Wenn rotes Laub die Wiesen ziert
Am Himmel sanfte Schleier stehn
Ein jeder Baum sein Kleid verliert
O Herbst! so sollst du nie vergehn

Wenn milde Luft das Gras bewegt
Die Sonne goldne Fäden zieht
Und Ruhe sich auf alles legt
O Herbst! der so viel Schönes sieht

Wenn reines Gold die Kammern füllt
Die Erde Leben für uns bringt
Und Lichter scheinen unverhüllt
O Herbst! der viele Lieder singt

Wenn bald schon eis'ge Stürme wehn
Und nachts vor Kälte bricht der Stein
Noch eh' das Jahr wird ganz vergehn
O Herbst! so sollst du ewig sein

Elija J. Maus   * 1993

Herbst

Die welken Blätter liegen leblos auf dem
    Boden.
Der kalte Regen hat sie schwer gemacht.
Sie rascheln nicht, sie bilden den maroden
Teppich, der den Weg weist durch die
    dunkle Nacht.

Schon deutet sich der kalte Winter an.
Der Wind vertreibt den letzten süßen Duft.
Noch sind die Tropfen nass und fallen schwer.
Doch bald schon tanzen Flocken in der
    Luft.

Sie legen sich unschuldig weiß aufs Leben.
Bedecken wie ein Leichentuch das Land.
Die brauen Blätter waren nur der Anfang,
am Schluss liegt alles still und unerkannt.

Ich liebe ihn, den Herbst in dieser Stimmung,
wenn ich im Dunkeln ihn ganz nahe spür'.
Den steten Kampf hat er bereits verloren,
mein Herz schlägt schwer, ich bin zutiefst
    gerührt.

Ich kenn' den ewig gleichen Kreis des Lebens,
ich weiß, dass neues Leben folgen wird.
Doch weiß ich auch, es wird den Zeitpunkt
    geben,
von dem kein Weg zurück zum Frühling
    führt.

Eberhard Meier   * 1949

November

Der Winter naht, die Blätter fallen herab.
Kalter Wind bläst vom Hügel Laub
    kreisend hinab.

Weiß bedeckter Himmel färbt langsam in
    ein schweres Grau.
Sturm zieht auf.
Die Sonne trotzt – blitzt durch die Wolken.
Bizarre Lichterspiele nehmen ihren Lauf.

Ein Gefühl von Melancholie an einem
    Novembertag.
Das bringt der Herbst mit, so wie der es mag.

Tatjana Meinl   * 1969

Herbst am See

Die sonst hier stehen,
mit dem wachen Blick ...
... die Augen nun geschlossen.

Und alles passt doch in die Ordnung,
die sich dieses unterwirft.
Und es erfordert Mut,
sich gegen sie zu stellen!

Zumal sich schon die Stege
auf das Uferbraun verziehen.

Wolf-Alexander Melhorn   * 1941

Spätherbst

Ich seh' wie sie die Kerzen bannen,
Stund' um Stunde lischt das Licht.
Wo Nächte allen Glanz umspannen,
schimmert blass noch dein Gesicht.

Der Mond dreht eine weit're Runde,
vielleicht wird es die letzte sein,

dann gibst du dich zur Sternenkunde
und hüllst in Wolkentüll dich ein.

Bald webt ein Abglanz deiner Träume
neue Farben in den Tag
und im Geraschel alter Bäume
flüstert leis' dein Herzensschlag.

Die Hände, faltig, malen müde
noch ein letztes Lächeln nach -
Ein Reststand dieser Attitüde
hängt im dunklen Schlafgemach.

Katharina Melzer   * 1988

Septembernebel

Die Felder versenkt
im milchigen Meer
der Atem der Erde
so wattegleich

Im dunstfeuchten Bett
der furchigen Rinnen
frühlaute Stare
zum Flug bereit

Am Stundenrand
ein leiser Schaum
löst sich schon auf
im ersten Licht
der fernen Sonne

Und ohne Hast
und fließend
weicht das Meer dem Blick
klärt sich der Erde Atem
für den Tag

Britta Merk   * 1946

Herbst Tag

MorgenSonne Lichtes Schein
Farben begrüßen den Tag
Der Tag kommt auf ein Neues
Bäume, Sträucher und BlumenMehr
Der Morgennebel lichtet sich
Sonnenstrahlen finden ihren Platz

Blattes Werk im Farbenrausch
Farben der Erde gleich
Bäume lassen Altes gehen
Die Erde begrüßt das Werk

Vögel sammeln ihres Gleichen
Bereit für den Flug in alt Bekanntes
Verabschieden das Land bis neues Jahr

Erdes Säfte sammeln sich Strauch Baum
PflanzenSaft

Rückzug im Schutz der Erde
Winter ruft in schnellen Schritten

Erdes Tiere schlafen ein
Sammeln BaumesFrucht

Eilin Meseck   * 1968

Gespräch im Herbst

„Bemerkt ihr, Tannen, die leuchtenden
    Farben im Herbst,
denn wir Buchen haben unser grünes Kleid
    in Gold gefärbt.
Doch ihr tragt nur Grün, tagein und
    tagaus,
kommt da nicht eine gewisse Langweile auf?"

„Wir Tannen tragen bewusst die Farbe
    Grün,
ihr Buchen braucht nicht euer Gold
    bemühen.
Wir wissen unsre Zeit ist bald gekommen,

habt ihr nichts von Weihnachten
   vernommen?
An diesem Festtag sind wir Gast in jedem
   Haus.
Wer mag euch, blattlose Buchen, ihr bleibt
   drauß."

„Das hat seinen Grund, dass wir kahl
   dastehen,
wenn im Winter die kalten Schneestürme
   wehen,
müsst ihr den Schnee tragen, welch großen
   Ballast,
uns schmücken nur ein paar Flocken am
   kahlen Ast."

„Das nennt ihr schmücken? Was bleibt
   euch auch sonst,
ihr wartet und wartet – bis der Frühling
   kommt?
Wir schmücken uns, tragen Silber und
   echtes Gold,
erstrahlen im Lichterglanz und voller Stolz,
dass wir unter allen Bäumen sind zum
   Christbaum erkoren,
wir sind des Festes Zierde, heute ist das
   Christkind geboren."

Wolfgang Maria Meurer   * 1934

Strand im November

Der Strand hat an Sonne verloren.
Ihm stiehlt sich das Feuer hinfort.
Und hinter verschlossenen Toren
Liegt schweigend ein einzelnes Wort.

Sandkorn für Sandkorn erkaltet
Bei vielen Milliarden der ihren.
Und was sie gemeinsam verlieren,
Wird vorerst im Stillen verwaltet.

Verwittert sind fröhliche Spuren.
Verblasst ist das goldgelbe Feld.
Geblieben im steten Verschwinden
Sind nur mehr die einsamen Fluren.

Die Schatten, aus Schirmen geboren,
Sind grußlos im Himmel verschwunden
Als Masse im Grau eingebunden.
Der Sand hat sie nicht mehr gefunden.

Jens F. Meyer   * 1970

Herbst

gedanken
zwischen flammenden blättern
auf goldenen sonnenstrahlen
rauschhaft taumelnd von blatt zu blatt
in hingebungsvollem genuss
lustvoll trinkend die wärmende glut

natur
lebendiges im verborgenen
eins mit dem menschen
saite um saite klangvoll sich ergänzend
leise schwingend in zartem windspiel
fortepiano vibrierend im sturmwind

stille
faserndurchdringend
tief schweifend in meiner seele
spielerisch umtänzelnd erhabenen raum
in seelenweite sich schwelgerisch
sich ergießend

Brigitte Meyer-Simon   * 1957

Der Herbst

Im Herbst, da fallen die bunten Blätter.
Draußen wird es immer früher kälter.
Die Bäume stehen alleine im Regen,
keiner kann ihnen Sonne mehr geben.

Eine Frau kehrt die Blätter zusammen,
doch wird sie jemals alle einfangen?

Der Wind pfeift an ihre Ohren vorbei,
Der Haufen Blätter wieder entzweit!

Der Junge lacht seine Mama aus,
sie wirft ihn aus den bunten Blättern raus.
Doch gemeinsam sind sie beide stark
Der Herbst bei ihnen keine Chance hat.

Das Laub das ist nun aufgeräumt,
der Sohn sich auf den Winter schon freut.
Seine Mama fängt dann zu schieben an,
den Schnee zum Nachbarn, weil er es besser
   kann.

MichaelaScharf * 1974

Herbstnachtrauschen

Schaurig schwarz und schweigend steht
Nebeneinander in Reih und Glied
Aus hundert Pappeln in der Nacht
Die Allee und flüstert sacht

Gierig streckt die Hand aus Zweigen
ihre langen Finger aus
die sich tief hinunter neigen
Jahrhundert ein, Jahrhundert aus

Die Initialen in der Rinde
stehen viele Sommer schon
So wie Narben oder Lieder
an die's sich zu erinnern lohnt

Und die Verliebten, die sie schrieben
sind heute längst schon grau und alt
Sie kamen her, als sie sich liebten
Nun kommt der Herbst, die Nacht ist kalt

Uns're Narben, jene Lieder
sind gleichermaßen sonderbar
Alle Farben kommen wieder
Die Pappeln rauschen Jahr um Jahr

Victoria Michalczak * 1991

Der Herbst zieht ins Land

Oktoberwinde rütteln schon an meinen
   Fensterscheiben,
die Schwalben, die sind abgereist und nur
   die Spatzen bleiben.

Nebel legt sich auf das Land wie
   feingewebter Schleier,
der Frösche Quaken ist verstummt in
   unsrem kleinen Weiher.

Der Herbst mit seinem Pinsel geht jetzt
   malend durch die Felder,
mit sanftem Rot, Orange und Gelb färbt er
   nun Flur und Wälder.

Der milde Schein der Sonne küßt die
   allerletzten Rosen,
und lockt mit seinem warmen Strahl hervor
   die Herbstzeitlosen.

Der Wind fährt raschelnd durch das Laub,
   läßt bunte Drachen steigen,
er pflückt mit seinem kalten Hauch die
   Blätter von den Zweigen.

Noch einmal zeigt sich die Natur in ihrem
   schönsten Kleid.
doch ist, man spürt den Nachfrost schon,
   der Winter nicht mehr weit.

Christine Micik * 1950

Die Blätter fallen über ein Gesicht aus
   blauen Wolken
Ins Wasser, auf den Tümpel für Minuten lang
Als wären sie ein Spiegelbild ganz ohne
   Folgen
Ein Teppich, aufgetrennt, verfärbt von
   Anfang an.

Gesichter die das Wasser überziehen
Und Augen haben, dunkel und im Glanz
   fast rau

Die Vogelaugen, die nach Süden ziehen
Im Wasser spiegelklar und zu genau.

Als sei die Welt jetzt so offen wie die Tiefen
Als sei das Grün verloren in dem Raum
Als sei jetzt nur Kristallstruktur und Licht
    geblieben
Ein Käfig offen für die Vögel, ein Gesicht
    ein Raster kaum.

Harry Mildenberger

Herbst

So grün, gelb und rot,
schimmern die Blätter
der Bäume,
versetzen uns in
tiefe naturelle Träume.
Fallend sanft
auf den Boden leicht,
der Weg voll von diesem bunten Reich.
Ein Windhauch umhüllt
uns schnell und tief,
ein Zeichen der Natur,
dass der Herbst
uns umgibt.

Carmen Minehuber

Jetzt kommt die Zeit

Jetzt kommt die Zeit,
wo flauschig und weich,
gemütliche Decken, an Federn sehr reich,
den Weg zurück aufs Sofa finden,
während langsam die warmen
    Sonnenstrahl'n schwinden.

Jetzt kommt die Zeit,
wo Teearomen warme Wohnungen füllen,
wenn vor den Fenstern Stürme brüllen

und ein gutes Buch den Abend begleitet,
während der Wind rot-gelb-braune Blätter
    verbreitet.

Jetzt kommt die Zeit,
voll mit wechselhaften Übergängen,
in der sich Leute zügig durch die Gassen
    drängen,
mit dem Ziel rasch an jenen Ort zu
    gelangen,
wo kuschelige Träume die Kälte abfangen.

Beatrix Mittermann   * 1984

Herbst

Rotgrüngelb verblassen die Sommerfarben,
Laub bedeckt den Boden mit einer
    wärmenden Decke.

Milchiger erscheint die Sonne, und
Feuchtigkeit umhüllt die kahlen Äste.

Silbertropfen hängen an Spinnfäden
    schaukelnd,
über den stillen Wegen.

Allerlei Getier schlüpft in geheime Höhlen.

Einsamkeit verströmen die dunklen Bäume.

Doch schon, ganz unbemerkt, sammeln
    sich erneut die Kräfte,
zum Blühen und Leben.

Ursula Mori   * 1948

November

Oh ihr kleinen gelben Brände!
Flamme, die gen Himmel sticht,
zwischen Baum und Baum wie Wände –
Kälte euch die Ärmchen bricht

Scharlotte Most   * 1992

Herbst des Lebens

Dunkle Augen wärmend wie Glut
so vertraut
erloschen in der Flut von Jahren
diese Stimme aus vergangenen Tagen
so bekannt
verklang sie nicht still am Lebensrand?

Tastenden Fußes schleppt sich der Greis
vorwärts
durch Jahresringe ohne Zahl
glühen dunkle Augen voller Herz
Vater?
Ähnlichkeiten verwirren verblüffen
erkenne nur mühsam ergriffen
sein Bruder Albert lebt!

Längst verwehte Weisen erklingen
vom Herbst des Lebens getragen
junge Brüderstimmen singen
von Königskindern Sagen
Engelsharfen flüstern bebend
ich sehe Vater wieder lebend!

Franziska Motamedi

Der Himmel brennt

der himmel brennt
sie geht
die sonne
sich bekennt
zu ihrer kraft
bescheiden nicht
ihr niedergang
mit donnerklang
sie wolken bricht

ein sichres ist es
dass sie kehrt
zurück
denn jeder ihn begehrt
den glanz
ihr strahlendes gesicht
ist unser aller
friedenslicht

Julia Muchwitsch * 1983

Herbstschwächen

Des Herbstes Schwächen liegen ganz im
    Kleinen:
Es nässt zu viel; man spürt im Allgemeinen
Auch einen Lichtverlust am Morgen,
    Abend.
Und dann, das Wohlbefinden völlig
    untergrabend,
Fehlt weiches Wärmen.

Entlaubt ist, was gefiel: Es steh'n Skelette
Von Bäumen rings umher. Und jede Wette:
Vermisst wird weit und breit der Blumen
    Blühen.
Auch scheint die Sonne nicht mehr echt im
    Glühen.
Und Krähen lärmen.

Nur Gänseblümchen trotzen feuchtem
    Nebel.
Für Gänsehaut zeigt nun die Brust ein
    Faible,
So man dem Bett entflieht zu früher
    Stunde,
Wenn krächzend gibt die Elster traurig
    Kunde
Von Herbstes Härmen.

Detlef Müller

Herbstzeitlose

Zeitlos wandelte ich durch all die Jahre.
Sah die Blumen, die Sterne, den Tau,
hörte den Wind in den Tannen,
lauschte dem Gluckern der Wellen am Strand.

Fand für alles Worte und Bilder,
nur für mich selbst, da fand ich sie nicht.
Ein Holpern nur, Wortfetzen, verhüllte
    Sätze,
starre Bilder, glanzlose Strichereien.
Momentaufnahmen im Gegenlicht.

Die Blumen werfen die Blätter nun,
der Tau vereist und die Sterne verblassen.
Aus dem Wind um das Haus wird ein
    Orkan,
das Meer tobt unbändig über das Land.
Worte versiegen, Bilder verblasen.

Gemütlich heimelig ist da gar nichts mehr.

Heidrun Müller   * 1956

Der Herbstregen

Die glasigen Perlen fallen auf die schlaffen
    Blätter.
Es ist gekommen, das sinnreiche Wetter.
Es scheint, als käme das Licht nie mehr
    wieder.
Der Nebel legt sich über Städte nieder.

Man schaut aus dem Fenster und sieht nur
    die graue Leere.
In der großen, weiten Atmosphäre.
Dunkle Wolken haben das ganze Tal
    umschlungen.
Des Flusses sein Leiden ist soeben
    erklungen.

Der Wald versinkt im stummen Schweigen.
Sogar die sonst so lieblichen Vögel
    schweigen.
Es liegt etwas frommes in der Luft.
Ein blasser, förmlich angehauchter Duft.

Katja Müller   * 1996

Virtueller Herbst

Der Herbstwind trägt das bunte Blatt,
Es strahlt an frohen Farben satt.
Den flinken Drachen in der Hand,
Der Junge außer Rand und Band.

Er rennt durchs freie Feld und lacht,
Als schon das Holz zum Tier erwacht.
Ein Bein verfang'n im grünen Farn,
Das Kind verliert des Drachens Garn.

Frei ruckt der Wurm im wilden Wind,
Weit unten schreit und weint das Kind.
Des Drachens Ziel ist heut noch weit,
Doch bleibt zur Reise kaum mehr Zeit.

Es werden Ein ums andre Mal
Nun folgen Quests in hoher Zahl.
Man sagt das Bild ist nicht real –
Heut ist real nicht mehr real.

Ein Junge streckt die faulen Glieder,
Schon blickt er auf den Bildschirm wieder.
Was ist nur mit der neuen Zeit -
Ist euch das Draußen echt zu weit?

Kathrin Müller-Roden   * 1993

Herbst

Verschwenderisch streut er seine Gaben
Und Farben in unser Land.
Gaumen und Augen laben sich an der
    Pracht.
Künstler müssen neidisch sein,
so facettenreich kann ihre Farbenpracht
    wohl nicht sein!?
Freue dich an dieser Pracht,
vielleicht wird dein Herbst auch so schön
    von Gott gemacht!

Brigitte Mülstroh   * 1952

Herbstwald

Kahl ragen die Bäume in den tristen
    Himmel
die Sonne sie wird vermisst
man sie in der Tristesse fast vergisst

Es regnet , es riecht nach Schimmel und
　　Verfall
Man fröstelt in der Traurigkeit
es verdüstert sich alles
der Regen raubt den Verstand
man misst das fröhlich sein
das Laub es liegt auf dem Boden
achtlos an den Wegesrand gefallen
vom Winde verweht
als würde es sagen, dass alles vergeht
die Bäume sind kahle Skelette
ohne Leben wirken sie
wie tot

Michael Münch　＊ 1995

Stille

Stille! Keine Nachricht von dir.
　　Sorgen mache ich mir keine, denn ich weiß
　　dir geht es gut.
Zorn und Wut nährt sich an der Stille.
　　Traurigkeit findet ihren Weg zu mir.
Du, der das alles aufhalten könnte,
　　verändern könnte, bist zu weit
　　entfernt und siehst es nicht.
Verschließt deine Augen, willst es nicht
　　sehen. Du gehst deinen eigenen Weg
　　und lässt mich zurück.
Weiter warte ich auf eine Nachricht. Eine
　　Nachricht um Gewissheit zu haben,
　　dass du nicht zurück kommst.
Öffne deine Augen! Sieh mich leiden!
Hass ist das Ergebnis deiner Missachtung.
Die Stille durchströmt mich, zerfrisst mich.
　　Meine leere Hülle wird gefüllt.
Gefüllt mit Wut, Zorn, Trauer, Hass! Ohne
　　Liebe, ohne Hoffnung.
Es bleibt der Tod. Stille!

Judith Muschinski　＊ 1989

Herbst

Es glüht das Blatt, es glüht der Baum,
und in mir glüht der große Traum –
der Traum, der auch verglühen muß,
wie Blatt und Baum zum Jahresschluss.
Oder von des Traumes Kraft
Ruht alles wie im Baum der Saft?
Durch der Lebenstage Fülle,
Risse in des Baumes Hülle –
vieler Jahre großes Träumen
sprengt mich, wie Rinde von den Bäumen –
So wie des Gelbrotgoldnen Kraft
überschäumt der Lebenssaft.
Und beim Erinnern, denken, lesen –
erscheint als Endwort das: gewesen.

Lotte Musyl　＊ 1924

Lieber Herbst

Mein Herbst, wenn Du nun schon mal da
　　bist,
sei willkommen. Ich liebe, wie Dein kühler
　　Morgen
mich atmen lässt, als hätt ich eine letzte
　　Frist,
und Deine Scheuern werden übern Winter
　　für mich sorgen.
Ich lern, dass mir ein kalter Regen wichtig
　　ist

Und binde einen Strauß von Deiner zarten
　　Reseda
für meine Frau. Sie wird gleich runzelnd
　　sagen:
Wer reißt hier Blumen ab? Vor zehn
　　Minuten waren sie noch da.
So kenn ich sie seit vierzig Sommerjahren,
ich hör sie strahlend singen: Kater, unser
　　Herbst ist nah.

Ich wein um Deine letzte scharfe Zwiebel
(Die kriegt nochmal ein eigenes Gedicht,

bevor sie schmort im Bratkartoffeltiegel)
und danke für Dein ganz spezielles
    Abendlicht,
das sich verfängt im roten Laub am
    Friedhofshügel.

Es lässt mich die vergessenen Papiere
    heften,
in schwarze Ordner, keiner nimmt mirs ab,
verzeih mir, wenn ich jetzt nach diesen
    Zwangsgeschäften
mir lieber doch noch nicht die eigne Grube
    grab
und ein Gedicht mir schreib vom Lenz.
    Jetzt geh ich lüften

Gerhard Nath   * 1950

Thylacine

Unter Abendstrahlen einer sinkenden
    Sonne
wartet einsam auf den mondigen Herbst,
auf braungoldenes Grauen,
mit stechenden Augen in einem fremden
    Gesicht,
elegant zerzaust, arkadenhaft gestreift,
im lang gestreckten Schafspelz von
    Eschnapur,
ein trauriges Phantom als artiger Schatten
    seiner selbst.

Ungebeugt vom Morgenstern
hat es nie sieben Geißlein gefressen,
nie drei kleine Schweinchen,
selbst ein Rotkäppchen nicht,
nur fellige Wombats, schuldhaft viele
    – vielleicht.

Gebeutelt mit leerer Tasche,
gefangen als streunendes Raubtier,
bald stolzer Wappenstützer,
    Briefmarkenstar
und extingiert wie der endende Sommer,

träumt herbstlich wild Benjamin, der letzte
    Tigerwolf,
hinter Zwingergitterwaben, Benzolringen
    gleich,
begafft wie Rilkes weit entfernter Panther,
und reißt elegisch Stille mit Geheul.

Wolfgang Neubauer   * 1957

Herbst

Im Herbst deines Lebens
horchst du vergebens
auf Kuckucksrufe hellen Klang
doch licht durchflutet
fast golden anmutend
rauscht das Laub seinen letzten Gesang.

Die frische, milde Luft
der Herbstblätter Duft,
so friedlich, doch schon im Vergehen ...
drum ehe an der Kält'
der Zauber zerschellt
... lass uns spazieren gehen.

Johanna Neugebauer   * 1952

noch nicht herbst

kühler morgen
septembermilch
verschwommener tag

erstes blatt ermattet – fällt

kühler abend
zeitiger dunkelts im westen
licht scheint in den fenstern
früher schon
noch nicht herbst

doch sommer auch nicht mehr

Lutz Neumann

Ein Spaziergang im Herbst

Vom Himmel hoch, durch welke Blätter,
　　strahlt
Die Sonne hell und kalt, und bunt
　　verschönt
Erscheint der Wald und finst'rer Sinn
　　verpönt.
Dies Wetter, wie's mit Grauen grell mir
　　prahlt!

Wie wünsch ich schwere Wolken mir
　　herbei!
Nicht Regen, auch nicht Sturm, kein
　　düst'res Reich,
Nur Wolken, um die Leere zu ... obgleich ...
Dies Blau ... als wäre ich sein Konterfei,

Ich sein gefall'ner Schatten - dann spazier
Ich nicht allein? Was eben noch mißglückt ...
Es ist der leere Himmel! Er bedrückt
Dies Leben, dies Exil auf Erden hier.

　　　　　　　　　Sven Neumann * 1977

Kristallherbst

Funkelnde Kristalle kreisen um sich selbst
wütende Winde schlagen ans Fenster,
Holzbalken kreischen gequält.

Harte Kristalle schlagen ans Glas –
brechen es entzwei.
Ein Scherbenhaufen unter fallenden
　　Blättern.

Gestern verbrannte uns ein glühender
　　Sommerwind –
heute kühlt ein rauer Herbststurm.
Mit Bangen erwarten wir das Morgen.

Vater und Mutter stehen vor der
　　Dämmerung.
Ihre Schatten werden lang und dehnen sich –
Sie verschwinden mit der untergehenden
　　Sonne.

Einsame Kristalle pendeln im leeren Raum.
Bald lösen sie ihre Fäden sacht –
fallen ins Nirgendwo –

ins Nichts

　　　　　　　　　Charlotte Nickl * 1969

Der Herbst

Der Herbst zeigt sich in der Natur
von seiner schönsten Seite.
Er schmückt die Wälder weit und breit
mit seinem bunten Farbenkleid.
Und wenn die Blätter durch den Wind
vom Baum herabgefallen sind,
dann schlafen all die Bäume ein
und auch die Tiere groß und klein,
und halten ihre Winterruh'.
Der Mensch, der schaut beklommen zu;
denn auch in seinem Leben
wird's einen Herbst einst geben.

　　　　　　　　　Werner Niegisch * 1931

Herbst

Wenn die Sonne sich rar macht und ihre
　　Wärme leis` schwindet

wenn die Blätter sich färben und fallen
　　wegen des Windes

wenn die Tiere sich sammeln um bald zu
　　verreisen

oder ihre Kammern füllen mit
　　Vorratsspeisen

wenn die Menschen sich hüllen in dickere
　　Jacken

und man die Hörnchen trifft mit ganz
　　dicken Backen

wenn die Häuser erstrahlen am frühen
    Abend mit Licht

und die Nacht eiskalt zu werden verspricht

wenn die Welt erstrahlt in farbiger Pracht

dann hat sich der Herbst auf die Reise
    gemacht.

Tanja Nierhaus   * 1970

Novembermelancholie

Der Sommer ist längst verglüht.
Der raue Herbstwind hat bereits
die flammenden Sträucher
und Bäume ungestüm ausgeblasen
und nun ragen nur noch
ihre kahlen, schwarzen Dochte
in den aschengrauen Himmel.
Durchsichtige Nebelschwaden
wabern um die entblößten Weiden,
schlingen ihre dünnen Schleier
ums Gesträuch am dunklen Fluss.

Novembermelancholie greift
mit klammen Fingern
an mein verzagtes Herz.
Sehnsucht nach den entflohenen
sonnendurchfluteten Tagen
des Sommers durchzieht jäh
mein beklommenes Gemüt.

Nun suche ich Wärme
im Kokon deiner Zuneigung.

Anita Nimmert   * 1945

Wie heißt diese Zeit?

Wenn es draußen kühl und stille ist
Und du bist in der Natur,
Wenn du alles um dich 'rum vergisst
Und du hörst auch nur:
Blätterrascheln, Kastanienfall,
Keine Spur mehr von Kindern mit Ball.
Vielleicht ein Flugzeug, das über dir fliegt,
Die Natur hat über dich ganz gesiegt.
Du spürst das Kleid einer neuen Jahreszeit,
Sie ist zum Anmarch nun bereit.
Was kann das sein?
Der Winter? Nein!
Denn im Winter ist alles eisig und grau.
Am Himmel dann keine Spur mehr von
    Blau.
Als du schnupperst riechst du nur:
Das Süßliche von der Natur.
Du siehst wie bunte Blätter ihre Herren
    verlassen,
die sich vom Winde antreiben lassen.
Sommer ist's nicht. Frühling? Nein ...
Da fällt's dir plötzlich ein: Der Herbst kann
    das nur sein!

Ninalauckner   * 1997

Leere Träume

Der Herbst ist eine Zeit der Trauer
und wie so oft mit kaltem Schauer
seh ich auf die leeren Bäume
den Ort meiner vielen Träume

Mit jedem Blatt das fällt auf den Boden
träum ich von einem schönen Morgen
doch kein Blatt mehr am Baum
ist weg mein schöner Traum

Doch die Hoffnung geb ich nicht auf
dass ein Licht komme herauf
das mich bis in mein Innerstes erhelle
und mich wieder auf die Beine stelle
so wie der Baum sich reckt
wenn die Sonne den Frühling weckt

Nini   * 1997

Der Wertverlust

Die Sonne trägt für kurze Zeit
ein ausgebleichtes Nebelkleid.
Und weit und breit welkt Blatt für Blatt.
Aus gelbem Gold wird blass-grau-matt.

Statt Enten fütter ich nun hier
den Eimer voll mit Altpapier.
Papier, das einst im Postfach lag,
verliert an Wert – als Fehlbetrag.

Ich mag nicht alte Zeilen lesen.
Was war, das war. Und zwar gewesen!

Sylvia Nowak * 1978

Herbst-Liebe

Vom Wind leise berührt,
von der Sonne zärtlich verführt,
vom Regen liebevoll gestreichelt,
das ist Herbst.

Das Grün langsam vergeht,
die neuen Farben von der Natur gewählt,
das Licht im Wechsel kommt und geht,
das ist Herbst.

Und wenn es stürmt und windet,
man draußen keine Ruhe findet,
im Kamin das erste Feuer zündelt,
das ist Herbst.

Drinnen ist es kuschlig und warm,
wohlig und ruhig lieg' ich in deinem Arm,
die Herzen zueinander finden,
das ist Liebe.

Martina Oeckei * 1967

Früh im September

Wieder das Pfeifen,
es ist der Wind. Er
braust, er bremst
weiß nicht wohin.
Verstreut sind Tränen auf dem Asphalt.
Das Laub hebt an
bald, o bald
kommst du Herbst,
weiß nicht wohin.

Levent Oguz

Kalter Wind

Ich atme die frische, herbstliche Brise,
wandere durch die Blatt-bunte Wiese
Doch so wie die Blätter sich stürzen zu
    Tode,
scheint mein Geist zu verdorren, morsch
    und marode

Wie ein bräunliches Blatt, das wirbelt im
    Wind,
bin ich ausgesetzt, wie ein schutzloses Kind
Vom Wetter ergriffen, ohne Erbarmen,
auf den Boden gestoßen, mit offenen
    Armen

Doch wie ich da liege, in der Macht der
    Natur,
erblickt mein Auge die rettende Spur,
die mich könnte führen in Richtung Glück,
auf einem Weg fort, ohne Zurück

Wenn ich nun weiterhin lebe in Schmerz,
lasse Angst regieren, verschließe mein
    Herz,
dann wär' es geschehen, der Sinn wär'
    dahin,
mein Leben gescheitert und ich mittendrin

Ich verwerfe das Los, das mir zugeteilt,
da niemand sich ändert, der nur verweilt
Tu einen ersten Schritt auf diesem Weg,
während die Angst ich langsam beiseite leg'

Philipp Olberts

Kunterbunter Hund

Verzagte Seele, vergangenes Ich
Silhouette der Ferne, dunkles Licht
wie sie spricht, wie sie spricht
vor mir in weiße Tränen zerbricht

So einsam, ich der Welt entflamme
Gedanken hingebungsvoll verwittern
undurchdringlich mich umschlossen hält
in meiner schreiend ‚blassen; welken Welt

Allein, ein Niemand da
der tröstend Wort von Hoffnung gibt
kalt Hände hält, wenn selbst der Glanz
    vergangen
mach dir keine Sorgen
es ist nur der Herbst, an dir
    vorbeigegangen

Weise Worte wiederkehrend
Wind sich in der Stille schmiegt
unerlässlich schaukelt hin und her
des Geistes Strudel, grollend Meer
so lächelt sie hinfort zur Krippe die sie
    wiegt
in der ihres Glückes schlagend Herz des
    Herbstes liegt.

Florian Otten   * 1987

Herbstwind

Raschelnd reiben trockene Blätter
sich am Wind.
Aufgesprungene Schalen
bieten ihre Saat
der Erde an.

Welker Duft,
morastig,
verbreitet sich.
Vögel sangen den Sommer
längst zu Grabe.

Sterbend sammeln Bäume
ihre letzte Kraft.
Sie winden
ihren Totenkranz
aus farbigem Pergament.

Fahles Sonnenlicht
durchdringt das Blatt,
lässt es gedämpft erstrahlen.
Es segelt vom einstigen Lebensquell
hinab, ins Massengrab.

Marianne Ottersdorf   * 1947

Herbst

Mit über sechzig neue Freunde finden?
Du stehst im Herbst: zieh dich warm an !
Es wird sich kaum noch jemand an dich
    binden,
hieß es, als ich in der Fremde neu begann:
einen alten Baum verpflanzt man nicht!
Aber selbst weit weg stieß ich auf
    Seelenverwandte,
und ohne dass man groß darüber spricht
sind sie gleich mehr als nur Bekannte.

Meine alten Freunde blieben mir treu,
neue gewann ich hinzu.
Zwar trennte sich der Weizen von der
    Spreu,
doch ich hab meine Seelenruh.

Die Luft ist klar und sehr erträglich –
ich freue mich unsäglich!

In Wärme wohlig geborgen
und in der Mitte des Lichts
verkrümeln sich die Sorgen.
Neue Kraft verdrängt das Nichts.

Dörthe Pahne   * 1943

Herbst

Zeit zum Loslassen
Zeit zum Fallenlassen
Zeit des Wandels
Zeit des Rückzugs

Zeit
kostbar

Bunte Farben
Nebelschwaden
runterkommen
Abschied
Ruhe

Herbst

Pashiba   * 1961

Wie trostlos ist der Garten

Wie trostlos ist es jetzt im Garten –
Die bunten Blumen sind verblüht,
Nur ein paar dunkelblaue Astern
Man in der Silbersonne sieht.

Die Blätter sind jetzt braun geworden.
Der gold' ne Sommer ist vorbei.
Die Luft ist kühl – der Morgennebel
Zaubert ein graues Einerlei.

Die Tage werden immer kürzer.
Die Sonnenstrahlen sind jetzt rar,
Doch in der Eberesche leuchten
Noch rote Beeren wunderbar.

Am Himmel ziehen wilde Gänse,
Sie bilden dort ein großes V
Und machen hoch unter den Wolken
Wie jeden Herbst die gleiche Schau.

Ewald Patz   * 1941

Du kühle Zeit

Verwehtes Haar und kühle Hand,
so wird der Wald zum Zauberland.
Blätter tanzen nun im Winde,
wie lustig ich es wieder finde.

Es eilt die Zeit,
bald ist's soweit.
Dann stehen kahle Bäume hier,
und verkriecht sich jenes Tier.

Regnen wird's so glaubet mir,
sodass man sich verlieret hier.
Die Tropfen verschließen jede Sicht,
geht's nun noch dicht an dicht.

Die Jahreszeit verändert viel,
gelangt man ohnehin ans Ziel.
Du Jahreszeit, die du Blätter färbst,
man nenne dich du lieber Herbst.

Stephanie Peplow   * 1999

Herbstzeit

Blätter bunt und heiter
mit feuerroten Spitzen,
tanzen auf dem Gartenweg
und bleiben nirgends sitzen.

Der Herbstwind treibt sein tolles Spiel
und fährt in alle Ritzen.
Dem Gärtner wird es bald zuviel,
er kommt ganz schön ins Schwitzen.

Zu Bergen türmt sich bald das Laub,
gerade noch so froh und bunt,
ist übers Jahr schon alles Staub,
doch das hat seinen Grund.

Des Lebens früher Jahre Treiben,
auch froh und bunt und heiter,
hat seine Zeit, da spielen Geigen,
doch geht das nicht auf ewig weiter.

Der Wind des Lebens treibt sein Spiel,
ganz ohne uns zu fragen.
Und wird es uns auch mal zu viel,
wir müssen es austragen.

Renate Perisic

Herbst zu zweit

Mein See hält still den Atem ein
Liegt glatt zu meinen Füßen
Er wird doch nicht gefroren sein?
Lässt denn der Frost schon grüßen?

Ein leises Kräuseln lässt ihn beben
Verzerrt die Bäume
die kopfüber
Sich matt in ihm zur Ruhe legen

Und Dämmrung legt sich nieder.

Und du?

Mein Blick ertastet dein Gesicht
Und Falten, nicht zu übersehn.
In deinen Augen, welches Licht!

Komm,
lass uns in den Winter gehen.

Elmar Perkmann * 1948

Herbstschicksal

Es sterben die Blätter, sie fallen vom Baum,
zusammengekehrt nützen sie kaum.
Doch was der Gärtner nicht bedacht ,
sie haben sich geopfert in all ihrer Pracht !

Gar bunt war das Schauspiel und
    dramatisch schön –
so möcht' ein jeder zugrunde gehen.
Gerettet der Vater, der eigene Stamm,
das Blatt schließt die Augen die Welt – sie
    verschwamm.

Zufrieden war es, zum Sterben bereit,
da dröhnt ein Getöse, so laut so weit!
„Wie soll man da schlafen ?", fragt das
    Blättchen erzürnt,
„Lasst mich doch gehen, ganz leise verwehen."

Da spürt es den Sog, erst schwach, dann
    fester,
gefolgt von den Schreien der geliebten
    Schwester.
Hinauf gewirbelt, von Scheren zerschnitten,
so sinnlos gestorben – vergebens gelitten.

Julia Pfeffer * 1991

November

Ist Regen auf gefallenes Laub
der nichts ernährt, nur noch verdaut.

Ist der Transit der Härte bringt
in mattem, fahlem Licht
das sich am späten Morgen müde bricht
und Leben in die Zukunft zwingt.

Ist Wald der steht wie steht wie
    Sterbezimmer
die Bäumen tragen braunen Flor
sie trauern um die Kraft, das Immer
die der Sommer ihnen einst schwor.

Hinrich Pflug * 1971

Regenwoche

Dunkel kargt gebrochner Boden,
schwer und nass, nach Regenwoch',
am Rande bräunen triefend Soden,
weit zurück, das Sommerloch.

Müde dämpft der Tag sein Licht,
behüt' der Wolken Nachtmusik,
kalte Tropfen im Gesicht,
aus des Herbstes Graufabrik.

Gefüllt sind Gräben und die Weiher,
durch des Himmels offene Schleusen,
einsam sucht ein stummer Reiher,
ein'zgen Sinn in Fischers Reusen.

Dümpelnd trübt der Tag von hinnen,
trägt den Regen in die Nacht,
höre noch im Schlaf es rinnen,
aus nie versiegend Wolkenpracht ...

Picolo * 1967

Kunst

Gold fiel auf mich herab –
schon öffnet sich der Herbst
und meine Blumenfarben vertrocknen
zu Ocker, Öl und blauem Holz.

Schritt für Schritt,
zwischen Schnee und Blätterfall,
sind wir schon weiter
nebeneinander gegangen
und mein Herz erntet
Quitten und Holunder.

Zwischen Ahornästen leuchtet ein Wort
und ich will lernen
mein Gesicht in ein Wahres zu wahren –
lebenslang und weiter
sehe ich auf.

Susanne Pillmann * 1987

Herbst

Nebel schwebt zum werdenden tag
fast war schon Nachtfrost

Schleier heben sich
geben dunkles blassgrün frei
und braungelb

Mittags wird die Jacke über dem Arm
    getragen

Strickjackenabend
Erste Windgansschreie über dem Dach
abschätzender Blick auf das gestapelte
    Brennholz vor der Schuppenwand
Feuchtigkeit fällt in frühe Dunkelheit.

Bernd W. Plake * 1952

Herbstgefühle

Herbstgefühle durchziehen meine Seele.
Ein Hauch des Friedens und Vergänglichkeit.
Gedanken getragen vom Sturm des Lebens.
Traurigkeit steigt auf in dieser Zeit.

Wälder und Auen in bunten Farben.
Gezeiten des Kommen und Gehen.
Wie ein Blatt im Herbst zu Boden sinkt,
wird meine Seele in der Zeit vergehen.

Bernd PLATE * 1945

Frühherbst

Am Morgen hing an meinem Baum ein
    weißes Blatt
durchscheinend zart noch vor dem ersten
    Frost.
Ich nahm es in die Hand, es löste sich sofort,
liegt nun gepresst in einem Lyrikband.
Was mach ich jetzt damit?
Ich schreibe ein Gedicht. Darüber oder
    darauf.

Karen Plate-Buchner * 1956

Der Herbst ist da

„Der Herbst, der Herbst, der Herbst ist da,"
singen die Kinder „Hopsasa!"
Und tanzen durch die Pfützen
mit ihren bunten Mützen.
Und werfen wild die Blätter,
genießen Wind und Wetter.

Der Herbst, der Herbst, der Herbst ist da,
erkennen Hans und Monika.
Von Schmetterlingen keine Spur,
der Alltagstrott hat Konjunktur.
Die große Liebe ist verblüht
und das schlägt beiden auf's Gemüt.

Der Herbst, der Herbst, der Herbst ist da,
das Ende ist nun ziemlich nah.
„Doch", denkt sich da der alte Mann,
„so lange ich noch atmen kann,
ich sitz nicht da und trauer,
ich geb' dem Leben Power."

Luzia Platt * 1953

Die Straße hinauf

Das Wettergebaren verwundert einen
Man gewährt verschiedenen Gestalten
    Schutz im Abgeriegelten

Nach langem wieder einmal das Gefühl da
    kommt etwas
Ein wenig wünscht man sich, dass etwas
    passiert
Selbst etwas Schlimmes, soll denen doch
    etwas zustoßen

Die Vögel windet es alle in die gleiche
    Richtung, sie haben sich als Pfeil
    formiert

Das Rinnsal ist angeschwollen und strömt
    der Straße entlang

Einer hat die Fensterläden geschlossen, er
    will es nicht sehen
Den Gestalten ist nichts zugestoßen

Die Realität ist immer anders, ich will es
    auch nicht sehen

Wenige schielen mit gespannten Lippen die
    Straße hinauf, man sieht die Zähne
    blitzen
Sie stehen schräg im Wind und trotzen
    ihrer Lage

Die Vögel sind verweht, dafür ist einer der
    Fensterläden gelöst

Sie schielen hinauf und setzen sich
    in Bewegung, es ist kurz vor
    Dämmerung
Oder es dämmert früher wegen dem
    Wetter

Oliver Plein * 1980

Altweibersommer
Die Spinne hat sich vernetzt.
Am Gartengitter
Füllt Fäden des Morgens Tau.
Im Netz ein Tropfen zittert.

Richard Philipp Pooth

Herbstzeitlos

Zeitlos zieht der Herbst ins Land;
Los lässt im Herbst die Zeit,
Der Menschen Herz aus ihrer Hand,
Momente werden groß und weit.

Der Herbst zaust Seele und Gedanken,
Bettet sie auf weiches Moos;
Er weist die Zeit in ihre Schranken,
Ich fühl' mich herrlich herbstzeitlos!

Anna Pourkarami * 1976

Der Herbst ...

Der Herbst kühl und bunt, ein
 heimtückischer Schuft,
lange Schatten, modrig schwer umhüllt er
 die Luft.

Reife Früchte fallen um den Baumessaum,
einem ist's als atme die Natur zaghaft, nur
 noch kaum.

Nebelwände, Spinnweben, hängen ihren
 Tau ans Haus,
moderne Äpfel, des Igels nächtlicher
 Schmaus.

Lausch wie bestrebt, die Natur ist sie noch
 zu beleben
doch es ist kein Blühen, nur Welken
besteht des Herbstes Bestreben.

Nachts graue Nebelschleier auf den kühlen
 Boden fallen,
sie tagsüber dagegen über die kahlen Felder
 wallen.

Kannst lauschen, wie die Laubreste
 rauschen, dem Verfall der Zeit.
Heißt nun Abschied nehmen, der Winter
 naht, seid bereit.

Hektisch Vögel in die regenverhangenen
 Lüfte steigen,
sie tun es laut, ohne Schweigen, ein
 befriedetes Treiben.

Wie schön war die Zeit im Sommer
 gewesen, endlos und lang,
Ach Herz, vernimm meinen Wehmutsklang.

Wenn das Innenleben von innen sich nach
 außen ergießt,
und sich ein Schwall von Perlen aus Tau,
 von den Blättern fließt,

dann ist es Herbst ...

Anita Prax

Herbst

Der Baum vor meinem Fenster erstrahlte
 in grün
und sah ich weiter runter,
erblickte ich dich.
Du standest so dar,
und blicktest hinauf.
Mein Herz zersprang im viel zu kleinen
 Raum.

Doch als der Baum im Sommer dann,
uns beiden einen Ort zu schenken schien.
Da sah ich hinauf,
sah keinen Himmel,
nur die schützenden Arme des Baumes
und dein Griff umklammerte, ließ mir
 keinen Raum.

Als ich dort im Farbenmeer so saß,
in einem Bett aus Blättern,
da wusste ich wiedermal:
Ich bin wieder nur geblieben,
und der Sommer war vorbei,
geblieben war nur die Einsamkeit.

Katharina Prigge * 1996

Herbststimmung

Zarte Blätter wiegen säuselnd sich im Wind,
farbenfrohes Spiel – launige Natur,
kündigt an den Herbst geschwind,
mit reifen Früchten aus Feld und Flur.
Bizarres Laub berührt den Boden weich,
gibt so der Erde Schutz und Wärme,
grad einem bunten Teppich gleich.
Am düstren Himmel Vogelschwärme
versammelt, um der Kälte zu entflieh'n,
aufgeregtes Flügelschwingen,
sie nach Afrika jetzt zieh'n.
Bald werden sie den Frühling bringen.

Klaus Proksch * 1948

Herbstzauber

Letzter Sommeratem
haucht mild durch Wald und Flur,
Herbst, du kannst noch warten
zu sprühen deine Farben,
bist eh auf der Siegerspur.

Goldne Sonnenlichter
beleuchten zart die Fracht,
verzaubern Herzen und Gesichter:
Herbst, du munt'rer Farbendichter,
wirst herrschen bald mit gnäd'ger Macht.

Wildes Wolkentreiben
macht den Horizont zur Bühne,
großes Schauspiel, Freud und Leiden,
kann nicht immer Sommer bleiben:
Herbei, herbei, du Herbst, der Schöne.

Wolfgang Quer

Einsamer Herbst

Voll Freude und Fülle
kehrt er ein, der Herbst.
Dunkel, einsam
milde Stille zieht durchs Tal.
Über den öden Hügeln leuchtet der rote
  Wein.
Bescheidenheit kehrt in die Stuben ein.

Das dämmernde Dorf ist mein Zuhause.
Blumen und die Macht des Herbstes,
gepflegt mit viel Weisheit,
neigen sich ohne Worte der Erde zu.
Das blaue Antlitz des Teiches
spiegelt meine Traurigkeit.

Am Saum des Waldes erstarren leise
die Klänge meiner Melodie ...

Anita Rachbauer * 1960

Gedanken von gestern Nacht

Dunkel Nacht: wie ein nasser Mantel
So kühl und schwer
Alte Windbö spielt, ein kleines
Stück vom Herbst noch hofft
Der Winter wäre nur eine verrückter
Traum.
Die Zeit fliest, nimmt mit, alles.
Kluge Bücher, Ruhm und Tugend.
Alles wird eins.
Ein Baum.
Menschen und Tradition, Theater und das
  Wissen.
Der erste Baum.
Wollte lernen Geduld, Einsicht und
  Demut.
Liebe des Lebens, auch wenn es dunkel
  manchmal
wie die Nacht, wie diese heute da.
Liegt so viel im Herz,
ich höre manchmal den Morgenvogel,
der glaubt auch, ein schöner Tag kommt.

Diana Racz * 1975

Mein Herbst

So schön kann nur sein
was nicht von Dauer ist.

Wohl wissend
um deine kostbare Vergänglichkeit
und um das Bitter
in deiner reifen Süße
genieße ich diesen langen Abschied –

Liebkose mit meinem Blick
das prachtvolle Vergehen
in flammend Gold und Nebelgrau
lasse mir
das Aroma von samtigen Beeren
und feuchten Wäldern
auf der Zunge zergehen

lausche auf
das fast unhörbare
Fallen der Blätter
und den Flügelschlag der ziehenden Vögel

Mein Herz fliegt
in ihrem Windschatten ...

Susanne Radke * 1968

Herbst

Wind streicht
sanft durch die Bäume.
Blätter rascheln wie Laute im Gras
und mir war's
als hätt'st du
meinen Namen gerufen.
Doch es war nur der Herbst,
ganz bestimmt,
der auf den Stufen
zum Winter
immer höher
die Jahresleiter erklimmt.

Jürgen Rahde * 1950

Augustusburg November 1988

Wir drei. Am windgefurchtem Himmel
    hängen
Schneewolken schon. In graue Schichten
    bohren
die Wünsche. Doch die Exoten sind
    erfroren –
So kalt ist mir, als wenn sie nimmer sängen.

Ich schweig. Von Finsternis und
    Nebelfängen
bedroht die Burg. Wald und Wahn
    verschworen
der Nacht, scheint mir das Land ist längst
    verloren –
Zerfleischt von Zweifel, Zwang und
    Gegenzwängen.

Kein Horizont mehr um die Burg zu retten –
Vergeblich ist der Kampf um Bergesketten.

Am Nichts, haltlos treib ich mich zu
    verbrauchen –

Wie sehn ich mich nach einem Schimmer
    Licht!
Ich suche deine Wärme, deine Augen-

Schütz ich die Burg, so schützt die Burg
    auch mich.

Andreas Raith * 1960

Herbstgoldene Liebe

Hat sich die Sonne verliebt in den Wind?
Ihre Strahlen umschmeicheln die Blätter.
Sie zaubern ein prachtvolles Farbenbild
Im sonnigen herbstlichen Wetter.

Wie Elfen, so tanzen die Fünkchen im
    Laub.
Regie führen Wind und die Sonne.
Die Ohren genießen das raschelnde Laub.
Das Herz, es wird plötzlich ganz riesig und
    weit – vor Wonne.

Ein Glücklicher, der es kann zu empfinden,
den Zauber von Elfenfünkchen und Licht;
von streichelnden Lüften und raschelnden
    Schatten ...
Der Andere – Arme – fühlt all dieses nicht!

Wer glaubt heute noch an Zauber, an Feen?
ZU menschlich ist hier unser Sein.
Man steht und genießt nur den Wind und
    die Sonne.
Man steht und genießt – und ist mit sich
    allein.

Bärbel Rambach * 1955

Hase im Glück

Hopp hopp, hoppel hoppel
über die abgemähten Stoppel
der endlosen Mais Felder
fernab der dunklen Wälder
dringend suchend nach einer Hecke
die dienen könnte als Verstecke
hoppelt ein Feldhase eiligst quer Feld ein
in panischer Angst um sein Dasein
überall hier lauert der Tod
in Form einer Ladung Schrot
alle Jäger sitzen bereits auf der Lauer
ihre Treiber bilden schon eine Mauer
um ihr Jagdglück nun zu krönen
da gibt es nichts zu beschönen
muss der Hase sein Leben lassen
aber er ist einfach nicht zu fassen

Markus E. Raub   * 1969

Der Nebel

Der Nebel schleicht ganz sanft und leise
in das Tal hinein.
Mystisch und auf seine Weise
hüllt er die Wiesen ein.

Für ein paar Stunden möcht' er verweilen.
Die Stille bringt er mit.
Doch wenn die Stunden vorwärts eilen,
dann zieht er sich zurück.

Maxi Rehn * 1973 & Richard Rehn * 2005

Sonneneinfall

Dem Vergessen anheim
Und mit dem Fundwort fort

Märchen, wo ist dein König
Der Tod hält einen Rappen
Der Lichtung gelöschtes Licht
Und mit dem Vers begraben

Brustüber Blätterfall, nicht völlig lautlos

Manfred Reichard   * 1948

Regentage

Ich will mich wirklich nicht beklagen,
doch regnet's nun seit vielen Tagen,
Tag ein Tag aus und jede Nacht,
ich weiß nicht wem das Freude macht.

Mir keine, ja das kann ich sagen,
ich kann's auch nicht mehr lang ertragen,
alles so kalt und nass und auch so trübe,
dies Wetter macht mich furchtbar müde.

Den Bäumen scheint's nichts auszumachen,
ich glaub, ich hör sie leise lachen,
auch nicht den Fischen und dem Bieber,
doch mir wär Sonnenschein viel lieber.

Wo sind sie hin, die Sonnenstrahlen,
sollt ich aufs Blatt mir welche malen,
mit gelben Stift den Sonnenschein,
dann wäre er für immer mein.

Dann braucht ich an solch Regentagen
doch gar nicht weiter mich beklagen,
schau einfach auf mein Blatt mit Wonne
und spür die Wärme meiner Sonne.

Kay Richardson   * 1974

Absturz aus dem 7. Himmel

Ich habe mir den einen Mann auserkoren,
habe mein Herz an ihn verloren.
Er mich in seinen Bann zog,
so dass ich mit ihm in den 7. Himmel flog.
Wo wir glücklich dahin schwebten,

das große Glück erlebten.
Irgendwann konnten wir die Liebe nicht
mehr festhalten,
so das wir unvermeidlich abstürzten,
auf den Boden der Tatsachen prallten.

Claudia Richter   * 1982

Herbstregen

Die asphaltgraue Straße glänzt
herbstlich, schwer und bunt.
Königsblätter baden satt
auf regennassem Grund.

Die Sonne strahlt sie wissend an,
tanzt mit rotem Bande,
wärmt den dicken Ahornbaum,
der blattlos weint am Rande.

Renate Maria Riehemann   * 1955

Herbst

Im Herbst fallen die Blätter von den Bäumen,
in den Stuben ist es warm und gemütlich.
Das Kaminfeuer prasselt Tag für Tag,
so ist es für jeden befriedlich.

Ich lausche dem Wind und dem Laub
und genieße die herbstliche Stimmung.
Die Landschaft hat nun viele Farben,
jetzt kommt so mancher zur Besinnung.

Der Friede, der jetzt bei uns einzieht,
die letzten Sonnenstrahlen ich erhasche.
In der Küche backt der Pflaumenkuchen,
ein paar Walnüsse in der Hosentasche.

So scheint nun vollkommen unser Dasein,
eine Frage nach dem Sinn bleibt unberührt.
Glücklich und zufrieden bin ich nun,
mein Herz sich dem Herbst verliert.

Carola Riese   * 1968

Herbstsee

Schwarzwassertiefer Grund
vergangener Tage
und Spiegel
ungeweinter Tränen ohne Zahl,
der einem ausgespanntem Tuche gleicht
für Vogelschwingen
stilleren Grads,
im Morgenschimmer
und im Dämmergrau,
da sich das Licht
den Tag erwählt
und wieder
von ihm Abschied nimmt,
mit sanften Übergängen
bis zur Wiederkehr,
in lautlos fließender Bewegung.

Wolfgang Rinn   * 1936

Abschied vom Herbst

Ehe Feld und Flur in dunklem Spätherbst
   sinkt
Ein letzter Sonnenstrahl dem Garten winkt
Die ersten Fröste hinterm Berg sich halten
Noch lassen sie ein bisschen Wärme walten

Späte Blumen in Dankbarkeit sie preisen
Die warmen Strahlen ehe sie vereisen
Das Kleingetier im Wald hat sich
   verkrochen
Ein letzter Wunsch der Mensch hat noch
   gesprochen

Bevor das Kleid des Winters fällt
Und See erfrieren lässt und Feld
Schenk uns ein warmes Lächeln nur
Dann kannst Du folgen Deiner kalten Spur

Petruta Ritter

Wenn die Blätter fallen

So langsam wie die Blätter fallen,
so langsam wie das Licht,
so müde wie der Wald sich neigt,
so seh ich dein Gesicht.

Die Angst in meinen Augen, du hast sie
    gesehen.
Die Angst in meinen Augen, du musst bald
    gehn.
Und leise wie die Blätter fallen, finster wie
    die Nacht,
unsichtbar und lautlos seufzend hast du
    dich davon gemacht.

Oft denk ich an dein Lächeln, denk an dein
    Gesicht,
immer wenn die Blätter fallen,
ich vergess dich nicht.

Nadine Ritzel * 1985

Laudate diem

Das wird ein heller Tag.
Warm leuchtend steigt die Sonne
aus dunstblauem Horizont,
leckt letzte Nebelschleier
von taufunkelnden Wiesen.
Ringsum brennen Bäume
in tiefroter Glut
und in flammendem Gelb,
raschelt feuchtkühler Nordwest
im bunten Blätterteppich.
Auf fruchtschwerem Ast
hockt erwartungsvoll
eine junge Meise.

Ernst Rohner * 1929

Herbst

Vergangen ist des Sommers Schwüle.
Es naht der Herbst mit seiner Kühle,
mit seinen Farben, seiner Pracht.
Noch kommt er langsam, mit Bedacht.

Schon abgeerntet sind die Felder.
Im Dunkelgrün stehen die Wälder
und hier und da ein gelber Ast.
Der Herbst, er kommt, nicht nur als Gast.

Die Vögel sammeln sich in Scharen,
auch sie woll'n es uns offenbaren:
„Wir können nicht mehr bei euch sein,
denn ach, der Herbst zieht bei euch ein."

Die bunten Blumen in dem Garten
sie blühten dort in vielen Arten,
sie sind vergangen, sind verdorrt.
Kahl wird er, der beliebte Ort.

Es ist ein leises Abschiednehmen
vom warmen Sommer, dem Bequemen.
Durch unser frohes Sommerherz
zieht nun allmählich Abschiedsschmerz.

Inge Rompf

Herbstrot

Roter Baum
ich will dich halten
deine Blätter
golden-gelb verwalten
in meinen Träumen
will ich sie behalten
mit ihren tausend kleinen Falten
Roter Baum
ich will dich wippen
rote Blätter sollen fallen
wie tausend rote Lippen, die entzücken
schamlos sollen sie berichten
von des Herbstes neuem Gewand

Roter Baum
ich will dich grüßen
im weißen Schnee
mit eiskalten Füßen
es schmerzt zu sehen
unter kaltem Eis
des Herbstes bunte Pracht

Deborah Rosen * 1967

Binz im November

Auf der Seebrücke
sitzen Möwen Spalier.

Letzte Strandkörbe
gähnen im Sand.

Raschelbraune Buchen-
Blätter segeln zu Boden,

Hühnergötter tanzen
mit Bernsteinen

und feiern
den späten Herbst.

Edith Rosenbauer * 1948

Altweibersommer

An einem Baum kam ich vorbei,
spürte zarte Fäden im Gesicht.
Spätsommer's Altweiberei
flatterte im ersten Morgenlicht.

In der Krone hört' ich's kichern,
schnell schaute ich hinauf.
Nun, euch kann ich's wohl versichern,
Altweiber saßen dort zuhauf.

Ihre Kleider fein gesponnen
aus Sehnsucht alter Zeit.

Sie blickten so versonnen
zurück – mit großer Dankbarkeit.

Da streift erneut ein Fädlein mich,
kann spüren die Vergänglichkeit.
Mein Lachen – jetzt noch jugendlich,
jedoch – Altweibersommer nicht mehr weit.

Bald schon werde ich hier sitzen
in den Wipfeln alter Bäume.
Zupfe dann an Sehnsuchtsspitzen
und spinne alte Kindheitsträume.

Karin Rosenplänter * 1968

Oktoberfreuden

Die Blätter fliegen um das Haus
wer Zeit hat geht in die Natur hinaus.

Der Wald, der trägt ein buntes Kleid
nun kommt die schöne Herbste-Zeit.

Die Kühe können es gar nicht fassen
sie müssen die saftigen Almwiesen verlassen.

Wer nun will zünftige Trachten sehn'
der muss auf die Münchner Wiesn' gehen.

Die Burschen, die saufen woas hoast gesehen'
und die Madeln' brav ihre Röcke drehn'.

Dahoam auf dem Hof akern die Leut'
und moachen alles für den Winter bereit.

Abgeerntet ist das letzte Feld
jeder Strohballen in der Scheune zählt.

Frühmorgens ist's oan bisserl' kalt
das merken auch die Tiere im Wald.

Drum ihr Leut' moacht Euch bereit
der erste Schnee ist nicht mehr weit.

Bernadette Rösges * 1956

„Herbst" Harmonie

Herbst Harmonie
Tanzend im Wind des Herbstes ...
Blätter von den Ästen hängend,
drehend und winken dir zu.
Tropfen fallen im Wasser,
Wellen finde keine Ruh.
Schwäne gleiten lächelnd weiter,
zeigen sich als Wellenreiter.
Trübe hängt das Licht des Himmels
 hinunter,
nur die kleinen Boote werden immer
 bunter.
Harmonie der Natur,
ich liege hier am Kamin,
knackend des Feuers,
ich sehe dir zu,
du, so unverfälscht pur.

Gabriela Roth * 1961

Herbst

Wind weht durch die kalte Luft
füllt die Welt mit Regenduft
wirbelt auf das bunte Laub
wie zauberhaften Feenstaub

pfeifend zischt er durch die Gassen
mit sich ganze Wassermassen
prasseln auf den trocknen Grund
in dieser gold'nen Herbstesstund

Lisa Roth * 1994

Ein Blatt,
das mit uns schweigt
und doch erzählt,
geben wir es dem Wind,
wenn die anderen Blätter fallen

Maria Roth

Autumno

Wenn Sonnenstrahlen Ihre Macht aufgaben
und Cumulus gemächlich traben

wenn Raben sich auf Stoppeln laben
und Spinnen ihre Netze waben

wenn Schauer fällt an allen Tagen
und kühler Wind bringt Unbehagen

wenn sich die Farben überschlagen
und Blätter werden davongetragen

dies Alles möcht uns eines sagen

der Herbst hat ohne nachzufragen
sich sozusagen ... eingetragen

Martin Rothe * 1981

Die Sonne geht unter, die Erde schläft ein,
die ganze Welt macht sich für den Winter
 fein.
Tief unten im Berge
dort wohnen die Zwerge.
Sie sammeln das Sonnenlicht ein
und bringen es in Laternen heim.
Silber, Gold und Edelstein',
die funkeln
im Dunkeln
im warmen Sonnenlampenschein.
Bewahrt wird das Lebenslicht dort unten
vor Kälte, Eis und Wind.
Es wird behütet der Lebensfunken
für jedes Wurzelkind.

Patricia Routhier

Die letzte Rose

Die letzte Rose blüht noch im Kalten,
der Herbst ist fast vorbei.

Der Sommer ließ sich nicht halten.
Make-up verdeckt die Falten.

Einerlei.

Regina Röwer-Njie

Herbst

Graue Nebel früh am Morgen
der Sonnenschein ist noch verborgen –
langsam wacht die Erde auf
und der Tag nimmt seinen Lauf.

Alles wirkt schon etwas schwerer,
auf den Feldern wird es leerer.
Der Sommer und die Leichtigkeit
weichen der Vergänglichkeit.

Doch des Herbstes gold'nes Licht
ist's was Hoffnung uns verspricht!
Die Natur mit ihrer Pracht
versinkt nicht in der schwarzen Nacht.

Selbst wenn die letzten Blätter fallen
und unsere Schritte leis verhallen
wird es eins doch immer geben:
glitzernde Tautropfen auf herbstlichen
  Spinnenweben.

Lydia Ruckensteiner * 1972

Letzter Hauch

Gemessenen Schrittes verblühen,
schöngesichtige Tage,
verschwiegene Haine verglühen,
wie in verwunschener Sage.

Menschenleere Gedanken,
ins Goldene führen sie hin,
und über die blanken
Hügel wandert mein Sinn.

Nach all der Reife,
an Süße satt,
verlierend ich schweife,
lösend das letzte Blatt.

Vincent Rudolf * 1995

Adieu Sommer

Der Herbst ist da!
Die Welt erscheint entrückt
im milden Sonnenlicht.
Malerisch, wie dahingepinselt,
erglühen Sträucher und Blätter:
In loderndem Rot,
in leuchtendem Goldgelb,
in warmen Kupfertönen.
Sie bezaubern uns ein letztes Mal
vor ihrer langen Winterreise.

Grete Ruile

Wissenschaftlicher Herbst

Wenn sich das Jahr dem Ende neigt
ein buntes Farbenspiel sich zeigt.
Fast jeder Strauch, fast jeder Baum
erstrahlt in wahrem Farbentraum.

Jedoch, das bunte Farbenspiel
keineswegs vom Himmel fiel.
Vielmehr das grüne Chlorophyll
in seine Einzelteil' zerfiel.

Der grüne Blattfarbstoff verraucht
weil der Baum dessen Stickstoff braucht.
Den hält er zur Winterzeit
für Wurzeln, Äste, Stamm bereit.

Durch Antocyan, Carotin,
die wir erst dann bekomm' zu sehn,
wird jedes Blatt erst rot und gelb
bevor's vom Baum herunterfällt.

Der Baum zur nächsten Frühlingszeit
sein neues, grünes Laub austreibt.
Womit sich schließt sein Lebenskreis,
in dem sich zeigt der Natur Fleiß.

Maike Ruprecht   * 1981

Herbstnebel

Bedrückend diese grau verhangenen Tage.
Bunte Blätter wehren sich der Plage
welken Laubs. Dem Baum kein Trost.
Schon mahnt der erste Morgenfrost.
Ein kleiner Schritt, ein Seufzer nur,
bis hin zum Sterben der Natur.
Und alles ist der Schöpfung Wille!
Dann bringen Eis und Schnee die Stille...
Bis winzig kleine Knospen an den Zweigen
der Welt die Auferstehung zeigen.

Peter Salzmann   * 1942

Der fliegende Drache und die unzähligen Arme des Baumkraken

Ein bunter Drachen verfangen in den
    Fängen eines genauso bunten
    Ungeheuers.
Er windet sich leise im Wind.
Versucht sich aus der hartnäckigen
    Umarmung zu lösen.
Jedoch ist seine lautlose Gegenwehr
    vergebens.
So schwingen sie gemeinsam, doch einsam,
    sprachlos im Winde.
Der Eine im Andern – bis der Zahn der
    Zeit sie von einander entbindet.

Susanne Sander

Abendlicht

Herbstwind fegt durch deinen Garten,
darin – dem weisen Baum wird kalt,
lange muss er nicht mehr warten –
nackt sinkt einst eherne Gestalt.

Ums Baumgespinst ruhn Blätter, bunt,
ein jedes trägt Geschichten –
in pergamentnem Frauenmund
wirst du sie wohl verdichten.

Sanft blickst du in das letzte Laub,
darin – thronst du, Baumkönigin,
gekrönt vom weißen Blütenstaub –
verweht dein Geist, noch ohne Sinn.

In deinem zarten Greisenschatten
knie ich hautnah zu deinen Füßen –
spüre bald dein Licht ermatten
in meinen Kindeskinderküssen.

Sasha

Tage im Herbst

Melancholisch zieht feiner Nebel über leere
    Felder
Hungrig genießen späte Früchte dürftige
    Tagesglut
Mit bunten Blättern verabschieden sich
    große Wälder
Wehmütig zieht Jahreszeit vor Wandlung
    den Hut

Einsame Silhouetten ziehen im fahlen
    Morgenrot ihre Kreise
Über unruhige Gewässer streift grimmig
    harter Wind
In warme Täler schlägt kühler Regen seine
    lange Schneise
Dünner Reif kündet tiefen Schlaf dem
    müden Sommerkind

Ungnädig rennt die Zeit, wenn üppige
    Blütenpracht
Satte Wiesen in himmlische Farben
    freigiebig taucht
Schon hat Herbst zu ungeduldig die
    Erkenntnis gebracht
Jäh vergeht Floras Jugend im kalten
    Abendhauch

Scarlett * 1966

Morgenrot

Im Morgenrot voll köstlich Anmut,
der Glanz des Sonnenschein.
Der lieblich Welt umrundet Segen,
bedeckt des Menschen Angst und Pein.
Oh lass mich frei für paar Sekunden,
nur einmal atmen deine Luft.
Nur deine ungestüme Freiheit kosten,
mein Herz voll liebestoller Lust.

Franz Schaaf * 1989

Gewiss, Fragment

Licht. Wird heller,
heller nicht.
Schatten weiß, Gespinste.
Blätterpochen im Angesicht.
Über den Himmel hoch,
wie dünnes Papier,
und alles bricht.

Sylvia Schaefer * 1979

Nebelzeit

Vom Novemberlicht
zehren die Nebel,
rauben uns Schatten
und Kontur.

Unerkannt verpassen
sich Freunde,
Wege vergessen
ihre Ziele.

Die Welt
hält still –
und alles
scheint möglich.

Reinhard Scharnagl * 1953

Stiller Gedanke

Silbergrau sind deine Haare
nun sitzt du allein zu haus,
schaust dir alte Fotos an,
nimmst zwei Bilder langsam raus.

Darauf zu sehen deine Kinder
wie sie klein warn und so zart
und du hörst heut noch ihr lachen
manche Zeit war schon sehr hart.

Sie sind lang schon ausgezogen,
bauten sich ein eignes Nest.
Ja die Zeit ist schnell verflogen
Doch sie steckt noch in dir fest.

Enkelkinder die dich lieben
kommen gern um dich zu seh'n
Das sind deine schönsten Stunden
doch die Zeit wird schnell vergehn.

Wenn die Zeit für dich gekommen
und du schließt die Augen zu,
werden sie noch an dich denken
schlafe sanft in stiller Ruh

Helga Scheer * 1943

Der Herbst

Der lichte Himmel zieht nun dunkel auf
Die Erde nimmt bald Abschied von der
    Sonne
Sie dreht sich hin in die Unendlichkeit
Die Sterne glühen noch auf ihrem Lauf
Und alle wollen Abschied nehmen

Die Erde gibt nun wieder,
was sie gepflegt ein ganzes Jahr
Es wird jetzt still,
die Schnäbel stecken im Gefieder
Und wärmen sich am schwachen Sonnenstrahl

Der Herbst spannt seinen bunten Wagen
Den er gezogen hat durch weites Land
Ihm folgt ein Mann mit bleichen Zähnen
Das letzte Rot dann ab zu nagen
Und alle Farben trollen sich

Nur drinnen in den Zimmern
Vergisst er nachzuschauen
Er lässt den armen Menschen
die letzte Kohle schimmern
Und winkt mit weißer Hand dem fahrend
    bunten Wagen

Julia Schieber * 1989

Herbstlied

Kühlend sinkt der Abend nieder
auf das waldbedeckte Land.
Doch der Sonne letzte Strahlen
setzen Busch und Baum in Brand.

Rot – gleich meines Herzens Glut –
ist wilder Kirschen Kleid entfacht:
Feurig sickert warmes Blut
in der Buchen goldne Pracht.

Gelb – gleich leichtem Pollenstaub –
mischt die Birke kleine Blätter
in das ernste Eichenlaub:
Letzte Boten heitrer Wetter.

Mattes Grün hat dort am Rand
manche Hasel sich bewahrt:
Hoffnung -in des Herzens Brand –
hat der Herbst mir aufgespart.

Kühlend sinkt der Abend nieder.
Nebel deckt mit sanfter Hand
seinen dichten grauen Schleier
auf das leergebrannte Land.

franco schigli * 1941

Wie ein Blatt im Winde

Du sahst mich an
Doch du erkanntest mich nicht

Du warst mir oft nah
Doch du berührtest mich selten

Du bist gegangen und schriebst, dass ich
    dir oft fehle
Doch eigentlich warst du nie da. Und
    trotzdem fehlst du

Du fragtest mich nach meinem unseren
    schönsten gemeinsamen Moment
Doch nanntest du mir deinen unseren nicht

Du sagtest, dass du mich liebst
Doch du konntest dich nicht festlegen

Du warst der Sommer meines Lebens
Doch nun ist Herbst

Und ich bin allein

Rebecca Schirge * 1982

Herbststimmung!

Die Schwalben flogen gen Süden,
nur leere Nester sind geblieben.
Die Luft trägt einen neuen Duft,
– der Herbst hat schon die Zeit gebucht.

Die Tage sind nicht mehr so lang,
vorbei des Sommers Überschwang.
Taubenetze Silberfäden
am Morgen davon Zeugnis geben.

Der Herbst zeigt seine bunte Schau
– weht auch der Wind manchmal recht
  rauh.
Er schenkt der Zeit ein Festtagskleid
und Früchte voller Köstlichkeit.

Was ihm der Sommer überlässt
das feiern wir beim Erntefest.
Was immer sich der Herbst ausdenkt
– seine Zeit ist ein Geschenk.

Doris Schlechta * 1946

Novemberstimmung
oder
Seele im Nebel

Im warmen Zimmer sitz' ich und seh'
wie draußen der Nebel fällt
sollte froh sein – hier ist's gemütlich und
  warm
der Frohsinn ist mir vergällt

manchmal lach' ich und zeige mich fröhlich
zumeist ist das aber nur Schein
den Menschen – die mich umgeben will ich
nicht zeigen all meine Pein

im Sessel alleine sitze ich hier
nicht mal ich seh' meine Tränen fließen
mein Kummer so groß er ist – bleibt mir
  allein
denn niemand will wirklich ihn wissen

Erika Schmalz-Shabir * 1951

Herbstnacht

Die Nacht so klar,
Tausend Kristalle glitzern am Himmel
  empor,
geöffnet werden die Tor'

Und die Grenzen durch Nebel verborgen.
Weit sind die Nächte voll Kummer und
  Sorgen.
Ein Kleid aus Sternen will ich tragen.

Wir werden uns finden
und unter den großen Linden
hängt der Spiegel der Zeit.

Kannst du sie sehen?
Kannst du sie spüren?

Die Schatten entfliehen aus der
  Unendlichkeit,
In dieser goldenen Jahreszeit.

Doch nun ist es an der Zeit zu gehen.
Ich hoffe, wir werden uns wiedersehen
Für jenen Tanz einmal im Jahr.

Alina Schmid * 1997

Herbst ... kam über Nacht

War es gestern doch noch warm und lau –
so ist es heut' früh ganz frisch und rau.

Überraschend kam er über Nacht
  geschwind –
und trug fort den milden Sommerwind.

Die Sonnenstrahlen an Kraft verlieren –
von Hitze ist gar nichts mehr zu spüren.

Die Blätter färben sich von grün in rotbunt –
und fallen herab zu jeder Stund.

Vom Himmel fallen kühl die Regentropfen –
prasselnd sie an die Fenster klopfen.

So plötzlich es auf einmal geschah –
der Sommer ist fort – der Herbst ist nun da.

Birgit Schmidt

Dunkle Nebel

Der dunkle Nebel lichtet sich,
doch nicht in jedem Menschen.
Wieviele Herbste sind vergangen seit diese
    Dunkelheit fing an?
Die letzten Nebelschwaden wandeln sich in
    Form und Farbe.
Sanfte ,dunkle ,rote Farben bescheinen
    selbst schwarze Raben.
Der sanfte Wind hebt rasch die Sonne,
erleuchtet diesen Augenblick.
Jeden Tag erblicken wir diese meist doch
    falsche Welt.
Doch nur der Herbst durchschaut jene
    Maske welche unsere Menschheit
    trägt.
Er der alle Schwindel widerlegt.

Leonie Schmidt   * 2000

Herbst

Es fällt hinab fast warmer Regen,
auch kalter Wind kommend von Norden,
wird Blätter stürmisch von den Ästen fegen,
am Boden erst sieht man das Morden.

Manch eines ist von Blut ganz rot,
ein anderes jung und grün,
ereilte vor dem Fall der Tod,
brauchte sich nicht mehr bemüh'n.

Hoch oben aus der Baumeskrone,
tief, tiefer sinken Blätter nieder,
tanzen Reigen fast voll Wonne,
treffen auf der Erde sich erst wieder.

Es fällt hinab jetzt kalter Regen,
bevor er wird zu Eis und Schnee.
Ist für die Erde nicht mehr Segen,
nährt keine Blume und kein Klee.

CornElia Schmitt   * 1958

Der Drachen

Es fällt nun heimlich still und leise
Das Blätterkleid, der Baum zum Greise
Es fegt nun fort der frische Wind
Hebt in die Luft was manches Kind
So fein hat aus Papier gemacht
Und ganz so wie sie es gedacht
Der Drachen fliegt und in der Luft
Wo er ganz still nach Freiheit sucht
Dort hält ihn fest das straffe Band
Sein Blick hinaus aufs weite Land
Voll Wehmut, Schmerz und Seelenpein
Und unten stehen die Kindelein
In einem Meer aus blankem Gold
Ach, wär' ihm doch das Glücke hold
Die Schnur sich löse aus der Hand
Er fliehen würd' zum Himmelsrand
Von Land zu Land, von Ort zu Ort
Ach, trüg es ihn doch endlich fort
Doch dann lässt ihn der Wind allein
Er sinkt hinab zum Kindelein

Jonas Schmucker   * 1984

Spätsommer

Auf einer Friedhofsbank,
die ich mir ausgewählt,
erreichen mich Gedanken,
mit Erinnerung vermählt.

Die Zeit ist schnell vergangen
seit das Jahr begann

und des Herbstes Kühle
fängt allmählich an.

So blick' ich nun zurück,
sehr vieles musst' gescheh'n,
auch wenn der halbe Sinn
davon nur zu versteh'n.

Hier an jenem Ort
hat jeder seine Ruh'
und die schwarze Katze
lächelt noch dazu.

Franziska (Franzi) Schnabel * 1971

Herbst

Der Nebel schwebt leise, über die Felder,
mystisch und schaurig, steigt er auf.
Stille, herrscht noch in den Wäldern,
doch dann kommt die Sonne und beginnt
    ihren
Lauf.
Silbern, tanzen die Sonnenstrahlen,
durch die Blätter, im herbstlichen Wind.
Wollen den Zauber des Herbstes ermalen,
wollen doch zeigen, wie schön sie noch
    sind.
Nun steigt die Sonne über die Bäume,
den Nebel hat sie auch schon geschafft.
Vergessen sind die nächtlichen Träume,
der Wald ist nun wieder zum Leben
    erwacht.
Oh, Herbsteszeit! Mystisch und wild
so bunt und wunderschön.
Du malst der Welt ein schönes Bild,
mög es doch nie vergehn.

Marion-Christine Schneid * 1965

Herbstgedanken

Es herbstet milde in den Fluren
Von Nebeln dicht umdrängt
Die Lerche froh ihr Lied anstimmt
Blätter segeln, Äpfel fallen
Auf das sonnverbrannte Gras.
Die Bienen enden ihr Gesumme
Die Spinnen weben kühn ihr Netz
Von ferne grüßen Starenschwärme
Auf dem First den Wetterhahn.

Ist's das, was mich so traurig macht?
Es ist gewiss, im nächsten Jahr
ist alles wieder so wie heut'
Nur ich, was wird mit mir?
Werd' ich die frisch erwachte Welt
Erneut erblühen sehen?

Mein Geist ist wach wie eh und je,
Doch müht sich schwer mein Leib
Ich fühl's, kein weiterer Herbst
Scheint mir gegönnt, und frage bang:
Hab' ich mein Haus bestellt?

Hanns Schneider * 1937

Herbstgedicht

Vögel fliegen
Blätter liegen.
Bäume grau,
Himmel blau.

Herbst schön,
Blätter verwöhn.
Wetter windig,
schöner Geisterwind.

Lena Schnepel * 2000

Die Traubenkur

Heut' mach ich eine Traubenkur.
Doch ess' ich nicht die Trauben nur.
Ich genieße sie in Form von Saft,
mal rot – mal weiß, grad wies mir passt.

Auch mag ich den, der nicht ganz ohne,
der kräftig kommt aus dem Ballone.
Ich glaub gegoren muss er sein,
dann nennt man ihn im Volksmund: Wein.

Das erste Glas trink ich genüsslich,
das zweite läuft schon etwas flüssig.
Das dritte macht die Zung schwer.
Ich guck: die Flasche ist bald leer.
Da passt das vierte Glas noch rein.
Sieh da, die Sorgen sind ganz klein!

Jetzt könnt ich in den Keller geh'n
und nach' ner neuen Flasche seh'n.
Doch sind die Beine mir so schwer.
Bloß gut – sonst werd ich Alkoholiker.

Und bei der nächsten Traubenkur,
da esse ich die Trauben pur.

Marina Schnitzer   * 1952

Flieg doch

Raureif legt sich übers Feld

Und wenn der Wind ein Taxi wäre, ich
   nähm dich bei der Hand und stiege
   ein,
um mit dir allein zu sein – zum Küssen
   oder so.

Wenn der Wind ein Taxi wäre, wir flögen
   übers weite Feld, an Windrädern
   vorbei
Die unbeirrt den Sternenhimmel
   pflügen und dabei den Mond in
   Schattenscheiben schneiden.

Wenn der Wind ein Taxi wäre und ich säß
   drin, wär ich dann frei?
Unsichtbar und schwerelos führe ich
   gleitend und bewegte Wolken,
   Schornsteinrauch und
Bäume, zög an Kleidern und an Hüten –
   vielleicht?

Würde ich mit Stürmen und Orkanen
   wüten, würde eins mit ihnen sein und
   verwüsten was
Sich nicht stark und standhaft zeigt – nein.

Und trotzdem ... wenn der Wind ein Taxi
   wäre, wäre ich nicht hier, an diesem
   Platz, auf
diesem Stuhl, in dieser Küche, ich wäre
   schon davon geflogen, abgebogen,
   luftumwoben,

weggeflogen – ungelogen

Karin Schoenen   * 1966

Herbst

Auf und ab winken die Zweige
Blätter regnen in mein Herz
Still geht der Herbst zur Neige
Ruhiger fließt des Lebens Schmerz

Durchs Fenster meiner kleinen Welt
seh ich das Große, unergründlich Weite
in einem Rausch der Farben sich verkleiden.
Mit jedem Blatt, das niederfällt,
neigt sich die Zeit zu mir und zählt,
während das Land die weißen
   Leichentücher schon bereitet.

Die Tage fließen ohne Sinn in einem Strom
   aus kaltem Hauch.
Kein Vogel singt, kein Blättchen winkt.
Da tret ich aus dem Friedhofstor ins stille
   Winterland hinaus.

In meinem Herzen klingt ein Lied,
vom Frühling, der die Starre bricht.
So wage ich mich jetzt hervor
und wärme mich im Sonnenlicht.

Erwin Scholter   * 1953

Dein Hüter

Wieder kehrt die Zeit zurück,
Ich fühl die letzten warmen Strahlen,
Erahne das Gefühl von Glück,
Doch will mein Schmerz mich wieder
    warnen.

Schon wieder diese Jahreszeit,
Sie bringt Dein Herz mir wieder nah,
Ich fühle tief, es ist so weit,
Zu lange warst Du nicht mehr da.

Ich seh Dich nun in jedem Wetter,
Seh Dein Leuchten, Deine Wärme
In jedem der goldbraunen Blätter,
In jedem der Südvogelschwärme.

Das Licht taucht meine Welt hinein,
In jede Deiner warmen Farben.
Kannst Du auch nie mehr bei mir sein,
So werd' ich stets den Herbst noch haben.

Den Zeugen Deiner letzten Zeit,
Den Hüter Deines letzten Lichts,
Ich fühle tief, es ist so weit,
Du bist bei mir, ich fürchte nichts.

Judith Schönberger   * 1995

Herbst

Vom grauen Himmel
schneien
buntbraune Blätter,
tanzen
auf dem Asphalt
einen wilden Tanz.
Hellwolkige Lichtflecken
begleiten
den Blätterwirbel
zur Sommerneige.

Helmuth Schönig   * 1949

Goldener Herbst

Goldener Oktober – farbenfrohe Zeit
Blätter, golden, orange und rot
soviel Schönes hält der Herbst bereit.
Viele Leckereinen – ein großes Angebot
da sind die Pilze frisch aus dem Wald
Pfifferlinge gebraten, dazu ein Glas Wein
die Luft ist mild noch ist es nicht kalt
so herrlich kann der Herbst sein.
Bodennebel wenn der Tag anbricht
und dann wird die Natur wieder bunt
von der Sonne angestrahlt mit warmen
    Licht.
Kürbisse, kleine, große, goldgelb und rund
Eicheln und Kastanien auf den Wegen
und fröhlich geschmückte Erntewagen
die vielen Festlichkeiten miterleben
so schön ist der Herbst an diesen Tagen.

Jeanny Schönknecht

Sternzeit

Die letzten Strahlen Sonnenschein,
Der warme Sommer schwindet.
Ich schau ins tiefe Blau hinein,
das sich mit Mir verbindet.

Ich nehme es und wahre es
wie einen edlen Schatze,
tue so als wäre es
in Mir am richt'gen Platze.

„Luft'ge Wolken zieht schnell weiter,
Ich möchte' doch den Himmel sehn!"

Dort wo tänzelnd und recht heiter,
Blätter durch die Lüfte wehn,
seh ich Sterne, klar wie Steine,
welche fein geschliffen sind,
zeitlos strahlen in der Ferne.
Bin nun plötzlich wieder Kind.

Ach! könnt Ich bei den Sternen sein.
Würde die Welt von dort betrachten.
Und wär sie dann auch noch so klein,
könnt' sie von dort als gut erachten.

Mette Schöpfing   * 1979

Der Herbst

Der Herbst ist bunt,
die Blätter auch.
Der Baum war grün,
doch ist jetzt bunt.

Das Laub ist bunt,
doch auch sehr rutschig.
Es fällt zu Boden,
lässt ihn moden,
ja den Boden.

Der Herbst ist kalt,
lässt uns erkälten,
was wir merken,
in der Nase und im Halse.
Das ist schade,
diese kalte Phase.

Doch noch kälter,
wird's im Winter.

Deborah Schorn   * 1995

Park im Herbst

Leise säuselt der Wind,
einzelne Blätter fallen geschwind.
Bäume und Sträucher
tragen jetzt ihr schönstes Kleid,
der Winter ist nun nicht mehr weit.

Auf einer Bank sitzt eine alte Frau,
müde blicken ihre Augen,
auf die Kinder die da schaukeln.
So manchen Tag verbrachte sie,
auf ihrer Bank in dem schönen Park.

Im Frühling, wenn alles grünte,
im Sommer, die vielen Blumen blühten,
im Herbst, der Wind die bunten Blätter
    wirbeln lies,
im Winter, Schneeflocken herab rockten
und alles zugedeckt haben.

So werden die Jahre kommen und gehen,
gerade noch im Herbst des Lebens,
doch der Winter wartet schon,
wird die Frau auf ihrer Bank im Park
nicht mehr gesehen.

Angelika Schranz   * 1955

Herbstliche Augenblicke

Die Abendsonne senkt sich nieder
taucht Wald und Flur in goldnen Glanz
ein Mückenschwarm summt hin und
    wieder
durchschwebt das Licht in seinem Tanz

Ein leichter Wind spielt mit den Bäumen
als wollt er sie in Schlummer wiegen
von ihrer Pracht wirst du noch träumen
wenn all die bunten Blätter fliegen

Karlheinz Schröder

Draußen weht der Herbstwind wild ums
    Haus
Und der Mond geht nicht am Abend,
Sondern schon nachmittags auf.
Graue Wolken bedecken des Tages Licht
Und der dichte Regen hindert die freie
    Sicht.
Die Vögel sammeln sich in Scharen in der
    Luft
Und über allem liegt ein herbstlich wilder
    Duft.
Eine Sturmbö fährt mir in die Haare
Und fern am Horizont gewahre
Ich einen kahlen Baum,
Der sich allmählich vorbreitet
Auf einen langen Wintertraum.

Meike Schröder

Augenblicke

Es herrscht noch morgendliche Kühle,
ein Tropfen taut vom Ahornblatt
da bahnen sich ganz zart Gefühle
in der zerwühlten Bettenstatt.
Sonnenstrahlen tasten sachte
durch das nebelschöne Bild
ein Feuer, das sich leis' entfachte
wird nun lodernd, kräftig, wild.
Die Drossel singt ein fröhlich Liedlein,
es lauscht das ockergelbe Gras,
wiegt in den Tag sich sanft hinein,
und zwei Menschen haben Spaß.
Eine Windbö pfeift recht kräftig
über Wiese, Wald und Flur,
die Welt ist mit sich selbst beschäftigt,
von Trübsal zeigt sich keine Spur.
Mir nichts, dir nichts springt ein Eichhorn
aus dem fröhlich bunten Laub
nebenan reift prall der Weißdorn
– ER macht sich leise aus dem Staub.

Anja Schuh   * 1980

Herbst im Moor

Feetanz und Elfenreigen,
Nebel über dem Heidemoor.
Morgentau, wie kleine Sterne,
der des Nachts schon mal gefror.
Die Sonne hat noch Kraft bis mittags,
dann erlischt ihr warmes Licht,
und des Herbstes mildes Dunkel
hüllt den Nachmittag und bricht,
in letzten Stunden milder Wärme,
kühl des Mondes Abendlicht.

Petra Elvira Schulte

Vorm Herbst

Laub
war es nicht, was im Wald
von den Bäumen fiel
zäh, dicht, schwer.
Pech zwischen den Stämmen.
Schwarz das Netz und die Spinne.
Schwarz der Röhrling im Moos.
Es rieselt, es gleitet, es rauscht
in schwarzen Fetzen die Trauer.
Schon liegt sie kniehoch.
Du taumelst, du stolperst, du fällst
und aufstehn wirst du nie mehr.

Lilly Schumann   * 1935

Novemberlied

Es ist das Herbstlaub, das letzte, was fällt,
die Trennung vom Zweig ist für immer.
In Gelbtönen färbt es die alternde Welt,
im letzten Herbstsonnenschimmer.

Die Tage verhauchen, das Himmelsblau
    bricht,
Der Wind, erst zart noch, wird kälter.

Das Rascheln der Füße, du achtest es nicht,
beim Wandeln durch dunkelnde Wälder.

Das welkende Laub, der kahlende Wald
erfüllt dich mit leisem Weh,
du fühlst dich wie der Herbst – so alt
Und bald deckt alles Schnee.

Rolf Schumann * 1955

Herbst

Trocken wirbelt feiner Sand um die Stämme
  der knorrigen Bäume.
Ich greife ein bisschen mit meiner Hand, er
  rieselt herab, ich lächle, und träume.

Von weit ist er hierher gekommen, und hat
  getanzt mit Stöckchen und Blatt.
Einen weiten Weg durch die Luft hat er
  genommen – wohin der Wind ihn
  getragen hat.

Noch vor ein paar Monaten hat er mit
  Blütenblättern, farbig geglänzt, und
  leicht
hat er im Windspiel keinen Wirbel
  geschwänzt, und hat vom Boden
  luftige Höhen erreicht.

Jetzt im Herbst balgt er sich mit kleinen
  Oliven auf knochenharter Erde,
wirkt quicklebendig und frisch – er fühlt
  sich am Wohlsten in einer Herde.

Als Teil von diesem bunten Treiben bewegt
  sich jedes Korn nimmer satt,
als wollt der Sand uns Schreiben, dass auch
  der Herbst noch schöne Tage hat.

Es soll nicht alles sofort und schnell gehen,
  wir wollen mit Ruhe diese Farben
  erschließen,
und sollten an des Sandes Stell' unseren
  Herbst lebendig genießen.

Klaus Schüßler * 1948

Vergänglichkeit des Herbstes

Wenn erste kalte Winde wehn,
Stürme aufkommen und gehen,
Blitze übern Himmel wallen
Und Blätter zu Boden fallen,

Fühlst du, wie vergänglich dein Leben ist,
Wie klein du in der großen Welt doch bist,
Wie alles verloren und einsam wirkt,
Wie Freude sich im ersten Eis verbirgt.

Mit all der Trauer und der Wut,
Dem Trostlosen und dem Verfall,
Bleibt doch ein Funke in der Herbstesglut,

Schenkt dir im Herzen den nötigen Mut,
Bildet in der Vergänglichkeit einen Feuerball,
Der dich erneut bewahrt vor dem
  sterbenden Befall!

Johanna Schuster * 1990

Herbstrosen

Zwischen knusprigen Blättern
vertrocknen meine letzten Rosen.
Im Zeitlupentempo taumeln Blütenblätter
in taufeuchtes Grün meiner herbstmüden
  Wiese.
Zärtlich legen einzelne Grashalme
ihre Arme um schlafende Gänseblümchen.
Mir scheint sie wollen ihnen Wärme schenken,
um dem nahenden Winter ein Schnäppchen
  zu schlagen.

Mit dem Gefühl der Wehmut
bewässere ich meine Rosen ein letztes Mal.

Ein letztes Mal ehe sich der Frost
in die mit Dornen geschärften Zweige
  beißt.
Selbst wenn es Tränen sind
die ich niemals um uns weinen wollte,

so weiß ich doch, dass jeder Tropfen
  Nahrung ist,
Nahrung für die unendliche Liebe, die ich
  in mir trage.

Jede geweinte Träne findet Heimat in
  gesunder Erde,
und schenkt Hoffnung auf den
  kommenden Frühling

Ute Anne-Marie Schuster * 1949

Herbstlicher Gesang VII

Das mürbe Laub mir die Winde verwehten
und der müde Boden in Schwärze friert.
Uns necken des Schwachsinns Apologeten,
deren dummdreiste Fratze nach uns giert.

Da ist dräuendes und bräuchte die Taten,
doch fehlt nun das Laub, seht her, wir sind
  nackt!
Unterlasst das dämliche Rätselraten,
seht her, wir sind wehrlos, wenn ihr uns
  packt!

So schmiegen wir innen uns an das Feuer.
Wir kosen, reiben, vertragen uns hier.
Wir stehn mit dem Rücken zum
  Ungeheuer
und hoffen, es schmäht uns, Trotz seiner
  Gier.

Das ist die Zeit und der Blick geht nach
  innen.
Wir vertrauen dem Herrn und Seiner
  Macht.
Über uns könnt niemals ihr ganz gewinnen:
Immer noch einer selbst über euch wacht!

Tilo Schwalbe * 1972

Mein lieber Herbst

Mein lieber Herbst, weißt du eigentlich,
wie glücklich du mich machst?
Wie sehr ich mich freue, wenn du da bist?
Ich liebe es, wie du die Welt verzauberst.
Danke für jeden wunderschönen Tag,
den ich mit dir verbringen darf.
Das ganze Jahr über warte ich
voll Sehnsucht auf dich.
Ich freue mich, wenn die Blätter beginnen
sich leuchtend bunt zu färben
und die Sonne allmählich
in deinem warmgoldenen Licht strahlt.
Ich freue mich, wenn du mit deinem
kraftvoll reinigenden Sturmwind
über die Stoppelfelder jagst
und morgens die zarten, dünnen Nebel
wie Geister über den Wiesen schweben.
Mein lieber Herbst, weißt du eigentlich,
wie glücklich du mich machst?
Bei dir fühle ich mich zu Hause.

Andrea Schwarz

Ein Biss ins Herz

TAUSEND Streichholzlichter werden
  WÜSTENSAND
nur der Wind spielt ein Lied
irgendwo gibt es Spuren von seinen
  Händen
ich schaute auf das Gras
das im Frost lag
der Heimweg war spiegelglatt
ich setzte meine Füße auf den warmen
  SAND
meine Schuhe trug ich auf den Schultern
lange konnte ich keine Menschen mehr
  sehen
keine Regentropfen
also drehte ich mich um
und diese Freiheit vertreibt mir die LIEBE
ich habe – und du hast deine Freiheit

du stehst vielleicht hinter dem Wind
ich stehe davor – wir können also gar nicht
uns in die Arme nehmen ... der Wind jagt
    uns beide
ein paar Schatten kommen und Kälte
und ein schöner bunter Herbst – wieder
    SONNE.

Linda Gabriela Schwarz   * 1961

An Herbsttagen der Sturm anbricht

Mein Refugium so zerbrechlich klein
Die Blätter wehen am Fenster vorbei
Ein Sturm hat sich angekündigt
Passanten entfliehen der Unwirtlichkeit

Siehst Du mich nach all der Zeit
Durch die ganzen Wolkenschleier
Lass einen Sonnenstrahl scheinen
Doch vergiss mir nicht den Regen

An Tagen im launischen Herbst
Bricht der Sturm der Gefühle los
Beherbergt die furchtlosen Wesen
Lässt uns nur mehr einen Weg

Mein Refugium so endlos groß
Draußen tobt das bunte Blättermeer
In dieser Jahreszeit des Glücks
Gedeiht ein jeder meiner Wünsche

Brian Schwarz-Verhoefen   * 1971

Herbst

Der Sommer ist die Zeit der Rose
im Herbst blüht lila die Herbstzeitlose.

Bunte Blätter in den Wäldern
reife Früchte auf den Feldern.

Sonne im Wechsel mit Regen und Wind
die Luft mal kühl und auch mal lind.

Tiere für den Winter sorgen
sammeln für heute und für morgen.

Im Leben wie in der Natur
der Herbst nicht immer Freude pur.

Herbst – Zeit ernster Gedanken
Übermut weist man in Schranken.

Malerischer Himmel ohne Frage
der Herbst hat wunderbare Tage.

Diese Tage des Herbstes genießen
bis im Frühling neu die Knospen sprießen.

Hannelore Schweinehagen

Herbst

Ein leises Rascheln weckt die Leute
Der Nebel dringt still an jedes Ohr
Ein Habicht wartet am Himmel auf Beute
Die Stille lädt sich ein, in jedes Tor

Der Sommer geht stumm zu seinem Ende
Eiskalte Tropfen fallen auf das leere Feld
Der Herbst hebt seine klammen Hände
Denn nun stirbt der sanfte Held

Die Blätter funkeln wie goldene Tränen
Der entstellte Baum blickt traurig hinab
Der Herbst öffnet die Augen mit einem
    stummen Gähnen
Und Kälte erfüllt den leeren Raum

Elisa Schwendtner   * 2002

Goldener Herbst

Goldfäden im Geäst
der Tau hängt perlengleich
im Netzwerk vieler Spuren
zarte Nebelschwaden verhüllen

sanft den weiten Blick
das Morgenlicht bricht Glas
verteilt die warmen Strahlen
ein Tag im Herbst
lässt Schwermut leise ahnen
still hebt die Hand den Pinsel
zaubert Farben in das Spiel
und lässt das Leben leuchten
ganz leise bist du dann am Ziel

Roswitha Charlotte Schwenk

Herbstlied an eine Pappel

Populus
Du stolze Weide
Wie muss es schmerzen?

Wenn spitze Winde
Deine gold'nen Herzen
wo grünes Leben rinnt
entreißen himmelwärts.

Wie musst Du frieren?

Wenn eis'ge Flocken
spöttisch balancieren
und in wehen Zweigen
fremde Leben spielen.

Lass nicht nach
Du stolze Weide.

Dein nackter, kahler Ast
scheint ewig starr und tot
doch ist's nur friedlich' Rast
In Deinen Wurzeln ruht
getreu dieselbe Kraft.

Maximiliane Schwerdt * 1989

Herbstblätter fallen

Es rieselt am Weg über dem Steg,
die schönen, bunten Blätter,
sie fallen.
Ich schau in dem Pittner Bach,
die Fische sich eifrig tummeln,
auch die Wildenten schwimmen
geschwind dahin.

Ich gehe durch unsere schöne Au,
da schleicht eine kleine Kröte und Echse,
auch sie haben Ängste und Nöte
ums Überleben, da Tiere ja grausam sind,
was sie bekommen, fressen sie geschwind!

Schau Sie mal an, die bunte Pracht,
eines jeden Blatt's
diese herrlichen Farben so grell und satt;
Gezeichnet könnten sie nicht schöner sein,
diese zu malen, kann einem das Herz
    eröffnen,
zur Natur zurück zu kehren,
in allen Ehren!

Andrea Sebesta * 1958

Herbst

wenn ich Dir schreibe ist schon Abend
die Schatten haben lange Gesichter

die Felder haben Alles gegeben
versunkenes Leben in welken Blättern

Herbst ist in meinen Gedanken
Herbst-Atem in allen Räumen

Margret Seer * 1944

Novemberelfe

Flüsternd
knistern die Blätter in meiner Hand.

Gestern haben wir die Herbststürme
   niedergelegt,
das Blätterkarussell angehalten,
die Nebelschleier eingerollt,
die Regenperlen aufgefädelt und
in unseren Kästchen verschlossen.

Über Nacht ist das Laub erstarrt
und hat sich mit Raureifglitzer geschmückt.

Noch in der Morgendämmerung habe ich
   die Blätter gesammelt,
ich lese darauf, was nicht verlaufen ist,
und werfe sie alle ins Feuer.

Am Abend ziehe ich los
und grabe jede Kastanie ein.

                         Ricarda Segger   * 1980

angst im herbst

pass auf, wenn
graukühler
nebel in frankfurt
dörres laub
schritte nässt, pass auf
wenn brücken
ins leere taumeln
öfen schon
lau erlöschen

pass auf, du
treibst alleine
ins weite meer und
immer weiter

                         Eva Seifried   * 1955

Junger Tag im Herbst

Hörst du das trübe Licht
das Dünne
jetzt im Morgen
flüsternd sachte und klamm
Zwischen den grauen Stunden
hoffend
auf einem Lichtschimmer
begreifst du den matten Schein
Der junge Tag
hat sich im Spinngewebe verfranzt
zwischen Fäden und Tau
tropft die frühe Zeit
in den stummen Tag

                   Alexander S. September   * 1946

Terra Wolkenglühen

Überwältigt satt, die Augen gebannt
Gesprengt der Geist in die Unendlichkeit
Welch Natur, welch Kraft
Philosophen an die Macht
Dieses rote Glühen gen Himmel
durchtränkt die Stimmung
Und ist das Universum reich
an Übermut der Galaxien
Die Sicht will sich nicht in die Weiten
   wagen
Wenn das schönste Spiel
am Firmament glüht
All ihr Dichter und ihr Schreiber
welch herrliche Prosa blüht
duftende Blüten auf weißes Papier
Welch Worte sind geschrieben
in aufwallender Wahrheit
unser Herz zu ergreifen
Unsagbare Stille flutet die Worte
Pssst, blicke doch endlich
gen Himmel zum Wolkenglühen!

                              Sheykoon   * 1974

Ode auf den Herbstanfang

O, ich feier die Kälte,
ähnlich so, wie wenn Liebe ins Herz sich
gesellte.

O, ich feier den Sommer, der langsam
zerschellte,
o, ich feier den Wechsel am himmlischen
Zelte,
o, ich feier den Wind, der mit Blättern
rumprellte,
o, ich feier das Blatt, das gebogen sich
wellte,
o, ich feier die Frucht, die verzehrlich nun
gelte,
o, ich feier den Gott, der sein Urteil neu
fällte,
o, ich feier den Herbst, der so herrlich
schön grellte,
o, ich feier die Zeit, die die Uhren
verstellte,
o, ich feier den Raum, aus dem Neuland
sich quellte,
o, ich feier das heimlich genossn'e
Zerspellte,
o, ich feier das Dunkle und das
Nichtunerhellte.

O, ich feier die Kälte,
ähnlich so, wie wenn Liebe ins Herz sich
gesellte.

Alexander Sielaff * 1979

Herbst

Von einer knorrig, starken Eiche
löst sich fast unbemerkt ein Blatt;
es landet sanft im stillen Teiche,
fühlt sich am Ende nur noch matt.

Es hing am Baum, ein ganzes Leben
und nun ist diese Zeit vorbei,
denn die Natur bestimmt das eben
und das was bleibt ist welk und frei.

Doch diese Szene ist begründet,
sie wiederholt sich jedes Jahr,
am Ende stets im Herbste mündet,
und das ist wirklich wunderbar.

Der Herbst ist immer wieder
für eine Überraschung gut,
legt sich das Laub darnieder
dann weiß nur er, wie gut das tut.

Zu seiner tollen Farbenpracht
bekennt er sich in jedem Jahr;
doch endet sie in einer Nacht
und nichts bleibt wie es war.

Jürgen Silzle * 1947

Herbst in Ulm

Er dringt in meine Poren ein,
im Regen,
unter giftgrünen Wolken
auf einer verwelkten Parkbank
schnitzt er behutsam seinen Namen in
mein Ohr.
Er ist ein Waldtier, seine Haut aus Holz
umschließt mich wie im langen Schlaf –
ein Märchen unter Ulmen,
eine herbstliche Umnachtung –
und er wiegt seine Wimpern wie
der Wind das Laub.

Der Tod sickert ein, in die Erde
und Straßen, Cafés und
Gesichter. Wir lauschen und
lächeln: denn was uns erwartet
ist langsames Gleiten
in den herbstlichen Schlaf.

Eliza Simon * 1986

Herbstliebe

Zarttupfender Herbst
Durchstrahlst mich sanft
Ergibst dich so klar
und hältst mich empor.
Lässt hoffen auf Trost
Lässt geben mich hin
Erzählst von der Sonne
Wie ein wachsendes Kind.
Umgreifst mich bestimmt
Hälst sicher mich fest
Bekämpfst nicht das Siegen
Schaust mich einfach nur an.
Hebst mich in die Tiefen
Und holst mich empor.
Gibst Antwort
Gibst Ruhe.
Stellst dich nicht in den Weg. Lässt mich bleiben
Wir treiben
Um zu finden uns neu.

                        Anja Sistig   * 1969

Proserpina

Tränen perlen ihre Wangen herab
lau liegt ganz leise die leblose Stadt.
Verkrampfte Hände und verwelkter Mohn
gleich einer düsteren Schreckensvision.

Gerissen aus dem geliebten Heim
Gestoßen in das dunkle Unrein.
Die neue Heimat das schwarze Reich
wo jegliche Glückseligkeit weicht.

So fern ihre geliebte Mutter
nah all der abscheuliche Kummer.
Während oben alles in Blüte steht
sieht ihr Mann wie sie ganz langsam vergeht.

Nur für kurze Zeit ist sie gefangen
bald wird sie wieder Freiheit erlangen.

Das wird dem Leben Freude bereiten
und so entstehen die Jahreszeiten.

Doch zunächst sitzt viel zu tief der Schmerz –
und zum ersten Mal wird es langsam Herbst.

                        Lea-Marie Sixel   * 1997

Betagt

Nackt steht hier der Baum und friert
Ein Sturm hat sein Kleid zerrissen
Das Vogelnest wird ungeniert
Von seinem Zweig geschmissen

Dieser Sturm kommt auch für Menschen
jeder weiß es und sieht weg
Frühling Sommer sich zu wünschen
Versuchs es ist vielleicht ein Weg

Doch er kommt du kannst nicht fliehen
Einen jeden trifft es gleich
Du hast es doch nur geliehen
Für dich kommt auch der Zapfenstreich

Genieße diese letzten Zeiten
Der Winter kommt mit großer Macht
Beachte alle Möglichkeiten
Das Frühjahr kommt mit seiner Pracht

                        SNUGS

Herbst

Wenn außer Rand und Band
der Himmel kippt die Wolken
in die Stadt
frösteln die duckenden Häuschen

über dem Ufer hängen sie noch
mit milderen Düften vom See

die ein Maler nicht wagt
im Bilde zu sein

und über dem Rahmen Höfe
und Flure von silbergrauen Laken
in kleinsten Stärken belegt
auf Wiesen Perlmutt zu sein

               Dietmar Soitzner * 1950

Vergänglichkeit

Die Blätter des Lebens fallen zu Boden,
die Zeit verrinnt unter meinen Fingern.
Begraben unter dem Boden der Ewigkeit,
still und leise schlafen die zu Staub
    zerfallenen Blätter,
bis einige Neuanfänge vorübergezogen sind.
Es ist der Herbst des Lebens,
ewig wiederkehrend, unsterblich
und doch wird es Winter ...

             Saratina Sonnenschein * 1981

Herbst im Jardin des Plantes

Der Platanen gefallene Blätter säumen
der Alleen Boden nichtsahnend, unberührt –
bis sie aus ihrem herbstlichen Träumen
eine Kinderhand zurück ins Leben führt.

Sie stieben und wirbeln und fallen wieder,
nach glücklich-lachenden Momenten der
    Lust
zerbrochen, braun und tot darnieder
wie auch du, Augenblick, irgend sterben
    musst.

             Bastian Spangenberg * 1991

Begegnung der dritten Art

Wir gehen zu vieren im Nebel spazieren
und sehen am Ufer des Rheins eine Frau,
die lässt uns das Blut in den Adern
    gefrieren,
sie schwebt wie ein Geist durch das
    milchige Grau.

„Erkennt ihr mich?", fragt sie. „Ich war
    eine Eiche!
Ihr habt euch im Nachsommer vor mich
    gestellt
und schamlos gepinkelt in meinem
    Bereiche.
Ich starb unter Qualen und wurde gefällt."

Wir geben zur Antwort: „Do
    Schreckschruuv us Kölle,
mer schleudere dich en dä feurige Pohl!"
Da zittert sie plötzlich – sie fürchtet die
    Hölle –
und beichtet: „Als Baum war ich inwendig
    hohl."

             Wolf Spickmann * 1943

November

Die Linde vorm Fenster
hat ihr grünes Laubkleid
längst umgefärbt:
Golden
glänzte es
in der Herbstsonne.

Nun aber
ist es schütter geworden,
Wind und Regen
haben es zerrissen.
Schwarz ragen
die kahlen Äste
in den grauen Himmel,
die goldenen Blätter

bedecken den nassen Boden
wie arglos
verstreute Sterntaler.

Wenn der Frost kommt
wird alles
vorbei sein.

Monika Spiller * 1946

Herbst

Hauchte der Uhu vom Wald die
    Sommerzeit aus? Gab die
Verkäuferin die letzte Seide zum Ausklang
    des
Sommers hin?
Unterm Rosenbusch perlt der Regen vom
    Blatt, sag
wonach steht dir der Sinn?
Hagebutten den Weg zum Teehaus
flanieren, könnten nur Sommer und
Herbst sich wünschen „gute Nacht",
    Herr
Storm würde den Toast dir servieren.

Anette Spohr * 1953

Herbstgefühle

Still stehen die Bäume
In voller Pracht
Sie säumen die Räume
Die Sonne lacht.

Die Blätter erstrahlen
Äußerst farbenprächtig
Man kann sich schön aalen
Sie wirken andächtig.

Doch die Pracht fäll hinunter
Alles davon fort
Man fühlt sich nicht munter
Am düsteren Ort.

Bald wird auch der erste Schnee fallen
In großer, weißer Fülle
Das Geschrei der Kinder wird schallen
Eine eig'ne Idylle.

Kathrin Springer * 1995

Verfall
überall.
Der Sommer geht.
Der Herbst hat ihn einfach weggeweht.
So wie die Blätter, die bunten,
sie fallen von oben nach unten.
Und auch die Eicheln, Kastanien und Nüsse,
sie fallen herab,
bis nächstes Jahr
was Neues draus wächst
– wie wunderbar!

Sabine Staack

Tristitia

Ein Garten grün liegt tief in Mondes Schlaf
    gehüllt;
Der Himmel fällt in seidnen Fäden von
    hoch oben,
In schönsten Mustern einverständig sich
    verwoben;
Die Erde ist von schweigendem Geschrei
    erfüllt.

Die Winde streichen ahnungsvoll durch
    perlend Laub,
Und streicheln stumm des Baumes zeitlos
    würdig Krone;
Im Garten grün da sitzt die Zeit auf ihrem
    Throne,
Und blickt voll Schreck auf des gewesnen
    Menschen Staub.

Ich frage dich, ist dies des Kauzes Klageruf,
Der fleht nach einem traurig tröstend
    tösend Feuer?
Sein eisig Flehen scheint mir grausam,
    nicht geheuer.

Was bleibt schon, wenn sein Schreien dann
　verklungen ist?
Kommt Stille, Schlaf und Traum, zum Ort
　den keiner schuf
tragt mich hinfort, bevor die Welt
　verschlungen ist.

Max Stange　* 1995

Oktober

In des kühlen Tages letzter Stund'
Dringen rötlich, durch erkahlte Äste,
Die langen Arme des Sonnenrund'
Von fern aus der Himmelsfeste.

Und sie streichen geduldig mit zarter Hand
Über Blätter, die nach Ewigkeit streben
Und letztlich doch, mit welkem Rand,
Hin zu dem kalten Boden schweben.

Der knochigen Bäume dunkle Schatten
Nur ärmlich über dem Laube thronen.
Wie war es wohl, als sie noch hatten
Der dichten Mäntel, die vor Blöße schonen?

Torsten Staude　* 1969

Herbstzeit

Kaum ist der Sommer fortgegangen,
da hat der Herbst schon angefangen,
die Blätter an den Bäumen zu bemalen.
Und Sonnenschein beginnt zu strahlen
auf bunte Blätter – rote, gelbe, braune –
Ich die Malkunst der Natur bestaune.
Und plötzlich
fegt ein rauer Herbstwind übers Land,
nimmt alle Blätter mit an seine Hand –
Doch ohne ihr gewohntes Blätterkleid
frieren die Bäume weit und breit.
Nun hoffen sie auf Schnee und Eis
und auf ein Kleid – so „ganz in Weiß".

Elfride Stehle　* 1949

Herbsthauch

Sommer lag mit voller Kraft
über Blumen, über Bäumen
doch ein tiefer, schwerer Himmel
ruht jetzt schon auf auf meinen Träumen

Es ist die Zeit der trunk'nen Wolken,
die noch verstreut,
am Sommerhimmel ziehn
Schon angetrieben von des Herbstes
　Hauch,
und aus den goldnen Ährenfeldern,
flicht jetzt ein früher Herbst die Kränze,
und von den Äckern steigt schon Rauch

Die Bäume färben ihre Blätter
und Sommervögel ziehen schon,
ein früher Herbstwind bringt
uns die neuesten Geschichten,
mit eines langen Sommers Lohn

André Steinbach　* 1943

Herbst

die Sonne hat sich verkühlt
der Tau ist Reif
die blaue Himmelsplane verblasst
sie hebt sich fröstelnd
dünn

und du
gehst zurück in dein Haus
sortierst Pullover nach Farben
und füllst getrocknete Früchte
in dunkle Gläser

Monika Steininger　* 1963

Herbst

Fahles Licht
durch Nebelwände,
feuchte, kalte Luft.

Abschied ruft
in welken Blättern,
modriger Geruch.

Hoffnung sucht
im Fluss der Zeiten
Glücksmomente pur.

Weit der Blick,
gereift an Jahren,
Lebenssprünge nur.

Spur im Sand,
verweht, vergessen?
Reinkarnation?

Lufthauch, er
ganz leise flüstert:
Erinnerung – bleibt schon.

Angelika Stephan   * 1956

Herbst

Dunkle Tage, wolkenverhangen,
trübe und bedrohlich wie die
eigenen Gedanken.

Am Fluss entlang, die Schritte schwer,
nun ist es Herbst und regnet sehr.

Die Sonne in die Blätter fällt,
gelb-golden wie im Sommer
die Seele erhellt.

Nach Hause kommen, Kerzenlicht.
Die Wärme nun von Innen spricht.

Miriam Stephan   * 1969

herbstreise

morgens um fünf im herbst:

vorhänge sind noch zu
zugvögel sind schon weg
bäume sind sturm umfegt
mond kratzt sein gesicht ans fenster
ein taxi hält an der ampel:

warten auf GRÜN

zum bahnhof hin
blick zur uhr
mit einem togokaffee in der hand
die schattige wanderin
ein handy am ohr

am abend die flüchtige erinnerung an den tag

Siegfried Stöbesand   * 1954

Stiller Wächter

Zwitschernd, lieblich Vogelsang
legt sich behutsam aufs Geäst
wo glänzend dichter Nebeldunst
dich friedvoll wiegend schlafen lässt

Nun, wo jeglich Kreatur auf Erden
den stillen Schein versucht zu währen
bist du beständig, gibst stets acht
Wenn um dich rum die Welt erwacht

Zeig dich Helios, erweck den Bann
die starke Borke, den kräftig Stamm
das rauschend blühend Astgerüst
was all der Wind dann zärtlich küsst

So stehst du da in voller Pracht
und tief in mir mein Herz, das Kind
ganz unverhofft sich neu entfacht
wenn dicht bei dir ich Frieden find

Benjamin Stomberg   * 1979

Herbstimpressionen

Nebel legt sich übers Meer
Und von weit weit draußen her
Klingt der Möwen Klage

Kühler Wind weht über Land
Rauscht im Dünengras am Strand
Kündet Herbstes Tage

Wolken türmen hoch und bilden
Finster sich in himmlischen Gefilden
Wach sind alle Sinne

Doch auch güldene Farbenpracht
Ist es die den Herbst ausmacht
Verzaubert halt ich inne

Harry Straach

Abschied

Ein letztes Mal berauscht mein Liebhaber
meine Sinne:
er küsst zärtlich meinen Körper,
streichelt meine Seele
und singt sein schönstes Lied.
Strahlend, kraftvoll und in gleißendes
Licht getaucht nimmt er Abschied und
hinterlässt für mich die schönsten Gaben.
Das Rad des Lebens dreht sich weiter.
Ich kann es nicht aufhalten und
bleibe allein
mit meinem Schmerz zurück.

Brigitte Strasser * 1967

Tod im Herbst

Ein Reiter ritt quer durch das Land,
still, ganz still war es um ihn.
Die Zügel in zitternder Hand,
der Tod auf seinem Gesicht uns schien.
Die Blätter der Bäume flogen,
ganz wild ums ganze Gespann,
und böse Geister zogen,
den Reiter in ihren Bann.
Das sind die bösen Herbstgeister,
jährlich löschen sie aus,
was der große Meister,
im Frühling alles gebaut.
Der Reiter atmet gar schwer,
ihn würgen die Geister hier,
der Reiter kam aus dem Sommer her,
er weiß, hier stirbt er ihr.
Der Reiters Kopf sinkt langsam herab,
sein Pferde, das legt sich schon hin,
er schließt die Augen und sagt ganz matt,
„Ich weiß liebste Frau, es ist Herbst."

Helene Streck

der herbst lächelt noch mal

der herbst dichtet sich
ein warmes kleid an
doch dann trafen ihn
ein paar sonnenstrahlen
und plötzlich
war ihm wieder heiss
da fing er an die blätter zu
trocknen
und noch einmal
warmen wind zu blasen
die sonnenstrahlen
sollten noch einmal
in den Gesichtern
der menschen
leuchten

Christina Strohbeck * 1967

Splitter

In jedem Tiefrotfarbenblatt
schlafen deine Züge
Regenbogensplitter, matt
entgleiten ihrer Wiege

Im kühlen Wind
nun durch die Lüfte
nochmals höher
und zu Boden
Fügen sich noch einmal schwer
zusammen, bilden leise
ein Regenbogenaschenmeer
auf trostverlassene Weise
Der Herbst ist tot
es kommt der Winter
Schnee wird fallen
auf den Boden
Mühsam senke ich noch ein Mal
in kaltem Puls die Blicke
Sehe dein Gesicht nicht fahl
nur Regenbogenstücke

                    Daniel Strotmeyer   * 1986

Hoffnung im Himmel

Siehst du die Blätter?
Sie fallen vom Baum
Menschen laufen drüber
bemerken sie kaum

Zertrampelt am Boden
liest ein Kind sie auf
vor Freude strahlend
den Blick zum Himmel hinauf

Hinauf in den Himmel
hinauf ins Licht
die Hoffnung suchend
damit sie nicht zerbricht

                    Nadja Strub   * 1995

Sterbende Sonnenzeit

Die Sonne verschwindet im kalten Meer,
doch bald kümmert sie uns nicht mehr,
übrig bleibt ihr goldnes Licht,
das die Dämmerung verspricht.
Strahlen, einzig und allein,
fängt ein eisiger Himmel ein,
die Sonne geht zur Ruh,
doch Wind und Kälte nehmen zu.
Die Sonnenwende zeigt, was längst schon ist,
dass das Wetter den Sommer schon vergisst.

                    Regina Sturm   * 1997

Ein bunter Abschied

Goldene Sonnenstrahlen
streicheln über ernteleere Felder
Füllen Herzen auf mit Wärme und Freude
Reife Farben blenden fast das Auge
Grün verwandelt sich in Bunt

Das Sommerleben, es welkt
fällt hinab auf laubbeseelte Erdenmutter
Klare kalte Luft
hebt tanzend buntes Blattwerk vom
    Grunde,
haucht ihm ein letztes Mal Leben ein.

Die Welt versteckt sich, zieht sich zurück
Satte Farben wandeln sich in Braun

Die Zeit nimmt Abschied vom geliebten
    Tag
und verbündet sich mit blauschwarzer
    Nacht.
Der Winter wirft seine Schatten voraus
Man gewährt uns einen letzten Halt,
einen bunten Abschied

                    Susanna Sturm   * 1987

Herbstzeitlos

Verloren in des Waldes Stille,
Rauscht der letzte Sonnenstrahl.
All umher ein leises Wandeln,
Warm und Gold wird grau und fahl.

Raschelnd Laub zeugt meine Schritte.
Alle Welt wird müd und still-
Nur mein Herz fühlt eine Bitte:
Dass die Stille enden will.

Und so wird sich stetig wandeln
Was noch ist, gewesen sein.
Niemand mag es zu verhandeln.
Vergehen wird vergangen sein.

Carla Surrey

Wenn Herr Regen kommt

Träge Wolken ... langsam rollen ...
grau und schwer ... – ... aufgequollen ...
es ist ei Wolkenmeer ...
Die Tropfen
fallen ... prasseln ... tropfen ... rasseln auf
den Boden ...
nass und kalt ... treffend auf Asphalt ...
Der Wind der durch die Gassen schwebt ...
die Stadt sie scheint wie unbelebt ...
die Zeit vergeht ...
der Wind – er weht ...
durch die dicken grauen Wolken ...
scheinen nun die sanften Strahlen ...
glitzernd ... leuchtend ... wärmend ...
fegt das Licht der Erde...
zwischen Gassen, Straßen, Wegen ...
den Geist des bösen Regen
gekonnt und raffiniert ...
endlich fort aus diesem Dorf ...
und der ungeliebte Regen...
geht nun woanders seine Wege ...

Svenjj111 * 1996

Herbstgewitter

Rote, bunte Blätter strahlen
Feuer in der Dunkelheit
Wärme für das Auge
Im Auge des Orkans
Verwüstung
Tränen – Trauer

Danach der sanfte Regentropfen
Streichelt müder Seele Haupt

Olivera Svitlica * 1979

Dein Fehlen

Du warst mein Afrika, der Ort meiner
Inspiration,
doch nun ist auch er fort, dieser winzige
Trost.

War in Not, denn du wünschtest mir nur
noch den Tot.
In dieser Zeit waren Tränen Wasser und
Kummer mein Brot.

Ich fiel wie der Baum unter dem wir saßen.
Ich bin zerbrochen.
Liebte deine Locken, doch heute gibt es
nichts mehr zu hoffen.

Fühl' mich leer und verbraucht, vielleicht
hab ich zu viel geraucht.
Langsam wache ich auf und merke, es war
alles nur ein Traum.

Der Sand verläuft und unsere Spuren
werden verwischt.
Spuren der Erinnerung verdrängen wir,
doch vergessen sie nicht.

Ich ersticke. es frisst mich, dass dein Blick
mich nicht trifft.
Ich greif zum Stift, denn ich hab mich
längst nicht mehr im Griff.

Du und deine Freunde, wieso habt ihr mich
bloß ausgelacht?
Ich verzeih dir. Geh deinen Weg. Pass' auf
dich auf mein Schatz.

Glaubst du mir, dass ich dich für dich
gestorben wär'?
Ich bin doch nur irgendwer, also mach dir
keine Sorgen mehr.

Die Liebe wandert, wie Wanderer, die am
    Pfad gehen.
Ich steh am Gipfel und möchte springen.
Ich kann das Tal sehen.

Jeden Tag leb' ich damit, dass du jetzt für
    immer weg bist.
Ich war dein Fels in der Brandung. Wer
    hätte gedacht, dass der Fels bricht?

Taiga * 1995

Herbstliche Luft

Herbstliche Luft – Quelle der Trauer, des
    Trostes,
Fallen zu Füssen dir Blätter in Farbe des
    Rostes,
Tief hängt des Himmels verfilzte und graue
    Wolle,
Einsames Kind, was ist noch mehr zu
    wollen,

Als so allein durch den Herbst mit dem
    Wind zu treiben,
Lieber als dich an den And'ren blutig zu
    reiben,
Auf das Rascheln hoch in den Kronen zu
    lauern,
Dich keinem Menschen und keinem Tier
    anvertrauen,

Rote Ahornblätter zittern und schweben,
Voll süßen Saftes Trauben in gelben Reben,
Ruht letzter Sonnenstrahl auf fröstelnden
    Weiden,
Weben und schneiden die Parzen, weben
    und schneiden.

Lass dich wie Laub unter Windböen beben,
Dich aufsaugen lass wie in den
    Spinnenweben,
Was willst du denn ein Menschenkind
    umarmen,

Wenn der Herbstwind in ungeheure Arme
Schließt dich. Was sich da zusammenbraut ...
Braus davon, des Windes, des Herbstes
    Braut

Tata P. * 1970

Spät im Jahr

Wind trägt Blätter, die sich wagten
von der Mutter abzutrennen,
von der moosbedeckt Betagten,
um sich dann stolz Laub zu nennen.

Selbst in später Jahresphase
ist die Sonne noch zu spüren.
Aus dem Moor entfliehen Gase,
die zur Lufteintrübung führen.

Reste von versprengten Blumen
aalen sich im trüben Lichte.
Glitzern nachts der Erde Krumen,
wird der Sommer schnell Geschichte.

Und es wechselt die Kulisse,
letzter Akt im Jahresbogen.
Schnee bedeckt nun all die Schmisse,
die vom ersten Frost gezogen.

Volker Teodorczyk * 1953

Herbstmorgen

wenn in der Stille des Morgens letzte
verspätete Blätter eine glitzernde Reifdecke
von sich streifen, zieht rastlose Zeit
an nebelverhangenen Fenstern
Vorhang um Vorhang langsam empor.
Lichtflutend die ersten Stunden,
bricht sich die Sonne in gelben und roten
Blätterkristallen, färbt schlanke Stämme,
Buche, Kiefer, Herbsttöne matt, schwarze
Schatten tragen ungewohnt lange Kleider,

verhallt sind die letzten Schritte des Sommers.
Im Herbstwind treiben kleine Inseln,
Heidekraut, Laub, verlorene Blüten,
die Erde sammelt verbliebene Kräfte,
das Mauerwerk darf sich nur kurz erwärmen
im langen Tag, sternklare Nächte fordern
Wärme zurück, unerbittlicher Kreislauf,
vom Kalender fällt Blatt für Blatt,
im Regen, im Wind, im Nebel.

Manfred Thierling * 1944

Zwischen Sommer und Winter

Ein Schleier aus grau wird vorübergehend
 Farbe
ein strahlendes Matt lässt das Leuchten
 vergehen
ein Himmel aus blau hinterlässt eine Narbe
erhaben und glatt, berührend und schön

Die Wärme verändert, sie nennt sich jetzt
 Kühle
die Brise erwachsen; ein prächtiger Wind
die Sehnsucht nach Ferne nimmt schwere
 Gefühle
ich genieß es zu lachen, wie ein glückliches
 Kind

Gedämpft sind die Klänge, die Fenster
 verschlossen
die Tage scheinen kürzer, weil das Licht
 früher geht
ich kämpf gegen Enge, all die Grenzen
 zerflossen
die Lage verführt zwar, doch die Freude
 besteht

Und ich ziehe den Schleier weit über die
 Stirn
ist er aus Gottes Hand, oder aus Teufels
 Zwirn
Baum ich seh' dich da draußen, wie du
 Blätter verfärbst
Raum für schöne Gedanken – ich will raus,
 es ist Herbst

Kolja Thomsen * 1975

Seelenfarbe

Farbenpracht im ganzen Lande,
im stillen Wald, am Wegesrande,

unten am Bach und an der Donau entlang,
mit jedem Schritt und bei jedem Gang,

seh' ich die Farben der hochwachsenden
 Bäume,
und bewahr' sie bis in meine ewigen Träume.

Bunte Blätter, wohin ich auch seh',
sie trösten mich stets, wo ich auch steh'

Erfreu' mich über Tage lang, immer wieder
und schreib ihre Farben in meine Seele
 nieder

Mein Herz erhält sie zu jeder Jahreszeit,
und sanft umhüllt das Blätterkleid,

meine Muse und mein Glück
und ich denk' mich in den Herbst zurück,

wenn Sommerstürme mein Gemüt
 verstimmen,
und die Wintertage meine Freud'
 erklimmen.

ThoRan * 1989

Das Blatt

Vorgestern
es noch am Baume hing,

das Blatt
grün, satt

gestern
es ganz verändert war
rot gerändert
gelb geflammt

heute
es der Wind zum Tanze lädt
das Bunte
purpurn leuchtende

morgen
es auf der Erde liegt
das Blatt
braun, matt

streut schlaf in meine
augen
glücklicher
mein
zorn
wird erst
erwachen

Andreas Till   * 1964

Christa Thüring   * 1955

Herbstzeit

Vorbei die Tage der Blütenträume,
geheimnisvolle, kühle Nächte,
Gespensterreigen weit und breit,
der Herbst, er ist bereit.

Hoffen auf ein paar güldne Tage,
eingehüllt in samten Glanz,
stürmische Winde über Felder ziehen,
Blätter von den Bäumen fliehen.

Nebelschwaden steigen auf,
verschlingen Berg und Tal,
von nah und fern kein Laut erschallt,
unendliche Stille, kein Widerhall.

Verhüllte Gräber, ewige Ruh,
befreite Seelen tanzen durch die Zeit,
Mensch begreife, dass du vergänglich bist,
genieße den letzten Augenblick.

Anita Tiedau   * 1949

Engel fallen

herbst
wenn deine engel fallen
ich werde sie nicht trösten
deine kommende
dunkelheit

Ein Blatt im Wind

der Winter, Frühling, Sommer ist
   gegangen, der Herbst hat wieder
   angefangen.
Sitze auf der Bank im Walde, lausche den
   Blätter die da fallen.
Denke wie schnell geht doch die Zeit
   vorbei,
bald ist schon wieder ein Jahr vorbei.

Den Blütenzauber der Natur, genieße ich
   und denke nur,
es ist schön dies noch zu sehen
bin dankbar noch ohne Hilfe durch den
   Wald zu gehen.

Freue mich, der Herbst ist da, die Blätter
   tanzen kunterbunt, leuchtend in allen
   Farben
um mir im Wald zu sagen, sehe wie wir
   fröhlich sind,
auch wenn unser Grün nun schwindet und
   wir uns bunt im Kreise winden.
Wir Blätter im Herbst sind trotzdem noch
   da
So geh ich getrost meinen Weg, denn ich
   weiß im nächsten Herbst, bin ich
   wieder da.

Marion Tillmann

Der Geist des Waldes

Knarzend harzig
Wabblig warzig
Stolzier ich verdutzt durch den Wald

Atme wie Rinde
Bis ich verschwinde
Nur mein Gelächter noch hallt

Tollkühn, borkig
Skeptisch, torklig
Dopse ich in mich hinein

Irgendwann wage
Ich sicher die Frage
Nach meinem Sollen und Sein

Tok * 1994

Herbst

Der letzten Blätter holden Pracht ich tue
    sehen,
und an der wärmend Sonne ich mich tun
    erfreuen,
jetzt, wo ich am Ende meines Lebens tue
    stehen,
muss ich bekennen, dass ich einiges muss
    bereuen.

Auf des Lebens Reise waren mir begegnet,
Menschen, die von Verschiedenheit geprägt,
die mich mit wahrer Zuneigung haben
    gesegnet,
sodass Hadern mit Gott ich niemals hab'
    erwägt.

Und doch sind einige Träume unerfüllt
    geblieben,
die hätten bringen können manch
    seelischen Gewinn,
auf dass zu höherer Leistung ich mich hätt'
    getrieben,
was gegeben hätte meinem Leben einen
    tieferen Sinn.

Doch Hoffnung ist es, die in mir tut leben,
dass viele Stunden mir sind noch beschert,
in denen ich noch viel Schönes kann
    erleben,
und tiefe Glückseligkeit sich in mir
    vermehrt.

Ach Gott, lass es doch einige Menschen
    geben,
die sich an mich und mein Leben erinnern
    tun,
wenn schon lange ich nicht mehr tue leben,
und in kalter Erde ich dann werde ruhen.

Renate Tomek * 1963

Herbstgefühl

Wenn verzaubert jeder Blick und Blätter
    leuchtend schön
sprachlose Farbenpracht
sich unausweichlich zeigt, kann nur ein
    Wort vereinen
und keinem, der Herbst ist nun erwacht.

Millionenfach suchen sich Blätter ihre
    Geschichte
vom frühem sanften Grün sich stetig
    wandelnd
bei nahem Herbstwind, tobend, tanzend,
    handelnd
zu jeweils einem eigenen Gedichte.

Ein jedes Blatt muss kämpfen um sein
    eigen Licht
und weiß nicht wo sein Platz bestimmt, die
    Zeit verrinnt
und in satten Farben, in Sturm und Wind
merkt es nur, die Zeit steht nicht.

Jetzt ist es da, das reife Sein
bunt ist es, erfreut ein jedes Auge, mit
    tosendem Applaus
vergisst man schnell, wie nahe es ist, das
    Aus
doch gestern erst war alles klar und rein.

Ein Blatt erlebt nur einen Herbst, eine
  Welt, einen Baum
doch tausend Farben sind nur ein Teil des
  Ganzen
ich fühl mich grau und dort sind nur
  einfache Pflanzen.
Ist Herbst ein Ende?, oder doch für einen
  neuen Anfang, neue Zeit und Raum.

Sieglinde Tontsch * 1957

Herbst

Ein kalter Wind durchweht das Land,
die Bäume senken ihre Zweige,
die Sonne, die so warm gebrannt,
verlor die Kraft in düsterer Neige,
jedoch die Farbenpracht der Blätter,
ein jeder Baum sieht anders aus,
erfreut das Herz auf eine Weise,
erwartungsfroh wie eine Reise,
den neuen Tag erhoffen lässt,
so wie der Frühling, Sommer, Winter,
gehört zum Leben auch der Herbst,
das Rauschen in den Baumes Zweigen,
erklingt mir fast wie ein Konzert,
ich hör es gerne – immer wieder
und freu mich auf die Jahreszeit,
das Jahr, es geht nun bald zu Ende,
geh in Dich Mensch und sei bereit.

Toscana * 1953

Herbst

Wie traurig doch der Herbstwind weht, da
  alle Blätter fallen,
auch dies Jahr sieht er, wies vergeht, so
  ging es ja mit allen.
Und immer pustet er umher, und kann
  nicht recht begreifen,
wie mal vergeht das falbe Laub und mal
  neue Knospen reifen.

Thomas Treichel * 1985

Abschied

Mein letzter Spaziergang im roten Kleid;
Leb' wohl, du Sommernacht!
Was noch übrig bleibt, verwelkt rasch vor
  Leid;
Ein fahler Mond heut' lacht.
Was warm war wird kühl, die Röte wird blass;
Der Herbst hält nun bald wacht.
Das Grüne wird gelb, die Erde ganz nass;
Leb' wohl, du Sommernacht!

Die Vögel, sie schrei'n, geben Heimweh kund;
Der Abschied fällt so schwer.
Die reifen Früchte sind prall und sind rund;
Ein warmes Farbenmeer.
Ach, könnte ich folgen, sie gar versteh'n;
Der Himmel ist so leer!
Ein letztes Mal will ich Mohnblumen seh'n;
Der Abschied fällt so schwer.

Tyna

Herbst meines Lebens

Der Herbst des Lebens
Ist für mich eine Qual.
Ich müh' mich dagegen vergebens,
Doch hab' ich eine Wahl?

Unerbittlich verrinnt die Zeit.
Die Lebenssäfte schwinden,
Wie Bäume verlieren ihr Blätterkleid.
Im Herbst fällt das Laub der Linden.

Dahin der stolzen Jugend Kraft,
Zerstörerisch wild mit großer Gewalt.
Wie Bäume drosseln ihren Saft,
Wenn der Winter sich ankündigt bald.

Mit der Sonne ersten warmen Strahlen
Im Frühjahr zeigen sich bald Knospen
  grün.
In voller Blütenpracht sie im Sommer
  erstrahlen,
Werd auch ich hernach zu neuem Leben
  erblüh'n?

U.W. * 1958

Herbst

Das gefärbte graue Haar leuchtet
  Kastanienrot in der Oktober Sonne.
Das Herz hat im letzten Winter den Herbst
  ihres Lebens eingeläutet.
Die Zeit des Abschieds beginnt.
Viele Dinge sieht sie ein letztes Mal.
Wie oft wird die Sonne noch für sie
  aufgehen?
Wie oft die Vögel noch für sie singen?
Wie oft wird sie noch das Lachen ihrer
  geliebten Enkel hören?
Fragen die traurig machen und doch von
  Liebe getragen sind.
Denn wer weiß schon wann aus dem
  Herbst ein Winter wird.

Antje Ulbricht * 1975

Vielfalt

Nebel über den Wiesen, Nebel zwischen
  den Häusern.
Nebel umgibt mich wie ein schützender
  Mantel.
Nebel dämpft alle Geräusche um mich
  herum –
gefundene Stille, langsamer Pulsschlag,
Ich bin für mich allein, bin ich einsam?

Einzelne Sonnenstrahlen durchbrechen die
  Stille Mauer.
Die Geräusche nehmen zu, schmerzen in
  meinen Ohren.
Doch das Auge erfreut sich an der
  erwachenden Natur.
Blätter leuchten rot und gelb in der Sonne.
Auf abgeernteten Feldern lassen Kinder
  Drachen steigen.
Letzte Zugvögel kreisen.

Ein ganz normaler Herbsttag. In
  Mitteleuropa.

Barbara Ulmer

Wenn du müde bist

Wenn Du müde bist, dann lass Dich geh'n
Lass dich ganz sanft in Arme fallen
Lass die Welt nach Hause gehen
Und die Gedanken auch

Wenn Du müde bist, erlös die Welt
Und lass auch ab von Dir und mir
Wart' bis der Schlaf Dich weich umfängt
Und geh' ins andre Land

Wenn Du müde bist, dann gräm' Dich nicht
Es gibt jetzt gar nichts mehr zu tun
Ich seh' dich und erkenn' Dich nicht
Und hoffe, es ist gut.

Christiane Ulmer-Leahey * 1958

Abschied

Der späte Herbst senkt sich ins Land.
Die Pappeln winken müde Abschied
zu den weißen Wolken, die keine Male
nahen Todes tragen.

Die Astern strömen ihre letzten Farben
in das herbe Licht, und bitterer
Nesseln Duft legt sich auf Wege,
die schon still sind.

Der spitze Chor der Stare
kündet Hast.

Nur eine Rose, die noch üppig ist
von satten Tagen, sie nimmt
die Trennung noch nicht wahr.
Ihr scheint in ihrer Schönheit
Schwere fremd zu sein.

Der Frost hockt schon
im frühen Abend
und wartet leis,
das Sterben
zu vollziehn.

Holde-Barbara Ulrich

Herbstlich

Baum und Busch lauschen,
Eichhorn huscht,
Ein Reh auf der Flucht
Als wir zusammengekuscht
Sanfte Küsse tauschen schreckten.
Nun Heide bist du leer,
Spuren verweh'n,
Noch ist zu seh'n,
Da Kiefernfächer
Uns're Körper deckten ...

Carl Louis Unger * 1945

Herbstblues

Graue Tage – Seelennebel
Blätter wirbeln durch die Luft
Regen trommelt an die Scheibe
es ist der Herbst der nach uns ruft

Viele Herzen sind nun schwerer
hören die Abschiedsmelodie
doch den, der träumend Stille sucht
verlässt die innere Sonne nie

Ursula Urban * 1949

Blätter

Blätter liegen am Boden,
ein Teppich des trauernden Sommers.
Blätter liegen am Boden,
braun von der färbenden Kühle
herbstlicher Winde.
Blätter liegen am Boden,
widerspiegelnd
den sterbenden Sommer.

Boris Vahl * 1968

Der Herbst

Mit weitem grauen Kleid kommt der
    Nebel und verkündet die Zeit.
Rauschend und seufzend singt der Wind,
es freut sich das ewige Kind.

Hörst von weiter Ferne ein Lachen,
denn endlich steigen die Drachen.
Ohne Reue viele Stunden
im Kerzenschein die liebsten Bücher
    erkunden.

Angemalt wie von Zauberhand sind alle
    Bäume.
Man könnte sagen man träume.
Leuchtend in den verschiedensten Farben
    stehen sie da.
All die schönen Blätter, wie wunderbar!
Der Herbst ist endlich auf dem ganzen
    Land
und ich schaue zu wie gebannt.

Zeynep Varal * 1985

Der Schritt des Herbstes

Der Schritt des Sommers rennt in meinem
    Leben,
ich renne mit, mache, schaffe und habe zu
    geben.

Doch kürzer wird die Zeit,
morgens länger Dunkelheit,
abends kann ich nicht mehr so viel tun,
bin müde, erschöpft, muss ins Bett und
    ruhn.

Was ist mit mir? Was ist nur los?
Zucchini, Pflaumen, Quitten eingekocht,
    gibts Äpfel bloß.

Die Blätter an den Ahornbäumen,
als würden sie von andern Zeiten träumen,

werden braun, fallen, rollen sich ein,
Kastanien geschmeidig fühl ich in Händen
    mein.

Viel Regen tränkt durstigen Staub,
meine Füße rascheln durchs bunte Laub,
langsamer wird mein Schritt.
Der Herbst bremst, mich bremst er mit.

Andächtig steh ich unter so viel
    Sternenlicht,
selbst Straßenlaternen löschen es nicht.
Unendlich der nächtliche Himmel und klar,
ich atme kühle frische Luft – der Herbst
    ist da.

Kalinka Villhauer

Im Herbst

Endlich kühler nicht mehr brennend
Bläst der Wind mit Herbstes Kraft
Kinder sammeln bunte Blätter
Froh und glücklich wird gelacht

Letzte Früchte Fallen nieder
Halb verfault tut nichts mehr blühn
Apfel, Kirsche, Pfirsich, Flieder
Jeder sich nun rüsten tut

Jungs und Mädchen gehn spazieren
Laufen Hand in Hand durchs Feld
Ihre Haare wehn im Winde
Erster Kuss, nebst erster schell

Neigt sich's nun dem End' entgegen
Wird das Wetter kalt wie Eis
Fällt der Regen nicht als Wasser
Fällt als Schnee, sprichwörtlich weiß

Johannes Vogel   * 1998

Herbstwehen

Im Herbst des Lebens
fallen die Träume
und Wünsche
wie welkes Laub von
den Zweigen der Seele.

Mögen die erkalteten
Winde der Jugend
sie tragen und
ihre Farben leuchten
dem dörrenden Geist.

Melanie Völker   * 1980

Herbstzeitlose

Wär ich doch nie im Glück hier gegangen.
Bald fällt darauf Schnee.
Ich könnte den Herbst und die Welke
    besingen,
ging durch Alleen völlig unbefangen
und müsste mein Herz nicht in Sicherheit
    bringen.
Doch es tut so weh.

Kalt legt sich bald eine Hand auf das Land
aus Stille und Schnee, wie die Zeit über
    Leid –
doch manches bleibt.
Was je eine Seele empfand,
kehrt heim in die Stille und weint,
wenn es draußen schneit.

Péter Lukács   von Tresz

Herbsttag

Fahles Licht,
die Bäume schweigen,
nur der Nebel tanzt im Reigen,
mit den bunten Blättern,
die im Wind und Regen nun,
sich dem Tod zu neigen.

Blumen blühn am Wegesrand,
schmücken sich mit Farben.
ob sie alle, so wie ich,
nach der Sonne darben?

Birken grüßen überall,
golden ist ihr Kleid,
da, ein kleiner Sonnenstrahl,
macht die Seele weit.

Rudolf Wagener * 1947

Ein Glied der Natur

Ein Raunen geht durch das Gartenbeet
weil der Herbst vor dem Gartentor steht,
weil er seinen Obolus einfordert, hier und
    jetzt,
veranstalten die Pflanzen ein rauschendes
    Gartenfest.
Es wird geputzt, geschrubbt und poliert
und dem Herbst ein atemberaubendes
    Schauspiel serviert,
mit den verschiedensten Farben wird die
    Natur gestylt,
der Sommer ist mit einem weinenden Auge
    zum Gehen bereit,
mit einem lachenden Auge zwinkert er
    noch zurück,
er weiß, in der Zukunft liegt sein ganzes
    Glück,
er kommt wieder, es ist nur eine Frage der
    Zeit,
denn er ist ein Glied, in der Natur der
    Unendlichkeit.

Brigitte Wagner * 1950

Der Sturm

Der Sturm umweht die Pavillons
die Bäum' die biegen sich
– zu allen Seiten.
Die Blätter fangen an zu fliegen
wirbeln wild umher.
Der kalte Wind kühlt mir die Ohren.
Ich fühle mich: wie neu geboren.
Vergnügt geh' ich spazieren –
es tobt so laut der Wind
und um nicht zu erfrieren
lauf' ich geschwind
– zum Basisraum.

Julia Wagner * 1991

Schritte durchs trockene Laub

Wie eine Klage ein lautes Rascheln
ein letztes Lebenszeichen
bevor der Wind alles verweht
und im Dickicht begräbt

Katharina Wagner * 1941

Blättertanz

Ein Ahornblatt fällt mir zu Füßen.
Es sieht wie kleiner Engel aus
der nun versucht die Erd' zu küssen,
umarmend sein vertrautes Haus.

Der Herbst umfängt ihn vor der Reise
und läuft dem Winter in den Arm.
– Ich muss jetzt gehen – sagt er leise.
– Doch tanz mit mir! Es klingt so warm ...

Die Blätter bilden eine Runde
und kreisen langsam durch die Luft.
Ein Walzer für die letzte Stunde.
Des Lebewohls ein süßer Duft.

Tanja Wagner

November

Der Wind – er rüttelt
an den Seelen
wirbelt auf
den Staub der Zeit

Gebt die Blätter
Eure Toten
ihm zum
stürmischen Geleit

Weckt der Abschied
Wehmut auch
im gebrannten
kleinen Herz

Lassen heißt
Vertrauen wagen
Lebewohl –
Geliebter Schmerz

Ulrike Wagner   * 1977

Herbst

Dies ist ein Tag,
wie ich ihn selten sah,
so sonnig,
strahlend,
wunderbar – !
Ich blieb ergriffen und staunend steh'n.
Ein Farbenrausch,
wie ich ihn zuvor noch nie geseh'n.
Doch bald schon, leider, wart's nur ab,
weht der Wind die Blätter von den
   Bäumen herab.
Sie tanzen, drehen sich im Kreise,
bunt gefärbt und leuchtend schön,
aber, wie traurig hab' ich sie geseh'n!
Verwelkt ruh'n sie am Boden dann,
niemand schaut sie staunend an.
Als Laub fegt man sie einfach weg
und ächzt und stöhnt:
„Ach, welch ein Dreck!"

Edda Waimann

Für den Herbst

Verzweigte Äste zeigen Geduld
Die Sonne erleuchtet den Himmel
Von voll zu voller und ohne Schuld
Reckt Schönheit ins Wolkengewimmel

Sprießen Gefühle aus Trockenheit
Wo nie durch Wasser berührt
Schwinden Ängste durch Hoffnung hinfort
Die rauschende Blätterflut führt

Der Herbst in bunten Farben
Den springenden Winde entfacht
Das Herze tanzt und taumelt
Wenn Seele sich freut und lacht

Wanda Wälisch   * 1997

Expérience

Wenn bunte Schirme vom Mars
den Turm beschauen,
wenn der Regen von L'église
auf den Boulevard auftrifft

Wenn feine Blätter
über den Montmartre schweben,
wenn Sonnenflecken
auf den Gräbern Père-Lachaises tanzen

Wenn alte Melodien
aus der warmen Metro steigen,
wenn Kinder
vor der großen Oper betteln

Wenn tausend blitzende Roller
die Madeleine verstopfen,
wenn Käse vom Baguette
auf den Bordstein tropft

Dann stehen auch Menschen vor den
   Pyramiden
– und es ist Herbst in Paris.

Paula Wand   * 1995

Herbstlied
Griechische Nächte

Dahin! Dahin die schöne Zeit,
Dahin die stillen Nächte.

Als spät noch wir bei Knossos saßen,
Souflaki mit Retsina aßen.

Als ernst und groß des Mondes Rund
dort hinten in der Ecke stund.

Andreas Wartha * 1966

Herbst

Ich hab den Herbst im Sonnenglanz
  gesehn,
ein Bild voll Wehmut und voll Eleganz,
ein goldnes Farbenspiel im Lichterglanz -
ich sah noch keine Jahreszeit so schön.

Nicht frisch und jugendlich wie
  frühlingsgrün,
nicht lachend, wie die farbenfrohen Blüten,
wenn sie von Übermut und Hast
  getrieben –
nein, Stille, in der tausend Feuer glühn.

Ein unbeschreiblich buntes Blättermeer,
gemalt von spätem Licht und
  Schattenspielen –
ein Hauch voll Träumereien und Gefühlen,
und in der Freude ward das Herz mir
  schwer.

Denn bald schon werden kalte Winde wehn
und werden die verwelkten Blätter treiben,
doch wird das Bild in meinem Herzen
  bleiben –
ich hab den Herbst im Sonnenglanz
  gesehn.

Erwin Weber * 1939

Herbst

Sommernachtsträume verfliegen mit dem
  Wind,
erste Stürme sich verdichten, der Herbst
  beginnt.
Nachts fallen die Temperaturen gegen
  Null,
wenn das Mondgesicht erstrahlt klar und
  voll.

Der Bauer mit Mühe seine Felder leert,
die Früchte des Fleißes von allen begehrt.
Erste Blätter fallen bunt bemalt,
der unsichtbare Künstler wird nie bezahlt.

Kastanien und Eicheln zum Basteln beliebt,
auch die Früchte des Waldes von Sammlern
  geliebt.
Künstlerhände erschaffen fantasievolle
  Kreationen,
beleben kürzere Tage in schönsten
  Variationen.

Bunte Drachen steigen hoch in die Lüfte,
erfüllen Kinderseelen durch der Natur
  Gelüste.
Und Schwärme von Vögeln in den Süden
  fliehen,
schon bald ein Winterkleid die Lande
  überziehen.

Reize der Jahreszeiten oft in Nebel gehüllt,
in der Vielfalt der Natur unsere Herzen
  erfüllt.
Das Leben im Frühjahr wieder neu
  erstrahlt,
wenn Sonnenglanz vom Himmel prahlt.

Heinz Weber * 1953

Morgengrauen

Ein Schwarm Krähen,
Hitchcock gleich,
in der Luft
über mir.

Hundertfache Stimmen,
schwarzer Flug
im Wolkengrau:
Die Vögel –

Auf kahlen Ästen,
nackten Bäumen;
kalter Regen,
Flügelrauschen;

Wirbel in der Luft
steigen zum Himmel,
stoßen hinab –
und ziehen vorbei.

Maria Weberknecht   * 1985

Ein Lächeln im Herbst

Zwischen Regen und Laub,
Im Sturm dieser Zeit,
Im Herbstregen zu zweit,
Schlagen zwei Herzen ganz laut.

Prasseln am Fenster macht taub.
Ich hör kein Herz, tut mir leid.
Die Liebe hat keine Zeit.
Die Tage kurz, dass Licht ist geraubt.

Doch im kurzen Schein seh' ich,
Wer da vor mir steht,
Und ich spür' der Wind dreht sich.

Das Herz ist belebt,
Du lächelst mich an,
Und der Regen vergeht.

Philipp Weigelt   * 1992

Herbst

Das Video siehst du noch als ob es gestern
    wäre
Du merkst das Leben wird plötzlich ernster
Kannst du ihm Danke sagen
Ertönen längst vergessne

Orte wo nur
Einsamkeit
Schwermütige Lieder
Singt

Mit deinen Haaren spielt der Wind
Padam padam padam
Wenn im Herbst
Die letzten lila Astern blühn

Ziehn Gedanken dich
Bald himmelwärts und statt
Memento mori
Denkst du vielleicht

Merci merci Chérie
Schritte knirschen auf den Kieseln
Mischen sich mit toten Blättern
Rascheln leise sanft

Robin Wellenkamm

tiefe Herbstsonne
rascheln zu meinen Füßen
flüchtiges Glück

Gesine Wenzel   * 1960

Der Zugvogel

In der Wüste traf das Dromedar
Endlich wieder Meister Adebar.
„Bei uns ist es schon seit Wochen kalt.
Darum mache ich bei Dir jetzt halt",

Der Storch dem Wüstenschiff erklärte.
Somit das Wiedersehen sich jährte.
Denn jedes Jahr vor der Winterszeit
Weiß er, es ist wieder höchste Zeit,

Zu fliegen in warme Gefilde,
Wo die Temperaturen milde.
So trifft er alle Jahre wieder
Mit seinem zerzausten Gefieder

Seinen alten Kumpel Dromedar
an der Oase, „unserer Bar",
wie das Dromedar freudig erregt
mit großer Geste zu sagen pflegt.

Wochenlang feiern sie Wiederseh'n,
Bis der Storch sagt: „Ich muss wieder geh'n."
Sagt das Dromedar voller Sorgen:
„Mach's gut! Komm' wieder gut nach Norden!"

Armin Wertz * 1945

Herbstglanz

Vögel fliegen in die Weite,
Blätter fallen von den Bäumen,
Landen an des Weges Seite
Es wird Herbst und Zeit zum Träumen.

Und die Regentropfen fallen,
Geheimnisvoll und still auf mich.
Graue Nebelschwaden wallen.
Heute aber stört es mich nicht.

Mit dem Regen eins geworden,
Mit diesem Herbste mich versöhnt.
Vergangen sind nun meine Sorgen.
All dies' ist nun nicht mehr mein Feind.

Der Herbst erstrahlt in deinem Glanze,
Du machst mein Leben vollkommen,
Dass ich nun im Herbstregen tanze.
Hast all die Dunkelheit genommen.

Anna Wesemeyer * 1996

Herbstwald

Sommerabschied, Farbentraum,
Augenweide jeder Baum.
Herbstfarben leuchten bunt im Sonnenschein,
und die letzten Sonnentage leiten sanft den Winter ein.
Der Wind noch mild, wird langsam kalt,
Wintertage kommen bald.

Elvia Christina Westphal * 1941

Herbstgedanken

Herbstlaub fällt auf den Straßen nieder,
mein Herz schreit nach Dir – immer wieder,
der Wind er weht ein leises Lied,
ich bin so froh, dass es Dich gibt.

Die Straßen sind so kalt und leer,
ich denke an Dich – mein Herz wird so schwer.
Der Regen weint mit mir um die Wette,
es wäre so schön, wenn ich Dich bei mir hätte ...

Herbstgedanken – ich halte sie fest,
damit du mich niemals verlässt.

Kalter Wind weht mir entgegen,
ich möchte nicht ohne Dich leben,
die Mütze tief ins Gesicht gezogen,
ich hoffe Du hast mich nie belogen.

Herbstgedanken – ich halte sie fest,
damit Du mich niemals verlässt.

Du bist der Mensch, dem ich vertraue,
Du bist der Mensch, den ich verstehe,
und frage mich, wann ich Dich wiedersehe ...

Katahrina Weuthen

Herbst (2013)

In den Herbst steck' ich meine Hoffnung,
in die bunten, welken Blätter.
Auch wenn sie sterben, ihre Schönheit,
hält bis sie am Boden landen.
Und sogar das Fallen nenn' ich gerne:
Schweben; bei solcher Eleganz.
Bis zum Frühling warte ich, bis neu
die Bäume saftig, grün aufleben.

Axel Wiche   * 1989

Pusteblumentage

Manche Tage blühen wie der Löwenzahn,
Hell und grell, und ihr lauter Duft
Sticht heraus aus dem grünen Einerlei.
Andere sind wie Pusteblumen,
Wenn der Herbst anfängt:
Grau, verblüht und ausgefranst.
Aber diese sind es, die ich pflücken will:
Sie segeln davon, um anderswo
Neue Blüten zu tragen.

Christina Widmann   * 1994

Südlicher Herbst

Vogelschwarm, verschreckt,
unter Wolkenhimmeln,
kühl seufzt der Wind.

Kreuze des Südens so grau,
reglose Regenreise.
Von Bergesferne droht Schnee,
die Palmen frösteln.

Astrid Wieder

Herbstlied

Zwischen Sommer und Winter
Zu der Zeit der Ernte und des Blätterfalls
Hört man mit jedem Schritt
Das Abschiedslied des Waldes

Der dumpfe Aufprall der Kastanien
die schwer zu Boden fallen
und mit einem Klacken
aneinander prallen

Das Rascheln des rostigen Laubs
Das wie ein Teppich die Bäume umringt
Die schnüffelnde Nase des Igels
der mühsam durch das Dickicht dringt

Das Knacken der fast kleiderlosen Äste
Die sich schwerfällig den Stürmen
    widersetzen
Und in der Abenddämmerung das
    Schnattern
wenn von den Zugvögeln die letzten
in den Süden ziehen.

Sabrina Wiegand   * 1995

Der Herbst lehrt es ...

Der Herbst hängt schon auf alle Blumen
    Tränen,
denn es ist spät,
weil es, statt nach dem Frühlingssehnen,
ans Abschiednehmen geht.

In jungen Jahren war all dies kein Thema:
Wir stürmten in die Welt
und hatten jeden Tag ein anderes Schema –
das war's, das zählt!

Die Jahre flogen schneller als Raketen
nur so dahin.
Und mancher lernte wiederum das Beten,
fand darin Sinn.

Ein anderer, der wollte vorwärts streben,
griff nach des Lebens Krug.
Er wollte noch die Welt aus allen Angeln
   heben –
doch das war Trug!

Es muss erst Herbst in unserem Leben
   werden,
dass man versteht:
Ein jeder Mensch ist nur ein Gast auf
   Erden,
der kommt – und geht ...

Martha Willinger * 1928

Herbst

Der Herbst hat bereits Einzug gehalten,
meine Gefühle sind „gespalten",
mehr Wind und weniger Sonne,
sind nimmer meines Herzens Wonne,
kurze Tage und nächtliche Kühle,
nehmen mich ganz schön in die
   Zwickmühle.
Die Vögel haben ihren Gesang eingestellt,
die herbstlichen Töne und die
   farbenprächtigen Blätter „regieren"
   die Welt.
Eine warme Stube und ein heißer Tee auf
   einmal zählt,
hab' ich doch lieber den angenehmen
   Sommer gewählt,
kann ich mir's auch nicht aussuchen,
sollt' ich doch versuchen,
jeder Jahreszeit ihren Reiz abzugewinnen,
denn dieser Kreislauf wird jedesmal wieder
   neu beginnen.

Elfriede Winkler * 1956

Der Sinn

Blätter, Blumen, kleine Zweige
sterben leise vor sich hin.
Schritte rascheln, Reste rieseln
und man fragt sich nach dem Sinn.

Luft und Winde wehen Kälte,
alles Leben muss mal gehn.
Menschen zweifeln,
Menschen fragen,
es ist sehr schwer zu verstehn.

F.X. Wittmann * 1972

C * * * * *

so unerreichbar Schönschein
fatales Fünfsternbild
riskant rasend Höher
zum Springen Gegenbeben
verheerender Einschlag
unerbittlich Durchunddurch
vibrierend offener Impuls
Koma heißumfangen
aus glühendem Feuerschweif
brechen per se Ideen frei
Aufgabe und Erfüllung
das ganz große Großeganze

genialer Geist
T U E S
lass Deine Seele brennen

D I V E I U L I

Susanne Wolf * 1974

Erntezeit

Längst stand die Sonne im Zenit,
des Lebens Tage sind verblüht.
Die Seele macht die Flügel breit
zum Abschied – es ist Erntezeit.

Gerhard Wolff * 1939

Herbstzeit

Herbst, mit jedem deiner Tage
Stirbt das Jahr ein wenig mehr,
Hin zum Dunkel sinkt die Waage
Und die Nächte werden schwer.

Nebel schleicht verschämt ums Haus,
Legt sich träg auf leere Fluren –
Niemand geht mehr gern hinaus,
Lauter ticken alle Uhren.

Selten, dass noch ein, zwei Stunden
Warmen Strahls die Sonne blickt,
Nachmittag ist sie verschwunden;
Faules Obst am Boden liegt.

Herbstgerüche, Krähenraub:
Der Verfall greift nach uns allen
Und der Bäume buntes Laub,
Es beginnt bereits zu fallen.

Wolfregen

Rückblick

Dicht steht der Nebel über'm Feld
kein Halm bewegt sich mehr.
Nur eine graue Ähre liegt am feuchtem,
 kahlem Boden.
Der Bauer längs am Rein, er hat die Ähre
 aufgehoben.
Fest nimmt er sie in seine Hände und
 seufzt:
„ein heißer Sommer geht zu Ende.
Gab auch der Himmel wenig Regen,
So war die Ernte gut, die Frucht geborgen
 in der Scheune ruht.
Reiche Frucht, Brot und Leben ,
Mutter Erde hat's gegeben.

Dicht steht der Nebel über'm Feld,
kein Halm bewegt sich mehr.
Dem Bauer fällt das Atmen schwer.

Die Ähre in der groben Hand geht er ein
 Stück am Rain entlang und seufzt:
„Nun kommt der Herbst wohl über Nacht,
 nur gut, die Arbeit ist vollbracht
und es kann Winter werden."
Suchend schaut er übers Feld, das hier, das
 ist meine Welt
und niemals käm mir's in den Sinn,
nicht das zu sein, was ich bin.

Renate Wolfrum

Urteil eines Dichtenden
o. „Menschenfreund"

Der Mensch war mir meist sonderbar.
Er folgte einem scharfen Sinn –
Doch gab er sich, wie's ihm gebar,
dem ewig gleichen Ablauf hin.
Kontrolle hieß der Krankheit Bild,
als nicht der Körper hier gemeint',
Gewohnheit nun Bedenken stillt
und Nachwuchs vollbeladen weint.

Wie konnt' ich ihm auch böse sein?
Der Mensch war gut, so sein Gerüst!
Er fiele kalt im Trägen ein,
... wo ihn auch noch die Muse küsst!
Geschöpft hatt' er
und auch erdacht!
Des Krieges Klang sollt' geistlich fern,
... weil er dem kosmisch Klang erbracht,
das ihm als Bild der schönste Stern ...

Stephan Woyke * 1979

Herbst!

Über Tal und Auen löst sich Nebel auf,
im Osten steigt empor die Sonne
und beginnt ihren Tageslauf.
Schickt ihre Strahlen über Bäume
auf bunte Blätter ohne Zahl,
welche sind die schönsten,
es gibt viele Farben allzumal.

In einem Spinnennetz Tautropfen glänzen,
als seinen sie ein Diamant.
Über all dieser Naturschönheit
sich der blaue Himmel spannt.
Innehalten von der Hetze
die uns Menschen immer treibt.
Durchatmen und genießen,
damit ein Wohlbefinden bleibt.

Kraniche in Formationen
laut rufend gen Süden fliegen.
Es ist zu hoffen,
dass uns dieser schöne Herbst
noch recht lange ist beschieden.

Ingrid Wrigge * 1943

Kettenraucherherbst

schwarze asche auf einem braunem blatt
allein ist ein gedicht
das zu schreiben sich nicht lohnt
wenn es regnet

Isabell Wrobel

Herbst

Im Norden mochte ich den Herbst nicht
    gern,
war doch die dunkle Jahreszeit nicht fern,
nur kurzfristig buntes Laub auf Eschen und
    Eichen.
Es musste schnell dem Sturme weichen.
Im Süden kann sich der Herbst richtig
    entfalten.
Die Bäume können lange ihre Blätter
    behalten
und zeigen ihre vielfältige
    FARBENPRACHT;
SO DASS einem das Herz im Leibe lacht.

Meist Windstille, ab und zu mal Föhn.
Hier im BGL ist der Herbst wirklich schön.
Der Abschied vom Sommer fällt nicht
    schwer,
wissen wir doch: Vor seiner Wiederkehr
kommt der Winter, nicht düster und grau;
denn Frau Holle, die gute Frau
schüttelt aus den Wolken weiße Flocken,
die uns in die Natur hinaus locken.

Else Wussow * 1921

Magie der Bücher

Bücher mit unsagbar verzaubernden
    Worten,
wo Geschichten spielen an den
    fantastischsten Orten.
Welch berauschende, beflügelnde Macht
steckt in ihnen und weckt unsere
    Vorstellungskraft.
Sie vermögen zu trösten und zu stärken,
ob in alten oder neuen Werken.

Sie zaubern viele Gefühle und die
    verrücktesten Gedanken
und lassen die Leser taumeln und wanken.
Sie fesseln, erstaunen und empören,
sie lassen uns lieben, morden und leiden,
als wenn wir selbst jemanden verlören.
Welch Dank erfüllt mich für die Autoren,
für all ihre Schaffenskraft und Fantasie.
Sie inspirieren mich und lassen mich
    wünschen,
ich könnte so sein wie sie.

Yvonne * 1971

Schalom Israel

Gelobtes Land, du Land des Herrn,
er ist dir nah, er hat dich gern.
Die Welt ist groß und doch so klein
sie könnte so viel schönes sein.

Zeig Liebe deinem Bruder, lad ihn ein,
ihr könntet danach einig sein.
Zeig deine Größe, zeige Versöhnung,
so wie der Herr sie zeigt mit seiner Krönung.

Alle gehören zu dem einen Herrn,
er ist auch nah, er ist nicht fern.
Reich deine Hand mit offenem Herzen,
neu wird die Welt sein ohne Schmerzen.

Achtung und Liebe sollen beieinander liegen,
so wirst du Hass, Neid und Tod besiegen.
Deine Großmut wird die Welt verändern,
die Zukunft wird hell in all den Ländern.

Der neue Frieden wird alle verbinden,
als Freunde werdet ihr zueinander finden.
Brich auf Israel in eine neue Zeit,
der Weg dahin ist nah, er ist nicht weit.

Egon Zapf

Im Herbst unterwegs

Nebel steigen auf
Sonnenlicht stiehlt Morgenfrost
Frühes Erwachen

Rascher Puls am Weg
Im Rhythmus der Bewegung
Luftige Freiheit

Blätterrascheln
Licht- und Farbenspiel im Blick
Abgesang im Herbst

Ein Kinderlachen
Unbeschwertes Erleben
Zukunft ohne Angst

Dröhnen am Himmel
Auch Schlauchwolken in der Luft
Reise ins Wohin?

Rudolf Siegfried Zappe * 1959

Ein warmer Sommer,
Sie betritt die Stadt.
Geirrt war sie,
Leer das Blatt.

Sie suchte Straßen.
Das Gras war grün.
Sie wollte erkunden,
Damit erblühn.

Der Weg gegangen.
Die Sommer vorbei.
Gefunden hat sie.
Von Sehnsucht frei.

Nun kennt sie die Straßen,
Und es wird Zeit,
Zurückzulassen.
Die Wege sind weit.

Jeta Zhitia * 1992

Der Baum in der Zeit

Der nackte Baum.
Seine stolzen Muskeln in der
    schmeichelnden Masse
aus Stein und Erde fesseln ! Der zynische
    Fluchtgedanke ?
Stille. Stumm und stur schreit er:
Scham, Schuld und Schmerz.

Wie Rohöl: Der Saft in den Adern.
    Herzzerreißend zäh.

Amputierte Glieder türmen sich
krampfgequält, wie wasserlose
Fetzen unter der stolzgebrochenen Krone.
Dazwischen verwehren stachelige Kugeln
das Kuscheln
der gestorbenen Grünlinge.

Doch staunend bewegt atmende Luft die
jetzt knallbunte Pracht.
Im warmen Wind steigt saftlose Schönheit
auf die fönenden Wellen
und Feuerrot reicht Sonnengelb die
zögernden Hände zum Tanz.
Aus den geplatzten Kugeln schlüpfen
braune Küken,
die vor Freude in Freiheit polternd und
zügellos lachen.

Das Rascheln komponiert. Klänge in Dur
und Moll konzertieren
auf der brüchigen Haut des Stammes.
Im thermischen Sog klettern die Farben die
Äste empor,
kitzeln die Zweige und weinen ganz leise
im
Takt der Töne des langsamen Walzers.

Christian Ernst Ziegler * 1961

Herbst

Ich gehe durch die Allee,
Die Blätter sagen den Bäumen Ade,
Sie verfärben sich zu Gelb, Orange und
Rot,
welch ein Anblick sich da dem Mensch bot.
Der Herbst kommt, der Sommer schleicht
davon,
Sehnsucht nach der Frische hatten wir jetzt
schon.
Der Wind bläst stärker um das Ohr,
die Vögel Kinder lernen fliegen und steigen
empor.
Es fängt das Regnen an und plätschert
hinab,
Der Herbst hält uns alle auf Trapp.
Die Jahreszeiten zu erleben, ist einfach
herrlich,
über alles Trübsal zu blasen, sehr
beschwerlich.
Genießt das Leben, man hat nur dieses
Eine.
Genau in der Jahreszeit werden Trauben
geerntet für die Weine.
Schöne Herbsttage, lasst es euch gut gehen
und bald wird der Winter vor der Türe
stehen.

Lena Zischka * 1990

Wenn die Schatten fallen

Warum muss Sterben sein
und neigt das Gras am Rain
sich vor des Schnitters Hand?
Rote Wangen werden bleich.
Das ist für alle gleich.
Der Herbst zieht durch das Land.

Er fegt die Bäume leer,
treibt Blätter vor sich her
und weht vom Weg den Sand.

Doch jeden trifft das Los,
dem er sich beugen muss:
Was mühsam aufgebaut,
zerfällt wieder zu Staub.
Der Hoffnung Sprossen
erstickt jetzt totes Laub.

Zondernaam * 1961